Edward Sachau

Die Handschriftenverzeichnisse der könliglichen Bibliothek zu Berlin

Vol. 23

Edward Sachau

Die Handschriftenverzeichnisse der könliglichen Bibliothek zu Berlin
Vol. 23

ISBN/EAN: 9783337215910

Hergestellt in Europa, USA, Kanada, Australien, Japan

Cover: Foto ©Thomas Meinert / pixelio.de

Weitere Bücher finden Sie auf **www.hansebooks.com**

DIE

HANDSCHRIFTEN-VERZEICHNISSE

DER

KÖNIGLICHEN BIBLIOTHEK

ZU BERLIN

DREIUNDZWANZIGSTER BAND

VERZEICHNISS

DER

SYRISCHEN HANDSCHRIFTEN

VON

EDUARD SACHAU

BERLIN
A. ASHER & Co.
1899

VERZEICHNISS

DER

SYRISCHEN HANDSCHRIFTEN

DER

KÖNIGLICHEN BIBLIOTHEK

ZU BERLIN

VON

EDUARD SACHAU

BERLIN
A. ASHER & Co.
1899

VERZEICHNISS

DER

SYRISCHEN HANDSCHRIFTEN

DER

KÖNIGLICHEN BIBLIOTHEK

ZU BERLIN

VON

EDUARD SACHAU

ERSTE ABTHEILUNG

BERLIN
A. ASHER & Co.
1899

VORREDE.

I.

Um die Zeit von Christi Geburt sprachen alle Bewohner der Semitischen Culturländer von Palaestina im weiten Bogen nach Norden über Syrien und Nordmesopotamien bis nach Assyrien und Babylonien eine und dieselbe Sprache, das Aramäische, und bildeten, sofern die Sprache ein Kriterium nationaler Zusammengehörigkeit ist, eine nationale Einheit, die Nation der Aramäer. Dieser einheimische Name machte später, hauptsächlich in Folge jüdisch-christlicher Litteratureinflüsse, der Griechischen Bezeichnung *Syrer* Platz.

Die Aramäische Sprache spielte schon viele Jahrhunderte früher unter Assyrischer Herrschaft eine bedeutsame, wenn auch im Einzelnen noch nicht genau übersehbare Rolle, trat aber nach dem Ende des Assyrischen und des Babylonischen Reiches mehr und mehr in den Vordergrund. Mit einem kräftigen Expansionstrieb begabt, verdrängte sie Idiome anderen Stammes und behauptete sich im Gebrauche der Millionen auch unter Persischer, Griechischer, Parthischer, Römischer und Neupersischer Herrschaft. Im Allgemeinen haben die Sprachen dieser fremden Herrscher und ihrer Regierungen das Aramäische nicht mehr beeinflusst als etwa heutigen Tages die Sprache der Türkischen Herrscher das Arabische in denselben Ländern, ausgenommen das Griechische, das sich in den Städten des Syrischen Küstenlandes festsetzte und durch seine Litteratur einen tiefgreifenden Einfluss ausübte. Unter dem, wie es scheint, unwiderstehlichen Einfluss des Aramäischen gaben die Israeliten ihre nationale Sprache und Schrift preis, und Christus und seine Zeitgenossen sprachen Aramäisch. Der mehr als tausendjährigen Herrschaft des Aramäischen wurde erst durch das Arabische des Islams ein Ende bereitet.

Die Aramäer sind die Träger des Christenthums im Orient. Als die ersten Christen, aus Jerusalem verdrängt, in Antiochien am Orontes eine neue Heimat gewonnen hatten (Apostelgeschichte XI, 19 ff.) und von dort aus ihre Missionsreisen unternahmen, scheint der Aramäische Osten nicht minder für die Aufnahme der neuen Religion reif gewesen zu sein als der

Griechische und Römische Westen, und jedenfalls war es ein Vortheil für die neue Lehre, dass sie in einer und derselben Sprache von Antiochien bis nach Babylonien und Elam gepredigt werden konnte. Wir kennen die einzelnen Etappen der Ausbreitung gegen Westen, entbehren aber gänzlich gleichzeitiger Nachrichten über den Weg, den das Evangelium in seiner Verbreitung nach Osten eingeschlagen hat. Auf Grund der Nachrichten einer späteren Zeit müssen wir annehmen, dass das Christenthum, den grossen Landstrassen folgend, frühzeitig die Hauptstadt Nordmesopotamiens, Edessa, erreichte und dass diese Stadt nach Antiochien zu einem neuen Centrum der Mission wurde, dass die Sendboten von dort dem Tigris zustrebten und, die von ihm getränkten Culturländer durchziehend, bis nach Babylonien und Elam, Ktesiphon und Susa vordrangen.

Eine Sprache, eine Religion, aber niemals ein Staat! Es ist den Aramäern niemals beschieden gewesen ihr nationales Wesen in einem einheitlich gegliederten grossen Staatswesen unter einem einheimischen Fürstenhause entwickeln und zum Ausdruck bringen zu können. Unter den Achaemeniden und Seleuciden trugen sie gemeinsam das Joch stammfremder Fürsten, und in den folgenden Zeiten existirten sie als zwei durch die Politik aus einander gerissene Volkstheile, von denen der eine den Parthern und Sasaniden, der andere den Römern gehorchte. Nach dem Frieden zwischen den Persern und Kaiser Jovian vom Jahre 363 war auf der Strasse von Amid nach Nisibis unfern der letzteren Stadt ein Castell, von dem gegenwärtig noch mächtige Quadern Zeugniss geben, die Grenze zwischen den beiden Reichen, welche die christlichen Aramäer unter einem christlichen Römischen Kaiser von ihren Nations- und Glaubensgenossen unter dem feueranbetenden Perserkönige trennte. Ähnlich gehören gegenwärtig von den Resten der Aramäer im Zagros diejenigen auf der Ostseite zum Persischen, diejenigen auf der Westseite zum Türkischen Reiche. Aramäer und Armenier sind die Stiefkinder der orientalischen Geschichte. Sie hat beiden Völkern den Segen einer nationalen Organisation ihrer Volkskraft versagt, und daraus erklärt sich jedenfalls zu einem grossen Theil, warum ihre Litteratur nicht allein hinter derjenigen der gleichzeitigen Griechischen Christenheit erheblich zurückgeblieben ist, sondern auch an Vielseitigkeit und consequenter Entwickelung der einzelnen Wissenszweige den Vergleich mit derjenigen der stammverwandten Araber nicht aushält.

Von einer Aramäischen Nation kann heutigen Tages nicht mehr die Rede sein, wohl aber giebt es zwei Völker Aramäischen Stammes, die einander so fremd gegenüberstehen wie Holländer und Deutsche, Franzosen und Deutsche, Engländer und Deutsche. Nicht die Politik war es, die diesen Riss bewirkt hat, sondern die Religion, die christologischen Streitigkeiten, die sich an die Namen von Nestorius und Eutyches knüpfen. Die Geburtszeit dieser Spaltung ist das fünfte Jahrhundert, die Hauptetappen auf ihrem Wege sind die grossen Concilien zu Ephesus und Chalcedon in den Jahren 431, 449 und 451. Nestorianer und Jakobiten hassen einander kaum weniger als den gemeinsamen Feind, den Muhammedaner, dem ihre Zwietracht die Herrschaft über sie erleichtert. Wenn die Türkischen Provinzialregierungen ihre Acten öffnen wollten, würden sie unsäglich traurige Bilder gegenseitiger Verhetzung und Verfolgung unter den Christen entrollen. Beide Völker schreiben zwei verschiedene Arten derselben Schrift und sprechen, wo sie die Sprache der Vorfahren noch erhalten haben, zwei verschiedene Dialekte derselben Sprache. Man hat im persönlichen Verkehr mit ihnen stets den Eindruck, dass die Thatsache der gemeinsamen Abstammung von einem und demselben Volke ganz und gar ihrem Bewusstsein entschwunden ist und dass der Umstand der Ableitung ihrer beiderseitigen christlichen Bekenntnissformen aus derselben Urquelle nicht die geringste Kraft des Bindens und Vereinigens oder gar des Versöhnens auszuüben scheint. Wer mit den Vorstellungen von dem historischen Gewordensein aus der europäischen Gelehrtenstube in den Orient kommt, findet sich schwer in der Sonderstellung der beiden Syrervölker mit allen ihren praktischen Consequenzen zurecht, wird aber gut thun, um der Welt der Thatsachen gerecht zu werden, sich dessen zu erinnern, dass die Spaltung, welche diese Verhältnisse gezeugt hat, schon einer sehr alten Zeit angehört, ungefähr derselben, in der die Franken in Gallien eindrangen und den Weg der Romanisirung betraten, in der die nach Britannien auswandernden Angeln und Sachsen sich von ihren Deutschen Volksgenossen trennten.

II.

Von einer heidnisch-aramäischen Litteratur in den Zeiten vor Christi Geburt wissen wir nichts, wohl aber ist bekannt, dass jüdische Schriftsteller sich schon seit dem fünften vorchristlichen Jahrhundert des Aramäischen zu litterarischen Zwecken bedienten. Die christlich-aramäische oder syrische Litteratur beginnt um die Mitte und in der zweiten Hälfte des zweiten nachchristlichen Jahrhunderts, im Zeitalter der Antonine. An ihrer Wiege stand Bardesanes, vielleicht auch Tatian, falls er sein Diatesseron Syrisch schrieb. Es ist beachtenswerth, dass die Orthographie in den ältesten Denkmälern der Syrischen Litteratur bereits eine historische gleich der heutigen Englischen ist, insofern sie nicht die Aussprache jener Zeit, z. B. der Zeit des Bardesanes, sondern die Aussprache einer erheblich älteren Zeit wiedergiebt. Man schrieb *ktbj*, d. i. *kĕthâbhi*, sprach aber *kĕthâbh*, was *ktb* zu schreiben gewesen wäre. In welcher Periode vor Beginn der Syrischen Litteratur die ältere Aussprache der jüngeren Platz machte (während die Orthographie stets dieselbe blieb), ist nicht bekannt. Einige Theile der Syrischen Bibelübersetzung mögen in ein noch höheres Alter zurückreichen, indessen sind wir hierfür lediglich auf Conjectur angewiesen, wie sich überhaupt bei allen Untersuchungen über die Syrische Bibel in den Zeiten vor Aphraates und Ephraem ein Mangel an historischen Daten peinlich fühlbar macht. Das dritte Jahrhundert, das Zeitalter der beiden Severus, des Decius, der dreissig Tyrannen, des Aurelian und Diocletian, steht in einem Gegensatze zu dem zweiten und vierten, insofern die historische Überlieferung über die Syrische Litteratur während desselben fast vollständig versagt. Mag die fortschreitende Detailuntersuchung noch diese oder jene Schrift (besonders aus der Apokryphen-Litteratur) als in dem dritten Jahrhundert verfasst nachweisen, im Allgemeinen scheint diese Periode der Entwickelung der Syrischen Litteratur sehr ungünstig gewesen zu sein, und ein kräftiges Anwachsen beginnt erst nach Constantin mit Aphraates und Ephraem.

Wie der Arabische Dialekt vom *Ḥigâz* durch den Islam, wurde der Aramäische Dialekt von Edessa durch das Christenthum zur Schriftsprache. Und diese ist durch alle Jahrhunderte so einheitlich geblieben, dass man in Damascus genau ebenso schrieb wie in Amid und in

Ninive, dass in der ganzen Litteratur nur ausserordentlich geringe Spuren von dialektischen Verschiedenheiten erhalten sind und dass es sehr schwer, wohl in den meisten Fällen unmöglich ist, ein Schriftwerk allein nach den Kriterien der Sprache einer bestimmten Zeit oder Landschaft zuzuweisen.

Die Syrische Litteratur ist in der Hauptsache eine Dependenz, eine Unterabtheilung der spätgriechischen oder griechisch-kirchenväterlichen Litteratur in semitischer Mundart. Alle Gedanken, welche die Christenheit jener Jahrhunderte bewegten, gingen von Constantinopel, Antiochien oder Alexandrien aus, und die Syrischen Schriftsteller beschränkten sich in der Hauptsache darauf entweder durch Übersetzungen oder durch Originalcompositionen die gleichzeitige Griechische Litteratur ihren Sprachgenossen zugänglich zu machen. Die Syrer bis zu Barhebraeus herab sahen stets in den gesegneten Griechen[1] ihre Lehrer und Meister und schöpften, wenn sie konnten, stets aus Griechischer Quelle; aber auch dann, wenn sie gegen die von Westen kommenden Ideen Opposition machten, bewegten sie sich in Gedanken und kleideten sie in litterarische Formen, welche gleichmässig Griechischem Geiste ihren Ursprung verdankten. Einwirkungen der Persischen Litteratur auf die Syrische sind ganz spärlich, und die Arabischen Einflüsse gehören der späten, nachclassischen Periode an. Es ist charakteristisch, dass ein so später Schriftsteller wie der Mönch Johannes Bar Zo'bi, der um 1200 in einem Kloster der Gegend von Arbela schrieb, die eine seiner Schriften einen Traktat über die Προβλήματα philosophica betitelt[2] und im Übrigen in seinen sämmtlichen Werken mit dem Rüstzeug der Griechischen Grammatik und Philosophie arbeitet.

Die classische Epoche der Syrischen Litteratur, in der die Sprache derselben mit derjenigen des Volkes, wenigstens der Gebildeten übereinstimmte, erstreckte sich vom Zeitalter der Antonine, also vom zweiten bis zum siebenten Jahrhundert, demjenigen der Arabischen Eroberung, und etwas darüber hinaus. Schon aus der litterarischen Thätigkeit des Bischofs Jakob von Edessa (gest. 708) ergeben sich deutliche Anzeichen des Niederganges. Er schreibt eine Grammatik, um die Sprache zu erhalten; er bemüht sich Griechische Vocale in die Syrische Schrift einzuführen und schreibt Werke über die richtige Aussprache des Bibeltextes, doch wohl nur deshalb, weil er seine Muttersprache und die richtige Aussprache des Bibelwortes für gefährdet ansah, und dies erst ungefähr fünfzig Jahre, seitdem der Islam und das Arabische die Erbschaft des Byzantinischen Reiches in Nordmesopotamien angetreten hatten. Die Gebietenden und die Mächtigen, die Beamten und die Heere sprachen Arabisch, und dies dürfte namentlich in den ebenen Ländern zur Folge gehabt haben, dass die einheimische Sprache frühzeitig auf den Gebrauch der Kirchen und Klöster, der Bischöfe und ihrer Kleriker beschränkt wurde, dass sie im Schulgebrauch verknöcherte und im Munde des Volkes verwilderte, oder anders ausgedrückt: sich weiterentwickelte zu solchen Dialektformen, wie sie in den Gebirgsländern, im Ṭûr-'Abdîn, im Zagros und im Antilibanus gegenwärtig gesprochen werden. Alle Syrischen Schriften aus den Zeiten nach dem achten Jahrhundert sind Werke von Geistlichen und Mönchen in einer durch den Kirchengebrauch und die Litteratur fixirten Sprache, die aber

[1] ܝܘ̈ܢܝܐ ܒ̈ܪܝܟܐ.

[2] Vergl. S. 272 unter nr. XVI.

ähnlich so, wie sie geschrieben wurde, im Gebrauche der Volksmassen kaum mehr irgendwo existirte. Die ursprünglich so mächtige Triebkraft des Aramäischen war erstorben. Die Sprache des Islams hatte ihre welthistorische Mission angetreten, sie verdrängte mehr und mehr die ältere Schwester aus den Palästen der Reichen, aus den Ebenen und von den grossen Verkehrsstrassen, so dass sie auf die Häuser der Armen und die Hütten der Bauern, auf die abgelegenen Winkel der Berge beschränkt wurde.

Die älteste Heimat der Syrischen Litteratur ist die Stadt Edessa und mit ihr die Klöster in den Ebenen und Felslandschaften der Osrhoëne. Ihre weitere Pflege und Verbreitung hat sie östlich von Edessa gefunden, in Nordmesopotamien in Amid-Dijârbekr (Kloster Zûḳnîn), im Nordwesten Mesopotamiens in Tellâ-dhĕ-Mauzelath = Constantine = Wêrânšahr, Ra'sel'ain und besonders in Nisibis, nachdem die religiöse Spaltung der Kirche und der Schule in Edessa zu der Gründung einer neuen Schule in Nisibis geführt hatte, in Dârâ-Anastasiopolis, gelegentlich auch in den Klöstern des Ṭûr-'Abdîn (Ḳartâmîn = Dêr El'amr); jenseits des Tigris und im Tigristhal in Mosul-Ninive und Arbela, in den Klöstern der Assyrischen Ebenen und Berge (Bêth 'Âbhê in Margâ, Bêth Rabban, Šêkh Matti, Ḥazzâ, Balad, Ḥaditha); weiter südlich in der Landschaft Bêth Garmê (in Karkhâ dha-Slôkh = Kerkûk und Lâšom bei Ṭâ'ûḳ) und westlich vom Tigris in Ṭirhân (besonders in Takrit); schliesslich unter dem Einfluss des Nestorianischen Patriarchates in Seleucia in Babylonien (Bêth Aršâm, Anbâr, Ḥira, 'Âḳûlâ-Kufa, Kaškar-Wâsiṭ), in Mesene (Baṣra) und in Susiana (Bêth Ledhân, Bêth Lâfaṭ, Šušter, Ahwâz).

Mehr sporadisch ist das Auftreten Syrischer Schriftsteller in Callinicum-Raḳḳa und Umgegend (Bêth Mahrê), im Schädel-Kloster am Châbûr, in Ḥarrân, in Serûgh, Aggel (Ingilene) nördlich von Amid, in Maiperḳaṭ-Justinianopolis, in Khelâṭ, Bohtân (Gâzarta-Ǧezîre, Fenek, Kloster Kemûl, Thamanon) und in Mardin. Erst spät treten in dem Kloster Rabban Hormizd Syrische Schriftsteller auf.

Gegenüber der von solchen Autoren geschriebenen Litteratur, die in den genannten Gegenden schrieben, ist dasjenige, was westlich vom Euphrat, namentlich im eigentlichen Syrien geschrieben ist, gering an Umfang, was nicht zum wenigsten daraus zu erklären ist, dass das Antiochenische Patriarchat ein Griechisches war, die Inhaber desselben (z. B. Severus) Griechisch, nicht Syrisch schrieben. Die Ortschaften, die hier in Betracht kommen, sind ausser Antiochien Mabbôgh-Hierapolis in der Nähe des Euphrat, das Kloster Ḳennešrê auf dem Ostufer des Euphrat, Mar'aš-Germanicia auf dem Amanus und das Kloster Teleda in der Palmyrenischen Wüste.

III.

Über die Provenienz und das Anwachsen der Syrischen Handschriftensammlung der Königlichen Bibliothek giebt die folgende Übersicht[1] Auskunft:

[1] Sie ist entnommen dem kurzen Verzeichniss der SACHAU'schen Sammlung Syrischer Handschriften, Berlin 1885, Einleitung S. V (von Dr. V. ROSE) und ergänzt von Prof. Dr. STERN.

Alte Kurfürstliche Bibliothek (vor 1673)	1	or. fol. 13 (vergl. Andr. Müller-Greiff., Symbolae Syriacae, Berol. 1673 p. 3)
(1678) Andreas Müller († 1694)	— (Karsch. 1)	or. oct. 2
(† 1814) P. J. Bruns	2	or. qu. 5. 6
1817 v. Diez († 1817)	8	Diez fol. 36. 38. 39, qu. 105. 118, oct. 160. 161. 175
1841 v. Moltke......................	2	or. fol. 354. 355
1853 Petermann	1	or. qu. 374
1854 Petermann	5 (nebst Karsch. 2)	Pet. I. 9. 12. 18—22
1855 Petermann	15 (nebst Karsch. 1)	Pet. I. 10. 11. 13—17. 23—31
1857 W. Nassau Lees († 1889)	— (Karsch. 1)	or. qu. 451
1862 G. H. Bernstein († 1860)	7	or. fol. 542—546, qu. 480. 483
1871 Brugsch († 1894)	1	or. qu. 528
1872 Georg Hormizd	5	or. fol. 619. 620, qu. 546. 547, oct. 251
1873 Petermann († 1876).............	2	Pet. II. Nachtr. 15. 23
1875 Roediger († 1874)	4	or. qu. 565. 580, oct. 254. 262
1879 Abr. Ahhisho	4	or. fol. 1199. 1200. 1201, oct. 337
1884 Sachau	175 (nebst Karsch. 34)	
1884 Sachau	23 (Neusyrisch)	
1888 Sachau	31 (nebst Kurd. 2)	Sachau 321—341. 343. 344. 347—356
1889 B. Maimon	1 (nebst Karsch. 2)	or. fol. 1408, qu. 795, oct. 444
1889 Sir Th. Phillipps († 1867)	1	Phillipps 1368
1891 Mirza Yusuf Khan..............	5	or. fol. 1616, qu. 801—804
1891 Sachau	1	or. fol. 1633
1891 C. Kayser.......................	1	or. oct. 465
1895 Is. Adams	1	or. oct. 553
1897 Goussen	1	or. qu. 845
1899 Goussen	2	or. qu. 870. 871
	299, mit Karschuni 340.	

Der Zustand, in dem die meisten Syrischen Handschriften sich durch die Jahrhunderte hindurch bis auf unsere Zeit erhalten haben, ist, von seltenen Ausnahmen abgesehen, ein sehr schlechter. Dass sowohl der Anfang wie das Ende fehlen, dass das Innere Lücken aufweist, dass die noch vorhandenen Blätter in Unordnung gerathen sowie durch Moder, Feuer, Schmutz oder Abreissen besonders an den Rändern stark beschädigt sind, ist etwas ganz gewöhnliches. Am häufigsten erklärt sich die Störung der Blätterfolge sowie der Verlust einzelner Blätter dadurch, dass der Rücken eines Kurràs, d. h. eines meist in acht oder sechzehn Blättern zusammengefalteten Stückes Pergament oder Papier durch Reiben oder Scheuern zerstört war und nun die einzelnen Blätter, da sie nicht numerirt waren, in Unordnung oder auch in Verlust geriethen. Sofern auf die Erhaltung der Bücher irgendwelche Sorgfalt verwendet wurde, beschränkte sie sich in den Klöstern und Kirchen auf solche, die für das Studium der Mönche oder den Gottesdienst gebraucht wurden, während alle anderen unbeachtet, unbehütet in den Winkeln von Kirchen, Klöstern, Bauernhäusern, in den Kellern oder auf dem Boden oder in schrankartigen Wandlöchern der Zerstörung durch Schmutz und Würmer über tausend und mehr Jahre preisgegeben waren. Nur wenigen Handschriften ist ein so vorzüglicher Aufbewahrungsort beschieden gewesen wie denjenigen im Keller des Marienklosters in der Nitrischen Wüste, dem das Britische Museum und die Vaticana die Kerntheile ihrer Sammlungen verdanken.

Die Berliner Sammlung schliesst sich ergänzend an die älteren in Rom, London und Paris an. Die Bibel-Codices nr. 1. 3. 4. 5. 7. 8. 11. 12. 13, die grossen Sammlungen kirchlicher Poesien aus dem Ṭûr-'Abdîn nr. 16—24, die patristischen Codices nr. 26—28 stellen sich den werthvollsten Exemplaren verwandter Art in jenen Sammlungen würdig an die Seite. Poesie und Legende des christlichen Morgenlandes sind reich vertreten. Die Materialien für das Studium der lebenden Dialekte nr. 117—137 und nr. 278—292 sind zur Zeit einzig in ihrer Art. Was das Alter der Handschriften betrifft, so erstrecken sie sich über alle Jahrhunderte, von der ältesten Zeit, dem fünften und sechsten Jahrhundert bis auf die Gegenwart, und zwar sind die älteren Zeiten reichlicher vertreten, als aus dem Index II (Verzeichniss der datirten Handschriften) ersehen werden kann, da die hier in Frage kommenden Handschriften, abgesehen von einer einzigen Ausnahme, sämmtlich nicht datirt sind.

Eine systematische Eintheilung der in diesen Codices überlieferten Litteratur nach dem Alter der einzelnen Autoren oder Sammler wäre ohne Zweifel das wünschenswertheste gewesen, schien mir aber deswegen nicht empfehlenswerth, weil von vielen Autoren und Sammlern von Gesangbüchern, Herausgebern von Ritualtexten die Zeit unbekannt ist und besten Falls nur durch ausgedehnte Detailforschungen ermittelt werden könnte. Die von mir befolgte Eintheilung in Estrangelo-, Nestorianische und Jakobitische Handschriften beruht nicht auf einer dogmatischen Scheidung, sondern lediglich auf dem Kriterium der Schrift. Der theologische Leser muss daher von vornherein damit rechnen, dass von den Estrangelo-Handschriften einige von Jakobiten, andere von Nestorianern geschrieben sind, dass sich unter den Nestorianischen einzelne finden, deren Verfasser Jakobiten waren, und umgekehrt unter den Jakobitischen einzelne, deren Verfasser Nestorianer waren[1]. Der praktische Vortheil der hier befolgten Anordnung besteht meines Erachtens darin, dass sie deutlich und im Grossen und Ganzen zutreffend das geistige Eigenthum der beiden Syrervölker scheidet und insofern den bestehenden Verhältnissen und dem Sinne der Orientalen am meisten Rechnung trägt. Ihre unleugbaren Mängel können zum Theil durch die Indices ausgeglichen werden.

Ich habe ferner jede einzelne Handschrift als ein selbständiges Individuum behandelt, so dass bei Sammelbänden Schriften des verschiedensten Inhalts unter einer und derselben Nummer verzeichnet sind. Für die Auffindung der einzelnen Theile bieten die Indices die nöthige Handhabe. Meine *currente calamo* geschriebenen Inhaltsangaben von Legenden und ähnlichen Schriftwerken sind nur dazu bestimmt den Fachmann aufmerksam zu machen, und beanspruchen keineswegs für eine definitive Ausschöpfung des Inhalts zu gelten. Die von mir gegebenen Litteraturnachweise bewegen sich in gewissen, durch die Rücksicht auf Zeit und Raum gebotenen Grenzen; wer weitere Information wünscht, wird in den meisten Fällen das Nöthige bei W. Wright, A short history of Syriac literature, London 1894, und bei R. Duval, La littérature Syriaque, Paris 1899, finden. Seitdem ich diesen Katalog geschrieben und durch den Druck geführt, ist manche verdienstvolle Publication, speciell auch manche, die aus den

[1] Besonders die Schriften des Nestorianers Abdallah Ibn Eṭṭajjib und des Jakobiten Barhebraeus haben die nationalen Grenzen vielfach überschritten.

Handschriften der Königlichen Bibliothek geschöpft ist, erschienen, auf die ich den Leser aufmerksam gemacht haben würde, wenn sie damals, als ich den betreffenden Theil meiner Arbeit schrieb, schon vorhanden gewesen wäre. Ich sehe davon ab sie nachträglich vollständig zu verzeichnen, da dies mehr in den Rahmen einer Litteraturgeschichte als in denjenigen eines Handschriftenkatalogs gehört.

Die beigefügten neun Facsimilia veranschaulichen die Geschichte der Syrischen Schrift von der ältesten Zeit bis zum 15. Jahrhundert.

Die in diesem Katalog gebrauchten Formen der Citation sind folgende:

WRIGHT: Catalogue of the Syriac manuscripts in the British Museum 1870—1872.

FORSHALL: Catalogus codicum manuscriptorum orientalium qui in Museo Britannico asservantur. Pars prima, codices Syriacos et Carshunicos complectens 1838.

WRIGHT, Syriac literature: A short history of Syriac literature, London 1894.

PAYNE SMITH: Catalogi codicum manuscriptorum Bibliothecae Bodleianae pars sexta, codices Syriacos, Carshunicos, Mendaeos complectens, Oxford 1864.

ZOTENBERG: Catalogues des manuscrits Syriaques et Sabéens de la bibliothèque nationale 1874.

Die Kaiserliche Reichsdruckerei hat sich durch die Anschaffung aller erforderlichen Typenarten um die orientalischen Studien verdient gemacht und die typothetische Herstellung dieses Werkes mit bekannter Meisterschaft durchgeführt.

BERLIN, den 18. Mai 1899.

EDUARD SACHAU.

Nachschrift. Seit der Vollendung des Druckes dieses Katalogs hat die Königliche Bibliothek zwei weitere Handschriften erworben, auf welche hier mit einigen Worten hingewiesen werden mag:

Mss. or. qu. 870. Copie aus Urmia. Grosser Bibelcommentar (catena patrum) von einem unbekannten Nestorianischen Verfasser, unvollständig zu Anfang und Ende, und in dem letzten Theil sehr lückenhaft. Die Grundlage des Commentars sind die Perikopen ܩܪ̈ܝܢܐ der einzelnen Sonn- und Festtage des Jahres. Der Text beginnt in dem Abschnitt für den zweiten Advent-Sonntag. Diejenigen Autoren, aus deren Werken hier sehr umfangreiche Auszüge mitgetheilt werden, sind ܡܪܝ ܐܦܪܝܡ, ܡܦܫܩܢܐ Theodorus von Mopsueste, ܐܝܫܘܥܕܕ ܕܗܘܐ ܐܦܣܩܘܦܐ ܕܚܕܬܐ, ܡܫܝܚܐ ܕܒܝܬ ܐܚܐ, ܐܦܝܣܩܘܦܘܣ, gelegentlich auch ܡܢܚܡܢܘ, ܫܡܥܘܢ, ܡܫܝܚܐ, ܡܪܝ ܐܒܐ ܩܬܘܠܝܩܐ und ܕܝܫܘܥ ܡܗܝܪܐ. Vergl. Catalogue of Syriac Mss. in the library of the Museum Association of Oroomiah College 1898 nr. 180 under dem Titel ܓܢܬ ܒܘܣ̈ܡܐ.

Mss. or. qu. 871. Copie aus Urmia, enthaltend: 1. das Scholion ܐܣܩܘܠܝܘܢ von Theodorus ܒܪ ܟܘܢܝ, einen ausführlichen Commentar zum Alten und Neuen Testament.

Im Anschluss daran Behandlung einzelner Thesen der dogmatischen Theologie (Buch 9?). Ferner Fragen und Antworten Buch 10. Schliesslich ein Haeresien-Buch (Buch 11), das zum Theil von H. POGNON, Inscriptions Mandaïtes des coupes de Khouabir, II. partie, Paris 1899, edirt und übersetzt ist.

2. Zwei Schriften des Bischofs Silvanus von Gordyene ܩܪܕܘ. Vergl. denselben Catalogue etc. nr. 137. 138.

INHALTSVERZEICHNISS.

ESTRANGELO-HANDSCHRIFTEN.

I. BIBLISCHES Nr. 1—15.

Altes Testament Nr. 1. 2. — Neues Testament Nr. 3—11. — Lectionarien Nr. 12—15.

1.

(Sachau 201.)

Pergament.

In der Hauptsache die Bibel nach der *Pešittâ*, Fragment, bestehend aus drei Theilen verschiedenen Ursprungs:

A. Bl. 1—143 Theil des Alten Testamentes (die Propheten).

B. Bl. 144—162 Petrus ad Damianum.

C. Bl. 163—220 Theil des Neuen Testamentes (Apostelgeschichte und Briefe).

A.

Die einzelnen Lagen oder Kurrâs hatten sich zum Theil in einzelne Blätter aufgelöst; diese sind dann in Unordnung gerathen und dabei manche verloren gegangen. Auf Grund der Neuordnung der Blätter ergiebt sich folgendes Inhaltsverzeichniss:

Bl. 1—7 = Jesaias 11, 6—25, 9.
Bl. 8—30 = Jesaias 27, 11—64, 4.
Bl. 31—33^a = Joel 1, 6 bis zum Ende.
Bl. 33^a—37^b = Amos.
Bl. 37^b = Obadja.
Bl. 38^b = Jona.
Bl. 40^a = Micha.
Bl. 43^b = Nahum.
Bl. 45^a = Habakuk.
Bl. 46^b = Zephanja.
Bl. 48^b = Haggai.
Bl. 50^a—51 = Zacharias 1, 1—4, 6.
Bl. 52—54^b = Zacharias 10, 4 bis zum Ende.
Bl. 54^b = Malcachi 1, 1—1, 11.
Bl. 55^a = Malcachi 3, 8 bis zum Ende. Nachschrift: ܫܠܡ ܟܬܒܐ ܕܬܪܥܣܪ ܢܒܝܐ
Bl. 55^{a+b} = Jeremias 1, 1—1, 17.
Bl. 56—68 = Jeremias 3, 19—19, 6.
Bl. 69—82 = Jeremias 22, 4—35, 14.
Bl. 83 ff. = Jeremias 36, 20 bis zum Ende.
Bl. 97^b ff. = Klagelieder Jeremiae.
Bl. 101^a—126 = Ezechiel 1, 1—34, 8.
Bl. 127—137^a = Ezechiel 36, 26 bis zum Ende.

Bl. 137ª—138ᵇ = Daniel 1, 1—2, 28.

Bl. 139ª = Gesang der drei Männer im feurigen Ofen, V. 80—90 (s. P. de Lagarde, Libri veteris testamenti syriace S. 128. 129), eingeschoben zwischen Daniel 3, 23—24.

Bl. 139ª med. — 143 = Daniel 3, 24—7, 21.

Über die *Pešittâ* vergl. Wright, Syriac literature S. 3—13; Scrivener, Introduction to the criticism of the New Testament, 4. ed. S. 6.

Die Kurrâs sind mit Buchstaben (nicht Ziffern) bezeichnet, der Art, dass der Buchstabe unter der letzten Zeile dreimal geschrieben ist, unter der rechten Ecke, unter der Mitte und unter der linken Ecke der Zeile.

Kurrâs ܐ: davon nur das letzte Blatt vorhanden. K. ܒ: von den 10 Blättern desselben sind 9 vorhanden. Fehlt ein Blatt zwischen Bl. 7 und 8. K. ܓ und ܕ ganz erhalten. K. ܗ: vorhanden die beiden letzten Blätter. K. ܘ ganz erhalten. K. ܙ: fehlt das letzte Blatt. K. ܚ: davon vorhanden 4 Blätter. K. ܛ ganz erhalten. K. ܝ: davon vorhanden 8 Blätter. K. ܝܐ: davon fehlt das letzte Blatt. K. ܝܒ, ܝܓ, ܝܕ, ܝܗ ganz erhalten. K. ܝܘ: davon 8 Blätter vorhanden. K. ܝܙ: davon 8 Blätter vorhanden. K. ܝܚ: die Blätter 139—143 bilden den Restbestand dieses Kurrâs, dessen Nummer nicht mehr vorhanden ist.

Der Schreiber kennt bereits die Punktvocale sowie *Rukkâkhâ*, *Ḳuššâjâ* und *Mehagjânâ*, macht aber im Ganzen nur einen spärlichen Gebrauch davon. Der Diphthong *au* wird ܐܘ̇ (nicht ܐ̈ܘ) geschrieben, wie in ܐܘ̇ܟܠ, ܗܘ̇ܬܒ, ܠܗܘ̇ܒܕܘ; vergl. ausserdem Schreibungen: ܡܗܘܣܡ, ܬܫܘ̇ܒܚܢ, ܫܘ̇ܐܠܢ. Diese Vocalisation ist Nestorianischen Hdss. eigenthümlich, vergl. Martin, Journal Asiatique, 1872 Avril-Mai, S. 447—449.

Die Schrift kann dem 8. oder 9. Jahrhundert angehören. Die einzelnen Blätter sind vielfach beschädigt durch Wasserflecke, durch Abreiben oder Verblassen der Schrift und Einreissen der Ränder; sie sind an vielen Stellen geflickt. Die Nachschriften und Unterschriften sind zum Theil von jüngerer Hand nachgezogen. Die ܩܦ̈ܠܐ (Capitel) sind am Rande durch doppelte Zahlen, die aber an vielen Stellen nicht mehr vorhanden, bezeichnet.

143 Blätter (23,5 × 16 cm). Die Seite im Durchschnitt zu 33 Zeilen.

B.

Inhalt:

Bl. 144—162 Brief des Patriarchen Petrus von Antiochien an den Patriarchen Damianus von Alexandrien, Fragment.

Bl. 153ª trägt die Altsyrische Kurrâs-Ziffer für 18. Danach ist *B* ein Stück einer grösseren Handschrift, und zwar Kurrâs 17 (davon fehlt das 1. Blatt) und Kurrâs 18 ganz.

Petrus Junior aus Callinicus war Jakobitischer Patriarch von Antiochien von 578—591 und Damianus Patriarch von Alexandrien 578—605. Vergl. über diese Schrift Assemani II. 77—82; Wright, Syriac literature S. 113 und über die Rolle der beiden Autoren im Tritheiten-Streit die Kirchengeschichte des Johannes von Ephesus, übersetzt von Schönfelder S. 276. Titel finden sich auf Bl. 147ᵇ ܕܡܪܝ ܦܛܪܘܣ ܦܛܪܝܪܟܐ ܕܐܢܛܝܘܟܝܐ und auf Bl. 152ᵇ ܕܩܕܝܫܐ ܦܛܪܘܣ ܕܠܘܬ ܕܡܝܢܐ

Anfang:

ܕܐܟܐ ܢܬܐ ܠܡܬܟܪܟܬܐ ܕܐܬܝܬ ܠܗ̇ ܗܫܟܝܢܐ..
ܐܚܪܢܐ ܗ̇ܘ ܚܢܢ ܐܬܬܘܣܡ ܦܪ̈ܨܘܦܐ ܐܚܪܢܐ
ܕܡ ܗܘܢܐ. ܐܝܟ ܗܘܐ ܕܦܪ̈ܨܘܦܐ ܗܘ ܕܐܠܗܐ
ܐܬܬܘܣܝ ܗܘܬ. ܒܕ ܬܠܬܐ ܦܪ̈ܨܘܦܐ ܐܡܪܝܢ.
ܡܢ ܡܠܦܢܘܗܝ ܘܬܠܬܐ ܐܠܗ̈ܐ ܐܡܪܝܢ ܗܘܘ.

Letzte Worte auf Bl. 162ᵇ:

ܗܟܢܐ ܡܢ ܐܚܝ ܩܕܝܫܐ ܒܥܬ. ܗܘܐ ܕܐܡܝܢܐ
ܒܪ ܐܠܗܐ ܦܪ̈ܨܘܦܐ ܐܩܢܘܡ ܚܕ. ܠܗ ܐܠܗܐ
ܐ̈ܠܗܐ ܐܘ ܐܠܗܐ ܒ̈ܢܝܐ ܡܠܟܐ ܚܕ. ܒܗܘ
ܕܐܝܬܝܗ̇ ܐܝܬܘܬܗ ܦܪ̈ܨܘܦܐ ܘܐܝܬܝܗ̇ ܚܝܬܐ.
ܐܠܐ ܗܘ ܕܗܘܐ ܐܠܗ. ܐܝܟ ܕܐܡܪ ܐܝܬܝܗ̇.
ܘܫܠܡ܀ ܗܢܐ ܕܝܢ

Citirt werden:

Eustathius, Patriarch von Antiochien, 144ᵇ Col. 2; 145ᵃ Col. 1: seine Schrift gegen Photinus ܡܐܡܪܐ ܕܠܘܩܒܠ ܦܘܛܝܢܘܣ ܐܘ ܚܠܦ ܣܘܪܝܢܘܣ 145ᵃ Col. 2; 145ᵇ Col. 1; 162ᵇ Col. 1.

Johannes Chrysostomus ܡܐܡܪܐ ܕܒܣܝܡܐ ܕܡܫܠܠ ܠܐ ܡܬܒܪܝܢܐ 147ᵇ Col. 2.

Severus an Julianus 149ᵃ Col. 1.

Gregorius von Nyssa ܡܐܡܪܐ ܕܠܘܩܒܠ ܦܘܢܡܐ ܕܐܘܢܘܡܝܘܣ 153ᵃ Col. 1; Schrift gegen Eunomius ܡܐܡܪܐ ܕܩܘܒܠܘܬ ܡܠܬܐ ܕܠܘܬܗ ܕܪܥܝܢܐ 154ᵇ Col. 1; 159ᵇ Col. 1.

Dionysius ܡܐܡܪܐ ܕܠܘܬ ܐܘܣܛܐܬܝܘܣ ܕܡܫܠܠ ܟܗ̈ܢܐ ܐܠܗ̈ܝܐ 153ᵃ Col. 1. 2; 153ᵇ Col. 2.

Eunomius 154ᵃ Col. 2; 156ᵃ Col. 2; 157ᵃ Col. 1.

Gregorius Theologus 157ᵇ Col. 1.

Apollinaris 157ᵇ Col. 1; 158ᵃ Col. 1; 159ᵇ Col. 1. ܐܓܪܬܐ ܕܬܪܬܝܢ ܕܠܘܬ ܦܠܘܢܝܘܣ 158ᵃ Col. 1. ܡܐܡܪܐ ܕܬܪܝܢ ܕܡ̈ܫܝܚܐ 159ᵃ Col. 1.

Das vorliegende Bruchstück ist der Schluss des Capitels ܩܦܠܐܘܢ 40, Cap. 41 ܡܐ (148ᵃ Col. 1) und der Anfang von Cap. 42 ܡܒ (Bl. 162ᵃ Col. 1). Die vielen und ausführlichen Citate, die in der Schrift vorkommen, sind am Rande durch besondere Zeichen markirt. Von Cap. 41 und 42 sind die Überschriften vorhanden.

Jede Seite ist in zwei Columnen getheilt. Die Hds. kann bereits im 7. Jahrhundert n. Chr. geschrieben worden sein. Vergl. das Facsimile II von Bl. 153ᵃ. Vocalisation nicht vorhanden.

Nach dem Inhalt zu schliessen, ist die Hds. Jakobitischen Ursprungs.

15 Blätter (25 × 17.3 cm).

C.

Inhalt:

Bl. 163—168 = Apostelgeschichte 5, 16—8, 36.

Bl. 169—176ᵇ 1. Col. = Römer 9, 9 bis zum Ende.

Bl. 176ᵇ = I. Korinther 1, 1—1, 12. Fortsetzung auf Bl. 183.

Bl. 177—182 = I. Korinther 4, 18—10, 31.

Bl. 183—185 = I. Korinther 1, 12—4, 18.

Bl. 186—187 = I. Korinther 10, 31—12, 21.

Die richtige Reihenfolge der Blätter ist demnach:

Bl. 176. 183—185. 177—182. 186—187.

Bl. 188—190ᵃ Col. 1 = II. Korinther 11, 20 bis zum Ende.

Bl. 190ᵃ—195ᵃ Col. 1 = Galater.

Bl. 195ᵃ—200ᵃ Col. 1 = Epheser.

Bl. 200ᵃ—203ᵇ Col. 1 = Philipper.

Bl. 203ᵇ = Kolosser 1, 1—1, 11.

Bl. 204—205ᵇ Col. 2 = Kolosser 2, 9 bis zum Ende.

Bl. 205ᵇ—208ᵇ Col. 2 = I. Thessalonicher.

Bl. 208ᵇ—210ᵇ Col. 1 = II. Thessalonicher.

Bl. 210ᵇ—214ᵇ Col. 2 = I. Timotheus.

Bl. 214ᵇ—217ᵇ Col. 1 = II. Timotheus.

Bl. 217ᵇ Col. 2—219ᵇ Col. 1 = Titus.

Bl. 219ᵇ Col. 1—220ᵃ Col. 2 = Philemon.

Bl. 220ᵃ Col. 2—220ᵇ = Hebräer 1, 1—2, 8.

Von den Kurrâs-Nummern (Buchstaben) dieses Theils sind nur wenige erhalten: 21 ܟܐ auf Bl. 183ᵇ. Kurrâs 22 ܟܒ: davon erhalten 4 Blätter. Von K. 23. 24 nur 6 Blätter erhalten. K. 25 ܟܗ ganz erhalten. K. 26 ܟܘ: davon 9 Blätter erhalten. K. 27 ܟܙ: davon 8 Blätter erhalten. Danach ist dieser Theil *C* der Rest einer Handschrift, von der ungefähr die ersten 19 Kurrâs (etwa 187 Blätter) verloren gegangen sind.

Der Schreiber der Hds. verwendet neben den diakritischen Punkten mannigfach die Punktvocale, *Rukkâkhâ*, *Kuššâjâ* und *Mehagjânâ*. Die Schrift kann dem 8. oder 9. Jahrhundert angehören.

In der Vocalisation sind zu beachten Schreibungen wie ܦܓܥܝܢ (nicht ܦܓܥܝܢ), ܢܓܗܘܢ (nicht ܢܓܗܘܢ), und dementgegen ܢܦܫܐ, ܬܦܫܐ (nicht ܢܦܫܐ, ܬܦܫܐ), ܢܣܡܟܘܢ (nicht ܢܣܡܟܘܢ), ܬܬܪܒܐ (nicht ܬܬܪܒܐ), die einen Nestorianischen Ursprung der Hds. beweisen. Vergl. *Kethâbhâ dheṣemḥê*, ed. Martin S. 229 Z. 19. 21. 23.

Auf manchen Blättern ist die Schrift abgeblasst oder abgerieben. Die ܟܘܪ̈ܣܐ waren ursprünglich am Rande vollständig notirt, sind aber an vielen Stellen nicht mehr leserlich.

58 Blätter (25 × 17,5 cm). Die Seite zu zwei Columnen, die Columne zu 30—33 Zeilen.

Die Hds. stammt aus Tel-Kêf. Der Einband ist alt und besteht aus zwei Holzplatten, die mit Leder und einem Stoffe überzogen sind.

2.

(Sachau 30.)

Papier.

Nestorianisch.

Pentateuch nach der *Pešîttâ*, unvollständig zu Anfang und Ende.

Inhalt:

Bl. 1ᵃ Genesis, beginnend mit Cap. 1, 29.

Bl. 70ᵃ Exodus. Lücke zwischen Bl. 87 und 88; fehlt Exodus 15, 8—16, 3.

Bl. 120ᵇ Leviticus. Lücke zwischen Bl. 155 und 156; fehlt Lev. 25, 38—26, 4.

Bl. 159ᵇ Numeri.

Bl. 217ᵃ—260 Deuteronomium. Lücke zwischen Bl. 254 und 255: fehlt Deut. 28, 43—28, 61. Das letzte Blatt endet mit Deut. 32, 26.

Von dem 1. Kurrâs fehlen 3 Blätter, von dem letzten oder 26. fehlen 4 Blätter.

Vielfach beschädigt, die Schrift abgerieben oder durch Feuchtigkeit abgeblasst. Von Bl. 90—100 sind die unteren Blatthälften von einem Späteren ergänzt, angeklebt. Von Bl. 108—154 waren grosse Theile der Blätter an der Aussenseite abgerissen, die von demselben Ergänzer durch Ankleben von Stücken ergänzt worden sind. Das Papier sehr gebräunt. Von Bl. 214 bis zum Ende in dem untersten Theil mehr oder weniger durch Wasserflecke beschädigt.

Die Schrift ist Estrangelo, eine späte, plumpe Form desselben: sie gehört vielleicht dem 14. (13.?) Jahrhundert an.

Die Vocalisation ist spärlich, ebenso *Rukkâkhâ*, *Kuššâjâ* und *Mehagjânâ*. Schreibungen wie ܐܘܒܠ, ܐܬܦܘܚ entsprechend dem Nestorianischen Usus. Auf dem Rande die Zahlen der ܟܘܪ̈ܣܐ.

Auf dem Rande gelegentlich Arabische Notizen, z. B. zu ܟܣܝܬܐ ܕܡܥ ܗܫܫ علم الغيب Bl. 57ᵇ; zu ܐܪܥܐ ܙܘܪܐ الارض الحجرا Bl. 48ᵇ; zu ܡܣܘܪܣܐ 81ᵇ zu — بليه اهد عامه فساد ذنب المروزى — جرم بينه zu ܓܘܫܡܝܬܐ 251ᵃ القرطاله; zu ܡܠܩܛܝܢ ܡܢܩܫܝܢ 98ᵇ كلبتين مناقيش

Der Ergänzer kann dem 18. Jahrhundert angehören.

260 Blätter, das Blatt (25,5 × 17 cm) zu 27 Zeilen.

3.

(Sachau 3.)

Pergament.

Nestorianisch.

Das Neue Testament nach der *Pešiṭtâ*, Nestorianischen Ursprungs, vielfach unvollständig.

Inhalt:

Bl. 1 (untere Hälfte weggerissen):
1^{a} = Matthäus 17, 12—17, 24.
1^{b} = Matthäus 17, 27—18, 10.
Bl. 2. 3 = Matthäus 25, 9—26, 35.
Bl. 4 = Marcus 5, 5—6, 1.
Bl. 5 = Lucas 17, 14—18, 12.
Bl. 6 = Lucas 24, 1—24, 35. Fortsetzung auf Bl. 13^{a}.
Bl. 7 = Johannes 6, 67—7, 31.
Bl. 8 = Johannes 13, 37—15, 2.
Bl. 9^{b+a} = Johannes 7, 31—8, 23.
Bl. 10 = Apostelgeschichte 2, 46—4, 3.
Bl. 11 = Johannes 19, 2—19, 30.
Bl. 12^{a} = Johannes 21, 15—21, 25.
Bl. 12^{b} = Apostelgeschichte 1, 1—1, 13. Fortsetzung auf Bl. 17.
Bl. 13^{a} = Lucas 24, 35—24, 53.
Bl. 13^{b} = Johannes 1, 1—1, 21.
Bl. 14 = Lucas 11, 9—11, 39.
Bl. 15 = Lucas 14, 17—15, 14.
Bl. 16 = Johannes 17, 8—18, 13.
Bl. 17 = Apostelgeschichte 1, 13—2, 14.
Bl. 18 = Lucas 22, 22—22, 58. Fortsetzung auf Bl. 20.
Bl. 19 = Johannes 3, 11—4, 9.
Bl. 20 = Lucas 22, 58—23, 23. Fortsetzung auf Bl. 29.
Bl. 21 = Matthäus 10, 37—11, 28.
Bl. 22—25 = Matthäus 12, 32—15, 16.
Bl. 26 = Lucas 19, 42—20, 29.
Bl. 27. 28 = Lucas 12, 17—13, 22.
Bl. 29 = Lucas 23, 23—24, 2.
Bl. 30 = Lucas 18, 13—19, 5.
Bl. 31 = Apostelgeschichte 25, 24—26, 24.
Bl. 32 = Lucas 19, 5—19, 42. Fortsetzung auf Bl. 26.
Bl. 33. 34 = Johannes 19, 30—21, 15. Fortsetzung auf Bl. 12^{a}.
Bl. 35—42 = Apostelgeschichte 4, 32—10, 31.
Bl. 43—61 = Apostelgeschichte 11, 17—25, 24; s. Bl. 31.
Bl. 62—64^{a} = Apostelgeschichte 26, 24 bis zum Ende.
Bl. 64^{a}—65 = Brief des Jacobus 1, 1—3, 8.
Bl. 65—66^{b} = Brief des Jacobus 5, 6 bis zum Ende.
Bl. 66^{b} = Brief des Petrus.
Bl. 70^{a} = Brief des Johannes.
Bl. 73^{b} = Römer.
Bl. 86^{b} = I. Korinther.
Bl. 100^{b} = II. Korinther.
Bl. 109^{a} = Galater.
Bl. 114^{a} = Epheser.
Bl. 118^{b} = Philipper.
Bl. 122^{a} = Kolosser.
Bl. 125^{b} = I. Thessalonicher.
Bl. 128^{b} = II. Thessalonicher.
Bl. 130^{a} = I. Timotheus.
Bl. 134^{a} = II. Timotheus.
Bl. 137^{a} = Titus.
Bl. 138^{b} = Philemon.
Bl. 139^{a}—149 = Hebräer 1, 1—13, 17.

Ein grosser Theil der Lagen (Kurrâs) der Hds. war zerstört und in einzelne Blätter aufgelöst; von diesen sind viele (dem Evangelientext angehörige) verloren gegangen, andere an die verkehrte Stelle gerathen und dort bei dem letzten Einband, der im Orient gemacht worden ist, belassen worden. Die Kurrâs 14 ܝܕ bis 24 ܟܕ sind ziemlich vollständig erhalten; von den Kurrâs 3 ܓ bis 13 ܝܓ sind meist nur einzelne Blätter vorhanden, die K. 1 und 2 ganz verloren. Das erhaltene ist in gutem Zustande.

Der Text ist sorgfältig mit diakritischen und Interpunctionszeichen, vielfach auch mit Vocalen nach Nestorianischer Art und *Rukkâkhâ* und *Kuš-šâjâ* versehen. Nach der Schrift zu urtheilen, dürfte die Hds. im 9. Jahrhundert geschrieben sein. Am Rande sind die ܟܘܪܪܣܐ durch doppelte Zahlen bezeichnet.

149 Blätter (22 × 15 cm), die Seite zu 32 Zeilen.

4.

(Sachau 6.)

Pergament.

Neues Testament nach der *Pešiṭtâ*, Nestorianischen Ursprungs, ein Bruchstück.

Inhalt:

Bl. 1—4 = Matthäus 9, 6—13, 32.
Bl. 5 = Matthäus 28, 7 — Marcus 1, 22.
Bl. 6 = Marcus 3, 1—3, 33.
Bl. 7—12 = Lucas 2, 24 — 6, 9.
Bl. 13—20 = Lucas 7, 34—11, 27.
Bl. 21 = Johannes 2, 12—3, 13.
Bl. 22 = Johannes 4, 31—5, 4.
Bl. 23 = Johannes 20, 24—21, 15.
Bl. 24. 25 = Apostelgeschichte 1, 11—2, 33.
Bl. 26 = Apostelgeschichte 3, 12—4, 11.
Bl. 27 = Apostelgeschichte 4, 35—5, 24.
Bl. 28. 29 = Apostelgeschichte 7, 40—8, 32.
Bl. 30. 31 = Apostelgeschichte 9, 39—11, 1.
Bl. 32—35 = Apostelgeschichte 12, 20—15, 19.
Bl. 36—38 = Apostelgeschichte 17, 16—19, 22.
Bl. 39 = Apostelgeschichte 21, 18—22, 2.
Bl. 40 = Apostelgeschichte 23, 20—24, 12.
Bl. 41 = Apostelgeschichte 28, 20 — Brief des Jacobus 1, 14.
Bl. 42 = Brief des Jacobus 3, 15—5, 8.
Bl. 43 = Römer 16, 15 bis I. Korinther 1, 16.
Bl. 44—47 = I. Korinther 2, 14—7, 36.
Bl. 48 = II. Korinther 9, 1—10, 10.
Bl. 49 = Galater 2, 3—3, 6.
Bl. 50 = Kolosser 1, 7—2, 7.
Bl. 51—52ᵃ = II. Timotheus 2, 26 bis zum Ende.
Bl. 52ᵃ—53ᵇ = Titus.
Bl. 53ᵇ—54ᵇ = Philemon.
Bl. 54ᵇ = Hebräer 1, 1—1, 9.

Sämmtliche Kurrâs sind unvollständig und grösstentheils in einzelne Blätter aufgelöst, die vielfach, an den Rändern wie in der Mitte, zerrissen sind. Pergament sehr gebräunt. Am Rande die Zahlen der ܟܘܪܪܣܐ.

Unten auf Bl. 13ᵇ findet sich folgende Notiz von jüngerer Nestorianischer Hand: ܐܫܠܡܘ
ܠܡܫܪܬܐ ܗܢܐ ܡܫܡܫܢܐ ܓܝܘܪܓܝܣ ܘܐܚܘܗܝ
ܩܘܪܝܩܘܣ ܘܐܒܪܗܡ ܘܝܘܚܢܢ ܘܝܘܣܦ ܘ...... ܠܟ
ܠܥܕܬܐ ܕܡܪܝ ܩܘܪܝܩܘܣ ܕܬܠܟܐܦܐ

»Der Diaconus *Giwargis* und seine Brüder Cyriacus, ܐܒܪܗܡ, ܝܘܚܢܢ, *Joseph* und — haben dies Evangelium des h. Cyriacus von *Telkêpê* übergeben.« Vergl. Sachau, Reise in Syrien und Mesopotamien S. 359. Diese Hds. stammt aus *Tel-Kêf*.

Der Text ist vielfach nach Nestorianischer Art vocalisirt wie auch mit *Rukkâkhâ* und *Kuššâjâ* versehen. Die Schrift kann dem 9. Jahrhundert, wenn nicht einer älteren Zeit entstammen.

54 Blätter, das Blatt zu 27. 28 Zeilen und 25 × 18 cm.

5.

(Sachau 301.)

Pergament.

Neues Testament, *Pešîttâ*, Nestorianischen Ursprungs, unvollständig.

Inhalt:

Bl. 1. 2 = Matthäus 27, 10—28, 7.

Bl. 3—8 = Marcus 5, 35—9, 38.

Bl. 9. 10 = Lucas 1, 46—2, 38.

Bl. 11 = Lucas 6, 40—7, 19.

Bl. 12—21 = Lucas 7, 47—13, 1.

Bl. 13. 14 eingerissen.

Bl. 22 = Lucas 14, 19—15, 13.

Bl. 23. 24 = Lucas 16, 10—18, 3.

Bl. 25 = Lucas 18, 29—19, 19.

Bl. 26—33 = Lucas 21, 16 bis Johannes 2, 6.

Bl. 34—39 = Johannes 4, 31—7, 37.

Bl. 40—45 = Johannes 16, 24—21, 7.

Bl. 46. 47 = Apostelgeschichte 3, 20—5, 12.

Bl. 48 = Apostelgeschichte 7, 34—7, 60. Von dem Ergänzer.

Bl. 49 = Apostelgeschichte 8, 27—9, 15.

Bl. 50. 51 = Apostelgeschichte 10, 27—12, 3.

Bl. 52—70 = Apostelgeschichte 14, 27—28, 12.

Bl. 71—73ᵇ = Brief des Jacobus 2, 8 bis zum Ende.

Bl. 73ᵇ = Brief des Petrus.

Bl. 77ᵇ = Brief des Johannes.

Bl. 81ᵇ—94 = Römer 1, 1—16, 5.

Bl. 95 = I. Korinther 1, 5—2, 7.

Bl. 96 = I. Korinther 3, 19—5, 4. Das Folgende von dem Ergänzer.

Bl. 97—108ᵇ = I. Korinther 7, 23 bis zum Ende.

Bl. 108ᵇ = II. Korinther.

Bl. 119ᵃ = Galater.

Bl. 124ᵃ = Epheser.

Bl. 129ᵃ = Philipper.

Bl. 132ᵇ—133 = Kolosser 1, 1—2, 8.

Bl. 134—135ᵃ = I. Thessalonicher 4, 11 bis zum Ende.

Bl. 135ᵃ = II. Thessalonicher.

Bl. 137 = I. Timotheus 1, 1—3, 16.

Bl. 138 = I. Timotheus 6, 5—6, 16 und 4, 6—5, 4.

Bl. 139—141ᵃ = II. Timotheus 2, 13 bis zum Ende.

Bl. 141ᵃ = Titus.

Bl. 143ᵃ = Philemon.

Bl. 143ᵇ—144 = Hebräer 1, 1—2, 15.

Bl. 145—149 = Hebräer 7, 5—11, 19.

Die Handschrift besteht aus zwei Theilen:

A. Bl. 1—47. 49—96. Das Blatt 19,5 × 13,5 cm.

B. Bl. 48. 97—149. Das Blatt 19,7 × 14,7 cm.

A.

Pergament, die Seite zu zwei Columnen, die Columne zu 31 Zeilen. Viele Lagen sind verloren; von anderen, die sich in einzelne Blätter aufgelöst, sind viele Blätter verloren. Von den ersten 6 Kurrâs sind nur 8 Blätter vorhanden.

Kurrâs 7 (beginnt mit Bl. 9): davon 3 Blätter erhalten. K. 8: ganz erhalten, wasserfleckig in der unteren Hälfte. Vom K. 9—15 sind 28 Blätter vorhanden. K. 16 ganz erhalten. K. 17: davon die ersten 9 Blätter vorhanden. K. 18: davon die Blätter 2—10 erhalten. K. 19 ganz erhalten. K. 20: davon 7 Blätter erhalten.

Der Text ist nicht vocalisirt, aber mit diakritischen Punkten versehen (nicht mit *Rukkâkhâ* und *Ḳuššâjâ*). Am Rande und zwischen den Columnen sind mit rother Farbe in Verbindung mit den Zahlen der ܩܪ̈ܝܢܐ die Sonn- und Festtage sowie die Tageszeiten angegeben, an denen die betreffenden Abschnitte bei dem Gottesdienst vorzutragen sind. Die Schrift kann meines Erachtens dem 11. Jahrhundert angehören. Vergl. Wright III pl. X von 1000 n. Chr.

B.

Ergänzung auf Papier, geschrieben von einem Nestorianer vielleicht im vorigen Jahrhundert, ziemlich vollständig vocalisirt und punktirt (auch mit *Rukkâkhâ* und *Kuššâjâ*); nicht mehr vollständig erhalten und im Innern nicht ohne Lücken.

Über die Differenzen zwischen Nestorianischen und Jakobitischen *Pešîţtâ*-Handschriften des Neuen Testamentes vergl. G. H. Gwilliam, The materials for the criticism of the Peshitto New Testament with specimens of the Syriac Massorah. S. 68—71 (Studia Biblica III, Oxford 1891).

149 Blätter.

6.

(Sachau 24.)

Papier.

Das Neue Testament nach der *Pešîţtâ*, Nestorianischen Ursprungs, vielfach unvollständig.

Inhalt:

Bl. 1—8 = Matthäus 9, 14—14, 14.

Bl. 9. 10 = Matthäus 15, 6—16, 19.

Bl. 11—31ᵇ = Matthäus 17, 14 bis zum Ende.

Bl. 31ᵇ—58ᵇ = Marcus.

Bl. 58ᵇ—66 = Lucas 1, 1—4, 40.

Bl. 67—88 = Lucas 5, 15—14, 15.

Bl. 89—98 = Lucas 14, 35—20, 19.

Bl. 99. 100 = Lucas 20, 41—21, 37.

Bl. 101—108ᵃ = Lucas 22, 26 bis zum Ende.

Bl. 108ᵃ—145 = Johannes 1, 1—20, 7.

Bl. 146ᵃ—146ᵇ = Johannes 21, 17 bis zum Ende.

Bl. 146ᵇ—154 = Apostelgeschichte 1, 1—5, 18. Bl. 146—154 von dem Ergänzer.

Bl. 155—171 = Apostelgeschichte 7, 2—16, 3.

Bl. 172 = Apostelgeschichte 16, 3—16, 24. Bl. 172 von dem Ergänzer.

Bl. 173—191 = Apostelgeschichte 16, 24—27, 30. Von Bl. 191 ist die obere Hälfte abgerissen.

Bl. 192—194ᵇ = Apostelgeschichte 27, 30 bis zum Ende.

Bl. 194ᵇ = Brief des Jacobus.

Bl. 199ᵇ—204ᵇ = Brief des Petrus. Bl. 192—202 von dem Ergänzer.

Bl. 204ᵇ = Brief des Johannes.

Bl. 209 = Römer 1, 1—1, 15. Bl. 209 von dem Ergänzer.

Bl. 210—217 = Römer 1, 15—8, 29.

Bl. 218—226 = Römer 8, 29—16, 15. Bl. 218—226 von dem Ergänzer.

Bl. 227ᵃ—227ᵇ = Römer 16, 15 bis zum Ende.

Bl. 227ᵇ = I. Korinther 1, 1—1, 11.

Bl. 228—244ᵃ = I. Korinther 2, 7 bis zum Ende.

Bl. 244ᵃ—256ᵃ = II. Korinther.

Bl. 256ᵃ—262ᵃ = Galater.

Bl. 262ᵃ—268ᵇ = Epheser.

Bl. 268ᵇ—273ᵃ = Philipper.

Bl. 273ᵃ—275 = Kolosser 1, 1—3, 15.

Bl. 276 = Kolosser 3, 15—4, 13. Bl. 276 von dem Ergänzer.

Bl. 277ᵃ = Kolosser 4, 13 bis zum Ende.

Bl. 277ᵃ = I. Thessalonicher.

Bl. 281ᵃ = II. Thessalonicher.

Bl. 283ᵃ⁺ᵇ = I. Timotheus 1, 1—1, 13.

Bl. 284 (grösstentheils weggerissen) = Bruchstück von I. Timotheus 1, 13—3, 2.

Bl. 285—288 = I. Timotheus 3, 2 bis zum Ende.

Bl. 289ᵃ = II. Timotheus 1, 1—2, 11. Bl. 285—289 von dem Ergänzer.

Bl. 290—292ᵃ = II. Timotheus 2, 11 bis zum Ende.

Bl. 292ᵃ = Titus.

Bl. 294ᵇ = Philemon.

Bl. 295ᵇ = Hebräer 1, 1—1, 5.

Bl. 296—302 = Hebräer 1, 5—9, 4. Bl. 296—302.

Bl. 303—306 = Hebräer 11, 3—13, 15.

Die Lücken der Hds. sind von einer Nestorianischen Hand etwa im vorigen Jahrhundert ergänzt worden.

Bei der Auflösung der Kurràs in einzelne Blätter sind manche davon verloren gegangen. Das Papier ist sehr gebräunt: sehr viele Blätter zeigen grosse Wasserflecken, dadurch ist die Schrift vielfach sehr verblasst. An einigen Stellen hat eine jüngere Hand die blassen Züge nachgezogen (Bl. 294ᵇ. 295ᵃ). Einige Blätter sind eingerissen, andere an den Rändern beschädigt.

Die Hds. hatte ursprünglich wenigstens 28 Kurràs von je 12 Blättern. Davon fehlt K. 1 ganz, während die übrigen mehr oder minder vollständig vorhanden sind. Den Kurràs-Zahlen sind, wie es scheint, von der ersten Hand Arabische Übersetzungen, wie z. B. كراس السدس beigefügt. Am Rande die Zahlen (Buchstaben) der ܓܫܡܫܐ, zu denen eine jüngere Hand vielfach hinzugefügt, an welchen Tagen sie zu lesen sind, wodurch die Hds. für die Bedürfnisse des Gottesdienstes eingerichtet wurde. Der Schreiber schreibt an vielen Stellen unten auf der Seite ܠܝܛ ܗܦܘܟܐ und macht oft die Spielerei, unter der letzten Zeile einen Vogel zu malen, dessen Kopf in ein Aleph eingezeichnet ist.

Der Text zeigt eine spärliche Vocalisation: *Rukkdkhá* und *Kuššdjá* sind sehr selten. Gelegentlich am Rande kurze Anweisungen betreffend die Aussprache, z. B. ܬܠܡ ܕ zu ܬܠܡܝܕܘܬܐ 161ᵃ. 16.

Die Schrift ist Estrangelo ohne die geringste Hinneigung zu jüngeren Formen. Für die Beurtheilung des Alters der Schrift ist zu beachten, dass wegen des Papiers über das 10. Jahrhundert kaum hinaufgegangen werden darf, während andererseits der alterthümliche Charakter der Schrift es meines Erachtens verbietet etwa über das 12. oder 13. Jahrhundert hinabzugehen. Ich vermuthe daher, dass die Hds. zwischen dem 11. bis 13. Jahrhundert geschrieben ist.

Zu der Vocalisation ist zu bemerken, dass der Diphthong *au* geschrieben wird ܐܘ (ܩܘܕܡ. ܡܘܬܒܗ), dass *á* in geschlossener Silbe (unter dem Einfluss der Volkssprache) oft verkürzt wird (ܡܣܬܒܪ für ܡܣܬܒܪ Bl. 183ᵃ. 8, ܢܦܫܗ für ܢܦܫܗ 124ᵃ. 6 v. u.), dass kurz *a* vor ursprünglich doppeltem *Waw* verlängert wird wie z. B. in ܡܫܘܕܥܘܬܐ für ܡܫܘܕܥܘܬܐ 184ᵃ. 4 v. u., ܫܘܐ für ܫܘܐ. An einigen Stellen (37ᵇ. 38ᵃ) steht im Text ܘܪܒܝܢ und ܘܪܒܢ, dazu am Rande von derselben Hand ܒ, d. h. die Wörter sollen ܘܪܒܝܢ und ܘܪܒܢ gelesen werden. Dasselbe auf 39ᵃ. 47ᵇ. 83ᵃ. Vermuthlich standen in der Vorlage des Schreibers die Formen mit kurz *a*, das er nach späterer Nestorianischer Aussprache in lang *á* verwandelte.

Die Lesarten, die G. H. Gwilliam, The materials for the criticism of the Peshitto New Testament etc. S. 68—71 als specifisch Nestorianisch bezeichnet, finden sich genau so in dieser Handschrift.

Der Schreiber heisst *'Isá* nach einer Notiz auf Bl. 208ᵇ: ܫܠܡܬ ܐܟܬܒܬܐ ܕܥܝܣܐ ܫܠܝܚܐ. ܘܠܐܠܗܐ ܫܘ ܘܠܗ ܫܘܒܚܐ ܡܫܝܚܐ ܚܝܐ ܪ̈ܘܚܐ ܩܕܝܫܐ.

Derselbe nennt sich auf Bl. 291ᵇ. 292ᵃ unten: ܡܣܟܢܐ ܚܛܝܐ ܨܠܘ ܥܠ ܚܛܝܐ

Auf denselben dürfte sich die folgende Notiz auf Bl. 281ᵇ. 282ᵃ, obwohl sie von späterer Hand geschrieben ist, beziehen: ܨܠܘ ܥܠ ܡܣܟܢܐ ܡܫܚܐ ܥܢܘܝܐ ܕܗܘ ܐܬܬܐ ܐܡܕܢܚܝܬܐ

Danach war der Schreiber ein Diaconus *ʿIsâ* aus ܫܢܘܢ in *Âdharbaiğân.*

306 Blätter, das Blatt (26 × 17 cm) zu 27 Zeilen.

7.

(Ex bibl. Meerman. cod. Philipp. 1388.)[1]

Die vier Evangelien nach der *Pešîttâ.* Vorher der Brief des Eusebius an Carpianus über die Eintheilung der einzelnen Evangelien in Abschnitte, Sectionen, und über des Verfassers Canones, d. i. Zusammenstellung der inhaltsverwandten Stellen der verschiedenen Evangelien in zehn Kategorien oder Canones.

Bl. 1b. 2a Brief des Eusebius: ܐܓܪܬܐ ܕܚܒܝܒ ܐܘܣܒܝܘܣ ܠܩܪܦܝܢܘܣ ܥܠ ܦܘܫܩܐ ܕܡܘܢܝܐ.

Bl. 2b—10b die Canones des Eusebius.

2b—3b Erster Canon: Verzeichniss derjenigen Stellen, die in allen vier Evangelien vorkommen.

4a—6b Zweiter bis vierter Canon: diejenigen Stellen, die übereinstimmend in je drei Evangelien vorkommen.

7a—9b Fünfter bis neunter Canon: diejenigen Stellen, die übereinstimmend in je zwei Evangelien vorkommen.

10a+b Zehnter Canon: diejenigen Stellen, die sich nur bei Matthäus oder Marcus finden. Jede Seite stellt buntfarbige Säulenhallen dar, in welche die Zahlenreihen eingetragen sind. Die Zahlen verweisen auf die Abschnitte, in welche Ammonius die Evangelien eingetheilt:

Matthäus in 426 ܬܟܘ Sectionen,
Marcus in 290 ܪܨ Sectionen,
Lucas in 402 ܬܒ Sectionen,
Johannes in 271 ܪܥܐ Sectionen.

Ursprünglich waren überall neben den auf den Säulen ruhenden Bögen Ornamente (Blumen, Blätter, Blumenkorb u. a.) vorhanden, die aber an den meisten Stellen absichtlich zerstört sind. S. die Ausgabe der Canones von St. Ev. Assemani in Bibliothecae Mediceae-Laurentianae codicum manuscriptorum orientalium catalogus. Tabulae XXVI; Ausgabe des Briefes an Carpianus bei G. H. Gwilliam, Studia Biblica II, The Ammonian sections, Eusebian canons, and harmonizing tables in the Syriac tetraevangelium. S. 255, 256.

Bl. 11b—64a Matthäus:

ܐܘܢܓܠܝܘܢ ܩܕܝܫܐ ܟܪܘܙܘܬܐ ܕܡܬܝ.

Nachschrift:

ܫܠܡ ܠܡܟܬܒ ܐܘܢܓܠܝܘܢ ܩܕܝܫܐ
ܟܪܘܙܘܬܐ ܕܡܬܝ ܫܠܝܚܐ ܚܕ ܡܢ ܬܪܥܣܪ
ܕܡܠܠ ܥܒܪܐܝܬ ܒܦܠܣܛܝܢܐ.

Bl. 64a—96b Marcus.

Nachschrift:

ܫܠܡ ܠܡܟܬܒ ܐܘܢܓܠܝܘܢ ܩܕܝܫܐ ܟܪܘܙܘܬܐ
ܕܡܪܩܘܣ ܡܣܒܪܢܐ ܚܕ ܡܢ ܫܒܥܝܢ ܕܡܠܠ
ܪܗܘܡܐܝܬ ܒܪܗܘܡܐ.

Bl. 96b—154b Lucas.

Nachschrift:

ܫܠܡ ܐܘܢܓܠܝܘܢ ܩܕܝܫܐ ܟܪܘܙܘܬܐ ܕܠܘܩܐ
ܚܕ ܡܢ ܫܒܥܝܢ. ܕܡܠܠ ܝܘܢܐܝܬ ܒܐܠܟܣܢܕܪܝܐ
ܪܒܬܐ.

Bl. 154b—201a Johannes.

Nachschrift:

ܫܠܡ ܐܘܢܓܠܝܘܢ ܩܕܝܫܐ ܟܪܘܙܘܬܐ ܕܝܘܚܢܢ
ܕܡܠܠ ܝܘܢܐܝܬ ܒܐܦܣܘܣ. ܫܠܡ ܠܡܟܬܒ
ܐܘܢܓܠܝܘܢ ܩܕܝܫܐ ܕܡܠܠܘܗܝ ܘܡܟܪܙܢܘܗܝ
ܐܪܒܥܐ ܐܘܢܓܠܣܛܐ ܢܨܝܚܐ. ܕܟܠܗ ܡܟܪܙܘܗ

[1] Vergl. Codices ex bibliotheca Meermaniana Phillippici Graeci nunc Berolinenses descripserunt G. Studemund et L. Cohn. Berolini 1890. Praefatio p. I sq. und Die Orientalischen Meerman-Handschriften der Kgl. Bibliothek zu Berlin. Beschrieben von L. Stern. 1892. Vorwort.

ܠܐܠܗܐ ܡܫܝܚ. ܫܘܒܚܐ ܠܐܒܐ ܘܠܒܪܐ
ܘܠܪܘܚܐ ܩܕܝܫܬܐ. ܗܫܐ ܘܒܟܠܙܒܢ.
ܘܠܥܠܡ ܥܠܡܝܢ ܐܡܝܢ.

Die Sectionen des Ammonius sind überall in rother Farbe und zwar doppelt notirt:

1. am Fusse der Seite, wo unter den auf der Seite vorkommenden Abschnitten die correspondirenden Abschnitte der anderen Evangelien angegeben sind:

2. neben der Columne durch zwei Zahlen, von denen die obere die fortlaufende Nummer der Ammonianischen Sectionen, die untere die Nummer des Eusebianischen Canons ist, unter dem die Parallelstellen aus den anderen Evangelien (Bl. 2ᵇ—10ᵇ) angezeigt sind.

Der Text ist im Allgemeinen nicht in Perikopen eingetheilt, nur zerstreut finden sich Angaben (von der ersten Hand) über die liturgische Verwendung eines Abschnittes, wie z. B.:

ܩܪܝܢܐ ܕܥܢܝ̈ܕܐ oder ܕܥܢܝ̈ܕܐ 24ᵇ. 48ᵇ. 110ᵇ. 162ᵇ. 178ᵃ.

ܩܪܝܢܐ ܕܐܘܫ̈ܥܢܐ 45ᵃ. 83ᵃ. 141ᵃ. 161ᵇ.

ܩܪܝܢܐ ܕܥܢܬ ܕܝܢܐ 14ᵃ.

ܩܪܝ ܕܬܐ̈ܘܡ ܥܡܕܐ ܕܝܘܚܢܢܐ 16ᵃ.

ܩܪܝܢܐ ܕܕܘܟܪܢܐ ܕܝܘܣܦ 62ᵃ. 149ᵃ.

ܩܪܝܢܐ ܕܢܦ̈ܩܐ ܕܫܒܬܐ ܪܒܐ ܕܩܝܡܬܗ ܕܡܪܢ 152ᵃ.

ܕܥܕܥܬܐ ܕܥܡܠܐ 177ᵃ.

ܩܪܝܢܐ ܕܐܦܝܣܩܘܦܘܬܐ 186ᵇ.

ܩܪܝܢܐ ܕܫܒܬܐ ܪܒܐ ܕܝܘܣܦ 197ᵃ.

Ausserdem sind aber von zweiter Hand überall am Rande die Zeiten und Gelegenheiten, für welche die betreffenden Abschnitte bestimmt sind, angegeben, zum Theil unter Rückbeziehung auf die von derselben Hand geschriebene Seite 11ᵃ, wo in 28 Kreisfiguren Angaben über die Verwendung der Perikopen eingetragen sind, in folgender Form: ܩܪܝܢܐ ܕܕܘܟܪܢܐ ܕܥܢܝ̈ܕܐ ܟܘܪ ܐ ܒ ܕ d. i. »Perikope für den Gedenktag der Todten Kurrâs (ܟܘܪܣܐ) 1, Blatt (ܦܬܩܐ) 4«. Diese Herrichtung[1] der Hds. für die Zwecke des Gottesdienstes ist das Werk zweier Männer, Stephanus und Jacob. S. die folgenden Notizen unten auf Bl. 11ᵃ:

1. ܟܬܒ ܦ̈ܬܓܡܐ ܗܠܝܢ ܘܦܪܫ ܡ̈ܢܝܢܗܘܢ
ܘܟܪܟ ܟܘ̈ܪܐ ܡܣܟܢܐ ܗܘܦܕܝܩܢܐ ܚܛܝܐ ܐܣܛܦܢܐ.

2. ܟܬܒ ܦܘܪܫ ܡ̈ܢܝܢܐ ܗܠܝܢ ܟܠ ܚܕ
ܒܡܘܪܝܐ ܕܝܗܒ ܗܘܐ ܝܥܩܘܒ ܟܬܘܒܐ ܚܛܝܐ.

3. ܝܥܩܘܒ ܗܘܐ ܗܘ ܟܬܘܒܐ ܗܢܐ ܕܟܠ ܫ̈ܢܝ
ܐܦ ܠܦ̈ܢܩܝܬܐ ܦ̈ܬܓܡܐ ܕܟܬܒ ܘܦܪܫ ܐܢܘܢ
ܐܢܐ ܕܝܢ ܣܛܦܢܐ. ܗܘ ܗܦܘܕܝܩܢܐ ܐܚܐ ܚܛܝܐ. ܘܟܠ
ܟܬܒܐ ܕܣܦܪܐ ܐܝܬܘܗܝ ܐܘ ܢܘܩܙܐ ܠܐ ܗܘܐ ܢܩܝܙ.

Danach ist Jacob der Schreiber, der das Perikopen-Verzeichniss auf Bl. 11ᵃ und ausserdem den Kurrâs 12 (Bl. 108—115), der in der Hds. fehlte, geschrieben hat. Stephanus dagegen hat die Kreise auf Bl. 11ᵃ gezeichnet, die in ihnen verzeichneten Perikopen angegeben und dann die Handschrift gebunden. In der Notiz 3, die von Stephanus selbst geschrieben ist, erklärt er den Text, da viele Punkte fehlten, punktirt zu haben. Im Text kommen neben den diakritischen Punkten, deren Dinte dieselbe Farbe hat wie die Consonanten, solche vor, deren Dinte eine unverkennbar viel mehr blasse Farbe hat. Diese letzteren dürften von Stephanus herrühren.

Von einer späteren Arabischen Hand ist am Rande eine Eintheilung der vier Evangelien in 221 Abschnitte (ܦܢ̈ܩܝܐ. ܡܩ̈ܠܐܐ) notirt:

1—62 in Matthäus,
63—103 in Marcus,
104—171 in Lucas,
172—221 in Johannes.

Der Text zeigt noch keine Vocalzeichen, aber die diakritischen Punkte und das Inter-

[1] Dieselbe in einer Hds. bei WRIGHT S. 47.

punctionssystem der ältesten Zeit. Die Schrift beider Schreiber zählt zu den schönsten und ältesten Specimina des Estrangelo. S. das Facsimile I von Bl. 155ᵃ.

Für die Geschichte der Altsyrischen Schrift ist die Gestalt des Aleph zu beachten, dessen unterer, rechtsseitiger Schaft in einen Widerhaken ausläuft (ebenso auf den ältesten Inschriften der Umgegend von Edessa, s. meine Edessenischen Inschriften in Zeitschrift der DMG. 36 S. 142 Tafel I Nr. 4), während er in der für die Europäischen Druckereien hergestellten Form eine einfache Linie bildet. Diese Gestalt bleibt überall dieselbe, in Anfang, Mitte und Ende des Wortes.

Der Text ist derjenige der *Pešiṭtâ*. Die Geschichte der Ehebrecherin Johannes 7, 53—8, 11 ist daher hier nicht vorhanden. S. Bl. 171ᵇ Col. 2 Z. 2. 3. Zur Charakteristik des Textes gebe ich folgende Lesarten aus den ersten fünf Capiteln des Marcus-Evangeliums im Anschluss an die Vergleichung Jakobitischer und Nestorianischer Lesarten bei G. H. Gwilliam, Studia Biblica III, The materials for the criticism of the Peshitto New Testament S. 68—71. Der Text der Hds. ist in der Hauptsache identisch mit der von Gwilliam als Jakobitisch bezeichneten Überlieferung.

Marcus 1, 2	ܗܐ,	nicht ܕܗܐ. ausserdem ܐܝܟܢܐ ܕܟܬܝܒ, nicht ܐܝܟ ܕܟܬܝܒ
5	ܒܝܘܪܕܢܢ,	„ ܒܝܘܪܕܢܢ ܢܗܪܐ
6	ܘܡܟܘܠܬܗ,	„ ܘܡܐܟܘܠܬܗ
7	ܕܐܬܠܗܘܢ,	„ ܕܐܠܗܘܢ
16	ܘܠܐܢܕܪܐܣ,	„ ܘܠܐܢܕܪܐܘܣ
20	ܒܡܫܝܢܬܐ ܥܡ ܐܓܝܪܐ,	ܥܡ ܐܓܝܪܐ
21	ܘܥܠ,	ܥܠ
23	ܒܟܢܘܫܬܐ ܕܐܝܬ ܒܗ ܪܘܚܐ ܛܢܦܬܐ,	ܕܐܝܬ ܗܘܐ ܒܗ ܘܙܥ̄
27	ܡܘܠܦܢܐ ܗܢܐ,	ܗܢܐ ܡܘܠܦܢܐ
31	ܐܝܕܐ,	ܐܝܕܗ
42	ܓܪܒܗ ܡܢܗ,	ܡܢܗ ܓܪܒܗ
2, 4	ܥܪܣܐ,	ܠܥܪܣܐ
16	ܐܟܠ ܘܫܬܐ,	ܠܚܡ ܘܫܬܐ
18	ܘܦܪ̈ܝܫܐ an beiden Stellen,	ܘܕܦܪ̈ܝܫܐ
20	ܡܢܗܘܢ ܚܬܢܐ,	ܚܬܢܐ ܡܢܗܘܢ
3, 28	ܒܢ̈ܝܢܫܐ,	ܒܢ̈ܝ ܐܢܫܐ
35	ܡܢ ܕܢܥܒܕ ܓܝܪ,	ܡܢ ܓܝܪ ܕܢܥܒܕ
4, 5	ܐܝܟܐ ܕܠܝܬ ܐܪܥܐ,	ܐܝܟܐ ܕܠܝܬ ܗܘܐ ܐܪܥܐ
21	ܢܬܣܝܡ,	ܢܬܬܣܝܡ
33	ܡܠܠ ܥܡܗܘܢ.	ܥܡܗܘܢ ܡܠܠ
40	ܗܟܢ,	ܗܟܢܐ
5, 27	ܐܬܬ ..... ܘܩܪܒܬ,	ܐܬܬ ..... ܩܪܒܬ
40	ܗܘ ܕܝܢ ܐܦܩ,	ܗܘ ܕܝܢ ܟܠ ܐܦܩ

Abweichend von der Jakobitischen Überlieferung bei GWILLIAM sind die Lesarten in Marc. 1. 7; 1. 31 und 5. 27.

Über den Ursprung und die Geschichte der Hds. geben folgende Notizen auf Bl. 201ᵃ Col. 2 Auskunft:

1. [illegible]

2. [illegible]

Diese Notiz 2 ist sehr abgerieben und verwischt, jedenfalls absichtlich.

3. [illegible]

Die Notiz 1 ist die älteste, geschrieben von dem Schreiber der ganzen Hds., in einer etwas mehr cursiven Schrift. Die Notizen 2 und 3 sind von einer späteren Hand geschrieben.

Nach Notiz 1 haben die Presbyter Thomas und Aquilinus aus *Ḥaddâdîn* die Hds. *gemacht* (sic) für das Isaaks-Kloster in *Gabbûlâ*.

In Notiz 2 wird bezeugt, dass die Hds. dem Isaaks-Kloster zu *Gabbûlâ* gehört, und jedem, der sie von dort wegnimmt, mit der Strafe Gottes gedroht.

Nach Notiz 3 ist sie A. Gr. 988 am Mittwoch den *6. Adhâr* = den 6. März 677 n. Chr. der Kirche von *Bêth-Bîsâ*, als Bacchus ihr Presbyter war, geschenkt worden.

Ein weiteres Datum, als dass die Hds. *vor* 677 n. Chr. geschrieben worden sein muss, ist nicht vorhanden. Nach dem Schriftcharakter halte ich sie indessen für bedeutend älter und bin der Ansicht, dass sie gegen Ende des 5. oder zu Anfang des 6. christlichen Jahrhunderts geschrieben worden ist. Der Schriftcharakter der Unterschrift (Notiz 1) zeigt die nächste Verwandtschaft mit WRIGHT's pl. IV (datirt von 509), der Schriftcharakter des Textes die nächste Verwandtschaft mit WRIGHT's pl. II (datirt von 464). Ähnlich, aber jünger, ist die Schrift des Codex Vaticanus vom Jahre 548 (s. Facsimile bei GWILLIAM, Studia Biblica II gegenüber dem Titelblatt).

Weitere Notizen, die sich auf die Geschichte der Hds. beziehen, sind folgende:

4. Bl. 201ᵇ.

[illegible]

Alte Schrift. Sehr verblasst.

5. Bl. 201ᵇ.

[illegible]

Alte Schrift. Absichtlich zerstört.

6. Bl. 201ᵇ. Arabische Inschrift ohne Punkte:

قرا في هذا الانجيل المبارك الشماس ناصر بن —
من هد . . . . قرية القديسين رحمه الله — يترحم
عنه — — —

7. Bl. 1ᵃ oben:

[illegible]

ܕܕܝ ܢܦܠ ܚܠܘܗܝ ܕܐܬܚܫܚ ܣܘܡܟܐ ܕܕܝܪܐ
ܐܝܟ ܚܫܚܬܐ ܕܥܡ ܡܚܝܠܐ

Jüngere Schrift.

8. Bl. 1ª in der Mitte:

ܥܡ ܠܗܘܣܪܐ ܘܥܢܝܐ ܕܕܝܪܐ ܕܡܪܝ (?) ܕܐܣܩܘܠܝܐ
ܒܝܘܡܝ ܡܫܘܪܐ ܗܢܝ ܐܢܘܢܐ ܦܪܛܝܪܐ — |
ܕܕܝ (?) ܒܪ ܣܘܪܝܐ ܕܗܘܐ ܐܝܟ ܣܢܝ ܠܦܪܣܢܘܬܐ |
ܡܬܠܠ ܒܘܪܟܐ ܕܢܦܫܗ ܘܥܕܪܢܐ ܕܚܒܝ̈ܒܘܗܝ |
ܠܐ ܕܡܪܐ ܢܦܠ ܠܗ ܚܠܘܗܝ. ܘܥܠ ܟܠ ܕܐܬܚܫܚ ܠܗ ܠܐ ܕܐܬܚܫܚܬ
ܒܡܫܝܚܘܬܐ ܕܫܡܝܐ ܘܣܒܣ ܡܦܪܘܣ̄

Alte Cursive.

9. Bl. 1ª unten:

ܕܡ (?) ܐܘܚܠܝܦܐ ܗܘܝܐ ܡܢ ܕܡܪܐ (?) ܕܬܘܪܐ (?)
ܫܒܝܐ (?) ܐܘܓܢܛܝܘܣ ܡܢ (?) ܕܡܪܐ (?) ܕ
— — — — ܕܦܐܠܠܝܣܘܣ ܐܝܟ ܕܠܬܘܪܐ
ܕܢܦܫܗ ܘܕܐܘܣܝ (?) ܠܗ ܐܠܗܐ ܡܢ ܫܠܡܘܬܗ
— ܕܦܠܛ ܒܗ ܕܡܪܐ ܒܗ ܘܐܬܪ — — ܚܠܘܗܝ
ܘܥܠ ܚܛܗܘܗܝ ܘܥܠܝܗ — ܚܘܠܩܗ ܬܦܪܘܩ ܘܥܠ
ܕܡܣܒܐ ܠܗ ܐܘ ܡܫܚܠܦܐ ܠܗ ܐܘ ܒܟܡ
ܚܠܘܗܝ ܡܢ ܗܘ ܕܐܦܣ ܦܘܠܚܢܗ ܕܐܠܗܐ ܢܗܘܐ
ܚܠܘܗܝ ܘܬܫܒܚ ܒܡ ܢܠܒܪ ܐܠܗܐ — — ܒܪ
ܐܡܝܢ ܠܐ ܬܫܒܚ ܢܦܫܝ

Diesen Notizen ist folgendes über die Geschichte der Hds. zu entnehmen:

Thomas und Aquilinus »*haben sich bemüht und haben gemacht*« die Hds., nach meiner Ansicht ein etwas ungewöhnlicher Ausdruck für: *sie haben sie geschrieben.* Die Theilung zwischen den beiden Schreibern scheint die gewesen zu sein, dass der eine den Brief und die Canones des Eusebius Bl. 1—10, der andere die Evangelien schrieb. Möglicher Weise könnten auch die Ammonianischen und Eusebianischen Ziffern im Text und unter demselben von dem ersteren geschrieben sein. Sie stifteten die Hds. dem auch anderweitig bekannten Isaaks-Kloster (s. Wright, Index S. 1260 Col. 1) zu *Gabbûlâ* in Nordostsyrien an der Strasse von Aleppo nach Meskene (und *Rakka-Callinicus*). Ein Brief eines Abtes Thomas desselben Klosters, geschrieben zur Zeit des Streites zwischen den Severianern und Julianisten, ist im Brittischen Museum vorhanden (Wright S. 954 Col. 2 und 756 Col. 1 und 2), und in demselben Zusammenhang wird ein Presbyter Thomas (vermuthlich demselben Kloster angehörig) erwähnt (a. a. O. S. 756 Col. 1). Es ist immerhin die Möglichkeit vorhanden, dass einer dieser beiden Thomas identisch sei mit demjenigen, der zusammen mit Aquilinus dem Kloster diese Hds. gestiftet hat.

Die Notiz 3 beurkundet einen Wechsel des Besitzers. Nachdem derselbe Schreiber in Notiz 2 das Jacobs-Kloster zu *Gabbûlâ* als den Besitzer der Hds. für alle Zeit erklärt hat, berichtet er in Notiz 3, dass sie der Kirche von *Bêth-Bišâ* gegeben ist. Welche Umstände diesen Besitzwechsel bewirkt haben, entzieht sich unserer Kenntniss. Vermuthlich war es dieser Schreiber selbst, der die Notiz 2 zu tilgen suchte, nachdem er sich durch Notiz 3 in einen so flagranten Gegensatz zu derselben gesetzt hatte.

Den Ausdruck ܠܥܕܬܐ ܕܒܝܬ ܒܝܫܐ übersetzte ich früher »der Kirche des Klosters des *Bišâ*« und deutete letzteres als das Kloster der h. بشاى *Bišôi* in der Nitrischen Wüste (vergl. Wright, preface S. III). Indessen die Annahme, dass die Hds. in Aegypten gewesen sei und zwar schon 677 n. Chr., scheint mir mit dem Inhalt der im folgenden zu besprechenden Notizen unvereinbar. Ich ziehe daher jetzt vor, die Stelle zu übersetzen »der Kirche von *Bêth-Bišâ*« und halte *Bêth-Bišâ* für den Namen einer Ortschaft, die sammt ihrem Priester Bacchus mir anderweitig nicht bekannt ist. Dieser erste Besitzerwechsel hat Statt gefunden 677 unter der Regierung des ersten Omajjadischen Chalifen *Muawija*.

Nach den Notizen 8 und 9 muss die Hds. später nicht weit von *Gabbûlâ* entfernt, in *Callinicus-Rakka* am mittleren Euphrat gewesen sein. Nach Notiz 8 ist sie dem Säulenkloster in oder bei *Callinicus*, als ein Jesaia Abt desselben war, geschenkt worden. Beide Klöster, das Isaakskloster zu *Gabbûlâ* und das Säulenkloster zu *Callinicus* werden zusammen erwähnt in einer Urkunde vom Jahre 798 n. Chr. (bei Wright S. 418 Col. 2).

Die letzten Zeichen in (?) ܕܕܗܝܐ ܗܘܡܙܕ sind unsicher; möglich sind Lesungen wie ܡܘܙܕ. ܡܘܪ, ܡܘܙ (= ܡܘܙܓܐ). Der Schenkende ist wahrscheinlich *Dâdhi Bar Hormuzd Abû-Sîri* aus *Teghrîth*. »Jeder, der in der Hds. liest, möge für ihn (den Schenkenden) beten und für jeden, der Theil gehabt hat an der Kirchenverwaltung (?) des *Ḥabîb Joseph*, des Metropoliten.« Ein Metropolit *Ḥabîb* von Apamea wird in dem oben citirten Schriftstück vom Jahre 798 (bei Wright S. 419 Col. 1) erwähnt.

Das wichtigste in der sehr zerstörten Notiz 9 ist die Angabe, dass die Hds. noch in *Callinicus* war. »Gekauft (ܙܒܢ?) hat dies Evangelium der - Ignatius aus dem Kloster des · · von *Callinicus* zum Heil seiner Seele und damit ihn Gott vor seinen Sünden rette (?)[1] u. s. w. Welches von den anderen Klöstern von *Callinicus* (des h. Cosmas? der h. Zachäus und Cyrus?) gemeint sei, ist aus den verwischten Zügen nicht mehr zu erkennen.

Die Besitzer-Notiz 5 ist so zerstört, dass von den Eigennamen nur wenig mehr zu sehen ist. Möglich wäre z. B. die Ergänzung ܕܒܬܚܘܡܐ (ܕܩܠܝܢܝܩܘܣ) »*quod in ditione Callinici*«, vergl. Wright S. 419 Col. 1: ܐܦܘܪܘܣܩܘܦܘܬܐ ܕܒܬܚܘܡܐ ܕܩܠܠܝܢܝܩܘܣ.

Aus den anderen Notizen 7. 4. 6 ist weiter nichts zu entnehmen, als dass einmal ein ܦܐܦ (Παπᾶς?) *Abraham Bar Dâdi* (Sohn des Schenkenden in Notiz 8?), ein Presbyter *Aaron* und ein Arabisch schreibender Diaconus *Nâṣir* die Hds. gelesen haben.

Auf dem Rande von Bl. 18a erwähnt sich ein *Chûri Joḥannân*: ܬܫܒܘܚܬܐ ܠܚܘܪܝ ܝܘܚܢܢ ܡܫܡܫܢܐ ܐܡܝܢ ܘܐܡܝܢ.

Auf Bl. 1a folgende Notiz:

»Paraphé au desir de l'arrest du 5 Juillet 1763. Mesnit.«

Auf Bl. 201b:

Codex saeculi sexti.
Vide Biscionii Catalogum
Bibliothecae Mediceo-Laurentianae.
Phillipps 1828.

Auf den linksseitigen Bindeblättern das Wappen von Sir J. Phillipps und die Worte: Hic codex olim dono datus fuit Monasterio Beith Beisio. in Deserto Nitriae Egypti sito.

Die Handschrift besteht aus 21 Kurrâs zu je 10 Blättern mit folgenden Ausnahmen:

a) Von Kurrâs 9 fehlen 2 Blätter zwischen Bl. 81—82 (Marcus 10, 26—44).

b) In K. 11 fehlt ein Blatt zwischen Bl. 100—101 (Lucas 2, 39—3, 6).

c) K. 12, bestehend aus 8 Blättern (Bl. 107—114), ist, wie oben bemerkt, von jüngerer Hand (Jacob) hinzugefügt. Lucas 6, 1—8, 41. Geschrieben etwa im 9. oder 10. Jahrhundert.

d) In K. 15 fehlt ein Blatt zwischen Bl. 135—136 (Lucas 16, 15—17, 2).

e) K. 17 hat nur 8 Blätter, ist aber vollständig; ebenso ist K. 21 vollständig mit 9 Blättern.

Die Kurrâszahlen sind jüngeren Ursprungs.

Die Hds. ist an den Rändern vielfach geflickt, zum Theil schon im Orient mit Stücken einer christlich-arabischen Handschrift. Sonst durchweg gut erhalten.

201 Blätter (33.5 × 26 cm), die Seite zu 2 Columnen, die Columne zu 24 Zeilen.

---

[1] Zu lesen ܘܢܦܨܐ ܠܗ austatt ܘܢܦܨܐܘܢ ܠܗ?

8.

(Ms. orient. quart. 528.)

Die Evangelien nach der *Pešiṭtâ* (nicht vollständig) und Fragmente des Syrus Curetonianus, bestehend aus vier verschiedenen Theilen, die bereits im Orient zu einem Bande vereinigt worden sind. Nach dem Alter geordnet sind diese Theile in folgender Reihe aufzuführen:

1. Theil — zweite Hälfte des 5. Jahrhunderts.
4. Theil — 6. Jahrhundert.
2. Theil — 8. Jahrhundert.
3. Theil — 9. Jahrhundert.

1. Theil — Bl. 1. 128. 129. Bruchstücke der Evangelien-Version, welche W. Cureton, Remains of a very ancient recension of the four Gospels in Syriac, London 1858 aus einer Hds. des Brittischen Museums herausgegeben hat, und zwar enthält:

Bl. 1^b = Lucas 15, 22—16, 1.
Bl. 1^a = Lucas 16, 2—12.
Bl. 128^b = Lucas 17, 1—11.
Bl. 128^a = Lucas 17, 11—23.
Bl. 129^{ab} = Johannes 7, 37—52; 8, 12—19.

Hier ist also, wie in der *Pešiṭtâ*, die Geschichte von der Ehebrecherin, Joh. 7, 53—8, 11) nicht vorhanden. Eine Eintheilung des Textes in Perikopen oder Capitel ܦܣܘܩܐ ist nicht angegeben.

Diese Bruchstücke sind herausgegeben von E. Roediger in den Monatsberichten der Königl. Preussischen Akademie der Wissenschaften zu Berlin, Juli 1872 S. 557, und darauf von W. Wright, Fragments of the Curetonian Gospels, London. Vergl. The four Gospels transcribed from the Sinaitic palimpsest by R. Bensly etc., Cambridge 1894.

Die drei Blätter gehörten ursprünglich zu der Hds. des Brittischen Museums Add. 14, 451 (s. Wright S. 73 ff.), die in der zweiten Hälfte, des 5. Jahrhunderts geschrieben ist. Facsimilia der Schrift s. bei Land, Anecdota Syriaca I, tab. B nr. 1, bei Cureton a. a. O. nach S. 87 und Wright III plate 3.

Hier sind diese drei Blätter für den Einband einer anderen Hds. als Bindeblätter zu Anfang und Ende benutzt; der Anfang der Hds. ist Bl. 2 (auf 2^a ein Ornament in Kreuzesform), folgen 126 und 127. Auf 126^a ursprünglich die Unterschrift (ausgekratzt), auf 126^b ein Ornament in Kreuzesform mit der Inschrift ܥܠܡܐ ܐܝܬܘܗܝ.. ܫܘܒܚܐ ܕܒܪܝܫܝܬܐ.

Von diakritischen Punkten finden sich hier nur die Pluralpunkte. Für die Interpunction wird nur ein einziger Punkt verwendet.

Das Blatt wenigstens 27 × 21 cm, die Seite zu 2 Columnen, die Columne zu 23—25 Zeilen.

2. Theil = Bl. 2—11 und Bl. 56—126 und 127 (dies ursprünglich nicht beschrieben). Es enthält:

Bl. 2^b—11^b = Matthäus 1—10, 21.

Bl. 56^a—125^b = Marcus 14, 58 bis zum Ende, Lucas vollständig (auf Bl. 58^b—95^b) und Johannes ebenfalls vollständig (auf Bl. 96^a—125^b).

Titel und Unterschriften:

Bl. 2^b ܐܘܢܓܠܝܘܢ ܩܕܝܫܐ ܟܪܘܙܘܬܐ ܕܡܬܝ.

Bl. 58^a ܫܠܡ ܐܘܢܓܠܝܘܢ ܩܕܝܫܐ ܟܪܘܙܘܬܐ ܕܡܪܩܘܣ.

Bl. 58^b ܐܘܢܓܠܝܘܢ ܩܕܝܫܐ ܟܪܘܙܘܬܐ ܕܠܘܩܐ

Bl. 95^b ܫܠܡ ܐܘܢܓܠܝܘܢ ܩܕܝܫܐ ܟܪܘܙܘܬܐ ܕܠܘܩܐ ܕܡܠܠ ܘܐܟܪܙ ܒܐܠܟܣܢܕܪܝܐ ܪܒܬܐ.

Bl. 96^a ܐܘܢܓܠܝܘܢ ܩܕܝܫܐ ܟܪܘܙܘܬܐ ܕܝܘܚܢܢ

Bl. 125^b ܫܠܡ ܠܡܟܬܒ ܐܘܢܓܠܝܘܢ ܩܕܝܫܐ ܟܪܘܙܘܬܐ ܕܝܘܚܢܢ ܫܠܝܚܐ. ܫܠܡ ܬܠܬܐܘܢܓܠܝܘܢ ܕܡܪܢ ܦܪܘܩܢ ܫܘܒܚܐ ܝܫܘܥ. ܫܘܒܚܐ ܠܐܒܐ ܘܠܒܪܐ ܘܠܪܘܚܐ ܕܩܘܕܫܐ ܗܫܐ ܘܒܟܠܙܒܢ ܘܠܥܠܡ ܥܠܡܝܢ ܐܡܝܢ ܘܐܡܝܢ.

Die Kurrâs sind beziffert mit Buchstaben, nur K. 10 und 11 (Bl. 80 und 88) zeigen daneben auch die Altsyrischen Ziffern.

Die Perikopen (geschrieben ܦ, ܦܪ, ܦܪܫ und ܦܪܫܬܐ) sind im Text mit rother Farbe angegeben. Andere Angaben über die Eintheilung in Perikopen und deren Verwendung sowie eine Eintheilung der Evangelien in eine erste und zweite Hälfte von viel jüngerer Hand finden sich auf dem Rande.

Die Hds. gehört dem 8. Jahrhundert an. Die Unterschrift auf Bl. 126ᵃ ist so gründlich abgekratzt, dass kaum mehr als hier und da ein einzelnes Wort zu erkennen ist. Über die ersten Zeilen dieser Unterschrift hat eine spätere Hand Folgendes geschrieben:

ܐܬܬܣܝܡ ܟܬܒܐ ܗܢܐ ܕܐܘܢܓܠܝܘܢ ܕܕܝܪܐ
ܕܝܠܕܬ ܐܠܗܐ ܕܣܘܪ̈ܝܝܐ ܕܒܡܕܒܪܐ ܕܐܣܩܝܛܐ.
ܕܒܪ̈ܝܐ ܢܘܚܡܐ ܠܟܠ ܕܐܬܬܣܝܡ ܒܥܘܢܝܗ
ܒܝܠܕܬܐ ܕܝܠܗ̇ ܘܒܨܠܘ̈ܬܗ̇ ܘܒܥܘ̈ܕܪܢܝܗ̇ ܐܡܝܢ.
ܚܘܣܝܐ ܕܐܠܗܐ ܢܗܘܐ ܠܟܠ ܠܟ ܕܩܪܐ ܠܗ
ܡܫܝܚܐ

»Eigenthum des Klosters der Gottesgebärerin der Syrer in der Wüste Scete« u. s. w.

Der Schreiber dieser Zeilen, der die Hds. in dem Kloster deponirte, dürfte derselbe sein, der die Unterschrift vernichtet hat. Die Notiz kann aus der Zeit des Moses von Nisibis stammen, der 932 Abt des genannten Klosters war.

Punctation und Interpunction nicht reich bemessen, aber in der Hauptsache schon in der späteren Ausbildung vorhanden.

Das Blatt 27, 5 × 21, 5 cm. Die Seite zu 2 Columnen, die Columne zu 29—31 Zeilen.

3. Theil = Bl. 12—17 und 42—55. Geschrieben von einem Nestorianer etwa im 9. Jahrhundert und ursprünglich gehörig zu der Hds. des Brittischen Museums Add. 14,669 Bl. 38—56 (s. Wright S. 58). Von Bl. 12. 15. 16 ist fast nichts mehr erhalten, von Bl. 13 die untere Hälfte, von Bl. 55 das obere Drittel. Es enthält:

Bl. 13ᵃ = Matthäus 9, 29—10, 6.
Bl. 13ᵇ. 14 = Matthäus 10, 21—12, 22.
Bl. 17 = Matthäus 13, 24—14, 22.
Bl. 42 = Matthäus 24, 30—25, 40.
Bl. 47—55ᵃ = Marcus 5, 30—14, 58.
Bl. 55ᵇ = Marcus 15, 4—13.
Bl. 43. 44 = Lucas 13, 4—16, 2.
Bl. 45. 46 = Lucas 19, 7—21, 23.

Am Rande finden sich je zwei Zahlen, von denen die eine das Capitel ܟܦܠܐ. die zweite die Perikope bezeichnet. Gelegentlich sind Nestorianische Punktvocale gesetzt.

Das Blatt 27 × 20 cm, die Seite (ungetheilt) zu 35—38 Zeilen.

4. Theil = Bl. 18—41 enthaltend Matthäus 18, 1—28, 4. Geschrieben vermuthlich im 6. Jahrhundert. Die Kurrâs waren ursprünglich mit Altsyrischen Zahlen beziffert (s. Bl. 34ᵃ unten rechts). Im Texte selbst ist keinerlei Eintheilung in Capitel oder Perikopen angegeben, wohl aber finden sich auf dem Rande einige Perikopen-Angaben, wie mir scheint, von späterer Hand.

Für die Geschichte der Punctation ist dieser Theil mit Vorsicht zu gebrauchen, da augenscheinlich viele der hier auftretenden Punkte von späterer Hand hinzugefügt sind. Ursprünglich scheint die Interpunction einen einzigen Punkt, die grammatische Punctation ausser den *Sejâmê* nur den Punkt über und unter ܗܘ, und zuweilen denjenigen über dem Particip *Kal* ܩܳܛܠ angewendet zu haben, vielleicht auch den über dem Suffix der 3. Person fem. gen. wie in ܕܝܠܗ̇, ܒܗ̇. sowie bei ܡ̇ܢ und ܡܢ̣.

Das Blatt 27,2 × 21,3 cm, die Seite zu 2 Columnen, die Columne zu 24 Zeilen.

Auf Bl. 127ᵃ eine Notiz von späterer Hand:
ܟܬܒܐ ܕܟܬܒ ܠܟܗܢܐ ܒܪ ܣܪܓܝܣ ܡܣܟܢܐ
ܡܢ ܟܦܪܒܚܝܡܐ ܕܟܠ ܡܫܝܚܐ ܕܢܬܠܘܗܝ ܐܘ
ܡܫܟܚܐ (!) ܢܣܒܠܘܗܝ (d. i. ܢܣܒܘܢܐ ܠܗ) ܘܢܫܐܠ
ܥܠܘ ܕܢܬܟܬܒ ܠܗ ܚܘܒܘܗܝ ܘܣܟܠܘܬܗ
ܘܢܣܒܘܣ (?) ܠܗ ܘܟܠ ܕܢܩܪܐ ܒܚܒܐ ܐܡܝܢ
ܒܝܠܘܬܗ ܕܠܐܠܗܐ (ܕܐܠܗܐ) ܘܕܥܠܡܘܢ ܡܪܝܐ.

»Buch, geschrieben von dem Priester *Isa Bar Sergis* aus ܟܦܪ ܒܚܝܡܐ.«

Darüber eine mir unverständliche Notiz, deren Anfang zerstört:
ܥܡ ܐܠܗܐ ܡܫܝܚܐ ܪܫ (??) | — — ܫܠܡܐ
ܕܠ ܠܟܢܫܗ | ܕܠܐܠܗܐ ܠܐܕܡܐ ܐܢ ܫܘܒܚܐ
ܕܥܡܐ | ܕܢܚܬ ܫܒ ܠܐ ܦܪܕ ܡܢ | ܘܬܪܬܝܢ
ܐܝܟ ܟܠܡܐ | ܕܟܠܡܐ ܚܕܪ ܠܐ ܩܡܘܬ |
ܡܢ ܘܬܪܬܝܢ ܐܝܟ ܟܠܡܐ.

Ausserdem eine Federprobe.

Die Hds. ist an vielen Stellen geflickt mit kleinen Stücken von anderen Handschriften, Griechischen (20ᵃ, 23ᵇ, 21ᵃ), Syrischen (33ᵃ⁺ᵇ) und Arabischen.

Beigelegt eine Beschreibung der Hds. aus der Feder W. Wright's.

9.

(Ms. Diez A. Oct. 175.)

Pergament.

Jakobitisch.

Die Evangelien nach der *Pešiṭtâ*:
- Matthäus Bl. 6ᵇ,
- Marcus Bl. 67ᵃ,
- Lucas Bl. 105ᵇ,
- Johannes Bl. 172ᵇ—224ᵃ.

Vorher auf Bl. 1—5 ein Verzeichniss der Sonn- und Festtage und einiger festlicher Gelegenheiten, für welche die einzelnen Perikopen ܩܪ̈ܝܢܐ bestimmt sind:
ܟܘܢܫܐ ܕܥܐܕܐ ܘܕܡܫܝܚܐ ܕܡܬܩܪܝܢ ܒܟܠܗ ܫܢܬܐ
ܟܘܢܫܐ ܕܩܪ̈ܝܢܐ ܕܟܬܒܐ ܘܕܟܠܗ ܫܢܬܐ.

Das Verzeichniss beginnt mit dem Abend des Kirchweihtages. Unter jedem Tage wird durch eine Ziffer auf die Nummer der für diesen Tag bestimmten Perikope hingewiesen. Anfang:
ܦ̄ܘ ܕܩܘܕܫ ܥܕܬܐ ܕܩܕܫ ܒܬܪ ܥܪܘܒܬܐ ܡ̄
(vergl. Bl. 36ᵇ).

Am Ende des Kirchenjahres (5ᵇ) sind noch einige Perikopen für besondere Anlässe hinzugefügt, für den Märtyrer *Mâr Ḳardagh* und Genossen, für die Tonsur von Mönchen und Nonnen; wenn Jemand auf die Säule hinaufsteigt: ܡܛܠ ܕܣܠܩ ܐܢܫ ܠܐܣܛܘܢܐ, für den h. Antonius und Genossen, für den Patriarchen Severus, für die Weihung von Bischöfen und Priestern u. s. w., für die Messe, für Fürbitten ܕܒܥܘ̈ܬܐ (z. B. Bitte um Regen). Nachschrift Bl. 5ᵇ.

Der Text zeigt die Eintheilung in Perikopen, deren Bestimmung mit rother Farbe im Texte selbst angegeben ist, und in ܩܦ̈ܠܐ durch schwarze Ziffern am Rande:

Matthäus	74	ܩܪ̈ܝܢܐ,	22	ܩܦ̈ܠܐ
Marcus	40	» ,	13	»
Lucas	72	ܩܪ̈ܝܢܐ,	23	ܩܦ̈ܠܐ
Johannes	48	» ,	20	»

Bl. 108 ist falsch gebunden; seine richtige Stelle ist zwischen Bl. 8—9 als letztes Blatt des ersten Kurrâs. Ferner fehlt zwischen Bl. 218—219 ein Blatt (Johannes 19, 12—25) als erstes Blatt des 22. Kurrâs.

Was den Text betrifft, so hat die Hds., obwohl Jakobitischen Ursprungs, durchweg die Lesarten, welche Gwilliam (Studia Biblica III, S. 68 ff.) als die östlichen oder Nestorianischen bezeichnet. In den daselbst angeführten Stellen aus Marcus I—V differiren nur zwei Stellen von der Nestorianischen Lesung:

Marcus I, 6 ܘܣܟܠܬܗ

Marcus 1, 16 ܐܢܕܪܐܘܣ

Die Unterschrift Bl. 224ᵃ⁺ᵇ ist zum Theil zerstört:

ܥܠ ܕܦܘܪܐ ܢܬܠܐ ܡܫܠܠ ܡܢ ܥܠ ܣܘܦܐ
ܕܡܫܐܠ (224ᵇ) — ܥܠ — ܡܢܐ (?) ܕܡܫܝܚܝܐ
ܒܪ ܡ — ܕܡܫܝܚܐ ܘܐܠܗܐ (?) ܡܪܝ ܐܒܘܢ[1]
— ܐܠܦ (?) ܘܚܡܫܡܐܐ ܘܗܘ ܕܝܘ̈ܢܝܐ —
ܒܝܘܡܝ ܕܝܘܬܐ ܘܦܘܠܚܢܐ ܕܒܝܬܐ (?) ܡܪܝ
ܐܬܢܣܝܘܣ (?) ܦܛܪܝܪܟܐ ܕܐܢܛܝܘܟܝܐ (?) ܘܡܪܝ
ܐܘܢܢܝܣ ܕܡܨܪܝܢ ܐܬܬܠܒ ܕܝܢ ܒܐܝ̈ܕܝܐ
ܡ...ܬܐ ܕܐܢܫ ܡܚܝܠܐ ܘܚܛܝܐ ܗܘ ܕܡܟܠܠ
ܕܡܫܡܫܢܐ ܘܡܬܩܪܐ — ܫܡܗ ܠܐ ܗܘ
ܕܢܬܬܟܒ ܒܟܬܒܐ ܗܢܐ. ܐܠܐ ܚܛܝܐ. ܐܢܐ
ܡܢܟܘܢ ܐܚ̈ܝ (?) ܘܐܒܗ̈ܝ ܟܠ ܟܠ ܡܢ ܒܥܝܢ
ܐܒܗ̈ܬܐ ܢܦܫܬܐ ܡܢܟܘܢ ܐܢܐ ܠܟܘܢ ܕܬܒܥܘܢ
ܥܠ ܚܛܝܐ ܡܢ ܗܘ ܡܟܐܪ ܠܟܐ ܕܠܐ ܚܠܐ
ܥܠܬܗܘܢ. ܕܟܠܝ ܠܡܬܩܢܘ ܢܦܫܐ ܥܠ
ܚܛܝܐ ܘܢܦܫܬܐ ܐܝܟ ܠܟܬܝܒܐ ܕܡܟܬܒܐ
ܐܢܐ ܒܨܠܘܬܗܘܢ ܦܫܝܛܐ ܕܢܦܫܐ. ܘܗܘ ܕܩܪܐ
ܘܡܨܠܐ ܥܠ ܘܥܠ ܐܒܗܝ ܕܝܠܗ ܘܥܠܝ ܐܦ
ܗܘ ܢܬܦܪܥ ܚܕ ܒܡܐܐ.

Danach ist die Hds. datirt von 1515 Gr. = 1204 n. Chr., geschrieben[2] zur Zeit des Athanasius (IX.), Patriarchen von Antiochien, und des Johannes (VI.), Patriarchen von Aegypten, vermuthlich in einem der Klöster des *Ṭûr-'Abdîn*.

Auf Bl. 1ᵃ eine Federprobe von späterer Hand: ܐܠܗܐ ܗܒ ܠܘܩܒܠܐ. Anfang eines bekannten Gedichtes von Ephraem: s. Nr. 166 (Sachau 190) Bl. 109ᵃ und Wright S. 859.

Der Text ist nicht vocalisirt; ganz vereinzelt Griechische Vocalzeichen. In den oberen Theilen der Blätter ist vielfach die Schrift durch Feuchtigkeit unleserlich geworden.

224 Blätter (14, 2 × 10, 5 cm), die Seite zu 22 Zeilen.

---

[1] ܐܒܘܢ ?

[2] Die Schrift ist sehr nahe verwandt, wenn nicht identisch mit derjenigen des Earl of Crawford and Balcarres, beschrieben von Rev. J. Gwynne in den Transactions of the Royal Irish Academy 1893 vol. 30 part 10 S. 347—418.

10.

(Ms. Diez A. Oct. 161.)

Papier.

Jakobitisch.

Die Evangelien in der Bearbeitung des Thomas von *Ḥarḳel*, eingetheilt in Perikopen ܦܪ̈ܩܐ, deren gottesdienstlicher Gebrauch im Text mit rother Farbe angegeben ist. Jedem Evangelium geht eine kurze Inhaltsangabe der einzelnen Capitel voraus, und in einer Schlussnotiz wird angegeben, wie viele Eintheilungen der verschiedenen Art in jedem Evangelium vorhanden sind. Diese Eintheilungen sind am Rande durch Ziffern notirt.

Bl. 1ᵃ = Matthäus, Inhaltsangabe der 68 Capitel, Anfang des Textes 2ᵇ: ܒܫܡ ܐܠܗܐ ܚܝܐ ܥܠ ܟܬܒܐ ܕܡܬܝ ܣܒܪܬܐ ܘܩܕܝܫܬܐ. ܪܫܡܐ ܕܟܦ̈ܠܐ ܕܡܬܝ ܣܒܪܬܐ ܕܡܬܒܪܟܐ. ܠܘܬ ܟܘܪܐܣ.

Matthäus enthält 74 ܦܪ̈ܩܐ, 22 ܩܢܘ̈ܢܐ, 68 Capitel ܟܦ̈ܠܐܐ, 26 Signa ܐܬ̈ܘܬܐ, 25 Parabeln ܡ̈ܬܠܐ, 32 Testimonia ܣܗܕ̈ܘܬܐ.

Bl. 69ᵃ = Marcus, Inhaltsangabe; Anfang des Textes 70ᵃ. Enthält 48 Capitel, 22 Signa, 17 Parabeln und Testimonia, 40 Perikopen, 13 ܩܢܘ̈ܢܐ.

Bl. 112ᵃ = Lucas, Inhaltsangabe; Anfang des Textes 114ᵃ. Enthält 83 Capitel, 22 Signa, 27 Parabeln, 16 Testimonia, 72 Perikopen, 23 ܩܢܘ̈ܢܐ.

Bl. 186ᵇ = Johannes, Inhaltsangabe: Anfang des Textes 187ᵃ. Enthält 19 Capitel, 8 Signa, 5 Parabeln, 15 Testimonia, 48 Perikopen, 20 ܩܢܘ̈ܢܐ. Die Inhaltsangabe für das Evangelium Johannes lautet:

ܩܦ̈ܠܐܐ ܕܐܘܢܓܠܝܘܢ ܩܕܝܫܐ ܕܝܘܚܢܢ.

ܐ ܡܛܠ ܡܫܬܘܬܐ ܕܒܩܛܢܐ.

ܒ ܡܛܠ ܗ̇ܢܘܢ ܕܐܦܩ ܥܒܕ ܒܦܪ̈ܓܠܐ ܡܢ
ܗܝܟܠܐ.

ܓ ܡܛܠ ܢܝܩܕܝܡܘܣ.

ܕ ܡܛܠ ܒܥܬܐ ܕܬܕܟܝܬܐ.

ܗ ܡܛܠ ܗ̇ܝ ܫܡܪܝܬܐ.

ܘ ܡܛܠ ܗ̇ܘ ܥܒܕܐ ܡܠܟܝܐ.

ܙ ܡܛܠ ܗ̇ܘ ܕܬܠܬܝܢ ܘܬܡܢܐ ܫܢ̈ܝܢ ܗܘܐ
ܒܡܫܪܝܘܬܐ.

ܚ ܡܛܠ ܗ̇ܢܝܢ ܚܡܫܐ ܠܚ̈ܡܐ.

ܛ ܡܛܠ ܡܗܠܟܐ ܗ̇ܘ ܕܒܝܡܐ.

ܝ ܡܛܠ ܗ̇ܘ ܣܡܝܐ.

ܝܐ ܡܛܠ ܗ̇ܘ ܠܥܙܪ.

ܝܒ ܡܛܠ ܗ̇ܝ ܕܡܫܚܬ ܠܡܪܢ
ܒܒܣܡ̈ܐ.

ܝܓ ܡܛܠ ܗܠܝܢ ܕܐܡܪ ܝܗܘܕܐ.

ܝܕ ܡܛܠ ܗ̇ܝ ܕܪܟܒ ܥܠ ܚܡܪܐ.

ܝܗ ܡܛܠ ܗܠܝܢ ܚܢܦ̈ܐ ܕܐܬܘ ܠܥܐܕܐ.

ܝܘ ܡܛܠ ܡܫܝܓܘܬܐ.

ܝܙ ܡܛܠ ܦܪܩܠܝܛܐ.

ܝܚ ܡܛܠ ܬܘܒ ܥܠܬܐ ܕܠܦܛܪܐ ܗ̇ܘ
ܕܐܬܓܠܝܘ ܒܝܗ ܘܡܛܠ ܠܡܫܝܚܐ.

ܝܛ ܡܛܠ ܫܐܠܬܐ ܕܦܝܠܛܘܣ ܠܡܪܢ.

ܫܠܡܘ ܩܦ̈ܠܐܐ ܕܐܘܢܓܠܝܘܢ ܩܕܝܫܐ ܕܝܘܚܢܢ
ܫܠܝܚܐ. ܫܘܒܚܐ ܠܗ ܠܥܠܡ ܐܡܝܢ.
ܨܠܘ ܥܠ ܕܘܝܐ ܘܚܛܝܐ ܕܟܬܒ ܐܡܝܢ
ܫܠܡ ܕܬܫܥܝܬܐ.

Die Geschichte von der Ehebrecherin Johannes 7, 53—8, 12 ist hier nicht vorhanden.

Die Hds. dürfte ursprünglich sowohl zu Anfang wie zu Ende grösser gewesen sein, denn, nach den Kurrâs-Zahlen zu schliessen, ist Bl. 1 das letzte Blatt von Kurrâs 1, und am Ende vermisst man die üblichen Schreibernotizen.

Der Text ist nicht vocalisirt; gelegentlich, besonders in Eigennamen, sind Griechische Vocale gesetzt.

Zu Anfang von Matthäus sind am Rande viele Eigennamen des Textes in einer Schreibung wiederholt, welche bestimmt ist die Griechische Aussprache genau wiederzugeben. *Rukkâkhâ* und *Ḳuššâjâ* in rother Farbe sehr spärlich.

Der Schreiber bittet zwar am Ende jedes Evangeliums für ihn zu beten, verschweigt aber seinen Namen, seine Zeit u. s. w. Die Schrift könnte sehr wohl bis in das 11. Jahrhundert zurückgehen, doch die Art des Papiers weist auf eine jüngere Zeit hin. Geschrieben im 14. Jahrhundert?

Zu Anfang jedes Evangeliums ein vergöldetes Frontispiz und Titel in Goldschrift.

241 Blätter (18,5 × 13 cm), die Seite zu 2 Columnen, die Columne zu 21—22 Zeilen.

11.

(Sachau 18.)

Pergament.

Bruchstück des Neuen Testaments nach der *Pešîttâ*, Theile der Apostelgeschichte, der Jacobus-Brief und Anfang des Petrus-Briefes; Nestorianischen Ursprungs.

Inhalt:

Bl. 1 = Reste von Apostelgeschichte 3, 7 —4, 9.

Bl. 2—7 = Apostelgeschichte 4, 10—8, 19.

Bl. 8. 9 = Apostelgeschichte 9, 38—11, 6.

Bl. 10. 11 = Apostelgeschichte 12, 6—13, 34.

Bl. 12. 13 = Apostelgeschichte 14, 10—16, 1.

Bl. 14—21 = Apostelgeschichte 17, 15—23, 14.

Bl. 22—26ᵃ = Apostelgeschichte 25, 10 bis zum Ende.

Bl. 26ᵇ—29ᵇ = Brief des Jacobus.

Bl. 29ᵇ = Brief des Petrus 1, 1—1, 2.

Letzte Worte: ܐܝܠܝܢ ܕܐܬܓܒܝܘ ܒܡܘܩܕܡܘܬ ܝܕܥܬܗ

Die Blätter sind namentlich an den Rändern vielfach abgerissen, auch ist die Schrift durch Reibung oder Wasserflecke an vielen Stellen beschädigt. Hier und da hat eine spätere Hand die blassen Züge nachgezogen. Die ܟܘܪܣܐ waren ursprünglich durch doppelte Zahlen (Buchstaben) am Rande markirt. Kurrâs-Zahlen sind nicht mehr vorhanden.

Der Text zeigt eine spärliche Vocalisation, gelegentlich auch *Rukkâkhâ* und *Kuššâjâ*. Der Diphthong *au*, wie gewöhnlich, ܐܘ geschrieben, z. B. ܕܡܘܬ: beachtenswerth Schreibungen wie ܦܘܡ statt ܦܘܡ Bl. 16ᵇ Z. 9 v. u.: ܫܘܬܦܘܢ statt ܫܘܬܦܘܢ Bl. 18ᵇ Z. 13 v. u. Die Schrift zeigt nur die ältesten Formen des Estrangelo und noch keinerlei Hinneigung zur Nestorianischen Schrift oder zum *Sertô*. Die Hds. dürfte im 8. Jahrhundert, in dem die Vocalisation eingeführt wurde, geschrieben sein.

29 Blätter, die Seite zu 32 Zeilen. Das Format war ungefähr 13 cm Breite und etwas mehr als 20 cm Länge.

12.

(Sachau 20.)

Pergament.

Nestorianisch.

Dreizehn lose Blätter, die zum Theil durch Einreissen und Abreissen von Stücken beschädigt sind. Bruchstück eines Evangeliariums, einer Evangelienharmonie (nicht identisch mit Tatian's Diatesseron), enthaltend eine Darstellung des Lebens Christi mit Worten, die aus den Evangelien nach der *Pešîṭtâ* ausgewählt sind. Der vorliegende Text ist aus Johannes, Matthäus und Lucas mosaikartig zusammengesetzt und zum Vortrag in der Fasten- und Osterzeit bestimmt. Vergl. Nr. 13 und Wright S. 176 Nr. 237.

Inhalt:

Bl. 1ᵃ Col. 1 Z. 1—13 = Johannes 6, 66—69.

Anfangsworte:

ܠܒܣܬܪܗܘܢ. ܘܠܐ ܡܗܠܟܝܢ ܗܘܘ ܥܡܗ.

Endworte:

ܕܐܢܬ ܗܘ ܡܫܝܚܐ ܒܪܗ ܕܐܠܗܐ ܚܝܐ.

Überschrift Z. 13—18:

ܕܚܡܫܒܫܒܐ ܕܡܨܥܬܐ ܕܨܘܡܐ.
ܐܘܢܓܠܝܘܢ ܩܕܝܫܐ ܕܡܪܢ ܝܫܘܥ ܡܫܝܚܐ
ܟܪܘܙܘܬܐ ܕܝܘܚܢܢ.

»Für den Donnerstag der mittleren Fastenwoche: Das h. Evangelium unseres Herrn Jesus Messias, Verkündigung des Johannes.«

Col. 1 Z. 18—Bl. 1ᵇ Col. 1 Z. 19 = Johannes 7, 1—13.

Anfangsworte:

ܒܬܪ ܗܠܝܢ: ܡܗܠܟ ܗܘܐ ܝܫܘܥ ܒܓܠܝܠܐ.

Endworte:

ܡܛܠ ܕܚܝܠܬܐ ܕܝܗܘܕܝܐ. ܫܠܡ.

Neben Z. 19 ff. am Rande folgende, nicht mehr vollständig erhaltene Notiz:

ܕܥܪܘܒܬܐ —
ܩܕܝܫܐ ܕܝܘ —

Der vorhandene Raum würde folgende Ergänzung gestatten:

ܕܥܪܘܒܬܐ [ܐܘܢܓܠܝܘܢ]
ܩܕܝܫܐ ܕܝܘ[ܚܢܢ]

»Für den Freitag: Evangelium des h. Johannes.«

Zwischen Z. 19 und 20 ein Wort wie ܡܦܪܫ (oder ܦܪܫ). Möglicher Weise zu verbinden mit dem vorhergehenden ܫܠܡ, also ܫܠܡ ܦܪܫ.[ܟܐ] d. i. *Explicit lectio* (*pericope*).

Col. 1, 20—Col. 2 1. Z. = Johannes 7, 14—21.

Anfangsworte:

ܗܘ ܕܝܢ ܦܠܓܘ ܘܡܛܠܬܐ ܟܢܫܝܢ.

Endworte:

ܚܒܘ ܒܒܐ ܠܓܡܠܐ. ܚܒܢ.

Lücke zwischen Bl. 1 und 2.

Bl. 2ᵃ Col. 1 Z. 1—Bl. 2ᵇ Col. 1 Z. 13 = Johannes 8, 46—59.

Anfangsworte:

ܡܢܡܢܟܘܢ ܐܢܬܘܢ ܠܝ.

Endworte:

ܘܥܒܪ ܒܝܢܬܗܘܢ ܘܐܙܠ.

Die Angabe des Tages (fünfter Freitag im Fasten), für den diese Perikope bestimmt war, ist nicht mehr erhalten.

Eine zum Theil zerstörte Überschrift Bl. 2ᵇ Col. 1 Z. 14—19: ܕܚܕܒܫܒܐ ܕܫܬܬܐ
ܕܨܘܡ.... ܘܚܬܡܗ ܐܚܪܢܐ.... ܘܐܘܢܓܠܝܘܢ
ܩܕܝܫܐ ܕܡܪܢ ܝܫܘܥ ܡܫܝܚܐ ܟܪܘܙܘܬܐ
ܕܝܘܚܢܢ

»Für den sechsten Sonntag im Fasten - - - - - Das h. Evangelium unseres Herrn Jesus Messias, Verkündigung des Johannes.«

Bl. 2ᵇ Col. 1 Z. 19—Bl. 3ᵇ Col. 2 Z. 5 = Johannes 9, 39—10, 21.

Anfangsworte:

ܘܐܡܪ ܝܫܘܥ ܠܝܗ̈ܘܕܝܐ ܕܗܝܡܢܘܗ̈ܝ. ܠܕܝܢܐ
ܕܥܠܡܐ ܗܢܐ ܐܬܝܬ.

Endworte:

ܘܠܡ ܫܐܕܐ ܠܐ ܥܝ̈ܢܐ ܕܥܘ̈ܝܪܐ.

Uberschrift Bl. 3ᵇ Col. 2 Z. 5—9:

ܕܥܪܘܒܬܐ ܕܫܬ ܕܨܘܡܐ. ܐܘܢܓܠܝܘܢ
ܩܕܝܫܐ ܕܡܪܢ ܝܫܘܥ ܡܫܝܚܐ ܟܪܘܙܘܬܐ
ܕܝܘܚܢܢ.

»Für den sechsten Freitag im Fasten: Das h. Evangelium unseres Herrn Jesus Messias, Verkündigung des Johannes.«

Neben dieser Uberschrift findet sich folgende Notiz von späterer Hand am Rande:
ܫܢܝ ܐܢܫܘܢ ܠܐ ܬܩܪܐ ܡܢܗܘܢ ܗܢܐ ܩܪܝܢܐ
ܐܠܐ ܗܘ ܕܒܬܪܗ. ܘܗܢܐ ܒܐܪܒܥܒܫܒܐ
ܕܐܬܐ ܒܡܨܥܬܐ ܕܨܘܡܐ ܗܘ ܡܬܩܪܐ
ܘܡܫܪܐ

Bl. 3ᵇ Col. 2 Z. 10—Bl. 4ᵇ Col. 2 Z. 5 = Johannes 10, 22—42.

Anfangsworte:

ܗܘܐ ܕܝܢ ܥܐܕܐ ܕܚܘܕܬܐ.

Endworte:

ܘܣܓܝܐܐ ܗܝܡܢܘ ܒܗ.

Uberschrift Bl. 4ᵇ Col. 2 Z. 5—8:

ܐܘ ܗܢܐ ܐܘܢܓܠܝܘܢ ܩܕܝܫܐ ܕܡܪܢ ܝܫܘܥ
ܡܫܝܚܐ ܟܪܘܙܘܬܐ ܕܝܘܚܢܢ.

»Oder das folgende h. Evangelium unseres Herrn Jesus Messias, Verkündigung des Johannes.«

Bl. 4ᵇ Col. 2 Z. 9—Bl. 6ᵇ Col. 1 Z. 27 = Johannes 11, 1—45.

Anfangsworte:

ܐܝܬ ܗܘܐ ܕܝܢ ܚܕ ܕܟܪܝܗ.

Endworte:

ܟܕ-ܚܙܘ ܡܕܡ ܕܥܒܕ ܝܫܘܥ ܗܝܡܢܘ
ܒܗ.

Uberschrift Bl. 6ᵇ Col. 1 Z. 27— Col. 2 Z. 3:

ܕܚܕܒܫܒܐ ܕܫܒܥܐ ܕܐܝܬܘܗܝ ܕܐܘܫܥܢܐ.
ܐܘܢܓܠܝܘܢ ܩܕܝܫܐ ܕܡܪܢ ܝܫܘܥ ܡܫܝܚܐ
ܟܪܘܙܘܬܐ ܕܡܬܝ.

»Für den siebenten Sonntag d. i. Hosianna-Sonntag (Palmsonntag): Das h. Evangelium unseres Herrn Jesus Messias, Verkündigung des Matthäus.«

Bl. 6ᵇ Col. 2 Z. 4—Bl. 7ᵇ Col. 2 letzte Zeile = Matthäus 20, 29—21, 21.

Anfangsworte:

ܘܟܕ ܢܦܩ ܝܫܘܥ ܡܢ ܐܝܪܝܚܘ.

Schlussworte:

ܐܠܐ ܐܦ ܠܦܘܪܐ

Lücke zwischen Bl. 7 und 8.

Bl. 8ᵃ Col. 1 Z. 1—Bl. 8ᵇ Col. 1 Z. 22 = Johannes 12, 27—43.

Anfangsworte:

ܢܦܫܝ ܗܐ ܫܓܝܫܐ.

Schlussworte:

ܝܬܝܪ ܡܢ ܫܘܒܚܗ ܕܐܠܗܐ.

Uberschrift Bl. 8ᵇ Col. 1 Z. 22—25:

ܕܐܪܒܥܒܫܒܐ ܐܚܪܝܐ ܕܨܘܡܐ. ܐܘܢܓܠܝܘܢ
ܩܕܝܫܐ ܕܡܪܢ ܝܫܘܥ ܡܫܝܚܐ ܟܪܘܙܘܬܐ
ܕܝܘܚܢܢ.[1]

»Für den letzten Mittwoch im Fasten: Das h. Evangelium unseres Herrn Jesus Messias, Verkündigung des Johannes.«

Bl. 8ᵇ Col. 2 Z. 1—Bl. 9ᵇ Col. 1 Z. 15 = Johannes 13. 1—17.

Anfangsworte:

ܩܕܡ ܕܝܢ ܥܐܕܐ ܕܦܨܚܐ

Schlussworte:

ܛܘܒܝܟܘܢ ܐܢܬܘܢ ܐܢ ܠܗܠܝܢ ܥܒܕܝܢ ܐܢܬܘܢ.

Auf Bl. 9ᵃ Col. 2 Z. 8—13 zwischen Johannes 13, 11 und 12 scheint eine Überschrift gewesen zu sein, die aber später ausradirt wurde. Vorher ܫܠ d. i. ܫܘܠܡܐ *finis* und nachher ܩܪܝ d. i. ܩܪܝܢܐ *lectio*.

Überschrift Bl. 9ᵇ Col. 1 Z. 16—19:

ܕܚܡܫܒܫܒܐ ܕܦܨܚܐ. ܐܘܢܓܠܝܘܢ ܩܕܝܫܐ
ܕܡܪܢ ܝܫܘܥ ܡܫܝܚܐ ܟܪܘܙܘܬܐ ܕܡܬܝ.

»Für den Oster-Donnerstag: Das h. Evangelium unseres Herrn Jesus Messias, Verkündigung des Matthäus.«

Bl. 9ᵇ Col. 1 Z. 20 — Col. 2 letzte Zeile = Matthäus 26, 1—5. 14—17.

Anfangsworte:

ܘܗܘܐ ܟܕ ܫܠܡ ܝܫܘܥ ܠܟܠܗܘܢ.

Schlussworte:

ܢܛܝܒ ܠܡܛܝܒܘܬܐ ܠܟ

Lücke zwischen Bl. 9 und 10.

Bl. 10 (Torso)ᵃ Col. 1 und 2 = Matthäus 26, 34—44.

Anfangsworte:

ܐܡܪ ܠܗ ܝܫܘܥ. ܐܡܝܢ

Schlussworte:

ܘܫܒܩ ܐܢܘܢ. ܘܐܙܠ

Am unteren Theil des Blattes ist eine oder zwei Zeilen abgerissen.

Bl. 10ᵇ Col. 1 und 2 = Lucas 22, 43—45; Matthäus 26, 45—49; Lucas 22, 48; Matthäus 26. 50; Johannes 18, 10. 11 (Col. 1 Z. 1—9. 9—Col. 2 Z. 6. Z. 6—10. Z. 10—14. Z. 15 ff. Unterer Theil der Columne abgerissen.)

Anfangsworte:

ܡܢ ܫܡܝܐ ܕܡܚܝܠ ܠܗ.

Schlussworte:

ܕܡܟܝܟܐ. [ܫܡܥܘܢ ܕܝܢ] ܕܐܚܝܕ ܗܘܐ ܣܦ[ܣܝܪܐ
ܘܫܡܛ]ܗ [ܘܡܚܝܗܝ]

Bl. 11ᵃ⁺ᵇ = Johannes 18, 11; Matthäus 26, 52—54; Lucas 22, 51; Matthäus 26, 55—72.

Die untere Hälfte der inneren Columne ist abgerissen.

Anfangsworte:

ܠܐ ܐܫܬܝܘܗܝ. ܟܠܗܘܢ ܓܝܪ

Schlussworte:

[ܗܘ]ܝܕܝܢ ܫܪ[ܝ ܡܚܪܡ ܠܟܠܗܘܢ] ܘܐܡ[ܪ ܠܐ
ܝܕ[ܥ] ܐܢܐ [ܠܓܒܪܐ ܐܝܟܢܐ] ܐ[ܡܪܬ]

Bl. 12ᵃ Col. 1 Z. 1—Bl. 12ᵇ Col. 1 Z. 19 = Matthäus 26, 72—75.

Anfangsworte:

ܒܡܘܡܬܐ. ܕܠܐ ܝܕܥ ܐܢܐ

Schlussworte:

ܘܢܦܩ ܠܒܪ ܒܟܐ ܡܪܝܪܐܝܬ.

[1] Neben dieser Überschrift findet sich auf dem Rande von späterer Hand eine ähnliche Notiz wie auf Bl. 3ᵇ, anfangend ܫܠܡ ܐܘܢܓ, aber nicht mehr leserlich.

Überschrift Bl. 12[b]:

ܩܪܝܢܐ ܕܐܪܘܒܬܐ ܕܚܫܐ ܕܐܬܘܗܝ
ܡܫܪܝܐ ܫܒܬܐ ܪܒܬܐ. ܐܘܢܓܠܝܘܢ ܩܕܝܫܐ
ܕܡܪܢ ܝܫܘܥ ܡܫܝܚܐ ܟܪܘܙܘܬܐ ܕܡܬܝ.

»Lesung für den Leidenstag (Freitag), den Anbruch der Grossen Woche: Das h. Evangelium unseres Herrn Jesus Messias, Verkündigung des Matthäus.«

Bl. 12[a] Col. 2 Z. 1—12[b] Col. 2 letzte Zeile = Matthäus 27, 1—2; Johannes 18, 28. 29; Lucas 23, 2. 4—12; Matthäus 27, 3 (Col. 2 Z. 1—5, Z. 5—17, Z. 18—Bl. 12[b] Col. 1 Z. 3, Z. 4—Col. 2 Z. 23, Z. 24).

Anfangsworte:

ܟܕ ܕܝܢ ܗܘܐ ܨܦܪܐ. ܡܠܟܐ ܢܣܒܘ

Schlussworte:

ܩܕܡ ܗܓܡܘܢܐ ܦܝܠܛܘܣ

Bl. 13[a+b] = Matthäus 27, 3—11; Johannes 18, 34—37; Matthäus 27, 12—14; Johannes 19, 10. 11; Lucas 23, 13. 14 (Z. 1—Col. 2 Z. 14, Z. 14—Bl. 13[b] Col. 1 Z. 18, Z. 18—Col. 2 Z. 3, Col. 2 Z. 4—15, Z. 6 — letzte Zeile). Die innere Columne auf der Innenseite oben abgerissen.

Anfangsworte:

[ܟܕ ܚܙܐ] ܕܐܬܚܝܒ [ܝܫܘܥ ܐ|ܬܬ]ܘܝ ܘܐܗܦܟ
ܐ]ܢܘܢ ܠܬܠ[ܬܝܢ ܕ]ܣܐܡܐ ܠܪ̈ܒܝ

Schlussworte:

ܗܢܐ ܡܢ ܟܠ ܕܡܪ̈ܓܝܢ

Es sind drei Lücken vorhanden:

1. zwischen Bl. 1—2,
2. zwischen Bl. 7—8,
3. zwischen Bl. 9—10.

Die übrigen Blätter geben einen fortlaufenden Text.

Die Vergleichung des Textes der Hds. mit der Ausgabe von Lee ergiebt folgende Varianten:

		Lee	Sachau 20
1.	Johannes 9, 39	ܘܐܡܪ ܝܫܘܥ ܠܕܝܢܗ	ܘܐܡܪ ܝܫܘܥ ܠܟܢ̈ܫܐ ܕܝܗܘܕܝܐ. ܠܕܝܢܗ
2.	Johannes 10, 1	ܕܘܟܐ ܐܚܪܢܐ	ܕܘܟ̈ܐ ܐܚܪ̈ܢܐ
3.	Johannes 10, 35	ܡܠܬܗ ܕܐܠܗܐ	ܡܠܬܐ ܕܐܠܗܐ
4.	Johannes 10, 39	ܠܡܐܚܕܗ	ܕܢܐܚܕܘܢܝܗܝ.
5.	Johannes 11, 10	ܡܛܠ ܕܢܘܗܪܐ ܠܝܬ ܒܗ	ܡܛܠ ܕܢܘܗܪ̈ܐ ܠܝܬ ܒܗ.
6.	Johannes 11, 17	ܕܐܪܒܥܐ ܝܘܡܝܢ ܐܝܬ ܠܗ ܒܒܝܬ ܩܒܘܪܐ	ܕܐܪܒܥܐ ܠܗ ܝܘܡܝܢ ܕܐܬܬܣܝܡ ܒܒܝܬ ܩܒܘܪܐ.
7.	Johannes 12, 30	ܠܐ ܡܛܠܬܝ	ܠܐ ܗܘܐ ܡܛܠܬܝ
8.	Matthäus 26, 1	ܘܗܘܐ ܕܟܕ ܫܠܡ ܝܫܘܥ ܟܠܗܝܢ ܡ̈ܠܐ ܗܠܝܢ. ܐܡܪ ܠܬܠܡܝܕܘܗܝ.	ܘܐܡܪ ܝܫܘܥ ܠܬܠܡܝܕܘܗܝ.
9.	Lucas 22, 48	ܐܡܪ ܠܗ ܝܫܘܥ	ܗܝܕܝܢ ܐܡܪ ܠܗ ܝܫܘܥ.
10.	Matthäus 27, 1	ܟܠܗܘܢ ܪ̈ܒܝ ܟܗܢܐ	ܪ̈ܒܝ ܟܗܢܐ
11.	Matthäus 27, 1. 2.		Bl. 12[a] Col. 2: ܟܕ ܕܝܢ ܗܘܐ ܨܦܪܐ. ܡܠܟܐ ܢܣܒܘ ܥܠ ܝܫܘܥ.

Lee	Sachau 20
Matthäus 27. 1. 2.	Bl. 12ª Col. 2:
	ܪܒܝ ܟܗܢܐ ܘܩܫܝܫܐ
	ܕܥܡܐ ܐܝܟ ܕܢܡܝܬܘܢܝܗܝ.
	ܘܐܣܪܘܗܝ ܘܐܘܒܠܘܗܝ.
Johannes 18, 28 ܐܝܬܝܘܗܝ ܕܝܢ ܠܝܫܘܥ ܡܢ	ܘܐܝܬܝܘܗܝ ܡܢ ܠܘܬ
ܠܘܬ ܩܝܦܐ ܠܦܪܛܘܪܝܢ.	ܩܝܦܐ ܠܦܪܛܘܪܝܢ.
Matthäus 27, 2 ܘܐܫܠܡܘܗܝ ܠܦܝܠܛܘܣ	ܘܐܫܠܡܘܗܝ ܠܦܝܠܛܘܣ
ܗܓܡܘܢܐ.	ܗܓܡܘܢܐ. ܘܗܢܘܢ
Johannes 18, 28 ܘܗܢܘܢ ܠܐ ܥܠܘ ܠܦܪܛܘܪܝܢ.	ܠܐ ܥܠܘ ܠܦܪܛܘܪܝܢ.
12. Lucas 23, 4 ܘܐܡܪ ܦܝܠܛܘܣ ܠܪ̈ܒܝ ܟܗܢܐ	ܐܡܪ ܠܗܘܢ ܦܝܠܛܘܣ.
ܘܠܟܢܫܐ. ܐܢܐ	
13. Lucas 23, 13 ܘܠܐܪ̈ܟܘܢܐ ܘܠܥܡܐ ܘܐܡܪ	ܘܐܪ̈ܟܘܢܐ ܕܥܡܐ ܘܐܡܪ

Der Text hat manche Punktvocale, *Rukkâkhâ*, *Ḳuššâjâ*, *Mehagjânâ* und eine sorgfältige Interpunction. Die Schrift kann dem 8. oder 9. Jahrhundert angehören.

Aus folgenden Schreibungen:

ܫܘܐ	1ª Col. 2, 8
ܕܢܫܘܐ	8ª 1 l. pen.
ܟܦܘܐ	8ª 2. 3
ܟܦܘܫ	2ª 2 unten
ܡܫܘܡ	7ª 2, 5
ܕܟܘܪܘ	8ᵇ 1, 8
ܫܘܬ	4ᵇ 2, 17
ܡܕܘܡ	8ᵇ 1, 18
ܘܐܘܒܠܘܗܝ	12ª 2, 5

ergiebt sich, dass die Hds. Nestorianischen Ursprungs ist.

Von Kurrâs-Nummern sind folgende vorhanden:

6 ܘ auf Bl. 5ᵇ.

7 ܙ auf Bl. 6ª, 12ᵇ.

8 ܚ auf Bl. 13ª.

13 Blätter (ungefähr 34,5 × 25 cm), die Seite zu 2 Columnen, die Columne zu 23—28 Zeilen.

13.

(Sachau 14.)

Pergament.

Jakobitisch.

Fragment einer Evangelienharmonie, ein aus kleineren und grösseren Theilen der vier Evangelien zusammengestellter fortlaufender Text, eingetheilt nach den Tagen und täglichen Gottesdienst-Zeiten, an denen die einzelnen Abschnitte vorgetragen wurden. Der Bibeltext ist der des Thomas von *Ḥarkel*. Das, was erhalten ist, war bestimmt für Palmsonntag, den Tag vorher und Montag und Dienstag nachher. Vergl. Nr. 12.

Vielleicht ist diese Evangelienharmonie identisch mit der von S. E. Assemani bei White, Sacrorum Evangeliorum versio Syriaca Philoxeniana S. 645 erwähnten: ܦܘܢܩܐ ܕܐܘܢܓܠܝܘܢ ܕܟܢܘܫܐ ܦܘܫܩܐ ܕܟܢ̈ܫܝܐ ܡܢ ܐܪܒܥܬܝܗܘܢ ܐܘܢܓܠܝ̈ܣܛܐ ܐܝܟ ܬܘܪܓܡܐ ܕܬܐܘܡܐ ܚܪܩܠܝܐ in einer Handschrift vom Jahre 859 n. Chr. Vergl. Th. Zahn, Forschungen zur Geschichte des Neutestamentlichen Canons, Erlangen 1881, Bd. 1 S. 294 and GWYNNE, On a Syriac ms. of the New Testament, Transactions of the Royal Irish Academy vol. XXX S. 354. 355.

Inhalt:

Bl. 1ª Anfang:

ܡܠܟܐ ܕܐܬܐ ܠܟܝ: ܡܟܝܟ ܘܪܟܝܒ
ܥܠ ܚܡܪܐ. ܘܥܠ ܥܝܠܐ ܒܪܗ ܕܐܬܢܐ.

Matthäus 21, 5—22.

Bl. 1ᵇ Col. 2:

ܕܪܡܫܐ ܕܐܘܫܥܢܐ (l. ܕܐܘܫܥܢܢܐ)
ܕܒܥܕܬܐ: ܒܨܦܪ̄ܐ

Marcus 11, 1—23.

Bl. 2ᵇ Col. 2, 3. Z. v. u.:

ܕܨܦܪܐ ܕܚܕܒܫܒܐ ܕܐܘܫܥ̈ܢܐ ܒܩܘܡ.
ܠܝܘܚܢܢ ܕܠܡܚܪ. ܚܕܐ

Anfang von Johannes 12, 12.

Zwischen Bl. 2 und 3 eine Lücke.

Bl. 3ª Col. 1 = Lucas 12, 36—40. Das. letzte Zeile = Marcus 13, 33—37.

Bl. 3ª Col. 2, 21—25 = Lucas 12, 41. Das. Z. 26 = Matthäus 24, 45—51.

Bl. 3ᵇ Col. 1 Z. 26 = Lucas 12, 47. 48. Das. Col. 2 med.:

ܨܦܪܐ ܕܚܕܢܐ ܕܩܘܪܒܐ ܗܘ ܕܠܠܝܐ ܕܬ̈ܪܝܢ
ܒܫܒܐ ܕܚܫܐ ܒܬܫܡܫܬܐ ܗܝ ܕܩܕܡ
ܕܠܡܐܢܐ ܒܥܕܬܐ.

Matthäus 25. 1—13.

Bl. 4ª Col. 2:

ܕܬܫܡܫܬܐ ܕܬܠܬ ܕܠܠܝܐ ܕܬ̈ܪܝܢ ܒܫܒܐ
ܕܚܫܐ ܒܥܕܬܐ.

Matthäus 22, 1—4. Das. Z. 27 = Lucas 14, 18—20.

Bl. 4ᵇ Col. 1 Z. 15 = Matthäus 22, 6—9. Das. Col. 2 Z. 5 = Lucas 14, 22—24. Das. Z. 18 = Matthäus 22, 10—11.

Eine Lücke zwischen Bl. 4 und 5.

Bl. 5ª Col. 1 = Matthäus 22, 17—22. Das. Z. 17 = Marcus 12, 28—31. Das. Col. 2 Z. 15 = Matthäus 22, 40. Das. Z. 17 = Marcus 12, 32—34.

Bl. 5ᵇ Col. 1 Z. 11:

ܕܬܠ̈ܬ ܫܥ̈ܝܢ ܕܝܘܡ ܬ̈ܪܝܢ ܒܫܒܐ ܕܚܫܐ.
ܒܥܕܬܐ.

Matthäus 22, 41—43. Das. Z. 22 = Marcus 12, 36. 37. Das. Col. 2 Z. 5 = Lucas 20, 45—47. Das. Z. 18 = Marcus 12, 41—44.

Bl. 6ª Col. 1 med.:

ܕܪܡܫܐ ܕܬܠܬܐ ܒܫܒܐ ܕܚܫܐ. ܡܢ ܡܪܩܘܣ

Marcus 11, 11—15. Das. Col. 2 Z. 12 = Marcus 11, 19—25.

Bl. 6ᵇ Col. 1 Z. 17 = Lucas 20, 1—8. Das. Col. 2 Z. 35:

ܡܟܝܠ ܕܝܢ ܠܟܘܢ ܡܫܬܘܕܪܐ. ܒܪܢܫܐ ܐܢܫ
ܐܢܬ

Einige der Perikopen sind dieselben, wie im Lectionarium Nr. 15, wo auch dieselben Bezeichnungen der Gebetszeiten vorkommen.

Diese 6 Blätter sind der Rest von einem Kurrâs 8 ܚ (diese Ziffer in einer farbigen Vignette auf Bl. 1ª und 6ᵇ). Die Evangelien, denen die Texte entnommen sind, sind an einigen Stellen (nicht überall) am Rande angegeben. Die Hds. muss einmal in Armenischen Händen gewesen sein, denn auf Bl. 1ª und 6ᵇ findet sich die Armenische Ziffer 11. Die Blätter waren von einer späteren Hand numerirt als Bl. 70. 71. 74. 75. 78. 79. Vocale sind nicht vorhanden. Die Hds. kann im 9. oder 10. Jahrhundert geschrieben worden sein. Die Überschriften der einzelnen Perikopen waren ursprünglich vergoldet.

6 Blätter (24, 5 × 19 cm). Die Seite zu 2 Columnen, die Columne zu 27 Zeilen.

14.

(Sachau 304.)

Pergament.

Ein Evangeliarium[1] nach der *Pešiṭtâ,* von dem der Anfang fehlt und dessen Blätter in den oberen Hälften zum grossen Theil durch Feuer zerstört sind: geschmückt mit vielen farbigen Bildern (s. die Inhaltsangabe) und mit Ornamenten verschiedener Art, z. B. Rosetten, in denen die Kurrâs-Ziffern stehen. Die Zeichnungen sind sorgfältiger ausgeführt als diejenigen in Nr. 15.

Dies Evangeliarium scheint mir Nestorianischen Ursprungs zu sein. Abgesehen davon, dass die beiden Ergänzer Nestorianer waren, überwiegen unter den angeführten Heiligen diejenigen der Nestorianer. Neben ihnen kommen aber auch die Gründer der später Jakobitischen Klöster im *Ṭûr-'Abdîn* vor. Die Anordnung der Texte und besonders der hier vorkommende Heiligen-Kalender dürften einer sehr alten Zeit (derjenigen vor der Spaltung der Syrischen Nation?) angehören. Denn es ist nicht anzunehmen, dass zur Zeit des ausgeprägten Gegensatzes zwischen Nestorianern und Jakobiten in einem für den praktischen Gebrauch bestimmten Kirchenbuch neben Nestorianischen Heiligen solche Männer genannt worden seien, die zwar vor der Zeit der Spaltung gelebt, aber Klöster gegründet hatten, die späterhin ausschliesslich von Jakobitischen Mönchen bewohnt waren.

Das Alter der Hds. ist nicht angegeben; sie ist 1697 Gr. = 1386 n. Chr. neu gebunden. Die Schrift ist derjenigen von Nr. 15, die vom Jahre 1241 n. Chr. datirt ist, sehr ähnlich. Die Schrift kann im 13. Jahrhundert geschrieben sein, sie kann aber auch älter sein. Die Hds. ist aus dem *Ṭûr-'Abdîn* gekommen, näheres über die Provenienz mir nicht bekannt.

Die Einrichtung des Evangeliariums zeigt nichts besonderes; jeder Perikope ist der Gesang ܥܘܢܝܬܐ, bezeichnet durch die Anfangsworte, hinzugefügt. Bemerkenswerth ist der Umstand, dass in den Notizen zu den Gedenktagen (Freitagen) vielfach die heiligen Männer, Bischöfe, Märtyrer, Klostergründer nach ihren Provinzen zu Gruppen zusammengefasst sind. Der Titel des Werkes ist erhalten auf Bl. 195^a:

»Die Lesungen (Perikopen) des Kreises des ganzen Jahres, der Sonn- und Freitage, der Feste, Gedenk- und Gebettage.«

In der ursprünglichen Hds. schloss sich hieran ein *Gazzâ* (Thesaurus) an, enthaltend ausser anderem die Perikopen, die bei den Weihungen der verschiedenen Grade der Geistlichkeit vorgetragen worden. Hiervon ist aber nur eine Seite vorhanden.

Nach der Notiz auf Bl. 195^a haben Mönche die Hds. zu verbrennen gesucht. Ob desshalb, weil sie (Jakobitische Mönche) bemerkten, dass Nestorianische Heilige darin erwähnt sind?

Die Hds. bestand aus einem ungeordneten Convolut von losen Blättern. Mit Hülfe mancher Kurrâs-Zahlen sowie der kalendarischen Überschriften der einzelnen Perikopen sind die Blätter geordnet worden. Bei der folgenden Inhaltsübersicht ist zu beachten, dass viele Uberschriften verschwunden oder nicht mehr lesbar sind. Von den Kurrâs scheinen 1 und 2 ganz verloren. Im Einzelnen viele Lücken, da sämmtliche Kurrâs in einzelne Blätter aufgelöst und viele davon verloren gegangen sind.

Inhalt:

Bl. 1^b. Epiphania: [ܦܘܢܝܐ ܕܐܠܗܐ ܕܕܢܚܗ ܕܡܪܢ]

Bl. 1^b. 2^a Bilder.

Bl. 2^a Eine Mutter Gottes mit dem Kinde; zerstört.

[1] Vergl. Wright, S. 182—188.

Bl. 2ᵇ Gedenktag der Mutter Gottes.

Bl. 5 von einem Nestorianischen Ergänzer.

Bl. 6ᵃ Gedenktag Johannes des Täufers, am 1. Freitag nach Epiphania.

Bl. 7 von dem Nestorianischen Ergänzer.

Bl. 9ᵃ Montag des Gebetes der Jungfrauen: ܕܬܪܝܢ ܒܫܒܐ ܕܒܥܘܬܐ ܕܒܬܘܠܬܐ

Bl. 10ᵃ Dienstag des Gebetes der Jungfrauen.

Bl. 11ᵇ Mittwoch des Gebetes der Jungfrauen.

Bl. 12ᵃ Donnerstag derselben Woche: Gedenktag des Bischofs Johannes von *Ḥira*, genannt *El'azraḳ*: ܕܚܝܪܬܐ ܗܘ ܕܡܪܝ. ܝܘܚܢܢ ܐܦܝܣܩܘܦܐ ܕܚܝܪܬܐ ܕܡܬܟܢܐ ܐܠܐܙܪܩ ܕܗܘ (Von jüngerer Hand) ܐܠܐܙܪܩ ܬܩܢܗ ܠܒܥܘܬܐ ܗܕܐ.

Danach hat Bischof Johannes von *Ḥira* diese Tage der *Preces virginum* in den Gottesdienst eingeführt. Vergl. Assemani III, 182.

Bl. 12ᵇ Freitag nach Epiphania: Gedenktag von Peter und Paul.

Bl. 14ᵇ Zweiter Sonntag nach Epiphania.

Bl. 15ᵇ Dritter Freitag nach Epiphania: Gedenktag der Evangelisten.

Bl. 16ᵇ ܡܘܕܟܪܐ ܕܟܠ ܡܫܒܚܢ ܕܡܕܒܪܢܐ ܕܦܛܪܘܣ ܘܦܘܠܘܣ ܘܐܘܢܓܠܣܛܐ. ܚܕܝܐ ܥܪܘܒܬܐ.

Bl. 19ᵃ Dritter Sonntag nach Epiphania.

Bl. 20ᵃ Gedenktag des Johannes aus Dailam am 3. Sonntag nach Epiphania.

Bl. 21ᵇ Gedenktag des Stephanus.

Bl. 22ᵇ Vierter Sonntag nach Epiphania.

Bl. 24ᵃ Fünfter Freitag nach Epiphania: Gedenktag der Griechischen Lehrer Diodorus, Theodorus und Nestorius.

Bl. 25ᵇ Christi Eintreten in den Tempel am 2. Februar.

Bl. 25ᵇ Fünfter Sonntag nach Epiphania.

Bl. 27ᵃ Das Ninive-Gebet: ܕܒܥܘܬܐ ܕܢܝܢܘܐ Mehrere Perikopen.

Bl. 31ᵃ zwei Bilder. Bl. 32ᵇ ein Bild.

Bl. 33ᵇ Mittwoch des Gebets (von Ninive): ܕܐܪܒܥܐ ܒܫܒܐ ܕܒܥܘܬܐ.

Bl. 35ᵇ Donnerstag des Gebets.

Bl. 39ᵃ Sechster Freitag nach Epiphania: Gedenktag (wessen? eines Abraham?).

Bl. 42ᵇ Sechster Sonntag nach Epiphania.

Bl. 43ᵇ Siebenter Freitag nach Epiphania: Gedenktag des Catholicus *Mâr Abhâ*.

Bl. 45ᵃ ܡܘܕܟܪܐ ܕܟܠ ܡܫܒܚܢ ܕܡܕܒܪܢܐ ܕܡܪܝ ܐܦܝܣܩܘܦܗ ܘܕܡܪܝ. ܐܒܐ ܒܚܕܐ ܥܪܘܒܬܐ ܫܒܝܥܝܬ.

Bl. 48ᵇ Siebenter Sonntag nach Epiphania.

Bl. 50ᵃ Achter Freitag nach Epiphania: Gedenktag der 40 Märtyrer.

Bl. 51ᵇ Achter Sonntag nach Epiphania.

Bl. 52ᵃ Neunter Freitag nach Epiphania: Gedenktag der Todten.

Bl. 54ᵃ Sonntag des Fastenanfangs: ܡܥܠܢܝ̈ ܨܘܡܐ

Bl. 56ᵃ Dienstag der ersten Fastenwoche.

Bl. 57ᵃ Mittwoch und Donnerstag der ersten Fastenwoche.

Bl. 58ᵃ Freitag derselben Woche.

Bl. 59ᵃ Zweiter Sonntag im Fasten.

Bl. 61ᵃ Dritter Sonntag im Fasten.

Bl. 63ᵇ Vierter Sonntag im Fasten und folgende Tage.

Bl. 72ᵃ Fünfter Sonntag im Fasten.

Bl. 75ᵇ Sechster Sonntag im Fasten.

Bl. 81ᵃ Palmsonntag. Bruchstück eines Bildes: Christus auf dem Esel reitend.

Bl. 83ᵃ Montag der letzten Fastenwoche.

Bl. 86ᵃ Dienstag der letzten Fastenwoche.

Bl. 88ᵃ Mittwoch der letzten Fastenwoche.

Bl. 89ᵃ Bild der Fusswaschung.

Bl. 90ᵇ Gründonnerstag. Ein Bild, die Abendmahlseinsetzung und Fusswaschung darstellend, auf Bl. 90ᵇ.

Bl. 95ᵇ Charfreitag: ܥܪܘܒܬܐ ܕܚܫܐ

Bl. 100ᵃ Zweite Perikope für denselben Tag.

Bl. 104ᵃ Anfang vom Ostersonntag: ܕܩܝܡܬܗ
ܚܕܒܫܒܐ ܪܒܐ ܕܩܝܡܬܐ

Bl. 109ᵃ Dienstag nach Ostern.

Bl. 110ᵇ Mittwoch nach Ostern.

Bl. 112ᵃ Donnerstag nach Ostern.

Bl. 113ᵇ Gedenktag des h. Georg am 24. April.

Bl. 116ᵃ Dritter Sonntag nach Ostern.

Bl. 117ᵃ Dritter Freitag nach Ostern: Gedenktag des Johannes, Abraham, Daniel und ihrer Genossen, der Metropoliten von Arbela:
ܕܘܟܪܢܐ ܗܘ ܕܝܘܚܢܢ ܘܐܒܪܗܡ ܘܕܢܝܐܝܠ
ܘܚܒܪܝܗܘܢ ܣܗܕܝܗܘܢ ܡܝܛܪܦܘܠܝܛܐ
ܕܐܪܒܠ

Nach einer Randnotiz Bl. 117ᵃ ist der Montag dieser Woche der Gedenktag des *Rabban Hormizd.*

Bl. 117ᵇ Vierter Sonntag nach Ostern.

Bl. 119ᵃ Vierter Freitag nach Ostern: Gedenktag des Sergius und Bachus.

Bl. 119ᵃ Fünfter Sonntag nach Ostern.

Bl. 120ᵇ Sechster Sonntag nach Ostern.

Bl. 122ᵃ Himmelfahrt.

Bl. 123ᵇ ein Bild der Himmelfahrt.

Bl. 124ᵃ Sechster Freitag nach Ostern.

Bl. 124ᵇ Siebenter Freitag nach Ostern: Gedenktag des *Mâr Aḥâ*, Johannes, *Šâhîn, Jesu Bar Nôn, Aduršâbhôr, Bakhtîšô'* und der Genossen ihres Martyriums: ܕܘܟܪܢܐ ܗܘ
ܕܡܪܝ ܐܚܐ ܘܝܘܚܢܢ ܘܫܗܝܢ ܘܝܫܘܥ ܒܪ ܢܘܢ
ܘܐܕܘܪܫܒܘܪ ܘܒܟܬܝܫܘܥ ܘܚܒܪܝܗܘܢ
ܣܗܕܝܗܘܢ ܩܕܝܫܐ.

Bl. 125ᴬ Sonntag nach Pfingsten.

Die Blätter 125ᴬ, 125ᴮ, 126 von einem Ergänzer.

Bl. 127ᵃ Pfingstsonntag.

Bl. 129ᵇ Goldener Freitag.

Bl. 131ᵃ Fest der Apostel.

Bl. 134ᵃ Dritter Apostelfreitag: Gedenktag des Athanasius und der anderen Patriarchen:
ܕܘܟܪܢܐ ܗܘ ܕܐܬܢܣܝܘܣ ܘܫܪܟܗܘܢ
ܦܛܪܝܪܟܐ.

Bl. 135ᵇ Vierter Apostelfreitag: Gedenktag der Märtyrerin ܕܘܟܪܢܐ ܗܝ ܕܗܕܝܬܐ

Bl. 135ᵇ Fünfter Apostelfreitag.

Bl. 133—138 von dem Ergänzer.

Bl. 143ᵇ Siebenter Sonntag in der Apostelwoche: ܕܚܕܒܫܒܐ ܕܫܒܥܐ ܕܫܒܘܥܐ
ܕܫܠܝܚܐ.

Bl. 144ᵇ Siebenter Freitag der Apostelwoche: Gedenktag der 70 Apostel.

Bl. 146ᵇ Sonntag des Endes der Apostelwoche.

Bl. 148ᵃ Gedenktag des h. Cyriacus am 15. Juli: ܕܘܟܪܢܐ ܕܡܪܝ ܩܘܪܝܩܘܣ
ܕܐܬܟܠܠ ܒܣܗܕܘܬܐ ܥܡ ܝܘܠܝܛܝ ܐܡܗ
ܘܥܡܗ ܕܟܐ.

Bl. 149ᵃ Erster Freitag des Sommers: Gedenktag des Bischofs Jacob von Nisibis.

Bl. 151ᵃ Dritter Sonntag im Sommer.

Bl. 153ᵃ Dritter Freitag im Sommer: Gedenktag des *Šembaitê, Kelîl-Îšô'*, Ephraem, *Îšô'-Sabhran*, Abraham, *Îšô'-Jabh, Burz-Îšô'* und ihrer Genossen, der Bischöfe von Ninive:
ܕܘܟܪܢܐ ܗܘ ܕܫܡܒܝܬܐ ܘܟܠܝܠ ܝܫܘܥ
ܘܐܦܪܝܡ ܘܝܫܘܥ ܣܒܪܢ ܘܐܒܪܗܡ
ܘܝܫܘܥ ܝܗܒ ܘܒܘܪܙܝܫܘܥ ܘܚܒܪܝܗܘܢ
ܣܗܕܝܗܘܢ ܐܦܝܣܩܘܦܐ ܕܢܝܢܘܐ.

Bl. 153ᵇ Erscheinung Christi auf dem Berge Tabor am 6. August.

Bl. 153ᵇ Vierter Sonntag im Sommer.

Bl. 155ᵃ Vierter Freitag im Sommer: Gedenktag des *Mâr Mârî*, ܡܪܐ, *Mârôn* und ihrer Mitmärtyrer: ܕܘܟܪܢܐ ܗܘ ܕܡܪܝ ܡܪܝ
ܘܡܪܐ ܘܡܪܘܢ ܘܚܒܪܝܗܘܢ ܣܗܕܝܗܘܢ ܩܕܝܫܐ.

Bl. 155ᵃ Fünfter Sonntag im Sommer.

Bl. 156ᵇ Fünfter Freitag im Sommer: Gedenktag der *Šammônî* und ihrer Kinder.

Bl. 157ᵃ Sechster Sonntag im Sommer.

Bl. 157ᵇ Sechster Freitag im Sommer: Gedenktag des *Simeon Bar Ṣabbâ'ê.*

Bl. 158ᵃ Siebenter Sonntag im Sommer.

Bl. 159ᵃ Siebenter Freitag im Sommer: Gedenktag des Märtyrers *Ḳardagh.*

Bl. 159ᵃ Erster Sonntag in der Woche des h. Elias.

Bl. 160ᵇ Zweiter Freitag der Eliaswoche: Gedenktag des Geschlechts des *Bûlidâ'* und seiner Mitmärtyrer: ܕܘܟܪܢܐ ܕܒܝܬ ܒܘܠܝܕܐ ܘܕܚܒܪܘܗܝ ܣܗܕܐ

Bl. 161ᵃ Dritter Sonntag der Elias-Woche.

Bl. 162ᵃ Dritter Freitag der Elias-Woche: Gedenktag des *Abû Walgaš*, Abraham, *Îthalâhâ* und ihrer Genossen, der Bischöfe von Nisibis: ܕܘܟܪܢܐ ܗܘ ܕܐܒܘ ܘܠܓܫ ܘܐܒܪܗܡ ܘܐܝܬܐܠܗܐ ܘܟܠܗܘܢ ܚܒܪܝܗܘܢ ܐܦܝܣܩܘܦܐ ܕܢܨܝܒܝܢ.

Bl. 162ᵇ, 163ᵃ vier Bilder.

Bl. 163ᵃ Fest der Kreuzes-Auffindung.

Bl. 165ᵃ Erster Sonntag nach der Kreuzes-Auffindung.

Bl. 166ᵇ Erster Freitag nach der Kreuzes-Auffindung. Gedenktag des Königs Constantin und seiner Mutter Helena.

Bl. 167ᵃ Gedenktag des Catholicus *Sabhrîšô'* am 18. September.

Bl. 167ᵃ Zweiter Sonntag nach der Kreuzes-Auffindung.

Bl. 168ᵃ ܠܐܬܪܐ ܕܒܒܠܝܐ. ܥܒܘܕܐ ܘܡܫܡܫܢܐ ܥܘܡܪܐ ܕܩܠܝܬܐ

Bl. 168ᵃ ܥܒܘܕܐ ܕܬܠܬܐ ܕܘܟܪܢܐ ܗܘ ܕܒܢܝ ܩܝܡܐ

Bl. 170ᵇ Zweiter Freitag nach der Kreuzes-Auffindung: Gedenktag des Märtyrers Moses und des Jacobus Intercisus.

Bl. 172ᵃ Dritter Freitag nach der Kreuzes-Auffindung. Gedenktag des *Giwargis*, des *Zînarsê* und des *Jezdapnâh*: ܕܘܟܪܢܐ ܗܘ ܕܡܪܝ ܓܝܘܪܓܝܣ ܘܙܝܢܪܣܐ ܘܝܙܕܦܢܐܗ

Bl. 173ᵃ Vierter Sonntag nach der Kreuzes-Auffindung.

Bl. 174ᵃ Vierter Freitag nach der Kreuzes-Auffindung, Ende der Woche des *Mâr Elias.*

Bl. 175ᵇ Freitag danach. Gedenktag der Märtyrerinnen Thekla und Euphemia: ܕܘܟܪܢܐ ܗܘ ܕܬܩܠܐ ܘܐܘܦܡܝܐ ܣܗܕܬܐ

Bl. 175ᵇ Fünfter Sonntag nach der Kreuzes-Auffindung.

Bl. 176ᵇ Erster Freitag in der Moses-Woche. ܕܘܟܪܢܐ ܗܘ ܕܒܪܓܘܫܬ ܘܒܫܡܝܢ (?) ܘܟܬܫܒܥܝܢ ܘܟܠܗܘܢ ܚܒܪܝܗܘܢ ܣܗܕܐ

Bl. 178ᵃ Zweiter Moses-Sonntag.

Bl. 180ᵃ Zweiter Moses-Freitag: ܕܘܟܪܢܐ ܗܘ ܕܡܪܩܘܣ (?) ܡܪܝ ܘܡܪܝ ܐܝܫܥܝܐ ܘܡܪܝ ܚܢܢܝܐ ܘܕܢܚܐܝܠ ܘܟܠܗܘܢ ܚܒܪܝܗܘܢ ܣܗܕܐ

Bl. 180ᵃ Dritter Moses-Sonntag.

Bl. 181ᵇ Dritter Moses-Freitag: ܕܘܟܪܢܐ ܗܘ ܕܡܪܝ ܐܠܝܘܣ ܘܡܪܝ ܣܪܓܝܣ ܘܐܦܪܝܡ ܘܟܠܗܘܢ ܚܒܪܝܗܘܢ ܩܕܝܫܐ ܕܡܪܝܐ.

Bl. 181ᵇ Vierter Moses-Sonntag.

Bl. 184ᵇ Vierter Moses-Freitag. Gedenktag des *Barḳusrê*, Elias, Michael, Gabriel, der Gründer der Klausen und Klöster in Assyrien: ܕܘܟܪܢܐ ܗܘ ܕܡܪܝ ܒܪܩܘܣܪܐ ܘܡܪܝ ܐܠܝܐ ܘܡܪܝ ܡܝܟܐܝܠ ܘܡܪܝ ܓܒܪܐܝܠ. ܝܚܝܕܝܐ ܕܥܒܕܘ ܥܘܡܪܐ ܘܕܝܪܬܐ ܒܐܬܪܐ ܕܐܬܘܪ.

Bl. 184ᵇ Fünfter Moses-Sonntag.

Bl. 186ᵇ Fünfter Moses-Freitag: ܕܘܟܪܢܐ ܗܘ ܕܡܪܝ ܫܡܥܘܢ ܘܡܪܝ ܡܥܢܝܫܘܥ ܐܦܝܣܩܘܦܐ ܕܢܨܝܒܝܢ.

Bl. 187ᵃ Sechster Moses-Sonntag. Gedenktag des Märtyrers *Pethion* am 25. October: ܕܘܟܪܢܐ ܗܘ ܕܡܪܝ ܦܬܝܘܢ ܣܗܕܐ ܢܨܝܚܐ

Bl. 187ᵇ Sechster Moses-Freitag. Gedenktag der heiligen Väter *Marûthas, Ṣelîbhâ-Zekhâ,* Gabriel, Simeon, Nathaniel, Israel, *Šubhḥâ-*

lemâran und ihrer Genossen, der Bischöfe von *Amid* und *Maiperkaṭ*: ܕܘܟܪܢܐ ܗܘ ܕܐܒ̈ܗܝܢ ܩ̈ܕܝܫܐ ܡܪܝ ܡܪܘܬܐ ܘܡܪܝ. ܓܠܝܒܐ ܘܕܐ ܘܓܒܪܝܐܝܠ ܘܡܫܡܫܢܝܗܘܢ ܘܬܐܘܕܘܠ ܘܫܡܥܘܢ ܘܡܥܡܕܢܐ ܠܡܪܢ ܘܬܠܡܝܕܝܗܘܢ ܚܒܪ̈ܝܗܘܢ ܐܦܝܣܩܘܦܐ ܕܐܡܝܕ ܥܡ ܟܘܪܣܝܐ ܕܐܡܕ ܘܡܝܦܪܩܛ.

Bl. 188ª Siebenter Moses-Sonntag.

Bl. 188ᵇ Freitag. Ende der Moses-Woche: ܕܘܟܪܢܐ ܗܘ ܕܡܪܝ ܫܡܘܢܝ ܘܒܢܝ̈ܗ ܘܐܠܝܥܙܪ ܐܦܣܩܘܦܐ ܕܝܠܗܘܢ.

Bl. 189ª Gedenktag des Märtyrers *Mâr Benjamin*, des Bischofs von *Kephartûthâ*, am 1. November: ܕܘܟܪܢܐ ܕܡܪܝ ܒܢܝܡܝܢ ܣܗܕܐ ܘܐܦܝܣܩܘܦܐ ܕܟܦܪܬܘܬܐ.

Bl. 189ª Erster Sonntag der Erneuerung (der Kirche): ܕܫܘܠܡܐ ܘܡܫܪܝܐ ܕܚܘܕܬܐ ܕܗܘ ܟܐܠܝ ܡܢ ܗܪܟܐ ܠܡܥܠܐ.

Bl. 189ᵇ Erster Freitag der Erneuerung: ܕܘܟܪܢܐ ܗܘ ܕܡܪܝ ܐܘܓܝܢ ܘܫܒܥܐ ܘܬܠܡܝܕܝܗܘܢ ܬܠܬܡܐܐ.

Bl. 190ª Zweiter Sonntag der Erneuerung.

Bl. 190ᵇ Zweiter Freitag der Erneuerung. Gedenktag des Abraham, *Dâdhišô'*, *Bâbhai*, *'Abhdišô'*, *Jôḥannân* und ihrer Genossen, der Begründer der Klöster im Gebirge *Îzlâ*: ܕܘܟܪܢܐ ܗܘ ܕܡܪܝ ܐܒܪܗܡ ܘܡܪܝ ܕܕܝܫܘܥ ܘܡܪܝ ܒܒܝ ܘܡܪܝ ܥܒܕܝܫܘܥ ܘܡܪܝ ܝܘܚܢܢ ܘܬܠܡܝܕܝܗܘܢ ܘܚܒܪ̈ܝܗܘܢ. ܢܨܘܟܐ ܕܕܝܪ̈ܝܐ ܐܠܗܝܐ ܕܒܛܘܪܐ ܕܐܝܙܠܐ.

Bl. 190ᵇ Dritter Sonntag der Erneuerung.

Bl. 191ᵇ Dritter Freitag der Erneuerung: ܕܘܟܪܢܐ ܗܘ ܕܡܪܝ ܣܒܪܝܫܘܥ ܘܡܪܝ ܝܫܘܥܝܗܒ ܘܡܪܝ ܝܥܩܘܒ ܘܡܪܝ ܐܕܘܢܐ ܘܡܪܝ ܝܘܙܕܩ ܘܡܪܝ ܨܠܝܒܐ ܘܡܪܝ ܐܦܢܝܡܪܢ ܘܡܪܝ ܝܘܣܦ ܘܬܠܡܝܕܝܗܘܢ ܚܒܪ̈ܝܗܘܢ. ܢܨܘܟܐ ܕܕܝܪ̈ܝܐ ܐܠܗܝܐ ܒܐܬܪܐ ܕܒܝܬ ܢܘܗܕܪ̈ܐ.

Gedenktag des *Sabhrišô'*, *Išojabh*, Jacob, *Adhônâ*, *Jozadak*, *Ṣelîbhâ*, *Aphnimâran*, Joseph und ihrer Genossen, der Gründer der Klöster in *Nohadrân*.

Bl. 191ᵇ Vierter Sonntag der Erneuerung.

Bl. 192ᵇ Vierter Freitag der Erneuerung. Gedenktag des *Mar Jacob*, des Gründers des Klosters *Bêth-'Âbhê*, des *Ḥadhbešabbâ*, *Bar'êdtâ*, *Ḳâmîšô'*, Ephraem und ihrer Genossen, Gründer der Klöster in *Margâ*: ܕܘܟܪܢܐ ܗܘ ܕܡܪܝ ܝܥܩܘܒ ܢܨܘܟܐ ܕܕܝܪܐ ܕܒܝܬ ܥܒ̈ܐ. ܘܡܪܝ ܚܕܒܫܒܐ ܘܡܪܝ ܒܪܥܕܬܐ. ܘܡܪܝ ܩܡܝܫܘܥ ܘܡܪܝ ܐܦܪܝܡ ܘܬܠܡܝܕܝܗܘܢ ܚܒܪ̈ܝܗܘܢ ܢܨܘܟܐ ܕܕܝܪ̈ܝܐ ܐܠܗܝܐ ܒܐܬܪܐ ܕܡܪܓܐ.

Bl. 193ª Fünfter Sonntag der Erneuerung.

Bl. 193ª Fünfter Freitag der Erneuerung. Gedenktag des *'Abhdišô'*, *Îšô'zekhâ*, Sergius von *Ḥnâjethâ*, Abraham, *Sabhrîšô'*, Hiob und ihrer Genossen, der Begründer der Klöster in *Adiabene*: ܕܘܟܪܢܐ ܗܘ ܕܡܪܝ ܥܒܕܝܫܘܥ ܘܡܪܝ ܝܫܘܥܙܟܐ ܘܡܪܝ ܣܪܓܝܣ ܕܚܢܝܬܐ ܘܡܪܝ ܐܒܪܗܡ ܘܡܪܝ ܣܒܪܝܫܘܥ ܘܡܪܝ ܐܝܘܒ ܘܬܠܡܝܕܝܗܘܢ ܚܒܪ̈ܝܗܘܢ ܢܨܘܟܐ ܕܕܝܪ̈ܝܐ ܐܠܗܝܐ ܒܐܬܪܐ ܕܚܕܝܐܒ.

Bl. 193ª Sechster Sonntag der Erneuerung.

Bl. 194ª Sechster Freitag der Erneuerung. Gedenktag des Bischofs Paulus von Nisibis: ܕܘܟܪܢܐ ܗܘ ܕܡܪܝ ܦܘܠܘܣ ܐܦܝܣܩܘܦܐ ܕܢܨܝܒܝܢ.

Folgende Schlussnotiz auf Bl. 195ª Col. 2: ܫܠܡ ܒܥܘܕܪܢ ܡܪܢ ܩܕܝܫܐ ܕܫܘܕܪܐ ܕܟܠܗ ܫܢܬܐ ܕܚܕܒܫ̈ܒܐ ܘܕܥܪ̈ܘܒܬܐ ܘܕܥܐܕ̈ܐ ܘܕܡܘܕܪ̈ܐ ܘܕܡܘܬܒ̈ܬܐ.

Von jüngerer Hand daselbst die folgenden Notizen:

ܟܬܒܗ ܠܗܢܐ ܐܘܢܓܠܝܘܢ ܩܕܝܫܐ ܥܡܢܘܐܝܠ
ܕܝܪܝܐ ܘܡܫܡܫܢܐ ܒܪ ܐܚܐ ܕܝܘܚܢܢ ܐܦܝܣܩܘܦܐ
ܕܥܘܡܪܐ ܩܕܝܫܐ ܕܩܪܬܡܝܢ ܘܛܘܪܐ ܒܪܡ
(طور عبدين ?) ܘܟܪܟܗ ܘܚܕܬܗ ܟܪܝܗܐ ܘܡܚܝܠܐ
ܢܓܡܐ ܕܡܬܩܪܐ ܡܫܡܫܢܐ ܕܡܢ ܩܪܝܬܐ ܒܪ
ܥܣܥܪ (?) ܕܫܡܗ ܩܪܝܬܐ ܓܫܠܘܢܕ ܒܫܢܬ ܐܬܨܙ
ܨܠܘ ܥܠ ܟܬܘܒܐ ܘܡܚܕܬܢܐ.

Neben dem Ornament: ܐܘܩܕܘ ܡܫܝܚܝܐ ܡܢ ܗܘܐ ܟܬܒܐ ܩܕܝܫܐ ܐܪܒܥܐ ܘܟܬܒ ܒܝܕܐ ܡܫܝܚܐ ܠܡܬܚܕܬܘ.

»Dies heilige Evangelium hat geschrieben Emmanuel, Mönch und Diaconus, Brudersohn des Bischofs Johannes vom h. Kloster *Kartámin* und dem Gebirge *Ṭûr-'Abdîn* (?). Gebunden und erneuert hat dies Buch der geringe und sündige *Nagmó Bar 'As'ar*, Diaconus aus dem Dorfe *Gaslônd*[1], im Jahr 1697 (1386 n. Chr.). Betet für den Schreiber und den Erneuerer.«

»Die Mönche haben von diesem Buche vier (Kurrâs?) verbrannt. Das übriggebliebene hat gebunden der erwähnte Knecht Gottes (*Nagmó*).«

Über den Schreiber Emmanuel vergl. Assemani II, 352.

Auf Bl. 195ᵇ folgender Titel: ܬܘܒ ܒܗ ܒܡܥܕܪܢܘܬܐ ܕܐܠܗܐ ܘܡܣܟܢܘܬܐ ܕܝܠܢ ܫܠܡܬ ܟܬܒܐ ܩܕܝܫܐ ܕܐܘܢܓܠܝܘܢ. ܡܬܩܪܝܢܘܬܐ ܕܦܢܩܝܬܐ. ܐܘܢܓܠܝܘܢ ܩܕܝܫܐ ܕܡܢ ܫܢܬ ܠܟܠܗ ܡܫܝܚܐ ܒܡܪܘܬܗ ܕܡܫܬܒܚ.

Folgt Matthäus 16, 13—18; Johannes 21, 15. 16.

Die Hds. ist im Ganzen unvocalisirt; doch finden sich hier und da Vocale (Punkte) sowie auch *Rukkâkhâ* und *Ḳuššâjâ*.

Die Hds. zeigt Ergänzungen auf Papier von zwei späteren Händen. Bl. 5 und 7 rühren von der jüngsten Hand her (vielleicht 200—300 Jahre alt). Die übrigen Ergänzungen (angegeben in dem Inhaltsverzeichniss) sind von einer älteren Hand geschrieben, die sehr wohl dem 14. Jahrhundert angehören kann. Die Schrift beider Ergänzer ist nicht identisch mit der Schrift des *Nagmó*, der nach der Notiz auf Bl. 195ᵃ die Hds. 1386 neu gebunden hat.

Am Rande finden sich zerstreut einige auf Aussprache oder Vortrag bezügliche Glossen: ܐܚܝ ܕ̄, ܚܝ̄, ܡܚܝ, ܡ̄ ܫܬܘ, ferner ܢܚܝ, ܐܝܢܝ, ܡܫܝܚܐ, ܡܫܝܚܬܐ, ܐܬ̄ (= ܐܬܒܝܬ), ܚܝܠܐ u. a. Vergl. Duval, Traité de grammaire Syriaque S. 146 ff.

195 Blätter (40 × ungefähr 28 cm), die Seite zu 2 Columnen, die Columne zu 24 oder 25 Zeilen.

15.

(Sachau 322.)

Pergament.

Jakobitisch.

Evangeliarium nach der *Harklensis*, zum Theil auch nach der *Pešiṭtâ*[1]. Einige Perikopen finden sich in beiden Versionen, z. B. Johannes 2, 1—11 nach der *Pešiṭtâ* auf Bl. 69ᵇ. 70ᵃ, nach der *Harklensis* auf Bl. 70ᵇ. 71ᵃ. 71ᵇ. Die Zahl der Perikopen beträgt 256 ܪܢܘ. Ein Verzeichniss der Tage, für welche sie bestimmt sind, auf Bl. 2ᵇ—7ᵃ in ebenso vielen, mit bunten Farben gemalten Feldern. Die richtige Reihenfolge der Blätter ist 2. 3. 5. 4. 6. 7.

Auf Bl. 7ᵇ ein Kreuz (Mosaik-Imitation) innerhalb eines kunstvollen Randes (Flechtmuster) mit der Aufschrift: ܚܝ ܢܘܪܐ ܠܚܠܕܩܡ.

Auf Bl. 8ᵃ ein Kreuz in einer kranzartigen Einfassung. Alles in bunten Farben ausgeführt.

---

[1] Gesluna Mesopotamiae urbs juxta Baladam bei Assemani, Bibl. Or. und Codd. mss. bibliothecae apostol. Vaticanae II S. 492.

[1] Vergl. Forshall S. 37 Nr. XXVI; Payne Smith S. 138—152 und Zotenberg S. 16 Nr. 51; S. 21 Nr. 59.

Bl. 8[b] farbiges Ornament und Titel in Gold:
ܥܠ ܦܘܪܫܐ ܠܐ ܡܬܡܣܟܢܐ. ܕܬܫܡܫܬܐ
ܘܩܕܝܫܬܐ ܕܐܒܐ ܘܒܪܐ ܘܪܘܚܐ ܩܕܝܫܐ
ܚܕ ܐܠܗܐ ܫܪܝܪܐ. ܫܪܝܢܢ ܦܘܪܫ
ܩܪ̈ܝܢܐ ܕܐܘܢܓܠܝܘܢ ܡ̅ܢ ܕܡܫܝܚܐ ܐܠܗܐ.
ܩܪ̈ܝܢܐ ܕܩܕܝܫܐ ܕܦܘܠܚܢ ܫܢܬܐ ܟܠܗ̇

Bl. 8[b] Kirchweih. Besondere Texte für Abend, Morgen und Messe ܩܘܪܒܐ.
Matthäus 16, 13—23. Johannes 10, 22—38. Marcus 8, 27—33.

Bl. 11[a] Sonntag der Erneuerung der Kirche.
Lucas 9, 18—25. Johannes 21, 15—19. Lucas 19, 47—20, 8.

Bl. 13[b] Verkündigung des Zacharias.
Lucas 1, 1—17 (*Pešiṭtá*). Lucas 1, 18—25. Lucas 11, 45—51.

Bl. 16[b] Verkündigung der Mutter Gottes ܣܘܒܪܗ̇ ܕܝܠܕܬ ܐܠܗܐ
Lucas 1, 26—38 (*Pešiṭtá*). Lucas 1, 26—38.

Bl. 18[b] ܒܐܝܠܬܐ Besuch der Maria bei der Elisabeth. Der Text für den Morgen dieses Tages Bl. 19[b], Lucas 1, 39—56 ist der *Pešiṭtá* entnommen. Am Rande ܦܫܝܛܐ.
Lucas 1, 39—56. Lucas 1, 39—56 (*Pešiṭtá*). Lucas 10, 38—42.

Bl. 20[b] Geburt des Johannes.
Lucas 1, 57—80. Lucas 1, 57—80 (*Pešiṭtá*). Matthäus 11, 11—19.

Bl. 24[a] Offenbarung des Joseph.
Bl. 24[b] der Morgentext aus der *Pešiṭtá*, Matthäus 1, 18—25. Am Rande ܦܫܝܛ̅.
Matthäus 1, 18—25. Matthäus 1, 18—25 (*Pešiṭtá*).

Bl. 25[a] Sonntag vor Weihnacht.
Matthäus 1, 1—17. Matthäus 1, 1—17 (*Pešiṭtá*).

Bl. 27[b] Weihnacht.
Bl. 30[b]. 31[a] Col. 1 mit Gold auf rothem und schwarzem Rande geschrieben.
Johannes 1, 1—17. Lucas 2, 1—20. Matthäus 2, 1—12. Johannes 1, 1—14 (*Pešiṭtá*).

Bl. 32[a] Gedenktag der Mutter Gottes.
Lucas 2, 15—20. 51[b]. 52 (*Pešiṭtá*). Lucas 11, 23—32.

Bl. 33[b] Kindermord.
Matthäus 2, 13—23 (*Pešiṭtá*). Matthäus 2, 13—23.

Bl. 35[b] Sonntag nach Weihnacht.
Lucas 2, 40—51. Lucas 2, 39—52 (*Pešiṭtá*).

Bl. 37[b] Gedenktag des Basilius und Gregorius, des Severus und der übrigen Lehrer.
Johannes 10, 1—16. Johannes 7, 37—44. 8, 20 (Schluss). 7, 15—18.

Bl. 39[b] Taufe Christi.
Bl. 40[a]. 40[b] Col. 1 mit Gold geschrieben in farbigen Rändern.
Marcus 1, 1—9.

Bl. 40[b] Segnung des Wassers ܒܘܪܟ ܡ̈ܝܐ
Johannes 4, 4—30. Matthäus 3, 1—17. Taufe Christi. Lucas 3, 15—18. 21. 22.

Bl. 45[a] Enthauptung des Johannes.
Lucas 3, 1—11. 19. 20. Marcus 6, 14—29.

Bl. 47[b] Gedenktag des Stephanus.
Marcus 12, 1—12. Johannes 8, 34—51.

Bl. 49[b] Erster Sonntag nach Epiphania.
Lucas 3, 21—38. Johannes 1, 18—28.

Bl. 51[b] Zweiter Sonntag nach Epiphania.
Johannes 1, 26—34. Johannes 1, 35—43.

Bl. 53[a] Dritter Sonntag nach Epiphania.
Johannes 3, 22—33. Johannes 5, 30—47.

Bl. 55[b] Vierter Sonntag nach Epiphania.
Lucas 7, 19—35. Marcus 12, 28—37.

Bl. 57[b] Fünfter Sonntag nach Epiphania.
Matthäus 11, 1—15. Lucas 5, 1—11.

Bl. 59ᵇ Christi Eintritt in den Tempel.
Lucas 2, 22—40 (*Pešiṭtâ*). Lucas 2, 22—39.

Bl. 62ᵇ Gedenktag des h. *Barṣaumâ*. Auch Gedenktag für den h. Jacob Reclusus ܚܒܝܫܐ, Simeon, Ahron, Antonius und andere.
Lucas 13, 22—30. Matthäus 5, 1—16.

Bl. 64ᵇ Sonntag der Priester. Auch für die Beerdigung ܠܘܘܝܐ von Bischöfen und Priestern.
Matthäus 25, 13—30. Lucas 19, 11—27.

Bl. 67ᵃ Sonntag der Verstorbenen. Auch für die Vigilien der Mönche ܘܠܫܗܪܐ ܕܕܝܪܝܐ
Matthäus 25, 31—46. Johannes 5, 19—29.

Bl. 69ᵇ Sonntag des Fastenanfanges ܥܠܠ ܠܨܘܡܐ
Johannes 2, 1—11 (*Pešiṭtâ*). Johannes 2, 1—11.

Bl. 71ᵇ Montag der ersten Fastenwoche und die folgenden Tage derselben.
Matthäus 4, 1—11. 6, 1—6. 6, 25—34. 7, 13—27. 5, 27—37.

Bl. 76ᵃ Gedenktag des Ephraem und Theodorus, Sonnabend der ersten Fastenwoche.
Matthäus 10, 24—38. Johannes 15, 17—16, 3.

Bl. 78ᵃ Zweiter Sonntag im Fasten, und für die einzelnen Wochentage.
Marcus 1, 32—45. Matthäus 7, 28—8, 13 mit Zusatz. Lucas 6, 27—36. Marcus 4, 21—34. Lucas 11, 1—13. Lucas 18, 1—8 und Matthäus 18, 18—20. Matthäus 5, 38—48.

Bl. 85ᵇ Dritter Sonntag im Fasten und die einzelnen Wochentage.
Lucas 5, 17—26. Johannes 5, 1—18. Marcus 2, 13—20. Marcus 4, 1—13. Lucas 12, 32—40. Marcus 9, 30—41. Lucas 18, 9—17.

Bl. 92ᵃ Vierter Sonntag im Fasten.
Matthäus 15, 21—31. Marcus 7, 24—37. Marcus 12, 35—44. Matthäus 11, 25—12, 8.

Bl. 96ᵃ Mittfasten.
Johannes 7, 14. 15. 3, 13—21. Lucas 16, 19—31. Lucas 17, 1—10.

Bl. 98ᵇ Fünfter Sonntag im Fasten und die einzelnen Wochentage.
Lucas 10, 25—37. Lucas 7, 1—10. Lucas 4, 31—41. Marcus 5, 2—16. Matthäus 14, 14—23. Marcus 6, 47—56. Matthäus 9, 18—31.

Bl. 105ᵃ Fünfter Sonntag im Fasten und die einzelnen Wochentage. Die Wochentage der Fastenzeit haben nur eine Perikope, die für den Morgen ܕܨܦܪܐ. Für die Sonnabende der Fastenwochen sind Perikopen nicht angegeben.
Matthäus 9, 32—35. Marcus 10, 46—52. Johannes 9, 1—41. Lucas 9, 18—25. Matthäus 8, 23—9, 1. Lucas 4, 33—41. Marcus 8, 22—26. Matthäus 20, 17—19. Lucas 18, 34—43. Matthäus 4, 1—11. Lucas 4, 1—13.

Bl. 114ᵃ Auferstehung des Lazarus.
Johannes 11, 1—27.

Bl. 117ᵇ Erster Hosianna-Sonntag.
Johannes 11, 28—46. Matthäus 21, 1—21. Lucas 19, 28—40. Marcus 11, 1—24. Joh. 12, 12—19.

Bl. 123ᵃ Perikopen der Leidenswoche: ܩܪ̈ܝܢܐ ܕܫܒܬܐ ܪܒܬܐ ܕܚܫܐ ܦܘܪܫܢܐ. ܘܡܢ̄ ܕܫܠܡܗ ܒ̄ ܕܚܫܐ

Montag der Osterwoche.
Lucas 19, 41—20, 8. Marcus 12, 1ᵃ. Matthäus 21, 33—46. Lucas 14, 12—24. Matthäus 25, 1—13. Matthäus 22, 1—13. Matthäus 21, 23—32. Matthäus 19, 1—12. Matthäus 22, 41—23, 12. Matthäus 23, 14—36.

Bl. 133ᵇ Dienstag der Osterwoche.

Matthäus 22, 15—33. Matthäus 12, 38—45. Marcus 11, 18. Johannes 2, 12—25. Johannes 5, 30—6, 2. Johannes 8, 28—59. Johannes 7, 45—8, 20. Lucas 11, 37—54. Lucas 17, 1—3ᵃ. Johannes 6, 30. Johannes 8, 21—27.

Bl. 144ᵃ Mittwoch der Osterwoche.

Johannes 11, 47—12, 9. Johannes 10, 15—33. Johannes 12, 19—33. Johannes 12, 34—50. Johannes 6, 63ᵇ—7, 9. Johannes 7, 14—27. Johannes 7, 28—39. Lucas 13, 31—33. Marcus 8, 38. Lucas 12, 50. Lucas 13, 17ᵃ. Matthäus 12, 14. Matthäus 13, 55. 56. 57ᵃ. Johannes 10, 39. 40.

Bl. 153ᵇ Gründonnerstag ܦܨܚܐ ܕܐܪ̈ܙܐ

Johannes 7, 37—8, 20 (mit Ausschluss von 8, 1—11). Marcus 10, 32—34. Lucas 18, 34. Johannes 5, 14—18. Johannes 6, 24—39. Johannes 6, 41—60. Lucas 22, 1—13. Johannes 12, 23—36. Marcus 14, 1. 2. Lucas 7, 36—50. Matthäus 26, 1—19. Johannes 13, 1—19.

Bl. 165ᵇ Charfreitag ܥܪܘܒܬܐ ܕܨܠܘܒܘܬܐ

1. Lucas 22, 14. 15. Matthäus 26, 21. Johannes 13, 2. Matthäus 26, 21—23ᵃ. Johannes 13, 16—19. Lucas 22, 21. Johannes 13, 21. 22. Matthäus 26, 22. Johannes 13, 23—26ᵃ. Matthäus 26, 23ᵇ—28. Lucas 22, 19 Schlusssatz. Matthäus 26, 29. Lucas 22, 28—30. Johannes 13, 27—30.
2. Johannes 13, 31. 32 Matthäus 26, 30—32. Lucas 22, 31. 32. Johannes 13, 36. Lucas 22, 33. Johannes 13, 37 (ohne die Einleitung), 38 (ohne das letzte Wort). Matthäus 26, 33 nebst den 3 Schlussworten aus Lucas 22, 34. Matthäus 26, 35. Johannes 16, 31. 32. Lucas 22, 35—38. Johannes 18, 1. 2. Matthäus 26, 36—38. Lucas 22, 40. 41. Marcus 14. 35 Schluss. Lucas 22, 41 Schluss. Marcus 14, 36 erste Hälfte. Lucas 22, 42 zweite Hälfte. Matthäus 26, 39 Schlusssatz, 40 (mit Einschaltung aus Marcus 14, 37). 41. 42. Lucas 22, 43. 44. Matthäus 26, 47.
3. Matthäus 26, 47. 48. Marcus 14, 44 die 3 letzten Worte. Johannes 18, 3—5. Matthäus 26, 49. Lucas 22, 48. Matthäus 26, 50 Anfang. Johannes 18, 6—9. Matthäus 26, 50 zweite Hälfte. Lucas 22, 49. Johannes 18, 10. Lucas 22, 51 erste Hälfte. Johannes 18, 11. Matthäus 26, 52 Schlusssatz. 53. 54. Lucas 22. 51 zweite Hälfte. Lucas 22. 52. 53. Matthäus 26, 56. Marcus 14, 51. 52.
4. Johannes 18, 12—16. Matthäus 26, 58 letzter Theil. Johannes 18. 17—24. Matthäus 26, 57ᵇ—60ᵃ. Marcus 14, 56ᵇ. Matthäus 26, 60ᵇ. Marcus 14, 57—61ᵃ. Matthäus 26, 63 (mit Anfügung des Schlusses von Marcus 14, 61). Marcus 14, 61—62. Matthäus 26, 65—68. Marcus 14, 65 Schlusssatz. Matthäus 26, 69 erster Satz. Marcus 14, 66—68. Matthäus 26, 71 Anfang. Marcus 14, 69 mit Ausnahme des Schlusssatzes. Matthäus 26, 71 zweite Hälfte. 72. 73 mit Einschaltung aus Marcus 14, 70. Johannes 18, 26. 27ᵃ. Marcus 14, 71. 72 Anfang. Lucas 22, 61 (mit Einfügung eines Wortes aus Matthäus 26, 75). 62.
5. Matthäus 27, 1. 2. Johannes 18, 28—38. Marcus 15, 3. 5ᵃ. Matthäus 27, 13. Marcus 15, 5ᵃ. 4. Matthäus 27, 14. 15. 16. Marcus 15, 7. 8. Matthäus 27, 17—26. 3—8.
6. Lucas 22, 66—23, 2. Matthäus 27, 11. Lucas 23, 4—16. Johannes 18, 39. Lucas 22, 17—23. Marcus 15, 25 erste Hälfte. V. 15ᵃ. Lucas 23, 24. 25 mit einem Zusatz aus Matthäus 27, 26.

7. Marcus 15, 16. Matthäus 27, 28. Marcus 15, 17. Matthäus 27, 29 mit Ausschluss des letzten Satzes. Marcus 15, 18ᵃ. Zusatz 18ᵇ. 19 erste Worte. Matthäus 27, 30. Johannes 19, 4—16ᵃ. Matthäus 27, 31. Johannes 19, 16ᵇ—18ᵃ. Marcus 15, 21. Lucas 23, 26 Schluss—32. Marcus 15, 22—23. Lucas 23, 33ᵃ. Marcus 15, 27. Johannes 19, 18 (die 4 letzten Worte). Marcus 15, 28. Matthäus 27, 35 (die 3 ersten Worte). 37 (bis γεγραμμένην). 36. Lucas 23, 34 (erste Hälfte). Joh. 19, 19—24 (bis κλῆρον). Matthäus 27, 39. 40 (mit Ausfall von τοῦ θεοῦ). 41. 42 (bis σῶσαι). Lucas 23, 36. 39. 40—43.

8. Matthäus 27, 46 (mit der Lesart ἐλωΐ)—49. Johannes 19, 25 (bis τῆς μητρὸς αὐτοῦ). 26—28 (mit einem Einschub hinter γραφή). 29. 30 (bis τετέλεσται). Lucas 23, 46 (bis πνεῦμά μου). Johannes 19, 30 (καὶ κλίνας—πνεῦμα). Übergang Matthäus 27, 51 (ohne καὶ ἰδού)—53.

9. Lucas 23, 49 (erster Satz). Matthäus 27, 55. 56. Marcus 15, 40 (καὶ Σαλώμη). 41 (καὶ ἄλλαι—Ἱεροσόλυμα). Joh. 19, 31—37.

Bl. 188ᵃ Sonnabend vor Ostern.

Während ausserhalb der Osterwoche der Gottesdienst beschränkt ist auf Abend, Morgen und Messe, sind die Gottesdienstzeiten der Tage der Osterwoche:

Tagesanfang ܪܫܗ ܥܕܢ,
ܠܠܝܐ = 3 ܡܘܬܒܐ stationes,
ܨܦܪܐ Morgen,
ܬܠܬܫܥܝܢ 3. Stunde,
ܦܠܓܗ ܕܝܘܡܐ Mittag.
ܬܫܥ ܫܥܝܢ 9. Stunde.

1. Marcus 15, 42. Matthäus 27, 57 (ἦλθεν ἄνθρωπος πλούσιος ἀπὸ Ἀριμαθαίας). Lucas 23, 51 (πόλεως τῶν Ἰουδαίων). 50 (ἀνὴρ ἀγαθὸς καὶ δίκαιος). Marcus 15, 43 (εὐσχήμων βουλευτής). Matthäus 27, 57 (ὃς καὶ αὐτὸς ἐμαθήτευσε τῷ Ἰησοῦ). Johannes 19, 38 (κεκρυμμένος δὲ διὰ τὸν φόβον τῶν Ἰουδαίων). Lucas 23, 51 (οὗτος—πράξει αὐτῶν, ὃς προσεδέχετο τὴν βασιλείαν τοῦ θεοῦ). Marcus 15, 43 (τολμήσας—Ἰησοῦ). 44. 45 (καὶ γνοὺς ἀπὸ τοῦ κεντυρίωνος). Matthäus 27, 58 (τότε ὁ Πιλάτος—σῶμα). 59. Johannes 19, 39—41 (mit Einschub von ὃ ἐλατόμησεν ἐν τῇ πέτρᾳ aus Matthäus 27, 60). 42. Matthäus 27, 60 (καὶ προσκυλίσαντες—ἀπῆλθον). Lucas 23, 54—56.

2. Matthäus 27, 62—66.

3. Marcus 9, 31. Matthäus 12, 38—42. Lucas 6, 5 (ὅτι κύριος κ. τ. λ.) Johannes 5, 16 (am Schluss: ὅτι ἐάσεις ἐποίει st. ταῦτα). 17. 18.

4. Matthäus 12, 43—45. Joh. 2, 18—21.

5. Matthäus 18, 18—35.

Bl. 192ᵇ Ostersonntag.

Reiche Ornamente. Goldschrift auf grünem, rothem, braunem Boden. Bl. 192ᵇ. 193. 194ᵃ.

1. Matthäus 28, 1 (ausgelassen τῇ ἐπιφωσκούσῃ εἰς μίαν σαββάτων)—20 (in V. 6 Ἰησοῦν Ναζωραῖον).

2. Lucas 24, 1—12.

3. Johannes 20, 1—18.

4. Johannes 13, 34. 35. 14, 37 (bis δίδωμι ὑμῖν). 15, 11—15. 17—19. 17, 1 (bis εἶπε). 11 (von πάτερ ἅγιε an). 12 (bis ὀνόματί σου). 13—15. 17. 24. 25 (bis ἔγνωσαν). 26.

5. Marcus 16, 1—7.

6. Lucas 24, 13—35.

7. Matthäus 28, 11—20.

Bl. 199ᵃ Ostermontag: ܒ ܒܫܒܐ ܕܩܝܡܬܐ

Bl. 201ᵇ Dienstag nach Ostern.

1. Marcus 15, 37—16, 1.

2. Marcus 16, 9—18.

Bl. 203ᵃ Mittwoch nach Ostern.

1. Lucas 23, 46—24, 6.

2. Lucas 24, 12—24.

Bl. 205ᵃ Donnerstag nach Ostern.
1. Johannes 19, 30—42.
2. Johannes 20, 3—17.

Bl. 207ᵇ Freitag nach Ostern: ܥܪܘܒܬܐ ܕܚܘܕܬܐ

1. Johannes 20, 18—23.
2. Matthäus 27, 50—60.
3. Lucas 24, 25—39 (V. 36 mit dem Zusatz: ἐγώ εἰμι. μὴ φοβῆσθε).
4. Matthäus 27, 62—66. 28, 11—18.

Bl. 210ᵇ Der Neue Sonntag.
1. Johannes 20, 19—31.
2. Johannes 20, 19—31.
3. Johannes 14, 1—9 (ἑώρακε τὸν πατέρα).

Bl. 213ᵇ Erster Sonntag nach dem Neuen Sonntag.
1. Johannes 21, 1—14.
2. Johannes 21, 15—19.

Bl. 215ᵇ Zweiter Sonntag nach dem Neuen.
1. Johannes 6, 16—27 (bis ὑμῖν δώσει).
2. Matthäus 14, 22—33.

Bl. 217ᵇ Dritter Sonntag nach dem Neuen.
1. Lucas 5, 27—39.
2. Johannes 3, 11—21.

Bl. 219ᵇ Vierter Sonntag nach dem Neuen.
1. Johannes 14, 1—13 (bis τοῦτο ποιήσει).
2. Johannes 16, 16—28.

Bl. 221ᵇ Himmelfahrt.
1. Lucas 24, 36—53.
2. Lucas 24, 36—53.
3. Marcus 16, 14—19.

Bl. 224ᵇ Sonntag vor Pfingsten. Auch für die Weihung von Priestern und Diakonen.
1. Johannes 16, 31—17, 12.
2. Johannes 17, 13—26 (bis τὸ ὄνομά σου).

Bl. 227ᵃ Pfingstsonntag.
1. Johannes 14, 15—31 (bis οὕτω ποιῶ).
2. Johannes 15, 20—16, 13 (bis ἀλήθειαν).
3. Johannes 15, 1—10.
4. Johannes 4, 13—24.

Bl. 231ᵇ Freitag der Apostel.
1. Matthäus 19, 23—29.
2. Matthäus 9, 37—10, 13.

Bl. 233ᵇ Erster Sonntag nach Pfingsten.
1. Lucas 8, 4—15.
2. Matthäus 11, 20—27 (vom letzten Vers nur Anfang und Ende).

Bl. 235ᵇ Zweiter Sonntag nach Pfingsten.
1. Lucas 6, 12—23.
2. Marcus 3, 7—15. 4, 21—23.

Bl. 237ᵇ Dritter Sonntag nach Pfingsten.
1. Marcus 6, 4—13.
2. Lucas 9, 1—10.

Bl. 239ᵃ Vierter Sonntag nach Pfingsten.
1. Lucas 10, 1—12.
2. Lucas 10, 17—24.

Bl. 241ᵃ Fünfter Sonntag nach Pfingsten.
1. Marcus 9, 30—40 (im letzten Vers ὑμῶν st. ἡμῶν).
2. Matthäus 20, 17—25.

Bl. 242ᵇ Sechster Sonntag nach Pfingsten.
1. Lucas 9, 10—17.
2. Marcus 6, 34—46.

Bl. 244ᵇ Siebenter Sonntag nach Pfingsten.
1. Matthäus 12, 30—37.
2. Marcus 3, 20—30.

Bl. 245ᵇ Achter Sonntag nach Pfingsten.
1. Marcus 4, 2—17.
2. Lucas 14, 15—24.

Bl. 247ᵇ Neunter Sonntag nach Pfingsten.
Matthäus 13, 36 die ersten 4 Worte, Anfang fehlt. Lucas 14, 10 (εἴπῃ σοι)—15.

Bl. 248ᵇ Zelten-Fest: ܥܐܕܐ ܕܡܛܠܐ

1. Matthäus 17, 1—13.
2. Marcus 9, 1—13.
3. Lucas 9, 28—35.

Bl. 251ᵇ Erster Sonntag nach dem Zelten-Fest.
1. Matthäus 13, 44—52.
2. Lucas 14, 15—24.

Bl. 253ᵃ Zweiter Sonntag nach dem Zelten-Fest.
1. Matthäus 21, 28—32.
2. Lucas 18, 28—33.

Bl. 254ᵃ Tod der Mutter Gottes:
ܥܢܝܢܐ ܕܫܘܢܝܐ ܕܝܠܕܬ ܐܠܗܐ ܡܪܝܡ
1. Marcus 3, 28—35. Matthäus 12, 30ᵇ, 43—45 (bis πρώτων). Lucas 11, 27. 28.
2. Lucas 2, 42—48 (bis καὶ ἰδόντες αὐτόν).
3. Anfang fehlt. Lucas 10, 40 (εἰπὲ οὖν αὐτῇ ...)—42. Johannes 19, 25.

Bl. 256ᵃ Sonntag nach dem Tode der Mutter Gottes. Auch für das Scheeren der Mönche:
ܘܕܣܘܦܪܐ ܕܕܝܪ̈ܝܐ
1. Lucas 14, 25—33.
2. Lucas 15, 1—10.

Bl. 257ᵇ Zweiter Sonntag nach dem Tode der Mutter Gottes.
1. Lucas 17, 22—24. 18, 1—8.
2. Lucas 18, 9—17.

Bl. 259ᵇ Dritter Sonntag nach dem Tode der Mutter Gottes.
1. Matthäus 19, 1—11.
2. Matthäus 17, 22—27.

Bl. 261ᵃ Vierter Sonntag nach dem Tode der Mutter Gottes.
1. Matthäus 18, 1—10.
2. Matthäus 18, 12—20.

Bl. 263ᵃ Fünfter Sonntag nach dem Tode der Mutter Gottes.
1. Marcus 7, 14—23.
2. Lucas 11, 33—41.

Bl. 264ᵇ Kreuzes-Fest: ܥܐܕܐ ܕܨܠܝܒܐ
1. Matthäus 24, 1—28.
2. Marcus 13, 1—19.
3. Lucas 21, 5—17.

Bl. 269ᵃ Sonntag nach dem Kreuzes-Fest.
1. Luc. 17, 20—30.
2. Matthäus 24, 36—46.

Bl. 270ᵇ Zweiter Sonntag nach dem Kreuzes-Fest.
1. Matthäus 15, 1—9.
2. Matthäus 15, 12—20. 16, 1—3.

Bl. 272ᵃ Dritter Sonntag nach dem Kreuzes-Fest.
1. Matthäus 18, 23—35.
2. Lucas 16, 1—8.

Bl. 274ᵃ Vierter Sonntag nach dem Kreuzes-Fest.
1. Lucas 9, 37—44 (bis λόγους τούτους).
2. Lucas 16, 13—18.

Bl. 275ᵃ Fünfter Sonntag nach dem Kreuzes-Fest.
1. Lucas 20, 27—36 (bis τοῦ θεοῦ).
2. Matthäus 23, 1—10.

Bl. 276ᵇ Sechster Sonntag nach dem Kreuzes-Fest.
1. Matthäus 19, 13—24.
2. Marcus 10, 17—27.

Bl. 278ᵇ Siebenter Sonntag nach dem Kreuzes-Fest.
1. Lucas 12, 13—21.
2. Lucas 12, 49—59.

Bl. 280ᵃ Gedenktag der Märtyrer.
1. Lucas 12, 1—12.
2. Marcus 8, 34—38. 13, 9 (βλέπετε)—13.
3. Johannes 15, 12—15. 17—21. 16, 1—3.

Bl. 283ᵃ⁺ᵇ Gedenktag der Weiber.
Lucas 10, 38—42. 8, 1—3.[1]

Nachschriften auf Bl. 284ᵃᵇ. Ein Kreuz in reicher Einfassung auf Bl. 285ᵃ.

Nachschrift auf Bl. 284ᵃ:

ܫܘܒܚܐ ܠܐܒܐ ܘܠܒܪܐ ܘܠܪܘܚܐ ܩܕܝܫܐ.
ܗܫܐ ܘܒܟܠܙܒܢ ܘܠܥܠܡ ܥܠܡܝܢ ܐܡܝܢ ܘܐܡܝܢ.
ܫܠܡ ܣܦܪܐ ܫܠܝܚܐ. ܘܗܘܝܘ ܥܠ ܐ̈ܢܫܐ.

[1] Durch den Nachweis der Bibelstellen hat mich Herr Dr. R. Raabe, Friedenau, verpflichtet.

ܫܪܝܪ. ܘܫܘܠܡܗ ܠܒܪܐ ܕܦܪܩ ܠܥܠܡܐ ܕܒܗ
ܦܪܝܩܝܢ. ܬܘܕܝ ܠܦܪܘܩܐ ܕܒܗ ܡܬܦܪܩܝܢ
ܟܠ ܦܬܓܡܐ. ܚܕ ܗܘ ܚܝܠܐ ܕܐܬܬܣܝܡܘ ܠܗ
ܬܫܒܘܚܬܐ

ܕܢܣܒܘܢ. ܡܢܐ ܫܘܒܚܐ ܕܕܝܠܗ. ܗܘ ܕܒܗ
ܟܠܗ ܢܦܫܬܗܘܢ. ܐܬܚܙܝ ܢܘܗܪܐ ܕܠܗ ܠܗ
ܟܠܗܘܢ. ܘܫܠ ܡܢܗ ܒܒܗ.
ܫܘܒܚܐ ܠܐܒܐ ܘܒܪܐ ܠܥܠܡܐ ܕܒܗ

Bl. 284ᵇ mit gänzlich verblasster Schrift:

ܠܬܫܒܘܚܬܐ ܘܠܐܝܩܪܐ ܕܬܠܝܬܝܘܬܐ ܩܕܝܫܬܐ
ܘܫܘܝܬ ܐܘܣܝܐ ܕܐܒܐ ܘܒܪܐ ܘܪܘܚܐ ܩܕܝܫܐ.
ܗ̇ܝ ܕܐܬܚܙܝܬ ܕܡܬܦܠܓܐ ܬܠܝܬܐܝܬ..
ܘܒܬܠܝܬܝܘܬܐ ܚܕܝܐܝܬ. ܘܐܝܬܝܗ̇ ܚܕܐ
ܐܠܗܘܬܐ ܡܣܬܓܕܢܝܬܐ. ܘܡܫܒܚܬ ܡܢ ܟܠ
ܟܠܗܘܢ ܐܒܐ ܘܒܪܐ ܘܪܘܚܐ ܩܕܝܫܐ. ܚܕ
ܟܝܢܐ ܡܬܘܡܝܐ ܕܡܬܝܕܥ ܒܬܠܬܐ ܩܢܘܡ̈ܐ
ܡܫ̈ܘܚܐ. ܘܠܝܬ ܩܢܘܡܐ ܕܡܫܬܠܛ ܐܘ ܕܩܕܝܡ ܡܢ
ܩܢܘܡܐ. ܐܠܐ ܐܝܬܝܗܘܢ ܬܠܬܐ ܚܕ ܘܚܕ
ܬܠܬܐ. ܐܠܗܐ ܚܕ (?) ܘܫܪܪܐ ܕܠܗ ܫܘܒ̄
ܠܥܠܡ ܥܠܡܝܢ ܐܡܝܢ. ܘܠܡܫܝܚܐ ܘܡܠܦܢܐ ܕܟ̈ܬܒܐ
ܫܒܝܠܐ ܘܐܘܪܚܐ ܚܝ̈ܐ ܐܠܗܝ̈ܐ ܐܝܠܝܢ ܕܒܗܘܢ
ܕܢܗܠܟܘܢ ܒܡܫܝܚܘܬܐ ܗܕܐ ܪܘܚܢܝܬܐ ܘܠܝܘܬܪܢܐ
ܘܒܢܝܢܐ ܕܒܝܬܐ ܡܐܬܠܝܬܐ ܘܫܠܝܚܘܬܐ.
ܕܢܥܒܕܘܢ ܢܝܚܐ ܠܢܦ̈ܫܬܗܘܢ ܘܫܘܒܚܐ ܐܦ
.... ܬܗܘܢ ܣܓܝ ܘܫܡܐ ܫܘܡܫܬܐ ܗܕܐ ܡܛܠܬ
ܫܢܐ (?) ܕܦܘܪܫ ܡܪ̈ܝܐ ܕܣܘܕܪܐ ܕܟܠܗ̇ ܫܢܬܐ.
ܫܠ ܕܝܢ ܗܢܐ ܘܫܘܡܠܝܐ ܒܝܕ ܚܝܠܐ ܘܡܥܕܪܢܘܬܐ
ܕܡܢ ܐܠܗܐ. ܒܐܝܕܝܐ ܕܐܢ̈ܫܐ ܚܛܝܐ ܘܕܘ̈ܝܐ
ܒܟܠ. ܕܡܬܩܪܐ ܐܒܪܗܡ ܚܛܝܐ ܘܡܣܟܢܐ ܕܡܪܝܐ
ܘܡܫ̄. ܕܡܢ ܕܝܪܐ ܕܡܪܝ ܡܪܝܬܐ ܕܐܦܡܝܐ
ܡܕܝܢܬܐ ܕܡܬܩܪܝܐ ܒܝܬ ܐܦܘܡܝܐ ܡܟܝܢܐ
ܒܗ ܫܘܡܠܝܐ ܕܠܗ ܕܬܫܘܒܚܐ ܡܫܝܚܐ ܕܝܢ ܐܫܘܥ
ܕܢܚܐ ܕܗܘ ܣܓܝ ܒܝܫܘܬܐ ܗܕܐ. ܐܠܐ ܗܒ ܐܢܐ
ܡܢ ܟܠܗܘܢ ܩܪ̈ܝܐ ܠܡܫܒܚܢܐ ܕܢܬܠܘܢ ܟܠ ܕܘܟܐ.
ܕܬܟܪ ܘܟܠ ܐܚ̈ܘܗܝ ܡܟܬܢܝܐ. ܫܠ ܗܟܢܐ
ܘܫܘܡܠܝܐ ܕܟܬܒܐ ܗܢܐ ܫܢܬ ܐܠܦ ܘܫܬܝܢܐ
ܘܬܫ̄ ܕܝ̈ܘܢܝܐ ܒܝܘܡ̈ܝ ܡܪܝ ܐܓܢܛܝܘܣ ܦܛܪܝܪܟܐ
ܕܗܘܪܐ. ܘܦܫܛܐ ܕܝܠܝ ܡܪܝ ܘܫܠܡ ܘܠܐܠܗܐ ܫܘܒ̄
ܘܝܠܗ ܥܠ ܕܩܪܐ (?) ܕܠܐ ܚܛܝܢܐ ܕܝܢ ܢܣܒ ܘܐܡܪ ܡܟܬܒܐ

*Zum Preise und zur Ehre der heiligen und wesensgleichen Dreieinigkeit von Vater, Sohn und heiligem Geist, die dreifach theilbar ist, eins in der Dreiheit, eine einzige ewige, von Ewigkeit an verehrte Gottheit, Vater, Sohn und heiliger Geist, eine ewige Natur, die bekannt ist unter drei heiligen Personen. Keine der drei Personen ist jünger oder älter als die andere, sondern sie sind Drei-Eins und Eins-Drei, der eine und wahrhaftige Gott. Ihm sei Preis in Ewigkeit.

Für die Andacht und das Studium der strebsamen und göttliches Leben liebenden Brüder, welchen dieser geistige Schatz in die Hände kommen wird, sowie für die Förderung und Erbauung der katholischen und apostolischen Kirche, damit sie Ruhe finden für ihre Seelen, und Preis auch ——— ——— ———
sich bemüht und gestiftet haben diesen lebensvollen Schatz der Distinctio lectionum circuli anni totius.

Vollendet durch die Kraft und Hülfe von Gott durch die Hand schwacher und elender Menschen, des sündigen *Sâhdâ*, des Mönches und Priesters aus dem Kloster von *Ṣalaḥ*, dem gesegneten κάστρον (nördlich von *Midjâd*), das bekannt ist als das Kloster des sel. Thomas, unter Beihülfe des Schreibers, des Mönches Isaak, der sich um dies Werk bemüht hat.

Ich bitte alle, die den Messias lieben: Betet für den armen, der dies geschrieben, und für seine sel. Eltern.

Vollendet ist dies Buch A. Gr. 1552 zur Zeit des Patriarchen Ignatius und unseres Abtes *Mâr Jôḥannân*. Gott sei Preis! Und betet für meine sel. Oheime, die Mönche *Ḥasan* und Moses.«[1]

Das Datum ist 1241 n. Chr., der genannte Patriarch Ignatius III. David.

Die Handschrift ist ein Prachtwerk Altsyrischer Schreibekunst; sie beweist, dass in dem abgelegenen Gebirgslande des *Ṭûr-'Abdîn* die Edessenische Kalligraphie sich noch in alter Vollendung, wenigstens für den Kirchengebrauch, erhalten hat, als in den Ebenen bereits wesentlich jüngere Schriftformen vorherrschten. Vergl. Assemani II, 352.

Die Schrift ist gross und gleichmässig von Anfang bis zu Ende. Vocale sind nicht vorhanden, aber Lesezeichen und Interpunction.

Die Ausschmückung der Hds. ist ungewöhnlich reich. Die Kurrâs-Zahlen sind in Vignetten eingefasst. Am Anfang und Ende vieler Abschnitte finden sich reiche Ornamente, besonders in den Weihnachts- und Oster-Perikopen. Auf manchen Seiten ist mit Gold geschrieben und jedes Zeichen mit rother Farbe umrändert, an manchen Stellen auf grünem, blauem, rothem und andersfarbigem Grunde, der mit weissen Punkten besäet den Himmel darstellen soll. Eine grosse Mannigfaltigkeit der Erfindung zeigt sich in den Mustern, es scheint fast nie dasselbe Muster zweimal gebraucht zu sein. Ebenso gross ist der Reichthum in der Colorirung; die Farben sind im Allgemeinen sehr gut erhalten. Die meisten Muster sind Flechtmuster, andere von der Mosaiktechnik (auch von der Stickerei, Teppichweberei?) hergenommen. Gross ist der Reichthum an Rosetten, und manche Zeichnungen erinnern an bunte Kirchenfenster.

Die Hds. ist vorzüglich erhalten. Auf Bl. 9—11 ist die Schrift aber zum Theil von späterer Hand nachgezogen: auf Bl. 10ᵇ oben ein Flicken eingesetzt. Bl. 10. 20 oben etwas beschädigt. Die Blätter 269—279, ebenso Bl. 284ᵇ sind durch Feuchtigkeit dermaassen beschädigt, dass die Farbe fast ganz verschwunden und vielfach nur der Eindruck im Leder übrig geblieben ist.

Lücken sind zwischen Bl. 247—248 und 255—256; es fehlt das erste und das letzte Blatt des Kurrâs 25, d. i. das Ende der Perikope 214 und Anfang von 215, das Ende der Perikope 224 und der Anfang von 225. Bl. 282 hat seinen richtigen Platz vor Bl. 281.

[1] Ein Mönch Moses aus *Ṣalaḥ* unter dem Jahr 1204 erwähnt bei Forshall S. 10, 1.

Einige in der Hds. zerstreute Notizen geben Auskunft über frühere Besitzer und Schicksale derselben.

Bl. 2ᵃ: [Syriac text]

Verkaufsurkunde. Im Jahre 2007 Gr. (= 1696 n. Chr.) haben der Priester *Elias Ibn Ibrahim* und *Elias Ibn* [Syriac text] (? [Syriac text]) die Handschrift an einen Bischof, *Maṭrân*, dessen Name *Malki* ausgewischt ist, verkauft. Niemand von den Bewohnern des Dorfes *Elkuṣûr* darf sich dem Kauf widersetzen (? يتعادى). Denn die Verkäufer haben die Hds. übergeben, den Preis in Empfang genommen und haben das Geld auf die Kirche des *Mâr Tidâris* verwendet. Vergl. Payne Smith S. 246 Col. 2. Geschehen in Gegenwart des Mönches *Sâhdâ* aus dem Kloster des h. Gabriel, des *Galô Ibn 'Arbô*, der Diacone *Tidâris Ibn 'Abdelkerim* und *Isa*, des *Malki Ibn Ijjôb*, des *Ješû' Ibn Pannah*.

[1] Die blassen Züge gestatten die Lesung [Syriac text].

[2] قد اعطيناه واخذنا ثمنه واخرجناه

Unten auf derselben Seite von anderer Hand: [Syriac text]

»Erworben hat diese Hds. *Hannâ* und ihre Mutter, Elias und seine Mutter, [Syriac text], *Jšû'* der Inder, Joseph und der Priester ———.«

Auf Bl. 194ᵃ:

[Syriac text]

»Im Jahr 2151 (= 1840 n. Chr.) war grosse Plünderung. Sie (die Kurden) plünderten *Arbô* und tödteten viele von den Bewohnern, den Priester *Gabriel* und den Diaconus *Abhhai*. Sechs brachten sie als Gefangene nach *Amid*. Sie zerstörten die heiligen Kirchen *Sanct Dimet*, *S. Simeon*, *S. Šallîṭâ* und die Kirche der h. Gottesmutter. Dies Evangelium brachten die [Syriac text] (Kurden von *Buhtân*?). Da kam *Šarrô* und nahm es ihnen ab, übte Mitleid und nahm dies Evangelium fort aus den Händen der Heiden (Muhammedaner). Gott segne ihn dafür, ihn und seine Söhne, *Joseph*, *Abdallâh*, [Syriac text] und *Elias*. Geschrieben hat dies mit seiner Hand der Priester *Theodorus* aus *Arkah*, Sohn des [Syriac text] ([Syriac text] ?). Und der Priester *Thomas* aus *Ḥabîb* war zur Zeit der Plünderung nach *Arkah* gekommen.«

Auf Bl. 193ᵃ:

ܫܡܥܘܢ ܐܢܬܬܐ ܘܐܫܬܡܫܬ ܒܗ ܗܘܐ
ܘܐܫܬܡܫܬ ܒܗ ܗܘܐ ܐܝܟܢܐ ܚܕܒܫܒܐ
ܘܐܒܪܗܡ ܘܐܫܬܡܫܬ ܗܘܐ ܐܝܟܢܐ ܡܪܝܡ
ܘܚܢܐ

Dies Gekritzel soll wohl nur besagen, dass zu irgend einer Zeit ein ܫܡܫܐ, *Ibrahim*, eine *Marjam* und ܚܢܐ, vielleicht auch eine *Šammdni* ܐܢܬܬܐ Mitbesitzer der Hds. gewesen sind.

Notiz unten auf Bl. 28ᵃ: ܐܬܕܟܪܘ ܥܠ ܫܡܫܐ ܕܢܚܐ ܒܨܠܘܬ ܡܫܬܬܐ ܡܪܝܡ ܠܒܬܘܠܬܐ ܒܨܠܘܬ, ܡܪܝ ܒܪܨܘܡܐ ܘܥܠ — —

Und von derselben Hand auf Bl. 29ᵃ unten: ܨܠܘ ܥܠ ܡܫܡܫܢܐ ܝܫܘܥ ܒܪ ܕܡܠܐܒܝܓ

Ferner daselbst:

ܡܠܟܐ ܨܠܘ ܥܠ ܣܥܝܕܐ ܡܫܝܚܐ

Aufforderungen zu beten für den Diaconus *Denḥā*(?) mit dem Gebet der h. Maria und des h. *Barṣaumā*, für den Diaconus *Ješū'*, Sohn des *Molla Bek* (?) und für *Sa'idā*.

Die in diesen Notizen vorkommenden Ortsnamen sind zum Theil ihrer Lage nach bekannt, so *Arbō* und *Ṣalaḥ* (*Ṣāliḥ*?), vergl. Sachau, Reise in Syrien und Mesopotamien S. 412: *Ḥabāb*, vergl. Socin, Zeitschrift der DMG. 35, S. 262 Nr. 46. Die Eigennamen der Personen zeigen zum Theil Kurdische Formen.

285 Blätter (45 × 32 cm). Die Seite zu zwei Columnen, die Columne zu 22 Zeilen.

II. LITURGISCHES Nr. 16—25.

ܚܘܕܪܐ ܫܢܬܝܐ 16—22. — ܠܚ̈ܢܐ u. ä. 23—25.

16.

(Sachau 349.)

Pergament.

Jakobitisch.

Eine Sammlung von Kirchengesängen für alle Sonn- und Festtage des ganzen Jahres vom 1. October an. Unvollständig zu Anfang und Ende.

Das Werk ist bezeichnet als:

ܩܢܘܢܐ ܝܘܢܝܐ ܐܟܘܬ ܐܘܪܗܝܐ

»Canon Graecus i. e. Edessenus« (Bl. 8ᵇ. 9ᵃ unter dem Text),

ܩܢܘܢܐ ܕܟܠܗ ܚܘܕܪܐ ܫܢܬܝܐ

Canon totius circuli anni (Bl. 28ᵇ, 29ᵃ),

ܗܘ ܬܘܪ̈ܨܐ ܫܪܝܪܬܐ ܕܐܘܪ̈ܗܝܐ

»Emendatio (editio emendata) accurata Edessena« (Bl. 38ᵇ. 39ᵃ). Anstatt: ܚܘܕܪܐ ܫܢܬܝܐ findet sich auf Bl. 48ᵇ. 49ᵃ: ܪܘܟܒܐ ܫܢܬܝܐ Ferner: ܩܢܘܢܐ ܝܘܢܝܐ ܘܐܘܪܗܝܐ »Canon Graecus et Edessenus« (Bl. 68ᵇ. 69ᵃ. 128ᵇ. 129ᵃ. 158ᵇ. 159ᵃ), ܗܕܐ ܗܝ ܡܦܩܬܐ ܕܝܘ̈ܢܝܐ ܘܐܘܪ̈ܗܝܐ »Haec est versio Graecorum et Edessenorum« (Bl. 148ᵇ. 149ᵃ); ferner auf Bl. 168ᵇ. 169ᵃ unten:

ܐܝܟ ܡܫܠܡܢܘܬܐ ܕܝܥܩܘܒ ܐܘܪܗܝܐ

»Secundum traditionem Jacobi Edesseni«.

Nach diesen Notizen ist die Sammlung Edessenischen Ursprungs, angelegt von Jacobus Edessenus; vielleicht sind auch von ihm die Hymnen übersetzt (aus dem Griechischen des Severus von Antiochien?). Vergl. ein liturgisches Werk von Jacobus bei Wright S. 312.

Inhalt:

Bl. 1ᵃ Schluss des ܠܚ̈ܢܐ ܕܡܥܠ[ܬܗ̇ ܕܡܪܝܡ ܠܘܬ ܐܠܝܫܒܥ]

Erste Zeilen:

ܡܪܝܡ ܒܡܥܠܬܗ̇ ܕܠܒܝܬܐ ܐܠܝܫܒܥ.
ܘܕܒܪ̈ ܗ̈ܘܝ، ܬܪ̈ܬܝܗܝܢ ܐܚܝܢ̈ܬܐ ܘܩܡܢ
ܘܐܡ̈ܪܝ، ܫܒ̄.

Bl. 1ᵃ Col. 2 Geburt Johannis: ܠܚ̈ܢܐ ܕܡܘܠܕܗ ܕܝܘܚܢܢ

Bl. 3ᵇ Col. 1 Offenbarung Joseph's: ܠܚ̈ܢܐ ܕܓܠܝܢܗ ܕܝܘܣܦ

Bl. 5ᵇ Col. 2 Die Märtyrerinnen Barbara und Juliane.

Bl. 9ᵃ Col. 2 Sonntag vor Weihnacht.

Bl. 11ᵃ Col. 2 Weihnacht: ܠܚ̈ܢܐ ܕܒܐܕܪܐ ܡܘܠܕܐ ܕܝܠܗ ܕܡܪܢ ܕܒܒܣܪ

Bl. 14ᵃ Col. 1 Zweiter Ordo für denselben Tag.

Bl. 17ᵃ Col. 1 Lobpreis der Mutter Gottes: ܠܚ̈ܢܐ ܕܥܠ ܩܘܠܣܗ̇ ܕܝܠܕܬ ܐܠܗܐ ܗܘ ܕܐܡ ܒܘܪ̈ܟܬܗ

Bl. 19ᵇ Col. 2 Kindermord.

Bl. 22^a Col. 2 Christi Beschneidung, Basilius und Gregorius, Ignatius.

Bl. 26^a Col. 1 Taufe Christi: ܛܟܣܐ ܕܕܢܚܐ ܘܥܡܕܐ ܕܢܘܗܪ̈ܐ ܐܘܟܝܬ ܥܡܕܗ ܕܡܪܢ ܝܫܘܥ ܡܫܝܚ

Nachschrift: ܫܠܡ ܛܟܣܐ ܕܕܢܚܐ.

Bl. 30^b Col. 2 Zweiter Ordo für dasselbe Fest.

Bl. 33^a Col. 1 Dritter Ordo für dasselbe Fest.

Bl. 35^a Col. 1 Vierter Ordo für dasselbe Fest

Bl. 37^a Col. 1 Enthauptung Johannis.

Bl. 39^b Col. 1 Stephanus protomartyr.

Bl. 41^b Col. 2 Fest der Mutter Gottes, Mitte Januar.

Bl. 44^b Col. 2 Christi Eintritt in den Tempel und Simeon der Greis.

Bl. 47^a Col. 2 *Barṣaumâ.*

Bl. 50^b Col. 2 Severus patriarcha.

Bl. 53^b Col. 1 Beschneidung und Fasten von Ninive:

ܛܟܣܐ ܕܥܠ ܓܙܘܪܬܐ ܘܨܘܡܐ ܕܢܝܢܘܝܐ

Bl. 55^b Col. 2 Die Gerechten und die Priester:

ܛܟܣܐ ܕܥܠ ܟܐܢ̈ܐ ܘܟܗ̈ܢܐ

Bl. 58^b Col. 1 Die Verstorbenen.

Bl. 61^a Col. 1 Fastenanfang, Hochzeit von Kana und König *Abgar*:

ܛܟܣܐ ܕܫܘܪܝ ܨܘܡܐ ܘܥܠ ܡܫܬܘܬܐ ܘܥܠ ܐܒܓܪ ܡܠܟܐ ܡܗܝܡܢܐ.

Bl. 63^a Die folgenden Tage: Montag bis Freitag.

Bl. 66^a Col. 1 Ephraem und Theodorus martyr.

Bl. 68^a Col. 2 Zweiter Sonntag im Fasten, und die folgenden Tage: Montag bis Freitag.

Bl. 73^b Col. 2 Dritter Sonntag im Fasten und folgende Tage bis Freitag.

Bl. 79^a Col. 1 Vierter Sonntag im Fasten u. s. w.

Bl. 85^b Col. 2 Fünfter Sonntag im Fasten u. s. w.

Bl. 90^b Col. 2 Vierzig Märtyrer.

Bl. 93^a Col. 1 Fünfter Sonntag im Fasten und folgende Tage bis Donnerstag.

Bl. 99^a Col. 1 Freitag der Vierzig, Versuchung Unseres Herrn, und der h. Bassus:

ܛܟܣܐ ܕܥܪܘܒܬܐ ܕܐܪ̈ܒܥܝܢ ܘܥܠ ܢܣܝܘܢܗ ܕܡܪܢ ܘܥܠ ܩܕܝܫܐ ܡܪܝ، ܒܣܘܣ

Bl. 101^b Col. 2 Auferstehung des Lazarus.

Bl. 104^b Col. 2 Palmsonntag.

Bl. 107^a Col. 2 Segnung der Palmzweige:

ܒܘܪܟܐ ܕܣܘܟܝܢ ܩܘܒܠܐ

Bl. 108^a Col. 1 Leidenswoche, Montag, Bl. 110^a Dienstag, Bl. 112^a Mittwoch, Bl. 114^b Donnerstag: ܚܡܫܐ ܕܐܪ̈ܙܐ, Bl. 118^a Fusswaschung: ܕܥܠ ܫܝܓܬܐ, Bl. 118^b Weihung des Öls: ܕܥܠ ܩܘܕܫ ܡܘܪܘܢ

Bl. 121^b Col. 1 Kreuzigungs-Freitag.

Bl. 124^a Col. 2 Anbetung des Kreuzes:

ܛܟܣܐ ܕܣܓܕܬܐ ܕܨܠܝܒܐ

Bl. 125^a Col. 2 Grosser Verkündigungs-Sonnabend: ܛܟܣܐ ܕܫܒܬܐ ܪܒܬܐ ܕܣܒܪܬܐ

Bl. 129^a Col. 2 Ostersonntag:

ܛܟܣܐ ܕܚܕܒܫܒܐ ܪܒܐ ܕܩܝܡܬܐ

Bl. 132^a Col. 2 Ordo resurrectionis cyclicus[1]:

ܛܟܣܐ ܕܩܝܡܬܐ ܡܬܦܢܝܢܐ

Bl. 135^a Col. 2 Zweiter Ordo:

ܛܟܣܐ ܕܚܕܒܫܒܐ ܕܬܪ̈ܝܢ ܕܩܝܡܬܐ

Bl. 138^a Col. 2 Dritter Ordo resurrectionis.

Bl. 141^a Col. 2 Vierter Ordo resurrectionis.

Bl. 144^a Col. 2 Fünfter Ordo resurrectionis.

Bl. 146^b Col. 1 Sechster Ordo resurrectionis.

Bl. 149^a Col. 1 Siebenter Ordo resurrectionis.

Bl. 152^a Col. 1 Achter Ordo resurrectionis.

Bl. 155^a Col. 2 Neuer Sonntag, Apostel Thomas und der h. Gabriel.

Bl. 158^b Col. 1 Die hh. Paulus, Simeon ܕܫܠܝ̈ܚܐ und Lazarus: ܛܟܣܐ ܕܥܠ ܩ̄ܕ ܡܪܝ، ܦܘܠܐ ܘܥܠ ܡܪܝ، ܫܡܥܘܢ ܕܫܠܝ̈ܚܐ ܘܥܠ ܡܪܝ، ܠܥܙܪ.

Bl. 162^a Col. 2 Mutter Gottes, Mitte Mai.

Bl. 165^b Col. 1 Himmelfahrt.

Bl. 168^a Col. 1 Pfingstsonntag. *Šammûni*, ihre Kinder und Eleazar.

[1] Vergl. die Notiz in Nr. 18 Bl. 39^b.

Bl. 171ᵇ Col. 2 ܥܢܝܢܐ ܕܚܡܫ ܟܘܪܗܢܐ

Bl. 172ᵇ Col. 1 Goldener Freitag und die Apostel.

Bl. 175ᵃ Col. 2 Apostel Thomas.

Bl. 178ᵃ Col. 1 Zelten-Fest und Verwandlung der Gestalt Unseres Herrn auf dem Berge Tabor:

ܛܟܣܐ ܕܥܐܕܐ ܡܐܠܘܝܐ ܕܡ̈ܛܠܠܐ
ܘܥܠ ܫܘܚܠܦ ܕܡܘܬܗ ܕܡܪܢ ܕܥܠ
ܛܘܪܐ ܕܬܒܘܪ

Bl. 181ᵃ Col. 1 Tod der Mutter Gottes.

Bl. 185ᵃ Col. 1 Erneuerung des Kreuzes:

ܛܟܣܐ ܕܥܐܕܐ ܚܘܕܬܐ ܕܐܝܓܩܐܢܝܐ[1]
ܕܩܘܕܫܗ ܕܨܠܝܒܐ

Bl. 188ᵇ Col. 2 Der h. Georg.

Bl. 191ᵇ Col. 1 Johannes Evangelista.

Bl. 192ᵇ Col. 1 Der h. Cyriacus.

Bl. 195ᵇ Col. 2 Jacob von *Serûgh*.

Bl. 197ᵇ Col. 2 Simeon Stylites.

Bl. 199ᵇ Col. 2 Der h. *Dimeṭ*.[2]

Bl. 202ᵃ Col. 1 Sergius und Bacchus.

Bl. 204ᵃ Col. 1 Der h. Romanus:

ܛܟܣܐ ܕܥܠ ܣܗܕܐ ܛܠܝܐ ܪܘܡܢܘܣ

Bl. 205ᵇ Die h. Febronia.

Bl. 208ᵃ Col. 1 Für Mönche und Büsser:

ܛܟܣܐ ܕܥܠ ܚܕ ܡܢ ܥܢܘܝܐ ܕܥܠ ܡܢ̈ܙܝܪܐ ܘܬ̈ܝܒܐ

Das Ende dieses Ordo fehlt. Anfang des letzten Gesanges:

ܕܫܒܚܘ ܒܥ̈ܒܕܘܗܝ، ܕܐܒ ܒܪܐ ܨܦܪܐ ܒܪܘܚ
ܨܦܪܐ ܡܫ̈ܒܚܝܢ ܩܕܡ ܒܪܝܬܐ ܠܡܘܗ
ܕܐܡܪ ܡܫܝܚ ܢܫܡܬܐ ܘܡܫܒ̈ܚܝܢ ܫܘ. ܠܗ
ܦܬܝܚܬܐ ܗܘ ܐܝܟ ܕܚܝܐ ܒܡܘܬܪܢ ܐܝܟ ܫܘܒܚܐ ܘܫܘܒܚܐ
ܡܫܡ̈ܠܝܢ ܠܐܠܗܐ ܕܒܫܡܐ ܕܫܡܝܐ ܒܠ ܠܗ ܠܗ
ܒܢܝ̈ܫܘܬܟ. ܒܒܝܬܐ ܘܫܡܝܐ ܡܫܒܚܬܐ
ܡܫܒܚܝܢ ܘܩܕܡ

Die Zeiten, für welche die Hymnen bestimmt sind, sind Abend, Nacht und Morgen: ܪܡܫܐ, ܠܠܝܐ und ܨܦܪܐ.

Die Zahl und Anordnung der Hymnen, die nach gewissen Anfangsworten benannt sind, ist in der Hauptsache für alle Tage dieselbe.

Abends:

ܐܪܚܡ ܥܠܝ Miserere mei. Psalm 51.

ܥܘܢܝܬܐ ܐܘܪܗܝܬܐ Versus Edessenus oder ܥܢܝܢܐ ܐܘܪܗܝܐ Responsorium Edessenum (Bl. 11ᵇ, 17ᵃ und sonst).

ܡܪܝܐ ܩܪܝܬܟ Domine, clamavi ad te. Psalm 140.

Nachts:

ܒܪܟܘ Benedicite.

Morgens:

ܬܫܒܘܚܬܐ ܕܡܫܐ Laudatio glorifica. Exodus 15, 1.

ܥܫܢ ܠܒܝ Validum cor meum factum est. 1. Samuelis 2, 1.

ܡܪܝܐ ܫܡܥܬ Domine, audivisti. Habacuc 3, 2.

ܒܠܠܝܐ ܢܦܫܝ Noctu anima mea. Jes. 26, 9.

ܩܪܝܬ ܠܡܪܝܐ Vocavi dominum. Jona 2, 2.

ܡܒܪܟ ܐܢܬ Benedictus tu. Canticum Ananianorum 1. pars.

ܒܪܟܘ ܟܠܗܘܢ Benedicite omnia opera Canticum Ananianorum 2. pars.

ܡܘܪܒܐ ܢܦܫܝ Magnificat anima mea (μεγαλυνάριον). Lucas 1, 46.

ܫܒܚܘ ܒܥ̈ܒܕܘܗܝ Laudate ejus opera. Ps. 113.

ܛܘܒܝܗܘܢ Beati illi. Psalm 118.

Zu jedem Hymnus ist die Melodie angegeben, eingeleitet durch das Wort ܩܠܐ (Stichwort, εἰρμός).

Am Rande neben dem Umfange jedes Hymnus finden sich Buchstaben, welche je eine der acht Melodien zu bedeuten scheinen; dabei ist zu beachten, dass die 1. und 2. Melodie, ܐ und ܒ, ganz allgemein vorherrschen.

Die Hymnen für je einen Tag sind bezeichnet als ܛܟܣܐ Ordo. Als eine Probe eines solchen Ordo geben wir den 4. Ordo für Epiphania Bl. 35ᵃ Col. 1:

[1] ἐγκαίνια.

[2] Ein Kloster des h. *Dimeṭ* lag bei *Kyllith*, s. SACHAU, Reise in Syrien und Mesopotamien S. 420.

ܬܘܒ ܠܥܢܝܢܐ ܕܐܪ̈ܒܥܐ ܕܠܗ ܒܗ ܕܠܗ
ܕܒܐܕܐ ܕܩܘܪ̈ܐ. ܒܩܠ (ܒܥܝܢܐ) ܕܙ̈ܘܥܐ
ܕܙܘܓ ܝܕ̄ܒ (ܝܕܥܐ) ܐܡܬܐ ܕܒܥܘܬܐ: ܒ
ܗܘ ܕܒܥܒܕ ܗܘܐ ܡܢ ܐܒܘ̈ܗܝ ܒܥܒܕܗ.
ܘܐܝܟܐ ܕܦܥܐ ܕܗܘܐ ܒܪܝ ܣܒܝܒܝ ܙܘܓ ❖
ܗܘ ܕܒܥܒܕ ܗܘܐ ܒܥܒ̈ܕܐ ܡܒܪ̈ܘܗܝ.
ܘܓܒܪ ܥܠ ܟ̈ܠܝܐ ܡܪܒܥܬܗ ܕܠܗ ܙܘܓ ❖
ܗܘ ܕܐܝܟ ܡܫܝܚܐ ܒܡܘܪܕܝ ܢܗܪܐ ܒܥܒܕ.
ܘܡܥܡ̈ܕܝ ܢܦܫ ܠܥܠܡܐ ܕܠܗ ܙܘܓ ❖
ܒܟ̈ܪܝܟ ܡܢ ܕܥܒܕܘ ܥܠ ܡܦܪ̈ܝܟ.
ܒܥܠܝ ܢܘܗܪܐ ܒܥܒܝܟ ܠܡܥܡܕܘܬܐ ܙܘܓ:
ܕܡܪ̈ܝܐ ܡܪܬܝܟ ܝܕ̄ܒ ܟܠ ܡܪܝܐ
ܒܙ̈ܘܥܐ ܐܒܝܟ
ܥܒܕ ܠܝ ܡܪܝ ܫܘܬܦܘܬܐ
ܒܡܘܠܕܗ ܕܡܒܪܟܬܐ
ܒܓܠܝܬܗ ܠܥܒܕܝ
ܘܫܬܘܒ ܡܢ ܢܟ̈ܝܢܝ ❖
ܒܥܒܕܗ ܕܦܠ̈ܓܐ ܡܫܝܚܐ
ܫܕܡ ܒܢ̈ܝܐ ܘܡܠܐܟ̈ܐ
ܘܪܘܡ ܒܐܪܥܐ ܐܪ̈ܒܥܐ
ܕܒܝܬܗ ܐܦܝܣ ܐܠܗܐ ❖
ܒܪܝܟ ܗܘ ܕܐܪܓ ܪܒܘܬܗ.
ܘܒܥܒܕ ܡܢ ܐܒ̈ܘܗܝ ܒܥܒܕܗ
ܘܦܪܥ ܠܝ ܡܒܥܒܕܢܘܬܐ
ܕܡܫܝܚܐ ܠܝ ܡܢ ܢ̈ܘܟܝܢ ❖
ܒܪ̈ܘܟܐ ܕܫ̈ܠܝܐ ܕܡܒܪܟܝܢ
ܫܘ̈ܦܐ ܕܦܘܪܫܐ ܕܡܩܕܫܝܢ
ܡܠܐ̈ܟܐ ܕܙ̈ܡܪܝܢ ܫܘ̄
ܒܥܒܕܗ ܕܒܪ ܐܠܗܐ ❖
ܐܝܟܐ ܦܠܐ ܗܘܐ ܡܠܬܐ.
ܐܝܟܐ ܒܥܒܕܐ ܗܘܐ ܡܪܝܐ.
ܐܘ̄ ܒܥܒܕܬܐ ܗܝ ܫܬܝܐ
ܦܫܛ ܠܗ ܕܗܘܐ ܦܪܘ ܠܒܪ ❖
ܒܗܘܒܐ ܒܚܣܝܐ ܕܒܥܒܕܝܟ
ܡܥܒܝܐ ܐܠܗܐ ܕܠܟ
ܥܕܡ ܠܝ ܒܥܒܕܡ ܫܘܒܚܐ 35ᵇ
ܕܢܘܕܐ ܥܠ ܛܝܒܘܬܟ:

ܕܠܠܝܐ ܕܪܡܫܐ ܚ̇ܕ ܠܐܘܪܝܐ

ܒ̄ ܘܠܬܫܒܘܚܬܐ

ܒܡܕܝܢ ܢܦܫܐ ܕܡܠܠܬܗ.
ܡܩܒܠ ܠܟ ܫܘܒܚܐ ܕܫܘܟܝܢ.
ܡܪܝܐ ܠܟ ܫܘܒܚܐ ܠܟ ܀
ܒܪܐ ܕܢܚܬ ܦܓܪܗ ܒܡܪܢܣܝܒܘܬܗ.
ܢܠܠ ܘܢܓܪܘܡ ܒܬܫܒܚܬܗ.
ܡܪܝܐ ܠܟ ܀
ܫܘܒܚܐ ܠܟ ܒܫܘܟܝܢ ܒܡܠܐܟܐ ܕܡܪܢܣܝܒܘܬܟ.
ܒܪܐ ܕܒܝܡܝܢܗ ܦܫܛ ܠܟ
ܡܪܝܐ ܠܟ:

ܐ̄ ܕܦܢܝܐ ܬܫܒܘܚܬܐ ܕܠܐܠܗܐ

ܗ̄ ܗܘ ܕܠܐܘܪܫܠܡ ܡܢ ܒܓܠܘܬܐ.
ܕܡܝ̈ܬܐ ܦܬܚ ܗܘܐ ܘܫܒܩ.
ܒܡܫܝܚܗ ܢܦܩܬ ܠܟ.
ܕܠܗ ܐܢܐ ܕܫܒܚ
ܫܘܒܚܐ ܠܟ ܡܪܢ ܘܡܪܢܣܝܒܐ ܐܠܗܘܬܗ ܀
ܗܘ ܡܫܝܚ ܐܪܝܡ ܘܐܢܨܪ.
ܕܐܝܬ ܗܘ ܐܡܪܗ ܕܐܠܗܐ.
ܗܘ ܕܠܫܡܗ ܕܡܫܒܚܝܢ ܒܟ.
ܒܗܘܪܐ ܡܒܡܒ ܐܝܬ ܘܒܟܪ̈ܐ.
ܫܘܒܚܐ ܠܟ ܡܪܢ

ܒ̄ ܕܒܟܡ ܠܒܪ:

ܐܝܬ ܗܘ ܒܒܢܝܐ ܬܫܒܚܬܐ ܀܀
ܐܝܬ ܒܗ ܒܪܒܘܬܐ ܕܒܢܝܐ
ܒܠܡܐ ܐܬܝܠܝܬ ܡܪܝܐ ܠܟ.
ܐܦ ܡܡܠܠܝܢ ܒܗ ܐܫܬܘܕܝܢ ܡܪܝܐ ܐܠܗܐ
ܕܠܟ ܡܓܪ ܗܘܐ

ܐ̄ ܕܡܪܝܐ ܫܒܚܬ

ܫܒܚܬ ܐܬܒܝܬ ܡܪܝܐ ܠܟ
ܒܪܐ ܕܡܒܪܟܘܬܐ ܕܠܟ.
ܐܝܟ ܗܘܐ ܢܒܐ ܫܒܩܘ
ܕܐܬܬ ܕܬܦܪܘܩ ܠܥܠܡܐ ܕܠܟ.
ܪܫܡ ܐܪܥܐ ܀
ܬܩܢܐ ܪܒܐ ܐܪܡܬ ܥܠ ܥܠܡܐ
ܠܟܠܗ ܕܡܠܐܟܐ.
ܕܫܡܘ ܕܐܪܡܬ ܪܒܝܢ ܠܡܒܢܐ ܫܘܒܚܐ
ܡܢ ܡܫܝܚ

ܪ̈ܚܡܝܟ܀

ܒ̄ ܕܟܠܝܐ ܢܦܫܝ ܟܠܝܐ ܡܫܡܫܐ ܪܘܚ܀܀܀
ܐܬܝܬ ܠܡܥܕܪܐ ܡܚܝܠܐ ܠܐ ܡܬܚܫܒܢܐ.
ܕܠܟܠ ܡܢ ܚܝܠܐ ܬܥܒܪ.
ܐܢܬ ܪܘܚ ܐܒܐ:

ܐ̄ ܕܩܪܝܬ ܠܚܢܢܐ: Bl. 36a
ܐܪܡ ܗܘܐ ܡܢ ܩܒܪ ܢܘܢܐ.
ܢܒܝܐ ܝܘܢܢ ܒܪ ܡܬܦܫܩ.
ܕܡܪܝܐ ܐܠܗܐ.
ܦܪܘܩܢ ܘܕܐܠܢ ܘܐܫܘܙܢ.
ܡܢ ܚܝܠܟ.
ܘܗܘ ܠܢ ܡܦܪܢܣܢ ܘܡܥܕܪܢܐ.
ܐܢܬ ܪܚܡܢܝܐ܀
ܡܢܗܘܢ ܩ̈ܠܐ ܕܡܠܐܟ̈ܐ
ܫܠܡܘܬܐ ܥܡ ܐ̈ܪܥܢܐ.
ܦܠܐ ܕܡܨܝܒ ܐܟܡܝܐ
ܕܗܢܐ ܐܬܘܗܝ ܒܪܐ ܕܠܝ ܚܒܝܒܐ.
ܒܪ ܡܬܦܘܕܐ ܒܪܘܚܐ ܕܦܘܪܩܢܐ
ܬܠܝܬܝܘܬܐ ܚܕܐ ܐܘܣܝܐ:

ܒ̄ ܕܡܒܪܟܝܢ ܐܢܬ: ܐܢܬ ܕܒܪܝܬ܀܀܀
ܐܢܬ ܕܐܬܒܪܬܢ ܐܚܕܐ ܕܐܬܝܠܕܐ ܕܠܝܢ
ܒܪ ܐܬܬܩܕܫܬ ܥܠ ܪܝܫܢ ܡܒܕܪ ܚܛ̈ܐ.
ܡܟܪܙܐ ܒܪ ܐܢܫܝܢ ܘܠܟܠܗ.
ܒܪܝܐ ܐܠܗܐ ܕܐܝ̈ܬܘܬܐ ܕܠܝ:

ܐ̄ ܕܒܪܟܘ ܟܠܟܘܢ:
ܗܘ ܕܠܛܠܝܐ ܩ̈ܢܝܐ ܕܕܘܝܕ.
ܒܪ ܐܬܪܒܝܘ ܥܡܗ ܐܬܘܢܐ.
ܢܦܠܬ ܐܝܟܢ ܥܠ ܢܘܪܬܐ.
ܘܠܦܠܓܘܬܗ ܕܚܒܠܐ ܐܘܦܪܬ.
ܠܛܠܝܐ ܕܝܢ ܥܒܪܬ ܘܦܪܩܬ.
ܘܩܛܠܬ ܕܝܢ ܢܘܪܐ ܠܟܠ ܡܢ ܐܬܘܢܐ ܥܒܕ
ܥܠ ܥܒܕܝܢ.
ܘܐܬܦܨܝܘ ܗܘܘ ܒܬܫܒܘܚܬܐ.
ܘܫܒܚܘ ܘܐܘܕܝܘ ܘܐܡܪܘ.
ܕܒܪܟܘ ܟܠܟܘܢ ܥܒ̈ܕܘܗܝ ܕܡܪܝܐ ܠܡܪܝܐ.
ܐܠܗܐ܀
ܠܒܢ̈ܝܐ ܪܘܚܐ ܘܠܐ ܓܫܡܐ.

ܟܕ ܚܣܣܘܢ ܠܗܘ ܠܐ ܡܬܦܝܣܢܐ.
ܕܦܐܪܐ ܗܘܐ ܒܗ ܫܠܝܚܘ̈ܗܝ ܕܡܫܝܚ.
ܘܒܕܝܠܐ ܘܒܪܬܘܬܐ ܡܬܕܪܟܝܢ ܗܘܘ.
ܕܐܡܪܝܢ ܠܝܫܘܥ ܕܠܐ ܫܘܝܠܐ.
ܐܠܗܘܬܐ ܕܡܘܬܐ ܕܚܒܪܐ.
ܘܟܕ ܐܬܓܠܝܬ ܐܘܪܝܬ ܠܥܠܡܐ.
ܕܟܪܘ ܟܠܗܘܢ:

ܒ̄ ܕܡܘܪܒܐ ܢܦܫ:
ܡܘܪܒܝܢ ܟܠܢ ܠܐܠܗܐ ܕܢܘܗܪܐ.
ܗ̇ܘ ܕܡܢ ܒܘܒܗ̇ ܕܢܚ ܠܢ.
ܢܘܗܪܐ ܠܐ ܡܬܕܪܟܢܐ.
ܘܐܢܗܪ ܠܢܦܫ̈ܬܐ ܕܟܠܢ ⁘
ܦܪܘܩܢ ܟܠܢ.
36b ܠܒܪܐ ܝܚܝܕܐ.
ܠܗܘ ܕܡܢ ܥܘܒܐ ܕܐܒܐ.
ܕܢܚ ܒܝܬ ܒܢܝܐ ܕܐܒܘܗܝ.
ܘܐܢܗܪ ܠܢܦܫ̈ܬܐ ܕܟܠܢ ⁘
ܡܫܝܚܢ ܟܠܢ.
ܒܐܒܐ ܘܒܒܪܐ.
ܘܒܪܘܚܐ ܦܪܩܠܝܛܐ.
ܕܗܘܐ ܒܠ ܢܘܗܪܢ.
ܐܬܓܠܝ.
ܘܐܢܗܪ ܠܢܦܫ̈ܬܐ ܕܟܠܢ ⁘
ܡܬܒܣܡܝܢ ܟܠܢ.
ܠܒܢ̈ܝܐ ܡܥܡܘܕܝܐ.
ܕܐܟܠܘ ܦܓܪܟ ܡܪ̄.
ܘܐܫܬܝܘ ܠܕܡܟ ܡܚܝܢܐ
ܘܫܒܚܘܟ ܡܢ ܡܚܝܢܢ:

ܐ̄ ܕܫܒܝܚܐ ܒܒܪ̈ܟܬܗ̇. ܩ̄ܠ ܒܟܪ ܨܦܪܐ:
ܒܟܪ ܨܦܪܐ.
ܡܩܕܡܢ ܩ̈ܠܝܢ ܒܪ̈ܝܬܐ.
ܠܗܘ ܕܪܕܦ ܡܢ̈ܗܘܢ ܚܫܘܟܐ.
ܘܡܫܬܡܥܝܢ. ܫ̄ܘ ⁘
ܒܗܘܪ ܢܘܗܪܐ.
ܘܚܙܝܢ ܚܙܐ ܗܘܐ ܬܕܡܘܪܬܐ.
ܡ̈ܠܐܟܐ ܕܡܫܡܫܝܢ ܠܒܪܐ.
ܟܕ ܐܡܪܝܢ ܫ̄ܘ ⁘

ܚܙܐ ܗܘܫܥ ܠܡܫܝܚܐ ܕܦܫܛ ܒܗ ܒܪܟܐ.
ܘܦܪܩܗ ܐܡܪܗ ܕܐܠܗܐ
ܟܕ ܡܪܟܒ. ܫܘ̄ ܀
ܬܪܝܢ ܗܘܘ ܚܙ̈ܘܐ.
ܒܐܠܗܐ ܕܗܘܐ ܒܪܢܫܐ.
ܘܟܡܒܪ ܡܢ ܐܒ̈ܐ ܟܡܒܪܗ.
ܘܦܪܩܗ ܠܟܢܫܗ. ܫܘ̄ ܀
ܕܒܬ ܐܪܒܥܐ ܕܢܬܩܗ
ܠܟܢܫܐ ܗܘܣܝܥ.
ܟܕ ܦܫܛ ܐܝܕܗ ܥܠ ܡܪܗ.
ܘܡܫܒܚܝܢ. ܫܘ̄
ܒ̄ ܕܠܦܘܬܝܗܘܢ ܚܕ ܡܢܐ ܫܦܝܪ ܗܘܐ:
ܡܢܐ ܫܦܝܪ ܗܘܐ ܫܠܝܚܐ ܕܗܘܒ
ܒܝܣܪܐܝܠ ܒܪ ܥ̈ܠܡܐ.
ܠܬܘܠܬܐ ܕܡܝܬܐ ܡܪܝܡ.
ܘܗܒ ܐܡܪ.
ܫܠܡܐ ܒܡܒܡ ܡܪܝ. ܒܡܒܡ ܡܒܟ ܕܢܫ ܀
ܡܢܐ ܦܐܝܐ ܗܘܬ ܐܘܪܫܠܡ ܕܕܝܢ
ܡܢܝ ܠܗܘܕܝܢ ܢܗܪܐ.
ܘܢܗܘ ܠܗ ܠܒܝܬܐ ܡܟܝܪܬܗ.
ܕܗܘܝܘ ܣܗܕܐ.
ܕܟܠܗ ܐܬܬܐ ܕܢܦܫܐ ܡܟܡܟܡܕܝܬܐ ܀
ܡܢܐ ܫܦܝܪ ܗܘܐ ܘܪܓܝܓ ܗܘ ܗܘܫܥ
ܟܕ ܐܡܪ ܠܗ ܠܡܫܝܚܐ
ܒܗܘ ܒܕܢܐ ܕܢܦܠ ܐܢܐ ܡܢܝ.
ܐܩܝܡ ܐܒܕܐ.
ܥܠ ܪܡܬܐ ܕܫܠܡܘܬܐ ܀
ܡܢܐ ܫܦܝܪ ܗܘܐ ܦܠܗ ܕܡܢܝ ܢܣܒ.
ܟܕ ܐܡܪ ܠܗ. ܠܗܘܫܥ
37a ܦܪܘܩ ܐܡܫܒܚܢ ܘܠܐ ܬܬܒܘܣ.
ܕܗܡ ܦܐܝܐ ܠܝ ܢܬܠܐ ܥܠܗ ܒܐܝܩܪܬܐ ܀
ܠܗܘܢ ܡܟܐܬܬ ܚܙܝܢ ܒܢ̈ܝܐ ܕܡܫܒܚ ܒܪ ܐܠܗܐ.
ܘܡܫܒܚܝܢ ܠܗܘܢ ܠܚܝ̈ܝ ܩܢܘܡ ܐܢܘܢ.
ܘܬܠܒܫ ܐܢܘܢ ܐܣܩܠ ܫܘ̄ ܒܡܠܟܘܬܟ:

ܫܠܡ ܐܪ̈ܒܥܐ ܫ̈ܒܥܐ ܕܕܢܚܐ

Eine Notiz über Alter und Herkunft der Hds. ist nicht vorhanden; sie ist geschrieben von einem Michael, der sich an mehreren Stellen nennt (Bl. 22ᵃ. 37ᵃ. 55ᵇ. 85ᵇ. 104ᵇ. 119ᵃ. 146ᵇ. 158ᵇ. 162ᵃ. 168ᵇ. 199ᵃ). Der Name ist wenigstens in einer Vignette angebracht. Die Hds. scheint für einen Mönch Hezekiel geschrieben worden zu sein, vergl. die Vignette 41ᵇ: ܥܠ ܕܦܢܐ ܢܦܠܐ ܥܠ ܐܚܝ ܚܙܩܝܐܝܠ ܕܝܪܝܐ.

Der Text ist nur selten punktirt, mit Punktvocalen, seltener mit den Griechischen Vocalen. Vorzüglich geschrieben und erhalten; nur von Bl. 88 ist der obere Theil abgerissen, und das erste und letzte Blatt etwas beschädigt.

Die Hds. ist mit buntfarbigen Vignetten geschmückt, die eine grosse Sammlung von Flechtmustern aller Art ergeben. Sie ist aus dem *Ṭûr-ʿAbdîn* gekommen und vermuthlich dort geschrieben (etwa im 10. oder 11. Jahrhundert?). Es fehlen am Anfang die beiden ersten Blätter des Kurrâs 2 ܒ und der Kurrâs 1 (zu 10 Blättern) ganz.

208 Blätter (29 × 18 cm). Die Seite zu zwei Columnen, die Columne zu 28—30 Zeilen.

17.

(Sachau 350.)

Pergament.

Jakobitisch.

Eine reiche Sammlung kirchlicher Poesien für das ganze Jahr, ܩ̈ܠܐ, ܬܫ̈ܒܚܬܐ, ܡܕܪ̈ܫܐ und ܣܘܓܝ̈ܬܐ, ܬܘ̈ܬܐ ܕܦܨܚܐ (unter den Ostertagen). Je heiliger ein Tag ist, um so grösser ist die Zahl der ihm zugewiesenen Gesänge. Die Gebetzeiten sind Abend ܪܡܫܐ, Nacht ܠܠܝܐ, Morgen ܨܦܪܐ, die dritte Stunde (Terz) ܬܠܬ ܫ̈ܥܝܢ, Mittag ܦܠܓܗ ܕܝܘܡܐ. Die Nacht hat zwei Stationen (Nocturnen) ܩܘ̈ܡܐ, an den heiligsten Tagen auch vier, während an den einfachsten Heiligen-Tagen gar kein Nachtdienst erwähnt wird.

Die meisten und längsten Gesänge, besonders die ܡܕܪ̈ܫܐ und ܣܘܓܝ̈ܬܐ, wurden in den Nachtstationen (besonders in der ersten) gesungen. Den Schluss der Gesänge eines Tages bildet allemal ein Gebet ܒܥܘܬܐ ܕܪ̈ܚܡ ܠܚܛܝ̈ܐ »Gebet zu dem, der sich der Sünder erbarmt«.

Vereinzelt finden sich auch Gesänge für die Messe ܕܩܘܪܒܐ. Die gewöhnlichste Form der Anordnung der Gesänge eines Tages ist folgende:

1. Abend, zwei ܩ̈ܠܐ und eine ܬܫܒܘܚܬܐ.
2. Nacht, erste Station, zwei ܩ̈ܠܐ, ein ܡܕܪ̈ܫܐ oder mehrere und eine ܬܫܒܘܚܬܐ;
   zweite Station, zwei ܩ̈ܠܐ, ein ܡܕܪ̈ܫܐ (oder mehrere), eine ܣܘܓܝ̈ܬܐ (kann auch fehlen) und eine ܬܫܒܘܚܬܐ.
3. Morgen, zwei ܩ̈ܠܐ und eine ܬܫܒܘܚܬܐ.
4. Dritte Stunde, ein ܩܠܐ und eine ܬܫܒܘܚܬܐ.
5. Mittag (Sext), ein ܩܠܐ und eine ܬܫܒܘܚܬܐ.
6. Neunte Stunde (Non), ein ܩܠܐ und das Schlussgebet ܒܥܘܬܐ ܕܪ̈ܚܡ ܠܚܛܝ̈ܐ.

Die beiden Gebetszeiten 5. und 6. können auch ausfallen.

Vergl. die ähnlichen Sammlungen Nr. 20 (Sachau 236) und Nr. 19 (Sachau 323).

Inhalt:

Bl. 1ᵃ Sonntag der Erneuerung der Kirche. Anfang fehlt, vergl. 6ᵇ ܥܠܡ ܕܚܘܕܬ ܒܥܕܬܐ. Fehlen die Gesänge für den Abend ܪܡܫܐ und der Anfang der Gesänge für die Nacht ܠܠܝܐ, die erste Station ܩܘܡܐ der Nacht.

Anfang:

ܕܘܟܪܢܐ ——— ܒܥܕܬܐ ܩܕܝܫܬܐ. ܩܠܐ
ܕܢܚܐ ܡܠܟܗ ܘܡܫܝܚܗ ܒܟܠܗܘܢ ܟܠܗܘܢ.
ܢܗܘܐ ܫܘܒܚܐ ܠܥܕܬܐ ܩܕܝܫܬܐ.
ܕܐܬܐ ܕܢܬܒܠܒܠ ܥܠܝܗܘܢ ܕܟܢܫܬܐ.

Bl. 2ᵃ ܩܠܐ ܕܨܘܡܐ ܕܬܪ̈ܝܢ ܕܠܠܝܐ

Ein *Madhrâšâ* Bl. 2ᵃ Col. 2:

ܐܫܟܚ ܡܪܢ ܠܬܠܡܝܕܐ ܕܥܠܝܬܐ.

ܐܬܦܢܝ ܘܠܐ ܐܫܬܕ ܒܡܫܬܘܬܗ.

Bl. 5ᵃ ܩܠܐ ܕܦܘܪܐ

Bl. 5ᵇ ܕܬܠܬ ܫ̈ܥܝܢ

Bl. 6ᵃ ܩܠܐ ܕܦܠܓܗ ܕܨܘܡܐ

Bl. 6ᵇ Verkündigung des Zacharias ܠܣܘܟܐ ܕܟܠ ܫܘܫ ܘܢܘܪܐ

Bl. 11ᵇ Verkündigung der Mutter Gottes.

Bl. 19ᵇ Besuch der Maria bei Elisabeth.

Bl. 25ᵃ Geburt des Johannes.

Bl. 30ᵃ Offenbarung Josephs.

Bl. 35ᵃ Weihnacht.

Bl. 48ᵃ Gedenktag der Mutter Gottes.

Bl. 59ᵇ Kindermord zu Bethlehem.

Bl. 62ᵇ Basilius und Gregorius.

Bl. 64ᵇ Epiphania ܥܐܕܐ ܕܕܢܚܐ.

Bl. 73ᵇ Johannes der Täufer.

Bl. 75ᵇ Enthauptung des Johannes.

Bl. 80ᵃ Stephanus.

Bl. 82ᵇ Patriarch Severus.

Bl. 85ᵃ Christi Eintritt in den Tempel.

Bl. 89ᵇ *Barṣaumâ.*

Bl. 92ᵇ Beschneidung in der Ninive-Woche ܠܓܙܘܪܬܐ ܕܢܝܢܘܝܐ.

Bl. 95ᵃ Dienstag in der Ninive-Woche.

Bl. 97ᵇ Mittwoch in der Ninive-Woche.

Bl. 100ᵃ Sonntag der Priester.

Bl. 103ᵇ Sonntag der Verstorbenen ܠܣܘܟܐ ܕܟܠ ܥܢܝ̈ܕܐ ܐܬܚܫܒ ܥܠ ܐܢ̈ܫܘܬܐ.

Bl. 107ᵃ Erster Sonntag im Fasten, Hochzeit zu Kana.

Bl. 110ᵇ Montag der 1. Fastenwoche.

Bl. 112ᵇ Dienstag " " "

Bl. 114ᵇ Mittwoch " " "

Bl. 116ᵇ Donnerstag " " "

Bl. 118ᵇ Freitag " " "

Bl. 120ᵇ Ephraem und Theodorus der Märtyrer von ܐܘܟܝܛܐ *Euchaita.*

Bl. 123ᵇ Zweiter Sonntag im Fasten und für die Aussätzigen ܘܥܠ ܓܪ̈ܒܐ

Bl. 126ᵃ Montag der 2. Fastenwoche.

Bl. 128ᵃ Dienstag " " "

Bl. 130ᵃ Mittwoch " " "

Bl. 132ᵃ Donnerstag " " "

Bl. 134ᵃ Freitag " " "

Bl. 135ᵇ Dritter Sonntag im Fasten.

Bl. 139ᵃ Montag der 3. Fastenwoche.

Bl. 141ᵃ Dienstag " " "

Bl. 143ᵃ Mittwoch " " "

Bl. 145ᵇ Donnerstag " " "

Bl. 148ᵃ Freitag " " "

Bl. 150ᵇ Vierter Sonntag im Fasten.

Bl. 154ᵃ Montag der 4. Fastenwoche.

Bl. 156ᵃ Dienstag " " "

Bl. 158ᵃ Mittwoch " " "

Bl. 160ᵇ Donnerstag " " "

Bl. 162ᵇ Freitag " " "

Bl. 165ᵃ Fünfter Sonntag im Fasten.

Bl. 169ᵇ Montag der 5. Fastenwoche.

Bl. 172ᵃ Dienstag " " "

Bl. 174ᵇ Mittwoch " " "

Bl. 177ᵇ Donnerstag " " "

Bl. 180ᵃ Freitag " " "

Bl. 182ᵇ die 40 Märtyrer von Sebaste.

Bl. 186ᵃ Sechster Sonntag im Fasten.

Bl. 190ᵃ Montag der 6. Fastenwoche.

Bl. 194ᵇ Dienstag " " "

Bl. 195ᵇ Mittwoch " " "

Bl. 198ᵃ Donnerstag " " "

Bl. 201ᵃ Freitag " " "

Bl. 203ᵃ Lazarus.

Bl. 205ᵇ Palmsonntag.

Schluss in der 2. Noctarn des Palmsonntag: ܕܨܘܡܐ ܕܬܪ̈ܝܢ

ܕܠܠܝܐ ܒ ܐܝܟ ܐܝܟ ܢܘܣܪܐ.

Anfang:

ܗܐ ܡܪܢ ܠܟܘܪܗܢܐ ܕܢܐ ܣܡܝ.

ܡܢ ܐܘܪܫܠܡ ܠܟܢܫܝܢܘ.

Verzeichniss der ܡܕܪ̈ܫܐ nach den Anfangsworten:

Bl. 2ᵃ	ܐܣܩܘ ܡܪܝ، ܠܬ̈ܘܠܐ ܕܐܠܗ̈ܘܬܐ
Bl. 3ᵇ	ܠܡܫܒܚ ܒܥܕܬܐ ܕܐܠܗ ܗܘ ܦܩܕ
Bl. 3ᵇ	ܫܘܒܚܐ ܕܗܘܦܟܐ ܡܢܟ ܠܗ.
Bl. 4ᵇ	ܠܡܫܒܚ ܒܥܕܬܐ ܡܫܡܫܢܘܬܐ
Bl. 7ᵇ	ܐܢܫ ܡ̈ܠܐܟܐ ܠܒܪܐܢܫ
Bl. 8ᵃ	ܠܡܕܢܚ ܡܩ̈ܕܫܝܢ ܒܗܢܐ
Bl. 12ᵃ	ܠܟ ܗܘ ܡܘܕܝܐ ܢܫܬ ܗܘܐ ܒܪܐ ܘܐܢܬܝ، ܡܫܒܚܬܐ
Bl. 12ᵇ	ܠܗܘ ܒܪܐܢܫ ܡܫܒܚܢܐ
Bl. 12ᵇ	ܡܠܠ ܒܪܐ ܙܡܪܐ
Bl. 13ᵃ	ܠܡܫܒܚ ܡܪܢ ܕܫܒ̈ܩܢ ܐܪ̈ܫܝܢ
Bl. 13ᵇ	ܢܚܬ ܒܪܐ ܕܢܘܪܐ
Bl. 13ᵇ	ܡܪܟܒܬ ܢܨܘܗܝ. ܠܡܫܘܬܐ ܒܡܘܫܐ
Bl. 14ᵃ	ܢܨܒ ܦܘܫܩܐ. ܠܒܪܐܢܫ ܡܠܐܟܐ.
Bl. 14ᵃ	ܡܢ ܡܪܕܐ ܕܢܘܪܐ.
Bl. 15ᵃ	ܦܩܕ ܠܗ ܡܪܝܐ ܠܒܪܐܢܫ
Bl. 15ᵃ	ܦܪܫ ܘܢܚܬ ܒܪܐ ܠܟ ܢܦܪܬ
Bl. 15ᵇ	ܐܡܪܐ ܐܡܪܬ ܡܪܝ،
Bl. 15ᵇ	ܒܪ ܕܝܢ ܢܚܬ ܢܫܐ ܕܡ̈ܠܐܟܐ
Bl. 16ᵃ	ܦܬܚ ܐܒܪܬܐ ܕܐܒܗܬܐ.
Bl. 16ᵇ	ܐܢܬ ܡܪܝ، ܐܠܗܢ
Bl. 16ᵇ	ܬܦܪܘ ܒܗ ܒܪܐܢܫ
Bl. 20ᵇ	ܗܠܠܘܬ ܒܒܢܐ ܗܘ، ܒܪܬ ܕܩܕܫ ܠܠܘܪܐ.
Bl. 20ᵇ	ܒܪܝܟ ܕܐܘܪܒ ܒܒܢܘܗ
Bl. 21ᵃ	ܒܪ ܕܝܢ ܫܡܥܬ ܐܠܝܫܒܥ
Bl. 21ᵃ	ܒܪ ܕܝܢ ܡܠܠܬ ܒܬܘܠܬܐ
Bl. 21ᵇ	ܡܢ ܗܘܐ ܡܠܟܐ ܠܟܠܗ ܘܬܪܒܝܬܐ
Bl. 21ᵇ	ܐܝܠܬ ܡܪܝܡ
Bl. 22ᵃ	ܟܠܗ ܒܪܫܐ ܕܒܣܪܐ
Bl. 22ᵇ	ܒܪ ܕܝܢ ܡܠܠܬ ܡܒܪܬܐ.
Bl. 22ᵇ	ܡܠܟܐ ܗܘܐ ܗܘܐ ܠܗ، ܒܡܪܘܬܐ.
Bl. 26ᵃ	ܒܗܢܐ ܝܘܡܢܐ ܗܘܬ ܚܕܘܬܐ
Bl. 26ᵃ	ܚܕܘܬܐ ܪܒܐ ܦܨܚܐ
Bl. 26ᵇ	ܒܗܢܐ ܝܘܡܢܐ ܬܗܪܐ
Bl. 27ᵃ	ܚܕܘܬܐ ܪܒܬܐ ܒܒܝܬܗ ܕܒܪܝܐ
Bl. 27ᵇ	ܟܠܗ ܡܕܒܪܢܘܬܐ ܒܪܐ ܢܚܬ
Bl. 27ᵇ	ܒܪܗ ܕܒܬܘܠܬܐ ܝܠܕܬ ܗܘܐ
Bl. 28ᵃ	ܗܢܐ ܝܘܡܐ ܡܠܝܐ ܚܕܘܬܐ
Bl. 28ᵃ	ܡܛܠ ܗܘܐ ܘܒܢܐ ܕܐܠܝܫܒܥ
Bl. 31ᵇ	ܦܩܘܕ ܗܘܐ ܡܠܟܐ
Bl. 31ᵇ	ܚܙܘ ܗܘܐ ܝܘܣܦ ܒܐܢܐ.
Bl. 31ᵇ	ܚܙܘ ܗܘܐ ܝܘܣܦ ܒܪ ܕܘܝܕ.
Bl. 32ᵃ	ܫܡܥܘܢܐ ܚܙܬܐ ܡܪܝ ܗܘܐ
Bl. 32ᵇ	ܢܚܬ ܗܘܐ ܒܪܐ ܡܢ ܝܘܣܦ
Bl. 36ᵇ	ܗܘܐ ܢܘܪܐ ܕܠܗܝܒ
Bl. 37ᵃ	ܗܘܐ ܢܘܗܪܐ ܐܝܟ ܒܪܘܪܐ
Bl. 37ᵃ	ܒܬܘܠܬܐ ܠܒܪ ܝܘܡܢ ܡܠܬܐ
Bl. 38ᵃ	ܒܪܐ ܒܡܘܒܐ ܘܢܘܪܐ
Bl. 38ᵇ	ܒܝ ܐܒܪܐ. ܡܠܠ ܬܘܠܡܝܢ
Bl. 39ᵇ	ܡܫܒܚܬܐ ܫܒܚܬܐ ܕܠܒܗ
Bl. 40ᵇ	ܒܪܝܟ ܐܢܬ ܒܡܫܚܐ ܕܡܢ ܐܒܐ.
Bl. 42ᵇ	ܒܢܘ ܟܝ ܒܪ ܡܫܘܬܐ ܗܘ.
Bl. 43ᵃ	ܐܘܪܘ ܒܚ̈ܒܝܒܐ ܦܪ̈ܘܩܐ
Bl. 43ᵇ	ܠܡܫܒܚ ܒܥܕܬܐ ܕܗܘܐ ܪܚܡ ܒܟܠ.
Bl. 44ᵃ	ܒܪܐ ܕܢܒ̈ܝܐ
Bl. 44ᵇ	ܒܪܝܟ ܡܠܟܐ ܕܫܡܝܢ
Bl. 45ᵃ	ܒܪܝܟ ܘܐܝܩܪܐ ܒܐܘܪܚܐ
Bl. 50ᵇ	ܒܬܘܠܬܐ ܡܪܬܝ ܕܐܡܪܬ
Bl. 50ᵇ	ܐܡܪܬ ܒܡܘܠܕܟ
Bl. 51ᵃ	ܕܒܝܬܐ ܡܪܝܡ ܬܫܒܚ.
Bl. 51ᵃ	ܕܡܝ ܒܢܫܐ ܕܒܠܫ̈ܢܬܐ
Bl. 51ᵇ	ܠܒܬܘܠܬܐ ܐܡܪܬ ܕܗܘܬ
Bl. 51ᵇ	ܐܝܠܝܢ ܒܢܫܐ ܕܒܠܫ̈ܢܬܐ
Bl. 52ᵃ	ܬܘ ܢܬܗܪ ܐܘ ܦܪ̈ܘܫܐ
Bl. 52ᵇ	ܬܘ ܢܐܡܪ ܕܠܡܫܝܚܗ
Bl. 52ᵇ	ܠܡܫܒܚ ܡܪܝܡ ܒܪܬ ܩ̈ܕܝܫܐ (ܡܫ̈ܒܚܢܐ?)
Bl. 52ᵃ	ܥܠܡܐ ܫܡܥܬ ܒܪܝܬܐ
Bl. 53ᵃ	ܡܪܟܒܬܐ ܕܢܘܪܐ ܒܢܝܠܐ
Bl. 54ᵃ	ܫܡܝܐ ܗܘܬ ܠܠܝܬܐ
Bl. 54ᵃ	ܒܬܘܠܬܐ ܒܪܬ ܕܘܝܕ ܡܪܬܝ
Bl. 54ᵇ	ܒܬܘܠܬܐ ܗܝ ܠܒܪ ܐܠܗܐ.
Bl. 54ᵇ	ܠܡܫܒܚ ܡܪܝܡ ܕܢܒ̈ܝܐ

Bl. 54[b]	ܐܬܐ ܫܘܦܪܗ ܡܪܢ
Bl. 55[a]	ܗܘܐ ܟܕ ܦܐܪܐ.
Bl. 55[a]	ܡܢ ܦܘܡ ܕܢܐܡܪ
Bl. 56[b]	ܡܢ ܠܗ ܒܗܘܢ ܕܡܠܝܬ ܠܓܘܢܐ
Bl. 56[b]	ܒܠܒܘܫ ܡܪܢ ܐܬܠܒܫܬ
Bl. 60[b]	ܡܠܠܬܟ ܦܓܪܗ ܥܠ.
Bl. 60[b]	ܣܓܕܘ ܩܠܠܐ
Bl. 61[a]	ܐܝܬ ܗܘܐ ܕܬܪܐ
Bl. 61[a]	ܢܣܠ ܚܒܠܐ ܡܠܠ ܬܘܒܗ
Bl. 61[b]	ܠܘܩܒܠ ܒܕܬܐ ܕܠܝܬܘܗܝ,
Bl. 63[a]	ܒܫܠܠܘܗܝ ܥܡ ܢܝܫܐ
Bl. 63[a]	ܢܗܐ ܕܡܕܝܪܐ ܡܡܠܐ
Bl. 63[b]	ܠܘܩܒܠ ܐܘ ܒܫܠܠܘܗܝ.
Bl. 64[a]	ܒܗܢܐ ܘܡܢܐ ܕܕܡܕܝܢܝܢ
Bl. 65[b]	ܒܘܦܗ ܕܒܪܐ ܡܫܝܚܐ ܠܗ.
Bl. 65[b]	ܒܩܢܝ ܡܠܟܐ ܕܡܠܟ
Bl. 66[b]	ܒܡܫܝܚܘܬܗ ܕܡܐܘܠ ܡܠܟܐ.
Bl. 67[a]	ܘܒܐܪܐ ܬܘܒ ܕܠܒܫܗ
Bl. 67[a]	ܒܦܬܟܐ ܕܗܠܝܢ ܐܬܘܪܒܘ
Bl. 68[a]	ܒܪܫܝܬ ܕܡ ܝܘܣܐ ܕܝܘܣܦܐ.
Bl. 68[b]	ܥܘܕ ܡܠܟ ܣܠܡ
Bl. 68[b]	ܒܠܝܗ ܒܗܒܒ ܘܗܘܪܐ
Bl. 69[a]	ܘܠܟܐ ܕܟܪܘܪܐ ܐܣܦܝܘ.
Bl. 69[a]	ܡܪܝ ܡܘܫܐ ܡܪܐ ܠܗ.
Bl. 70[a]	ܥܠܘ ܡܢ ܢܗܪܐ ܒܗܘܒܫܐ
Bl. 70[a]	ܡܗܒܐ ܥܡܒܐ ܡܐܪܒܐ
Bl. 70[a]	ܫܪܬ ܡܘܫܐ ܕܬܗܘܪܐ
Bl. 72[b]	ܐܠܗܐ ܡܪܝ ܠܫܠܘܡ.
Bl. 72[b]	ܐܘܡܪ ܒܫܠܘܡ.
Bl. 73[a]	ܡܒܒܒܕܬܐ ܗܘܬ ܐܡܒܐ.
Bl. 73[a]	ܒܬܚܐ ܗܘܘ ܐܬܝܐ
Bl. 73[a]	ܬܬܒܐ ܠܒܥܘ ܗܘܘ ܥܘܒܢܐ.
Bl. 74[a]	ܢܡܢ ܥܘܦܪܗ, ܕܠܟܐ
Bl. 74[b]	ܠܘܩܒܠ ܠܟܐ ܡܘܫܐ.
Bl. 74[b]	ܢܘܪܐ ܠܗ ܒܪܘܫܐ
Bl. 74[b]	ܐܘܡܪ ܒܫܠܘܡ
Bl. 76[a]	ܠܘܩܒܠ ܠܟܐ ܡܘܫܐ. ܕܡܫܝܚܐ
Bl. 76[b]	ܒܬܪܝܢܘܬܐ ܢܚܡ ܗܘܐ
Bl. 76[b]	ܠܘܩܒܠ ܡܘܫܐ ܦܐܪܐ
Bl. 77[a]	ܠܟܘܢܐ ܗܘܬ
Bl. 77[b]	ܠܠܝܬܐ ܒܠܬ ܝܘܕܬ
Bl. 77[b]	ܠܟܘܢܐ ܘܢܘܒܐ
Bl. 81[a]	ܗܐ ܬܘܒ ܒܢܝܐ ܒܗܘܢ
Bl. 81[a]	ܒܪܝܟ ܗܘ ܕܟܪܝܗ
Bl. 81[b]	ܐܝܟ ܦܢܝܬ ܐܢܐ
Bl. 81[b]	ܚܐ ܒܘܫܐ
Bl. 83[b]	ܒܘܒܒܐ ܝܠܐ ܕܐܬܠܝ.
Bl. 83[b]	ܒܬܠܬܐ ܗܘ, ܕܒܪܐ ܕܡܒܬ.
Bl. 83[b]	ܥܠܝܫܐ ܠܒܐ ܘܡܪܥܐ.
Bl. 84[a]	ܠܘܩܒܟ ܐܒܘܢ ܕܐܝܬ ܗܘ
Bl. 84[a]	ܥܒܕܐܠ ܟܕ ܢܪܘܗ,
Bl. 86[a]	ܠܢܝܫܗ ܠܠܝܬܐ
Bl. 86[b]	ܘܠܟܐ ܕܩܘܦܝܐ
Bl. 86[b]	ܬܪܝܢ ܒܢ ܡܘܬܐ
Bl. 86[b]	ܠܢܝܫܗ ܠܠܝܬܐ ܠܒܪܐ
Bl. 87[b]	ܗܐ ܥܒܠ ܗܘܐ ܕܒܢܝܐ
Bl. 87[b]	ܒܒܝܐ ܕܪܒܝܐ
Bl. 87[b]	ܒܡ ܐܒܗܘ, ܗܘܐ ܒܠܓܪ ܥܘܢ.
Bl. 90[a]	ܐܡܢ ܐܘܦܦ
Bl. 90[b]	ܐܘ ܐܬܠܝܠܐ ܕܐܬܒܪܗ
Bl. 91[a]	ܒܪܘܟܐ ܕܥܒܪ
Bl. 91[a]	ܒܣܠܟܐ ܕܝܘܣܦܕܒܐ ܡܬܬܐܡܢ ܗܘܐ
Bl. 93[a]	ܐܒܐ ܡܪܝܫܒܐ. ܕܪܝܫܗܘܢ,
Bl. 95[b]	ܒܪ ܡܟܬ, ܘܐܘܢ ܕܠ
Bl. 98[b]	ܐܒܪܝ ܗܘܐ ܒܝܬ ܢܝܘܐ.
Bl. 100[b]	ܢܥ ܒܘܪܐ ܢܩܦܐ.
Bl. 101[a]	ܝܘܡܐ ܕܗܘܥ ܘܒܪܬ.
Bl. 101[a]	ܠܝܘܒܐ ܢܒܝܐ ܡܗܒܬ.
Bl. 101[b]	ܐܠܗܐ ܐܒܐ ܡܪܝܫܒܐ
Bl. 102[a]	ܚܢܢܐ ܕܒܘܒܗܘܢ.
Bl. 102[a]	ܕܘܥ ܗܘ ܐܠܗܐ.
Bl. 104[a]	ܐܠܗܐ ܕܒܠܟ ܝܒܘܬܗ.
Bl. 104[b]	ܒܕܢܢ ܕܒܘܦܒܐ.
Bl. 105[a]	ܒܪ ܦܓܪܐܗ ܥܠ. ܢܦܬ
Bl. 105[b]	ܐܢܫ ܡܪܝܐ ܒܡܠܟܘܬܟ.
Bl. 107[b]	ܒܪܝܟ ܗܘ ܒܗܠܐ

Bl. 108a ܢܚܬ ܗܘܐ ܕܢܦܫܘܪ
Bl. 108a ܟܕ ܗܘܐ ܦܪܘܩܢ ܥܠ ܐܪܥܐ.
Bl. 108b ܬܪܝܨܬܝ ܬܫܒܘܪ
Bl. 109a ܫܘܒܚܐ ܪܒܬܐ ܫܬܝܬܐ
Bl. 109a ܘܟܕ ܠܦܓܪܗ ܪܫܡܗ
Bl. 110b ܘܠܟܠܗ ܠܐܢܫܐ ܕܢܬܐܡܪ
Bl. 113a ܡܢܐ ܐܡܪܢܐ ܒܢܝܚܘܬܗ.
Bl. 115a ܕܢܛܠ ܘܢܒܪܘܗܝ، ܢܣܒܘ
Bl. 117a ܥܠ ܕܐܬܚܫܒ ܐܕܡ.
Bl. 117b ܝܠܕܐ ܗܘ ܕܦܪܘܩܐ.
Bl. 119a ܗܘܝܘ ܢܗܘܢܐ ܕܒܗ
Bl. 121b ܐܫܒܘܚ ܡܪܝ ܕܐܡܪܬ
Bl. 121b ܟܕ ܫܡܥܗ ܡܪܝܗ ܠܟܘ ܐܡܪܗ،
Bl. 122b ܡܢܘ ܗܦܟ ܕܢܐܡܪ.
Bl. 122b ܐܢܬ ܡܪܝ، ܗܒ ܠܝ
Bl. 124a ܪܒ ܗܘ ܬܗܪܐ
Bl. 124a ܡܫܒܚ ܪܚܡܢ ܗܘܐ
Bl. 124b ܪܗܛ ܒܪܐ ܒܫܐܠܬܐ
Bl. 125a ܒܒܢܝ ܒܢܫܐ ܘܐܦܢܝ
Bl. 126b ܟܐܢܐ ܕܬܪܥܗ ܦܬܝܚ ܗܘ.
Bl. 128b ܦܘܡܐ ܕܡܪܝ ܢܦܫܟܢ
Bl. 130b ܟܕ ܗܘܐ ܡܘܢܐ ܒܟܦܪܐ.
Bl. 132b ܐܢܐ ܕܕܒܪ ܒܡܟܝܪܐ.
Bl. 134b ܠܐ ܡܪܝ، ܬܒܥܘܬ ܠܢܟܦܬܐ
Bl. 136b ܠܒܪܐ ܒܪܚܡܐ ܕܒܥܐ ܗܘܐ
Bl. 136b ܡܪܢ ܠܐ ܐܢܬ ܠܝ
Bl. 137a ܡܢܐ ܕܪܚܡܢܐ ܥܒܕ ܗܘܐ.
Bl. 137b ܐܘ ܒܪܐ ܥܠ ܡܢܘܢ
Bl. 137b ܠܦܘܬܟ ܐܣܦܩܐ.
Bl. 139b ܐܢܬ ܡܪܝ، ܗܒ ܠܝ ܒܦܘܪܩܢܟ.
Bl. 141b ܐܘ ܦܪܘܫܐ ܕܐܬܬܚܒܠܘ.
Bl. 144a ܥܠܡܐ ܒܢܝܐ ܐܒܗܝܢ.
Bl. 146a ܒܒܪܝ ܥܠܡܐ
Bl. 148b ܠܒܘܫܬܐ ܦܝܐ.
Bl. 148b ܐܬܦܫܛ ܗܘ، ܦܠܚܬܐ
Bl. 151a ܡܫܝܚܘܬܐ ܘܡܟܦܪܢܘܬܐ
Bl. 151b ܫܘ ܠܦܘܬܟ ܐܢܫܐ ܕܪܚܡܢܐ.
Bl. 151b ܠܦܘܬܢ ܐܬܬܐ ܕܐܬܬܐ

Bl. 152a ܠܘ ܠܡܠܟܐ ܒܚܢܬ.
Bl. 154b ܒܥܠܡܐ ܕܠܐ ܡܬܦܪܢ.
Bl. 156b ܒܥܠܡܐ ܐܝܟ ܢܫܡܬ ܬܠܬܐ
Bl. 158b ܐܝܟ ܕܐܡܪ ܡܘܫܐ
Bl. 161a ܒܪܝܫܝܬ ܡܪܝ، ܒܝܠܒܟ
Bl. 166a ܒܫܠܘ ܗܘܘ ܒܢܘܗܕ
Bl. 166b ܠܦܘܬܟ ܡܫܡܥܐ ܒܪܐ
Bl. 167b ܐܢܫ ܠܒܪ ܕܢܒܥܬ ܚܕܐ.
Bl. 168a ܠܫܒܝܐ ܢܘܗܪܐ ܫܡ ܗܘܐ.
Bl. 170a ܠܦܘܬܟ ܒܪܐ ܗܘ ܕܐܬܒܣܡ.
Bl. 175b ܢܚܬ ܡܢ ܪܘܡܐ ܦܪܘܩܐ.
Bl. 178a ܐܫܪܝ ܡܢ ܒܝܟ.
Bl. 183a ܒܠܘܕܐ ܕܫܘܕܐ
Bl. 183b ܗܘ ܡܠܟܐ ܦܪܘܩܢܐ
Bl. 183b ܫܡܥܘܢ ܡܬܘܫ ܠܒܬܘܠܬܐ
Bl. 184a ܒܡܕܬܐ ܫܡܥܘ ܗܘܘ.
Bl. 184b ܐܪܟܢܝ ܗܘܘ ܫܠܝܚܐ.
Bl. 184b ܐܪܟܢܝ — — — ܐܒܘܢܐ
Bl. 185a ܫܕ ܗܝ ܡܫܘܚܘܢ ܕܫܦܝܐ.
Bl. 185a ܐܪܟܢܝ ܒܪܐ ܒܒܪܐ.
Bl. 186b ܢܦܩ ܗܘܐ — —
Bl. 186b ܐܝܟ ܐܢܫܟܚܐ ܕܢܫ ܡܪܢ
Bl. 187a ܡܐܡܢܐ ܕܥܠ ܒܘܪܗܢܐ.
Bl. 188a ܢܘܫܡܐ ܘܫܢܐ.
Bl. 188a ܫܡܥܬ ܫܡܝܢܐ ܗܕܐ ܗܝ،
Bl. 190b ܥܠܡܐ ܪܒܐ ܦܘܡܐ ܪܒܐ
Bl. 193b ܕܘܫ ܒܡܕܝܢܬܗ
Bl. 196b ܥܠܝܡܐ ܘܒܬܘܠܬܐ ܫܡܫܘܗܝ،
Bl. 199a ܢܫܡܘܗܝ ܕܒܪܐ ܠܡܥܠܝܬܟ.
Bl. 203b ܡܠܟܐ ܠܒܝܬ ܚܝܐ.
Bl. 204a ܫܘ ܐܢܫܐ ܕܬܚܡ
Bl. 206b ܕܘܫ ܦܘܩ ܫܒܚ.
Bl. 207a ܒܗܘܢ ܡܫܒܚܐ ܒܢܫܬܐ.

Es scheint, dass von vielen *Madhrâšê* nicht das ganze, sondern nur einige Strophen mitgetheilt sind.

Verzeichniss des ܡܫܘܚܬܐ nach den Anfangsworten:

Bl. 4a ܒܫܬ ܒܪܬܐ ܘܪܚܡܐ ܕܫܠܝܚܐ (?)
Bl. 4b ܡܘܬܢ ܫܕܪ ܠܟܘܪܣܝܐ
Bl. 8b ܒܗ ܝܘܡܐ ܐܒܐ ܡܫܬܘܕܥܐ
Bl. 9a ܠܡܫܝܚܐ ܕܒܪܐ ܕܡܠܟܬ ܟܠܗܘܢ.
Bl. 10b ܒܗܘ ܚܕܒܐ ܕܕܒܪܐ ܢܘܚܐ
Bl. 17a ܐܒܐ ܛܒܐ ܗܘܐ ܐܟܪܬܐ.
Bl. 17b ܘܚܘܪܘ ܗܘ ܦܘܡܐ ܕܡܠܠܝ
Bl. 22b ܒܫܘܒܚܗ ܐܒܐ ܥܠܝ
Bl. 23b ܬܐܢ ܩܠܝܢ ܐܬܟܢܫܘ.
Bl. 32b ܐܝܟ ܡܪܢ ܬܗܪܐ ܦܓܪ
Bl. 45b ܒܠܒܗ ܕܒܪܐ ܪܘܚܐ ܕܝܢ.
Bl. 55a ܒܬܘܠܬܐ ܢܚܬܬ ܢܚܦܬܐ.
Bl. 55b ܒܡܕܢܚܐ ܬܗܪܐ ܕܗ ܡܫܝܚܐ.
Bl. 55a ܐܢܬ ܗܘ ܡܕܢܚܐ ܘܐܒܘܬܐ ܡܫܒܚܬܐ.
Bl. 55b ܚܢܢܐ ܗܘܐ ܕܡܢܟ.
Bl. 78a ܒܪܘܟܐ ܘܫܠܡܐ ܕܐܠܗܐ.
Bl. 78b ܡܢܐ ܡܘܫܐ ܠܦܪܕܝܣܘ.
Bl. 79a ܒܗ ܒܪܝܐ ܒܫܡܝܐ
Bl. 88a ܐܬܢܒܝ ܐܫܥܝܐ ܢܒܝܐ.
Bl. 138a ܐܠܗܐ ܝܘܡܐ ܕܠܒܝܒܘܬܗ.
Bl. 146a ܐܫܬܠܚ ܗܘܐ ܦܓܪܗ ܘܕܒ.
Bl. 152a ܐܘܬ ܠܦܪܩܐ ܡܫܝܚܝܐ.
Bl. 152b ܒܫܡܐ ܕܡܫܝܚܬܐ.
Bl. 163b ܒܪܝܐ ܗܘܬ ܡܛܠ ܐܢܫܐ.
Bl. 166b ܐܫܠܡܬ ܠܕܘܒܪܬܐ ܫܒܝܚܬܐ.
Bl. 168a ܐܒܐ ܒܫܘܒܚܗ. ܠܒܪܐ ܥܠܝ.
Bl. 172b ܐܘ ܢܫܒܐ ܪܘܝܬܐ ܕܡܠܒܘܬܐ.
ܡܢ ܥܠܝ ܘܢܙ
Bl. 180b ܐܘ ܢܫܒܐ ܪܘܝܬܐ ܕܡܠܒܘܬܐ.
ܡܢ ܥܕܠ ܡܠܟܘܬܐ ܘܒܝܫ ܒܒ.
Bl. 188b ܠܢܫܡܐ ܘܦܓܪܐ ܕܪܚܡܐ ܢܚܠ.

In den meisten ܡܥܢܝܬܐ haben die Strophen alphabetische Anfänge.

Während die Dichter der ܩܠܐ, ܡܕܪܫܐ und ܡܥܢܝܬܐ nicht angegeben sind, ist bei den ܒܥܘܬܐ allemal der Dichter angegeben. Die meisten sind von Jacob (von Edessa?), viele von Ephraem, während von *Bâlai* in diesem Bande nur ein einziges Gebet vorzukommen scheint (Bl. 133b).

Die ܒܥܘܬܐ von Jacob: Bl. 1b. 5a. 5b. 6b. 7b. 10a. 11b. 14b. 18b. 20a. 21b. 24ab. 25ab. 27a. 29a. 30b. 31b. 34b. 35b. 36a. 41b. 46ab. 47b. 49a. 57b. 59ab. 60a. 62a. 63a. 64b. 65a. 67b. 69b. 71b. 73b. 74b. 75ab. 79b u. s. w.

Im Folgenden finden sich *Gebete* von Jacob auf jedem Blatt, vielfach auf jeder Seite.

Die ܒܥܘܬܐ von Ephraem: Bl. 5a. 6a. 9b. 10b. 18a. 19b. 28b. 29b. 33b. 34b. 41b. 47b. 48a. 56a. 57b. 59b. 61b. 62b. 64a. 71a. 72a. 75a. 79a. 80a. 82ab. 85a. 88b. 89a. 90a. 92a. 93b. 94b. 98b. 100a. 102b. 103b. 109a. 111a. 112a. 113a. 114a. 115a. 117b. 118b. 119b. 120ab. 122a. 125a. 127b. 129ab. 130b. 131b. 133b. 134b. 135ab. 136a. 140b. 142a. 143a. 144a. 145a. 148a. 149a. 150a. 155b. 159a. 160a. 168b. 170b. 171b. 173a. 174a. 176a. 177ab. 179a. 180a. 181a. 185a. 194a. 195a. 196b. 197a. 198a. 199b. 200b. 202b.

Die Melodie der ܩܠܐ wird citirt: Bl. 5a. 29a. 36a. 49a. 63b. 65a. 72a. 77a. 82a. 83a. 88b. 92a. 106b. 111b. 113b. 120b. 122b. 124a. 125a. 126b. 127b. 131a. 139a. 150a. 153a. 154a. 155b. 159b. 162a. 169b. 170b. 171b. 174ab. 192a. 195a.

Die *Melodia Paradisi* ܩܠܐ ܕܦܪܕܝܣܐ wird citirt: Bl. 22a. 44b. 51b. 74b. 81a. 87b. 91a. 102a. 109a. 110b. 148b. 153b. 183b.

Den meisten Gedichten ist nicht allein die Melodie ܩܠܐ, sondern auch ein ܒܘ d. i. ܒܘܝܬܐ (Antiphon) vorgesetzt, z. B. Bl. 38a Col. 1:

ܐܢܘܢܐ ܒܗ ܟܠ ܝܘܡ ܕܡܕܪܫܐ ܒܘ ܒܪܝܢ
ܕܒܪ ܕܠܐ ܗܘ. ܘܕܠܐ ܗܘܐ ܢܘܪܐ.

Einige Randnotizen von dem ersten Schreiber, z. B. Bl. 54a und 68a ܗܠܝܢ ܒܥܘܬ ܦܠܘܗܝ »(dieses Lied) wird gesungen nach der Melodie ܒܥܘܬ ܦܠܘܗܝ«. Ähnlich Bl. 67a:

ܗܠܝܢ ܒܐܬܪܝܢ ܗܘܘ ܬܠܡܝܕܐ.

Nicht vocalisirt. Die Schrift ist an vielen Stellen abgeblasst, aber immerhin noch lesbar. Die ersten Blätter etwas beschädigt, auch Bl. 8. Von den letzten Blättern (Bl. 184 bis zum Ende) sind kleinere oder grössere Stücke abgerissen. Vom 1. Kurràs fehlen am Anfange drei Blätter; die folgenden Kurràs 2—21 sind vollständig.

Auf Bl. 9b ist ein Diakonus Simeon erwähnt:

ܨܠܘ ܥܠ ܗܕܐ ܐܢܫܐ ܕܫܠܡ ܡܫܡܫܢܘܬܐ ܫܡܥܘܢ.

Daselbst eine Notiz, dass A. Gr. 2049 = 1738 n. Chr. zwei Diakone *Barṣaumâ* und *Jona* von einem *Ṣlîbhâ* die Priesterweihe empfangen haben:

ܐܬܟܗܢܘ ܬܪ̈ܝܢ ܚܕ ܡܫܡܫ̄ ܒܪܨܘܡܐ ܘܚܕ ܡܫܡܫ̄ ܝܘܢܢ ܡܢ ܐܝܕܝ. ܫܠܝܚܐ ܠܓܠܝܠܐ ܒܫܢܬ ܒܡܛ̄ ܕܝܘܢܝ̈ܐ.

Eine Notiz über Alter und Herkunft der Hds. ist nicht vorhanden; sie entstammt dem *Ṭûr-'Abdîn*. Von demselben Schreiber ist Nr. 19 (Sachau 323), Nr. 18 (Sachau 355) und Nr. 20 (Sachau 236) geschrieben.

207 Blätter (41,5 × 27 cm). Die Seite zu 2 Columnen, die Columne zu 30 Zeilen.

18.

(Sachau 355.)

Pergament.

Jakobitisch.

Ein durch Feuer vielfach beschädigtes Bruchstück eines ܩܝܢܬܐ, einer Sammlung kirchlicher Poesien für das ganze Jahr, von derselben Einrichtung wie Nr. 17 (Sachau 350), beginnend mit Charfreitag.

Inhalt:

Bl. 1a (letztes Blatt des Kurràs 28) beginnt in dem Abschnitt für Charfreitag. Anfangsworte (in einem ܡܕܪܫܐ):

ܘܐܠܗ ܐܫܬܡܥ ܢܘܩܫܗ ܦܘܪ.
ܗܠܝܢ ܕܦܩܕܢ ܐܡܪܢ ܡܢܝܐ.
ܢܦܪܫܢ ܠܟܠܗܘܢ ܐܝܟ ܕܐܡܪܬ ܀

Bl. 2b Ordo venerationis crucis:

ܛܟܣܐ ܕܣܓܕܬܐ ܕܨܠܝܒܐ.

Bl. 3 ein Bruchstück.

Bl. 4 beginnt in dem Abschnitt für die dritte Stunde ܕܬܠܬ ܫܥ̈ܝܢ des *Charfreitags*.

Ein ܡܕܪܫܐ Bl. 4b:

ܐܬܟܢܫܘ ܐܚ̈ܝ.
ܡܫܒܚ ܕܗܘܐ.

Mittag des Charfreitag Bl. 6a.

Unten auf Bl. 6a eine Schenkungsnotiz:

ܥܒܕ ܗܘ ܡܟܐ ܕܐܝܬ ܠܡܥܡܘܕܝܬܐ ܚܝܠܬ
ܐܬܪܫܡܘ. ܕܒܪ̈ܝܐ ܫܡܥܘܢ ܘܒܪܐ ܕܫܠܡ
ܕܡܪܐܡܐ ܘܐܬܬܚܡܘ ܒܝܘܡܗ ܥܠ ܕܘܟܪܐ
ܠܐܠܗܐ ܒܠܘܚܝܗܘܢ ܒܫܢܬ ܐܬܪ̈ܦܡܗ.

Ein ܡܕܪܫܐ Bl. 6b:

ܒܪܘ̄ ܡܟܠ ܠܓܪ ܕܝܠܐ.

Eine ܣܘܓܝܬܐ Bl. 8a:

ܗܠܘ ܠܝܠܕܐ.
ܗܘ ܡܪܗ ܕܬܫܒܘܚܬܐ.

Ein ܡܕܪܫܐ Bl. 10a:

ܠܒܪܝܐ ܕܐܪܝܐ. ܢܗܡ ܡܢ ܩܒܪܐ.

Ein zweiter *Madhrâšâ* Bl. 10a:

ܒܗ ܝܘܡܢܐ ܡܟܐ ܗܘܬ ܒܣܒܪܐ.

Sûghîthâ Bl. 10b:

ܥܡܗܘܢ ܕܡܚܝܢ ܒܝܬܗܘܢ.

Bl. 11a Sonnabend der Verkündigung:

ܠܥܕܬܐ ܕܝܠܗ ܫܒܬܐ ܕܣܘܒܪܬܐ.

Madhrâšâ Bl. 12b:

ܕܢܚܐ ܗܘܠ ܗܘ ܓܒܪܐ.

und Bl. 13b:

ܠܗܘܢ ܐܦ ܠܝ ܐܘ ܠܥܡܐ.

Sûghîthâ Bl. 14a: ܥܠ ܕܗܘܐ ܠܢܘܚ.

und Bl. 15a:

ܫܡܫ ܒܫܘܒܚܐ ܘܐܬܦܫܛ.

und Bl. 16b:

ܬܗܪܐ ܝܬܝܪ ܒܡܘܬܗ ܡܫܝܚ.

Zwischen Bl. 17—18 grosse Lücke; fehlt Ostersonntag und die drei folgenden Sonntage.

Bl. 18[a] Ordo für den 4. Auferstehungs-Sonntag:

ܠܥܢܝܢܐ ܕܝܠܗ ܕܚܕܒܫܒܐ ܕܐܪܒܥܐ ܕܩܝܡܬܐ.

Madhrâšâ Bl. 18[b]:

ܕܠܐ ܚܛܝܐ: ܢܣܒܬ ܡܥܡܘܕܝܬܗ܆

und Bl. 19[a]: ܠܒܘܟܪܐ ܗܘܐ ܡܥܡܪ.

Daselbst: ܒܪܝܟܐ ܦܪܘܩܐ ܕܗܘܐ ܒܗ.

Bl. 19[b]:

ܒܪܝܟܐ ܦܪܘܩܐ. ܫܕܪܬ ܠܒܪܐ ܡܪܘܬܐ.

Bl. 21[a] Fünfter Auferstehungs-Sonntag.

Madhrâšâ 21[b]:

ܒܫܒܚܐ ܡܢ ܗܘܐ. ܒܡܪܘܗܝ ܕܟܠܐ.

Bl. 22[a]: ܡܫܒܚܐ ܕܝܠܟ ܡܪܝܡ.

Bl. 22[b]:

ܠܡܠܟܢ ܐܦ ܠܢ ܡܪܝܐ ܫܝܢܐ.

Bl. 23[b] Sechster Auferstehungs-Sonntag.

Madhrâšâ 24[b]: ܬܘܕܝܐ ܠܟܘ ܐܚܝܢܐ.

Daselbst:

ܒܗܘܢ ܫܒܚܐ. ܪܒܘ ܬܫܒܘܚܬܐ.

Bl. 25[a]: ܢܠܒܫܘܢ ܡܪܢ ܗܘ ܦܘܪܩܢ.

Daselbst: ܒܗܘܢ ܪܒܐ ܕܫܒܚܐ.

Bl. 26[a] Siebenter Auferstehungs-Sonntag.

Madhrâšâ Bl. 27[a]:

ܠܥܠܡ ܘܠܥܠܡܝܢ ܐܚܕܬ ܡܪܢ.

Daselbst: ܒܫܒܚܐ ܕܝܠܗ ܬܠܬܝܘܬܐ.

Bl. 27[b]: ܒܪܬܐ ܡܛܝܒܬܗ ܕܡܫܝܚܐ.

Daselbst: ܫܒܘ ܡܠܐܟܐ ܡܢ ܪܘܡܐ.

Bl. 28[b] Achter Auferstehungs-Sonntag.

Madhrâšâ 29[a]: ܠܩܕܡܝܐ ܗܘܐ ܠܢ.

Bl. 29[b]: ܗܘܐ ܫܠܡܐ ܕܝܠܐ ܒܒܪܐ.

Daselbst: ܬܫܒܘܚܬܐ ܒܪܬܐ ܒܡ ܡܢܬܗܢ.

Bl. 30[a]: ܒܝܬ ܣܗܕܐ ܕܩܒܠܘ.

Bl. 30[b]: ܗܘܐ ܒܒܪܐ ܒܐܪܥܐ.

Bl. 31[b] Der Neue Sonntag.

Madhrâšâ 32[b]:

ܚܒܝܒ ܗܘܐ ܠܗ ܒܠܝܬܐ.

Bl. 33[a]:

ܗܕܡ ܚܠܐ ܡܪܝ ܘܐܡܪ ܠܬܠܡܝܕܘܗܝ܆

Daselbst: ܒܗܠܐ ܡܫܒܐ ܥܠ ܠܠܝܬܐ.

Bl. 33[b]: ܒܗܠܐ ܡܫܒܐ ܥܠ ܠܠܝܬܐ.

Daselbst: ܕܬܠܐ ܗܘܐ ܥܠ ܡܘܫܐ.

Lücke zwischen Bl. 34—35.

Bl. 35[a] Himmelfahrt (Anfang fehlt).

Bl. 36[a] Pfingstsonntag.

Madhrâšâ 36[b]:

ܕܫܠܝܚܘܗܝ܆ ܫܪܐ ܠܩܢܘܡܗ.

Bl. 37[a]: ܗܠܘ ܦܘܡ ܠܪܘܚܐ.

Daselbst: ܡܢ ܓܢܒܐ ܘܡܕܝܢܬܐ.

Bl. 37[b]: ܙܒܢܝܢ ܐܚܪܢܐ ܬܫܒܚܬܐ.

Daselbst: ܒܦܘܪܢܐ ܕܪܘܚ ܩܘܕܫܐ.

Bl. 38: ܐܬܡܛܝ ܠܒܪܐ ܥܠ ܬܠܡܝܕܝܢ.

Bl. 39[a] Ordines für die acht Sonntage nach Pfingsten: ܬܘܒ ܠܥܢܝܢܐ ܕܩܝܡܬܐ ܕܡܬܐܡܪܝܢ ܒܫܒܥܐ ܫܒܒܐ ܕܒܬܪ ܦܢܛܝܩܘܣܛܝ ܒܬܪ ܫܒܐ ܠܫܒܬ ܒܪܬܐ ܘܡܠܟܝܢ ܡܢ ܩܕܡ ܠܬܠܡܝܕܐ.

Lücke zwischen Bl. 39—40.

Bl. 40—43 sind nur Blattfragmente.

Bl. 43[b] Apostel Thomas.

Bl. 44[a] Kreuzesfest ܒܥܐܕܐ ܕܨܠܝܒܐ.

Bl. 45[b] Sanct *Dimeṭ.*

Folgende Notiz unten auf dem Rande von Bl. 10[a]:

ܒܫܢܬ ܐ ܘܫܒܥܡܐܐ ܘܫܬ ܕܝܘܢܝܐ ܗܘܐ
ܡܘܬܢܐ — ܐܬܪܘܬܐ. ܘܒܝܬ ܡܥܕܪܢܐ
ܘܡܥܪܢܐ ܘܡܫܝܢܐ —— — [1]
ܘܐܦܪܢܐ ܐܘܣܦ ܐܚܪܢ ܘܡܘܬܐ ܒܛܘܪ
ܚܕܝܡ ܥܠ ܕܘܟ ܡܬܩܪܝܐ — ܫܒܥܐ
ܩܘܪܝܐ ܒܝܫ — ܢܦܫܐ ܒܪܝܬܐ ܕ ——
ܢܠܘ ܥܠ ܦܘܩܕ ܐܡܝܢ.

Danach war im Jahre 1706 Gr. (= 1395 n. Chr.) Pest im *Ṭûr-ʿAbdîn* und irgendjemand verbrannte vier (christliche) Dörfer.

Eine verwischte Notiz auf Bl. 9[a].

[1] Vier Zeilen abgerieben.

Nach der Notiz auf Bl. 8ᵃ (s. oben) hat ein Simeon mit Sohn und Frau *'Azîze* diesen Band geschenkt (einem Kloster? einer Kirche?) im Jahre 1685 d. Gr. = 1374 n. Chr.

Das vorhandene Bruchstück besteht aus Blättern des Kurrâs 28. 29. 31. 32 und aus losen Blättern.

Ich vermuthe, dass diese Hds. von demselben Schreiber geschrieben ist, der Nr. 17 (Sachau 350) geschrieben hat, vor 1374 n. Chr.

45 Blätter (40 × 28 cm). Die Seite zu zwei Columnen, die Columne zu 29 Zeilen.

19.

(Sachau 323.)

Pergament.

Jakobitisch.

Eine Sammlung kirchlicher Poesien für alle Sonn- und Festtage des Jahres aus dem *Ṭûr-'Abdîn*, nach Inhalt und Form ähnlich Nr. 20 (Sachau 236) und Nr. 17 (Sachau 350). Unvollständig zu Anfang und Ende. In den Tagen der Osterzeit wird zwischen den Gebetszeiten des Abends und der ersten Station der Nacht noch das ܫܘܬܪܐ (Completorium) eingeschoben. Nicht überall (wie in Nr. 17) trägt das Schlussgebet eines ܩܘܡܐ die Überschrift ܨܠܘܬܐ ܕܪܝܫ ܠܫܘܠܡܐ, sondern an manchen Stellen die Überschrift ܨܠܘܬܐ ܕܐܦܪܝܡ oder ܨܠܘܬܐ ܕܝܥܩܘܒ.

Ausser den Gedichtarten ܩܠܐ, ܨܠܘܬܐ, ܡܕܪܫܐ, ܣܘܓܝܬܐ, ܒܥܘܬܐ ܕܢܝܚܐ findet sich ein ܥܘܢܝܬܐ auf Bl. 251ᵃ, ein Strophenlied mit vorwiegend fünfsilbigen Versen:

ܥܘܢܝܬܐ ܥܡ ܩܪ ܠ ܕܡܦܪܬ ܒܗ. ܩܪ ܠ
ܕܡܦܪܬ ܒܗ.

ܡܨܝܪܬܝ ܪܡܬ.
ܡܢܘ ܕܠܐ ܢܬܕܘܫ.
ܠܒܡܘܬܝ ܡܣܡܬ.
ܡܢܘ ܕܠܐ ܢܐܠܝܗ.
ܕܠܒܪ ܡܬܕܡܪܐ.
ܘܐܢܐ ܕܢܥܡ ܠܗ.
ܘܡܢ ܠܒܐ ܕܡܒܪ.
ܡܣܒܘܬܝ ܐܬܦܣܪܬ.
ܘܪ ܠ ܕܐܒܝܬ ܠ ✢

Folgen vier weitere Strophen.

Inhalt:

Bl. 1ᵃ beginnt in der Verkündigung des Zacharias, in dem Abschnitt der Gesänge für den Abend.

Bl. 1ᵇ Col. 1. Erste Nocturn. Lücke zwischen Bl. 1 und 2; fehlt die zweite Nocturn und Anfang des Abschnittes für den Morgen.

Bl. 2ᵇ Verkündigung der Mutter Gottes.

Bl. 8ᵇ Besuch der Maria bei Elisabeth.

Bl. 12ᵃ Geburt des Johannes.

Bl. 15ᵃ Offenbarung des Joseph.

Bl. 19ᵇ Die h. Barbara.

Bl. 21ᵇ Sonntag vor Weihnacht.

Bl. 26ᵃ Weihnacht.

Bl. 34ᵇ Gedenktag der Mutter Gottes.

Bl. 40ᵃ Kindermord.

Bl. 44ᵃ Sonntag nach Weihnacht.

Bl. 47ᵃ Basilius und Gregor.

Bl. 50ᵇ Epiphania ܒܥܐܕܐ ܕܕܢܚܐ.

Bl. 61ᵃ Enthauptung Johannis.

Bl. 69ᵇ Stephanus.

Bl. 73ᵇ Zweites Epiphania-Fest ܩܘܡܐ ܕܡܥܡܘܕܝܬܐ ܐܘܣܦܬ ܒܥܐܕܐ ܬܪܝܢܐ ܕܥܡܕ ܕܡܫܝܚܐ ܕܡܪܢ.

Bl. 77ᵇ Dritter Ordo über die Taufe Christi im Jordan.

Bl. 78ᵃ Vierter Ordo über denselben Gegenstand.

Bl. 80ᵇ Gedenktag der Mutter Gottes. Mitte Januar.

Bl. 82ᵇ Christi Eintritt in den Tempel.

Bl. 87ᵇ *Barṣaumâ*.

Bl. 91ᵃ Patriarch Severus.

Bl. 93ᵃ Woche des Ninive-Fastens.

Montag Bl. 93ᵃ, Dienstag Bl. 94ᵃ, Mittwoch Bl. 95ᵇ.

Bl. 96ᵇ Die Gerechten und die Priester.

Bl. 98ᵇ Die Verstorbenen.

Bl. 102ᵇ Erster Sonntag im Fasten, Hochzeit zu Kana.

Montag Bl. 105ᵃ, Dienstag Bl. 107ᵃ, Mittwoch Bl. 109ᵃ, Donnerstag Bl. 111ᵇ, Freitag Bl. 114ᵃ.

Bl. 115ᵇ Ephraem.

Bl. 118ᵃ Zweiter Sonntag im Fasten.

Montag Bl. 120ᵇ, Dienstag Bl. 123ᵇ, Mittwoch Bl. 125ᵇ, Donnerstag Bl. 128ᵃ, Freitag Bl. 130ᵇ.

Bl. 133ᵃ Dritter Sonntag im Fasten.

Montag Bl. 136ᵃ, Dienstag Bl. 140ᵃ, Mittwoch Bl. 143ᵃ, Donnerstag Bl. 146ᵃ, Freitag Bl. 149ᵃ.

Bl. 152ᵃ Vierter Sonntag im Fasten.

Montag Bl. 155ᵇ, Dienstag Bl. 158ᵃ, Mittwoch Bl. 161ᵃ, Donnerstag Bl. 164ᵃ, Freitag Bl. 166ᵇ.

Bl. 170ᵃ Fünfter Sonntag im Fasten.

Montag Bl. 174ᵃ, Dienstag Bl. 176ᵇ, Mittwoch Bl. 179ᵃ, Donnerstag Bl. 182ᵃ, Freitag Bl. 185ᵃ.

Bl. 188ᵃ Sechster Sonntag im Fasten.

Bl. 191ᵃ Die 40 Märtyrer.

Bl. 194ᵃ Montag der Hosianna-Woche, Dienstag Bl. 197ᵃ, Mittwoch Bl. 199ᵇ, Donnerstag Bl. 202ᵃ, Freitag Bl. 204ᵃ.

Lücke zwischen Bl. 206—207; fehlt das Ende des Freitags und Anfang des Sonnabends.

Bl. 213ᵃ Osterwoche, Montag.

Dienstag Bl. 220ᵇ, Mittwoch Bl. 227ᵇ.

Bl. 235ᵃ Donnerstag ܚܡܫܐ ܒܫܒܐ ܕܐܪܙܐ

Bl. 242ᵃ Weihung des Öls ܩܘܕܫ ܡܘܪܘܢ.

Bl. 245ᵃ Fusswaschung (ܕܫܝܓܬܐ).

Bl. 245 Aᵇ Charfreitag.

Bl. 257ᵃ Lazarus.

Bl. 259ᵃ ܩܢܘܢܐ ܕܟܠ ܚܕ ܡܘܡܬܐ.

Bl. 264ᵃ ܩܢܘܢܐ ܕܡܥܠܬܐ ܕܝܠܕܐ.

Bl. 274ᵃ Ostersonntag.

Bl. 279ᵇ Der Neue Sonntag und der Apostel Thomas.

Bl. 282ᵇ Himmelfahrt.

Bl. 284ᵇ Pfingstsonntag.

Bl. 287ᵇ Goldener Freitag und die Apostel ܩܢܘܢܐ ܕܟܠ ———— ܕܕܗܒܐ ܘܟܠ ܫܠܝܚܐ ܠܡܐܬܐ

Bl. 288ᵇ Apostel Thomas.

Bl. 290ᵃ Tod der Mutter Gottes..

Bl. 293ᵃ Auffindung des Kreuzes.

Bl. 296ᵃ Vom Berge Tabor oder dem Hüttenfest ܩܢܘܢܐ ܕܟܠ ܠܛܘܪ ܬܒܘܪ ܐܘܟܝܬ ܠܥܐܕܐ ܕܡܛܠܠܐ.

Bl. 298ᵇ Apostel Petrus.

Bl. 299ᵇ Johannes der Evangelist.

Bl. 300ᵇ Der h. Georg.

Bl. 302ᵇ Sergius und Bacchus.

Bl. 304ᵃ Cyriacus.

Bl. 305ᵃ *Šammônî* und ihre Kinder.

Bl. 306ᵇ Simeon Stylites.

Bl. 307ᵃ Der h. *Dimet*.

Bl. 308ᵇ Der h. Romanus.

Bl. 309ᵇ Der h. Lazarus.

Bl. 310ᵇ Der h. *Âsjâ*.

Bl. 312ᵃ—314ᵇ Jacob von *Serûgh*.

Schluss dieses Abschnittes fehlt.

Letzte Worte:

ܒܫܘܒܚܐ ܒܫܡܝܐ ܕܡܪܢ ܢܗܘܐ.
ܘܗܘܐ ܕܗܘܐ ܗܝܟܢܐ ܠܟܢܫܬܐ ܘܠܟܠ ܢܦܫܬܢ
ܕܠܐ ܬܬܦܠܓ.

Verzeichniss der ܡܕܖ̈ܫܐ nach den Anfangsworten:

Bl. 1b	ܕܪ̈ܫܐ ܒܡܘܠܐ
Bl. 1b	ܒܪ ܫܡܥ ܗܘܐ. ܒܡܘܠܐ ܕܪ̈ܫܐ
Bl. 2a	ܒܡܘܠܐ ܕܪ̈ܫܐ —— ܒܣܘܥܪܐ
Bl. 3b	ܠܗ ܟܪܝܘܬܐ ܡܫܡܫܢܐ.
Bl. 4a	ܠܟܘ ܫܒܚܬ ܦܘܪܩܢܐ.
Bl. 4a	ܐܝܬ ܡܪܝ، ܐܠܗܬܢ
Bl. 5a	ܐܟܐ ܡܪܚܡܢܐ ܫܡܥ
Bl. 5a	ܡܠܠ ܚܢܢܐ ܙܡܪܐ
Bl. 5b	ܥܡܝܩܐ ܗܘܬ ܦܠܛܬܐ
Bl. 5b	ܦܘܩܕܢܐ ܡܢܝܢ ܕܥܡܡ̈ܐ
Bl. 6a	ܥܡܝܩܬ ܗܘܬ ܡܢܝܢ
Bl. 9b	ܟܠ ܗܘ ܗܘܐ ܡܠܟܐ.
Bl. 9b	ܒܬܘܠܬܐ ܩܢ̄. ܒܪ ܐܣܛܘܡܪܬ
Bl. 10a	ܒܪ ܕܡ ܡܠܠܬ ܒܬܘܠܬܐ.
Bl. 10b	ܡܢܚܬ ܘܐܬܬ ܦܠܓܘܬܐ.
Bl. 10b	ܬܘ ܦܪ̈ܘܩܐ ܕܡܢܘ ܥܡܡܝܐ.
Bl. 12b	ܒܡܘܠܐ ܣܘܡܟܐ ܗܘܬ.
Bl. 12b	ܟܟܐ ܠܗ ܠܟܪܐ ܦܘܪܐ
Bl. 13b	ܦܢܐ ܗܘܐ ܘܡܠܟܐ ܕܟܠܐ
Bl. 13b	ܒܡܘܠܐ ܣܘܡܟܐ ܫܪܘܬܐ.
Bl. 14a	ܐܝܟ ܕܠܘ ܐܕܝܐ.
Bl. 16a	ܒܪ ܫܡܥ ܐܩܘܗܝ، ܡܪܝ.
Bl. 16a	ܫܪܝ ܗܘܐ ܫܡܥ
Bl. 17a	ܐܝܬ ܡܪܝ، ܐܠܗܝܢ
Bl. 20a	ܡܢ ܠܐ ܢܘܪ ܫܡܥ
Bl. 20b	ܐܝܟ ܢܘܟܐ ܘܡܕܒܪܬ ܟܢܘܪܐ.
Bl. 20b	ܒܬܘܠܬܐ ܟܠܝܢ. ܗܐܬܝܢ
Bl. 22b	ܡܫܒܚ ܗܘܐ ܠܗ.
Bl. 23a	ܦܪܚܬ ܡܢܝܢ ܘܦܪܚܬܗ.
Bl. 23a	ܗܘܐ ܢܘܗܪܐ ܐܝܟ ܒܢܘܪܐ.
Bl. 24a	ܠܐ ܙܟܝܢ ܒܢܘܗܪܐ
Bl. 24b	ܐܦܪܝܡ ܡܘܟܝܬܐ.
Bl. 24b	ܢܥܡܝ ܬܘܕܝܬܐ ܡܠܟܐ ܗܘܬ.
Bl. 27b	ܗܘܢ ܢܝܚܐ ܕܟܠܝܢ
Bl. 28a	ܒܡܘܠܐ ܣܘܡܟܐ ܫܪ، ܡܪܝ.
Bl. 28b	ܐܢܘܢ ܒܥܒ̈ܕܐ ܦܪ̈ܝܫܐ.
Bl. 28b	ܫܘܐܐ ܫܒܬ ܬܪܬܝܢ ܕܠܥܠܡ
Bl. 29b	ܦܘܩܕܢ ܒܪܬܐ ܕܟܠ ܡܘܪ̈ܝܢ.
Bl. 30b	ܡܢܘ ܗ ܒܪ ܡܢܘܬܐ ܗܘ.
Bl. 30b	ܒܪܝܟ ܦܘܪܩܢܐ ܟܐܘܪ̈ܐ
Bl. 31a	ܟܠ ܠܗܘܢ ܕܒܡܪ̈ܐ.
Bl. 35b	ܢܫܐ ܟܡܪܝܡ ܐܕܡ
Bl. 35b	ܒܡܪ̈ܐ ܕܒܠܘܬܐ.
Bl. 36a	ܐܥܡܐ ܘܡܢ ܠܟܢܘ̈ܫܬܐ.
Bl. 36a	ܡܪ̈ܝܐ ܦܘܩܕܢܗ ܕܐܬܟܪܝܬ.
Bl. 36b	ܦܘܩܕܢ ܟܢܘܫܬܐ
Bl. 36b	ܒܬܘܠܬܐ ܩܢ̄. ܠܟܬ ܐܠܗܐ. ܒܪ
Bl. 37b	ܒܬܘܠܬܐ ܒܪܬ ܕܘܝܕ.
Bl. 37b	ܟܘܪܐ ܕܐܪܐ ܕܪܥܡ.
Bl. 38a	ܫܘܐ ܒܪ ܦܐܪܐ.
Bl. 38a	ܒܪ ܕܡ ܢܫܬ ܗܘܐ ܙܥܪܐ
Bl. 38b	ܒܗܘܢ ܕܡܒܪܢܗ ܕܒܬܘܠܬܐ
Bl. 38b	ܡܢܘ ܫܐܐ ܢܦܫܐ.
Bl. 41a	ܐܬܦܠܠ ܗܘܘ ܬܠܡ̈ܝܕܐ.
Bl. 42a	ܡܠܟܐ ܕܢܫܬ ܘܗܘܐ.
Bl. 42a	ܡܢܐ ܦܐܐ ܗܘܐ ܕܡܢܗܘܢ ܢܦܫܐ.
Bl. 42b	ܢܗܘܘ ܗܘܘ ܟܐܬܝܐ
Bl. 42b	ܥܘܬܪܐ ܒܒܪ ܐܝܪܘܢܘܣ.
Bl. 43a	ܫܐ ܐܘܡܢܐ ܢܒܝܐ
Bl. 45a	ܙܟܘܬܟ ܒܡܢܐ ܡܢܝ.
Bl. 45a	ܬܪ̈ܝܢ ܒܢ̈ܝܢ ܠܗܘܢ ܡܪܝ.
Bl. 45b	ܫܡܥ ܢܘܪܐ ܠܗ.
Bl. 45b	ܐܠܗܐ ܕܟܠ ܡܢ ܟܠ.
Bl. 46a	ܐܘ ܒܪ ܫܢܐ. ܕܟܠܘ
Bl. 48a	ܢܦܘܫ ܕܡܒܪܢܐ ܕܐܒܗܬܐ
Bl. 48b	ܐܒܗ̈ܬܐ ܡܥܡܘ̈ܕܐ.
Bl. 48b	ܠܗܘܢ ܦܘܩܕܢܘܢ ܐܒܗ̈ܬܐ.
Bl. 49a	ܦܘܩܕܢ ܐܘ ܐܣܛܢܦܢܘܣ.
Bl. 52a	ܒܗ̈ܘܢ ܡܠܟܐ ܕܒܬܒ
Bl. 53b	ܡܢܐ ܟܠܝܢ ܕܪ̈ܟܢܘܢ.
Bl. 53b	ܡܢ ܙܘܡܐ ܒܢܝܢ.
Bl. 54b	ܒܡܒܪܬܐ ܒܫܘܪܒ
Bl. 56a	ܒܪܝܟ ܗܘ ܡܥܡܕܐ ܕܐܐܬܐ
Bl. 56b	ܕܠܬ ܙܘܥܐ ܡܢ ܙܘܡܐ.

Bl. 62b	ܐܘ ܫܦܝܪܐ ܒܪܬܐ
Bl. 62b	ܫܡܥܘ ܗܘܐ ܟܝ
Bl. 64a	ܡܠܠܬ ܡܚܝܠ ܒܥܘܕܪܢܐ.
Bl. 64b	ܠܫܠܡܬܐ ܠܠܬ ܘܪܕܬ.
Bl. 65a	ܬܘ ܦܘܪܥܢܐ. ܘܥܡܪܘܗ
Bl. 65b	ܟܠܗ ܡܕܒܚܢܐ ܚܙܪܐ.
Bl. 66a	ܒܬܘܪܐ ܐܡܪܝ ܥܠ ܢܘܚܡ.
Bl. 66b	ܙܡܝܡ ܥܘܦܪܣ ܠܒܢܐ.
Bl. 71a Col. 1 }	Anfänge zerstört.
Bl. 71a Col. 2 }	
Bl. 71b	ܡܥܡܪܐ ܠܒܢܐ ܕܗܘܬܐ
Bl. 71b	ܗܒ ܠܝ ܫܐܠܬ ܢܘܟܪ.
Bl. 72a	ܠܗܘܢ ܕܐܢܬ ܗܘ ܪܒ
Bl. 74a	ܒܢ̈ܘܗ ܕܝܥܩܘܒ ܕܠܬ ܗܘܬ.
Bl. 74b	— — —— ܘܚܘܐ ——
Bl. 74b	ܐܕܡ ܚܛܐ ܘܡܢܐ
Bl. 75a	ܡܥܝܢܘܗ —— ܒܥܡܘܬ ܡܢܐ
Bl. 75b	— — ܦܠܐ ܐܡܪ ܟܠܗ
Bl. 76a	ܐܡܪܝ ܒܫܠܡܬܗ
Bl. 80a	ܠܒܢܝܢ ܡܢܝܢ ܕܒܢ ܝܪܬ.
Bl. 80b	ܠܒܢܝܢ ܡܢܝܢ ܒܪܬ ܩܘܡܒܢܐ.
Bl. 81a	ܒܙܪܐ ܠܗܘܢܗ ܕܐܬܠܒܫܬ.
Bl. 81b	ܢܥܝܗ ܬܘܪܐ ܡܠܝܐ ܗܘܬ.
Bl. 83b	ܠܢܫܘܬܗ ܠܫܠܡܬܐ ܠܟܠܗ ܡܘܩܪܐ
Bl. 84a	ܥܡܝܕܘ ܡܕܢܐ ܘܗܢܐ
Bl. 84a	ܢܘܗܝ ܗܘܐ ܥܡܝܕܘ
Bl. 84a	ܠܟܝܡ ܗܘܐ ܠܗ ܥܡܝܕܘ
Bl. 84b	ܟ̈ܗܢܐ ܩ̈ܕܡܝܐ. ܝܟܘ
Bl. 85a	ܘܥܠܐ ܕܥܘܦܝ̈ܢܐ.
Bl. 85a	ܐܬܚܠܘ ܢܒ̈ܝܐ
Bl. 85b	ܐܬܢܒܝ ܐܫܥܝܐ ܬܘܡܪܝ.
Bl. 86a	ܕܢܚ ܡܢ ܐܒܐ ܡܝܪܐ
Bl. 88a	ܒܪܘܡܐ ܘܡܢ
Bl. 88b	ܐܘ ܐܬܠܝܛܐ ܕܐܬܒܪܗ.
Bl. 88b	ܒܪܘܡܐ ܡܗܕܐ ܕܡܢ ܢܥܡܗ.
Bl. 89a	—ܗ̱ ܕܐܘܦܡ ܠܥܘܡܩܐܝܢ ܗܘܕܝܘܬܐ.
Bl. 89a	ܡܢ ܠܫܠܘܬܝܢ ܡܠܬ ܚܪܐ
Bl. 89b	ܐܢܫ ܐܘܬܗ ܠܗ ܠܒܪܝܢ
Bl. 89b	ܐܠܗܐ ܐܬܘܡ ܟ̈ܠܡܐ
Bl. 91b	ܒܘܟܒܐ ܙܟܐ ܕܐܪܝܟ
Bl. 91b	ܠܝ ܠܗܘܢܝ ܠܒܢܐ ܡܐܘܪܢܐ.
Bl. 92a	ܠܗܘܢܝ ܢܡܟܐ ܡܪܝ، ܡܐܘܪܢܐ.
Bl. 92a	ܐܢܬ ܐܬܘܢ ܢܘܗܪܐ
Bl. 97a	ܒܪܝܟ ܥܘܪܪܐ ܕܠܐ ܠܒܐ.
Bl. 97b	ܐܪܥܡ ܐܘܪܚܐ ܒܝܬܝܡ.
Bl. 99b	ܢܘܗ ܒܪ ܢܫܐ ܝܗ ܚ̈ܛܝܐ
Bl. 99b	ܢܘܪܐ ܕܢܦܠܬ ܗܘܬ ܒܒܐܪܐ
Bl. 100a	ܡܬܘܡ ܠܝ ܒܘܪܟ ܒܢܘܠ.
Bl. 100b	ܡܢ ܕܒܪܬܟ ܐܠܗܐ.
Bl. 101a	ܬܐ ܠܘܬܐ ܠܒܢ ܒܡܐ
Bl. 101b	ܬܪ̈ܝܢ ܠܩܦܠܐ ܢܦܠܘ
Bl. 103a	ܫܠܡܐ ܢܘܕܐ ܠܝ.
Bl. 103a	ܡܢܘ ܗܘܘ ܕܢܐܡܪ.
Bl. 103b	ܠܗܘܢܝ ܕܠܬܐ ܘܡܫܠܠܬܐ.
Bl. 103b	ܒܪ ܗܘܐ ܦܘܩܡ ܥܠ ܐܪܒܐ.
Bl. 107b	ܫܠ ܝܠܝܕ ܓܘܡܐ ܠܐܢܫܐ
Bl. 109b	ܐܠܗܐ ܕܡܪܝ
Bl. 112a	ܓܘܡܐ ܠܒܢ ܗܘܐ ܒܪ ܠܐ
Bl. 112b	ܗܘ ܓܘܡܗ ܕܒܘܒܪܐ.
Bl. 114a	ܒܪ ܡܘܫܐ ܟܦܘܪܐ
Bl. 118b	ܠܗܘܢܝ ܡܕܐ. ܕܒܢ ܗܘ ܗܘ.
Bl. 119a	ܐܡܢܐ ܙܟܐ ܕܐܬܐ ܡܢ ܐܒܐ.
Bl. 119a	ܢܘܕܐ ܐܦ ܕܒܪܐ ܕܠܡܥܢܐ
Bl. 121a	ܠܐܬܪܐ ܕܒܢܬ ܡܦܠܐ
Bl. 134a	ܡܢܬ ܐܪܡܝܐ ܒܪܗ ܕܐܪܡܠܬܐ.
Bl. 134a	ܥܘܡܢܐ ܠܥܠܡܐ ܕܐܬܡܥܝܢ.
Bl. 134a	ܕܡܢܡ ܘܦܪܐ ܡܠܟܘܬܐ.
Bl. 134b	ܗܘܐ ܟܪ ܡ̈ܢܝ ܢܚܬܗ
Bl. 135a	ܥܡܝܩ ܕܝܢ ܬܫܒܘܚܬܐ ܠܗ
Bl. 135a	ܠܗܘܢܝ ܐܘ ܥܡܝܩ ܕܒܢ
Bl. 153a	ܕܫܠܚ ܐܒܘܗ ܢܥܡ
Bl. 153a	ܐܡܢܐ ܥܡܝܢܐ ܠܐܪܒܐ
Bl. 153a	ܙܘܡ ܢ̈ܠܦܐ ܡܢ ܩܒܝܥܐ.
Bl. 153b	ܢܦܩܬ ܢܦܫ ܒܪܝܢ
Bl. 154a	ܠܟ ܬܘܒ ܒܪܘܗܬܐ
Bl. 154a	ܐܬܡܟܢ ܐܕܡ ܒܒܝܢ.

Bl. 156ᵃ ܗܐ ܓܘܫܡ ܒܪܘܟܐ ܢܦܘܫ
Bl. 158ᵇ ܓܘܫܡܐ ܠܓܘܢ ܗܘܐ ܒܗ ܠܗ ܠܐ ܦܝܫ
Bl. 161ᵇ ܡܫܝܚܐ ܕܓܘܫܡܗ
Bl. 162ᵃ ܘܗܘ ܓܘܫܡܐ ܕܒܗ ܐܬܓܠܝܘ
Bl. 167ᵇ ܒܫܘܠܐ ܐܚܪܢ ܫܘܐ ܠܡܠܟܐ
Bl. 171ᵃ ܒܓܘܫܡܗ ܕܒܪܐ ܐܬܚܪܪܘ
Bl. 171ᵇ ܪܒܐ ܗܘ، ܗܕܐ ܗܝ ܟܠ
Bl. 171ᵇ ܒܗ ܗܟܝܠ ܟܠܠܬ ܒܬܪܥܘܬܐ.
Bl. 172ᵃ ܐܟܠ ܗܘܐ ܠܡܠܟܐ
Bl. 172ᵇ ܐܝܬ ܒܗܘܢ ܢܫܘܬܐ ܠܩܛܝܢܐ
Bl. 172ᵇ ܠܒܘܫܗ، ܠܗܢ ܕܗܘܐ.
Bl. 174ᵇ ܐܫܡܥ ܡܪܝ، ܡܢ ܡܒܣܡܢ.
Bl. 177ᵃ ܒܠܒܟܐ ܕܠܐ ܡܬܪܓܫ
Bl. 180ᵃ ܐܢ ܐܝܬ ܕܡܠܟܐ ܘܡܪܘܒܗ.
Bl. 183ᵃ ܓܠܝܐ ܕܒܪܘܡܐ.
Bl. 188ᵇ ܒܠܒܪܐ ܗܘ ܒܦܫܐ.
Bl. 188ᵇ ܐܬܐ ܗܘܐ ܠܒܠܒܐ. ܡܠܬܗ ܕܐܒܐ.
Bl. 189ᵃ ܓܘܫܡܐ ܕܒܪܐ ܘܓܠܝܘܬܐ.
Bl. 192ᵃ ܐܪܒܥܝܢ ܐܬܠܝܐ ܦܘܫܩܐ.
Bl. 192ᵃ ܙܪܥ ܗܘܐ ܒܥܨܐ
Bl. 192ᵇ ܡܥܫܢܐ ܕܐܦܣܦ ܥܠ ܦܠܠܗ.
Bl. 192ᵇ ܬܘܪܘ ܡܠܟܒܐ ܘܐܬܦܓܫܘ.
Bl. 193ᵃ ܐܙܪܐ ܓܠܘ —— ܢܒܒܐ ܕܢܘܠܦܢ
Bl. 194ᵇ ܒܢܘܚܐ (?) ܕܒܥܪܐ ܘܕܬܬܡܠܟܢܐ
Bl. 195ᵃ ܐܘ ܠܡܪܗ ܙܒܢ ܚܝܠܐ.
Bl. 195ᵇ ܢܚܫܬ ܢܦܫ ܒܬܪܢ
Bl. 197ᵇ ܗܐ ܡܫܡܫܬܐ ܐܝܟ ܪܘܚܐ.
Bl. 200ᵃ ܒܦܩܕܐ ܕܗܢ ܕܩܠܐ.
Bl. 202ᵇ ܘܡܘܬܗ ܒܢܫܐ ܠܡܒܠܬܢ.
Bl. 208ᵇ ܒܢܫܬܐ ܡܪܝܬ ܘܠܠܝܐ.
Bl. 209ᵃ ܫܡܥ ܒܡܪܘܡܐ ܡܪܒܒܬܗ.
Bl. 209ᵃ ܓܠܝܐ ܒܢܝ ܓܫܡܐ.
Bl. 210ᵃ ܠܒܘܫܗ ܕܕܬܐ ܕܒܫ
Bl. 210ᵃ ܒܪܟܐ ܒܢܝܢ ܫܪܬܐ
Bl. 210ᵃ ܪܦܩܐ ܗܘܐ ܠܝ ܢܡܘܣܢ.
Bl. 210ᵇ ܐܬܬ ܫܡܥܬܐ
Bl. 214ᵇ ܒܕܡ ܐܦ ܒܬܐܒܠ.
Bl. 215ᵃ ܠܡܪܗ ܠܐܢܫܘܬܐ.
Bl. 215ᵇ ܗܒ ܠܝ ܡܪܝ، ܒܗ ܦܠܓܗ ܐܢܫܐ.
Bl. 216ᵃ ܢܫܬ ܪܡܚܐ ܠܐܬܪܐ
Bl. 222ᵃ ܥܒܕ ܐܡܬܐ ܕܢܠܡܘܗܝ،
Bl. 222ᵃ ܦܘܡܐ ܕܢܐܡܪ ܠܗ ܡܦܘܩܐ
Bl. 223ᵃ ܥܡܗ ܠܒܘܫܐ ܓܠܝܐ
Bl. 223ᵇ ܐܬܒܥܘ ܪܒܐ ܘܬܠܡܝܕܐ
Bl. 228ᵇ ܒܗܢܐ ܡܘܡܐ ܓܠܝܐ ܗܘܐ
Bl. 229ᵃ ܠܒܘܫܝܢ ܐܡܪܐ ܕܐܢܫܐ
Bl. 229ᵇ ܒܗ ܒܫܡ ܢܘܢܐ ܕܗܕܒܐ
Bl. 231ᵃ ܗܐ ܡܠܠ ܗܘ ܒܡܓܪܡ
Bl. 236ᵇ ܐܡܪ ܦܓܪܐ. ܕܒܢ ܗܘܐ ܡܘܫܐ
Bl. 236ᵇ ܒܗܢܐ ܡܘܡܐ ܕܡܢܙ ܦܓܪܐ.
Bl. 237ᵇ ܥܠ ܗܒܠ ܠܫܡܐ ܕܓܒܢ
Bl. 239ᵃ ܢܦܫ ܗܘܐ ܡܘܫܐ
Bl. 249ᵃ ܐܬܡܪܒ ܐܡܪܐ ܕܐܠܗܐ
Bl. 253ᵃ ܒܗܘܢ ܓܦܪܐ ܡܬܒ
Bl. 256ᵃ ܢܦܩ ܒܡܟܐ ܕܢܫܐ ܠܦܘܩܗ.
Bl. 256ᵇ ܐܬܒܢܘ ܐܝܟ ܒܡܒܕܙ
Bl. 258ᵇ ܒܪܘܒܬܐ ܡܠܠ ܓܪ ܕܢܐ.
Bl. 260ᵃ ܗܘܐ ܒܙ ܢܦܫܗ ܠܫܒܠܐ
Bl. 262ᵃ ܒܗܘܢ ܡܘܡܐ ܡܒܐ ܗܘܐ ܒܡܦܩܐ.
Bl. 266ᵇ ܕܢܐ ܗܒ ܠܝ ܗܘ ܓܒܪܐ.
Bl. 267ᵃ ܠܒܘܫܝܢ ܐܦ ܠܝ ܐܘ ܓܫܡܐ.
Bl. 270ᵃ ܗܘ ܕܢܓܒ ܒܪܥܫܬ ܐܬܠܝܐ.
Bl. 275ᵃ ܒܪܦܐ ܘܥܘܠ ܢܒܩ
Bl. 275ᵇ ܠܓܒܙ ܡܘܬܐ ܗܘ ܒܪ ܫܢܐ.
Bl. 275ᵇ ܒܦܪܐ ܓܒܐ ܬܫܒܚܬܗ
Bl. 276ᵃ ܠܒܘܫܝܢ ܒܪ ܥܡܗ ܕܢܘܦܫ ܒܐܢܫܐ.
Bl. 277ᵃ ܒܫܘܒܚܐ ܡܘܡܐ ܪܒܐ
Bl. 277ᵃ ܒܫܘܒܚܐ ܕܢܓܗ ܬܠܝܬܐ.
Bl. 280ᵇ ܐܡܪ ܬܐܡܐ ܠܒܢܬܗ
Bl. 281ᵃ ܟܠ ܗܘܐ ܡܪܝ.
Bl. 281ᵃ ܫܒ ܡܒܘܫܢ ܕܐܚܘܗܝ، ܬܐܡܐ.
Bl. 281ᵇ ܐܡܪ ܬܐܡܐ ܠܒܢܬܗ. ܡܢ.
Bl. 281ᵇ ܐܡܪܝܢ ܠܗ ܥܠܝܡܐ
Bl. 283ᵇ ܒܕܬܐ ܫܪܝܐ ܒܦܘܙ
Bl. 283ᵇ ܒܦܘܙ ܦܘܠܘܣ
Bl. 284ᵃ ܐܬܐ ܫܘ، ܠܝ

Bl. 284a ܘܗܝ ܚܘܒܬܐ ܕܠܦܘܪܐ
Bl. 286a ܬܘܕܝܐ ܕܝܢ ܣܓ̈ܠܐ
Bl. 286a ܘܡܫܝܚܐ ܢܚܬ ܗܘܐ ܒܐܘܪܫܠܡ
Bl. 286b ܐܬܬܣܝܡܘ ܕܚܝ̈ܠܘܗܝ.
Bl. 291a ܐܢܐ ܕܠܟܠ ܘܫܬܠܛܬ.
Bl. 291a ܘܡܫܝܚܐ ܒܬܘܕܝܬܐ ܣܓܝܬ (?)
Bl. 291b ܘܗܝ ܐܬܒܣܡܘ ܫܠ̈ܝܚܐ
Bl. 291b ܡܫܚ ܠܡܫܝܚܘܬܗ̇. ܦܠܘܣܗ
Bl. 291b ܐܘ ܒܬܘܠܬܐ ܡܒܪܟܬ ܒܪܬ ܕܘܝܕ.
Bl. 294a ܓܠܝܢܐ ܐܬܘܗܝ، ܡܕܒܪܢܐ
Bl. 294a ܒܫܠܡܗ ܪܒܐ ܕܓܠܝܢܐ(?).
Bl. 294b ܠܓܠܝܢܐ ܗ̇ܘ ܪܒܝܢ.
Bl. 294b ܓܠܝܢܐ ܡܕܒܪܢܐ ܗܘ ܬܘܡܐ.
Bl. 295a ܒܓܠܝܢܐ ܪܒܢ̇ ܠܡܫܠܡܬܐ.
Bl. 295a ܒܪܝܟ ܗ —— ——
Bl. 297a ܫܒܪ ܠܢ ܡܪܝ،
Bl. 297b Anfang zerstört.
Bl. 301b ܥܠ ܓܒܠܐ ܕܦܓܪܐ
Bl. 301b ܚܘܒܬܐ ܗܘܬ ———
Bl. 303a ܗܒ ܠܝ ܡܪܝ، ܕܐܡܠܠ.
Bl. 304a ܒܪܝܬܐ ܢܚܬ ܗܘܘ.
Bl. 313a ܐܝܟܐ ܕܝܡ ܠܥܘܡܩ ܡܠܠ
Bl. 313a ܦܪܘܫܐ ܕܝܘܡ ܒܫܘܒܚܗܘܢ،
Bl. 314a ܐܘܡܪ ܒܫܠܘܡܗ ܕܐܝܟܐ ܒܪܝܐ.

Verzeichniss der ܡܕ̈ܪܫܬܐ nach den Anfangsworten:

Bl. 4a ܠܗܘ ܠܐܪܐ ܐܝܠܟܐ.
Bl. 6a ܫܠܡ ܕܐܝܟܐ (?) ܕܢܚܬ
Bl. 8b ܒܫܘܒܚܗ، ܐܝܟܐ ܓܒܐ.
Bl. 16a ܥܠ ܢܓܪܬ ܒܒܪܬ.
Bl. 17a ܐܢܬ، ܒܢܪܐ ܥܠܡܐ ܘܡܣܒ.
Bl. 26a ܐܝܠ ܡܠܐܟܐ ܘܥܡܪ.
Bl. 27a ܬܘ ܒܠܒܘ̈ ܒܢ̈ܝܢܫܐ ܦܪܘܫܐ.
Bl. 32 ܘܡܫܝܚܐ ܢܚܬܘ ܗܘܘ.
Bl. 32 ܕܢܚ ܡܢ ܒܪܘܫܐ ܕܒܬܘܠܬܐ.
Bl. 39a ܒܡܫܪܝܩ ܬܘܕܝܬ ܒܗ ܡܫܝܚܐ.
Bl. 57b ܪܚܝܡ ܥܡܠܢ ܓܡ
Bl. 66b ܘܒܟܐ ܢܘܚ ܠܐܪܥܘܬܗ
Bl. 72b ܫܡܥܬ ܠܢܘܚ ܕܬܗܘܪܐ
Bl. 72b ܐܠܗܐ ܦܪܝ ܠܫܠܘܡܗ
Bl. 76a ܕܢܚ ——— ——— ܕܢܦܠ ܒܗ
Bl. 104a ܢܚܬ ܗܘܐ ܕܢܣܒܪ ܬܘ̈ܟܬܐ
Bl. 105b ܒܓܘܪܐ ܓܒܐ ܗܘܡ ܚܠܝܢ.
Bl. 116b ܒܥܒܬ ܒܟܝܐ ܘܐܢ̈ܫܝܢ
Bl. 119b ܫܡܪܐ ܫܘܒܚܐ ܒܓܪܬ ܠܝ.
Bl. 124a ܒܪܐ ܒܟܐܐ ܘܐܠܝܢ ܡܓܪܝܬܗ
Bl. 126a ܐܬܒ ܐܒܟܐ ܘܐܬܬܢܝܚ.
Bl. 128b ܫܟܐ ܠܓܒܝܢ ܡܓܠܐ.
Bl. 131a ܐܘ ܕܢܟܐ ܕܢܝܢܗ ܒܐܝܡ.
Bl. 137a ܠܥܒܐ ܘܦܓܪܐ ܕܢܫܐ
Bl. 140b ܐܝܢ ܒܗܘ ܘܗܒܐ.
Bl. 143b ܐܬܐ ܓܠܘ ܐܕܢܐ ܒܦܘܪܥܢܐ.
Bl. 146b ܒܟܝܐ ܕܒܢ̈ܥܬܐ ܘܠܒܬ
Bl. 149b ܐܥܘܠܬ ܠܕܘ̈ܒܝܬܐ ܒ̈ܥܝܬܐ.
Bl. 156b ܗܒ ܠܝ ܓܒܝܢܐ ܕܟܒܕ
Bl. 158b ܐܬܦ̈ܩܕܡ ܗܘ̈، ܩ̈ܠܐܬܐ
Bl. 164b ܐܥܬܠܝ ܗܘܐ ܦܓܪܗ ܘܥܒ
Bl. 168a ܐܘ ܬܓܪܐ ܐܕܗܘܪܘ
Bl. 185b ܐܬܐ ܒܐܘܗ̇ ܠܫܠܥܘܬ،
Bl. 189b ܐܘ ܒܪܐ ܦܓܪܐ ܕܐܝܟܐ ܓܒܝܐ.
Bl. 198a ܐܘ ܕܐܬܐ ܒܫܘܒܗ
Bl. 200b ܐܘ ܢܥܡܐ ܓܪܬܐ ܗ، ܕܡܠܟܘܬܐ.
Bl. 203a ܐܘ ܕܐܬܐ ܘܦܪܘܩ
Bl. 205a ܐܥܐܠ ܒܒܠ ܦܘ̈ܡܝܢ
Bl. 205b ܐܘ ܓܒܪ ܡܪܝ، ܐܘܪܚܐ ܫܦܝܬܐ
Bl. 209a ܝܘ ܗܘܘ ܒܢ̈ܝܟܐ ܕܢܦܪܘܢ.
Bl. 210b ܗܐ ܠܟܕܬܐ ܕܪܥܐ ܢܥܠ
Bl. 212b ܗܐ ܡܠܟܐ ܕܐܥܒܘܕܘܬܐ ܥܠ ܒܠܥܐ
Bl. 217a ܐܬܝܐ ܕܪܥܡ ܘܡܫܢܗ
Bl. 225a ܒܘܥܬܐ ܪܘܡܬ ܠܐܠܗܐ.
Bl. 231b ܕܟܘܡ ܕܓܠܝܐ ܒܠܗܐ ܦܪܝ.
Bl. 240a ܐܬܦܠܓܘ ܢܒܒ ܒܐܝܪܝ ܦܩ̈ܘܕܐ.
Bl. 242b Anfang zerstört.
Bl. 246b ܐܬܬܒܝܪܘ ܥܘܡܪܐ ܘܡܒܪܘ
Bl. 247a ܒܒܐܕܐ ܕܦܓܥܐ ܒܥܘ ܒܠܒܘ̈.

Bl. 247b ܬܗܪܐ ܥܡܠܝ ܕܐܡܠܠ.
Bl. 249b ܐܘ ܠܒܝ ܕܘܝܐ.
Bl. 251a ܐܝܟ ܒܬܘܠܬܐ ܢܟܦܬ
Bl. 252b ܠܒܒܘܗܝ, ܚܒܫܘܗܝ, ܐܡܣܒܐ.
Bl. 252b ܐܝܟ ܒܒܪܐ ܡܫܝܚܘܗܝ, ܗܘܐ
Bl. 253b ܒܪܘܟܬܐ ܦܪܘܗܝ, ܒܢܝܐ.
Bl. 254b ܫܬܩ ܙܒܢܐ ܒܗ ܒܠܒ
Bl. 257b ܐܒܐ ܕܝܫܒܬܘܗܝ.
Bl. 260b ܫܠܡ ܠܟܠܒܢܐ ܗܘ
Bl. 262b ܘܫܒܚ ܕܒܪܝ ܒܢܝܬܗܘܢ.
Bl. 268a ܟܠ ܗܘܐ ܠܒܝܫ.
Bl. 269a Derselbe Anfang.
Bl. 276a ܒܗܝܢ ܡܘܒܐ ܦܪܝܫ.
Bl. 277a ܢܚܬ ܓܒܪ ܓܠܝܐ.
Bl. 277a ܗܘ ܓܒܪ ܕܐܡܪ ܠܗ.
Bl. 277b ܝܠܕܬ ܠܗ ܡܠܟܐ

Von *Bâlai* sind nur zwei ܒܥܘ̈ܬܐ vorhanden, Bl. 176b, Bl. 185a. Diejenigen von Jacob sind so zahlreich, dass es sich nicht verlohnt die betreffenden Stellen anzugeben.

Gebete ܒܥܘ̈ܬܐ von Ephraem: Bl. 2b. 8a. 11a. 15a. 18a. 21b. 25b. 34b. 39a. 40a. 44a. 46a. 47a. 50a. 59b. 61a. 68a. 71b. 73b. 76b. 77b. 78a. 79ab. 82b. 89b. 90b. 92b. 93b. 94b. 95ab. 98a. 102a. 104ab. 105a. 106ab. 108ab. 109a. 111ab. 113b. 114b. 115ab. 117a. 122b. 124b. 125a. 128a. 129ab. 130ab. 132b. 133ab. 146a. 148b. 158a. 169b. 174a. 175a. 176a. 181b. 184b. 187a. 190b. 195b. 196b. 198a. 199a. 200b. 201b. 203ab. 205b. 206b. 207b. 211b. 212a. 214ab. 216b. 220b. 221b. 223b. 225a. 227a. 228b. 229a. 231a. 233b. 236a. 237a. 239b. 241a. 243b. 246a. 250a. 253a. 255a. 258a. 264b. 266a. 268b. 269b. 271b. 279a. 280b. 282ab. 284a. 285a. 286b. 287b. 289b. 299ab. 300a. 301b. 303b. 305a. 305b. 306a. 307ab. 310a. 311b. 314a.

Die Melodie ܩܠܐ ܕܣܘܣܝܐ citirt Bl. 7b. 11a. 14a. 20a. 27b. 35b. 46a. 51a. 68a. 80a. 90a. 91a. 94a. 100b. 104a. 117a. 118b. 120ab. 121a. 123a. 136b. 137b. 139b. 141b. 148a. 151a. 152b. 156a. 157b. 163a. 174a. 178ab. 182b. 186b. 188a. 193b. 194a. 196a. 202a. 204b. 214a. 215a. 216a. 219b. 221a. 223b. 234b. 235a. 241a. 246b. 248b. 252a. 255b. 271a. 288b. 289b. 290a. 292b. 295b. 296b. 303a. 307b. 314b. Zuweilen heisst es ܩ̄ ܕܣܘܣܝܐ oder ܩ̄ ܕܣܘܣܝ̈ܐ, auch ܩܠܐ ܣܘܣܝܐ.

Die *Melodia Paradisi* ܩܠܐ ܕܦܪܕܝܣܐ citirt Bl. 6a. 13b. 65a. 89b. 92a. 99b. 107b. 177a. 183a. 189b. 192b. 200a. 277a. 284a. 291b. 313a. Beachtenswerth ist die Überschrift Bl. 107b:

ܡܕܪܫܐ ܕܦܪܕܝܣܐ ܩ ܥܠ̄ ܠܡܫܬܘܬܦܘ ܡܫܝܚܬܐ
ܠܚܕ̈ܒܫܐ ܬܘܒ

Die *Melodia Paradisi* findet sich nur vor *Madhrâšê*, nicht vor anderen Dichtungsarten.

Die Passions-Gedichte ܥܢ̈ܝܬܐ ܕܚܫܐ in grosser Zahl auf Bl. 213—273.

Einige Notizen der ersten Hand auf dem Rande, z. B. Bl. 122a ܫܒܘܩ ܒܥܘܬܐ ܐܬܡܣܪ ܡܠܐ ܕܡܘܟܐ ܕܐܬܐܡ ܠܡܫܒܚ ܕܝܢ ܫܠܝܚܘܬܐ ܗܘܐ ܫܒܘܩ ܠܝ

Ähnliches auf Bl. 144b.

Auf Bl. 273b eine Zeichnung, in welche folgendes eingeschrieben ist:

ܘܗܒ ܐܘ ܕܘܝܐ ܠܟ ܢܦܫܟ ܘܠܐ ܬܬܪܥܐ ܠܒܟ
ܗܘ ܢܘܗܪܐ ܙܗܘܪܐ ܘܬܘܗܝܐ ܡܫܒܚܬ ܟܠ
ܡܫܪܘܝܐ.

Die Hds., d. i. der Haupttheil, ist von demselben Schreiber geschrieben wie Nr. 17 (Sachau 350). Sie ist ergänzt von einer jüngeren Hand (*Serṭô* auf Papier). Von diesem Ergänzer rühren her die Blätter 1—70, 275, 289—291. Die Ergänzung kann dem 18. Jahrhundert entstammen.

In dem Haupttheil ist die Schrift vielfach sehr abgeblasst, aber doch noch fast überall lesbar. Von Bl. 247*A* ist ein Stück abgerissen.

Die Hds. ist nicht ohne Lücken, z. B. zwischen Bl. 1—2, 206—207. Zu Anfang fehlen die 9 ersten Blätter des 1. Kurrâs. Der alte Bestandtheil beginnt mit dem dritten Blatt des 7. Kurrâs. Kurrâs 26 hat 12 Blätter; die Blätter 257 und 259 stehen nicht an der richtigen Stelle. Von Kurrâs 29 fehlen 3 Blätter, von dem letzten Kurrâs (Nr. 32) fehlt ein Blatt.

314 Blätter (43 × 31 cm). Die Seite zu zwei Columnen, die Columne zu 30 Zeilen.

20.

(Sachau 236.)

Pergament.

Jakobitisch.

Eine grosse Sammlung kirchlicher Poesien, ein Hymnarium für alle Fest- und Heiligen-Tage des ganzen Jahres. Unvollständig zu Anfang und Ende.

Der Titel der Sammlung scheint ܚܘܕܪܐ *Circulus*, ܚܘܕܪܐ ܫܢܬܢܝܐ *circulus annus* gewesen zu sein. Es finden sich zwei titelartige Überschriften, eine auf Bl. 174[b]. 175[a]:

ܟܬܒܐ ܕܝܢ ܡܟܢܫܢܐ ܕܐܢܩܘܠܝܘܢ
ܕܐܝܬܘܗܝ ܡܬܩܪܐ ܚܘܕܪܐ ܫܢܬܢܝܐ (ἐγκύκλιον?)

eine zweite auf Bl. 184[b]:

ܫܘܠܡܐ ܕܝܢ ܕܟܠܗ ܚܘܕܪܐ ܫܢܬܢܝܐ

Die Gesänge sind zum grösseren Theil ܩܳܠܐ von geringem Umfang, ausserdem ܡܕܪ̈ܫܐ und ܣܘܓ̈ܝܬܐ von grösserem Umfang; die letzteren haben fast durchgehends alphabetische Strophen-Anfänge; ferner ܒܥܘ̈ܬܐ *Gebete*. Bei den ܩܳܠܐ, ܡܕܪ̈ܫܐ und ܣܘܓ̈ܝܬܐ werden niemals die Verfasser angegeben, während sie bei den ܒܥܘ̈ܬܐ stets genannt werden. Über die Verfasser s. weiter unten.

Die Anzahl und Gruppirung sowie die Zahl der Gebetzeiten ist verschieden je nach der kirchlichen Bedeutung der einzelnen Tage. Bei einfachen Heiligen-Tagen werden nur vier Zeiten ܪܡܫܐ, ܠܠܝܐ, ܨܦܪܐ und ܬܠܬܫܥ̈ܝܢ genannt, während an bedeutenderen Tagen für alle 7 Gebetzeiten ܪܫܗ ܩܘܡܐ, ܣܘܬܪܐ, ܠܠܝܐ, ܨܦܪܐ, ܬܠܬܫܥ̈ܝܢ, ܦܠܓܗ ܕܩܘܡܐ, ܬܫܥܫܥ̈ܝܢ Gesänge angegeben sind. Am reichlichsten sind die Tage der Passionswoche bedacht, denen die ܩܳܠܐ ܕܥܢܝܢܐ (s. weiter unten) eigenthümlich sind. In der Regel werden zwei *Stationes* unterschieden, die erste ܩܘܡܐ ܩܕܡܝܐ und die zweite ܩܘܡܐ ܕܬܪܝܢ; in der Passionswoche auch noch mehr (bis zu 5 ܩܘܡܐ ܕܚܡܝܫܝܐ).

Bei allen Gesängen (nicht bei den ܒܥܘ̈ܬܐ) werden die Melodien, nach denen sie zu singen sind, durch Anführung der mit rother Farbe geschriebenen Anfangsworte bekannter Gesänge angegeben, für Ostersonntag auch durch Angabe des betreffenden ἦχος, z. B. ܐܝܟܘܣ ܩܕܡܝܐ von den 8 ἦχοι des Kirchengesanges. Eine jüngere Hand hat vielfach am Rande zu dem Anfang der Gesänge hinzugeschrieben ܠܫܘܥܐ, ܩܕܡܝܐ, ܬܪܝܢܝܐ ܠܫܘܥܐ u. s. w. (von 1—8). Die Bedeutung von ܠܫܘܥܐ ist vermuthlich = ܠܠܝܐ ܫܗܪܝܐ *Vigiliengesang*, vergl. Wright S. 370 Nr. 4 und Payne Smith S. 183 Nr. 13.

Am Rande sind ferner den Anfängen der einzelnen Lieder die Buchstaben ܐ und ܒ beigefügt; ihre Bedeutung ist mir nicht ersichtlich.

Der Codex stammt aus dem *Ṭûr-ʿAbdîn* und dürfte dort im Gebrauch eines Klosters oder einer Kirche gewesen sein.

Inhalt:

1. Bl. 1[a] Schluss des ܩܢܘܢܐ für Simeon Stylites. Vergl. die Unterschrift auf Bl. 1[b] Col. 1:

ܥܠ ܕܫܡܥܘܢ ܕܐܣܛܘܢܐ

2. Bl. 1[b] Für den Tag der h. Barbara:

ܫܠܡ ܩܢܘܢܐ ܕܥܠ ܩܕܝܫܬܐ ܣܗܕܬܐ ܒܪܒܪܐ

3. Bl. 3[a] Für den Tag genannt ܚܕ ܩܘܡܐ:

ܩܢܘܢܐ ܕܥܠ ܚܕ ܩܘܡܐ

4. Bl. 6b Für die Märtyrer: ܬܟܣܐ ܕܥܠ ܩܕܝܫܐ ܘܡܙܝܕܐ ܠܣܗܕܘܬܐ.

Von Bl. 8 ist der grösste Theil abgerissen.

5. Bl. 11b Für die Todten: ܬܟܣܐ ܕܥܠ ܥܢܝܕܐ ܠܣܗܕܘܬܐ

6. Bl. 17b Ein ܬܟܣܐ für elementare Unglücksfälle und bei Regenmangel: ܬܟܣܐ ܕܡܫܬܥܠܝܬܐ —— ܘܪܘܓܙܐ ܘܡܚܘܬܐ ܘܟܠܢܐ.

7. Bl. 16b Bruchstücke, deren Überschriften nicht mehr ganz erhalten sind.

Auf Bl. 16b:

————————— ܬܟܣܐ ܕܡܘܬܐ

—————————— . . . . ܕܡܛܪܐ

Bl. 17 Ein kleines Stück eines anderen ܬܟܣܐ.

Bl. 18 sehr zerstört.

8. Bl. 18b Für die Taufe:

ܬܟܣܐ ܕܡܥܡܘܕܝܬܐ

9. Bl. 19b Ein weiterer ܬܟܣܐ, dessen Überschrift nicht mehr lesbar.

10. Bl. 20b Für die Enthauptung Johannis des Täufers: ܬܟܣܐ ܕܥܠ ܦܣܩ ܪܫܗ ܕܝܘܚܢܢ ܡܥܡܕܢܐ

11. Bl. 24b Für den Gedenktag des Stephanus: ܬܟܣܐ ܕܕܘܟܪܢܗ ܕܐܣܛܦܢܘܣ

12. Bl. 25b Für das Eintreten Christi in den Tempel: ܬܟܣܐ ܕܡܥܠܬܗ ܕܡܪܢ ܠܗܝܟܠܐ

13. Bl. 29a Für den h. *Barṣaumâ*: ܬܟܣܐ ܕܡܪܝ ܡܪܝ ܒܪܨܘܡܐ

14. Bl. 31b Für Ninive: ܬܟܣܐ ܕܥܠ ܢܝܢܘܐ

15. Bl. 144a Für den Patriarchen Severus: ܬܟܣܐ ܕܡܪܝ ܣܘܝܪܐ ܦܛܪܝܪܟܐ

Zwischen Bl. 33 und 34 ist Bl. 144 einzufügen.

16. Bl. 35a Für die Priester: ܬܟܣܐ ܕܥܠ ܟܗܢܐ

17. Bl. 38a Für den Sonntag des Fasten-Anfanges und die Hochzeit von Kana: ܬܟܣܐ ܕܚܕܒܫܒܐ ܕܥܠܠ ܨܘܡܐ ܘܥܠ ܗ̇ܝ ܡܫܬܘܬܐ ܕܩܛܢܐ ܕܓܠܝܠܐ.

18. Bl. 40a Für den ersten Montag im Fasten: ܬܟܣܐ ܕܬܪܝܢ ܒܫܒܐ ܩܕܡܝܐ ܕܨܘܡܐ und für die anderen Tage der ersten Fastenwoche.

19. Bl. 50a Für die hh. Ephraem und Theodorus am Sonnabend der ersten Fastenwoche: ܬܟܣܐ ܕܡܪܝ ܡܪܝ ܐܦܪܝܡ ܘܡܠܦܢܐ ܘܡܪܝ ܬܐܘܕܘܪܘܣ ܕܒܫܒܬܐ ܩܕܡܝܬܐ ܕܨܘܡܐ.

Darin ein Gedicht des Ephraem auf sich selbst Bl. 51a: ܡܐܡܪܐ ܕܥܠ ܡܪܝ ܐܦܪܝܡ ܕܐܡܪ ܗܘ ܥܠ ܢܦܫܗ.

Anfang: ܚܙܝܬ ܚܙܘܐ ܕܚܝܠ

Darin ferner ein langes Gedicht auf Hiob: ܡܐܡܪܐ ܥܠ ܐܝܘܒ

Identisch mit Wright I S. 362 (von Jacob von *Serûgh*).

20. Bl. 55a Für die zweite Fastenwoche, beginnend mit Montag: ܕܫܒܘܥܐ ܕܬܪܝܢ ܒܫܒܐ

21. Bl. 66a Für den Sonntag und die übrigen Tage der dritten Fastenwoche: ܬܟܣܐ ܕܫܒܘܥܐ ܕܬܠܝܬܝܐ ܕܨܘܡܐ

22. Bl. 81b Für die vierte Fastenwoche: ܬܟܣܐ ܕܫܒܘܥܐ ܕܐܪܒܥܐ ܕܨܘܡܐ

Darin auf Bl. 91a ein Gedicht über die Nichte des *Abraham Ḳîdûnâjâ*, die ihr Gelübde gebrochen, aber durch Gottes Kraft sich wieder erhoben hatte:

ܡܐܡܪܐ ܕܥܠ ܒܪܬ ܐܚܘܗܝ,
ܕܐܒܪܗܡ ܩܝܕܘܢܝܐ ܕܢܦܠܬ ܡܢ ܩܝܡܗ
ܘܩܡܬ ܒܚܝܠ ܐܠܗܐ.

Die Strophen, deren Anfänge alphabetisch geordnet sind, bestehen aus je drei Zeilen, von denen die erste 12, die zweite 9, die dritte 6 Silben zählt.

Vergl. Wright S. 359 Nr. 7.

23. Bl. 96b Für die fünfte Fastenwoche: ܬܟܣܐ ܕܫܒܘܥܐ ܕܚܡܫܐ ܕܨܘܡܐ

Darin auf S. 99a ein Gedicht über Seele und Körper: ܡܐܡܪܐ ܥܠ ܢܦܫܐ ܘܦܓܪܐ

24. Bl. 112ᵇ Für die sechste Fastenwoche:

ܛܟܣܐ ܕܫܒܘܥܐ ܕܐܫܬܐ ܕܨܘܡܐ

Darin Bl. 116ᵃ der Ordo für die 40 Märtyrer:

ܛܟܣܐ ܕܐܪܒܥܝܢ ܣܗ̈ܕܐ

25. Bl. 119ᵃ Für die Hosianna-Woche:

ܛܟܣܐ ܕܫܒܬܐ ܕܐܘܫܥܢܐ

26. Bl. 127ᵇ Für Lazarus von Bethanien:

ܛܟܣܐ ܕܥܠ ܠܥܙܪ ܕܒܝܬ ܥܢܝܐ

27. Bl. 128ᵇ Für den h. Hosianna-Sonntag:

ܛܟܣܐ ܕܚܕܒܫܒܐ ܩܕܝܫܐ ܕܐܘܫܥܢܐ

Darin Bl. 132 ein grosses Strophenlied:

ܡܘܫܚܬܐ

Jede Strophe besteht aus vier siebenzeiligen Versen; die Strophen-Anfänge alphabetisch.

28. Bl. 134ᵃ—205ᵃ Für die h. Leidenswoche:

ܛܟܣܐ ܕܫܒܬܐ ܩܕܝܫܬܐ ܕܚܫܐ ܦܪܘܩܝܐ

Ein Lied über die 10 Jungfrauen Bl. 135ᵇ:

ܡܘܫܚܬܐ ܕܥܠ ܥܣܪ ܒܬܘ̈ܠܬܐ

Ferner Bl. 139ᵃ ein Lied über Abraham und Isaak: ܡܘܫܚܬܐ ܕܥܠ ܐܒܪܗܡ ܘܐܝܣܚܩ

Die Strophen-Anfänge alphabetisch.

Bl. 144 steht an der falschen Stelle; es ist einzufügen zwischen Bl. 33 und 34.

Ein Lied auf Kain und Abel Bl. 150ᵇ:

ܡܘܫܚܬܐ ܥܠ ܗܒܝܠ ܘܩܐܝܢ

Die Strophen-Anfänge alphabetisch.

Ferner Bl. 159ᵃ ein Lied über Adam und Eva: ܡܘܫܚܬܐ ܥܠ ܦܘܢܝܐ ܕܐܕܡ ܘܚܘܐ

Ferner ein Lied über die Sünde und den Satan: ܡܘܫܚܬܐ ܕܥܠ ܗܝ ܚܛܝܬܐ ܘܣܛܢܐ

Mit alphabetischen Strophen-Anfängen.

Für die Weihung des μύρον Bl. 172ᵃ:

ܛܟܣܐ ܕܩܘܕܫ ܡܘܪܘܢ

Für die Waschung Bl. 173ᵇ:

ܛܟܣܐ ܕܫܝܓܬܐ ܕܪ̈ܓܠܐ ܒܚܡܫܐ ܕܐܪܐ

Ein Lied über Judas den Verräther Bl. 177ᵇ:

ܡܘܫܚܬܐ — ܕܥܠ ܝܗܘܕܐ ܡܫܠܡܢܐ

Lied von dem Leugnen des Simeon Bl. 182ᵃ:

ܡܘܫܚܬܐ ܕܥܠ ܟܦܘܪܗ ܕܫܡܥܘܢ

Der Ordo für die Anbetung des Kreuzes Bl. 193ᵃ: ܛܟܣܐ ܕܣܓܕܬܐ ܕܨܠܝܒܐ

Eine *Sûghîthâ* über den Cherub und den Räuber Bl. 198ᵃ: ܣܘܓܝܬܐ ܕܥܠ ܟܪܘܒ ܘܓܝܣܐ

Mit alphabetischen Strophen-Anfängen.

Folgende Nachschrift für die Texte der Passionswoche auf Bl. 205ᵃ: ܫܠܡܬ ܫܒܬܐ
ܘܩܕܝܫܬܐ ܕܚܫܐ ܦܪܘܩܝܐ ܕܡܫܡܠܝܐܬ ܘܠܐ
ܟܘ̈ܪܐ ܟܠܗܘܢ ܕܠܗ̇ ܥܠ ܕܩܪܐ ܢܨܠܐ.

Die einzelnen Tage der Passionswoche beginnen:

Montag auf Bl. 134ᵃ,
Dienstag auf Bl. 145ᵃ,
Mittwoch auf Bl. 154ᵇ,
Donnerstag des Geheimnisses auf Bl. 163ᵇ,
Kreuzigungs-Freitag auf Bl. 175ᵃ,
Sonnabend der Verkündigung ܕܣܒܪܬܐ auf Bl. 194ᵇ—205ᵃ.

Unter den Gesängen der Passionswoche sind eigenthümlich die *Versus passionis* ܩܠ̈ܐ ܕܚܫܐ, bestehend aus einer Anzahl Strophen von je fünf achtsilbigen Zeilen. Probe Bl. 167ᵇ:

ܟܡܐ ܗܘܐ ܣܒܝܒܘܬܐ.
ܦܪܣ ܬܠܡܝܕܐ ܘܐܝܬܘܗ̇ ܠܢܦܫܗ:
ܐܝܟܢܐ ܢܓܕܬ܆ ܕܐܬܟܠܘ ܦܓܪܐ:
ܕܪ̈ܫܢ ܡܫܐ ܟܡܐ ܠܐܝܕܐ.
ܕܚܠܓܐ ܫܦܪܐ ܕܝܘܢܝܐ ÷

29. Bl. 205ᵃ Für Ostersonntag:

ܛܟܣܐ ܕܚܕܒܫܒܐ ܪܒܐ ܕܩܝܡܬܐ

30. Bl. 212ᵃ Für den zweiten Auferstehungssonntag: ܛܟܣܐ ܕܚܕܒܫܒܐ ܬܪܝܢܐ ܕܩܝܡܬܐ

31. Bl. 216ᵇ Für den weissen Mittwoch:

ܛܟܣܐ ܕܝܠܗ ܐܪܒܥܐ ܒܫܒܐ ܕܚܘܪ̈ܐ

32. Bl. 218ᵇ Für den weissen Donnerstag:

ܛܟܣܐ ܕܝܠܗ ܚܡܫܐ ܒܫܒܐ ܕܚܘܪ̈ܐ

31. Bl. 220ᵃ Für den weissen Freitag:

ܛܟܣܐ ܕܝܠܗ ܥܪܘܒ̄ ܕܚܘܪ̈ܐ

32. Bl. 222ᵃ Für den weissen Sonnabend:

ܛܟܣܐ ܕܝܠܗ ܫܒܬܐ ܕܚܘܪ̈ܐ

33. Bl. 224ᵃ Der 8. Auferstehungs-Ordo: ܠܠܝܐ ܕܩܝܡܬܐ ܬܡܝܢܝܬܐ

34. Bl. 226ᵇ Für den neuen Sonntag und den Apostel Thomas: ܠܠܝܐ ܕܚܕܒܫܒܐ ܚܕܬܐ ܘܥܠ ܬܐܘܡܐ ܫܠܝܚܐ.

35. Bl. 229ᵇ Für Himmelfahrt: ܠܠܝܐ ܕܣܘܠܩܗ ܕܡܪܢ ܠܫܡܝܐ

36. Bl. 232ᵃ Für Pfingstsonntag: ܠܠܝܐ ܕܚܕܒܫܒܐ ܕܥܐܕܐ ܕܦܢܛܩܘܣܛܐ

37. Bl. 234ᵇ Für den goldenen Freitag: ܠܠܝܐ ܕܥܠ ܥܪܘܒܬܐ ܕܕܗܒܐ

38. Bl. 236ᵃ Für die zwölf Apostel: ܠܠܝܐ ܕܬܪ̈ܥܣܪ ܫܠܝ̈ܚܐ

39. Bl. 240ᵃ Für Peter und Paul: ܠܠܝܐ ܕܥܠ ܦܛܪܘܣ ܘܦܘܠܘܣ ܫܠܝ̈ܚܐ

40. Bl. 244ᵃ Für Johannes den Evangelisten: ܠܠܝܐ ܕܥܠ ܝܘܚܢܢ ܗܘ ܕܐܘܢܓܠܝܘܢ ܟܬܒ ܐܘܟܝܬ ܐܘܢܓܠܝܣܛܐ.

41. Bl. 242ᵃ Für den Gedenktag des Apostels Thomas: ܠܠܝܐ ܕܕܘܟܪܢܐ ܕܬܐܘܡܐ ܫܠܝܚܐ

42. Bl. 244ᵃ Acht Ordines für die Auferstehung nach den acht ἠχάδια: ܬܫܡܫܬܐ ܠܠܝ̈ܐ ܐܚܪ̈ܢܐ ܡܦܠܓܝܢ ܒܬܫܡܫܬܐ ܐܟܕ̈ܝܘܗܝ.

Erster Ordo Bl. 244ᵃ, zweiter Bl. 245ᵇ, dritter Bl. 247ᵇ, vierter Bl. 249ᵇ, fünfter Bl. 251ᵃ, sechster Bl. 253ᵃ, siebenter Bl. 256ᵃ, achter Bl. 258ᵃ.

Unterschrift Bl. 259ᵇ: ܫܠܡܘ ܡܠܝܢ ܬܫܡܫܬܐ ܠܠܝ̈ܐ ܐܚܪ̈ܢܐ ܕܡܪܢ ܡܫܡܠܝܐܝܬ

43. Bl. 260ᵃ Ordo für die Beerdigung der Mutter Gottes: ܠܠܝܐ ܕܫܘܢܝܗ ܕܒܬܘܠܬܐ ܐܠܗܝܬܐ ܡܪܝܡ.

44. Bl. 267ᵃ Für das Kreuzesfest: ܠܠܝܐ ܕܥܐܕܐ ܩܕܝܫܐ ܕܨܠܝܒܐ ܦܪܘܩܢܐ.

45. Bl. 274ᵃ Für Cyriacus und Julitta: ܠܠܝܐ ܕܩܕܝܫܐ ܡܪܝ ܩܘܪܝܩܘܣ ܘܝܘܠܝܛܝ.

46. Bl. 276ᵃ Für Sergius und Bacchus: ܠܠܝܐ ܕܩܕܝܫܐ ܣܪܓܝܣ ܘܒܟܘܣ ܣܗܕܐ ܢܨܝܚܐ ܕܡܫܝܚܐ.

47. Bl. 278ᵃ Für den h. Georg: ܠܠܝܐ ܕܡܪܝ ܓܝܘܪܓܝܣ ܣܗܕܐ

48. Bl. 280ᵃ Für die *Šammûnî* und ihre Kinder: ܠܠܝܐ ܕܫܡܘܢܝ ܘܒ̈ܢܝܗ

49. Bl. 282ᵃ Für Jacob von *Serûgh*: ܠܠܝܐ ܕܥܠ ܩܕܝܫܐ ܡܪܝ ܝܥܩܘܒ ܡܠܦܢܐ ܕܒܛܢܢ ܕܣܪܘܓ

50. Bl. 284ᵇ Für den h. *Dimeṭ*: ܠܠܝܐ ܕܩܕܝܫܐ ܡܪܝ ܕܝܡܛ

51. Bl. 289ᵃ—291 Für das Zelten-Fest: ܠܠܝܐ ܕܥܐܕܐ ܕܡܛܠܠܐ

Bl. 292 ein Bruchstück.

Die Verfasser der ܡܕܪ̈ܫܐ sind Jacob, Ephraem, *Bâlai* (Balaeus), wie im Einzelnen die folgende Übersicht darthut.

Die Gedichte ܡܕܪ̈ܫܐ von Jacob[1] sind so zahlreich vorhanden, dass sie auf jedem Blatt, fast auf jeder Seite vorkommen.

Gedichte ܡܕܪ̈ܫܐ von Ephraem: Bl. 1ᵃ. 5ᵃ. 6ᵇ. 10ᵇ. 11ᵇ. 19ᵃ. 20ᵃᵇ. 23ᵇ. 25ᵃᵇ. 28ᵇ. 29ᵃ. 31ᵃ. 33ᵃᵇ. 34ᵃ. 39ᵃ. 40ᵇ. 41ᵇ. 43ᵃᵇ. 44ᵇ. 45ᵃ. 47ᵃᵇ. 49ᵇ. 50ᵃ. 54ᵃ. 56ᵇ. 57ᵃ. 58ᵇ. 59ᵃ. 61ᵃ. 63ᵃᵇ. 65ᵇ. 66ᵃᵇ. 70ᵃ. 71ᵇ. 73ᵇ. 74ᵇ. 76ᵇ. 77ᵃ. 78ᵃ. 79ᵃ. 80ᵇ. 81ᵇ. 86ᵇ. 87ᵃ. 92ᵇ. 95ᵃ. 106ᵇ. 107ᵇ. 110ᵃ. 112ᵃᵇ. 115ᵃᵇ. 118ᵃ. 119ᵇ. 120ᵇ. 121ᵇ. 122ᵃᵇ. 123ᵃᵇ. 124ᵇ. 125ᵃᵇ. 126ᵃ. 127ᵃ. 133ᵃᵇ. 135ᵃ. 136ᵃ. 138ᵇ. 141ᵃ. 143ᵃ. 145ᵃ. 146ᵃ. 148ᵇ. 152ᵃᵇ. 154ᵃ. 155ᵃ. 157ᵃ. 160ᵃ. 162ᵇ. 164ᵃ. 166ᵇ. 169ᵃ. 171ᵇ. 173ᵃᵇ. 176ᵇ. 179ᵇ. 187ᵃ. 189ᵇ. 194ᵃ. 195ᵇ. 199ᵃ. 202ᵃᵇ. 204ᵇ. 210ᵇ. 214ᵃ. 215ᵇ. 216ᵇ. 217ᵇ. 218ᵃ. 219ᵇ. 220ᵃ. 221ᵃᵇ. 223ᵃᵇ. 225ᵇ. 228ᵇ. 231ᵇ. 233ᵇ. 239ᵃ. 241ᵃ. 242ᵃ. 243ᵃ. 245ᵃᵇ. 246ᵇ. 247ᵃ. 248ᵇ. 251ᵃ. 252ᵇ. 253ᵃ. 255ᵃ. 257ᵃᵇ. 259ᵃᵇ. 266ᵇ. 273ᵇ. 274ᵃ. 275ᵃᵇ. 276ᵃ. 277ᵃᵇ. 279ᵇ. 280ᵃ. 281ᵃᵇ. 283ᵇ. 286ᵃ. 289ᵃ.

[1] Ob Jacob von *Serûgh* oder von Edessa, ist aus den Hdss. nicht ersichtlich (s. Bl. 56 Col. 1): der erstere angedeutet bei PAYNE SMITH S. 176 Nr. 5.

Bálai, ܒܥܘܬܐ von ihm finden sich:

Bl. 20ᵇ. 41ᵇ. 43ᵇ. 44ᵃ. 45ᵃ. 47ᵃ. 49ᵇ. 55ᵃ. 56ᵇ. 59ᵃ. 63ᵇ. 65ᵇ. 72ᵃ. 74ᵇ. 79ᵃ. 81ᵃ. 87ᵃ. 92ᵃ. 94ᵇ. 95ᵃ. 163ᵇ. 250ᵇ. 256ᵃ. Diese Gedichte von *Bálai* ܒܠܝ (auch ܒܐܠܝ) sind alle im fünfsilbigen Metrum, aber in verschiedenen Strophenformen, gedichtet.

Neben diesen Gebeten finden sich solche mit der Überschrift ܒܥܘܬܐ ܕܡܪܝ ܐܦܪܝܡ (Bl. 43ᵃ. 92ᵇ. 109ᵇ. 120ᵃ. 121ᵃ. 123ᵇ. 249ᵇ). Mit dem Ausdruck ܕܡܪܝ ܐܦܪܝܡ vergl. den Anfang eines Gedichtes von *Bálai* in Nr. 157 (SACHAU 186) auf Bl. 25ᵃ. Diese Gedichte zeigen alle das fünfsilbige Metrum. Ob sie auch von *Bálai* gedichtet sind?[1]

Ferner wird oft citirt ܩܘܩܝܐ *Kûkdjâ*, meist als Componist (ܩܠܐ ܕܩܘܩܝܐ), zuweilen auch so, dass man ihn für den Dichter halten kann (vergl. Überschriften wie ܐܘܢܝܬܐ ܕܩܘܩܝܐ). Gemeint ist damit der Töpfer Simeon, ein Zeitgenosse des Jacob von *Serûgh*, über den WRIGHT, Syriac Literature S. 79 verglichen werden kann.

Der *Kûkdjâ* ܩܘܩܝܐ wird citirt:

Bl. 1ᵃ. 2ᵇ. 7ᵃ. 15ᵇ. 20ᵃ. 22ᵇ. 28ᵇ. 32ᵃ. 34ᵃ. 39ᵃ. 40ᵃᵇ. 48ᵃ. 49ᵇ. 52ᵃ. 55ᵇ. 56ᵇ. 60ᵇ. 65ᵇ. 66ᵇ. 70ᵃ. 78ᵇ. 79ᵇ. 84ᵇ. 85ᵇ. 88ᵇ. 92ᵃ. 94ᵇ. 97ᵃ. 101ᵃ. 102ᵇ. 104ᵃᵇ. 109ᵇ. 114ᵃ. 118ᵇ. 128ᵃ. 131ᵇ. 135ᵃ. 136ᵇ. 137ᵇ. 145ᵇ. 149ᵃ. 153ᵃ. 154ᵇ. 163ᵇ. 164ᵇ. 171ᵃ. 172ᵃ. 174ᵃ. 175ᵃ. 179ᵃ. 181ᵇ. 185ᵃ. 187ᵇ. 189ᵇ. 192ᵃ. 193ᵇ. 194ᵇ. 203ᵃ. 204ᵇ. 210ᵇ. 211ᵃ. 213ᵃ. 227ᵃ. 234ᵃ. 241ᵇ. 247ᵇ. 249ᵃ. 260ᵇ. 267ᵃ. 283ᵇ. 287ᵇ. 291ᵃ.

Schliesslich wird noch ܦܪܕܝܣܐ *Paradisus* citirt, worunter eine Liedersammlung zu verstehen sein dürfte. Zuweilen wird die Melodie als aus dem *Paradisus* entlehnt bezeichnet (durch eine Überschrift wie ܡܕܪܫܐ ܡܢ ܕܦܪܕܝܣܐ), zuweilen das Gedicht selbst (vergl. Überschriften wie ܡܕܪܫܐ ܕܦܪܕܝܣܐ). Übrigens haben alle aus dieser Quelle entlehnten Gedichte das fünfsilbige Metrum.

Das Buch ܦܪܕܝܣܐ citirt:

Bl. 4ᵇ. 10ᵃ. 12ᵇ. 22ᵃ. 27ᵇ. 30ᵇ. 48ᵇ. 87ᵇ. 90ᵃ. 103ᵃ. 117ᵇ. 122ᵇ. 144ᵇ. 208ᵇ. 217ᵇ. 228ᵃ. 230ᵇ. 233ᵃ. 246ᵇ. 248ᵇ. 259ᵃ. 266ᵃ. 270ᵇ. 278ᵇ. 280ᵇ. 286ᵃ. Vergl. eine Sammlung kirchlicher Poesien, betitelt ܦܪܕܝܣܐ bei WRIGHT S. 371.

Verzeichniss der ܡܕܪܫܐ nach den Anfangsworten:

Bl. 2ᵃ	ܐܝܟ ܕܠܘܬ ܐܠܗܐ ܥܒܝܕܬܐ
Bl. 2ᵃ	ܡܠܘܬ ܥܘܦܪܐ ܘܡܠܐܟܘܬܐ.
Bl. 4ᵃ	ܡܢܐ ܥܘܙܪ ܐܝܬ ܐܝܟܢܐ ܗܘܐ.
Bl. 4ᵃ	ܐܠܗܢ ܦܘܫܐ ܒܡܘܬܐ.
Bl. 4ᵃ	ܠܡܘܢܝܢ ܐܝܟܢܐ ܕܐܬܚܫܒܬ.
Bl. 4ᵇ	ܡܫܝܚܐ ܕܬܠܬ ܠܦܓܪܐ.
Bl. 4ᵇ	ܡܘܬ ܒܗ̇ ܒܠܗ ܐܪܥܐ.
Bl. 4ᵇ	ܠܡܘܢܝܢ ܐܝܟܢܐ ܠܒܢܐ.
Bl. 4ᵇ	ܡܢܐ ܢܝܫܐ.
Bl. 5ᵃ	ܐܠܗܐ ܫܠܘܬܐ ܦܠܓܬ ܒ.
Bl. 12ᵇ	ܬܘܪܐ ܗܘ ܕܢܘܪܐ ܐܝܟ.
Bl. 13ᵃ	ܡܢ ܕܕܚܠܐ ܡܢܪܐ.
Bl. 13ᵃ	ܐܘܗܘ ܕܡܢ ܐܪܥܐ.
Bl. 14ᵃ	ܒܡܘܬܐ ܫܝܬ ܬܫܡܫܬܐ.
Bl. 14ᵃ	ܐܫܫ ܡܪܝ ܠܡܫܡܫܢܝܟ.
Bl. 14ᵇ	ܐܦ ܠܡܫܡܫܢܐ ܒܫܡܗ ܒܡܫܐ.
Bl. 14ᵇ	ܠܗܘ ܡܫܡܫܢ
Bl. 18ᵇ	ܡܒܡܫܡܫܬܐ ܗܘܬ ܐܡܫܐ.
Bl. 19ᵃ	ܕܠ ܡܫܡܫܐ ܡܢ ܒܗ ܐܒܘܗܝ.
Bl. 21ᵇ	ܥܒܕ ܗܘܐ ܠܐܒܘܗܝ ܕܐܝܬܘܪܐ
Bl. 21ᵇ	ܠܥܠܡܐ ܠܥܠ ܕܬܪܘܢ.
Bl. 22ᵃ	ܠܥܠܡܐ ܠܥܠ ܬܪܘܢܬ
Bl. 22ᵃ	ܗܐ ܫܡܫܐ ܠܥܠ ܡܢ ܗܘ.
Bl. 22ᵃ	ܠܗ ܐܝܟܢܐ ܘܫܡܫܐ
Bl. 22ᵇ	ܫܡܫܐ ܗܘܐ ܒܢ
Bl. 23ᵃ	ܚܕܐ —— ܠܟܐ ܕܐܬܟܢܝܐ.
Bl. 26ᵇ	ܠܫܡܥܘ ܠܥܠܡܐ ܠܟܠܗܘܢ ܫܘܒܚܐ.

[1] Einige Gebete von ihm bei OVERBECK, Ephraemi Syri Rabulae etc. opera S. 331—335.

Bl. 26b ܠܗܘܢ ܕܐܝܟܢܐ ܕܗܘܝܐ ܐܝܬܝܐ.
Bl. 27b ܐܡܝܪ ܗܘܐ —— ܒܡܠܟܐ
Bl. 27b ܢܦܫܗ̇، ܗܘܐ ܡܫܬܡܥܐ ܠܡܫܝܚܐ
Bl. 30a ܡܢܘ ܦܩܕ ܢܐܡܪ ܫܪܟܢ
Bl. 30a ܒܪܘܟܐ ܡܫܬܡܥܬܐ ܗܘ
Bl. 30b ܒܪܘܟܐ ܘܡܢܢ ܢܣܒܢ.
Bl. 30b ܐܢܫ ܐܦܩܕ ܠܗ
Bl. 30b ܐܠܗܐ ܕܐܬܡ ܥ̈ܠܡܐ
Bl. 35b ܡܢܐ ܕܢܦܩܘܢ ܡܪ̈ܝܐ
Bl. 35b ܚܘ ܡܒܗܘܬܐ
Bl. 36a ܒܡܘܫܐ ܕܬܫܒ̈ܚܬܐ.
Bl. 36b ܢܩܒ ܒܪܘܐ ܐܠ̈ܗܐ
Bl. 36b ܒܢܫ ܡܢ ܢܘܚܡ ܒܗܬ ܡܬ̈ܢܝܬܐ
Bl. 37a ܐܢܐ ܐܢܐ ܕܒܢܝܬ
Bl. 38b ܡ̈ܢܐ ܒܡܦܠܢܐ
Bl. 38b ܘܡܢܘ ܕܒܪܘܗ̇، ܠܡܫܝܚܐ.
Bl. 39a ܦܠܢܐ ܬܘܕܐ ܠܟ.
Bl. 39a ܡܢܘ ܦܩܕ ܕܢܐܡܪ.
Bl. 42a ܐܬܘܡ ܠܡܕ̈ܝܢܐ
Bl. 42b ܗܘܘ ܓܘܡܕܐ ܕܟܠܗ
Bl. 44a ܐܘ ܕܡܣܬܒܪܬܗ ܢܘ̈ܗܪܐ.
Bl. 45b ܐܕܡ ܐܬܡܢܝ.
Bl. 46a ܟܠ ܕܐܬܡܢܝ ܐܕܡ.
Bl. 48a ܫܦܝܪܐ ܫܘܬܐ ܒܓܪܬ ܒ.
Bl. 48b ܟܠ̈ܠܐ ܘܡܦܝܡ ܒܝ
Bl. 51a ܢܗܐ ܕܡܒܪܢܐ ܡܡܠܠܐ.
Bl. 51a ܡܢ ܓܦܪܐ ܒܡܕܢܐ ܠܒܣܪܐ.
Bl. 52a ܐܦܫܐ ܪܒܐ ܕܐܬܐ
Bl. 52b ܬܐ ܫܝ، ܠܐܕܡ
Bl. 53a ܗܘܢ ܓܘܡܕܗ ܕܒܡܕܝܢܐ.
Bl. 54a ܗܐ ܓܘܡܕܐ ܒܪܢܫܐ
Bl. 55b ܒܓܘܡܕ ܐܬܓܠܠܘ ܟ̈ܢܫܐ
Bl. 56a ܚܠܬ ܡܒܘܢܘܬܐ ܫܐܢ ܒܫܟܐ
Bl. 57b ܗܘܢ ܓܘܡܕܐ ܕܟܬܐ.
Bl. 58a ܐܘ ܢܦܫ ܕܢܘܬܐ.
Bl. 59b ܒܝ ܚܪ ܡܫܬܡܫ.
Bl. 60a ܐܘܪܚܐ ܐܢܘܢ ܕܫܠܝܚ
Bl. 61b ܢܫܬܐܐ ܕܓܘܡܕܗ

Bl. 64a ܕܢܫܡܬܟ ܒܠܡܐ ܡܠܟܐ
Bl. 64b ܒܪܘܟܐ ܪܒܐ ܕܒܪ̈ܢܬܐ
Bl. 67a ܡ̈ܢܘ ܦܩܕ ܠܡܡܠܠܘ
Bl. 67a ܥܡܘܢܐ ܠܫܢܐ ܕܐܬܡܢܝܢ.
Bl. 67a ܒܡܘܬܐ ܢܡܘܬ ܗܘܬ.
Bl. 67b ܠܡܒܢܐ ܐܦ ܠܗ
Bl. 68b ܢܐܡ ܬܩܪܘܢ، ܠܗ ܒܠܠܐ
Bl. 69a ܗܒܠ ܓܒܢܐ ܕܐܒܒܐ
Bl. 69a ܠܐܬܪ̈ܐ ܕܒܫܬ ܡܦܠܐ
Bl. 70b ܐܪ̈ܒܥܝܢ ܝ̈ܘܡܝܢ ܨܡ
Bl. 70b ܫܪ ܫܠܦܐ ܐܦ ܢܬܘܒ
Bl. 72b ܠܐ ܒܦܩ ܗ̈ܘ، ܩ̈ܠܐܬܐ
Bl. 73b ܘܒܢܐ ܡܦܠܐ ܠܝ ܓܢܝ
Bl. 75b ܐܢ̈ܫ ܬܘ ܢܪܬܐ ܢܩܡ
Bl. 75b ܠܡܒܐܬܐ ܗܘ ܓܢܝ
Bl. 77b ܗܢܐ ܓܘܡܕܐ ܡܕܪܫܢܐ.
Bl. 78a ܢܦ̈ܫܐ ܕܐܬܢܒܘ
Bl. 80a ܒܓܘܡܕܐ ܕܡܬܢܒܝܢ.
Bl. 80a ܗܢܐ ܐܬܢܒܝ.
Bl. 82b ܐܡܪ ܒܢ̈ܘܗܝ، ܦܪܘܩ.
Bl. 82b ܪܒ ܗܘ ܘܒܢܐ
Bl. 82b ܡܒܘܒܐ ܗܘܐ ܕܡܠܐ ܫܢ̈ܐ
Bl. 83a ܓܒܘ ܗܐܬܘ ܒܪ̈ܘܚܐ.
Bl. 83b ܗܢܐ ܓܘܡܕܐ ܕܐܪܘܚ
Bl. 85b ܐܫܠܡ ܠܗ ܥܦܝܫ
Bl. 86a ܡܪܝ ܢܦܡ ܒܐܬܪܗ
Bl. 87b ܕܪܐ ܫܢܬ ܬܘܒ.
Bl. 88a ܒܡܫܐ ܘܟܪܘܬܐ.
Bl. 90a ܗܒ ܠܚܒ ܓܘܡܕܐ
Bl. 90b ܒܫܢ̈ܝܐ ܠܠܝܐ.
Bl. 93a ܒܓܘܪܐ ܚܠܝܐ ܦܐܡ ܒܠܝ.
Bl. 93b ܒܝ ܐܫܬܘ ܠܗܘܟܐ
Bl. 95b ܢܦܡ ܒܓܠ̈ܝܬܐ.
Bl. 97b ܡܫܪܐ ܒܪܘܚܐ
Bl. 97b ܠܗܡ ܡܫܡܫܢܐ ܗܘܝܬ، ܠܝ.
Bl. 98a ܦܪܝܐ ܐܬܘܗܝ، ܒܢܘܬܐ
Bl. 98b ܕܘܦܩܢ ܘܪܘܦܩܢ
Bl. 100b ܐܘ ܕܢܫ ܗܒ ܠܡܠܟܐ ܐܢܫܐ.

Bl. 101b	ܕܗܘܐ ܐܬܒܥ ܠܗ
Bl. 103a	ܠܡܣܟܢܐ ܐܝܬ ܕܢܦ̈ܩܬܐ
Bl. 104a	ܓܙ̈ܝܢ ܡܠܟܐ
Bl. 106a	ܠܝܫܢ ܒܪ ܠܝܫܢ ܙܘܠܓ
Bl. 106a	ܡܢܘ ܕܠܐ ܒܣܝܪ
Bl. 108a	ܐܘ ܐܣܝܐ ܕܐܬܝܬܐ
Bl. 108b	ܐܘ ܕܒܪܬ ܡܢ ܠܐ ܡܕܡ.
Bl. 110b	ܠܓܘܒ̄ ܠܟܢ ܕܗܘܐ.
Bl. 110b	ܒܪ ܠܓܒܐ ܡܣܘܪ
Bl. 111a	ܗܐ ܓܒܒܪܐ ܙ̈ܟܝܢ
Bl. 113b	ܡܢ ܕܒܪܝܬܢ ܐܠܗܐ.
Bl. 113b	ܐܬܘܡ ܡܒܘܥܐ ܦܪܕܝܣܐ.
Bl. 114b	ܐܟ ܟܠܒܡ ܕܒܥܐ
Bl. 114b	ܒܟܐ ܗܘܐ ܐܕܡ
Bl. 116b	ܪܬܚ ܗܘܐ ܫܘܒܗ
Bl. 117a	ܡܫܝܚܐ ܕܐܣܗܕܘ ܥܠ ܡܠܠܗ.
Bl. 117a	ܒܗ̇ ܐܘܪܚܐ ܕܓܪܒܐ
Bl. 117b	ܒܪܝܟ ܗܘ ܕܒܣܪ̈ܘܗ
Bl. 122b	ܫܠܝ̈ܚܐ ܘܡܠܦ̈ܢܐ
Bl. 124a	ܐܦܪܘܣ ܕܐܘܡܪ ܠܟ
Bl. 126a	ܒܣܦ̈ܪ ܘܠܬܐ
Bl. 129b	ܡܢܘ ܒܪ̈ܘܙܐ
Bl. 130a	ܗܐ ܙܒܢܬ ܐܪܒܥܐ
Bl. 130b	ܒܗܢܐ ܫܘܒܚܐ ܙܒܢ ܗܘܐ
Bl. 131b	ܠܓܘܒܝ ܘܒܪܐ
Bl. 132a	ܘܫܒܚܐ ܫܕܡ ܒܪ̈ܟܐ
Bl. 132a	ܕܗܘܐ ܡܘܡ ܥܒܕ
Bl. 135b	ܐܣܗܕ ܦܘܡ ܠܐܠܗܝܢ
Bl. 136b	ܐܬܐ ܡܫܝܚ ܥܠ.
Bl. 137a	ܒܡܫܝܚܐ ܘܕ̈ܒܚܐ
Bl. 137b	ܕܢܚ ܥܡܡܐ ܒܐܬܪܐ
Bl. 144b	ܐܬܠܛܐ ܗܘܐ ܕܐܬܦܪܥܘ.
Bl. 144b	ܬܘ ܢܦܘܬ ܥܡܡܐ ܐܢ̈ܫ
Bl. 146b	ܢܐܡܪ ܙܘ̈ܡܝܢ
Bl. 148a	ܠܥܠܡ ܘܠܥܠܡܝܢ.
Bl. 148a	ܒܣܘܥ ܡ̈ܕܥܐ.
Bl. 149a	ܓܒܪܐ ܫܡܥ ܢܦܫܗ
Bl. 156a	ܠܓܘܒܝ ܐܡܪܐ ܕܐܢܫܐ
Bl. 157b	ܒܬܪ̈ܝܢܘܢ ܐܡ̈ܪܐ ܢܫܘܪ
Bl. 158b	ܡܘܡ ܐܡܪܐ ܘܥܒܕ
Bl. 165a	ܢܗܘ ܗܘܐ ܡܘܥܐ
Bl. 167a	ܒܗܢܐ ܚܕ ܐܝܕܐ ܦܠܛܬ
Bl. 167b	ܒܐܪ̈ܒܥܗܐ ܢܗܘ ܐܡܪ
Bl. 168b	ܒܪܘ ܕܗܘܐ ܘܫܠܛ
Bl. 179b	ܐܬܦܪܥ ܐܡܪܐ ܕܐܠܗܐ.
Bl. 182a	ܐܪܡ ܓܒܪ ܙ̈ܢܒܘܗܝ.
Bl. 184a	ܒܒܪܐ ܡܫܝܚܗ̇ ܗܘܐ
Bl. 185b	ܒܒܪ ܠܠܝܐ ܕܡܠܟܐ ܒܫܬܐ.
Bl. 188a	ܒܙ ܡܥܬܝܢ ܐܠܒܫܘܗܝ.
Bl. 189b	ܒܪܘܒܬܐ ܡܢܠ ܓܒܪ ܕܝܢܐ
Bl. 192b	ܒܪܐܙܐ ܐܙܕܩܦ
Bl. 196a	ܒܙ ܡܘܬܗ ܐܬܬܒܪܘ
Bl. 198a	ܠܓܘܒܝ ܐܦ ܠܟ
Bl. 199b	ܗ̇ܘ ܐܡܪ ܫܢ̈ܝܐ ܕܙܥ
Bl. 201b	ܗܘܢ ܢܦܫ ܕܡܒܟܐ.
Bl. 206a	ܢܦܫ ܫܡܥܐ ܡܢ ܡܒܪܐ
Bl. 206b	ܐܥܒܕ ܡܪܢ ܕܐܘܡܪ
Bl. 207a	ܐܬܐ ܢܦ̈ܫܬܐ.
Bl. 207b	ܡܢ ܓܝܐ ܠܟ ܡܫܬܐ
Bl. 207b	ܒܗܢܐ ܫܘܒܚܐ ܗܐ ܦܪܝܫ
Bl. 208b	ܨ̈ܠܘܬܐ ܕܘ̈ܩܦܐ
Bl. 208b	ܥܘܠ ܥܡܐ ܦܐܝܐ.
Bl. 209a	ܒܗܝ ܫܘܒܚܐ ܫܬܗ
Bl. 209b	ܒܗܢܐ ܫܘܒܚܐ ܡܕܥܐ.
Bl. 209b	ܕܢܬܗܡܣܢ ܗܘܐ ܐܦ
Bl. 210a	ܡܪܢ ܥܒܒ ܢܦܫܗ
Bl. 212b	ܕܠܘ ܒܢܝܐ ܘܫܢܬܘ
Bl. 213a	ܗܘܐ ܫܠܘܠܐ ܕܒܢܐ
Bl. 213b	ܒܗܢܐ ܫܘܒܚܐ ܢܦܫ ܗܘܐ
Bl. 213b	ܒܫܕܒܒܐ ܡܘ ܗܘܐ.
Bl. 215a	ܒܗܢܐ ܫܘܒܚܐ ܕܦܪܝܫ.
Bl. 215b	ܬܗܪܐ ܐܬܝ ܥܠ ܕܡܒܠܬ.
Bl. 217a	ܬܬܡܒܠ ܒܒܘܬܗ̇ ܕܕܒܝܢܐ
Bl. 217b	ܘܗܢܐ ܘܡܙ̈ܝܢܐ ܕܐܬܦܪܥܘ
Bl. 219a	ܒܪܝܟ ܒܪ ܫܢܐ
Bl. 219b	ܠܓܘܒܝ ܒܪ ܥܒܕܗ ܕܢܘܡܘܣ

Bl. 221ª	ܒܡܫܝܚܐ ܚܕܘ ܟ̈ܠܢܐ.
Bl. 222ᵇ	ܒܟܠܝܢ ܚܢܐ ܡܠܠ ܒܗ.
Bl. 223ª	ܒܗܢܐ ܘܡܠܟܐ ܕܐܝܬ ܗܘܐ
Bl. 224ᵇ	ܒܗܢܐ ܘܡܠܟܐ ܕܒܗ ܢܛܘܪܐ.
Bl. 224ᵇ	ܒܡܫܝܚܐ ܡܢ ܗܘܬܐ.
Bl. 225ª	ܒܗ̇ ܘܡܠܟܐ ܕܐܝܬ ܢܘܚܡܐ.
Bl. 225ª	ܒܡܠܟܐ ܕܟܠܐ ܬܚܝܬܗ
Bl. 227ª	ܟܬܒ ܕܡܢ ܗܘܐ ܒܪ ܐܠܗܐ
Bl. 227ᵇ	ܟܠ ܗܘܐ ܡܢ̈ܐ ܠܟܠܗܬܐ.
Bl. 228ª	ܐܪ̈ܘܗܝ، ܐܦ ܦܓܪܗ
Bl. 228ª	ܘܡܕܝܪܐ ܗܘ ܚܝܪ ܒܪ ܐܠܗܐ
Bl. 228ᵇ	ܒܟܠ ܥܘ̈ܡܩܬܐ ܘܒܐܬܐ ܗܘܐ.
Bl. 228ᵇ	ܘܡܢ ܟܬܒ ܕܟܠܗ ܬܫܒܘܚܐ ܡ̈ܫܡܢ.
Bl. 230ᵇ	ܐܪ̈ܒܥܝܢ ܡ̈ܫܡܢ ܗܘ،
Bl. 230ᵇ	ܒܗܢܐ ܘܡܠܟܐ ܐܫܬܠܡ.
Bl. 230ᵇ	ܘܡܢ ܚܕܘܬܐ ܒܦܘܪܐ
Bl. 231ª	ܐܬܘܢ ܐܚܝ̈ܗ، ܒܪ ܡܠܟܐ.
Bl. 231ª	ܪ̈ܘܚܐ ܡܠܘܗܝ.
Bl. 233ª	ܒܗܢܐ ܘܡܠܟܐ ܡܕܒܪܐ
Bl. 233ª	ܒܒܗ̇ ܕܟܠܬܐ ܥܠܝܡܬܐ
Bl. 233ᵇ	ܪ̈ܘܚܐ ܡܕܒܪܐ ܘܡܒܒܒ ܚܢܐ.
Bl. 237ᵇ	ܢܚܘ ܗܘܘ ܥܠܝܡܬܐ
Bl. 238ª	ܥܠܝܡܬܐ ܬܪ̈ܒܥܝ ܦ̈ܘܡ ܗܘܘ.
Bl. 238ª	ܒܪܝܟ ܗܘ ܡܚܝܢܐ ܕܒܬܘܠܘܬܗ.
Bl. 238ᵇ	ܬܗܪܐ ܗܘ ܪܒܐ ܥܪ̈ܒܘܬܗ
Bl. 238ᵇ	ܡܠܟܐ ܦܪܐ ܕܢܝ̈ܚܐ.
Bl. 239ª	ܐܠܦ ܐܝܟ ܕܝܘܕܥ
Bl. 243ª	ܬܐܘܡܐ ܥܠܝܡܬܐ ܡܪܝܡ
Bl. 243ª	ܠܘܬܟ ܬܐܘܡܐ ܪܚܡܢ
Bl. 243ª	ܐܡܪ ܠܗ ܡܪܝܐ ܠܬܐܘܡܐ
Bl. 244ᵇ	ܒܗ̇ ܘܡܠܟܐ ܢܒܒܘ.
Bl. 245ª	ܗܘܐ ܢܩܐ ܠܒܬ̈ܝܢ ܗܪ̈ܘܡܝܐ
Bl. 246ª	ܕܚܝ ܥܡܡܐ ܬܦܢܝܢ
Bl. 246ᵇ	ܬܗܪܐ ܚܙܝܬ ܐܚܝ̈
Bl. 248ᵇ	ܡܪܢ ܒܗ ܡܒܪܐ
Bl. 250ª	ܒܗܘܢ ܡܫܝܚܐ. ܘܒܗ ܢܛܘܪܐ.
Bl. 250ᵇ	ܐܚܝܬܗ، ܡܢ ܡܘܫܐ
Bl. 252ª	ܟܬܒ ܕܢܚܘ ܡܥܡܕܢܐ
Bl. 252ª	ܒܟܐ ܡܟܪܬܗ ܠܒܪܬܗ.
Bl. 254ª	ܒܪܝܟ ܗܘ ܡܠܝܟ ܪܘܡܐ
Bl. 256ᵇ	ܡܢ ܗܘܐ ܒܡܕܒܪܐ
Bl. 257ª	ܒܗܘܢ ܡܫܝܚܐ ܪܒܠܘ
Bl. 258ᵇ	ܗܘܘ ܦ̈ܩܘܕܐ ܡܢ̈ܝܚܐ
Bl. 259ª	ܒܪ ܐܢ ܗܘܪ̈ܡܐ ܢܩܐ ܠܒܬܝܢ
Bl. 261ª	ܐܘܠܦ ܢܗܘܪܐ
Bl. 261ᵇ	ܢܗܘܪܐ ܡܢܝܚܐ
Bl. 262ª	ܘܡܚܟܐ ܒܬܘܪܐ ܥܢܝܬ
Bl. 262ª	ܐܝܬܘܗܝ ܠܡܪܢܐ ܕܟܠܢܐ.
Bl. 262ᵇ	ܒܗܘܢ ܕܥܘܢܝܬ (ܕܥܘܢܝܬ)
Bl. 263ª	ܐܥܢܝܢ ܕܐܠܗܘ
Bl. 263ᵇ	ܘܡܚܟܐ ܥܢܝܬ.
Bl. 263ᵇ	ܐܬܐ ܕܠܟܠ ܐܬܘܥܕ
Bl. 264ª	ܐܚܝ̈ ܒܠܗ ܐܕܢܐ.
Bl. 264ª	ܦܘܡ ܒܪ ܚܢܐ ܠܐܪܟܢܐ
Bl. 264ᵇ	ܐܚܝ̈، ܚܢܝ̈، ܡܢܝ̈ܬܝܢ.
Bl. 265ᵇ	ܘܡܚܟܐ ܢܣܬܘ.
Bl. 265ᵇ	ܘܡܚܟܐ ܐܬܘܥܕ ܐܬܐ.
Bl. 266ª	ܒܐܠܗܝܢ ܩܠܐ ܘܩܠܐ.
Bl. 267ª	ܡܥܠܐ ܠܡܒܘܪܬܗ
Bl. 269ª	ܐܘ ܒܪܬܐ ܦܪܘܫܬ
Bl. 269ª	ܒܝܠܒܐ ܪܥܝܢܗ
Bl. 269ᵇ	ܢܒܥܘ ܠܝ ܚܢܐ
Bl. 269ᵇ	ܘܡܦܐ ܚܢܐ ܡܒܘܬܐ.
Bl. 270ª	ܒܗܢܐ ܘܡܠܟܐ ܡܕܒܪܐ.
Bl. 270ª	ܒܝܠܒܐ ܒܠܒܐ ܟܠܗ.
Bl. 270ᵇ	ܒܝܠܒܐ ܒܒܝܬ ܠܗ
Bl. 270ᵇ	ܣܦܝܪܗ ܠܒܝ ܡܒܘܥܐ.
Bl. 271ª	ܒܗܢܐ ܒܝܠܒܐ ܘܒܐ.
Bl. 271ᵇ	ܒܟܠܬ ܡܫܗܐ ܐܬܬܠܝܦ.
Bl. 272ᵇ	ܒܪ ܕܡ ܐܬܬܪܝܡ ܡܫܝܚܐ
Bl. 272ᵇ	ܒܝܠܒܐ ܠܝ ܘܚܐ ܗܘ.
Bl. 272ᵇ	ܒܝܠܒܐ ܢܥܐ ܕܚܕܘܬܐ.
Bl. 273ª	ܒܡܪܝܡ ܐܬܬܝܠܕܬ
Bl. 273ª	ܗܟܠ ܡܢ ܕܐܘܟܪ
Bl. 273ª	ܘܡܦܝܣ ܡܓܕܠܐ
Bl. 275ª	ܕܒܪܬ ܘܠܝܬܐ.

Bl. 275a ܦܘܪܩܢܗ ܕܐܕܡ
Bl. 278b ܐܘܕܝ ܒܫܠܡܗ
Bl. 278b ܒܠ ܓܝܓܠܐ ܕܦܘܠܐ
Bl. 279a ܢܝܫܐ ܘܓܒܐ ܓܘܢܓܘܗ.
Bl. 280b ܪܘܡܐ ܫܪܬ ܐܒܘܢ
Bl. 282b ܠܐܐ ܕܡܢ ܐܒܐ.
Bl. 283a ܐܘ ܪܒܐ ܒܪܝܐ
Bl. 285a ܫܪܐ ܐܠܗܐ ܠܕܫܝܦ
Bl. 285b ܦܘܩܕܢ ܢܟܦܐ
Bl. 285b ܦܘܩܕܢܟ ܐܒܘܢ ܕܪܗܦܬ.
Bl. 285b ܡܢܘ ܡܟܣܐ ܕܢܠܘܗ.
Bl. 286a ܒܠ ܦܘܪ̈ܝ, ܦܘܪܩܢܗ.
Bl. 286a ܒܠܫܬ ܒܪܘܡܗ ܕܡܪܝܢ
Bl. 286b ܒܪ̈ܝܢ ܗܘ ܕܢܫ
Bl. 286b ܐܠܗܐ ܕܢܫܘܗ,
Bl. 286b ܒܠܒܗ ܕܡܟܐ ܬܘܒܐ.
Bl. 286b ܡܢ ܐܪܒܐ ܕܦܠܦܘܬ.
Bl. 287a ܡܠܟܐ ܫܦܐ ܘܪܒܝܒܐ.
Bl. 287a ܠܒܒܐ ܕܡܢ ܒܒ̈ܒܐ.
Bl. 289b ܕܒܪ ܗܘܐ ܡܫܝܚܐ
Bl. 290a ܦܡܕ ܬܬܐ ܡܘܫܐ.
Bl. 290b ܕܢܫ ܒܢ̈ܝܢܐ

Verzeichniss der ܦܘܓ̈ܝܬܐ nach den Anfangsworten:

Bl. 23a ܡܚܐ ܡܘܫܐ ܠܐܦܪܘܕܝܣ
Bl. 27a ܐܬܒܢܝ ܐܟܣܢܝܐ ܬܡܪ.
Bl. 27b ܒܬܠܬܐ ܢܚܬ ܢܦ̈ܩܬܐ
Bl. 51b ܒܚܒܬ ܒܡܟܐ ܕܩ̈ܝܡ
Bl. 53a ܐܫ̈ܝ ܒܢܟܐ ܦܪܟܐ ܒܒܕ.
Bl. 62b ܐܫ̈ܝ ܫܒ̈ܝܚܐ ܒܟܐܒܘܗܝ
Bl. 68a ܒܪܝܟܐ ܗܘܬ ܡܦܠ ܐܢܫܐ.
Bl. 91a ܐܬܒܢ ܬܩܢ̈ܬܐ ܬܫܬܬܫܝ
Bl. 99a ܒܿܥ ܠܟ ܡܪܝ, ܕܒܐܒܐܬܟ
Bl. 130b ܫܬܦܘ ܗܘܘ ܗܦ̈ܪܐ
Bl. 131a ܡܒܝܢܐ ܘܦܪܘܩܐ ܕܒܠܟܐ.
Bl. 132a ܒܫܘܢܬܐ ܘܒܚܝܬܐ
Bl. 135b ܬܘ ܐܬܟܢܫܘ ܪ̈ܚܡܐ.
Bl. 139a ܐܫܬܐ ܕܪܙܝܢ ܡܫܝܚܘ
Bl. 150b ܕܡܢܗ ܕܒܠܝܠܐ ܒܠܝܐ
Bl. 156a ܒܢܪ ܕܡ ܗܘ, ܠܝܫܘܥ.
Bl. 159a ܐܒܐ ܓܢܝܐ ܠܒܪܗ ܥܠܝ.
Bl. 160b ܐܡܘܐ ܪܒܐ ܙܡܢܝܢܐ.
Bl. 165a ܥܡ ܫܘ̈ܩܐ ܠܐܪܒܐ ܫܘܬ.
Bl. 169b ܬܘ ܦܪ̈ܘܥܐ ܥܡܟܘ ܬܘܕܝܐ.
Bl. 177b ܬܘܕܝܐ ܥܡܠܝ ܕܐܒܠܠ.
Bl. 181a ܪܘܡܐ ܒܐܩ̈ܘܗܝ, ܠܝܫܘ.
Bl. 182a ܐܫ̈ܝ ܒܒܬ̈ܒܐ ܫܪܬ
Bl. 184a ܠܒܒܘܗܝ, ܫܒܥܘܗܝ,
Bl. 184b ܒܒܐܕܐ ܕܦܓܪܐ ܦܢܘ
Bl. 186a ܒܪܘܒܬܐ ܒܬܒ ܦܠܦܠܘܣ.
Bl. 188a ܥܒܘ ܠܒܪܐ.
Bl. 190a ܢܦܩ ܗܘܐ ܒܦܐ.
Bl. 191a ܒܪܘܒܬܐ ܫܡܥ ܐܪܥܝܢܘ
Bl. 192b ܠܦܩܗ ܕܡܢ ܒܫܬܗܘܢ.
Bl. 198a ܒܠܦܩܬܟ ܬܘܪܐ ܫܪܬ.
Bl. 200a ܦܟ ܫܒܐ ܒܪ ܐܕܘܡܐ.
Bl. 201b ܠܡ ܐܒܪܢܐ ܒܡܒܠܬܗ
Bl. 211a ܒܢ̈ܬ ܓܦ̈ܪܐ ܒܢ̈ܬ ܓܦ̈ܪܐ
Bl. 211b ܐܘ ܒܠܝܡܘܬܐ ܠܐ ܬܟܒܝܢ ܬܢܝ.
Bl. 254a ܫܡܬ ܓܒܪ ܒ̈ܠܒܐ.

Über Alter und Herkunft der Hds. geben folgende Notizen Auskunft. Auf Bl. 195a:
ܥܢܬ ܐܦܣܦ ܕܝܘ ܒܐܢ̈ܝ, ܓܠܝܒܢܐ ܫܠܝܐ
ܓܠܘ ܒܠ

Danach ist die Hds. von einem *Ṣlibhôn* geschrieben A. Gr. 1879 = 1568 n. Chr. Derselbe nennt sich auf Bl. 259b unten *Ṣlibhô*: ܒܬܒ ܓܠܝܒܐ
ܫܠܝܐ. ܐܠܗܐ ܢܫܡܐ ܠܗ. ܒܐܡܝܢ ܕܒ̈ܠܝܐ
ܘܕܬ̈ܫܬܐ ܐܡܝܢ.

Durch diese unverdächtigen Angaben erfahren wir die für die Syrische Paläographie sehr bemerkenswerthe Thatsache, dass in den Schluchten des *Ṭûr-'Abdîn* sich das Pergament als Schreibmaterial und die Estrangelo-Schrift um mehrere Jahrhunderte länger erhalten haben als in den

Ebenen Mesopotamiens und Syriens. Vergl. die Bemerkungen von Wright, Preface S. XXV und XXXI.

Es finden sich hier und da auf dem Rande Zusätze von späteren Händen, z. B. auf Bl. 194ᵇ. 195ᵃ. Auf Bl. 194ᵇ nennt sich in einer etwas verwischten Notiz als Schreiber eines solchen Zusatzes ein — ܚܒܝܒ ܒܪ ܩܫ ܨܠܝܒܐ *Ḥabib*, Sohn des Priesters *Ṣlîbhô* aus dem Jahre ܒܫܢܬ ܐܠܦ ܬܬܥܐ (!) ܘܟܗ ܕܝܘܢܝܐ 1925 Gr. (?) = 1614 n. Chr.

Auf Bl. 127ᵃ nennt sich ein Joseph: ܟܠܗ ܚܠ ܕܗܘܐ ܝܘܣܦ ܡܚܠܠܨܐ. Es scheint derselbe zu sein, der die Notizen ܠܩܘܒܠܐ ܡܥܕܥܕܐ u. s. w. beigeschrieben hat. Andere Randglossen auf Bl. 31ᵃ. 80ᵃ. 84ᵃ. 95ᵇ. 115ᵇ. 155ᵇ. 172ᵃᵇ. 194ᵃ. 204ᵃ. 226ᵇ.

Die ersten 24 Blätter sind der Rest der ersten 7 Kurràs des Buches. Von den folgenden Kurràs sind vollständig 8. 9. 11—17. 19—23. 25—28. 30—32. 34; die Kurràs 10. 24 und 29 haben jeder nur 8 Blätter, während K. 18 zwölf und K. 33 elf Blätter hat. An vielen Stellen ist die Schrift abgeblasst, abgerieben, durch Wasser beschädigt; der bei Weitem grösste Theil ist aber gut erhalten.

Der Text ist nicht vocalisirt, aber mit diakritischen und Interpunctionszeichen versehen. S. das Facsimile von Bl. 140ᵇ. 141ᵃ.

292 Blätter (44 × 32 cm). Die Seite zu 2 Columnen, die Columne zu 33 Zeilen.

21.

(Mss. orient. fol. 1633.)

Pergament

Jakobitisch.

Ein aus losen Blättern oder Blattfragmenten bestehendes Exemplar eines ܚܘܕܪܐ ܕܫܢܬܐ *circulus annuus*, ohne Anfang und Ende und mit vielen Lücken im Innern. Eine Sammlung von ܩܠ̈ܐ, ܡܕܪ̈ܫܐ, ܣܘ̈ܓܝܬܐ, ܒ̈ܥܘܬܐ, ܒ̈ܬܐ ܕܫܥܝܐ für alle Fest- und Heiligen-Tage des Jahres. Die Gebete von Jacob und Ephraem (von *Bâlai* Bl. 23ᵃ). Die Ordnung und Einrichtung ist dieselbe wie z. B. in Nr. 19 (Sachau 323), Nr. 17 (S. 350), Nr. 18 (S. 355), Nr. 20 (S. 236).

Die Hds. stammt aus dem *Ṭûr-ʿAbdîn*. Die Kurràs 6—25 sind einigermaassen vollständig vorhanden, von den folgenden (bis 39) nur einzelne Blätter.

Inhaltsübersicht:

Bl. 1 Kurràs 6.

Bl. 1 Ordo für die h. Barbara: ܠܚܘܡܐ ܕܚܠ ܒܪܒܪܐ ܣܗܕܬܐ ܘܒܬܘܠܬܐ.

Unvollständig am Anfang (in der zweiten Woche vor Weihnacht?).

Bl. 2ᵇ Stephanus: ܠܚܘܡܐ ܕܥܘܗܕܢܐ ܕܐܣܛܦܢܘܣ ܪܝܫ ܡܫܡ̈ܫܢܐ.

Bl. 4ᵇ Basilius und Gregorius.

Bl. 6ᵇ Taufe Christi: ܠܚܘܡܐ ܕܕܢܚܐ ܕܥܡܕܢܗ ܕܦܪܘܩܢ oder Epiphania ܠܚܘܡܐ ܕܕܢܚܐ

Bl. 11ᵃ Kurràs 7.

Bl. 16ᵃ Sonntag nach Epiphania, von der Taufe: ܠܚܘܡܐ ܕܒܬܪܗ ܡܥܡܕܢܘܬܐ ܕܦܪܘܩܢ ܕܢܚܐ ܐܘܟܝܬ ܕܚܠ ܡܥܡܕܢܘܬܐ.

Bl. 18ᵇ Enthauptung Johannis des Täufers.

Bl. 21 K. 8.

Bl. 22b Lobpreis Johannis des Täufers.

Bl. 23b Christi Eintritt in den Tempel.

Bl. 27a *Barṣaumâ.*

Bl. 29a Severus.

Bl. 31 K. 9.

Bl. 32a Das Ninive-Fasten.

Bl. 35a Priester, Diakone und Mönche.

Bl. 38b Sonntag, Fasten-Anfang und das Wunder von Kana, und die folgenden Tage bis Freitag.

Bl. 41 K. 10. Von Bl. 49 ist nur ein Fetzen vorhanden.

Bl. 51 K. 11. Von Bl. 57 ist die Hälfte abgerissen.

Bl. 54a Gedenktag von Theodorus und Ephraem in der 1. Fastenwoche.

Bl. 56a Zweiter Sonntag im Fasten und folgende Tage bis Freitag.

Bl. 61 K. 12. Bl. 62. 63. 64 sind nur schmale Streifen.

Bl. 71 K. 13.

Bl. 72a Dritter Sonntag im Fasten und folgende Tage bis Freitag.

Bl. 81 K. 14.

Bl. 87a Vierter Sonntag im Fasten u. s. w.

Bl. 91 K. 15.

Bl. 101 K. 16. Fehlt ein Blatt zwischen Bl. 106—107.

Bl. 102a Fünfter Sonntag im Fasten: ܬܘܒ ܕܫܘܒܚܐ ܗ̄ܘ ܕܦܘܓܐ ܕܥܠ ܡܫܝܚܘܬܐ. ܘܗܘܐ ܡܠܟܐ. ܘܡܫܚܗ ܡܫܝܚܘܬܐ ܘܩܪܬ ܦܘܪܫܢ

Bl. 107a Sechste Fastenwoche, Anfang fehlt.

Bl. 109 K. 17.

Lücke zwischen Bl. 114—115 (?).

Bl. 114a Sonntag der Hosianna-Woche.

Bl. 116b Vierzig Märtyrer.

Bl. 117 K. 18.

Bl. 118b Die Hosianna-Woche;

Montag in der Osterwoche;

Bl. 120a Dienstag;

Bl. 121b Mittwoch;

Bl. 123a Donnerstag;

Bl. 125a Freitag: ܕܝܠܗ ܥܪܘܒܬܐ ܕܐܪ̈ܒܥܝܢ

Bl. 125 K. 19. Fehlen 5 Blätter zwischen Bl. 128—129.

Bl. 126b Lazarus.

Bl. 127b—129b Palmsonntag.

Auf Bl. 129b eine Unterschrift von dem Schreiber Emmanuel:

ܟܠ ܕ ——— — ܕܡܫܡܫܢܐ ܗܘܐ. ܢܨܠܐ ܡܛܠ
ܚܛܝܐ ܥܠ ܥܡܢܘܐܝܠ ܛܠܝܐ (?) ܕܡܫܡܫܗ.

Daselbst zwei Notizen von späteren Händen, aber so zerstört, dass ich auf den Versuch einer Wiedergabe verzichten muss.

Bl. 130 K. 20.

Bl. 130a Ordines für die Leidenswoche: ܫܒܬܐ ܘܫܒܬܐ ܕܚܫܐ ܦܘܪܩܢܝܐ, Montag in der Osterwoche.

Bl. 140 K. 21.

Bl. 143a Dienstag in der Osterwoche.

Bl. 150 K. 22.

Bl. 155a Mittwoch in der Osterwoche.

Bl. 160 K. 23.

Bl. 165b Gründonnerstag.

Bl. 170 K. 24.

Bl. 176b Weihung des μύρον.

Bl. 180 K. 25.

Bl. 180a Fusswaschung.

Bl. 182a—186 Charfreitag: ܥܪܘܒܬܐ ܪܒܬܐ ܕܨܠܝܒܘܬܐ.

Innerhalb dieses Ordo ein Ordo venerationis crucis ܛܟܣܐ ܕܣܓܕܬܐ ܕܨܠܝܒܐ.

Bl. 187—193 Schluss des Ordo für den Charfreitag.

Die folgenden Blätter sind Reste, vielfach einzelne, sehr zerstörte Blätter der folgenden Kurrâs. Von Kurrâs-Nummern finden sich ܠܗ, ܠܘ, ܠܙ, ܠܚ und ܠܛ. Die folgende Anordnung der Blätter ist conjectural. Es lässt sich zwar von den meisten bestimmen, auf welchen Tag, welches Fest oder welchen Heiligen sie sich beziehen, aber ihre Reihenfolge lässt sich nicht mehr feststellen; und z. B. nach einem anderen *Ḥudhrâ* wie Nr. 19 (Sachau 323) eine Ordnung zu versuchen ist deshalb nicht rathsam, weil die Kalender verschiedener Diöcesen in diesen Dingen, d. i. in der Reihenfolge der Heiligentage erhebliche Differenzen aufweisen.

Bl. 194 Mittwoch der Ruhe-Woche, zweite Station der Nacht: ܘܩܘܡܐ ܕܒ̄ ܕܠܠܝܐ ܕܕ̄ ܕܡ̄ ܕܢܝܫܘܬܐ

Bl. 195ᵇ Anfang des Donnerstags der Ruhe.

Bl. 199ᵃ Freitag der Bekenner, erste Station der Nacht: ܘܩܘܡܐ ܩܕܡܝܐ ܕܠܠܝܐ ܕܥܪܘܒܬܐ ܕܡܘܕܝܢ̈ܐ

Bl. 201ᵇ Anfang der Woche *in albis*: ܫܒܘܥ ܕܠܒܫܘ ܥܡܕܐ ܕܚܘܪܐ

Bl. 202 Stück des Ordo auf den Tod der Mutter Gottes.

Bl. 204 Anfang des Ordo für das Kreuzesfest.

Bl. 207 Ende des Kreuzesfestes und Anfang des Ordo für den Apostel Thomas.

Bl. 209 Theil des Ordo für Petrus.

Bl. 210 Anfang des Ordo für den Evangelisten Johannes.

Bl. 211 Anfang des Ordo für den Apostel Paulus.

Bl. 212ᵃ Anfang des Ordo für Sergius und Bacchus.

Bl. 214ᵃ Georg ܓܝܘܪܓܝܣ

Bl. 216ᵇ Cyriacus.

Bl. 218ᵇ *Dîmeṭ.*

Bl. 221 Schluss des Ordo für Simeon Stylites und Anfang des Ordo für *Šammûnî* und ihre Kinder.

Bl. 223ᵇ Barbara. Vergl. Bl. 1.

Bl. 224ᵇ Die Märtyrer im Allgemeinen.

Bl. 228ᵇ Der Anfang des Titels ist zerstört: ܫܒܘܬ ܕܡܫܡܫܢܐ (?) ܘܫܘܐ ܠܥܘܗܕܢܐ ܕܐܦܝܣܩܘܦܐ ܘܪܝܫ ܕܝܪܐ.

»Ordo für ——————, auch geeignet für die Gedenkfeier von Bischöfen und Äbten.«

Bl. 233ᵇ Priester, Diakone und Mönche. Vergl. Bl. 35ᵃ.

Bl. 235ᵇ Die Verstorbenen im Allgemeinen.

Bl. 242ᵇ Für die Zeit des Zornes, Regenmangel: ܠܙܒܢܐ ܕܩ̈ܛܠܐ ܕܡܬܟܠܝܢܐ ܡܛܪܐ ܕܪ̈ܘܓܙܐ ܐܘܟܝܬ ܕܟܦܢܐ̄ ܘܡܘܬܢܐ.

Bl. 245ᵇ Für den Empfang von Bischöfen: ܠܙܒܢܐ ܕܩܘܒܠܐ ܕܐܦܣܩ̈ܘܦܐ

Bl. 247ᵇ Jacob von *Serûgh*; Anfang des Ordo.

Verzeichniss der *Madhrâšê* (*M.*) und *Sûghjâthâ* (*S.*) nach den Anfangsworten, soweit erhalten:

Bl. 1ᵇ	*M.*	ܡܠܠ ܒܪܝ، ܒܡܕܒܪܝܢ
Bl. 1ᵇ	„	ܒܪܐ ܕܡܠܟܐ ܫܪܒܬܐ.
Bl. 1ᵇ	„	ܠܐܘܫܬܐ ܘܥܘܬܪܐ
Bl. 3ᵃ	„	ܠܒܢܐ ܦܠܘܣܘ
Bl. 3ᵇ	„	ܡܫܝܚܐ ܡܪܗ ܕܬܫܒܘܚܬܐ.
Bl. 5ᵃ	„	ܢܦܫ ܕܡܪܝܐ ܕܐܠܗܘܬܐ
Bl. 5ᵃ	„	ܐܠܗܘܬܐ ܡܫܝܚܝܐ.
Bl. 7ᵇ	„	ܐܝܟ ܒܡܠܐ ܚܕܡܕܡ ܐܝܟ.
Bl. 8ᵇ	„	ܡܠܐ —— ܕܪ̈ܚܡܘܗܝ.
Bl. 9ᵃ	„	ܡܢ ܟܠ ܕܐܬܚܙܝ ܘܫܡܥ
Bl. 9ᵇ	„	ܐܠܗܐ ܒܪܚܡܘܗܝ،
Bl. 10ᵃ	„	ܗܕܐ ܚܠܬܐ ܦܪܬܗ
Bl. 10ᵃ	„	ܪ̈ܕܐ ܗܘܐ ܠܗܘ
Bl. 10ᵇ	„	ܗܘ ܕܦܪ̈ܩܐ ܡܫܒܚܝܢ
Bl. 10ᵇ	„	ܐܘ ܡܫܝܚ ܕܫܡܗ ܙܘܥܐ
Bl. 11ᵃ	„	ܬܩܢ ܩܠܡ ܡܠܠ
Bl. 11ᵃ	„	ܒܪܟ ܗܘ ܡܫܝܚܐ
Bl. 11ᵇ	*S.*	ܫܡܥܬ ܡܫܝܚ ܕܐܬܩܪܐ
Bl. 12ᵇ	*M.*	ܪܚܠ ܗܘܐ
Bl. 13ᵃ	„	ܡܫܒܚܐ ܕܝܢ ܠܟ
Bl. 13ᵃ	„	ܪܒܬܐ ܕܩܘܕܫܐ ܒܟܘ ܡܠ̈ܟܐ
Bl. 13ᵃ	„	ܒܡܫܡܫܢܘܬܐ ܐܒܝܫܐ
Bl. 13ᵃ	*S.*	ܐܠܗܐ ܡܪܢ
Bl. 13ᵇ	„	ܬܘ ܢܫܐ ܒܩܘܪܝܢ.

Bl. 15ᵇ	S.	ܐܬ̈ܠܝܐ ܕܟܠ ܡܫܬܘܗ
Bl. 16ᵇ	M.	ܐܠܗܐ ܡܢܝ ܠܝܠܘܬܗ.
Bl. 16ᵇ	„	ܒܒܢܝܐ — ܕܡܫܒܚܘܬܐ.
Bl. 19ᵃ	„	ܦܠܓܘܬܐ ܟܠܗ ܘܐܪܒܥܬ ܫܥܘܬ.
Bl. 19ᵃ	„	ܦܠܓܘܬܐ ܟܠܗ ܘܐܪܒܥܬ. ܪܒܝܥܐ
Bl. 19ᵇ	„	ܒܟܘ ܚܡܫܐ ܒܚܡܫܐ
Bl. 19ᵇ	„	ܐܝ̈ܢ ܓܠܘ ܐܕܢܐ
Bl. 20ᵃ	„	ܦܠܓܝܢ ܒܬܘܠܬܐ ܒܪܗ
Bl. 20ᵃ	„	ܟܕ ܡܟܝܟ ܗܘܐ ܒܫܘ̈ܪܒܐ.
Bl. 21ᵃ	S.	ܒܪܘܚܐ ܘܣܠܩܐ ܕܐܠܗܐ
Bl. 21ᵇ	„	ܡܟܐ ܢܘܣܦ ܠܐܦܪܘܕܘܣ
Bl. 24ᵇ	M.	ܦܠܓܘܬܗ ܦܠܓܘܬܐ ܠܟܘܬܣ
Bl. 24ᵇ	„	ܘܦܟܐ ܕܥܩ̈ܣܝܢܐ
Bl. 24ᵇ	„	ܬܘ̈ܢ ܒܢ̈ܝ ܡ̈ܩܢܐ.
Bl. 25ᵃ	S.	ܒܬܘܠܬܐ ܦܠܓܘܬܐ.
Bl. 25ᵇ	M.	ܦܠܓܘܬܗ ܦܠܓܘܬܐ. ܠܒܪܐ
Bl. 26ᵃ	„	ܒܫ̈ܢܐ ܩ̈ܕܡܝܐ ܪ̈ܒܘ
Bl. 26ᵃ	S.	ܐܬܠܒܫ ܐܥܒܕܐ ܘܚܡܪ.
Bl. 27ᵇ	M.	ܒܪ̈ܘܡܐ ܘܚܫܚ ܡܘܡܝܢ
Bl. 27ᵇ	„	ܥܘܠܬܐ —— ܢܝܫܐ
Bl. 28ᵇ	„	ܒܢܘܢܐ ܣܝܐ ܒܚܝܐ
Bl. 28ᵇ	„	ܐܝܢ ܐܓܪܘܠ
Bl. 28ᵇ	„	ܒܪ̈ܘܡܐ ܫܡܝܐ ܕܡܢ
Bl. 30ᵃ	„	ܐܘ ܡܠܘܐܪܐ ܡܥܒܕܢܐ
Bl. 30ᵇ	„	ܬܘ ܒܪ̈ܘܟܐ ܢܬܚܫܡ.
Bl. 30ᵇ	„	ܡܢ ܦܠܘܬܟ
Bl. 30ᵇ	„	ܐܝܢ ܐܣܘܣ
Bl. 31ᵃ	„	ܕܘܝ ܘܫܘܝ ܒܕܘܬܐ
Bl. 31ᵃ	„	ܠܟ ܦܠܓܝܢ ܒܒܐ
Bl. 35ᵇ	„	ܬ̈ܪܝ ܚܡ̈ܫܐ ܫ̈ܡܝܐ
Bl. 35ᵇ	„	ܪܘܚܐ ܒܪܘܚ ܘܡܢܪܬ
Bl. 36ᵃ	„	ܐܦܫ ܡܢܝ ܐܦ
Bl. 36ᵇ	„	ܐܠܗܐ ܐܒܐ ܡܪܚܡܢܐ.
Bl. 37ᵃ	„	ܟܕ ܡܠܦܝܢ ܟ̈ܐܒܐ ܒܪ̈ܘܓܙܘܗܝ,
Bl. 37ᵇ	„	ܒܪܝܫܬ ܕܝܢ ܐܕܡ
Bl. 37ᵇ	„	ܬܘ ܒܘܠܘ
Bl. 37ᵇ	„	ܬܘ̈ܢ ܦܘܩ̈ܕܢܐ
Bl. 39ᵃ	„	ܦܠܓܐ ܬܘܕܐ ܠܟ

Bl. 39ᵇ	M.	ܫܘܬܐ ܕܦܪܐ
Bl. 39ᵇ	„	ܟܠ ܠܝܠܘܬܐ.
Bl. 39ᵇ	„	ܘܒܢܘ ܕܒܪܘܗ, ܐܪ̈ܒܥܐ.
Bl. 40ᵃ	„	ܦܠܓܝܢ ܒܕܘܬܐ ܒܢܝܘܬܐ.
Bl. 40ᵃ	„	ܦܠܓܝܢ ܦܠܓܐ
Bl. 42ᵃ	„	ܒܐ̈ܦܐ ܢܦܫܗ.
Bl. 42ᵃ	„	ܚܙܝܢ ܗܘܐ ܡܢܝ
Bl. 42ᵃ	S.	ܡܠܠ ܒܢܝ, ܒܡܢܝܢ.
Bl. 44ᵇ	M.	ܗܘܐ ܓܘܡܢ ܒܢܝܐ
Bl. 44ᵇ	„	ܗܘܘ ܓܘܡܐ ܕܒܢܐ.
Bl. 45ᵃ	S.	ܒܢܘܢܐ ܕܢܘܪܐ
Bl. 46ᵇ	M.	ܗܘܘ ܓܘܡܐ ܕܒܗ
Bl. 47ᵃ	„	ܐܝ̈ܢ ܓܠܘ ܐܕܢܐ
Bl. 47ᵃ	„	ܗܒ ܠܝ ܓܒܢܐ
Bl. 47ᵇ	„	ܐܘ ܕܝܢ ܫܦܝܪ
Bl. 47ᵇ	S.	ܐܦܠܐ ܬܠܬܐ ܡܢܐ
Bl. 48ᵇ	M.	ܐܕܡ ܐܬܐܡ
Bl. 48ᵇ	„	ܒܓܘܡܐ ܐܠܗܐ
Bl. 48ᵇ	„	ܦܡܐ ܡܠܐ ܠܒܡ
Bl. 50ᵃ	„	ܦܓܪ ܡܢ ܐܢܫܐ
Bl. 51ᵇ	„	ܐܝܬ ܗܘ ܣܡ̈ܝܢܐ
Bl. 51ᵇ	„	ܐܘ ܢܦܫ ܕܡܘܬܐ.
Bl. 52ᵃ	„	ܟܐ ܐܝܬ ܕܢܦܠܐ
Bl. 52ᵇ	„	ܡܫܒܚܐ ܐܢܐ
Bl. 54ᵇ	„	ܡܟܐ ܠܓܘܫܐ
Bl. 55ᵃ	„	ܡܫܬܡܗ, ܐܒܘܢ ܠܥܠܡܐ
Bl. 55ᵃ	„	ܪܡ ܗܘ ܘܡܟܠܠ
Bl. 56ᵇ	„	ܡܒܒ ܐܠܦ̈ܐ
Bl. 57ᵇ	„	ܦܠܓܝܢ ܐܦ ܠܟ
Bl. 58ᵃ	„	ܒܪܗ ܦܬܝܢ ܪܡܐ
Bl. 60ᵃ	„	ܐܘ ܡܢܐ ܓܠܝܙ
Bl. 60ᵃ	„	ܓܠܡܐ ܕܒܪܘܚܢ
Bl. 60ᵇ	„	ܒ —— ܥܠܡܬ
Bl. 61ᵃ	„	ܢܓܪܐ ܗܘ ܓܒܢܐ
Bl. 65ᵃ	„	ܘܡܢܬܐ ܕܩ̈ܢܘܢܐ ܠܒܢܝܢܐ ܘܫܘܝܘܬܐ.
Bl. 65ᵇ	„	ܠܐ ܕܒܢܝ ܦܠܓܗ
Bl. 65ᵇ	„	ܡܢܟ ܒܟܬ̈ܒܐ
Bl. 66ᵃ	„	ܠܐ ܣܝܐ ܠܝ ܒܥܝܐ

Bl. 67^{b}	M.	ܐܬܪܐ ܗܘ ܕܦܘܪܢܣܐ
Bl. 68^{a}	S.	ܠܢܦܫܐ ܘܦܓܪܐ
Bl. 70^{a}	M.	ܐܘ ܦܘܪܢܣܐ ܡܬܠܒܟ ܒܠ.
Bl. 70^{b}	„	ܕܠܐ ܚܝܐ ܗܘ ܘܡܒܣܡ
Bl. 70^{b}	„	ܘܗܢܐ ܕܒܢܝܐ ܗܘܐ
Bl. 73^{a}	„	ܫܘ̄ ܠܡܫܝܢܐ ܕܐܬܡܟܟܝܢ.
Bl. 73^{a}	„	ܥܡܝܢ ܬܫܡܫܬ ܠܗ.
Bl. 73^{b}	„	ܠܦܘܩܕܢ ܐܘ ܥܡܝܢ.
Bl. 73^{b}	„	ܕܦ̈ܓܪܐ ܘܣܪ̈ܩܐ
Bl. 75^{b}	„	ܐܘ ܢܦܫ ܕܡܘܬܐ. ܒܕܡܟܐ
Bl. 75^{b}	„	——— ܗܘ ܦܫܛ ܠܗ
Bl. 76^{a}	„	ܡܢܟܦܘܬܗ ܗܘ ܫܪܐ
Bl. 78^{a}	„	ܐܠܗܝ، ܕܠܐ ܡܒܣܡܢ.
Bl. 78^{b}	S.	ܠܢܦܫܐ ܘܦܓܪܐ ܕܥ̈ܢܝܐ
Bl. 80^{a}	M.	ܒܒܪ ܕܝܢ ܐܢܫܐ ܒܪܥܝܐ
Bl. 83^{b}	S.	ܒܗ ܒܥ̈ܝܬܟ ܠܐ
Bl. 84^{a}	M.	ܡܛܠ ܠܦܬܐ ܬܫܒܘܚܬܐ.
Bl. 85^{a}	„	ܒܪܬܐ ܕܒܒܢܝܐ.
Bl. 85^{b}	S.	ܒܒ̈ܪܐ ܒܢ̈ܝܐ ܕܒܡܝܢ
Bl. 88^{a}	M.	ܕܒܗ ܗܘܬ ܓܪ̈ܒܐ
Bl. 88^{a}	„	ܒܢܝܐ ܒܢ̈ܝܢ ܘܡ̈ܕܝܢܬܐ
Bl. 88^{a}	„	ܠܦܘܩܕܢ ܐܦ ܠܒ ܐܪܡܠܬܐ
Bl. 88^{b}	„	ܐܢܫܐ ܥܡܡܝܐ
Bl. 88^{b}	„	ܫܠܝܚܘܬܐ ܬܘܕܐ
Bl. 89^{a}	„	ܘܗܐ ܠܗ ܠܐܢܫܐ ܕܥܒܕ
Bl. 91^{b}	S.	ܠܦܘܩܕܢ ܕܪ̈ܓܐ
Bl. 93^{b}	M.	ܒܪܡܫܐ ܗܘ ܬܘܒ ܕܡܫܝܢ
Bl. 96^{a}	„	ܕܢܫܬ ܟܠܗ ܐܪ̈ܥܐ
Bl. 97^{a}	S.	ܒܕ̈ܡܒܪܐ ܕܡܪܒܬ
Bl. 102^{b}	M.	ܡܢ ܫܡܝܐ ܠܫܬ̈ܝܢ ܗܒܒ
Bl. 103^{a}	„	ܒܝܗ ܦܬܚ ܐܪܥܐ.
Bl. 103^{a}	„	ܘܡܬܐ ܕܪܡ ܗܘܐ ܒܗ.
Bl. 103^{b}	„	ܐܢܫܐ ܪܒܐ ܕܐܬܐ
Bl. 105^{b}	„	ܡܢܘ ܚܝܐ ܗܡܟܐ ܒܒܘܒܗ
Bl. 107^{b}	„	ܐܘܕܪܬ ܒܡ̈ܫܒܚܬ
Bl. 109^{a}	„	ܐܡܪ ܡܪܢ ܠܥܡܡܗ
Bl. 109^{b}	„	ܗܐ ܕܡܢܐ ܐܪܒܐ
Bl. 111^{a}	„	ܥܡܗܘ ܘܡܬܠܒܒܘ
Bl. 111^{a}	M.	ܗܒ ܠܝ ܝܒܝܫܐ
Bl. 113^{a}	„	ܐܥܒܕ ܡܪܝ، ܕܐܗܘܐ
Bl. 115^{a}	„	ܠܒܪܗ ܕܐܪܡܠܬܐ.
Bl. 115^{a}	„	ܐܠܗܐ ܕܠܐ ܡܬܗܦܟ.
Bl. 115^{a}	„	ܠܡܪܢܐ ܕܝܢ ܩܪܐ
Bl. 115^{b}	„	ܐܪܝܫܘ ܬܫܡܫܬ
Bl. 115^{b}	„	ܗܒܒ ܐܠܦܐ ܡܢ ܫܡܝܐ
Bl. 117^{a}	„	ܪܬܚ ܗܘܐ ܫܘܒܗ
Bl. 117^{a}	„	ܪܘܚܐ ܕܡܠܠ ܒܢܒܝܐ
Bl. 117^{b}	„	ܒܪܢܫ ܗܘ ܕܒܪܝܗ
Bl. 119^{a}	„	ܡܫܝܚܐ ܕܐܪܒܥܘܗܝ،
Bl. 120^{b}	„	ܗܐ ܒܐܕܐ ܦܪܝܫܐ
Bl. 122^{a}	„	ܬܘ ܥܡܟܘܢ ܘܐܬܗܦܪܘ.
Bl. 123^{b}	„	ܕܡܢ ܫܢܝܐ ܠܡܫܒܚܐ
Bl. 125^{b}	S.	ܫܡܪܐ ܫܕܬܐ ܒܓܪܬ
Bl. 128^{a}	M.	ܒܡܘܣ̈ܐ ܚܘܬܐ
Bl. 128^{b}	„	ܡܫܝܚܐ ܕܐܪܒܥܘܗܝ،
Bl. 128^{b}	„	ܐܬܬ ܫܡܒܬܐ ܝܗܒ
Bl. 133^{a}	„	ܗܐ ܡܠܠ ܒܡܓܪܡ
Bl. 133^{b}	„	ܐܕܡ ܫܠܐ ܘܡܢܐ
Bl. 136^{b}	S.	ܥܒܘܗ ܕܗܒܠ ܬܗܪܐ
Bl. 145^{a}	M.	ܦܘܡܐ ܕܢܐܡܪ ܠܐ
Bl. 145^{b}	„	ܐܬܬܐ —— ܒܠ.
Bl. 147^{a}	„	ܬܠܡ̈ܝܕܐ ܡܢܗܘ ܡܘ
Bl. 147^{a}	„	ܐܬܕܒܪ ܒܪ ܒܢ̈ܝܐ
Bl. 148^{b}	„	ܠܒܪܐ ܕܝܗܒ ܢܦܫܗ
Bl. 150^{a}	S.	ܐܝܬܝܐ ܕܪܫܡ ܩܘܡܗ
Bl. 156^{b}	M.	ܢܒܘ ܐܡܪܐ ܕܗܘܫܬܐ.
Bl. 157^{a}	„	ܒܡܒܐ ܒܒܪܘ ܦܪܝܫܐ
Bl. 158^{a}	„	ܠܦܘܡܝ ܐܡܪܐ ܕܐܢܫܐ
Bl. 159^{b}	„	ܒܗ ܒܢܫܡ ܢܝܚܐ
Bl. 161^{b}	S.	ܒܢܘܫܬܐ ܪܘܫܡܬ ܠܐܠ̈ܗܐ.
Bl. 167^{b}	M.	ܐܘ ܠܐܡܪܐ ܒܡܫܐ
Bl. 167^{b}	„	ܠܦܘܡܝ ܐܦ ܠܝ ܪܒܥܐ
Bl. 169^{b}	„	ܫܠܝܚܘܬܐ ܡܪܒܬ
Bl. 170^{a}	„	ܡܢ ܐܡܪ ܘܫܘܬܐ.
Bl. 171^{b}	M.	ܢܦܫ ܕܗܘܐ ܡܠܝܦ
Bl. 173^{a}	S.	ܐܢܫܐ ܕܪ̈ܚܡܐ ܗܘܐ

Bl. 177ᵃ	S.	ܐܒܐ ܒܣܘܢܗ
Bl. 187ᵃ	M.	ܒܪܘܪܒܘܬܐ ܡܒܠ
Bl. 188ᵃ	S.	ܗܠܡ ܠܓܠܝܒܐ
Bl. 189ᵃ	M.	ܒܗܝ ܢܗܒܐ ܡܒܐ ܗܘܐ
Bl. 189ᵇ	S.	ܘܡܫܚܗ ܕܡܪܢ
Bl. 190ᵃ	M.	ܢܗܡ ܚܒܐ
Bl. 190ᵇ	„	ܐܬܒܝܢܘ ܐܢܫ ܒܡܒܕܩ
Bl. 194ᵃ	„	ܡܩ ܠܒܒܪܐ ܡܢ
Bl. 194ᵃ	„	ܡܢܘ ܫܪܐ ܦܠܝܠܐ
Bl. 196ᵇ	„	ܡܒܪܐ ܘܓܢܝܬܐ
Bl. 196ᵇ	„	ܒܡܒܪܐ ܕܒܗ̇ ܢܡܒܐ
Bl. 197ᵃ	„	ܗܡܒܝܬ ܒܝ
Bl. 197ᵇ	„	ܘܬ ܒܠܒܗ ܒܟܒܒܐ
Bl. 200ᵇ	„	ܦܘܒܝܕ ܡܒܘܪ
Bl. 202ᵃ	„	ܕܠܘ ܗܘܘ ܡܠܐܟܐ
Bl. 202ᵃ	„	ܘܡܒܝܐ ܒܬܗܪܐ ܫܒܝܬ
Bl. 202ᵃ	„	ܒܗܝܐ ܘܡܒܐ ܐܬܚܒܝܘ
Bl. 202ᵇ	„	ܠܚܕܪܐ ܬܪ̈ܝܢܗܘܢ
Bl. 202ᵇ	„	ܡܢܒܘ (?) ܠܡܒܘܪܬܗ
Bl. 203ᵃ	„	ܢܦܩܘܢ ܠܗ ܒܬܪ̈ܐ
Bl. 204ᵇ	„	ܒܓܠܝܒܝ ܠܒܪ ܡܬܡܡ
Bl. 204ᵇ	„	ܫܘܝ (?) ܐܬܐ ܕܓܠܝܒ
Bl. 205ᵃ	„	ܓܠܝܒܐ ܥܡ
Bl. 205ᵃ	„	ܓܠܝܒܐ ܒܡܒܕܒܪܐ
Bl. 205ᵃ	„	ܢܦܩ ܓܠܝܒܐ ܫܡܐ
Bl. 205ᵇ	„	ܗܘ ܬܡܝܗܐ. ܘܡܦܝ
Bl. 205ᵇ	„	ܒܪܝ ܗܘ ܡܫܝܚܐ
Bl. 206ᵃ	„	ܓܠܝܒܐ ܕܢܗܘܪܐ
Bl. 206ᵃ	„	ܗܢܘ ܓܠܝܒܐ ܕܡܦܪܗ
Bl. 206ᵃ	„	ܗܠܡ ܗܘܐ ܠܓܠܝܒܐ.
Bl. 208ᵃ	„	ܡܓܠܝܗܝ ܗܘܐ ܦܫܐ
Bl. 209ᵇ	„	ܦܘܡܝ ܐܦ ܠܝ ܥܒܕܘܢ
Bl. 214ᵇ	„	ܥܘܦܪܝ ܒܦܪܓܝܢܘ
Bl. 215ᵃ	„	ܡܒܐ ܒܗܢܕ ܪܫܝܐ
Bl. 215ᵃ	„	ܒܪܝ ܒܪ ܫܢܐ
Bl. 215ᵇ	„	ܒܦܪܓܢܘ ܕܪܗܦ
Bl. 215ᵇ	„	ܠܟܠ ܒܒܒܐ ܠܒܫܪܐ
Bl. 217ᵇ	„	ܐܠܗܐ ܕܪܫܒܘܬܝܗ،
Bl. 217ᵇ	M.	ܒܪܝ ܗܘ ܫܠܝܐ
Bl. 219ᵃ	„	ܒܒܝܬܘܬܐ ܥܠܝܒܬ
Bl. 219ᵇ	„	ܐܬܝܐ ܥܘܦܪܝ
Bl. 219ᵇ	„	ܫܪܐ ܐܠܗܐ ܠܕܡܦ
Bl. 219ᵇ	„	ܗܘ ܫܪܐ ܒܕܬܐ
Bl. 220ᵃ	„	ܬܗܪܐ ܗܘ ܒܒܐ ܡܒܝܪ
Bl. 220ᵃ	„	ܕܟܝ ܕܘܒܪܝ
Bl. 221ᵃ	„	ܕܟܝ ܕܘܒܪܝ ܐܘ ܡܒܪ، ܥܒܕܘܢ.
Bl. 222ᵃ	„	ܥܒܕܘܢ ܡܡܒܝܢܘܬܐ
Bl. 224ᵃ	„	ܒܘܠܬܐ ܕܒܝܬܐ ܘܡܡܒܕܬܐ
Bl. 226ᵃ	„	ܐܠܗܐ ܕܪܫܒܘܬܝܗ، ܘܡܥܒܝܢܐ
Bl. 226ᵃ	„	ܒܪܝ ܗܘ ܫܠܝܐ
Bl. 226ᵃ	„	ܐܘܡܪ ܒܫܠܘܠܐ
Bl. 226ᵇ	„	ܒܪܐ ܒܪܘܒܐ
Bl. 226ᵇ	„	ܗܠܡ ܗܘܐ ܢܥܒܕ
Bl. 226ᵇ	„	ܒܦܠܘܠܬܐ ܫܢܬܗ
Bl. 226ᵇ	„	ܐܢܫ ܓܠܘ ܐܕܒܐ
Bl. 227ᵃ	„	ܡܢ ܠܐ ܢܦܠܘ
Bl. 227ᵃ	„	ܗܢܘ ܗܡܕܐ ܠܟܠܒܐ
Bl. 227ᵃ	„	ܬܪܬ ܡܬܬܕܒܪܬ
Bl. 227ᵇ	S.	ܕܡܒܪܐ ܗܘ ܒܪ ܐܠܗܐ.
Bl. 229ᵇ	M.	ܒܚܝܐ ܕܠܗܐ ܫܟܪ
Bl. 229ᵇ	„	ܐܢܫ ܘܐܒܕ ܐܢܐ
Bl. 230ᵃ	„	ܒܠܬ ܠܐܓܘܢܐ
Bl. 230ᵃ	„	ܐܠܝܢܐ (?) ܕܓܓܝܐ
Bl. 231ᵃ	„	ܗܘܝܬܗ، ܐܒܘܗ
Bl. 231ᵇ	„	ܦܘܡܝ ܠܒܒ ܕܠܝܫ
Bl. 232ᵃ	„	ܦܘܡܝ ܐܒܘܗ
Bl. 232ᵃ	„	ܐܢܫ ܘܐܒܕ ܐܢܐ
Bl. 233ᵃ	„	ܒܢܝ ܬܥܒܕܬܗ
Bl. 234ᵃ	„	ܐܡܪܘܗ ܠܘܩܐ
Bl. 234ᵃ	„	ܦܪ ܒܢ ܡܒܪܗ
Bl. 234ᵃ	„	ܐܠܥܙ ܡܒܪܗ
Bl. 234ᵇ	„	ܘܒܗ ܥܦܪܐ ܗܘ
Bl. 234ᵇ	„	ܐܝܟ ܕܢܦܪܐ ܒܪܐ
Bl. 236ᵃ	„	ܦܠܘܗ ܐܬܬܥܒ
Bl. 236ᵃ	„	ܗܘܐ ܡܦܠ ܠܗ
Bl. 236ᵃ	„	ܒܠ ܦܬܘܪܐ ܕܡܬܒܝ

Bl. 236[b] *M.* ܒܗܘ ܩܝܡܐ ܕܩܝܡܬܐ
Bl. 236[b] „ ܡܢ ܐܠܗܐ ܕܦܪܢܣܘܬܐ
Bl. 237[a] „ ܐܦ ܡܘܫܐ ܠܐܝܣܪܝܠ
Bl. 237[a] „ ܒܬܠܬܐ ܡ̈ܢܝܬܐ
Bl. 237[b] „ ܩ̈ܘܡܐ ܦܪ̈ܝܫܐ
Bl. 238[a] „ ܥܠ ܡܥܒ̈ܕܢܘܬܐ ܕܐܒܪܗܡ ܦܬܡ
Bl. 238[a] „ ܗܘܐ ܪܗܛܝܢ
Bl. 238[b] „ ܐܢܫܘ ܕܗܡ ܒܐܪܥܐ
Bl. 239[a] „ ܪܘܚܐ ܒܕܘܟ ܘܡܕܢܚ
Bl. 239[a] „ ܣܘܣ ܡܪܝ، ܥܠ ܦܓܪܐ
Bl. 239[b] „ ܬܫܒܘܪܐ ܕܒܪܝܐ .
Bl. 239[b] „ ܬܘ̈ܕܝ ܕܝܢ ܒܒܪܬܐ
Bl. 240[a] „ ܥܠܘܗ ܒܢܫܐ
Bl. 240[a] „ ܠܟܘ ܣܓܕܘ (!)
Bl. 240[a] „ ܡܠܟ ܐܢܫ ܬܘ
Bl. 240[b] „ ܡܘܬܐ ܕܒܐ
Bl. 240[b] „ ܗܘ ܒܪܐ ܡܠܟܐ
Bl. 240[b] „ ܒܒܢ ܡܪܝ ܦܡܪܐ
Bl. 241[a] „ ܒܣܘܣ ܕܐܒܘܡ
Bl. 241[a] „ ܐܘ ܠܟ ܣܘܐ
Bl. 242[a] „ ܡܘܫܐ --- ܠܟ ܥܠܠܬܐ
Bl. 242[a] „ ܒܘܡܐ ܕܡܓܕܠܝܡ
Bl. 242[a] „ ܒܢܫܘܬܐ ܒܪܟܬܝ
Bl. 243[b] „ ܦܘܒ ܘܡܠܟܐ ܠܗ
Bl. 243[b] „ ܡܒܣܢܐ ܕܣܢܐ
Bl. 244[a] „ ܫܘ ܠܟ ܠܡܪܝ،
Bl. 244[a] „ ܐܠ ܒܒܪܐ ܣܝ،
Bl. 244[b] „ ܣܘܣ ܡܪܝ، ܡܓܠܠ
Bl. 244[b] „ ܐܪܥܐ ܒܣܡܐ
Bl. 246[a] „ ܬܐ ܒܠܡ ܪܒܐ
Bl. 246[a] „ ܬܐ ܒܠܡ ܐܘ
Bl. 246[a] *M.* ܬܐ ܒܠܡܐ ܐܘ
Bl. 246[b] „ ܠܦܘܡܐ ܢܒܝܐ
Bl. 246[b] „ ܬܐ ܒܠܡ ܪܒܐ ܘܗܘܐ.
Bl. 247[a] „ ܠܚܘܣܡܐ ܕܡܫܝܚܘܬܐ

Der Schreiber der Hds. scheint (nach der Notiz auf Bl. 129[a]) Emmanuel geheissen zu haben; mehr ist über ihren Ursprung nicht bekannt. Die Schrift in den *Ḥudhrâs* aus dem *Ṭûr-'Abdîn* bleibt sich überall merkwürdig gleich, doch scheint mir dies Exemplar eines der ältesten zu sein. Geschrieben im 13. oder 14. Jahrhundert? — Nicht vocalisirt.

Die Hds. muss in einem Brande gewesen sein; die Ränder sind angebrannt. Ausserdem sind die Blätter vielfach beschmutzt, zerrissen und durchlöchert.

247 Blätter und Blattfragmente (die grössten Blätter ungefähr 40 × 25 cm). Die Seite zu 2 Columnen, die Columne zu 28—32 Zeilen.

22.

(Sachau 356.)

Pergament.

Jakobitisch.

Eine grosse Sammlung kirchlicher Poesien aus dem *Ṭûr-'Abdîn*, ein ܚܘܕܪܐ ܥܢܝܢܝܐ. Ein vom Feuer stark beschädigtes Exemplar, unvollständig zu Anfang und Ende, und vielfach lückenhaft im Innern.

Die meisten Gesänge sind ܬܘ̈ܕܬܐ; daneben finden sich folgende Dichtungsarten: ܡܥܢ̈ܝܬܐ μεγαλυνάρια, ܡܕܪ̈ܫܐ, ܣܘܓ̈ܝܬܐ, ܬܘ̈ܕܬܐ ܕܫܒܥܐ, ܡܫܝ̈ܚܝܐ, ܐܣܛܝ̈ܟܘܣܐ, ܦܣܘܩܝܢ, ܒܥܘܬܐ, auch ܩܘ̈ܠܐ, sowie ܡܐܡܪ̈ܐ. Die letzteren sind von Jacob und Ephraem; von *Bâlai* habe ich nur zwei bemerkt, Bl. 7[b] und 20[a]. Als Componist, wie es scheint, wird häufig der ܩܘܩܝܐ genannt, und zuweilen findet sich nach dem Titel eines Liedes die Angabe ܕܦܪܢܣܘܬܐ, vergl. S. 70.

Die *Madhrâšê* und *Sûghjâthâ*, meist Gedichte von grossem Umfang und mit alphabetischen Strophenanfängen, sind in der Inhaltsangabe nach den Anfängen verzeichnet.

Die Zeiten, über welche die Gesänge vertheilt sind, sind:

Tagesanfang ܪܡܫܗ,
Nacht,
Morgen,
die 3. Stunde,
Mittag,
die 9. Stunde.

An besonders heiligen Tagen wird zwischen Tagesanfang und Nacht noch der ܣܘܬܪܐ eingefügt, und die Zahl der Nocturnen, gewöhnlich zwei, auf vier vermehrt. Die *Madhrâšê* und *Sûghjâthâ* werden in der Nacht gesungen, die ܫܒܬܐ ܕܚܘܫܐ in der Osterwoche. Am Anfange der Gesänge sind die Melodien durch Anfangsworte und am Rande der betreffende ἦχος ܐܚܘܣ durch Ziffern bezeichnet.

Inhalt:

Bl. 1--12 lose Blätter, Bruchstücke.

Bl. 1 Fragment eines Ordo für die Tage der hh. *Barṣaumâ* und Severus.

Bl. 2. 3 Fragment eines Ordo für einen Donnerstag und Freitag (in der Fastenzeit).

Bl. 4. 5. 6 Fragmente eines Ordo für einen Tag der Fastenzeit.

Bl. 7 Fragment des Ordo für den 5. Sonntag der Fastenzeit und für den vorhergehenden Freitag.

Bl. 8. 9 Fragment eines Ordo für den Dienstag und Mittwoch (derselben Fastenwoche?).

Bl. 10. 11 Fragment eines Ordo für einen Mittwoch und Donnerstag (derselben Fastenwoche?).

Bl. 12 ff. Theil des Kurrâs 23.

Bl. 12ᵃ Schluss des Ordo für den Donnerstag in der Woche, die mit dem 5. Sonntage der Fastenzeit beginnt.

Bl. 12ᵇ Ordo für den folgenden Freitag.

Bl. 14ᵃ Ordo für den 6. Sonntag der Fastenzeit: ܠܚܡܐ ܕܡܫܒܚܐ ܕܫܒܬܐ ܕܨܘܡܐ.

Madhrâšâ Bl. 15ᵃ:

ܐܘ ܡܠܟܐ ܡܫܝܚܐ ܕܫܡܝܐ.

Bl. 16ᵇ:

ܠܢܗܪܐ(?) ܦܬܚ ܗܘܐ

Sûghîthâ Bl. 17ᵃ:

[ܡܢܗܪܐ ?] ܠܟܝ ܦܨܚ ܡܫܒܚܢ ܢܘܗܪܐ

Bl. 19ᵇ Die Vierzig Märtyrer von Sebaste.

Lücke zwischen Bl. 19—20.

Bl. 20ᵇ Ordo für den Donnerstag.

Bl. 22ᵇ Ordo für den Freitag.

Madhrâšâ Bl. 23ᵃ:

ܗܢܘܢ ܓܘܫܡܐ ܡܘܪܒܢܐ.

Bl. 23ᵇ:

ܓܘܫܡܗ ܦܓܪܗ.

Sûghîthâ Bl. 24ᵃ:

ܐܘ ܢܫܒܐ ܓܘܪܬܐ ܕܡܠܟܘܬܐ.

Bl. 26ᵇ Auferweckung des Lazarus.

Bl. 29ᵃ Palmsonntag.

Madhrâšâ Bl. 30ᵇ:

ܪܒ ܗܘ ܝܘܡܐ

Bl. 31ᵃ:

ܗܐ ܪܒܘܬܟ ܡܢ ܠܥܠܬ ܐܪܥܐ.

Daselbst:

ܒܗܢܐ ܝܘܡܐ ܪܒ ܗܘܐ.

Bl. 31ᵇ:

ܪܒܬܐ ܡܢܐ ܠܝܘܡܟ.

Sûghîthâ Bl. 31ᵇ:

ܗܐ ܡܠܟܐ ܕܬܫܒܚܬܐ ܥܠ ܥܝܠܐ ܪܟܒ.

Madhrâšâ Bl. 32ᵇ:

ܠܗܘܢ ܒܪܬܐ ܕܒܟܠ ܡܬܬܡܪܝܢ.

Daselbst:

ܐܘܫܥܢܐ ܒܪܘܡܐ ܠܡܠܟܐ

Daselbst:

ܡܢܐ ܢܬܠ ܠܝܘܡܟ.

Bl. 33ᵃ:

ܫܘܒܚܐ ܕܪܟܒ ܥܠ ܥܝܠܐ.

Sûghîthâ Bl. 33ᵃ:

ܒܫܘܒܚܐ ܘܒܬܫܒܘܚܬܐ ܒܢ̈ܝ ܥܒܪ̈ܝܐ.

Bl. 37ᵃ Ordo für die Leidenswoche.

Bl. 37ᵃ Montag.

Madhrâšâ Bl. 38ᵇ:

ܐܬܐ ܡܫܝܚܐ ܥܠ.

Bl. 39ᵇ:

ܐܝܟܐ ܐܬܝܬ݁ ܠܫܡܫܗ

Bl. 40ᵇ:

ܫܡܥܬ ܪܥܝܐ ܠܐܬܪܐ ܕܬܘܕܝܬܐ.

Sûghîthâ Bl. 42ᵃ:

ܫܪܒܗ ܕܡܫܝܠ ܬܗܪܐ ܡܠܟ.

Bl. 47ᵃ Dienstag in der Osterwoche.

Madhrâšâ Bl. 48ᵇ:

ܢܗܝܪܐ ܕܢܘܗܪܝܢ ܠܟ ܡܫܒܚܝܢ.

Bl. 49ᵇ:

ܒܚܪܐ ܗܘܒ ܢܦܫܗ ܠܡܦܠܠܐ.

Sûghîthâ Bl. 51ᵃ:

ܐܬܝܐ ܕܪܫܡ

Bl. 55ᵃ Mittwoch in der Leidenswoche.

Madhrâšâ Bl. 57ᵃ:

ܒܬܪܘܢܗܘܢ ܐܡܪܐ ܢܫܘܪ ܐܢܫ.

Die Blätter 51—58 sind zum grössten Theil zerstört.

Sûghîthâ Bl. 59ᵃ:

ܒܫܘܥܬܐ ܫܡܫܬ ܗܠܠܐ.

Bl. 63ᵃ Gründonnerstag.

Madhrâšâ Bl. 64ᵇ:

ܒܪܐ ܕܐܒܐ ܘܝܠܦ ܒܫܘܒܚܐ.

Bl. 65ᵇ:

ܐܬܦܠܓܘ ܢܒܝܐ. ܒܐܢܫ ܦܩܘܕܐ.

Sûghîthâ Bl. 66ᵃ:

ܐܝܟܢܐ ܕܢܫܒܚܐ ܗܘ ܕܐܬܪܝܡ.

Bl. 67ᵇ:

ܒܫܘܥܬܗ ܘܩܝܡܬܗ ܘܢܘܚܬܗ.

Madhrâšâ Bl. 68ᵇ:

ܢܗܘ ܗܘܝܢ ܡܫܒܚܐ

Bl. 73ᵇ Ordo für die Weihung des μύρον

ܛܟܣܐ ܕܩܘܕܫ ܡܘܪܘܢ

Bl. 77ᵃ Ordo für die Fusswaschung

ܛܟܣܐ ܕܫܝܓܬܐ

Bl. 77ᵇ Ordo für den Charfreitag.

Sûghîthâ Bl. 80ᵃ:

ܬܘܪܐ ܫܡܠܝ ܕܐܡܠܠ.

Madhrâšâ Bl. 81ᵃ:

ܐܬܢܟܣ ܐܡܪܐ ܕܐܠܗܐ.

Sûghîthâ Bl. 81ᵇ:

ܫܒܚܐ ܢܣܩܘܪ ܠܟ.

Bl. 83ᵇ:

ܒܪ ܡܠܟܐ ܢܚܬ ܠܐܪܥܐ.

Madhrâšâ Bl. 84ᵇ:

ܐܪܡ ܒܢܝ ܝܗܒܗ،

Sûghîthâ Bl. 85ᵃ:

ܒܟܐ ܡܨܪ ܐܢܫ ܘܡܢ

Madhrâšâ Bl. 88ᵃ:

ܐܫܬܩܠ ܚܢܢܐ ܕܒܟܬܗ.

Sûghîthâ Bl. 88ᵇ:

ܒܪܘܟܬܐ ܦܪܘܩܢ، ܚܢܢܐ.

Bl. 89ᵇ:

ܫܬܩ ܗܟܐ ܡܢ ܟܠ

Madhrâšâ Bl. 90ᵇ:

ܒܪܘܟܬܐ ܡܟܠ ܒܢܝ ܕܢܫܐ.

Sûghîthâ Bl. 91ᵃ:

ܢܦܩ ܗܘܐ ܗܟܐ ܠܠܠܐ ܒܡܩܦܠܐ.

Bl. 91ᵇ:

ܒܪܘܟܬܐ ܕܗܘܐ ܐܫܠܡܘ ܢܦܫܗܘܢ،

Bl. 92ᵇ:

ܘܒܗܘ ܕܡܪܢ ܒܝܬܗܘܢ.

Bl. 93ᵇ Ordo adorationis crucis ܛܟܣܐ ܕܣܓܕܬܗ ܕܙܩܝܦܐ

Bl. 94ᵇ Ordo für den grossen Verkündigungs-Sonnabend: ܛܟܣܐ ܕܥܠ ܫܒܬܐ ܪܒܬܐ ܕܣܘܒܪܬܐ.

Madhrâšâ Bl. 95ᵇ:

ܒܢ ܡܠܟܘܬܗ ܐܬܬܚܪܘ ܗܘܘ ܡܠܐܟܐ.

Sûghîthâ Bl. 96ᵇ:

ܒܩܝܡܬܐ ܬܗܪܐ ܚܙܬ.

Bl. 98ᵃ:

ܟܕ ܚܙܐܗ ܡܢ ܐܘܪܚܩ.

Madhrâšâ Bl. 99ᵇ:

ܗܘ ܐܡܪܐ ܚܕܐ ܕܪܥܐ ܠܡܪܥܝܬܐ.

Bl. 103ᵇ Ostersonntag ܛܟܣܐ ܕܥܐܕܐ ܪܒܐ ܕܩܝܡܬܐ

Madhrâšâ Bl. 105ᵃ:

ܢܦܩ ܫܡܫܐ ܡܢ ܡܕܢܚܐ

Bl. 106ᵃ:

ܬܐ ܒܢܝܐ ܬܐ ܚܙܝܐ

Bl. 112a Weisser Montag ܕܢܟܠܗ ܬܪܝܢ ܡܥܠܐ ܕܫܘܪܝܐ

Bl. 117b Dritter Auferstehungs-Ordo ܛܟܣܐ ܬܠܝܬܝܐ ܕܩܝܡܬܐ

Madhrášá Bl. 118b:

ܡܪܝܡ ܘܡܪܬܗ ܠܡܪܝܐ ܙܙ، ܗܘ،

Bl. 119a:

ܒܗܪܐ ܘܡܥܠܐ ܕܢܘܚ ܗܘܐ.

Bl. 121b Vierter Auferstehungs-Ordo.

Madhrášá Bl. 122a:

ܡܢ ܠܗ ܡܢܝ ܟܗ̄ ܪܒܐ

Bl. 122b:

ܡܠܠܘ ܦܘ̈ܡܐ ܠܬܫ̈ܒܚܬܐ.

Bl. 124b Fünfter Auferstehungs-Ordo.

Madhrášá Bl. 125b:

ܐܝܟܘ (?) ܗܘܘ ܚܢ̈ܢܐ ܠܡܪܢ

Bl. 126a:

ܐܬܬܐ ܕܢܣܒܬ ܗܘܬ ܚܘ̈ܒܬܐ.

Bl. 128b Sechster Auferstehungs-Ordo.

Madhrášá Bl. 129b:

ܫܘܘ(?) ܠܝ ܕܐܡܪܬ ܘܐܡܪܢ ܐܢܐ.

Bl. 130a:

ܐܘ ܒܪ ܚܢܢܐ ܕܠܒܫ ܡܘܬܐ

Bl. 132b Siebenter Auferstehungs-Ordo.

Madhrášá Bl. 133b:

ܥܘܕܪ ܗܘܐ ܠܗ ܠܟܢܘܬܐ

Daselbst:

ܪܘܫܡܗ ܪܟܒ ܕܐܐܪ ܘܐܬܟܠ.

Bl. 136a Achter Auferstehungs-Ordo.

Madhrášá Bl. 137b:

ܠܡܫܝܚܢ ܐܦ ܠܝ ܡܪܝܐ ܚܘܐ.

Bl. 138a:

ܒܫܘܒܚܐ ܡܪܝܐ ܐܡܠܟ ܗܘܐ.

Bl. 141a Ordo für den Neuen Sonntag.

Madhrášá Bl. 142a:

ܚܠ ܡܢܝ ܝܘܡ ܬܠܡܝܕܘܗܝ،

Bl. 142b:

ܐܡܪ ܬܐܘܡܐ ܠܚܒܪ̈ܘܗܝ

Daselbst:

ܬܐܘܡܐ ܚܕ ܡܢܗܘܢ ܠܐ ܗܘܐ ܬܡܢ.

Bl. 144b Himmelfahrt.

Madhrášá Bl. 146a:

ܒܫܘܠܡܗ ܕܒܪ ܐܠܗܐ.

Daselbst:

ܦܪܘܩ ܗܘܐ ܘܣܠܩ ܬܡܢ ܠܡܪ̈ܘܡܐ.

Bl. 148b Pfingstsonntag.

Madhrášá Bl. 149b:

ܫܠܝܚܐ ܚܒܝ̈ܒܐ ܘܡܫܪ̈ܐ.

Bl. 150a:

ܚܒܪ ܫܠܝܚܐ ܕܫܘܒܚܘܗ.

Bl. 152b Ordo genuflexionis ܛܟܣܐ ܕܣܘܓܕ ܒܘܪ̈ܟܐ

Bl. 154a Col. 2 Ordo für den Gedenktag des h. Aaron ܡܪܝ ܐܗܪܘܢ

Bl. 155a Ordo für den Sonntag der Apostel.

Bl. 158a Apostel Paulus.

Bl. 160b Johannes der Evangelist.

Bl. 161a Goldener Freitag und Apostel-Tag.

Madhrášá Bl. 162a:

ܬܘܕܝܐ ܗܘ ܪܒܐ ܥܒܕܘܢ.

Bl. 164b Apostel Thomas.

Bl. 168a Zeltenfest: ܛܟܣܐ ܕܥܠ ܥܐܕܐ ܕܡܛܠ̈ܠܐ. ܘܡܫܘܠܦ ܕܡܫܒܚܘܗ ܕܡܪܢ ܕܬܫܪܝ ܬܫܪܝ.

Madhrášá Bl. 169a:

ܡܫܒܚ ܗܘܘ ܡܘܫܐ ܘܐܠܝܐ.

Bl. 169b:

ܘܡܘܫܐ ܥܡܗܘܢ ܘܡܫܡܫ ܘܡܫܝܚ.

Daselbst:

ܦܬܚ ܘܐܬܐ ܡܘܫܐ ܢܒܝܐ

Bl. 171b Tod der Mutter Gottes.

Madhrášá Bl. 173b:

ܠܡܫܝܚ ܡܪܢ ܕܫܡܫܬ

Daselbst Bl. 174a:

ܐܝܟ ܠܘܩܪܐ.

Bl. 174b:

ܘܡܫܟܐ ܐܐܪ ܐܬܘܕܥ.

Daselbst:

ܚܠ ܕܡܢ ܠܡܫܡܫܐ ܕܐܐܪ̈ܥܐ.

Bl. 178a Kreuzes-Fest.

Madhrášá Bl. 179a:

ܒܪܝܟ ܗܘ ܡܫܘܚܐ ܕܝܠܕܗ.

Bl. 180a:

ܓܒܝܐ ܕܐܝܬܘܗܝ ܡܫܡܠܝܐ.

Bl. 183a Prophet Elias.

Madhrāšā Bl. 184a:

ܗܢ ܠܗ ܡܪܝܐ.

Bl. 185a Der h. Georg.

Bl. 188a Cyriacus und Julitta.

Madhrāšā Bl. 189a:

ܬܡܘܗ ܐܝܠܦܝܢ ܘܡܘܫܐ ܦܫܩ

Auf Bl. 191b am Rande:

ΑΝΑΓΙΓΚΟΤΣ = ܐܢܓܢܘܣܛܣ

Bl. 192a *Madhrāšā* auf *Šammūni*, die Mutter der Makkabäer.

Bl. 195a Ende eines Ordo für ܫܡܥܘܢ ܪܒܐ Simeon den Grossen, und Anfang eines Ordo (für Jacob von *Serūgh*?).

Bl. 197b Anfang des Ordo für den h. *Dimet*.

Die Hds. besteht in der Hauptsache aus den Kurrâs 24—39 eines grösseren Ganzen. Die Zerstörung, von den Rändern gegen das Innere vordringend, ist am grössten Bl. 50—58, 170—197, auch 39—49. An vielen Stellen ist die Schrift ausserdem sehr beschmutzt und abgerieben.

Nicht vocalisirt. Die Hds. kann im 14. oder 15. Jahrhundert geschrieben worden sein. Einige Notizen auf dem Rande von späterer Hand beziehen sich nicht auf die Geschichte der Hds., sondern enthalten Gesänge wie der Text.

197 Blätter (44 × 30 cm). Die Seite zu zwei Columnen, die Columne zu 36 Zeilen.

23.

(Sachau 303. 172.)

Pergament.

Jakobitisch.

Theil einer Sammlung kirchlicher Poesien ܥܢܝܬܐ ἀντίφωνα für alle Fest- und Heiligen-Tage des Jahres. Andere Liedformen wie ܡܕܪܫܐ, ܣܘܓܝܬܐ und ܒܥܘܬܐ (vergl. Nr. 20 = S. 236) sind hier nicht vorhanden, auch die Dichter nirgends erwähnt. Die Melodien der Gesänge sind theils durch Anführung der Anfangsworte bekannter Lieder, theils durch Angabe des betreffenden ܐܚܘܣ ἦχος bestimmt. Die Gebetzeiten sind meistens ܪܡܫܐ, ܠܠܝܐ, ܨܦܪܐ und ܬܠܬ ܫܥܝܢ. Die für jeden einzelnen Tag bestimmten Gesänge sind als ܩܢܘܢܐ bezeichnet. Als typisch kann der ܩܢܘܢܐ für den Gedenktag der 40 Märtyrer (S. 303 Bl. 112b—117a), der ganz erhalten ist, angesehen werden. Der Abschnitt für jeden Tag beginnt mit einem ܪܚܡ ܥܠܝ *miserere mei*.

Die beiden Handschriften bildeten ursprünglich ein Ganzes; am Anfang und Ende beider Bände fehlt etwas. Ein sehr grosser Theil des Werkes ist nicht mehr lesbar; es scheint längere Zeit in Wasser gelegen zu haben, wodurch die Schrift abgeblasst ist. Die rothe Tinte der Überschriften hat der Nässe besser widerstanden als die schwarze Tinte des Textes. Ausserdem sind manche Blätter abgerissen und nur noch in kleinen Stücken vorhanden; an einigen Stellen ist das Pergament durchlöchert. Inhaltsangabe, soweit die Überschriften eine solche ermöglichen:

S. 303.

1. Bl. 4b Für den Gedenktag der Mutter Gottes ܩܢܘܢܐ ܕܥܘܗܕܢܗ ܕܝܠܕܬ ܐܠܗܐ ܡܪܝܡ
2. Bl. 13a Für Basilius und Gregorius ܩܢܘܢܐ ܥܠ ܡܠܦܢܐ ܒ̄ ܒܣܝܠܝܘܣ ܘܓܪܝܓܘܪܝܘܣ

3. Bl. 17ᵃ Für Epiphania ܠܥܐܕܐ ܕܕܢܚܐ
ܘܡܥܡܘܕܝܬܐ ܐܝܟ ܡܥܡܕܢܘܬܗ ܕܡܪܢ

4. Bl. 33ᵃ Für die Enthauptung Johannis des Täufers.

5. Bl. 37ᵃ Für Stephanus ܠܥܐܕܐ ܕܥܠ ܡܪ̄ ܐܣܛܦܢܘܣ

6. Bl. 40ᵃ Für den Eintritt Christi in den Tempel ܠܥܐܕܐ ܕܡܥܠܬܗ ܕܡܪܢ ܠܗܝܟܠܐ

7. Bl. 46ᵃ Für den h. Severus ܠܥܐܕܐ ܕܥܠ ܣܐܘܝܪܐ ܡܪܝ. ܦܛܪܝܪܟܐ ܕܐܢܛܝܘܟܝܐ ܕܣܘܪܝܐ

8. Bl. 49ᵇ Für das Andenken des Priesters(?) ܠܥܐܕܐ ܕܕܘܟܪܢܐ ܕܟܗܢܐ ܕܡܫܡܫܢܘܬܐ ܒܫܒܥܐ ܗܘ ܕܩܕܡ ܟܠ ܨܘܡܐ.

9. Bl. 53ᵃ Für den ersten Fastensonntag und die Hochzeit von Kana ܠܥܐܕܐ ܕܚܘܬܢܐ ܕܡܫܡܫܢܘܬܐ ܒܫܒܥܐ ܘܩܕܡܝܐ ܕܨܘܡܐ ܕܫܒܥܐ ܕܩܛܢܐ

10. Bl. 63ᵇ Für den h. Ephraem ܠܥܐܕܐ ܥܠ ܡܪ̄ ܡܪܝ، ܐܦܪܝܡ ܡܠܦܢܐ ܣܘܪܝܝܐ

11. Bl. 66ᵇ Für den zweiten Fastensonntag und die weiteren Tage der Woche ܠܥܐܕܐ ܕܚܕܒܫܒܐ ܕܬܪܝܢ ܕܨܘܡܐ

12. Bl. 76ᵃ Für die dritte Fastenwoche ܠܥܐܕܐ ܕܬܠܝܬܝܐ ܕܫܒܬܐ ܕܓ̄

13. Bl. 92ᵃ Mittfasten.

Die folgenden Überschriften (so auch Bl. 108ᵇ) nicht mehr lesbar.

14. Bl. 112ᵇ Für die 40 Märtyrer ܠܥܐܕܐ ܕܥܠ ܐܪܒܥܝܢ ܣܗܕܐ ܩܕܝܫܐ

15. Bl. 117ᵃ Für die Hosianna-Woche ܠܥܐܕܐ ܕܫܒܬܐ ܩܕܝܫܬܐ ܕܐܘܫܥܢܐ

16. Bl. 124ᵇ Über die Versuchung Christi ܠܥܐܕܐ ܕܥܠ ܢܣܝܘܢܗ ܕܡܪܢ ܕܡܫܡܫܢܘܬܐ ܒܢܘܪܬܐ ܕܐܪܒܥܝܢ.

17. Bl. 127ᵃ—135 Für Lazarus ܠܥܐܕܐ ܕܥܠ ܠܥܙܪ ܕܒܝܬܥܢܝܐ

S. 172.

Während S. 303 in der Hauptsache die Kurrâs 5—18 enthält, enthält S. 172 die Kurrâs 19—28, mit verschiedenen Lücken und anderen Mängeln. Ferner ist der letztere Band falsch gebunden; die richtige Reihenfolge der Blätter in ihm ist:

Bl. 29—58	Kurrâs 19—21.
Bl. 1—28	= Kurrâs 22—24.
Bl. 59—107	= Kurrâs 25—28.

Im Einzelnen lässt sich die Reihenfolge der Blätter bei dem jetzigen Zustande des Textes nicht immer genau feststellen.

Inhalt:

18. Bl. 29ᵃ Für die Leidenswoche ܠܥܐܕܐ ܕܚܫܐ ܕܫܒܬܐ ܩܕܝܫܬܐ ܕܚܫܐ ܦܪܘܩܝܐ.

19. Bl. 37ᵇ Für die Weihung des μύρον ܠܥܐܕܐ ܕܩܘܕܫ ܡܘܪܘܢ

20. Bl. 40ᵃ Für die Fusswaschung ܠܥܐܕܐ ܕܥܠ ܫܝܓܬܐ

21. Bl. 48ᵇ (Titel zerstört). Für den Auferstehungssonntag.

22. Bl. 52ᵃ Für den zweiten Auferstehungssonntag.

23. Bl. 56ᵇ—58 Für den dritten Sonntag ܠܥܐܕܐ ܕܫܒܥܐ ܕܬܠܝܬܝܐ

24. Bl. 2ᵇ Für den vierten Auferstehungssonntag ܠܥܐܕܐ ܕܫܒܥܐ ܕܐܪܒܥܐ ܕܩܝܡܬܐ

25. Bl. 6ᵇ Für den fünften Auferstehungssonntag ܠܥܐܕܐ ܕܫܒܥܐ ܕܚܡܫܐ ܕܩܝܡܬܐ

26. Bl. 10ᵃ Für den sechsten Auferstehungssonntag.

27. Bl. 20ᵃ Für den neuen Sonntag und Thomas den Apostel ܠܥܐܕܐ ܕܥܠ ܚܕܒܫܒܐ ܚܕܬܐ ܘܥܠ ܬܐܘܡܐ ܫܠܝܚܐ

28. Bl. 25ᵃ Für Himmelfahrt ܠܥܐܕܐ ܕܥܠ ܣܘܠܩܗ ܕܡܪܢ

29. Bl. 59ᵇ Titel unleserlich.

30. Bl. 64ᵇ Für die Mutter Gottes ܠܥܐܕܐ (ܕܫܘܒܚܗ?) ܕܝܠܕܬ ܐܠܗܐ ܒܬܘܠܬܐ ܡܪܝܡ

31. Bl. 67[b] Für die Widmung des Kreuzes (ἐγκαίνια) ܛܟܣܐ ܕܐܢܟܐܢܝܐ ܕܨܠܝܒܐ ܦܪܘܣܬܐ

32. Bl. 73[a] Für die h. Propheten ܛܟܣܐ ܕܥܠ ܢܒܝ̈ܐ ܩܕ̈ܝܫܐ

33. Bl. 75[b] Für den Propheten Elias ܛܟܣܐ ܥܠ ܐܠܝܐ ܢܒܝܐ

34. Bl. 78[a] Für die Apostel ܛܟܣܐ ܥܠ ܫܠܝ̈ܚܐ ܐܟܚܕܐܝܬ

35. Bl. 84[a] Für den Apostel Thomas ܛܟܣܐ ܕܥܠ ܬܐܘܡܐ ܫܠܝܚܐ

36. Bl. 88[b] Für den h. *Dimeṭ* ܛܟܣܐ ܕܥܠ ܡܪ̄ ܕܝܡܛ

37. Bl. 91[b] Für Sergius und Bacchus ܛܟܣܐ ܕܥܠ ܡܪܝ، ܣܪܓܝܣ ܘܒܟܘܣ

38. Bl. 103[b]—107 Für den h. ܐܒܚܝ (*Abḥai*) Bischof von Nicaea ܛܟܣܐ ܥܠ ܩܕܝܫܐ ܡܪܝ، ܐܒܚܝ ܐܦܝܣܩܘܦܐ ܕܢܝܩܝܐ ܡܕܝܢܬܐ

Eine genauere Vertheilung der einzelnen Blätter und Fragmente über die einzelnen Tage würde durch das Studium der betreffenden Lieder eventuell auch ohne Vergleichung einer besseren Handschrift möglich sein. Unter Anwendung chemischer Reagentien dürfte es gelingen den grössten Theil des abgeblassten Textes wieder lesbar zu machen. Vergl. eine ähnliche Sammlung bei Wright S. 251—253.

Der Text ist nicht vocalisirt, aber mit diakritischen und Interpunktionszeichen versehen.

Angaben über Alter und Herkunft der Hds. sind nicht vorhanden. Die Schrift scheint mir aber mit derjenigen von Nr. 20 (Sachau 236) identisch zu sein. Danach ist sie um 1568 n. Chr. Geb. irgendwo in *Ṭûr-ʿAbdîn* geschrieben.

S. 303 hat 135 Blätter, S. 172 hat 107 Blätter (34 × 23 cm), die Seite zu zwei Columnen, die Columne zu 27 Zeilen.

24.

(Sachau 351.)

Pergament.

Jakobitisch.

Eine Sammlung von Ordines ܛܟ̈ܣܐ, Officien für die hauptsächlichsten Fest- und Heiligen-Tage des Jahres aus dem *Ṭûr-ʿAbdîn*, enthaltend liturgische Texte verschiedener Art, besonders ܣܕ̈ܪܐ. Unvollständig zu Anfang und Ende.

Die Ordnung der ܛܟ̈ܣܐ ist die, dass auf ein Gebet ܨܠܘܬܐ ein προοίμιον ܦܪܘܡܝܘܢ, auf dieses das *Sedhrâ* und ein ܚܘܬܡܐ folgt. So z. B. Bl. 65[b] für die Auferweckung des Lazarus. Unter anderen Tagen erscheint diese Reihenfolge doppelt, und unter den Ostertagen ist die Zahl der Texte sehr gehäuft.

Bei den einfachsten Ordines ist eine Tageszeit nicht angegeben; ich vermuthe, dass sie mit Tagesanfang, d. i. nach Sonnenuntergang gesungen wurden.

Unter vielen Tagen folgen der Reihenfolge ܨܠܘܬܐ, ܦܪܘܡܝܘܢ, ܣܕ̈ܪܐ weitere derselben Art zur ersten und zweiten Nocturn ܕܠܠܝܐ ܩܘܡܐ, an den heiligsten Tagen auch für den Morgen, die dritte Stunde und Mittag. Den Schluss eines jeden Ordo bildet ein ܚܘܬܡܐ.

In der Unterschrift auf Bl. 124[b] (s. unten) wird der Abschnitt für die Osterwoche als ܛܟܣܐ ܕܣܕ̈ܪܐ bezeichnet: vielleicht hat die ganze Sammlung diesen Namen geführt.

Verzeichniss der Tage:

Bl. 1—5 Fragmente, von denen sich Bl. 2. 3. 4, vielleicht auch Bl. 5 auf Stephanus Protomartyr beziehen. Da diese Blätter oben zerstört sind, war es nicht möglich, sie an der richtigen Stelle einzureihen (d. i. nach Bl. 7).

Bl. 6—7b Ende des Tages des Johannes des Täufers.

Bl. 7b Stephanus: ܛܟܣܐ ܕܥܠ ܪܫܐ ܕܣܗ̈ܕܐ ܐܣܛܦܢܘܣ.

Bl. 9b Christi Eintritt in den Tempel.

Bl. 13b *Barṣaumâ* ܒܪܨܘܡܐ.

Dieser Ordo ist gezählt als Nr. 15 ܝܗ.

Bl. 19a Severus: ܛܟܣܐ ܕܥܠ ܡܪܝ ܣܘܝܪܐ ܦܛܪܝܪܟܐ ܕܐܢܛܝܘܟܝ، ܥܒܕܢܐ. ܡܚܠ ܣܘ ܡܣܟܢܐ ܕܬܠܡܝܕܐ ܘܠܒܫ ܠܡܪܝ، ܢܣܡܣ ܡܠܝܐ.

Bl. 21b Ninive-Woche oder Gebet-Woche ܛܟܣܐ ܕܥܠ ܨܘܡܐ ܕܢܝܢܘܝܐ ܐܘܟܝܬ ܕܒܥܘܬܐ.

Bl. 25a Sonntag der Priester, Erzpriester und der verstorbenen Priester.

Bl. 28b Die Verstorbenen.

Bl. 32a Das Wunder in Kana.

Bl. 35b Das vierzigtägige Fasten.

Bl. 44b Die Wunder Christi, zweiter Ordo. ܛܟܣܐ ܕܥܠ ܬܕܡܪ̈ܬܐ ܕܡܪܢ ܬܢܝܢ.

Bl. 51a Die Wunder Christi, dritter Ordo.

Bl. 58a Vierzig Märtyrer.

Die Namen derselben auf Bl. 61b.

Bl. 65b Auferweckung des Lazarus.

Bl. 67b Palmsonntag.

Bl. 78a Ordo passionis salvatoriae ܛܟܣܐ ܕܚܫܐ ܦܪܘܩܝܐ.

Montag nach Palmsonntag.

Bl. 87a Dienstag nach Palmsonntag.

Bl. 94b Mittwoch nach Palmsonntag ܛܟܣܐ ܕܥܠ ܐܪܒܥܐ ܒܫܒܐ

Bl. 101b Gründonnerstag ܚܡܫܐ ܒܫܒܐ ܕܐܪ̈ܙܐ

Bl. 110a Fusswaschung ܛܟܣܐ ܕܫܝܓܬܐ

Bl. 111a Charfreitag.

Zwischen Bl. 122—123 Lücke.

Bl. 123. 124 Schluss des Ordo für die Osterwoche. S. Unterschrift Bl. 124b: ܫܠܡ ܛܟܣܐ ܕܫܒܘܥܐ ܕܟܠܗܝܢ ܫܒܬܐ ܘܚܕܬܐ ܕܚܫܐ ܦܪܘܩܝܐ.

Bl. 125a Ostersonntag: ܛܟܣܐ ܕܩܝܡܬܐ ܦܪܘܩܝܬܐ

Zwischen Bl. 129—130 Lücke.

Auf Bl. 132a:

ܫܠܡ ܛܟܣܐ ܕܩܝܡܬܐ.

Bl. 132b Der Neue Sonntag und der Apostel Thomas.

Bl. 138a Himmelfahrt.

Bl. 143a Pfingstsonntag.

Bl. 146 ist von späterer Hand ergänzt.

Bl. 149b ܛܟܣܐ ܕܩܝܡ ܒܪܟܐ ܕܡܬܬܟܬܫܢܐ ܒܥܕܥܕܐ ܪܒܐ ܕܦܢܛܩܘܣܛܝ. ܡܢ ܟܬܒ ܕܡܬܬܟܬܫܢ ܐܪ̈ܝܐ.

Ordo genuflexionis.

Auf Bl. 154a. 159 findet sich der Terminus ܠܛܐܢܝܐ λιτανία.

Bl. 155b Für dasselbe Fest ein zweiter Text: ܬܫܡܫܬܐ ܕܬܪ̈ܬܝܢ

Bl. 160b—161b Ein dritter Text (Ministerium) ܬܫܡܫܬܐ ܕܬܠܬܐ ܕܥܠ ܪܘܚܐ ܩܕܝܫܐ

Letzte Worte:

ܣܕܪܐ

ܐܠܗܐ ܪܘܚܐ ܦܪܩܠܝܛܐ.

ܗܘ ܕܡܠܠ ܡܢ ܩܕܝܡ ܒܢܒܝ̈ܐ.

ܘܒܚܪܬ ܙܒܢܐ ܒܫ̈ܠܝܚܐ ܡܟܪ̈ܙܢܐ

Am Schluss drei Blattfragmente Bl. 162—164.

Verzeichniss der *Sedhrê* nach den Anfangsworten:

Bl. 1b ܡܪܢܐ ܐܠܗܐ ܐܚܝܕ ܟܠ.

Bl. 2a ܡܫܝܚܐ ܐܠܗܐ ܕܠܟ ܗܘ ܡܫܠܡܢܐ ܕܐܬܠܒܫܬ ܦܓܪܐ.

Bl. 3b ܡܫܒܚܝܢ ܠܟ ܐܘ ܒܪܘܝܐ ܕܥܠܡܐ.

Bl. 6a ܡܫܒܚܝܢ ܠܟ ܐܘ ܢܗܪܐ ܕܫܘܒܚܐ

Bl. 9b ܡܪܢܐ ܐܠܗܐ ܚܝܠܬܢܐ

Bl. 11b ܐܠܗܐ ܡܠܟܐ ܡܪܚܡܢܐ

Bl. 14a ܠܒܢܘ ܡܢ ܩ̈ܕܝܫܐ ܐܝܬ ܒܩ̈ܘܡܐ

Bl. 17a ܒܪ ܒܡܘܗܪܐ ܕܟܠܝܠܐ ܕܝܠܟ

Bl. 19b ܡܥܢܝܬܐ ܐܠܗܐ ܕܝܠܝ ܗܘ ܕܒܡܒܪܒܪܘܬܗ
ܕܒܢܬܐ.

Bl. 22a ܡܙܡܘܪܐ ܐܠܗܐ ܕܝܠܝ.
ܗܘ ܡܟܐ ܕܠܒܘܫܬܐ

Bl. 23b ܡܥܢܝܬܐ ---- ܕܝܠܝ ܫܡܥܐ
ܘܫܠܚ ----

Bl. 25b ܐܠܗܐ ܗܘ ܪܒܐ ܒܠܒܘܫܬܐ

Bl. 27b ܡܥܢܝܬܐ ܐܠܗܐ ܕܝܠܝ.
ܗܘ ܪܝܫ ܒ̈ܢܝܐ ܕܥܦ̈ܪܐ

Bl. 29a ܡܥܢܝܬܐ ܐܠܗܐ ܕܝܠܝ.
ܗܘ ܫܡܝܐ ܥܦ̈ܪܐ

Bl. 30b ܐܠܗܐ ܒܒܗܪܐ ܘܡܙܘܪܐ ܕܟܠ.

Bl. 32a ܠܟ ܥܒܕܝܐ ܘܠܟ ܬܘܕܝܬܐ

Bl. 33b ܡܥܢܝܬܐ ܐܠܗܐ ܕܝܠܝ.
ܗܘ ܡܟܐ ܠܐ ܡܬܚܫܚܢܐ.

Bl. 35b ܡܥܢܝܬܐ ܐܠܗܐ ܕܝܠܝ.
ܗܘ ܠܒܐ ܡܬܘܡܝܐ

Bl. 37a ܐܠܗܐ ܗܘ ܕܡܫܝܚܐ ܗܘܝ

Bl. 39a ܐܠܗܐ ܗܘ ܠܒܐ ܒܒܢܝܐ

Bl. 41a ܡܥܢܝܬܐ ܐܠܗܐ ܕܝܠܝ.
ܗܘ ܕܐܬܠܕ ܡܬܘܡܐܝܬ

Bl. 42b ܡܥܢܝܬܐ ܘܥܪ̄
ܗܘ ܕܐܠܒܫܬ ܠܟ ܐܢܫܐ

Bl. 43b ܫܘܒܚܐ ܘܥܦܝܦ ...

Bl. 45a ܐܝܬܐ ܚܢܝܐ ܘܠܐ ܡܬܒܒܢܐ.

Bl. 46b ܐܠܗܐ ܡܠܟܐ ܡܙܡܪܐ ܕܡܢ ܡܠܟܘܬܗ

Bl. 48a ܡܥܢܝܬܐ ܘܥܪ̄
ܡܪܐ ܘܡܠܟܐ ܘܫܒܝܚܬܐ ܕܐܒܐ.

Bl. 49b ܡܥܢܝܬܐ ܘܥܪ̄ ܗܘ ܐܝܟܐ ܕܒ̈ܢܝܬܐ.

Bl. 51b ܡܪܝܐ ܐܠܗܐ ܫܠܝܛܐ ܘܡܫܒܚܐ
ܘܡܢܝܪ ܢܘܗܪܐ.

Bl. 53b ܥܒܕܐ ܠܟ ܐܝܟܐ ܥܒܕܐ

Bl. 54b ܡܪܝܐ ܐܠܗܐ ܡܪܚܡܢܐ

Bl. 56a ܐܠܗܐ ܗܘ ܬܘܕܝܬܐ ܕܪ̈ܚܡܐ.

Bl. 58b ܒܪ ܒܬܐܘܪܝܐ ܡܬܚܢܢܬܐ ܕܥܠܡܐ.

Bl. 62b ܡܥܢܝܬܐ ܐܠܗܐ ܕܝܠܝ.
ܗܘ ܢܘܗܪܐ ܡܬܘܡܝܐ

Bl. 64a ܡܥܢܝܬܐ ܘܥܪ̄
ܫܠܐ ܘܒܥܒܕܐ ܘܡܫܒܚܬܐ ܕܐܒܐ.

Bl. 66a ܡܥܢܝܬܐ ܘܥܪ̄
ܒܒܗܪܐ ܘܡܬܘܡܝܐ

Bl. 67b ܡܥܢܝܬܐ ܘܥܪ̄
ܫܠܐ ܘܫܠܚ ܠܒܘܫܬܐ

Bl. 69b ܡܥܢܝܬܐ ܘܥܪ̄
ܘܫܡܝܗ ܕܐܒܐ

Bl. 72a ܐܠܗܐ ܡܪܝܡܐ ܘܡܗܕܪ ܒܬܫ̈ܒܚܬܐ.

Bl. 74a ܡܥܢܝܬܐ ܘܥܪ̄
ܗܘ ܕܟܠ ܡܕܡ ܡܫܡܠܝܐܝܬ

Bl. 76b ܡܥܢܝܬܐ ܘܥܪ̄
ܗܘ ܪܒܐ ܒܢܝܐ

Bl. 78b ܡܥܢܝܬܐ ܘܥܪ̄.
ܡܪܚܡܢܐ ܘܫܠܚ ܠܒܘܫܬܐ

Bl. 80a ܐܠܗܐ ܐܒܐ. ܡܪܝܐ ܘܒܒܗܪܐ

Bl. 81b ܡܥܢܝܬܐ ܘܥܪ̄.
ܗܘ ܕܒܢܝ ܡܬܟܠܝܠܘܬܟ

Bl. 83b ܐܠܗܐ ܗܘ ܢܘܗܪܐ ܥܦ̈ܪܐ

Bl. 85a ܡܥܢܝܬܐ ܘܥܪ̄.
ܗܘ ܕܥܒܕ ܒܠ ܪ̈ܐܙܝܢ

Bl. 86a ܡܥܢܝܬܐ ܘܥܪ̄.
ܪܒܐ ܘܡܟܠܠܐ ܒܐܝܬܘܬܗ

Bl. 88a ܡܪܝܐ ܠܒܐ ܕܐܝܬܐ ܘܡܥܒܠ

Bl. 88b ܡܥܢܝܬܐ ܘܥܪ̄.
ܗܘ ܒܪܐ ܡܬܘܡܝܐ

Bl. 90a ܡܪܝܐ ܐܠܗܐ ܫܠܝܛܐ

Bl. 91a ܐܠܗܐ ܗܘ ܕܐܝܬܝܟ ܡܫܒܚܐ

Bl. 92b ܠܟ ܥܒܕܐ ܘܠܟ ܬܘܕܝܬܐ.

Bl. 93a ܡܥܢܝܬܐ ܘܥܪ̄. ܗܘ ܕܡܟܠ ܡܢ ܩ̈ܢܐ

Bl. 95a ܡܪܝܐ ܐܠܗܐ ܫܠܝܛܐ

Bl. 96b ܠܟ ܥܒܕܐ ܘܠܟ ܬܘܕܝܬܐ

Bl. 97b ܡܥܢܝܬܐ ܘܥܪ̄. ܗܘ ܕܡܪܚܡܢܐ ܕܝܠܟ

Bl. 98b ܡܪܝܐ ܕܒܐ̈ܪܐ. ܫܦܠܐ

Bl. 99b ܡܥܢܝܬܐ ܘܥܪ̄. ܗܘ ܒܒܗܪܐ ܘܡܙܘܪܐ

Bl. 101ᵇ ܡܕܪܫܐ ܚܠܦ ܟܠ ܟܗ̈ܢܝܢ
Bl. 103ᵃ ܡܕܪܫܐ ܘܩܠ. ܗܘ ܕܠܠܐ ܡܬܦܪܫܝܢܘܬܐ
Bl. 104ᵇ ܡܕܪܫܐ ܘܩܠ. ܗܘ ܕܐܝܟܢ ܐܝܬܝܟܢ
Bl. 106ᵃ ܡܥܡܕܢܝܢ ܠܟ ܡܪܝܐ ܕܐܪ̈ܙܐ
Bl. 107ᵃ ܠܟ ܫܘܒܚܐ ܘܠܟ ܬܘܕܝܬܐ
Bl. 110ᵇ ܡܚ̈ܝܐ ܢܘܒ ܡܕܪܫܐ ܐܠܗܐ ܡܠܟܐ.
Bl. 111ᵇ ܠܟ ܫܘ̄ ܘܠܟ ܬܘܕܝܬܐ
Bl. 112ᵇ ܡܪܝܐ ܕܚܝ̈ܠܐ ܐܠܗܐ
Bl. 114ᵇ ܡܢܘ ܕܐܝܟܢ ܕܛܘܒܐ
Bl. 116ᵃ ܐܠܗܐ ܡܠܟܐ ܗܘ ܕܩܕܡ ܙܒ̈ܢܐ.
Bl. 117ᵇ ܐܠܗܐ ܗܘ ܕܐܝܬܝܟ ܢܘܗܪܐ
Bl. 119ᵇ ܡܥܡܕܢܝܢ ܘܡܫܡܠܝܢ ܠܐܬܐܬܝܟܝܢ (!)
Bl. 121ᵇ ܡܕܪܫܐ ܘܩܠ. ܡܫܝܚܐ ܕܗܘ ܐܒܐ.
Bl. 125ᵇ ܡܢܘ ܕܐܝܟܢ ܕܛܘܒܐ ܢܥܒܕ
Bl. 128ᵃ ܡܕܪܫܐ ܘܩܠ. ܗܘ ܕܒܠܘܚܘܗܝ
Bl. 130ᵃ ܡܕܪܫܐ ܘܩܠ. ܗܘ ܚܝܠܐ ܘܚܟܡܬܐ
Bl. 132ᵇ ܫܘܒܚܐ ܠܟ ܐܠܗܐ ܡܠܟܐ ܡܫܝܚܢܘܗܝ
Bl. 134ᵇ ܫܘܒܚܐ ܠܟ ܒܪܘܝܐ ܕܟܠܐ
Bl. 135ᵇ ܡܕܪܫܐ ܘܩܠ. ܗܘ ܕܒܪܬ ܠܟܠ
Bl. 138ᵇ ܠܟ ܫܘܒܚܐ ܘܠܟ ܬܘܕܝܬܐ
Bl. 141ᵇ ܐܠܗܐ ܡܪܝܐ ܫܠܝܛܐ ܘܚܝܠܬܢܐ
Bl. 143ᵇ ܐܠܗܐ ܐܒܐ ܗܘ ܕܒܟܠ
Bl. 146ᵃ ܡܕܪܫܐ ܐܠܗܐ ܕܟܠ. ܗܘ
Bl. 146ᵇ ܡܪܝܐ ܐܠܗܐ ܐܝܟ ܟܠ.
Bl. 147ᵃ ܡܕܪܫܐ ܘܩܠ. ܗܘ ܚܝܠܐ ܘܚܟܡܬܐ
Bl. 151ᵇ ܐܠܗܐ ܚܢܢܐ ܘܠܐ ܡܬܦܫܩܢܐ.
Bl. 156ᵃ ܡܕܪܫܐ ܐܠܗܐ ܗܘ ܡܚܝܢܐ
Bl. 161ᵇ ܐܠܗܐ ܪܒܐ ܦܪܘܠܘܝܐ.

Manche der ܡܕܪ̈ܫܐ haben strophenartige Gliederungen mit alphabetischen Anfängen. Auf Bl. 124ᵇ finden sich Satzglieder, deren Anfangsbuchstaben sind:

ܐܒܪܗܡ ܡܛܪܘ ܘܐܘܪܗܝ، ܘܡܚܡܣܗ

(Abraham[1] der Metropolit und Edessa ܘܡܚܡܣܗ?).

[1] Ein *Sedhrâ*-Dichter Abraham erwähnt bei Wright S. 300 Nr. 31.

Die Hds. scheint dem Feuer ausgesetzt gewesen zu sein. Dadurch sind von einigen Kurràs die Rücken zerstört worden und bei der Auflösung in einzelne Blätter viele verloren gegangen. Die Blätter 1—12 repraesentiren geringe Reste der Kurràs 1—10. Die Kurràs 11—18. 20. 21. 26 sind vollständig erhalten. Der K. 19 hat nur 8 Blätter, scheint aber vollständig zu sein. Die Blätter 123—138 sind Reste der Kurràs 22. 23. 24. Der K. 25 hat 13 Blätter.

Kräftige Schrift, nicht vocalisirt, ähnlich derjenigen von Nr. 17 (Sachau 350) und Nr. 19 (Sachau 323) und vermuthlich aus derselben Zeit.

164 Blätter (33,5 × 23 cm), die Seite zu zwei Columnen, die Columne zu 24 Zeilen.

25.

(Sachau 214.)

Pergament.

Jakobitisch.

Ein liturgischer Codex ܬܟܣܐ ܕܩܘܒܪܐ, enthaltend die Texte für die Beerdigung der verschiedenen Stände, Geschlechter und Alter sammt Angabe der begleitenden Handlungen. Am Anfang unvollständig.

Inhalt:

1. Bl. 1—17ᵃ Ordo für die Beerdigung von Priestern und Diakonen. Unterschrift Bl. 17ᵃ: ܫܠܡ ܬܟܣ ܟܗ̈ܢܐ ܡܥܡ̄ܕ ܕܠܐ ܒܡܪ̈ܝܐ ܕܟܗܢܘ

Den ersten Theil dieses Ordo bilden acht ܬܫܡ̈ܫܬܐ *servitia*, von denen die fünf ersten fehlen. Die Hds. beginnt in dem sechsten Servitium.

Anfang:

ܘܚ̈ܒܪ. ܕܫܪܝ ܬܫܡܫܬܐ ܡܫܡܫܢܘܬܐ ܥܠ ܢܦܫ̈ܬ
ܡ̣ܢ ܕܢܦܩܬܐ ܘܫܡܫܘܢ ܬܠܬ ܫܥܘ̈ܬܐ. ܕܢܫܠܐ
ܡܛܠ ܐܝܬܘ ܘܡܠܐ ܕܬܪ̈ܬܐ ܦܘܪܫܢܗ ܕܢܦܫܐ
ܡܢ ܦܓܪܐ. ܘܡܫܡܫܢܐ ܠܢܫܘܢ ܡܬܚܙܝܢܐ
ܠܚܕܒܫܒܗ ܡܫܪܝܬܐ ܘܡܠܝܬ ܟܢܘ̈ܫܐ ܘܥ̈ܢܝܐ.
ܘܡܬܒܐ ܡܫܠܡ ܒܢܝܢܫܐ ܗܘ ܕܗܘܐ ܕܢܒܥܬܐ
ܐܠܗܝܬܐ ܘܬܪܥܝܬܗ. ܡܛܠ ܢܦܫܗ ܕܢܦܩܬ
ܘܬܦܩܕ ܠܘܬ ܡܪܢܐ ܡܢ ܟܠܗ ܠܒܗ.

Anfang des 7. *servitium* Bl. 2[b], des 8. *servitium* Bl. 4[b]. Perikopen ܦܘܪ̈ܫܐ aus der Bibel, aus dem Alten Testament Bl. 6[b], aus dem Neuen Testament Bl. 11[a], liturgische Texte (auch Psalmen) zu den einzelnen Acten der Begräbniss-Handlung Bl. 12[b]—17[a].

Es kommen folgende Arten liturgischer Texte vor:

ܡܫܡܫܢܘܬܐ, ܩܬܣ (= κάθισμα), ܩܠܐ, ܡܕܪܫܐ, ܒܥܘܬܐ, ܟܘܟܒܐ, ܡܥܢܝܢܐ, ܗܘܠܠܐ, ܡܐܡܪܐ, ܡܢ ܥܠܡ Ex aeterno.

2. Bl. 17[a]—30[b] Ordo für die Beerdigung von Laien, Männern:

ܛܟܣܐ ܕܩܘܒܪܐ ܕܓܒܪ̈ܐ ܒ̈ܢܝ ܥܠܡܐ

Unterschrift Bl. 30[b]:

ܫܠܡ ܕܥܠ ܓܒܪܐ ܡܫܡܠܝܢܘܬ

Anfang:

ܡܪܢ ܡܫܝܚܐ ܕܢܦܫ ܟܠ.
ܡܥܝܢܐ ܕܚܠܝܐ ܢܦܫܬܐ
ܠܥ̈ܒܕܘܗܝ. ܕܐܬܐ ܒܪܘܪܐ
ܢܦܫ ܐܡܐ ܠܚܝ̈ܐ
ܡܢ ܡܕܝܢ ܠܗ ܦܘܪܩܢܐ ∻

Dieser Ordo besteht aus drei ܬܫܡܫ̈ܬܐ (Bl. 17[a]), einem Abschnitt Bibeltexte (Bl. 21[b]) und einem Schlussabschnitt (Bl. 26[b]). Ausser den sub 1 angeführten Formen liturgischer Texte finden sich hier ܩܢܘܢܐ, ܩܘܠܣܘܣ, ܬܟܫܦܬܐ, ܠܝܛܢܝܐ (λιτανεία?).

3. Bl. 30[b]—40[b] Ordo für die Beerdigung von Frauen:

ܛܟܣܐ ܕܩܘܒܪܐ ܕܢܫ̈ܐ

Unterschrift:

ܫܠܡ ܩܘܒܪܐ ܕܥܠ ܢܫ̈ܐ

Enthält vier ܬܫܡܫ̈ܬܐ (Bl. 30[b]), Bibelabschnitte (Bl. 35[a]) und einen Schlussabschnitt (Bl. 38[b]). Ausser den oben genannten Bezeichnungen liturgischer Texte findet sich hier noch ܦܪܘܦܣܠܡܘܢ (Bl. 35[a]) = πρόψαλμον?

Anfang Bl. 30[b]:

ܡܪܢ ܐܡܪܝܢ ܡܛܠ ܗܢܐ ܕܢܦܫ ܟܠ.
ܡܥܝܢܐ ܕܚܠܝܐ ܢܦܫܬܐ
ܠܥ̈ܒܕܘܗܝ. ܕܐܬܐ ܫܒܩܬ
ܢܦܫ ܐܡܬܟ ܠܚܝ̈ܝܢ
ܘܡܢ ܒܕܝܢ ܦܘܪܩܢܐ ∻

4. Bl. 40[b]—50[b] Ordo für die Beerdigung von Kindern und Laienpersonen:

ܛܟܣܐ ܕܥܠ ܛܠܝܐ ܘܥܒܪܐ ܘܥܠܡ̈ܝܐ

Anfang:

ܚܘܣܐ ܕܢܦܫ ܟܠ ܟܡܠܐ ܗ̇ܘ ܠܐ
ܕܐܘܠܗ ܫܩ̈ܠ:
ܐܝܟ ܡܟܒܐ ܥܒܕ ܗܘ ܒܡܙܠܐ ܕܒܢܝܢܫܐ

Enthält vier ܬܫܡܫ̈ܬܐ (Bl. 40[b]), Bibelabschnitte (Bl. 44[b]), einen Schlussabschnitt (Bl. 47[a]).

Unterschrift Bl. 50[b]:

ܫܠܡ ܩܘܪܒܐ ܗܢܐ ܕܠܘܩܒܠ ܕܥܢܝ̈ܐ.
ܡܢ ܐܝܕܐ ܣܦܪܗ. ܫܡ ܠܟܠܗ ܕܟܠ.
ܘܠܡܪܐ ܕܟܠ. ܘܠܥܡܗ ܫ̄ܡ ܓܒܪ ܟܠ.

Gebete ܒܥܘ̈ܬܐ von Jacob finden sich auf Bl. 2[b]. 4[a]. 6[b]. 15[b]. 18[b]. 20[a]. 21[b]; von Ephraem auf Bl. 29[a]. 40[a]. 48[a].

Ferner ein Gedicht von Jacob über die Kinder Bl. 48[a]:

ܡܐܡܪܐ ܕܡܪܝ. ܝܥܩܘܒ ܕܥܠ ܛܠܝܐ.
ܛܠܝܐ ܕܢܦܩܘ ܡܢ ܗܢܐ ܥܠܡܐ ܒܙܒܢ ܩܕܝܡ.

Ein anderes von demselben auf Bl. 29ᵇ:

ܡܐܡܪܐ ܕܥܠ ܟܗܢܐ ܩܕ ܚܠܡܐ.
ܩܠ̄ܐ ܕܡܪܝ ܝܥܩܘܒ.
ܕܠܝܬ ܐܢܫܐ ܡܪܝ، ܐܝܟ ܐܡܪܬ ܐܝܟ ܐܢܫܐ

Vergl. Assemani I S. 313.

Ein anderes Gedicht über die Priester nach der Melodie des Jacob Bl. 16ᵃ:

ܡܐܡܪܐ ܕܥܠ ܟܗ̈ܢܐ ܒܩܠ ܕܡܪܝ ܝܥܩܘܒ.
ܡܢ ܫܘܪܝܐ ܗܘ ܒܢܐ ܠܗ ܡܪܝܐ ܠܐܕܡ

Die ܡܐܡܪ̈ܐ haben zum Theil alphabetische Strophenanfänge. Die Melodie ist als ܪܫܟܐ (1.—8.) bezeichnet. Für die Melodien ist zuweilen auf ܩܘܩܐ (Bl. 19ᵇ. 42ᵃ), zuweilen auf ܦܪܕܝܣܐ (Bl. 18ᵃ. 31ᵇ. 41ᵃ) verwiesen.

Über den Ursprung der Hds. gaben ursprünglich zwei Notizen des Schreibers, eine kürzere auf Bl. 50ᵇ, eine längere auf Bl. 51ᵃ Auskunft; leider sind sie zu einem Theil zerstört.

Erste Notiz Bl. 50ᵇ Col. 1:

ܥܠ ܕܥܒܕ . ——
ܢܝܠܐ
ܕܐܬܬ ——

— — — — —

Col. 2:

ܘܢܝܠܗ ܥܠ ܐܦ ܡܫܡܫܐ ———
ܐܣܛܘܢܐ ܕܗܘ ܐܝܬܘܗܝ ܡܒܢܝ
ܕܒܘܪܝܐ ܦܢܝܬܐ. ܡܛܠ
ܕܡܢܝܫܘܬܐ ܕܠܗ ܐܬܬܒ
ܗܠܝܢ ܒܣܪ̈ܘܩܐ

Ich gebe im Folgenden, was von der zweiten Nachschrift auf Bl. 51ᵃ noch zu lesen ist:

ܠܫܘܒܚܐ ܘܠܐܝܩܪܐ ܕ ———
ܘܕܟܪܐ ܘܪܘܚܐ ܡܪ̄ ܕܐܝܬܘܗܝ —— ܐܠܗܘܬܐ ———
ܫܢܝܐܝܬ. ܘܡܬܬܘ .... ܬܠܝܬܝܐ ܡܫ̈ܡܫܢܐ ܦܫܝܛܐ ——
ܕܐܝܬܘܗܝ، ܚܕ ܐܠܗܐ ܫܪܝܪܐ. ܘܚܕܐ ܐܘܣܝܐ ——
ܐܝܬ ܒܗ̇ - ܕܠܝܬ ܐܘ ܕܫܘܚ —
ܚܕ ܘܚܕ ܡܠܬܐ. ܐܠܗܐ ܚܝܐ ܘܫܪܝܪܐ ܕܠܐ ܦܘܠܓܐ. ܕܠܗ ———
ܐܡܝܢ. ܘܠܡܘܬܪܐ ܘܠܚܘܫܒܐ ܕܟܬܒܬܐ ܘܡܫܬܐ ———
ܡܛܠ ܘܟܬܒܘ ܠܟܬܒܐ ܗܢܐ ܕܠܗܘܢܐ ܕܟܬܝܒܐ ———
ܐܦ ܥܡܗܘܢ ܡܪ̄ ܝܘܚܢ ܘܚܢܢ ܡܪ̄ ܝܘܚܢ ܒܪ —
ܡܪ̄ ܝܘܚܢ ܘܦܘܠܘܣ ܡܪ̄ ܝܘܚܢ ܘܚܢܢ ܡܪ̄ ܝܘܚܢ ———
ܘܥܡܗ ܡܪ̄ ܝܘܚܢ ܐܦܝܣܩ ܡܪ̄ ܝܘܚܢ — ܡܪ̄ ܝܘܚܢ
ܡܪ̄ ܝܘܚܢ ——— ܡܫܡܫܢܐ. ܕܗܘ ܐܚܘܗܝ، ܐܚܝܢܐ ܕܟܬܒܬܐ
ܥܡܗܘܢ ܙܥܘܪܐ. ܘܫܪܟܐ ܕ ——— ܘܡܫܡܫ ܘܡܫ̈ܡܫܢܐ ܕܟܬܒܘܪܐ
ܘܫܪܬܐ ܡܕܒܪܬܐ ܕܐܠܗܐ
ܘܟܬܒܘ ܠܟܬ̈ܒܐ ܗܠܝܢ ———
— — ܕܐܠܗܐ ܘܟܠܗܘܢ ܕܟܬܒܬܐ ܕܐܡܝܢ
ܕܗܘ ܐܠܗܐ
ܘܟܬܒ ܡܪܝ، ܒܣܘܥܪܢܐ ܕܟܠܐ ܠܟܬܝܒܘܗܝ ——— ܘܟܬܒܐ
ܟܕ ܝܠܬܗ ܕܠܝܬ ܐܠܗܐ ܡܟܝܪ ܘܕܟܠܗܘܢ ܡܪ̈ܟܐ ——— ܕܝܢ
ܗܕܐ ܐܘܟܝܬ ܥܠܡܐ ܕܟܬܒܐ ܥܡܘܠܐ ܗܢܐ ܕܠܗܘܢܐ ܕܟܬܝܒܐ ܡܫܡܠܝܐܝܬ
ܐܝܟ ܬܫܒܘܚܬܗܘܢ ܕܟܬܒܐ ܡܕܒܪܐ. ܥܢܝ ܐܠܗ ܘܡܫܡܫ̈ܢܐܝܬ ܘܡܫܡܫܝܢ
ܘܠܟ ܕܟܬܒܐ. ܒܐܝܕ ܐܢܐ ܒܐܘܪܚܐ ܘ .... ܒܟܠܗܘܢ

ܡܪܝ ܐܝܓܢܛܝܘܣ ܦܛܪܝܪܟܐ ܕܝܠܢ. ܘ ---- ܡܪܝܡ. ܘܡܪܝ.
ܘܚܣܝܐ ܘܡܪܝ ܣܘܪܝܠܘܣ ··· ܘܪ ܐܒܪܗܡ. ܐܫܬܠܡ ܕܝܢ ܒܝܪܚܐ ܐܝܪ ܒܥܣܪܐ
ܕܥܠܬ ܡܪܝ ܠܥܙܪ. ܕܥܠ ܓܢܒ ܚܒܣܢܘܣ ---- —— ܕܚܣܢܐ ܒܟܐܦܐ.
ܒܐܬܪܐ ܠܐ ܕܝܠܬܐ ܕ ··· ܠܐ ܫܘܐ ܠܡܬܕܟܪܘ
ܚܘܒܐ ————
ܘܟܠ ————
————
ܒܢܝܐ ————
ܐܡܝܢ ————
ܒܒܥܐ ————

Danach ist die Hds. vollendet am 10. Mai 1559 Gr. = 1248 n. Chr. im Kloster des h. Lazarus bei **ܚܒܣܢܘܣ** im Gebiete von *Hasan-Kêf.* Der Schreiber, dessen Name verloren, stammte aus dem Dorfe **ܐܝܘܪܕܐ**. Vergl. über die Dörfer *Êvardô* und *Ḥabsnâs* oder *Ḥabsennâs* mein Reisewerk: Reise in Syrien und Mesopotamien, Leipzig 1883, S. 412. Nach der kürzeren Nachschrift ist die Hds. für einen Mönch und Styliten Moses aus *Êvardô* geschrieben. Der gleichzeitige Patriarch war Ignatius III. David. Die grössere Nachschrift, die im ersten Theil ein Glaubensbekenntniss enthielt, erwähnt noch verschiedene Mönche aus *Êvardô*: Simeon, Johannes, Cyriacus, *Ḥadhbešabbâ*, Isaak und andere in einem zerstörten Zusammenhang. In Z. 15 ist nicht bloss von einem Buche die Rede, sondern von mehreren.

Die Schrift der beiden Nachschriften hat einen etwas mehr cursiven Charakter als der übrige Theil der Hds.

Ausser dem, was zu Anfang der Hds. fehlt, sind auch Lücken im Innern und ist die Reihenfolge der Blätter nicht immer ungestört. Es fehlt zu Anfang Kurràs I mit zehn Blättern; vorhanden sind die Kurràs II. III ganz, grosse Stücke von Kurràs IV—VII. Von Nr. IV. VI. VII sind die Kurràs-Zahlen nicht vorhanden.

Die Hds. hat keine Vocale, aber diakritische Punkte und Interpunction. S. das Facsimile Bl. 17ᵇ. 18ᵃ. Sämmtliche Blätter sind an den Rändern beschädigt. In dem letzten Theil hat eine jüngere Hand (in *Serṭô*) Einiges ergänzt. Vielfach Schmutz- und Wasserflecken, auch Risse im Pergament.

Auf Bl. 51ᵇ eine Notiz (zum Theil Federprobe), ziemlich zerstört, von einer späteren Hand, einem Mönche aus *Êvardô*:

ܟܬܒܬ —— ܚܣܝܪܘܬܐ ܡܣܟܢܐ ܕܝܪܝܐ ܒܝܪܕܐ (?)
—— ---- ܡܢ ܚܘܒܐ ܕܠܗ ܥܠܝܗܘܢ،

51 Blätter (32 × 22 cm). Die Seite zu zwei Columnen, die Columne zu 28 Zeilen.

III. PATRISTISCHES Nr. 26—28.

26.

(Sachau 321.)

Pergament.

Jakobitisch.

Unvollständig zu Anfang.

Eine Sammlung von Lebensbeschreibungen und Schriften berühmter Männer der Monophysitischen und der älteren Kirche, der Siebenschläferlegende und der Doctrina apostolorum. Nach den Nummern der einzelnen Schriften, welche auf dem Rande neben den Überschriften notirt sind, zu schliessen, enthielt die Sammlung ursprünglich wenigstens 17; von diesen sind Nr. 1, 2 und 17 nur bruchstückweise, die anderen im Allgemeinen vollständig erhalten.

Die meisten der Schriften sind Übersetzungen aus dem Griechischen. Von den Verfassern sind genannt:

Athanasius der Grosse,
Amphilochius von Iconium,
Theophilus von Alexandrien,
Zacharias Scholasticus, vergl. Wright, Syriac literature S. 107. 108;
Johannes, Abt des Klosters des h. Aphthonius, vergl. Wright a. a. O. S. 84;
Elias (von *Ddrâ*?),
Johannes von Asien, vergl. Wright a. a. O. S. 102—107;
Cyriacus von Amid,
Theodoret (Historia religiosa).

Von den Übersetzern ist genannt:

Abt Sergius Bar ܟܪܝܐ s. Nr. 11.

Inhalt:

1. Bl. 1—19 Fragment einer Schrift ohne Anfang und Ende, die auf Bl. 8ᵇ und 9ᵃ als ܬܫܥܝܬܐ ܕܓܪܝܓܘܪܝܘܣ ܐܦܝܣܩܘܦܐ ܕܢܘܣܐ bezeichnet ist. Es ist die Vita des Gregorius Thaumaturgus, verfasst von Gregorius von Nyssa.

Als Probe des Textes diene die folgende Stelle auf Bl. 6ᵃ Col. 1 Z. 13:

ܗܘ ܗܟܝܠ ܒܙܒܢܐ ܗܘ̇. ܐܦܝܣܩܘܦܐ ܚܕ
ܒܐܬܪܐ ܕܦܝܠܘܣ ܐܝܬ ܗܘܐ̇. ܐܝܢܐ ܕܫܡܗ
ܗܘܐ ܦܕܝܡܘܣ̇. ܘܡܕܒܪ ܗܘܐ ܠܟܢܘܫܬܐ ܕܐܡܣܐ
ܡܕܝܢܬܐ̈. ܐܝܢܐ ܕܡܬܦܪܢܣܐ ܗܘܬ ܐܡܣܝܐ̇.
ܐܝܢܐ ܕܐܦ ܡܕܝܢܬܐ ܐܠܗܝܬܐ ܕܩܝܣܪܝܬܐ
ܚܕ ܡܢ ܗܘܬ̈ܐ ܕܢܘܦܝܐ ܐܝܬ ܗܘܐ ܒܗ. ܗܘ̇ ܗܘ
ܗܟܝܠ ܗܢܐ ܐܦܝܣܩܘܦܐ̇. ܢܦܝܩܘܬܐ
ܡܬܬܐܠܗ ܗܘܐ ܐܡܝܢܐ ܠܓܪܝܓܘܪܝܘܣ
ܪܒܐ ܢܘܩܕܐ ܗܘ̇. ܘܠܪܘܚܐ ܕܢܒܝܘܬܐ ܢܛܪ
ܘܡܬܒܝܢܘܬܐ ܕܒܗ̇ ܘܢܗܝܪܐ ܠܗ ܢܦܫ
ܗܘܐ. ܒܗ ܡܬܚܙܐ. ܕܠܐ ܠܟ ܪܕܦ ܕܡܫܬܐ

ܗܘܐ ܟܒܪܐ ܘܒܣܝܡܐ ܘܪܓܝܓܐ ܕܓܘ̈ܐܬܐ ܠܓܒܪ
ܗܘ: ܕܐܦܣܩܘܦܘܬܐ ܘܐܠܐ ܡܪ̈ܬܐ ܒܠܒܘܬܐ ܗܘܐ
ܢܕܪܐ.[1]

Die einzelnen Blätter sind sehr beschädigt, so dass ein zusammenhängender Text aus dieser Hds. nicht zu gewinnen ist. Letzte Worte:

ܢܣܒܠܝܗ ܗܘܘ ܕܠܬܘ̈ܠܐ ܗܠܝܢ ܕܡܘܟܟܐ ܟܕ
ܘܟܢܝܫܐ ܕܝܚܝܕܝܘܬܐ ܘܕܘܒܪܐ ܕܡܫܝܚܝܘܬܐ ܘܡܢܟܣܘܗܝ
ܢܬܬܠܝܠܘܢ ܗܘ... ܠܐ ܢܬܠܠ ܕܡܘܟܟܐ ܘܡܣܟܢܘܬܐ
ܕܗܠܝܢ..

Über die Vitae des Gregorius Thaumaturgus s. V. Ryssel, Eine syrische Lebensgeschichte des Gregorius Thaumaturgus, in der Theologischen Zeitschrift aus der Schweiz, Jahrgang 1894.

2. Bl. 20. 21. 22. 24ᵃ Die Märtyrergeschichte des Bischofs Petrus von Alexandrien (getödtet 311), ohne Titel und Anfang. Unterschrift auf Bl. 24ᵃ: ܫܠܡܬ

ܣܗܕܘܬܐ ܕܩܕܝܫܐ ܦܛܪܘܣ ܐܦܝܣܩܘܦܐ
ܕܐܠܟܣܢܕܪܝܐ.

Vorhanden im Brittischen Museum (s. Wright S. 727 Nr. 7 und S. 1045).

Eine Griechische Märtyrergeschichte des Petrus bei Combefis, Illustrium Christi martyrum lecti triumphi, Paris 1660, S. 189—221, und eine Lateinische bei Surius, Vitae Sanctorum, Nov. 526—528, sind mit dieser Syrischen nicht identisch. Sein Gedenktag wird in der Griechischen Kirche am 24., in der Lateinischen am 25. November gefeiert.

Bl. 23 gehört zu der Vita des Antonius (Nr. 3).

---

[1] Migne, Patrologiae cursus completus, series graeca, tom. 46 p. 908. 909: Φαιδίμου δὲ κατὰ τὸν χρόνον ἐκεῖνον τῆς Ἀμασέων ἐκκλησίας καθηγουμένου· ᾧ διόθεν ἐξ ἁγίου πνεύματος προγνωστική τις δύναμις ἦν· καὶ πᾶσαν ποιουμένου σπουδὴν ὅπως ὑποχείριον λαβὼν τὸν μέγαν Γρηγόριον εἰς ἐκκλησίας ἀρχὴν ἀγάγοι, ὡς ἂν μὴ τοσοῦτον ἀγαθὸν ἀργόν τι καὶ ἀνόνητον παραδράμοι τὸν βίον..

3. Bl. 24ᵃ—48ᵃ ܬܫܥܝܬܐ ܕܢܨܚܢܘܗܝ
ܕܛܘܒܢܐ ܐܢܛܘܢܝܘܣ ܕܐܟܬܒܗ ܩܕܝܫܐ
ܐܬܐܢܣܝܘܣ ܪܒܐ ܕܪܒܐ ܕܐܦܝܣܩܘ̈ܦܐ
ܕܐܠܟܣܢܕܪܝܐ.

Bezeichnet am Rande als Nr. 3 ܓ der Sammlung.

Vita des h. Antonius, geschrieben von Athanasius von Alexandrien. Vergl. Wright II S. 760.

Anfang:

ܛܢܢܐ ܕܡܬܚܪܝܢܘܬܐ ܘܣܘܓܐܐ ܕܝܬܝܪܐ ܚܙܝܬܘܢ
ܥܡ ܝܚܝܕܝܐ ܕܡܨܪܝܢ. ܟܐܢܐ ܫܦܝܪܐ
ܕܒܚܪܝܢ. ܕܒܐܝܩܪܘܬܐ ܕܗܘܦܟܐ ܕܥܡܪܐ
ܗܠܝܢ. ܬܬܕܡܘܢ ܬܬܚܪܘܢ ܠܓܡܝܪܘܬܐ. ܕܠܐ
ܗܘܐ ܓܝܪ ܠܗܘܢ ܟܘܬܡܐ ܢܗܘܘܢ ܡܬܬܚܝܢ
ܗܠܝܢ ܕܐܝܟ ܗܠܝܢ ܕܣܒܪ. (Bl. 24ᵇ) ܐܠܐ
ܕܐܦ ܟܡܘܬܗܘܢ ܢܗܘܘܢ ܕܒܪܐ ܕܩܢܘܡܐ
ܕܗܠܝܢ ܕܟܬܒܐ.

Griechisch vorhanden bei Migne, tom. 26 p. 837—976. Hierher gehört auch Bl. 23, einzufügen vor Bl. 26. Eine Lücke zwischen Bl. 25 und 23.

Schlussnotiz:

ܫܠܡܬ ܬܫܥܝܬܐ ܕܢܨܚܢܘܗܝ، ܕܛܘܒܢܐ،
ܕܛܘܒܢܐ ܐܢܛܘܢܝܘܣ ܕܐܟܬܒܗ ܩܕܝܫܐ
ܘܡܩܝܢܐ ܐܬܐܢܣܝܘܣ ܪܒܐ ܕܐܦܝܣܩܘ̈ܦܐ
ܕܐܠܟܣܢܕܪܝܐ.

4. Bl. 48ᵃ—56ᵃ ܬܘܪܓܡܐ ܕܡܩܕܫܐ
ܕܐܡܦܝܠܘܟܝܘܣ ܐܦܝܣܩܘܦܐ ܕܐܝܩܘܢܝܘܢ.
ܕܐܡܪ ܥܠ ܩܕܝܫܐ ܒܣܝܠܝܘܣ ܐܦܝܣܩܘܦܐ
ܕܩܣܪܝܐ ܕܩܦܕܘܩܝܐ.

Homilie (wortreiche Lobrede) des Bischofs Amphilochius von Iconium (gestorben nach 392) über Basilius von Caesarea. Dieselbe Schrift bei Wright III S. 1125 (Nr. 11). Das Griechische Original nicht bekannt.

Dieser Text am Rande bezeichnet als Nr. 4 ܕ der Sammlung.

Die Schrift des Amphilochius Iconiensis in vitam et miracula sancti patris nostri Basilii bei Combefis (Amphilochii Iconiensis, Methodii Patarensis et Andreae Cretensis opera graeco-latina, Paris 1644, S. 155—225) ist mit diesem Syrischen Texte nicht identisch.

Nachschrift:

ܫܠܡ ܬܘܪܓܡܐ ܕܟܬܒܐ ܦܘܠܝܛܝܐ ܐܡܦܝܠܘܟܝܘܣ
ܐܦܝܣܩܘܦܐ ܕܐܝܩܘܢܝܘܢ܆ ܥܠ ܕܒܪܐ ܦܘܠܝܛܝܐ
ܘܬܗܪܐ ܠܬܗܪܐ ܘܪܒܐ ܥܝܪܐ. ܡܪܝ ܘܚܣܝܐ
ܒܣܝܠܝܘܣ ܐܦܝܣܩܘܦܐ ܕܩܣܪܝܐ ܩܦܘܕܩܝܐ.

5. Bl. 56a ܐܓܪܬܐ ܕܡܪܝ ܩܕܝܫܐ ܬܐܘܦܝܠܘܣ
ܐܦܝܣܩܘܦܐ ܕܐܠܟܣܢܕܪܝܐ ܠܕܝܪܐ ܕܒܝܬ ܦܟܘܡ.

Brief des Bischofs Theophilus von Alexandrien an das Pachomius-Kloster. Vorhanden im Brittischen Museum (s. Wright II S. 695 Nr. 14). Griechisches Original nicht bekannt.

Anfang:

ܐܚܝ. ܚܒܝܒܐ ܪܒܐ ܐܘܟܝܬ ܟܠܟܘܢ. ܘܡܟܐ
ܪܒܐ ܐܫܟܚܘ ܫܘܒܚܐ.

Nachschrift:

ܫܠܡܬ ܐܓܪܬܐ ܕܩܕܝܫܐ ܦܘܠܝܛܝܐ
ܬܐܘܦܝܠܘܣ ܪܝ ܐܦܝܣܩܘܦܐ ܕܐܠܟܣܢܕܪܝܐ.

6. Bl. 56a—68b ܐܘܦܝܩܘܣ ܕܒܝܬ ܐܒܐ
ܦܟܘܡܝܘܣ Eine Vita des h. Pachomius, identisch mit derjenigen, welche in einer Lateinischen Übersetzung aus dem Griechischen in den Acta Sanctorum unter dem 14. Mai unter dem Titel Paralipomena und Vita ex asceticis de iisdem Pachomio et Theodoro capita XIV S. 333—345 herausgegeben ist. Die Einleitung des Syrers fehlt in dem Lateinischen Text, und der Schlusstheil von Bl. 67b Col. 1 Z. 19 (Acta Sanctorum S. 343 Z. 14) an ist gänzlich verschieden von dem Lateinischen. Vorhanden im Brittischen Museum (s. Wright III S. 1100).

Anfang:

ܡܫܟܚܢܬ ܐܡܝܢ ܕܡܦܩܪ ܐܢܐ ܩܪܝܢ ܠܡܟܢܫܘ
ܐܠܝܢ ܕܐܬܬܟܝܢ. ܠܐܝܠܝܢ ܕܢܩܝܢ ܕܢܬܝܕܥܘܢ.

ܗܘ، ܘܡܠܠ (Bl. 56b) ܕܠܬܗܘܢ ܒܗ ܠܬܗܘܢ
ܢܦܫ. ܕܗܘܐ ܠܟ ܡܟܒܕܐ ܠܗ ܠܥܡܘܕܐ
ܕܢܘܗܪܐ. ܠܘܬ ܐܘܪܝܬܐ ܕܐܠܗܐ ܕܡܬܩܪܝܢ. ܗܘ،
ܕܝ ܕܡܚܠܠ ܡܐܢܘܬܐ ܢܛܠܒ ܕܢܬܘܒ ܗܠܝܢ.
ܡܫܝܚܘܬܗ ܡܫܝܚܐ ܥܠ ܗܘ ܕܡܬܥܒܕ. ܒܝܠܘܦ
ܒܗ ܡܢܝܪ ܗܘܝܠܝܢ ܒܡܠܬܐ ܚܕܬܐ. ܘܠܠ ܡܢ
ܗܠܝܢ ܘܕܝܢܬܐ ܐܡܝܪܝܢ ܚܢ.

Nachschrift: ܫܠܡܬ

7. Bl. 68b—105a ܬܘܒ ܬܫܥܝܬܐ ܕܕܒܪܘܗܝ،
ܕܩܕܝܫܐ ܦܛܪܘܣ ܐܒܝܫܐ ܐܦܝܣܩܘܦܐ
ܘܡܕܒܪܢܐ.

Vita des Petrus des Iberers. Eine solche ist von Zacharias Scholasticus (vergl. Bl. 105a Col. 2 Z. 11. 12 = Land, Anecdota Syriaca III, 347 Z. 5. 6) verfasst worden. Vergl. über diesen Petrus Land a. a. O. III S. 126. 127. Dieselbe Vita findet sich auch im Brittischen Museum (s. Wright III S. 1124).

Anfang:

ܕܒܬܪܝܗ ܠܡܕܒܪܢܐ ܕܟܠܝ. ܡܢ ܦܠܚܘ ܫܠܝܚܐ
ܐܠܗܝܐ ܦܘܠܘܣ. ܒܗ ܐܡܪ ܗܘܕܝܐ. ܐܬܚܙܝܘ
ܠܡܕܒܪܢܘܬܢ. ܗܠܝܢ ܕܟܠܗ ܒܝܬܟܘܢ ܡܠܬܐ
ܕܐܠܗܐ. ܚܙܘ ܕܒܗ ܡܬܚܫܒܝܢ ܐܝܬܝܟܘܢ ܒܗܠܝܢ
ܕܡܕܒܪܝܢ ܟܠܗ ܒܡܫܝܚܘܬܗܘܢ ܀

Dieser Text ist am Rande bezeichnet als Nr. 6 ܘ der Sammlung.

Nachschrift:

ܫܠܡܬ ܬܫܥܝܬܐ ܥܠ ܦܛܪܘܣ ܐܒܝܪܝܐ.[1]

8. Bl. 105a—108b ܬܘܒ ܬܫܥܝܬܐ ܕܕܒܪܘܗܝ،
ܕܗܘ ܕܒܝܬ ܩܕܝܫܐ ܐܒܐ ܐܫܥܝܐ.

Vita des h. Jesaias, verfasst von Zacharias Scholasticus. Herausgegeben von Land, Anecdota Syriaca III S. 346—356. Zacharias erzählt in seiner Vita des Severus (Nr. 9) Bl. 127a Col. 1,

[1] S. Text und Übersetzung dieser Schrift in: Petrus der Iberer. Ein Charakterbild zur Kirchen- und Sittengeschichte des fünften Jahrhunderts. Von R. Raabe. Leipzig 1895.

dass er Lebensbeschreibungen des Petrus Iberus und des Jesaias Aegyptius geschrieben habe:

ܐܝܟ ܕܐܦ ܗܘ ܡܫܬܥܝܬܐ ܕܐܢ̈ܫܐ ܠܬܫܥ ܠܐܠܗܐ: ܕܦܛܪܘܣ ܗܘ ܕܡܢ ܐܝܒܪܝܐ: ܘܐܫܥܝܐ ܗܘ ܚܣܘܢܐ ܐܝܟ ܘܐܦܘܠܘܓܝܐ ܟܬܒܬ ܗܘܬ: ܬܫܥܝܬܗܘܢ ܕܝܢ ܗܠܝܢ ܕܒܬܪܐ: (Col. 2) ܕܒ ܒܦܠܣܛܝܢܐ ܥܡܪܝܢ ܗܘܘ: ܬܫܡܫܬܐ ܪܒܬܐ ܡܫܡܫ ܗܘܘ ܗܢܘܢ: ܠܘܬ ܟܠܗܘܢ ܟܪܣܛܝܢܐ. ܐܦ ܡܢ ܠܒܪ ܡܢ ܬܚܘܡܬܐ ܕܐܝܟ ܗܠܝܢ. ܐܢܣܛܣܝܘܣ ܗܘ ܕܡܢ ܐܘܪܗܝ, ܘܫ̄ܪ.

9. Bl. 108b—109a ܕܩܕܝܫܐ ܡܪܝ, ܣܐܘܝܪܐ ܦܛܪܝܪܟܐ ܡܢ ܐܓܪܬܐ. ܕܠܘܬ ܦܛܪܘܣ ܘܐܡܘܢܝܣ ܘܐܠܘܡܦܝܕܘܪܘܣ. ܡܛܠ ܫܘܡܗܐ ܕܦܛܪܘܣ ܐܦܝܣܩܘܦܐ ܕܐܠܟܣܢܕܪܝܐ. ܕܐܬܩܪܝ ܥܣܝܪܝ. ܕܡܢ ܩܕܡܝܐ ܕܐܓܪ̈ܬܐ ܕܒܬܪ ܓܠܘܬܐ.

Aus einem Briefe des Patriarchen Severus an Petrus, Ammonius und Olympiodorus, betreffend die Bezeichnung des Alexandrinischen Patriarchen Petrus als des Zehnten. Aus dem 1. Bande des ἐπιστολαὶ ἐπιδρόνιαι. Vorhanden im Brittischen Museum (s. Wright II S. 592, IV Nr. 2).

Anfang:

ܥܠܝܗ ܕܝܢ ܕܡܢܝܢܗܘܢ ܕܦܛܪ̈ܝܪܟܐ ܕܥܠܝܟ. ܕܣܝܡ ܗܘܘ ܬ̈ܠܝܬ ܠܡܣܟܢܐ ܘܠܚܘܪܐ: ܟܕ ܒܕܘܪܐ ܒܕܘܪܐ ܕܐܠܟܣܢ. ܠܦܛܪܘܣ ܕܒܐܠܟܣܢܕܪܝܐ ܕܗܘ ܒܪܘ ܡܫܬܐܠܬ ܥܣܝܪܝܐ ܗܘܬ ܠܥܣܝܪܝܬܐ. ܬܟܣܝܢ ܘܠܝܢ. ܣܝܡ ܗܠܝܢ ܕܐܝܟ ܢܡܘܣܗ ܕܐܥܕܬܐ ܐܬܩܪܝܘ ܐܝܟ ܒܡܕܢܚܐ ܗܕܐ ܕܐܦܝܣܩܘܦܐ ܗ̈ܢܐ. ܬܪ̈ܝܢ ܐܘ ܬܠܬܐ ܒܪܡܫܐ ܩܠܝܠ ܕܝܘܡ̈ܐ. ܐܘ ܐܪܒܥܐ ܐܘ ܫܒܥܐ. ܕܗܟܢ ܗܘܐ ܒܡܕܒܪܐ ܕܐܬܪ̈ܐ ܐܫܬܡܠܝܘܢ ܗܘܘ.

10. Bl. 109a—135a ܬܫܥܝܬ ܬܫܡܫܬܐ ܕܕܘܒܪܐ ܕܚܝܘܗܝ, ܕܩܕܝܫܐ ܡܪܝ, ܣܐܘܝܪܐ ܦܛܪܝܪܟܐ ܕܐܢܛܝܘܟܝܐ. ܕܐܬܟܬܒܬ ܡܢ ܙܟܪܝܐ ܐܣܟܘܠܣܛܝܩܐ. ܗܘ ܕܒܟܬܒܗ ܦܪܐ ܗܘܐ ܘܒܐܠܟܣܢܕܪܝܐ ܘܒܒܪܘܬܘܣ ܡܪܕܘܬܐ ܕܢܡܘܣܐ.

Dieser Text ist am Rande als Nr. 9 ܛ der Sammlung bezeichnet.

Vita des Patriarchen Severus von Antiochien, verfasst von dem Scholasticus Zacharias, der zusammen mit ihm in Alexandrien und Berytus Jurisprudenz studirte. Das Leben des Severus ist beschrieben bis zum Antritt des Patriarchats (512), besonders ausführlich der Aufenthalt in Alexandrien und Berut mit vielen Details über den Kampf des Christenthums gegen das Heidenthum; seine Taufe in Tripolis, seine Reise nach Jerusalem, sein Aufenthalt im Kloster des Petrus Iberus, in seinem eigenen Kloster bei *Mdjûmâ*, seine Reise nach Constantinopel, seine Wahl zum Patriarchen; dazwischen viele Mittheilungen über einzelne Personen und über die Streitfragen der Zeit. Vermuthlich hat Zacharias diese Schrift in Constantinopel und zwar noch zu Lebzeiten des Severus d. i. vor 542, geschrieben.

Anfang:

ܡܢ ܐܡܬܝ ܐܬܬ ܠܘܬܢ ܘܡܢܐ. ܐܘ ܪ̈ܢܝܐ ܘܡܚܝܪܐ.. ܡܢ ܐܣܟܘܠܐ ܡܠܟܐ ܐܘ (Col. 2) ܬܒܝܢܗܐ: ܐܬܬܝ ܕܝܢ ܒܒܝܬܐ ܠܘܬܟ. ܒܕ ܚܕܐ ܐܢܐ ܕܐܠܦ ܡܛܠ ܗܠܝܢ ܕܢܦܩܐ ܐܢܐ ܕܐܫܐܠܟ. ܫܡܥܗ ܕܝܢ ܠܢܦܫܝ. ܒܬܚܘܝܐ ܕܗܘܐ ܡܢ ܐܝܟ ܕܗܟܢ ܐܢܫ ܕܗܝܡܢܘܬܐ ܕܒܪܣܦܝܢܐ ܐܝܬ ܠܗ: ܢܦܩ ܕܝܢ ܡܠܘܗܝ ܕܒܗܠܝܢ ܕܒ̈ܪܣܦܝܢܐ ܢܚܫ.. ܘܐܡܪܢܐ ܗܕܐ ܐܡܪ. ܘܒܐܢܝܐ ܕܝܢ ܒܬܒܥܘܬܐ ܦܠܚܬ ܀ ܟܕ ܢܚܡܕ ܐܢܐ ܒܬܟܐ ܕܬܒܥܬܐ ܕܐܝܬ ܒܐܣܟܘܠܐ ܡܠܟܢܐ: ܢܒܕ ܐܝܬ ܗܘ ܕܝܢ ܪܝܫܬܐ ܕܐܝܬ ܠܗ ܡܛܠ ܗܠܝܢ. ܐܝܟ ܡܢ ܗܠܝܢ ܕܢܬܒܝܢ ܘܡܬܒܝܢ ܬܒܥܬܐ.. ܫܡܥ ܠܗ ܒܬܒܥܬܐ ܗܘ ܕܐܬܐܡܪ. ܐܝܟ ܕܠܡܪܝܢܐ ܟܠܝܘܣ. ܕܐܝܬ ܒܗ ܣܓܝܐܐ ܡܕܡ. ܘܦܘܣܩܢܐ. ܘܚܘܫܒܐ ܘܚܝܠܐ. ܠܗܘܠ ܒܪܐ ܦܠܘܣܦܐ ܘܫ̄ܪ.

Nachschrift:

ܫܠܡܬ ܬܫܥܝܬܐ ܕܕܘܒܪܐ ܕܩܕܝܫܘܬܗ، ܕܩܕܝܫܐ
ܡܪܝ، ܣܘܝܪܐ. ܗܠܝܢ ܕܗܘܐ ܐܦܣܩܘܦܘܬܐ.
ܕܟܬܒܗ ܠܫܪܝܐ ܣܟܘܠܣܛܝܩܐ.[1]

11. Bl. 135ᵃ—147ᵇ ܬܘܒ ܬܫܥܝܬܐ ܐܚܪܬܐ
ܕܕܘܒܪܐ ܕܩܕܝܫܘܬܗ، ܕܩܕܝܫܐ ܡܪܝ، ܣܘܝܪܐ
ܦܛܪܝܪܟܐ ܕܐܢܛܝܘܟܝܐ. ܕܐܬܟܬܒܬ ܡܢ ܝܘܚܢܢ
ܪܝܫ ܕܝܪܐ ܕܒܝܬ ܐܦܬܘܢܝܐ ܘܡܫܬܐ ܕܒܝܬ ܐܦܬܘܢܝܐ.
ܕܐܦܣܩܘܦܐ ܕܒܬܪܟܢ ܗܘܐ ܕܢܩܠ ܐܠܗܐ ܠܫܪܓܝܣ
ܕܠܗ ܕܒܝܬ ܕܘܡܛܝܢܐ. ܗܘ ܕܒܬܪܟܢ ܐܦ ܐܦܣܩܘܦܐ
ܗܘܐ. ܕܠܗܝܢ ܐܦ. ܫܘܪܝܐ ܚܝܐ.

Am Rande als Nr. 10 ܝ der Sammlung bezeichnet.

Eine zweite Vita des Patriarchen Severus von Antiochien, verfasst in Griechischer Sprache von Johannes dem Abte des Klosters des Aphthonius auf den Wunsch des Mönches Dometius von demselben Kloster, der später Bischof wurde; übersetzt in das Syrische von dem Abt Sergius *Bar Karjâ*. Auszug aus einem Briefe von letzterem s. bei WRIGHT S. 994 Nr. 49.

Ein Stück derselben Biographie scheint im Brittischen Museum vorhanden zu sein (s. WRIGHT III S. 1151); sie umfasst das ganze Leben des Severus bis zum Tode und zur Beerdigung. Sein Aufenthalt in Alexandrien ist hier fast ganz übergangen.

Anfang:

ܡܟܝܟܘ ܐܝܟ ܠܢܦܫܬ ܘܠܥܝܢ ܘܠܬܪܬܝܢ
ܕܠܘܬ ܟܢܫܘܬܐ. ܐܘ ܚܒܪܐ ܕܐܠܗܐ. ܕܐܟܠܐ
ܚܙ ܡܟܝܟܐ ܐܝܬ ܠܟ ܕܗܠܝܢ ܐܠܗܝܬܐ. ܐܠܐ
ܠܟܠ ܗ̇ܝ، ܕܢܫܟܚ ܬܪܬܝܢ ܗ̇ܝ، ܕܒܛܝܒܘܬܐ ܗܘܬ
ܠܟ. ܟܕ ܠܡܠܬܐ ܚܕ ܐܢܫ. ܕܗܘܟܢܐ ܗܘܐ ܗܘܐ
ܠܟܬܒ̈ ܡܟܝܟܘܬܐ ܕܠܘܬ ܟܬܒܐ ܐܬܡܠܝܘܗܝ.
ܐܡܪܬܐ ܗ̇ܝ، ܕܟܡܟܝܟܐ. (Bl. 135ᵇ) ܫܘܪܝܐ
ܕܠܘܬ ܠܟܬܒܐ ܚܫܘܚܐ ܕܡܢ ܟܬܒܐ. ܟܕ ܚܙܝ

[1] Seitdem herausgegeben von Dr. J. SPANUTH, Zacharias Rhetor: das Leben des Severus von Antiochien in syrischer Übersetzung, Göttingen 1893.

ܐܬܚܙܝܬ ܒܡܠܐ ܕܝܢܐ ܡܐܘܪܐ: ܘܫܪܬ
ܒܡܠܘܬܐ ܕܐܘܠܨܢܐ ܘܕܐܬܘܪܝܐ ܕܠܗܘܢ:
ܬܘܒ ܕܝܢ ܘܒܬܚܡܦܠܝܐ ܕܬܪܝܨܘܬ ܫܘܒܚܗ.
ܘܒܫܘܫܠܐ ܕܡܠܐ ܐܠܗܝܬܐ ܘܒܕܘܒܪ̈ܝܗܘܬܐ
ܕܡܠܦܢܐ ܕܟܬܒܗܘܢ ܡܟܐ ܫ̈ܒܝܚܝܢ ܘܠܕܘܒܪܘܗܝ
ܕܗܢܐ ܕܐܬܠܐ ܐܬܪܓܪܓ. ܐܬܚܫܒܬ ܘܫܪ̈ܝ

Nachschrift:

ܫܠܡܬ ܬܫܥܝܬܐ ܕܕܘܒܪܐ ܕܩܕܝܫܘܬܗ، ܕܩܕܝܫܐ
ܡܪܝ، ܣܘܝܪܐ ܦܛܪܝܪܟܐ ܕܐܢܛܝܘܟܝܐ. ܕܟܬܒܗ̇
ܡܢ ܝܘܚܢܢ ܠܕܘܡܛܝܢܐ ܪܝܫ ܐܠܗܐ ܚܣܝܐ ܘܩܕܝܫܐ
ܐܒܘܗ ܡܪܝ، ܫܪܓܝܣ ܒܪ ܩܪܝܐ.

12. Bl. 147ᵇ—166ᵃ ܬܘܒ ܬܫܥܝܬܐ ܕܝܘܚܢܢ
ܘܡܠܐ ܠܦܘܪܐ ܝܘܚܢܢ ܐܦܣܩܘܦܐ ܕܬܠܐ
ܡܕܝܢܬܐ. ܕܗ̇ܝ، ܗܘܐ ܐܢܫܝܢ ܦܪ̈ܘܫܐ ܐܦܝܣܘ
ܒܫܦܝܪܘܬܐ ܡܬܝܕܥܬܐ ܠܐܢܫܐ ܕܟܡܐ ܗܘܐ
ܕܡܫܟܚܐ ܗܘܐ ܚܟܝܡ ܘܟܠܗ ܢܦܫܗ. ܕܐܬܟܬܒ
ܠܟܘܪܗܢܐ ܕܡܠܟܐ ܕܡܫܝܚܘܬܗ، ܕܒܪܝܐ.

Am Rande bezeichnet als Nr. 12 ܝܒ der Sammlung.

Vita des Bischofs Johannes von *Tellâ*. S. die Ausgabe und Übersetzung von H. G. KLEYN, Het leven van Johannes von Tella door Elias. Leiden 1882. Der Verfasser, ein persönlicher Bekannter des Johannes, heisst Elias, wie KLEYN S. IX meint, Elias von *Dârâ*.

13. Bl. 166ᵃ—172ᵇ ܬܘܒ ܬܫܥܝܬܐ ܕܕܘܒܪ̈ܐ
ܕܝܘܚܢܢ، ܕܝܥܩܘܒ. ܥܠܝܗ ܕܡܦܪܢܣܢܘܬܐ ܕܐܘܪܗܝ،
ܘܕܐܬܪ̈ܘܬܐ ܕܣܘܪܝܐ. ܗܘ ܕܐܝܟ ܐܬܡܚܝܢ
ܦܪܘܣܐ ܕܪ̈ܬܐ ܕܡܫܝܚܐ ܘܩܛܠ ܗܘܐ ܐܝܟ
ܡܢ ܡܐܘܪܐ ܠܦܘܠܚܢܐ ܘܐܬܕܘܪܘܬܗ ܘܐܒܕܐ
ܕܐܠܟܣܢܕܪܝܐ ܘܒܦܠܝܦܘܣ ܐܦܣܩܘܦܐ. ܘܗܘܐ
ܕܗܡܝܢܘܬܐ. ܕܡܬܒܢܝܐ ܠܝܘܢܝܐ — — —
ܝܘܚܢܢ ܕܐܣܝܐ.

Am Rande bezeichnet als Nr. 13 ܝܓ der Sammlung.

Vita des Bischofs Jacob von Edessa (Baradaeus) von Johannes von Asien. Herausgegeben von LAND, Anecdota Syriaca II S. 364, 17 ܡܢ

ܗܘ ܐܠܗܐ bis S. 381, 1. Schluss fehlt hier. Vergl. H. G. Kleyn, Jacobus Baradaeus. Leiden 1882 S. 105 über den Ursprung dieser Schrift. Nach Kleyn ist nicht Johannes von Ephesus der Verfasser dieser Vita, sondern ein späterer Redactor.

Am Rande Bl. 166ª folgende Notiz von späterer Hand:

ܕܝܥܩܘܒ ܒܘܪܕܥܢܐ ܐܬܬܚܝܒ ܬܫܥܝܬܐ ܗܕܐ.
ܘܠܐ ܕܝܥܩܘܒ ܐܘܪܗܝܐ ܡܦܫܩܢܐ ܕܟܬܒ̈ܐ.
ܒܐܘܪܗܝܐ ܡܬܬܢܝܚ ܗܘܐ ܕܝܢܗ ܫܢܬ ܐܠܦ.
ܘܒܪܕܝܢܐ ܫܢܬ ܦܦܓ ܚܝ.

14. Bl. 173ª—173ᵇ ܡܟܬܒܢܘܬܐ ܕܡܪܝ, ܩܘܪܝܩܘܣ ܐܦܝܣܩܘܦܐ ܕܐܡܕ. ܥܠܘܗܝ, ܕܛܘܒܢܐ ܡܪܝ, ܝܥܩܘܒ.

Am Rande bezeichnet als Nr. 14 ܝܕ der Sammlung.

Schrift des Bischofs Cyriacus von Amid über denselben Jacob von Edessa.

Vorhanden im Brittischen Museum (s. Wright III S. 1131 Nr. 47ᵇ). Der Inhalt mitgetheilt von Kleyn, Jacobus Baradaeus S. 88. 89.

Anfang:

ܟܕ ܡܫܠ ܡܪܝ, ܝܥܩܘܒ ܐܦܝܣܩܘܦܐ ܡܢ
ܒܡܕܝܢܬܐ ܘܡܢ ܕܝܫܠܝܬܐ ܥܡ ܠܘܬ ܡܪܢ̱
ܡܢ ܩܕܡ ܕܐܢܐ ܢܡܚܐ: ܘܦܓܪܝܢܐ ܡܪܝ,
ܐܬܟܢܫܘ ܥܠ ܒܘܪܣܝܐ ܕܦܓܪܗ ܗܘ ܕܒܪܐ
ܐܬܝܢ: ܬܘܒ ܡܠܟܐ ܕܪ̈ܘܡܝܐ ܩܘܣܛ ܒܪ ܡܢ
ܒܪܘܬܘܡܣ̱ ܠܐܦܣܩܘ̈ܦܐ ܘܐܪ̄ܝ.

Nachschrift:

ܫܠܡܬ ܬܫܥܝܬܐ ܕܡܪܝ, ܝܥܩܘܒ ܐܦܝܣܩܘܦܐ
ܕܐܘܪܗܝ.. ܐܬܟܬܒܬ ܕܝܢ ܬܫܥܝܬܐ ܗܕܐ
ܒܡܦܩܬܐ ܕܡܪܝ, ܬܐܘܕܘܣ ܦܛܪܝܪܟܐ ܘܐܦܣܩܘܦܐ
ܕܕܝܪܐ ܕܦܣܝܠܬܐ. ܩ̈ܢܘܡ ܡܪܝ, ܫܐܦܐܢܐ
ܕܪܝܫܢܐ ܕܗܠܝܢ ܕܒܩܪܝܐ. ܥܕܬ ܐܠܗܐ ܘܥܡܗܝܢ
ܘܬܪ̈ܬܝܢ ܕܥܠܡܘܣ.

15. Bl. 173ᵇ—179ᵇ ܬܘܒ ܬܫܒܘܚܬܐ ܕܩܠܡܐ ܕܦܘܪܢܐ ܘܝܘܠܝܢܐ ܣܒܐ.

Am Rande bezeichnet als Nr. 15 ܝܗ. Panegyricus auf Julianus *Sâbhâ* von Ephraem.

Nach Wright III S. 1090 ist nicht Ephraem, sondern Theodoret der Verfasser; es ist übersetzt aus seiner Historia religiosa oder Philotheus (Opera omnia, tom. III, Halle 1771 S. 1119—1136).

Anfang:

ܠܦܘܪܢܐ ܘܝܘܠܝܢܐ ܗܘ ܕܐܝܟ ܕܒܐܣܪܐ ܡܢ
ܟ̈ܠ ܐܬܪܐ ܣܒܐ ܡܬܦܪܫܐ ܗܘܐ. ܚܙܒܐ
ܐܝܟ ܗܢܐ ܕܣܒܐ. ܥܠ ܐܢܫܐ ܕܡܫܚ ܟ̈ܫܝܪܐ
ܡ̇ܟܪܟ. ܗ̇ܘ ܗܢܐ (?) ܟܐܬܪܐ ܕܦܘ̈ܬܪܐ ܡܢ
ܘܐܡܪ ܚܙܝ ܗܘܐ. ܗܢܐ ܕܝܢ ܡܬܘܪܐ ܐܪ̈ܝܐ.
ܐܝܟܢܐ ܕܡܬܠܠܬܐ ܕܒܣܪܗ ܡܚܕ. ܡܛܘܠ ܕܝܢ
ܗܘ ܐܬܪܐ ܗܢܐ ܠܡܪܢܐ ܒܣܪܐ ܠܡܦܬܗ
ܘܐܢܫܐ. ܕܡܪܢܝܐ ܦܪܬ. ܠܡܕܝܢܬܐ ܕܝܢ ....
ܒܣܪܐ ܠܬܫܡܫܬܐ ܠܒܠܝ̈ܐ ܕܢܘ̈ܣܐ. ܢܦܫܐ
ܠܗ ܟܠ ܐܬܪܐ ܕܐܬܝܗܒ ܬܫܡܫܬܐ ܕܡܠܝܬܘܬܐ
ܕܚ̈ܘܫܐ. ܐܢܫ ܐܝܟ ܕܝ ܗ̇ܝ, ܡܢ ܩܕܡ. ܐܣܛܪܝܘܛܐ
ܡܬܘܪܝܐ (Bl. 174ª) ܗܘܬ ܩܕܡ.

Nachschrift:

ܫܠܡܘ ܩ̈ܠܡܐ ܕܦܘܪܢܐ ܘܝܘܠܝܢܐ ܣܒܐ
ܕܥܒܕ ܠܦܘܪܢܐ ܐܦܪܝܡ.

16. Bl. 179ᵇ—186ᵇ ܡܘܕܝܢܘܬܐ ܘܩܝܡܬܐ ܕܡܟܣܝܡܝܠܝܢܘܣ ܘܝܡܒܠܝܟܘܣ ܘܡܪܛܝܠܘܣ ܘܕܝܘܢܘܣܝܘܣ ܘܝܘܚܢܢ ܘܣܪܦܝܘܢ ܘܐܟܣܩܘܣܛܕܝܢܘܣ ܘܐܢܛܘܢܝܘܣ ܒܝܘܡ̈ܝ ܕܕܩܝܘܣ.

Bekenntniss und Auferweckung des Maximilianus, Iamblichus, Martellus, Dionysius, Johannes, Serapion, Exacustadianus (?) und Antonius zur Zeit des Decius.

Am Rande bezeichnet als Nr. 16 ܝܘ der Sammlung.

Die Siebenschläfer-Legende, in der Hauptsache übereinstimmend mit der von Land, Anecdota Syriaca III S. 87—99 herausgegebenen Version.

Anfang:

ܟܕ ܡܠܟ ܕܩܝܘܣ ܡܠܟܐ ܒܡܠܟܐ ܐܬܬܠܝ ܗܘܐ :
ܘܐܬܐ ܠܩܘܣܛܢܛܝܢܦܘܠܝܣ ܘܠܐܦܣܘܣ
ܡܕܝܢܬܐ : ܡܢ ܩܪܛܓܢܝܐ ܡܕܝܢܬܐ. ܗܘܝܘ
ܟܪ̈ܝܬܐ ܕܐܬܪܐ ܐܬܬܠܝܘ ܗܘܝ : ܘܩܪܘܒܬܐ
ܕܦܘܠܚܢܐ ܐܬܟܪܬ : ܘܚܡܝܢܐ ܘܐܪܥܐ ܕܟܠܗ
ܘܥܡܗ ܡܢ ܡܕܝܢܬܗ. ܟܕ ܕܝܢ ܥܠ ܗܘܐ ܗܘ
ܠܗܘܢ ܒܡܠܟܐ ܠܐܦܣܘܣ ܡܕܝܢܬܐ. ܐܬܬܪܝܡ
ܠܒܗ. ܘܫܪܝ ܕܢܒܢܐ ܒ̈ܠܘܬܐ ܡܨܥܬ ܒܪܟܐ.
ܘܟܕ ܡܬܒܢܝܢ ܒܝܫܘܬܐ. ܠܐܘܪܚܐ ܒܪܟܐ ܦܩܕ
ܗܘܐ. ܘܡܬܟܢܫܝܢ ܗܘܘ ܒܗܘܢ ܠܦܬܟܪ̈ܐ.
ܘܡܬܦܝܫ ܗܘܐ ܦܓܪܝܗܘܢ ܒܕܡܐ ܕܕܒܚ̈ܐ.
ܘܡܬܒܥܝܢ ܫܒܝܠܐ ܕܡܢ ܚܠܦܝܗܘܢ ܒܚܠܦܘܗܝ. ܒܢܝܢ
ܗܘܘ ܡܨܥܬ (Bl. 180a) ܒܪܟܐ ܕܐܦܣܘܣ.
ܘܬܫܢܝܩ ܕܩܘܪ̈ܒܢܐ ܕܕܝܘ̈ܢܐ ܠܡܕܝܢܬܐ ܡܬܒܥܐ
ܗܘܐ. ܘܡܬܚܦܛܐ ܘܡܬܦܬܐ ܕܟܢܫܐ ܕܟܢܘܫܬܐ
ܡܢ ܡܨܥܬ ܒܪܟܐ ܥܠܘ ܗܘܐ. ܘܡܬܒܥܐ
ܠܫܘܪܝܗ ܕܟܝ ܫܢܝܐ. ܒܗ ܡܠܟ ܒܗܘ ܘܝܠܟܐ
ܒܡܕܝܢܬܐ : ܕܐܬܝܡ ܒܝܫܘܬܐ ܘܪܚ̄

Der Schluss der Legende und die Nachschrift fehlen. Letzte Worte:

ܘܒܟܢܫܐ ܪܒܐ ܕܥܠܝܘܢ ܐܦܣܩܘܦܐ. ܗܦܟܐ
ܒܐܕܝܐ ܪܒܐ ܘܕܒܘܪܐ ܠܦܘܠܚܢܐ ܘܚܒܪ
ܡܠܟܐ ܬܐܘܕܘܣܝܣ ܕܗܘܬܐ ܠܒܠܝܘܢ
ܦܘܩܕܢܐ ܕܐܬܪܐ. ܘܚܣܒ ܡܗܘܬܒܬܐ ܪܘܒܪܬܐ
ܒܟܪ̈ܬܐ ܘܒܪܬܐ ܘܟܪܐ ܠܐܦܣܩܘܦܐ
ܕܐܦܝܣܝܡ ܗܘܘ ܒܐܦܣܘܣ. ܡܛܠ ܗܝܡܢܘܬܗ
ܕܦܓܪܐ. ܘܒܢܝܢܬܐ ܕܠܗ ܕܡܠܟܐ
ܘܒܗܝܡܢܘܬܐ ܕܠܗ ܘܕܠܗܘܢ : ܐܡܝܢ ܫܠܡ
ܐܦܣܩܘܦܐ ܗܘܢ ܠܩܘܣܛܢܛܝܢܘܦܘܠܝܣ

Über die Syrischen Bearbeitungen dieser Legende vergl. J. Guidi, Testi orientali inediti sopra i sette dormienti di Efeso, Roma 1885, besonders S. 32—50 und V. Ryssel, Archiv für das Studium der neueren Sprachen und Litteraturen, Band 93 und 94, Über die Siebenschläfer-Legende.

17. Bl. 187a—188b.

Ein Bruchstück der Doctrina apostolorum ܡܠܦܢܘܬܐ ܕܫܠܝ̈ܚܐ (Schluss derselben), beginnend mit den Worten:

ܕܐܝܬ ܒܦܘܪ̈ܫܢܐ. ܕܢܬܒܥܐ ܪܒܐ ܕܥܠܡܐ.
ܕܒܐܒܘܗ ܗܘܐ ܡܬܬܒܥܝܢ ܠܥܠܡܐ ܘܥܪ̄

Der Text entspricht in der Ausgabe von Lagarde, Reliquiae juris ecclesiastici antiquissimi 1866 S. 38 ܠܡ Z. 9 bis zum Ende auf S. 44 ܥܒܕ.

Schlussnotiz auf Bl. 188b:

ܫܠܡܬ ܡܠܦܢܘܬܐ ܕܫܠܝ̈ܚܐ :

Über das Alter der Hds. giebt die Unterschrift auf Bl. 173b Col. 2 Auskunft; danach (s. den Wortlaut oben) ist die Schrift Nr. 13 geschrieben d. i. copirt, auf Betreiben des Priesters und Styliten Theudas (?Theodosius?) vom Kloster *Psiltâ* zu der Zeit, als ein Stephanus Abt dieses Klosters war, nämlich A. Gr. 1052 = 741 n. Chr. Geb.; und da der ganze Band dieselbe Schrift aufweist, so ist die ganze Hds. um dieselbe Zeit geschrieben.

Eine zum Theil stark verwischte Notiz früherer Besitzer der Hds. findet sich auf Bl. 188b:

ܐܬܩܢܝܗ ܬܫܥܝܬܐ ܗܕܐ ܠܓܒܪܝܐܝܠ(?)
ܘܠܐܒܪܗܡ ܥܡ ܡܟܝܢ̄
ܘܠܝܫܘܥ ܒܪܒܗܢܡ(?) ܒܪ ܝܫܘܥ ܡܢ ܒܝܬ
ܣܒܪܝܢܐ. ܘܝܫܘܥ(?)
ܐܒܘܗܝ ܕܝܫܘܥ ܐܝܬܘ.. ܫܢܬ ܐܦܦܐ(?)
ܕܝܘ̈ܢܝܐ.

Danach hat diese »Geschichte« den Diakonen und Mönchen Gabriel und Abraham, ferner Jesu *Bar Behnâm*, Sohn des Jesu aus *Beth-Sabhrin* im *Tûr-'Abdîn* und dem Vater des letzteren Jesu gehört A. Gr. 1781 = 1470 n. Chr. Die Lesung der Jahreszahl scheint mir nicht ganz sicher.

Eine andere Besitzernotiz auf Bl. 158^{b} unter dem Text: ܐܝܬܘܗܝ ܟܬܒܐ ܗܢܐ ܕܬܫܥܝܬܐ ܠܕܝܪܝܐ ܒܪܨܘܡܐ ܒܪ ܡܫܡ̄ ܒܝܪܗ ܡܢ ܒܝܬ ܣܒܠܝܪܝܢܐ (?) ܫܢܬ ܐܬܣܐ.

Danach hat diese Hds. dem Mönche *Barṣaumâ*, Sohn des Diaconus *Bîra* (?) aus *Sablrînâ* (?). gehört A. Gr. 1761 = 1450 n. Chr.

Folgende Schenkungsurkunde auf Bl. 149^{a}:

ܥܡ ܠܟܬܒܐ ܗܢܐ ܕܬܫܥܝ̈ܬܐ. ܣܝܡܐܝܬ ܝܘܚܢܢ ܒܪ ܗܛܘܐܝܐ ܡܢ ܩܪܝܬܐ ܒܩܐܝܬ ܡܩܪܒܬܐ ܠܕܝܪܐ ܩܕܝܫܬܐ ܕܡܪܝ ܡܠܟܐ. ܡܛܠ ܢܦܫܗ. ܘܡܛܠ ܢܦܫ̈ܬܐ ܕܐܒܗ̈ܘܗܝ. ܕܡܝ̈ܬܘܗܝ. ܡܚܝ̈ܠܐ. ܟܠ ܕܩܪܐ ܢܨܠܐ ܥܠ ܚܛܝܐ ܘܥܠ ܡܝ̈ܬܘܗܝ. ܐܠܗܐ ܢܚܘܣ ܥܠܝܗܘܢ ܐܡܝܢ. ܗܘ ܘܠܡ ܫܢܬ ܐܫܬܨ ܕܝܘܢܝ̈ܐ. ܒܝܘܡ ܒܐܣܩܘܠ ܡܚܝܠܐ.

Es schreibt ein Basilius, dass der Mönch Johannes, Sohn des *Hâṭûi* (?) aus dem Dorfe ܒܩܐܝܬ, dies Buch der Erzählungen dem Kloster des h. *Malkâ* geschenkt hat A. Gr. 1790 = 1479 n. Chr. Geb.

Charakteristisch für die Schrift ist, dass das Semkat bereits nach links verbunden wird, dass neben der älteren Gestalt des Aleph auch bereits die jüngere, in der Hauptsache auf eine gerade Linie reducirte Form erscheint, dass die Vocalisation durch Punkte in der bekannten Ausbildung hier noch nicht vorhanden, und dass die Interpunction mit grosser Sorgfalt durchgeführt ist. Für die weiteren schriftgeschichtlichen Details vergl. das Facsimile von Bl. 68^{b}. 69^{a}.

Ausser bedauernswerthen Lücken und dem Verlust des Anfangs weist die Hds. auch noch andere Mängel auf: von einigen Blättern sind an den Seiten Stücke abgerissen (z. B. von Bl. 1—14), andere Blätter haben am unteren Ende sehr stark durch Feuchtigkeit gelitten (z. B. Bl. 57 = 89), so dass die Reihenfolge der Blätter nicht überall durch den Zusammenhang controlirt werden kann. Schliesslich ist auf vielen Seiten die Tinte (durch Feuchtigkeit oder Reiben?) bis zu dem Grade verschwunden, dass die Schrift theils nur noch in blassen Umrissen, theils überhaupt nicht mehr vorhanden ist.

Die erste Hälfte der Kurrâs-Zahlen ist verschwunden; vorhanden sind die Ziffern der Kurrâs 11. 13—21. Das einzelne Kurrâs scheint im Durchschnitt 10 Blätter gehabt zu haben. Die Hds. ist an einigen Stellen mit Fetzen einer jüngeren Hds. geflickt.

Einigen der Über- und Unterschriften sind am Rande in unbeholfener Schrift Arabische Versionen von einer späteren Hand beigefügt, z. B. auf Bl. 147^{b}:

تملت تشعيت ساويرا انفطرك تشعيت انمطرن يوحنا

Ferner ist zu erwähnen, dass das linksseitige Bindeblatt ein Stück einer älteren Pergamenthandschrift ist: die sehr grosse Estrangeloschrift ist nicht mehr überall lesbar. Fragment eines Hymnus, dessen einzelne Strophen eingeleitet sind durch Hosianna ܐܘܫܥܢܐ.

Am Rande einige spärliche Glossen (z. B. auf Bl. 81^{a}. 109^{b}. 110^{b}. 111^{a}. 115^{b}. 118^{b}), eine Griechische ΠΟΛΗΤΙΕΤΜΕΝ . . . d. i. πολιτευόμενος (Bl. 61^{a}). ΑΥΤΑΒΤΣ (Bl. 61^{b}) und Arabisches von roher Hand auf Bl. 40^{b}. 43^{b}. 86^{b}.

Jede Seite hat zwei Columnen zu je 34—38 Zeilen. 189 Blätter (30.5 bis 31 × 22 cm).

27.

(Sachau 302.)

Pergament.

Bruchstück einer alten Handschrift, welche eine Sammlung von Schriften hauptsächlich monastischen Inhalts enthielt.[1] Die hier erhaltenen Theile stammen her von

Marcus Eremita, Schüler des Johannes Chrysostomus;
Antonius (um 300);
Johannes aus Theben (gest. 394);
Jacob dem Seher, Schüler des Antonius;
Johannes Chrysostomus;
Ephraem;
Evagrius (gest. 398).

Inhalt:

1. Bl. 1—9ᵃ Theil eines Werkes von Marcus Eremita in acht Abschnitten oder ܡܐܡܪ̈ܐ, bestehend aus

a) dem Schluss des 7. Abschnittes, der Ἀντιβολὴ πρὸς σχολαστικόν, und

b) Abschnitt 8 Adversus Melchisedechianos. Vergl. Assemani III, 45. Übersetzt aus dem Griechischen, s. Gallandi Bibliotheca veterum Patrum VII 80C und 92B. Migne 65, 1071—1102.

a) Bl. 1ᵃ—3ᵃ. Anfang:

ܬܘܒ ܕܝܠܗ ܗܢܐ ܡܐܡܪܐ ܢܨܚܢ. ܠܬܪ̈ܥܝܬܐ ܕܡܢ ܕܟܝܢ
ܕܠܝܗ ܐܬܐܡܪܘ ܐܡܬܐ ܢܨܝܚ. ܘܫܡܠܝܘܬܐ
ܕܡܢ ܐܡܪ ܠܗ. ܕܢܚܡܘܐ ܕܡܢܝܪܐ ܕܘܟܐ ܗܘ
ܕܡܕܡܬ ܐܠܦܬ ܠܝ. ܐܡܪ ܠܗ ܗܘܐ. ܘܡܠܘ
ܐܢܐ ܠܫܡܫܘܬܟ. ܕܠܐ ܐܡܪ ܠܒܪܢܫܘܬܟ.
ܗܘ, ܕܟܠ ܠܐ ܠܐ ܢܦܫܐ ܚܢܢܬܐ ܐܒܠܬ.
ܘܟܕ ܫܡܥܐ ܕܬܬܠ ܬܫܒ ܘܡܘܬ ܕܢܚܬ. ܒܪܘ
ܕܡ ܢܫܡܘ ܠܗܠܝܢ. ܘܐܬܐ ܠܗ ܗܘܐ ܟܐ ܕܗܘܝܢ

ܠܝ. ܫܡܥܬ ܗܘܝܬ ܠܬܪ̈ܥܝܬܐ ܕܗܘܬ ܡܬܟܐ ܐܠܗܐ
ܥܠ ܫܘܦܪܐ ܕܒܢܝ̈ܢܫܐ. ܘܕܡܘܬ ܠܒܢܝܐ ܕܐܡܪ.
ܕܐܠܗܐ ܢܒܪ ܠܟܘܪܣܝܗ. ܕܐܝܠܝܢ ܕܫܦܝܪ
ܠܒܢܝ̈ܢܫܐ. ܒܡܘܬܐ ܡܛܠ ܕܐܠܗܐ ܐܘܠ ܐܢܘܢ.

An der Disputation nehmen Theil ausser dem Scholasticus der Greis ܣܒܐ, ein ܕܘܟܐ (δοχαστικός), ein Einsiedler ܝܚܝܕܝܐ und Fratres ܐܚ̈ܐ.

Inhalt:

Von der Sucht den Menschen zu gefallen ܫܘܦܪܐ ܕܒܢܝ̈ܢܫܐ: sie wird von der h. Schrift verworfen. Aufzählung der Arten des Bösen (böser Eigenschaften) ܡܫܘܚ̈ܬܗ ܕܒܝܫܘܬܐ, besonders von der Heuchelei. Dergleichen soll der Mönch vermeiden, soll stets suchen nicht den Menschen, sondern nur Gott zu gefallen. Von der ܡܡܟܟܘܬܐ ܕܡܢ ܚܘܒܐ (dass Christus aus Liebe die Sünde der Welt auf sich genommen u. s. w.). Mahnung an die Mönche, welche schliesst mit den Worten: »denn der Irrthum ist die Tochter der Nachlässigkeit, und beide sind die Kinder des Unglaubens« (Bl. 2ᵇ). Schliesslich von dem Willen des Fleisches ܨܒܝܢܐ ܕܒܣܪܐ. Wandelt im Geiste und thut niemals die Begierde, den Willen des Fleisches.

Vermuthlich dieselbe Schrift bei Wright S. 779 (5. c.). Migne 65. 1117—1140.

Schlussnotiz Bl. 3ᵃ:

ܫܠܡ ܡܐܡܪܐ ܕܫܒܥܐ

b) Bl. 3ᵃ—9ᵃ ܡܐܡܪܐ ܕܬܡܢܝܐ. ܠܘܩܒܠ ܡܠܟܝܙܕܩܝ̈ܐ. ܕܝܠܗ ܕܗܢܐ ܡܪܩܘܣ ܝܚܝܕܝܐ.

Achter Abschnitt. Gegen die Melchizedekianer. Von demselben Marcus Eremita.

Anfang:

ܡܪܢ ܝܫܘܥ ܡܫܝܚܐ. ܗܘ ܠܚܠܡܐ ܗܢ ܟܠܗ
ܠܢܦܠܐ ܕܡܢ. ܠܚܪܘܪܘܬܐ ܕܡܢ ܕܫܪܪܐ ܒܪܬܐ
ܕܡܫܬܐ ܦܫܝܛ. ܠܢܦܫܐ ܐܡܪ ܕܐܡܘܪܝܢ ܘܕܡܟܬ
ܘܠܢܛܪܬܐ ܕܪܝܐ. ܐܡܚܐ ܕܡܢ ܗܕܐ ܡܫܡܫܝܢ
ܠܡܪܢ. ܕܗܘܝܐ ܡܫܡܫܐ ܐܝܠܝܢ ܕܡܢ ܟܬܪ
ܡܫܠܡܢܘܬܐ ܫܠܝܚܘܬܐ ܐܬܦܪܣܘ ܕܒܐܝܕܝ.

[1] S. eine Beschreibung von F. Baethgen, Zeitschrift für Kirchengeschichte XI, 3 S. 442 ff.

ܡܕܡ ܡܛܪܐ ܐܝܟܢ ܘܙܕܝܩܘܬܐ ܕܥܠܡܐ. ܟܕ ܚܙܝ ܬܠܡܝܕܘܗܝ ܡܫܝܚܐ. ܡܕܡ ܠܐ ܫܦܝܪ ܡܢ ܚܙܝܐ. ܘܡܫܝܚܐ ܦܠܓܘܗܝ ܠܐ ܡܕܡ ܚܙܝ ܡܢ ܫܠܝܚܐ ܐܠܗܐ ܕܐܦ ܡܫܠܡ. ܐܠܐ ܫܠܡܘܢ ܟܕ ܕܫܠܛܐ ܠܫܠܡܐ ܫܠܡ ܟܠ ܡܠܬܐ ܙܕܩ.

Schlussnotiz Bl. 9ª:

ܫܠܡ ܟܬܒܐ ܕܦܘܫܩܐ ܕܪܗܘܡ ܢܫܝܚܐ. ܕܥܒܕ ܬܫܒܘܚܬܐ ܡܟܪܝܐ.

Skizze des Inhalts: Einige erheben den Melchizedek, um den Messias zu verkleinern. »Wenn er nicht von Natur der Sohn Gottes wäre, wie könnte er ܡܠܟܐ ܕܫܠܡܐ und König der Gerechtigkeit genannt werden!« »Wenn er nicht Gott wäre, wie könnte er ohne Vater und ohne Mutter sein?« Von dem Ausdruck Hebräer 7, 21 (nach der Harclensis): ܐܢܬ ܗܘ ܟܘܡܪܐ ܠܥܠܡ ܒܛܟܣܗ ܕܡܠܟܝܙܕܩ.

Der Ausdruck ܒܛܟܣܐ wird gedeutet: ܒܕܡܘܬܐ ܠܘ ܐܝܟ ܕܒܡܫܝܚܐ

»Wenn M. ein Mensch wäre, wie könnte er für ewig Priester bleiben« (Bl. 4ª). »Zugegeben, dass M. ein Mensch sei, vergleichbar dem Messias, wie kommt es, dass er ohne Vater und ohne Mutter ist, dass sein Leben keinen Anfang und kein Ende hat?« Hebräer 7, 3. Worin die Ähnlichkeit zwischen dem Messias und Melchizedek besteht. Was der Ausdruck »seine Tage haben keinen Anfang und sein Leben kein Ende« bedeutet in Anwendung auf den Messias (Bl. 4ᵇ). Warum man Christi Leben nach Jahren berechnet: ܘܠܡܢܐ ܡܢܝܢ ܡܬܡܢܝܢ ܠܗ ܫܢܝܐ.

Von der Menschwerdung. Christus hat keinen Anfang, wohl aber die ἕνωσις ܚܘܝܕܬܐ (Bl. 5ª). Erklärung des Ausdrucks, dass Melchizedek beständig Priester bleibt (Bl. 5ᵇ). Erklärung von Hebräer 7, 4: ܚܙܘ ܕܝܢ ܟܡܐ ܪܒ ܗܢܐ Der Verfasser fragt (Bl. 6ª): Warum haben denn die Propheten und Apostel Gottes den Melchizedek nicht verkündet, haben sie es aus Neid oder Furcht unterlassen, während sie doch den Messias ohne Neid und Furcht verkündet haben. Erklärung des Ausdrucks Hebräer 5, 11 ܘܥܣܩܐ ܠܡܬܦܫܩܘܬܗ (Bl. 6ᵇ). Melchizedek heisst König der Gerechtigkeit

ܡܠܟܐ ܕܟܐܢܘܬܐ. ܐܝܟ ܗܢܐ ܕܗܘ ܐܠܗܐ ܕܒܟܘܠ ܫܘܬܐܣܬ ܠܟܢ. ܐܘ ܐܝܟ ܐܢܫ ܕܐܬܪ ܡܠܟܐ ܪܘܫܡܐ ܐܣܟܝܡܐ ܕܡܬܦܫܩ ܐܬܬܦܝܣܘ. ܗܘ ܕܝܢ ܠܐ ܡܬܦܫܩܐ.

Die 318 Knechte Abrahams wurden mit den 318 Vätern von Nicaea verglichen (Bl. 7ª). Von M. als dem Priester vor dem Gesetze ܟܘܡܪܐ ܩܕܡ ܢܡܘܣܐ (Bl. 7ᵇ). »Wenn M. nicht von Natur Gott ist, so fehlen wir nicht, wenn wir einen Menschen zum Gott machen« (Bl. 8ª). Die Melchizedekianer sind von den h. Bischöfen verflucht, sie halten sich aber noch im Verborgenen; sie verleumden die Bischöfe und Periodeuten (Bl. 8ᵇ). Protest gegen die Lehre der Melchizedekianer und Aufforderung an sie, zum Messias, zum Glauben der Väter und Märtyrer zurückzukehren (Bl. 8ᵇ). Die Melchizedekianer sind offenkundig Juden (Bl. 9ª).

Der Verfasser führt die Lehren der Gegner in kurzen Sätzen an und knüpft daran seine Widerlegung. In der Hauptsache handelt es sich um die Auslegung der auf Melchizedek bezüglichen Stellen im Hebräerbrief Cap. 5, 6 und 7.

2. Bl. 9ª—11ᵇ ܬܘܒ ܬܫܥܝܬܐ ܕܠܗ ܕܩܕܝܫܐ ܡܪܩܘܣ ܢܘܟܪܝܐ. ܬܫܥܝܬܐ ܗܘܬ ܥܠ ܡܠܟܘܣ.

Geschichte des Marcus Eremita von einem alten Mönche Malchus und dessen Erlebnissen.

Anfang:

ܟܠ ܬܠܡܝܕ ܡܫܝܚܐ ܡܢ ܐܪܥܬܐ ܕܗܘܪܐ. ܐܚܐ ܬܘܒܐ ܚܕ ܕܡܬܘܕܝܐ ܕܝܪܝܐ. ܒܗܘܐ ܐܝܬ ܗܘܐ ܐܝܟ ܕܐܬܐ ܚܕܐ ܕܒܥܐ ܠܡܠܟܘܣ. ܒܪܝܐ ܕܡܬܕܡܝܐ ܗܘܐ. ܐܠܐ ܐܢ ܡܢ ܗܘ ܕܝܢ ܐܢܫܘܬ ܗܘܬ ܡܢ ܐܟܣܢܝܐ.

Nachschrift Bl. 11ᵇ:

ܫܠܡܬ ܬܫܥܝܬܐ ܕܕܝܪܝܐ ܡܪܩܘܣ ܚܣܝܐ.

Skizze des Inhalts:

In dem Dorfe Μαρωνία (vergl. Ptolemaeus V. 15. 18), drei Meilen von Antiochien in Syrien entfernt, lebte ein alter Mönch Malchus. Ich (Marcus) hatte damals meine Eltern verlassen und war zum h. Evagrius gegangen, folgte aber dann einem besonderen Wunsche und ging zu Malchus.

Dieser erzählte ihm nun als eine Lehre, dass man seinen geistigen Oberen gehorchen müsse, das folgende aus seinem eigenen Leben:

Ich bin geboren in einem Dorfe ܒܝܬܡܓܕܠܐ und war das einzige Kind meiner Eltern. Als ich erwachsen war, wollten sie mich verheirathen, ich aber wollte Mönch werden (Bl. 9ᵇ). Ich entfloh daher und wollte mich den Klöstern des Ostens zuwenden; weil aber damals die Römer im Begriff standen, mit den Persern Krieg zu führen, so beschloss ich mich westwärts zu wenden. Währenddessen erfuhr ich, dass zwischen *Ḳinnesrîn* und *Ḥaleb* ein Kloster sei, und dorthin begab ich mich. Dort wurde ich aufgenommen und blieb ich. Nach mehreren Jahren tugendhaften Mönchslebens flösste mir der Teufel den Gedanken ein: »Da dein Vater gestorben ist, so kehr zurück in dein Haus und erfreue deine Mutter, solange sie noch lebt. Nach ihrem Ableben verkaufe deinen Besitz und gieb den Erlös den Armen; das Übrige behalte, baue davon ein Kloster und werde selbst ein Abt«. Ich bekannte diese Gedanken meinem geistigen Vater; obgleich er mir sehr abrieth und mich beschwor ihn nicht zu verlassen, konnte er doch meinen Sinn nicht beugen.

(Lücke zwischen Bl. 9 und 10. Malchus verlässt sein Kloster und geräth in's Unglück, wird, wie es scheint, der Sclave eines Araber-Schaichs).

Bl. 10ᵃ: Man (d. h. mein Herr) befürchtete augenscheinlich nicht, dass wir (Malchus und eine Sklavin) entfliehen möchten. So kam es, dass ich den ganzen Monat allein in der Steppe meines Herren Schafe hütete; er kam, sah nach und ging dann wieder. Eines Tags dachte ich besonders lebhaft an mein altes Kloster zurück und an meinen geistigen Vater, wie er mich vom Fortgehen abzuhalten versucht, wie er mir mein jetziges Elend vorausgesagt hatte u. s. w. Da erblickte ich ein Ameisennest. Ich verglich das friedliche, geordnete Leben in dem Ameisennest mit dem Leben meines Klosters. Mit solchen Gedanken beschäftigt, ging ich zu jener Frau (von der in dem verlorenen Theil die Rede gewesen sein muss), und bekannte ihr, dass ich fliehen und zu meinem Kloster zurückkehren wolle.

Sie bat mich sie mitzunehmen und einem Kloster zu übergeben. Wir baten Gott uns zu befreien von jenem ruchlosen Volk (bei dem sie in Gefangenschaft waren). Ich schlachtete zwei grosse Böcke, machte aus ihrer Haut Schläuche und nahm das Fleisch mit. Wir flohen die ganze Nacht. Angekommen vor einem Fluss, bliess ich die beiden Schläuche auf und unsere Füsse als Ruder gebrauchend setzten wir über den Fluss. Nun hatten wir die wasserlose Wüste vor uns. Wir tranken reichlich vom Flusswasser und flohen weiter, oft rückwärts schauend, ob wir auch verfolgt würden von unserem früheren Herrn, oder anderen bösen Menschen in die Hände fallen möchten. Bei gewaltiger Hitze flohen wir drei Tage und Nächte. Da sahen wir hinter uns unseren Herrn mit einem Knecht, beide auf Kamelen reitend, mit gezückten Schwertern in den Händen. In unserer Angst erblickten wir eine Höhle, in der bei der gewaltigen Hitze

Schlangen und Skorpione hausen mochten. Zitternd flohen wir hinein und verbargen uns in einem Winkel auf der linken Seite (Bl. 11ᵃ). Die Verfolger kamen vor der Höhle an, stiegen ab von den Kamelen und standen vor dem Eingang der Höhle, so dass wir sie sehen konnten. Unser Herr rief uns an, wir aber, sprachlos vor Angst, antworteten nicht. Da hielt er die beiden Kamele und befahl seinem Knecht hineinzugehen und uns herauszuholen, während er selbst am Eingang mit dem Schwerte in der Faust stehen blieb, begierig an uns seine Wuth auszulassen. Der Knecht trat in die Höhle: als er nur noch fünf Schritte von uns entfernt war, konnte er uns im Dunkel der Höhle nicht sehen, wir aber sahen ihn. Da rief er: »Kommt heraus, ihr mörderischen Ausreisser! Euer Herr erwartet euch«. Da, während er noch sprach, sahen wir, wie eine Löwin auf der rechten Seite der Höhle sich erhob, sich auf ihn stürzte, ihn erwürgte und nach ihrem Lager und zu ihrem Jungen schleppte. Ohne hiervon etwas zu merken, trat der Herr an den Eingang der Höhle und rief: »Schnell, schnell, bringe sie mir her!« Da stürzte sich die Löwin mit einem Sprung auf ihn und riss ihn in Stücke. Wir dankten Gott für unsere Rettung, fürchteten aber, dass die Löwin auch uns tödten möchte. Aber siehe da! die Löwin nahm ihr Junges in das Maul und verliess die Höhle. Einen Tag blieben wir noch in der Höhle sitzen. Dann, am nächsten Morgen, gingen wir hinaus und fanden die mit Lebensmitteln beladenen Kamele vor dem Eingang. Nun assen und tranken wir, dankten Gott, bestiegen die Kamele und gelangten nach zehntägigem Ritt durch die Wüste zu einem Römer-*κάστρον*. Wir wendeten uns an den befehlhabenden Tribunus und erzählten ihm, was uns passirt. Er schickte uns an Sabinus ܣܒܝܢܐ, den damaligen Dux Mesopotamiae. Dieser nahm uns gegen Bezahlung die beiden Kamele ab und liess uns in Frieden in unser Vaterland ziehen. Bevor ich zurückkehrte, war mein geistiger Vater gestorben. Die Gefährtin meiner Leiden übergab ich einem Jungfrauen-Kloster, ich selbst aber kehrte in mein Kloster zurück und erzählte den Brüdern meine Erlebnisse.

Ich habe dir, mein Sohn, diese Geschichte erzählt zum Beispiel für dich.

So hat mir — ich war damals ein Jüngling — der alte Malchus erzählt, ich (Marcus) aber habe es niedergeschrieben für Andere zu Nutz und Frommen.

Text:

ܥܠ ܬܫܥܝܬܗ ܕܡܠܟܘܣ ܡܢ ܐܣܛܘܡܟܐ ܕܩܘܪܝܐ.
ܐܝܬ ܩܪܝܬܐ ܚܕܐ ܕܡܬܩܪܝܐ ܡܪܘܢܝܐ.
ܒܗ̇ܕܐ ܐܝܬ ܗܘܐ ܐܢܫ ܕܪܝܫܐ ܗܘܐ ܣܒܐ ܕܫܡܗ
ܡܠܟܘܣ. ܒܪܢܫܐ ܕܬܕܡܘܪܬܐ ܘܩܕܝܫܐ. ܐܢܐ
ܕܝܢ ܟܕ ܗܘܝܬ ܛܠܝܐ ܐܙܕܡܢܬ ܗܘܝܬ ܡܢ ܐܟܣܢܝܐ،
ܘܐܬܝܬ ܠܘܬܗ ܐܝܟ ܒܢܝ̈ܢܫܐ ܡܫܟܚܐ. ܫܐܠܬܗ
ܕܝܢ ܡܛܠ ܗܢܐ ܡܫܡܫܐ ܡܠܟܐ. ܘܐܫܬܥܝ ܠܝ
ܕܐܚܝܢܘܗܝ، ܘܐܬܬܥܝܪܝ ܡܢܗ. ܘܐܬܝܬ ܠܗܘܢ.
ܟܕ ܦܠܛ ܕܝܢ ܫܡܥܐܬ ܗܘ ܡܫܡܫܐ. ܥܢܐ،
ܕܢܬܟܬܒ ܠܗ ܡܛܠ ܕܗܟܢܐ ܕܗܘܝܐ. ܘܐܬܟܬܒܐ
ܗܘ ܠܡܓܒܠ ܡܢ ܡܪܘܢܐ. ܘܗܘ ܗܟܢ ܒܡܠܬܐ
ܫܘܪܝܐ ܕܡܫܠܡܢܘܬܗ ܫܪܝܬ. ܡܟܝܠ ܗܘܬ
ܠܗ ܕܒܬܪܝܢ ܒܡܠܬܐ ܗܠܝܢ ܡܬܐܡܪܢ ܢܦܪܢ.
ܗܘ ܕܝܢ ܐܡܪ. ܟܕ، ܡܢ ܢܨܝܒܐ ܗܠܝܢ ܕܐܝܟ
ܡܪܝܡܘܬ، ܘܠܐ ܫܡܥܬܐ ܕܠܐ ܓܕܫܘܢ.
ܠܒܘܫܝܐ ܕܠܐ ܡܬܠܐ ܐܢܐ ܠܫܡܥܘܬܐ
ܡܪܫܡܫܢܘܬܐ ܕܡܫܝܚܐ ܘܐܠܗܐ. ܗܘ ܕܕܒܪ
ܘܦܪܩܢܝ. ܘܗܠܝܢ ܐܗܡܟ ܕܒܝܫ̈ܬܢܝ. ܐܝܟ
ܕܠܬܘܪܐ ܕܩܘܪܝܐ. ܡܛܠ ܕܐܝܠܝܢ ܡܚܝ.
ܕܠܐ ܢܦܘܩ ܠܝ ܡܫܡܫܢܘܬܐ ܠܡܪܢܘܬܐ
ܕܐܡܘܬܐ ܘܢܫܐ. ܡܛܠ ܕܠܐ ܡܫܡܫܢܘܬܐ

ܒܫܘܢܝܗ̇ ܙܢܝ̈ ܡܪ̈ܘܬܝܗܝ ܘܗܘ ܠܡܩܒܠܢܐ. ܗܠܝܢ ܕܝܢ ܕܐܡܪܢܐ ܠܟ. ܘܟܕ ܡܟܝܠܘܢ ܕܗܘܐ. ܘܗܘ̈ܝ ܐܦ ܐܝܟ ܐܝܟܐ ܕܗܘܐ. ܘܡܛܠ ܕܫܪܪܐ ܐܫܬܟܚܐ ܠܟ ܟܕ. ܫܘܫܛܐ ܕܪܫܝܡܬ ܒܗܦܟܐ ܗܘܐ ܠܝ ܒܗ̇ ܐܡܪܝ. ܘܐܦ ܡܟܝܠܘܢ ܠܗܘܢܗܘܢ. ܒܗ ܕܝܢ ܦܪܝܫܐ ܐܝܬ ܗܘܐ ܠܗܘܢ ܒܡܠܝܢ ܫܘܚܠܦܐ ܕܠܗܘܢ. ܐܬܚܙܝܬ ܕܠܐܒܐ ܕܫܘܚܐ ܒܪܘܚܐ ܕܐܝܟ ܗܢܐ ܕܢܦܫܐ ܐܚܪܝܐ. ܒܗ ܕܝܢ ܫܥܬܐ ܗܘܐ ܗܘ ܐܝܟܐ ܕܫܡܥ ܐܡܪ ܠܝ. ܟܕ. ܠܐ ܬܫܬܒܩ ܘܠܐ ܬܬܟܠܐ. ܗܢܐ ܓܝܪ ܦܬܐ ܗܘ ܕܫܘܫܛܬ ܓܠܝܬܐ ܡܬܦܫܩܬܐ. ܒܗܢܐ ܕܝܢ ܠܩܘܒܠܐ ܕܗܘܐ. ܟܕ ܒܬܪ ܟܠܗܝܢ ܥܠ ܬܫܘܒܚܐ ܕܠܗܘܢ ܐܢܫ̈ܝܢ ܬܘܩܢܐ ܒܫܠܡܒܠܐ. ܘܟܕ ܐܫܬܘܕܥܬ ܗܢܝܐ ܠܟܠܐ ܗܘܝܬ ܠܗܘܢ. ܠܡܫܟܚܐ ܡܫܦܝܢ ܠܗܘܢ. ܐܦ ܠܐܢܫ ܓܝܪ ܒܗ ܠܙܘܡܐ ܕܐܝܟ ܗܢܐ ܕܡܬܦܠܚܢܘܬܐ ܐܪܚܡܗ. ܠܐܫܬܗ ܕܫܒܩ ܐܢܬܬܗ. ܡܢܗ ܕܝܢ ܠܗܘ ܕܪܚܡܐ ܐܢܫ ܥܠ ܢܦܫܗ ܕܦܓܪܐ. ܦܩܕ ܕܠܐ ܢܬܦܢܐ ܠܒܣܬܪܗ. . ܒܗ ܕܝܢ ܡܫܒܚܝܢܬ ܬܫܘܒܚܬܐ ܕܐܝܟ ܗܠܝܢ ܡܢ ܥܠܡܐ ܐܠܗܐ ܡܬܒܥܐ ܗܘܐ: ܘܠܐ ܐܫܬܡܥ ܕܢܦܫܢ. ܡܢܝܠ ܒܗ ܢܦܠ ܘܡܢ. ܒܡܕܝܢܬܐ ܡܠܟܐ ܗܘܐ ܠܝ ܕܠܐ ܐܫܬܟܚܘ. ܒܗ ܗܠܝܢ ܕܝܢ ܗܘ ܐܝܟܐ ܫܘܐܐ ܘܡܬܪܫܡܢܐ. ܠܦܘܪܫܐ ܕܠܝ ܚܕ ܗܘܐ. ܦܩܕ ܗܘܐ ܥܠܝ ܗܘ ܒܥܠܕܒܒܐ ܗܘܝܬ. ܠܗ ܒܗ ܥܠܝܟ ܫܪܪ ܗܠܝܢ ܚܙܝ. ܐܠܐ ܒܗ ܒܫܘܒܚܐ (Bl. 10a) ܠܒܪܐ ܗܘܐ ܡܢܝ. ܠܐ ܡܛܠ ܦܢܝܢ ܗܘܘ ܥܠܝ. ܐܝܟ ܡܢ ܕܡܬܦܠܚܝܢ ܠܒܪܘܢ ܡܟܝܠܘܢ. ܗܟܢܐ ܕܟܬ̈ܒܬܐ ܡܫܒܚܬܐ. ܥܠܘܗܝ ܡܢܝܢܐ ܠܒܫܐ ܗܘܬ ܕܗܘܐ ܗܘܝܬ ܠܫܘܒ. ܒܡܫܒܚܢܐ. ܘܐܬܐ ܗܘܐ ܡܢ. ܘܫܪܐ ܗܘܐ ܠܝ: ܕܐܬܒܐܝܬ ܙܟܐ ܐܢܐ ܒܙܒܢܘܗܝ. ܘܢܦܩ ܐܢܐ ܠܗܘܢ. ܘܒܗ ܫܪܐ ܚܡܦܝܢ ܗܘܐ. ܒܫܒ ܡܢ ܘܬܫܬܐ ܗܘܐ: ܒܗ ܐܝܟ ܚܢܢܐ ܒܡܒܪܟܐ ܐܬܐ ܗܘܬ. ܫܪܝܬ ܠܡܫܬܝܘ ܫܘܒܚܐ ܡܫܒܚܐ ܕܐܝܬܐ ܕܢܣܝܐ.

ܥܠܬܐ ܐܝܬܘܗ̇ ܕܡܘܬܐ. ܘܒܗ ܗܠܝܢ ܐܡܪ. ܫܪ. ܕܫܬܟܚܐ ܠܝ ܒܗ ܐܡܪ. ܐܢܐ ܐܬܝܠܕܬ ܒܡܪܝܬܐ ܕܡܬܡܪܝܐ ܒܝܩܝܪܬܐ. ܘܐܝܬ, ܗܘܬ ܡܫܒܝܐ ܠܐܚ̈ܐ. ܗܠܝܢ ܕܡܛܠ ܕܐܝܟ ܦܘܩܕܢܐ ܠܫܘܕܝܐ ܐܝܬ, ܗܘܬ ܠܗܘܢ. ܡܫܒܚܝܢ ܗܘܘ ܠܝ. ܘܒܗ ܡܬܬܚܒܠ ܗܘܬ ܠܐܘܡܢܐ ܕܡܘܡܬܐ. ܢܦܩ ܗܘܘ ܕܢܘܟܪܝܢ ܠܐܬܬܐ. ܘܒܗ ܐܢܐ ܕܝܢ ܐܡܪ ܗܘܬ ܠܡܫܠܡܘ: ܕܙܘܥ ܠܝ ܕܕܝܢܐ ܐܝܟܢܐ ܘܐܦܠܘܢ ܠܡܪܝܐ. (Bl. 9b) ܫܒܩܘ ܗܘܢ ܘܡܬܬܪܥܝܢ ܗܘܘ ܥܠ. ܘܐܡܪ ܡܢ ܚܝܠܐ ܗܘܐ ܒܗ ܚܝܠ. ܘܡܢ ܕܝܢ ܡܬܓܫܡܐ ܗܘܬ ܠܝ ܘܩܠܝܠܐ ܕܐܚܝܕ ܗܘܐ. ܒܗ ܫܪܝܬ ܕܝܢ ܠܬܪܥܝܬܗܘܢ ܡܫܪܪܬܐ ܕܐܝܟ ܗܢܐ: ܕܡܒܟܝܢܘܬܐ ܕܬܘܕܝܬܐ ܕܠܝ ܕܠܘܬ ܐܠܗܐ ܘܗܘܝ. ܫܒܩܬ ܐܢܘܢ ܘܒܦܘܪܬ ܥܠ ܥܠܡ ܒܡܘܬܐ ܐܚܪܢܐ. ܘܦܩܕܬܐ ܕܒܪܝܬܐ ܥܠܝܗܘܢ ܠܐܘܪܚܐ ܠܚܝܝܬ. ܘܡܛܠ ܗܘܬ ܕܠܕܝܠܬܐ ܕܡܒܣܡܐ ܐܙܠ. ܘܡܛܠ ܕܝܢ ܕܒܗܘ ܕܒܠܐ ܫܡܝܢ ܗܘܘ ܕܗܘܘܢܐ ܕܢܦܪܩܘܢ ܡܢ ܦܘܪܫܢ. ܐܫܬܟܚܬ ܡܢ ܫܐܦܐ ܕܐܝܟ ܗܢܐ. ܘܐܬܪܚܩܬ ܕܠܡܒܪܝܬܐ ܐܙܠ. ܒܗ ܗܕܐ ܕܝܢ ܡܬܬܫܝܪ ܗܘܬ. ܐܦܝܢ ܕܒܝܫܬ ܦܘܠܚܢ ܠܫܠܡ. ܕܡܢܐ ܐܝܬ ܕܐܝܬܘܗ̇ ܒܥܠܡܐ. ܘܫܟܝܚܬ ܠܬܪܥܝܬܐ ܘܡܫܒܚܬܐ ܘܐܬܪܬ ܠܬܚܬ. ܘܐܬܦܩܬ ܐܝܟ ܦܫܝܛܬ ܠܬܗܘܢ. ܒܗ ܒܥܠܡ ܗܘܦܟܐ ܕܢܦܩܬܐ ܕܕܝܪܘܬܐ. ܐܝܟ ܕܡܪܢ ܐܠܗܐ ܕܗܘܢ ܡܬܒܪܟ ܗܘܬ. ܘܐܬܬܐ ܗܘܬ ܠܡܪܢ ܒܡܪܝܐ ܫܦܝܪ. ܒܗ ܕܝܢ ܫܥܬܐ ܡܬܒܪܟܬܐ ܒܡܬܦܪܥܢܘܬܐ ܕܐܝܟ ܗܢܐ: ܕܠܐ ܒܥܠ ܚܙܝܬ ܐܢܐ ܒܕܝܢܐ: ܘܐܘܟܝܐ ܥܠܝܗܘܢ ܢܦܩ ܗܘܘ ܥܠ ܬܘܒܠܬܐ ܕܡܒܪܐ ܕܠܝ. ܡܛܠ ܕܠܐ ܫܟܪ ܫܠܡܐ ܐܟܠ ܘܦܪܝܣܐ ܗܘ ܢܫܡܬܐ ܘܠܒܝܒ. ܐܘܡܝ ܠܝ ܫܘܫܒܐ ܬܪܝܨܐ ܒܐܡܝܢܬ ܒܗ ܐܡܪ. ܕܡܛܠ ܕܐܒܘܟܝ ܚܒܝܒ. ܗܘܦܘܟܝ ܠܒܪܬܟܝ. ܘܒܒܥܐ ܕܢܦܫܐ ܐܝܟ ܐܠܝܫܥ. ܘܒܗ ܠܗܕ

ܐܦܣܩܘܦܢ. ܘܒܩܢ̈ܘܡܐ ܕܐܝܟ ܗܠܝܢ ܕܐܡܪܢܢ. ܒܪܘܚܐ ܠܒܪ ܕܢܘ̈ܗܪܐ ܒܗ ܒܫܠܡܘܬܐ ܘܒܦܝܣܘܬܐ ܘܪܘܚܢܘܬܐ ܡܫܬܒܠܝܢ ܒܟܠܗܘܢ ܕܪ̈ܬܐ: ܐܝܠܝܢ ܕܠܡܫܝܚܐ ܡܩܪ̈ܒܝܢ ܢܦܫܗܘܢ ܡܢ ܟܠܗ ܠܒܗܘܢ: ܡܛܠ ܦܘܪܩܢܐ ܕܐܝܬ ܕܦܪܘܩܢ. ܕܢ̈ܛܪܘܢ ܢܦܫܗܘܢ ܕܠܐ ܓܥܠ ܢܦܩܝܢ. ܒܗܘܡ̈ܢܝܐ ܘܒܬܫܡܫܬܐ ܕܥܕ̈ܬܐ. ܕܠܐ ܡܐܟܘܠܬܐ ܘܕܠܐ ܫܬܝܐ ܓܠܝܬܐ. ܘܒܟܠܗ ܫܠܡܘܢ ܦܠܚܝܢ. ܘܠܐ ܥܡܪܝܢ ܒܟܠ ܡܕܡ ܕܥܠܡܐ ܐܝܬܝܗܘܢ. ܐܠܐ ܡܛܠ ܕܟܠܗܘܢ ܒܟܠܗܘܢ. ܡܛܠ ܕܠܡܘܟܪܐ ܗܘ ܕܒܦܪܣܘ ܢܘܟܪ̈ܝܐ ܕܡܫ̈ܟܢܐ. ܕܠܐ ܐܝܟ ܡܫܡܗܘܢ ܐܡܪ ܗܘܐ ܒܠ ܡܕܡ (Bl. 10b) ܕܕܥܠܡܐ ܗܘ. ܐܠܐ ܐܝܬܘܗܝ ܗܘܐ ܠܗܘܢ ܒܠ ܡܕܡ ܕܟܘܐ. ܘܡܛܠ ܕܐܝܟ ܡܕܡ ܠܝܬ ܗܘܐ ܠܗܘܢ. ܐܠܐ ܐܝܟ ܡܢ ܕܕܡܫܝܚܐ ܐܢܘܢ. ܒܕ ܒܟܠܗ ܕܫܠܡܐ ܘܒܟܠܗ ܬܘܕܝܬܐ ܘܦܐܝܢܘܬ ܡܬܦܫܦܫܝܢ ܒܫܘܫܛܗܘܢ. ܢܥܒܕܘܢ ܠܗܘ ܕܒܬܪܝܬܐ ܡܓܙܝܢ ܠܗܘܢ ܒܟܠܗܘܢ. ܒܕ ܕܝܢ ܒܗܠܝܢ ܫܘܚܠܦܐ ܥܢܝܘܬ ܠܠܒܝ. ܠܫܘܚܬܐ ܘܠܘܐܝܐ ܐܬܠܬ ܠܗ ܗܝ ܐܢܬܬܐ. ܒܕ ܕܝܢ ܚܙܐ ܦܪܘܩܢ ܕܗܘܒܢܐ ܡܚܢܝ. ܕܬܐܠܦܝܗ ܠܓܠܬܐ ܡܟܦܘܬܐ ܗܘܬ ܠܗ. ܒܕ ܕܝܢ ܐܘܕܝܬ ܐܢܐ: ܕܡܛܠ ܕܐܬܕܒܪܬ ܠܡܦܩܘܬܐ ܕܐܢܫ̈ܐ ܕܐܟܪܙܘ ܝܗܒܐ ܐܢܐ: ܘܐܣܦܩܬ ܠܒܪܐ ܗܝ. ܕܐܦܣܩ ܡܢܗ ܒܠܘܒܒܝ. ܐܦ ܗܘ. ܗܘܐ ܡܠܒܫܢ. ܘܡܦܩܘܣܐ ܗܘܬ ܠܝ ܕܐܬܕܟܪܗ ܘܐܬܠܒܫܗ ܒܒܪܐ. ܘܒܕ ܐܫܬܘܕܝܬ ܕܝܢ ܠܫܪ̈ܪܐ ܢܫܐ ܗܢܐ. ܟܕ ܗܘܝܢ ܘܚܙܝܢ ܡܢ ܐܠܗܐ. ܕܝܗܒ ܠܝ ܒܗܪܐ ܕܗܘܢܐ ܠܝ ܘܢܦܪܘܩ ܡܢ ܒܡܟܐ ܗܘ ܪܫܝܥܐ. ܒܕ ܗܟܝܠ ܒܠ ܒܗܕܪܝܢ ܕܐܠܗܐ ܐܝܬ ܗܘܐ ܠܝ ܫܟܪܐ: ܕܡܛܠ ܕܦܘܢܐ ܕܐܚܪܝ. ܬܪܝܢ ܬܠܬܐ ܙܘܒܢܐ ܕܐܝܬ ܗܘܐ ܠܝ ܢܦܩܬ ܐܢܐ. ܘܠܓܠܕܝܗܘܢ ܒܟܪܝܬ ܙܩܦܝ. ܘܠܒܣܪܗܘܢ ܬܘܪ̈ܣܝܐ ܝܗܒܬ. ܘܕܒܪܬܗ ܠܐܢܬܬܐ ܗܝ. ܘܓܢܣܝܢ. ܚܙܝܢ ܕܝܢ ܒܠܗ ܠܠܒܝ. ܘܐܬܝܢ ܠܘܬ ܢܗܪܐ. ܘܐܬܝܗܘܢ ܗܘܐ ܗܢܐ ܕܒܝ ܕܠܒ.

ܘܠܦܪ̈ܘܣܗ ܕܐܒܘܗ̈ܝ ܘܕܡܫܢ ܐܝܟ ܕܒܗܘܢܐ ܫܪܐ ܗܘܬ. ܘܠܗܘܢ ܡܫܡܠܝܐ ܘܦܘܠܚܢܐ ܕܠܗܬ: ܕܐܡܪܢܐ ܒܟܠ ܢܝ̈ܫܝܢ ܒܫܘܠܚ̈ܢܬܐ ܢܝܚ ܗܘܐ ܕܠܐ ܐܬܦܪܫ ܡܢܗ: ܘܒܕ ܠܐ ܡܬܦܠܣ ܗܘܬ: ܒܓܠܝܢܐ ܐܠܗܝܐ ܐܝܠܝܢ ܕܒܬܪܗܘܢ ܗܘ̈ܝ ܕܡܬܒܥ̈ܝܢ ܡܦܪ̈ܫܢ ܗܘܐ ܦܪ̈ܫܘܗ. ܒܕ ܗܠܝܢ ܕܝܢ ܡܬܢܚܒ ܗܘܬ ܘܠܒ ܡܟܡ ܗܘܬ. ܫܪܐ ܐܢܐ ܦܢܝܐ ܕܦܘܫܡܫܐ. ܘܠܡܚܡܝܢܘܬܗܘܢ ܕܗܠܝܢ ܕܡܢ ܕܡܫܡܠܝܘܬܐ ܒܗ ܢܝܚܘܬܐ ܘܡܫܝܢܘܬܐ ܦܠܚܝܢ. ܘܒܕ ܡܓܠܝܢܐ ܐܠܝܨܐ ܕܐܝܟ ܗܢܐ. ܒܠܗܘܢ ܕܫܠܝܢ ܘܠܐ ܡܚܟܝܢ ܠܫܪ̈ܪܐ. ܡܢܗܘܢ ܠܡܢ. ܕܪܚܡܢܐ ܠܬܘܪܣܝܐ ܦܬܘܪܐ ܕܦܩܝܕ ܡܦܪܢܣܝܢ ܗܘܘ. ܘܐܚܪ̈ܢܐ ܬܘܒ ܙܒܢܐ ܕܪܘܪ̈ܒܝܢ ܡܢ ܦܪܨܘܦܗܘܢ ܦܬܝܚܝܢ ܗܘܘ. ܘܐܚܪ̈ܢܐ ܕܠܥܒܕܘܢ ܕܐܬܦܬܚܘ ܙܥܘܪܝܢ ܘܦܠܚܝܢ ܠܡܫܝܚܐ. ܐܚܪ̈ܢܐ ܕܝܢ ܒܕ ܠܪ̈ܥܘܬܐ ܗܠܝܢ ܕܠܒܗ ܐܬܬܣܝܡܢܐ ܡܩܦܝܢ ܗܘܘ. ܕܡܕܐܝܬ ܒܢ̈ܝܫܗܘܢ ܡܦܩܣܝܢ ܗܘܘ. ܕܕܠܡܐ ܒܕ ܡܬܦܠܓܝܢ ܒܦܬܘܪܐ ܘܠܡܦܩܢܐ ܡܬܗܦܟܝܢ. ܒܦܪܝܫܐ ܢܩܕ̈ܘܢ ܐܝܟ ܕܬܫܒܚܬܗܘܢ. ܐܚܪ̈ܢܐ ܬܘܒ ܒܦܘܪܐ ܦܠܓܝܢ ܗܘܘ. ܘܡܛܠ ܢܩܦܐ ܦܬܘܪܐ ܕܓܒܪ. ܠܡܚܠܦܗ. ܕܦܠܓܐ ܦܠܓܝܢ ܗܘܘ ܡܫܪܪܐܝܬ. ܘܐܬܝܗܘܢ ܗܘܐ ܚܘܪܐ ܕܢܘܪܐ ܠܬܗܪܐ. ܕܡܦܠܣܐܝܬ ܡܢ ܦܢܝܢ ܕܒܗܪܐ ܗܘܐ ܗܘܐ. ܒܕ ܟܠܗ ܗܟܝܠ ܡܘܒܠܐ. ܫܪܐ ܗܘܬ ܠܗܘܢ ܠܗܠܝܢ. ܘܒܕ ܡܬܦܪܓܐ ܗܘܬ ܡܢ ܐܘܠܨܢ ܐܡܪܐ ܗܘܬ. ܕܥܦܪ ܦܠܚܝܢ ܠܝ ܫܠܝܡܘܢ ܕܒܬܪܒܐ ܒܗܠܝܢ. ܡܛܠ ܕܠܗܘܢ ܦܓܥܢܐ ܦܢܝܢܐ. ܒܗܢܐ ܕܢܐ ܠܘܬ ܐܝܠܝܢ ܕܠܦܬܚܝܢ ܠܦܘܪܩܢ ܒܪܚܡܐ ܡܠܟܘܬܐ ܫܡܝܐ. ܒܕ ܗܟܝܠ ܗܒܢܐ ܡܬܢܦܫ ܗܘܬ. ܕܐܬܐܝܬ ܒܠ ܢܦܫ ܥܪ̈ܬܐ. ܕܡܛܠ ܗܘܢܐ ܕܠܐ ܡܗܡܢܐ ܘܢܝܚܐ. ܡܢ ܕܐܝܟ ܗܕܐ ܡܦܠܣܘܬܐ ܢܕܩܘܬܐ ܘܠܐ ܥܒܫܘܬܐ ܕܐܢܫܐ. ܒܫܩܥܒܐ ܢܫܫܐ ܒܕ ܐܝܟ ܕܡܠܠܐ ܐܢܐ. ܒܕ ܐܬܠ ܦܪܐ. ܒܟܒܐ ܗܢܐ

ܒܬܪ ܕܝܢ ܫܦܪܐ ܕܨܦܪܐ ܘܐܬܚܙܝܬ ܠܝ ܕܫܠܝܐ. ܐܡܪܬ ܕܠܐ ܢܬܚܙܐ ܕܐܙܠ ܠܘܬ ܠܡܛܠܠܐ. ܐܠܐ ܩܕܡ ܡܥܠܢܗ ܕܩܘܡܐ. ܡܢ ܦܘܠܚܢܘܬܗ ܕܫܠܝܬܐ ܡܚܫܬܐ ܗܘܝܢ. ܟܕ ܩܡ ܕܝܢ ܠܒܪ ܡܢ ܡܢܘܬܐ ܦܬܐ ܗܘܐ ܠܝ. ܘܡܛܠ ܕܠܐ ܡܫܬܡܥܝܢ ܗܘܝܢ ܠܡܬܚܠܠܘ. ܠܓܘ ܐܙܠܬ ܗܘ ܠܡܬܠܠܐ. ܦܩܕܬ ܠܚܒܪܝ ܕܢܬܒ ܘܢܦܩ ܠܝ. ܘܗܘܐ ܟܕ ܫܡܥܗ ܕܫܡܥܬ ܐܝܬܘܗܝ. ܗܘܐ ܟܠܗܘܢ. ܫܡܥ ܗܘܐ ܘܡܫܡܥܐ. ܕܐܝܟܢܐ ܟܠܗ ܠܦܘܪܥܢܗ ܫܘܬܦܘܬܐ ܢܗܘܐ. ܟܕ ܟܠ ܕܝܢ ܗܘ ܡܠܟܐ: ܘܐܝܟܢ ܕܟܠ ܫܒܩ ܦܣܘܩܬܐ ܡܢ ܦܘܡ. ܡܛܠ ܕܐܝܬܘܗܝ ܗܘܐ ܡܢ ܢܘܗܪܗ ܕܫܡܫܐ. ܫܦܝܪ ܒܢܘܗܝ ܘܠܐ ܚܙܐ ܗܘܐ ܠܝ. ܚܠ ܕܝܢ ܡܢ ܡܦܪܫܐ ܚܙܐ ܗܘܐ ܠܗ ܕܡܐܟ. ܡܛܠ ܗܟܢ ܕܠܐ ܡܫܬܡܥ ܗܘܐ ܕܚܙܐ ܠܝ. ܒܪܝ ܕܟܕ ܠܐ ܢܗܘܐ ܠܝ ܟܕ ܐܡܪܬ. ܦܩܘܕ ܐܢܐ ܒܥܝܐ ܚܝܝ ܡܗܘܬܐ. ܦܩܘܕ ܒܪܘܟܐ ܡܠܟܐ. ܠܒܪܐ ܡܬܚܙܝܢ ܐܢܘܢ. ܗܐ ܡܫܡܥܐ ܠܗܘܢ ܠܒܪ ܡܢ ܕܘܟܐ. ܟܕ ܕܝܢ ܗܠܝܢ ܐܡܪ ܗܘܐ. ܒܬܪ ܐܪܥܘܬܐ ܕܡܢ ܠܗܘܢ ܡܢ ܓܒܐ ܕܡܠܟܐ. ܕܡܛܠ ܘܪܗܛܬ ܟܠܗܘܢ. ܘܟܕ ܒܪܟܠ ܡܬܚܠܠ ܗܘܐ. ܠܚܕܬ ܒܪܓܪܓܗ. ܘܡܫܬܐ ܫܠܝܬܗ ܘܐܬܟܠܝܬܗ ܠܒܝܬܗ. ܐܝܟ ܗܘܐ ܠܗ ܠܒܪ ܓܘܪܐ ܕܐܪܥܐ. ܟܕ ܒܬܪ ܕܝܢ ܠܡܬܚܠܠܘ ܕܠܡܬܠܠܐ ܕܩܡ ܩܕܡ ܚܢܢ. ܚܕ ܫܥܬܐ ܙܒܢܐ ܥܒܕܝܢ ܠܡܪܢܐ. ܟܕ ܠܐ ܕܝܢ ܫܡܥ ܡܪܢܗ ܗܘܐ ܘܚܕܝܗ܆ ܕܐܘܕܝ: ܒܐܘܣܦܪ ܠܗ ܕܬܐܝܢ ܕܚܝܢ ܠܗ ܠܚܕ. ܡܛܠ ܕܠܐ ܦܩܪ ܫܪܬܗ. ܟܕ ܥܡܝܩ ܘܠܒܝܢ ܠܗ ܠܦܘܩܕ ܐܝܬܐ ܠܘܬ ܬܘܪܒܐ ܕܡܕܒܪܬܐ. ܘܒܫܡܬܐ ܐܡܪ ܗܘܐ ܠܗ ܠܡܠܠܐ. ܠܝܬ ܠܝܬ ܐܝܬܐ ܠܝ ܠܐܝܟܢ ܗܠܝܢ ܬܚܬ، ܡܢܘܬܐ ܟܒܫܐ. ܟܕ ܗܠܝܢ ܕܝܢ ܡܡܠܠ ܗܘܐ. ܫܪܝܬ ܗܝ ܐܪܥܘܬܐ. ܘܠܗܢܐ ܟܕ ܡܡܠܠ ܦܪܬܬܗ. ܚܢ ܕܝܢ ܒܗܠܝܢ ܬܫܡܫܬܗ ܕܡܪܝܐ ܠܐ ܡܬܦܠܠܬܐ ܘܠܐ ܡܬܦܣܩܬܐ: ܟܕ ܡܟܝܢ ܗܘܝܢ ܠܗܘܢܝ. ܪܘܝܢ ܗܘܝܢ܆ ܕܒܐܘܠܨܢܐ ܕܐܝܟܢ ܗܢܐ ܩܡ

ܢܦܫܬ ܐܢܫ ܗܘܝܬ ܠܪܩܝܐ. ܘܢܗܘܬ ܣܓܝ ܠܗ. ܐܝܬܝܐ. ܘܗܘܒܐ ܟܕ ܠܚܝܝܢ ܠܪܩܝܐ ܒܐܬܪܝܢ. ܘܒܬܪܟܠ ܚܠܦ ܠܩܝܐ ܡܬܚܫܒܝܢ ܗܘܝܢ. ܒܒܪܢܫܐ ܠܢܗܪܐ. ܒܬܪ ܕܝܢ ܕܐܬܚܙܝܢ ܕܢܚܒܪ ܒܡܕܒܪܐ. ܐܝܬܘܗܝ. ܗܘܐ ܕܝܢ ܗܢܝ ܕܠܐ ܡܟܝܟܐ. ܘܒܡܫܪܬܘܬܐ ܐܫܬܝܢ ܡܢܐ ܡܢ ܢܗܪܐ. ܘܡܦܩܝܢ ܡܢ ܬܡܢ. ܘܪܗܛܝܢ ܗܘܝܢ ܐܡܚܒܝܐܝܬ. ܟܕ ܐܡܚܒܝܐܝܬ ܡܬܦܠܝܢ ܗܘܘ ܠܣܘܬܪܝ. ܡܛܠ ܘܒܥܒܐ ܕܕܫܠܝܬܐ ܕܪܚܘܩ ܕܪܕܦܝܢ ܒܬܪܝ. ܐܦ ܕܠܐ ܟܕ ܡܢ ܪܚܘܩ ܡܬܦܢܝܢ: ܒܟܢܫܐ ܕܕܡܝܢ ܠܗܘܢ ܢܦܠ ܒܕܘܟ. ܡܛܠ ܗܕܐ ܗܘܝܬ ܕܫܠܝܬܐ: ܘܡܛܠ ܫܡܫܘܬܐ ܕܠܐ ܡܫܬܘܚܬܐ ܕܫܡܫܐ. ܡܬܚܙܝܢ ܗܘܝܢ ܕܐܦ ܟܠܠܝ ܢܘܗܪܐ ܢܗܝܪܝܢ. ܟܕ ܕܝܢ ܒܫܠܝܬܐ ܦܓܥܘܬܐ ܘܒܐܓܘܢܐ ܙܪܝܙܝܢ ܗܘܝܢ: ܘܕܠܐ ܥܠܘܠܐ ܠܣܘܬܪܝ ܡܬܚܫܒܝܢ ܗܘܝܢ. ܡܢ ܒܬܪ ܬܠܬܐ ܝܘܡܝܢ. ܡܢ ܥܠܬܐ ܐܬܗܦܟܬ ܘܒܬܪ ܠܡܕܒܪ ܒܗ ܣܛ ܒܝܬ. ܕܢܬܒ ܟܠ ܪܘܚܬܐ. ܘܠܒܢܝܢ ܦܘܩܕܢܗ ܟܕ ܫܡܥܬܝܢ ܘܪܕܦܝܢ ܒܬܪܝ. ܡܢ ܦܓܥܬܐ ܗܘܝܬ ܕܕܫܠܝܬܐ: ܘܕܘܩ ܒܢܝܢ ܠܡܫܘܬܐ ܕܠܝ ܦܪܝܢ ܗܘܝܢ ܕܢܦܠܝܢ. ܫܡܥܬ ܐܝܟ ܫܘܥܒܐ ܕܡܙܡܪܢ ܟܠܠܐ ܦܬܓܡ ܗܘܝܢ ܕܐܝܬܘܗܝ. ܘܟܕ ܒܣܘܪܪܐ ܕܐܝܟ ܗܢܐ ܐܝܬܝܢ ܗܘܝܢ: ܘܠܐ ܦܪܥܝܢ ܗܘܝܢ ܕܠܐܝܟܐ ܢܪܘܩ. ܒܬܠܝܠܘܬܐ ܕܡܫܝܚܐ: ܘܦܬܓܡܐ ܕܪܘܚܐ ܕܕܠܐ ܦܬܓܡܐ: ܘܡܬܒܪܪܐ ܕܪܘܚܐ ܕܕܠܐ ܓܒܪܐ. ܐܬܟܢܫܝܢ ܒܕܘܟܬܐ ܗܝ. ܘܐܫܬܥܝܢ ܡܒܪܬܐ ܕܫܠܝܬܐ ܒܓܘ ܐܪܥܐ. ܕܒܗ ܫܘܬܐ ܘܪܫܢܐ ܟܠܗ ܕܐܝܬܝܐ ܗܘ: ܐܣܦܣ ܘܐܟܕܢܐ ܘܫܘܬܐ ܘܚܘܪܒܐ. ܡܛܠ ܫܘܒܚܗ ܕܫܡܫܐ ܡܬܒܢܝܢ ܗܘܘ. ܟܕ ܪܚܠܝܢ ܗܘܝܬ ܟܠܝܢ ܠܗ. ܦܓܥܝܢܐ ܕܓܒܪܐ ܕܡܟܠܝ ܙܥܝܪܝܢ ܢܦܫ. ܟܕ ܐܡܪܝܢ. ܕܐܢܫ ܕܢܒܙ ܡܕܝܢܬܐ ܠܡܢܝܢ. ܗܘܝܢ ܠܝ (Bl. 11a) ܡܕܒܪܬܐ ܕܦܪܘܣܐ. ܐܢܫ ܐܝܟ ܕܠܫܠܝܐ ܢܚܘܒ ܠܝ. ܗܘܬ ܠܝ ܡܕܝܢܐ. ܟܕ ܗܘܝܬ ܒܡܫܬܐ ܕܪܦܝܢ ܗܘܘ ܒܬܪܝ. ܐܬܐ ܠܡܕܒܪܬܐ. ܘܢܚܬܘ ܡܢ ܓܒܠܐ ܘܡܛܘ ܟܠ ܬܪܥܐ.

ܠܝ܂ ܘܒܫܘܫܒܚܗ ܚܒܝܒܘܬܐ ܗܝ܂ ܐܡܪܝܢܬ ܠܡܠܒܫܝܗ܂ ܟܕ ܕܝܢ ܡܕܡܝܢ ܡܬܗܦܟܐ ܗܘܬ ܗܝ ܚܒܝܒܬܐ܂ ܘܡܝܬܪܐ ܕܐܦ ܠܝ ܡܡܠܠܬܐ܂ ܠܐ ܟܠ ܓܝܪ ܬܐܬܐ܂ ܘܟܕ ܡܛܠ ܬܕܡܘܪܬܐ ܗܝ ܕܚܙܝܬ ܡܘܕܝܢ ܗܘܝܢ ܠܡܪܢ܂ ܐܡܪܝܢ ܗܘܝܢ܂ ܟܠܗܘܢ ܒ... ܕܡܢ ܫܘܒܚܐ ܚܩܠܐ ܦܘܫ ܠܝ ܡܪܝ܂ ܠܐ ܬܒܥܐ ܕܢܫܠܡ ܠܝ ܠܐܪܥܘܬܐ ܢܦܫܗܘܢ܂ ܟܕ ܡܘܕܝܢ ܚܢܢ ܠܗ܂ ܟܕ ܕܝܢ ܚܢܢ ܗܠܝܢ ܡܬܚܫܒܝܢ ܗܘܝܢ܂ ܗܝ ܐܪܘܬܐ ܒܫܘܡܗ̇ ܐܪܝܟܬ ܠܓܪܘܗ̇ ܘܐܬܠܝܬ ܡܢ ܡܪܢܘܬܐ ܘܠܝ ܫܡܥܬܗ̇ ܠܗ̇ ܠܕܘܟܬܐ܂ ܐܝܟܐ ܘܟܕ ܢܦܩܬ ܗܝ܂ ܟܕ ܒܕܠܝܬܐ ܐܚܝܕ ܗܘܝܢ܂ ܘܩܡܢ ܩܘܡܐ ܗܝ ܒܡܪܢܘܬܐ܂ ܘܟܕ ܗܘܐ ܝܦܪܐ܂ ܢܦܩܢ ܘܐܫܬܒܩܢ ܚܝܠܐ ܕܠܚܡܝܢ ܢܩܦܬܐ ܕܐܝܬ ܗܘܐ܂ ܟܠܗܘܢ܂ ܐܝܟ ܕܠܗ ܘܠܟܕܘܗ܂ ܠܚܘܝܢ ܕܝܢ ܘܐܫܬܩܝܢ ܡܢܗܘܢ܂ ܘܟܠ ܟܠܗܘܢ ܗܠܝܢ ܐܘܕܝܢ ܠܡܪܢ܂ ܘܢܦܩܘ ܠܟܠ ܚܝܠܐ܂ ܘܡܫܡܪܐ ܡܫܒܚܝܢ (Bl. 11b) ܒܓܪܝܗ܂ ܠܡܕܒܪܐ܂ ܘܡܢܒܚܝܢ ܠܦܘܠܚܢܐ ܕܡܫܡܫܢܐ܂ ܘܡܝܬܪܝܢ ܝܬܝܪ ܠܦܪܘܫܘܬܐ ܗܘ ܕܢܛܪ ܗܘܐ ܠܗ܂ ܘܟܠܗܘܢ ܐܝܠܝܢ ܕܓܕܫ ܠܝ ܐܫܬܡܥܝܢ ܠܗ܂ ܫܕܪ ܠܝ ܕܝܢ ܗܘ ܠܦܪܘܫܘܬܐ܂ ܠܘܬ ܡܫܝܚܐ ܕܢܦܫ ܕܗܘܝܢ ܕܒܫܬ ܢܗܪܝܢ܂ ܘܗܘ ܒܗ ܒܡܘܗܒܬܐ ܝܠܦ ܗܠܝܢ ܕܡܛܠܬܗ܂ ܘܫܩܠ ܐܚܝܢ ܡܢ ܠܚܝܠܐ ܘܡܦܩ ܠܝ ܠܡܫܡܫܘܢ܂ ܘܦܪܘܐ ܠܝ ܕܢܐܙܠ ܠܐܬܪܐ ܩܠܝܡܐ܂ ܡܕܡ ܕܝܢ ܦܘܠܝܢ܂ ܓܕܫ ܕܒܕܡܝܐ ܐܟ ܕܠܐ ܡܕܡܥܐ܂ ܠܗܕܐ ܗܝܟܠ ܡܚܕܝܢܘܬܐ ܘܡܠܟܘܬܐ ܕܗܘܡܢܝܐ ܠܟܠܝ܂ ܒܕܡܐ ܕܟܬܒܬܐ ܡܬܟܬܒܐ܂ ܘܐܝܟܐ ܠܕܡܪܐ ܕܠܐ ܓܝܪ ܐܝܟ ܪܘܚܢܐ ܦܫܝܛ܂ ܠܐܝܡܟܐ ܕܡܢ ܫܘܪܝܐ ܗܕܝܢ ܡܪܝܐ܂ ܘܟܠܗܘܢ ܐܝܠܝܢ ܕܓܕܫ ܠܝ ܠܐܫܟܚܬܗ ܦܫܝܛܬ܂ ܘܡܟܕܪܐ ܗܘܦܬ ܕܡܛܠ ܕܠܐ ܫܡܥܬ ܠܡܪܢܘܬܗ ܕܐܟܐ ܡܕܡܥܐ܂ ܫܒܘ ܡܪܝܐ ܕܢܓܕܫܘܢ ܗܠܝܢ ܟܠܗܘܢ ܢܫܬܘܐ܂ ܐܝܟ ܕܠܬܘܪܓܡܐ ܕܩܕܝܫܐ܂ ܟܠܗܘܢ ܕܝܢ ܗܠܝܢ ܢܫܬܘܢ ܕܡܛܠ ܠܐ ܡܫܬܡܫܢܘܬܐ ܒܓܒܗ ܠܗ: ܬܫܒܘܚܬܐ ܠܟ ܡܪܝ܂ ܐܝܟ ܕܠܚܣܝܢܐ ܘܠܫܦܝܪܐ܂ ܡܛܠ ܕܡܫܡܫܢܘܬܐ ܘܡܫܬܡܫܢܘܬܐ ܡܫܬܟܠܬܐ܂ ܬܪܝܢ ܚܕܐ ܠܡܘܡܝܢ ܒܡܕܪܫܗ ܕܐܠܗܐ܂ ܡܫܬܡܫܢܘܬܐ ܓܝܪ ܕܩܘܕܫܗ ܕܐܠܗܐ ܚܢܐ ܕܠܟܠܝ ܐܬܝܗ̇܂ ܘܡܫܡܫܢܘܬܐ ܡܫܬܟܠܬܐ ܚܢܐ ܕܠܟܠܝ ܡܟܪܙܐ܂ ܗܘ ܓܝܪ ܕܡܦܢܐ ܒܕܡܐ ܠܡܪܢܐ ܗܢܐ ܢܨܐ܂ ܗܠܝܢ ܟܕ ܒܠܚܘܕ ܐܝܬ ܒܡܦܩܬ܂ ܐܫܬܟܚ ܠܝ܂ ܗܘ ܦܟܐ ܡܠܦܢܘܗ܂ ܐܝܟ ܕܐܝܟܐ ܡܢ ܢܡܘܣܐ ܕܪܘܚܬ ܐܘܚܕܢܐ ܠܟܝܢܐ ܕܠܐ ܠܗܘܪܐ ܕܐܝܟ ܕܠܚܡܝܢ ܠܢܦܫܬܐ ܕܩܕܫܐ ܡܪܝܡܐ ܒܬܚܬ܂ ܘܐܝܟܢ ܗܝܟܠ ܐܝܟ ܕܟܠܝܢ ܗܟܢ ܐܫܬܟܚܘ܂ ܡܛܠ ܕܬܐܠܝܦܘܢ ܕܗܘ ܕܠܡܫܡܫܘܬܐ ܕܫܡܠܝܘܬܐ ܕܒܟܝܢܐ ܘܠܐ ܡܫܬܠܛܐ: ܒܕܡܐ ܠܡܠܡܐ ܢܛܪ ܠܡܫܝܚܐ܂ ܟܕ ܒܚܝܠܗ ܕܐܠܗܐ ܡܬܢܛܪ܂ ܠܟܠܗܘܢ ܢܦܫܬܐ ܕܡܠܟܘܬܐ ܕܟܐ܂ ܘܠܐ ܢܩܦܐ ܘܠܐ ܡܦܩܝ܂ ܘܠܐ ܚܫܘܬܐ ܘܠܐ ܢܦܫܬܐ ܐܚܪܢܐ ܡܫܡܫܝܢ ܕܢܦܠܚܘܢܝܗ̇܂ ܠܗܘ ܕܒܕܡܐ ܠܡܫܘܬܐ ܗܠܝܢ ܕܡܫܝܚܐ ܓܒܪܗ ܠܦܓܪܗ ܒܢܝ ܕܒܝܬܐ ܕܢܦܫܗ܂ ܗܠܝܢ ܓܝܪ ܕܐܠܗܐ ܗܘܐ ܒܪܝܫ܂ ܘܪܘܚܗ ܕܐܠܗܐ ܥܡܪ ܒܗ܂ ܘܟܠ ܟܠܗܘܢ ܢܠܒܫܘܢ܂ ܕܢܥܠ ܡܪܝܐ ܕܢܗܘܐ ܡܫܡܫ ܠܗ܂ ܠܥܠܡ ܥܠܡܝܢ܂ ܐܡܝܢ܂

3. Bl. 11b—13b Brief des h. Antonius an die Mönche aller Orten: ܬܘܒ ܐܓܪܬܐ ܕܡܪܝ܂ ܐܢܛܘܢܝܘܣ ܚܣܝܐ ܪܫܐ ܕܝܚܝܕܝܐ܂ ܕܠܘܬ ܐܚܐ ܝܚܝܕܝܐ ܕܒܟܠ ܐܬܪ܂

Anfang:

ܡܢ ܩܕܡ ܟܠ ܡܕܡ ܫܐܠܢܐ ܫܠܡܐ ܠܚܘܒܟܘܢ ܕܢܘܟܦܟܘܢ܂ ܒܡܪܢ܂ ܦܘܪ ܐܢܐ ܕܝܢ ܐܚܝ܂ ܕܬܩܘܬܐ ܗܠܝܢ ܕܡܪܢ ܠܢܦܫܬܗ ܕܐܠܗܐ܂ ܗܠܝܢ ܬܠܬܐ ܒܦܪܘܫܝܢ ܐܝܬ ܠܗܘܢ܂ ܐܝܟ ܕܐܡܪ ܗܘ ܕܟܠ ܢܡܬܐ ܗܝ܂

Nachschrift Bl. 13b:

ܫܠܡܬ ܐܓܪܬܐ ܕܩܕܝܫܐ ܡܪܝ܂ ܐܢܛܘܢܝܘܣ ܚܣܝܐ ܪܫܐ ܕܝܚܝܕܝܐ܂

Derselbe Brief bei Wright S. 758 und Zotenberg S. 261, 6; Lateinisch bei Galland a. a. O. IV, 659A bis 660D.

4. Bl. 13b—16a Brief des Johannes aus Theben: ܬܘܒ ܐܓܪܬܐ ܕܡܪܝ ܝܘܚܢܢ ܬܐܒܝܐ.

Anfang:

ܠܡܫܪܝܘܬܐ ܕܥܒܕܐ ܐܢܫܐ ܕܒܝܬܝܘܬܐ
ܕܐܠܗܘܬܐ ܡܫܬܡܠܝܢܐ. ܡܛܠܗ ܕܝܢ ܕܥܒܕܬܐ
ܡܬܦܪܫܢܐ. ܒܡܕܒܪܢܘܬܐ ܕܫܒܝܚܘܬܐ
ܠܡܬܪܬܐ. ܕܦܘܠܚܢܐ ܡܫܬܡܠܝܢܬܐ ܘܢܘܗܪܐ
ܕܥܒܕܬܐ. ܗܝ ܕܐܝܬܝܗ ܚܝܬܐ ܕܠܥܠܡ ܕܗܘܐ
ܕܟܠܗ ܒܟܢܘܫܬܐ. ܕܢܬܠܐ ܠܐܝܠܝܢ ܕܡܚܝܢ
ܠܗ ܘܢܫܬܡܠܘܢ ܒܦܘܩܕܢܘܗܝ.

Vorhanden bei Wright S. 768b, 794, 1.

Schlussnotiz Bl. 16a:

ܫܠܡܬ ܐܓܪܬܐ ܕܡܪܝ ܝܘܚܢܢ ܬܐܒܝܐ.

5. Bl. 16a—19b Brief von Jacob dem Seher:

ܬܘܒ ܐܓܪܬܐ ܕܝܥܩܘܒ ܚܙܝܐ.

Anfang:

ܡܢܐ ܕܐܢܫܐ ܢܦܫܐ ܒܦܓܪܗ، ܡܕܒܪܢܐ
ܕܠܗܕܐ. ܗܘܝܐ ܦܓܪܐ ܗܘܝܢ ܠܗ ܥܩܒܐ.
ܘܠܐ ܡܠܐܟܐ ܠܡܠܟܘܬܗ ܕܗܘ ܗܘܐ ܒܡܘܬܗ
ܢܦܩ ܚܠܦܘܗܝ ܦܓܪܐ ܘܡܢ ܢܦܫܐ. ܐܠܐ
ܡܫܡܫܝܢ ܘܠܗܘܢ ܕܗܘܦܟܐ ܡܠܟ ܠܗ
ܦܘܩܕܢܐ. ܘܡܫܠܡ ܕܢܦܫܐ ܡܬܒܥܝܐ.

Vorhanden bei Wright S. 794, 3.

Schlussnotiz Bl. 19b:

ܫܠܡܬ ܐܓܪܬܐ ܕܝܥܩܘܒ ܚܙܝܐ.

6. Bl. 19b—21b Schrift des Johannes (Chrysostomus) über die Busse: ܬܘܒ ܡܐܡܪܐ ܕܡܪܝ ܝܘܚܢܢ ܐܦܝܣܩܘܦܐ ܕܩܘܣܛܢܛܝܢܘܦܘܠܝܣ ܕܥܠ ܬܝܒܘܬܐ.

Anfang:

ܙܕܩ ܠܢ ܬܘܒ ܠܡܬܬܝܣܘ ܘܠܡܬܐܒܠܘ
ܘܪܒܐܝܬ. ܠܐ ܗܘܐ ܓܝܪ ܒܠܚܘܕ ܒܢ̈ܘܗܝ
ܕܟ̈ܘܦܐ ܡܬܬܕܡܝܢ. ܐܠܐ ܘܐܦ [ܠܗܘܢ]
ܚܢܘܢ. ܢܒܥ ܐܢܐ ܓܝܪ ܦܓܪ̈ܐ. ܕܠܐ
ܗܘܐ ܠܡܬܒܣܡܘ (Bl. 20a) ܒܠܚܘܕ ܡܫܝܚܝ.
ܐܠܐ ܘܐܦ ܒܗ ܠܐ ܠܡܬܒܣܡ ܡܫܝܚܝ ܕܡܬܒܣܡܝܢ.
ܦܬܚ ܠܗ ܬܪܥ ܡܚܝܐ ܘܠܐ ܡܫܬܡܠܝܢ. ܕܢܠܒܐ
ܒܙܪܐ ܗܢܐ ܕܠܝܬ ܡܬܦܠܓܐ ܚܘܪܬܐ.

Nachschrift nicht vorhanden.

Zwei Schriften von J. Chrysostomus über denselben Gegenstand ܕܥܠ ܬܝܒܘܬܐ bei Wright S. 122, 888.

7. Bl. 21b—22a Stelle aus einer Schrift des Ephraem gegen Bardesanes: ܡܢ ܡܐܡܪܐ ܕܠܘܩܒܠ ܒܪܕܝܨܢ ܕܩܕܝܫܐ ܡܪܝ ܐܦܪܝܡ.

Text:

ܚܕ ܗܘ ܐܝܬܝܐ ܕܗܘܐ ܠܗ ܢܕܥ ܗܘܐ ܠܗ
ܫܪܐ. ܒܗ (Bl. 22a) ܗܘ ܥܒܪܐ ܘܡܢܗ ܫܪܝ
ܘܒܫܘܢܐ ܠܥܠܡܐ. ܐܝܬܝܐ ܗܘ ܕܒܨܒܝܢܗ
ܟܠ ܕܨܒܐ ܐܝܬܘܗܝ. ܕܒܗܘ ܘܦܠܓܐ ܕܚܝܝ
ܘܡܢܗ ܠܟܠ ܗܘ ܘܠܘܬܗ. ܫܠܝܛ ܘܡܫܬܘܐ.
ܕܡ ܠܒܪܝܬܗ. ܡܢ ܬܫܥܝܬܐ ܙܪ ܘܡܫܠܡܐ ܐܝܟ
ܬܫܡܫܬܗ. ܡܢ ܟܠܗܝܢ. ܠܐ ܡܠܠܐ ܡܢܝܐ
ܚܙܪ ܠܗ ܠܡܠܬܘܬܗ. ܘܠܐ ܥܛܝܪܐ ܦܫܪ
ܡܛܠ ܕܝܨܪܘܬܗ. ܕܦܘܩ ܟܠ ܗܘ ܘܒܡܪܝ ܟܠ
ܘܡܕܒܪ ܟܠ. ܠܗܕܐ ܕܡܢܐ ܕܒ ܕܗܠܝܢ ܒܗ ܟܠ
ܒܪܝܬܐ. ܐܝܟ ܕܢܦܩܝܢ ܡܢܗ ܠܒܢܝܐ ܒܟܠ
ܙܒܢܝܗܘܢ. ܗܟܢ ܢܦܩ ܐܦ ܐܠܗܐ ܠܟܠ
ܒܪܝܬܐ. ܘܐܝܟ ܕܠܒܢܝܢ ܒܢܝܐ ܠܡܪܝܐ ܒܟܠ
ܥܒܕܘܗܝ. ܠܒܢܝ ܒܪܘܝܐ ܠܟܠ ܕܐܬܬܗܝܢ ܡܢ
ܙܒ ܠܙܒܢܝ. ܘܐܝܟ ܕܠܦܪܫܝܢ ܒܢܝܐ ܒܥܒܕܐ.
ܦܠܛܪ ܒܐܠܗܐ ܙܒܢܐ ܘܡܕܒܪܢܐ. ܙܒܢܐ
ܘܡܘܪܒܐ ܘܡܕܒܪܢܗܘܢ. ܘܐܝܟ ܕܐܪܒܥ ܠܗ
ܡܢܝܢܐ ܠܒܢܝܐ ܥܠ ܒܪ ܕܐܬܐ. ܗܟܢ ܐܪܒܥ ܐܦ
ܐܠܗܐ ܠܟܠ ܕܡܢܗܘܢ. ܘܐܝܟ ܕܠܝܬ ܠܗ ܡܢܝܐ
ܠܒܢܝܐ ܒܟܠ ܗܘܦܟܗܘܢ. ܠܝܬ ܐܠܗܐ ܘܢܐܪܐ
ܠܟܠ ܐܚܕ ܒܟܠ ܗܘܦܟܝܗܘܢ. ܠܐ ܡܢ ܐܪܒܥܐ
ܐܢܫܐ ܡܬܚܙܝܢ ܕܒܟܝܢܗܘܢ ܗܢ. ܘܠܐ ܡܢ
ܒܐܝܕܐ ܐܚܕ ܡܬܬܪܝܨ ܕܠܘܬܗ ܗܢ. ܒܪܡ
ܗܘ ܦܠܓܐ ܒܟܠ ܡܢܝܢܘܗܝ ܘܒܟܠ ܦܢܝ. ܐܝܟ
ܕܒܡܠܟܐ ܢܦܫܐ ܒܦܓܪܐ ܘܢܘܗܪܐ ܒܥܝܢܐ.

ܠܐ ܡܢ ܢܦܫܗ ܡ̈ܙܓܐ ܐܝܟ ܚܪܗ ܕܡܫܡܫܗ
ܐܝܬܘܗܝ. ܘܠܐ ܡܢ ܠܒܪܐ ܐܝܟ ܡܬܠܒܫܐ
ܕܢܦܩ ܗܘ ܠܗ. ܐܝܟ ܕܡܕܝܢܝܢ ܬܚ̈ܝܬܐ ܠܢܘܗܪܐ
ܘܒܗܘܢ ܢܨܒ̇. ܡܫܡܫܬ ܢܨܒܝܢ ܐܦ ܒܐܠܗܐ
ܚ̈ܝܐ ܟܠܗܘܢ. ܫܠܝܛ ܗܘ̇ ܒܐܪܥܐ ܘܒܫܡܝܐ
ܕܢܗܘܘܢ ܠܟܘܠܗܘܢ ܒܢ̈ܝܐ. ܡܕܝܢ ܗܘ̇ ܒܥܘܗܪܐ
ܐܦ ܒܝܕܥܬܗܘܢ ܒܚ̈ܝܠܐ ܢܦܫ. ܦܬܝܚܢ ܗܘ̇
ܒܪܘܚܢ ܘܠܗܢ ܒܗܢ ܚ̈ܝܠܐ ܕܐܝܟܢ ܐܝܬܝܗܝܢ.
ܒܡܦܩܢ ܚܕܐ ܘܠܐ ܒܣܘܐ ܡܢܗ ܟܠ ܕܟܠܗܝܢ.
ܐܝܟ ܕܦܓܪܐ ܗܘ ܗܘܢܐ ܠܦܓܪܐ ܠܟܠ ܐܬܪ̈ܘܗܝ.
ܗܟܢ ܦܓܪ ܚ̈ܝܐ ܠܢܦܫܢ ܒܟܠܗ ܬܘܟܣܗ.
ܘܐܝܟܢ ܕܢܦܫܐ ܕܠܗܘܢܝܐ ܗܟܢ ܦܓܪ.
ܗܟܢ ܦܓܪܐ ܕܗܘܐ ܒܝܕ̈ܥܬܗ ܕܢ ܕܐܬܬܢܝܚ..
ܠܡܠܝܘܬܗ ܢܦܫܢ ܦܓܪܐ ܗ̇ܝ ܘܪܘܚܢ
ܠܡܫܒܚܐ. ܢܦܫܐ ܕܢܦܫܢ ܪܘܚܐ ܕܪܘܚܢ
ܐܝܬܘܗܝ ܕܒܪܢ. ܪܘܚܐ ܡܢ ܟܠ ܘܫܠܝܛ ܒܗ ܟܠ
ܦ̇ܪܘܫ ܒܟܠ ܠܬܫܡܫܬܐ ܘܬܘܕܝܬܐ ܕܠܐ
ܡܬܒܥܝܐ. ܗܘ ܐܝܬܝܐ ܕܠܐ ܐܝܟ ܪ̈ܕ ܒܠ
ܐܝܬܘܬܗ. ܗܘ ܚܝܠܐ ܕܠܐ ܡܬܡܠܠܐ
ܕܡܝܘܬܗ. ܠܐ ܦܢܝܢܐ ܘܠܐ ܒܦܢܝܐ ܐܝܬ
ܕܠܡܟܠܗ. ܗܘ ܕܒܪܐ ܘܐܬܩܢ ܟܠ ܕܐܝܬ
ܡܢ ܠܐ ܡܕܡ. ܠܗ ܬܫܒܘܚܬܐ ܘܥܠܝܢ
ܪ̈ܚܡܘܗܝ ܠܥܠܡ ܐܡܝܢ..

8. Bl. 22ª—29ᵇ Eine Schrift von Evagrius. Belehrung und Ermahnung an die Einsiedler in der Wüste: ܡܠܦܢܘܬܐ ܘܡܪܬܝܢܘܬܐ ܕܥܒܝܕܐ ܠܡܪܝ ܐܘܓܪܝܣ. ܕܠܘܬ ܐܚ̈ܐ ܡܫܝ̈ܢܐ ܕܒܡܕܒܪܐ.

Anfang:

ܐ̄ ܒܪܘܚܢܝܘܬܐ ܐܝܬܝܗ̇. ܘܠܒܝܐ ܕܡܫܝܚܐ
ܡܫܝܚܢ. ܕܡܬܦܢܝܢ ܡܢ ܚ̈ܛܗܐ ܕܡܬܝܪܬܘܬܐ.
ܘܡܢ ܡܪܕܘܬܐ ܕܚ̈ܛܝܐ. ܘܡܢ ܡܫܡܠܝܘܬܐ
ܕܝܨܝܦܘܬܐ ܕܢܘܗܪܐ ܠܐܠܗܐ.

Die Schrift besteht aus solchen kurzen Absätzen, von denen 126 ܡܚܡ (der letzte unvollständig) vorhanden sind.

Letzte Worte:

ܡ̄ܫ̄ܚ ܚܪܘ ܒܡܘܫܚܢ ܕܠܐܠܗܐ ܡܛܠ ܕܠܐܬܐ
ܕܡܬܪܢܝܐ. ܐܘ

Zwischen Bl. 29 und 30 ist eine Lücke: Es fehlt das ganze Kurràs 16 ܝܘ (10 Blätter).

Dieselbe Schrift bei Wright S. 445. Griechisch bei Galland VII. 553—566.

9. Bl. 30ª—41ᵇ Eine Schrift ohne Titel und Anfang von Evagrius. Eine Nachschrift ist nicht vorhanden. Oben auf Bl. 30ª ܕܡܪܝ، ܐܘܓܪܝܣ. Dass Evagrius der Verfasser ist, ergiebt sich auch aus der Überschrift des folgenden Abschnittes (Bl. 41ᵇ).

Anfang:

ܟܠܗܘܢ. ܘܠܗܘܢ ܬܘܕܝ. ܐܦܠܐ ܦܘܪܩܢ
ܠܕܝܠܟ ܐܠܗܐ ܐܝܟ ܦܓܪ̈ܐ ܒܪܘܟܬ
ܬܐܓܪܘܬܗ ܕܒܠܟܐ. ܐܠܐ ܒܡܘܪܐ
ܕܪܚܡܝܢ ܕܠܟ. ܬܪܥܝܬܐ ܢܘܗܪܐ ܐܫܬܟܚܬ
ܠܢܦܫܗܘܢ ܡܢ ܡܘܗܒܬܐ ܕܬ̇ܘܒܐ. ܘܐܝܟ ܠܐ
ܦܓܪܢܐ. ܒܡܘܗܪܐ ܬܚܘܡܐ ܕܠܐ ܡܬܡܠܠ
ܡܕܝܢܝܢ. ܡܛܠ ܗܘܐ ܐܦ ܐܝܬ ܡܡܠܟܝܢ
ܒܟܠܗ ܡܬܬܪܘܬܐ ܐܦܠܘܓܝܐ. ܒܠ ܕܗܘܬ ܠܝ
ܒܦܠܓܘܬܐ ܕܬܘܗܡܐ ܡܬܬܐ ܠܢ̈ܦܫܐ.

Es ist dies vermuthlich die Rede des Evagrius an Eulogius, s. Wright S. 656, betitelt ܡܐܡܪܐ ܕܥܠ ܫܡܫܘܬܐ ܕܡܘ̈ܡܪܐ. und daselbst S. 446. Griechisch vorhanden bei Migne tom. 79 Col. 1096.

10. Bl. 41ᵇ—42ᵇ Schrift von Evagrius, genannt Σκέμμα: ܬܘܒ ܐܣܩܦܘܣ ܕܠܗ ܕܡܪܝ، ܐܘܓܪܝܣ ܦܘܢܛܝܩܐ.

Anfang:

ܡܛܠ ܕܡܢ ܡܘܕ ܕܟܠܐ ܒܬܟܒ ܠܝ ܡܢ
ܪܘܚܗܘܢ ܠܦܘܪܐ ܘܡܠܝܐ ܒܗ ܡܬܒ ܐܝܟܐ
ܐܣܩܦܘܣ ܠܦܘܪܐ ܕܡܬܪܓܡ. ܐܘ ܐܝܟ ܘܡܫܡܫ
ܐܝܠܦܘ —— ܐܫܟܚܬ ܕܡܠܡܘܐ ܕܐܘܣܡܣܐ
ܕܡܫ̈ܬܚܐ ܕܐܝܬ ܒܡܬܪܓܡ ܐܬܐܝܐ ܠܝ. ܠܐ
ܗܘܐ ܓܝܪ ܡܫܬܡܥܢܘܬ ܫܪܪ ܒܗ. ܐܦܠܐ

ܐܝܟ ܡܕܡ ܕܐܘܣܐ ܘܦܢܝܬ ܕܐܢܛܘܠܝܘܣ، ܡܛܠ ܕܝܘܠܦܢܐ ܘܐܣܟܐܡܐ ܐܝܬ ܒܗ. ܡܢ ܫܪܒܐ ܕܐܣܟܡܐ ܕܒܢܝܫܐ. ܗܐ ܡܕܡ ܕܐܠܦܢ ܡܢ ܐܒܗ̈ܝܢ ܩܕ̈ܝܫܐ (Bl. 42a) ܡܛܠܬܗ ܕܠܗ ܕܗܢܐ ܐܣܟܡܐ. ܒܟܠܬ ܘܐܘܪܚܬܟ.

Brief an Anatolius in Jerusalem über die Tracht der Ägyptischen Mönche.

Dieselbe Schrift bei Wright S. 448. Griechisch bei Galland VII, 553A bis 554B.

II. Bl. 42b—54b ܬܘܒ ܕܠܗ ܕܗ ܕܠܗ ܕܦܘܫܩܐ ܬܫܥܝܬܐ ܘܦܘܢ ܦܬܓܡܐ ܕܡܢ ܟܬܒ̈ܐ ܩܕܝܫܐ. ܠܘܩܒܠ ܕܝ̈ܘܐ ܕܡܢܣܝܢ ܠܢ.

Theil eines Werkes von Evagrius, enthaltend Beweisstellen aus der Bibel gegen die Dämonen, welche uns in Versuchung führen (Antirrheticus?). Von den acht Abschnitten der Schrift sind die drei ersten ganz, der vierte zum Theil vorhanden.

Anfang:

ܡܢ ܚܢܘܟ ܡܠܠܐ ܕܐܝܬ ܬܘܒܬ ܥܡܛܐ. ܡܢܗܘܢ ܬܘܒ. ܘܡܢܗܘܢ ܡܢܬܐ ܠܗܘ ܡܕܡ ܕܬܘܒ. ܘܡܢܗܘܢ ܡܬܬܘܒ ܒܗ ܗܘ ܡܕܡ ܕܬܘܒ. ܘܫܠܝܛܘܬܐ ܡܢܬܐ ܘܡܢܬܘܢ ܩܪܒܐ ܒܠܒܗܘܢ. ܘܕܬܬܒܥܢ ܐܬܝܗܘܢ ܒܢ̈ܝܫܐ. ܘܡܬܕܒܪܝܢ ܠܗܘܢ ܐܬܝܗܘܢ ܡܠܐ̈ܟܐ ܕܐܠܗܐ. ܘܡܬܠܒ̈ܟܝܢ ܐܬܝܗܘܢ ܕܝ̈ܘܐ ܠܦܐܬܐ.

Diese Dämonen sind acht böse Gedanken:

1. Bl. 43b ܘܩܒܠܐ ܠܘܩܒܠ ܚܘܫܒܐ ܕܪܥܒܘܬ ܟܪܣܐ.

Gegen die Gedanken des Dämons Völlerei.

In 69 ܣܛ Abschnitten, Citaten aus allen Theilen des Alten und Neuen Testamentes.

2. Bl. 47a ܠܘܩܒܠ ܚܘܫ̈ܒܐ ܕܕܝܘܐ ܕܙܢܝܘܬܐ.

Gegen die Gedanken des Dämons Hurerei.

In 65 ܣܗ Abschnitten.

3. Bl. 50b ܬܘܒ ܥܠ ܕܝܘܐ ܕܪܚܡܬ ܟܣܦܐ

Gegen den Dämon der Geldgier.

In 58 ܢܚ Abschnitten.

4. Bl. 53b ܬܘܒ ܥܠ [ܚܘܫܒܐ] ܕܕܝܘܐ ܕܟܪܝܘܬܐ.

Gegen den Dämon Betrübtheit.

Von diesem Capitel sind nur vorhanden die ersten drei Abschnitte (abgerieben, am Rande zerstört) und auf Bl. 52, der oberen Hälfte eines Blattes, Bruchstücke der Abschnitte 61—66 und 70—75.

Es ist dieselbe Schrift, die bei Wright S. 446 den Titel

ܡܐܡܪܐ ܕܐܘܓܪܝܣ ܕܥܠ ܬܡܝܗܘܬܐ ܩ̈ܘܫܒܡ

führt.

Die Hds. besteht aus Theilen eines viel grösseren Bandes. Erhalten sind: Kurràs 13 ohne das erste Blatt, K. 14 und 15 ganz; zwischen Bl. 29 und 30 fehlt Kurràs 16; erhalten K. 17 und 18 ganz, und $4\frac{1}{2}$ Blätter von K. 19.

Die Hds. ist an den Rändern durch Feuer beschädigt, besonders von Bl. 40 an; stellenweise ist die Schrift auch etwas verblasst.

Von dem Wav kommt neben der jüngeren (geschlossenen Ring-) Form auch noch die ältere Form vor; das He findet sich nur in der jüngeren Gestalt. Das Alef hat noch zuweilen rechts unten den für die älteste Zeit charakteristischen Widerhaken. Vocalisation mit Punkten sehr spärlich, hauptsächlich bei Eigennamen. Geschrieben vermuthlich im 7. oder 8. Jahrhundert.

54 Blätter (25 × 16 cm). Auf der Seite 39 Zeilen.

28.

(Sachau 220.)

Pergament.

Jakobitisch.

Ein Convolut einzelner Blätter, Bruchstück einer ursprünglich sehr umfangreichen Handschrift, die nach Inhalt und Anlage mit der Hds. des Brittischen Museums Nr. 825 (Wright S. 842 ff.) verglichen werden kann. Eine Sammlung von Predigten ὁμιλίαι ܬܘܪ̈ܓܡܐ von den Vätern der monophysitischen Kirche und von Kirchenvätern aus der Zeit vor der Kirchenspaltung, geordnet nach den Sonn- und Festtagen des mit der Adventszeit ܣܘܒܪܐ beginnenden Kirchenjahres, an denen sie vorgetragen zu werden pflegten. Der ursprüngliche Titel der Sammlung ist ܟܬܒܐ ܕܬܘܪ̈ܓܡܐ ܕܡ̈ܠܦܢܐ ܬܪ̈ܝܨܝ ܫܘܒܚܐ ܕܥܠܘܗܝ ܕܣܘܒܪܐ ܕܡܫܝܚܐ. S. Bl. 10ᵇ. 11ᵃ. 38ᵇ. 39ᵃ. 40ᵇ. 41ᵃ.

Die Väter, von denen Homilien ganz oder zum Theil vorhanden sind, sind folgende:

- Basilius (gest. 379) Bl. 9;
- Gregorius Theologus (gest. 391) Bl. 3. 4. 26. 28;
- Gregorius von Nyssa (gest. 395) Bl. 6;
- Epiphanius (gest. 403) Bl. 17;
- Johannes Chrysostomus (gest. 406) Bl. 8. 9. 12. 13. 20. 24. 28. 32. 35. 41. 43. 47;
- Cyrillus (gest. 444) Bl. 13. 15. 17. 49. 50;
- Proclus (gest. 447) Bl. 40. 41;
- Jacob von *Serûgh* (gest. 521) Bl. 10. 11. 29;
- Severus von Antiochien (gest. 542) Bl. 10. 11. 12. 24. 26. 35. 43. 48;
- Pantaleon Presbyter Byzantinus (vergl. Migne 98 und 140) Bl. 48;
- Theodotus Bischof von Ancyra in Galatien (um 431) Bl. 6;
- Antipater von Bostra (um 460) Bl. 29.

Einzig in ihrer Art ist die Hds. durch die in ihr enthaltenen Miniatur-Malereien, die mit grösserer Kunst, als sonst in Syrischen Handschriften üblich, ausgeführt sind und meist Scenen aus dem Leben Christi darstellen. Sie sind sämmtlich in wohl erhaltenen Farben gemalt, ausgenommen dasjenige auf Bl. 43ᵃ, das eine Federzeichnung ist. Sie sind nicht durchweg gut erhalten, besonders die Gesichter haben viel gelitten, und leider hat eine rohe Hand späterer Zeit hier und da durch Nachziehen die ursprünglichen Linien verdorben. Ausser Darstellungen von Scenen und einzelnen Personen (s. die folgende Inhaltsangabe) sind bunte Vignetten, in welche die Kurrâs-Nummern eingetragen sind, und kunstvoll gemalte Kreuze vorhanden. Es ist zu beklagen, dass die Osterzeit in diesen Blättern nicht vertreten ist, da gerade den für die Osterzeit bestimmten Texten die zahlreichsten und schönsten Bilder beigefügt zu werden pflegten. Bilder und Zeichnungen auf Bl. 3ᵃ. 6ᵇ. 7ᵃ. 8ᵇ. 9ᵇ. 10ᵇ. 11ᵃ. 11ᵇ. 12ᵇ. 13ᵃ. 18ᵃ. 20ᵇ. 24ᵇ. 26ᵃ. 28ᵃ. 30ᵃ. 36ᵇ. 39ᵃ. 40ᵇ. 41ᵃ. 43ᵃ. 47ᵇ. 48ᵃ. 49ᵃ. 50ᵃ. Die Überschriften der Bilder sind theils Griechisch, theils Syrisch.

Die gegenwärtige Ordnung der Blätter ist hergestellt nach ihrem Inhalt unter Berücksichtigung der vorhandenen Kurrâs-Zahlen, ferner der Nummern, welche die einzelnen Homilien in der ursprünglichen Sammlung führten, und der Ordnung des Kirchenjahres.

Inhalt:

Bl. 1 Theil einer Schrift, vermuthlich ܥܠ ܡܠܬܗ ܕܡܪܢ

Anfangsworte:

ܕܗܠܝܢ ܬܘܒ ܡܬܪ ܠܐܘܣܛܐ. ܥܠܡ̈ܘܢ ܗܠܝܢ ܠܐ
ܡܬܢܣܒܐ ܠܓܡܪ ܘܠܐ ܡܬܬܪ̈ܕܝܢܐ.

Schlussworte:

ܗܢܘܢ ܠܐ ܕܪ̈ܝܐ ܠܘܬ ܡܫܡܫܢܘܬܐ. ܗܢܘܢ
ܕܠܒܫܘܢ ܡܫܝܚܐ ܡܢ ܡܥܒܕ:

Bl. 2 Stück einer Schrift De annuntiatione ܥܠ ܣܘܒܪܐ

Anfang:

ܕܢܬܠܝܢ ܥܠ ܝܘܣܦ ܠܚܠܒܝܢ. ܐܠܐ ܥܠ ܒܬܘܠܬܗ.

Bl. 3 Letzte Zeilen einer Schrift von Severus De annuntiatione.

Anfang:

ܒܦܫܝܛܘܬܐ ܘܒܫܪܝܪܘܬ ܐܝܬܘܬܐ ܕܐܠܗܐ
ܝܗܒܐ ܘܫܘܒܚܐ ܕܠܗ ܥܡ ܐܒܐ ܡܫܝܚܐ.

Schlussnotiz:

ܫܠܡ ܕܡܪܝ، ܡܐܡܪܐ ܕܥܠ ܣܘܒܪܐ.

Ein Bild, das Christuskind in der Krippe, Maria und Joseph, daneben ܡܘܠܕܗ ܕܡܪܢ

Folgt Bl. 3ª Col. 1: Homilie des Gregorius Theologus über die Geburt Christi, Nr. 5 der Sammlung: ܡܐܡܪܐ ܕܩܕܝܫܐ ܓܪܝܓܘܪܝܘܣ
ܬܐܘܠܘܓܘܣ ܕܥܠ ܒܝܬ ܝܠܕܐ ܐܝܟ ܒܣܪ ܒܝܬ
ܠܐܠܐ ܕܡܟܝܢ ܕܦܪܘܩ ܥܘܕ ܡܫܝܚܐ. ܗ̄

Anfang:

ܡܫܝܚܐ ܡܬܝܠܕ ܫܒܚܘ. ܡܫܝܚܐ ܡܢ ܫܡܝܐ
ܐܪܥܘܗ.

Vergl. Wright S. 240 Nr. 3: S. 245 Nr. 3 und Griechisch in Opera (Paris 1778) 1, 663.

Bl. 4 Theil einer Schrift gleichen Inhalts.

Anfang:

ܕܠܝܬ ܗܘܐ ܠܗ ܒܗ̇ ܦܐܝܐ ܐܢܫ. ܗܢܐ ܗܘܐ ܐܫܟܚ
ܒܗ̇ ܢܦܠܬ:

Bl. 5 Ende der Homilie des Gregorius Theologus über die Geburt.

Anfang:

ܒܪ̈ܝܐ ܡܬܦܬܠ ܠܦܬܘܬܐ. ܠܩܒܠܬܐ ܕܫܒܝܐ.
ܗܘܐ ܪ̈ܒܐ ܐܝܬ ܠܐܠܗܘܬܐ ܒܗܕܪܐ.

Schlussnotiz:

ܫܠܡ ܡܐܡܪܐ ܕܩܕܝܫܐ ܓܪܝܓܘܪܝܘܣ
ܬܐܘܠܘܓܘܣ ܕܥܠ ܝܠܕܐ ܕܐܝܬ ܒܗ ܐܦ̈ܝܦܢܝܐ
ܐܬܡܢܝܢܐ ܘܡܬܩܪܝܢ ܘܡܬܩ̈ܪܝܐ.

Bl. 6 *a* = Schluss der Homilie des Gregorius von Nyssa über die Geburt.

Anfang:

ܡܢ ܡܐܡܪ. ܠܒܝܫܬܐ ܐܬܝܕܥ ܗܘܬ ܐܠܗܘܬܐ.
ܒܗ ܬܦܪܘܬܐ ܕܡܫܘܬܐ.

Schlussnotiz:

ܫܠܡ ܕܩܕܝܫܐ ܓܪܝܓܘܪܝܘܣ ܕܢܘܣܐ ܕܝܠܕܐ.

Vergl. Wright S. 245 Nr. 3 und Griechisch in Opera (Paris 1638) III, 339.

Bild: Christus im Jordan, über ihm ΙΣ ΧΣ, links Johannes, rechts Maria.

b = Anfang der Homilie des Bischofs Theodotus von Ancyra in Galatien über die Geburt.

Titel:

ܕܩܕܝܫܐ ܬܐܘܕܘܛܘܣ ܐܦܝܣܩܘܦܐ ܕܐܢܩܘܪܐ (?)
ܕܓܠܛܝܐ ܕܥܠ ܝܠܕܗ ܕܡܪܢ ܕܟܕܡܝ.

Anfang zerstört:

— — ܢܘܗܪܐ ܗܘܦܬܐܢܘܣ. ܢܘܗܪܐ
ܕܩܐܡ. ܘܦܪܘܫܐ ܠܟܠܐ ܡܢܬܐ
-ܕܡܢ ܐܦ ܒܢܝܐ ܗܘܐ
-ܘܡܫܚ ܠܗ ܠܥܘܠܡܐ

Vergl. Wright S. 790 Nr. 7 (andere Übersetzung). Griechisch bei Migne 77, 1349—1370.

Bl. 7 Theil einer Homilie ܥܠ ܝܠܕܗ ܕܡܪܢ

Anfang:

ܕܠܝܬ ܕܪ̈ܗ ܡܢ ܒܢ̈ܝܐ ܡܢܗܘܢ ܕܦܘܠܚܢ ܫܬܪ̈ܐ
ܢܦܪܫܘܢܗ. ܗܘܐ ܓܝܪ ܐܝܟ ܒܪܢܫܐ. ܘܠܐ
ܐܝܟ ܒܪܢܫܐ ܐܬܝܠܕ:

Bl. 8 Ende einer Homilie des Johannes Chrysostomus über die Geburt. Vergl. Wright S. 842 Nr. 1: S. 827 Nr. 1*c* und Griechisch in Opera X, 986: VI, 459.

Anfang:

ܕܡܬܦܪܫ ܗܘܐ. ܘܡܛܠ ܗܢ ܩ̈ܠܝܒܐ ܐܚܡܢ.
ܕܐܬܦܘ ܡܢ ܡܫܝܚܐ. ܠܗܘܐ ܕܝܢ ܡܠܐܟܐ.

Schlussnotiz:

ܫܠܡ ܕܩܕܝܫܐ ܡܪܝ ܝܘܐܢܢܝܣ ܕܥܠ ܒܝܬ
ܝܠܕܗ ܕܡܪܢ.

Bild: Drei Reiter, daneben

ܡ̈ܓܘܫܐ ܕܡܢ ܦܪܣ

Bl. 9 *a* Johannes Chrysostomus, Ende einer Homilie über die Geburt.

Anfang:

ܠܝܫܘܥ ܢܫܒܚ. ܗܘ ܕܒܬܘܠܘܬܗ ܕܡܪ̈ܝܐ: ܕܒ
ܒܥܘܕܪܢ ܢܦܫܐ ܒܢ̈ܝ ܗܘܐ.

Schlussnotiz Bl. 9b:

ܫܠܡ ܕܩܕܝܫܐ ܡܪܝ، ܐܝܘܐܢܢܝܣ ܕܥܠ ܒܝܬ ܝܠܕܐ.

Bild mit der Aufschrift:

ܡ̈ܠܐܟܐ ܥܡ ܡܫܒܚܝܢ ܠܪ̈ܥܘܬܐ

vier Personen, zwei Engel und zwei Hirten, über ihnen einen Stern, darstellend.

b = Basilius, Homilie über die Geburt.

Titel:

ܡܐܡܪܐ ܕܩܕܝܫܐ ܒܣܝܠܝܘܣ ܐܦܣܩܘܦܐ̄
ܕܩܣܪܝܐ ܕܩܦܕܘܩܝܐ ܕܥܠ ܒܝܬ ܝܠܕܗ ܕܡܪܢ
ܕܒܒܣܪ.

Anfang:

ܡܠܝܕܘܬܗ ܕܡܫܝܚܐ: ܗ̇ܝ ܕܝܠܗ ܒܠܚܘܕܝܗ̇ ܐܬܬܐ
ܘܫܘܬܦܘܬܐ ܘܡܠܝܕܘܬܐ ܕܐܠܗܘܬܐ ܕܝܠܗ.
ܒܫܠܝܐ ܬܬܫܬܩ. ܡܐܠܠܝܢ ܕܒܗ ܐܦܠܐ
ܠܬܪܥܝܬܐ ܢܦܩ ܠܡܡܠܠܘ ܡܠܝܢ ܐܘ ܠܡܫܡܥܘ.

Griechisch bei Migne 31, 1457.

Bl. 10 *a* = Severus, Ende einer Homilie über die Geburt.

Anfang:

ܐܡܪܬ ܐܝܬ ܕܐܬܝܗܘܢ، ܦܓܪܗ ܕܡܫܝܚܐ ܐܠܗܐ:
ܐܘ ܕܠܐ ܗܘܝܐ.

Schlussnotiz Bl. 10b:

[ܫܠܡ ܕ|ܡܪܝ، ܣܐܘܝܪܐ ܕܥܠ ܝܠܕܐ.

Vergl. Wright S. 827 Nr. 1c.

b = ܬܘܪܓܡܐ ܕܩܕܝܫܐ ܡܪܝ، ܝܥܩܘܒ
ܡܠܦܢܐ ܕܥܠ ܝܠܕܗ ܕܡܪܢ ܕܒܒܣܪ.

Jacobus doctor (von *Serugh*), Homilie über die Geburt.

Anfang:

ܙܕܩ ܠܝ ܡܘܗܒܬ. ܕܡ̈ܠܐ ܟܠܗ ܦܘܪܫܢܐ ܠܡ
ܚܢ̈ܢܐ ܟܠܗ ܐܡܪ.

Vergl. Wright S. 842 Nr. 3; Assemani I, 309.

Bl. 11 *a* = Jacob, Ende der Homilie über die Geburt.

Anfang:

ܡܫܒܚܬ (?) ܒܢ̈ܝܐ. ܦܬܓܡ ܗܘܐ ܡܢ ܒܫܘܬܦܘܬܐ
ܕܐܠܗܐ. ܐܢܫܘܬ ܐܝܟ ܚܒܪ ܦܘܫܩܐ.

Schlussnotiz:

ܫܠܡ ܕܡܪܝ، ܝܥܩܘܒ ܕܥܠ ܝܠܕܐ. ܫܠܡ
ܡܐܡܪܐ ܚܡܫܐ ܕܝܠܕܐ ܕܡ̈ܠܐܟܐ ܬܘ̈ܪܝ
ܫܒܝܚܐ ܐܝܟ ܬܘܪܓܡܐ ܣܒܝܚܐ ܘܫܒܝܚܬܐ.

Bild: Maria mit dem Kinde auf dem Arm, darüber MΙ ΘΥ.

b (Bl. 11b) = Severus, die vierzehnte der Λόγοι ἐπιθρόνιοι über die Gottesgebärerin.

Titel:

ܡܐܡܪܐ ܕܐܪܒܥܣܪ ܕܥܢܝܬܘܢ ܕܥܠ
ܘܕܝܠܬܐ ܝܠܕܬ ܐܠܗܐ ܡܪܝ ܣܘܝܪܐ ܕܩܕܝܫܐ
ܘܪܝܫ ܐܦܝܣܩܘ̈ܦܐ ܕܐܢܛܝܘܟܝܐ
ܘܦܛܪܝܪܟܐ.

Anfang:

ܒܐܬܪܐ ܗܢ ܐܬܢܚܝܗ ܘܫܘܒܚܬܐ. ܕܠܟܠܗܘܢ
ܡܫܐ ܢܦܫ ܬܫܒܘܚܬܐ ܕܡܢ ܟܠܗ.

Die Nr. 14 dieser Rede beweist, dass sie der im Jahre 701 von Jacobus Edessenus geschriebenen Übersetzung der Λόγοι ἐπιθρόνιοι entnommen ist. Vergl. Wright S. 534 und 535 Nr. 14.

Bl. 12 *a* = Severus, Ende der Homilie über die Gottesgebärerin. Vergl. Wright S. 827 Nr. 2. S. 535 Nr. 14. S. 827 Nr. 1*k*.

Anfang:

ܕܠܟܠܗܘܢ ܪ̈ܚܝܐ. ܠܘ ܓܒܪ ܡܦܠܓ ܗܘܐ ܢܦܫܗ
ܡܪ̈ܚܡܢܘܬܐ ܕܡܫܝܚܢܘܬܐ:

Schlussnotiz 12b:

ܫܠܡ ܕܡܐܡܪܐ ܕܥܠ ܝܠܕܬ ܐܠܗܐ.

Bild: Maria, daneben ܝܠܕܬ ܐܠܗܐ (von jüngerer Hand).

b Anfang des Titels einer Homilie von Johannes Chrysostomus:

ܡܐܡܪܐ ܕܩܕܝܫܐ ܡܪܝ، ܐܝܘܐܢܢܝܣ.

Bl. 13 *a* = Ende der Homilie des Johannes Chrysostomus über die Gottesgebärerin.

Anfang:

ܕܡܚܠܠ ܗܠܝܢ. ܓ̰ ܠܬܘܬܐ ܬܦܪܘܣ: ܫܠܘ ܢܦܩܬܐ
ܡܫܒܠܬܐ ܕܠܝ.

Schlussnotiz:

ܫܠܡ ܕܡܪܝ، ܐܘܢܐܘܣ ܕܥܠ ܝܠܕܬ ܐܠܗܐ.

Bild: Maria mit dem Kinde.

b = Cyrillus, die in Ephesus gehaltene Homilie (Nr. 17 der Sammlung) über die Gottesgebärerin und gegen Nestorius.

Titel:

ܡܐܡܪܐ ܕܩܕܝܫܐ ܩܘܪܝܠܠܘܣ ܕܥܠ ܡܘܠܕܬ
ܟܕܠ ܝܠܕܬ ܐܠܗܐ. ܘܠܘܩܒܠ ܢܣܛܘܪܝܣ.
ܐܬܐܡܪ ܕܝܢ ܒܐܦܣܘܣ. ܝ̄.

Anfang:

ܡܐ ܗܘܪ ܠܝ ܡܐܡܪܐ ܘܡܠܐ ܡܢ ܠܒܝܒܘܬܐ.
ܡܚܠܠ ܕܝܠܝܕܬܐ ܐܬܐܡܪ̇.

Griechisch bei Migne 77, 1029.

Bl. 14 Fortsetzung.

Bl. 15 Ein Stück derselben Homilie des Cyrillus.

Anfang:

ܐܬܐ. ܐܡܝܢܐ ܕܠܬܫܒܘܚܬܐ ܠܬܐܠܬܐ
ܩܕܝܫܐ ܗ̇ܝ، ܕܡܫܡܫܢ ܠܦܪܘܣܐ ܡܫܝܚܐ:

Bl. 16 Mit derselben Schrift.

Anfang:

ܘܐܬܢܟܝܘ: ܘܠܬܘܕܝܬܐ ܕܐܠܗ ܘܢܒܢܝ ܬܫܒܘܚܬܐ.
ܒܡ ܫܒܝܚܬܐ ܘܡܫܒܚܬܐ ܠܓܒܗ.

Bl. 17 *a* = Schluss der Homilie des Cyrillus über die Gottesgebärerin und gegen Nestorius.

Schlussnotiz:

ܫܠܡ ܡܐܡܪܐ ܕܩܕܝܫܐ ܩܘܪܝܠܠܘܣ ܕܥܠ
ܡܘܠܕܬܐ ܕܝܠܕܬ ܐܠܗܐ ܡܪܝܡ ܘܠܘܩܒܠ
ܢܣܛܘܪܝܣ ܠܒܝܫܐ.

b = Epiphanius von Cypern, Homilie über die Gottesgebärerin.

Titel:

ܕܩܕܝܫܐ ܐܦܝܦܐܢܝܘܣ ܐܦܝܣܩܘܦܐ ܕܩܘܦܪܘܣ
ܕܥܠ ܩܕܝܫܬܐ ܝܠܕܬ ܐܠܗܐ ܡܪܝܡ.

Anfang:

ܒܗ ܠܗܘܢܐ ܢܗܝܪܐ ܕܣܢܝܩܝ ——— — — ܕܫܠܝܐ
ܕܝܠܕܬ ܐܠܗܐ: ܘܫܠܝܐ ܡܬܕܪܟܢܐ
ܗ̇ܘܝܘ ܕܐܬܩܪܐ ܐܪܐ ܕܫܡܝܐ ܘܐܪܥܐ:

Vergl. Wright S. 722 Nr. II, 2 und Griechisch in Opera (ed. Petav.) II, 291.

Bl. 18 Theil einer Homilie (von Johannes Chrysostomus? — s. Bl. 20) über Stephanus protomartyr. Vergl. Migne 59. 501.

Anfang:

ܗܘ ܕܝܢ ܠܚܠܡܘܢ ܫܘܐܬ ܠܐ ܡܬܦܪܢܣܐ
ܗ̇ܘܐ. ܘܒܪ ܟܡܘܟܐܐ ܗ̇ܘ ܠܗ ܢܦܩ ܗܘܐ.
ܘܒܪ ܒܬܠܡܝܐ.

Bl. 19 Theil einer Homilie über denselben Gegenstand.

Anfang:

ܕܐܒܘܢ̈ܝܗܘܢ ܒܡܕܡ ܠܐ ܗܘܝ ܐܬܦܬܚܘ.
ܠܐܦܝܠܘܣܘܦܘܬܐ ܕܝܢ ܗ̇ܘ ܡܕܡܝܐ ܕܦܘܠܘܣ.
ܕܐܒܐ ܐܚܝܕܐ ܒܓܒ: ܒܡ ܠܡ̈ܠܟܐ ܗ̇ܢܘܢ
ܠܐ ܡܫܒܘܬܐ.

Bl. 20 *a* = Fortsetzung und Ende der Homilie über Stephanus von Johannes Chrysostomus.

Schlussnotiz 20[b]:

ܫܠܡ ܕܡܐܡܪܐ ܕܡܪܝ، ܐܘܢܐܘܣ ܕܥܠ
ܣܛܦܐܢܘܣ.

b = Johannes Chrysostomus, neunte Homilie (Nr. 21 der Sammlung) aus dem Commentar des Matthäus-Evangeliums über den Kindermord, dass sich Niemand seiner Vorfahren rühmen soll, und über die Geldgier:

ܡܐܡܪܐ ܕܬܫܥܐ ܡܢ ܦܘܫܩܐ ܕܐܘܢܓܠܝܘܢ
ܕܡܬܝ. ܥܠ ܛ̈ܠܝܐ ܫܒܝܐ ܗ̇ܘܘ ܕܡܢ ܐܝܪܘܕܝܣ
ܐܬܩܛܠܘ ܒܒܝܬܠܚܡ ܕܝܗܘܕ. ܘܠܐ ܐܢܫ

ܢܬܟܣܪ ܒܐܟܣܘܗܝ܂ ܘܥܠ ܪܚܡܬ ܒܡܘܬܐ.
ܕܡܐܡܪܐ ܕܡܪܝ ܐܝܘܐܢܢܝܣ. ܟܐ.

Vergl. Wright S. 465 und Migne 57. 175.

Bl. 21. 22 Fortsetzung.

Bl. 23 Theil einer Homilie über den Kindermord.

Anfang:

ܕܡܬܒܥܝܢܘܬܐ ܕܓܘܫ ܪܘܚܐ ܢܬܡܠܠ ܒܥܠܡܐ.
ܐܘ ܡܕܒܚܬܐ ܐܬܬܘܗܝ: ܕܐܡܒܝܢܐ ܕܡܢ ܠܘܬܐ
ܢܬܡܣܝܬܐ ܦܪܘ ܠܝ:

Bl. 24 *a* = Johannes Chrysostomus, Ende einer Homilie über den Kindermord.

Anfang:

ܒܡܐܡܪܬܐ: ܐܠܐ ܐܦ ܒܢܝܗܘܢ ܕܐܪܝܐ
ܠܗܘܢ ܠܦܘܪܢܝ. ܕܢ ܦܝܫ ܗܘܐ ܠܝ ܕܐܠܦܘܪܢܘܬܐ.
ܕܢܟܣܐ ܢܦܠ ܐܢܘܢ.

Schlussnotiz:

ܫܠܡ ܕܡܐܡܪܐ ܕܡܪܝ ܐܝܘܐܢܢܝܣ ܕܥܠ ܩܛܠܐ
ܕܛܠܝܐ.

Bild: Rechts Herodes auf dem Thron, links ein Henker, einem Kinde den Kopf abschlagend, dazwischen eine Kindesleiche, ein abgeschnittener Kopf.

b = Severus, Homilie über den Kindermord:

ܕܡܐܡܪܐ ܕܡܪܝ ܣܘܝܪܐ ܕܥܠ ܛܠܝܐ ܫܒܪܐ
ܗܢܘܢ ܕܡܢ ܐܦܪܘܕܣ ܐܬܩܛܠܘ ܒܒܝܬܠܚܡ.

Anfang:

ܡܬܕܡܪܝܢ ܐܢܬܘܢ ܡܢ ܒܠܗܪܘܕܣ ܒܡܘܕܝܐ
ܕܢܛܝܪܘܬܗ ܕܐܦܪܘܕܣ. ܕܠܡܘܒܠ ܫܒܪܐ ܗܘܝܢ
ܕܠܐ ܚܛܐ.

Vergl. Wright S. 842 Nr. 6.

Bl. 25 Theil einer Homilie über Basilius und Gregorius.

Anfang:

ܗܘܘ ܡܕܝܢܐ ܩܣܪܝܐܬ: ܐܚܪܢܐ ܕܢܙܝܢܙܘܣ
ܗܘ ܢܒܪܐ ܠܡܬܠܐ ܕܦܠܛܬܐ.

Bl. 26 *a* = Severus, Ende der Homilie über Basilius und Gregorius.

Anfang:

ܘܡܬܬܦܝܣܢܘܬܐ ܕܩܛܠܐ: ܘܟܕ ܠܩܘܠܐ ܐܪܦܝܘ:
ܠܘܬ ܡܠܦܢܘܬܐ ܗܝ܆ ܡܬܪܚܢܘܬܐ ܕܡܫܠܠ
ܕܡܒܪܐ ܐܬܗܦܟܝܢ:

Schlussnotiz:

ܫܠܡ ܕܡܐܡܪܐ ܣܘܝܪܐ ܕܥܠ ܒܐܣܝܠܝܘܣ
ܘܓܪܝܓܘܪܝܘܣ.

Vergl. Wright S. 534 Nr. 9.

Ein Bild ܥܡܕܗ ܕܡܪܢ: Christus im Jordan, über ihm eine aus der Höhe abwärts zeigende Hand, die Taube, links Johannes, rechts ein Engel.

b = Gregorius Theologus, Homilie (Nr. 24 der Sammlung) über Epiphania τὰ φῶτα:

ܡܐܡܪܐ ܕܡܐܡܪܐ ܓܪܝܓܘܪܝܘܣ ܬܐܘܠܘܓܘܣ
ܕܥܠ ܢܘܗܪܐ. ܟܕ

Anfang:

ܬܘܒ ܝܫܘܥ ܕܝܠܝ. ܘܬܘܒ ܐܪܙܐ. ܐܪܙܐ ܠܘ
ܡܦܠܚܢܝܐ ܘܠܐ ܠܐ ܒܣܝܡܐ.

Von Bl. 26[b] Col. 1 med. an in Strophen, die am Rande numeriert sind.

Vergl. Wright S. 842 Nr. 8; S. 245 Nr. 6 und Griechisch in Opera 1. 677.

Bl. 27 Fortsetzung.

Bl. 28 *a* = Gregorius Theologus. Schluss der Homilie über Epiphania.

Schlussnotiz:

ܫܠܡ ܕܓܪܝܓܘܪܝܘܣ ܬܐܘܠܘܓܘܣ ܕܢܘܗܪܐ.

Ein Bild: In der Mitte ein Brunnen, rechts Christus, links die Samariterin.

Überschrift:

ܡܫܝܚܐ ܟܕ ܫܐܠ ܡܢ ܫܡܪܝܬܐ ܡܝܐ.

b = Johannes Chrysostomus, Homilie (Nr. 25 der Sammlung) über die Taufe Christi: ܕܡܐܡܪܐ
ܕܡܪܝ ܐܝܘܐܢܢܝܣ ܕܥܠ ܡܥܡܘܕܝܬܗ ܕܡܪܢ ܕܡܢ
ܝܘܚܢܢ. ܟܗ

Anfang:

ܐܬܐ ܝܫܘܥ ܠܡܥܡܘܕܝܬܐ ܘܝܫܘܥ ܐܡܥܡܕܢܐ
ܘܝܫܘܥ ܐܬܐ. ܡܠܘܗܝ ܠܡܥܡܘܕܝܬܗ ܕܠܟܢ.

Bl. 29 *a* = Antipater (von Bostra). Schluss der Homilie über Epiphania.

Anfang:

ܐܬܚܙܝܬ. ܢܗܪ ܐܢܬ ܡܪܝ، ܕܢܗܪ ܐܢܐ ܠܝ.
ܡܢܐ ܡܬܠܐ ܐܢܬ ܡܪܝ. ܗܘ ܕܢܗܪ ܐܢܐ ܠܝ.

Schlussnotiz:

ܫܠܡ ܕܐܢܛܝܦܐܛܪܘܣ ܕܒܘܣܪܐ.

Vergl. Wright S. 245 Nr. 6 und Migne 85 S. 1758. 3.

b Jacobus (von *Serûgh*), Homilie über die Taufe Christi: ܬܘܪܓܡܐ ܕܥܡܕܢܐ ܡܪܝ، ܝܥܩܘܒ ܡܠܦܢܐ (?) ܕܥܠ ܥܡܕܗ ܕܡܪܢ ܕܡܢ ܝܘܚܢܢ.

Anfang:

ܡܐܬܝܬܗ ܕܡܪܢ ܠܝܘܪܕܢ. ܬܫܡܫܬܐ ܗܝ، ܕܥܘܬܪܐ
ܕܟܠܗ ܒܪܝܬܐ ܠܥܕܬܐ.

Vergl. Wright S. 242*e*.

Bl. 30 Theil einer Homilie über die Taufe Christi.

Anfang:

ܐܪܐ ܬܠܬܐ. ܡܛܠ ܗܢܐ ܕܐܬܩܢܝܐ ܗܘܘ: ܕܠܐ
ܢܦܩܘܢ ܕܡܛܠ ܐܢܫܘܬܐ ܩܡܘ ܠܗ ܠܡܫܝܚܐ.

Bl. 31 Ende einer Homilie über die Taufe Christi.

Anfang:

ܡܛܠ ܕܢܦܫ ܐܢܫܐ ܐܬܚܙܝ. ܐܢܐ ܡܫܚ ܐܢܐ
ܕܡܢܝ ܐܬܚܙܝܬ: ܐܢܬ ܠܘܬܝ، ܐܢܐ ܐܢܬ.
ܐܢܬ ܗܘ ܡܠܬܐ ܕܡܢ ܒܪܝܫܝܬ ܠܘܬ ܐܠܗܐ.

Schlussnotiz: ܫܠܡ

Bl. 32 Johannes Chrysostomus, Homilie über die Taufe Christi: ܕܝܠܗ ܕܩܕܝܫܐ ܡܪܝ، ܐܝܘܐܢܢܝܣ ܡܐܡܪܐ ܕܗܒ ܦܘܡܐ ܡܬܪܓܡܢܐ ܕܥܠ ܥܡܕܗ ܕܡܪܢ.

Anfang:

ܚܕܘܬܐ ܐܬܝܗܒܬ ܠܟܠܢ ܝܘܡܢܐ. ܐܢܐ
ܓܝܪ ܟܠܢܫ، ܟܣܦܐ. ܐܢܐ ܓܝܪ ܕܡܪܬ ܟܣܦܐ
ܟܠܗ ܡܠܐ ܡܢܐ ܟܣܦܐ:

Griechisch bei Migne 49, 363.

Bl. 33 Theil einer Homilie über die Taufe Christi.

Anfang:

ܗܘ ܕܟܠܗܘܢ ܚܝܠܘܢ ܕܢܗܪܝܢ. ܠܐ ܡܨܐ ܐܢܫ
ܐܠܐ ܐܢ ܗܘܐ ܦܬܪ ܐܢܐ ܕܐܬܚܙܝܬܗ. ܐܠܗܐ
ܕܡܬܩܢܐ ܒܝܬ ܘܡܬܩܠܗ.

Bl. 34 Fortsetzung.

Bl. 35 *a* = Johannes, Ende einer Homilie, handelnd vom Abendmahl, wie man sich dabei benehmen soll.

Anfang:

ܐܠܐ ܐܝܟ ܠܡܫܐܠܢܝ، ܡܛܠ ܪܘܫܡܬܐ
ܕܩܘܪܒܢܐ. ܟܕ ܐܬܬܕܝܪ ܩܘܕܫܐ ܒܡܠܟܘܬܐ
ܕܫܬܝܬܐ ܕܟܠܢܐ ܗܘ ܐܬܪܢܐ:

Schlussnotiz: ܫܠܡ ܕܐܝܘܐܢܢܝܣ

b Severus, Homilie über Epiphania: ܡܐܡܪܐ ܕܡܪ̄ܝ ܡܪܝ، ܣܘܝܪܐ ܕܥܠ ܒܐܕܐ ܕܕܢܚܐ.

Anfang:

ܟܕ ܒܐܕܐ ܕܕܢܚܐ ܡܬܥܒܕ، ܠܢܘܗܪܐ ܗܘ
ܕܡܥܒܕ ܡܢ ܗܢܐ ܒܬܪܥܝܬܐ ܕܝܠܝ: ܕܠܐ
ܒܥܠܬܐ.

Vergl. Wright S. 534 Nr. 10.

Bl. 36 Theil einer Homilie über das Fasten.

Anfang:

ܨܘܡܐ: ܗܝ، ܕܐܢܬ ܗܘܐ ܒܗ ܠܝܬܐ ܕܡܫܡܫܢܐ
ܗܠܝܢ ܒܬܪ ܬܚܘܬ ܡܢ ܐܠܗܐ: ܘܡܦܪܫܐ ܬܫܡܫܬܐ
ܗܘ ܕܐܝܬܘܗܝ:

Bl. 37 Theil (vom Anfang) einer Homilie, die vielleicht der Fastenzeit zuzuweisen ist, allgemein paraenetischen Inhalts (?ܕܡܪܬܝܢܘܬܐ).

Der Verfasser will zeigen, wem Gott gleicht, s. Bl. 37ᵃ Col. 2:

ܦܓܪܐ ܐܢܐ ܒܪ ܕܡܬܚܙܝܐ ܐܝܟ ܠܡܘܬܐ
ܕܗܪܐ ܐܠܗܐ. ܟܕ ܒܡܠܬܐ ܡܬܚܙܝܢ ܐܢܐ
ܐܡܪ ܐܢܐ. ܕܗܕܐ ܐܠܗܐ ܠܚܙܝܐ ܢܬܚܙܐ
ܒܡܫܟܢܐ ܕܗܘܐ. ܘܗܟܢܐ ܒܚܙܘܐ ܕܡܠܐ ܘܡܫܚܠܦܐ
ܕܕܡܐ ܒܗ. ܗܘ ܕܡܢ ܡܢܐ ܡܬܚܙܐ.

Von sich selbst sagt der Verfasser daselbst:

[illegible]

Anfangsworte:

[illegible]

Bl. 38 Theil einer Homilie über die Ausgiessung des h. Geistes (Pfingsten).

Anfang:

[illegible]

Bl. 39 Theil einer Homilie über denselben Gegenstand.

Anfang:

[illegible]

Bl. 40 Proclus, Homilie (Nr. 134 der Sammlung) über die Gottesgebärerin, gehalten, als Nestorius in der Kirche von Constantinopel sass:

[illegible]

Anfang:

[illegible]

Bl. 41 *a* = Proclus, Ende der Homilie über die Gottesgebärerin.

Anfang:

[illegible]

Schlussnotiz:

[illegible]

Griechisch bei Migne 65. 679.

b = Johannes Chrysostomus, Homilie über das Kreuz, über Adam und Eva:

[illegible]

Anfang:

[illegible]

Griechisch bei Migne 50. 815.

Bl. 42 Theil einer Homilie über das Kreuz, Adam und Eva. Ein Theil des Blattes von der Innenseite weggerissen.

Anfang:

[illegible]

Bl. 43 *a* = Johannes Chrysostomus, Schluss der Schrift über das Kreuz.

Schlussnotiz:

[illegible]

Federzeichnung: Ein Kreuz, gehalten links von einer männlichen, rechts von einer weiblichen Person.

b = Severus, Rede 31 (Nr. 136 der Sammlung) über die Erneuerung des Kreuzes und zum Andenken an ein Erdbeben:

[illegible]

Anfang:

[illegible]

Vergl. Wright S. 536 Nr. 31.

Bl. 44. 45. 46 Zu derselben Schrift gehörig. Da die obere Ecke der Innenseite durch Feuchtigkeit zerstört ist, kann nicht festgestellt werden, ob die Blätter einen ununterbrochenen Zusammenhang darstellen oder ob zwischen ihnen Lücken sind.

Bl. 47 Johannes Chrysostomus. Theil (Schluss) einer Homilie über die Bekenner ܡܘܕܝ̈ܢܐ

Anfang:

ܢܨܒ ܗܘܐ ܗܘܬ ܠܬܘܒܬܐ. ܣܝ ܥܒܕܝܢ ܠܗ ܠܗ
ܩܘܠܣܐ ܒܡܠܬ̈ܐ. ܘܐܝܩܪܐ ܣܓܝܐܐ ܠܗ ܠܗ
ܐܬܪܘܬܐ ܒܢܝܫܐ.

Schlussnotiz:

ܫܠܡ ܕܡܪܝ. ܐܢܛܘܢܝܘܣ ——————

Vergl. Wright S. 850 Nr. 102.

Bl. 48 a = Severus. Schluss der Homilie über das Kreuz.

Anfang:

ܗܘ ܐܟܚܕܐ ܕܠܐ ܫܘܝܐ. ܐܢܬܘܢ
ܕܝܢ ܗܟܢܐ ܕܐܬܐܡܪܬ ܠܐ ܡܬܚܫܒܢܐ ܘܠܐ
ܗܘܝܐ ܠܘܬ ܡܠܘܫܐ ܐܪܥܐ. ܐܡܪܢܐ ܚܝܬ
ܕܚܕ ܘܡܢܐ ܗܘܐ. ܒܗ ܠܟܠܗܘܢ ܡܠܘܫܐ. ܠܒܢ̈ܐ
ܢܫܡܥܘܢ ܡܪܘܢܐ ܕܠܗܘܢ.

Schlussnotiz:

ܫܠܡ ܕܡܪ ܣܒܪ. ܡܐܡܪܐ ܕܥܠ ܙܩܝܦܐ
ܡܫܝܚܐ.

Folgt eine fünffarbige Kreuzdarstellung.

b = Pantaleon, Priester aus einem Kloster in Constantinopel. Homilie (Nr. 137 der Sammlung) über die Erhöhung des Kreuzes:

ܡܐܡܪܐ ܡܦܩܢܐ ܕܩܕܝܫ ܠܦܢܛܠܐܘܢ
ܩܫܝܫܐ ܡܢ ܕܝܪܐ ܕܩܣܛܢܛܝܢܐ ܥܠ ܡܬܬܪܝܡܢܘܬܐ
ܕܙܩܝܦܐ ܡܫܝܚܐ. ܡܠ

Anfang:

ܬܘܒ ܙܩܝܦܐ ܡܬܬܪܝܡ. ܘܬܘܒ ܥܠܝܬܐ
ܦܪܚܐ. ܬܘܒ ܡܬܬܪܝܡ ܙܩܝܦܐ. ܬܘܒ ܚܛܝ̈ܬܐ
ܡܬܬܒܥܢ.

Vergl. Wright S. 849 Nr. 100. Griechisch bei Migne 98, 1265—1270.

Bl. 49 a = Cyrill. Ende der Homilie De beatitudinibus.

Anfang:

ܕܢܦܫܐ ܕܡܬܐܡܪܝܢ ܢܦܫ̈ܐ ܕܥܠܡܐ. ܡܥܢܝܢ
ܠܡܠܟܐ ܐܝܟ ܕܐܬ ܠܐ ܕܪܘܚܐ. ܡܟܝܠ
ܒܗ ܡܢܐ ܕܐܬܚܙܝ.

Schlussnotiz:

ܫܠܡ ܕܩܘܪܝܠܠܘܣ ܕܥܠ ܛܘܒܐ.

Ein Bild, einen Heiligen darstellend.

b = Cyrill. 28. Rede (Nr. 146 der Sammlung) für die Zeit der Verfolgung: ܕܝܠܗ ܕܩܕ̄
ܩܘܪܝܠܠܘܣ ܡܐܡܪܐ ܕܐܡܝܪ ܒܙܒ̈ܢܐ
ܠܘܬ ܗܢܘܢ ܕܐܬܪܕܦܘ ܒܚܘܫܒܐ ܕܪܕܘܦܝܐ. ܩܕ̄ܡ

Anfang:

ܠܡܫܒܚܘ ܡܟܐ ܕܢܦܫܢ ܠܟܘܢ ܒܢܝ̈ܐ. ܘܡܟܐ
ܕܦܪܫܢ ܠܟܘܢ ܡܢ ܚܫ̈ܘܟܐ. ܘܡܟܝܠ ܒܢܗܪܐ
ܐܝܟ ܕܐܝܬ ܗܘ ܗܘ ܐܠܗܐ. ܗܢܘ ܕܗܘ
ܡܟܐ ܘܠܗܠ.

Bl. 50 a = Cyrillus. Schluss einer Homilie.

Anfang:

ܐܬܚܙܝ ܠܡ ܦܪܘܩܢ. ܗ ܕܝܢܝ ܠܗ ܡܬܝܗܒܐ
ܗܘܝ.

Schlussnotiz:

ܫܠܡ ܕܩܘܪܝܠܠܘܣ ܗܢܐ ——— (? . . ܕܩܕܝܫܐ)

Bild des h. Georg mit Schild und Lanze, daneben ܡܪܝ ܓܝܘܪܓܝܣ. Neben dem Kopf Griechische Zeichen.

b = Cyrillus, 33. Homilie der Ermahnung (Nr. 148 der Sammlung): ܕܝܠܗ ܕܩܕ̄ ܩܘܪܝܠܠܘܣ
ܡܐܡܪܐ ܕܬܠܬܝܢ ܘܬܠܬܐ ܕܡܠܝܦܘܬܐ
ܡܟܝܠ.

Anfang:

ܡܟܝܠ ܐܦ ܗܢܐ ܐܝܬ ܕܠܐ ܕܡܟܝܠ ܕܐܢܫܐ ܗܘܝܢ.
ܒܢܝܢܐ ܐܦ ܕܡܟܝܠ ܕܠܐ ܠܗ ܡܬܚܙܝܐ
ܐܝܬ. ܘܐܢܫܐ ܢܫܐܠ ܢܟܝܠ ܐܝܬ ܠܡܬܚܙܝܢ
ܠܐܢܫܐ.

Letzte Worte:

ܢܒܥ ܠܡܫܒܚܘ ܐܢܬܘܢ ܕܐܒܐ ܘܒܪܐ
ܘܪܘܚܐ ܩܕܝܫܐ. ܗܫܐ ܘܒܟܠܙܒܢ ܘܠܥܠܡܝܢ

Am Rande finden sich folgende Griechische Wörter:

Bl. 16a	ܛܐܛܝܟܣ	TETHΞ
Bl. 35b		ΥΠΑΡΧωΝ
Bl. 45a	ܣܡ ܒܐܣܪܝܘܢ	ACAPION
Bl. 46b	ܕܐܦܢܐ	ΔΑΦΝΗ
Bl. 46b	ܩܐܠܣܘܣ	ΚΕΛCΟC
Bl. 46b	ܐܦܝܩܘܪܐ	ЄΠΙΚΟΥΟC
Bl. 46b	ܦܘܪܦܘܪܝܘܣ	ΠΟΡΦΥΡΟC

Der Text zeigt eine sehr sorgfältige Interpunction, viele diakritische Punkte (nicht *Rukkâkhâ* und *Ḳuššâjâ*), noch keine ausgebildete Vocalisation, wohl aber Anfänge derselben, die Bezeichnung von kurz *a* (z. B. Bl. 7b Col. 1, 22 ܡܒ̣ܪܪ, ܒ̣ܚܡܫܘ Bl. 3a Col. 1 med.), den Punkt unter ܝ und ܘ zur Bezeichnung von *i* und *u* (s. Bl. 7b Col. 1 med. ܥܒ̣ܝܫܬܐ, ܡܫܘܪܘ). Von Griechischen Vocalzeichen ist keine Spur vorhanden.

Die Hds. dürfte im 8. oder 9. Jahrhundert geschrieben worden sein, vielleicht im *Ṭûr-'Abdîn*, von wo sie (über *Mardîn*) gekommen ist. Sie muss dem Feuer ausgesetzt gewesen sein, denn die Ränder sind angebrannt. Ausserdem sind viele Blätter durch Schmutz und Feuchtigkeit beschädigt, manche dann mit Fetzen einer jüngeren Jakobitischen Hds. geflickt.

50 Blätter (33,8 × 25,5 cm), die Seite zu 2 Columnen, die Columne zu 40—44 Zeilen.

NESTORIANISCHE HANDSCHRIFTEN.

SYRISCH NR. 29—108.

I. BIBLISCHES NR. 29—37.

Altes und Neues Testament Nr. 29—31. — Lectionarien Nr. 32—37.

29.

(Mss. orient. quart. 803.)

Nestorianisch.

Die Psalmen nach der *Pešiṭtā* mit den Inhaltsangaben von Theodorus von Mopsuestia, unvollständig am Anfang.

Andere psalmartige Gesänge des Alten Testamentes.

Gesänge von Syrischen Dichtern und Theodorus von Mopsuestia.

Gebete, Gesänge für die Wochentage ܡܥܢܝ̈ܬܐ

Fürbitten ܒܥܘ̈ܬܐ

Gesänge zum Lobe der Märtyrer ܩ̈ܠܐ ܕܣܗ̈ܕܐ

Inhalt:

1. Bl. 1ᵃ—105ᵇ Die Psalmen 18, 38—40, 6 und 41, 4 bis zum Ende. Die Reihenfolge der Blätter ist 75—93, 1—74, 94 ff.

Buch 2. Ps. 42 ff. auf Bl. 1ᵇ.

Buch 3. Ps. 73 ff. auf Bl. 25ᵃ.

Buch 4. Ps. 90 ff. auf Bl. 41ᵇ.

Buch 5. Ps. 107 ff. auf Bl. 56ᵇ—105ᵇ.

Der Mangel einer Überschrift wird durch die Nachschrift Bl. 105ᵇ ersetzt:

ܫܠܡܘ ܡܙܡܘܪ̈ܐ ܕܒܝܬ ܕܘܝܕ ܒܝܕ
ܬܠܬܐ ܕܝܠܗܘܢ ܕܒܢܝ̈ܢܝ ܠܡܪܢ ܬܐܘܕܘܪܘܣ
ܡܦܫܩܢܐ ܒܝܕ ܡܢܘܬܐ ܕܡܪܝ ܐܒܐ ܡܫܘܠܡܐ.
ܕܢܘܚ. ܡܙܡܘܪ̈ܐ ܡܐܐ ܘܚܡܫܝܢ. ܫܘܒ̈ܚܐ
ܒܥܕܢ ܘܬܫܥܐ. ܘܡܕ̈ܡܝܬܐ ܫܬܝܢ ܘܫܒܥ.
ܘܦܬܓܡܐ ܐܠܦܐ ܐܪܒܥܐ ܘܬܫܥܡܐܐ ܘܬܠܬܝܢ
ܘܬܠܬܐ. ܘܐܦܪ̈ܐ ܫܬܝܢ. ܘܗܘܐ ܕܦܫܝܛܬܐ
ܬܫܥܡܐܐ ܐܠܦ̈ܐ ܘܬܫܥܡܐܐ ܘܬܠܬܝܢ ܘܐܪܒܥܐ.
ܘܗܘܐ ܕܦܬܓܡ̈ܐ ܬܫܥܝܢ ܘܬܡܢܝܐ ܘܫܬܝܢ
ܘܬܠܬܝܢ ܦܬ̈ܓܡܐ. ܡܢܝܢ ܬܫܥܡܐܐ ܘܬܠܬܝܢ
ܘܬܠܬܝܢ. ܐܠܦܐ ܘܐܪܒܥܡܐܐ. ܡܫܠܡ ܡܐܬܝܢ

ܘܫܡܠܝܢ ܘܡܦܩܢ. ܒܩܘܡܐ ܘܒܦܘܪܫ ܘܐܬܪܥܐ.
ܐܗܪܘܢ ܫܠܝܐ. ܡܘܫܐ ܫܠܝܐ. ܫܡܘܐܝܠ ܚܕ.
ܒܟܗܢܝܢ ܗܢܘܢ. ܫܡܘܐܝܠ ܐܬܪܒܝ ܐܬܪܒܝ.
ܠܒܪ ܫܠܝܐ. ܕܝܢ ܫܠܝܐ. ܘܕܒܪ ܕܠܡܐ
ܒܕܘܟ ܗܢܐ. ܐܝܟܢܐ ܕܠܡܐ ܒܥܠܡܐ
ܗܘܐ. ܗܢܘܢ ܒܕܘܟ ܗܠܝܢ. ܐܡܪܢܐ
ܡܢ ܐܢܫ.

Danach enthält diese Hds. die Psalmen mit den Inhaltsangaben des Theodorus von Mopsuestia sammt den Canones des Catholicus *Abhai*, d. i. den in der Schlussnotiz mitgetheilten concordanzmässigen Zahlenangaben. Eine Schrift des *Abhai*, betitelt ܦܢܩܝܬܐ ܕܡܠܟܐ ܕܘܝܕ wird bei Assemani III. 76 erwähnt.

Auf die Nummer des Psalms folgt die Inhaltsangabe von Theodor, dann der Anfang des Psalms V. 1—2, darauf eine Zeile der Erläuterung, Paraphrase, Fortführung des Gedankens (von Theodor? — durch rothe Farbe als nicht zum Text gehörig gekennzeichnet) und danach der übrige Psalmtext (nach der *Pešiṭtâ*). In dem alphabetischen Psalm 118 folgt eine solche eingefügte Zeile auf den Anfang einer jeden Strophe. Hier und da sind auch einige Zeilen eines Gebetes den Psalmen vorangestellt.

Probe Bl. 76ª ff.:

Psalm 20.

ܥܠ ܚܙܩܝܐ ܕܡܫܢܐ ܡܠܟ ܣܘܓܐܐ ܟܕ
ܐܬܐܠܨ ܡܢ ܐܘܠܨܢܐ. ܢܥܢܝܟ ܡܪܝܐ ܒܝܘܡܐ
ܕܐܘܠܨܢܐ. ܘܢܥܫܢܟ ܫܡܗ ܕܐܠܗܗ ܕܝܥܩܘܒ.
ܥܠ ܐܠܗܐ ܗܘ ܟܠܗ ܕܡܢܐ ܠܡܦܪܩܗ ܠܡܫܝܚܗ.
ܡܢ ܣܘܪܚܢܐ. (Bl. 76ᵇ) ܘܡܫܡܠܝܢ ܒܦܬ̈ܓܡܐ
ܥܠ ܡܫܝܚܘܗܝ. ܢܫܕܪ ܠܟ ܥܘܕܪܢܐ ܡܢ
ܡܩܕܫܗ ܘܫܪ

Psalm 21.

ܥܠ ܡܫܒܚܘ ܒܟܠ ܣܘܓܐܐ ܡܢ ܒܬܪ ܐܬܦܨܝ
ܡܢ ܐܬܘ̈ܪܝܐ ܘܐܬܦܨܝ ܡܢ ܒܘܪܗܢܗ. ܡܪܝܐ
ܒܚܝܠܟ ܢܚܕܐ ܡܠܟܐ. ܘܒܦܘܪܩܢܟ ܢܕܘܨ
ܪܘܪܒܐܝܬ. ܡܪܝܐ ܡܬܒܪ ܩܪ̈ܒܐ ܕܒܥܠܕܒܒܘܗܝ
ܘܡܫܕܪ ܠܗܘܢ ܟܕ ܦܘܪܩܢܐ ܕܪܒܘܬܐ
ܕܚܝܠܗ ܘܡܥܒܕ ܠܓܢܒܪ̈ܐ. ܪ̈ܓܬܐ ܕܠܒܗ
ܝܗܒܬ ܠܗ (Bl. 77ª) ܘܫܘܐܠܐ ܕܣܦܘ̈ܬܗ
ܘܫܪ

Psalm 22.

ܥܠ ܐܡܪ ܠܕܘܝܕ ܣܠܩ ܨܠܘܬܐ ܟܕ
ܐܬܪܕܦ ܡܢ ܫܐܘܠ. ܨܠܘܬܐ. ܠܐܠܗܘܬܟ
(Bl. 76ᵇ) ܡܫܬܡܥܢܬܐ ܡܠܬܐ ܕ̈ܫܡܥܐ ܘܚܝ̈ܐ.
ܘܡܫܕܪܐ ܘܚ̈ܝܐ ܘܦܘܪܩܢܐ ܕܡܠܟܗܘܢ ܒܪ̈ܬܐ
ܣ̈ܘܬܐ (?). ܗܘܠܠܐ. ܐܠܗܝ ܐܠܗܝ ܠܡܢܐ
ܫܒܩܬܢܝ. ܘܐܪܚܩܬ ܡܢܝ ܦܘܪܩܢܝ ܒܡ̈ܠܐ
ܕܣ̈ܟܠܘܬܝ. ܐܠܗܝ ܐܠܗܝ ܠܐ ܬܪܦܢܝ
ܟܕ ܐܝܬܝ ܕܠܐ ܫܬܝܩܘܬ. ܐܠܗܝ ܐܩܪܐ
ܒܐܝܡܡܐ ܘܠܐ ܬܥܢܝܢܝ ܘܫܪ

Psalm 23.

ܟܕ ܡܬܬܢܝܚ ܥܠ ܦܘܪܩܢܗ ܕܥܡܐ ܘܡܬܬܢܝܢܐ
ܥܠ ܫ̈ܢܝܐ ܕܫܠܝܢ ܗܘܘ ܟܕ ܗܠܟܝܢ
ܡܢ ܒܒܠ. ܡܪܝܐ ܢܪܥܝܢܝ ܘܫܪ ܢܫܪܝ. ܥܠ
ܡܪܝܐ ܢܥܒܕ ܨܒܝܢܝ. ܚܘܒܐ ܕܒܢܝ̈ܢܘܗܝ.
ܘܥܠ (Bl. 79ª) ܡܝ̈ܐ ܢܝ̈ܚܐ ܢܕܒܪܢܝ ܘܫܪ

Psalm 24.

ܟܕ ܡܪܗܛܢܘܬܐ ܕܠܘܬ ܥܡܐ ܕܒܒܒܠ ܕܠܐ
ܢܬܟܢܫܘܢ ܠܡܪܝܐ. ܕܡܪܝܐ ܗܝ ܐܪܥܐ ܘܫܪ
ܒܡܘ̈ܬܢܐ. ܢܬܚܫܒ ܥܠ ܘܠܐ. ܕܦܪܩ
ܠܗ ܐܢܫ ܟܠ. ܡܚܒܠ ܕܗܘ ܚܝܐ ܘܫܪ

Psalm 25.

ܒܗ ܡܫܝܚܐ ܥܠ ܐܬܦܢܝܬܐ ܕܫܡܝܐ
ܕܒܒܥܠ. ܝܠܘܬܐ. ܠܘܬܟ ܡܪܝ ܘܐܠܗܝ
ܗܐ ܐܬܐ ܚܕܐ ܕܢܦܩܬܟ. ܘܫܠܡܘ
ܡܪܐ ܘܬܘܒܠܗ. ܘܡܢܟ ܫܐܠܝܢ ܫܘܒܚܐ
ܕܫܠܘܬܟ. ܗܒܠܢ ܒܝܚܘܬܟ ܘܒܪ̈ܚܡܝܟ
ܐܝܟ ܕܡܒܒܬ. ܒܫܠܝܢ ܡܪܐ. ܡܪܘܚܬܐ
ܠܘܬܟ ܡܪܝܐ ܢܦܫܝ ܘܡܪܝ ܠܐ ܐܒܗܬ.
ܠܘܬܟ ܡܪܝ ܡܪܝܡ ܐܢܐ ܢܦܫܝ. ܕܐܬܐܘ
ܡܪܝ ܫܡܥܬܐ. ܠܐ ܢܬܒܗܬܘܢ ܒܠ
ܒܟܠܕܒܝ ܘܫܪܐ

2. Bl. 106ᵃ—110ᵃ Weitere psalmenartige Texte ܬܫܒ̈ܚܬܐ:

a) Exodus 15, 1—21.

b) Bl. 107ᵃ Jesaia 42, 10—13; 45, 8.

c) Bl. 107ᵇ Deut. 32, 1—21.

d) Bl. 108ᵇ Deut. 32, 21—43.

ܬܫܒܘܚܬܐ ܕܐܠܗܐ ܕܝܗܘܒܢܐ ܡܘܫܐ

Diese Gesänge sind ebenso bearbeitet wie die Psalmen.

3. Bl. 110ᵃ Psalmen von Syrischen Dichtern und Gebete verschiedener Art, entnommen dem ܚܘܕܪܐ (Sammlung von Gesängen für das ganze Kirchenjahr): ܬܘܒ ܬܫܒ̈ܚܬܐ ܕܚܘܕܪܐ

a) Bl. 110ᵃ von Narses: ܡܕܪܫܐ ܕܡܕܒܪ̈ܢܘܬܐ
ܘܕܒ̈ܬܪܟܐ ܡܪ̈ܝܐ ܗܝܟ ܡܢ ܡܠܟܐ. ܕܥܒܝܕܐ
ܠܡܪܝ ܢܪܣܝ ܡܠܦܢܐ. ܘܠܝܬ ܡܕܝܢܐ.

Anfang:

ܐܘܕܝ ܠܛܒܐ ܕܥܒܕ ܠܢܦܫܝ.

In Strophen von je vier achtsilbigen Zeilen.

b) Bl. 111ᵃ von Ephraem: ܕܝܠܦܪ̈ܐ ܕܡܕܒ̈ܪܢܘܬܐ.
ܕܫܡܐ ܠܡܪܝ ܐܦܪܝܡ ܡܠܦܢܐ. ܗܘܝܘ
ܕܡܢ ܟܠ ܐܬܘ̈ܬܐ ܕܟܬܒ ܟܘܚܘܟܡܬܐ. ܡܟܝܠ
ܕܐܝܬ ܕܟܬܒ ܐܦ ܐܠܦ. ܗܟܢ ܗܘ ܐܪ̈ܬܝܩܝܢ
ܗܠܝܢ. ܚܕ ܘܐܠܦ.

Anfang:

ܫܘܒܚܐ ܕܝܢ ܠܝܘܡܢܐ
ܠܐܒ̈ܝܢ ܠܟܠ ܚܕܘܬܐ.
ܬܘܒ. ܢ. ܫܘܒܚ ܡܪܝ ܡܫܝܚܐ.
ܕܝܢ ܠܝ ܡܢ ܫܘܒܐ ܕܐܒܘܗܝ.

c) Bl. 111ᵇ von Narses, der in Nisibis gestorben: ܣܘܗ ܒܒܥܘܬܗ. ܕܡܪܝ ܢܪܣܝ ܡܠܦܢܐ
ܕܗܘܐ ܡܘܬܗ ܒܢܨܝܒܝܢ.

Anfang:

ܫܘܒܚܐ ܕܕܝܢܗ ܕܡܫܝܚܐ
ܣܒܪ ܠܐܒܝܠܐ ܘܠܟܡܝܪܐ.
ܬܘܒ. ܦܠܚܝܢ ܒܚܘܒܗ ܣܢܝܐܐ
ܦܪܫܐ ܗܘܬ ܥܠ ܒܪ̈ܢܫܐ.

d) Bl. 112ᵇ Gesang des Ananias V. 57—88, bearbeitet nach dem Apokryphen-Text (ed. de Lagarde S. 127—129); am Ende erweitert für die Zwecke des christlichen Gottesdienstes.

e) Bl. 113ᵇ von Theodorus von Mopsuestia:
ܕܝܦܪ̈ܐ ܕܡܕܒܪ̈ܢܘܬܐ ܘܕܒܬܪܟܐ ܡܪ̈ܝܐ. ܕܥܒܝܕܐ
ܠܡܪܝ ܬܐܕܘܪܘܣ ܡܦܫܩܢܐ.

Anfang:

ܬܫܒܘܚܬܐ ܠܐܠܗܐ ܒܡܪ̈ܘܡܐ ܘܫܪܐ. ܣܓܕܝܢ
ܠܟ. ܡܫܒܚܝܢ ܠܟ. ܡܪܘܪܡܝܢ ܠܟ. ܐܠܗܐ
ܕܡܢ ܡܢܘܬ ܒܪܐ ܝܠܝܕܐ ܕܠܐ ܡܫܘܚܬ ܘܫܪܐ

f) Bl. 114ᵃ Das Nicaenische Glaubensbekenntniss.

g) Bl. 114ᵇ Gebet beim Abendmahl:
ܐܪܙܐ ܕܒܗ ܡܗܝܡܢ ܫܠܡܐ ܠܐܪܥܐ ܒܢ̈ܝܐ.

Anfang:

ܫܠܡ ܥܠܝܟܘܢ ܡܫܠܡܢܘܬܐ ܘܐܦܝܣܩܘܦܐ
ܘܫܡ̈ܫܐ ܘܫܪܐ

h) Bl. 114ᵇ Dankgebet von Ephraem: ܐܘܕܝܬܐ ܕܡܘܕܐ ܦܓܪܘܬܐ ܕܝܠܢ ܡܫܡܫܢܘܬܐ ܕܡܘܕܝܢܐ ܕܡܫܡܫܐ ܠܡܪܢ ܐܦܪܝܡ.

Anfang:

ܡܪܝ ܝܫܘܥ ܡܠܟܐ ܡܫܝܚܐ ܕܐܝܬ ܐܢܬ ܒܫܡܝܐ ܠܥܠܡ ܥܠܡܝܢ

i) Bl. 115ᵃ Gebet von *Jazdîn* dem Grossen für die Hauptfeste: ܐܘܕܝܬܐ ܕܥܐܕܐ ܡܪܢܝܐ ܕܡܫܡܫܐ ܝܙܕܝܢ ܪܒܐ.

Anfang:

ܚܠ ܡܪܝ ܐܠܗܐ ܕܟܠܝܢ

k) Bl. 115ᵇ Festgebet: ܐܘܕܝܬܐ ܕܥܐܕܐ

Anfang:

ܒܪܟܘ ܘܫܒܚܘ ܠܐܠܗܐ ܗܘܘ.

l) Bl. 116ᵃ Abendmahlgebet von dem Catholicus Timotheus (?): ܐܘܕܝܬܐ ܕܐܘܪܒܐ ܕܩܘܪܒܢܐ ܬܫܡܫܬܐ ——— ——— [ܛܝܡܬܐܘܣ ܩܬܘܠܝܩܐ.

Anfang:

ܐܘܪܒܐ ܕܩܘܪܒܢ ܒܫܡܫܘܬܐ.

m) Bl. 116ᵃ Gebete für die Wochentage: ܬܘܒ ܕܫܡܫܬܐ ܬܫܡܫܬܐ

I. Für die Nacht des Montags von Abraham von *Bêth-Rabban* Bl. 116ᵃ: ܕܠܠܝܐ ܕܬܪܝܢܒܫܒܐ ܕܡܫܡܫܐ ܠܡܪܢ ܐܒܪܗܡ ܕܒܝܬ ܪܒܢ.

Anfang:

ܐܬܝ ܚܠ ܝܠܕܬܐ ܕܡܫܡܫܢ

II. Für den Morgen Bl. 116ᵇ: ܕܨܦܪܐ ܕܫܡܫܬܐ ܬܫܡܫܬܐ ——— ——— ܡܪܝܡܝܐ (?)

Anfang:

ܠܟ ܡܬܟܫܦܢܐ ܐܠܗܐ ܘܠܟ ܡܘܕܝܢܐ

III. Für die Nacht des Dienstags von Thomas von Edessa Bl. 117ᵃ: ܕܠܠܝܐ ܕܬܠܬܒܫܒܐ ܕܡܫܡܫܐ ܠܬܐܘܡܐ ܐܘܪܗܝܐ

Anfang:

ܠܐ ܡܫܬܡܥ ܐܘܪܚܐ ܘܡܘܬܒܐ

IV. Für die Nacht des Donnerstags von Ephraem Bl. 117ᵃ: ܕܠܠܝܐ ܕܚܡܫܒܫܒܐ ܕܡܫܡܫܐ ܠܡܪܢ ܐܦܪܝܡ ܪܒܐ

Anfang:

ܫܒܚ ܡܪܝ ܒܪܡܫ ܚܠܝ

V. Für die Nacht des Mittwochs von Achimelekh Bl. 118ᵃ: ܕܠܠܝܐ ܕܐܪܒܥܒܫܒܐ ܕܡܫܡܫܐ ܠܡܪܢ ܐܚܝܡܠܟ.

Anfang:

ܕܫܡܫܝ ܒܫܘܝܘ ܚܠ ܫܘܒܚܝ

VI. Für die Nacht des Freitags von *Jôḥannân* von *Bêth-Rabban* Bl. 118ᵃ: ܕܠܠܝܐ ܕܥܪܘܒܬܐ ܕܡܫܡܫܐ ܠܡܪܢ ܝܘܚܢܢ ܕܒܝܬ ܪܒܢ.

Anfang:

ܬܘܒܐ ܠܟܢܐ ܕܒܝܬ ܫܘܒܚܐ

VII. Für die Nacht des Sonnabends von Ephraem Bl. 119ᵃ.

Anfang:

ܒܪܝܟ ܐܠܗܐ ܕܒܪܝ ܘܡܪܝܡ

VIII. Für den Abend von Babaeus Bl. 119ᵃ: ܬܘܒܢܐ ——— ——— ܕܪܡܫܐ ܬܫܡܫܬܐ ܕܡܫܡܫܐ ܠܡܪܢ ܒܒܝ ܪܒܐ.

Anfang:

ܐܠܗܝ ܕܡܫܡܫܢܐ ܡܪܢ ܒܫܡܝܐ.

IX. Weiteres Gebet. Überschrift zerstört Bl. 119ᵇ.

Anfang:

ܒܪܝܟ ܚܝܠܐ ܕܫܘܒܚܬܗ.

X. Für die Nacht gewisser Montage (?) von Babaeus *Bar Neṣibhnâjê* (vergl. Assemani III, 177) Bl. 120ᵃ: ——— ——— ܕܠܠܝܐ ܕܬܪܝܢܒܫܒܐ ܕܡܫܡܫܐ ܠܡܪܢ ܒܒܝ ܒܪ ܢܨܝܒܢܝܐ.

Anfang:

ܫܘܒܚܐ ܠܡܫܝܚܐ ܕܫܠܡܘܗܝ ܢܪܕܦ.

XI. Zur Kirchweih von Bischof Georg von Nisibis Bl. 121ᵃ: ܕܩܘܕܫ ܥܕܬܐ ܕܥܒܝܕܐ ܠܡܪܝ ܓܝܘܪܓܝܣ ܡܝܛܪܦܘܠܝܛܐ ܕܢܨܝܒܝܢ. (?)

Anfang:

ܫܘܒܚܐ ܠܡܫܝܚܢ ܡܚܝܐ ܡܠܟܐ.

XII. Für einen Fasten-Freitag(?) von Babaeus Bl. 121ᵇ: ܐܚܪܬܐ ܕܥܪܘܒܬܐ ܕܨܘܡܐ ܕܥܒܝܕܐ ܠܡܪܝ ܒܒܝ ܕܢܨܝܒܝܢܐ.

Anfang:

ܒܫܝܢܐ ܘܕܘ̈ܟܝܐ ܘܒܬܫܒܚܬܐ.

XIII. Weiteres Gebet (von Babaeus?). Überschrift zerstört Bl. 122ᵃ.

Anfang:

ܒܫܝܢܐ ܘܕܘ̈ܟܝܐ ܗܘ ܢܬܩܪܒ

XIV. Fastengebet von Babaeus Bl. 122ᵃ: ܐܚܪܬܐ ܕܨܘܡܐ ܕܡܬܐܡܪܐ ܒܫܘܒܚܐ ܕܥܒܝܕܐ ܠܡܪܝ ܒܒܝ ܪܒܐ.

Anfang:

ܫܘܒܚܐ ܠܟ ܐܠܗܐ

XV. Fastengebet von Simeon *Bar Ṣabbâ'ê* Bl. 122ᵇ: ܕܥܕ̈ܢܐ ܫܢ̈ܝܐ ܕܨܘܡܐ ܕܥܒܝܕܐ ܠܡܪܝ ܫܡܥܘܢ ܒܪ ܨܒ̈ܥܐ (?)

Anfang:

ܫܘܒܚܐ ܠܟ ܡܪܝ ܕܒܪܝܬܢ.
ܕܠܐ ܦܣܩܐ ܡܢ ܫܘܪܝܐ.

XVI. Weiteres Gebet. Überschrift zerstört.

Anfang:

ܡܫܒܚܝܢ ܡܪܝ.

4. Bl. 123ᵇ—135ᵇ Eine Sammlung gebetartiger Texte für verschiedene Tage und Zeiten, genannt: ܟܪ̈ܘܙܘܬܐ ܗܘܝ ܟܬܒܐ ܟܪ̈ܘܙܘܬܐ.

Anfang:

ܡܕܟܪܢܢ ܪܡܫܐ ܕܟܠܝܘܡ ܢܬܘܡ ܫܦܝܪ
ܥܠ ܒܫܝܢܐ ܘܒܫܝܢܘܬܐ ܢܒܥܐ ܘܢܐܡܪ
ܡܪܝ ܐܬܪܚܡ ܥܠܝܢ. ܘܒܪܐ ܒܫܡܐ ܡܪܝ
ܐܬܪܚܡ ܥܠܝܢ. ܘܡܫܡܫ ܐܒܐ ܕܪ̈ܚܡܐ ܘܐܠܗܐ
ܕܟܠܗ ܒܘܝܐܐ ܘܡܪܝ

Es sind Fürbitten für den Patriarchen, den Bischof, die Gemeinde u. a.

Schlussnotiz:

ܫܠܡ ܬܫ̈ܒܚܬܐ ܘܟܪ̈ܘܙܘܬܐ.

5. Bl. 136ᵃ—164ᵇ Gesänge zum Lobe der Märtyrer für die Wochentage (Morgen und Abend): ܬܘܒ ܟܬܒܢܢ ܫܘܒ̈ܚܐ ܕܣ̈ܗܕܐ ܕܥܘ̈ܕܢܐ

Anfang:

ܕܪܡܫܐ ܕܬܫܡܫܬܐ ܘܡܫܝܚ ܘܕܗ̈ܢܐ ܠܟ
ܗ̈ܘܕܝܐ ܡܕܝ̈ܢܐ ܝܠܗ ܒܟܠ ܫܢܐ.

Ähnliche Gesänge zum Lobe der Märtyrer, Bitte an dieselben um Fürbitte bei Gott, für die Sonntage Bl. 157ᵇ. Von den Heiligen und Märtyrern werden erwähnt Georg, die Märtyrer von *Karkhâ da Ledan*, die unter Chosroes, die von *Karkhâ da Slôkh*, Addai, Simeon, Christophorus, Julitta und Cyriacus, Constantin, *Šmônî* die Mutter der Makkabäer, Antonius, Eugen, *Sabhrîšô'*, *Pithjôn*, *Aḥâi*, *Jôḥannân*, Maria.

Nachschrift:

ܫܠܡ ܟܬܒܐ ܗܢܐ ܕܩܘܪܒ ܒܟܠ ܡܬܟܬܒܢܘܬܗ.
ܥܡ ܬܫܒ̈ܚܬܐ ܘܟܪ̈ܘܙܘܬܐ ܘܗ̈ܘܕܝܐ ܕܟܠܗ̇
ܫܒܬܐ ܘܕܡܕ̈ܒܚܐ ܘܠܗ ܫܘܒܚܐ ܐܡܝܢ.
ܐܫܬܪܝ ܗܟܢ ܘܐܫܬܠܡ ܟܬܒܐ ܗܢܐ ܕܩܘܪܒ

Hier bricht der Text ab. Die folgenden Blätter 165—167 gehören nicht hierher. Bl. 165. 167 sind von jüngerer Hand geschrieben; Bl. 166 von der prima manus hat als erstes Blatt das Kurrâs 22 einer anderen, ähnlichen Sammlung angehört (Gebete für die Märtyrer und zu ihnen, Stephanus).

Bl. 165ba Anfang der Geschichte von dem an einem Sonntag vom Himmel herabgekommenen Briefe zur Zeit des Athanasius, Patriarchen von Rom (sic). Überschrift zum Theil zerstört. Vergl. Nr. 246. 3 (Sachau 154).

Bl. 167a Anfang einer monastischen Schrift über frommen Lebenswandel

ܡܬܡܪܢܘܬܐ ܕܢܟܦܘܬܐ ܘܡܕܒܪܐ

verfasst von dem Mönche *Mār Johannān* aus Mosul im Kloster des h. Michael.

Anfang:

ܒܪ ܐܘ ܡܪܝ ܕܐܢܬ ܚܒܝܒ ܐܢܬ ܕܡܬܕܒܪܢܐ
ܡܫܬܐܠܬܐ ܢܛܪܘܗܝ ܠܗ ܡܪܢ

Gut geschrieben und sorgfältig punktirt. Datum nicht vorhanden. Geschrieben vermuthlich im 18. Jahrhundert. Die Kurrās-Zahlen sind unzuverlässig, später hinzugefügt. Die Blätter hier und da wasserfleckig und an einigen Stellen beschädigt, meist an den Rändern.

167 Blätter (20,5 × 14,5 cm), die Seite zu 19 und 20 Zeilen.

30.

(Sachau 90.)

Nestorianisch.

Die beiden Bücher der Chronik Nehemia, Ezra und Ester, nach der *Pešîṭtâ*, und alttestamentliche Apokryphen. Unvollständig am Anfang.

Inhalt:

Bl. 1—33b = I. Makkabäer-Buch, anfangend mit Cap. 1, 15: ܘܐܬܦܠܓܘ ܡܢ ܕܝܬܩܐ ܩܕܝܫܬܐ. ܘܐܬܚܠܛܘ ܒܥܡܡܐ ܘܐܬܡܟܪܘ ܠܡܥܒܕ ܒܝܫܬܐ.

Bl. 34a—61a = II. Makkabäer.
Bl. 61a—72b = III. Makkabäer.
Bl. 72b—100a = I. Chronik.
Bl. 100a, 104—130b = II. Chronik.
Bl. 131a—140b = Ezra.
Bl. 140b—151b = Nehemia. Zwischen Bl. 147, 148 ein unbeschriebenes Blatt: fehlt Nehemia 9, 17—10, 9.
Bl. 151b = Weisheit Salomonis.
Bl. 164a Judith.
Bl. 176b Ester.
Bl. 183a = Susanna.
Bl. 185b = Brief des Jeremias.

Überschrift:

ܬܘܒ ܒܚܝܠ ܡܪܢ ܟܬܒܝܢ ܫܠܝܚ ܐܓܪܬܐ
ܕܬܫܥܐ ܫܒܛܝܢ ܕܒܫܒܝܐ. ܩܕܡܝܬܐ
ܐܓܪܬܐ ܕܒܪܘܟ ܣܦܪܐ.

S. Libri veteris testamenti apocryphi syriace, ed. de Lagarde S. 100.

Bl. 188a = I. Brief des Baruch.
Bl. 191b—194b = II. Brief des Baruch.

Nachschrift Bl. 194b:

ܫܠܡ ܟܬܒܐ ܗܢܐ ܕܡܫܩܠܐ ܕܐܢܬܘܗܝ
ܣܦܪܐ ܬܠܬܐ. ܘܒܗ ܐܝܬ ܣܦܪ ܕܒܪܝܡܝܢ
ܘܥܙܪܐ ܣܦܪܐ ܘܢܚܡܝܐ ܙܟܝܬܐ ܘܝܗܘܕܝܬ
ܘܐܣܬܝܪ ܘܫܘܫܢ ܘܐܓܪܬܐ ܕܐܪܡܝܐ ܢܒܝܐ
ܘܐܓܪ̈ܬܐ ܬܪ̈ܬܝܢ ܕܒܪܘܟ.

Auf Bl. 194b, 195ab ein wortreiches Kolophon des Schreibers, das hier mit den zulässigen Kürzungen mitgetheilt wird: ܫܘܒܚܐ ܠܝܗܒ ܚܝܠܐ
ܐܠܗܐ ܕܡܫܬܘܕܐ ܒܟܠܙܒܢ ܡܫܬܡܠܝܐ ܫܘܠܡܐ ܐܝܟ
ܘܡܪܝ ܫܡܥܘܢ ܕܝܢ ܗܟܢ ܕܫܘܡܠܝܐ ܟܬܒܐ ܗܢܐ
ܡܕܝܢܬܐ ܒܥܕܢܐ ܕܪܡܫܐ ܚܡܫܐ ܒܝܘܡ
ܐܪܒܥܣܪ ܕܫܒܛ ܐܠܦ ܘܫܒܥܡܐܐ ܘܫܬܝܢ
ܘܬܫܥ. ܫܘܒܚܐ ܠܗ ܘܥܠܝܢ ܐܬܡܠܝ ܕܝܢ ܒܝܘܡܐ
ܕܒ ܒ̈ܫܒܐ ܬܫܥܐ ܡܦܠܓܗ ܘܪܒܥ ܠܠܝܐ

ܕܡܪܢ ܘܫܘܠܡܗ. ܗܘܐ ܕܝܢ ܘܪܘܫܡܗ
ܘܡܪܝ ܫܡܥܘܢ ܩܬܘܠܝܩܐ. ܦܛܪܝܪܟ
ܕܡܕܢܚܐ ܒܟܠܗ ܘܒܟܠ ܕܘܟܐ. ܘܡܪܝ
ܒܪܝܗ ܒܘܟܪܐ ܕܠܐ ܡܫܬܠܛܢܐ ܠܟܘܪܣܝܐ
ܡܪܝܢܬܗ ܘܡܪܝ ܘܡܪܝܫܘܥ ܫܢܝܐ ܒܢܝܐ
ܕܐܦܣܩܘ ܡܢ ܟܠܠ ܒܦܘܩܕܢܗ ܕܡܫܝܚܐ
ܘܡܪܝ ܐܦܣܩܘܦܐ ܡܝܛܪܦܘܠܝܛܐ ܕܐܡܕ
ܡܕܝܢܬܐ ܡܪܝ ܫܡܥܘܢ ܐܠܗܐ ܡܢ ܐܠܗ
ܡܪܝ ܠܗ ܢܣܒ ܘܡܪܝ ܗܪܝܢ ܕܝܢ
ܘܫܠܡܬ ܘܗܪܟܐ ܡܦܪܫܐ ܘܟܠ
ܘܐܘܟܝ ܠܫܘܠܡܐ ܗܢܐ ܟܬܒܐ ܕܟܬܒ
ܠܟܘܬܒ ܐܢܐ ܚܛܝܐ ܡܢ ܟܠ ܒܢܝ̈ܢܫܐ
ܘܡܪܝ ܥܒܕ ܐܠܟܪܝܡ ܟܗܢܐ (Bl. 195b) ܒܥܡܠܐ
ܡܢ ܩܪܝܬܐ ܒܝܬܐ ܕܡܢ ܫܐܟ ܘܐܬܪܗ.
ܒܪ ܩܫܝܫܐ ܡܫܝܚܝܐ ܥܝܫܘܥ ܘܡܪܝ

Danach ist diese Hds. vollendet im *Ḥezirân* 1966 Gr. = Juni 1655 n. Chr. Geb., geschrieben von einem Priester *'Abd-elkerîm*, Sohn des *Îšô'* *Šâkhnâjâ* (d. i. gebürtig aus *Šâkh*, s. meine Reise in Syrien und Mesopotamien S. 376), unter der Regierung des Catholicus Simeon und des Bischofs Simeon von Amid, also vermuthlich irgendwo innerhalb des Bisthums Amid.

Die ganze Sammlung ist eingetheilt in 129 ܨܚܚ Abschnitte. Gut erhalten, abgesehen von einigen kleinen Beschädigungen (z. B. ist von Bl. 138. 139 oben etwas abgerissen). Zu Anfang fehlen vier Blätter, die ersten vier Blätter des ersten Kurrâs. Die Vocalisation ziemlich reichlich, ebenso *Rukkâkhâ* und *Ḳuššâjâ*. Kurz *a* vor doppeltem ܡ (nicht vor doppeltem *r*) wird lang *â* (wie in ܥܡܡܐ).

Auf den Bindeblättern 196 von junger Nestorianischer Hand Bestandtheile eines Recepts. Die Hds. stammt aus *Alḳôš*.

195 Blätter, das Blatt (28,2 × 20 cm) zu 25 Zeilen.

31.

(Ms. orient. fol. 355.)

Nestorianisch.

Neues Testament nach der *Pešiṭṭâ*.

Bl. 2^b Matthäus: ܒܚܝܠܗ ܕܡܪܢ ܝܫܘܥ
ܡܫܝܚܐ ܡܫܪܝܢܢ ܠܡܟܬܒ ܐܘܢܓܠܝܘܢ
ܩܕܝܫܐ ܟܪܘܙܘܬܐ ܕܡܬܝ.

In 22 Abschnitten.

Am Schluss Bl. 33^a folgende Notiz von jüngerer Hand:

ܐܫܬܠܡ ܟܬܒܐ ܗܢܐ ܕܡܪܝ ܡܪܩܘܣ ܕܡܢ
ܦܛܪܘܣ ܫܡܥ ܘܗܘ ܐܟܪܙ ܠܗ ܡܢ ܡܕܝܢܬܐ
ܪܗܘܡܝ.

Bl. 33^a Marcus. In 13 Abschnitten.

Am Schluss Bl. 51^b folgende Notiz von jüngerer Hand:

ܐܫܬܠܡ ܣܦܪܐ ܗܢܐ ܕܡܪܝ ܡܪܩܘܣ

Bl. 52^a Lucas. In 23 Abschnitten.

Bl. 82^a Johannes. In 20 Abschnitten.

Bl. 108^a Apostelgeschichte.

Bl. 144^b Brief des Jacobus.

Bl. 147^b Brief des Petrus.

Bl. 151^b Brief des Johannes.

Nachschrift Bl. 155^a:

ܫܠܡ ܠܡܟܬܒ ܦܪ̈ܟܣܝܣ ܕܫܠܝ̈ܚܐ ܩܕ̈ܝܫܐ
ܥܡ ܐܓܪ̈ܬܐ ܬܠܬ ܩܬܘܠܝ̈ܩܝܣ.

Die Apostelgeschichte und die drei katholischen Briefe haben zusammen 32 Abschnitte.

Bl. 155^a Brief an die Römer.

Bl. 168^b I. Korinther.

Bl. 182^a II. Korinther.

Bl. 190^b Galater.

Bl. 194^b Epheser.

Bl. 198^b Philipper.

Bl. 201^b Kolosser.

Bl. 204^b I. Thessalonicher.

Bl. 207a II. Thessalonicher.
Bl. 208b I. Timotheus.
Bl. 212a II. Timotheus.
Bl. 214b Titus.
Bl. 216a Philemon.
Bl. 217a—226a Hebräer.

Die Paulinischen Briefe haben 55 Abschnitte.

Die 165 Abschnitte, ܨܚܚܐ, in welche das ganze Neue Testament eingetheilt ist, sind am Rande mit doppelten Ziffern notirt, mit der fortlaufenden und der für das specielle Buch oder die specielle Gruppe von Büchern bestimmten Ziffer. Dagegen sind die kirchlichen Tage und Anlässe, bei denen die Perikopen gelesen werden, nicht angegeben.

Nachschrift auf Bl. 226b:

ܫܠܡ ܠܡܟܬܒ ܟܬܒܐ ܗܢܐ ܕܕܝܬܩܐ ܚܕܬܐ
ܒܬܘܕܝܬܗ ܕܡܪܢ. ܕܗܘܝܘ ܝܫܘܥ ܡܫܝܚܐ
ܘܫܡܗ ܘܡܫܝܚܐ ܡܪܢ ܘܡܪܢܘܬܗ ܘܠܘܬܗ
ܘܚܝܝܢ ܕܗܘܝܢ ܝܫܘܥ ܕܐܬܒܪܝܗܘܢ ܫܒܚܝܢ
ܘܬܘܕܝܐ ܘܝܩܪܐ ܘܗܘܝܢ ܦܬܓܡܐ ܕܟܠܗ ܚܕܬܐ
ܒܟܢܫ ܐܠܗܝܢ ܘܫܘܒܚܐ ܘܬܘܕܝܢ ܘܣܓܕܐ.
ܕܐܘܝܠܘܗܝ ܟܠܗ ܬܫܒܚܐ ܐܠܗܝܢ ܘܫܘܒܚܐ
ܘܫܡܢ ܘܬܠܬܐ ܦܬܓܡܐ. ܕܦܪܫܝܢ ܐܪܒܥܐ
ܐܠܦܝܢ ܘܫܬܝܢ ܘܐܪܒܥܝܢ ܘܬܫܥܐ ܦܬܓܡܐ.
ܫܠܝܚܐ ܗܘܐ ܚܕܐ ܐܠܦܝܢ ܘܐܪܒܥܡܐܐ ܘܫܒܥܝܢ
ܘܬܠܬܐ ܦܬܓܡܐ. ܫܘܒܚܐ ܠܐܠܗܘܬܐ ܘܫܪ

Darauf die folgende Notiz:

ܐܫܬܪܝ ܘܐܫܬܠܡ ܟܬܒܐ ܗܢܐ ܕܝܬܩܐ. ܒܫܢܬ
ܒܫܢܬܐ ܬܫܥܝܢ ܚܕ ܒܗ ܫܘܬ ܐܪܒܥܡܐܐ
ܕܐܡܝܢ ܕܕܘܒܪܗ ܕܡܪܢ ܡܬܚܫܒܢ ܝܠܝܐ.
ܕܚܕܬ ܐܠܦ ܘܬܫܥܡܐܐ ܘܬܪ̈ܬܝܢ ܕܝܘܢܝܐ.
ܐܬܟܬܒ ܕܝܢ ܟܬܒܐ ܗܢܐ ܕܝܬܩܐ ܒܩܪܝܬܐ
ܒܪܝܟܬܐ ܘܡܒܪܟܬܐ ܐܒܢܝܐ ܡܚܡܝܢ ܠܗ̇
ܡܪܝ ܘܬܪ ܟܬܒܗ ܕܝܢ ܐܢܐ ܡܣܟܢܐ ܘܕܘܝܐ
ܘܚܛܝܐ ܕܒܫܡ ܐܦܝܣܩܘܦܐ ܝܘܚܢܢ ܒܪ ܩܫܝܫܐ
ܝܘܣܦ ܒܪ ܚܣܝܐ ܨܠܝܒܐ ܒܪ ܐܗܪܘܢ
ܕܡܢ ܩܪܝܬܐ ܕܒܪܝܟܬܐ ܐܒܢܝܐ ܐܡܝܢ.

Danach ist diese Hds. geschrieben von dem Bischof *Jôḥannân*, Sohn des Priesters Joseph, des Sohnes des seligen *Ṣlîbhâ*, des Sohnes des Aaron aus dem Dorfe *Abnâjê* und vollendet daselbst A. Gr. 1902 d. 14. Tammûz Mittwochs, am Abend des Gedenktages des h. Cyriacus Infans = d. 14. Juli 1591 n. Chr.

Auf die weitere Geschichte der Hds. bezieht sich folgende von zweiter, bedeutend jüngerer Hand geschriebene Notiz auf Bl. 227a—228a:

ܐܬܐܬܚܪ ܘܐܬܟܕܒ ܘܐܬܐܬܪܣ ܐܘܚܝܠ ܐܬܚܒܠ
ܟܬܒܐ ܗܢܐ ܕܝܬܩܐ ܒܝܘܡܐ ܒܫܢܬܐ ܐܒ ܒܗ
ܒܗ ܒܝܘܡ ܒܥܘܒܕܐ ܐܫܬܝܬܐ ܕܫܢܝܐ
[ܘܕܒܬܪܐ ܗܘ ܕܡܪܢ ܫܪܝܪ ܡܘܕܝܢܐ][1] ܒܝܘܡ
ܐܐܫܝܟ ܠܡܘܢܐ ܒܬܪܝܢ ܘܠܐܠܗܐ ܫܘܒܚܐ
ܐܡܝܢ. ܐܬܬܪܣ ܟܬܒܐ ܗܢܐ ܒܝܕ ܒܘܡܪܐ
ܕܝܠܢ ܒܥܘܡܪܐ ܘܐܝܟ ܒܐܠܗܝܢ ܘܒܚܝܠܗ
ܒܥܘܕܪܢܗ ܡܪܢ ܡܘܫܐ ܚܕ ܡܢ ܬܠܡܝܕܘܗܝ
ܕܡܪܝ ܐܘܓܝܢ ܡܫܝܚܐ ܬܪܝܢܐ. ܕܐܝܬܘܗܝ
ܡܟܡܪܗ ܒܝܕ ܫܪܝܬܐ ܒܪܝܟܬܐ ܘܡܒܪܟܬܐ
ܐܒܢ̈ܝܐ ܫܪܝܬܐ ܕܢܦܫ ܠܚܡܐ ܕܒܗ̇ ܥܝܢ
ܒܪܡܫܐ ܘܡܫܡܪ (leg. ܘܡܝܪ) ܫܡܪܐ ܘܐܫܬܝ
ܘܪܘܝ. ܡܟܡܪ ܠܗ ܡܪܝ ܒܡܫܡܪܗ. ܘܚܘܦ
ܡܢܗ ܡܪܝ ܘܐܠܗܝ ܠܚܘܫܒܐ ܕܠܚܠܘܡܐ
ܘܫܘܠܐ ܕܐܡܪܬܐ ܕܝܠܘܬ ܠܟܠܗܘܢ ܫܪܝܬܐ
ܐܡܝܢ ܘܥܝܠܘܬ ܡܪܝ ܡܫܘܐ ܘܕܪܒܗ ܡܪܝ
(Bl. 227b) ܒܘܠܝܢ ܘܡܪܝ ܐܝܫܘܥ ܐܝܟ ܘܐܡܝܢ.
ܐܬܕܟܪ ܘܐܬܐܬܪܣ ܟܬܒܐ ܗܢܐ ܘܡܪܝ ܒܐܬܪܐ
ܡܫܠܐ ܘܚܛܝܐ ܘܕܘܝܐ ܕܒܫܡ ܡܛܪܦܘܠܝܛܐ
ܡܪܝ ܝܘܣܦ ܕܡܢ ܫܪܝܬܐ ܒܪܝܟܬܐ ܐܒܢ.
ܘܐܬܐ ܗܘܐ ܘܡܟܡܪ ܒܝܕ ܒܘܡܪܐ ܫܪܝܐ
ܕܡܪܝ ܐܘܓܝܢ. ܘܡܘܢ ܡܢ ܬܠܡܝܕ̈ܐ ܘܫܪ̈ܒܐ

[1] Das Eingeklammerte am Rande.

ܕܗܘܘ ܒܟܠܡܬ ܪܒܗ ܡܢ ܡܪܗ ܐܬܡܫܬ
ܘܐܬܬ ܘܡܨܡܪ ܒܠܗ ܫܪܝܬ ܒܪܝܫܬ ܐܝܪܝ
ܡܢܡܪ ܠܗ ܡܪܝ ܐܡܝܢ. (Bl. 228ᵃ) ܐܬܡܝܬܦܬ
ܘܐܬܬܦܩܬ ܠܡܬܩܪܝܢܘܬܗ ܘܠܡܫܒܩܢܘܬܗ
---- ܘܠܡܪܚܡܢܘܬܗ ܠܥܡܠܐ ܗܢܐ ܕܡܚܒܪܬ
ܚܝܬ ܘܡܫܝܚܝܬ ܡܢ ܡܕܝܢ ܕܡܠܟܐ ܐܬܬܐܬ
ܠܡܪܬܐ ܘܡܢܕܚܝܬ ܒܪܝܪܬ ܢܠܦܘ ܡܫܝܚ
ܢܥܡܬ ܠܗ ܡܫܬ ܒܥ ܗܪܐ ܐܡܪܢܐ ܘܪܦܡܐ
ܘܪܚܠ ܘܥܪ ܘܥܡ ܒܠܘܗܝ ܩܠܝܬ ܡܕܥܬܐ
ܐܡܝܢ.

Danach ist diese Hds. gebunden, geflickt, renovirt worden den 28. August, den letzten Freitag des Sommers A. Gr. 2119 = 1808 n. Chr. im Kloster des h. Moses, des Schülers des h. Eugen im Dorfe *Ḥaṣṣân*, dem Dorfe Noah's, wo dieser Wein pflanzte, durch den Metropoliten *Mâr* Joseph (Jausip) aus dem Dorfe *Šâkh*. Derselbe wohnte ursprünglich im Kloster des h. Isaak, musste aber in Folge von Kriegen fliehen und liess sich nieder im Kloster zu *Ḥaṣṣân*. Die Kosten dieser Arbeit sind von einer frommen Frau Namens *Alpô* bestritten worden.

Von demselben Joseph rühren die Notizen auf Bl. 33ᵃ und 51ᵇ her, wo er berichtet, dass die Hds. ihm gehöre und dass er sie von *Mardin* (nach *Ḥaṣṣân*?) gebracht habe.

Nach einer Notiz auf Bl. 2ᵃ (von Joseph?) ist die Hds. dem Kloster des *Mâr 'Aḥâ* vermacht worden: ܐܬܘܩܦ ܥܡܪܐ ܗܢܐ ܠܥܘܡܪܐ ܕܡܪܝ ܐܚܐ.

Folgende sehr verwischte Karschuni-Notiz auf Bl. 1ᵃ:

ܐܬܢܩܠ ܡܢ ܕܝܪ ܐܠܥܕܪܐ (?) ܐܠܝ ܕܝܪ ܐܠܩܕܝܣ
(?ܐܠܩܕܝܣ?) ܐܠܡܥܪܘܦ ܪܒܢ ܡܪܐܘܓܝ ܦܝ
ܣܢܗ ܐܠܦ ܘܬܣܥܡܐܝܗ ܘܐܬܢܝܢ ܘܬܠܬܝܢ
ܦܝ ܝܘܡ ܥܒܕ ܐܠܠܗ ܪܒܗ ܐܠܘܗܐ ܒܗ ܡܢ (?)
ܡܬܪܝܟ ܒܠܡܗ ܐܡܝܢ. ܡܫܝܚܐ ܘܡܫܝܚ
ܒܒܓܐܠ.

In dieser Notiz berichtet ein Abdallah, dass die Hds. A. Gr. 1932 = 1621 n. Chr. von dem Kloster der Jungfrau (?) nach dem Kloster des h. Eugen (*Marangi*) übertragen worden sei.

Auf Bl. 2ᵃ:

»Aus der Zerstörung eines Jakobitisch-christlichen Höhlenklosters zu Sayd Bey Kalessi bei Diesireh am Tigris gerettet; am 10. Mai 1838.

v. Moltke,
Hauptm. im k. Preuss.
Gen.-Stab.«

Gut erhalten sowie vollständig vocalisirt und punktirt.

227 Blätter (28 × 18 cm), die Seite zu 29 Zeilen.

32.

(Ms. orient. fol. 1616.)

Nestorianisch.

Perikopen für die Sonn- und Festtage des ganzen Jahres, besonders aus den Büchern des Alten Testamentes, ausserdem aus der Apostelgeschichte, nach der *Pešîttâ*. Unvollständig zu Anfang und Ende, und nicht ohne Lücken im Innern. Die meisten Texte sind der Genesis, Deuteronomium, Josua, Jesaia und Apostelgeschichte entnommen, ausserdem Exodus, Leviticus, Numeri, Deuteronomium, Richter, Samuel, Könige, Zacharias, Jona, Hezekiel, Joel, im letzten Theil auch der Weisheit Salomonis und Jesus Sirach.

Von späterer Hand ist auf Bl. 1ᵃ als Überschrift ܩܪܝܢܐ ܡܦܪܫܐ *Lectio separata* beigefügt. Das Werk ist so eingerichtet, dass für jeden Tag zwei Perikopen mitgetheilt sind.

Der Abschnitt für je einen Tag ist eingeleitet durch eine liturgische Notiz, enthaltend die Anfangsworte eines Hymnus und eines Responsum, folgender Art Bl. 30ᵃ: ܥܘܢܝܐ ܩ̈ܠܠܐ
ܕܬܪܬܝܢ ܕܫܒܐ ܕܫܡܫܐ ܕܥܘ̈ܕܪܢܐ ܪܒܐ
ܕܡܘܫܝܚܗ ܡܠܟܗ ܘܒܪܐ ܒܪܝܬܐ ܗܦܟܬ
ܡܫܡܫܐ ܕܐܘܪܝܬܐ ܘܢܒܝ̈ܐ ܠܟܬܒܗ ܕܐܒܪܗܡ
ܠܐ ܡܠܟܐ ܠܗ ܘܒܪܐ

Am Schluss des Perikopen-Buches nach Bl. 142 (s. weiter unten) scheinen Perikopen für besondere Zwecke des Gottesdienstes beigefügt zu sein.

Inhalt.

Bl. 1ᵃ beginnt mit den Perikopen für den Montag der 1. Fastenwoche.

Erste Worte:

ܬܪܝܢ ܢܗܝܪ̈ܐ ܪܘܪ̈ܒܐ. ܢܗܝܪܐ ܪܒܐ ܘܥܒܕ

Genesis 1, 16—19.

Zweite Perikope (ܫܪܒܗ).

Josua 1, 1—11.

Bl. 2ᵃ Dienstag der 1. Fastenwoche Genesis 1, 20—2, 7. Zweite Perikope Josua 1, 12—2, 9.

Lücke zwischen Bl. 4—5.

Bl. 5ᵃ in der 2. Perikope für den Donnerstag derselben Woche, Josua 3, 9—13.

Bl. 5ᵃ Freitag derselben Woche Genesis 3, 20—4, 16; Josua 3, 14—4, 9.

Bl. 8ᵃ Sonntag der 2. Fastenwoche Genesis 5, 18—31; Josua 4, 15—24.

Bl. 9ᵇ Zweiter Freitag, 12ᵇ dritter Sonntag, 16ᵇ vierter Sonntag im Fasten.

Bl. 20ᵃ Montag, 21ᵇ Dienstag, 24ᵃ Mittwoch der mittleren Fastenwoche.

Lücke zwischen Bl. 24—25.

Bl. 25ᵃ Donnerstag, 27ᵃ Freitag der mittleren Fastenwoche.

Bl. 30ᵃ Fünfter Sonntag im Fasten.

Bl. 31 gehört nicht hierher, einzufügen zwischen Bl. 131—132.

Bl. 33ᵃ Fünfter Freitag, 34ᵃ sechster Sonntag, 37ᵇ sechster Freitag im Fasten.

Bis hier sind sämmtliche Perikopen der Genesis und Josua entnommen.

Bl. 39ᵇ Palmsonntag, Genesis 49, 1—26; Zacharias 3, 10—4, 14: 7, 8—8, 5; 8, 12. 16—19: 9, 9—12.

Bl. 42ᵇ Montag, 45ᵃ Dienstag nach Palmsonntag, aus Genesis und Josua.

Bl. 46ᵇ Leidensmittwoch ܕܐܪܒܥܫܒܐ ܕܚܫܐ aus Genesis und Josua.

Bl. 50ᵇ Gründonnerstag ܕܚܡܫܒܫܒܐ ܕܦܨܚܐ Exodus 12, 1—20; Zacharias 9, 9—12: 11, 4—5. 12. 13; 12, 9—14; 13, 7—9.

Bl. 53ᵃ Leidensfreitag, Jesaia und Daniel.

Bl. 55ᵃ Sonnabend vor Ostern, Genesis und Jona.

Bl. 57ᵃ Ostersonntag, Jesaia, Gebet der Hanna 1. Samuel 2, 1—10.

Bl. 58ᵇ Ostermontag, Jesaia, Apostelgeschichte 2, 14—36.

Bl. 61ᵃ Dienstag, 62ᵇ Mittwoch, 64ᵃ Donnerstag nach Ostern. Jesaia, Apostelgeschichte.

Bl. 65ᵇ Freitag nach Ostern, Gebet des Azarja (Gesang der drei Männer im feurigen Ofen V. 1—45; für den zweiten Text ist auf den Gedenktag des h. Stephanus verwiesen).

Bl. 67ᵃ Der Neue Sonntag, Jesaia und Apostelgeschichte.

Bl. 69ᵃ Gedenktag des Märtyrers Georg, Daniel; der zweite Text unter dem Stephanus-Tag verzeichnet.

Bl. 71ᵃ Dritter, 72ᵇ vierter, 74ᵃ fünfter, 76ᵃ sechster Sonntag nach Ostern, Jesaia und Apostelgeschichte.

Bl. 78ᵃ Himmelfahrt, 2. Könige 2, 1—15; der zweite Text verzeichnet unter dem Marientage.

Bl. 79ᵇ Sonntag vor Pfingsten, Jesaia, Apostelgeschichte.

Bl. 81ᵇ Pfingstsonntag, Exodus, Apostelgeschichte.

Bl. 84ᵃ Goldener Freitag; der erste Text verzeichnet unter dem Tage des Johannes des Täufers; Apostelgeschichte.

Bl. 87ᵃ Zweiter Apostelsonntag, Joel, Apostelgeschichte.

Bl. 88ᵃ Dritter, 90ᵃ vierter, 92ᵃ fünfter, 94ᵃ sechster, 96ᵃ siebenter Apostelsonntag, Deuteronomium, Jesaia.

Bl. 98ᵇ Freitag Ende der Apostelwoche, Jesaia, Apostelgeschichte.

Bl. 99ᵃ Sonntag Ende der Apostelwoche, 100ᵇ zweiter, 103ᵃ dritter, 104ᵇ vierter Sommersonntag, Deuteronomium, Jesaia.

Bl. 107ᵇ Fünfter, 109ᵇ sechster, 111ᵃ siebenter Sommersonntag, Leviticus, Jesaia.

Bl. 113ᵇ Erster, 115ᵇ zweiter, 116ᵇ dritter Eliassonntag, Deuteronomium, Jesaia.

Bl. 119ᵇ Kreuzesfest, Jesaia, Apostelgeschichte.

Bl. 120ᵃ Sonntag nach der Kreuzesauffindung, Deuteronomium, Jesaia.

Bl. 121ᵇ Zweiter, 123ᵇ dritter, 125ᵇ vierter Kreuzessonntag, 128ᵃ erster, 130ᵃ zweiter Mosessonntag, Deuteronomium, Jesaia.

Auf Bl. 131 folgt Bl. 31.

Bl. 132ᵇ Dritter, 133ᵇ vierter Mosessonntag, Deuteronomium, Jesaia.

Bl. 135ᵇ Erster Kirchweihsonntag, Exodus, Jesaia.

Bl. 137ᵃ Zweiter Kirchweihsonntag, Exodus, 1. Könige.

Bl. 140ᵃ Dritter Kirchweihsonntag, Numeri, Hezekiel.

Eine Lücke zwischen Bl. 141—142.

Die folgenden Blätter 142—147 enthalten Perikopen für besondere Zwecke und Personen (ob aus einem Officium de defunctis?):

Bl. 142ᵃ Ende einer Perikope Jesus Sirach 36, 5 ff., Jesaia.

Bl. 143ᵃ Für einen frommen Mann: ܐܝܟ ܕܐܡܪ ܠܓܒܪܐ ܗܘ ܕܐܝܬ ܠܗ ܕܘܒܪ̈ܐ ܫܦܝܪ̈ܐ Jesus Sirach.

Bl. 143ᵇ Für Diakone, Perikopen aus Daniel und Apostelgeschichte.

Bl. 144ᵇ Für Greise, Gebet des Hizkia, Jesaia 38, 10 ff.

Bl. 145ᵇ Für Greisinnen, Genesis, 1. Samuel.

Bl. 146ᵃ Für fromme Frauen, Weisheit Salomonis, Jesus Sirach.

Bl. 147ᵇ Für Jungfrauen, Richter 11, 30 (unvollständig).

Die Blätter 1—24 repraesentiren den Rest der ersten 9 Kurrâs. Einige Blätter 25. 141. 147 sind etwas beschädigt.

Auf Bl. 7ᵇ folgende Notiz am Rande von jüngerer Hand:

ܐܝܬܘܗܝ ܟܬܒܐ ܗܢܐ ܕܦܪܩܣܐ ܕܝܠܗ ܕܩܫܝܫܐ.
ܥܒܕܝܫܘܥ ܘܗܘܐ ܘܚܠܝܐ. ܟܕ ܡܚܝܐ ܙܢܓܝܫ
ܡܗܝܡܢܐ. ܒܣܗܕܘܬܐ ܕܩܫܝ̈ܫܐ ܕܘܝܕ. ܘܐܝܘܒ
ܘܝܗܒܡܪܝܐ. ܫܩܠܗ ܡܢ ܝܘܚܢܢ ܗܢܐ ܚܡܐ.
ܡܢ ܡܘܗܒܬܐ ܕܒܪܬܗ. ܘܡܘܗܒܬܐ ܕܒܪܬܗ ܐܝܬܘܗܝ.

Danach gehörte dies Perikopen-Buch einst dem Priester *'Abhdîšô'*, Sohn des *Zangiš*, nach dem Zeugniss der Priester David, Hiob und *Jabhmârjâ*; er hatte es erhalten von dem Johannes ܚܡܘܢܐ als Mitgift von dessen Tochter.

Kurze Notizen zur Aussprache auf Bl. 16ᵇ. 24ᵇ, wo im Text ܘܡܬܠܒܒ, dazu am Rande:

ܡܩܘܕܐ ܐܝܟ ܐ ܡܕܢܚ.

Eine zerstörte Notiz eines früheren Besitzers auf Bl. 116ᵇ unten.

Sorgfältig geschrieben, fast vollständig vocalisirt und punktirt (mit *Rukkâkhâ*, *Ḳuššâjâ*, *Mehagjânâ*), zum Theil auch interpungirt nach der älteren Art. Die Vocalisation ist die Nestorianische mit vielfachem Schwanken zwischen

ܼ und ܵ in geschlossener Silbe; das lange *i* in Mitte und Anfang des Wortes wird oft ܼ oder ܼ geschrieben, z. B. ܦܫܝܫܬܐ, ܒܝܘܕ, ܒܝܕ.

Datum nicht vorhanden; geschrieben etwa im 14. oder 15. Jahrhundert.

147 Blätter (27 × 17 cm), die Seite zu 18 Zeilen.

33.

(Ms. orient. fol. 354.)

Jakobitisch.

Evangeliarium, Syrisch und Arabisch, nach dem Ritus der Jakobiten, die vier Evangelien zertheilt in kleinere Abschnitte und geordnet in der Reihenfolge, in der sie an den Sonn-, Fest- und Heiligen-Tagen des Jahres beim Gottesdienst gelesen werden. Tit. auf Bl. 1[b]:

ܟܕ ܠܗܘܣܚܐ ܡܢ ܘܡܘܕܝܢܐ ܐܘ̄ܢ ܩܕܝܫ.
ܦܬܚܝܢ ܐܘܢܓܠܝܘܢ، ܡܫܒܚܐ ܘܩܕܝܫܐ
ܕܡܦܩܢ ܡܢ ܐܪܒܥܐ ܐܘܢܓܠܝܣܛܐ.

Der Text ist zum Theil derjenige der *Pešiṭtâ*, zum Theil die Version des Thomas von *Ḥarḳel* (letztere bezeichnet mit ܚܪܩܠܝܐ).

Zu jedem einzelnen Tage gehören immer drei Textstücke, eines für den Gottesdienst am Abend, das zweite für den Gottesdienst am Morgen, das dritte für die Messe (ܩܘܪܒܢܐ); zuweilen kommt dazu noch ein vierter Abschnitt für den Gottesdienst in der Nacht (vergl. die Beschreibung des Jakobitischen Lectionariums bei Zotenberg S. 16 ff.). Nach welchem Princip die Perikopen aus der *Pešiṭtâ* und der Charclensis gemischt sind, ist mir nicht ersichtlich; diejenigen aus der *Pešiṭtâ* überwiegen an Zahl, aber auch die aus der Charclensis sind sehr zahlreich. An den grössten Festtagen des Jahres scheinen nur die ersteren gebraucht zu werden.

Im Gegensatz zu den ܦܫ̈ܝܛܐ ܡܦܩ̈ܕܐ, d. i. denjenigen Perikopen, deren Text ein Abschnitt eines einzigen Evangeliums ist, werden diejenigen Perikopen, deren Text mosaikartig aus den Worten verschiedener Evangelien zusammengesetzt ist, ܡܚܒܫܐ genannt, z. B.:

Bl. 109[ab]. 111[b] Für den sechsten Fastensonntag.

Bl. 124[a]. 129[a] Für Montag in der Osterwoche.

Bl. 131[a] Für Dienstag.

Bl. 139[a]. 141[a]. 143[b]. 145[a]. 146[b] Für Gründonnerstag.

Bl. 147[a]. 149[a]. 150[b]. 152[b]. 155[a]. 157[a]. 159[b] Für Charfreitag.

Bl. 161[b] Für Sonnabend vor Ostern.

Verzeichniss der Tage.

Bl. 1[b] Erster Sonntag der Erneuerung der Kirche (ܩܘܕܫܬܐ ܕܥܕܬܐ).

Bl. 2[b] Zweiter Sonntag.

Bl. 3[b] Dritter Sonntag.

Bl. 5[b] Verkündigung an den Zacharias.

Bl. 8[b] Verkündigung der Maria.

Bl. 10[a] Besuch der Maria bei Elisabeth.

Bl. 11[a] Geburt Johannis.

Bl. 12[b] Offenbarung des Joseph.

Bl. 14[a] Weihnacht.

Bl. 17[b] Gedenktag der Maria.

Bl. 19[a] Kindermord.

Bl. 20[b] Gedenktag des Stephanus.

Bl. 22[b] Gedenktag des Basilius und Gregorius.

Bl. 26[a] Epiphania.

Bl. 31[a] Gedenktag zum Lobe Johannes des Täufers.

Bl. 33[a] Enthauptung Johannis.

Bl. 35[a] Erster, 38[a] zweiter, 39[a] dritter, 43[a] vierter, 45[b] fünfter, 47[b] sechster, 49[b] siebenter, 51[b] achter Sonntag nach Epiphania.

Bl. 54ᵇ Gedenktag des *Abbâ* Antonius.

Bl. 56ᵇ Eintritt Christi in den Tempel.

Bl. 59ᵃ Samstag, 60ᵃ Dienstag, 61ᵃ Mittwoch der Beschneidung.

Bl. 62ᵃ Freitag der Priester.

Bl. 64ᵃ Gedenktag des Severus.

Bl. 64ᵇ Freitag der Verstorbenen.

Bl. 66ᵇ Freitag der Fremden.

Bl. 68ᵃ Erster Sonntag zu Fastenanfang.

Bl. 70ᵃ Montag, 71ᵃ Dienstag, 72ᵇ Mittwoch, 74ᵃ Donnerstag, 75ᵇ Freitag der ersten Fastenwoche.

Bl. 76ᵃ Samstag, Gedenktag des Theodorus.

Bl. 78ᵇ Zweiter Sonntag im Fasten.

Bl. 79ᵃ ܠܠܝܐ ܕܚܕ ܫܒܬܗ ܕܦܪ̈ܕܘܣ

Bl. 81ᵇ Mittwoch, 82ᵇ Freitag, 83ᵇ Samstag der zweiten Fastenwoche.

Bl. 84ᵃ Dritter Sonntag im Fasten.

Bl. 85ᵃ ܕܠܠܝܐ ܕܚܕ ܒܫܒܗ ܕܡܨܪ̈ܘܝܐ

Bl. 85ᵇ Dritter Sonntag im Fasten.

Bl. 86ᵇ Mittwoch, 87ᵇ Freitag, 88ᵃ Samstag der dritten Fastenwoche.

Bl. 89ᵃ Vierter Sonntag im Fasten.

Bl. 90ᵃ ܕܠܠܝܐ ܕܚܕ ܗܦܝܟܬܐ

Bl. 92ᵃ Montag, 93ᵃ Dienstag, 94ᵃ Mittwoch, 96ᵃ Donnerstag, 97ᵃ Freitag, 98ᵃ Samstag der mittleren Fastenwoche.

Bl. 100ᵇ Fünfter Sonntag im Fasten.

Bl. 101ᵃ ܕܠܠܝܐ ܕܚܕ ܫܒܐ ܕܡܢ ܩܕܡ ܐܡܗ

Bl. 104ᵇ Mittwoch, 105ᵃ Freitag, 106ᵃ Samstag der fünften Fastenwoche.

Bl. 107ᵃ Gedenktag der 40 Märtyrer.

Bl. 108ᵃ Sechster Sonntag im Fasten.

Bl. 112ᵃ Mittwoch der sechsten Fastenwoche.

Bl. 113ᵃ ܕܫܘܠܡܐ ܕܐܪ̈ܒܥܝܢ

Bl. 116ᵃ Samstag der sechsten Fastenwoche.

Bl. 117ᵃ Palmsonntag.

Bl. 124ᵃ Passionswoche.

Bl. 162ᵇ Sonntag der Auferstehung.

Bl. 169ᵃ Montag der Woche in albis (ܕܬܪ̈ܝܢܒܫܒܐ ܕܚܘܕ̈ܬܐ) und die folgenden Tage.

Bl. 181ᵃ Gedenktag des *Mâr* Georgius.

Bl. 182ᵇ Der Neue Sonntag.

Bl. 184ᵇ Der zweite, 186ᵃ der dritte, 188ᵇ der vierte, 190ᵇ der fünfte Sonntag nach Auferstehung.

Bl. 193ᵃ Donnerstag der Himmelfahrt.

Bl. 196ᵃ Sonntag nach Himmelfahrt.

Bl. 198ᵇ Ähren-Fest (ܕܥܐܕܐ ܕܫܒ̈ܠܐ)

Bl. 200ᵇ Pfingsten.

Bl. 204ᵃ Sonntag nach Pfingsten.

Bl. 206ᵇ Zweiter, 209ᵃ dritter Sonntag nach Pfingsten.

Bl. 210ᵇ Mittwoch in der Woche der Apostel.

Bl. 212ᵃ Vierter, 214ᵇ fünfter, 217ᵃ sechster Sonntag nach Pfingsten.

Bl. 219ᵇ Freitag der Apostel.

Bl. 221ᵇ Gedenktag des Apostels Thomas.

Bl. 223ᵃ Erster, 225ᵃ zweiter, 228ᵃ dritter Sonntag nach dem Freitag der Apostel.

Bl. 230 Erscheinung Christi auf dem Berge Tabor.

Bl. 232ᵃ Vierter, 233ᵇ fünfter Sonntag nach dem Freitag der Apostel.

Bl. 236ᵃ Beerdigung der Mutter Gottes ܕܫܘܢܝܐ ܕܝܠܕܬ ܐܠܗܐ

Bl. 237ᵃ Sechster, 239ᵃ siebenter Sonntag nach dem Freitag der Apostel.

Bl. 241ᵃ Erster, 242ᵃ zweiter, 244ᵃ dritter, 245ᵇ vierter Sonntag in der Woche des Ananias (ܕܫܒܘܥܐ ܕܡܪܝ ܚܢܢܝܐ).

Bl. 247ᵇ Auffindung des Kreuzes.

Bl. 251ᵃ Anbetung des Kreuzes.

Bl. 253ᵃ Erster, 255ᵇ zweiter, 257ᵇ dritter Sonntag nach der Auffindung des Kreuzes.

Bl. 259ᵇ Gedenktag des Sergius und Bacchus.

Bl. 261ᵇ Vierter, 263ᵇ fünfter, 265ᵇ sechster, 267ᵇ siebenter Sonntag nach der Auffindung des Kreuzes.

Bl. 269ᵇ Gedenktag des Johannes im Kloster (ܕܘܟܪܢܐ (ܕܝܘܚܢܢ ܕܒܕܝܪܐ ܕܟܘܫܝܐ
Derselbe Name kommt vor Bl. 64ᵇ Col. 1 Zeile 3.

Bl. 272ᵃ Gedenktag der Märtyrer.
Gedenktag der Lehrer.

Bl. 272ᵇ Gedenktag der Heiligen und der Unglücklichen.
Einweihung der Bischöfe.
Einweihung der Priester.
Für die Tonsur der Mönche (ܕܣܘܦܪܬܐ
ܕܕܝܪ̈ܝܐ)
Für die Tonsur der Nonnen.
Für die Reinigen (ܥܠ ܐܢܬܐ ܕܡܛܡܐ)
Segnung der Ringe (ܕܒܘܪܟ ܥܙܩܬܐ)

Bl. 273ᵃ Beerdigung von Priestern und Erzpriestern.
Beerdigung von Diakonen.

Bl. 273ᵇ Beerdigung von Kindern.

Bl. 274ᵃ Beerdigung von Jünglingen, Männern, Frauen.

Unvollendet: Schluss und Nachschrift nicht vorhanden.

Für die Kenntniss der Perikopen und der Liturgie ist diese Hds. insofern von Interesse, als neben den im Text angeführten Bestimmungen der einzelnen Textstücke am Rande noch anderweitige Verwendungen derselben angegeben sind. Am Rande neben den Überschriften der einzelnen Textstücke steht der Buchstabe ܦ̄ mit verschiedenen Zahlen, z. B. ܦ̄ܛ ܦ̄ܒ ܦ̄ܝܚ. Diese Zahlen beziehen sich auf die Eintheilung der Evangelien in ܦܣܘ̈ܩܐ (Abschnitte), d. h. also Abschnitt 9, 2, 18 in dem angemerkten Evangelium.

Anfang der Karschuni-Version (Matthäus 16, 13):

ܘܠܡܐ ܐܬܐ ܝܣܘܥ ܐܠܝ ܢܘܐܚܝ ܩܝܣܪܝܗ ܦܝܠܝܦܘܣ
ܣܐܠ ܬܠܐܡܝܕܗ ܩܐܝܠܐ. ܡܐ ܝܩܘܠ
ܐܠܢܐܣ ܥܢܝ ܐܢܝ ܐܒܢ ܐܠܒܫܪ. ܦܩܐܠܘܐ

ܡܢܗܡ ܡܢ ܝܩܘܠ ܐܢܟ ܝܘܚܢܐ ܐܠܡܥܡܕܐܢ.
ܘܐܚܪܘܢ ܐܝܠܝܐ. ܘܐܚܪܘܢ ܐܪܡܝܐ. ܐܘ ܘܐܚܕ
ܡܢ ܐܠܐܢܒܝܐ. ܦܩܐܠ
ܠܗܡ

Die Hds. ist zusammengebunden — in der Hauptsache — aus zwei grösseren Bestandtheilen sehr verschiedenen Alters:

A. Jüngerer Theil Bl. 1—70. 79. 259—274. Hier ist die Arabische Version mit Syrischen Buchstaben geschrieben. Die Schrift ist vielleicht dem 17. oder 18. Jahrhundert anzuweisen.

B. Älterer Theil Bl. 73—78. 80—257. Hier ist das Arabische mit Arabischen Buchstaben geschrieben. Im Syrischen Text sind gelegentlich die Griechischen Vocalzeichen gesetzt; im Arabischen Text sind die diakritischen Punkte vollständig gegeben. Die Schrift scheint mir diejenige des 13. Jahrhunderts zu sein.

Der Sammler hat Lücken in diesem Theil mit Papier überklebt und ergänzt. Ausserdem hat er Bl. 71. 72 und Bl. 258 selbst hinzugefügt (das Arabische mit Syrischen Buchstaben), um *A* und *B* mit einander zu verbinden und ein Ganzes herzustellen. Seine Schrift ist modern.

Auf Bl. 16ᵇ unten von jüngerer Hand die Namen der drei Könige aus dem Morgenlande المجوس

Auf dem Rande von Bl. 177ᵃ zu ܐܒܘܬܢ im Text ΠΑΒΒΟΤΝΗ.

274 Blätter (32,5 × 25 cm), die Seite zu zwei Columnen; im älteren Theil (*B*) hat die Syrische Columne 28, im jüngeren Theil (*A*) 24 Zeilen.

Auf Bl. 1ᵃ die folgende Notiz:

»Gekauft vom Patriarchen zu Mossull
April 1838
v. Moltke.
Hauptm. im Gen.-Stab.«

[Ms. Orient. Fol. 354.]

34.

(Sachau 104.)

Nestorianisch, Syrisch und Arabisch.

Evangeliarium nach der *Pešiṭtā*: Abschnitte der Evangelien in Syrischer und Arabischer Sprache, geordnet nach den Sonn- und Festtagen des Jahres. Unvollständig zu Anfang und Ende.

Anfang Matthäus 10, 2:

فهى هذه الاسماء.
متقدمهم الذى يدعى
الصفاء واندراوس
اخيه. ويعقوب
بن زبدى

ܫܡܗ̈ܐ ܐܝܬܝܗܘܢ ܗܠܝܢ.
ܩܕܡܝܗܘܢ ܫܡܥܘܢ
ܕܡܬܩܪܐ ܟܐܦܐ.
ܘܐܢܕܪܐܘܣ ܐܚܘܗܝ.
ܘܝܥܩܘܒ ܒܪ ܙܒܕܝ

Die erste Perikopen-Überschrift auf Bl. 2[b]:

للاحد

الثالث بعد الدنح الانجيل
الطاهر لسيدنا ومخلصنا
ايشوع المسيح من بشارة يوحنا
الرسول يبشر ويقول.

ܕܚܕܒܫܒܐ

ܕܬܠܬܐ ܕܕܢܚܐ. ܕܒܗ ܗܘ
ܣܒܪܬܐ ܐܘܢܓܠܝܘܢ ܩܕܝܫܐ
ܕܡܪܢ ܝܫܘܥ ܡܫܝܚܐ
ܟܪܘܙܘܬܐ ܕܝܘܚܢܢ.

Folgt Evangelium Johannis 1, 29.

Verzeichniss der Tage:

Bl. 2[b] Dritter Sonntag nach Epiphania.

Bl. 4[a] Gedenktag des h. Stephanus.

Bl. 7[a] Vierter Sonntag nach Epiphania.

Bl. 9[b] Gedenktag der Griechischen Lehrer.

Bl. 12[b] Fünfter Sonntag nach Epiphania.

Bl. 15[b] Gedenktag der Syrischen Lehrer.

Bl. 18[a] Sechster Sonntag nach Epiphania.

Bl. 20[a] ܕܘܟܪܢܐ ܕܡܪܝ ܦܛܪܘܣ

Bl. 25[a] ܐܚܪܢܐ ܠܗ ܗܘ ܠܡܪܝ ܦܛܪܘܣ

Bl. 27[b] Siebenter Sonntag nach Epiphania.

Bl. 29[b] Gedenktag der Verstorbenen.

Bl. 30[b] ܐܚܪܢܐ ܕܡܝ̈ܬܐ

Bl. 32[b] Achter Sonntag nach Epiphania.

Bl. 34[b] Erster Sonntag im Fasten.

Bl. 37[a] Montag, 40[a] Dienstag, 41[b] Mittwoch, 44[a] Donnerstag, 46[b] Freitag in der ersten Fastenwoche.

Bl. 48[b] Zweiter Sonntag, 50[b] zweiter Freitag, 52[b] dritter Sonntag, 54[a] dritter Freitag, 56[b] vierter Sonntag im Fasten.

Bl. 59[b] Montag der mittleren Fastenwoche.

Bl. 62[a] Dienstag der mittleren Fastenwoche.

Bl. 65[b] Mittfasten.

Bl. 66[b] Donnerstag, 69[a] Freitag der mittleren Fastenwoche.

Bl. 72[a] Fünfter Sonntag, 74[b] fünfter Freitag, 78[a] sechster Sonntag im Fasten.

Bl. 81[b] Sechster Freitag im Fasten oder Auferstehung des Lazarus.

Bl. 86[a] Siebenter Sonntag im Fasten, d. i. Palmsonntag ܕܐܘܫܥܢ̈ܐ.

Bl. 90[a] Montag, 93[a] Dienstag, 97[b] Mittwoch der letzten Fastenwoche.

Bl. 104[a] Abend des Ostersonntags.

Bl. 104[b] ܕܐܪ̈ܙܐ ܕܥܐܕܐ ܕܩܝܡܬܐ

Bl. 107[a] Morgen des Ostersonntags.

Bl. 108[b] Abendmahl des Ostersonntags ترازين يوم احد القيامة

Bl. 111[b] Ostermontag.

Bl. 115[a] Dienstag, 115[b] Mittwoch, 117[b] Donnerstag und Freitag der Osterwoche.

Bl. 120[a] Neuer Sonntag.

Bl. 122[b] Dritter Sonntag nach Ostern.

Bl. 124b Gedenktag für Rabban Hormizd, *Giwargis* und andere Märtyrer, erster Sonntag des Moses.

Bl. 126b Vierter, 129a fünfter, 130b sechster Sonntag nach Ostern.

Bl. 134a Himmelfahrt.

Bl. 136a Sonntag nach Himmelfahrt.

Bl. 138a Abendmahl für Pfingsten.

Bl. 139b Zweiter Sonntag des Elias.

Bl. 140a Dritter Sonntag des Elias.

Bl. 142a ܕܚܕܒܫܒܐ ܕܫܘܠܡ ܫܒܘܥܐ ܕܫܠܝ̈ܚܐ

Bl. 143b Vierter Sonntag des Sommers
ܕܚܕܒܫܒܐ ܕܐܪ̈ܒܥܐ ܕܩܝܛܐ

Bl. 149a Goldener Freitag ܕܥܪ̄ܘܒܬܐ ܕܕܗܒܐ

Bl. 151a Dritter, 153b vierter, 157b fünfter, 158b sechster Sonntag der Apostel.

Letzte Worte Matthäus 5, 26:

ܕܠܐ ܬܦܘܩ ܡܢ ܬܡܢ ܥܕܡܐ ܕܬܬܠ ܫܡܘܢܐ ܐܚܪܝܐ.

Als eine Probe der Übersetzung diene Bl. 65b—66b Evangelium Johannis 7, 1—13:

ومن بعد ذلك. كان السيّد المخلّص يسير في الجليل. ولم يكن يحبّ ان يتردد في ايهوذ. لان اليهود كانوا يتطلبون قتاله. وكان قد قرب عيد المظال لليهود. فقال اخوة السيّد المخلّص له. انتقل من هنا وامض الى يهوذ. ليبصر تلاميذك الافعال التى تفعل. ليس انسان يفعل شيا في الخفاء. وهو يوثر ان يكون في الظاهر. ان كنت تفعل ما تقوله. فاظهر نفسك للعالم. اى اعدل عن الجليل ونصره واصعد الى اورشلم التى هى القطب. ارادوا اولاد يوسف ان يحرضوا المخلّص عن فعل المعجز ليفتخروا به بين اليهود. ولا اخوة السيّد المخلّص آمنوا (Bl. 66a) به لان اعتقادهم فيه كان ضعيفا. قال لهم السيّد المخلّص. وقتى الى الان لم يبلغ. اى لم يبلغ وقت اذاعة سرّى وتعريف الناس من انا لانّ لذلك وقت مخصوص لحل التدبير فعند ذاك اظهر نفسى واتمجّد بالصلب. فامّا وقتكم انتم فهو في كل آن معد اى انتم يتهيّا لكم الصعود الى اورشلم في كل وقت لانه لا شيء يعوقكم. لا يمكن العالم ان يبغضكم. فامّا لى فيبغض. لانكّم انتم لا تعنّفوا بنى الاشرار. لانّى اشهد عليه. بان افعاله رديّة. انتم اصعدوا الى هذا العيد. وانا لست اصعد الان الى هذا العيد. اى لست اصعد معكم ظاهرا. لانّ وقتى لم يكمل الان. اى وقت الصلب. هذا قاله وتاخر عنهم في الجليل. فلمّا صعد اخوته الى العيد. صعد هو ايضا من بعد. لا ظاهرا (Bl. 66b) بل في سرّ وخفاء. لان صعوده ظاهرا كان يحدث شغبا في الشعب لان منهم من يريده وهو مشتاق الى رؤية المعجز ومنهم من هو حاقد عليه فامتنع من التظاهر لان ساعته لم تبلغ فما كان يحصل لهم من تظاهره فايده وامّا السيد المخلّص فراه فايدة الناس فتاخر فازداد شوق محبّيه وسكن غضب باغضيه. فامّا اليهود فتطلبوه في العيد. وهذا قولهم اين هو ذاك يدل على غضبهم وبغضهم وقساوة قلوبهم. وجرت دمدمة كثيرة من اجله في الشعب. فطايفة قلت انه صالح خير. وآخرون قلوا لا. لكنّه يضلّ الشعب ولم يكن انسانا يتكلّم عليه ظاهرا. لاجل الخوف من اليهود.

Wie diese Probe zeigt, ist der Arabische Text mehr als eine blosse Übersetzung des Syrischen: er ist erweitert durch viele kurze Glossen wie durch längere homiletische und exegetische Excurse, die in den Text eingefügt sind. Die Abendmahl-Stelle Matthäus 26, 28 wird in folgender Weise erläutert Bl. 102b:

ܠܫܘܒܩܢܐ ܕܚܛܗ̈ܐ.

لغفران الخطايا. اى عن جميع الناس. يفيد المفسرون لاعطاء السيّد المخلّص جسده ودمه بالخبز والخمر الذين بتلاوة الكلام الالهى عليهما نؤمن انهما جسده ودمه عدّة اسباب الاوّل ليذكر المؤمنين (Bl. 103a) تالّمه وموته من اجلهم فيذكروه بهذا سرّه دايما نقول.

والثانى ليعوضهم عن دماء الحيوانات ولحومها التى كانت تقرب فى السنة العتيقة بجسده ودمه الذين يقترن باخذهما بامانة غفران الخطايا كضمانه. والثالث ليعلمنا محبته لنا باسلامه نفسه للموت فدية عنا كى يقوم ويحقق لنا القيامة نحن الذين كنا عادمين رجاء البعث نموت لخطايانا كالحيوانات فقهر السيد المخلص الخطية والموت ببره وارانا بناسوته طبيعتنا علت عن الالام وعلمنا كيف السبيل الى ذلك ثم بذل جسده للموت الطبيعى بيد الاشرار باختيارة بارادته ليثبت عند البشر بتهوينه ذلك مع قدرته على دفعه عنه ان القيامة حق ثم بظهوره لهم بعد قيامته تثبت القيامة عند المومنين. والرابع ليما اذا اكلنا جسده وشربنا دمه واختلط جسمه باجسامنا ودمه بدمائنا تطيرنا واستنرنا به وقويت عقولنا على مقاومة الشهوات وصرنا كالاعضاء له وهو كالراس.

Vergl. ferner die Bemerkungen zum Vaterunser Bl. 42ᵇ. 43ᵃ.

Die Abkürzung ܕܥܘ in der Überschrift bedeutet ܕܥܘܢܝܬܐ und ist ein Hinweis auf den an demselben Tage zu singenden Hymnus; es folgen darauf die Anfangsworte desselben.

Die Vocalisation des Syrischen Textes und Punctation mit *Rukkâkhâ* und *Ḳuššâjâ* ist reichlich. Die Vocalisation zeigt die Eigenthümlichkeiten der Nestorianischen Überlieferung, besonders ein starkes Schwanken zwischen lang *â* und kurz *ă*, vergl. Schreibungen wie ܫܡ für ܫܡ, ܡܪܢ für ܡܪܢ, ܡܫܝܚܐ für ܡܫܝܚܐ, ܒܪܘܚܗ für ܒܪܘܚܗ, ܡܠܟܘܬܐ für ܡܠܟܘܬܐ, ܢܦܫܐ für ܢܦܫܐ, ܥܒܕܐ (Bl. 56ᵃ) für ܥܒܕܐ. Beachtenswerth auch ܠܥܕܬܗ (Bl. 55ᵃ) für ܠܥܕܬܗ.

Der Arabische Text ist sorgfältig vocalisirt und punktirt nach der Weise der älteren Handschriften mit den drei Punkten unter dem س, mit einem ع unter dem ع, mit einem Haken über dem ر u. s. w. Auf den ersten Blättern sind die unteren Theile etwas beschädigt. Im Übrigen gut erhalten. Die Hds. kann etwa im 14. Jahrhundert geschrieben sein.

158 Blätter (24 × 15 cm), die Seite zu zwei Columnen.

35.

(Sachau 353.)

Nestorianisch.

Theil eines Evangeliariums für die Sonn- und Festtage des Jahres nach dem Ritus von Mosul. Anfangsworte:

ܐܠܘ ܒܢܘܗܝ ܗܘܝܬܘܢ ܕܐܒܪܗܡ. ܥܒܕܘܗܝ ܕܐܒܪܗܡ ܥܒܕܝܢ ܗܘܝܬܘܢ.

Evangelium Johannis 8, 39.

Bl. 1ᵃ⁺ᵇ Evangelium Johannis 8, 39—8, 52.

Bl. 2ᵃ Schluss der Perikope für den Montag der letzten Fastenwoche. Johannis 12, 6—12, 11.

Bl. 2ᵃ Dienstag, 3ᵇ Mittwoch der letzten Fastenwoche.

Bl. 7ᵃ Charfreitag: ܥܪܘܒܬܐ ܕܐܫܬܐ ܕܚܕܒܫܒܐ ܕܦܨܚܐ.

Bl. 14ᵇ Für den Abend, 15ᵃ für die Nacht, 16ᵇ für den Morgen, 17ᵇ für das Abendmahl ܕܒ̈ܪܝܐ des Ostersonntags.

Bl. 19ᵃ Ostermontag.

Bl. 20ᵃ Dienstag, 22ᵃ Mittwoch, 23ᵇ Donnerstag nach Ostern.

Bl. 24ᵃ Freitag der Bekenner: ܥܪܘܒܬܐ ܕܡܘܕܝܢܐ

Bl. 25ᵇ Zweiter Sonntag nach Ostern oder Neuer Sonntag.

Bl. 26b Gedenktag des *Mâr Giwargis* ܕܡܪܝ ܓܝܘܪܓܝܣ ܕܡܬܥܒܕ ܒܥܣܪܝܢ ܘܐܪܒܥܐ ܒܢܝܣܢ.

Bl. 28a Dritter Sonntag nach Ostern.

Bl. 29a Gedenktag des Rabban Hormizd.

Bl. 29a Vierter, 30b fünfter, 32a sechster Sonntag nach Ostern.

Bl. 34a Himmelfahrt.

Bl. 35b Sonntag nach Himmelfahrt.

Bl. 37a Pfingsten.

Bl. 38b Für denselben Tag: ܩܕܡܝܐ ܕܦܢܛܩܘܣܛܐ

Bl. 41a Goldener Freitag.

Bl. 42b Zweiter, 44b dritter, 46a vierter, 48a fünfter, 49b sechster, 51a siebenter Sonntag der Apostel.

Bl. 52b Freitag des Endes der Apostelwoche: ܕܥܪܘܒܬܐ ܕܫܘܠܡ ܫܒܘܥܐ ܕܫܠܝ̈ܚܐ.

Bl. 53b Sonntag des Endes der Apostelwoche, genannt ܢܘܣܩܦܪܝܢ

Bl. 55a—57a Schluss einer Perikope für den Anfang der Sommerwoche ܫܒܘܥܐ ܕܩܝܛܐ

Bl. 57a Zweiter Freitag des Sommers, Gedenktag des *Mâr Mârî*.

Bl. 57a Gedenktag des h. Cyriacus am 15. *Tammûz*.

Bl. 58b Dritter, 61b vierter, 63a fünfter Sonntag des Sommers.

Bl. 65a Schluss der Perikope für den ersten Kreuzes-Sonntag.

Bl. 65a Zweiter Kreuzes-Sonntag und fünfter Sonntag des h. Elias, 66a dritter Kreuzes-Sonntag und sechster Sonntag des h. Elias.

Bl. 67ab Fragment aus den ܩܪ̈ܝܢܐ ܕܒܥܘܬܐ für einen Dienstag, Lucas 18, 1—14.

Bl. 67b Perikope für den Mittwoch des Gebets: ܕܐܪܒܥܒܫܒܐ ܕܒܥܘܬܐ. ܩܪܝ ܗܘ ܕܒܫܒܐ ܕܐܪܒܥܒܫܒܐ ܩܕܡܝܐ ܕܨܘܡܐ.

Die Hds. besteht aus Theilen der Kurrâs 7—16 und eines weiteren Kurrâs. Der Zusammenhang ist unterbrochen zwischen Bl. 1—2, 39—40, 46—47, 54—55, 64—65, 66—67, 67—68.

Nachschrift auf Bl. 68a:

ܫܠܡ ܒܥܘܕܪܢ ܡܪܢ ܟܬܒܐ ܕܦܘܪܫ ܩܪ̈ܝܢܐ
ܕܐܘܢܓܠܝܘܢ ܡܩܕܫܐ ܕܥܘܕܪܐ ܕܟܠܗ̇ ܫܢܬܐ
ܐܝܟ ܥܝܕܐ ܕܡܕܢܚܝܐ ܘܐܬܪܘܬܐ ܫܘ ܐܡܝܢ.
ܫܠܡ ܕܝܢ ܗܟܢ ܘܗܘܦܐ ܕܫܘܡܠܝܐ ܒܗܕܐ
ܗܘܐ ܕܡܠܐ ܫܢ̈ܐ ܒܪܝܐ ܣܘܓܝ ܕܫܢܬ ܐܠܦ
ܘܬܡܢܝܐ ܡܐܐ ܘܫܬܝܢ ܘܬܡܢܐ ܕܝܘ̈ܢܝܐ
ܘܒܝ̈ܘܡܬܐ ܫܒܥܐ ܗܫܒܥܝܢܐ ܘܫܒܥܝܢ ܘܫܒܥܐ[1]
ܘܡܪܝ ܐܒܗܬ ܕܝܢ ܒܡܕܝܢܬܐ ܒܪܝܟܬܐ ܘܡܪܝ
ܐܘܪܗܐ ܩܕܝܫܬܐ ܡܢܡܪ ܠܗ̇ ܡܪܝ ܐܡܝܢ.
ܒܝܘܡ ܐܒܐ ܕܐܝ̈ܬܘܗܝ ܘܪܒ ܡܠܟܐ ܘܪ̈ܒܘܬܐ.
ܦܪܘܫ ܒܡܘܡܪܐ. ܘܡܫܡܠܝ ܒܟܪ̈ܐ. ܡܪܝ ܐܠܗܐ
ܢܫܘܠܡ ܦܐܪ̈ܝܘܗ̇ ܕܡܕܝܢܬܐ ܘܡܪܝ
ܘܒܢ̈ܘܗ̇ ܪܒܐ ܒܪܝܐ ܘܡܪܝ ܡܪܝ ܢܗܘܐ
ܐܦܝܣܩܘܦܐ ܡܝܬܪܐ ܘܡܪܝ ܒܪܬ ܕܝܢ ܐܘܟܠ
ܢܟܠ ܘܢܛܪ ܠܟܪ̈ܝܗܐ ܕܝܢ ܗܠܝܢ
ܡܫܡܫܢܐ ܡܫܝܚܐ ܘܒܗܘܢܐ ܫܒܝܚܐ ܘܡܪܝ ܡܫܡܫܢܐ
ܒܪܝܟ ܐܠܗܐ ܡܫܝܚܐ ܒܪ ܡܫܝܚܐ ܡܫܝܚܐ ܢܛܪܗ.
ܘܒܪ ܐܠܗܐ ܫܘ ܢܛܪܘܬܗ ܘܒܪܟܗ ܘܢܩܕܫ
ܠܢܦܫܗ ܘܐܠܗ ܐܠܐ ܫܡܥ̈ܢ ܠܒܪܘܬܗ.
ܚܝܐ ܒܝܕ ܕܝܢܗ ܠܥܒܕܐ ܘܡܫܪܝܐ ܘܚܝܘܗܝ
ܕܝܢ ܘܡܠܐܟܐ ܘܡܫܡܫܐ ܘܡܝܬܪܗ ܡܢ ܒܝܬܐ
ܕܒܩ̈ܝܬܐ ܗܘܐ ܒܠܫܢܐ ܠܐܝܕܐ ܕܝܢܐ ܘܠܟܘܬܪ̈ܐ
ܪ̈ܒܝ ܡܢ ܟܠ ܘܟܐ ܘܫܘܡܠܝܐ. ܒܝ ܕܝܢ
ܒܥܒܕ ܦܠܚܗ ܕܫܢܬܐ ܗܢܐ ܠܐ ܒܫܐ.
ܡܛܠ ܒܠܘܗܝ ܡܢܐ ܗܘ ܕܒܟܠ ܟܠ ܒܢ̈ܝ
ܐܕܡ ܦܫܘܛ ܘܟܠ ܟܠܗܘܢ ܒܫ̈ܪܐ
ܢܠܘܦ ܘܢܕܝܥ ܘܢܪܗܘܢ ܡܢ ܗܠܝܢ ܚܢ̈ܐ
ܒܒܘܪ̈ܐ. ܘܗܘܝܢ ܒܐܢܫܐ ܕܟܬܒܐ ܘܒܕܝܘܬܐ
ܕܪܘܚܐ ܘܬܘܢܝܐ ܕܝܩܝܐ ܘܡܬܪܢܝܬܐ ܕܢܦ̈ܫܐ
ܘܢܫܘܬܦ ܥܡܟܐ ܘܠܝܚܘܬ ܢܘܡܒܐ ܒܝܬܐ.

[1] Müsste sein A. H. 968.

ܒܝ ܫܘܠܡܗ ܐܝܘܗܝ ܒܝ ܗܘ ܫܢܬܐ ܘܡܬܬܚܝܣ
ܠܣܪ ܘܡܬܕܡܪ ܘܡܫ̈ܒܚܐ ܐܝܟ ܡܬܩ̈ܢܝܐ
ܘܗܕ̈ܘܬܐ ܡܕ̈ܪܬܐ ܘܡܫܬܡܫ ܒܝ ܦܘܡܗ ܠܐ
ܥܠܠ ܗܘܐ ܡܢ ܐܢܫ̈ܬܐ ܘܫܪ̄ ܒܪܗ ܫܢܬ ܐܢܐ
ܘܡܬܬܘܚܬܐ ܐܢܐ ܘܡܬܚܝܡ ܐܢܐ ܐܢܐ ܡܚܬܝܐ
ܘܡܥܒܕܐ ܘܡܘܦܪܐ ܕܟܠܢܫ ܠܟܠ ܡܪ̈ܘܬܗ
ܦܟܚܐ ܒܚܬܒܐ ܗܢܐ ܠܝ ܐܝܟ ܕܠܡܫܒܪܐ ܐܘ
ܐܝܟ ܕܠܡܦܝܣܘ. ܕܠܝ ܡܫܡܫܝܢ ܒܗ ܒܡܝܕܐ ܐܘ
ܦܘܕܐ ܘܫܒܘܩܐ ܢܗܘܘܢ ܒܣܘܦܐ ܕܠܐ ܪܫܢܐ
ܘܫܪ̄

Danach ist diese Hds. vollendet A. Gr. 1872 im *Ḥezîrân* = Juni 1561 n. Chr. Geb., geschrieben in *Ǵezire*. Die erste Hälfte ist geschrieben von dem Diaconus *'Abd-El'aḥad*, Sohn des sel. *'Abdô*, und nach seinem Tode die zweite Hälfte von seinem Bruder. Geschehen zur Zeit des Patriarchen Elias I. und des Metropolitan-Bischofs Joseph.

In dem, was vorhanden ist, dürfte Bl. 1—66 von dem ersten, Bl. 67. 68 von dem zweiten Schreiber herrühren. Der Text ist vielfach vocalisirt und mit *Rukkâkhâ* und *Ḳuššâjâ* versehen. Die Vocalisation zeigt die bei Nestorianischen Schreibern üblichen Schwankungen in der Schreibung des langen und kurzen *a*-Vocals.

68 Blätter (31,5 × 21 cm), die Seite zu zwei Columnen, die Columne zu 17 Zeilen.

36.

(Sachau 316.)

Nestorianisch.

Theil eines Evangeliariums, einige Perikopen, die zur Ergänzung eines defect gewordenen Exemplars geschrieben sind.

Titel:

ܒܚܝܠܗ ܕܡܪܢ ܝܫܘܥ ܡܫܝܚܐ ܡܫܪܝܢ
ܚܢܢ ܠܡܟܬܒܘ ܐܘ ܒܗ ܠܡܟܬܒ ܡܢܝܢ
ܕܢܦܩܝܢ ܡܢ ܗܕ̈ܝܪ ܡܩܕ̈ܫܐ ܕܐܘܢܓܠܝܘܢ
ܗܠܝܢܐ ܕܟܠܗ̇ ܫܢܬܐ.

Bl. 1ᵇ Erster Advent-Sonntag ܣܘܒܪܐ
ܕܫܒ̈ܬܐ ܩܕܡܝܐ ܕܩܘܒܠܐ. ܕܒܘܣܪܬܗ
ܐܠܗܐ ܡܠܬܐ. ܐܘܢܓܠܝܘܢ ܕܡܪܢ ܝܫܘܥ
ܡܫܝܚܐ ܟܪܘܙܘܬܐ ܕܠܘܩܐ.

Lucas I, 1.

Bl. 2ᵃ Zweiter Advent-Sonntag ܕܒܘܣܪܬܗ
ܐܬܪܐ ܫܒܐ

Bl. 3ᵃ Dritter Advent-Sonntag ܕܒܘܣܪܬܗ
ܗܘ ܕܠܐ ܡܬܕܪܟ

Bl. 3ᵇ Vierter Advent-Sonntag ܕܒܘܣܪܬܗ
ܝܘܣܦ ܕܗܘܐ ܐܒܐ

Bl. 4ᵃ Weihnacht ܥܐܕܐ ܕܒܪܝܬܐ ܕܡܘܠܕܗ
ܕܡܪܢ ܕܒܒܣܪ

Bl. 4ᵇ Erster Sonntag nach Weihnacht
ܕܒܘܣܪܬܗ ܡܕܡܟܠ (d. i. ܡܕܡ ܟܠ) ܒܡ
ܒܪܘܡܘܬܐ

Bl. 5ᵇ Zweiter Sonntag nach Weihnacht
ܕܒܘܣܪܬܗ ܒܕܡܘܬ ܫܒܝܠܗ ܕܐܒܘܗ

Bl. 6ᵇ Gedenktag des Sommers ܠܕܘܟܪܢܐ
ܕܩܝܛܐ

Die erste Hand schliesst ab mit der rechten Columne auf Bl. 7ᵇ. Von einer zweiten Hand ist geschrieben Bl. 7ᵇ Col. 2, Bl. 8ᵃ und eine Notiz auf dem Rande von Bl. 6ᵇ.

Bl. 7ᵇ Col. 2 Gedenktag der Mart Marjam im *Ijâr* (Mai).

Nachschrift auf Bl. 8ᵃ.

Der zweite Schreiber war ein Archidiaconus *Mâri Bar Mešîḥâjâ* nach einer Notiz auf Bl. 7ᵇ:

ܕܡܫܡܫܢ ܠܟܗܢܐ ܒܫܡܐ ܘܐܪܟܕܝܩܘܢ
ܫܦܝܪܐ ܘܡܟܢܝܐ ܡܪܝ ܒܪ ܡܫܝܚܝܐ ܚܛ
ܝܐ ܕܟܝܐ.

Die Hds. gehörte dem Kloster des h. Johannes Aegyptius, des leiblichen Bruders des h. *Aḥâ*, in der Nähe der Stadt Fenek (am Tigris), im Gebiet von *Ǵezîre*. S. Nachschrift auf Bl. 8ᵃ:

ܐܝܬܘܗܝ ܟܬܒܐ ܗܢܐ ܕܐܘܢܓܠܝܘܢ ܩܕܝܫܐ
ܕܥܘܡܪܐ ܩܕܝܫܐ ܕܡܪܝ ܝܘܚܢܢ ܐܓܝܦܛܝܐ
ܐܚܘܗܝ ܟܝܢܝܐ ܕܡܪܝ ܐܚܐ ܦܓܪܢܝܐ. ܕܒܩܪܒܘܬ
ܡܕܝܢܬܐ ܕܦܝܢܟ ܕܒܬܚܘܡ ܓܙܪܬܐ ܘܬܚܝܬ
ܡܫܡܥܬܐ ܠܗ ܡܪܝ. ܘܢܛܪ ܠܫܡܥܘܢܗ ܡܢ
ܟܠ ܒܝܫܢ ܘܟܠ ܡܪ̈ܥܘܗܝ. ܬܚܠܘܦܘܗܝ
ܕܗܠܝܢ ܡܥܕܪ̈ܢܐ ܒܗܘ̈ܢܐ. ܘܡܒܠܝܢܘܗܝ
ܦܘܪܩܢܗܘܢ ܘܡܥ̈ܒܕܢܘܗܝ ܕܡܪܝ ܐܡܝܢ ܘܐܡܝܢ.

Der erste Schreiber hat das meiste vocalisirt und punktirt. Beide Schreiber dürften ziemlich derselben Zeit angehören, etwa dem 16. oder 17. Jahrhundert.

8 Blätter (41 × 26,5 cm). Die Seite zu zwei Columnen, die Columne zu 35 Zeilen.

37.

(Petermann 22.)

Nestorianisch.

Evangeliarium, d. h. die Perikopen aus den vier Evangelien für die Sonn- und Festtage und für viele Heiligen-Tage des ganzen Jahres (ܟܬܒܐ ܕܡܘ̈ܢܝܐ ܡܦܩ̈ܢܐ). Titel:

ܒܚܝܠܗ ܕܡܪܢ ܝܫܘܥ ܡܫܝܚܐ ܡܫܪܝܢܢ
ܠܡܟܬܒ ܐܘܢܓܠܝܘܢ ܩܕܝܫܐ.

Bl. 1ᵇ Erster Sonntag der Adventszeit und die folgenden.

Bl. 10ᵃ Weihnacht.

Bl. 12ᵇ Erster Sonntag nach Weihnacht und die folgenden.

Bl. 23ᵃ Epiphania und die folgenden Sonn- und Gedenktage.

Bl. 65ᵃ Sonntag vor Fastenanfang ܕܚܕܒܫܒܐ ܕܡܥ̈ܠܝ ܨܘܡܐ ܪܒܐ

Bl. 66ᵇ Montag Fastenanfang; folgen die Sonn- und Freitage der Fastenzeit (zum Theil auch die übrigen Wochentage).

Bl. 111ᵇ Palmsonntag.

Bl. 114ᵇ Montag bis Donnerstag.

Bl. 125ᵃ Nacht, 130ᵇ Abend des Leidens-Freitags.

Bl. 139ᵃ Der Grosse Samstag.

Bl. 142ᵃ Nacht des Sonntags der Auferstehung.

Bl. 143ᵇ Sonntag der Auferstehung.

Bl. 145ᵇ Montag und die folgenden Tage der Woche nach Ostern.

Bl. 153ᵇ Der Neue Sonntag und die folgenden.

Bl. 165ᵇ Himmelfahrt.

Bl. 169ᵇ Pfingstsonntag.

Bl. 178ᵃ Die 8 Sonntage der Apostel.

Bl. 196ᵇ Sonntag *Nûsardêl*, die 7 Sommerwochen.

Bl. 215ᵃ Die 3 Elias-Wochen.

Bl. 221[b] Kreuzes-Fest und die 3 folgenden Sonntage.

Bl. 235[b] Die 2 Moses-Sonntage.

Bl. 238[a]—245[a] Die 4 Sonntage der Kirchweih.

Unterschrift Bl. 245[a]:

ܫܠܡܘ ܗܕ̈ܝܢܐ ܡܦܩ̈ܕܢܐ ܕܦܠܓܗ ܫܢܬܐ
ܕܡܫ̈ܒܚܬܐ ܐܝܟ ܕܓ̈ܢܝܐ ܘܕܘܟ̈ܪܢܐ.
ܘܠܐܠܗܐ ܫܘܒܚܐ. ܘܠܟܬܘܒܐ ܚܘܣܝܐ
ܪ̈ܚܡܐ ܘܚܝܐ ܐܡܝܢ.

Bl. 245[b] Angabe der Perikopen für das Ninivitische Fasten und für die Verstorbenen.

Geschrieben ist die Hds. zu Bethlehem von dem Nestorianischen Priester Joseph, Sohn des Diaconus *Giwô* (= *Giwargis*?), aus dem Ort *Aradin* ܐܪ̈ܕܢ im Gebiet von Amedia ܥܡܐܕܝܐ: vollendet am Mittwoch, den 25. Februar A. Graec. 2035 (1724 n. Chr.). Die Jahreszahl kann vielleicht auch als 2075 (1764 n. Chr.) gelesen werden. Die Copie ist gemacht für Thomas, Sohn des *Dušô* aus *Alkôš*, wohnhaft ܒܐܬܪܐ ܕܦܠܣܛܝܢܐ d. i. in Palaestina.

Unterschrift Bl. 246[a]:

ܐܫܬܟܚ ܟܬܒܐ ܗܢܐ ܡܠܐ ܚܝ̈ܐ ܒܡܕܝܢܬܐ
ܒܪܝܟܬܐ ܘܡܒܪܟܬܐ ܒܝܬܠܚܡ ܕܐܬܒܪܝܗ ܒܗ
ܠܝܕ ܡܟܢܫܬܐ ܕܐܝܠܝܢ ܒܗ ܡܪܝ ܫܘܒ
ܡܫܝܚܐ ܦܪܩ ܥܠ ܝܕܐ ܠܡܣܟܢܐ ܩܫܝܫܐ
ܘܠܡܫܡܫܢܐ ܓܝܘܪ ܡܢ ܥܠܡܗܘܢ
ܠܓܪܐ ܘܒܪ ܟܬܒܗ ܕܝܢ ܠܡܟܬܒ ܗܢܐ ܡܠܐ
ܚܝ̈ܐ ܕܐܘܫܠܡܘܗܝ ܐܝܟ ܡܣܟܢܐ ܘܚܛܝܐ
ܘܕܠܐ ܕܡܬܟܬܒ ܡܢ ܥܠܡܗܘܢ ܒܚ̈ܝܐ.
ܘܫܢܐ ܗܘܐ. ܕܠܐ ܝܘܐ ܠܝܫܐ ܘܠܐ ܠܒܘܫܐ
ܡܢܝܢ ܗܘܢܘܬ ܒܒܕܘܗܝ. ܘܐܦ ܟܬܒ
ܐܢܐ ܠܡܟܬܒ ܫܡܗ ܡܪܐ ܘܫܡܥܝܢ ܘܦܬ ܐܬܘܗܝ.
ܗܘܘ ܕܝܢ ܚܘܫܒ (10 + 6 + 60 + 80 ∴ 156)
ܕܒܫܡ ܩܫܝܫܐ ܒܪ ܡܫܡܫܢܐ ܠܝܘܦ ܘܫܪ
ܕܐܬܩܪܝ ܡܢ ܩܪܝܬܐ ܒܪܝܬܐ ܘܡܒܪܟܬܐ
ܐܪ̈ܕܢ ܕܒܐܬܪܐ ܕܥܡܐܕܝܐ ܡܫܝܚܐ ܡܫܡܪܐ
ܠܗ ܘܫܪ ܐܫܬܡܠܝ ܒܝܘܡ ܐܪܒܥ ܒܫܒܐ
ܒܗܘܢ ܘܫܡܥܐ ܒܫܒܛ ܫܢܬ ܬܪܬܝܢ ܒܠܗ
ܠܝܘ̈ܢܝܐ ܒܝ̈ܕܝܐ ܐܡܝܢ. ܐܬܟܬܒ ܠܡܟܬܒ
ܗܢܐ ܘܫܪ ܬܫܠܡ ܒܝܕ ܡܣܟܢܐ ܕܩܫܝܫܐ ܝܘܣܦ ܕܒܪ
ܡܫܡܫܢܐ ܓܝܘܪ. ܡܫܡܫܢܐ ܬܐܘܡܐ
ܒܐܬܪܐ ܕܦܠܣܛܝܢܐ. ܐܬܟܬܒ ܡܛܠ ܕܢܩܪܐ
ܒܗ ܘܢܬܐܪ ܡܢܗ ܘܫܪ

Der Text ist vollständig vocalisirt und punktirt, die Schrift etwas unbeholfen. Die Vocalisation steht in manchen Stücken unter dem Einfluss der Volkssprache, z. B. in Schreibungen wie ܦܲܬܘܿܗ für ܦܬܘܿܗ, ܡܪܲܬܐ für ܡܪܬܐ.

248 Blätter (12,70 × 10 cm), die Seite zu 13 Zeilen.

II. LITURGISCHES Nr. 38—55.

Messen Nr. 38—42. — Gesänge, Gebete Nr. 43—46. — Rituale Nr. 47—55.

38.

(Sachau 167.)

Eine Sammlung von Gebeten und liturgischen Texten, inhaltsverwandt mit Nr. 40 (Sachau 64); unvollständig zu Anfang und zu Ende:

Gebetsammlungen vom Bischof Elias von Nisibis, *Abû-Ḥalîm* (Patriarch als Elias III. von 1176—1190):

die Messe der Apostel:

liturgische Texte für verschiedene Gelegenheiten, z. B. für die Weihung von Geistlichen:

Fragmente (Gebete und Schlussgebete ܚܘܬܡܐ).

Inhalt:

1. Bl. 1—34ᵃ Theil einer Gebetsammlung ohne Titel und Anfang, vermuthlich identisch mit den ܨܠܘܬܐ ܕܟܬܒܐ ܕܡܫܡܫܢܘܬܐ von dem Catholicus Elias III. *Abû-Ḥalîm* (s. Assemani III, 291): sie sind geordnet nach ihrer Bestimmung, nach den Tagen des Kirchenjahres, für deren Gottesdienst sie bestimmt sind. Vergl. Badger, Nestorians and their rituals II, 23.

Kurze Gebete, meist eingeleitet durch ܐܠܗܐ Bl. 1—5ᵃ. Die Blätter 1, 2 und 3ᵃ sehr beschädigt, die Angaben der Kirchentage und Feste meist nicht mehr ganz erhalten. Probe Bl. 4ᵇ:

ܗܪܟܠ ܚܣܝܐ ܐܠܗܐ. ܫܡܥ ܘܩܒܠ ܒܥܘܬܢ ܘܫܘܒܚܢ.
ܘܫܡܥ ܘܩܒܠ ܨܠܘܬܢ. ܘܥܒܕ ܪܚܡܐ ܕܟܠ ܚܛܗܝܢ
ܠܟ. ܠܥܠܡܝܢ. ܫܘܒܚܐ ܕܫܡܝܐ ܡܪܐ ܕܟܠ.

Schlussgebete Bl. 5ᵃ ܚܬܡ ܚܘܬܡܐ, Nachtgebete Bl. 7ᵃ ܨܠܘܬܐ ܕܠܠܝܐ, Bl. 7ᵇ Gebete zu den Psalmen ܨܠܘܬܐ ܕܡܙܡܘܪܐ

Anfang:

(Psalm 1) ܛܘܒܘܗܝ ܕܓܒܪܐ ܕܠܐ ܐܙܠ ܒܡܠܟܐ ܕܪܫܝܥܐ
ܐܠܗܐ ܠܟ ܡܪܐ ܘܠܟ ܕܒܠܐ ܒܫܘܒܚܐ
ܕܫܪܝܪܘܬܐ ܕܫܒܝܠ ܠܡܪܘܡܐ ܘܡܬܝܗܒ
ܨܒܝܢ ܒܛܘܒܘܗܝ. ܘܗܘ ܗܒ ܠܢ ܒܟܠܝܠܐ
ܘܒܫܡܝܐ ܡܪܐ ܕܟܠ.

Die rothen Überschriften im Folgenden sind Psalmen-Anfänge.

Gebete Bl. 11ᵃ ܕܫܡܫܐ ܕܫܒܬܐ

Anfang:

ܠܟ ܐܠܗܐ ܕܫܘܒܚܐ. ܡܫܝܚܐ ܕܥܠܡܝܢ ܟܠܗܘܢ.

Weitere Überschrift Bl. 11ᵇ: ܬܘܒ ܩܢܘܢܐ ܡܫܡܫܢܐ ܕܥܠܡܐ ܘܚܬܡܐ.

Anfang:

ܡܢܝ ܡܠܟܐ ܪ̈ܚܡܐ ܘܚܢܢܐ. ܘܡܢ ܒܣܬܪܐ ܪܒܐ
ܕܒܬܫܡܫܬܗ ܕܫܘܒܚ.

Ferner Bl. 16[b] ܨܠܘ̈ܬܐ ܕܩܠܝ̈ܬܐ, Bl. 17[a] ܨܠܘ̈ܬܐ ܕܩ̈ܠܐ ܕܥܘܗܕܢܐ, Bl. 17[b] ܕܡܘܡܘܪ̈ܐ ܕܦܓܪܐ

Gebete *psdk mōtwē*, die geeignet sind für die Sonn-, Fest- und Heiligen-Tage, für das Fasten und das Gebet (der Niniviten) Bl. 26[a]:

ܬܘܒ ܦܣܩ ܡܘܬ̈ܒܐ ܕܫܟܝܚܢ ܠܚܕܒܫ̈ܒܐ ܘܠܥܐ̈ܕܐ ܘܠܡܘܕܟ̈ܪܢܐ ܘܠܨܘܡܐ ܘܠܒܥܘܬܐ.

Anfang:

ܦܬܚ ܬܪܥܟ ܠܒܥܘܝܢ ܒܗ. ܡܦܩܢ ܚܝ̈ܠܬܐ ܠܒܥܠܝܢ ܠܗ.

Ähnliche Gebete für andere Tage Bl. 33[a]:

ܐܚܪ̈ܢܝܬܐ ܕܡܘܬ̈ܒܐ ܦܪ̈ܝܫܬܐ ܐܝܟ ܚܕܒܫ̈ܒܐ ܕܨܘܡܐ ܘܕܡܘܕܟ̈ܪܢܐ ܘܕܥܘܗܕܢ ܥܢܝܕ̈ܐ ܘܡܦܩܢ. ܘܨܠܘ ܥܠ ܚܛܗܐ ܒܨܘܡܐ.

Dazu die Randbemerkung:

ܕܡܘܡܘܪ̈ܐ ܕܦܓܪܐ ܐܝܬ.

Anfang:

ܐܢܬ ܠܟ ܡܪܢ ܒܢܘܗܪܐ ܕܡܕܢܚܟ. ܘܐܢܗܪ ܪ̈ܥܝܢܝܢ ܒܫܠܡܝܟ.

Ende auf Bl. 34[a]. Nachschrift nicht vorhanden.

2. Bl. 34[a]—106[b] Festgebete von Elias, Bischof von Nisibis (*Abū-Ḥalīm*): ܨܠܘ̈ܬܐ ܕܚܒܪܐ ܡܕ̈ܪܫܐ ܕܥܒܕܗ ܠܡܣܒܪ ܕܐܠܗܐ ܡܪܝ ܐܠܝܐ ܕܢܨܝܒܝܢ ܕܡܬܟܢܐ ܒܪܗ ܚܠܝܡ.

Identisch mit Nr. 40 (SACHAU 64) nr. 11.

Weihnacht Bl. 34[a], Fest der h. Maria Bl. 37[a], (*Šalliṭâ* aus *Ra's'ain* Bl. 39[a]), Epiphania Bl. 39[b], Commemoratio Sanctorum Bl. 42[b], Freitag der Verstorbenen Bl. 44[a] (Elias Bar ܫܝܢܝܐ Bl. 45[a]), Fastensonntage Bl. 46[b] (*Giwargis* von Arbela), Hosianna Bl. 47[a], Auferstehung Bl. 51[a], Himmelfahrt Bl. 54[b], Pfingsten Bl. 56[a], Kreuzes-Fest Bl. 58[a], Kirchweih Bl. 61[b], Gebet der Niniviten Bl. 65[b]. 76[b].

Das Ende der Schrift fehlt, denn zwischen Bl. 76 und 77 ist eine Lücke. Letzte Worte:

ܘܦܓܪ̈ܐ ܘܐܒܕ̈ܢܐ ܢܗܘܘܢ ܕܠܐ ܚܒܪܘܬܐ.
ܘܬܪܥܝܬܐ

3. Bl. 77—106[a] Ein liturgischer Text, dessen Anfang und Titel fehlt: Beschreibung der Messe, der Functionen der amtirenden Geistlichen sammt den dazu gehörigen Texten. Es ist die Messe der Apostel, vergl. Nr. 40 nr. 2 und eine Randnote auf Bl. 86[a] ܩܘܕܫܐ ܕܫܠܝ̈ܚܐ. Im Einzelnen weicht diese Hds. sehr von Nr. 40 nr. 2 ab.

Anfang:

ܕܝܢ ܘܒܬܘܩܢܐ ܢܫ̈ܡܬܐ ܡܝܬܝܢ. ܢܫܬܠܡ
ܘܢܬܒܥܢ ܘܢܬܚܫܒ ܘܢܬܪܕܐ ܘܢܬܬܩܢ
ܘܢܬܒܪܟ ܥܡܐ ܡܗܝܡܢܐ ܘܡܫܒܚܢܐ ܕܬܫܠܡܘܬܐ
ܡܫܒܚܬܐ. ܡܢ ܟܠ ܕܒܪܐ ܘܡܒܣܡ ܒܫܡܐ
ܘܫܪܪܐ ܒܟܠ ܚܕܝ ܡܪܐ ܕܟܠ. ܐܚܪܬܐ
ܡܢ ܥܠ̈ܝܐ ܘܡܢ ܬܚܬ̈ܝܐ. ܘܡܢ ܡܠܐܟ̈ܐ
ܘܪ̈ܒܝ ܡܠܐܟ̈ܐ. ܘܡܢ ܟܠ ܒܪ̈ܝܢ ܢܫܬܠܡ
ܥܡܝ ܘܥܕܐ

Darin Bl. 85[a] ein Gebet von Nestorius:

ܐܢ ܡܪܝ ܘܐܠܗܝ ܠܐ ܬܫܘܪ ܒܬܘܟܠܢܐ
ܕܦܘ̈ܠܝ ܘܕܣܘܥܪ̈ܢܝ. ܘܠܐ ܬܬܠܝ ܡܪܘܬܟ
ܡܢ ܥܘܒܕܐ ܕܐܝ̈ܕܝܟ. ܐܠܐ ܬܬܒܘܬܟ ܠܐ
ܬܬܡܠܠܘܬܐ ܡܠܟܘܬ ܠܥܒܕܟ ܗܘ ܐܢܐ ܡܢ
ܐܡܪܝܢ ܘܗܘ ܒܗ ܡܬܡܪܚܡܘܬܐ ܘܫܠܘܐ
ܕܐܢܫܝܢ ܚܛܝ̈ܢ ܡܫ̈ܚܐ ܠܡܫܬܘܐ ܕܥܡܐ
ܕܡܬܠܐ ܐܢܐ ܒܡܪܬܐ ܕܚ̈ܝܐ ܒܒܪܢܫܐ
ܕܡܢ ܢܦܫܗ. ܢܒܥܐ ܕܒܟܝܢ ܚܘ̈ܒܘܬܐ
ܘܪ̈ܚܡܐ ܘܢܒܥܘܬܐ ܠܡܫܬܡܥ ܒܗ ܒܢ̈ܝܐ
ܡܫܒ̈ܚܢܐ.

Im Folgenden ist der Zusammenhang unterbrochen, da zwischen Bl. 96 und 97 sowie zwischen Bl. 102 und 103 Lücken vorhanden sind.

Das Stück Bl. 97—102 enthält Gebete, zum Theil von Elias von Nisibis (Bl. 97ᵇ); die einzelnen überschrieben ܐܠܝܬܐ.

Das Stück Bl. 103ᵃ—106ᵃ enthält drei ܚܘܬ̈ܡܐ, Schlussgebete für die Messe:

1. Bl. 103ᵃ Überschrift:

ܐܠܝܬܐ: ܚܘܬܡܐ ܒܩܕܡܝܬܐ ܕܐܬܐܡܪ.
ܗ̄ܘ ܕܒܪܟܢ ܒܟܠ ܒܘܪ̈ܟܬܐ
ܒܥܡܕܐ ܒܪܗ ܐܢܫܘܬܐ
ܘܝܗܒ ܘܥܒܕܢ ܠܡܠܟܘܬܐ
ܒܥܘܗܕܢܐ ܕܐܡܝܢܘܬܐ ܀

In siebensilbigem Metrum und vierzeiligen Strophen.

2. Bl. 104ᵃ Anfang:

ܬܫܒܘܚܬܐ ܘܬܘܕܝܬܐ ܗܕܐ

Dieselbe metrische Form.

3. Bl. 105ᵃ—106ᵃ in zwölfsilbigem Metrum und zweizeiligen, alphabetisch anlautenden Strophen. Anfang:

ܐܠܗܐ ܕܒܪܟܢ ܒܟܠ ܒܘܪ̈ܟܬܐ ܒܒܪܗ ܚܝܐ

Unterschrift:

لصاحبه السعاده والسلامه
طول العمر ما ناحت حمامه
وعز لا يدانيه زوال
واقبال الى يوم القيامه.

Die beiden Stücke Bl. 97—102 und 103—106ᵃ scheinen mir Theile einer Nachmesse zu sein. Die Gebete haben zum Theil denselben Text wie die ܚܘܬ̈ܡܐ, z. B. ܗ̄ܘ ܕܒܪܟܢ ܒܟܠ ܒܘܪ̈ܟܬܐ Bl. 97ᵇ. 99ᵃ. 100ᵇ. 102ᵇ.

4. Bl. 106ᵇ Ordo baptismatis: ܛܟܣܐ ܕܥܡܕܐ ܩܕܝܫܐ ܣܝܡ ܕܝܫܘܥܝܗܒ ܠܗ.

Verfasser *Išô'jabh* III. von Adiabene, der Catholicus. Vergl. Wright, Syriac literature S. 174.

5. Bl. 121ᵃ Ordo sanctificationis von demselben *Išô'jabh*: ܛܟܣܐ ܕܩܘܕܫܐ ܕܒܝܬ ܥܡܕܐ ܕܥܒܝܕ ܠܡܠܟܘܬܐ.

6. Bl. 123ᵇ Ordo consecrationis aquae pollutae: ܛܟܣܐ ܕܩܘܕܫܐ ܕܡܝ̈ܐ ܛܢ̈ܦܐ.

7. Bl. 125ᵃ Ordo juramenti: ܛܟܣܐ ܕܡܘܡܬܐ

8. Bl. 126ᵇ Ordo renovationis fermenti: ܛܟܣܐ ܕܚܘܕܬ ܡܠܟܐ.

9. Bl. 127ᵇ Ordo consecrationis altaris sine oleo: ܩܘܕܫ ܡܕܒܚܐ ܕܠܐ ܡܫܚܐ.

10. Bl. 133ᵃ Gebete für verschiedene Gelegenheiten: ܬܘܒ ܨ̈ܠܘܬܐ ܕܩܘܫܒܢܐ ܕܒܟܠ ܦܘܪ̈ܣܐ ܕܠܚܫܐ.

Anfang:

ܡܪܢ ܕܡܢ ܡܥܒܕܢ ܒܗܘܢ ܕܐܒܐܗܬܐ ܘܚܫܐ ܘܢܝܚܘܬܐ. ܦܪܘܩ ܡܢܢ ܘܐܠܗܢ ܡܫܝܚܐ ܕܡܪܚܡܢܘܬܟ ܘܡܪܐ

Über die Bedeutung von ܩܘܫܒܢܐ vergl. Badger, Nestorians and their rituals II, 18.

Bl. 133ᵇ ܕܒܟܠ ܐܕܢ̈ܐ
Bl. 133ᵇ ܕܥܠ ܡܪܥܝܢ ܦܘܪܢܐ
Bl. 134ᵇ ܐܠܝܬܐ ܕܒܟܠ ܠܚܡܐ ܕܡܒܪܟܝܢ ܒܪܟܬܐ ܘܩܘܪܒܢܐ ܕܒܢܝ̈ܢܐ ܘܩܘܠ̈ܣܐ
Bl. 135ᵃ ܐܠܝܬܐ ܕܫܘܒܩܢܐ
Bl. 136ᵃ ܐܠܝܬܐ ܕܩܘܪܒܢܐ
Bl. 137ᵃ ܕܒܟܠ ܣܥܪܐ
Bl. 137ᵇ ܨ̈ܠܘܬܐ ܕܒܟܠ ܡܪ̈ܥܝܢ
Bl. 137ᵇ ܕܒܟܠ ܛܠ̈ܝܐ
Bl. 138ᵃ ܬܘܒ ܡܘܕܝܢܘܬܐ ܕܥܡܕܐ ܕܒܟܠ ܝܘܡܐ
Bl. 138ᵃ ܨ̈ܠܘܬܐ ܕܥܠ ܢܦܫ ܐܢܫ ܩܘܕܫܐ
Bl. 138ᵃ ܗ̄ܘ ܕܡܦܠܓ ܦܠܓܐ ܐܦܐ
Bl. 138ᵇ ܕܡܫܬܡܥ ܐܕܢ̈ܐ

Für jeden einzelnen Zweck sind zum Theil mehrere Gebete angegeben.

Unterschrift auf Bl. 139ᵃ:

ܫܘܠܡ ܐܝܟ ܕܐܬܪܘܚܬܐ ܘܡܪܐ ܡܪܢ ܢܥܕܪܝܢ
ܫܘܠܡܐ ܦܬܓܡܐ ܕܡܫܝܚܐ ܘܕܟܠܗ
ܐܘܡܢܐ ܡܟܠܡ ܘܡܪܐ. ܗܘܐ ܢܘܠܐ ܗܢܐ

ܫܠܡ ܟܬܒܐ ܗܢܐ ܕܬܫܡܫܬܐ ܒܝܘܡ ܕܐܚܪ ܝܘܡܐ ܕܐܝܪ
ܕܝܠܗ ܗܘ ܡܬܝܢܐ ܬܡܢܝܐ ܡܐܐ ܘܚܕ ܠܐܝܣܐ.
ܡܬܦܠܚܐ ܕܫܡܥܘܢ ܩܬܘܠܝܩܐ ܘܦܛܪܝܪܟܐ ܕܡܕܢܚܐ.
ܕܒܬܪܗ ܕܡܪܝ ܫܡܥܘܢ ܩܬܘܠܝܩܐ ܚܕ ܡܢ ܐܒܗ̈ܬܐ
ܕܥܕܬܐ ܕܡܕܢܚܐ ܘܟܠ ܐܝܕܐ ܕܐܬܝܚܒ ܠܗ ܡܢ ܐܠܗܐ
ܢܗܘܐ ܒܪܝܟ ܠܥܠܡ ܥܠܡܝܢ

Danach ist die Hds. geschrieben von einem Presbyter Isa zur Zeit des Catholicus Simeon (IV. 1463—1502) und vollendet den 21. *Hezirân* (Juni) A. Gr. 1807 = den 21. Mai 1496 n. Chr.

Im Anschluss daran auf Bl. 139^b—140^b ein Schlusslied ܬܘܕܝܬܐ in siebensilbigem Metrum und vierzeiligen Strophen.

Anfang:

ܡܫܝܚܐ ܡܠܟܐ ܕܡܠܟܐ
ܘܡܪܐ ܕܟܠ ܥܠܡ̈ܐ
ܚܘܒܐ ܥܡ ܕܚܠܬܐ
ܡܢ ܐܢܫ̈ܐ ܣܓܝ̈ܐܐ.

11. Bl. 140^b Ordo impositionis manuum ܛܟܣܐ ܕܣܝܡ ܐܝܕܐ.

Einweihung eines Diakons, Hypodiaconus und Vorlesers Bl. 140^b: ܬܫܡܫܬܐ ܕܡܫܡܫܢܐ ܘܗܘܦܘܕܝܩܢܐ ܘܩܪܘܝܐ.

Einweihung der Presbyter Bl. 147^a: ܬܫܡܫܬܐ ܕܩܫܝܫ̈ܐ

Übersetzt von Badger, Nestorians and their rituals II, 322—336.

Arabische Nachschrift auf Bl. 149^b.

12. Bl. 150^b Ordo consecrationis altaris adhibito oleo: ܛܟܣܐ ܕܩܘܕܫ ܡܕܒܚܐ ܒܡܫܚܐ.

13. Bl. 182^b Ordo servitii pentecostalis: ܛܟܣܐ ܕܬܫܡܫܬܐ ܕܦܢܛܩܘܣܛܐ.

Am Rande: ܛܟܣܐ ܕܬܫܡܫܬܐ ܕܦܢܛܩܘܣܛܐ.

Ende fehlt. Bl. 185 zum Theil zerstört.

Letzte Zeilen:

ܐܝܟ ܘܢܬܠܘܢ
ܕܢܥܒܕ ܒܪܘܚ ܩܘܕܫܐ ——————
ܘܢܫܬܘܕܥ ܠܢ ܬܘܕܝܬܐ
ܠܡܬܬܪܨܘ ————— (?)
ܠܡܪܐ. ܕܠܗ ܫܘܒܚܐ ——————

Die ganze Hds. ist von demselben Schreiber und um dieselbe Zeit geschrieben, von dem Presbyter Isa zur Zeit des Catholicus Simeon IV. 1496 n. Chr. Möglicher Weise kann der Abschnitt Bl. 150—185 ein Wenig jünger sein; er hat seine besondere Kurrâs-Zählung (von 1—5).

Von dem Kurrâs 1 (K. 2 beginnt mit Bl. 7) fehlen die ersten 4 Blätter; von K. 9 fehlt das erste Blatt (zwischen 76 und 77); von K. 11 fehlen 3 Blätter (Lücken zwischen 96 und 97 und zwischen 102 und 103); die Kurrâs 12 und 13 fehlen ganz. Von K. 14 fehlen zwei Blätter (zwischen 107 und 108?), von K. 16 ebenfalls 2 Blätter.

Die Schrift ist sorgfältig, die Vocalisation in manchen Theilen sehr reich und nahezu vollständig. Von den ersten Blättern sind Stücke abgerissen; im Übrigen meist gut erhalten.

185 Blätter (17,5 × 12 cm), die Seite 21 bis 27 Zeilen.

39.

(Ms. orient. quart. 804.)

Pergament.

Eine Sammlung liturgischer Texte für eine Kirche in einem der Thäler des Nestorianischen Hochlandes, ein Handbuch für einen Geistlichen. Unvollständig zu Anfang.

Das Pergament ist sehr beschmutzt, fettig (als wenn es in Öl gelegen hätte) und schwarzbraun: die rothe Farbe der Überschriften ist mir an den meisten Stellen nicht mehr lesbar, dagegen sind die kräftigen Züge der schwarzen Schrift überall lesbar.

Inhalt:

Gebete;

Messen der Apostel, des Theodor und Nestorius;

Gebete vom Bischof Joseph von *Ǵezîre*;

Taufritus von *Jabhalâhâ*;

Verschiedene Ordines, der Taufe u. s. w.;

Anweisungen und kanonische Bestimmungen, betreffend die Behandlung des Altars.

Das letzte Blatt ist von einem jüngeren Ergänzer hinzugefügt. Diese Hds. ist inhaltsverwandt mit Nr. 40 (Sachau 64) und Nr. 38 (Sachau 167).

Inhalt:

1. Bl. 1a—2b Bruchstück einer Sammlung von Gebeten. Beide Blätter an der oberen inneren Ecke beschädigt. Zu Anfang fehlen drei Blätter des 1. Kurrâs.

Die Gebete tragen die Überschriften ܕܒܥܘܬܐ, ܐܫܪܝܬܐ (ܨܠܘܬܐ?), ܐܫܪܝܐ (ܫܠܡܐ?) und ܕܒܬܘܕܝܬܐ. Das zweite ܕܒܥܘܬܐ Bl. 1a lautet:

ܨܠܘܬܐ ܡܫܒܚܝܢ ܡܪܝ ܘܐܠܗܝ ܐܬܪܐܝܬ ܠܟ.
ܘܡܫܡܫܝܢ ܐܢܫܐ ܚܝܠܘܬܢ. ܘܫܡܫܐ ܒܫܘܒܚܐ
ܘܫܡܫ (?) ܒܫܡܝܐ. ܘܥܡ ܒܡܠܐܟܝܗܘܢ. ܘܐܝܠܝܢ
—— ܘܡܦܩ ܠܕܝܬܝܩܝܢ. ܘܡܪܗܛ ܡܫܘܚܝܢ.
ܘܐܫܬܐ ܒܠܒܝܢ ܘܫܘܒܚܝܢ. ܘܐܡܪܐ ܠܟ ܠܟܘ
ܦܠܚܐ ܕܡܫܠܡܝܢܟ. ܘܡܢ ܒܠܒܐ ܘܕܝܢܐ
ܠܡܪܝ ܢܩܫܝܢ ܒܡܘܫܚܬܐ ܕܠܟܠ ܡܪܐ.

Letzte Zeilen Bl. 12b:

ܘܫܠܡܐ ܠܟ ܢܦܫܝܢ ܚܝܐ. ܡܢ ܫܡܫܐ ܘܡܢ
ܡܕܢܚܐ ܘܡܢ ܡܥܪܒܐ. ܘܡܢ ܟܠ ܓܢܒܝܢ ܕܫܡܝܐ
ܘܐܠܝܐ. ܘܡܫܝܚܐ ܡܪܢܐ ܕܡܫܝܚ.

2. Bl. 2b—10a Sammlung von Gebeten, die in der Überschrift als ܨܠܘܬܐ ܕܗܘܠܠܐ bezeichnet sind: ܗܘܒ ܠܢ ܐܠܗܐ ܒܥܕܢܐ ܨܠܘܬܐ ܕܗܘܠܠܐ

Anfang:

ܢܣܓܘܕ ܡܪܝ ܒܚܝܠܐ ܒܥܡܐ ܕܐܠܗܘܬܟ.
ܢܫܒܚ[1] ܠܫܡܟ ܪܒܐ ܫܒܝܚܐ ܕܡܪܘܬܟ.
ܘܢܫܬܒܚ ܘܢܫܬܥܠܐ ܒܩܘܪܒܐ ܪܒܐ ܕܡܠܟܘܬܟ.
ܘܢܫܬܘܕܐ ܠܟ ܒܬܘܕܝܬܐ.

Für verschiedene Tageszeiten. Die Überschriften der einzelnen Texte (meist Angabe der Melodie) sind unleserlich. Die Blätter (bis 7) sind an der oberen inneren Ecke abgerissen.

3. Bl. 10a—16a Weitere Gebete, betitelt: ܨܠܘܬܐ ܕܩܠܐ ܕܫܘܪܐ (?)

Anfang:

ܢܫܒܚܟ ܠܟ ܡܪܝ ܘܐܠܗܝ ܩܠܐ ܕܗܘܠܠܝܢ.
ܘܬܫܒܘܚܬܐ ܕܫܡܟ. ܘܡܠܟ ܡܢ ܕܡܠܟܘܬܟ.
ܠܦܪܘܩܐ ܡܠܟܐ ܕܫܦܝܪܬܟ. ܕܒܬܘܕܝܬܐ
ܡܫܒܚܝܢ ܠܐܠܗܘܬܟ ܡܫܝܚܝܐ. ܒܟܠ
ܚܝܢ ܡܪܐ. ܕܬܪܬܝܢ ܐܢܬ ܠܟ ܡܪܝ ܘܐܠܗܝ
ܘܡܪܐ

4. Bl. 16a—33a Die Messe der Apostel Addai und Mâri. Überschrift: ܬܘܒ ܥܡ ܐܠܗܐ ܒܫܒܚܐ ܩܘܕܫܐ ܕܫܠܝܚܐ ܛܘܒܢܐ ܡܪܝ ܐܕܝ ܘܡܪܝ ܡܪܝ

Anfang:

ܫܘܫܛܐ ܡܫܒܚܐ ܐܢܬ ܕܒܫܡܝܐ ܘܡܢ ܐܠܗܐ
ܕܐܝܬ ܚܝܠ ܡܪܝ ܘܐܠܗܝ ܠܡܫܠܡܘ
ܚܣܝܢ ܗܘ ܕܢܫܡܫ ܠܐܪܥܐ ܡܫܒܚܐ ܕܐܬܚܘܝܬ
ܠܡܘܕܝܘ ܘܠܦܘܪܩܢܗ ܕܚܝܢ ܡܠܟܐ.
ܒܪܫܡܘܗܝ ܕܟܠܗ ܫܡܝܐ ܡܪܐ.

Bl. 16. 17 etwas beschädigt.

Bl. 27 steht nicht an der richtigen Stelle, vielleicht einzufügen zwischen Bl. 18—19.

[1] So die Hds. ܢܫܒܚܘܢ?

5. Bl. 32ᵃ—40ᵃ Messe der Erklärer, Diodor und Theodor: ܬܘܒ ܩܘܕܫܐ ܕܡܪܢ ܘܐܠܗܢ ܕܥܒܝܕ ܡܦܫܩܢܐ ܕܡܫܒܚܐ ܕܡܪܝ ܕܝܘܕܘܪܘܣ ܘܡܪܝ ܬܐܕܘܪܘܣ ܡܠܦܢܐ ܕܥܕܬܐ ܩܕܝܫܬܐ ܘܡܬܡܠܐ ܥܡ ܗܘ ܕܒܪ ܩܕܡܝܐ ܥܡ ܐܦܝ̈ܩܢܐ.

Anfang: ܡܪܝܐ ܐܠܗܢ ... ܡܪܢ ܐܢܬ ܫܠܝܛܐ. ܐܝܟ ܟܠ. ܗܘ ܗܘ ܕܗܘܐ ܡܫܒܚܐ ܠܫܘܒܚܗ ܘܡܥܡܘܕܐ ܕܥܠܡܝܢ ܕܥܠܡܐ. ܥܠܡܐ ܡܫܒܚܐ ܡܪܢ

6. Bl. 40ᵃ—52ᵇ Messe des Nestorius: ܬܘܒ ܥܡ ܐܠܗܐ ܚܕ ܩܘܕܫܐ ܕܡܪܢ ܢܣܛܘܪܝܘܣ ܗܘ ܕܐܬܐ ܒܫܡܐ ܕܐܠܗܐ ܡܪܢ ܘܡܬܡܠܐ ܥܡ ܗܘ ܕܒܪ. ܥܠܡܐ. ܘܡܫܒܚ ܥܡܡ̈ܐ. ܘܡܥܡܪܢܐ ܕܡܠܟܘܬܐ ܫܡܝܐ. ܘܐܢܕܪܐܒܥܝܢ ܕܥܠܡܐ. ܘܥܠܡܝܢ.

Anfang: ܡܪܝܐ ܚܝܠܬܢܐ ܡܪܝܐ ܕܡܪܢ ܢܣܛܘܪܝܘܣ ܥܡܗ ܡܪܢ ܘܐܠܗܢ ܠܥܠܡܐ ܥܠܡܝܢ ܕܫܘܒܚܐ ܕܐܠܗܐ. ܗܘ ܕܐܝܬ ܫܡܝ̈ܐ ܐܝܟ ܘܚܝ̈ܐ

7. Bl. 52ᵇ—64ᵃ Schlussgebete vom Bischof Joseph von Ǵezire: ܨܠܘܬܐ ܕܚܬܡܐ ܠܡܪܝ ܝܘܣܦ ܐܦܝܣܩܘܦܐ ܕܓܙܪܬܐ ܕܩܪܕܘ.

a) Bl. 52ᵇ ܕܐܪܙܐ ܩܕܝܫܐ

Anfang: ܐܠܗܐ ܕܡܪܢ ܒܟܠ ܒܡܘ̈ܗܒܬܐ ܒܪܘܚܗ ܚܝܐ.

b) Bl. 54ᵃ Anfang: ܗܘ ܕܡܪܢ ܒܟܠ ܒܡܘ̈ܗܒܬܐ ܒܗ ܒܝܘܡ ܗܢܐ.

c) Bl. 55ᵇ Anfang: ܡܫܒܚܢܘܬܐ ܘܬܘܕܝܬܐ ܗܘܝܐ. ܢܗܘܐ ܠܐܠܗܐ ܡܫܝܚܐ.

d) Bl. 57ᵇ Für das Kreuzesfest. Anfang: ܗܘ ܕܡܪܢ ܒܟܠ ܒܡܘ̈ܗܒܬܐ.

e) Bl. 59ᵃ Anfang: ܐܠܗܐ ܕܫܡܝܐ ܘܐܪܥܐ.

f) Bl. 60ᵃ Für die Verstorbenen. Anfang: ܫܠܡ ܡܪܢ ܒܟܠܗ ܕܝܠܢܐ.

g) Bl. 61ᵃ Anfang: ܢܗܘܐ ܠܗ ܠܐܠܗܐ ܫܘܒܚܐ.

8. Bl. 64ᵃ—80ᵃ Taufritus ܛܟܣܐ ܕܡܥܡܘܕܝܬܐ von dem Patriarchen *Jabhalâhâ*: ܬܘܒ ܥܡ ܡܪܢ ܫܡܥܘܢ ܡܫܝܚܐ ܚܕܬܐ ܩܘܕܫܐ ܕܡܥܡܘܕܝܬܐ — — ܘܡܛܟܣܐ ܠܡܪܝ ܝܗܒ ܐܠܗܐ ܦܛܪܝܪܟܐ ܩܕܝܫܐ.

Anfang: ܡܪܝܐ ܡܫܒܚܢܝܢ ܡܪܢ ܒܫܠܡܐ ܕܡܥܡܘܕܝܬܐ. ܘܥܡ ܢܦܫܬܢ ܡܫܝܚܐ ܘܡܫܝܚܐ ܕܡܫܝܚ ܡܫܝܚܐ ܘܐܬܪܒܝܢܢ ܘܩܕܝܫܬܐ ܘܩܕܝܫܐ. ܘܫܡ ܥܡ ܡܫܝܚܐ ܢܝܚܝܢ ܡܪܢܐ ܕܚܝܐ ܘܡܫܒܚܝܢ ܐܢܬ ܕܥܡܐ ܘܥܡ ܐܢܬ ܒܐܒܐ ܐܠܗܐ ܚܝܠ ܡܪܢ ܘܐܠܗܢ ܠܥܠܡܝܢ ܐܡܝܢ

Bl. 73 ist eingerissen.

9. Bl. 79ᵃ—81ᵃ Ordo expiationis ܕܚܘܣܝܐ ܩܘܕܫܐ. Anfang: ܡܪܝܐ ܡܫܒܚܝܢ ܐܢܬ ܕܚܘܣܝܐ. ܘܡܛܠ ܢܦܫܬܐ ܘܡܫܒܚ ܡܫܒܚܢܘܬܐ ܠܚܝܐ ܡܪܢ. ܕܐܠܗܐ. ܐ. ܘ. — — ܐܠܗܐ ܚܝ ܚܝ̈ܘܬܐ ܕܚܝܐ. ܘܐܡܪܝܢ ܒܫܡܐ ܚܝܠܐ ܠܚܝܐ ܠܡܫܒܚܢܝܢ ܘܠܡܫܡܫܢ ܘܠܐ ܐܬܠܝܗ ܐܠܗܐ ܡܪܢ ܘܡܪܢ

10. Bl. 81ᵃ—84ᵇ ܚܘܕܬ ܕܡܠܟܐ ܩܕܝܫܐ (am Rande) Ordo renovationis fermenti sancti. Titel nicht mehr leserlich. Anfang des mit schwarzer Tinte geschriebenen: ܘܥܠ ܐܝܟ ܕܡܫܝܚܐ ܗܘ ܗܦܟ ܡܢ ܥܡܐ ܕܡܫܝܚܐ. ܢܗܘܐ ܡܢ ܒܥܘܬܐ. ܘܐܦ ܡܢ ܡܫܝܚܐ. ܡܪܝܐ ܡܫܝܚܐ ܩܘܕܫܐ ܕܡܠܟܐ ܕܚܝܐ. ܐܘ ܕܩܘܕܫܐ ܡܫܝܚ ܗܘܠܐ ܘܗܘܠܐ ܐܠܗܐ ܚܝܐ ܐܠܗܐ ܕܚܝܐ ܕܢܗܘܐ ܡܪܢ

11. Bl. 84ᵇ—99ᵃ Consecratio altaris sine oleo: ܩܘܕܫ ܡܕܒܚܐ ܕܠܐ ܡܫܚܐ.

Anfang:

[illegible]

Von Bl. 88 ist ein Stück abgerissen.

12. Bl. 99ᵇ—105 Vorschriften ܦܘܩܕܢܐ und kanonische Gesetze ܩܢܘܢܐ, betreffend die Reinigung und sonstige Behandlung des Altars. Überschrift nur zum Theil leserlich. Anfang:

[illegible]

Anfang der 24 Canones Bl. 100ᵃ:

[illegible]

Der Ursprung dieser Canones, die alle den gleichen Anfang haben, ist nicht angegeben.

In Kurrâs 11 (Bl. 96—104) scheint ein Blatt zu fehlen (zwischen 103—104?). Lücke zwischen Bl. 105—106. Das letztere Blatt ist von jüngerer Hand hinzugefügt (Papier, nicht Pergament).

Auf Bl. 106ᵃ Schluss eines Gedichtes in Strophen von je vier siebensilbigen Versen. Erste Zeilen:

ܩܢܘܢܐ

[illegible]

Nachschrift auf Bl. 106ᵇ, die ersten Zeilen nicht leserlich:

[illegible]

Hierzu am Rande:

[illegible]

Fortsetzung: [illegible]

[illegible]

Danach ist Bl. 106 geschrieben A. G. 2096 = 1785 n. Chr. von dem Diaconus *Hdjô*, Sohn des Diaconus *Hâǵi*, des Sohnes des Priesters *Giwargis*, aus der Landschaft *Tehômâ*, aus *Gundykthâ*, dem Dorfe des h. Hananja; geschrieben in dem Dorfe ܓܡܝܠܝܐ.

Über das Alter des Haupttheils der Hds. Bl. 1—105 findet sich keine Angabe; sie kann etwa im 17. oder 16. Jahrhundert geschrieben worden sein. Beachtenswerth, dass noch in so später Zeit Pergament gebraucht wurde. Vocalisation und Punctation ziemlich reichlich.

106 Blätter (23,5 × 16 cm), die Seite zu 18 Zeilen.

40.

(Sachau 64.)

Eine Sammlung von liturgischen Texten und Kirchenliedern:

Messen der Apostel,
des Nestorius,
des Theodorus von Mopsueste:

Ordo baptismatis und andere *Ordines*, zum Theil von dem Catholicus *Išô'jabh* III. aus Adiabene.

Morgengebete für die Festtage, herausgegeben (zum Theil auch verfasst) von dem Catholicus Elias III. *Abû-Halîm*.

Einzelnes in diesen Schriften vom Bischof *Barṣaumâ* von Nisibis (in dem Ordo consecrationis altaris);

von *Šallîtâ* aus Ra's'ain (Assemani III, 176),
Paulus von *Anbâr* (Assemani III, 172),
Giwargis von Mosul und Arbela (Assemani III, 518),
Abul'izz *Hadiri* aus Mosul

in dem Gebetbuch des Elias.

Inhalt:

1. Bl. 1ᵃ—2ᵃ Fragment, Anfang fehlt; in der Nachschrift bezeichnet als ܨܠܘ̈ܬܐ ܕܪܡ ܫܘܒܚܐ. Vermuthlich identisch mit den Preces matutinae et vespertinae sive Ordo Sacerdotum in der Hds. des Brittischen Museums (Forshall XXXVII, Nr. 1).

Auf Bl. 1ᵃ ist die Schrift zum Theil abgerieben. Erste Zeilen:

ܘܢܦܩܢ ܠܡܬܩܢܘ ܡܢ ܟܠ ܫܒܝ̈ܠܝܢ
ܒܡܘܠܕܐ ܫܡܝܐ ܕܡܪܢ ܝܫܘܥ
ܘܪܚܡ ܘܟܪܝ ܘܡܘܬ —— ܡܫܝܚܐ
ܚܢܢܐ ܕܡܫܝܚܘܬܗ —— ܘܩܪܘܒ
ܘܡܘܪ ܘܦܪܘ ܕܩܢ̈ܝܢ ܡܢ ܒܢܝܐ
ܘܫܠܡܘܬܗ ܒܟܠܗܘܢ ܘܥ̈ܠܡܐ ——
ܡܪܐ ܕܟܠ ܕܒܪܐ ܒܪ̈ܝܬܐ

Nachschrift:

ܫܠܡܘ ܨܠܘ̈ܬܐ ܕܪܡ ܫܘܒܚܐ ܒܥܘܕܪܢܗ ܕܡܪܢ ܝܫܘܥ ܡܫܝܚܐ ܡܚܝܢܢ.

2. Bl. 2ᵃ Anaphora oder Messe der Apostel. Überschrift: ܬܘܒ ܥܡ ܐܠܗܐ ܡܫܪܝܢ ܩܘܕܫܐ ܕܫܠܝ̈ܚܐ ܛܘܒ̈ܢܐ

Anfang:

ܡܒܪܟܐ ܡܫܒܚܐ ܐܢܘܢ ܕܫܡܝܐ. ܐܠܗܐ
ܕܡܪܝܐ ܡܫܒܚܐ ܕܫܒܝܚܬܐ ܘܩܕܝܫܬܐ. ܚܝܠ
ܡܪܢ ܘܐܠܗܢ ܠܡܫܝܚܘܬܗ ܕܫܡܝܐ ܕܫܡܝܐ
ܠܥܠܡ ܡܒܪܟܐ ܕܐܬܡܠܝܘ ܫܘܒܚܗ
ܘܠܦܘܪܩܢܗ ܕܟܠܢ ܒܫܘܒܚܗ ܕܒܪܐ
ܫܒܚܐ ܡܪܐ ܕܟܠ

Dieselbe Messe bei Forshall XXXVII, 2. S. auch Badger, The Nestorians and their rituals II, 24 und Renaudot, Liturg. Orient. II, 170.

Nachschrift:

ܫܠܡ ܩܘܕܫܐ ܕܫܠܝ̈ܚܐ ܛܘܒ̈ܢܐ

3. Bl. 22ᵇ Messe des Theodor von Mopsueste: (ausgekratzt) ܩܘܕܫܐ ܕܡܪܝ ܬܐܕܘܪܘܣ ܡܦܫܩܢܐ ܕܟܬܒ̈ܐ ܐܠܗܝܐ ܐܦܣܩܘܦܐ

ܕܦܪܘܣܦܘܪܝܐ. ܘܡܬܐܡܪܐ ܒܗ ܡܢ ܚܕܒܫ
ܥܕܡܐ ܕܗܘܫܥܢܐ ܗܒ ܠܚܕܒܫܒܐ ܕܐܘܫܥ̈ܢܐ.

Anfang:

ܛܟܣܐ ܕܡܦܩܢܘܬܗ ܐܦ ܕܩܘܕܫܐ ܒܩܘܕܫܐ
ܕܫܠ̈ܝܚܐ. ܠܗܘܢܐ ܡܕܡܝܢܬܐ. ܡܟܝܠ ܐܠܗܐ
ܫܠܡܐ ܐܝܬ ܠܟ. ܐܦܝ ܗ̇ܘ ܕܗܘܘ
ܡܬܘܡܐ ܒܠܝܬܘܪܓܝܐ. ܒܥܘܕܪܐ ܕܒܠܗܝܢ
ܒܪ̈ܝܬܐ. ܡܠܟܐ ܡܫܝܚܐ ܕܥܒܕ ܪܘܪܒܬܐ
ܕܟܠ ܡܬܡܪܘܡ.

Dieselbe bei FORSHALL XXXVII. 3; zu der Angabe daselbst, dass sie aus dem Griechischen übersetzt worden ist von dem Catholicus *Abhâ* (537—554) und Thomas aus Edessa, vergl. Assemani 3. 36: 2, 411.

Nachschrift:

ܫܠܡ ܩܘܕܫܐ ܕܡܦܫܩܢܐ ܛܘܒܢܐ ܠܦܘܡ ܐܡܝܢ.

4. Bl. 31ᵃ Messe des Nestorius: ܩܘܕܫܐ ܕܡܪܝ ܢܣܛܘܪܝܘܣ ܦܛܪܝܪܟܐ (ausgekratzt) ܕܩܘܣܛܢܛܝܢܘܦܘܠܝܣ. ܘܡܬܐܡܪ ܒܗ ܗ ܘܬܪܝܢ ܒܫܢܬܐ ܒܕܢܚܐ. ܒܥܕܢ ܕܡܪܝ ܝܘܚܢܢ ܡܥܡܕ. ܒܝܘܡܐ ܕܦܠܚܝܐ ܝܘܢ. ܒܐܪܒܥܐ ܕܒܟܘܬܐ. ܒܠܚܝܢ.

S. die Übersetzung bei BADGER a. a. O. II. 215.

5. Bl. 43ᵃ Ordo baptismatis, verfasst von dem Catholicus *Išô'jabh* aus Adiabene (652—661): ܛܟܣܐ ܕܡܥܡܘܕܝܬܐ ܩܕܝܫܬܐ ܕܥܒܝܕ ܠܡܪܝ ܝܫܘܥ ܝܗܒ ܩܬܘ ܚܕܝܒܝܐ.

Anfang:

ܩܕܝܫ ܡܪܝܐ ܐܠܗܢ ܕܒܗ ܘܡܢܗ ܚܝܠ
ܡܪܝ ܘܐܠܗܢ ܠܡܫܠܡܘ ܚܛܗܝ ܕܢܐܡܪ
ܠܐܪ̈ܙܐ ܩܕ̈ܝܫܐ ܕܡܥܡܘܕܝܬܐ ܡܫܝܚܝܬܐ ܕܐܬܝܗܒܘ
ܠܟܗܢܝܢ

Übersetzt bei BADGER a. a. O. II. 195 ff.

6. Bl. 57ᵇ—59ᵇ. Bl. 58 (von dem Ergänzer) ist unbeschrieben.

Zwei Fragmente:

a) Anfang eines ܛܟܣܐ ܕܫܘܝܐ ܡܢ̈ܐ, drei Zeilen Bl. 57ᵇ.

b) Schluss des ܛܟܣܐ ܕܫܘܫܛܐ Bl. 59ᵃᵇ.

Nachschrift:

ܫܠܡ ܘܐܦ ܛܟܣܐ ܕܫܘܫܛܐ.

Vergl. FORSHALL XXXVII. Nr. 7 und BADGER a. a. O. II, 25.

7. Bl. 59ᵇ Ordo renovationis fermenti sancti: ܛܟܣܐ ܕܚܘܕܬ ܚܡܝܪܐ ܩܕܝܫܐ ܐܘܟܝܬ ܡܠܟܐ.

Anfang:

ܩܕܝܫ ܒܘܗܢ ܚܡܝܪܬܐ ܕܦܝܪܐ ܡܠܟܐ ܩܕܡܝܐ
ܕܡܢܐ ܢܚܬܐ. ܗܢܘ ܕܝܢ ܚܡܝܪܐ ܘܡܠܚܐ
ܕܒܗ ܐܠܗܐ. ܚܕ ܡܢ ܐܪܒܥ ܩܢܘܡ̈ܝ ܕܩܕܝܫܬܐ
ܘܐܪܐ

S. FORSHALL XXXVII, Nr. 9.

8. Bl. 63ᵃ Ordo consecrationis aquae impurae: ܛܟܣܐ ܕܩܘܕܫ ܡܝ̈ܐ ܛܡ̈ܐܐ

Anfang:

ܩܕܝܫ ܡܪܝܐ ܐܠܗܢ ܕܒܗ. ܫܠܘܡܐ ܢܥܒܕ
ܘܢܬܟܢܫ. ܒܘܝܐܐ ܒܥܠ̈ܝܢܐ ܒܪܩܐ ܗ̇ܘ
ܕܐܬܘܗܝ ܡܪܝܐ ܒܥܘܡܐ ܐܝܬܐ ܕܢܨܪ
ܒܡܪ̈ܘܡܐ. ܘܪܡܘܗ ܡܕܒܪ ܠܬܗܘܡܐ. ܐܠܗ
ܡܢ ܡܪܘܬܟ ܥܠ ܡ̈ܝܐ ܗܠܝܢ ܛܡ̈ܐܐ ܘܩܕܫ
ܐܢܘܢ ܒܚܝܠܟ ܘܐܪܐ

S. FORSHALL XXXVII. Nr. 8.

Ein zweiter Ordo desselben Inhalts Bl. 64ᵃ:

ܐܚܪܬܐ ܠܩܘܕ ܕܩܘܕܫ ܡܝ̈ܐ ܛܡ̈ܐܐ

Anfang:

ܠܟ ܡܪܝܐ ܫܠܝܛܐ ܩܕܝܫܐ ܘܡܬܥܒܕܢܐ. ܡܩܘܕܫ
ܘܡܛܗܪ ܕܟܠܢܝܬܐ ܕܐܘܟܠ ܠܟ ܝܕܠܝܢ
ܡܢ ܒܘܣܡܘܬܟ ܕܬܩܘܢ ܡܫܝܐ ܕܡܪܢܝܬܘܬܟ
ܘܐܪܐ

9. Bl. 64ᵇ Ordo consecrationis altaris adhibito oleo: ܛܟܣܐ ܕܩܘܕܫ ܡܕܒܚܐ ܒܡܫܚܐ verfasst von *Išô'jabh* von Adiabene, dem Catholicus.

Anfang:

ܡܫܝܚܐ ܫܡܫܢ ܡ̈ܠܟܐ ܒܠܒܘܗܝ ܡܕܡ

Folgt eine Lücke, denn Bl. 65. 66 sind unbeschrieben.

Im Zusammenhang dieser Schrift findet sich ein Theil eines Ordo consecrationis altaris von dem Bischof *Barṣaumá* von Nisibis Bl. 82[b]: ܘܬܘܒ ܐܪܕܟܠܘܬܗ ܕܡܕܒ̈ܚܐ ܢܦܠܐ. ܘܗܝ ܠܒܪܨܘܡܐ ܐܦܝܣܩܘܦܐ ܗܘܐ ܕܢܨܝܒܝܢ ܩܘܕܫܐ ܕܡܕܒܚܐ ܚܕܬܐ. ܕܚܬܝܬܐ ܠܡܪܝ ܬܐܘܕܘܪܐ ܡܦܫܩܢܘܬܐ ܕܟܬ̈ܒܐ.

Anfang:

ܐܦ ܡܪܝ ܐܠܗܐ ܫܠܝܛܐ ܐܝܟ ܕܠܟ. ܗܒ. ܠܢ ܬܘܒ ܚܝܠܐ ܡܦܪܢܣܐ ܕܡܢܗܘܢ ܠܗ̈ܝܟܠܐ. ܠܗܘܢ ܡܩܕܫܢ ܘܡܫ̈ܒܚܢ ܕܡܕ̈ܒܚܐ ܘܫܪܐ

Eine Schrift ܩܘܕܫܐ des *Barṣaumá* wird von Ebedjesu im Catalogus erwähnt (s. Assemani III, 66).

Als Theil dieses Ordo ferner ein Hymnus mit alphabetischen Strophenanfängen auf Bl. 93[a] ff.

Anfang:

ܐܘܕܘ ܐ̈ܚܝ ܘܫܒܚܘ ܠܐܠܗܐ ܟܠܐ

Nachschrift auf Bl. 96[a]:

[ܫܠܡ] ܬܚܘܝܬܐ ܕܩܘܕܫ ܡܕܒܚܐ ܚܕܬܐ ܕܚܬܝܬܐ ܠܡܪܝ ܬܐܘܕܘܪܐ ܡܦܫܩܢܐ ܚܕܬܐ.

Im Anschluss hieran eine Notiz ܩܘܕܫܐ ܕܡܕܒܚܐ, Aufzählung solcher Fälle von Verunreinigung eines Altars, die eine Heiligung mit Öl erfordern, und solcher Fälle, die sie nicht erfordern.

10. Bl. 97[a] Ordo consecrationis altaris sine oleo: ܩܘܕܫ ܡܕܒܚܐ ܕܠܐ ܡܫܚܐ

Anfang:

ܡܫܝܚܐ ܡܪ̈ܢ ܐܬܘ ܕܢܩܕܫܐ. [ܫܠܡܬܐ] ܢܣܒܬ ܘܢܫܟܚ. ܘܐܡܪ̈ܢ ܡܢ ܐܚܪ̈ܢܐ ܐܢܫ ܫܠܝܚܐ ܡܪܝܐ ܘܡܫܬܘ̈ܕܝܢ ܫܠܡܬܐ ܚܢܢ ܡܪܝܐ ܘܫܪܐ

11. Bl. 99[b] Eine Sammlung von Morgengebeten für die Festtage, verfasst von dem Catholicus Elias III. (*Abû-Ḥalîm* von 1176—1190): ܨܠܘ̈ܬܐ ܕܨܦܪܐ ܕܥܐܕ̈ܐ. ܕܥܒܝܕ̈ܢ ܠܐܒܘܢ ܡܪܝ ܐܠܝܐ ܩܬܘܠܝܩܐ ܦܛܪܝܪܟܐ.

Für Weihnacht ܕܥܐܕܐ ܕܒܠܝܕܐ Bl. 99[b].

Ein zweites Bl. 101[b].

Commemoratio Mariae

ܕܕܘܟܪܢܐ ܕܡܪܬܝ ܡܪܝܡ Bl. 103[b].

Ein zweites für denselben Tag von *Šallîṭá* aus Ra's'ain Bl. 106[a]: ܐܚܪܬܐ ܕܡܪܬܝ ܡܪܝܡ. ܕܡܪܝ ܫܠܝܛܐ ܕܪܫ ܥܝܢܐ.

Anfang:

ܐܠܗܐ ܡܪܝܐ. ܕܒܝܕ ܚܘܒܗ ܠܐ ܡܬܡܠܠܢܐ ܘܪܚܡܬܗ ܣܓܝܐܬܐ ܠܐ ܡܬܚܫܒܢܐ ܚܒܫ ܨܒܝܢܐ ܕܨܠܘܬܢ ܘܫܪܐ

Epiphania ܕܥܐܕܐ ܕܕܢܚܐ Bl. 107[b]. Titel: ܬܘܪܨܗ ܕܡܪܝ ܐܠܝܐ

Anfang:

ܠܟ ܡܠܟܐ ܘܡܪܐ ܡܫܒܚܐ ܢܘܗܪܐ ܕܡܢ ܢܘܗܪܐ. ܘܗܘ ܕܠܐ ܐܝܬ ܫܘܠܛܢܐ ܠܐܝܬܘܬܗ ܡܠܟܘܬܗ.

Das ܬܘܪܨܗ im Titel dürfte besagen, dass Elias diesen Text nicht selbst verfasst, sondern nur bearbeitet, redigirt hat.

Ein zweites Gebet für denselben Tag Bl. 109[a].

Für den Montag des Niniviten-Gebets Bl. 111[a] für den ersten *mótwá*; ein zweites Bl. 114[a].

Für den Montag des Niniviten-Gebets Bl. 115[a] für den zweiten *mótwá*; Titel zum Theil zerstört; ein zweites Bl. 117[b].

Für den Dienstag, den ersten *mótwá* Bl. 118[a]: ܕܬܠܬܒܫܒܐ ܕܒܥܘܬܐ ܕܢܝܢܘܝ̈ܐ ܡܘܬܒܐ ܩܕܡܝܐ. ܕܡܪܝ ܫܠܝܛܐ; verfasst von *Šallîṭá*; ein zweites von *Giwargis* von Arbela Bl. 120[b].

Für denselben Tag, den zweiten *mótwá* Bl. 121[a] von Elias von Nisibis; ein zweites Bl. 123[a].

Für den Mittwoch des Niniviten-Gebetes, erster *môtwâ* Bl. 123b, zweiter *môtwâ* Bl. 125b. Vergl. über die ܩܬܝܣ̈ܡܛܐ καϑίσματα Assemani III, 291 Anm. 1.

Für die Commemoratio Sanctorum Bl. 127a; ein zweites Bl. 129a.

Für den Freitag der Verstorbenen Bl. 130b; ein zweites Bl. 132a.

Für den Fasten-Anfangs-Sonntag Bl. 133a ܕܡܫܪܝܢܘܬܐ ܕܨܘ̈ܡܐ ܪܒܐ: ein zweites Bl. 134a.

Für das Hosianna-Fest Bl. 135a: ein zweites Bl. 138a.

Für das Auferstehungs-Fest Bl. 139b; ein zweites Bl. 142b.

Für Himmelfahrt Bl. 143b: ein zweites Bl. 144b.

Für Pfingsten Bl. 145a; ein zweites von Paulus von *Anbâr* Bl. 147a; Anfang:

ܠܟ ܐܠܗܐ ܡܫܘܒܚܐ ܐܠܗܐ. ܗܘ ܕܒܐܬܘܬܗ
ܐܠܗܝܬܐ ܐܠܗܘܬܗ. ܘܒܟܝܢܘܬ ܐܠܗܘܬܗ ܥܒܕ
ܘܒܪܐ ܘܥܒܕ

Gebete von Elias für die Andacht bei der Spendung der Sacramente Bl. 148b:

ܨܠܘ̈ܬܐ ܕܡܫܡܫܢܘܬܐ ܕܐܪ̈ܙܐ. ܠܡܪܝ ܐܠܝܐ

Ein zweites Gebet für denselben Zweck Bl. 149b.

Für *Nôsardêl* Bl. 150a; ein zweites Bl. 151a.

Für das Offenbarungs-Fest ܕܕܢܚܐ ܕܡܫܝܚܐ Bl. 152a; ein zweites von *Giwargis* aus Mosul ܕܓܝܘܪܓܝܣ ܕܡܘܨܠ Bl. 154a.

Für das Kreuzes-Fest Bl. 155a; ein zweites Bl. 157b.

Für Kirchweih ܕܩܘܕܫ ܥܕܬܐ von dem Presbyter Abul'izz *Ḥadîri* aus Mosul Bl. 159b:

ܕܩܫܝܫܐ ܐܒܘ ܐܠܥܙ ܚܕܝܪܝ ܡܘܨܠܝܐ.

Ein zweites von demselben Bl. 161a—163a.

In dieser Gebetsammlung sind vielfach (unnöthiger Weise) Griechische Fremdwörter verwendet, die durch Randglossen erklärt werden. Wo nicht ein anderer Verfasser angegeben, ist überall Elias als solcher anzusehen.

Dies Werk des Elias, Bischofs von Nisibis und späteren Patriarchen, ist im Catalogus librorum von Ebedjesu (Assemani III, 291) erwähnt:

ܘܚܕܐ ܡܚܒܪ ܨܠܘ̈ܬܐ
ܕܦܫܛ ܡܩ̈ܒܠܐ ܘܕܢܦܫܐ

Vergl. die Anmerkung von Assemani III. 293. 294.

Die Hds. besteht aus einem älteren Theil und einer Ergänzung aus jüngster Zeit.

Der ältere Theil (an einigen Stellen etwas wasserfleckig, abgerieben, an den Rändern beschädigt) ist gut geschrieben und vielfach vocalisirt sowie mit *Rukkâkhâ* und *Ḳuššâjâ* versehen. Datum nicht vorhanden. Kann etwa 200 Jahre alt sein.

Die Ergänzung ist das Werk des Jeremias *Šâmir* vom Jahre 1881. S. die Nachschrift Bl. 163a:

ܫܠܡ ܟܬܒܐ ܗܢܘ ܒܝܕ ܐܦܦܐ ܠܡܫܝܚܐ

بيد ارميا

Seine Ergänzung ist aber keine vollständige geworden; abgesehen davon, dass der Anfang fehlt und dass mehrere der von Jeremias eingefügten Blätter unbeschrieben sind, finden sich auch noch andere Lücken, z. B. zwischen Bl. 114. 115. Von Jeremias stammen her die Blätter 5. 7. 8. 28. 37. 48. 49. 51. 55—58. 65. 66. 116. 125. 126. 135. 136. 143—145. 150—163.

163 Blätter (18,5 × 13 cm), die Seite zu 17 Zeilen.

41.

(Ms. orient. quart. 565.)

Ein liturgischer Sammelband ܛܟܣܐ ܕܟܗ̈ܢܐ Ordo sacerdotum aus Nordwest-Persien, enthaltend:

die drei Messen der Apostel, des Theodorus und des Nestorius;

verschiedene Rituale für besondere Zwecke und

kirchliche Gesänge, besonders ܣܘܓܝ̈ܬܐ von verschiedenen Dichtern: *'Abhdîšô' Bar Brîkhâ*, Bischof von *Gâzartâ*, Priester Israel aus *Alkôš*;

postillenartige Familiennotizen.

Titel Bl. 2ᵇ:

ܒܚܝܠܗ ܕܡܪܝ، ܝܫܘܥ ܡܫܝܚܐ ܡܬܚܝܠܝܢ
ܠܡܟܬܒ ܛܟܣܐ ܕܟܗ̈ܢܐ ܕܟܠܗ ܫܢܬܐ
ܒܥܘܕܪܢܐ ܡܪܝ، ܫܠܝܛ ܒܪ̈ܫܝܬ ܐܡܝܢ

Auf Bl. 1ᵇ Zeichnung eines Kuppelbaues. Inschriften:

ܒܝܬ ܕܡܕܒܚܐ ܕܡܪܝ، ܕܡܫܝܚܐ

An der Seite neben Leuchtern: ܢܘܗܪܐ ܕܥܠܡܐ، ܡܢܪ̈ܬܐ

Auf Bl. 2ᵃ Zeichnung eines Kreuzes. Inschrift:

ܨܠܝܒܐ ܚܝ ܢܛܘܪ ܚܝ̈ܐ ܠܡܫܝ̈ܚܝܐ ܨܠܝ̈ܒܐ ܕܨܠܝܒܐ ܨܠܝܒܐ

Unten an der Seite rechts ܐܦܪܝܢ, links ܠܐܠܗܐ.

Inhalt:

1. Bl. 2ᵇ Anweisung zur Bereitung der ܒܘܪܟܬܐ ܕܡܟܝܟܘܬܐ ܘܟܕ ܟܘܡܟܬܐ(?): ܫܠܝܚ ܡܫܝ̈ܚܐ. ܘܡܒܪܟ ܒܥܕܢ ܐܚܘܗܝ، ܕܒܥܡܡ̈ܐ. ܘܡܝܟܠ. ܐܢܫܐ ܠܐ ܢܥܕ

2. Bl. 4ᵇ Gebete der Bischöfe und Priester für das ganze Jahr ܨܠܘ̈ܬܐ ܕܟܠܗܘܢ، ܐܦܝܣܩܘ̈ܦܐ ܘܩܫܝ̈ܫܐ ܕܟܠܗ ܫܢܬܐ

3. Bl. 11ᵇ Gebete für den Gottesdienst in der Nacht ܨܠܘ̈ܬܐ ܕܬܫܡܫܬ̈ܐ، ܕܬܫܡܫܬܐ ܕܠܠܝܐ

4. Bl. 27ᵇ Die Messe der Apostel ܩܘܕܫܐ ܕܫܠܝ̈ܚܐ ܛܘܒ̈ܢܐ ܡܪܝ ܐܕܝ ܘܡܪܝ ܛܟܣܐ ܕܐܪ̈ܙܐ ܐܠܗ̈ܝܐ

5. Bl. 50ᵇ Messe des Theodorus. Anfang: ܬܘܒ ܩܘܕܫܐ ܕܡܪܝ ܬܐܘܕܘܪܘܣ ܡܦܫܩܢܐ ܕܟܬ̈ܒܐ ܐܠܗܝ̈ܐ. ܘܡܫܬܡܫ ܬܘܒ ܗܘ ܡܢ ܫܘܪܝܐ ܕܣܘܒܪܐ ܥܕܡܐ ܠܐܘܫܥܢܐ. ܘܡܫܬܡܫܐ ܟܕ ܗܘ ܡܢ ܐܝܟ ܗܘ ܕܐܢܫ ܒܥܐ ܐܘ ܒܩܝܡܐ

Diese Messe ist im Gebrauch vom Anfang der Adventzeit bis Palmarum.

6. Bl. 65ᵃ Die Messe des Nestorius ܬܘܒ ܩܘܕܫܐ ܕܢܣܛܘܪܝܘܣ ܫܪܝܪܐ ܕܟܠ ܥܠܡܐ. ܡܪܝ ܢܣܛܘܪܝܣ ܕܒܝܫܝܐ. ܡܦܠܝܣܝܢ ܬܘܒ ܗܝ ܠܥܘܡܪܢܐ ܐܡܝܢ. ܘܡܫܬܡܫܐ ܒܗ ܗܝ ܚܡܫ ܒܙܒܢܐ. ܘܒܡܪܝ ܝܘܚܢܢ ܡܥܡܕܢܐ. ܘܒܕܘܟܪܢܐ ܕܡܪܝ ܢܣܛܘܪܝܘܣ ܘܒܐܪܒܥܒܝܐ ܕܒܥܘܬܐ ܘܒܦܨܚܐ

7. Bl. 83ᵇ Ordo für den Becher ܦܘܪܫܢܐ ܕܥܠ ܟܣܐ ܗܝܕܝܢ ܕܢܦܩ ܠܥܒܕܢܐ

8. Bl. 84ᵃ Tauf-Ritual ܛܟܣܐ ܕܡܥܡܘܕܝܬܐ ܕܡܫܝܚܐ Vergl. Badger a. a. O. S. 195 ff.

9. Bl. 105ᵃ Sühnungs-Ritual ܛܟܣܐ ܕܚܘܣܝܐ Vergl. Badger a. a. O. S. 25

10. Bl. 109ᵃ Ritual für die Weihung unreinen Wassers ܩܘܕܫ ܡܝ̈ܐ ܛܡ̈ܐܐ

11. Bl. 110ᵃ Ritual für die Erneuerung des Sauerteigs ܛܟܣܐ ܕܚܘܕܬ ܡܠܟܐ ܐܚܪܢܐ ܡܠܟܐ

12. Bl. 114ᵃ Anweisung für die Weihung des Altars mit Öl, wenn er verunreinigt worden, und kanonische Bestimmungen ܩܢܘ̈ܢܐ ܘܦܘܩܕ̈ܢܐ ܕܥܠ ܡܕܒܚܐ Die Zahl der Canones ist 27 ܟܙ. Vergl. S. 149 und Assemani III, 238 ff.

13. Bl. 124ᵃ Fragen und Antworten über denselben Gegenstand (vergl. Assemani III. 249 ff.)
ܬܘܒ ܡܢ ܙܘܗܪ̈ܐ ܕܡܕܒܚܐ ܒܫܘܐܠܐ ܘܦܘܢܝ
ܦܬܓܡܐ ܕܥܠ ܡܢ ܡܫܚܐ ܕܩܘܕܫ ܠܡܫܚܐ
ܗܟܢ ܚܒܪܗ.

14. Bl. 142ᵃ Weihung des Altars ohne Öl
ܛܟܣܐ ܕܩܘܕܫ ܡܕܒܚܐ

15. Bl. 168ᵃ Ordo adorationis für Pfingstsonntag ܛܟܣܐ ܕܬܫܒܘܚܬܐ ܕܡܫܬܡܫ ܒܚܕܒܫܒܐ
ܕܦܢܛܩܘܣܛܐ.

16. Bl. 176ᵃ Sieben Gesänge (ܣܘ̈ܓܝܬܐ) von *Mâr 'Abhdishô' Bar Berîkhâ*, Bischof von *Gâzartâ*. Titel: ܬܘܒ ܡܢ ܣܘܓܝ̈ܬܐ ܕܥܒܕܝܫܘܥ ܡܛܪܢ
ܗܘ̈ܝ ܡܛܪܦܘܠܝܛ ܘܥܠ̈ ܕܒܪܝܟܐ ܠܡܪܝ
ܥܒܕܝܫܘܥ ܐܦܣܩܘܦܐ ܕܓܙܪܬܐ ܘܐܬܘܗܝ
ܒܫܪܝܐ ܕܥܕܝܢ.

17. Bl. 191ᵃ Ein anderer Gesang (ܣܘܓܝܬܐ) für Feste: ܬܘܒ ܣܘܓܝܬܐ ܕܥܐܕ̈ܐ ܒܫܪܝܐ
ܕܥܕܝܢ

Anfang:
ܐܘ ܒܪܘܟܐ ܕܫܡ̈ܝܐ ܐܦ ܕܐܪ̈ܥܐ.
ܐܢܬ ܠܒܪ̈ܝܬܐ ܕܝܗܒܬ ܒܗ ܪ̈ܘܚܐ

18. Bl. 193ᵇ Andere *Ḥuttâmê* vom Presbyter Israel aus *Alkôš*: ܚܘܬ̈ܡܐ ܐܚܪ̈ܢܐ ܕܒܪܝܬܐ
ܠܡܫܝܚܐ ܚܕܢܐ ܐܠܗܢܐ. ܘܒܪܟ ܚܕܢܐ
ܡܫ̈ܝܚܐ ܒܗ ܚܕܢܐ ܐܠܗ̈ܐ. ܒܬܘܕܝܬܗ
ܗܘܠ ܐܢܫ. ܘܒܪܘܚܗ ܚܕܢܐ. ܒܬܘܕܝܬܐ
ܕܐܢܫ.

19. Bl. 197ᵇ Ein *Ḥuttâmâ* für Verstorbene (Männer) von demselben ܚܘܬܡܐ ܐܚܪܢܐ ܕܥܢܝ̈ܕܐ
ܕܥܠܗ ܕܡܫܝܚܐ. ܕܥܢܝܕܗ ܡܢ ܗܘ ܠܥܠܡ.

Ein *Ḥuttâmâ* für verstorbene Frauen Bl. 198ᵇ.

20. Bl. 200ᵃ Ein *Ḥuttâmâ* für die Thür der κόγχη ܚܘܬܡܐ ܕܬܪܥ ܒܝܬ ܩ̈ܢܟܐ

21. Bl. 204ᵇ Ein *Ḥuttâmâ* für den Niniviten-Mittwoch, auch geeignet für das grosse Fasten ܚܘܬܡܐ ܕܐܪܒܥܒܫܒܐ ܕܢܝܢܘܝܐ ܘܐܦ ܚܙܝ
ܠܨܘܡܐ ܪܒܐ

22. Bl. 206ᵃ Ein *Ḥuttâmâ* für das Fest der Auferstehung ܚܘܬܡܐ ܕܒܥܐܕܐ ܕܩܝܡܬܐ ܐܡܪܝܢ
ܠܗ ܒܩܘܪܒܐ ܐܚܪܝܐ.

23. Bl. 208ᵇ—210ᵇ Ein *Ḥuttâmâ* für die Thür der κόγχη ܚܘܬܡܐ ܕܬܪܥ ܒܝܬ ܩܢܟܐ

Diese *Ḥuttâmê* sind längere Gedichte im zwölf- oder siebensilbigen Metrum, in zwei- oder vierzeiligen Strophen, die alphabetische Anfänge haben.

Bl. 210ᵇ ff. Unterschrift.

Bl. 213ᵇ Hymnus auf den Messias ܡܕܪܫܐ
ܡܥܠܝܐ ܠܡܫܝܚܐ

Anfang:
ܒܪܝܟ ܡܫܝܚܐ ܕܐܬܓܠܝ ܘܦܪܩ ܡܢ ܒܝܫܬܐ.

Die letzte Strophe enthält einen Fluch gegen den, der die Hds. stiehlt u. s. w.

Bl. 216ᵃ—217ᵃ Postillenartige Notizen des Schreibers, von jüngerer Hand fortgesetzt.

Vollendet ist diese Hds. am 6. *Adhâr* (März), dem ersten Dienstag im Fasten A. Gr. 2145 (1834 n. Chr.) zur Zeit des Catholicus Simeon, Patriarch des Orients. Der Schreiber nennt sich Diaconus *Aslân Bar Muḥatas* Bar Aslan Bar *Ḳdrâ* aus der Familie *Jaurê* aus dem Orte Gögtapa ܓܘܟܬܦܐ. Er schrieb in der Ortskirche des h. *Zai'â*. Colophon Bl. 210ᵇ:

ܫܠܡ ܟܬܒܐ ܕܚܘ̈ܕܪܐ ܒܝܘܡ̈ܝ ܕܩܕ̈ܫܐ
ܘܒܝܘܡ ܡܬܬܠܡ̈ܢܘܬܗ ܒܗ ܫܢܬܐ ܕܩܘ̈ܕܫܐ.
ܡܘܕܝܐ ܕܫܡ̈ܝܢܐ ܟܘ̈ܠܢܐ ܘܡܘܕܝܐ ܕܐܢܫ̈ܐ
ܐܬܩܕܫܘ ܦܢܐ ܘܡܘܕܝܐ ܕܐܢܫ̈ܐ ܢܝܫܐ̈ܝܬܐ
ܦܛܪ̈ܝܪܟܐ ܕܡܕܢܚܐ ܦܢܐ ܒܗ ܚܘܬ̈ܡܐ
ܕܐܬܐ ܟܬ̈ܒܐ ܕܒܝܬ ܡܫܝܚܐ ܠܥܠܡ ܥܠܡܝܢ
(Bl. 211ᵃ) ܒܬ ܒܪܝܟܬܐ. ܒܗ ܟܬܒܐ ܕܥܡܕܐ.
ܘܟܬܒܐ ܕܫܘܠܐ. ܘܟܬܒܐ ܕܫܘܕܟ ܫܒܪܐ.
ܘܒܪܟ ܕܐܚ̈ܪܐ ܫܡܥ̈ܐ ܕܡܕܒܚܐ ܐܦܪ̈ܝܐ.
ܘܙܘܗܪ̈ܐ ܒܫܘܐܠܐ ܘܦܘܢܝ ܦܬܓܡܐ. ܘܩܘܕܫ
ܡܕܒܚܐ ܕܠܐ ܡܫܚܐ. ܘܛܟܣܐ ܕܬܫܒܘܚܬܐ.
ܕܦܢܛܩܘܣܛܐ. ܥܠ ܥܠܡܐ ܣܘܓܝܬܐ. ܚܘܬܡܐ

[illegible] (Bl. 211b) [illegible] (Bl. 212a) [illegible]

Auf Bl. 213a nennt der Schreiber die Namen seiner Mutter und Geschwister [illegible]

Die Mutter Salbe, die Brüder Kara, Isa, *Kôǧô*, *Innûjâ*; die Schwestern Sanam, *Râḥa*.

¹ [illegible] ist mit Tilgungszeichen versehen und dafür [illegible] auf dem Rande eingesetzt.

Danach folgende Neusyrische Notiz:

[illegible]

»Gebunden hat diese Hds. der Diaconus *Murâd-Khân*, Sohn des *Aššô*. Seine Mutter ist *Insâf*. Seine (geistlichen) Väter waren *Murâd-Khân*, der Priester Abraham, der Priester *'Abhdišô'*, der Priester *Amrô*, der Priester *Mârûgol*.«

Am Schluss Bl. 216a Zeile 12 bis Bl. 217a Nachrichten über Familien-Angelegenheiten des Schreibers, Geburts- und Todesfälle, Alt- und Neu-Syrisch gemischt: [illegible] (Bl. 216b) [illegible]

(Folgt Fortsetzung von neuerer Hand.)

[illegible] (Bl. 217a) [illegible]

[illegible]

Geboren Diaconus Aslan 2118 Gr. (= 1807 n. Chr.).

Gestorben *Muḥatas*, Vater des vorigen, 2142 (1831).

Geboren *Bâbâ-Khân* Bar Kara 2135 (1824).

Geboren *Juḥannân* Bar Isa 2140 (1829).

Die Russen sind nach der Stadt *Darṣâpâ* 2139 (1828) gekommen.

Gestorben *Innîjâ* Bar *Muḥatas* 2145 (1834) 16. October.

An demselben Tage, Montags, tödteten die Kinder des Naphtali-Khan in *Šuhrâ* den Alipar, Vetter des Emmanuel-*Khân*. 5 *Tûmân* [illegible] (?).

Gestorben Isaak Bar *Ḳara* 2145 (1834).

Geboren *Muḥatas* Bar *Kûğô* 2145 (1834).

Geboren *Innîjâ* Bar Isa 2145 (1834).

Geboren Elias Bar Isa 2149 (1838).

Geboren Abraham Bar *Kûğô* 2150 (1839).

Gestorben Mirwat, Tochter des *Jaurehâ*, Frau des Diaconus Aslan, Epiphania 2149 (1838).

Gestorben *As'ê*, Frau des *Išô* Bar *Joḥannân* 2150 (1839).

Diaconus Aslan hat sich verheirathet mit einer Frau aus Diz, Marjam, Tochter des Abraham, Palmsonntag 2153 (1842).

Diaconus Aslan hat sich getrennt (vom Christenthum?) 23. Oct. 2155 (1843).

Vollständig vocalisirt und punktirt.

217 Blätter (23 × 16 cm), die Seite zu 17 Zeilen.

Auf dem rechtsseitigen Bindeblatt: Toksa. Ordination Service of the Nestorians. To Dr. Rödiger with the best regards of J. Perkins. Oroomiah, July 2, 1857.

42.

(Ms. orient. quart. 546.)

Ein Ordo sacerdotum [illegible] aus der Gegend von Urmia, übereinstimmend mit dem vorhergehenden (Ms. orient. quart. 565). Der Anfang fehlt. Erste Worte:

[illegible]

in dem Abschnitt »Gebete der Bischöfe und Priester für das ganze Jahr«, entsprechend Bl. 8ᵃ Z. 11 in Nr. 41.

Bl. 3ᵇ Gebete für den Gottesdienst in der Nacht [illegible]

Bl. 6ᵇ Messe der Apostel [illegible]

Sie ist im Gebrauch von der Auferstehungs-Woche bis Advent, bei der Todtenfeier, an Gedenktagen von Märtyrern und an Wochentagen.

Bl. 44ᵃ Ein synodischer Canon über die Messfeier [illegible]

Eine Frage und Antwort über Fasten und Fastenbrechen in der Osterzeit.

Bl. 45ᵃ Messe des Theodorus Interpres (von Mopsuestia), übersetzt in das Syrische von dem Catholicus *Mâr Abhâ*:

ܛܘܟܣܐ ܕܡܪܝ ܬܐܕܘܪܘܣ ܡܦܫܩܢܐ ܕܡܕܢܚܐ ܐܠܗ̈ܝܐ. ܕܐܦܩܗ ܘܦܫܩܗ ܡܢ ܝܘܢܝܐ ܠܣܘܪܝܝܐ ܡܪܝ ܐܒܐ ܩܬܘܠܝܩܐ ܟܕ ܗܠܟ ܠܪܘܡܝܐ ܘܦܫܩܗ ܗܘܐ ܒܡܬܪܓܡܢܘܬܐ ܕܡܪܝ ܬܐܘܕܘܪܐ ܦܘܫܩܐ ܡܦܫܩܢܐ.

Bl. 56ᵃ Messe des Nestorius ܛܘܟܣܐ ܕܡܪܝ ܢܣܛܘܪܝܘܣ ܡܪܢ ܡܪܝ ܐܒܐ ܩܬܘܠܝܩܐ ܐܒܐ ܕܦܫܩܗ ܠܛܘܟܣܐ ܗܢܐ ܟܕ ܥܠ ܠܪܘܡܐ ܕܐܘܦܝ ܐܦ ܠܛܘܟܣܗ ܕܡܪܝ ܢܣܛܘܪܝܘܣ ܘܦܫܩܗ ܠܗܘܢ ܡܢ ܝܘܢܝܐ ܠܣܘܪܝܝܐ ܐܝܟ ܕܣܗܕ ܡܪܝ ܝܘܚܢܢ ܩܬܘܠܝܩܐ ܒܡܐܡܪܐ ܕܥܒܕ ܠܬܘܕܝܬܐ ܕܟܗܢܘܬܐ ܕܟܠܢ.

Diese Messe hat der Catholicus *Mâr Abhâ* aus Griechenland (Byzanz) mitgebracht und in das Syrische übersetzt — nach dem Zeugniss des Catholicus Johannes.

Bl. 73ᵇ Kirchenlieder für die grossen Feste, genannt ܩܠܝ ܕܫܠܡܐ

Bl. 76ᵇ Weihung des Altars ohne Öl ܛܘܟܣܐ ܕܩܘܕܫ ܡܕܒܚܐ ܕܠܐ ܡܫܚܐ

Bl. 95ᵇ Erneuerung des Sauerteigs ܚܘܕܬܐ ܕܡܠܟܐ ܩܕܝܫܐ ܕܗܘܝܘ ܡܠܟܐ.

Bl. 100ᵃ Zwei Gebete ܨܠܘ̈ܬܐ ܕܥܠ ܡܥܢܝܕ ܕܗܘܐ ܐܢ̈ܫܘܬܐ ܟܕܒ̈ܝ ܡܥܡܕܝܢ

Das andere Bl. 100ᵇ ܨܠܘܬܐ ܕܡܘܫܚܬܐ ܕܡܥܡܕ̈ܐ

Bl. 101ᵃ Weihung unreinen Wassers ܚܘܕܬܐ ܕܛܘܟܣܐ ܕܡ̈ܝܐ ܛܡ̈ܐܐ

Bl. 102ᵃ Tauf-Ritual ܚܘܕܬܐ ܕܡܥܡܘܕܝܬܐ ܕܡܚܝܕܐ ܡܕܡܝܢ ܠܡܪܝ ܐܝܫܘܥܝܗܒ ܩܬܘܠܝܩܐ ܚܕܝܒܝܐ ܘܐܬܦܫܩ ܒܝܕܝ ܡܪܝ ܐܠܝܐ ܩܬܘܠܝܩܐ ܦܬܓܡܢܘܬܐ.

Dies Ritual ist verfasst vom Catholicus *Îšô'jabh* aus Adiabene und erklärt vom Catholicus *Mâr* Elias.

Bl. 119ᵃ—124ᵃ Kirchenlieder, genannt ܣܘܓܝܬܐ ܕܡܪܝ ܥܒܕ ܝܫܘܥ, verfasst von *'Abhdîšô'*, dem Metropoliten von *Ṣôbâ* und Armenien ܣܘܓܝܬܐ ܕܡܪܝ ܥܒܕ ܝܫܘܥ ܕܡܛܪܦܘܠܝܛܐ ܕܨܘܒܐ ܘܕܐܪܡܢܝܐ. ܘܡܫܡܠܝܢ ܒܕܘܟܬܐ ܕܡܕܢܚܐ.

a) Anfang: ܡܫܝܚܐ ܗܘ ܡܪܢ ܕܟܠ ܥܠܡܝܢ.

b) Anfang: ܒܫܡܐ ܕܐܠܗܐ ܕܡܢ ܥܠܡ.

c) Anfang: ܐܠܗܐ ܕܟܠܗ ܥܠܡܐ.

d) Anfang: ܘܐ ܒܪܝܬܐ ܕܒܢ̈ܝܢܫܐ ܐܦ ܕܐܕܡ.

Von den Blättern 120. 121 ist die untere Hälfte abgerissen. Schlussnotiz Bl. 124ᵃ:

ܫܠܡ ܣܘܓܝܬܐ ܕܡܫܝܚܐ ܕܐܬܥܒܕ ܘܫܘܒܚܐ ܠܐܠܗܐ ܘܠܐܒܐ ܒܪܝܟܐ ܐܡܝܢ.

Bl. 124ᵇ. 125 Unterschriften.

Vollendet ist die Copie A. G. 2067 (1756 n. Chr.) am Freitag den 27. *Ḥezîrân* (Juni) im Ort *Ġalam* in der Kirche des *Mâr* ܝܘܚܢܢ zur Zeit des Catholicus Simeon, Patriarch des Orients, und des Bischofs Sergius.

Der Schreiber ist der Diaconus Daniel, Sohn des Diaconus *Kâ'il* ܩܐܝܠ, Sohnes des Diaconus *Yoḥannân*, Sohnes des Priesters Adam. Der Schreiber Daniel nennt sich auch auf Bl. 72ᵃ, Bl. 101ᵇ und Bl. 118ᵇ.

Colophon Bl. 124ᵇ:

ܫܠܡ ܟܬܒܐ ܗܢܐ ܘܫܠܡܘ ܚܘܕܪܐ ܗܢܐ ܕܩܘܕܫܐ ܕܥܠܡܐ ܡܠܟܘܬܐ. ܒܫܢܬ ܬܪܝܢ ܐܠܦ ܘܫܬܝܢ ܘܫܒܥ ܕܝܘܢܝ̈ܐ ܚܕ ܒܫܒܐ ܒܥܣܪܝܢ ܘܫܒܥܐ ܠܝܪܚܐ ܚܙܝܪܢ ܒܩܪܝܬܐ ܕܓܠܡ ܒܥܕܬܐ ܕܡܪܝ ܝܘܚܢܢ. ܒܝܘܡܝ ܡܪܢ ܡܪܝ ܫܡܥܘܢ ܦܛܪܝܪܟܐ ܕܡܕܢܚܐ. ܘܐܦܝܣܩܘܦܐ ܕܝܠܢ ܡܪܝ ܣܪܓܝܣ. ܗܘ ܕܟܬܒ ܕܢܝܐܝܠ ܡܫܡܫܢܐ ܒܪ ܡܫܡܫܢܐ ܩܐܝܠ ܒܪ ܡܫܡܫܢܐ ܝܘܚܢܢ ܒܪ ܩܫܝܫܐ ܐܕܡ. ܘܕܩܪܐ ܘܕܡܫܬܡܠܐ ܢܨܠܐ ܥܠܘܗܝ ܘܥܠ ܡܐܢܐ ܗܢܐ.

ܫ̈ܢܝܗܘܢ. (Bl. 125a) ܠܡܫܡܫܢܘܬ ܥܕܬܐ ܡܫܝܚܝܬܐ
ܐܡܝܢ. ܟܬܒ ܕܝܢ ܡܣܟܢܐ ܘܚܛܝܐ ܘܕܘܝܐ
ܘܡܘܟܟܐ ܕܒܢܝ̈ܢܫܐ ܡܫܡܫܢܐ ܕܫܡܗ ܠ
ܒܪ ܡܫܡܫܢܐ ܐܒܪܗܡ ܒܪ ܩܫ̄ܐ ܝܘܚܢܢ ܒܪ ܡܫܡܫܢܐ
ܐܝܟ ܒܢ̈ܝ ܫܒܐ. ܒܒܥܘ ܢܨܠܘܢ ܥܠܘܗܝ
ܕܢܚܘܢ ܒܡܘܕܝܢ ܢܨܠܘܬܗܘܢ ܐܡܝܢ ܘܐܡܝܢ.
ܠܐ ܡܕܡ ܢܬܚܫܒ ܐܓܪܐ ܕܫܡܥ ܐܬܩܪܝܬ
ܕܠܐ̈. ܐܠܐ ܢܬܚܫܒ ܡܢ ܢܘܗܪܐ (sic) ܕܟܠܗܝܢ
ܐܡܝܢ. ܒܫܢܬ ܐܠܦܐ ܠܝܘܢܝܐ ܘܡܫܝܚܐ ܢܣܒܗ
ܠܕܕܕܕܕܕܕܕܕܕܢ

Auf Bl. 125b Notiz (durchstrichen), dass ein Priester *Shammû* (Samuel), Sohn des Priesters *Šâhî* aus dem Ort Nârâ, diese Hds. für sein Geld schreiben liess für das Kloster des h. *Sâbhâ*:

ܐܬܟܬܒ ܠܡܟܬܒ ܗܢܐ ܕܝܠܗ ܩܫܝܫܐ
ܒܡܫܡܫܢܘܬܗ (!) ܘܡܫܠܡܐ ܒܝܬܐ ܩܕܝܫܐ
ܫܡܘ ܒܪ ܩܫܝܫܐ ܫܗܝ ܡܢ ܩܪܝܬܐ ܢܪܐ
ܢܐܪܐ ܘܐܬܟܬܒ ܡܢ ܟܣܦܗ ܕܝܠܗ ܘܡܢ ܦܘܠܚܢܗ
ܡܛܠ ܩܕܝܫܐ ܕܡܪܝ ܣܒܐ ܡܢ ܚܘܒܐ ܘܠܗܘܢ
ܦܫ ܟܬܒܐ ܡܕܡ ܕܡܫܬܘܕܐ ܐܡܝܢ

Eine zweite Notiz daselbst enthält einen Fluch gegen den, der die Hds. fortnimmt ohne lobenswerthen Grund: ܟܠ ܕܡܦܩ ܠܗ
ܡܢ ܓܘܗ ܒܥܠܬܐ ܕܠܐ ܡܫܬܒܚܬܐ ܢܗܘܐ
ܚܪܡ ܒܥܠܡܐ ܘܒܐܪܥܐ ܓܪܒܐ ܕܓܝܚܙܝ ܢܕܒܩ[1]
ܒܗ ܐܡܝܢ.

Eine dritte Notiz, in der ܡܪܝ ܘܚܢܐ erwähnt ist: ܐܬܟܬܒ ܠܬܫܡܫܬܐ ܕܐܕܪܐ ܕܡܪܝ
ܘܚܢܐ ܨܠܘ ܥܠܝ ܒܚܘܒܐ ܡܫܝܚܝܐ ܐܡܝܢ

Diese 3 Notizen sind von derselben Hand geschrieben (nicht von Daniel).

Letzte Notiz auf Bl. 125b von neuerer Hand, in der der Name *'Abhdîšô'*, Sohn des *Ḳulêḥad*, vorkommt:

ܡܫܝܚܐ ܐܠܗܐ ܡܘܕܝܢܐ ܕܒܕܗܘ ܐܠܗܐ ܓܘܕܐ
ܐܦ ܒܡܚܝܢܘ ܒܪܗ ܕܩܘܠܝܚܕ
ܕܒܪܘܢܐ ܚܝ ܡܘܕܝܢ ܕܝܠܗ

Vollständig vocalisirt und punktirt.

125 Blätter (22,5 × 16 cm), die Seite zu 16 Zeilen.

43.

(Ms. orient. fol. 620.)

Ein liturgisches Werk, betitelt ܓܙܐ Thesaurus, enthaltend »the services for all the festivals (Sundays excepted) throughout the whole year. Like the Khudhra it comprises anthems, hymns, and collects; but besides these it includes other capitula having especial reference to the subject commemorated« (Badger, The Nestorians and their rituals II. 23). Die Texte dieser Hds. beziehen sich auf eine Reihe ausgewählter Fest- und Heiligen-Tage.

Die Hds. besteht aus einem ersten Theil, der von jüngerer Hand ergänzt worden ist.

A. Älterer Theil Bl. 57—72. 74—376.

B. Jüngerer Theil Bl. 1—56. 73. 377—446.

Titel:

ܒܚܝܠ ܚܝܠܗ ܕܡܪܢ ܝܫܘܥ ܡܫܝܚܐ ܡܫܪܝܢܢ
ܠܡܟܬܒ ܓܙܐ ܕܟܠܗ ܫܢܬܐ. ܐܝܟ ܥܝܕܐ
ܕܐܚܝܕ ܘܡܫܡܫ ܒܕܝܪܐ ܥܠܝܬܐ ܕܡܪܝ
ܓܒܪܐܝܠ ܕܡܘܨܠ.

»Thesaurus für das ganze Jahr nach dem Gebrauch des Oberen Klosters des *Mâr* Gabriel in Mosul.« Über *Dair 'Allâitâ* vergl. Badger a. a. O. II S. 17 Anm. In der Nachschrift Bl. 446a wird das Kloster genannt »Das Obere Kloster des *Mâr* Gabriel, *Mâr* Abraham und *Mâr* Michael bei Mosul, der Arsacidischen Stadt (ܡܕܝܢܬܐ ܐܪܫܟܝܬܐ).«

[1] Lies ܒܓܘܫܡܗ nach II. Könige 5, 27.

Inhalt:

Bl. 1b Weihnachtsfest. Bl. 4a ܡܘܬܒܐ ܩܕܡܝܐ

Bl. 25a ܡܘܬܒܐ ܕܬܪ̈ܝܢ

Bl. 42b Gedenktag Unserer Herrin Maria ܥܐܕܐ ܘܕܘܟܪܢܐ ܕܡܫܒܚܬܐ ܒܢܫ̈ܐ ܡܪܬܝ ܕܝܠܕܬ ܡܪܢ ܡܪܝܐ ܠܒܝܬܗ ܕܡܫܝܚܐ

Bl. 86b Epiphania (6. Jan.) ܥܐܕܐ ܘܕܘܟܪܢܐ ܕܡܫܒܚܬܐ ܒܕܢܚܐ ܕܡܪܢ ܕܕܢܚܗ ܕܡܪܝ ܝܫܘܥ ܡܫܝܚܐ

Bl. 115a Gedenktag von Johannes dem Täufer (Freitag nach Epiphania).

Bl. 143a Gedenktag von Peter und Paul.

Bl. 171b Gedenktag der vier Evangelisten.

Bl. 191b Gedenktag des h. Stephanus.

Bl. 213b Gedenktag der Griechischen Lehrer: Diodorus, Theodorus, Nestorius.

Bl. 244b Gedenktag der Syrischen Lehrer: Ephraem, Narses, Abraham, Johannes, ܠܘܠܝܢܐ, *Mâr* Michael.

Bl. 266a Gedenktag des Catholicus *Mâr Abhd* ܕܘܟܪܢܐ ܕܡܪܝ ܦܛܪܝܘܪܟܐ ܕܡܕܢܚܐ ܕܡܪܝ ܐܒܐ ܩܬܘܠܝܩܐ.

Bl. 300a Freitag der Bekenner ܥܪܘܒܬܐ ܕܡܘ̈ܕܝܢܐ

Bl. 312b Gedenktag des *Mâr* Georgius Martyr (am 24. April) ܬܘܒ ܕܘܟܪܢܐ ܕܕܘܟܪܢܐ ܕܡܪܝ ܓܝܘܪܓܝܣ ܣܗܕܐ ܢܨܝܚܐ. ܕܗܘܐ ܒܝܘܡ ܥܣ̈ܪܝܢ ܘܐܪܒܥܐ ܒܢܝܣܢ. ܟܠ ܫܢܐ ܕܡܬܡܛܐ. ܒܪܡ ܐܢ ܢܦܠ ܥܪܘܒܬܐ ܕܡܘ̈ܕܝܢܐ. ܡܬܬܠܝܢ ܠܗ ܠܫܒܬܐ.

Bl. 346a Gedenktag der Makkabäer und ihrer Mutter ܕܘܟܪܢܐ ܕܡܩܒܝ ܘܐܡܗܘܢ

Bl. 363b Himmelfahrt.

Bl. 381a Gedenktag des Apostels Thomas.

Bl. 389b Offenbarung Christi auf dem Berge Tabor (am 6. *Âbh.*).

Bl. 399b (Mitte) Notiz über die Auffindung des Kreuzes ܬܘܒ ܫܠܡܬ ܕܡܘܕܥܢܘܬܐ ܥܠ ܫܘܚܠܦܗ ܕܨܠܝܒܐ. ܡܛܠ ܕܡܫܢܝܢ ܡܥܕ̈ܝܢ ܠܗܘܢ. ܟܠ ܫܢܐ ܕܫܒܬܐ ܗܕܐ ܕܫܠܡܬ ܫܒܬܐ ܗܘ ܥܕܢܐ ܘܕܫܠܡ ܘܫܒܩܢܐ. ܕܝܠܗ ܐܬܓܠܝ ܘܐܬܡܕܥ ܒܫܡܐ ܗܠܝܢܐ ܕܨܠܝܒܐ ܘܫܪܐ

Dieser Abschnitt ist durchstrichen. Danach (Bl. 400b) Unterschrift.

Bl. 401a—401b (bis Mitte) Schluss der vorhergehenden Feier (Offenbarung Christi auf Tabor). Dies ist ebenfalls durchstrichen.

Bl. 401b Dieselbe Notiz über die Auffindung des Kreuzes.

Bl. 402b—446a Gedenktag der Kreuzesauffindung (am 13. Sept.). Bl. 405b ܡܘܬܒܐ ܩܕܡܝܐ. Bl. 420a ܡܘܬܒܐ ܕܬܪ̈ܝܢ

Die Texte für jeden Tag sind eingetheilt in drei Gruppen, eine Einleitung und zwei *Motwâ* ܡܘܬܒܐ. Die zum Gottesdienst gehörigen biblischen Perikopen, z. B. die Psalmtexte ܡܙܡܘܪܐ, die Messen (der Apostel, des Theodor, des Nestorius) und ähnliches sind nicht voll ausgeschrieben, sondern nur citirt, während die Gesänge in extenso mitgetheilt sind. Die sehr zahlreichen Gesänge sind in der Mehrzahl nicht von grossem Umfange und tragen meist keine andere Überschrift als die Anfangsworte der Melodie, nach der sie zu singen sind. Sonstige Überschriften ܥܘܢܝܬܐ, ܕܡܫܝ̈ܚܐ, ܫܠܡܐ, ܬܫܒܘܚܬܐ, ܡܕܪܫܐ, ܩܢܘܢܐ, ܩܠܐ, ܕܟܠܗ, ܕܒܣܘܠܝ̈ܐ, ܬܘܪܥܐ, ܐܠܦܒܝܬܐ

Im Allgemeinen sind die Dichter der Gesänge nicht genannt, ausgenommen bei einigen langen Strophenliedern ܡܕܪ̈ܫܐ von folgenden Dichtern;

1. *Wardâ.*

a) Bl. 75b ܬܘܒ ܕܝܠܗ ܕܘܪܕܐ. ܒܬܪ ܕܝܠ̈ܝܕܐ ܗܘܐ ܒܪܐ ܐܢܐ

Auch das vorhergehende Gedicht, anfangend Bl. 73b 6: ܕܚܢܐ ܢܣܒ ܠܒܪܢܫܐ ist von *Wardâ* gedichtet, obwohl sein Name nicht genannt ist.

b) Bl. 77b ܒܪܐ ܕܒܪܝܢ ܒܗ ܡܫܝܚܐ.

c) Bl. 80b ܒܠ ܫܡܝܐ ܐܪܝܚܬܐ.

d) Bl. 108a ܒܫܡܐ ܐܠܗܝܐ ܘܐܠܗܝܢ.

e) Bl. 137b ܚܝܠܐ ܕܡܠܠ ܒܐܬܘܢ.

f) Bl. 184b ܠܦܪܘܩܢ ܐܠܗܢ.

g) Bl. 186a ܠܐܠܗܐ ܕܒܪܬܐ ܚܠܬ ܗܘܝܬ.

h) Bl. 275a ܡܪܐ ܕܟܠ ܡܪܘܬܐ.

i) Bl. 276a ܡܠܟܢܐ ܕܡܠܟܘܬܐ.

k) Bl. 307a ܐܢܐ ܗܘܝܬ ܠܝ ܡܕܒܪܢܐ.

l) Bl. 308b ܫܪܒܐ ܕܦܪܘܩܘܬܐ ܫܡܥܬ ܗܘܝܬ.

m) Bl. 320a ܠܐܠܗܘܢ ܕܦܪܘܩܘܬܐ ܚܠܬ.

n) Bl. 377a ܐܘܪܫܗ ܕܒܪܐ ܚܣܝܐ.

2. *Ḥakim de-Bêth Ḳâšâ* (Assemani III, 561) ܫܒܚ ܕܒܗ ܡܢܐ

Bl. 102b ܐܦ ܚܝ̈ܠܐ ܫܘܐܝܬ.
ܢܦܫ ܫܘܒܚܐ ܐܠܗܝܬ.

3. *Bâbhai* ܪܒ ܒܒܝ ܡܠܦܢܐ (Assemani III, 88).

a) Bl. 234b ܒܫܒܝܠ ܒܢ̈ܝܐ ܘܕܝ̈ܢܐ ܕܐܬܚܝܒ.

b) Bl. 234b ܐܠܗܘܬܐ ܕܐܒܐ ܘܒܪܐ ܘܪܘܚܩܘܕܫܐ.

4 Priester *Ṣlîbhâ*, Sohn des David *Bar Maḳbil* aus *Manṣûrîjje* (Assemani III, 463): ܡܫܒܚܐ ܐܠܗܐ ܒܪ ܡܪܝ ܕܡܢ ܒܪ ܡܪܝ ܡܫܒܚ ܡܢ ܡܪܢܐ ܒܪܝܬܐ ܡܬܝܕܥܢܘܬܗ.

Ein Panegyricus auf Nestorius.

Bl. 235a—242a. Anfang:

ܐܘ ܡܫܒܚܐ ܒܠ ܐܦܘܣܩܐ

5. Priester *Askô* (Abkürzung aus ܘܪܕܐ, ܕܡܫܝܚܐ ܐܫܟܚ ܡܦܪܫܢܐ ܡܫܒܚܢܐ?) *Šbhadhnâjâ*

Bl. 337b—343a. Anfang:

ܝܘܡܐ ܫܡܝܐ ܕܐܬܓܠܝܬ.

6. Eine ܒܘܥܝܬܐ vom Catholicus *Mâr Denḥâ* (vergl. Assemani III, 564) Bl. 426b. Anfang:

ܡܒܪܟ ܠܐܠܗܐ ܡܒܪܟܐ.

7. Catholicus *Mâr Sabhrîšô'* Bl. 425a. Anfang:

ܡܒܪܟ ܠܐܠܗܢ ܡܪܢܐ.

Von anderen grösseren Gedichten, deren Verfasser nicht angegeben sind, habe ich die folgenden notirt. Viele derselben haben alphabetische Strophenanfänge, manche tragen die Überschrift ܚܠܡ.

1. Bl. 3a ܒܫܘܒܚܐ ܘܬܫܒܘܚܐ ܢܒܥ ܒܪܘܟܐ ܕܝܢܐ ܠܟܠܢ.

2. Bl. 12a ܒܪܫܝܬ ܒܫܘܒܚܗ ܐܫܡܥ ܒܪܘܟܐ.

3. Bl. 22b ܢܦܫ ܠܒܢ ܒܗ ܡܫܪܬ.

4. Bl. 28a ܒܠܒܗ ܕܒܪܐ ܡܫܝܚܐ ܡܪܝ.

5. Bl. 35b ܫܪܪܐ ܐܠܗܐ ܒܕܡ ܒܪ ܐܠܗܐ ܠܒܪܬܗ.

6. Bl. 48a ܡܢ ܡܫܒܚ ܕܐܬܐ ܐܬܡܪܬܒ.

7. Bl. 68b ܢܦܫ ܠܒܢ ܒܗ ܡܫܪܬ. ܕܡܪܝܐ ܒܬܘܠܬܐ ܗܝ ܒܝܬܐ.

8. Bl. 72b ܒܕ ܐܫܬܠܚ ܗܘܐ ܠܒܪܢܫܐ.

9. Bl. 100 *B*a ܒܪܝܟ ܡܫܝܚܐ ܕܒܡܫܒܚܗ.

10. Bl. 107b ܐܗܪܢ ܪܒܐ ܕܟܠ ܡܬܡܠܠ

11. Bl. 118b ܐܘ ܠܝ ܒܗܝܢ ܒܪ ܒܪܬܐ.

12. Bl. 135a ܡܢܘ ܗܦܟ ܕܫܬܐ ܢܝܫܢܘܗܝ.

13. Bl. 147b ܐܘܕܝ ܒܕܒܬܐ ܒܦܘܡ ܢܠܒܝܒ.

14. Bl. 163a ܒܪܝܟ ܡܫܝܚܐ ܦܪܘܩܢ.

15. Bl. 165b ܒܐܘܪܚܐ ܕܒܢ̈ܝܐ ܪܒܘ ܚܘܫܒܢ.

16. Bl. 183b ܠܡܦܩܕ ܐܪܒܥܐ ܕܡܣܒܪܬܐ.

17. Bl. 207b ܫܘܒܚܐ ܠܟ ܡܢ ܒܠ ܦܘܡܝܢ.

18. Bl. 208a ܒܫܘܡܗ ܦܪܘܩܐ ܕܡܫܝܚܐ.

19. Bl. 217b ܒܐܘܪܚܐ ܕܒܢ̈ܝܐ ܡܕܡܝܢ.

20. Bl. 218b ܫܘܒܚܐ ܠܕܡܫܝܚ ܡܪܢ.

21. Bl. 221a ܒܫܠ ܪܡܫܐ ܕܐܫܬܟܚ ܗܘܐ ܒܪܘܚܐ ܘܒܦܘܪܐ.

22. Bl. 221ᵇ [illegible]
23. Bl. 222ᵃ [illegible]
24. Bl. 222ᵇ [illegible]
25. Bl. 223ᵇ [illegible]
26. Bl. 228ᵇ [illegible]
27. Bl. 259ᵃ [illegible]
28. Bl. 273ᵃ [illegible]
29. Bl. 283ᵃ [illegible]
30. Bl. 291ᵇ [illegible]
31. Bl. 293ᵃ [illegible]
32. Bl. 295ᵇ [illegible]
33. Bl. 306ᵇ [illegible]
34. Bl. 316ᵃ [illegible]
35. Bl. 319ᵃ [illegible]
36. Bl. 330ᵃ [illegible]
37. Bl. 355ᵃ [illegible]
38. Bl. 355ᵇ [illegible]
39. Bl. 356ᵇ [illegible]
40. Bl. 360ᵃ [illegible]
41. Bl. 418ᵃ [illegible]
42. Bl. 424ᵃ [illegible]
43. Bl. 438ᵃ [illegible]
44. Bl. 439ᵇ [illegible]

Die Verfasser dieser Gedichte werden in den meisten Fällen durch die Vergleichung verwandter Sammlungen ermittelt werden können.

Der Schreiber des jüngeren Theiles ist ein *'Abhdîšô'*, dessen Genealogie und Titel mit dem Ende der Nachschrift Bl. 446ᵇ verloren gegangen ist. Er hat diesen Thesaurus nach dem Usus des Oberen Klosters der hh. Gabriel, Abraham und Michael bei Mosul geschrieben in der Landschaft *Targâwar* in dem Dorfe *Tauhâ* (*Tôhâ*), das unter dem Schutze der hh. Thomas, Eugen, Cyriacus und Georgius stand, und seine Arbeit vollendet den 15. Februar am Sonnabend der ersten Fastenwoche A. Gr. 2147 = 1836 n. Chr. zur Zeit des Catholicus und Patriarchen Simeon und des Bischofs Abraham von *Targâwar*. S. die folgende Unterschrift auf Bl. 446ᵃᵇ:

[illegible]

(Bl. 446ᵇ) [illegible]

[illegible]

(Ende fehlt)

Ferner Bl. 446ª Z. 7:

[illegible]

In dem durchstrichenen Theil Bl. 399ᵇ untere Hälfte bis 401ᵇ obere Hälfte findet sich abgesehen von einer Wiederholung des vorhergehenden und nachfolgenden Textes die folgende Notiz:

[illegible]

Danach wäre diese Hds. vollendet worden den 8. Dec. 1849 Gr. (= 1537 n. Chr.) oder 944 d. Fl., eine Angabe, die mit der obigen in Widerspruch steht. Die Notiz ist von dem Ergänzer geschrieben, und seine Schrift und sein Papier gehören ohne Zweifel diesem Jahrhundert an. Es bleibt daher die Frage, auf welches Werk sich das Datum dieser durchstrichenen Notiz bezieht.

In dem älteren Theil findet sich kein Datum: vielleicht aber bezieht sich auf ihn das Datum 1537 n. Chr., denn Schrift und Papier würden mit einer solchen Datirung harmoniren.

Der ältere Theil zeigt eine spärliche, der jüngere Theil eine vollständige Vocalisation und Punctation. In dem älteren Theil ist das Papier an vielen Stellen wasserfleckig.

449 Blätter (31 × 20,5 cm), die Seite zu 28 Zeilen.

44.

(Sachau 13.)

Gebetbuch für Nestorianische Geistliche in zwei Theilen:

I. Bl. 1b—143a Sammlung von Gebeten für die vier täglichen Gebetszeiten, speciell bestimmt für den Gebrauch von Diakonen und höheren Geistlichen. Titel:

ܟܬܒܐ ܕܫܒܥܐ (s. weiter unten) ܨܠܘ̈ܬܐ ܕܡܫܡܫܢܘܬܐ ܠܡܪܝ ܕܟ̈ܠ ܦܘܪ̈ܫܐ ܒܐܝܕܐ ܕܝܢ ܡܫܡ̈ܫܢܐ ܘܟܠܗܘܢ.

Anfang:

ܡܫܡܫܢܐ ܨܠܘܬܐ ܕܪܡܫܐ ܕܚܕܒܫܒܐ ܨܠܘܬܐ ܠܟ ܡܪܝ ܢܣܓܘܕ ܘܢܫܒܚ ܒܟܠܙܒܢ ܗܢܐ ܕܪܡܫܐ ܠܟ ܫܘܒܚܐ. ܘܟܕ ܢܦܩܢܐ ܡܢ ܡܐܬ̈ܢܐ ܦ̈ܓܪܐ ܘܪ̈ܘܚܐ ܠܐ ܡܫܬܪ̈ܝܢ. ܘܢܦܫܬܐ ܡܬܦ̈ܢܝܢ ܕܒܥܠܡܐ ܗܢܐ ܒܚܘܪܐ ܘܡܫܬܪ̈ܝܢ.

Die Gebete sind geordnet nach den Tagen der Woche, beginnend mit Sonntag, d. i. Sonnabend Abend oder ܪܡܫܐ ܕܚܕܒܫܒܐ Bl. 1a.

Montag	Bl. 21b
Dienstag	Bl. 42b
Mittwoch	Bl. 61b
Donnerstag	Bl. 82b
Freitag	Bl. 102b
Sonnabend	Bl. 122b

Jeder Tag hat vier Gebetszeiten: ܪܡܫܐ (Anbruch der Nacht), ܬܠܬ ܫ̈ܥܝܢ die dritte Stunde des Tages, ܫܬ ܫ̈ܥܝܢ die sechste Stunde (Mittag) und ܬܫܥ ܫ̈ܥܝܢ die neunte Stunde. Vergl. zu dieser Vertheilung der Gebetszeiten die für Laien bestimmte bei Badger, Nestorians u. s. w. II, 17. Die Bezeichnung in dem Titel Buch der sieben Gebete ist also nicht ganz richtig und bezieht sich darauf, dass nach dem älteren Gesetz die Zahl der täglichen Gebete sieben gewesen war.

Die für die einzelnen Tage bestimmten Gebete haben verschiedene Überschriften: ܨܠܘܬܐ. ܥ̈ܢܝܢܐ, ܒܥܘܬܐ, ܡܕܪܫܐ, ܦܪܘܩܝܢ (Gebet für die Todten), ܒܥܘܬܐ, ܕܥܢ̈ܝܕܐ. Die als ܒܥܘܬܐ oder ܡܕܪܫܐ bezeichneten Gebete werden zurückgeführt auf *Mâr* Jacob (von *Serûgh*?) und Ephraem; andere Autoren sind nicht genannt.

Verzeichniss der Gebete von *Mâr* Jacob:

1. Bl. 5b ܡܕܪܫܐ ܕܡܪܝ ܝܥܩܘܒ Anfang:
ܚܘܒܐ ܘܡܕܪܫܐ ܘܬܘܕܝܬܐ

2. Bl. 12b ܒܥܘܬܐ:
ܦܬܚ ܠܟ ܡܪܢܐ ܡܪܝ ܬܪܥ ܬܘܕܝܬܐ

3. Bl. 16b ܒܥܘܬܐ:
ܦܬܚ ܠܟ ܡܪܢܐ ܡܪܝ
ܨܠܘܬܐ ܒܥܘܬܐ ܕܝܠܢ ܡܪܢܐ ܦܬܚܐ

4. Bl. 27b ܒܥܘܬܐ:
ܦܬܚ ܠܟ ܡܪܢܐ
ܐܪܟܢ ܡܪܢܐ ܐܕܢܟ ܕܫܡܥ ܢܦܫܐ ܡܫܬܐܠܐ

5. Bl. 32b ܒܥܘܬܐ:
ܦܬܚ ܠܟ ܡܪܢܐ
ܚܢܢ ܕܗܘܝܢ ܡܫܬܒܪܢ ܠܡܬܩܠܘ ܒܗ ܐܠܗܐ

6. Bl. 41b ܒܥܘܬܐ:
ܦܬܚ ܠܟ ܡܪܢܐ
ܡܫܠܡ ܗܘ ܢܦܫܐ ܐܦ ܡܢ ܕܦܬܚ ܠܬܪܥܐ

7. Bl. 47a ܒܥܘܬܐ:
ܦܬܚ ܠܟ ܡܪܢܐ
ܡܪܝ ܚܘܣ ܥܠ ܥܒܕܐ ܕܚܛܐ ܕܡܢ ܫܡܝܐ

8. Bl. 51a ܒܥܘܬܐ:
ܦܬܚ ܠܟ
ܢܦܫܐ ܕܫܘܒܚܐ ܡܫܒܚܐ ܠܟ ܡܪܝ ܕܐܬܐܬܐ
ܨܐܕܝܟ

9. Bl. 60b ܒܥܘܬܐ:
ܦܬܚ ܠܟ
ܒܗܘ ܒܝܘܡܐ ܕܦܨܚ ܒܩܝܡܬܐ ܕܡܫܝܚܘܬܐ

10. Bl. 67[b] ܚܬܡܬܐ:

ܡܪܢ ܠܟ

ܠܟܠ ܠܟ ܫܘܒܚ ܗܘܕܐ ܐܝܬ ܕܡܪܢܘܬܐ ܗܘ

11. Bl. 71[b] ܚܬܡܬܐ:

ܡܪܢ ܠܟ

ܟܝܢܐ ܡܪܝ ܕܠܐ ܐܬܒܪܝ ܡܢ ܚܘܠܡܢ

12. Bl. 81[b] ܚܬܡܬܐ:

ܡܪܢ ܠܟ

ܡܢ ܥܘܒܪܐ ܕܠܡܬܐ ܕܐܠܦܢ ܒܪ ܐܠܗܐ

13. Bl. 88[a] ܚܬܡܬܐ:

ܡܪܢ ܠܟ

ܗܘ ܡܫܒܚܬܐ ܐܝܟ ܐܫܝܢ ܠܡܫܝܚܐ

14. Bl. 92[b] ܚܬܡܬܐ:

ܡܪܢ ܠܟ

ܐܘ ܕܡܫܠܠ ܕܟܠܐ ܡܪܝ ܠܚܝܘܬܐ

15. Bl. 101[b] ܚܬܡܬܐ:

ܡܪܢ ܠܟ

ܐܢܐ ܕܡܫܒܚܬܐ ܗܘ ܒܪܟ ܕܚܝܐ ܕܡܪܝܡ ܠܟ

16. Bl. 106[b] ܚܬܡܬܐ:

ܡܪܢ ܠܟ

ܡܫܒܚܝܢ ܠܟ ܡܪܝ ܚܝܠܐ ܒܟܠ ܥܕܢܐ ܕܢܬܚܠܦ

ܡܫܒܚܬܐ

17. Bl. 117[a] ܚܬܡܬܐ:

ܡܪܢ ܠܟ

ܝܠܕܐ ܕܩܕܝܫ ܫܠܡ ܫܘܒܚܐ ܠܚܬܢܐ

18. Bl. 128[b] ܚܬܡܬܐ:

ܡܪܢ ܠܟ

ܠܡܬܒܢܝܢ ܡܪܝ ܡܫܒܚܝܢ ܕܢܐܬܐ ܝܘܡܐ

19. Bl. 132[a] ܚܬܡܬܐ:

ܡܪܢ ܠܟ

ܒܨܠܘܬܐ ܡܪܝܡ ܐܦܣܐ ܒܟܢ ܐܫܬܐܠ

20. Bl. 142[a] ܚܬܡܬܐ:

ܡܪܢ ܠܟ

ܐܘ ܒܪܗ ܕܡܪܝ ܦܪܘܩܢܐ ܕܟܠܗ ܐܝܟ ܠܟܢ

Verzeichniss der ܚܬܡ̈ܬܐ von Ephraem:

1. Bl. 7[a] ܚܬܡܬܐ ܕܡܪܝ ܐܦܪܝܡ Anfang:

ܗܒܠܢ ܡܪܝ ܐܝ ܫܠܡܐ ܐܢܐ

2. Bl. 20[a] ܡܪܝ ܐܬܪܚܡܥܠܝܢ

ܡܪܝ ܩܒܠ ܬܫܡܫܬܢ

3. Bl. 37[a] ܡܪܝ ܐܬܪܚܡܥܠܝܢ

ܘܐܥܢܐ ܥܢܝܢ ܘܡܠܠܝܢ

ܒܒܥܘ ܡܪܝܐ ܒܢܝܢ ܦܪܘܩܢ

ܐܝܟ ܕܒܚܢܢܗ ܠܐܠܗܐ

4. Bl. 56[a] ܡܪܝ ܘܥܢ̄

ܘܐܥܢܐ ܥܢܝܢ ܘܡܠܠܝܢ

ܐܠܗܐ ܕܒܪܫܠܡ ܒܗ

ܕ̈ܚܠܝܢ ܥܡ̈ܡܐ ܡܫܘܚܝܢ

5. Bl. 77[a] ܡܪܝ ܘܥܢ̄

ܥܢܝܐ ܘܥܢ̄

ܫܘ ܢܬܠܘܫ ܒܝܠܘܬܐ

ܕܐܝܬ ܠܗ ܒܟܠ ܕ̈ܘܟܐ

6. Bl. 97[a] ܡܪܝ ܘܥܢ̄

ܘܐܥܢܐ ܘܥܢ̄

ܒܒܥܘ ܐܘ ܡܪܝܐ ܠܒܪܘܟܝ

ܐܝܟ ܕܒܚܢܢܗ ܠܐܠܗܐ

7. Bl. 111[b] ܡܪܝ ܘܥܢ̄

ܘܐܥܢܐ ܘܥܢ̄

ܡܢ ܕܫܡܥ ܒܥܘܬܐ ܕܝܠܢ

ܘܟܠ ܥܢ̈ܝܬܐ ܡܬܬܕܢܝܢ

8. Bl. 121[b] ܡܪܝ ܘܥܢ̄

ܘܐܥܢܐ ܘܥܢ̄

ܝܒܢܝܢ ܡܪܝ ܢܗܘܐ ܠܢ

ܡܠܟܐ ܕܡܢܒܥ ܠܢ

9. Bl. 137[b] ܡܪܝ ܘܥܢ̄

ܘܐܥܢܐ ܘܥܢ̄

ܒܨܠܘܬܐ ܢܒܝܐ ܐܠܗܐ

ܐܦܣܐ ܒܟܢ ܠܚܝܘܢ

Die Gebete von Ephraem wie von Jacob bilden durchweg vierzeilige Strophen.

Unterschrift auf Bl. 143a:

[Syriac text]

Danach ist diese Hds. von einem Priester Joseph geschrieben.

II. Bl. 143a—158a Ein Gebetbuch, genannt [Syriac text] vergl. Badger, Nestorians u. s. w. II, 23. Die Gebete (meist Psalmen) sind nicht in extenso geschrieben, sondern nur durch die Anfangsworte angedeutet. Sie sind geordnet nach den Wochentagen von Montag bis Sonnabend, nach Abend und Morgen, nach den [Syriac text], [Syriac text] und [Syriac text].

Titel und Anfang:

[Syriac text] (Bl. 143b) [Syriac text]

Nachschrift auf Bl. 159a im zwölf- und siebensilbigen Metrum:

[Syriac text]

Danach ist diese Hds. vollendet den 4. Juni 1795 n. Chr. an einem Montag, dem 3. des Apostelfastens, geschrieben zu Slokh (d. i. *Kerkûk*) von dem Priester Joseph für den Priester Chidr Bar Kass Slêmân aus Mosul.

Notizen von einem früheren Besitzer der Hds. auf Bl. 1a in Arabisch:

[Syriac text] (?) [Syriac text] سنة ١٨٦٠
عيد الصليب [Syriac text] (?)

Besitzer des Buches im Jahre 1865 n. Chr. ein — allah 'Îsî عيسى.

Auf Bl. 160[b] Syrisch:

ܗܘܐ ܒܫܢܬܐ ܐܠܡܫܝܚܐ ܕܡܫܡܫܢܐ حجي ܥܝܣܝ
ܫܢܬ ܐܬܣ ܐܝܪ ܟܐ

Besitzer im Jahre 1860 den 21. Mai der Diaconus حجي 'Îsî.

Daselbst Arabisch:

ܬܘܦܝ ܒܐܠܪܒ ܚܢܘ ܐܠܚܒܝܒ ܐܒܢ ܚܢܢ ܥܝܣܝ
ܚܙܝܪܢ ܗ ܣܢܗ ܐܬܣܙ

»Verschieden in dem Herrn *Ḥanûn* der geliebte, der Sohn des *Ḥannân* 'Îsî am 5. Juni 1867.«

Deutliche, gleichmässige Schrift. Die reiche Vocalisation steht unter dem Einfluss der Volkssprache; in der Schreibung von *ă* und *ā*, *ĕ* und *ē* ist viel Inconsequenz. Vulgär ist auch das Wort *hâimânâ*, der Glaube, für ܗܝܡܢܘܬܐ. Die *Rukkâkhâ* und *Ḳuššâjâ* sind zahlreich beigefügt.

160 Blätter (16×11 cm), die Seite zu 15 Zeilen.

45.

(Ms. orient. quart. 580.)

Ein Sammelband von kirchlichen Gesängen (zum Theil Psalmen) für verschiedene Zeiten und Gelegenheiten, aus Nordwest-Persien (der Gegend des Urmia-Sees).

1. Eine Sammlung gottesdienstlicher Texte, genannt ܟܬܒܐ ܕܩܕܡ ܘܕܒܬܪ. Vergl. Badger, Nestorians and their rituals II, 23: »The *Kdham oo d'Wathar*, literally the *Before* and *After*, so called with reference to the two divisions of the congregation separated by the nave, and styled severally the *Gooda alleita* or high choir, and the *Gooda tahteita*, or under choir. The *Khudhra*, in a rubric for every Sunday, directs whether the service is *d'kadhmâya* or *d'ahrâya*, i.e. whether it is to be said before or after. If *Before*, then the *high choir*, or the portion of the congregation on the north side of the church, begin the daily prayers during the ensuing week: if *After*, then the *under choir*, or the congregation on the south side, shall open the service for the appointed period. The rubrical order of the *Khudhra* directs that this change shall take place on alternate Sundays. The *Kdham oo d'Wathar* contains a few prayers, extracts from the Psalter, and the whole psalms as appointed to be used at the Matins and Vespers of week days, and the psalms and two or three collects appointed for the Matins of every Sunday.« Ein anderes Exemplar beschrieben von Zotenberg S. 128.

Titel:

ܒܚܝܠܗ ܕܡܪܢ ܝܫܘܥ ܡܫܝܚܐ ܡܫܪܝܢܢ ܠܡܟܬܒ
ܣܦܪܐ ܠܥܒܕܐ ܟܬܒܐ ܕܩܕܡ ܘܕܒܬܪ.
ܘܡܢܝ ܚܕܐ ܠܗ ܕܟܬܒܘܬܗ ܘܐܦܣܩ
ܠܡܫܠܡܘ ܐܡܝܢ.

Erster Abschnitt. Anfang Bl. 1: Psalm für Montag Abend ܡܙܡܘܪܐ ܡܬܡܢܝܐ ܕܪܡܫܐ ܕܬܪܝܢܒܫܒܐ

Bl. 7[a] Dienstag Abend.

Bl. 12[a] Mittwoch Abend.

Bl. 17[a] Donnerstag Abend.

Bl. 21[b] Abend des ersten Freitags ܪܡܫܐ ܕܥܪܘܒܬܐ ܩܕܡܝܬܐ

Bl. 24[b] Abend des mittleren Freitags ܕܥܪܘܒܬܐ ܡܨܥܝܬܐ

Bl. 25[b] Abend des letzten Freitags ܕܥܪܘܒܬܐ ܐܚܪܝܬܐ

Bl. 26[b] Abend des Samstags. Bl. 30[b]: ܫܠܡܘ ܥܕܢܐ ܩܕܡܝܬܐ

Ein zweiter Abschnitt, bezeichnet als ܥܕܢܐ ܐܚܪܝܬܐ

Bl. 30[b] Montag Abend ܕܬܪܝܢܒܫܒܐ ܠܪܡܫܐ, 32[b] Dienstag Abend, 34[b] Mittwoch Abend, 36[a] Donnerstag Abend. Für den Freitag wird auf den ersten Abschnitt verwiesen. Bl. 37[b] Samstag Abend. Unterschrift Bl. 39[a]:

ܫܠܡ ܩܕܡܝܐ ܕܫܒܥܐ ܘܕܚܕ ܕܒܫܒܐ
ܕܩܘܕܫܐ ܚܕܬܐ

Die Texte für die einzelnen Tage sind in der Hauptsache zusammengesetzt aus Psalmen (je zwei Abschnitten, jeder als ܡܪܡܝܬܐ bezeichnet), aus Gesängen (z. B. an die Mutter Gottes) und den Responsorien. Am Anfang der einzelnen Abschnitte stehen entweder besondere Überschriften wie ܬܫܒܘܚܬܐ, ܥܘܢܝܬܐ, ܡܥܢܝܬܐ, ܫܠܡ ܩܢܘܢܐ, ܫܘܪܝܐ ܕܚܕ, ܫܘܪܝܐ ܕܩܢܘܢܐ, oder die Angabe der Melodie, nach der der Gesang zu singen ist.

Im Folgenden einige kurze Zusammenstellungen liturgischer Texte.

2. Bl. 39[a] Gesänge (ܩܠܐ) für die Messe an Wochentagen ܗܢܘܢ ܩܕܡܝܐ ܕܩܘܪܒܐ ܕܩܘܕܫܐ ܥܕܬܐ ܐܡܝܢ ܘܐܡܝܢ ܕܟܠܗܘܢ ܥܕܢܐ.

Die Texte, theils Psalmen, theils andere, sind nur durch die Anfangsworte bezeichnet. Der einzelne Gesang heisst ܩܠܐ.

3. Bl. 39[b] Bezeichnung von Psalmen durch die Anfangsworte, die an Sonntagen als ܩܠܐ gesungen werden: ܗܢܘܢ ܡܕܡܪ ܡܙܡܘܪܐ ܕܩܠܐ

4. Bl. 40[a] Gesangverse, betitelt ܡܢ ܩܢܘܢܐ, die an Wochentagen gesungen werden: ܗܢܘܢ ܡܕܡܪ ܥܘܢܝܬܐ ܕܫܠܡ ܕܩܘܕܫܐ ܕܩܘܕܫܐ ܥܕܬܐ ܡܢ ܩܢܘܢܐ

5. Bl. 40[b] Gesänge, betitelt ܫܘܒܚܐ, welche zur Zeit des Nachtgottesdienstes gesungen werden: ܗܢܘܢ ܡܕܡܪ ܫܘܒܚܐ ܕܩܠܐ ܕܠܠܝܐ ܕܫܒܥܐ ܕܟܠܗܘܢ

6. Bl. 43[a] Psalmen für den Morgengottesdienst ܡܙܡܘܪܐ ܕܨܦܪܐ

Hier Bl. 48[a] ein Sonntagsgesang von Narses: ܬܫܒܘܚܬܐ ܕܚܕܒܫܒܐ ܕܡܪܝ ܢܪܣܝ

Anfang:

ܗܘܝܘ ܠܡܫܝܚܐ ܕܡܪܝܐ ܠܥܠܡ.
ܡܢ ܩܕܡ ܬܫܒܘܚܬܐ ܕܟܠ ܫܘܒܚܐ.

7. Bl. 51[a] Gesänge, betitelt ܫܘܒܚܐ, für die Sonntage, bezeichnet durch die Anfangsworte: ܗܢܘܢ ܫܘܒܚܐ ܕܚܕܒܫܒܐ ܕܟܠܗ ܫܢܬܐ

8. Bl. 51[b] Gesänge, bezeichnet als ܥܘܢܝܬܐ ܕܡܢ ܩܢܘܢܐ ܕܫܒܥܐ, für alle Wochen des Jahres: ܗܢܘܢ ܡܕܡܪ ܥܘܢܝܬܐ ܕܫܒܥܐ

9. Bl. 53[a] Mittwochsgesänge, genannt ܩܠܐ: ܗܢܘܢ ܡܕܡܪ ܩܠܐ ܕܝܠܗ ܕܬܠܬܐܒܫܒܐ : ܕܝܠܗ ܕܟܠܗܘܢ ܐܪܒܥܒܫܒܐ ܡܢ ܥܕܢܐ ܕܟܠܗ ܫܢܬܐ ܡܢ ܩܕܡ ܕܫܘܒܚܐ.

10. Bl. 55[a] Mittwochsgesänge, betitelt ܥܠܬܐ ܕܥܠܬܐ ܕܡܘܠܕܐ. Titel: ܥܠܬܐ ܕܥܠܬܐ ܕܐܪܒܥܒܫܒܐ ܕܟܠܗ ܫܢܬܐ.

11. Bl. 60[b] Gesänge, bezeichnet als ܥܘܢܝܬܐ ܕܝܠܗ. Anfang:

ܕܝܠܗ ܡܢ ܕܝܠܗ ܕܝܠܗ.

12. Bl. 65[a] Gesänge, bezeichnet als

ܥܘܢܝܬܐ ܕܝܘܡܐ ܕܢܘܚܐ

Darunter solche von Abraham aus *Slôkh* Bl. 65[b] (ܐܒܪܗܡ ܕܡܢ ܒܝܬ ܣܠܘܟ ܕܢܘܚܐ) und von Gabriel vom Jahre 1599 n. Chr. Bl. 66[a]: ܓܒܪܐ ܕܡܢ ܠܓܒܪܐܝܠ ܕܡܢ ܥܕܬܐ ܠܝ ܠܩܢܐ

Vergl. über beide Dichter Assemani III, 599. 566.

13. Bl. 68[b] Märtyrer-Gesänge ܥܘܢܝܬܐ ܕܣܗܕܐ für den Abend- und Morgen-Gottesdienst.

Bl. 70[b] für Montag Morgen, 72[b] für Dienstag Abend, 74[b] für Dienstag Morgen, 77[a] für Mittwoch Abend, 79[a] für Mittwoch Morgen, 80[b] für Donnerstag Abend, 83[a] für Donnerstag Morgen, 84[b] für Freitag Abend, 87[b] für Freitag Morgen, 90[b] für Samstag Abend, 92[b] für Samstag Morgen, 94[a] für den Morgen des ersten Sonntags [Syriac text] 97[a] für den letzten Sonntag:

[Syriac text]

Ende Bl. 102[b]:

[Syriac text] (Bl. 103[a]) [Syriac text]

Unterschrift auf Bl. 103. 104.

Vollendet ist die Hds. A. Graec. 2161 (A. D. 1850) am Mittwoch den 12. Tammuz (Juli) in *Adharbaiğân* im Orte Anhar in der Kirche der h. *Mârt* Maryam. Geschrieben zur Zeit des *Mâr* Abraham Catholicus Orientis und des Metropoliten *Mâr* Gabriel. Der Schreiber heisst Presbyter Simeon, Sohn des Presbyters *Mattâ*, Sohnes des Archidiaconus Hormizd, Sohnes des sel. Priesters Jeremia, Sohnes des sel. Priesters *Tâmû* (= *Tâmâsp*?), Sohnes des sel. Priesters Thomas, Sohnes des sel. Priesters [Syriac text], Sohnes des sel. Priesters Simeon aus dem Priestergeschlecht des Anania, Azaria und Michael aus dem Ort [Syriac text] (*Îjâl*?). Geschrieben für die Kirche des h. Jonas und der Makkabäer ([Syriac text]?). Der Schreiber hat die Hds. in dieser Kirche deponirt und spricht einen Fluch aus über Jeden, der sie der Kirche entwendet. Der Schreiber Simeon nennt sich auch auf Bl. 68[b] Zeile 8. Colophon Bl. 103[a]:

[Syriac text]

[Syriac text] (!) [Syriac text] (Bl. 103[b]) [Syriac text] (Bl. 104[a]) [Syriac text]

[illegible]

Folgende Unterschrift auf Bl. 68ᵇ Z. 6 ff.:

[illegible]

Ein Stossseufzer des Schreibers Bl. 94ᵃ 5—7:

[illegible]

Dieselben Worte in Nr. 54 (Ms. orient. quart. 547 Bl. 127ᵃ). Eine Notiz von demselben auf Bl. 104ᵇ.

Die Hds. ist durchweg vocalisirt mit vielen Fehlern, die dem Einfluss der Volkssprache zuzuschreiben sind.

104 Blätter (22 × 18 cm), die Seite zu 18 bis 20 Zeilen.

Auf Bl. 1ᵃ: A Nestorian Prayer-Book Kadam wetha — Alternate Prayers i. e. Prayers for all days of the week except Sabbath — completed — every two weeks. To Dr. Rödiger with the best regards of J. Perkins. Oroomiah, July 2ⁿᵈ 1857.

Auf dem rechtsseitigen Einband:

Taken from Priest Mattie of Anhar in pledge for one ——— (?) by J. Perkins.

46.

(Sachau 2.)

Ohne Anfang und Ende. Eine Sammlung von Gebeten für die vier Gebetszeiten des Tages, bestimmt für Priester und die höheren Grade der Geistlichkeit. Identisch mit Nr. 44 (Sachau 13). Es fehlen zu Anfang die Gebete für den Sonntag und der Anfang des Abendgebetes (*Suttârâ*) des Montags. Erste Worte:

[illegible], entsprechend Sachau 13 Bl. 22ᵇ 2.

Die Schlussworte Bl. 129ᵇ:

[illegible]

entsprechen Sachau 13 Bl. 142ᵇ 5. 6. Es fehlen also am Ende nur wenige Verse.

Gebete für den Dienstag Bl. 21ᵇ, Mittwoch Bl. 43ᵃ, Donnerstag Bl. 66ᵇ, Freitag Bl. 87ᵇ, Sonnabend Bl. 109ᵇ.

Die Einrichtung der Sammlung ist dieselbe wie in Sachau 13; nur wird hier zuweilen [illegible] statt [illegible] und [illegible] statt [illegible] gesetzt.

Vocalisation (etwas besser als in Sachau 13) und Punctation vollständig. Die Kurrâs-Zählung ist nicht consequent durchgeführt; nach den vorhandenen Ziffern (auf Bl. 7ᵇ. 8ᵃ) scheint es, dass zu Anfang etwas mehr als sechs Kurrâs fehlen. Datum nicht vorhanden; geschrieben etwa im 18. Jahrhundert (erste Hälfte?).

129 Blätter (16 × 10,5 cm), die Seite zu 15 Zeilen.

47.

(Sachau 354.)

A. Bl. 1—111 Ein Breviarium.

B. Bl. 112—130 Eine Sammlung von Kirchenliedern ܩ̈ܠܐ.

Von zwei verschiedenen Schreibern geschrieben. Beide Schriften unvollständig zu Anfang und Ende.

A.

Eine Sammlung von Ordines ܛܘܟܣ̈ܐ oder liturgischen Texten verschiedener Art für die Sonn- und Fest-Tage des Jahres. Die Texte sind zum Theil nur durch die Anfangsworte angedeutet, zum Theil ganz ausgeschrieben.

Die einzelnen Bestandtheile sind Gesänge ܡܘܬܒ̈ܐ, ܥܘܢܝ̈ܬܐ, ܩ̈ܠܐ ܕܫܗܪ̈ܐ, ܙܘܡܪ̈ܐ, ܬ̈ܚܬܝܐ, ܬܫܒܘܚܬܐ (Bl. 7b), ܟܘܫܠܦܐ (Bl. 17a), ܡܕܪ̈ܫܐ, ܡܘܬܒ̈ܐ, ferner biblische Perikopen ܩܪܝܢܐ aus dem Evangelium, dem ܫܠܝܚܐ (den Paulinischen Briefen), dem Alten Testament und besonders aus den Psalmen (ܡܙܡܘܪ̈ܐ und ܡܪܡܝ̈ܬܐ Bl. 60b), ܗܦܟ̈ܬܐ (Responsorien?), ܡܘܬܒ̈ܐ, ܫܘܒܚܐ, ܗܕ̈ܪܐ, ܒܥܘܬܐ und andere Texte. Sehr häufig ist die Überschrift ܕܒܥܠ̈ܝܬܐ, über deren Bedeutung Assemani III, 529 zu vergleichen ist.

Als Probe diene der folgende Ordo des ersten Elias-Freitags Bl. 92b:

ܕܥܪܘܒ̈ܬܐ ܩܕ̄ ܕܐܠܝܐ. ܫܘܪ̈ܝܐ ܐܘܕܝܘ ܠܗ.
ܐܠܗܐ ܩܡ ܕܪܡܫܐ ܒܐܠܗܐ ܡܠܟܬܐ. ܥܠ
ܡܪܝܐ. ܘܐܢܐ ܒܡܪܝܐ ܗܘܝܬ. ܒܠܚܡܐ ܒܪ̈ ܐܢܫܘܬܗ
ܐܢܫܝܢ. ܘܐܢܐ ܒܝܬܐ ܕܐܝܬ ܠܝ ܒܗ
ܐܝܬ ܠܗܘܢ ܐܢܐ. —— (Bl. 93a) ܒܢܝܬܐ
ܠܒܢܝܐ. ܘܐܬܦܬܚ ܢܦܩܐ ܡܢ ܦܓܪܐ. ܗܒܠ
ܐܬܪܐ ܕܐܪܥܢ. ܒܠ ܒܢ̈ܝܬܐ ܕܡܕ̈ܢܝܢ ܠܐ
ܘܐܢܫܝܢ ܕܝܕܥܝܢ ܒܗܘܢ ܕܡܢ ܡܪܝܐ. ܫܡܝܐ.
ܕܐܠܗܐ ܡܠܟܐ ܡܫܝܚܐ ܕܒܐܠܗܘܬܗ ܫܘܒܚܐ
ܗܘ ܚܝܠܐ ܠܥܠܡܝܢ. ܕܐܠܗܐ ܒܡܪܝܐ ܕܫܢܐ
ܐܢܐ ܥܡܗ ܐܢܐ ܠܗ. ܚܡܝܢ ܘܦܨܝܢ. ܫܡܘܗ
ܚܘܒܐ ܘܚܝܠܘܗܝ ܒܝܕ ܩܕܝܫܝܢ ܡܪܝܐ. ܘܐܦܐ
ܡܘܗܒܐ ܘܚܒܝ̈ܬܐ ܘܡܫܠܡ̈ܬܐ ܕܡܪܝܐ.
ܘܡܚܘܒ ܒܐܦ̈ܐ ܒܫܡܝܢ. ܐܦܝܐ ܕܒܝܬܐ ܡܠܟ
ܒܒܝܬ ܫܡܝܐ ܒܠܐ. ܗܝ. ܐܦܩ ܫܠܠܝܢ
ܒܝܕ ܕܩܝܡܐ ܕܗܒܘܬܐ ܫܘܒܚܝܢ. ܕܐܠܗ
ܡܪܝܐ ܕܝܢ. ܩܠܐ. ܡܕ̇.[1] ܕܐܠܗܐ ܒܠܟ
ܦܪܝܩܐ ܒܐܠܗ ܚܝ̈ܐ ܪ̈ܚܡܐ ܗܘܐ ܐܪܙܗ
ܕܐܠܗܐ. ܘܗܘܐ ܐܫܬܡܠܝ ܒܗܝܟܠ ܩܘܕܫܐ.
ܒܝܕ ܕܒܝܬܗ ܕܦܪܘܩܢ. ܕܗܘ ܒܦܓܪܗ
ܚܪܘܪܐ ܚܘܒ ܠܝ. ܘܒܕܡܗ ܚܝ̈ܐ ܐܠܗܪ ܠܝ.
ܘܐܒܕܝܢ ܡܢ ܐܝܕ̈ܘܗܝ. ܫܘܒܚܐ ܡܪܝܐ ܠܟ
ܒܪܘܠܓܘ —— ܒܥܒܝ (?). ܗܝܡܢܐ. ܕܐܪ̈ܙܐ
ܠܟܘ (?) ܡܪܝܢ ܡܢ ܦܘܡܐ. ܘܢܫܒܚܘܢ
ܫܒܚܘ ܚܘܕܬܐ ܕܒܝܬܐ ܦܪܘܩܢ ܠܓܝܣܐ
ܕܡܫܒ̈ܚܬܐ. ܕܫܒܝܬܐ ܗܝ ܦܬܘܪܐ. ܗܝ
ܡܘܡܝܢܘܗܝ. ܒܠܗܘܢ ܒܢ̈ܝܢܝܗ. ܕܐܠܗ ܕܗܘܝ
ܗ̇ܘ ܒܪ ܐܢܫܐ. ܒܡܠܐ. ܩܕ. ܕܩܪܝܒܬܐ
ܕܗܪܝܢ ܕܡܪܝ ܐܠܗܐ. ܘܫܪ

Inhalt:

Bl. 1 Schluss eines Abschnittes, der dem Ostersonntag vorhergeht. Anfangsworte: ܗܐ ܩܢܘܢ ܠܟܝ ܫܘܒܚܐ. ܗܘ ܦܪܝܩ ܒܠ ܘܚܕܝܘ. ܚܘܕܪܐ ܗܘ ܐܬܒܢܝܘ. ܘܫܠܦܐ ܕܚܝ̈ܠܐ ܕܐܒܗ̈ܬܐ. ܘܗܘ ܡܗܘܕܝܢ ܐܚܒ. ܕܪܒܘ ܫܠܝܚ ܡܪܝܐ.

Bl. 2b Ostersonntag: ܕܡܦܩܢܐ ܩܕܝܫܐ ܪܒܐ ܕܩܝܡܬܐ.

Bl. 3a Ordo baptismi, verfasst von dem Catholicus *Îšô'jabh*: ܛܟܣܐ ܕܥܡܕܝܬܐ ܕܥܒܕ ܠܡܪܝ ܝܫܘܥܝܗܒ ܩܬܘܠܝܩܐ ܦܛܪܝܪܟܐ.

[1] Diese und ähnliche Citate dürften sich auf den zweiten Theil dieser Hds. beziehen.

Anfang:

ܡܫܪܝܢ ܐܢܘܢ ܕܫܒܥܐ ܫܒ̈ܬܐ ܣܠ ܡܢ
ܘܐܠܝܢ ܠܡܫܠܡܘܬܗܝܢ. ܕܫܒܥܐ ܠܪ̈ܘܐ ܡܕ̈ܢܚܐ.
ܕܚܡܫܐ ܫܒܘܥܐ ܕܐܣܝܘܬܐ ܠܦܘܪܣܝܢ

Bl. 10ᵃ Fünfter Mittwoch, 13ᵃ fünfter Donnerstag im Fasten.

Bl. 14ᵃ Zweiter Elias-Freitag. Folgt nach Bl. 97.

Bl. 15ᵇ Freitag zu Ende der Apostel-Woche, Gedenktag der 72 Schüler.

Bl. 22ᵃ Zweiter Sonntag des Sommers.

Bl. 25ᵃ Vierter Auferstehungs-Freitag
ܕܥܪܘܒܬܐ ܕܐܪܒܥ ܕܩܝܡܬܐ

Bl. 25ᵇ Fünfter Auferstehungs-Sonntag und Gedenktag des Apostels Addai.

Bl. 28ᵇ Fünfter Auferstehungs-Freitag.

Bl. 30ᵃ Sechster Freitag, 30ᵇ siebenter Sonntag der Apostel.

Bl. 34ᵃ Sechster Auferstehungs-Sonntag.

Bl. 38ᵇ Ein Sonntag der Apostel.

Bl. 44ᵇ Mittwoch der Mitte (Mittfasten?)
ܕܦܠܓܗܘܢ ܐܪܒܥܒܫܒܐ ܕܦܠܓܘܬܐ

Die Blätter 44—59 liegen nicht an der richtigen Stelle (s. weiter unten).

Bl. 48ᵇ Donnerstag Mittfasten ܕܦܠܓܗܘܢ
ܚܡܫܒܫܒܐ ܕܦܠܓܗ ܕܨܘܡܐ

Am Rande: ܕܚܡܫܒܫܒܐ ܕܦܠܓܘܬܐ.

Bl. 50ᵇ Vierter Freitag, 54ᵃ fünfter Sonntag im Fasten.

Bl. 59ᵇ Unterschrift Z. 9:

ܫܠܡ ܛܟܣܐ ܕܣܘܠܩܐ. ܘܐܬܚܠܦܬ ܫܘܒܚܐ
ܘܫܪܝ

Folgt Z. 11:
ܛܟܣܐ ܕܐܪ̈ܙܐ ܕܩܝܡܬܐ

Ordo sacramenti resurrectionis.

Bl. 60ᵃ Ordines et canones sancti festi Epiphaniae ܛܟ̈ܣܐ ܘܩܢ̈ܘܢܐ ܕܡܫܬܡܫܝܢ
ܕܥܐܕܐ ܩܕܝܫܐ ܕܕܢܚܗ ܕܡܪܢ.

Bl. 65ᵃ Ordo adorationis ܛܟܣܐ ܕܣܓܕܬܐ

Bl. 67ᵃ Zweiter Auferstehungs-Freitag.

Bl. 67ᵇ Dritter Auferstehungs-Sonntag.

Bl. 70ᵇ Gedenktag des h. Hormizd.

Bl. 71ᵇ Vierter Auferstehungs-Sonntag.

Bl. 79ᵇ Erster Freitag im Sommer ܕܥܪܘܒܬܐ
ܩܕܡܝܬܐ ܕܩܝܛܐ ܘܡܬܥܒܕܐ ܕܫܠܝ̈ܚܐ
ܘܒܗ ܡܬܥܒܕ ܕܘܟܪܢܗ ܕܡܪܝ ܫܡܥܘܢ
ܕܒܝܡܢ

Bl. 80ᵃ Dritter Sonntag, 83ᵃ dritter Freitag, 83ᵇ vierter Sonntag, 87ᵃ siebenter Freitag im Sommer.

Bl. 87ᵇ Erster Sonntag, 92ᵇ erster Freitag, 93ᵃ zweiter Sonntag des Elias. Fortsetzung auf Bl. 14.

Bl. 98ᵃ Ordo sacramentorum magnae hebdomadis ܛܟܣܐ ܕܐܪ̈ܙܐ ܕܫܒܬܐ ܪܒܬܐ.

Bl. 106ᵇ Fünfter Freitag, 107ᵃ sechster Sonntag, 111ᵃᵇ sechster Freitag im Sommer.

Gedenktag des Simeon Bar *Ṣabbāʿē*:

ܕܥܪܘܒܬܐ ܕܫܬܐ ܕܩܝܛܐ ܘܒܗ ܡܬܥܒܕ
ܕܘܟܪܢܐ ܕܡܪܝ ܫܡܥܘܢ ܒܪ ܨܒ̈ܥܐ ܘܟܠܗ
ܦܠܚܬܐ ܕܣܗ̈ܕܐ ܘܕܐܒ̈ܗܬܐ ܕܐܬܟܠܠܘ
ܥܡܗ. ܗܠܝܢ ܒܥܪܘܒܬܐ ܕܚܫܐ ܐܬܩܛܠܘ.
ܘܐܫܬܢܝܘ ܠܥܪܘܒܬܐ ܐܚܪܝܬܐ ܕܡܘܕ̈ܝܢܐ.
ܒܪܡ ܗܕܐ ܥܪܘܒܬܐ ܐܚܪܝܬܐ ܡܛܠ ܕܒܗ
ܐܬܡܢܝܘ ܗܠܝܢ ܕܒܪ ܨ̈ܒܥܐ ܒܥܪܘܒܬܐ
ܕܒܬܪܗ̇. ܘܐܬܡܢܝ ܡܪܝ ܫܡܥܘܢ ܒܫܒܬܐ.
ܘܐܡܪܝܢ ܕܠܗ ܐܡܪ̈ܝܢ ܒܫܢ̈ܬܐ ܗܠܝܢ. ܡܛܠ
ܣܗ̈ܕܐ. ܐܦ ܥܠܝܗܘܢ.

»Sechster Sommer-Freitag. An ihm wird auch der Gedenktag des Simeon Bar *Ṣabbāʿē* sowie der ganzen Schaar von Märtyrern und Vätern, die zugleich mit ihm die Krone des Martyriums empfingen, gefeiert. Sie starben am Leidens-Freitag (Charfreitag), ihr Gedenktag wurde aber verschoben auf den letzten Freitag der Bekenner. Dieser Freitag (der sechste des Sommers) wird deshalb feierlich begangen, weil an ihm die Kirche des Simeon Bar *Ṣabbâ'ê* zu *Karkhâ-dhê-Ledân* geweiht worden ist. Simeon ist in Susa begraben. Die Hymnen ܒܥܘ̈ܬܐ, anfangend ܡ̇ܪܢ ܣܘܟ̈ܠܐ sollen von ihm verfasst sein.«

Die Blätter liegen nicht überall in der richtigen Reihenfolge: da aber eine sehr grosse Zahl derselben im unteren Theil zerstört oder unleserlich ist, sodass eine Controle über den Zusammenhang des Textes unmöglich ist, musste von einem Versuche der Neuordnung Abstand genommen werden.[1] Es sind nur wenige Kurrâs-Zahlen erhalten, ܝܐ auf Bl. 21b, ܝܒ Bl. 22b, ܠܐ Bl. 48b, ܠܒ Bl. 49a, ܠܓ Bl. 94b, ܡ Bl. 95a. Beschädigt im unteren Theil die Blätter 1—17. 25—39. 43—59. 62—74. 95—105.

Grosse deutliche Schrift mit spärlicher Vocalisation. Geschrieben vielleicht im 17. Jahrhundert.

111 Blätter (26 × 17,5 cm), die Seite zu 28 Zeilen.

B.

Bruchstück einer grösseren Sammlung von ܩ̈ܠܐ Gesängen, bei denen nicht angegeben ist, wann und bei welcher Gelegenheit sie zu singen sind. Vorhanden Schluss von *Ḳâlâ* 13. 14. 15. 16. 17. Jedes *Ḳâlâ* enthält eine Reihe von Strophen (Liedern), die nach verschiedenen Melodien zu singen waren. Anfang:

ܡܫܡܫܝܢ. ܘܥܠܝ ܠܝܫܐ ܕܡܫܡܫܝܢ ܩܠܐ
ܦܪܝܩܝܢ ܠܫܘܒܚܐ. ܐܠܐ ܦܝ ܡܢ ܟܠܐ
ܕܕܢܠܝ ܐܡܬܐ ܡܠܟܘܬܐ.

Bl. 113b Z. 1 ܩܠܐ ܕܐܪܒܥܬܥܣܪ

14. *Ḳâlâ.* Anfang s. unten.

Bl. 114b ܩܠܐ ܕܚܡܫܬܥܣܪ

15. *Ḳâlâ.* Anfang:

ܫܒܩܘܗܝ ܠܗ. ܡܫܝܚܐ ܫܠܝܚܐ ܕܬܠܡܝܕܐ ܘܡܫܝܚܐ
ܒܪ ܕܐܠܗܘܬܐ.

Bl. 121a [ܩܠܐ ܕ[ܫܬ]ܬܥܣܪ]

16. *Ḳâlâ.* Anfang zerstört.

Bl. 124a ܩܠܐ ܕܫܒܥܬܥܣܪ

17. *Ḳâlâ.* Anfang:

ܒܪܝܐ ܕܐܬܐ ܥܠ ܐܪܥܗ ܕܡܫܝܚ ܢܦܫܗ ܒܟܢܫ
ܡܪܐ.

Zu jedem *Ḳâlâ* gehören ausser anderen Liedern mehrere ܫܘܒܚܐ Gloria, die am Rande numerirt sind. Anfang von *Ḳâlâ* 14 auf Bl. 113b:

ܐܝܟ ܠܡܥܡܪ̈ܐ
ܡܪܢ ܕܝܠܐ ܘܫܒܚܐ ܐܬܒܛܠ ܕܕܝܢ ܠܥܠܡܝܢ
ܟܠܗ. ܒܫܡܐ ܕܕܝܢ ܡܠܟܐ ܡܫܝܚܐ ܘܦܪܘܩ
ܠܥܠܡܐ ܐܝܟ ܒܥܠܡܐ. ܘܠܗ ܫܘܒܚܐ ܕܟܠ
ܢܒܝܐ ܘܫܠܝܚ̈ܐ ܒܪܝܟܗ ܕܡܫܝܚܐ ܕܢܘܗܪ
ܠܥܠܡܝܢ.

ܐܪܝܡ ܩܠܗ
ܥܠ ܡܐܬܝܬܗ ܢܦܫ ܒܪ̈ܢܫ ܘܡܫܒܚ ܠܗ
ܠܡܪ ܕܝܠܗ. ܘܠܐ ܡܫܬܒܩ ܐܢܐ ܕܐܦܘܬ ܐܘܪܐ
ܥܠ ܒܢ̈ܝܐ ܕܫܒܝ̈ܐ ܠܗ. ܫܡܝܐ ܕܠܥܠܡܝܢ
ܫܦܝܪܝܢ. ܡܢ ܗܘ ܒܗܘܐ ܕܠܗܘܐ ܘܗܘܐ
ܕܠܐ ܕܒܬܪ.

Diese Sammlung dürfte einen Anhang zum ersten Theil der Hds. gebildet haben, denn dort werden zuweilen ܩܠܐ *Ḳâlâ*-Nummern citirt, womit auf diese Sammlung Bezug genommen sein dürfte (s. Anm. auf S. 171).

Von sämmtlichen Blättern ist auf der inneren Seite der unteren Hälfte ein grosses Stück weggerissen. Vocalisation der Nestorianischen Art nicht sehr reichlich. Die Hds. kann etwa im 17. Jahrhundert geschrieben sein.

19 Blätter (25,5 (?) × 16,5 cm), die Seite zu 25 Zeilen.

[1] Die durch das Kirchenjahr indicirte Reihenfolge der Blätter ist folgende: 60a ff. 44b. 48b. 50ba. 10a. 13a. 98a. 65a. 1. 59b 11. 2b. 67a. 67b. 70b. 71b. 25a. 25b. 28b. 34a. 38b. 30a. 30b. 15b. 79b. 22a. 80a. 83a. 83b. 106b. 107a. 111ab. 87a. 87b. 92b. 93a. 14a. 3a.

48.

(Ms. orient. fol. 1199.)

Nestorianisch.

Eine Sammlung von Gesängen und Gebeten für den Gottesdienst an den Wochentagen, bestehend aus zwei Theilen:

A. Bl. 1b—102a Ordo dierum simplicium totius anni (mit Ausschluss der Fastenzeit) ܛܟܣܐ ܕܝܘܡ̈ܬܐ ܦܫܝ̈ܛܬܐ ܕܟܠܗ ܫܢܬܐ.

Anfang:

ܡܙܡܘܪܐ ܕܪܡܫܐ ܕܐܬܢܝܚܢܐ ܡܙܡܘܪܐ ܕܡܘܬܒܐ. ܩܢܘܢܐ ܕܫ̈ܘܠܡܐ ܘܡܡܪܐ ܗܕܪܘ. ܢܗܠܠܘܢ ܡܫ̈ܒܚܢܐ. ܦܘܪܩܗ ܕܡܫܝܚܐ ܘܕܝܠܗ ܫܘܒܚܐ

Von den Gebetszeiten sind nur der Abend ܕܪܡܫܐ und die Nacht ܕܠܠܝܐ berücksichtigt, unter manchen Tagen nur der Abend. Manche Gesänge wie auch Psalmenabschnitte ܡܪ̈ܡܝܬܐ sind nur durch die Anfangsworte bezeichnet. Die einzelnen Abschnitte des Kirchenjahres sind in folgender Weise angegeben: ܣܘܒܪܐ, ܕܢܚܐ, ܫܠܝܚ̈ܐ, ܩܝܛܐ, ܐܠܝܐ, ܡܘܫܐ, ܩܘܕܫ ܥܕܬܐ, ܕܝܢܐ, ܥܕܬܐ.

B. Bl. 102b—211a Die Gesänge ܩ̈ܠܐ für den Gottesdienst an den Wochentagen, vollständig ausgeschrieben, nach dem Gebrauch des Oberen Klosters der hh. Gabriel und Abraham: ܩ̈ܠܐ ܕܫܚ̈ܠܦܐ ܐܘ ܟܠ ܕܚܘܕܪܐ ܐܝܟ ܥܝܕܐ ܕܕܝܪܐ ܥܠܝܐ ܕܡܪܝ ܓܒܪܐܝܠ ܘܡܪܝ ܐܒܪܗܡ ܕܕܝܪܐ ܥܠܝܐ. ܩܠܐ ܒܩܠ ܩܠܐ ܒܝܬ ܟܘܫܟܘܠܗܘܢ.

Anfang:

ܡܙܡܘܪܐ ܩܠܐ ܡܙܡܘܪܐ. ܒܫܡܗ ܩܕܡܝܐ. ܩܕܡܝܐ

ܩܕܡܝܐ ܡܪܝ ܒܟ ܐܬܪܚܝܨܬ
ܐܢܐ ܕܡܪܚܡܢܘܬܟ

Die Zahl der ܩ̈ܠܐ ist 28: Bl. 102b. 114b. 125a. 126a. 128a. 130a. 135b. 137b. 138b. 145a. 146b. 159a. 160a. 163a. 164b. 167b. 178a. 179b. 194a. 195b. 203a. 204a (22. ܩ̈ܠܐ nicht vorhanden). 204a. 206b. 208b. 210a. 210a. 210b.

Die ganze Sammlung, bestehend aus den Theilen *A* und *B*, führt den Namen ܟܫܟܘܠ *Kaškul* = Persisch کچکول Trinkgeräth des Derwisch (s. die Unterschrift). Vergl. Badger, The Nestorians and their rituals II S. 22. 17.

Unterschrift auf Bl. 211ab:

ܫܠܡ ܒܥܘܕܪܢܗ ܕܡܪܢ. ܘܒܝܘܡܢܐ ܕܫܠܡܗ ܩ̈ܠܐ ܕܫܚ̈ܠܦܐ ܗܢܘܢ ܕܝܢ ܕܚܘܕܪܐ. ܐܘܟܝܬ ܕܟܫ̈ܟܘܠܐ. ܒܝܕ ܫܘܠܡܗܘܢ. ܘܕܟܝܢ̈ܝܐ ܕܠܗܘܢ. ܐܝܟ ܛܟܣܐ. ܕܕܝܪܐ ܥܠܝܐ ܕܡܪܝ ܓܒܪܐܝܠ. ܘܡܪܝ ܐܒܪܗܡ ܕܒܝܬ. ܓܢܒ ܡܬܝܢ ܘܡܪܝ ܫܡܥܘܢ ܕܡܢ ܗܟܝܠ ܕܫܘܡܠܝܐ. ܒܫܢܬ ܗܘܝܐ ܕܝܘܢܝܐ ܐܘܟܝܬ. ܛܟܣܐ ܕܝܘ̈ܡܬܐ ܦܫܝ̈ܛܬܐ. ܒܩܪܝܬܐ ܒܪܬܝܢܣ ܒܣܡܟ. ܒܝܘܡ ܪܒܝܥܝ ܒܫܒܫܒܐ. ܒܝܘܡܐ ܪܒܐ ܗܠܝܢ ܘܬܠܬܐ ܒܗ. ܒܚܕܐ ܒܐܝܪ ܒܫܘܒܩܢܐ. ܘܪܒ ܐܬܪܬܐ ܒܩܝܡܐ ܪ̈ܒܐ. ܕܢ. ܒܫܘܡܬܐ ܘܪܒ ܡܪܝ ܫܡܥܘܢ. ܒܚܘܕܪܢܐ ܦܛܪܝܪܟܐ ܘܪܒ ܘܪܒܝܬܗ ܕܒܢ̈ܝܐ ܡܪܝ ܡܪܝ ܫܠܝܒܝ ܐܦܝܣܩܘܦܐ ܕܓܐܘܪ ܘܪܒ ܐܬܬܡܝ ܒܫܢܬ ܐܠܦ ܘܬܪܝܢ ܐܠܦ̈ܝܢ ܘܚܡܫܝܢ ܘܐܪܒܥ ܝܘܢܝܐ ܒܫܢܬܐ ܘܪܒ ܓܒܪܐܝܠ

Der Schluss der Unterschrift fehlt.

Danach ist die Hds. geschrieben in dem Orte *Kartênes* in der Nähe des h. Klosters (Name fehlt) zur Zeit des Patriarchen Simeon und des Bischofs *Slîbhâ* von *Gâwar* und vollendet A. Gr. 2054 = 1743 den 1. April, an einem Donnerstag, dem 33. Tage des Fastens. Der Name des Schreibers ist mit dem Reste der Unterschrift verloren gegangen. Bl. 1—37 ist vermuthlich etwas jünger als der übrige Theil der Hds., kann aber von demselben Schreiber geschrieben sein.

Bl. 11 ist zwischen Bl. 80—81 einzufügen. Von Kurràs ܕ fehlen 4, von K. ܗ 7, von K. ܝܐ 6, von K. ܝܗ 1, von K. ܟܚ zwei Blätter. Kurràs ܒ und ܝܒ haben je ein Blatt zu viel.

An verschiedenen Stellen finden sich auf dem Rande rohe Kritzeleien, die wegen ihrer Schriftart Beachtung verdienen: Bl. 37ᵃ. 69ᵃ. 101ᵇ. 102ᵃ.

Vollständig vocalisirt und punktirt.

211 Blätter (33 × 21,5 cm), die Seite zu 2 Columnen, die Columne zu 24 Zeilen.

49.

(Sachau 166.)

Syrisch und Karschuni.

Eine Sammlung liturgischer Texte für Beerdigung und Todtenfeierlichkeit für Geistliche wie für Laien sammt einer Sammlung von Gesängen ܡܕܪ̈ܫܐ, die bei solchen Gelegenheiten gesungen werden. Einige dieser Gesänge von

Bischof *Išô'jabh* von Arbela,
Presbyter *Ghewargis*,
Ḥasjâ Bar *Mekaddim*,
Mâr Jôsip (Joseph).

Inhalt:

1. Bl. 1ᵇ—39ᵃ Ordo exsequiarum defunctorum: ܛܟܣܐ ܕܩܘܒܪܐ ܕܥܢܝ̈ܕܐ ܡܗܝ̈ܡܢܐ ܒܢ̈ܝ ܥܕܬܐ.

Übersetzt von Badger, Nestorians and their rituals II, 282 ff.

Anfang:

ܡܪܝܡܐ ܡܫܒܚܐ ܡܪܝܡܐ ܕܒܟܠ ܐܬܪ̈ܐ.
ܫܠܝܛܐ. ܢܘܗܪܐ ܘܢܗܝܪܐ ܘܡܚܝܢܐ ܠܡܝ̈ܬܐ
ܒܝܘܡܐ ܘܡܩܝܡܢܐ ܕܡܝܬܘܬܐ ܡܥܕܢܝܬܐ.
ܕܐܢܬ ܫܠܝܛ ܒܥܠܡ̈ܐ ܘܗܘܢ ܘܠܡܝ̈ܬܐ ܕܒܕܡܘܬܟ
ܘܝܩܪ

Für Männer Bl. 1ᵇ, Frauen 4ᵃ, Männer und Frauen 6ᵃ und 8ᵇ.

Von den hier vorkommenden termini technici sind zu bemerken:

a) ܫܘܠܦܐ, z. B. ܫܘܠܦܐ ܒ̄ ܕܩܠܐ ܕ̄ ܐܒܪܟ ܠܡܪܝܐ d. i. »Zweite Variation (?) der vierten Melodie des Liedes 'Ich werde den Herrn segnen'«:

b) ܥܘܢܝܬܐ Antiphon, Gegenstrophe;

c) ܒܩܪܝܢܐ ܢܪܣܝܐ *lectione Narsetica* (Bl. 32ᵃ. 58ᵃ);

d) ܒܩܪܝܢܐ ܕܬܪܬܝܢ in zweizeiligen Strophen; ܒܩܪܝܢܐ ܕܐܪܒܥܐ in vierzeiligen Strophen.

Längere Gedichte im zwölfsilbigen Metrum Bl. 32ᵃ und 34ᵇ.

2. Bl. 39ᵃ Ordo exsequiarum infantium baptizatorum qui mortui sunt ante annum septimum peractum: ܛܟܣܐ ܕܩܘܒܪܐ ܕܛܠܝ̈ܐ ܡܥܡ̈ܕܐ ܕܥܕ ܠܐ ܠܡܫܠܡܘܬܐ ܕܫܒܥ ܫܢܝܢ ܘܗܘܘ.

Anfang:

ܡܫܒܚܐ ܡܪܝܡܐ. ܕܫܘܠܛܢܗ ܕܛܠܝ̈ܐ. ܡܪܝܡܐ
ܡܫܒܚ ܡܫܒܚ. ܝܘܡܐ ܫܠܝܡܐ ܢܚܡܘܢ.
ܘܐܡܪܝܢ ܛܠܝ̈ܐ. ܢܚܘܐ ܘܢܚܝܢܝܢ ܘܢܫܒܚܘܢ.
ܠܚܝܠܐ ܒܗܘ ܘܡܫܒܚܢܘܬܐ ܘܝܩܪ

In diesem Ordo kommen 12 Gesänge ܩ̈ܠܐ vor. Längerer Gesang im siebensilbigen Metrum auf Bl. 55ᵇ.

3. Bl. 63ᵇ Ordo exsequiarum infantium qui signum baptismatis non acceperunt: ܛܟܣܐ ܕܛܠܝ̈ܐ ܕܠܐ ܢܣܒܘ ܪܘܫܡܐ ܕܡܥܡܘܕܝܬܐ ܡܢ ܢܦܩܘ ܡܢ ܥܠܡܐ ܘܡܢܝܢܐ ܠܥܡܡܐ ܐܘ ܠܟܢܫܐ ܢܦܩܢ.

Anfang:

ܒܟ ܐܠܗܢ̈ ܫܡ̈ܝܐ ܡܫܒܚܝܢ. ܐܢܫܝܢ ܒܪܥܘ ܒܟ
ܛܠܝ̈ܐ ܢܦܫܬܐ ܡܫܬ̈ܐ. ܘܗܘܐ ܒܪ ܢܫܐ.

ܘܢܦܩܬ ܐܡܗ ܦܓܪܗ ܘܩܒܪܐ ܡܣܟܢܐ.
ܘܐܬܡܠܟ ܒܡܠܟܐ ܕܢܦܫ. ܢܦܩܬ ܒܠܘܗܝ
ܡܢ ܡܘܬܒܐ. ܘܡܛܠ ܐܢܫ ܐܒܘܗܝ ܢܛܘܠ
ܡܕܡܘܗܝ ܡܢ ܟܘܢܐ ܘܫܪܐ

Im Anschluss hieran Bestimmung betreffend die Beerdigung von Getödteten ܕܥܠ ܡܩܛ̈ܠܐ und Ertrunkenen ܕܥܠ ܛܒ̈ܝܥܐ auf Bl. 64ᵃ.

4. Bl. 64ᵇ—92ᵃ Eine Sammlung von *Madhrâšê*, die zu Ehren der Verstorbenen gesungen werden, einen Theil der Beerdigungs-Riten bilden und verschieden sind für die verschiedenen Stände.

Titel: ܡܕܪ̈ܫܐ ܕܥܠ ܟܠ ܫܢ̈ܝܢ.

a) Für Catholici:

ܡܕܪܫܐ ܕܥܠ ܩܬܘܠܝܩܐ. ܒܩܠܐ ܝܘܢ.
ܚܘܫܐ.

ܠܟܘܢ ܒܢܝ̈ ܥܕܬܐ
ܘܡܪܝܐ ܠܗ ܠܒ̈ܢܝܐ
ܥܠ ܪܥܝܐ ܘܪܝܫܐ
ܕܢܦܩ ܠܡܪܥܝܬܗ.
ܥܢܝܢܐ.
ܩܘܡ ܐܒܘܢ ܘܪܝܫܐ
ܘܚܙܝ ܠܬܠܡܝ̈ܕܝܟ
ܕܒܥܝܢ ܒܠܘܗܝ
ܕܢܦܩܬ ܠܦܓܪܟ.
ܡܬܬܢܚܐ ܥܕܬܐ
ܘܒܟܝܐ ܒܗ ܩܘܕܫܐ
ܕܡܠܟ ܕܘܒܪ̈ܬܟ
ܘܠܐ ܗܘܐ ܡܕܒܪ̈ܢ ܒܗ.
ܫܘܪܐ ܘܫܪܐ

In Strophen von je vier fünfsilbigen Versen.

Ein zweites *Madhrâšâ* für Catholici auf Bl. 65ᵃ:

ܐܫܪܐ ܕܩܬܘܠܝܩܐ ܒܥܕܢܐ ܗܠܝܢ. ܒܚܘܫܐ
ܘܠܐ ܒܥܠܡܐ ܐܘ ܪܥܝܐ ܒܪܐ ܘܡܫܝܚܐ.
ܘܫܡܠܐ ܘܓܡܘܪ ܒܢܝܗ ܕܡܪܝ ܕܡܪܐ ܠܟ.
ܥܢܝܢܐ.

ܡܪܝ ܕܠܟܝ ܘܐܬܚܡܝ ܒܪܥܐ ܕܡܪܥܝܬܗ
ܘܫܡܝ ܒܒܢܬܗ ܠܐܘܪܚܐ ܕܠܘܬܗ ܪ̈ܘܚܐ
ܥܕܪ ܚܘܡܝ ܪܡܘܬ ܕܒܚܝܠܗ
ܘܐܚܝ ܪܗܛܝ ܘܡܢ̈ܛܠܐ ܕܪܚܡܬܟ
ܕܢܛܘܠ ܗܫܒܠ ܦܪ̈ܘܩܗ ܘܡܣܓܐ ܒܝܕܘܬܗ
ܘܬܬܬܟܫܦ ܡܢ ܚܝܘܗ ܒܢ̈ܝ ܕܟܠ ܡܬܬܪܝ.

Das Metrum ist 12. 12. 9. 9. 12. 12 Silben.

b) Bl. 65ᵇ Für Bischöfe vier *Madhrâšen*:

1. Bl. 65ᵇ ܐܒܐ ܢܬܠܓܡ ܕܐܢܫܘܢ ܪ̈ܚܡܬܘܢ Strophen von je vier zehnsilbigen Versen.

2. Bl. 65ᵇ ܥܡܟ ܗܪܟܐ ܕܒܠܝܬܐ Strophen von je vier siebensilbigen Versen.

3. Bl. 66ᵃ ܦܩܘܕ ܡܫܝܚ ܐܒܘܢ ܘܪܝܫܐ ܘܪܥܝܐ ܕܥܡܟ Strophen von je zwei zwölfsilbigen Versen.

4. Bl. 66ᵃ ܡܕܒܪܢܐ ܒܢܝܐ ܗܘܐ ܩܢܘܡ Strophen von je vier siebensilbigen Versen.

c) Bl. 66ᵇ Für Priester siebenzehn *Madhrâšen*.

Anfang:

ܡܕܪ̈ܫܐ ܕܟܗ̈ܢܐ.
ܐܚ̈ܝ ܪ̈ܚܡܝ ܡܫܝܚܐ
ܡܟܘܫܐ ܐܢܐ ܠܟܘܢ ܒܡܪܝ
ܕܡܐ ܕܢܦܩܬܘܢ ܡܕܡܘܗܝ
ܐܬܕܟܪܘܢܝ ܒܨܠܘܬܐ.
ܥܢܝܢܐ.
ܐܘ ܠܝ ܟܗܢܐ ܚܛܝܐ
ܢܦܠܬܗ ܕܒܝܬܐ ܥܡܝܩܐ
ܠܐ ܗܘܝܬ ܠܝ ܕܥܒܕܬ
ܡܢ ܚܘܒܬܐ ܠܒܢ̈ܝܐ.

Strophen von vier sechssilbigen Versen.

Von den metrischen Formen ist vorherrschend 7/4, d. i. Strophen von je vier siebensilbigen Versen; daneben finden sich 5/4, 6/4, 8/4, 12/2, und $\frac{12.\ 12.\ 9.\ 9.\ 12.\ 12.}{6}$ (vergl. oben das Lied auf Bl. 65ᵃ).

d) Bl. 70[b] Für Erzpriester: ܬܘܕܝܬܐ ܕܪ̈ܫܝ ܟܗ̈ܢܐ.

Anfang:

ܘܟܗܢܐ ܕܩܢܝܬ ܡܢ ܒܪܝܬܐ ܠܐܠܗܐ ܕܪ̈ܘܚܐ

Metrum: $\frac{12.\ 12.\ 9.\ 9.\ 12.\ 12.}{6}$.

e) Bl. 70[b] Für Priester und Diakone: ܐܚܪܢܐ ܕܟܗ̈ܢܐ ܘܡܫܡܫ̈ܢܐ.

Dasselbe Metrum.

f) Bl. 71[a] Zwei *Madhrâšen* für Laien: ܕܥܡ̈ܡܐ ܚܕܬܐ

Dasselbe Metrum.

g) Bl. 73[a] *Madhrâšâ* für Priester von dem Bischof *Îšô'jabh* von Arbela: ܐܚܪܢܐ ܕܟܗ̈ܢܐ ܕܥܒܕܗ ܕܚܣܝܐ ܠܡܪܝ ܝܫܘܥܝܗܒ ܡܝܛܪܦܘܠܝܛܐ ܕܐܪܒܝܠ.

Anfang:

ܡܫܝܚܐ ܟܗܢܐ ܪܒܐ ܕܫܪܪܐ ܘܪܫܐ ܕܟܗܢܘܬܐ.
ܕܟܗܢܘܬܗ ܠܐ ܗܝ ܒܒܪܐ ܘܗܘܝܐ ܝܘܒܠܐ
ܬܚ̈ܬ.
ܠܟܘܢ ܗܘ ܕܐܬܬܒܚܪ ܡܢܟ ܒܟܠ ܥܕܬܐ
ܕܟܗܢ̈ܐ

Dasselbe Metrum.

h) Bl. 73[b] *Madhrâšâ* für Priester von dem Presbyter *Giwargis*: ܐܚܪܢܐ ܕܟܗ̈ܢܐ ܕܥܒܕܗ ܕܡܪܝ ܠܩܫܝܫܐ ܓܝܘܪܓܝܣ.

Anfang:

ܠܟܘܢ ܗܘ ܕܡܢ ܥܠܡܐ ܦܪܫ ܒܝܕܝܘܗܝ
ܒܪ̈ܚܡܘܗܝ

i) Bl. 74[b] *Madhrâšâ* für Diakone von *Ḥasjâ Bar Mekaddim*: ܐܚܪܢܐ ܕܡܫܡܫ̈ܢܐ ܕܥܒܕܗ ܕܚܣܝܐ ܒܪ ܡܩܕܡ

Anfang:

ܐܠܗܐ ܐܒܘܗܝ ܕܡܪܢ ܡܫܝܚ ܒܪ̈ܘܚܐ

k) Bl. 75[b] *Madhrâšâ* für Diakone von dem Presbyter *Giwargis*. Anfang:

ܡܢ ܕܝܫܘܥ ܒܪܐ ܡܫܝܚܐ ܘܡܠܟܐ ܡܬܩܠܣ

l) Bl. 76[a] *Madhrâšâ* für Laien von *Ḥasjâ Bar Mekaddim*[1]. Anfang:

ܒܪܘ ܝܗܒܐ ܕܚܝܠ ܘܡܪܝܡ ܕܝܘܡ ܒܟܠܝܘܡ
ܡܫܬܠܠ

m) Bl. 76[b] *Madhrâšâ* für Laien vom Presbyter *Giwargis*. Anfang:

ܒܪܘ ܝܗܒܐ ܕܚܝܠ ܘܡܫܬܪܝ ܕܡܫܬܠܠܐ
ܥܠ ܚܢܢܐ

Ein weiteres von demselben für Priester Bl. 77[b], und ein drittes ohne Angabe des Dichters Bl. 78[a].

n) Bl. 78[a] *Madhrâšen* für Weiber, für Kinder Bl. 80[a], für die Messen ܡܕܪ̈ܫܐ ܕܩܘܪ̈ܒܢܐ Bl. 81[b], für Greise Bl. 82[a], für Ertrunkene Bl. 83[a], für Diakone Bl. 83[b], für Jedermann Bl. 84[b], für Getödtete Bl. 85[b], für Weiber Bl. 86[a].

o) Bl. 86[b]—92 Karschuni: *Madhrâšen* in Arabischer Sprache.

Titel:

ܐܝܬ ܡܕܐܪܝܫ ܐܠܕܝ ܝܩܐܠܘܢ ܥܠܝ
ܐܠܡܘܬܝ.

Für Priester. Anfang:

ܐܘܠܐ ܠܠܟܗܢܗ ܦܝ ܟܝܢ ܒܕܝ ܩܠܐ.
ܒܘܝܐ

ܝܒܐܪܟ ܪܒ ܐܠܥܐܠܡܝܢ
ܐܠܕܝ ܒܐܠܗܘܬ
ܥܠܝ ܐܠܐܒܕܝܢ
ܘܐܠ ܒܥܕ ܠܠܗܘܬ.
ܬܚ̈ܬ.
ܐܡܝܢ ܘܡܥܢ ܐܠܡܠܐܝܟ
ܐܚܝܐ ܐܠܣܒܥܝܢ
ܘܐܠܫܗܕ ܕܝ ܐܠܐܠܐܟ
ܡܥܐ ܠܘܚܐ ܐܠܓܒܝܢ.

---

[1] Der Name wird sowohl *Mekaddim* wie *Mukaddam* geschrieben.

ܘܦܝ ܗܘܐ ܐܠܗܐܝܬ
ܕܐܦ ܗܘܐ ܐܠܕܗܘܢ
ܣܡ ܦܘܡܐ ܐܠܥܠܝܬ
ܦܕܐܬ ܐܠܗܘܢ.
ܒܗܠܝܠ ܠܟ ܦܝ ܟܠ ܐܢܐܬ
ܦ ܠܐ ܦܟܘܪ ܠܕܢܒ
ܡܢ ܝܚܕܪܗ ܦܘܠܐ ܡܕܢܝܬ
ܟܠ ܝܐܠܗܘܐ ܡܕܢܒ ⁘

Das Gedicht besteht aus strophenartigen Einheiten von je 12 Versen oder Zeilen; jede Strophe hat zwei Reime, die alternirend auftreten.

Bl. 87ᵇ Für Diakone. Anfang:

ܠܟ ܘܣܕܦ ܐܠܡܫܕܪܐ

Bl. 88ᵇ Für Jedermann. Anfang:

ܐܡܝܢ ܘܡܢܝ ܐܠܗܠܐܬ

Bl. 89ᵃ Für Jedermann. Anfang:

ܐܫܡܥܢܐ ܝܐ ܐܒܘܢܐ

Bl. 90ᵃ Für Frauen, von *Mâr Jûsip* (Joseph). Anfang:

ܐܡܝܢ ܘܡܢܝܢ ܐܠܗܠܐܬ
ܝܐ ܦܝܕ ܐܠܡܘܡܢܐܬ

Zwei Schlussgebete ܣܘܦ̈ܬܐ (in Prosa) zum Trost der Hinterbliebenen Bl. 91ᵃ—92ᵃ:

ܣܘܦ̈ܬܐ ܕܡܥܐܡܪܢ ܥܠ ܒܡܢܐ ܘܥܠ ܡܥܕܪܐ
ܐܘܒܡܗ ܓܢܙܐ (جنازة).

Bl. 91ᵃ Anfang des ersten Gebets:

ܐܠܠܗ ܝܐ ܪܒܢܐ ܘܐܠܗܢܐ ܘܡܕܒܪܢܐ ܟܘܠ
ܐܠܡܘܡܢܝܢ. ܕܒܪܐ ܐܠܐܢܣܢܐ(!). ܘܪܐܚܡܗ ܒܪܚܡܬܗ.
ܘܡܠܒܕܐ ܗܢܐ. ܡܥܢ ܡܕܡܘܢ ܠܟܠ ܫܦܘܐ
ܘܡܪܐ

Bl. 91ᵇ Anfang des zweiten Gebets:

ܝܐ ܒܡܪ ܐܠܪܚܡܗ ܘܐܠܓܒܝܢ. ܐܢܘܐܬ
ܐܠܡܘܡܢܝܢ ܐܠܗܢܐ ܐܠܢܡܐܢܐ. ܒܫܘܦ ܝܠܒܚ
ܐܠܕܪܢܬ ܘܡܪܐ

Moderne Hds. aus diesem Jahrhundert. Vollständig vocalisirt und punktirt. Die Vocalisation ist stellenweise vom *Fellîḥî* beeinflusst.

92 Blätter (23,5 × 16,5 cm), die Seite zu 17 Zeilen.

50.

(Ms. orient. octav. 251.)

Ein Trauungs-Ritual ܟܘܪܟܐ ܕܡܟܘܪܘܬܐ. Titel und Anfang:

ܥܠ ܣܠܗ ܕܡܟܪ ܫܘܫܡܫܢܐ ܡܥܕܢܝܢ
ܕܟܬ̈ܒܐ ܕܐܝܕܐ ܘܡܫܡܫܢܐ (!)

Badger, Nestorians and their rituals II, 245 (Service of the taking of hands and the espousals).

Bl. 7ᵃ Ceremonie bei der Einrichtung der Brautkammer ܟܘܪܟܐ ܕܡܦܪܫ ܓܢܘܢܐ

Bl. 10ᵇ Ceremonie bei Überreichung des Bechers ܟܘܪܟܐ ܕܒܪܟ ܟܣܐ

Bl. 30ᵇ Segnung des Brautanzuges ܟܘܪܟܐ ܕܒܪܟ ܡܐܢ̈ܐ

Bl. 38ᵇ Krönung ܟܘܪܟܐ ܕܒܪܟ ܟܠܝ̈ܠܐ
Ende Bl. 66ᵇ.

Unterschrift Bl. 66ᵇ. 67.

Vollendet ist diese Copie A. Gr. 2072 (1761 n. Chr.) Samstag den 3. Februar im Ort Dazgere im Lande Pilgawar in der Ortskirche des h. Georg, zur Zeit des Catholicus Simeon, Patriarch des Orients, und auf Veranlassung des Bischofs *Ḥnânîšô Mâr Îšô'jabh*, der in *Mâr Îšô* von *Rustâḳâ* wohnte. Der Schreiber heisst *Wardâ*, Sohn des Priesters *Mirzâ*, Sohnes des Priesters Hormizd, des Brudersohnes des Priesters *Sullâḳâ*, des Vetters des *Mâr Yoḥannân* aus *Gêlu*, des Bischofs ܫܪܕܐ (?) von *Adharbaiǧân*.

Colophon Bl. 66ᵇ Z. 5:

ܐܫܬܠܡ ܕܝܢ ܘܐܫܬܡܠܝ ܟܬܒܐ ܗܢܐ ܒܝܘܡ
ܬܠܬ ܐܠܦܝ̈ܢ ܘܫܬܡܐܐ ܘܬܠܬܝ̈ܢ ܠܝܘܢܝ̈ܐ ܒܝܪܚܐ
ܕܐܕܪ ܒܝܪܚܐ ܦܛܪܝܪܟܐ ܕܡܕܢܚܐ ܒܝܘܡܬܐ
ܕܐܒܘܢ ܩܕܝܫܐ ܡܪܝ ܫܡܥܘܢ ܦܛܪܝܪܟܐ
ܩܬܘܠܝܩܐ ܕܡܕܢܚܐ ܡܪܝ ܐܠܝܐ ܥܠܡ ܐܡܝܢ. (Bl. 67ᵃ)
ܒܪܫܝܬܐ ܕܐܒܘܢ ܕܟܝܐ ܘܐܪܝܐ ܕܟܗܢܘܬܐ
ܦܛܪܝܪܟܐ ܕܡܕܢܚܐ ܘܐܦܣܩܘܦܐ ܕܡܕܢܚܐ ܘܡܛܪܢ
ܒܪܝܟ ܕܡܪܢ. ܡܪܝ ܫܡܥܘܢ ܩܬܘܠܝܩܐ
ܦܛܪܝܪܟܐ ܕܡܕܢܚܐ. ܡܪܝ ܝܘܚܢܢ ܠܗ
ܘܟܠ ܚܝ̈ܐ ܘܫܢ̈ܝܐ ܡܫܝ̈ܚܐ ܐܡܝܢ. ܘܒܝܘܡܬܗ
ܕܪܝܫܐ ܕܡܕܢܚܐ ܦܫܝܛܐ. ܡܪܝ ܐܦܣܩܘܦܐ
ܐܦܣܩܘܦܐ ܡܛܪܦܘܠܝܛܐ ܕܐܬܪܘܬܐ
ܕܡܪܝ ܐܝܫܘܥ ܕܪܘܡܝܢܐ. ܡܪܝ ܝܘܚܢܢ
ܚܝ̈ܘܗܝ ܠܡܫܝܚܐ ܢܛܪܗ ܐܦܣܩܘܦܐ (Bl. 67ᵇ)
ܐܡܝܢ. ܟܬܒ ܕܝܢ ܘܟܬܒ ܘܫܠܡ ܠܟܬܒܐ
ܗܢܐ ܐܢܐ ܚܛܝܐ ܘܟܬܒܐ ܦܪܘܩ ܕܚܝܐ
ܡܫܝܚܐ. ܒܪ ܩܫܝܫܐ ܡܫܝܚܐ ܡܪܝ ܒܪ ܩܫܝܫܐ
ܡܫܝܚܐ ܗܘܪܡܙ. ܒܪ ܐܣܛܦܢܘܣ ܕܡܫܝܚܐ
ܡܘܨܠܝܐ. ܒܪ ܩܪܝܗ ܕܡܪܝ ܐܫܥܝܐ ܕܬܠܡܝܐ
ܐܦܣܩܘܦܐ. ܐܪܡܝܐ ܕܐܬܘܪܝܝܐ ܐܡܝܢ. ܐܬܟܬܒ
ܕܝܢ ܒܡܕܝܢܬܐ ܒܪܝܟܬܐ ܒܝܬ ܙܒܕܝ ܗܘ ܟܘܪ
ܐܬܪܐ ܕܝܢ. ———

Schluss fehlt. Die Hds. ist nicht vollständig, von Kurrâs 4 fehlen 2 Blätter, von K. 6 ein Blatt, von K. 7 drei Blätter. Vollständig vocalisirt und punktirt.

67 Blätter (16 × 10 cm), die Seite zu 13 Zeilen.

51.

(Ms. orient. octav. 262.)

Ein Trauungs-Ritual ܛܟܣܐ ܕܡܟܘܪܝܐ Beschreibung aller bei der Trauung vorkommenden Ceremonien und aller einzelnen Handlungen des Trauungs-Gottesdienstes sammt den betreffenden Bibelstücken, Hymnen und Gebeten. Vergl. eine Beschreibung des ganzen Herganges bei Badger, The Nestorians and their rituals II, 244 ff.

Titel:

ܒܚܝܠܗ ܕܡܪܢܝܫܘܥ ܡܫܝܚܐ ܡܫܪܝܢܢ
ܠܡܟܬܒ ܛܟܣܐ ܕܡܟܘܪܝܐ ܕܒܢ̈ܝ
ܥܕܬܐ ܕܡܕܢܚܐ ܐܝܟ ܥܝܕܐ ܩܕܝܫܐ.

Anfang:

ܟܕ ܡܩܪܒܝܢ ܩܕܡ ܟܗܢܐ ܛܟܣܐ ܕܡܟܘܪܝܐ
ܘܐܝܬܘܗܝ ܐܝܟ ܕܐܝܬܝ̈ܗ ܕܐܢܫܬܐ

Bl. 12ᵃ Die Ceremonie bei Überreichung des Bechers ܛܟܣܐ ܕܟܣܐ (s. Badger, a. a. O. S. 245 ff.).

Bl. 34ᵃ Segnung des Brautanzuges ܛܟܣܐ ܕܒܪܟ ܡܐܢ̈ܐ (s. Badger, a. a. O. S. 254 ff.).

Bl. 44ᵇ Krönung ܛܟܣܐ ܕܒܪܟ ܟܠܝ̈ܠܐ (s. Badger, S. 258 ff.).

Bl. 60ᵇ Segen über den Bräutigam (s. Badger S. 267 ff.).

Bl. 63ᵇ Segen über die Braut, den Brautführer, die Brautführerin und die Gemeinde (Badger S. 269 ff.). 7 Strophenlieder und ein ܥܘܢܝܬܐ, dasjenige auf Bl. 75ᵃ von Rabban *Ḥadhbešabbâ*, anfangend: ܐܒܐ ܐܠܗܐ ܡܫܘܒܚܐ

Bl. 80ᵃ—83ᵇ Ceremonie des Einrichtens der Brautkammer ܛܟܣܐ ܕܡܬܩܢ ܓܢܘܢܐ (s. Badger S. 271 The setting up of the bridal chamber).

Bl. 83ᵇ—87ᵃ Unterschrift.

Bl. 88[a] Hymnus zum Lobe des Bräutigams, gesungen, wenn er in das Brautgemach tritt: ܬܫܒܘܚܬܐ ܕܡܙܡܪܝܢ ܒܗ ܠܚܬܢܐ ܟܕ ܥܐܠ ܠܓܢܘܢܐ ܒܥܠ ܒܘܚܡܬܐ.

Anfang:

ܡܫܒܚܐ ܗܘܬ ܡܢܢ. ܘܩܢܝ ܫܠܝܡ ܒܝܢܝ. ܘܬܫܒܘܚܬܐ ܡܢܝ. ܒܗ ܕܢܘܢܐ ܚܕܝܐ ܠܟܠܢ ܀

Danach Bl. 90[b] eine ܒܪܘܟܬܐ.

Bl. 92[a]—93[b] Gebet beim Schlafengehen von Ephraem ܡܐܡܪܘܢܐ ܕܡܪܝ ܐܦܪܝܡ ܠܡܪܝ ܐܦܪܝܡ ܡܠܦܢܐ ܘܡܪ̄ ܥܠ ܡܫܟܒܐ ܕܠܠܝܐ. ܟܕ ܣܠܩ ܐܢܫ ܠܡܫܟܒܗ. ܐܡܪ ܠܗ ܒܥܘܬܐ ܕܐܪܒܥ.

Anfang:

ܘܟܠܢ ܡܪܝ ܕܐܢ ܫܘܪ ܐܢܐ.
ܒܡܪܝܐ ܐܣܘܪ ܡܕܡܝܢ.

Bl. 94[a] Hymnus von dem Priester *Hanšib* (= ܡܕܒܪܢܐ ܚܕܒܫܒܐ Sonntag), geschrieben 1809: ܕܟܬܝܒܐ ܠܩܫܝܫܐ ܚܢܫܝܒ ܒܝܬ ܡܪܝܡܐ ܒܪܝܬܐ ܘܐܝܬ ܒܗ ܡܫܘܚܬܐ ܡܪܝ ܒܡܪܝܐ ܒܒܪܢܫܐ

Anfang:

ܪܡܝ ܠܐܦܘܣ ܦܠܓܐ. ܡܦܘܩ ܒܠܒܘܫܗ.
ܦܠܓܐ ܒܪܢܫܐ. ܘܡܘܬܩ ܒܪܒܘܬܗ ܀

Affectirte Sprache, wunderliches Gemisch von Griechischen und Syrischen Wörtern.

Bl. 99[a]—102[a] Buss-Lied ܬܘܠܝܬܐ ܘܬܘܬܘ ܢܦܫܐ. ܘܟܠ ܦܬܓܡܘܗ ܡܫܠܡܝܢ ܒܐܠܦ ܕܡܕܡܝܗ ܐܬܘܬܐ ܕܒܪܫ ܬܪܬܐ.

Anfang:

ܗܘ ܐܠܗܐ ܡܬܘܡܝܐ. ܣܘܩ ܒܠ ܒܒܢܝ ܪܘܚܐ. ܕܒܬܘܪܗܢܐ ܡܫܚܐ. ܕܒܘܠܐ ܪܡܙܐ ܘܠܗ ܠܗ ܐܙܠܐ.

Die Anfänge der folgenden Strophen sind alphabetisch. Der Schlusssatz jeder Strophe ist ܘܠܗ ܠܗ ܐܙܠܐ.

Zwei Unterschriften auf Bl. 83[b]. 87[a] und Bl. 98[b]. Der Haupttheil der Hds. Bl. 1—87 ist vollendet A. Gr. 2148 (1837 n. Chr.) den 30. April am zweiten Freitag nach Auferstehung, in der Gegend von Urmia in dem Ort *Ǵamkijê*, der unter dem Schutz der h. *Mârt* Marjam steht. Geschrieben zur Zeit des *Mâr* Simeon Catholicus, Patriarchs des Orients und des *Mâr* Johannes, Bischofs eines Theiles von Urmia.

Der Schreiber ist Presbyter Johannes, Sohn des sel. *Gôlû* ܓܘܠܘ, Brudersohnes des Diaconus *Sâbhâ*, Brudersohnes des Diaconus Simeon aus *Ǵamkijê*. Der Schreiber nennt sich nochmals auf Bl. 86[b] Z. 11.

Text der Unterschrift Bl. 83[b]: ܐܫܬܠܡ ܕܝܢ
ܟܬܒܐ ܗܢܐ ܕܡܟܬܘܒܐ ܒܐܬܪܐ ܥܪܡܝܐ ܕܐܘܪܡܝ
ܒܩܪܝܬܐ ܒܪܝܟܬܐ ܘܡܒܪܟܬܐ ܕܓܡܟܝܐ
ܕܚܡܝܐ ܘܡܢܛܪܐ ܐܝܟ ܡܢܛܠܬܐ ܕܡܪܬܝ
ܡܪܝܡ ܘܫܢ̄ ܝܘܢ ܕܝܢ ܗܘܐ ܘܫܢ̄ ܒܝܘܢܝܐ
ܒܪܝܟܐ ܕܡܢܗ ܐܬܝܠܕ ܒܗ ܒܣܘܦ ܒܪܘܟܬܐ
ܒ ܕܩܝܡܬܐ ܒܝܘܡ ܥܪܘܒܬܐ ܘܫܢ̄ ܐܠܦܝܢ
ܕܝܢ ܒܣܘܦ ܐܢܐ ܕܐܒܪܘܬܐ ܘܫܢ̄ ܫܡܥܘܢ
ܩܬܘܠܝܩܐ ܘܦܛܪܝܪܟܐ ܕܡܕܢܚܐ ܘܫܢ̄
ܘܡܪܝ ܝܘܚܢܢ ܡܝܛܪܦܘܠܝܛܐ ܕܡܕܝܢܬܐ ܐܘܪܡܝ
ܦܠܓܐ ܕܐܘܪܡܝ ܘܫܢ̄ ܒܟܠ ܕܝܢ ܘܫܢ̄ ܫܡܥܘܢ ܩܫܝܫܐ
ܒܪ ܓܘܠܘ ܒܪ ܐܚܘܗܝ ܕܡܫܡܫܢܐ
ܣܒܐ ܒܪ ܐܚܘܗܝ ܕܡܫܡܫܢܐ ܫܡܥܘܢ ܒܝܬ
ܕܓܡܟܝܐ ܒܪܝܟܬܐ ܘܡܒܪܟܬܐ ܝܘܡܢܐ ܘܫܢ̄

Notiz über die Tage, an denen eine Hochzeit ܒܘܪܟܐ ܕܚܬܢܐ nicht stattfinden soll, Bl. 85[b]. Wiederholung eines Theiles der Schreibernotiz Bl. 86[b]. 87[a].

Der nach dieser Unterschrift folgende Abschnitt scheint von derselben Hand herzurühren; aus der Färbung des Papiers möchte ich schliessen, dass er etwas später geschrieben ist als der erste Theil. Daher dürfte das

Datum A. Gr. 2120 (1809 n. Chr.), das sich am Schluss des Hymnus auf Bl. 94ª—98ᵇ findet, als das Datum der Abfassung dieses Hymnus anzusehen sein.

Bl. 93ᵇ Z. 5: ܫܠܡ ܠܗ ܒܘܝܢܐ. ܒܥܒܐ ܕܒܘܝܢܐ ܐܐܝܟ ܒܥܘܡܩܐ. ܠܥܠܡܠܡ ܘܥܕܐ. ܕܐܘܗܝ ܬܫܒܘܚܬܐ ܒܚܕ ܠܗ ܣܘܓܕܐ ܠܗ ܕܝܫܘܥ ܕܡܘܕܐ ܒܟܠܢܫ ܡܕܡ.

Vollständig vocalisirt und punktirt.

102 Blätter (18×11 cm), die Seite zu 16 Zeilen (im älteren Theil). Auf dem rechtsseitigen Bindeblatt: For Prof. Rödiger with the best regards of J. Perkins.

52.

(Ms. orient. Petermann II, Nachtrag 15.)

Ein Trauungs-Ritual nach der Satzung des *Mâr* Gabriel und Abraham in ihrem Kloster oberhalb Mosul. Titel:

ܒܚܝܠ ܐܠܗܐ. ܘܒܥܘܕܪܢܗ ܕܡܪܢ ܝܫܘܥ. ܡܫܪܝܢܢ ܒܥܕܪܢܐ. ܠܡܟܬܒ ܛܟܣܐ ܕܡܟܘܪܝܐ. ܕܒܪܐ ܒܟܢܫܐ ܡܫܝܚܝܐ. ܐܝܟ ܛܟܣܐ ܗܢܐ ܘܦܢܝܐ. ܕܐܒܗܝܢ ܩܕܝܫܐ ܕܝܠܗ ܡܪܝ ܓܒܪܝܐܝܠ ܘܡܪܝ ܐܒܪܗܡ ܕܒܥܘܡܪܗܘܢ ܡܥܠܝܐ ܕܢܝܢܘܐ. ܠܥܠ ܡܢ ܡܕܝܢܬ ܡܘܨܠ.

Anfang Bl. 1ᵇ: ܒܫܡ ܐܒܐ ܘܒܪܐ ܘܪܘܚܐ ܩܕܝܫܐ ܕܡܟܘܪܝܐ ܘܕܡܩܕܫܢܘܬܐ. ܐܝ ܠܐ ܡܫܟܚ ܡܟܘܪܝܐ ܠܡܩܕܫܘ (Bl. 2ª) ܕܐܬܒܛܝܠ ܫܡܫܐ. ܘܩܪܐ

Bl. 4ᵇ Die Ceremonie der Segnung ܛܟܣܐ ܕܒܘܪܟܐ, Weihung des Bechers, der Ringe u. s. w.

Bl. 21ª Weihung des Brautkleides ܛܟܣܐ ܕܒܪܟ ܡܐܢܐ

Bl. 26ᵇ Krönung ܛܟܣܐ ܕܒܪܟ ܟܠܝܠܐ

Bl. 36—56 sind sehr beschädigt, nur fragmentarisch erhalten.

Bl. 37ª Segen für den Bräutigam.

Bl. 39ᵇ Segen für die Braut.

Bl. 42ᵇ Segen für den Hochzeitszeugen ܫܘܫܒܝܢܐ

Bl. 43ᵇ Segen für die Hochzeitszeugin ܫܘܫܒܝܢܬܐ

Bl. 45ª Schlussgebet ܚܘܬܡܐ.

Bl. 45ᵇ Ordo für die Herrichtung des Hochzeitslagers ܛܟܣܐ ܕܡܬܩܢ ܓܢܘܢܐ

Bl. 49ᵇ Ein Hymnus ܥܘܢܝܬܐ, anfangend: ܒܪܝ ܫܠܝܚܘܗܝ ܠܡܥܒܕ ܒܗܕܐ

Bl. 50ᵇ—56ª Ein Hymnus ܥܘܢܝܬܐ für den Eintritt des Bräutigams in das Brautgemach, anfangend: ܣܓܘܬܐ ܗܘܬ ܒܗܢ und daran sich anschliessende Gebete und Gesänge.

Unterschrift Bl. 56ª—58.

Der Schreiber dieser Hds. ist derselbe, der Nr. 41 (Ms. orient. quart. 565) geschrieben hat, der Priester *Aṣlân*, Sohn des *Muḥatas* (*Muḥattas*?), Sohnes des *Aṣlân*, Sohnes des *Ḳârâ* aus der Familie *Yaurê* aus dem Ort Gogtapa in der Gegend von Urmia. Der Ortspatron ist der h. *Zai'â*. Er schrieb zur Zeit des Catholicus *Mâr* Simeon, Patriarchs des Orients, für Perkins Sahib ܦܪܟܝܢܣ ܨܚܒ und vollendete diese Hds. im September 1855. Der Schreiber erzählt, dass er einige Jahre im Orte *Sirê* bei den Americanischen Missionaren und unter Leitung von Mr. Perkins in der Druckerei بسمه خانه beschäftigt gewesen sei.

Text der Unterschrift Bl. 56ᵃ:

[illegible]

Vollständig vocalisirt und punktirt.

58 Blätter (18 × 11 cm), die Seite zu 17 Zeilen.

53.

(Bibl. Petermann 21.)

Ein Band liturgischen Inhalts ohne Anfang und Ende, der zwei Theile enthält:

A. Bl. 1—13ᵃ Beicht-Ritual [illegible]

Bl. 1 Schluss des ersten Abschnitts [illegible]. Erste Worte: [illegible]

Bl. 2ᵃ Zweiter Abschnitt über die Sünden: [illegible]

[illegible]

Erstes Gebot Bl. 4ᵃ, zweites Gebot Bl. 4ᵇ, drittes Gebot Bl. 5ᵃ, viertes Gebot Bl. 5ᵇ. Eine Lücke zwischen Bl. 5 und 6; es fehlen die Gebote 5. 6. 7; achtes Gebot Bl. 6ᵃ, neuntes, zehntes Gebot Bl. 6ᵇ. Schlussnotiz: [illegible]

Bl. 7ᵃ Die sieben Todsünden [illegible]

Bl. 8ᵇ Die sieben Werke der Barmherzigkeit [illegible]

Bl. 9ᵇ Die fünf Sinne des Körpers [illegible]

Bl. 10ᵇ Die drei von Paulus erwähnten Tugenden: Glaube, Liebe, Hoffnung.

Bl. 12ᵇ Ertheilung der Absolution durch die Priester.

Dies Ritual ist vermuthlich übersetzt aus dem Lateinischen und bestimmt für die Römisch-Katholische Mission unter den Nestorianern. S. die Einleitung des zweiten Theils.

B. Bl. 13ᵃ—44ᵇ Doctrina Christi [illegible], aus dem Arabischen in das Syrische übersetzt in Amid vom Priester Joseph aus *Telkêf* aus der Familie *Ma'rûf* auf Befehl des Patriarchen der Chaldäer *Mâr* Joseph 1692 n. Chr. (A. Gr. 2003), vergl. Assemani III, 603. Das Ende fehlt.

[illegible]

ܠܬܘܪܓܡܐ (Bl. 13b) ܡܫܝܚܐ ܝܫܘܥ ܦܪ̈ܢܓܝܐ
ܡܢ ܟܬܒܐ ܡܥܪܒܝܐ ܗ̄ ܟܬܒܐ ܢܓܝܪܐ. ܘܐܬܪܓܡܗ
ܒܡܕܝܢܬܐ ܐܡܪ ܒܟܘܡܪܘܬܗ ܕܐܒܘܗܝ ܡܟܬܒܐ
ܡܪܝ ܝܘܣܦ ܦܛܪܝܪܟܐ ܕܟܠܕ̈ܝܐ. ܒܫܢܬ
ܐܠܦ ܡܐ̈ܬܝܢ. ܘܬܡܢܝܢ ܘܫܒܥ ܒܝܪܚܐ
ܐܝܠܘܠ ܒܝܘܡܗ.

In der folgenden Einleitung berichtet der Priester Joseph, dass schon vor seiner Übersetzung eine andere von Jacob Benjamin existirte. Dieser habe in Rom Fränkisch (Lateinisch?) gelernt, habe aber das Syrische nicht genügend beherrscht und daher eine schlechte Übersetzung geliefert. Um diesem Mangel abzuhelfen, habe er sich bemüht eine gute Übersetzung zu geben, und zwar von der Arabischen Version (nicht von dem Lateinischen Original). Bl. 13b:

ܐܢܐ ܡܚܝܠܐ ܡܫܝܚܐ ܝܫܘܥ ܡܘܕܝܢܐ
ܠܡܫܝܚܘܬܟ ܐܘ ܐܚܘܝ ܦܪܘܩܐ ܕܒܟܬܐ
ܗܢܐ ܡܫܒܚܐ ܕܝܘܠܦܢܗ ܕܡܫܝܚܐ. ܡܟܬܒܢܐ
ܗܘܐ ܡܢ ܩܕܡ ܙܒܢܐ ܠܟܘܡܪ ܒܢܝܡܝܢ.
ܗ̇ܘ ܕܐܬܝܠܕ ܒܟܢܫܐ ܐܬܪ̈ܘܡܝܐ ܕܒܪܘܡܐ
ܪ̈ܒܐ. ܘܝܕܥ ܐܘ ܐܚܘܝ ܕܗܢܐ ܣܦܪܐ ܕܐܠܗܐ.
ܡܢ ܟܬܒ ܕܡܫܝܚܐ ܐܬܝܕܥ ܒܠܫܢܐ ܦܪ̈ܢܓܝܐ.
ܪ̈ܒܐ ܘܝܘܩ ܘܐܦܠ ܠܟܬܒܐ ܗܢܐ ܡܢ ܠܫܢܐ
ܦܪ̈ܢܓܝܐ ܠܬܘܪܓܡܐ. ܘܐܦ ܗܕܐ ܕܒܐ ܕܠܫܢܗ
ܗܘܐ ܠܗ ܗܢܐ (!) ܣܦܪܐ ܡܬܘܪܓܡܐ ܒܠܫܢܐ
ܬܘܪܓܡܐ. ܒܬܪ ܕܡܢ ܐܬܦܫܩ ܒܠܫܢܐ ܕܠܫܢܐ
ܗܢܐ ܘܗܘܪܝܐ ܘܚܘܪܐ ܣܘܐ ܗܘܐ. ܡܬܠܠܗܐ
ܐܫܬܟܚ ܒܬܘܪܓܡܗ ܒܠܠܫܢܐ ܚܘܬܡܐ
ܕܡܠܬܐ. ܘܠܐ ܣܢܝܩܘܬܐ ܢܫܐ ܕܡܫܠܠܐ.
ܘܡܒܕܪܘܬܐ (Bl. 14b) ܘܡܫܠܡܘܬܐ. ܘܡܫܝܠܘܬܐ
ܫܪ̈ܝܪܬܐ ܘܩ̈ܠܐ. ܒܬܪ ܕܠܐ ܦܪܫ ܒܝܢ ܣܘܓܝܐܬܐ
ܠܣܘܓܝܐܬܐ. ܘܟܕ ܦܩܕ ܠܦܩܕ. ܘܦܘܩܕܢܐ
ܠܦܘܩܕܢܐ. ܘܠܒܪܬܐ ܕܫܪ̈ܝܪܬܐ ܘܩ̈ܠܐ ܕܡܬܬܟܢ.
ܘܗܘ ܡܫܪܫܪܐ ܒܬ ܗܘܠ ܡܬܬܥܗܕ
ܘܐܬܪܓܡ ܒܗ ܠܐܬܪܓܡܗ ܕܣܘܡܐ ܟܡܝܪܬܐ
ܡܢܐ ܡܪ̈ܘܢ ܡܬܘܡܬܐ ܘܠܘ ܗܪ̈ܡܬܐ. ܘܡܢܐ
ܝܩܝܪ ܘܐܬܬܒܩܗ ܠܗ ܘܐܬܪܓܡܗ ܡܢ ܠܫܢܐ
ܐܪܒܝܐ ܠܬܘܪܓܡܐ ܒܝ ܠܐ ܒܥܪܬܐ ܘܐܦܠܐ
ܐܬܦܩܗ ܡܢ ܕܠܐ ܡܠܬܐ ܘܡܘܪܬܐ. ܘܡܢܐ

Sehr populär gehaltener Katechismus der katholischen Lehre in Fragen und Antworten. Anfang Bl. 15a:

ܫܘܐܠܐ ܡܫܝܚܝܐ ܐܢܬ. ܦܢܝܐ ܐܝܢ ܒܛܝܒܘܬܗ
ܕܐܠܗܐ. ܘܡܢܐ

Der Glaube der Apostel Bl. 17b, Erklärung des Vaterunsers Bl. 24b, von den zehn Geboten Bl. 31b, Gebote und Rathschläge der Kirche Bl. 36a, von den Sakramenten der Kirche Bl. 37b, von den ersten göttlichen Tugenden Bl. 40b, von der Gabe des h. Geistes Bl. 42b, von den Werken der Barmherzigkeit Bl. 43b, von den Sünden Bl. 44a. Letzte Frage: ܐܝܟܢ ܗܘ ܡܫܝܚܝܐ ܫܪܝܪܐ

Vocalisirt und punktirt. Geschrieben etwa Anfang dieses oder Ende des vorigen Jahrhunderts.

44 Blätter (16,5 × 10,5 cm), die Seite zu 15 Zeilen.

54.

(Ms. orient. quart. 547.)

Ein Begräbniss-Ritual ܛܟܣܐ ܕܡܢ̈ܝܚܐ aus der Gegend von Urmia (vergl. Badger, The Nestorians and their rituals II, 24). Von einigen der in diesem Zusammenhang vorkommenden Hymnen sind die Dichter angegeben.

Anfang Bl. 1a Waschung der Leiche
ܡܣܚܝܬܐ ܕܦܓܪܐ ܕܡܢ̈ܝܚܐ

Bl. 2a Einkleidung der Leiche ܓܢܙܐ ܕܥܠܡܝܐ bei Laien, Männern, Weibern und Kindern.

Bl. 58b ܓܢܙܐ ܕܛܠܝ̈ܐ ܥܡܝ̈ܕܐ Die Begräbnissfeier bei Kindern, welche die Taufe empfangen haben.

Bl. 68b Begräbniss von Kindern, welche nicht die Taufe empfangen haben ܓܢܙܐ ܕܛܠܝ̈ܐ ܕܠܐ ܩܒܠܘ ܥܡܕܐ ܩܕܝܫܐ. ܐܠܐ ܒܪܘܫܡܐ ܒܠܚܘܕ

Bl. 69a Hymnen für das Begräbniss von Personen aller Stände:

Bl. 69a Für einen Catholicus.

Bl. 70a Für Bischöfe und Metropoliten.

Bl. 71b Für Äbte ܐܒܗ̈ܬܐ.

Bl. 72b Für Mönche.

Bl. 73a Für Jungfrauen.

Bl. 73b Für Priester und Diakone.

Bl. 78b Für die Mitglieder der Kirche ܕܒܢ̈ܝ ܥܕܬܐ.

Bl. 80a Für Lehrer.

Bl. 80b Für Diakone.

Bl. 81b Für Schüler ܕܐܣܟܘ̈ܠܝܐ.

Bl. 84a Für Greise.

Bl. 84b Für Jedweden ܕܟܠܢܫ. Hier (S. 91a) ein Hymnus von *Mâr Sabhrîšô'*, Bischof des oberen Dasen:

ܕܥܒܕܗ ܡܪܝ ܣܒܪܝܫܘܥ ܐܦܣܩܘܦܐ ܕܕܣܢ ܥܠܝܬܐ. ܒܘܝܐ ܥܒܝܕܐ ܠܐܒܝ̈ܠܐ ܒܒܘܥܝܬܐ ܘܥܢܝܢܐ ܒܬܪ ܢܘܒܗ ܝܬܝܪ ܘܥܢܝܢܐ ܠܐܢܫ.

Bl. 91b Für die Mitglieder der Kirche ܕܒܢ̈ܝ ܥܕܬܐ, für Diakone, Reiche, Erschlagene, Ertrunkene, Fremde, Verlobte, einen einzigen Sohn, Säuglinge.

Bl. 102a Hymnen für verstorbene Frauen ܡܕܖ̈ܫܐ ܕܥܠ ܢܫ̈ܐ

Bl. 106a Hymnen für Kinder ܡܕܖ̈ܫܐ ܕܥܠ ܛܠܝ̈ܐ

Bl. 109a Vier Hymnen (ܡܕܖ̈ܫܐ) von *Mâr Îšô'jabh* (ܝܫܘܥܝܗܒ), Metropolit von Arbela, genannt Bar *Mekaddim* (vergl. Assemani III, 540) ܡܕܖ̈ܫܐ ܕܥܒܝܕܝܢ ܠܡܪܝ ܝܫܘܥܝܗܒ ܡܝܛܪܦܘܠܝܛܐ ܕܐܪܒܠ ܡܬܩܪܐ ܒܪ ܡܩܕܡ.

1. Anfang: ܒܢܫܘܟ ܗܘ ܕܐܬܬܢܝܚܘ ܡܢܟ ܒܟܠ ܥܕܬܐ ܕܩܘܕܫܐ.

2. Anfang: ܐܠܝܢ ܐܡܘܬܐ ܕܩܘܕܫܗ ܡܫܝܚ ܥܡܗܐ.

3. Anfang: ܒܪܘ ܝܘܡܐ ܕܚܝܠ ܘܡܚܝܠ ܕܝܘܡ ܙܠܝܓ ܡܫܠܠܐ.

4. Anfang: ܒܪܘ ܝܘܡܐ ܪܒܐ ܘܕܚܝܠ ܕܒܗ ܒܗ ܥܠܡܐ

Bl. 111b Hymnus von *Mâr 'Abhdîšô'*, Bischof von *Gâzartâ*, für Mönche. Anfang:

ܒܪܝܟ ܡܫܝܚܐ ܕܠܩ̈ܕܝܫܘܗܝ ܓܠܐ ܪܙܐ ܩ̈ܕܝܫܘܗܝ. ܠܗܘܢ ܢܘܗܪܐ ܕܒܗ ܩ̈ܕܝܫܘܗܝ ܢܚܙܘܢ ܠܩ̈ܕܝܫܘܗܝ. ܬ̈ܘܒ ܚܝܕܐ ܐܝܟܘܬܐ ܦܠܚܘ ܕܡܪܝܐ.

Bl. 113a Notiz, dass 1547 n. Chr. d. 17. Jan. ein Mönch *Ibrâhîm* gestorben ist.

Bl. 113a Hymnus von *'Abdelmasîḥ* aus *Slôkh* ܡܕܖ̈ܫܐ ܕܥܒܝܕܝܢ ܠܪܒܢ ܥܒܕܐ ܠܡܫܝܚ ܣܠܘܟܝܐ

Für Diakone. Anfang:

ܒܪܝܟ ܡܠܟܐ ܕܠܥܠܡܝܢ. ܘܡܪܝܐ ܕܩ̈ܕܝܫܝܢ. ܕܐܫܬܘܝܢ ܠܩ̈ܕܝܫܘܗܝ. ܩ̈ܠܝܢ ܚܕ ܕܟܠ ܥܕܢܝܢ. ܬ̈ܘܒ ܡܫܡ̈ܫܢܐ ܡܗܝ̈ܡܢܐ ܘܕܟ̈ܝܐ.

Bl. 114a Hymnus von Rabban *Jôḥannân*, für Priester, Getödtete, für Jeden. Anfang:

ܡܫܝܚܐ ܒܪܗ ܕܐܒܐ ܘܡܠܟܐ ܕܠܥܠܡܝܢ. ܕܒܝܘܡܗ ܠܐ ܡܬܘܡ ܦܘܪܩܢܐ ܘܐܝܡܬܝ ܠܒܪ ܕܪܝܢ.

ܬ̈ܘܒ ܡܢ ܕܢܝܚ ܡܫܠܠܐ ܒܪܘܡܐ ܡܠܟܝܢ ܥܠܡܐ.

Ein zweiter Hymnus von demselben Bl. 115ª. Anfang:

ܡܢܐ ܕܐܘܪܚ ܐܢܐ ܡܢ ܥܡܐ ܕܗܕܪܐ ܘܡܥܡܘܕܝܬܐ.

Bl. 115ᵇ Zwei Hymnen vom Presbyter Israel (aus *Alkôš*):

1. Anfang: ܐܢܐ ܗܘ ܫܘܒܚܗܘܢ.
2. Anfang: ܡܢ ܣܘܥܪ ܚܛܗ̈ܘ.

Bl. 117ª Hymnen für den Gottesdienst während der drei Tage nach dem Begräbniss zum Trost über die Verstorbenen ܒܘܝܐܐ ܕܥܢܝ̈ܕܐ

Bl. 123ª—126ª Einige synodische Canones (ܩܠܝܠ ܡܢ ܩܢܘ̈ܢܐ ܣܘܢܗܕܝܩܝ̈ܐ), die sich auf Begräbniss, Einkleidung u. s. w. beziehen. Erster Canon: Über die Waschung der Leiche. Anfang:

ܥܠ ܚܡܝܡܐ ܕܡܢ ܕܦܠܚ̈ܐ ܕܥܢܝ̈ܕܐ ܐܝܟ ܕܦܩܝܕ
ܒܩܢܘ̈ܢܐ ܕܐܒܗ̈ܬܐ. ܘܡܪܐ

Unterschrift Bl. 126ª—127ª. Vollendet ist die Copie 1871 n. Chr. den 6. Febr. Geschrieben im Ort *Mârt* Marjam in der Gegend von Urmia (ܒܐܬܪܐ ܕܐܘܪ̈ܡܝ) von Johannes, Sohn des Diaconus Johannes, Sohnes des Priesters Sergius, Sohnes des Pr. Georgius, Sohnes des Pr. Jacob, Sohnes des Pr. Jesus. Als seine Onkel nennt er Presbyter Benjamin, Presbyter Georgius, »Meister« Joseph (ܐܘܣܛܐ ܝܘܣܦ) im Ort ܓ̰ܗܪܒܟܫ (*Čihrbakhš? Čehdrbakhš?*). Text der Unterschrift:

ܐܫܬܠܡ ܕܝܢ ܟܬܒܐ ܗܢܐ ܒܫܢܬܐ ܡܫܝܚܝܬܐ
ܘܡܫܬܪܝܬܐ ܡܬܐܠ ܡܬܡܢܐ ܡܫܒܥܝܢ ܠܗ̇ ܡܢܝ
ܘܒܐܬܪܐ ܕܐܘܪ̈ܡܝ. ܒܡܬܐ ܕܡܢ ܠܡܬܐ
ܗܘܐ ܐܢܐ ܘܥܪ ܝܘܚܢܢ ܒܪ ܡܫܡܫܢܐ ܝܘܚܢܢ
ܒܪ ܩܫܝܫܐ ܣܪܓܝܣ ܒܪ ܩܫܝܫܐ ܓܝܘܪܓܝܣ
ܒܪ ܩܫܝܫܐ ܝܥܩܘܒ ܒܪ ܩܫܝܫܐ ܝܫܘܥ.
ܕܕ̈ܘܗܝ ܩܫܝܫܐ ܒܢܝܡܝܢ. ܩܫܝܫܐ ܓܝܘܪܓܝܣ
ܘܐܘܣܛܐ ܝܘܣܦ ܕܡܢ ܩܪܝܬܐ ܒܪ̈ܝܬܐ ܓ̰ܗܪܒܟܫ.

Der Schreiber sagt, dass er aus zwei Vorlagen abgeschrieben: ܘܐܦ ܡܢ ܦܘܪ̈ܫܝ ܐܝܟ̈ܢܬܐ
ܐܝܟܢܐ ܘܡܦܪܫ ܫܟܝܟ ܡܢ ܚܕܘ̈ܬܐ ܕܒܗܘܢ
ܡܢ ܠܐ ܥܠܡܝܢ ܗܘܐ ܠܡܦܪܫ.

Neusyrisch Bl. 127ª:

ܗܘܝܐ ܡܫܘܠܡܬܐ ܐܗܐ ܟܬܒܐ ܐܡܬܐ ܕܡܟܬܒܢ ܒܝܘܡ
ܫܬܐ ܕܫܒܛ ܡܫܝܚܝܬܐ 1871 ܫܢ̈ܐ.

Gut geschrieben. Vollständig vocalisirt und punktirt.

127 Blätter (21 × 17 cm), die Seite zu 18 Zeilen.

55.

(Ms. orient. fol. 1200.)

Ein Begräbniss-Ritual ܛܟܣܐ ܕܥܢܝ̈ܕܐ besonders für Priester, Diakone und Nonnen nach dem Ritus der hh. Gabriel und Abraham bei Mosul.

Unvollständig zu Anfang, wo zwei Blätter fehlen. Der volle Titel findet sich in der Unterschrift Bl. 128ª:

ܒܘܪܟܬܐ ܕܥܢܝ̈ܕܐ ܕܐܢܫܝ̈ܢ ܒܘܦܐ ܕܩܫܝ̈ܫܐ
ܘܡܫܡ̈ܫܢܐ ܘܕܒܢ̈ܬ ܩܝܡܐ ܘܡܬܪ̈ܥܝܢܐ
ܘܒܢܝ̈ܐ ܕܠܫܝܢ ܠܗܘܢ ܐܝܟ ܛܟܣܐ ܘܐܝܟ
ܪܘܫܡܐ ܕܪ̈ܒܢܐ ܘܪ̈ܒܐ ܛܘܒܢܝ̈ܐ ܕܡܪܝ
ܓܒܪܐܝܠ ܘܡܪܝ ܐܒܪܗܡ ܕܡܢ̈ܬܐ ܕܒܡܘܨܠ
ܕܡܘܠܦܢܐ ܕܝܠܝ ܣܒܐ ܚܒܪܐ ܡܘܨܠ.

A. Bl. 1ª (obere Hälfte) Schluss der Einleitung, enthaltend Vorschriften über die Behandlung der Leiche. Anfangsworte:

ܕܢܣܘܒ ܢܣܒܗ ܠܡܝ̈ܬܐ. ܘܠܐ ܟܠ ܚܠܘ.
ܘܠܐ ܢܗܘܐ ܒܟܘܦܐ ܕܐܠܗܐ ܕܢܦܫܗ
ܝܠܕܗ ܕܡܢ̈ܝ.

Bl. 1ᵃ (Mitte) — 109ᵇ Ritual für die Beerdigung von Priestern und Diakonen: [illegible]

In der Unterschrift Bl. 109ᵇ:

[illegible]

Der Titel ist zu eng gefasst, da an vielen Stellen auch die Beerdigung von Laien [illegible], an einer Stelle Bl. 83ᵃᵇ diejenige der verschiedensten Personen ([illegible]) berücksichtigt ist. Anfang:

[illegible]

Eingetheilt in fünf Sessiones [illegible] (Bl. 8ᵇ. 13ᵃ. 16ᵃ. 20ᵃ. 24ᵃ) und in zehn [illegible] (Bl. 1ᵃ. 50ᵇ. 53ᵃ. 63ᵇ. 74ᵃ. 80ᵃ. 83ᵃ. ? 94ᵇ. 97ᵇ). Die Texte sind nicht alle in extenso mitgetheilt, sondern für die zu lesenden [illegible] und [illegible] ist auf andere liturgische Sammlungen (z. B. den [illegible]) verwiesen.

B. Bl. 109ᵇ — 111ᵇ Begräbniss-Ritual für Nonnen, solche, die nicht verheirathet gewesen und solche, die verheirathet gewesen: [illegible] und Bl. 111ᵃ [illegible]

C. Bl. 111ᵇ — 117ᵃ Gesänge [illegible] mit Responsorien [illegible] für die Beerdigung von Priestern, Diakonen und Weibern: [illegible]

Anfang:

[illegible]

D. Bl. 117ᵃ — 126ᵇ Ein Abschnitt betitelt ܥܘܢܝܬܐ

a) [illegible], d. h. Verse in Strophen von je zwei zwölfsilbigen Zeilen, und

b) Bl. 122ᵇ [illegible], d. h. Verse in Strophen von je vier siebensilbigen Zeilen.

Gebete, fromme Betrachtungen für die Zeit nach der Beerdigung. Unterschrift: [illegible]

Anfang des ersten Abschnittes Bl. 117ᵃ:

[illegible]

Anfang des zweiten Abschnittes Bl. 122ᵇ:

[illegible]

E. Bl. 126ᵇ — 128ᵃ Ein Abschnitt bezeichnet als [illegible], Ritual eines Gottesdienstes zum Trost der Hinterbliebenen am zweiten Tage nach der Beerdigung. Anfang:

[illegible]

Unterschrift auf Bl. 128ᵃᵇ: [illegible]

ܕܐܠܟܣܢܕܪܘܣ ܡܩܕܘܢܝܐ ܫܢܬ ܕܝܢ ܗܘܬ
ܕܫܘܠܡܐ ܒܐܝܪܚ ܐܝܪ ܕ̄ ܒܗ ܒܝܘܡ ܐܪܒܥܒܫܒܐ
ܐܝܟ ܘܐܬܡܢ. ܐܬܟܬܒ ܕܝܢ ܟܬܒܐ ܗܢܐ ܒܝܘ̈ܡܝ
ܐܒܘܢ ܩܕܝܫܐ ܪܒܐ ܘܡܪ̄ ܡܪܝ ܐܠܝܐ ܩܬܘܠܝܩܐ
ܦܛܪܝܪܟܐ ܕܡܕܢܚܐ ܫܠܝܚܝܐ ܕܩܕܝܫܐ ܘܡܪ̄
ܘܩܕܝܫܐ ܕܐܪܥܐ ܘܡܪ̄ ܡܪܝ ܥܒܕܝܫܘܥ
ܐܦܝܣܩܘܦܐ ܡܫܝܚܐ ܕܛܪܘܢ ܘܕܐܘܪܡܝ ܢܛܪܗ
ܘܢܛܪܝܢ ܡܪ̄ ܠܟܠܗ ܕܝܢ ܟܢܫܐ ܘܕܝܘܪܐ.
ܘܡܫܡܫܢܐ ܐܦ ܣܗܕܐ. ܘܢܦܫܬܐ ܗܘܐ ܘܡܟ̈ܢܐ.
ܡܠܟܐ ܡܢ ܟܠܗܘܢ ܒܢ̈ܝܐ.

Der Schluss der Unterschrift ist nicht mehr vorhanden, und damit der Name des Schreibers verloren gegangen. Die Hds. ist geschrieben vermuthlich in der Gegend von Urmia, zur Zeit des Patriarchen Elias und des Bischofs *'Abhdišô'* von *Ṭâron* und Urmia, und vollendet A. Gr. 1925 = 1614 den 4. Mai an einem Mittwoch. Vollständig vocalisirt und punktirt.

128 Blätter (29,5 × 19 cm), die Seite zu 25 Zeilen.

III. POESIE Nr. 56–72.

56.

(Sachau 99.)

Sammlung von Gedichten des Isaak von Antiochien. Er war geboren in *Amid-Dijârbekr*, studirte in Edessa und war Abt eines Klosters bei Antiochien. Gestorben um 460. S. Wright, Syriac Literature S. 52 und Ausgabe von G. Bickell, S. Isaaci Antiocheni, doctoris Syrorum, opera omnia, pars I, Gissae 1873; pars II, 1877.

Titel:

ܥܠ ܚܝܠܐ ܘܦܪ ܥܠ ܫ̈ܢܝܢ ܘܫܘܡܐ ܡܢܝܚ
ܥܠ ܡܫܠܡ ܡܫܪܐ ܐܢܐ ܠܡܥܡܕ ܡܐܡܪ̈ܐ
ܕܩܕܝܫܐ ܡܪܝ ܐܝܣܚܩ ܡܠܦܢܐ ܣܘܪ̈ܝܝܐ.

Inhalt:

1. Bl. 1b ܡܐܡܪܐ ܩܕܡܝܐ ܕܥܠ ܪܚܡܬ ܝܘܠܦܢܐ Über die Liebe zum Lernen. Die sämmtlichen Gedichte dieser Sammlung bestehen aus Strophen von je vier siebensilbigen Versen. Erste Strophe:

ܝܘܠܦܢܐ ܚܠܝܐ ܗܘ ܕܝܩܝܪܐ
ܕܒܗ ܡܬܒܢܝܐ ܪܘܚܢܘܬܗ
ܢܗܝܪܐ ܣܟܠܐ ܕܡܢܗܪ̈ܝܢ
ܠܡܕܝܢܐ ܕܒܠܒܗ ܗܪܟ ܒܗ ⁘

Zu der Schlussnotiz lautet der Titel:

ܕܥܠ ܚܒܝܒܬܐ ܘܪܚܡܬ ܝܘܠܦܢܐ.

Edirt von G. Mösinger, Monumenta Syriaca, vol. I S. 13–20.

2. Bl. 9b ܡܐܡܪܐ ܕܥܠ ܡܟܝܟܘܬܐ ܕܐܚ̈ܐ ܘܡܟܣܢܘܬܐ Über die Demuth der Mönche; eine Zurechtweisung. Erste Strophe:

ܐܚܘܗܝ ܕܡܫܝܚ ܪ̈ܚܡܐ
ܫܡܥܘ ܕܡܠܬܐ ܐܡܪ ܐܢܐ
ܘܐܠܐ ܡܢܟܘܢ ܐܠܗ̈ܝܬܐ
ܢܦܫܬܐ ܒܢܘܗܪܐ ܡܒܪܘ ܐ̄ܢܐ ⁘

Unterschrift:

ܫܠܡ ܕܥܠ ܐܚ̈ܐ ܕܝܪ̈ܝܐ. ܡܟܝܟܘܬܐ ܘܡܟܣܢܘܬܐ ܕܝܠܗ ܕܩܕܝܫܐ ܡܪܝ ܐܝܣܚܩ ܡܠܦܢܐ ܣܘܪ̈ܝܝܐ.

3. Bl. 17b ܡܐܡܪܐ ܥܠ ܡܟܝܟܘܬܐ Über die Demuth. Erste Strophe:

ܚܝ ܐܢܐ ܗܘ ܕܐܡܠܠ
ܕܫܡܥܬ ܕܟܪܝ ܒܣܦܪܐ
ܘܡܬܒܪ ܒܗܝܢ ܚܫܝܫ
ܕܗܘܐ ܡܫܒܪܐ ܠܚܘܒܬܗ ⁘

Unterschrift:

ܫܠܡ ܥܠ ܡܟܝܟܘܬܐ

S. Bickell a. a. O. II S. 142.

4. Bl. 25a ܕܥܠ ܪܚܡܬܐ ܕܩܢܝܢܐ ܠܐܚ̈ܐ ܦܪܝܫܐܝܬ ܘܠܕܝܪ̈ܝܐ ܕܡܠܒܟܐ Über die Begehrlichkeit, welche die Brüder (Mitchristen?), ganz besonders aber die Mönche in Unruhe stürzt. Anfang:

ܐܠܗܐ ܐܝܬܝܟ ܡܘܬܒܬܐ

5. Bl. 30b ܕܥܠ ܥܢܝ̈ܕܐ Über die Verstorbenen. Anfang:

ܠܡܥܒܕܟ ܪܒܐ ܪܢܝܫܐ

6. Bl. 33b ܕܥܠ ܝܚܝ̈ܕܝܐ ܘܬ̈ܝܒܐ ܘܡܕܒܪ̈ܝܐ Über Einsiedler, Büsser und solche Einsiedler, die in den Wüsten leben. Anfang:

ܐܠܗܐ ܕܒܗܘܢ ܫܘܪ̈ܐ

7. Bl. 48a ܕܥܠ ܫܘܠܡܐ Von dem Ende aller Dinge. Anfang:

ܚܙܝ ܕܟܠܟ ܠܟ ܒܫܘܠܡܗ

8. Bl. 51b ܥܠ ܬܝܒܘܬܐ ܘܬܘܒ ܬܝܒܐ Über Reue und Busse. Anfang:

ܐܬܚܢ ܠܝ ܡܪܝ ܒܬܝܒܘܬܐ

9. Bl. 54b ܕܥܠ ܝܚܝ̈ܕܝܐ ܘܕܝܪ̈ܝܐ ܕܡܪ̈ܝܐ ܘܡܟܣܢܘܬܐ Über Einsiedler und Mönche; eine Zurechtweisung. Anfang:

ܐܠܗܐ ܗܒܠܝ ܡܕܪܝ. ܦܬܚܝܢ ܬܪܥܐ ܕܟܠܟ

Titel in der Schlussnotiz:

ܫܠܡ ܕܥܠ ܡܟܣܢܘܬܐ.

10. Bl. 71a ܕܥܠ ܡܪܬܝܢܘܬܐ ܘܡܟܣܢܘܬܐ ܥܠ ܢܦܫܗ Ermahnung und Zurechtweisung für den Dichter selbst. Anfang:

ܢܦܫܝ ܒܟܠ ܡܢ ܟܠ ܕܘܝ

Schlussnotiz:

ܫܠܡ ܕܥܠ ܢܦܫܗ.

11. Bl. 75a ܕܥܠ ܥܬܝܪܐ ܘܠܥܙܪ Über den Reichen und Lazarus. Anfang:

ܐܘ ܡܣܟܢܐ ܘܥܬܝܪܐ

Titel in der Schlussnotiz:

ܫܠܡ ܕܥܠ ܡܪܬܝܢܘܬܐ ܕܥܬܝܪܐ ܘܠܥܙܪ.

12. Bl. 84b ܕܥܠ ܬܝܒܘܬܐ Über Reue. Anfang:

ܐܬ ܠܬܝܒܘܬܐ ܬܢܝܢܐ

13. Bl. 84b ܕܥܠ ܡܣܬܦܩܢܘܬܐ ܕܗܝ ܗ̄ܝ ܚܐܪܘܬܐ ܫܪܝܪܬܐ Über die Bedürfnisslosigkeit, d. i. die wahre Freiheit. Anfang:

ܡܪܝ ܚܝ̈ܠܐ ܡܣܟ̈ܢܐ

14. Bl. 96a ܕܥܠ ܡܪܬܝܢܘܬܐ Über Ermahnung. Anfang:

ܡܢ ܚܘܒܘܬܐ ܡܫܬܐܠܐ

15. Bl. 101a ܥܠ ܐܝܠܝܢ ܕܩܝܡܝܢ ܥܠ ܚܕ̈ܕܐ ܒܥܕܢܐ ܕܨܠܘܬܐ ܘܕܐܪ̈ܙܐ Über diejenigen, die gegen einander auftreten zur Zeit des Gebets und der Sacramente. Anfang:

ܫܡܥܘ ܐܚ̈ܝ ܠܝ ܐܢܫ ܢܛܘܪ

16. Bl. 104b ܕܥܠ ܨܘܡܐ ܩܕܝܫܐ ܕܐܪ̈ܒܥܝܢ Vom heiligen Fasten der 40 Tage. Anfang:

ܠܠܫܢܐ ܡܫܡܥ ܨܘܡܐ

S. Bickell I S. 250.

17. Bl. 112b ܥܠ ܨܘܡܐ ܩܕܝܫܐ Vom heiligen Fasten. Anfang:

ܪܚܡܐ ܕܨܘܡܐ ܗܘܐ (sic)

S. Bickell I S. 274.

18. Bl. 118b ܕܡܟܣܢܘܬܐ Zurechtweisung. Anfang:

ܢܠܐ ܗ̄ܘ ܪܒܐ ܥܠ ܗܕܐ

19. Bl. 140b ܕܡܟܣܢܘܬܐ Zurechtweisung. Anfang:

ܒܟܠܟܠ ܥܕܢ ܐܬܐ ܠܗ

20. Bl. 157a ܕܥܠ ܩܘܣܛܢܛܝܢܘܣ ܕܗܘ ܡܢܟܠܟܠ ܒܝܘܡܬܐ ܥܒܕ ܠܗܘ ܕܪܘܡܝܐ ܕܪܒܝܥܝܐ ܠܡܠܟܐ Über Constantin. Vergl. Nr. 162 Sachau 177 nr. 39. Anfang:

ܗܘ ܐܡܪ ܠܝ ܠܗܢ ܢܝܫܪܐ

21. Bl. 166ᵃ ܕܥܠ ܬܝܒܘܬܐ Über Reue. Anfang:

ܦܬܚ ܠܝ ܡܪܝ ܐܘܨܪ ܪ̈ܚܡܝܟ

22. Bl. 176ᵇ ܕܥܠ ܨܠܘܬܐ Über das Gebet. Anfang:

ܡܨܠܝܢܐ ܕܨܠܘܬܗ ܠܗ ܒܥܐ

23. Bl. 185ᵃ ܕܨܠܘܬܐ Vom Gebet. Anfang:

ܗܢܘ ܟܠܝܠܐ ܘܬܓܗ ܠܗ

Schluss fehlt. Letzte Verse auf Bl. 191ᵇ:

ܘܐܢܐ ܒܢ̈ܦܫܬܐ ܕܗܘ ܐܢܐ
ܐܫܬܒܚܬ ܚܕܐ ܒܟܠܠܗܝܢ

Diese 23 Gedichte sind ausgewählt aus der Sammlung des Patriarchen *Johannân* Bar *Šûšan* und entsprechen den Nr. 1. 4. 7. 3. 11. 15. 16. 17. 21. 22. 23. 41—46. 48. 49. 47. 52. 55. 56; s. Assemani I, 214 ff.

Auf dem Rande einige spärliche Glossen, meist Nachtragung von etwas im Text Ausgelassenen, zum Theil auch kurze auf den Inhalt bezügliche Notizen, ähnlich den mit مطلب bezeichneten Randglossen Arabischer Handschriften. Alles von der ersten Hand.

Nach einer Notiz auf Bl. 116ᵃ هذا الكتاب مال الوس ابن بطرس الخياط الله يجعل نصيبه ملكوت السماوات gehörte dies Buch einmal einem الوس (Aloys?), Sohn des Petrus *Elkhajjât*. Zwei Glossen desselben Inhalts auf dem linksseitigen Buchbinderblatt; daselbst die Notiz بملك جرجس بن الوس الخياط سنه مسيحية ١٨٤٢, wonach das Buch 1842 n. Chr. einem *Ġirġis*, Sohn jenes الوس *Elkhajjât*, gehört hat.

Datum nicht vorhanden; kann im 18. Jahrhundert geschrieben worden sein. Deutliche Nestorianische Schrift; fast vollständig vocalisirt und punktirt. Orientalischer Einband.

191 Blätter (22,5 × 16 cm), die Seite zu 19 Zeilen.

57.

(Sachau 174. 175. 176.)

26 längere Gedichte, genannt *Mêmrê*, davon 25 verfasst von Narses und eins (Nr. 25) von David. Während David Scholasticus ܐܣܟܘܠܝܐ, Lehrer zu *Kephar-'Izzê*, gänzlich unbekannt ist, ist Narses oder Narsai, hier bezeichnet als der grosse, der Lehrer, der Übersetzer, der bekannte Nestorianische Bibelexeget und Dichter, der zu Nisibis im Anfang des 6. christlichen Jahrhunderts gestorben sein soll (s. Wright, Syriac literature S. 58).

Die *Mêmrê* bestehen aus Strophen von je zwei zwölfsilbigen (nicht sechssilbigen) Zeilen, ausgenommen Nr. 16. 17. 26, die aus Strophen von je vier siebensilbigen Zeilen zusammengesetzt sind. Jedes *Mêmrâ* ist durch eine kurze Doxologie ܫܘܒܚܐ eingeleitet und wird mit einer solchen geschlossen.

Die kürzeren Gedichte, genannt ܣܘܓ̈ܝܬܐ, welche den *Mêmrê* Nr. 3—6. 10. 12. 15. 20. 21 angefügt sind, bestehen aus Strophen von je vier siebensilbigen Zeilen und sind Zwiegespräche zwischen zwei oder mehreren Personen.

Diese Gedichte dürften zum Vortrag in den Kirchen bestimmt gewesen sein, denn sie sind im Allgemeinen nach dem Kirchenjahr geordnet, beginnend mit der Adventszeit und schliessend mit Pfingsten, Kreuzesauffindung und Kirchweih. Vielleicht sind diese Dichtungen eine Auswahl aus den von Ebedjesu erwähnten 365 *Mêmrê* (Assemani 3, 65).

Die Gedichte des Narses sind ausführliche versificirte Betrachtungen oder Predigten allgemein paraenetischen Inhalts über dasjenige Ereigniss, dessen Andenken der betreffende Kirchentag gewidmet ist, in vorzüglicher, lebhafter, von Fremdwörtern verhältnissmässig freier Sprache. Hier und da finden sich kräftige

Ausfälle gegen Andersgläubige, z. B. Bl. 70ª gegen die Paulonianer, Eunomianer, Arianer und Eutychianer:

ܗܐ ܪ̈ܒܢܐ ܕܐܬܠܡܕܘ ܐܢܘܢ ܫܡܘ ܘܐܬܦܪܣܘ
ܘܦܪܕܘ ܐܢܘܢ ܥܒܕܐ ܕܚܫܐ ܠܥܒܪ ܡܢ
ܗܪ̈ܣܝܣ ܀

ܦܘܠܘܣܝܢܐ ܘܐܘܢܘܡܝܢܐ ܚܫܟܝܢ ܘܥܒܕܝܢ
ܕܚܫܐ ܐܪܝܘܣ ܘܥܢܘܗܝ ܗܘܘ ܢܘܟܪ̈ܝܐ ܀
ܘܐܦ ܪ̈ܒܢܐ ܕܕܠܠܘܬܐ ܦܓܥܘ ܡܠܬܗܘܢ
ܡܢܐ ܣܥܪܝܢ ܗܠܡܢܕ̈ܝܗܘܢ ܕܠܒܪ ܦ̈ܪܩܐ ܀
ܡܢ ܐܘܛܘܟܐ ܠܐ ܕܝܠ ܐܢܐ ܕܝܢܐ ܠܐܘܣܝܐ ܗܘ
ܘܡܢ ܡܙܕ̈ܥܐ ܠܐ ܡܫܬܟܠ ܐܢܐ ܕܐܦܠ ܒܬܘܡܝܕܐ
ܗ̄ܘ ܀
ܘܠܐ ܡܢ ܢܕܪܐ ܕܡܕܪ̈ܗܝܛܘܗܝ ܡܬܒܩܐ ܐܢܐ
ܕܠܒܪ ܐܢܘܢ ܠܥܕܬܐ ܘܦ̈ܪܩܐ ܡܢ ܗܘܢܐ ܀

Ferner gegen dieselben und die *Dûmdrîṭê* (Δημοφῖται?) ܕܘܡܕܪ̈ܝܛܐ Bl. 117ᵇ:

ܒܕܡܘܬ ܝܠܐ ܢܓܘܘ ܐܪ̈ܥܐ ܘܐܘܢܘܡܝܢ̈ܐ
ܘܐܪܝܘ ܚܟܝܡܘܗܝ ܕܘܡܕܪ̈ܝܛܐ ܘܦܘܠܘܢ̈ܝܐ ܀

Folgender Abschnitt über die Secten auf Bl. 122ᵇ:

ܫܡܥܘܢܝܐ ܝܠܕܐ ܣܥܪܬ ܠܒܪܒܪܝܢܘܬܐ
ܘܐܝܟ ܡ̇ܢܐܢܕܪ ܦܝܫ ܐܝܟ ܠܐܝܬܘܬܐ ܀
ܒܪܬܘܪ̈ܝܢ ܝܠܡܘ ܒܠ ܒܠܗ ܡܠܟܐ ܘܦܠܒܪܐ
ܘܪܟܝܒܘ ܓܒܝܐ ܕܫܒܝܪ̈ܬܐ ܕܠܐ ܡܬܡܠܠ ܀
ܡܪܩܝܘܢ̈ܐ ܚܙܘ ܒܠܡܕܪ ܕܐܝܬ ܠܐܝܬܘܬܐ
ܘܫܡܥܘܗܝ ܠܐܢܫܐ ܕܒܪܢܫܘܬܐ ܥܠ ܡܠܐܟ̈ܐ ܀
ܐܝܠܝܢܐ ܣܒ ܦܪܝܘܦܐ ܫܪܐ ܠܐܠܗܐ
ܘܕܘܕܘܗܝ ܠܝܚܝܕܐ ܕܐܒܗܘܬܐ ܘܕܝܠܝܕܘܬܐ ܀
ܦܘܠܝܢ̈ܝܐ ܗܘܝܐ ܥܘܠܐ ܣܥܪܘܗܝ ܠܒܪܐ
ܘܡܢ ܒܪܐ ܐܢܫܐ ܒܒܪܘ ܥܘܠܐ ܠܐܠܗܘܬܗ ܀
ܡܪ̈ܩܘܢܝܛܐ ܒܪܫܘ ܡܢ ܗܠܝܢ ܐܦ ܡܢ ܗܠܝܢ
ܘܐܝܠܘ ܐܢܫܐ ܕܢܘܒܪܝ ܒܥܡܪܗ ܠܥܡ ܐܢܫܘܬܐ ܀
ܡܢܝܢ̈ܐ ܐܦܠܐ ܒܡܠܬܐ ܫܪܪܘ ܠܦܫܬܐ
ܒܦܘ ܕܐܪܥܡܘܗܝ ܠܥܡ ܐܢܫܘܬܐ ܡܢ
ܦܓܪ̈ܝܗܘܢ ܀

ܕܒܢܐ ܒܪ ܕܝܨܢ ܣܥܪܘ ܒܠܡܕܪ ܐܝܟ ܠܐ ܡܕܡ
ܘܣܒܪܘ ܘܡܢܘ ܦܢܝܢ ܘܐܦܠܐ ܕܠܐ (Bl. 123ª)
ܡܬܕܡܪ ܀
ܘܠܝܚܝܕܘܬ ܥܒܪ ܠܗܘܦܟܗ ܠܒܠ ܠܗܘܦܟܝܢ
ܘܐܪܥܒ ܘܐܡܪ ܕܠܗ ܦܠܓܐ ܗܘܐ ܕܝܠܕܬܐ
ܡܪܕܐ ܀
ܣܒܠܝܘܣ ܝܠܕܐ ܐܢܫܘܬܐ ܘܐܠܗܘܬܐ
ܘܚܠܛܐ ܫܘܡܗܐ ܘܢܟܠ ܝܩܘܡܐ ܕܐܢܐ
ܒܐܠܗܘܬܐ ܀
ܕܒܢܐ ܐܪܝܘܣ ܦܪܫܘܗܝ ܠܒܪܐ ܡܢ ܐܠܗܘܬܗ
ܘܚܫܒܘܗܝ ܒܪܝܐ ܘܡܫܡܫܢܐ ܐܝܟ ܒܠ ܝܨ̈ܪܝܢ ܀
ܐܘܢܘܡܝܐ ܒܥܡܐ ܒܠܝܘܢ ܫܪܪܘܗܝ ܠܒܪܐ
ܘܒܝܠܘܗܝ ܠܥܡܐ ܕܒܗܘܬܐ ܘܕܝܠܝܕܘܬܐ ܀
ܕܘܡܕܪ̈ܝܛܐ ܦܠܓܘܬ ܐܢܫܐ ܢܒܕܘܗܝ ܠܥܒܪܝ
ܘܠܐ ܢܦܫܐ ܠܗ ܕܢܗܘܐ ܠܡܥܒܪ ܐܦܠܐ
ܒܝܦܪܗ ܀
ܡܩܕܘܢܝܘܣ ܠܢܦܫܗ ܠܪܘܚܐ ܕܩܘܕܫܐ
ܕܫܘܕܥܐ
ܘܢܒܪܒ ܘܥܒܕܗܘܗܝ ܠܗܠ ܡܢ ܫܘܡܗܐ ܕܐܒܐ
ܘܒܪܐ ܀
ܕܒܢܐ ܩܘܪܝܠܘܣ ܝܠܡܘܗܝ ܠܦܠܓܐ ܕܩܡܠ
ܩܢܘܡ
ܒܦܘ ܕܐܡܪܝܢ ܗܘܘ ܕܠܗ ܒܪܢܫܐ ܚܕ
ܘܐܠܗܐ ܀

ܗܐ ܗܘܕܝܐ ܕܗܕ̈ܝܛܐ ܫܒܩܬ ܫܘܡܠܐ
ܣܘܦ ܗܕܝܢܩܝܐ ܒܡܐ ܠܗܘܦܟܝ ܡܠܟܝܢ ܥܪ̈ܒܗܘܢ ܀

Genannt sind hier die Simonianer, Borborianer, Anhänger des Menander, Aëtianer, Paulonianer, Marcioniten, Manichäer, Bardesaniten, Valentinus, Sabellius, Arianer, Eunomianer, *Dûmdrîṭê* (?), Macedonius, Cyrillus.

Gegen die Juden Bl. 160ª:

ܗܐ ܝܗܘܕܝܐ ܣܥܪ ܒܥܡܘܬܐ ܦܠܪ̈ܝܐ

Am meisten tritt die Persönlichkeit des Verfassers in dem Gedicht über Diodor, Theodor und Nestorius Bl. 113 ff. hervor. Besonders preist er Theodor, bekennt sich als seinen

Schüler und will für das an ihm und seinen Genossen begangene Unrecht an den Feinden Rache nehmen. Vergl. die folgenden Stellen:

Bl. 116ᵇ:

ܒܠܫ̈ܢ ܦܓܪ̈ܝ ܕܬܐܒܐ ܐܚܝ ܕܡܬܝܐ ܥܒܕܐ
ܚܕ ܕܡܬܕܪܫܘܢ ܘܚܕ ܐܬܕܪܫܘ ܘܚܕ
ܢܬܢܨܪܫܘܢ ܀
ܗܠܝܢ ܐܚܝ ܦܠ̈ܓܘܬܐ ܕܐܡܪܬ ܡܢ ܥܘܕܪܐ
ܘܦܠܓܘܬܗܘܢ ܥܐܢ̈ܐ ܘܐܥܒܪ ܗܪ̈ܛܝܩܐ ܀

Bl. 124ᵇ Z. 4:

ܡܢܗ¹ ܝܠܦܬ ܐܦ ܐܢܐ ܕܡܠܦܢ ܠܡܠܠܐܝܬ
ܘܟܢܫܬܗ ܡܢܝܟ ܚܢܢܐ ܕܦܪ̈ܝܫܐ ܕܡ̈ܠܐ ܀
ܦ̈ܪܝܟܗ ܗܘܐ ܠܝ ܐܝܟ ܦܘܪܝܐ ܠܗܠ ܕܡܫ̈ܚܠ
ܘܗܘ ܐܪܡܝܢ ܠܗܠ ܗܘܦܟܐ ܕܗܦܟ̈ܝ ܪܘܚܐ ܀
ܣܠܩ ܡܬܬ̈ܪܨܘܗܝ ܡܬܡܬܚܢ ܐܢܐ ܒܗ
ܡܡܘܪ̈ܘܗܝ .
ܘܡܫܘܚ ܐܢܐ ܕܠܗ ܒܐܢܐܫܐ ܦܬܓܡܘ
ܡܬܬܪ̈ܨܘܗܝ ܀
ܦܠܡܘܣܐ ܕܒܐ ܦܠܡܘܗܝ ܐܢܫܐ ܠܒܢ̈ܝ
ܡܬܬܪܐ
ܘܦܝܫ ܗܟܢ ܕܐܬܒܪ ܡܢܗܘܢ ܚܢܦܘܬܐ
ܕܝܥܕܬܗ ܀
ܚܢܦܘܬܐ ܕܝܥܕܬܗ ܚܟܝܡܝܢ ܕܢܦܪ ܡܐܡܪܐ
ܕܡ̈ܠܐ
ܘܡܦܠܓܘܬܗ ܐܪܡܐ ܒܥܡܠܐ ܕܗ̈ܦܟܬܗ ܀
ܠܗ ܘܠܣܒܪ̈ܘܗܝ ܣܘܡܐ ܕܡܫܝܚ ܗܪ̈ܛܝܩܐ
ܘܐܡܪܬ ܕܐܡܪ ܕܡܢܐ ܒܐܢܐ ܒܗ ܡܠ̈ܝܗܘܢ ܀

Bl. 127ᵇ Z. 1:

ܦܠܡܘܣ̈ܝܗܘܢ ܢܩܠܘܢ ܕܡܢܐ ܕܦܠܡܘܣܬܗܘܢ
ܕܥܕ ܘܠ̈ܝܢ ܢܒܥܘ ܐܚܝ ܒܕܒܪܐ ܀
ܠܗܢܐ ܦܠܡܘܣܐ ܒܥܝܬ ܕܐܬܢܨܚ ܡܢ ܦܠ̈ܘܣܐ
ܘܚ̈ܝܢ ܕܚܢܢ ܕܐܘܠܦ ܡ̈ܠܐ ܕܡܫܚܠܦܬܐ ܀

In diesem Gedichte über Diodor, Theodor und Nestorius überwiegt das polemische Element das biographische.

¹ d. i. von Theodor von Mopsueste.

Als eine Probe der in den *Sûghîthâs* enthaltenen Zwiegespräche gebe ich den Anfang desjenigen zwischen Maria und den Magiern (Bl. 46ᵇ). Nachdem die Einleitung beschrieben, wie das Christuskind geboren, wie die Perser durch den Stern darauf aufmerksam geworden, wie sich die drei Weisen auf die Reise begeben und vor der Krippe angekommen sind, das Kind angebetet und ihre Geschenke dargebracht haben, beginnt folgendes Zwiegespräch:

ܐܡܪܐ ܡܪܝܡ ܗܠܝܢ ܠܟܘܢ
ܘܡܛܠ ܡܢܐ ܘܦܢ ܚܠܬܐ
ܡܕܒܪܝ ܕܐܬܝܬܘܢ ܡܢ ܐܬܪܟܘܢ
ܝܡܐ ܒܪ ܡܠܟܐ ܒܡܫ̈ܬܥܝܟܘܢ ܀
ܐܦܪܝܡ ܡܓܘ̈ܫܐ ܕܡܠܟܐ ܗܘ ܒܪܝ
ܘܦܓܪ ܐܠܗܐ ܘܡܪܐ ܗܘ ܕܒܠ
ܘܪܡ ܥܘܠܝܗ ܚܠ ܚܠܡܐ
ܘܠܡܠܟܘܬܗ ܕܠ ܡܬܬܡܪ ܀
ܒܐܠܝܢ ܘܒܬܝܐ ܗܕܐ ܗܘܬ
ܕܐܬܠܕ ܡܠܟܐ ܡܫܒܚܐ
ܕܡܫܢܐ ܐܢܐ ܘܡܠܟܝܢ
ܘܐܢܬ ܡܠܟܐ ܡܢܝ ܡܫܝܚܐ ܀
ܝܕܥ ܒܡܫܘܕܥܝ ܗܕܐ ܗܘܬ
ܕܡܠܟܐ ܕܒܐ ܒܒܝ ܡܫܝܚܐ
ܕܡܫܡܫܢܘܬܝ ܒܒܝ ܡܕܒܪܐ
ܘܠܒܪܝ ܗܟܢܐ ܡܥܬܪ̈ܒܝܢ ܀
ܠܘܬ ܕܡܠܟܐ ܠܐ ܐܝܬ ܠܗ
ܒܒܘܬܪܐ ܡܢ ܡܬܘܡ ܠܐ ܦܓܥܬ ܠܗ
ܒܢܐ ܡܫܝܚ ܘܡܘܡܪܐ ܗܢܘܢ
ܘܕܡܠܟܐ ܗܘ ܒܪܝ ܠܐ ܐܬܪ̈ܘܝ ܀
ܠܘܬ ܕܒܪ ܐܠܗܘܗܝ ܒܪܝ
ܘܡܘܬܪܐ ܕܡܦܩ ܦܓܪܗ ܠܟܠ
ܠܘܬ ܒܠܗܘܢ ܡܬܡܫܡܫܝܢ
ܘܗܘ ܠܐ ܣܡܟ ܘܐ ܡܬܦܪܥ ܀

Gedichte ähnlicher Art sind mir sonst in der Syrischen Litteratur ausser im Fellichi (s. Nr. 134 SACHAU 336) nicht begegnet.

Inhalt:

1. Gedicht Bl. 3[b]: ܡܐܡܪܐ ܚܕܒܫܒܐ ܕܣܘܒܪܐ ܕܐܡܝܪܐ ܥܠ ܓܠܝܢܐ ܐܠܗܝܐ ܕܗܘܘ ܠܗ ܠܐܒܪܗܡ. ܒܩܠܐ ܚܕܐ ܠܡܕܝܢ ܓܠܐ ܘܡܫܪܝܐ. ܕܡܢܟ ܪ̈ܚܡ ܢܘܗܪܗ ܕܚܠܡܐ. ܐܢܫ.

Für den Sonntag der Verkündigung, über die göttlichen Offenbarungen, die Abraham zu Theil geworden. (Folgt Angabe der Melodie.) Erste Strophe:

ܗܘܐ ܪܚܡܐ ܗܘܝܬ ܕܐܒܐ ܠܗܘ ܡܠܟܐ
ܘܐܪܕܐ ܒܐܘܪܚܐ ܕܫܡܝܐ ܗܦܟܬܐ ܕܦܬܟܐ ܡܢܗ ⁘

2. Gedicht Bl. 20[a]: ܡܐܡܪܐ ܐܚܪܝܐ ܕܥܠܝܗ ܕܐܡܝܪܐ. ܒܩܠܐ ܒܪܝܟܘ ܕܡܠܟܐ ܘܪܒܐ ܘܡܢܐ ܠܟ. ܐܢܫ.

Für die Zeit der Verkündigung (Advent). Erste Strophe:

ܝܠܕ ܓܠܝܢܘܗܝ ܝܪ ܒܪܘܚܐ ܒܪܝܫ ܐܝܬܐ
ܘܒܪܝܗ ܐܝܬܐ ܠܡܝܪ ܝܠܕܐ ܪ̈ܘܚܢܐ ⁘

3. Gedicht Bl. 37[a]: ܡܐܡܪܐ ܕܥܠ ܡܘܠܕܗ ܕܡܪܢ. ܒܩܠܐ ܒܪܝܟܘ ܡܫܝܚܐ ܕܒܗܘܢ ܡܘܠܕܗ ܘܡܪܐ

Über die Geburt Christi. Erste Strophe:

ܒܗܘܢ ܘܩܫܝܐ ܝܒܐ ܒܪܘܚܐ ܕܒܝܐ ܠܒܠܐ
ܘܡܪܐ ܠܒܪܗ ܕܒܩܝܐ ܠܒܠܐ ܠܗܘ ܡܒܪܟܗ ⁘

Im Anschluss an dies *Mêmrâ* eine Elegie Bl. 46[b]:

ܬܘܠܝܬܐ ܕܡܐܡܪܐ. ܐܢܫ

In Strophen von vier siebensilbigen Zeilen. Erste Strophe:

ܒܡܠܟܗ ܕܒܪܐ ܢܘܗܪܐ ܕܒܝܬ
ܘܐܪܟ ܫܒܐ ܡܢ ܥܠܡܐ
ܘܢܘܪܐ ܗܒܠ ܕܐܬܒܣܝܡܘܬܗ
ܠܝܡܝܢܗ ܕܐܒܐ ܕܒܪܘܡܐ ܕܒܝܬ ⁘

Von der 10. Strophe an sind die Strophenanfänge alphabetisch der Art, dass je zwei Strophen mit demselben Buchstaben anfangen. Der Text ist ein Zwiegespräch zwischen Maria und den Magiern; die erste Strophe von jedem Strophenpaar enthält die Worte Marias, die zweite die Worte der Magier.

4. Gedicht Bl. 48[b]: ܡܐܡܪܐ ܕܕܘܟܪܢܗ̇ ܕܡܪܬܝ ܡܪܝܡ ܒܬܘܠܬܐ. ܒܩܠܐ ܗܘܦܢ ܠܓܒܐ ܘܡܪܐ

Für den Gedenktag der h. Maria. Erste Strophe:

ܪܒܬ ܫܘܒܗ ܝܒܐ ܒܪܘܚܐ ܕܒܓܠܐ ܒܐܝܬܐ
ܘܐܡܡܐ ܘܠܐ ܠܡܡܝܢ̈ܐ ܕܝܠܕܬ ܐܝܬܐ ⁘

Als Anhang zu diesem *Mêmrâ* ein Marien-Lied:

ܬܘܠܝܬܐ ܕܥܠܗ ܕܡܐܡܪܐ ܕܡܪܝܡ.

Erste Strophe Bl. 59[a]:

ܫܠܡܗ ܕܐܒܐ ܕܢܚܬ ܥܕܪܐ
ܒܒܘܒܐ ܒܗܘܠܐ ܕܫܘܒܗ ܝܒܐ
ܗܒܠ ܦܘܡܐ ܕܐܡܠܠܘܗܝ
ܠܥܪܒܝ ܪܒܐ ܕܠܐ ܡܬܕܪܟ ⁘

Nach einer Einleitung von 10 Strophen folgt ein Zwiegespräch zwischen dem Engel ܚܕܐ und Maria in alphabetisch anfangenden Strophenpaaren, von denen die erste die Worte des Engels, die zweite die Worte der Maria giebt.

Am Ende dieses Abschnittes, Bl. 61[a], erwähnt sich der Schreiber:

ܘܥܠ ܚܛܝܐ ܘܡܚܝܠܐ ܒܥܘܒܕܐ ܡܣܟܢܐ. ܫܘܒܩ ܚܘܒ̈ܐ ܢܣܒܢܐ ܕܫܡܥܐ.

5. Gedicht Bl. 61[a]: ܡܐܡܪܐ ܕܥܠ ܕܒܚܐ ܕܕܢܚܗ ܕܡܪܢ. ܒܩܠܐ ܒܪܝܟ ܡܫܒܚܐ ܘܡܪܐ

Für das Fest Epiphania. Erste Strophe:

ܝܠܕܐ ܡܠܟܐ ܝܒܐ ܒܪܘܚܐ ܕܢܚܫ ܠܓܘܒ
ܘܡܕܢܚ ܪܘܚܐ ܒܗ ܡܫܡܫܢܐ ܕܐܬܚܙܝ ܡܕܢܚܗ ⁘

Die *Sûghîthâ* zu diesem *Mêmrâ* Bl. 71ᵃ. Erste Strophe:

ܪܚܝܐ ܫܠܝܚܐ ܢܓܕ ܡܘܪܕܝܢ
ܘܡܘܫܐ ܬܘܪܐ ܒܕ ܐܬܓܠܝ
ܡܕܝܢܐ ܫܡܝܢܐ ܕܠܒܠܬܐ
ܡܠܦܢܐ ܢܒܝܐ ܘܡܫܒܚܢܘ ܀

Nach einer Einleitung von sechs Strophen beginnt ein Zwiegespräch zwischen Johannes und Christus in der eben beschriebenen Form.

6. Gedicht Bl. 73ᵃ: ܡܐܡܪܐ ܕܡܪܝ ܢܪܣܝ ܡܡܠܠܢܐ ܥܘܢܝܬܐ ܥܠ ܘܐܬܡܥܟ ܘܩܕ

Über Johannes den Täufer. Erste Strophe:

ܒܪܘܚܐ ܠܢܒܝܐ ܢܚܬ ܗܘܐ ܡܠܐ ܕܢܒܝܘܬܐ ܒܒܛܢܐ ܕܢܝܚ ܒܠܡܢܐ ܢܒܝܐ ܕܒܪܢܗ ܕܡܪܝ ܀

Zu demselben *Mêmrâ* eine *Sûghîthâ* auf Bl. 83ᵇ:

ܣܘܓܝܬܐ ܕܥܠܗ ܕܡܐܡܪܐ.

Erste Strophe:

ܡܘܡܪܐ ܗܘܐ ܕܡܪܢܗ ܪܝܫ
ܘܐܒܘܗܝ ܠܒܢܐ ܕܠܐ ܗܝܡܢ
ܗܘܝ ܒ̈ܢܝܐ ܡܢ ܡܪܢܐ
ܝܗܒܐ ܘܫܡܝܐ ܥܠ ܥܠܡܐ ܀

Nach einer Einleitung von 7 Strophen beginnt ein Zwiegespräch zwischen dem Volke ܥܡܐ, Johannes, der Kirche und Herodes.

7. Gedicht Bl. 85ᵇ: ܡܐܡܪܐ ܕܦܛܪܘܣ ܘܦܘܠܘܣ. ܥܘܢܝܬܐ ܒܪܝܫܗ ܡܫܝܚܐ ܘܩܕ

Über Petrus und Paulus. Erste Strophe:

ܢܒܝܐ ܕܦܠܚ ܒܫܘܪܐ ܕܫܘܒܚܗ ܠܒܢ̈ܝ ܒܝܬܗ ܗܒܠ ܕܐܬܐ ܠܒܪܐ ܘܒܫܘܪܐ ܕܡܢ ܡܘܗܒܬܗ ܀

8. Gedicht Bl. 98ᵇ: ܡܐܡܪܐ ܕܥܠ ܫܠܝ̈ܚܐ ܐܘܢܓܠܝ̈ܣܛܐ. ܥܘܢܝܬܐ ܒܪܝܫܗ ܡܫܝܚܐ ܕܡܠܟ ܘܩܕ

Über die Apostel-Evangelisten. Erste Strophe:

ܡܠܟܐ ܕܪܘܡܐ ܥܒܕ ܡܫܬܘܬܐ ܪܘܚܢܝܬܐ ܘܩܪܐ ܠܒܢܝ̈ܗܝ ܕܢܐܬܘܢ ܒܟܠ ܠܚܠܘܠ ܚܘܬܢܗ ܀

9. Gedicht Bl. 107ᵇ: ܕܥܘܢܝܬܐ ܗܘ ܕܡܪܝ ܐܦܪܝܡܘܣ. ܥܘܢܝܬܐ ܫܡܥܘܢ ܡܘܬܢ ܘܩܕ

Für den Gedenktag des h. Stephanus. Erste Strophe:

ܡܠܟܐ ܕܪܘܡܐ ܕܢܚܐ ܒܫܡܝܐ ܠܒܢܝܐ ܘܡܘܬܐ ܐܬܐ ܠܗ ܦܠܓܐ ܘܩܪܐ ܒܫܡܝܐ ܡܢܗ ܡܪܢܝܬܗ ܀

10. Gedicht Bl. 113ᵃ: ܡܐܡܪܐ ܕܐܒܗ̈ܬܐ ܡܠܦܢ̈ܐ ܡܪܝ ܕܝܘܕܘܪܘܣ ܘܡܪܝ ܬܐܘܕܘܪܘܣ ܘܡܪܝ ܢܣܛܘܪܝܘܣ. ܥܘܢܝܬܐ ܕܡܪܝ ܐ̈ܒܗܐ

Für den Gedenktag der Väter Diodorus, Theodorus und Nestorius. Erste Strophe:

ܢܒܝܐ ܒܐܝܕ ܕܡܠܟ ܐ̈ܒܗܐ ܫܡܥܘ ܡܢ ܕܡܢܝܚ ܡܢܐ ܢܚܠܨ ܡܬܢܝܐ ܕܡܢ ܒܡܠܟܘܬܗ ܀

Als Anhang zu diesem *Mêmrâ* auf Bl. 128ᵃ eine *Sûghîthâ*:

ܣܘܓܝܬܐ ܕܡܐܡܪܐ.

Erste Strophe:

ܒܪ̈ܘܢܐ ܕܪܫܡܘ ܒܪܘܚܗܘܢ
ܘܠܘܬ ܚܕܐ ܠܐ ܐܫܬܘܝܘ
ܒܢܝܠܗ ܕܒܪܐ ܠܒܢ̈ܝܐ ܘܒܗ
ܘܫܠܡܘܬܗܘܢ ܒܗܘ ܗܝܟܠ ܀

Nach einer Einleitung von 5 Strophen folgt ein Zwiegespräch zwischen Cyrillus und Nestorius.

11. Gedicht Bl. 129ᵇ: ܡܐܡܪܐ ܕܨܘܡܐ ܕܐܪܒܥܝܢ. [ܥܘܢܝܬܐ] ܒܪܝܟ ܕܒܨܘܡܗ ܘܩܕ

Für das vierzigtägige Fasten. Erste Strophe:

ܪܚܡܝ ܡܠܟܝܢ ܕܐܡܪ ܕܢܐ ܒܗ ܣܘܥܪ̈ܢܐ ܕܪܫܡܘ ܦܘܡܐ ܘܡܢܗ ܢܒܝܐ ܕܡܠܟܐ ܣܒܪ̈ܐ ܀

12. Gedicht Bl. 138a: ܡܐܡܪܐ ܕܥܠ ܕܪܗ ܕܡܫܝܚܐ. ܚܡܝܣܐ ܒܪ ܩܪܕܚܐ ܕܡܢ ܐܪܒܠ

Über das Zeitalter Christi. Erste Strophe:

ܩܕܡ ܫܢܝܐ ܫܡܥܢ ܣܓܝܐܐ ܒܗ ܡܫܝܚܐ
ܕܐܬܝܢ ܐܢܫܐ ܘܡܫܡܗܐ ܫܡܐ ܕܐܢܫܐ ܀

Als Anhang zu diesem *Mêmrâ* auf Bl. 148a eine *Sûghîthâ* über Kain und Abel:

ܣܘܓܝܬܐ ܕܩܐܝܢ ܘܗܒܝܠ

Erste Strophe:

ܒܫܪܟܗ ܕܗܒܝܠ ܪܚܡܐ ܐܡܪ
ܘܠܐܒܘܗܝ ܪܒܐ ܫܪܟ
ܘܐܬܬܚܝܪ ܪܚܡܐ ܕܡܫܠܠܘܗܝ
ܠܝܗ ܐܬܚܘܝ ܕܐܝܬ ܐܝܬܘܗܝ ܀

Nach einer Einleitung von 12 Strophen folgt ein Zwiegespräch zwischen Kain und Abel.

13. Gedicht Bl. 150a: ܡܐܡܪܐ ܕܐܘܫܥܢܐ. ܚܡܝܣܐ ܒܪ ܩܠܝܬܐ ܘܡܪܝ

Für Palmsonntag. Erste Strophe:

ܒܫܡܐ ܕܡܘܬܐ ܚܝܝܗ ܒܫܡܐ ܠܐܢܫܐ ܕܐܫܡܐ
ܘܡܫܒܚ ܐܢܘܢ ܐܣܝܐ ܡܪܘܬܐ ܕܡܪܢܘܬܗ ܀

14. Gedicht Bl. 160a: ܡܐܡܪܐ ܐܚܪܢܐ ܕܐܘܫܥܢܐ. ܚܡܝܣܐ ܒܪ ܡܪܐ ܘܡܪܝ

Für Palmsonntag. Erste Strophe:

ܐܬ ܗܘܝܬ ܡܚܝܢܐ ܒܣܡܪܐ ܦܠܓܘܬܢܐ
ܠܟܠ ܘܦܝܫ ܠܟ ܕܫܡܐ ܗܘ ܒܟܠܗܐ ܕܠܒܣܐܬ
ܒܫܡܝ ܀

15. Gedicht Bl. 168b: ܐܚܪܢܐ ܕܐܘܫܥܢܐ. ܚܡܝܣܐ ܒܫܡܐ ܕܪܘܚܐ ܘܡܪܝ

Für Palmsonntag. Erste Strophe:

ܐܬܪܐ ܗܘ ܪܒܐ ܡܪܕܪܘܬܗ ܕܐܠܗܐ ܟܠܗ
ܘܠܩܪܝܢܐ ܡܫܒܚܐ ܟܠ ܒܪ ܠܗܘ ܐܬܬܥܝܪܬ ܀

Im Anschluss an dieses *Mêmrâ* eine *Sûghîthâ* Bl. 173b:

ܣܘܓܝܬܐ ܕܥܠܗ ܕܡܐܡܪܐ

Erste Strophe:

ܐܢܐ ܡܫܡܫܢܐ ܒܪܫܡܗ ܝܬܝܪ
ܕܢܐܬܐ ܠܐܢܫܐ ܕܒܪܗ ܗܘܐ
ܘܠܣܒܪܬܐ ܕܡܫܝܚܐ
ܢܣܒ ܘܢܐܬܐ ܒܝ ܡܠܟܘܬܗ ܀

Nach einer Einleitung von 12 Strophen folgt ein Zwiegespräch zwischen Christus und den Pharisäern.

16. Gedicht Bl. 175b: ܡܐܡܪܐ ܕܦܫܚܐ. ܚܡܝܣܐ ܡܬܝܠܝܠ ܡܪܢܐ ܘܡܪܝ

Für Gründonnerstag. Erste Strophe:

ܠܡܪܐ ܝܫܘܥ ܠܡܪܢܐ
ܕܢܝܫܐ ܐܚܝܕܗ ܡܢ ܒܫܐ
ܘܠܒܝܬ ܘܝܪܐ ܒܡܪܢܐ
ܕܢܬܒܥܐ ܒܗ ܪܘܚܐ ܀

17. Gedicht Bl. 183a: ܡܐܡܪܐ ܐܚܪܢܐ ܕܥܠ ܡܕܒܪܢܘܬܗ ܕܡܫܝܚܐ ܕܒܐܪܥܐ ܘܥܠ ܚܫܗ ܘܨܠܝܒܘܬܗ. ܚܡܝܣܐ ܒܪ ܕܡܨܠܒܘܬܗ ܘܡܪܝ

Von den Thaten Christi auf Erden, von seinen Leiden und seiner Kreuzigung. Erste Strophe:

ܒܪܝܫܐ ܡܪܝܐ ܕܫܪܝܐ
ܕܫܡܥܐ ܗܘܐ ܣܡܥܐ ܡܢܐ
ܠܗ ܕܥܠܡܐ ܗܘ ܪܒܘܬܐ
ܐܠܐ ܕܚܝܠܐ ܕܡܒܥܘܬܗ ܀

18. Gedicht Bl. 190b: ܡܐܡܪܐ ܐܚܪܢܐ ܕܥܠ ܠܣܛܝܐ. ܘܡܬܐܡܪܐ ܒܫܒܬܐ ܪܒܬܐ. ܚܡܝܣܐ ܒܪ ܩܪܕܚܐ ܕܒܪܝܟ ܠܗ ܘܡܪܝ

Von dem Räuber, der mit Christus gekreuzigt wurde. Vorzutragen am Sonnabend in der Osterwoche. Erste Strophe:

ܒܫܡܐ ܣܓܝܐ ܒܪܐ ܒܪܘܚܐ ܒܪܝܐ ܠܡܠܟܘܬܐ
ܘܫܘܐ ܣܓܝܐ ܕܐܘܪܫܠܡ ܕܠܒܪܐ ܘܫܘܐ ܀

19. Gedicht Bl. 199a ܡܐܡܪܐ ܕܥܠ ܒܪ̈ܘܐ ܕܒܪܝܬܐ ܘܥܠ ܡܫܡܫܢܘܬܐ.

Von den Sacramenten der Kirche, von der Taufe. Erste Strophe:

ܢܗܪܐ ܚܠܝܐ ܕܡܥܡܘܕܝܬܐ ܦܬܚ ܠܝ ܡܪܝ
ܘܐܣܚܐ ܠܓܘܗ ܚܠܦܗ ܚܝ̈ܐ ܠܐ ܡܝ̈ܘܬܐ ܀

20. Gedicht Bl. 208[b] ܡܐܡܪܐ ܕܩܝܡܬܐ
ܕܚܕ ܒܫܒܐ. ܩܠܐ ܥܒܝܫ ܘܚܠܐ ܘܬܪܐ

Für den Auferstehungs-Sonntag. Erste Strophe:

ܡܠܟܐ ܕܪܘܡܐ ܠܒܫ ܐܣܟܡܐ ܐܪܥܢܝܐ
ܕܢܦܘܩ ܢܦܫܐ ܥܒܝܕܬܐ ܕܐܬܝܐ ܡܢ ܫܝܘܠ ܀

Im Anschluss an diesen *Mêmrâ* auf Bl. 215[b] eine *Sûghîthâ* ܗܘ ܠܡܬܐ ܕܡܢ ܡܐܡܪܐ. Erste Strophe:

ܒܘܫܠܡܐ ܗܘܪܐ ܣܘܟܐ
ܕܒ ܠܡܬܐ ܠܡܪܝ ܡܪܐ
ܕܐܬܒܪܝܬ ܡܪܝ ܒܝܬ ܡܠܐܟ
ܒܝܬ ܡܠܟܘܬܐ ܕܠܐ ܚܪܒܐ ܀

Noch eine Einleitung von 7 Strophen folgt im Zwiegespräch zwischen dem Cherub und dem Räuber. Dasselbe Fellichi Nr. 134 Bl. 93[a].

21. Gedicht Bl. 217[b] ܡܐܡܪܐ ܕܥܪܘܒܬܐ
ܕܡܘܕܝ̈ܢܐ. ܩܠܐ ܗܘܕܝ ܠܚܝܠܐ ܘܬܪܐ

Für den Freitag der Bekenner. Erste Strophe:

ܥܠ ܕܗܘܬ ܕܒܪܐ ܥܘܠܐ ܫܡܥܘ ܡܘܕܝ̈ܬܐ
ܘܥܒܘ ܗܒܪܐ ܠܡܠܟ ܕܒܪܐ ܪܘܚܢܝܬܐ ܀

Dazu eine *Sûghîthâ* Bl. 228[b]. Erste Strophe:

ܥܪܒܐ ܪܒܐ ܒܥܐ ܠܒܒ
ܒܐܕܪܐ ܕܡܠܟ̈ܐ ܠܗ ܫܒܪܐ
ܒܥܐ ܘܡܠܟ̈ܐ ܢܒܒܐ ܘܥܩܘ
ܘܫܒܪܐ ܠܐ ܒܦܪܘ ܒܐܠܗܘܗܝ ܀

Nach einer Einleitung von 4 Strophen folgt ein Zwiegespräch zwischen dem Könige und den Märtyrern.

22. Gedicht Bl. 230[b] ܡܐܡܪܐ ܕܥܠ ܚܢܢܝܐ
ܘܥܙܪܝܐ ܘܡܝܫܐܝܠ. ܩܠܐ ܫܒܪܐ ܒܥܘ
ܘܬܪܐ

Über Ananias, Azarja und Michael, die drei Männer im feurigen Ofen. Erste Strophe:

ܒܢ̈ܝ ܡܠܟܘܬܐ ܚܢܢܝܐ ܒܥܒܕܐ ܠܒܒܗ ܒܟܠ̈ܐ
ܘܠܐ ܐܬܪܟܢܘ ܡܢ ܗܝܡܢܘܬܗܘܢ ܕܡܠܟܘܬܗܘܢ ܀

23. Gedicht Bl. 239[b] ܡܐܡܪܐ ܕܥܠ ܣܘܠܩ
ܣܘܠܩܗ ܕܡܪܢ ܕܠܫܡܝܐ. ܩܠܐ ܒܪܝܟ
ܢܚܬܐ ܘܬܪܐ

Für Himmelfahrt. Erste Strophe:

ܒܥܠܝܬܗ ܡܪܢ ܗܘܪܬ ܫܠܚ ܕܡܫܐ ܢܪܕ
ܕܒܕ ܕܚܝܐ ܗܘ ܫܢܐ ܥܠܝܬܢܐ ܘܐܡܠܟ
ܥܠ ܟܠ ܀

24. Gedicht Bl. 247[a] ܡܐܡܪܐ ܕܥܠ ܪܘܚ
ܒܐܝܕܐ ܕܦܢܛܩܘܣܛܝ. ܩܠܐ ܗܘ ܡܫܝܚܐ
ܢܦܪܘܩ ܘܬܪܐ

Für Pfingsten. Erste Strophe:

ܠܗܘ ܕܪܘܚܐ ܦܬܚ ܒܪܘܚܐ ܥܒܕ ܡܫܝܚܐ
ܘܐܒܪܐ ܐܢܘܢ ܡܢ ܫܠܝܚܐ ܕܪܘܚܐ ܣܓܝܗ ܀

Ende der *Mêmrê* des Narses (Narsai) auf Bl. 255[a] ܫܠܡ ܡܐܡܪܐ ܕܢܪܣܝ ܡܠܦܢܐ

Danach folgende Notiz von dem Copisten:

ܡܘܕܥܢܘܬܐ.

ܘܟܕ ܕܝܢ ܘܐܬܐܬܦܩܬ ܠܗ ܟܬܒܢܘܬܐ ܪܘܫܡܬܐ
ܘܐ ܟܕ ܪܒܐ ܕܝܢ ܘܡܢ ܒܡܬܒܪܢܘܬܗ ܕܟܬܒܐ
ܗܢܐ ܕܡܐܡܪ̈ܐ ܕܢܪܣܝ ܡܠܦܢܐ. ܠܡܬܪܢܐ
ܕܢܦܫܗ ܘܪܒ ܠܥܒܕܐ ܕܐܠܗܐ ܘܚܘܝܐ ܕܗܘܐ
ܘܡܠܦܢܐ ܘܗܘܐ ܘܪܒ ܡܠܦܢܐ ܝܘܣܦ ܒܪ
ܝܘܚܢ ܒܪ ܒܨܦܪܐ ܕܡܢ ܒܝܬ ܓܙܘܪܐ ܕܡܕܝܢܬ
ܕܡܪܕܝܢ ܒܡܕܝܢܬܐ ܐܠ ܒܐܩܐ. ܘܐܬܟܬܒ
ܡܢ ܡܕܝܢ ܕܝܠܗ. ܒܪܝܟ ܠܡܢ ܠܗ ܐܝܬ ܥܘܠܝܢ
ܕܢܫܬܠܡܘܢ ܒܟܠܗܝܢ ܠܐ ܡܫܠܡܬܐ ܘܐܢ
ܢܫܬܠܡܘܢ ܐܝܬ ܐܘ ܠܝܬ ܠܗ ܘܪܒ ܘܐܦ
ܐܘܒ ܕܝܢ ܡܦܕܝܢܐ ܕܐܝܟ ܡܠܦܢܐ ܢܘܗܪ
ܒܗܘܠܐ ܒܟܒ ܒܗ ܥܒܕܐ ܒܡܪܗܐ ܘܦܠܚܗ
ܡܒܟܒܗ ܕܟܬܒܐ ܗܢܐ. ܘܡܢ ܪܝܫܗ ܕܟܬܒܐ
ܗܢܐ ܒܟܬܒ ܐܢܐ ܒܗܘܝܐ ܥܘܬ ܠܝܘܒܪܢܐ

[illegible]
[illegible]

Die Reihenfolge der Gedichte des Narses wird auf Bl. 255ᵇ—269ᵃ durch ein Gedicht von einem David Scholasticus, Lehrer zu *Kephar-'Izzê*, unterbrochen.

25. Gedicht Bl. 255ᵇ ܡܐܡܪܐ ܕܫܟܚܬܗ
[illegible]
[illegible]
[illegible]

Von der Auffindung des Kreuzes. Erste Strophe:

[illegible]
[illegible]

26. Gedicht Bl. 262ᵃ ܡܐܡܪܐ ܕܚܘܕܬܐ
[illegible]

Für Kirchweih. Der Verfasser ist hier nicht angegeben. Ob von Narses? In der Unterschrift auf Bl. 269ᵃ wird nur das Gedicht Nr. 25 ausdrücklich als nicht von Narses herrührend bezeichnet. Erste Strophe:

[illegible]
[illegible]
[illegible]
[illegible]

Nachschrift des Schreibers auf Bl. 269ᵃ—270ᵃ:

[illegible]

Nach diesen Notizen ist Bl. 1—61ᵃ von dem Priester Joseph (Jausip) *Kåttålå*, Bl. 61ᵃ—270ᵃ von dem Diaconus *Pransis* (Francis? François?) Bar *Giwargis* Bar Jausip Bar *Pransis* aus dem Geschlecht *Bêth-Mêrê* zu *Tel-Kêpê* neben der Kirche des Cyriacus und der Julitta, geschrieben und vollendet am Montag den 16. Januar 1881 n. Chr. Geb., zur Zeit des Patriarchen Elias. Nachdem der Priester Joseph aufgehört zu schreiben, hat er den Rest der Hds. für seine Rechnung durch *Pransis* schreiben lassen. Vergl. die Notiz auf Bl. 61ᵃ und 255ᵃ, wo der volle Name des Joseph angegeben ist als Joseph Bar *Johannân* Bar *Babbôšâ* aus dem Geschlecht *Bêth-Kattâlâ* (*Kåttålå*) in *Tel-Kêpê*.

Vorzüglich geschrieben. Vollständig vocalisirt und punktirt nach der jetzigen Aussprache Nestorianischer Geistlicher. Die Schriftarten der beiden Schreiber sind einander sehr ähnlich.

270 Blätter (41 × 28,5 cm), die Seite zu 27 Seiten.

58.

(SACHAU 219.)

Eine epische Dichtung: Joseph und seine Brüder, in mehreren Gesängen, von dem Presbyter Narses, Lehrer an der Schule in Nisibis, gestorben im Anfang des 6. Jahrhunderts. Vergl. WRIGHT, Syriac literature S. 58, Nr. 180 (SACHAU 189) nr. VI und Nr. 166 (SACHAU 190) Bl. 28ᵇ—30ᵇ. Titel und Überschrift auf Bl. 2ᵇ:

ܡܐܡܪܐ ܕܡܪܝ ܢܪܣܝ ܡܦܫܩܢܐ ܘܡܠܦܢܐ ܕܥܠ
ܝܘܣܦ ܒܪ ܝܥܩܘܒ ܗܘ ܟܪܘܙܐ ܕܡܫܬܒܠܠ
ܫܪܝܪܐ ܘܐܫܬܘܕܝ ܐܠܗܐ ܥܡ ܐܒܗ̈ܘܗܝ
ܘܫܡܥܗ ܘܐܡܪ ܠܗܘܢ ܕܠܙܪܥܗܘܢ ܐܬܠܝܗ̇
ܐܪܥܐ ܕܡܪܕܝܐ ܚܠܒܐ ܘܕܒܫܐ. ܘܒܙܪܥܗܘܢ
ܢܬܒܪܟܘܢ ܟܠ ܫܪ̈ܒܬܐ ܕܐܪܥܐ. ܐܝܟ ܕܡܠܟ
ܐܦ ܗܟܢܐ ܗܘܐ ܘܕܝܢ ܡܫܝܚܐ ܒܪܗ ܕܐܠܗܐ
ܘܐܬܐ ܘܡܪܐ ܒܒܪ̈ܢܫܘܬܗ. ܘܐܬܒܪܟܘ ܒܫܡܗ
ܕܐܪܥܐ. ܐܡܝܢ ܡܪܝܐ ܘܡܪܢ.

Erster Gesang[1] Bl. 2ᵇ—25ᵇ: Nach einer an Moses als den Erzähler der Josephsgeschichte gerichteten Einleitung wird diese Geschichte erzählt bis zum ersten Aufbruch der Söhne Jacobs nach Aegypten. In Strophen von je zwei zwölfsilbigen Zeilen. Anfang:

ܐܬܐ ܠܝ ܡܘܫܐ ܪܥܝܐ ܘܡܘܡܪܐ ܕܟܠܗܘܢ ܢܒ̈ܝܐ
ܡܠܠ ܥܡܢ ܒܢܒܝܘܬܐ ܡܛܠ ܝܘܣܦ.
ܪܡܙܐ ܓܠܐ ܠܝ ܕܫܘܪܐ ܝܘܣܦ ܫܠܝ̈ܚܐ ܒܟܝܢܗ
ܘܥܒܕ ܐܘܪܚܐ ܒܪ ܥܒܕܘܬܐ ܢܝ̈ܫܐ ܠܐܚܘܗܝ ܗܘܐ.

Unterschrift:

ܫܠܡ ܕܝܢ ܡܐܡܪܐ ܩܕܡܝܐ ܕܥܠ ܝܘܣܦ ܗ̈ܘ
ܡܣܝܪܐ. ܘܠܐܠܗܐ ܕܝܗܒ ܚܝܠܐ. ܘܠܡܫܒܘܚܐ
ܬܘܕܝܬܐ ܘܫܘܒܚܐ.

Zweiter Gesang Bl. 25ᵇ—54ᵇ: Nach einer Einleitung, in der die Josephsgeschichte mit der Geschichte Christi verglichen wird (bis Bl. 28ᵃ 11), folgt die weitere Erzählung von dem ersten Zuge der Söhne Jacobs nach Aegypten bis zu ihrer Rückkehr zu ihm mit der Nachricht, dass sein Sohn Joseph lebt, König von Aegypten ist und ihn bittet, ebenfalls dorthin zu kommen. In demselben Metrum. Anfang:

ܡܪܐ ܕܐܪ̈ܙܐ ܕܒܝ ܐܬܓܠܝ ܟܠ ܕܟܣ̈ܝܢ
ܗܒ ܠܝ ܐܝܟ ܟܪܘܙܐ ܕܐܫܬܥܐ ܠܫܡܥܘܠܗ.

Der Zusammenhang ist auf Bl. 55ᵃ durch folgendes Räthsel in zweizeiligen Strophen unterbrochen:

ܗܘܒ ܚܟܘ ܐܢܐ ܐܫܬܒܝܬ ܒܡܕܝܢܬܐ ܕܡܨܪ̈ܝܢ
ܐܝܟ ܗܝ ܡܕܝܢܬܐ ܕܟܠ ܒܢ̈ܝܐ ܘܟܠ ܥܡܘܪ̈ܐ.
ܠܡܪܐ ܦܪܥܗ ܡܢ ܡܫܝܚܐ ܐܦ ܫܡܘܪ̈ܐ
ܒܝܫܐ ܠܒܝܫ ܡܟܐ ܗܝܢ̈ܐ ܠܒܝܫ ܒܢܘܪ̈ܐ.
ܣܝܠܐ ܐܘܠܝܗ ܚܙܘܪ̈ܐ ܚܝ̈ܘܬܐ ܕܟܠ ܡܫܘܪ̈ܐ
ܠܗܘܢ ܐܢܫܝܢ ܚܝܝܢ ܐܘ ܕܠܗܘܢ ܐܒܐ ܡܪܐ.

Dritter Gesang Bl. 55ᵃ—56ᵇ. Überschrift:

ܡܢ ܗܪܟܐ ܘܠܗܠ ܡܐܡܪܐ ܬܠܝܬܝܐ ܕܐܪ̈ܒܥ.
ܘܐܝܬ ܒܗ ܣܘܓܐ. ܘܠܐ ܫܘܘܠܝܢ ܡܕܡ.

Dieser Gesang besteht aus Strophen von je vier siebensilbigen Zeilen. Reise Jacobs nach Aegypten und Wiedersehen zwischen ihm und Joseph. Anfang:

ܢܦܩ ܗܘܐ ܝܥܩܘܒ ܘܐܙܠ
ܒܛܠܠܗ ܕܟܘܪ ܝܘܣܦ
ܘܗܘܡܢ ܘܫܪܝ ܒܪܥܝܢܗ
ܕܢܚܙܐ ܗܘ ܠܫܘܦܪܗ ܝܘܣܦ.

Vierter Gesang Bl. 57ᵃ—68ᵇ: Gespräch zwischen Joseph, Jacob und seiner Tochter Dina. Joseph erzählt seine Erlebnisse, namentlich seine Misshandlung von Seiten seiner Brüder. Überschrift:

ܗܘܒ ܡܐܡܪܐ ܕܥܠ ܝܘܣܦ ܒܡܕܝܢܬܐ ܕܡܨܪ̈ܝܢ
ܘܥܠ ܥܠ ܕܝܢܐ ܕܡܪܝܟ.

---

[1] Dieser Gesang ist herausgegeben von GRAPOWSKI, Geschichte Josefs von Mar Narses I. Theil (Leipziger Doctor-Dissertation). Berlin 1889.

In Strophen von je zwei zwölfsilbigen Zeilen. Anfang:

ܫܢܝܐ ܣܘܡܢ̈ ܗܘܬ ܗܘܬ ܡܫܟܢܐ ܒܒܝܬܗ ܕܝܘܣܦ

ܘܡ ܫܪܝܠ ܠܗ ܗܘܬ ܕܒܫܢܝܐ ܡܠܟܘܬܐ ܕܝܗܒ ܗܘܬ ܠܡܨܪܝܢ.

Nachschrift Bl. 68ᵇ:

ܐܫܬܠܡܬ ܕܝܢ ܐܠܦܐ ܡܐܡܪܬܐ ܕܝܘܣܦ ܟܠܗ ܐܬܬܘܣܒܬܐ.

Diese Dichtung zeigt gegenüber der biblischen Erzählung besonders zwei Verschiedenheiten:

1. Es sind zahlreiche Monologe und Gespräche eingefügt.

2. Die Fabel selbst weist mancherlei Erweiterungen auf. Besonders in dem vierten Gesang bewegt sich die Phantasie des Dichters am freiesten.

Indem die Midianitischen Kaufleute den Joseph fortführen, gelangen sie zu dem Grabe der Rahel, seiner Mutter. Er bittet sie zu verweilen, betet auf dem Grabe seiner Mutter und nimmt Abschied von ihr. Eine Stimme aus dem Grabe antwortet ihm und tröstet ihn, denn »der Herr stellt fest den Weg vor Dir nach seinem Willen. Bl. 8ᵇ. 9ᵃ.

Nachdem Joseph der Herr von Aegypten geworden, lässt ihm die Frau des Potiphar einen Brief schreiben. Bitte um Verzeihung für das, was sie ihm angethan. Joseph lässt sie vor sich und vergiebt ihr. Bl. 22ᵇ. 23ᵃ.

Bevor die Jacobs-Söhne zum zweiten Mal nach Aegypten ziehen, erbietet sich Ruben seinem Vater zum Bürgen für Benjamin, und nach ihm Levi, aber beide werden von dem Vater mit harten Worten abgelehnt. Dann erst erbietet sich Juda zum Bürgen und wird angenommen (1. Mos. 43, 8. 9ff.). Bl. 38ᵃ—39ᵇ.

Als Joseph seine Brüder zu sich zum Mahl hereintreten lässt (1. Mos. 43, 27), hält er den Becher an sein Ohr und klopft daran, worauf seine Brüder glauben, dass er das, was er redet, von dem Becher erfahre. Er redet sie alle bei Namen an, fordert sie auf der Reihe nach ihre Plätze einzunehmen, und tröstet Benjamin, dass er seinen Bruder verloren. Darauf bittet ihn Benjamin, er möchte doch den Becher veranlassen mitzutheilen, was aus Joseph geworden sei. Die Brüder raunen dem Benjamin zu, er möge doch schweigen, Joseph aber antwortet ihm, der Becher sage, dass Joseph lebe und nahe sei (Bl. 42ᵇ. 43ᵇ).

Nachdem der Becher in dem Sacke Benjamins gefunden und die Jacobs-Söhne wieder vor Joseph geführt werden, herrscht Joseph sie an (Bl. 46ᵇ 2). Er hält wieder den Becher an das Ohr, schlägt daran und spricht, als ob ihm der Becher Alles mittheile. Die Brüder werfen die Schuld auf Benjamin und reden Böses von seinem Bruder Joseph; dieser hält ihnen ihre Sünden vor, wie ihm angeblich der Becher mittheilt. Darauf erscheinen sechs Greise vor ihm (Bl. 49ᵃ 12), die nicht Aegypter und nicht Hebräer waren, die aus einem fernen Lande gekommen. Einer von ihnen spricht: »Wir waren ursprünglich zehn, vier aber sind gestorben: wir sind Kaufleute. Wir haben ein Schriftstück ܦܢܩܐ, das über 20 Jahre alt ist, gefunden aus der Zeit, als der Handel noch günstig war. Wir brachten Gewürze nach Aegypten und kamen nach Rama in Gilead: da überfielen uns 10 Räuber, wir flohen, sie holten uns aber ein. Sie zogen einen Knaben aus einer Grube, verkauften ihn und zogen mit uns nach Aegypten: dort kaufte ein Mann des Namens Potiphar den Knaben. Das Geld, was für ihn gezahlt wurde, ist seitdem aufbewahrt und noch nicht unter uns vertheilt. Lass, o Herr, gemäss der Urkunde die Vertheilung stattfinden«. Joseph lässt sich die Urkunde geben und fordert sie auf die Wahrheit zu reden. Auf seine Aufforderung geben sie ihre Namen an (Bl. 50ᵇ):

ܡܘܗܒܬܐ, ܦܢܩܝܬܐ, ܟܬܒܐ, ܕܝ ܙܒܢܐ, ܐܓܪܬܐ, ܥܒܐ, ܫܛܪܐ. Sie übergeben Joseph die Urkunde, die sie von den Verkäufern erhalten. Er fordert Ruben auf sie zu verlesen, der aber vor Schrecken nicht dazu im Stande ist. Dann wird sie Juda übergeben, von dessen Hand sie geschrieben ist, aber auch er versagt. Dann erklärt Joseph, die anderen sollen zurückkehren, aber Benjamin bleiben (1. Mos. 44, 17). Bl. 46ᵇ—51ᵇ.

Nachdem Jacob sieben Tage im Hause Josephs verweilt, lassen sie Dina aus Gosen kommen, und nun giebt Joseph vor Vater und Schwester einen pathetischen Bericht über die Behandlung, die er von seinen Brüdern erfahren, eine Dichtung, die mit dem biblischen Bericht nur wenig gemeinsam hat (Bl. 57ᵃ ff). Durchweg ist der biblische Bericht mit grosser Freiheit behandelt.

Die Sprache ist einfach und leicht verständlich, vortreffliches Syrisch aus der classischen Epoche der Sprache. Die Hds. ist gut geschrieben und erhalten, vollständig vocalisirt und punktirt. In der gelegentlichen Verwechslung von lang $\bar{a}$ und kurz $\breve{a}$ zeigt sich der Einfluss der Volkssprache. Datum nicht vorhanden. Geschrieben vielleicht Anfang dieses oder Ende des vergangenen Jahrhunderts (in der Gegend von Mosul und *Alkoš*).

68 Blätter (21 bis 21,5 × 15 cm), die Seite zu 17 Zeilen.

59.

(Ms. orient. quart. 802.)

Eine Sammlung von Gedichten, Erzählungen und Notizen verschiedenster Art:

- Josephs-Geschichte;
- Priester-Berichte über Indien;
- Apokryphen: Bel und der Drache, Tod der Maria;
- Legenden: Arsenius, Melanie;
- Phantastische Geographie: von den äussersten Himmelsgegenden auf der Erde, von Andronicus;
- Von den Vorzeichen des jüngsten Gerichts;
- Mirabilia;
- Von den Namen der Monate;
- Fragen und Antworten.

Die Hds. stammt aus Urmi in Persien.

Inhalt:

1. Bl. 1ᵇ—45ᵃ Erster, zweiter und dritter Gesang der Josephs-Geschichte, angeblich von Jacob von *Serūgh*. Die Überschrift ist zu einem grossen Theil zerstört, vergl. aber die Nachschrift Bl. 41ᵃ: ܫܠܡ ܡܐܡܪܐ ܕܬܠܬ ܝܘܣܦ. ܕܒܗ ܐܘ ܐܢܫ ܕܐܡܪܝܢ ܐܢܫ ܕܡܪܝ ܝܥܩܘܒ ܣܪܘܓܝܐ.

Die Überschrift scheint den Namen des Verfassers nicht zu enthalten. Anfang:
ܗܐ ܠܝ ܡܐܡܪܐ ܬܪܐ ܘܡܐܡܪܐ ܕܬܠܬܗܘܢ ܢܬܐ
ܡܠܠ ܥܡܝ ܒܢܒܝܘܬܐ ܡܛܠ ܝܘܣܦ.

In Nr. 58 (Sachau 219) wird dies Gedicht dem Narses beigelegt. Vergl. oben S. 198.

Auf Bl. 17ᵇ und 18ᵃ ist der Text unterbrochen. Letzte Worte auf Bl. 17ᵇ (= S. 219 Bl. 24ᵇ Z. 6):
ܗܘܐ ܡܢܗܘܢ ܐܬܐ ܒܗܘܢ ܦܘܪܥܢܐ ܚܣܝܠ ܐܠܗܐ
ܘܥܒܕܘܗܝ ܐܬܐ ܠܬܒܥܬܐ ܡܫܡܫܬܐ ———

Erste Worte auf Bl. 18b (= Sachau 219 Bl. 26a Z. 3):

——— ܘܠܟܦܝܢ ܐܠܗܐ.
ܘܐ ܒܡܪܬܐ ܕܡܫܡܫ ܢܦܫܗ ܡܛܠܬܗ.

Durch diese Lücke ist das Ende des ersten Gesanges und der Anfang des zweiten verloren gegangen.

Schreibernotiz am Ende Bl. 41a:

ܡܢ ܐܡܪܝ ܣܗܕܐ ܘܩܘܛܐ ܘܡܪܝ ܡܫܐ ܐܝܫܘ
ܒܪ ܡܫܝܚܐ ܝܕܥܬܐ ܐܡܝܢ.

In dem 3. Gesang auf Bl. 40a 4—45 ist der Abschnitt auf Bl. 40b 20—41a 16 wiederholt auf Bl. 41b Z. 2 bis Z. 22. Falsch ist es, dass die Hds. den Anfang dieses Gesanges auf Bl. 41b notirt, da der wirkliche Anfang auf Bl. 40a 4 zu setzen ist, wie durch das Metrum erwiesen wird. — Der Text dieser Hds. zeigt vielfache Weiterungen gegenüber Nr. 58 (Sachau 219).

3. Bl. 45a Geschichte von Arsenius, dem Könige von Aegypten, wie Christus ihn auferweckte:

ܬܫܥܝܬܐ ܕܐܒܐ ܐܪܣܢܝܣ ܡܠܟܐ ܕܡܨܪܝܢ
ܕܐܬܚܝܐ ܗܘܐ ܠܗ ܕܢܝܫܗ ܡܪܢ.

In Prosa. Anfang:

ܒܫܡܐ ܕܝܢ ܕܡܫܒܚܐ ܡܫܝܚܐ ܕܐܠܗܘܬܗ
ܣܓܝܕܐ ܣܓܝܬܐ. ܗܢܐ ܡܪܢ ܘܐܠܗܢ ܘܦܪܘܩܢ
ܕܐܬܘܠܕ ܠܐܪܥܐ ܕܡܫܘܕܐ. ܗܘܐ ܕܝܢ ܐܪܥܐ
ܕܐܘܪܫܠܡ. ܘܡܘ ܗܘܐ ܥܠ ܟܢܬ ܐܪܘܥܐ
ܡܪܗܛܬܐ ܣܓܝ ܒܫܥܬܐ ܘܡܪܝ

Gespräch zwischen Christus und einem Schädel meist über eschatologische Gegenstände. Das Grabesexamen durch die Grabesengel (Munkar und Nakir) Bl. 46b. Christus erweckt den Verstorbenen, dessen Körper in der Hölle weilte, wieder zum Leben. Früher König Arsenius von Aegypten, lebt er nun als frommer Einsiedler Abba Arsenius noch 80 Jahre (vergl. Nr. 110 (Sachau 7) Nr. 15).

4. Bl. 48a Von den Indern, die nach *Ǵezîre* kamen. Eine Erzählung von dem Mönche *Ibrâhîm* aus *Slôkh*:

ܬܫܥܝܬܐ ܕܗܢܕܘܝܐ ܕܐܬܘ ܠܓܙܪܬܐ ܘܥܠ ܡܢ ܕܐܬܡܠܠܘ
ܕܠܡܕܝܢܬܐ ܓܙܪܬܐ ܕܒܝܬ ܙܒܕܝ ܕܒܓܘ ܓܙܪܬܐ
ܠܐܒܘܢ ܐܒܪܗܡ ܣܠܘܟܝܐ.

Anfang:

ܒܫܢܬ ܗܒܠ ܐܠܦ ܘܬܡܢܐ ܡܐܐ ܘܚܕܐ
ܕܐܠܟܣܢܕܪܘܣ. ܐܬܘ ܬܠܬܐ ܓܒܪܝܢ
ܡܗܝܡܢܐ ܒܪ̈ܗܢܕܘܝܐ ܡܢ ܐܬܪ̈ܘܬܐ ܕܗܢܕܘ.
ܠܘܬ ܡܪܝ ܫܡܥܘܢ ܦܛܪܝܪܟܐ ܩܬܘܠܝܩܐ
ܕܡܕܢܚܐ ܘܡܪܝ

A. Gr. 1801 kamen drei Inder zum Patriarchen Simeon in *Ǵezîre*, um Priester für ihr Land zu holen. Einer starb auf der Reise; die beiden anderen, Georg und Joseph, werden zu Priestern geweiht in der Georgskirche zu *Ǵezîre*. Daselbst werden zwei Mönche aus dem Kloster des h. Eugen zu Bischöfen geweiht, Thomas und Johannes. Alle vier reisen dann nach Indien. Thomas kehrt nach einiger Zeit mit Geschenken für den Patriarchen zurück. Der letztere stirbt A. Gr. 1813 ܐܦܣܛ, begraben im Kloster des h. Eugen. Sein Nachfolger Elias macht drei Mönche aus demselben Kloster zu Bischöfen, *Jabhalâhâ*, *Denḥâ*, Jacob und den erwähnten Thomas zum Metropoliten, im Kloster des h. Johannes des Aegypters im Gebiet von *Ǵezîre* A. Gr. 1814. Diese vier reisen ab nach Indien, den Inseln in ܐܦܝܓ, *Ṣîn* und *Mâṣîn*. Ein Brief von ihnen findet den Patriarchen Elias nicht mehr am Leben: er wurde beerdigt in einer Kirche von Mosul. Sein Nachfolger war Simeon. Folgt Abschrift des Briefes Bl. 49a med., in dem auch ein Metropolit *Joḥannân* von ܐܓܝܠ erwähnt wird; ferner ein Thomas-Kloster am Meeresstrande in der Stadt ܡܠܝܦܘܪ im Lande ܡܥܒܪ. Das Land der Indischen Christen heisst ܡܠܝܒܪ Malabar, darin die Städte ܡܢܓܢܘܠ, ܦܠܘܪ, ܟܘܠܡ, in der Nähe von ܟܠܝܩܘܛ Kalikut. Die Briefschreiber berichten (Bl. 50ᵃ), dass ein Frankenkönig des Westens Schiffe nach Kalikut geschickt habe. Die Ismaeliten daselbst hetzen den Indischen König gegen die Franken auf, so dass er sie tödten lässt. Ein Rest der Franken flieht zu Schiff nach der Stadt ܟܘܫܝ, wo sie freundlich aufgenommen werden. Als sie aber auch dort von dem Könige von Kalikut belagert wurden, kamen neue Schiffe der Franken, »warfen harte Steine mit Maschinen« und tödteten viele Feinde, worauf die übrigen flohen.

5. Bl. 51ᵃ Von den letzten Zeiten und den Vorzeichen des jüngsten Gerichts, in zwölfsilbigen Versen:

ܬܫܥܝܬܐ ܕܐܚܪܝܬܐ ܠܙܒܢܐ ܕܟܠ ܘܬܢܐ ܐܢܫ̈ܐ.
ܕܡܢܐ ܢܒܘܐ ܡܢ ܡܘܫܐ ܘܡܢܘܡܐ ܠܡܕܒܪܬܐ
ܒܡܕܒܪܬܐ ܕܐܬܪܝܢ.

Eine Zusammenstellung von Sprüchen der Propheten Moses, Josua, David, Nathan, Elias u. s. w. über diesen Gegenstand. Anfang:

ܡܠܬܐ ܡܠܝ ܥܠ ܬܘܟܠܢܐ ܕܐܠܗܘܬܐ
ܡܫܠܐ ܥܕܡܐ ܠܡܫܠܡܘ ܚܝܠ ܦܬܘܡܬܐ.

Gegen Ende (Bl. 54ᵇ) wird ein ܣܦܪ ܟܬ ܦܬܘܡܘܣ citirt als Quelle von chronologischen Angaben. Auf der letzten Seite Bl. 53ᵃ ff. ist von Hungersnoth, Pest, Kriegen die Rede, die vor dem jüngsten Gericht in verschiedenen Gegenden sich ereignen werden, z. B. im Jahr 1611, 1612 Gr.: von dem Siege des Christenthums über den Islam, wie alle Könige der Christenheit nach Jerusalem kommen.

In dem Schlussvers sagt der Verfasser, dass Edessa seine Heimath sei:

ܐܘܪܗܝ ܐܬܪܗ ܘܒܝܬ ܡܥܡܪܗ ܒܐܘܪܗܝ
ܡܕܝܢܬܐ.

6. Bl. 55ᵃ Geschichte der h. Maria, der Mutter des Messias:

ܬܫܥܝܬܐ ܕܡܪܬܝ ܡܪܝܡ ܐܡܗ ܕܡܫܝܚܐ

Anfang:

ܘܗܘܐ ܟܕ ܡܢ ܣܘܓܝ ܟܕ ܐܘܠܨܐ ܡܪܝܡ
ܕܝܗܘܕܝܐ ܥܡܕ ܩܒܪܗ ܕܡܪܢ. ܘܡܨܠܝܐ
ܠܢܫܐ ܢܟܦܬܐ ܗܘܘ ܠܗ. ܕܠܐ ܐܘܠܨܐ ܡܣܝܟܐ
ܗܘܝ ܩܒܪ

Die Juden wollen Maria verhindern, am Grabe des Herrn zu beten. Der Engel Gabriel verkündigt ihr das bevorstehende Ende. Sie geht von Jerusalem nach Bethlehem, begleitet von drei Jungfrauen (Bl. 56ᵃ). Als Maria krank wurde, versammelten sich die Jünger um ihr Sterbelager, Johannes aus Ephesus, Petrus aus Rom, Thomas aus Indien u. s. w., nachdem sie durch den Heiligen Geist benachrichtigt waren; die bereits Gestorbenen wurden wieder zum Leben erweckt. Auf feurigen Wolken werden sie nach Bethlehem getragen, dort von Johannes empfangen (Bl. 58ᵃ). Die Apostel erzählen der Maria, wie sie von ihrer Krankheit erfahren und wie sie die Reise gemacht. Engelserscheinungen (Bl. 58ᵇ). Maria verrichtet viele Wunder (Bl. 59ᵇ). Die Juden berichten den Priestern und dem Hegemon davon (Bl. 60ᵃ). Der letztere schickt Chiliarchen und Soldaten nach Bethlehem, um Maria und die Jünger nach Jerusalem zu bringen. Die Apostel tragen die Maria in ihrem Bett durch die Luft nach Jerusalem (Bl. 60ᵇ). Die Soldaten kommen unverrichteter Sache aus Bethlehem zurück. Mittlerweile merken die Priester, dass Maria in Jerusalem weilt (Bl. 61ᵃ); sie wollen sie und ihr Haus verbrennen, was durch den Engel vereitelt wird. Durch dies Wunder wird der Hegemon bekehrt. Die Juden haben das Kreuz Christi vergraben; wenn sie krank werden, berühren sie es und werden gesund (Bl. 61ᵇ).

Der Hegemon fordert die Juden auf, Christen zu werden und den Versteck der Reliquien anzugeben (Bl. 62ᵃ). Auf Geheiss des Heiligen Geistes tragen die Apostel die Maria in eine Höhle im Ölberg (Bl. 62ᵇ). Ein Jude ܝܘܦܢܝܐ will das Bett der Maria zerbrechen und wird dafür bestraft. Petrus giebt dem Jophanja seine Arme wieder und schenkt ihm einen Stab, mit dem dieser nun alle Kranken heilt. Die Juden wollen Maria und ihre Begleiter in der Höhle verbrennen, werden aber bestraft dafür (Bl. 63ᵇ). Eva, Elisa, Adam und alle Patriarchen erscheinen, der Maria zu huldigen, dann auch Christus (Bl. 64ᵃ). Zwiegespräch zwischen ihm und Maria, die ihn bittet, alle diejenigen zu erhören, die in ihrem Namen ihn anrufen (Bl. 65ᵃ). Christus gewährt ihre Bitte (Bl. 66ᵃ). Maria verscheidet. Die Apostel u. s. w. geleiten sie durch die Wolken in das Paradies (Bl. 66ᵇ); von dort kehren sie zurück zum Ölberg. Die Apostel schreiben das Erlebte auf (Bl. 67ᵃ) im Jahre 437: Einsetzung dreier Marien-Tage den 26. December, 15. Mai und im August. Die Apostel bitten um Segen für die einzelnen Monate des Jahres (Bl. 67ᵇ). Dann führt der Heilige Geist alle Apostel in ihre Missionsgebiete zurück (Bl. 68ᵃ).

Ein Auszug aus der apokryphen Schrift De transitu Mariae, s. WRIGHT, Journal of Sacred Literature 1865, VI. 417 und VII, 129.

7. Bl. 68ᵃ Notiz über die h. Melanie: ܬܘܒ ܫܪܒܐ ܕܥܠ ܡܠܢܝܐ ܕܡܢ ܪܗܘܡܝܬܐ ܕܡܫܚܐ ܘܕܩܢ̈ܝܬܐ ܚܝܘܗ̇.

Anfang:

ܗܟܢܐ ܟܡܐ ܙܕ̈ܩܬܐ ܕܥܒ̈ܕܬ ܒܠܐ ܠܐܘܪܫܠܡ

Wie viel Almosen sie gegeben in Jerusalem, Alexandrien, Aegypten, Athen; wie viel Sclaven sie befreit; von der Einfachheit ihrer Lebensweise.

8. Bl. 68ᵇ Von den Mirabilia in grossen Städten und anderswo: ܬܕܡܪ̈ܬܐ ܕܐܝܬ ܒܡܕ̈ܝܢܬܐ ܪܘܪ̈ܒܬܐ.

Anfang:

ܟܕ ܐܠܟܣܢܕܪܘܣ ܡܩܕܘܢܝܐ ܡܢ ܚܣܢܐ ܒܐܬܪܐ ܕܐܝܬܠܗ ܒܓܘܪܬܐ ܣܓܝ ܕܦܪܣܘܬܗ ܐܪܒܥܐ ܡܐ̈ܐ ܘܫܒܥ ܒܗ ܓܘܪܐ ܡܚ̈ܘܬܐ.

Kurze Notizen über Curiositäten, zum Theil der thörichtsten Art, vermuthlich aus einem Arabischen كتاب العجائب entlehnt. Auf Bl. 70ᵇ wird ein Gewährsmann ܐܢܣ أنس, auf Bl. 71ᵇ ein Mönch Emmanuel erwähnt.

9. Bl. 72ᵇ Was in den äussersten vier Himmelsgegenden der Erde ausserhalb des bewohnten Theiles ist, von dem Philosophen Andronicus:

ܬܘܒ ܫܪܒܐ ܡܘܕܥ ܕܡܢܐ ܐܝܬ ܒܐܣ̈ܦܐ ܐܪ̈ܒܥܐ ܕܐܪܥܐ ܠܒܪ ܡܢ ܥܠܡܐ ܡܝܬܒܐ ܕܒܢ̈ܝܢܐ ܕܣܡܗ ܠܐܢܕܪܘܢܝܩܘܣ ܦܝܠܘܣܦܐ.

Anfang:

ܕܡܢܐ ܐܝܬ ܒܦܢܝܬܐ ܡܕܢܚܝܬܐ ܐܬܟܬܒ ܠܗ ܡܢ ܕܐܬܡܠܟ ܦܝܠܣܘܦܐ.

Was im Osten ist Bl. 72ᵃ, im Westen Bl. 73ᵃ, im Süden Bl. 73ᵇ, im Norden Bl. 74ᵃ. Im äussersten Osten wohnen ܠܗܘܓܠܝܐ und ܡܫܠܓܘ (?) mit zwei Köpfen und vier Füssen u. s. w. Unter dem Westen wird kein Volk mit Namen angegeben. Im Süden wohnen ܓܝܓܠܪܓܘܣ, ܡܫܓܠܪ, ܓܠܓܠܓܠܓܘܣ, ܦܘܣܘܣ. Unter dem Norden wird kein Volksname genannt. Die Nachschrift Bl. 75ᵃ: ܫܠܡ ܫܪܒܐ ܕܡܫܡܝܢ ܘܐܪ̈ܒܥ ܣܛܪ̈ܐ. ܐܦ ܬܫܥܝܬܐ ܕܡܪܝܡ ܐܡܗ ܕܡܪܢ ܐܡܝܢ. ܫܠܡܘܢ ܠܫܪ̈ܒܐ ܕܥܘܬܕܐ ܕܡܠ ܐܝܬܐ ܐܒܗ̇ bezieht sich auf Nr. 5 und 6.

10. Bl. 75a Von den Monaten und (Bl. 76b) von der Zahl Sieben. Warum der Februar weniger Tage hat als die anderen Monate; was die Namen der Monate bedeuten ܦܘܫܩ ܝܪ̈ܚܐ (Bl. 75b): warum das ܙ, d. h. 7, das ܫܬܐܣܬܐ fundamentum des ersten Jahres der Schöpfung ist (Bl. 76a). Anfang:

ܡܛܠ ܗܕܐ ܕܝܢ ܡܫܠܡ ܡܢܢ ܗܘܝܘ ܣܝܒܪܬܐ
ܡܕ̈ܢܚܐ. ܡܛܠܗܘܢ ܕܝܢ ܕܟܠ ܣܝܒܪܬܐ ܕܐܠܗܘܬܐ
ܡܫܡܫܢ ܕܐܠܗܘܬܐ ܡܬܒܪܝܢ ܗܘܘ. ܫܒܥܐ
ܕܝܢ ܣܗܕܐ ܡܢ ܗܠܝܢ ܘܡܢ ܗܢܘܢ ܘܫܪܐ

11. Bl. 76b Die Apokryphen Bel et Draco:

ܬܘܒ ܟܬܒܐ ܐܚܪܢܐ ܕܒܝܠ ܦܬܟܪܐ. ܘܡܠܟܐ
ܐܣܛܝܓܣ ܐܬܟܢܫ ܠܘܬ ܐܒܗ̈ܘܗܝ ܘܫܪܐ

und Bl. 78a: ܬܘܒ ܐܚܪܢܐ ܕܬܢܝܢܐ. ܐܝܬ ܗܘܐ
ܕܝܢ ܬܢܝܢܐ ܚܕ ܪܒܐ ܘܣܓܕܝܢ ܗܘܘ
ܠܗ ܘܫܪܐ

12. Bl. 79a—80b Fragen und Antworten ܫܘܐܠ̈ܐ ܘܦܘܢܝ̈ܐ, wann Noah den Wein getrunken, wie lange der Leib Christi unter den Todten war, vom Schweisstuch Christi, ob der Tag früher geschaffen als die Nacht, was Noah's Weintrinken bedeutet und ähnliches. Anfang:

ܬܘܒ ܫܘܐܠ̈ܐ ܟܡܐ ܫܢܝܢ ܐܬܒܢܝ ܗܝܟܠܐ ܗܘ ܕܐܬܐܡܪ
ܗܘ ܕܐܬܦܠܓܬ ܘܐܬܦܩܕܬ. ܫܢܝ̈ܐ ܒܗ ܒܝܘܡ ܚܕ
ܘܫܪܐ

Letzte Frage (Bl. 80b): Warum sich Maria abwendete, als sie den Engel sah, der zu ihr redete.

Bl. 80 ist nur noch zum Theil lesbar. Schlussnotiz Bl. 80b:

ܫܠܡ ܗܠܝܢ ܫܘܐܠ̈ܐ ܡܢ ܣܦܪ̈ܐ
ܘܟܬܒܐ ܩܫܝܫܐ ܐܝܫܘ.

Die Hds. ist geschrieben von einem Priester *Îšô*, Sohn des *Ḥidiršâ*, vermuthlich im Anfang des vorigen Jahrhunderts in der Gegend von Urmi. S. die Notizen auf Bl. 41a. 75a. 80b.

Auf Bl. 18a ist eine Schreibernotiz absichtlich getilgt. Daselbst eine Notiz von zweiter Hand von Gr. 2079 ܒܥܛ = 1768 n. Chr.

Auf Bl. 17b folgende Notiz: ܒܫܢܬ ܕܐܠܦ ܕܪܓܙܢܝܐ ܠܐܬܪܐ ܕܡܚܡܕ̈ܝܐ ܐܘܒܠ ܫܒܝܐ ܣܓܝܐܐ. ܫܢܬ ܒܡܚ ܐܪܡܝ ܠܗܘܢ, d. h.: Im Jahr Gr. 2048 (1737 n. Chr.) brachte *Dargaznâjâ* (?) viele Gefangene nach dem Gebiete der *Mâmedâjê* (Muhammedaner?).

Auf Bl. 1a ܡܐܡܪܐ ܕܡܘܫܐ ܒܪ ܟܐܦܐ ܥܠ ܕܐܘܡܪ̈ܬܐ.

Im Allgemeinen gut erhalten und zum grossen Theil vocalisirt und punktirt.

80 Blätter (21,5 × 15,5 cm), die Seite zu 22 Zeilen.

60.

(Sachau 132.)

Gedichte des Bischofs Elias von *Pêrôz-Šâbôr* oder *Anbâr* in Babylonien, der zu Anfang des 10. Jahrhunderts n. Chr. unter dem Catholicus Abraham III. (906—937) lebte. Vergl. Assemani III, 1, 258; Wright, Syriac literature S. 849. Das Werk wird in dem Titel bezeichnet als Capita cognitionum quae exercitationi (spirituum) studiosorum inservire possunt.

ܪ̈ܝܫܐ ܬܘܒ ܕ̈ܝܕܥܬܐ ܕܡܫ̈ܟܚܢ ܠܡܬ̈ܚܫܒܢܘܬܐ
ܕ̈ܪܘܚܢ ܢܬܦܠܚܢ. ܕܣܝܡܝܢ ܘܡܬܟܬܒܝܢ ܐܝܟ
ܕܒܟܬܒܐ ܟܬܝܒܐ ܡܨܝܒܐ ܘܡܕܘܚܝܐ.
ܠܐܘܟܚܐ ܐܝܟ ܐܠܗܐ ܡܥܡܪܢܐ ܕܒܟܬܒܐ
ܕܟܬܒܗ ܫܡܥܘܢ ܕܗܘ ܗܘ ܐܝܬܘ ܒܦܫܛܐ
ܐܦܣܩܘܦܐ.

An anderen Stellen wird das Werk bezeichnet als ܟܬܒܐ ܕܕܘܪܫܐ Liber studii, z. B. Bl. 126a, 7. 8. Probe aus demselben mitgetheilt von Cardahi, Liber thesauri S. 72—76.

Der Inhalt dieser Gedichte ist Paraenese, allgemeine christliche, moralisirende, populäre Paraenese. Die Diction bewegt sich vielfach in Imperativen und Prohibitiven. In den Gedichten, die aus kurzen Strophenformen aufgebaut sind, haben die einzelnen Strophen oft den Charakter von Sentenzen und etwas durchaus populäres, während die langen Strophen der letzten Gedichte mehr den Charakter gelehrter Auseinandersetzungen annehmen: die kurzen Strophen, namentlich die رباعيات[1], scheinen mir besser gelungen, dichterischer als die langen Strophen. Der Inhalt der einzelnen Gesänge ist schwer anzugeben, da gewisse Gedanken und Bilder fast in jedem Gedichte wiederzukehren scheinen; jede Strophe ist dem Sinne nach ein selbständiges Ganzes, und in der Reihenfolge der Strophen ist ein Princip oft schwer zu erkennen.

Die Sprache ist mit vollkommener Meisterschaft behandelt: es ist classisches Syrisch und frei von übertriebener Einmengung Griechischen Sprachgutes. Haggadische Elemente kommen nur sehr selten vor, fast nur aus der Bibel, und werden sofort umgedeutet auf Christi Leben und Lehre. Der Dichter erwähnt Bl. 372b—376a die sieben Planeten, indem er jeden in christlicher Tendenz umdeutet: ܩܪܘܢܘܣ, ܗܪܡܣ, ܐܦܪܘܕܝܛܐ, ܫܡܫܐ, ܐܪܝܣ, ܒܠ, ܣܗܪܐ. Als Probe diene die Strophe über Saturn Bl. 372b:

ܒܬ̄ ܩܪܘܢܘܣ ܟܘܟܒܐ ܩܕܡܝܐ
ܘܐܝܟ ܚܘܪܐ ܟܪܝܐ
ܪܫܐ ܕܢܘܗܪ̈ܐ ܫܒܒܐ
ܐܝܟ ܡܐ ܕܝܕܝܥܐ ܠܟܠܕܝܐ
ܡܫܝܚܐ ܓܝܪ ܗܘܐ ܠܪܘܚܢܐ
ܠܒܪܝܬܐ ܟܠܗ̇ ܬܩܢܐ
ܩܡܘܐ ܒܟܠܚܕ ܡܠܘܐ
ܘܢܒܪ ܥܠ ܟܠܗܘܢ ܒܢܝܐ
ܗܟܢ ܓܝܪ ܐܝܬ ܠܗ ܡܠܘܫܐ
ܓܒܝܐ ܠܡܪܝܐ ܐܠܗܐ
ܬܢܝܢܐ ܗܠܝܢ ܦܪܘܫܐ
ܘܠܡܪܗ ܠܪܘܚܢܐ ܕܝܢܘܩܐ
ܡܪ̈ܝܐ ܐܡܪ̈ܐ ܗܠܝܢ
ܡܢ ܟܗܢ ܡܣܬܘܕܝܐ
ܠܡܪܢ ܐܪ̈ܘܐ ܡܟܪܟ̈ܢܐ
ܘܗܘܐ ܟܗܘܢܐ ܫܡܝܢܐ
ܦܠܚ ܒܐܪܥܐ ܕܐܪ̈ܟܢܐ
ܘܟܗܢܐ ܐܪ̈ܥܘܬܐ
ܩܘܝ ܒܐܪܥ ܐܘܪܐ
ܒܗ ܩܘܕܫܐ ܕܩܘܕܫ ܩܘܕ̈ܫܐ

ܒܩܘܢܘܣ ܪܕܐ ܚܠܝܬܐ
ܩܕܡܝܐ ܕܚܘܪ̈ܐ ܫܒܝܚܐ
ܘܐܒܐ ܕܒܩ̈ܛܒܐ ܓܢ̈ܒܪܐ
ܢܫܐ ܡܠܦ ܢܦܫܐ
ܕܚܘܕܪܐ ܕܓܝܓܠ ܡܘܙܠܬ̈ܐ
ܡܪܕܝܬܐ ܠܐ ܫܠܝܬ̈ܐ
ܡܪ̈ܝܐ ܒܪ̈ܝܬܐ ܗܠܝܢ
ܡܢܝܢ ܗܪܟܐ ܘܫܘܝܐ
ܕܓ̈ܠܝܐ ܘܦܪ̈ܫܐ
ܘܕܘܠܐ ܠܡܪܕܝܬܐ ܕܠܠܝܐ.
ܗܘ ܢܩܡܐ ܠܚܡܕܐ
ܕܢܗܪܪ ܒܗ ܡܘܠܟܢܐ
ܓܡܪܗ ܠܡܕܒܪܢܘܬܐ
ܘܢܕܡܐ ܠܘܬܢ ܢܫܐ
ܘܠܪ̈ܘܡܐ ܡܠܟ ܢܠ̈ܝܐ
ܒܡܡܪܐ ܕܒܡܡܪ̈ܐ ܘܐܠܗܐ
ܘܦܫܛ ܒܐ̈ܒܐ ܫܡܝ̈ܐ
ܕܡܠ̈ܟܐ ܢܒܝ ܡܪܕܝܬܐ
ܕܓ̈ܠܝܐ ܘܦܪ̈ܫܐ
ܕܢ̈ܦܫ ܫܡܝܐ ܢ̈ܠܝܐ ܀

[1] Syrisch: Die Verse ܒܡܫܚܬܐ ܕܐܪܒܥ.

Die Bemerkungen über die Venus Bl. 375[a] verrathen Kenntniss der Astrologie. In einem Zusammenhange, der dem Preise des Mönchsthums gewidmet ist, nennt er mehrere der in der Historia Lausiaca erwähnten Mönche, und ausser ihnen den Catholicus *Sabhrišô'* und Johannes aus Dailam (Bl. 379[b]), die zwölf, von *Abbâ* Jesaias genannten Umherwanderer ܡܫܬܢܕܪ̈ܐ oder ܡܟܣܢ̈ܐ (Bl. 380[a] ff.). Über den heiligen Arsenius Bl. 382[b]:

ܐ̄ ܐܝܬ ܗܘܘ ܠܡܪ ܒܐܪ̈ܘܬܐ   ܠܓܒܪ̈ܐ ܚܣܝ̈ܐ ܕܬܕܡܘܪ̈ܬܐ
ܕܒܕܡܘܬ ܒܡܩܘܪܐ ܠܒܝܬܐ   ܦܫܝܫܝܢ ܗܘܘ ܠܗ̇ ܠܒܪܝܬܐ
ܡܢܗܘܢ ܗܘܐ ܬܘܒ ܠܡܘ̈ܬܐ   ܐܪܣܢܝܣ ܓܒܪܐ ܕܪܘܚܐ
ܗ̄ܘ ܡܠܐܟܐ ܕܐܠܗܐ   ܘܡܕܒܪܐ ܒܡܪܢܐ
5 ܚܘܢ ܣܓܝ̈ܐܐ ܒܟܡܝܪܘܬܐ   ܘܦܫ ܗܘܐ ܠܐܠܗܐ ܒܐܪܥܐ
ܘܐܝܟ ܗܘܐ ܒܐܪܥܐ ܘܫܘܦܪܐ   ܗܘ ܥܠܡܐ ܘܥܠܡܐ ܚܕܬܐ
ܫܒܩ ܗܘܐ ܠܡܪܗ ܒܗ ܪ̈ܡܫܐ   ܡܘܕܝܐ ܡܪܗ ܥܠ ܪ̈ܓܠܐ
ܠܟܠ ܥܠܡ ܒܫܘܡܠܝܐ   ܒܕܡܐ ܠܨܦܪܐ ܘܥܡ ܪܡܫܐ
9 ܨܒܐ ܗܘܐ ܒܫܒܪ ܣܓܝ   ܘܠܢܦܫ ܢܦܫܐ ܒܪܡܫܐ
ܘܠܐ ܦܠܓ ܗܘܐ ܡܢ ܨܘܡܐ   ܟܕ ܒܐܦܘܗܝ ܢܒܥ ܢܦܫܐ
ܡܬܡܢܝܢܐ ܗܘܐ ܒܗ ܐܪܥܐ   ܕܘܒܪܐ ܡܠܐܟܝܐ
ܘܒܫܡܠܐ ܕܥܗܪܐ ܚܒܪܐ   ܡܬܩܦ ܗܘܐ ܫܒܪܐ ܒܟܡܝܪܐ
13 ܫܡܥ ܗܘܐ ܠܗ ܢܫܐ ܒܐܪܥܐ   ܚܘܐ ܢܒܗܐ ܝܠܕ ܗܝ ܥܠܡܐ
ܘܣܓܝ̈ܐܐ ܥܠܡܐ ܚܕܬܐ   ܫܘܡܐ ܕܠܐ ܫܢܐ ܢܘܠܡܐ
ܡܪܦܐ ܗܘܐ ܒܝܘܡ ܪܡܫܐ   ܥܠܡܐ ܗܢܐ ܒܐܪܥܐ ܢܦܫܬܐ
(Bl. 383[a]) ܘܢܕܐ ܗܘܐ ܠܒܫܪܐ ܠܘܢܡܐ   ܗܘܦܟܐ ܒܫܪܝܐ
17 ܡܫܒܚ ܗܘܐ ܒܚܒܝ ܨܦܪܐ   ܥܠܡܐ ܥܡܕܐ ܒܣܓܝܕܬܐ
ܘܠܦܪܨܘܦܗ ܡܢܗܪ ܗܘܐ   ܒܢܡܘܣܐ ܕܥܠܡܐ ܡܫܡܫܢܐ
ܡܚܝܕ ܗܘܐ ܗܘ ܠܗ ܒܝܘܩܢܐ   ܠܒܢܝ ܐܪܥܐ ܡܫܡܫܢܐ
ܕܡܢ ܗܪܟܐ ܢܗܘܐ ܒܐܪܥܐ   ܒܒܘܡܐ ܕܡܠܟܘܬ ܪܘܡܐ ∴

Als eine Probe der kurzen Strophen ܫܘ̈ܒܚܐ diene der Anfang der ersten Centurie Bl. 2[a]:

ܐ̄ ܐܒܐ ܘܒܪܐ ܘܪܘܚ ܩܘܕܫܐ   ܚܕ ܐܠܗܐ ܒܐܘܣܝܐ
ܐܝܟ ܦܓܪܐ ܘܢܦܫܐ ܘܪܘܚܐ   ܚܕ ܒܪܢܫܐ ܒܟܝܢܐ.
ܒ̄ ܒܗ ܐܠܗܐ ܠܒܪܝܬܐ   ܡܫܝܚܐ ܐܬܘܗܝ ܡܨܝܚܐ
ܘܡܢ ܟܝܢܐ ܕܗܘ ܘܕܗܘܐ   ܫܪܐ ܡܫܝܚܘܬܐ ܕܒܪܘܬܐ.
ܓ̄ ܓܠܝܬ ܗܘ ܟܝܢܐ ܚܕܝܐ   ܕܡܬܗܘܕܐ ܩܢܘܡܐ ܚܠܬܐ
ܘܠܐ ܡܬܒܕܩ ܒܩ̈ܢܘܡܐ   ܡܬܒܪܝܢܘܬܐ ܕܡܫܝܚܐ.
ܕ̄ ܕܐܝܬ ܠܗ ܫܘܬܐ ܢܗܡܪܬܐ   ܕܠܐ ܥܠܡ ܫܘܐ ܠܢܫܐ
ܘܕܐܝܬ ܠܗ ܕܫܘܬܐ ܕܠܒܐ   ܫܘܐ ܒܡܕܒܪܗ ܠܡܫܝܚܐ.
ܗ̄ ܗܘ ܕܠܗ ܐܠܗܐ ܡܠܟܐ   ܢܫܡܥ ܒܪܢܫܐ ܢܦܫܐ
ܘܐܬܐܘܗܝ ܠܒܢܐ ܘܦܪܨܘܦܐ   ܠܪܘܚܐ ܘܠܦܓܪ̈ܐ.

ܒܪ̈ܚܡܐ ܡܫܡܠܝܐ ܘܫܘܝܐ
ܠܐܒܐ ܘܒܪܐ ܘܪܘܚ ܩܘܕܫܐ.
ܕܩܘܡܬܐ ܕܦܠܓܪܐ ܘܢܦܫܐ
ܘܠܗ̇ ܢܠܒܫ ܐܝܟ ܫܪܝܐ.
ܐܠܗܘܬܐ ܗܝ ܡܫܝܚܝܬܐ
ܒܬܘܪܐ ܒܗܐ ܒܗ̇ ܡܫܝܚܐ.
ܕܩܠܝܦܐ ܒܢܘܢܐ ܕܝܘܡܐ
ܚܘܫ̈ܒܐ ܒܢܦܫܗ ܢܦܫܐ.
ܡܫܡܫܢܘܬܐ ܗܝ ܕܫܪܪܐ
ܘܡܬܪܒܝܐ ܒܡܬܪܐ ܘܫܘܝܐ.

ܗ ܦܠܐ ܕܢܦܠܘܢ ܠܐܠܗܐ
ܘܢܦܩܪ ܡܢ ܟܠܗ ܠܒܐ
ܘ ܘܚܙܐ ܕܠܗܘܒܠ ܡܫܝܢܐ
ܠܗܘܕܐ ܢܦܫ ܒܪܬܪܐ
ܙ ܢܓܒܝܐ ܕܚܝ̈ܐ ܣܓ̈ܝܬܐ
ܘܢܦܫܐ ܕܠܗܘܕܐ ܡܫܚܐ
ܚ ܒܢܦܩ ܗܢܝܢ ܒܢܣܝܐ
ܘܕܡܢ ܐܪ̈ܘܐ ܕܟܠܝ̈ܬܐ
ܛ ܢܠܦܢܐ ܠܒܪ ܡܫܝܚܐ
ܘܡܬܡܠܟ ܡܢ ܒܢܘܬܐ

Das Metrum ist durchweg correct; die siebensilbigen Verse scheinen niemals mit achtsilbigen zu wechseln.

Das Werk besteht aus 3 Theilen ܦܠܓܘ̈ܬܐ, die einzelnen Theile aus Abschnitten ܡܐܡܪ̈ܐ, und diese aus Strophen, die durchweg zu Hunderten ܡܐܘ̈ܬܐ oder Centurien (nach dem Vorgange der Centurien des Euagrius?) geordnet sind. Über die Form und den Zweck des Werkes sagt der Verfasser in der Einleitung Bl. I[b]:

ܗܠܝܢ ܕܝܢ ܘܣܝܡ ܐܢܘܢ ܡܐܡܪ̈ܐ ܦܪ̈ܝܫܐ ܒܙܢܐ ܕܡܘܫܚܬܐ. ܘܫܡ ܒܟܠ ܡܐܡܪܐ ܡܐܘ̈ܬܐ ܦܪ̈ܝܫܬܐ ܕܡܐܘܬܐ ܐܘܟܝܬ ܪ̈ܫܐ. ܘܢܦܫ ܕܝܢ ܒܟܠ ܪܫܐ ܗܘܦܟܗ ܡܢܗ ܘܠܗ ܘܒܗ. ܒܕ ܠܐ ܢܦܘܩ ܗܘܦܟܗ ܠܪܫܐ ܐܚܪܢܐ. ܪ̈ܘܝܢ ܕܝܢ ܪ̈ܫܐ ܘܗܘ̈ܦܟܐ ܕܟܠܗܘܢ ܕܪ̈ܙܐ ܗܠܝܢ ܒܗܪ ܡܦܢܝܬܐ ܕܐܪ̈ܙܐ ܕܟܬ̈ܒܐ ܩܘܕܫܐ ܕܕܝܬܝܩܐ ܥܬܝܩܬܐ ܘܚܕܬܐ. ܘܡܫܠܡܝܢ ܠܦܝܠܣܘܦܝܐ ܟܝܢܝܬܐ ܘܦܫܝܩܝܢ ܠܬܐܘܪܝܐ ܟܬܝܒܬܐ. ܒܟܠ ܕܝܢ ܒܦܢܩܝܛܐ ܗܘܐ ܘܡܪܐ

Er (der Verfasser) hat sie (die Capita cognitionum u. s. w.) abgefasst und geordnet als gesonderte Abhandlungen, *mêmrê*, in einer besonderen metrischen Form und hat in jede Abhandlung einzelne Centurien von Capita (oder Strophen)[1] eingefügt: er hat aber jeder einzelnen Strophe einen in sich abgeschlossenen Sinn (Satz) verliehen, so dass der Sinn (Satz) einer Strophe sich nicht über die folgende Strophe ausdehnt. Dem Gedankeninhalt dieser Strophen ist als Ziel gesetzt die Erkenntniss der Mysterien der heiligen Bücher Alten und Neuen Testamentes: sie stimmen überein mit der philosophia naturalis und ebenen (d. h. sind eine geebnete, übersichtliche Darstellung von der Theorie) die geschriebene Theorie (die Lehre der Kirchenväter) u. s. w. Das ganze Werk ist aus Strophen gebaut, von denen die vierzeilige ܬܪܥܐ porta als Einheit gilt, aus Strophen von 4, 8, 12, 16, 20, 24, 28, 32, 36, 40 Zeilen, die als ܡܐܡܪ̈ܐ ܦܪܝܫܐ, ܬܪܝܢ, ܬܠܬܐ u. s. w. ܒܡܢܝܢܐ bezeichnet sind.

I. Theil ܦܠܓܘܬܐ ܩܕܡܝܬܐ Bl. 1[b]—126[a]. Inhalt: Erster Abschnitt, 10 Centurien, die als erster *Mêmrâ* (Abschnitt) bezeichnet sind.

1. Centurie Bl. 2[a]. Erste Strophe:

ܐܒܐ ܘܒܪܐ ܘܪܘܚ ܩܘܕܫܐ

100 Strophen von je vier siebensilbigen Zeilen oder portae ܬܪ̈ܥܐ: der vorherrschende Reim ist *â*, zuweilen *ê*, selten anders, und so durch das ganze Werk.

[1] Der Verfasser braucht das Wort ܩܦܠܐܘܢ oder ܪܫܐ in dem Sinne von Strophe allgemein, ܬܪܥܐ porta in dem Sinne Strophe von vier Zeilen.

2. Centurie Bl. 5[b]. Erste Strophe:

ܒܬܐܘܡܬܐ ܗ̇ܝ ܗܝܡܢܘܬܐ
ܠܒܢܝܐ ܕܕܚܠܬ ܡܪܝܐ
ܘܕܘܒܪܐ ܢܟܦܐ ܫܘܪܐ
ܘܫܒܪܐ ܫܘܒܐ ܫܦܝܠܬܐ.

3. Centurie Bl. 9[b]. Erste Strophe:

ܐܠܗܐ ܐܝܟܢܐ ܚܢܐ
ܒܚܢܢܗ ܛܒܐ ܦܪܘܫܘܬܐ
ܘܒܢܘܗܪܗ ܒܪܐ ܒܪ̈ܝܬܐ
ܘܒܪܚܡܘܗܝ ܠܒܢܝ ܠܐܒܘܐ.

4. Centurie Bl. 13[b]. Anfang:

ܪܟ ܢܝܫܢܐ ܕܟܪܒܐ

5. Centurie Bl. 17[b]:

ܗܝܡܢܘܬܐ ܫܪܝܪܬܐ

6. Centurie Bl. 21[b]:

ܒܠ ܟܠܗ ܚܝܐ ܦܪܝܫܐ

7. Centurie Bl. 25[a]:

ܐܪܘܐ ܗ̇ܝ ܐܪܚܐ ܕܡܫܠܡܢܐ

8. Centurie Bl. 29[a]:

ܐܝܟܢܐ ܠܢܘܪܐ ܡܫܘܡܝܐ

9. Centurie Bl. 33[a]:

ܫܘܚܠܦܗ ܕܒܠܡܐ ܡܗܝܡܢܐ

Vergl. Cardahi a. a. O. S. 75.

10. Centurie Bl. 37[a]:

ܐܠܗܐ ܐܝܟܢܐ ܠܢܘܪܐ

Die dichterische Form ist in allen diesen *mêmrê* dieselbe. Schlussnotiz auf Bl. 40[b]:

ܫܠܡ ܒܥܘܕܪܢܗ ܕܡܪܢ ܡܐܡܪܐ ܩܕܡܝܐ ܕܗܘܐ
ܒܗܕ ܡܐܘ̈ܬܐ ܕܪ̈ܫܐ. ܡܫܡܫܢ ܒܗ ܕܝܢ
ܐܠܦܐ ܬܪ̈ܥܐ ܒܡܫ̈ܚܬܐ ܐܪ̈ܒܥܝܬܐ ܕܡܩ̈ܦܐܬܐ.
ܨܠܘ ܥܠܝ ܡܪܘܬܐ ܥܠ ܚܛܝܐ ܐܡܫܝܚܗ
ܕܡܟܝܟܐ ܫܡܥܘܢ ܕܡܐܡܪܐ ܗܢܐ ܗܘܐ ܘܟܬܒܗ

Dieser 1. Theil enthält also 10 Centurien capita = 1000 portae (Strophen) von je vier Versen.

Zweiter Abschnitt Bl. 41[a]. Titel: ܡܐܡܪܐ ܬܪܝܢܐ ܕܐܝܬܘܗܝ ܡܐܘ̈ܬܐ ܚܡܫ. ܟܠ ܡܐܬܐ ܡܐܐ ܡܩܦܝܢ ܐܘܟܡܐ ܪ̈ܫܐ. ܘܐܝܟ ܡܩܦܝܢܘܗܝ ܬܪܝܢ ܬܪ̈ܝܢ ܘܡܬܚܠܦܢ ܒܗ ܡܘܩ̈ܦܝܗܘܢ. ܘܡܫܡܫܢ ܠܟܠ ܡܐܐ ܐܪ̈ܒܥܐ.

Dieser zweite Abschnitt besteht aus fünf Centurien:

1. Centurie Bl. 41[a]. Erste Strophe:

ܐܠܗܐ ܐܝܬܐ ܠܢܘܪܐ
ܡܫܘܡܝܐ ܘܕܠܐ ܫܪܝܐ

Vergl. Cardahi a. a. O. S. 75.

Die Strophe besteht aus acht siebensilbigen Zeilen oder 2 × 4 Zeilen ܬܪ̈ܬܝܢ.

2. Centurie Bl. 48[b]:

ܐܪܒܥܐ ܦܬܓܡܐ ܕܟܠ ܒܪܝܐ

3. Centurie Bl. 56[b]:

ܫܒܚܐ ܫܠܝܐ ܕܒܪܐܠܗܐ

4. Centurie Bl. 64[a]:

ܠܐ ܡܫܡܫ ܐܠܗܐ

5. Centurie Bl. 72[a]:

ܡܢ ܐܠܗܐ ܒܪܝܐ

Nachschrift Bl. 79[b]:

ܫܠܡ ܒܥܘܕܪܢܗ ܕܐܠܗܐ ܡܐܡܪܐ ܬܪܝܢܐ ܕܒܗܕܐ
ܗܢܐ ܕܐܝܬܘܗܝ ܚܡܫ ܡܐܘ̈ܬܐ. ܘܡܫܡܫܢ ܒܗ
ܕܝܢ ܐܠܦܐ ܬܪ̈ܥܐ ܕܐܝܬܝܗܘܢ ܡܫܘ̈ܚܬܐ ܬܪ̈ܬܝܢ

Dieser Abschnitt besteht aus 5 Centurien = 500 capita (d. i. achtzeiligen Strophen) = 1000 portae (d. i. vierzeiligen Strophen).

Dritter Abschnitt Bl. 79[b]. Titel: ܡܐܡܪܐ ܬܠܝܬܝܐ — ܕܐܝܬܘܗܝ ܡܐܘ̈ܬܐ ܐܪܒܥ. ܟܠ ܡܐܬܐ ܡܐܐ ܡܘܩ̈ܦܐ ܐܘܟܡܐ ܪ̈ܫܐ. ܘܐܝܟ ܡܘܩܦܝܢ ܬܠܬܐ ܬܪ̈ܬܝܢ.

Er besteht aus 4 Centurien, jede Centurie aus 100 Strophen von je 12 siebensilbigen Versen oder 3 portae. Im Ganzen 1200 portae.

1. Centurie Bl. 80[a]. Erste Strophe:

ܗܝܡܢܘܬܐ ܫܪܝܪܬܐ
ܐܪܙܐ ܗܘ ܕܐܠܗܘܬܐ
ܘܐܠܝ ܨܒܐ ܐܢܫ ܕܠܗ̇ ܠܡܐܡܪ
ܦܪܘܫ ܗܕܐ ܒܚܬܝܬܘܬܐ
ܐܝܟ ܢܘܗܪܐ ܒܐܣܦܪܐ ܫܡܝܢܐ
ܘܐܠܗܐ ܘܡܫܝܚܘܬܐ
ܘܗܝܢ ܐܝܬܘܗܝ ܒܡܫܝܚܐ
ܨܡܚܐ ܕܐܠܗܘܬܐ
ܡܢ ܡܕܡ ܚܕܐ ܕܒܚܕܐ
ܠܐ ܕܒܣܪܐ ܢܦܠܐ ܕܡܕܒܪܐ
ܕܐܬܦܫܩ ܐܬܪܟ ܒܡܫܝܚܐ
ܐܪܙܐ ܕܐܠܗܘܬܐ.

Der Reim ist ganz vorwiegend *â*.

2. Centurie Bl. 91[a]. Anfang:

ܢܫܪܐ ܦܬܝܚܐ ܡܪܕܘܬܐ

3. Centurie Bl. 103[a]:

ܡܢ ܗܘ ܕܠܐ ܩܢܐ ܫܘܠܛܢܐ

4. Centurie Bl. 114[a]:

ܠܐ ܡܬܬܐܡܪ ܒܪܘܚܐ

Unterschrift Bl. 126[a]:

ܫܠܡܬ ܒܥܘܕܪܢܗ ܡܪܢ ܦܠܓܘܬܐ ܩܕܡܝܬܐ ܕܟܬܒܐ ܗܢܐ ܕܦܘܪܫܐ ܕܐܝܬ ܒܗ ܡܐܡܪ̈ܐ. ܕܗܘܝܢ ܡܐܬܐ ܬܠܬܡܐܐ̈. ܘܦܬܓܡ̈ܐ ܘܐ ܢ̇ ܪ̈ܫܐ ܐܠܦ ܘܬܫܥܡܐܐ. ܬܪ̈ܥܐ ܕܝܢ ܬܠܬܐ ܐܠܦ̈ܐ ܘܡܐܬܝܢ.

Dieser erste Theil enthält 3200 vierzeilige Strophen ܬܪ̈ܥܐ portae.

Als Anhang zum ersten Theil auf Bl. 126[a]—128[b]:

a) Fünf apokryphe Psalmen ܘܡܙܡܘ̈ܪܐ ܚܡܫܐ ܕܕܘܝܕ ܕܠܐ ܟܬܝ̈ܒܝܢ ܒܡܟܪܐ ܕܡܙܡܘܪ̈ܐ herausgegeben von W. Wright, Proceedings of the Society of Biblical Archaeology, Juni 1887.

b) Bl. 128[a] ܦܘܫܩ ܦܬܓܡ̈ܐ ܥܩܝܠܐ ܕܐܝܬ ܒܟܬܒܐ ܕܦܪܕܝܣܐ Erklärung einiger schwieriger Wörter aus dem Liber paradisi.

c) Bl. 128[a] med. Gespräch zwischen einem Jakobiten und Nestorianer, überschrieben ܫܪܒܐ. Der Nestorianer erklärt, er nehme gar keine Concilien an. Das westliche Christenthum sei durch die Haeresie des Arius inficirt worden und musste deshalb durch das Concil von Nicaea gereinigt werden; das östliche Christenthum sei stets rein geblieben. Das westliche Christenthum lehre ܕܡܪܝܡ ܝܠܕܬ ܐܠܗܐ ܘܡܝܬ ܐܠܗܐ. ܘܚܫ ܐܠܗܐ, was alles nicht in der heiligen Schrift stehe. Er sei ܡܫܝܚܝܐ, rechne aber Nestorius zu den Kirchenvätern.

II. Theil ܦܠܓܘܬܐ ܬܢܝܢܝܬܐ Bl. 128[b]—260[a], bestehend aus drei Abschnitten oder ܡܐܡܪ̈ܐ.

Erster Abschnitt ܡܐܡܪܐ ܩܕܡܝܐ Bl. 129[a] in drei Centurien:

1. Centurie Bl. 129[a]. Anfang:

ܠܐܠܗܘܬܐ ܓܒܪ ܒܪܘܚܬܐ

Die Strophe besteht aus 16 siebensilbigen Zeilen. Der Reim vorwiegend *â*.

2. Centurie Bl. 144[a]:

ܠܒܪܘܢ ܐܠܗܐ ܓܒܪܘܬܐ

In der Unterschrift Bl. 159[b] bedeutet ܡܐܡܪܐ ܦܬܓܡܐ ein aus vier ܬܪ̈ܥܐ (4 × 4 Zeilen) bestehendes Gedicht, vermuthlich deshalb, weil es in der Reihenfolge der Strophen (4, 8, 12, 16, 20, 24, 28, 32, 36, 40) das vierte ist.

3. Centurie Bl. 159[b]:

ܡܢ ܐܠܗܘܬܗ ܗ̄ܘܐ ܕܠܐ ܟܠܐ

Zweiter Abschnitt Bl. 175[a]. Überschrift:

ܬܘܒ — ܡܐܡܪܐ ܕܬܪܝܢܐ ܕܟܬܒܐ ܗܢܐ ܕܦܘܪܫܐ. ܕܐܝܬܘܗܝ ܬܪܝܢܐ ܕܦܠܓܘܬܐ ܬܢܝܢܝܬܐ ܕܟܬܒܐ ܗܢܐ ܕܐܬܐܡܪ.

Ich verstehe unter ܡܐܡܪܐ ܕܚܡܫܝܬܐ ein Gedicht, dessen Strophe aus fünf ܦܬ̈ܓܡܐ (5 × 4 = 20 Zeilen) besteht. Denn die Gedichte dieses Abschnittes bestehen aus Strophen von je 20 siebensilbigen Zeilen. In den Unterschriften steht für ܡܐܡܪܐ ܕܚܡܫܝܬܐ auch ܡܐܡܪܐ ܚܡܫܢܝܬܐ.

Dieser Abschnitt enthält zwei Centurien:

1. Centurie Bl. 175ᵃ:

ܚܕ ܗܘ ܕܗܘܝܘ ܡܕܒܪܢܐ

2. Centurie Bl. 194ᵇ:

ܚܕ ܗܘ ܐܠܗܐ ܕܟܠ ܘܒܪܐ

Dritter Abschnitt Bl. 213ᵇ. Überschrift:

ܡܐܡܪܐ ܫܬܝܬܝܐ ܕܡܠܬܗ ܕܡܟܝܟܐ ܕܐܠܗܘܬܗ
ܡܐܡܪܐ ܬܠܝܬܝܐ ܕܦܘܠܓܘܬܐ ܬܪܝܢܝܬܐ.

Hier bedeutet ܡܐܡܪܐ ܫܬܝܬܝܐ eine aus sechs ܦܬ̈ܓܡܐ (6 × 4) oder vierzeiligen Strophen bestehende grössere Strophe, denn die Gedichte dieses Abschnitts bestehen aus Strophen von je 24 siebensilbigen Zeilen.

Dieser Abschnitt hat 2 Centurien:

1. Centurie Bl. 213ᵇ:

ܫܘܒܚܐ ܠܐܒܐ ܒܪܘܝܐ

2. Centurie Bl. 237ᵃ:

ܠܟ ܗܘ ܐܒܐ ܕܡܫܒܚܬܐ

Nachschrift auf Bl. 260ᵃᵇ über die Zahl der grossen und kleinen Strophen ܒ̈ܬܐ und ܦܬ̈ܓܡܐ. Danach hat dieser Theil 3400 ܦܬ̈ܓܡܐ, d. i. vierzeilige Strophen.

III. Theil ܦܘܠܓܘܬܐ ܬܠܝܬܝܬܐ Bl. 260ᵇ —393ᵇ, bestehend aus vier Abschnitten:

Erster Abschnitt Bl. 260ᵇ, eine Centurie von Strophen, von denen jede sieben ܦܬ̈ܓܡܐ, d. i. 7 × 4 = 28 siebensilbige Zeilen enthält, genannt ܡܐܡܪܐ ܫܒܥܝܬܐ. Anfang:

ܫܘܒܚܐ ܠܡܫܝܚܐ

Zweiter Abschnitt Bl. 287ᵇ, eine Centurie von Strophen, von denen jede acht ܦܬ̈ܓܡܐ, d. i. 8 × 4 = 32 siebensilbige Zeilen enthält, genannt ܡܐܡܪܐ ܬܡܢܝܬܐ. Anfang:

ܐܠܗܐ ܗܘ ܡܫܒܚ ܒܬܡܢܝܬܐ

Dritter Abschnitt Bl. 318ᵃ, eine Centurie von Strophen von je neun ܦܬ̈ܓܡܐ oder 36 Zeilen, genannt ܡܐܡܪܐ ܬܫܥܝܬܐ. Anfang:

ܬܫܥܐ ܐܝܟ ܠܟ ܬܫܒܚܬܐ

Vierter Abschnitt Bl. 353ᵃ, eine Centurie aus Strophen von je zehn ܦܬ̈ܓܡܐ oder 40 Zeilen, genannt ܡܐܡܪܐ ܥܣܪܝܬܐ. Anfang:

ܫܘܒܚܐ ܠܐܒܐ ܒܪܘܝܐ

Dieser dritte Theil hat 3400 ܦܬ̈ܓܡܐ.

Unterschrift Bl. 391ᵇ:

ܫܠܡܘ ܡܐܡܪ̈ܝܗ ܥܣܪ̈ܝܐ ܕܦܘܠܓܘܬܐ ܬܠܝܬܝܬܐ
ܕܦܬ̈ܓܡܐ. ܕܐܝܬܝܗܘܢ ܐܪܒܥ ܐܠܦ̈ܝܢ ܘܐܪܒܥܡܐ.

Danach hat das ganze Werk 10000 ܦܬ̈ܓܡܐ oder vierzeilige Strophen رباعيّات, oder 40000 ܦܬܓܡ̈ܐ, d. i. Zeilen (Verse).

Als Anhang zu dem Werke finden sich noch Bl. 391ᵇ—393ᵇ fünf ܗ Strophen von je zehn ܦܬ̈ܓܡܐ. Überschrift:

ܬܘܒ ܕܝܢ ܚܡܫܐ ܕܒܪ ܐܣܪ̈ܐ ܚܡܫܐ ܐܝܬܝܗܘܢ
ܠܗ ܚܬܘܡܐ ܡܚܬܡܢܐ ܕܐܬܡܗܝ ܡܐܡܪܐ
ܚܡܫܢܐ ܕܐܡܫܝܗܝ ܘܫܠܡ.

Anfang:

ܐܬܚܝܠ ܕܡܫܡܫܢܘܬܐ ܚܕܒܫܬܐ

Die erste Strophe ist ein Loblied auf Christus, die zweite handelt von dem Menschen als Mikrokosmos und Makrokosmos; die dritte ist ein Loblied, Variation des Gedankens: Wem Gott hilft, dem kann nichts mangeln: in der vierten wendet sich der Verfasser an den Leser, die in dem Werke enthaltene Belehrung sei nicht sein Verdienst, sondern Gott sei der einzige

Lehrer; dann fordert er den Leser auf, nicht den Buchstaben gering zu achten: denn von dem richtigen Verständniss des Einzelnen sei das Verständniss des Ganzen, der ganze Glaube abhängig. In der fünften Strophe sagt er, er habe für den Leser geschrieben, damit dieser für ihn bete: er wünsche zu seinem Gott zu kommen, wer werde sein Führer sein? Gloria domino glorioso! ܫܘܒܚܐ ܠܡܪܝܐ ܠܥܠܡ

Nachschrift auf Bl. 393[b], in der bereits gesagtes wiederholt wird.

Diese Hds. ist vollendet am Donnerstag, den 19. November 1880 n. Chr. Geb. in *Alkôš*, dem Dorfe des Propheten Nahum, bei dem Kloster des Hormizd, zur Zeit des Papstes Leo XIII. und des Patriarchen Elias, geschrieben von dem Diaconus *'Îsâ* ܥܝܣܐ Bar *Ešaʻjâ*, Sohnes des Diaconus Cyriacus aus dem Dorfe *Ekrôr* im Gebiete *Senddjê* ܕܡܢ ܩܪܝܬܐ ܐܟܪܘܪ ܕܒܠܕܐ ܕܣܢܕܝܐ

Sie ist vollständig vocalisirt und punktirt mit *Rukkâkhâ*, *Kuššâjâ*, *Mehagjânâ* u. s. w., wie gegenwärtig das Altsyrische von den Nestorianern gelesen wird. Vortrefflich geschrieben.

Auf Bl. 394[b] im Anhang ein Auszug aus einer Kirchengeschichte über den Catholicus *Sabhrîšô'*:

ܡܢ ܡܟܬܒܢܘܬܐ ܕܥܕܬܐ ܕܡܕܢܚܐ
ܡܕܢܚܝܬܐ ܫܘܠܡܐ ܣܝܡܐ.

Der Kaiser Mauritius schickt einen Bischof als Gesandten an den Catholicus *Sabhrîšô'*: der Gesandte findet den Catholicus sitzend auf einer Decke von Ziegenhaar und in ärmlichstem Anzuge, und äussert sich verwundert darüber. Der Catholicus lässt ein stumm gewordenes Kind kommen und giebt ihm die Sprache wieder. Der Gesandte ist beschämt über seine äusserliche Sinnesweise.

394 Blätter (33 × 22 cm), die Seite zu 26 Zeilen.

61.

(Sachau 170. 169.)

Das Hexaëmeron von Immanuel (abgekürzt *'Ammô*), Mönch und Lehrer im Oberen Kloster *Dairâ 'Ellâitâ*, Priester und Arzt. Moderne Copie. Titel:

ܟܬܒܐ ܕܐܫܬܬ ܝܘܡܝܢ ܕܥܒܝܕ ܠܚܣܝܐ ܘܡܠܦܢܐ
ܐܠܗܐ ܕܝܢ ܒܡܘܬܒܐ ܡܬܩܢܢܐ ܕܐܫܬܬ ܝܘܡܝܢ
ܕܥܠܡܐ ܥܠܝܐ

Vergl. ferner Bl. 74[a] nach der Überschrift von Capitel 19 (Sachau 169):

ܕܡܠܟܘ ܡܢ ܕܡܠܟܘ ܕܝܢ ܚܒܝܒܐ ܡܫܝܚܐ ܘܐܡܪ

Auch in der Überschrift von Capitel 26 (S. 169) Bl. 180[a].

Der Verfasser lebte um 963 (vergl. Assemani III, 277 und Wright, Syriac literature S. 231). Am Ende der einzelnen *Mêmrê* gedenkt er seiner selbst, aber in so allgemeinen Worten, dass für seine Lebensverhältnisse nichts daraus zu gewinnen ist. Vergl. Cardahi S. 68.

Sein Werk (ein älteres desselben Namens von Jacobus Edessenus) handelt in den ersten 15 Capiteln von dem Schöpfungswerk, in den folgenden Capiteln 17—28 im Allgemeinen von dem Erlösungswerke Christi. In den dogmatischen Theilen findet sich vielfache Polemik gegen Andersgläubige. Capitel 17 (S. 169) Bl. 57[b]—59[a] handelt von dem Götzendienst und Aberglauben des Heidenthums. Darin die folgende Stelle:

ܒܒܝܬ ܐܘܪܝ ܕܒܠܗ ܫܪܝ ܗܘ ܚܕ ܩܕܝܫ
ܕܒܪܐ ܘܩܢܝܐ ܘܐܡܪܐ ܕܡܠܬܐ ܡܥܒܕܢܝܬܐ
ܗܘܐ ܀

ܒܩܘܕܫܐ ܢܘܗܪܐ ܘܡܪܐ ܟܠܐ ܘܡܪܝ ܫܡܫܐ
ܘܒܝܬ ܡܢܝܢܐ ܕܢܝܐ ܘܟܝܢܝ ܦܩܘܕܐ
ܠܟܠܢܐ ܀

»In *Bêth-Ândrin*[1] zu *Harrân* wurden *Sin* und *Sinai*, ein männliches und ein weibliches Wesen, und ein hängender Widder verehrt, in den Dörfern *'Âzôr*[2] und der Herr der Weiber und Unser Blinder Herr, in *Bêth-Mêbaynê*[3] *Îgê* und 70 Bildwerke.«

In Capitel 27 (S. 169) Bl. 199ᵇ 4—13 werden ausser anderen Kirchenvätern Diodorus (Schrift an Bardesanes) und Theodorus (Mopsuestenus), Einleitung des Commentars zum Lucas-Evangelium citirt.

Der Text dieser Hds. stimmt im Allgemeinen mit Nr. 62 (Sachau 310. 309) überein, scheint mir aber aus einer anderen Vorlage abgeschrieben zu sein. In beiden Exemplaren fehlt das 2. Capitel.

Die Schrift ist metrisch abgefasst, theils in Strophen von vier siebensilbigen Versen, theils in Strophen von zwei zwölfsilbigen Versen.

Verzeichniss der Capitel.

1. Capitel Bl. 1ᵇ: ܡܐܡܪܐ ܩܕܡܝܐ ܥܠ ܗܝ ܕܒܪܫܝܬ ܐܝܬܘܗܝ ܗܘܐ ܡܠܬܐ. ܘܥܠ ܗܝ ܕܡܠܬܐ ܒܣܪܐ ܗܘܐ ܘܐܓܢ ܒܢ. ܘܐܝܬܘܗܝ ܒܡܟܫܚܘܬܐ. ܡܩܪܝܐ ܒܡܫܘܚܬܐ ܕܐܪܒܥ.

»1. *Mêmrâ*. Zu Anfang war das Wort, und das Wort wurde Fleisch und wohnte in uns. Metrisch geschrieben, zunächst in vierzeiligen Strophen (jede Zeile zu sieben Silben).«

Erste Strophe:

ܐܘܪܚܐ ܣܓܝܐܬܐ ܕܪܒܘ̈ܬܗ ܠܟ
ܡܠܬܐ ܕܐܒܘܗ̇ ܡܫܝܚܐ
ܘܪܕܐ ܒܗ̇ ܗܘ ܦܪܘܣܐ
ܘܗܘܐ ܠܟܠܢ ܡܕܒܪܢܐ.

2. Capitel fehlt. S. folgende Notiz auf Bl. 8ᵇ: ܘܕܥ ܐܘ ܡܪܝ ܩܪܘܝܐ. ܕܡܐܡܪܐ ܕܬܪܝܢ ܠܐ ܐܫܟܚܬ ܒܨܚܚܐ.

3. Capitel Bl. 8ᵇ: ܥܠ ܒܪܝܬܐ ܕܡܠܐܟ̈ܐ ܘܢܘܗܪܐ ܒܝܘܡܐ ܕܩܕܡܝܐ.

Von der Schöpfung der Engel und des Lichtes am ersten Tage. Erste Strophe:

ܝܬܝܪ ܒܝܘܡܐ ܠܒܪܝܬܐ ܒܐܪܥܬܐ ܘܩܕܡܝܬ.
ܐܠܗܐ ܚܕܝܗ ܐܝܟ ܡܫܘܠܐ ܘܥܒܕ ܥܠܡܐ ܀

Am Ende dieses Capitels Bl. 34ᵃ eine Notiz von dem Copisten (s. weiter unten).

4. Capitel Bl. 34ᵃ: ܥܠ ܥܘܒܕܐ ܕܪܩܝܥܐ ܕܐܬܥܒܕ ܒܝܘܡܐ ܕܬܪܝܢ

Von der Erschaffung des Firmaments am zweiten Tage. Erste Strophe:

ܝܘܡܐ ܬܢܝܢܐ ܒܪܘܝܐ
ܗܢܐ ܠܥܘܒܕܐ ܕܪ̈ܩܝܥܗ
ܘܦܪܫ ܐܝܟ ܒܚܟܡܬܗ
ܕܡ̈ܝܐ ܒܝܢ ܡ̈ܢܘܬܗ ܀

5. Capitel Bl. 43ᵇ: ܥܠ ܬܘܩܢܐ ܘܛܘܟܣܐ ܕܝ̈ܡܡܐ

Von der Ordnung der Meere am dritten Tage. Erste Strophe:

ܫܘܦܪܐ ܬܠܝܬܝܐ ܕܒܪܘܝܘܬܐ ܠܟܠ ܒܪܘܝܐ.
ܕܡܟܝܢ ܗܘܐ ܒܬܘܩܢܗ ܕܟܠ ܫܘܪܝܐ ܀

6. Capitel Bl. 56ᵇ: ܥܠ ܝܘܒܠܐ ܕܐܠܢ̈ܐ ܕܥܠ ܡܥܕܝܢܘܬܐ ܕܙܪ̈ܥܐ ܘܐܝܠܢ̈ܐ

Vom Wachsen der Saaten und Bäume am dritten Tage. Erste Strophe:

ܐܪܕܝܠܐ ܪܒܐ ܕܥܠܡ̈ܐ
ܘܒܪܘܝܘܗܝ ܘܡܬܒܪܝܢܘܗܝ
ܕܠܐ ܫܪܝܪܘ ܘܫܘܪܪܘ
ܒܪܐ ܐܢܘܢ ܘܐܬܩܢ ܐܢܘܢ ܀

[1] Nr. 62 (Sachau 310) Bl. 266ᵇ 3 ܐܢܕܪܝܢ *Andrin*.

[2] Das. Z. 5 ܥܙܘܙ *'Âzôz*.

[3] Das. Z. 6 ܘܒܝܬ ܡܒܓܝܢܐ

7. Capitel Bl. 65a: ܥܠ ܬܘܩܢ ܦܪܕܝܣܐ ܕܐܬܬܩܢ ܒܝܘܡܐ ܬܠܝܬܝܐ Von der Schöpfung des Paradieses am 3. Tage. Erste Strophe:

ܐܢܐ ܦ݁ܬܐ ܠܒܪܘܝܐ
ܬܘܕܝܬܐ ܕܒܪܝܬܐ ܚܘܒܗ
ܒܬܘܩܢܐ ܫܦܝܪܐ ܕܓܢܬ
ܠܓܢܬܗ ܒܢܐ ܐܫܬܐ ܀

8. Capitel Bl. 76b: ܥܠ ܢܗܝܪ̈ܐ ܘܝܘܡܐ ܕܐܪܒܥܐ Von der Erschaffung der Lichter und dem 4. Tage. Erste Strophe:

ܫܡܫܐ ܗܘܝܘ ܕܠܒܢ ܩ̈ܠܐ ܗܘ ܡܫܬܥܝܢ
ܫܘܒܚܗ ܕܝܢ ܕܐܠܗܐ ܟܠܗ ܕܐܬܡ ܟܠܗ ܀

Edirt bei Cardahi, Liber thesauri S. 69.

9. Capitel Bl. 98b: ܥܠ ܚܝ̈ܘܬܐ ܝ̈ܡܝܬܐ ܘܪ̈ܚܫܐ ܕܡܝ̈ܐ ܘܥܠ ܦܪܚܬܐ ܘܝܘܡܐ ܕܚܡܫܐ Erschaffung der Meeresthiere, der Wasser-Reptilien und Vögel am 5. Tage. Erste Strophe:

ܠܝܡܐ ܕܝܢ ܕܒܪܘܫܘܬܐ ܢܦܩ ܕܐܡܪܐ
ܘܦܩ̇ܕ ܪܚܫܐ ܘܗܘܐ ܢ̇ܦܫܐ ܐܝܟ ܕܐܡܪ
ܐܦܪܚ ܠܗ ܀

10. Capitel Bl. 113a: ܥܠ ܗܘܝܐ ܕܚ̈ܝܘܬܐ ܘܝܘܡܐ ܕܫܬܐ Erschaffung der Thiere am 6. Tage. Erste Strophe:

ܓܒܠ ܘܡܚܒܫ ܘܡܬܦܩܕ
ܒܪܘܝܐ ܐܚܝܕ ܟܠ
ܘܠܡܪܐ ܒܒܠܗܝܢ ܕܡܠܗ
ܘܐܦ ܐܬܬܗ ܒܒܪ̈ܝܬܗ ܀

11. Capitel Bl. 127a: ܥܠ ܒܪܝܬܗ ܕܒܪܢܫܐ ܘܝܘܡܐ ܫܬܝܬܝܐ Erschaffung des Menschen am 6. Tage. Erste Strophe:

ܠܡܪܐ ܒܐܝܩܪܗ ܐܝܟ ܐܢܫܐ ܕܐܝܩܪܗ ܘܐܝܩܪܗ
ܡܢ ܡܪܘܡܐ.
ܐܬܐ ܒܫܘܒܚܗ ܕܒܪܐ ܟܠܡܐ ܘܫܘܪܝܐ ܒܪܝܬܐ ܀

12. Capitel Bl. 144b: ܥܠ ܐܕܡ ܘܗܘܝܗ ܕܚܘܐ ܡܢܗ Erschaffung Adam's und wie Eva von ihm genommen. Erste Strophe:

ܫܒܚ ܘܡܪܘܡܡ ܒܪܘܝܐ
ܘܡܥܠܝ ܒܒܠܗܝܢ ܕܡܠܗ
ܘܠܐ ܐܝܬ ܦܘܡܐ ܠܫܘܒܚܗ
ܘܠܐ ܟܠܐ ܠܐܪܟܐ ܚܘܒܗ ܀

13. Capitel Bl. 158a: ܥܠ ܦܘܩܕܢܐ ܕܐܬܝܗܒ ܠܐܕܡ ܘܥܒܪܗ Von dem Befehl, der dem Adam gegeben, und von seiner Übertretung. Erste Strophe:

ܣܠܘܩ ܕܝܢ ܕܒܪܘܫܘܬܐ ܚܟܡ ܒܪܘܝܐ
ܘܡܪܐ ܡܠ̈ܟܐ ܪ̈ܘܚܢܐ ܘܦܓܪ̈ܢܐ ܀

Fortsetzung Sachau 169 Bl. 1.

14. Capitel Bl. 15a: ܥܠ ܓܙܪ ܕܝܢܐ ܕܐܕܡ ܘܚܘܐ ܘܚܘܝܐ Von dem Urtheil über Adam, Eva und die Schlange. Erste Strophe:

ܟܠ ܗܘ ܘܡܢ ܒܪܘܝܐ
ܘܫܡܥܗ ܡܕܒܪܢܘܬܗ
ܘܡܫܡܥܐ ܘܓܠܝܐ ܒܬܘܩܢܘܗܝ
ܠܫܘܬ ܡܕܒܪܢ ܕܡܠ̈ܟܐ ܀

15. Capitel Bl. 28b: ܥܠ ܫܘܡܠܝܐ ܕܫܒܬܐ ܘܥܠ ܐܪ̈ܙܐ ܘܛܘܦ̈ܣܐ ܕܓܙܪ ܫܘܐ ܡܪܢ Vom Sabbath, von den Mysterien (Sacramenten) und vorbildlichen Dingen, welche Unser Herr angegeben. Erste Strophe:

ܪ̈ܗܛܐ ܢܡܘܣܗ ܘܡܫܟܚܬ ܫܠܡܗ ܫ̇ܘܐ ܓܒܪܐ
ܒܫ̈ܘܡܐ ܐܬܬܐ ܒܓܠܝܐ ܘܡܫܠܡ ܟܠܡܐ
ܟܠܗ ܀

Unterschrift Bl. 41a:

ܫܠܡ ܡܐܡܪܐ ܕܫܬܬܝܡܪܐ ܕܒܪܬ ܫܒ̈ܥܐ
ܕܡܫܬܐ ܡܕܡܫܬܐ.

Folgt eine Notiz des Copisten (s. weiter unten). Bl. 41b und 42 nicht beschrieben.

16. Capitel Bl. 43ᵃ: [illegible] Von den Beziehungen auf die Auferstehung, die in der Siebenzahl der Schöpfungstage vorhanden sind. Erste Strophe:

[illegible]

17. Capitel Bl. 53ᵃ: [illegible] Wie die Menschen in ihrer Willensfreiheit irrten bis zur Offenbarung des Messias, indem Gott zu jeder Zeit sie heimsuchte. Erste Strophe:

[illegible]

18. Capitel Bl. 62ᵇ: [illegible] Von den Prophezeiungen der Seher über die Ankunft des Messias zum Trost und zur Hoffnung, welche alle Völker durch das zu unserer Rettung bestimmte Erscheinen des Messias empfangen sollten. Erste Strophe:

[illegible]

19. Capitel Bl. 74ᵃ: [illegible] Von dem Gesicht, das Moses auf dem Sinai sah, und von dem Wort Gottes zu Moses: »Nicht kann mich ein Mensch sehen und leben«. Erste Strophe:

[illegible]

20. Capitel Bl. 87ᵇ: [illegible] Von der Offenbarung des Messias, von der Vergeltung unserer Schuld und unserer Befreiung von der Sünde durch seinen anbetungswürdigen Heilsplan. Erste Strophe:

[illegible]

21. Capitel Bl. 108ᵃ: [illegible] Von den Zeichen und Wundern und den belebenden Worten unseres Herrn und Gottes, des Messias, zur Bekräftigung der Lehre vom vollendeten Leben, welche dem Menschengeschlecht durch seine Ankunft gegeben ist. Erste Strophe:

[illegible]

22. Capitel Bl. 121ᵇ: [illegible] Von den übrigen belebenden Worten unseres Herrn und Erlösers Jesus Messias, unserer Hoffnung. Erste Strophe:

[illegible]

23. Capitel Bl. 136ᵇ: [illegible] Von den Worten der lebenspendenden Verkündigung unseres Herrn Messias. Erste Strophe:

ܡܢ ܦܓܪܐ ܘܡܦܩܪ ܘܡܬܢܒܐ
ܦܓܪܝܐ ܕܩ̈ܛܠ ܪܘܚܐ
ܕܦܓܪܘܢ ܥܒܕ ܒܡܕܒܪܢܘܬܗ
ܠܒܘܣܡܐ ܕܪ̈ܚܡܘܗܝ ܣܘܓܐ ܀

24. Capitel Bl. 150ª: ܥܠ ܡ̈ܠܐ ܡܚ̈ܝܢܝܬܐ ܕܡܪܢ ܘܕܠܝܬ ܗܘ ܦܘܪܩܢܐ ܐܠܐ ܐܢ ܒܗ Von den lebenspendenden Worten unseres Herrn und dass es keine Erlösung giebt ausser durch ihn. Erste Strophe:

ܒܪ ܐܠܗܐ ܒܫܘܒܚܗ ܐܬܐ
ܘܚܝ ܘܚܝܐ ܝܗܒ ܠܢ ܥܒܝ
ܡܢ ܒܪ ܗܘܟܝܠ ܕܐܠܗܘܬܗ ܗܘܐ
ܐܬܐ ܠܐܢܫܐ ܕܐܠܗܘܬܗ ܗܘܐ ܀

25. Capitel Bl. 165ᵇ: ܡܛܠ ܕܡܫܪܪܐ ܬܘܕܝܬܐ ܕܡܫܝܚܐ ܡܢ ܥܒܕܐ ܕܡܬܓܡܪ̈ܝܢ ܠܥܕܬܐ. ܘܫܠܡ ܠܥܕܬܐ Dass das Bekenntniss des Messias bestätigt wird dadurch, dass die Werke desselben zur Ausführung gebracht werden. Auch geeignet für die Kirche (Vortrag in der Kirche). Erste Strophe:

ܬܘܕܝܬܐ ܕܫܠܡܗ ܕܒܪܘܢܐ
ܐܫܬܪܪ ܥܒܕ ܕܐܬܡܠܠ
ܕ̈ܡܢܐ ܕܫܠܡ ܥܒܕܘܬܗ
ܕܐܬܘܬܐ ܒܬܘܕܝܬܐ ܡܫ̈ܬܡܠܝܢ ܀

26. Capitel Bl. 180ª: ܥܠ ܢܘܚܡܐ ܕܦܓܪ̈ܐ ܡܢ ܟܝܢܐ ܐܟܚܕ ܘܡܢ ܟܬܒܐ Von der Auferstehung des Körpers. Nach der Natur und der Offenbarung. Erste Strophe:

ܢ̈ܚܝܐ ܦܓ̈ܪܐ ܡܬܪ̈ܘܡܘܢ
ܕܐܘ ܐܝܬ ܗܘ ܐܬܦܠܓ
ܘܒܦܘܪܥܢܐ ܐܢܫܐ
ܐܝܟ ܕܟܝܢܐ ܠܥܒܕ̈ܐ ܀

27. Capitel Bl. 192ᵇ: ܥܠ ܢܦܫܐ ܘܡܟܝܢܘܬܗ ܘܗܘܦܟܗ Von der Seele, ihrer Natur und ihrem Benehmen. Erste Strophe:

ܦܘܪ̈ܫܢܘܗܝ ܕܟܝܢ ܐܢܫܐ ܥܠ ܢܦܫܐ
ܒܚܕܪܐ ܐܝܟ ܘܐܪܒܥ ܐܝܟ ܘܐܝܟܢܐ ܐܝܟ ܀

28. Capitel Bl. 207ª—219ᵇ: ܥܠ ܚ̈ܝܐ ܚܕ̈ܬܐ ܘܦܘܪܥܢܐ ܕܡܣܬܟܝܐ ܒܥܠܡܐ ܡܚܝܢܐ ܕܦܓܪܘܢ Vom künftigen Leben und der erwarteten kommenden Vergeltung. Erste Strophe:

ܚܙܝ ܟܠܗ ܕܐܠܗܐ ܟܠܐ ܒܒܪܘܢܘܬܐ
ܠܥܒܕܗ ܒܐܪܘܢ ܚܕ ܠܠܚܝܐ ܕܒܪܗ ܚܝܐ ܀

Als Anhang zu dem Hexaëmeron auf Bl. 220ª—227ᵇ eine Erklärung des Sacraments der Taufe von demselben Immanuel. Titel:

ܬܘܒ ܡܐܡܪܐ ܕܦܘܫܩ ܐܪ̈ܙܐ ܕܥܡܕܐ ܕܥܠܗ
ܥܕ ܕܥܠܗ ܕܪܒܢ ܥܡܢܘܐܝܠ ܡܠܦܢܐ

In Strophen zu vier siebensilbigen Zeilen. Erste Strophe:

ܐܬܚܫܒ ܠܟ ܒܦܓܪܘܢ
ܡܫܡܫܢܘܬܗ ܕܡܫܝܚ
ܘܕܦܓܪܘܢ ܐܬܦܫܛ
ܡܢ ܡܥܠܝ ܕܥܠܡ̈ܐ ܀

Eine ausgedehnte Betrachtung, Predigt, Homilie über die Taufe.

Die ganze Hds. ist von demselben Schreiber geschrieben, über den die folgenden Notizen Auskunft geben. Sachau 170 Bl. 34ª:

ܫܠܡ ܡܐܡܪܐ ܕܬܠܬܐ ܡܢ ܝܕ ܩܫܝܫܐ
ܥܒܕܝܫܘܥ ܒܪ ܡܫܡܫܢܐ ܝܘܣܦ ܒܪ ܣܗܕܐ
ܨܒܪܝܫܘܥ ܡܢ ܒܝܬ ܨܒܚܝ ܡܢ ܬܠ ܙܩܝܦܐ
ܒܝܘܡܐ ܕ ܒܐܝܪ ܫܢܬ ܐܦܦܐ ܕܡܫܝܚܐ ܒܗ ܕ

»Das dritte Capitel vollendet durch den Priester *'Abhdîšô'*, Sohn des Diaconus Joseph, des Sohnes des *Sabhrîšô'* aus dem Geschlechte *Sâbhî* aus *Tel-Zkîpâ* den 4. Mai 1880 n. Chr.«

Ferner am Ende des Hexaëmeron (S. 169 Bl. 219ᵇ. 220ª):

ܫܠܡ ܒܥܘܕܪܢ ܡܪܢ ܟܬܒܐ ܕܐܫܬܐ ܝܘܡ̈ܝܢ
ܘܐܠܗܐ ܕܝܗܒ ܚܝܠܐ ܘܥܕܪ ܗܘܐ ܥܡܢ
ܗܘ ܕܢܣܒܪ ܚܘܒܐ ܒܟܬܒܐ ܒܟܢ
ܡܫܡܫܐ ܒܗ ܒܗ ܚܘܒܐ ܣܓܝܐܐ ܕܐܠܗܐ

[illegible]

Danach ist die Hds. geschrieben von dem Priester *'Abhdîšô'*, Sohn des Diaconus Joseph, des Sohnes des Diaconus *Sabhrîšô'* von der Familie *Bêth Sâbhâ Mîzâ* aus *Tel-Zkîpâ*, geschrieben in dem letztgenannten Dorfe, das zwischen drei Klöstern liegt: Kloster des h. Georg (*Giwargîs*), des h. Jacobus Intercisus und des h. *Aphnîmâran*, einem Mönchskloster. Vollendet den 26. December 1882 n. Chr.

Der Copist giebt auf Bl. 227[b] am Ende der Erklärung des Sacraments der Taufe ein Verzeichniss der von ihm copirten Werke:

[illegible]

Eine andere Notiz des Copisten auf Bl. 41[a] (S. 169):

[illegible]

Er erwähnt hier fünf Klöster (Kirchen?) in *Tel-Zkîpâ*, nämlich h. Georg, Jacob, Aprem, *Sahdônâ* und *Šammônî* Mit Den Kindern.

Die Hds. ist vollständig vocalisirt und punktirt. Die Vocalisation steht ganz unter dem Einfluss der Volkssprache (am deutlichsten in der Schreibung von *â* und *ä*). Das Verbum [illegible] wird oft nach *Fellachi*-Art [illegible] geschrieben, [illegible]. Die Schrift vorzüglich.

Sachau 170 = 160 Blätter, Sachau 169 = 227 Blätter, das Blatt 29 × 19 cm, die Seite zu 20 Zeilen.

[1] = لَعَنَت.

62.

(Sachau 310. 309.)

Ein älteres Exemplar des Hexaëmerons von Immanuel, ursprünglich unvollständig zu Anfang und Ende (wie auch an einigen anderen Stellen), aber in der vorliegenden Gestalt durch eine moderne Hand (Jeremias *Šâmir*) ergänzt, zu Anfang von S. 310 (Bl. 1. 2. 3) und am Ende, ferner zu Anfang von S. 309. Dagegen ist der fehlende Schluss nicht ergänzt. Auch in dieser Hds. fehlt das 2. Capitel. Der Text ist sorgfältiger überliefert als in Nr. 61 und hier und da von jenem verschieden.

Capitel-Übersicht.

Cap. 1 (Sachau 310) Bl. 1ᵃ — C. 3 Bl. 11ᵃ — C. 4 Bl. 36ᵃ — C. 5 Bl. 49ᵃ — C. 6 Bl. 63ᵇ — C. 7 Bl. 75ᵃ — C. 8 Bl. 92ᵃ — C. 9 Bl. 117ᵇ — C. 10 Bl. 135ᵇ — C. 11 Bl. 154ᵇ — C. 12 Bl. 174ᵇ — C. 13 Bl. 192ᵃ — C. 14 Bl. 213ᵃ — C. 15 Bl. 233ᵇ — C. 16 Bl. 246ᵇ — C. 17 Bl. 259ᵃ — C. 18 Bl. 270ᵇ — C. 19 Bl. 5ᵃ (Sachau 309) — C. 20 Bl. 25ᵃ — C. 21 Bl. 58ᵃ — C. 22 Bl. 76ᵃ — C. 23 Bl. 97ᵃ — C. 24 Bl. 118ᵃ — C. 25 Bl. 143ᵃ — C. 26 Bl. 166ᵃ — C. 27 Bl. 186ᵃ — C. 28 Bl. 206ᵃ—222ᵇ.

Die letzte Zeile ܫܠܡܘ ܘܚܕܪܘ ܟܠ ܟܘܢܫܘܗܝ ܡܢ ܗܘ [ܒܠܥܕܝܢ] entspricht S. 169 Bl. 218ᵇ Z. 9: ܫܠܡܘ ܘܟܢܫܘ ܠܡܟܢܫܘܗܝ ܡܢ ܗܘ ܒܠܥܕܝܢ

Eine Notiz über die Herkunft der Hds. ist nicht vorhanden. Vielleicht 200—300 Jahre alt. Die Schrift zeigt eine weitgehende Neigung zu Ligaturen. Die nicht sehr reiche Vocalisation und Punctation steht unter dem Einfluss der Volkssprache.

63.

(Sachau 168.)

Hymnen (139) ܥܘܢܝ̈ܬܐ für alle Zeiten, Feste, Gedenk- und Heiligen-Tage des Nestorianischen Jahres. Vergl. über dasselbe *Albêrûni*, Chronology of ancient nations, translated from the Arabic by Sachau, London 1879 S. 306—313, und Chronologie des Simeon *Šanqlâwdjâ* von Dr. Friedrich Müller, Leipzig 1889.

Von diesen 139 Hymnen bilden 130 (die meisten davon auch in Nr. 64 Sachau 330) eine Sammlung für sich, die Hymnen über die Weltregierung Gottes, verbreitet unter dem Namen des *Giwargis Wardâ* aus Arbela, der die meisten dieser Hymnen gedichtet hat und auch überall da als der Dichter angesehen werden darf, wo eine auf den Dichter oder Verfasser ܡܟܬܒܢܐ bezügliche Notiz fehlt. Über ihn vergl. Badger, The Nestorians and their rituals II, 25; Wright, Syriac Literature S. 283. Er lebte in der ersten Hälfte des 13. Jahrhunderts, denn die Hymnen Nr. 55 und 56 beziehen sich auf Ereignisse der Jahre 1219 und 1225. *Giwargis* ist ein grosser Meister der Sprache, schreibt durchweg correcte Verse und hat eine Vorliebe für alphabetische Strophenanfänge.[1] Der Vorwurf einer übergrossen Einmischung Griechischen Sprachgutes (s. Cardahi S. 51) könnte nur für den Hymnus 116 gelten, und dort ist sie wahrscheinlich beabsichtigt, in ganz bestimmter Tendenz angewendet. Sprache und Inhalt bekunden vielfach den Einfluss der Litteratur De re monastica, Acta sanctorum und Acta martyrum sowie der Apokryphen.

Ausser *Giwargis* haben folgende Autoren einzelne Hymnen zu dieser Sammlung beigesteuert:

[1] Alphabetische Anfänge sind der christlichen Poesie von allem Anfange an eigenthümlich; die Quelle dieser Form ist Psalm 25 und die Klagelieder.

1. *Mas'ûd Hakîm Ibn Elkass* Nr. 16.
2. Rabban *Mârî* Bar *Mešîhâjâ* Nr. 31. 88.
3. Catholicus Elias III. (*Abû Halîm*) Nr. 53.
4. *Sabhrîšô'* Bar Paulus aus Mosul Nr. 72.
5. *Khamîs* Nr. 92.

Als Dichter von Nr. 12 wird ܓܝܘܪܓܝܣ ܚܕܝܐܒܢܐ Georg aus Adiabene genannt. Über die Frage, von wem diese Hymnen zu einer Sammlung vereinigt und wann sie in die Liturgie der Kirche übernommen sind, findet sich keine Auskunft.

Die Hymnen Nr. 131—139 bilden einen nach Inhalt und Form verwandten Appendix, versificirte Heiligen-Legende und Klostergeschichte. Nur von einer, Nr. 134, ist der Verfasser genannt ܒܪ ܡܩܕܘܡ; die anderen treten anonym auf. Jedenfalls stammen sie aus einer späteren Zeit als der des *Giwargis Wardâ*, und, wie ich glauben möchte, aus dem Kreis der Mönche von Rabban Hormizd; sie sind zum Theil werthvoll durch ihre geographisch-historischen Detail-Angaben.

Die Form der ܡܘܬܒܐ tritt uns hier als eine fertige Kunstform entgegen. Ihr Haupttheil bildet eine grössere Anzahl von Strophen, meist ܡܪܒܥܐ, d. h. je vier siebensilbige, mit einander reimende Zeilen (so namentlich bei *Giwargis Wardâ*), seltener andere, z. B. dreizeilige Strophen. In der letzten Strophe pflegt der Dichter Gottes Segen für sich zu erbitten, ohne indessen seinen Namen zu nennen. Den Anfang bildet ein Prolog, in dem die dichterische Form oft mit solcher Freiheit behandelt wird, dass die Rede mehr gereimter Prosa als Poesie gleicht; in diesem Prolog bittet der Dichter Gott um Hülfe und legt Ziel und Aufgabe seiner Dichtung dar. Am Schlusse folgt ein Epilog, eine metrisch kunstvolle, strengen Regeln unterworfene Strophenbildung, in der Dank und Preis Gott dem Herrn gespendet wird. Der Anfang des Epilogs pflegt durch je zwei schrägstehende, einander parallele Striche in rother Tinte angedeutet zu werden. In der Überschrift der Hymnen wird fast immer der Tag, für den sie bestimmt, sowie die Melodie, nach der sie zu singen sind, angegeben. Some are chanted immediately after the reading of the Gospel in the Liturgy, and others are recited whilst the communicants are partaking of the holy elements (Badger, Nestorians II, 25). Vergl. solche Ausdrücke wie ܒܬܪ ܡܘܬܒܐ ܕܐܘܢܓܠܝܘܢ, ܡܘܬܒܐ ܒܬܪ ܐܘܢܓܠܝܘܢ (z. B. in der Überschrift von Nr. 75 und 77). Ob der Ausdruck ܡܬܐܡܪܐ ܕܒܬܪ ܐܘܢܓܠܝܘܢ (s. Überschrift z. B. von Nr. 89) bedeutet »vorzutragen nach Verlesung des Evangelien-Textes«?

Titel Bl. 1b:

ܡܘܬܒܐ ܕܡܕܒܪܢܘܬܗ ܕܡܪܢ ܕܡܫܠܡܝܢ
ܒܗܘܢ ܒܡܘܬܒܐ ܕܥܒܝܕ ܠܡܠܦܢܐ
ܓܝܘܪܓܝܣ ܘܪܕܐ ܒܩܠܐ ܠܟ ܡܪܐ

»Hymnen über die Weltregierung (den Heilsplan) unseres Herrn, welche vorgetragen werden(?)[1] in dem *môtwâ*, verfasst von *Giwargis Wardâ* und zu singen nach der Melodie ܡܪܐ ܠܟ ܩܠܐ.« Über die liturgische Bedeutung von *môtwâ* s. Payne Smith S. 1646β.

1. Bl. 1b Hymnus zu Weihnacht, über die Geburt: ܡܘܬܒܐ ܕܥܠ ܝܠܕܐ ܕܡܠܟܗ ܕܡܪܢ ܕܒܒܝܬܠܚܡ.

ܥܠܡ.
ܒܫܡ ܐܒܘܢ ܘܒܪܗ ܝܚܝܕܐ
ܠܥܡܪ ܡܠܟܐ ܕܪܘܚܗ ܩܕܝܫܐ
ܕܐܠܗܘܬܗ ܒܟܠ ܚܝܠܐ
ܘܕܝܢܐ ܡܬܩܪܐ ܒܝܬ ܩܘܕܫܐ.

———

[1] Diesen Hymnen ist das Wort ܥܠܡ Ewigkeit als Überschrift vorgesetzt. Heisst also ܕܡܫܠܡܝܢ ܒܗܘܢ »mit denen sie *'âlam* singen«? — Vergl. Überschrift von Nr. 77. 79.

Strophen von vier mit einander reimenden Zeilen, die meistens 7, zuweilen 8 Silben haben. In der letzten Strophe gedenkt der Verfasser seiner selbst:

ܡܪܝ ܕܕܝܢ ܣܘܡܟܐ
ܡܢ ܒܬܘܠܬܐ ܠܟܠ ܡܢ ܕܚܢܐ
ܢܘܦ ܘܢܘܦܐ ܠܡܕܪܟܝܢܐ
ܕܢܬܒܘܐ ܠܒ̈ܣܡܐ ܘܠܚܝܝܐ.

Danach folgt ein Epilog:

ܒܪܝܟܘ ܡܠܟܝ = 4 Silben
ܫܒܝܚ ܡܘܠܟܝ = 4 "
ܐܘܪܫܠܡ ܒܪܝ ܒܫܝܢܘܬܝ = 7
ܠܡܫ̈ܝܚܐ ܡܕ̈ܝܢ ܠܟܠܝܕܘܬܝ = 8
ܘܡܢ ܡܠܘ̈ܟܐ ܘܪ̈ܒܘܬܐ = 7 "
ܐܢܫܝ ܕܢܘܚܝ ܒܗ ܡܠܟܘܬܐ = 8 "
ܘܠܝ ܐܫܬܘܕܝܬܐ = 4 "
ܘܠܒܝܬܝ ܡܠܒܬܐ = 4 "
ܘܠܪܘܚܩܢܐ ܒܟܠܗ ܐܘܕܝܬܐ. = 8 "

2. Bl. 4ª Hymnus über die Geburt von demselben: ܐܘܢܝܬܐ ܕܝܠܕܐ. ܕܠܒܝܬ ܕܡܠܟܘܬܐ ܠܡܪܢ ܘܪܒܐ. ܢܘܚܪ̈ܐ ܡܠܟܐ ܕܠܒܝܬ ܠܡܠܟܗ ܘܒܢܐ

3. Bl. 6ª Hymnus über die Geburt, über das Buch der Kindheit unseres Herrn: ܐܘܢܝܬܐ ܕܒܪܬܐ ܕܝܠܕܐ ܥܠ ܣܦܪ ܛܠܝܘܬܗ ܕܡܪܢ ܕܠܒܝܬ ܕܘܪܒܐ. ܡܢܘ ܢܥܒܕܝܢ ܡܢ ܦܝܠܐ ܠܗ ܠܪ̈ܚܡܘܗܝ

Die Anfangsbuchstaben der Zeilen der ersten Strophe ergeben den Namen ܫܒܘܥ.

4. Bl. 9ᵇ Über die Propheten, wie jeder von ihnen Christus prophezeit habe: ܐܘܢܝܬܐ ܥܠ ܢܒܝ̈ܐ ܕܡܢ ܟܝܢܐ ܘܕܐܝܟ ܥܠܝܗ ܡܢܗܘܢ ܐܬܢܒܝ ܥܠ ܡܫܝܚܐ ܡܫܝܚܐ ܕܡܠܟܐ ܕܒܪܝܬܐ. ܘܫܠܚܐ ܠܒܪܬܐ ܕܝܠܕܐ ܘܠܡܕܒܪܢܐ ܕܐܪ̈ܥܬܐ ܕܫܘܒܚܪܐ. ܕܠܒܝܬ ܕܡܠܟܘܬܐ ܘܪܒܐ. ܡܪ ܪܘܚܢܐ.

Anfang:

ܐܬܡܢܝܘ ܐܟܘܢ ܫܪ̈ܒܬܗܘܢ

5. Bl. 12ᵇ Für die Commemoratio Sanctae Mariae: ܐܘܢܝܬܐ ܕܕܘܟܪܢܐ ܕܩܕܝܫܬܐ ܡܪܝܡ ܝܠܕܬ ܐܠܗܐ. ܥܠ ܕܠܝܘܬܗ ܕܩܕܝܫܬܐ ܘܥܠ ܠܟܝܘܬܗ. ܕܠܒܝܬ ܘܪܒܐ. ܪܒܢ.

Anfang:

ܕܒܐ ܘܪܫܡ ܠܕܒܪ̈ܐ

Der Anfang der ersten vier Zeilen ergiebt den Namen ܡܪܝܡ; die anderen Strophen haben alphabetische Anfänge, je zwei auf einander folgende Strophen beginnen mit demselben Buchstaben.

6. Bl. 14ᵇ Für die Commemoratio Sanctae Mariae: ܐܘܢܝܬܐ ܕܕܘܟܪܢܐ ܕܩܕܝܫܬܐ ܡܪܝܡ ܕܠܒܝܬ ܘܪܒܐ. ܫܡܥܘ ܗܕܐ ܟܠܟܘܢ ܥܡ̈ܡܐ.

7. Bl. 16ᵇ Hymnus auf die heilige Maria: ܐܘܢܝܬܐ ܕܩܕܝܫܬܐ ܡܪܝܡ. ܘܫܒܚܐ ܠܐܘܢܓܠܝܘܢ ܕܩܝܡܬܐ. ܕܠܒܝܬ ܡܠܟܘܬܐ ܘܪܒܐ. ܢܘܚܪ.

Anfang:

ܒܢܝ̈ܪܐ ܡܕܝܢܬܐ ܕܠܠܟܠܐ

8. Bl. 18ᵇ Hymnus auf die h. Maria: ܐܘܢܝܬܐ ܕܩܕܝܫܬܐ ܡܪܝܡ. ܥܠ ܦܓܠܘܬܐ ܗ̇ܘ ܕܕܝܠܕܗ̇ ܠܐܠܗܐ ܘܠܐ ܚܒܠܗ̇. ܒܕܡܐ ܕܒܝܠܕܬܗ ܠܒܪܗ̇ ܒܡܥܪܬܐ. ܕܠܒܝܬ ܡܢ ܕܠܒܝܬ ܕܘܪܒܐ.

Anfang:

ܒܪܐ ܕܒܩܢܡ ܒܗ ܡܬܩܢܐ

Ein Theil dieses Hymnus herausgegeben von Cardahi, Liber thesauri S. 51.

9. Bl. 21ª De virgine Mariae: ܐܘܢܝܬܐ ܕܒܬܘܠܬܐ ܡܪܝܡ ܕܠܒܝܬ ܘܪܒܐ. ܐܬܘܪܝ ܐܝܟܝ.

Anfang:

ܒܫܡܐ ܕܫܘܒܚܐ ܗܘ ܪܫܝܐ ܐܢܐ

Die Anfänge der beiden ersten Strophen ergeben die Namen ܫܒܘܥ und ܡܪܝܡ.

10. Bl. 23b Hymnus über die Maria: ܥܘܢܝܬܐ ܕܡܪܬܢ ܡܪܝܡ. ܕܝܠܗ ܕܐܘܪܗܝܐ. ܒܩܠ ܡܫܝܚܐ. ܡܢܘ ܬܫܒܘܚܬܐ ܠܡܪ̈ܢ

Auf einen Prolog von zwölf Zeilen, die zwischen fünf und neun Silben haben, folgen zweizeilige Strophen, die erste zu sieben, die zweite zu acht Silben. Am Schluss ein Epilog von sechs Zeilen.

Anfang des Prologs:

ܡܢ ܡܫܝܚܐ ܕܡܫܒܚܐ ܬܫܒܘܚܬܐ

Erste Strophe:

ܘܒܡܘܠܕܗ ܠܗ̇ ܦܘܩܕܐ ܕܐܬܐ
ܠܒܪܗ ܕܡܪܐ ܕܒܪ̈ܝܬܐ ܘܐܬܐ:

11. Bl. 26b Hymnus auf die Maria: ܥܘܢܝܬܐ ܕܡܪܬܢ ܡܪܝܡ. ܒܩܠ ܐܦ̈ܩܘܗܝ.

Anfang:

ܗܘܕܝܬܐ ܢܩܝܦ ܠܟܠ

Die Strophen haben vier siebensilbige Zeilen und alphabetische Anfänge.

12. Bl. 27b Hymnus auf die Maria: ܥܘܢܝܬܐ ܕܡܪܬܢ ܡܪܝܡ. ܕܓܝܘܪܓܝܣ ܠܚܕܝܐܒܝܐ ܣܝܒܪܐ ܡܫܝܚܐ. ܗܘ ܫܡܥܘܢ.

Der Verfasser ist *Giwargis* aus Adiabene. Anfang:

ܒܝܪܚܐ ܡܒܝܢܬܐ ܕܒܠܠܐ
ܐܫܬܡܥ ܩ̈ܠܐ ܕܥܝ̈ܪܐ ܠܫܠܐ

Die Strophen — von der sechsten Strophe an — haben alphabetische Anfänge.

13. Bl. 29a Über den Greis Simeon, der Unseren Herrn auf dem Arme trug: ܥܘܢܝܬܐ ܕܥܠ ܫܡܥܘܢ ܣܒܐ ܕܥܠ ܕܪ̈ܥܘܗܝ ܛܥܢܗ ܠܡܪܢ. ܕܡܬܬܐܡܪܐ ܒܥܕܥܕܐ ܕܡܥܠܬܗ ܕܡܪܢ ܠܗܝܟܠܐ.

Anfang:

ܐܠܗܐ ܚܝܐ ܘܒܪܐ ܚܝܐ

Die Strophen haben alphabetische Anfänge.

14. Bl. 30a Hymnus für das Fest Epiphania: ܕܥܐܕܐ ܩܕܝܫܐ ܕܕܢܚܗ ܕܡܪܢ. ܕܝܠܗ ܕܡܪܝ ܢܘܗܪܐ ܠܝܘܪܓܝܣ ܘܪܒܐ. ܡܠܦܢܐ

Anfang:

ܒܫܡܐ ܐܠܗܐ ܘܐܠܗܐ
ܕܐܠܗܘܬܗ ܘܗܘܐ ܐܕܡ ܫܡܝܐ

15. Bl. 32a Hymnus auf das Fest Epiphania: ܥܘܢܝܬܐ ܕܥܐܕܐ ܕܕܢܚܐ ܕܡܪܢ ܘܫܪܐ.

Anfang:

ܢܘܗܪܐ ܒܒܝܬܗ ܕܡܪܐ ܒܢܘܗܪܐ

16. Bl. 32b Hymnus über das Fest Epiphania von *Ḥakim de-Bhêth Ḳâšâ*: ܥܘܢܝܬܐ ܕܕܢܚܐ. ܕܒܪܝܢ ܠܚܟܝܡ ܡܢ ܡܠܦܢܐ ܕܒܒܝܬ ܩܫܝܫܐ ܢܚܡܬ ܕܒܝܬ ܩܫܐ. ܥܠ ܒܢ̈ܝܬܐ ܘܕܠܒ̈ܢܝܬܐ ܘܡܪ̈ܢܝܬܐ. ܒܩܠ ܒܘܝܐ ܕܐܘܫܐ. ܘܒܬܪ ܚܡ ܐܘܪ̈ܚܐ.

Prolog:

ܗܘ ܡܫ̈ܝܚܐ ܫܘܒܚܐ
ܢܚܬ ܫܘ ܗܠܡܐ
ܠܒܢܝܐ ܡܫܘܚܕܐ ܒܢ̈ܝܬܐ
ܘܕܠܒ̈ܢܝܬܐ ܘܡܪ̈ܢܝܬܐ.

Erste Strophe:

ܒܢ̈ܝܬܐ
ܡܫܘܚܬܐ ܘܡܪܘܒܬܐ
ܕܠܗ ܐܝܟ ܟܠܐ ܡܫܝܚܘܬܐ
ܠܐܝܟܐ ܕܠܟܠ ܗܘܐ ܟܠܗܬܐ ∴

Die Strophen bestehen aus vier Zeilen, von denen die erste vier, die anderen sieben oder acht Silben haben. Der Epilog zwei neunsilbige Zeilen.

Über diesen Dichter — *Mas'ûd Ibn Elḳass* —, der Arzt des Chalifen *Elmusta'ṣim* (1242—1258) gewesen sein soll, vergl. WRIGHT, Syriac Literature S. 283; Proben dieses Gedichtes mitgetheilt von CARDAHI, Liber thesauri S. 126—128.

17. Bl. 35ᵃ Hymnus von *Giwargis Wardâ* für die Commemoratio Joannis baptistae: ܥܘܢܝܬܐ ܕܕܘܟܪܢܐ ܕܝܘܚܢܢ ܡܥܡܕܢܐ. ܕܓܝܘܪܓܝܣ. ܒܩܠ ܠܟ ܡܪܝ. ܠܐܠܗܐ.

Anfang:

ܚܝܠܐ ܕܡܠܠ ܒܐܬܐ

Die Strophen haben vier siebensilbige Zeilen.

18. Bl. 37ᵇ Hymnus für Peter und Paul: ܥܘܢܝܬܐ ܕܦܛܪܘܣ ܘܦܘܠܘܣ. ܒܩܠ ܡܥܝܢ. ܐܘ ܚܘܒ ܒܟ.

Anfang des Prologs:

ܐܘ ܫܠܝܚܐ ܢܨܝܚܐ ܒܬܘܕܝܬܗܘܢ

Erste Strophe:

ܛܘܒܝܟܘܢ ܦܛܪܘܣ ܘܦܘܠܘܣ
ܒܢܘܗܪܐ ܕܢܝܚ ܥܠܡܐ ܡܫܝܚܐ ܀

Die Strophen haben zwei Zeilen, die erste zu sieben, die zweite zu sieben oder acht Silben.

19. Bl. 39ᵃ Hymnus für die Commemoratio Evangelistarum: ܥܘܢܝܬܐ ܕܕܘܟܪܢܐ ܕܐܘܢܓܠܝܣܛܐ. ܒܡܫܒܚܢܘܬܐ. ܐܝܟ ܐܢܬܘܢ ܠܟܠܢ.

Anfang des Prologs:

ܐܘ ܫܠܝܚܐ ܝܘܠܦܢ ܥܡܘܕܐ

Erste Strophe:

ܘܛܒܘܗ ܘܐܟܪܙܘ ܒܒܪܝܬܐ
ܥܠ ܛܘܒܝܐ ܕܡܪܢ ܥܠ ܟܠ.

20. Bl. 40ᵃ Hymnus für die Commemoratio Apostolorum: ܥܘܢܝܬܐ ܠܗ ܠܕܘܟܪܢܐ ܕܫܠܝܚܐ. ܒܗ ܒܩܠܐ. ܗܘܝܘ ܒܪܘܚ ܠܡܕܒܪܢܘܬܗ.

Anfang des Prologs:

ܒܡܦܩܢ ܪܘܚܐ ܕܡܠܟܘܬܗ ܕܦܘܠܘܣ
ܪܒܐ ܫܠܝܚܐ ܠܟܠܐ ܦܘܫܐ ܘܩܪܐ

Erste Strophe:

ܘܒܬܪ ܗܘܠܟܐ ܕܡܫܠܡܢܐ
ܗܘܐ ܫܡܥܘܢ ܕܟܦ ܐܡܪ ܠܗܘܢ.

21. Bl. 41ᵇ Hymnus für die Commemoratio S. Stephani: ܥܘܢܝܬܐ ܕܕܘܟܪܢܐ ܕܡܪܝ ܐܣܛܦܢܘܣ. ܒܩܠܐ ܕܪܘܚܐ. ܒܬܪܬܐ ܕܡܫܝܚܐ.

Anfang des Prologs:

ܡܢ ܚܕܘܬܗ ܕܡܫܝܚܐ

Erste Strophe:

ܛܘܒܝܟ ܐܣܛܦܢܐ
ܕܡܬܬܣܡܟܬ ܒܗܢܘܢ ܛܘܒܐ
ܥܠܝܟ ܛܘܒܐ ܕܩܛܝܠܐ ܘܒܢܐ
ܡܢ ܪܘܚܐ ܩܕܝܫܐ ܗܘܝܬ ܀

22. Bl. 43ᵃ Hymnus für die Commemoratio Doctorum Graecorum: ܥܘܢܝܬܐ ܕܕܘܟܪܢܐ ܕܡܠܦܢܐ ܝܘܢܝܐ. ܒܩܠ ܡܥܝܢ. ܦܣܩܝܢܘܬܗܘܢ ܕܡܪܢܐ ܐܪܝܘܣ ܘܡܩܕܘܢܝܘܣ.

Anfang:

ܩܕܡ ܦܬܝܐ ܘܡܪܝܐ ܒܗ ܝܘܡܐ

Strophen von vier sieben- oder achtsilbigen Zeilen.

Auf Bl. 44ᵇ eine Notiz des Schreibers *ʿÎsâ*, dass er dies Buch 1882 n. Chr. geschrieben habe.

23. Hymnus für die Commemoratio Doctorum Syrorum: ܥܘܢܝܬܐ ܕܕܘܟܪܢܐ ܕܡܠܦܢܐ ܣܘܪ̈ܝܐ. ܒܩܠܐ ܕܪܘܚܐ. ܫܒܚܘ ܠܡܪܐ.

Anfang des Prologs:

ܫܘܒܚܐ ܠܐܠܗܐ ܡܚܝܢܗܘܢ ܕܟܘܪܐ ܘܢܘܪܐ ܘܡܕܝܢܬܐ.

Erste Strophe:

ܘܦܪܩܗ ܢܗܠܗ
ܕܐܚܕ ܡܪܝܐ ܡܪܘܕܐ
ܘܐܬܥܒܪ ܠܟܠܗܘܢ ܫܡܫܘܗܝ
ܘܡܫܪܐ ܒܠܗܘܢ ܘܝܘܬܪܘܗܝ ܀

24. Bl. 47ᵃ Hymnus ohne Titel. Überschrift: ܒܫܡ ܕܡܫܝܚܐ ܠܗܕܪܐ ܘܫܪܐ ܘܣܝܡ ܠܒܪܝܬܐ. ܥܠ ܐܢܬ ܠܟ ܡܪܝܐ.

Anfang:

ܡܒܥܘܢܐ ܕܒܥܘ̈ܬܐ

Strophen von vier siebensilbigen Versen. Das ܒܥܘܬܐ in der Überschrift bezeichnet die kirchlichen Fasttage genannt ܒܥܘܬܐ ܕܢܝܢܘܝ̈ܐ (s. Badger II, 22; Friedrich Müller S. 8—11).

25. Bl. 49ᵇ Über die Prophetie des Jonas: ܐܘܢܝܬܐ ܕܝܠܗ ܕܘܪܕܐ. ܥܠ ܢܒܝܘܬܗ ܕܝܘܢܢ ܘܕܐܬܚܢܢ ܢܝܢܘܐ ܡܢ ܡܪܗ ܐܠܗܐ. ܘܐܝܟܢܐ ܕܒܥܘܬܐ.

Anfang:

ܒܝ ܒܥܒ̈ܕܐ ܕܡܫ̈ܘܚܐ ܡܪܢܐ

26. Bl. 50ᵇ Über denselben Gegenstand: ܐܘܢܝܬܐ ܬܘܒ ܒܥܘܬܐ. ܕܝܠܗ ܕܡܠܦܢܐ ܓܝܘܪܓܝܣ ܘܪܕܐ.

Anfang:

ܒܝ ܢܦܫ ܚܘܝ ܡܢ ܚܘܒܐ

27. Bl. 52ᵇ Über die Reue: ܐܘܢܝܬܐ ܕܝܠܗ ܘܪ̄ܕ ܕܥܠ ܬܘܒ ܬܝܒܘܬܐ.

Anfang:

ܐܘ ܬܝܒܘܬܐ ܪܚܡܬܐ ܡܢ ܟܠ

28. Bl. 54ᵃ Über denselben Gegenstand: ܐܘܢܝܬܐ ܕܝܠܗ ܕܬܘܒ ܬܝܒܘܬܐ.

Anfang:

ܐܘ ܕܝܢܐ ܓܒܝܐ

Die Strophen haben alphabetische Anfänge.

29. Bl. 55ᵃ Über denselben Gegenstand. Anfang:

ܒܗܘܢܝ ܫܘ̈ܒܚ ܐܬܐ ܠܟ

30. Bl. 56ᵃ Hymnus von demselben *Giwargis*: ܐܘܢܝܬܐ ܕܒܥܘܬܐ ܕܝܠܗ ܒܝ ܕܝܠܗ ܘܡܠܦܢܐ ܒܪܘܚܐ ܕܝܠܗ ܫܡܗ ܬܘܒ ܗܘ ܡܠܦܢܐ ܕܩܕܝܫܘܬܗ ܘܐܬܚܢܢ ܥܠ ܩܕܡ (Bl. 56ᵇ) ܡܕܝܢܬܐ ܕܐܬܘܪ ܬܘܒ. ܘܥܠ ܩܪܒܐ ܐܝܟ ܬܘܒ ܚܕܐ ܢܦ̈ܫܬܐ ܗܘܝܘ ܕܝܢ ܗܘ ܐܬܘܬܐ ܕܐܬܚܢܢ ܒܡܪܕܘܬܗ ܕܦܬܓܡܐ ܗܘ ܐܬܚܢܢ ܦܐ ܒܐܘܪܚܬܗ. ܘܒܘܪܟܬܐ ܕܡܠܦܢܐ ܦܬܓܡܐ ܒܗ.

Die Anfänge der sieben Zeilen des Prologs geben den Namen ܓܝܘܪܓܝܣ. Die Strophen haben alphabetische Anfänge, Z. 1—4 lauten mit demselben Buchstaben an, mit dem zugleich auch Z. 1—3 auslauten, so dass der Reimbuchstabe in einer Strophe siebenmal wiederkehrt, während die vierte Zeile jeder Strophe auslautet mit der Silbe ܓܝ.

Anfang des Prologs:

ܓܢܝܙ ܒܟܠܗܝܢ ܕܡܠ̈ܘܗܝ

Erste Strophe:

ܐܘ ܐܒܐ ܕܐܒܘܗ ܠܗ ܕܘܡܝܐ
ܐܝܟܢܐ ܕܐܒܘܗ ܠܗ ܬܘܪܐ
ܐܒܐ ܗܒܠ ܡܕܡܐ ܕܡܐ
ܐܡܝܢ ܕܬܦܦܪܐ ܠܒܘܬܝ ܀

31. Bl. 57ᵇ Hymnus von dem Archiater und Archidiaconus Rabban *Mâri*, genannt Bar *Mešîḥâ* (vergl. Nr. 86): ܐܘܢܝܬܐ ܬܘܒ ܒܥܘܬܐ ܘܡܪܝ ܕܚܒܝܒܐ ܠܐܪܟܝܐܛܪܐ ܚܟܝܡܐ ܘܐܘܣܝܐ ܘܐܪܟܝܕܝܩܘܢ ܡܗܝܪܐ ܪܒܢ ܡܪܝ ܕܡܬܩܪܐ ܒܪ ܡܫܝܚܐ. ܡܪܢ ܢܢܝܚ ܢܦܫܗ ܐܡܝܢ.

Strophen von vier siebensilbigen Versen mit alphabetischen Anfängen derartig, dass die Zeilen jeder Strophe im In- und Auslaut denselben Consonanten haben. Anfang des Prologs:

ܛܘܒܐ ܠܒ̈ܢܝܢܫܐ ܡܪܚܡܐ

Erste Strophe:

ܐܠܗܐ ܚܘܣܝܬܐ
ܐܝܟܢܐ ܕܡܠܐ ܚܘܣܝܐ
ܐܒܐ ܛܒܐ ܘܡܚܝܢܐ
ܐܬܪܚܡ ܥܠ ܡܚܛܝܢܐ ܀

Über diesen Dichter s. Cardahi, Liber thesauri S. 105: daselbst dies Gedicht ohne Prolog und Epilog.

32. Bl. 58ᵇ Hymnus für das ܒܥܘܬܐ ܕܢܝܢܘܝ̈ܐ von *Giwargis Wardâ*: ܐܘܢܝܬܐ ܕܒܥܘܬܐ ܕܡܠܦܢܐ ܓܝܘܪܓܝܣ ܘܪܕܐ. ܘܐܝܬ ܒܗ ܡܢ ܟܠ

ܡܙܡܘܪܬܐ ܕܕܘܝܕ ܦܣܝܩܬܐ. ܘܗܠܝܢ ܐܚܪ̈ܢܝܬܐ ܕܝܠܗ ܘܐܣܪܢܐ ܕܡܠܘܗܝ ܗܕܐ ܡܪܝ ܐܬܪܚܡܥܠܝ.

Besteht aus versificirten Psalmstellen. Die Strophen haben vier Zeilen, drei siebensilbig und eine (die letzte) sechssilbig; die drei ersten Zeilen jeder Strophe stammen aus den Psalmen, die vierte lautet ܡܪܝ ܐܬܪܚܡܥܠܝ. Anfang des Prologs:

ܡܪܐ ܕܬܝܒܘܬܐ

Erste Strophe:

ܡܪܝܐ ܡܢ ܥܘܡܩܐ ܐܠܗܝ
ܘܫܡܥ ܒܩܠ ܕܒܥܘܬܝ
ܘܗܘܐ ܒܚܢܢ ܣܥܘܪܝ
ܡܪܝ ܐܬܪܚܡ ܥܠܝ ܀

33. Bl. 61ᵃ Hymnus für das Niniviten-Gebet über Reue und über das Vaterunser von *Giwargis Wardâ*: ܐܚܪܬܐ ܕܒܥܘܬܐ ܘܕܬܝܒܘܬ ܢܝܢܘܝܐ ܕܝܠܗ ܘܪܕܐ. ܥܠ ܐܒܘܢ ܕܒܫܡܝܐ. ܒܪܝܫ ܠܟ ܒܥܘܬܐ. ܫܡܥܘ ܗܕܐ.

Anfang:

ܫܡܥܘ ܗܕܐ ܟܠܟܘܢ ܥܡ̈ܡܐ

34. Bl. 62ᵇ Hymnus über das Vaterunser von demselben: ܐܚܪܬܐ ܕܐܒܘܢ ܕܒܫܡܝܐ ܕܝܠܗ ܕܘܪܕܐ. ܗܿܘ ܕܐܬܚܘܝܘܗܝ.

Anfang:

ܐܠܗܐ ܠܒܪܐ ܘܫܡܝܐ

35. Bl. 63ᵇ Hymnus über das Vaterunser: ܐܚܪܬܐ ܕܐܒܘܢ ܕܒܫܡܝܐ. ܘܥܠ ܡܠܟܐ ܕܒܟܬܐ. ܕܝܠܗ ܕܘܪܕܐ. ܗܘܝܘ ܒܥܒܕܝ ܘܠܐ ܗܘܐ ܣܟܡ.

Anfang:

ܡܪܝܐ ܕܒܪܝ ܒܡܫܒܚܘܬܗ

36. Bl. 64ᵇ Hymnus für das Niniviten-Gebet und über Reue: ܕܒܥܘܬܐ ܘܕܬܘܬ ܢܝܢܘܝܐ. ܕܝܠܗ ܕܘܪܕܐ. ܗܘܝܘ ܐܠܒܫ ܘܗܦܟܬܗ.

Anfang:

ܒܗܘܬ ܕܒܘܠܐ ܢܦܫܠ ܐܢܐ

Mit alphabetischen Strophen-Anfängen.

37. Bl. 65ᵇ Über Reue: ܥܠ ܗܘܬ ܢܦܫܐ. ܘܫܥܝܐ ܕܐܬܐܡܪ ܥܠ ܡܕܪܐ ܘܐܦ ܠܒܝܘܬܐ. ܕܢܦܪܘܩ ܠܒܢ̈ܝ ܒܪ̈ܝܐ.

Anfang:

ܡܪܝ ܡܫܝܚܐ ܕܐܬܬܚܝܒ

Mit alphabetischen Strophen-Anfängen.

38. Bl. 66ᵇ Über Reue. Melodie: ܐܬܦܩܢ ܢܦܩܢ ܠܢܣܚܢ

Anfang:

ܐܘ ܕܕܡܥܐ ܒܪ̈ܚܡܐ

39. Bl. 67ᵇ Über Reue. Melodie: ܘܠܡܐ ܡܥܐ

Anfang:

ܡܢ ܪ̈ܚܡܐ ܕܡܥܐ ܠܡܐ ܠܗ

40. Bl. 68ᵇ Über Reue. Melodie: ܐܕܪܒܘܢ ܣܘܟ̈ܪܝ ܘܠܐ

Anfang:

ܡܢ ܐܒܒ ܕܗܝܟܠ

41. Bl. 69ᵇ Über Reue. Melodie: ܠܒܠܗܘܢ ܘܡܡܐ ܒܠܒ

Anfang:

ܡܪܐ ܕܒܪ̈ܚܡܘܗܝ ܐܬܬܢܝ

42. Bl. 70ᵇ Über die Schlechtigkeit der Zeit: ܥܠ ܒܝܫܘܬ ܙܒܢܐ. Melodie: ܘܡܠܒܘܬܗ ܒܟܠ

In dem Prolog ist akrostichisch der Ausdruck ܥܒܕ ܡܫܝܚܐ ܐܠܗܐ wiedergegeben.

Anfang des Prologs:

ܥܡܪ ܥܒܝܕ ܘܡܥܡܝ ܡܢ ܒܠ

Anfang der ersten Strophe:

ܐܘ ܕܕܐܝ ܒܘܕܝܢܬܐ

Am Schluss zwei Strophen, deren Anfänge den Namen ܠܥܙܪܘܢ ergeben.

43. Bl. 71ᵇ Hymnus ohne Titel. Melodie: ܘܐܢܐ ܒܪܐ ܗܘܐ ܘܠܐ

Anfang:

ܠܒܪܐ ܠܡܫܪ ܒܪ̈ܠܝܠܝܐ

Die Anfänge der Zeilen des Prologs ergeben den Namen ܠܡܘܪܠܝܡ.

44. Bl. 72[b] Hymnus ohne Titel. Melodie: ܡܩܡܬ ܐܝܟ ܛܠܠܐ ܐܬܪ̈ܥܝܗ

Mit derselben Spielerei wie Nr. 42. Anfang:

ܠܡܪܘ ܡܘܡܬ ܘܡܠܘ ܪ̈ܘܚܝ

45. Bl. 73[b] Über Reue. Melodie: ܡܛܠ ܕܠܡܪܘ ܚ̈ܢܢ ܕܒܘܟܪܐ

Mit derselben Spielerei. Anfang:

ܠܡܫܪ ܕܡܛܠܬܐ ܘܡܫ̈ܬܐ

46. Bl. 74[b] Über Reue. Melodie: ܦܪܘܫܝܢ ܐܠܗܐ ܡܛܠ

Anfang:

ܒܗ ܐ̈ܠܠܐ ܕܪ̈ܠܝܠܝܐ

47. Bl. 76[a] Über sich selbst. Melodie: ܡ̈ܢܐ ܡ̈ܢܐ ܡܢܝܢ ܠܗ

Anfang:

ܒܗ ܒ̈ܢܐ ܡܠܐ ܬ̈ܢܝܬܐ

48. Bl. 77[a] Über denselben Gegenstand. Melodie: ܠܝ ܒܠܚܘܕܝ

Anfang:

ܡܝܬܐ ܘܐܬܝܬܐ ܘܗܘܐ ܡܝܬ ܐܢܐ

49. Bl. 78[a] Über denselben Gegenstand. Melodie: ܘܒܪܚܡܘ ܥܡܗܐ

Anfang:

ܒܪܝܟ ܕܒܕ ܒܗܪܚܡܘܗܝ ܠܐ ܒܗܪܐ

50. Bl. 79[a] Über das Grab. Melodie: ܥܘܗܕܢܐ ܥܡܗܘ ܕܡܪܝܐ

Anfang:

ܒܪܝܟ ܕܒܕ ܒܥܢ ܘܡܫܪ ܛܒܥܢ

51. Bl. 80[a] Über die Liebe zum Studium: ܕܒܠ ܩܝܡܗ ܡܠܦܢܐ. ܘܣܥܪܐ ܠܝܘܡܐ ܘܠܒܥܘܬܐ. ܗܘ ܥܡܗܘ.

Anfang:

ܗܘ ܚ̈ܝܒܐ ܥܡܗܘ ܘܐܬܕܟܪܘ

52. Bl. 81[a] Über denselben Gegenstand in demselben siebensilbigen (Ephraemischen) Metrum, geeignet auch für das Niniviten-Gebet und Fasten: ܐܝܪܬܐ ܒܗ ܒܝܥܐ ܕܡܪܝ ܐܦܪܝܡ ܡܠܦܢܐ ܘܣܥܪܐ ܠܒܥܘܬܐ ܘܠܝܘܡܐ. Melodie: ܥܡܗܘ ܗܕܐ ܒܠܚܘܕܝ

Anfang des Prologs:

ܥܡܗܘ ܘܐܬܕܟܪܘ ܦܪ̈ܘܩܐ

Anfang der ersten Strophe:

ܐܠܗܐ ܗܒ ܡܠܦܢܐ

Dies Gedicht wird sonst Ephraem zugeschrieben, vergl. Wright Nr. 831. 5.

In allen Gedichten von Nr. 36 an bis hier haben die Strophen alphabetische Anfänge.

53. Bl. 83[a] Hymnus vom Bischof Elias von Nisibis: ܐܝܪܬܐ ܕܡܪܝ ܐܠܝܐ ܡܝܛܪܘܦܘܠܝܛܐ ܕܢܨܝܒܝܢ ܘܣܥܪܐ ܠܒܥܘܬܐ. ܘܠܗ ܒܗ ܐܠܦ. ܗܘܐ ܒܕܪܝܢ.

Besteht aus Strophen von vier siebensilbigen Zeilen, Prolog und Epilog. Die Strophen haben alphabetische Anfänge, aber eine mit ܐ anfangende Strophe ist nicht vorhanden.

Anfang des Prologs:

ܒܪܟ ܒܘܕܪܝܟ ܒܝܘܡܝ

Anfang der ersten Strophe:

ܒܝܬܝ ܡܢܝ ܡܪܝ

Dieser Elias ist vermuthlich Elias III., Catholicus der Nestorianer 1175—1190, auch genannt *Abû Ḥalim Ibn Alḥadithi* (vergl. Wright, Syriac literature S. 256; Badger II, 23).

54. Bl. 84[a] Hymnus von *Giwargis Wardâ* über die Sündfluth. Melodie: ܥܡܗܘܕܐ

Anfang:

ܒܕ ܗܦܟܗ ܐܝܟܐ ܒܒܪ̈ܝܬܐ

55. Bl. 86ᵃ Über Hungersnoth, Pest und Dürre, von demselben. Melodie: ܟܕ ܡܪܢܗ ܘܐܬܟܪܟ ܠܗ

Anfang:

ܡܢܘ ܕܢܫܟܚ ܢܠܠ ܢܘܩܡ

56. Bl. 87ᵇ Über denselben Gegenstand, auch geeignet für das Niniviten-Gebet und für Fasten. Melodie: ܗܘ ܒܢܝܐ ܨܘ

Anfang:

ܐܝܢܐ ܕܐܝܬ ܠܗ ܪܚܡܐ

57. Bl. 89ᵇ Über die Züchtigungen, die Gott in den Jahren d. Gr. 1535—1539 (1224—1228 n. Chr.) über die Menschen verhängt hat: ܐܘܢܝܬܐ ܕܥܠ ܡܪܕܘܬܐ ܕܗܘܬ ܒܫܢܝ ܐܠܦ ܗ. ܦ. ܠ ÷ ܗ. ܘ. ܙ. ܚ. ܛ. ܕܝܠܗ ܕܡܠܟܐ ܠܡܫܠܡܢܐ.

Melodie: ܗܘ ܝܘܡܢܐ ܘܐܝܟܢܐ

Anfang des Prologs:

ܐܘ ܡܫܘܚܐ ܡܪܐ ܡܬܩܡ

Anfang der ersten Strophe:

ܡܚܝܢ ܗܠܝܢ ܡܚܘܬܐ

Die Plagen waren Heuschrecken, das Ausbleiben des Regens im Winter, danach Hungersnoth und Krankheiten, kaltes und heisses Fieber während eines Zeitraums von 2—3 Jahren. Der Dichter beschreibt die Steigerung des Elends, die Ereignisse während der einzelnen Monate; dazu die Steuerforderungen der Muhammedanischen Machthaber.

58. Bl. 92ᵇ Über die Hungersnoth und Pest im Jahre 1536 (= 1225 n. Chr.) von demselben: ܐܘܢܝܬܐ ܡܚܝܢ ܟܦܢܐ ܘܡܘܬܢܐ. ܕܗܘܬ ܒܫܢܬ ܐܦܠܘ ܕܝܘܢܝܐ.

Melodie: ܘܐܝܟܢ ܝܘܕܥܐ

Anfang:

ܐܘ ܣܘܟܠܐ ܡܪܐ ܡܬܝܡ

Beredte Schilderung eines allgemeinen Sterbens durch Hunger und Krankheit.

59. Bl. 94ᵃ Hymnus für den Mittwoch des Gebets der Niniviten: ܐܘܢܝܬܐ ܘܡܥܢܝܬܐ ܒܝܘܡ ܐܪܒܥܒܫܒܐ ܕܒܥܘܬܐ ܕܢܝܢܘܝܐ ܐܝܟ ܐܢܫܐ. ܒܡܠ ܐܢܘ ܠܝ ܒܡܘܬܐ. ܝܠܦ ܡܕܡܐ.

Anfang:

ܐܘ ܝܘܡܢܐ ܕܝܠܦܬܐ

60. Bl. 95ᵇ Hymnen zum Andenken (für die Commemoratio) einer einzelnen Person: ܗܘܒ ܒܘܢܝܬܐ ܕܕܘܟܪܢܐ ܕܚܕ ܦܓܪܐ. ܕܝܠܗ ܘܡܪܝ. ܓܒܪܐ.

Anfang:

ܡܪܝ ܕܟܠ ܡܪܘܬܐ

61. Bl. 96ᵇ Über die Talente und über die Grade der Hierarchie: ܥܠ ܟܟܪܐ ܘܥܠ ܕܪ̈ܓܐ ܕܟܗܢܐ. ܘܕܝܢܐ ܠܚܕ ܦܓܪܐ. ܕܝܠܗ ܘܡܪܝ

Anfang:

ܡܠܟܐ ܕܫܦܝܪܬܐ

62. Bl. 98ᵇ Über die zehn Jungfrauen: ܐܘܢܝܬܐ ܥܠ ܥܣܪ ܒܬܘܠܢ. ܘܚܕܐ ܠܟܠܗܝܢ[1]. ܘܠܥܕܥܕܐ ܕܐܝܬܘ ܐܝܢܐ. ܕܝܠܗ ܕܗܘܢܐ.

Anfang:

ܟܕ ܕܠܒܗܘܢ ܠܥܠ ܢܗܘܦܐ

Der Sonntag ܕܐܝܬܘ ܐܝܢܐ ist auch in der Überschrift von Nr. 134 erwähnt.

63. Bl. 100ᵃ Hymnen für den Freitag der Verstorbenen: ܒܘܢܝܬܐ ܕܥܪܘܒܬܐ ܕܥܢܝ̈ܕܐ. ܕܝܠܗ ܘܡܪܝ ܓܒܪܐ.

Anfang des Prologs:

ܒܗܦܟܬ ܙܘܥܐ ܡܕܪ ܗܘܐ

Anfang der ersten Strophe:

ܒܗ ܐܠܗܘܬܐ ܢܚܬ ܗܘܐ

64. Bl. 102ᵃ Über die Auferstehung der Todten: ܐܘܢܝܬܐ ܕܥܠ ܢܘܚܡܐ ܕܡܝ̈ܬܐ ܕܝܠܗ ܘܡܪܝ.

Anfang:

ܡܠܟܐ ܕܥܠܡܐ ܠܗ ܦܠܚܝܢ

[1] d. i. ܠܟܠܗܝܢ ܕܒܥܘܬܐ.

65. Bl. 104ᵃ Hymnus für den Sonntag zu Anfang des Fastens: ܥܘܢܝ̈ܬܐ ܕܡܕܒܪܢܐ
ܕܡܥ̈ܠܝ ܨܘܡܐ ܡܕܪܫܐ ܕܥܠܗ ܘܡܪܝ ܫܠܡ.

Anfang:

ܒܪܝ ܕܒܨܘܡܗ ܡܕܝܢܐ

66. Bl. 105ᵇ Für den 2. Montag im grossen Fasten: ܕܬܪܝܢܒܫܒܐ ܕܫܒܬܐ ܕܨܘܡܐ ܪܒܐ ܒܠܚܘܕ.

Anfang:

ܡܪܘܡܐ ܐܢ̈ܫ ܪ̈ܚܡܝܟ

67. Bl. 107ᵃ Für den 2. Sonntag im Fasten. Anfang:

ܢ̈ܦܫܐ ܢܦܠܘ ܠܟ ܗܘܝܢ

68. Bl. 109ᵃ Für den 3. Sonntag im h. Fasten und über Barmherzigkeit ܡܪܚܡܢܘܬܐ Anfang:

ܐܘ ܠܡܪ̈ܚܡܢܐ ܪܚܡܘ

69. Bl. 110ᵇ Für den 4. Sonntag im Fasten und über den Glauben. Anfang:

ܐܘ ܡܗܝܡܢܐ ܡܢ ܟܠ ܕܠܗ ܠܐܒܐ ܟܠ

70. Bl. 111ᵇ Für denselben Sonntag. Anfang:

ܒܢ̈ܝ ܐܒܪܗܡ ܪ̈ܘܚܢܐ

71. Bl. 112ᵇ Für den mittleren Sonntag im Fasten. Anfang:

ܗܐ ܐܢ̈ܫܐ ܢܬܒܥܪ ܒܗ

72. Bl. 114ᵃ Hymnus von *Sabhrišô'* Bar Paulus aus Mosul: ܐܘܚܕܬܐ ܕܒܥܒܕܐ
ܠܨܒܪܝܫܘܥ ܒܪ ܦܘܠܘܣ ܡܘܨܠܝܐ ܘܡܫܝܚܐ
ܠܒܪܝܫܝܬܐ. ܘܐܡܝܪܐ ܥܠ ܡܕܒܪܢܘܬܐ.
Über die Weltregierung Gottes.

Anfang des Prologs:

ܡܫܝܚܐ ܡܪܢ ܕܒܪܝܫܝܬܐ

Anfang der ersten Strophe:

ܡܪܝ ܢܨܠܘܬ ܢܝܓܪܬܟ

Über den Dichter s. Cardahi, Liber thesauri S. 94, der seinen Tod in das Jahr 1002 n. Chr. setzt. Daselbst der grössere Theil dieses Gedichtes.

73. Bl. 115ᵇ Über den 5. Sonntag im Fasten von *Giwargis Wardâ*: ܕܡܕܒܪܢܐ ܕܡܫܝܚܐ
ܕܢܘܚܐ. ܘܡܫܚܐ ܠܡܕܒܪܢܐ ܕܠܒܝܫܘܬ
ܡܫܝܚܘܬܗ. ܘܐܡܝܪܐ ܥܠ ܒܪ ܐܠܗܐ. ܕܥܠܗ
ܕܘܪܕܐ. ܫܠܡ.

Anfang:

ܒܟܬ̈ܒܐ ܪ̈ܘܚܢܐ

74. Bl. 117ᵃ Für denselben Sonntag: ܐܘܚܕܬܐ
ܠܗ ܠܡܕܒܪܢܐ. ܘܠܡܫܚܐ ܠܡܕܒܪܢܐ ܕܠܒܝܫܘܬ
ܡܫܝܚܘܬܗ. ܕܥܠܗ ܕܘܪܕܐ. ܢܘܡܪܐ.

Anfang:

ܦܠܚܗ ܠܘܬܢ ܕܒܪܐ ܒܢ

Am Ende dieses Hymnus die folgende Notiz:

ܕܡܕܒܪܢܐ ܕܫܒܬ ܕܢܘܚܐ.
ܒܪܐ ܕܠܐܒܘܗܝ ܠܗ ܢܣܒܝ.
ܟܬܝܒ ܒܝܘܡ ܦܪܢܘܣܐ.
ܘܡܪܝ ܒܗܘܐ ܡܕܒܪܢܐ ܐܦ
ܒܥܘܢܝܬܐ ܕܡܪܝ ܡܝܟܐܝܠ. ܒܣܘܦܐ
ܒܫܪܬܗ ܕܒܟܬܒܐ ܩܕܡ ܫܢܝܘܬܐ.

d. h. für den 6. Sonntag im Fasten ist bestimmt der Hymnus ܒܪܐ ܕܠܐܒܘܗܝ (s. hier Bl. 98ᵇ), geschrieben unter dem Tage ܒܝ ܦܪܢܘܣܐ. An demselben Sonntag lies auch den Hymnus über *Mâr* Michael, der am Ende des Buches vor dem Datum geschrieben steht (s. Bl. 224ᵇ).

75. Bl. 118ᵇ Für den Freitag des Lazarus, von *Giwargis Wardâ*. Anfang:

ܦܬܪܐ ܕܒܝܬܐ ܠܠܥܙܪܗ

76. Bl. 120ᵇ Für das Hosianna-Fest. Anfang:

ܒܝ ܟܠ ܡܪܝ ܠܐܘܫܥܢܐ

77. Bl. 122ᵃ Für den Ostersonntag: ܐܘܚܕܬܐ
ܕܥܐܕܐ ܕܦܨܚܐ ܡܕܪܫܐ. ܕܥܠܗ ܡܪܝ ܘܡܬܐܡܪ
ܒܪܐ ܒܥܘܢܝܬܐ ܕܐܘܪܐ. ܐܘ ܒܝܘܡܐ ܕܐܘܪܐ.
ܫܠܡ ܐܘ ܒܪܐ ܡܠܟܐ ܒܟܘ.

Anfang:

ܥܠܝܬܐ ܕܢܚܬܐ ܘܡܒܢܝܬܐ

78. Bl. 123[b] Für den Leidens-Freitag: ܥܢܝܬܐ ܕܥܪܘܒܬܐ ܕܚܫܐ ܕܡܪܢ ܘܥܠ̈ ܘܡܬܐܡܪܐ ܒܩܠ ܫܘܒܚܐ ܕܡܫܡܠܝܢ ܒܝܬ ܩܕܫܐ ܘܐܘܟܝܬ ܒܡܘܬܐ ܕܡܫܝܚܐ ܡܢ ܡܛܠ. ܚܠܦܝ.

Anfang des Prologs:

ܒܫܡܗ ܕܡܪܢ ܗܘܐ ܫܪܐ

Erste Strophe:

ܐܬܬܟܠ ܐܝܟ ܡܪܝܡܐ
ܘܦܩ ܠܥܒܕܐ ܫܒܝܐ
ܟܕ ܫܪܐ ܐܝܟ ܫܠܝܛܐ
ܡܢ ܚܕ ܚܝܠܐ ܫܘܒܚܐ.

Die Mehrzahl der Strophen fängt an mit ܐܬܬܟܠ.

79. Bl. 125[a] Für den Abend des Sonntags der Auferstehung: ܕܪܡܫܐ ܕܚܕܒܫܒܐ ܕܩܝܡܬܐ. ܕܥܠܗ ܕܐܘܪܚܐ ܘܡܬܐܡܪܐ ܒܩܠܐ ܕܒܥܘܬܐ ܕܐܪ̈ܘܐ. ܐܘ ܒܟܬܒܐ ܕܡܫܝܚܐ ܕܐܪ̈ܘܐ. ܚܠܦܝ.

Anfang:

ܒܫܘܒܚܗ ܕܒܪܐ ܫܒܝܚܐ

80. Bl. 127[a] Für den Morgen des Auferstehungstages: ܥܢܝܬܐ ܕܨܦܪܐ ܕܩܝܡܬܐ ܘܐܝܟܢܐ ܕܐܘܢܝܬܗܘܢ ܕܒܬܪ ܡܘܫܘܪܐ ܕܨܦܪܐ.

Anfang:

ܒܚܕܒܫܒܐ ܝܘܡܐ ܡܪܝܡܐ

81. Bl. 128[b] Für denselben Sonntag: ܥܢܝܬܐ ܕܚܕܒܫܒܐ ܕܥܕܕܐ ܕܩܝܡܬܐ. ܘܡܬܐܡܪܐ ܒܩܠܗ ܕܫܘܠܡܐ ܐܘ ܒܟܬܒܐ ܕܡܫܝܚܐ ܕܐܪ̈ܘܐ. ܘܫܚܝܐ ܠܐܘܢܝܬܗܘܢ ܕܨܠܘܬܐ.

Anfang:

ܒܪܐ ܡܠܟܐ ܫܒܝܚܐ

82. Bl. 130[b] Für den Freitag der Bekenner: ܕܥܪܘܒܬܐ ܕܡܘܕܝ̈ܢܐ

Anfang:

ܐܒܐ ܗܘܝ ܠܢ ܡܥܕܪܢܐ

83. Bl. 132[b] Für den h. Märtyrer *Ṭahmazgerd* und die Märtyrer, die durch ihn die Krone empfingen zu *Karkā dhĕ-Bêth Slôkh* (*Kerkûk*): ܥܢܝܬܐ ܕܡܪܝ ܛܗܡܙܓܪܕ ܣܗܕܐ ܓܝܘܪܐ ܘܣܗܕܐ ܕܐܬܟܠܠܘ ܡܢ ܐܝܕܗ ܒܟܪܟܐ ܕܒܝܬ ܣܠܘܟ. ܘܫܚܝܐ ܠܣܗ̈ܕܐ.

Anfang des Prologs:

ܩܪܒܐ ܕܣܗ̈ܕܐ ܩܕܝܫܐ ܗܘܐ

Anfang der ersten Strophe:

ܐܘ ܡܢ ܩܕܝܫܝܢ ܩܪ̈ܒܝܗܘܢ

Aus der Christenverfolgung unter Sapor. Der erste Märtyrer ein Isaak. Der Verfolger *Ṭahmazgerd* wird durch das Martyrium eines Weibes bekehrt und selbst zum Märtyrer.

84. Bl. 134 Für den h. Jacobus Intercisus: ܥܢܝܬܐ ܕܡܪܝ ܝܥܩܘܒ ܡܦܣܩܐ. ܘܫܚܝܐ ܠܣܗ̈ܕܐ.

Anfang:

ܩܕܡ ܩܪܒܘܬܐ ܘܫܠܡܝ ܘܫܠܡ

Im Jahre 733 (422 n. Chr.), im 2. Jahr des *Warahrân*, Sohnes des Jezdegird, eine Christenverfolgung; Jacob aus *Bêth Lapaṭ*, früher im Dienste des Königs Jezdegird, war vom Christenthum abgefallen, kehrt aber auf Bitten seiner Mutter und Frau dazu zurück. Auf Befehl *Warahrân's* wird er langsam in Stücke geschnitten (den 27. November).

85. Bl. 135[b] Für den Neuen Sonntag: ܕܚܕܒܫܒܐ ܚܕܬܐ.

Anfang:

ܒܪܘܟܐ ܕܟܠ ܚܕ̈ܬܬܐ

86. Bl. 137[a] Für die Commemoratio S. Georgii martyris. Anfang:

ܣܒܘ ܡܩܪܒ ܕܫܡܝܐ

87. Bl. 138[b] Über denselben Gegenstand. Anfang:

ܠܐܠܗܐ ܕܣܗ̈ܕܐ ܚܠܦ

Martyrium des Georg aus der Stadt ܕܝܘܣܦܘܠܝܣ unter dem heidnischen König ܕܰܕܝܳܢ am 24. Nisan, dasjenige der Königin Alexandra den 8. Nisan.

88. Bl. 140[a] Für die Commemoratio des h. Pethion, von dem Archidiaconus Rabban *Mârî* Bar *Mešîḥâjâ*: ܐܚܪܬܐ ܕܕܘܟܪܢܐ ܕܡܪܝ ܦܬܝܘܢ. ܕܥܒܝܕܐ ܠܪܒܢ ܡܪܝ ܐܪܟܕܝܩܘܢ ܒܪ ܡܫܝܚܝܐ ܢܚ ܢܦܫܗ.

Anfang: ܗܐ ܕܠܟ ܝܘܡܢܐ ܥܡܐ

Die Strophen haben alphabetische Anfänge. Von demselben Dichter Nr. 31. Martyrium des Pethion am 25. October an demselben Orte, wo auch sein Vetter ܐܕܘܪ ܗܘܪܡܙܕ und dessen Tochter ܐܢܗܝܕ gelitten:

ܒܥܕܢܐ ܥܠܡܐ ܕܣܦܩܗ
ܬܫܒܘܚܬܐ ܕܫܠܡܘܗܝ ܠܒܪ ܕܪܓܗ
ܐܕܘܪ ܗܘܪܡܙܕ ܥܡ ܒܪܬܗ
ܐܢܗܝܕ ܒܢܝ ܐܘܠܨܢܗ:·

Bl. 140[b] Col. 2.

Vergl. G. Hoffmann, Auszüge aus Syrischen Akten Persischer Märtyrer S. 61.

89. Bl. 141[a] Für die Himmelfahrt: ܕܥܠܝܬܐ ܕܣܘܠܩܗ ܕܡܪܢ. ܘܐܡܝܪܐ ܕܡܫܡܫܢܐ ܐܚܪܢܐ. ܚܠܦܗ.

Anfang: ܐܠܗܘܬܐ ܐܚܝܕܐ ܡܠܟܘܬܐ

Mit alphabetischen Strophenanfängen; je zwei auf einander folgende Strophen beginnen mit demselben Buchstaben.

90. Bl. 143[b] Über denselben Gegenstand. Anfang:

ܐܘܪܝܗ ܕܒܪܐ ܡܫܝܚܐ

91. Bl. 145[a] Über denselben Gegenstand: ܐܚܪܬܐ ܕܥܠܝܬܐ ܕܡܫܠܡܢܐ ܕܥܠܗ ܘܡܪܝ ܘܐܡܝܪܐ ܕܐܢܬܠܡܘܢ. ܚܠܦܗ.

Anfang:

ܠܒܪܐ ܕܐܝܬܝ ܠܥܠܡܐ ܡܢ ܚܫܟܐ

92. Bl. 147[a] Für den Sonntag nach Himmelfahrt von *Khamis* (*Bar Ḳardâḥê*). Anfang:

ܦܨܐ ܠܐܕܡ ܝܬܝܪ ܥܡܐ

Mit alphabetischen Strophenanfängen.

93. Bl. 148[a] Für den Pfingstsonntag: ܕܡܫܒܚܢܐ ܕܥܠܝܬܐ ܕܦܢܛܩܘܣܛܐ. ܕܐܡܝܪܐ ܠܐܘܪܚܠܡܘܢ ܘܗܘܝܐ. ܕܡܫܡܫܢܐ ܚܠܦܗ.

Anfang: ܡܪܐ ܕܒܪܝܬܐ ܘܡܫܡܫܢܐ

94. Bl. 150[a] Hymnus auf die 8 Feste: ܬܫܒܘܚܬܐ ܕܥܠ ܬܡܢܐ ܥܐܕܐ. ܘܐܡܝܪܐ ܕܥܠܝܬܐ ܥܡܐ ܗܪܝܢ. ܘܡܫܝܚܐ ܠܬܫܒܘܚܬܐ ܕܦܢܛܩܘܣܛܐ.

Anfang: ܥܕܢܐ ܘܫܒܘܚܐ ܐܦܝܢ

Die 8 Feste sind ܝܠܕܐ. ܨܘܡܐ. ܕܢܚܐ. ܡܠܟܐ. ܦܢܛܩܘܣܛܐ. ܣܘܠܩܐ. ܩܝܡܬܐ (die Apostel), ܐܣܘܪܐ. Jedem Fest sind 7 Strophen gewidmet.

95. Bl. 152[b] Für den Pfingstsonntag. Anfang: ܡܢ ܕܢܩܝܡ ܒܪܘܚܗ ܕܥܕܬܐ

96. Bl. 154[b] Über das Evangelium der Anbetung und die Samariterin: ܐܚܪܬܐ ܕܐܘܢܓܠܝܘܢ ܕܣܓܕܬܐ ܘܫܠܡ ܫܡܪܝܬܐ. ܕܡܠܬܗ ܕܡܪܝ. ܚܠܦܗ.

Anfang: ܗܢܘ ܗܟܝܠ ܕܫܡܪܝܬܐ

97. Bl. 156[a] Für den 2. Sonntag der Apostel über die Sünderin Maria: ܕܡܫܒܚܢܐ ܕܫܠܝܚܐ ܕܚܛܝܬܐ. ܥܠ ܡܪܝܡ ܚܛܝܬܐ. ܕܡܠܬܗ ܕܡܪܝ. ܕܐܘܢܓܠܝܘܢ. ܚܠܦܗ.

Anfang: ܚܛܝܬܐ ܕܠܝܬ ܐܣܘܬܗ

Am Ende dieses Hymnus die Notiz: ܕܡܫܒܚܢܐ ܕܫܒܬܐ ܕܫܠܝܚܐ. ܬܫܒܘܚܬܐ ܕܡܫܡܫܢܐ. ܒܬܪ ܕܒܪ ܬܫܒܘܚܬܗ. ܗܘ ܬܫܒܘܚܬܐ ܕܡܫܡܫܢܐ.

Für den 3. Sonntag der Apostel ist der Hymnus Nr. 47 bestimmt.

98. Bl. 157[b] Für denselben 3. Sonntag der Apostel: ܐܚܪܬܐ ܠܗ ܠܡܫܒܚܢܐ ܥܠ ܠܚܡܐ ܕܝܘܡܐ ܗܘܐ ܬܠܡܝܕܐ ܘܡܫܠܡܐ ܠܟܠܗܘܢ ܠܥܠܡܐ. ܕܡܠܬܗ ܕܡܪܝ. ܕܐܘܢܓܠܝܘܢ. ܚܠܦܗ.

Anfang:

ܒܗ̇ ܠܗ ܠܗܘ ܢܒܝܐ

99. Bl. 160ª Für den 4. Sonntag der Apostel: ܥܠ ܦܘܫܩܐ ܕܐܠܦ ܡܪܢ ܠܬܠܡܝ̈ܕܘܗܝ ܥܠ ܕܝ ܨܠܘܬܐ. ܕܒܠܗ ܘܡܪܢ ܕܐܘܠܦܢܘܢ ܚܠܡ.

Anfang: ܗܘ ܡܠܟܐ ܕܫܡܝ̈ܐ

100. Bl. 161ᵇ Für den 5. Sonntag der Apostel, über den Reichen. Anfang:

ܡܪܐ ܕܡ̈ܠܟܐ ܘܡܫܠܛܢܐ

101. Bl. 162ᵇ Für den 6. Sonntag der Apostel, über das Gleichniss vom Feigenbaum. Anfang:

ܦܘܩܐ ܐܘ ܦܬ̈ܟܐ ܬܐܢܬܐ

102. Bl. 164ª Für den 7. Sonntag der Apostel: (Lucas 13, 11) ܥܠ ܐܢܬܬܐ ܟܦܝܦܬܐ ܣܝܢܐ ܘܥܠ ܫܪܝ ܫܒܬܐ.

Anfang:

ܐܝܟܐ ܕܐܝܬ ܠܗ ܦܩܕܢܐ

103. Bl. 165ª Für den Freitag in der letzten Apostelwoche: ܕܥܢܘܬܐ ܕܫܘܠܡ ܫܒܘܥܐ ܕܫܠܝ̈ܚܐ. ܥܠ ܫܒܥܝܢ ܘܬܪܝܢ ܫܠܝ̈ܚܐ. ܕܠܡܢ ܡܢܘܢ. ܐܝܟܐ ܬܠܡܕܘ ܘܐܝܟܐ ܡܝܬܘ. ܕܒܠܗ ܕܡܠܦܢܐ ܘܪ̈ܕܝܐ. ܕܡܘܬܐ. ܚܠܡ.

Anfang:

ܠܫܠܡܐ ܕܝܘܡܐ ܥܠܡܐ ܗܦܟ

Über die 72 Apostel, wo sie gelehrt und gestorben.

1. Johannes der Täufer. 2. Sein Schüler ܚܢܢܝܐ, predigte in Damascus und starb in ܐܪܒܠ. 3. Paulus, Legende von der Wiedervereinigung seines abgehauenen Kopfes mit dem Körper. 4. Lucas in Alexandrien. 5. Marcus in Rom. 6. Joseph, der Gemahl der Maria, in ܐܪܕܝܢ. 7. Sein Sohn Jacob in Jerusalem. 8. Kleophas in der Stadt Lydda. 9. Sein Sohn Simeon in Jerusalem. 10. Joseph der Rathsherr in der Dekapolis, gestorben in ܦܩܥܬܐ. 11. *Zakkdi* in *Ḥdrdn*. 12. Der Jüngling, den Christus auferweckte, getödtet von den Juden. 13. Simeon der Aussätzige in *Rdmd*. 14. Nicodemus in Jerusalem. 15. Nathaniel in ܣܘܪܝ. 16. Simeon ܦܘܪܢܝܐ in Chios. 17. Addai aus ܐܦܝܣܘܣ, gestorben in Edessa. 18. Stephanus, begraben in Kephar *Gamld*. 19. Johannes Marcus in Nyssa und ܒܝܬ ܓܠܠܝ. 20. Barnabas in Italien, ܡܒܘܓܐ und Samos. 21. Kephas in Emesa, ܟܠܝܒܘܪ und *Šaizar*. 22. Titus in Kreta. 23. Sosthenes in Pontus und Asia, getödtet auf Befehl der Hipparchen ܣܦܝܐ. 24. Criscus in Galatia und Alexandria. 25. Justus in Tiberias und Caesarea. 26. Andronicus in Illyricum. 27. Rufus in Zeugma. 28. ܦܪܕܘܢܐ in Chalcedon. 29. Aristobulus in Syrien. 30. Narcissus in ܟܠܕܐ. 31. Onesimus in Rom. 32. ܐܦܝܐ verbrannt von den ܚܢ̈ܦܐ. 33. Eustachius in Tarsus. 34. Stephanus in Tarsus. 35. Olympus in Tarsus. 36. ܣܘܦܢܐ in Samos. 37. ܐܠܘܪܘܣܝܢܘܣ in Ilios. 38. ܣܝܢܘܣ in Jerusalem. 39. Martellus, getödtet von Barbaren. 40. *Ḥaggai* in Antiochien. 41. Alexander in ܗܪܡܘܦܘܠܝܣ. 42. Lucius, an ein Pferd gebunden. 43. Milos in Rhodos. 44. Herodion in Akko. 45. ܦܠܘܢܘܣ in Akko. 46. Silas in ܩܘܪܢܬܘܣ. 47. Timotheus in Ephesus. 48. ܡܢܝܐܝܠ in Akko. 49. Der Schüler des Philippus, Beamter der Candace, unter den Aethiopiern ܟܘܫ̈ܝܐ. 50. Sosipatrus. 51. Jason in ܐܦܠܛܘܢܘܣ. 52. ܐܘܣܘܣ in Melitene. 53. ܗܪܡܘܣ in Loodicea. 54. Nestorius in *Gdzartd*. 55. Arion in *Kdš*. 56. ܦܢܛܘܣ in *Kdš*. 57. Levi in ܐܦܣܘܣ. 58. ܢܝܩܦܘܣ in Tiberias. 59. Theodor in ܒܝܬ ܠܚܡ. 60. Johannes in ܒܝܬ ܠܚܡ. 61. ܐܘܪܒܢܘܣ in Byzanz. 62. Simeon in Byzanz. 63. Ephraem in ܟܘܢ. 64. Justus in Korinth. 65 Jacob in Nicomedien. 66. Ignatius in Rom.

Vergl. Budge, Book of the bee I S. 107—113.

104. Bl. 162b Für den Sonntag *Nausardêl*. über die 12 Apostel: ܕܣܘܓܝܬܐ ܕܢܘܣܪܕܝܠ. ܥܠ ܫܪܒܐ ܫܠܝܚܐ. ܕܫܠܝܚܐ ܡܫܝܚܘܗܝ܆ ܡܢ ܐܝܟ ܐܝܟܢܐ ܗܘ ܘܡܢ ܐܝܟ ܥܒܝܕܐ ܘܐܝܟܢܐ ܐܬܩܛܠ ܘܐܝܟܢܐ ܡܝܬ. ܕܟܠܗ ܡܢ ܕܟܠܗ ܕܥܘܪܐ. ܕܡܘܬܒܐ. ܫܠܡ.

Anfang:

ܠܦܪܘܩܢ ܐܠܗܢ

Die Legenden der 12 Apostel, ähnlich wie bei Budge, Book of the bee I S. 104—107, etwas weniger ausführlich, im Einzelnen mit Abweichungen. Über *Nausardêl* vergl. Friedrich Müller S. 11—13.

105. Bl. 169b Für Pfingsten *Nausardêl* und alle Gedenktage der Apostel. Anfang:

ܐܠܗܐ ܫܡܥ ܐܢܐ

Die Strophen haben alphabetische Anfänge, und in den beiden letzten Strophen ist das Wort ܠܫܠܝܚܘܗܝ akrostichisch bezeichnet.

106. Bl. 170b Für den Sonntag des Festes *Nausardêl* und Sommeranfang: ܥܠ ܚܕܐ ܫܡܝܐ ܡܢܐ. ܘܥܠ ܡܘܬܒܐ ܘܡܫܒܚܘܬܐ ܕܟܠ ܡܫܝܚܐ.

Anfang:

ܐܡܪ ܕܟܠܗ ܐܝܟ ܐܡܘܬܗ

107. Bl. 172a Für den zweiten Sonntag im Sommer: ܥܠ ܚܕܐ ܐܡܪܬܐ ܘܥܠ ܡܫܠܘܬܐ ܕܡܫܝܚܐ ܫܦܝܪܐ. ܫܠܡ.

Anfang:

ܐܘ ܫܠܝܚܐ ܢܘܗܪܐ ܕܥܠܡܐ

108. Bl. 173b Für den 3. Sonntag im Sommer: ܥܠ ܡܫܝܚܐ ܕܝܢ ܒܪܗ ܐܠܗܐ.

Anfang:

ܢܘܗܪܐ ܕܠܝܬ ܡܣܬܝܟܐ

109. Bl. 175b Für den 4. Sonntag im Sommer: ܥܠ ܒܪܝܬܐ ܕܢܘܗܪܐ ܥܡ ܡܪܝ܆ ܡܠܝܐ ܐܟܠܐ ܐܝܠܢܐ ܡܢ ܡܫܝܚ ܡܫܝܚܐ.

Anfang:

ܡܫܝܚܐ ܡܠܟܐ ܕܥܠܡܐ

110. Bl. 176b Für den 5. Sonntag im Sommer: ܥܠ ܚܡܫܐ ܫܒܬܐ ܘܥܠ ܠܚܘܪ ܡܡܚܝܐ.

Anfang:

ܐܘ ܕܐܫܠܡ ܥܠ ܫܠܝܚܘܗܝ

111. Bl. 178a Für den 6. Sonntag im Sommer: ܥܢܝ̈ܢܐ ܕܡܘܬܒܐ ܕܠܠܝܐ. ܥܠ ܐܒܘܗܝ ܐܕܡ. ܕܟܠܗ ܕܘܪܕܐ. ܕܚܪܫ ܚܛܝ̈ܐ.

Anfang:

ܒܚܛܗ̈ܐ ܫܪܝܐ ܕܒܪܝܬܐ.

Die Strophen haben alphabetische Anfänge; die Zeilenanfänge der beiden letzten Strophen ergeben den Namen *Giwargis*.

112. Bl. 179a Über Eva. Melodie: ܐܬܦܢܝ ܢܦܫܝ

Anfang:

ܢܦܫܐ ܡܢܐ ܬܬܚܒܐ

Die Strophen haben alphabetische Anfänge, aber in umgekehrter Reihenfolge.

113. Bl. 180a Für denselben Sonntag: ܕܥܠ ܚܛܗܐ ܠܒܪܝܫ.

Anfang:

ܥܡܠܐ ܫܡܥ ܫܡܝ̈ܐ.

114. Bl. 181b Für den 7. Sonntag im Sommer: ܥܠ ܕܝܢܐ ܘܐܪܥܠܝܠܐ. ܘܥܠ ܦܪܝܫܐ ܘܡܡܚܠܐ.

Anfang:

ܐܘ ܫܒܝܚܐ ܘܪܡܐ.

Am Ende dieses Hymnus folgende Notiz: ܕܣܘܓܝܬܐ ܡܕܡܝܐ ܕܒܩܕܡ ܐܠܗܐ ܥܢܝܢܐ ܕܡܘܬܒܐ ܕܠܠܝܐ. ܥܠ ܐܒܘܗܝ ܐܕܡ ܪ̈ܫܝܢܐ. ܣܛܪ ܗܘܐ ܘܥܠܗ ܠܘܬܝ ܕܡܫܐ ܥܢܐ. ܣܘܦ ܐܝܟ ܥܣܪܝܢ ܗ ܕܝܘܡܐ.

Für den 1. Sonntag des h. Elias sind die Hymnen Nr. 71 und 72 bestimmt.

115. Bl. 184a Für denselben Sonntag: ܕܥܠ ܗܘܦܐ ܕܡܘܬܒܐ ܗܘܐ ܥܠ ܡܢ ܐܘܪܫܠܡ. ܘܥܠ ܐܚܘܬܗ ܕܝܘܗ ܒܪ ܡܫܐ.

Anfang:

ܗܘܦܐ ܦܪܫ ܥܠ ܢܘܗܪܝܢ.

116. Bl. 185ª Für den 2. Sonntag des Elias: ܥܠ ܦܢܝܬܐ ܕܫܡܝܐ ܕܓܒܘ ܫܠܝܚܐ ܒܡܠܬܗ ܡܪܢ. ܘܥܠ ܡܬܠܐ ܕܙܪܥܐ ܘܙܪܘܥܐ.

Anfang:

ܡܪܝܡܐ ܘܪܒܗ ܕܡܪܝܡܐ.

117. Bl. 186ᵇ Für den 3. Elias-Sonntag: ܒܘܝܢܐ ܕܡܘܬܐ ܕܟܠܢܫ. ܥܠ ܒܥܕܢ̈ܝ ܥܠܡܐ. ܕܡܢ ܫܡܫ ܒܗ ܘܐܢܫܝܢ ܪܡ ܒܗ.

Anfang:

ܒܟܠܡܐ ܗܘܐ ܚܕܐ ܗܘܝܐ.

118. Bl. 188ª Für denselben Sonntag: ܐܚܪܬܐ ܠܗ ܠܐܣܛܘܟܣܐ. ܒܗ ܒܢܝܫܐ. ܕܡܠܟܘܬܐ ܠܓܘܪܓܝܣ ܕܡܘܬܐ. ܐܡܪܐ.

Dies Gedicht nimmt in der ganzen Sammlung eine Ausnahmestellung ein. Während *Gheorgis* sonst gutes, leicht verständliches Syrisch schreibt, hat er — zweifellos in bestimmter Absicht — dies Gedicht angefüllt mit seltenen und fremden, meist Griechischen Wörtern, die auch für den Syrischen Leser des Commentars bedürfen. Der Schreiber der Hds. hat in rother Tinte die Erklärungen beigefügt. Thema des Gedichts ist die Betrachtung, dass, während Gott eins und dasselbe ist, die Menschen in Allem von einander verschieden sind; vielleicht ist, um diese Verschiedenheit auch in der Sprache hervortreten zu lassen, die Abweichung von der gewöhnlichen Redeweise beliebt worden. Prolog:

ܒܬܘܪܐ ܪܒܐ ܡܚܝܐ ܗܘܝܐ
ܕܡܦܠܠ ܡܢܐ ܒܠܫܢ ܦܘܠܚܢܐ
ܕܒܡܘܪܘܗܝ ܕܒܟܠܡܐ ܗܘܐ
ܘܡܢ ܚܕܐ ܒܪܐ ܠܒܝܬ ܒܠܗ
ܚܢܐ ܫܘܦܐ ܕܒܝܬ ܐܕܡ
ܘܦܪܫܝܢ ܒܗܘܦܟܗܘܢ
ܘܡܢ ܒܪܘܫܐ ܚܕ ܐܢܫܘܗܝ
ܡܬܦܠܓ ܗܦܟ ܚܕ ܡܢ ܚܒܪܗ ∴

Erste Strophe:

ܚܕ ܪܚܡ ܥܠ ܡܘܠܐ ܡܘܬܐ
ܘܒܡܘܬܗ ܥܠ ܐܢܛܝܦܘܣ
ܘܐܚܪܢܐ ܪܗܛ ܒܬܪܗ
ܘܡܪܦܣܘܣܗ ܥܠ ܒܦܣܬܗ ∴

Über ܡܘܠܐ ist hinzugefügt ܚܠܐ, über ܡܘܬܐ — ܒܘܕܩܐ, über ܒܡܘܬܗ — ܦܠܚܗ ܗ̄, über ܐܢܛܝܦܘܣ — ܗܘܝܐ, über ܘܡܪܦܣܘܣܗ — ܡܐܢܐ ܫܝܦܐ.

119. Bl. 190ᵇ Für den 3. Elias-Sonntag: ܥܠ ܡܬܠܐ ܕܙܪܥܐ ܦܪܝܐ ܘܕܙܘ̈ܢܐ. ܘܕܥܒܕ ܩܠܢ ܕܐܡܬܠ ܡܪܢ.

Anfang:

ܡܠܦܢܐ ܐܠܗܝܐ

120. Bl. 192ª Für das Kreuzes-Fest: ܕܨܠܝܒܐ ܕܐܠܗܐ ܙܩܝܦܐ

Anfang:

ܐܘ ܕܒܪܐ ܒܝܡ ܦܪܘܩܘܬܐ

Am Schluss die Notiz: ܐܫܬܠܡ ܕܐܘܢܝܬܗ ܕܐܠܗܐ. ܒܪܐ ܡܠܟܐ ܡܫܝܚܐ. ܚܘܒ ܒܣܘܓܝܐܐ ܕܨܠܝܒܐ ܕܡܫܝܚܐ.

Für denselben kann auch der Hymnus Nr. 79 verwendet werden.

121. Bl. 193ᵇ Für den Sonntag nach der Kreuzes-Auffindung ܫܟܚܬܐ und den 4. Elias-Sonntag: ܥܠ ܫܘܪܝܐ ܦܘܩܕܢܐ ܘܦܘܫܩܗܘܢ.

Anfang:

ܡܫܝܚܐ ܕܠܥܠܡ ܒܪܐ

122. Bl. 195ª Für den 5. Elias-Sonntag: ܥܠ ܗܕܡ ܙܘܙ̈ܐ ܕܒܡܣܟ ܪܫܐ ܕܐܬܬܒܥܘ ܡܢ ܡܪܢ.

Anfang:

ܡܠܟܐ ܘܡܪܐ ܕܟܠ ܡܠܟ̈ܐ

123. Bl. 196ᵇ Für den 6. Elias-Sonntag: ܥܠ ܒܢܝܢܐ ܘܡܪܕܘܬܗ. ܘܥܠ ܚܡܪܐ ܠܐܢܫܝܢ ܕܒܪܝ ܡܪܢ.

Anfang:

ܡܠܟܐ ܕܒܘܣܡܐ ܟܠܢ̈ܐ

124. Bl. 198[b] Für den 7. Elias-Sonntag:
ܥܠ ܡܘܗܒܬܐ ܘܡܘܗܒܢܐ.

Anfang:

ܡܪܝܡܐ ܘܒܪܗ ܕܡܪܝܡܐ

125. Bl. 200[a] Für den 1. Moses-Sonntag:
ܥܠ ܡܐܬܐ ܕܒܪܢܫܐ ܘܕܦ̈ܓܪܐ.

Anfang:

ܡܪܐ ܕܒܪ̈ܝܬܐ ܘܕܥ̈ܠܡܐ

126. Bl. 201[b] Für den 2. Moses-Sonntag:
ܥܠ ܡܐܬܝܬܗ ܕܡܫܝܚܐ ܘܕܘܒܪܐ. ܘܥܠ ܫܪܒܐ ܕܐܒܪܗܡ ܕܡܢ. ܘܥܠ ܢܘܚ ܒܪܗ ܕܠܡܟ.

Anfang:

ܡܘܗܒܬܐ ܕܥܠ ܚܘܒܬܐ

127. Bl. 203[b] Für den 3. Moses-Sonntag:
ܥܠ ܡܫܪܝܐ ܕܒܪܝܬܐ ܗܘܐ ܒܡܬܡܣܟܢܘܬܐ ܕܥܠܡܐ ܗܠܝܢ ܘܡܟܝܢ ܥܠܡ.

Anfang:

ܐܡܪ ܕܒܪܝܬܐ ܟܕ ܐ̈ܬܡܘܗܝ

Am Ende folgende Notiz: ܕܫܘܠܡܐ ܕ̄ ܕܡܘܬܐ ܘܠܡܫܝܚ ܢܦܫ. ܘܟܕ ܢܦܫ ܦܪܩ ܐܫܠܡܗ ܕܫܠܡܬܐ ܥܡ ܚܘܒ̈ܘܗܝ.

128. Bl. 205[a] Für den Sonntag der Weihung der Kirche (Kirchweih): ܕܫܘܠܡܐ ܕܩܘܕܫܬܐ
ܥܠ ܚܘܕܬ ܥܕ̈ܬܐ ܘܡܕܒ̈ܚܐ.

Anfang:

ܒ̄ܗ ܠܗ ܠܟ ܫܘܒܚܐ

129. Bl. 206[b] Für das Fest der Erscheinung unseres Herrn auf dem Berge Tabor: ܕܓܠܝܢܐ
ܕܓܠܝܢܗ ܕܡܪܢ ܕܥܠ ܛܘܪ ܬܒܘܪ.

Melodie: ܗ̇ܘ ܕܐܬܢܚܘܗܝ

Anfang:

ܡܪܢ ܕܝܢ ܟܕ ܐܬܓܠܝ ܗܘܐ

130. Bl. 208[b] Für dasselbe Fest. Melodie:
ܝܫܘܥ ܠܗ ܡܢ ܟܠ ܕܘܟ

Anfang:

ܝܫܘܥ ܕܐܬܐ ܡܘܥܕܢܐ

Am Ende dieses Hymnus Bl. 210[a] folgende Notiz: ܫܠܡܘ ܥܢܝ̈ܢܐ ܐܝܟ ܕܥܠ ܡܕܒܪ̈ܢܘܬܐ ܕܡܕܒܪܢܘܬܗ ܕܡܪܢ ܕܥܒܝܕܢ ܠܡܠܦܢܐ ܠܓܘܪܓܝܣ ܗܘ ܕܡܬܩܪܐ ܘܪܕܐ.

»Zu Ende sind die Hymnen der Weltregierung Unseres Herrn, verfasst von *Giwargis Wardâ.*«

Dann Segensspruch des Schreibers über den Dichter und Bitte für sich selbst.

Anhang.

131. Bl. 210[b] Hymnus für das Geschlecht des h. Eugen, auch geeignet für den h. Johannes der Aegypter und seinen Bruder *Ahd*: ܥܘܢ ܕܥܠ ܒܢ̈ܝ ܫܪܒܬܗ ܕܐܘܓܝܢ. ܘܡܫܠܡ ܕܥܠ ܡܪܝ ܝܘܚܢܢ ܡܨܪܝܐ. ܘܥܠ ܐܚܘܗܝ ܐܚܐ. ܘܥܠ ܡܪܝ ܐܚܐ ܐܚܘܗܝ.

Melodie: ܗܘ ܫܒܪܘܟ

Anfang:

ܢܘܗܪܐ ܘܫܘܒܚܐ ܠܐܠܗܘܬܟ

Die Strophen haben alphabetische Anfänge. Der Verfasser ist nicht genannt.

Die Familie des Eugen kam aus Aegypten und liess sich nieder neben dem Dorf *Me'arré* ܡܥܪ̈ܐ, dort Klöster bauend; er sammelt 72 Mann um sich, Johannes, Abraham aus *Kaškar*, *Bdbhai Bar Neṣibhindjê*, *Ahd*, *Genibhd* ܓܢܝܒܐ, Johannes *Sdbhd*, ferner ܡܪܝ ܕܝܢ ܐܒܪܗܡ ܗ̇ܘ ܕܒܝܬ ܡܪܝ ܡܘܫܐ ܕܘܡܝܛ, ferner zwei Brüder, Kinder des Isaak und der Helena. Vergl. hierzu G. Hoffmann, Auszüge aus den Syrischen Akten Persischer Märtyrer S. 167.

132. Bl. 211[b] Über den heiligen ܒܪܥܢܬܐ auf dem Berge *Izld* oberhalb des Dorfes *Me'arré*: ܥܘܢܝܬܐ ܕܡܪܝ ܒܪܥܢܬܐ ܡܪܝ ܕܝܢ ܕܒܛܘܪܐ ܕܐܝܙܠܐ ܕܥܠܘܗ̇ ܠܥܠ ܡܢ ܡܥܪ̈ܐ ܩܪܝܬܐ. ܘܡܫܠܡ ܠܟܘܢܫܐ ܕܡܪܝ ܐܘܓܝܢ.

Melodie: ܗܘ ܕܐܬܢܚܘܗܝ

Anfang:

ܐܠܗܐ ܕܡܢ ܡܘܫܐ ܕܒܝܘܡܗ ܟܠܗ

Die Strophen haben alphabetische Anfänge.

Der Name ܬܘܕܐܘܣ wird erklärt Deus dedit *Jabh'alâhâ*; der Heilige stammte aus Aegypten, sein Vater hiess Cyriacus, seine Mutter *Ḥannâ*; er gehörte zur Schaar des h. Eugen, er erwählte sich ܚܘܣܕܐ ܕܒܝܬ ܚܣܢܐ und lebte dort 30 Jahre in der Einsamkeit, baute dann ein Kloster auf dem Schwarzen Berge ܛܘܪܐ ܐܘܟܡܐ; von dort ging er nach Nisibis und *Me'arrê*. Weiter nördlich baut er ein Kloster, das er nennt ܫܘ̈ܟܐ (Bl. 212ᵇ Col. 2): Geschichte von der besessenen Tochter des Dorfobersten ܠܕܗܩܢ (Bl. 213ᵃ). Der Heilige wird 113 Jahre alt. Er wird ausser ܬܘܕܐܘܣ auch ܬܘܕܐ und ܝܗܒ ܐܠܗܐ genannt.

133. Bl. 213ᵇ Über die Catholici des Ostens, auch geeignet für die Commemoratio des h. Eugen und aller Heiligen: ܥܘܢܝܬܐ ܥܠ ܩܬܘܠܝܩܐ ܕܡܕܢܚܐ. ܘܫܘܝܐ ܠܕܘܟܪܢܐ ܕܡܪܝ ܐܘܓܝܢ ܘܕܟܠܗܘܢ ܩܕܝ̈ܫܐ.

Melodie: ܡܢ ܩܘܡܐ ܕܫܠܝ̈ܚܐ

Anfang:

ܥܘܢܝܐ ܘܫܪ̈ܝ ܒܢ̈ܬܐ

Es werden erwähnt ܐܕܝ, ܡܪܝ, ܐܒܪܝܣ, ܐܒܪܗܡ ܕܡܢ ܝܥܩܘܒ, ܐܚܕܐܒܘܝ (!) ܫܚܠܘܦܐ aus *Kaškar*, ܦܦܐ, ܫܡܥܘܢ ܒܪ ܨܒ̈ܥܐ, ܫܡܥܘܢ, ܫܗܕܘܣܬ, ܒܪܒܥܫܡܝܢ, ܬܘܡܪܨܐ, ܩܝܘܡܐ, ܐܝܣܚܩ, ܐܚܝ, ܝܗܒ ܐܠܗܐ, ܡܥܢܐ (!) ܦܪܒܘܟܬ, ܕܕܝܫܘܥ, ܐܩܩ, ܒܒܝ, ܫܝܠܐ, ܢܪܣܝ (!) ܦܘܠܘܣ, ܐܒܐ (!) ܝܘܣܦ, ܚܙܩܝܐܝܠ, ܝܫܘܥܝܗܒ ܕܡܢ ܐܪܙܘܢ, ܠܟܫܟܪܝܐ, ܣܒܪܝܫܘܥ, ܡܪܝ ܒܒܝ ܪܒܐ, ܓܪܝܓܘܪܝܘܣ, ܣܒܪܝܫܘܥ, ܝܫܘܥܝܗܒ ܓܕܠܝܐ, ܡܪܐܡܗ, ܝܫܘܥܝܗܒ, ܓܝܘܪܓܝܣ, ܝܘܚܢܢ, ܚܢܢܝܫܘܥ, ܨܠܝܒܐ ܙܟܐ, ܦܬܝܘܢ (!) ܐܒܐ, ܣܘܪܝܢ, ܝܥܩܘܒ, ܚܢܢܝܫܘܥ, ܛܝܡܬܐܘܣ, ܝܫܘܥ ܒܪ ܢܘܢ, ܓܝܘܪܓܝܣ, ܣܒܪܝܫܘܥ, ܐܒܪܗܡ, ܬܐܘܕܘܣܝܣ, ܣܪܓܝܣ, ܐܢܘܫ aus *Bêth* Garmai, ܝܘܚܢܢ ܒܪ[1] ܢܪܣܝ, ܝܘܚܢܢ ܒܪ ܐܒܓܪ̈ܐ, ܐܒܪܗܡ, ܥܡܢܘܐܝܠ, ܐܝܣܪܐܝܠ, ܥܒܕܝܫܘܥ, ܡܪܝ, [2]ܝܘܚܢܢ, ܝܘܚܢܢ ܒܪ ܛܪܓܠ, ܝܫܘܥܝܗܒ, ܐܠܝܐ I. (früher in *Tirhân*), ܝܘܚܢܢ aus Bagdad, ܣܒܪܝܫܘܥ, ܥܒܕܝܫܘܥ ܐܬܘܪܝܐ, früher Bischof von Nisibis, ܡܟܝܟܐ, ܐܠܝܐ, ܒܪܨܘܡܐ aus Nisibis, vorher in ܛܘܣ, ܥܒܕܝܫܘܥ aus Mosul, ܝܫܘܥܝܗܒ aus *Bêth* Zabhdai, ܐܠܝܐ III., früher Bischof von Arzun und von Nisibis, ܝܗܒ ܐܠܗܐ, ܣܒܪܝܫܘܥ, ܡܟܝܟܐ (zu seiner Zeit wurde *Karkhâ*, wo der Patriarch residirte, geplündert); ܕܢܚܐ, früher Bischof von Arbel; ܝܗܒ ܐܠܗܐ, Türkischer Abstammung: Timotheus II. Dann folgt ein Gebet für den regierenden Patriarchen, dessen Name aber nicht genannt ist (ܦܠܢ ܡܪܝ).

Der Patriarch Timotheus II. regierte von 1318—1353: er heisst ܡܒܪܟܐ der selige. Dies Gedicht muss daher nach 1353 geschrieben sein, also lange nach dem Tode von *Giwargis Wardâ*.

134. Bl. 215ᵇ Über den Catholicus des Ostens: ܐܡܪܐ ܕܥܠ ܩܬܘܠܝܩܐ ܕܡܕܢܚܐ. ܠܕܘܟܪܢܐ ܕܡܪܝ ܐܘܓܝܢ ܚܣܝܐ ܘܕܟܠܗܘܢ ܩܕܝ̈ܫܐ. ܡܢ ܚܠܐ.

Anfang:

ܗ̄ܐ ܠܗ ܠܟܠ ܐܢܫܐ

Zurückführung der Grade der Hierarchie auf Christus; die Grade im Mönchsthum verglichen mit denen der kirchlichen Hierarchie: kurzes Verzeichniss der Patriarchen von Addai bis *Jabh'alâhâ* III. (von 1281—1317), nach dem

---

[1] ܘܡܢܗܘܢ ܝܫܘܥ ܒܪ ܢܘܢ
ܕܐܟܘܬܗ ܠܗܘ ܒܪ ܢܘܢ
ܘܡܢܗܘܢ ܝܫܘܥ ܒܪ ܗܘܠܝܐ.

[2] ܘܡܢܗܘܢ ܡܪܝ ܐܝܫܘܥܝܗܒ
ܡܢ ܒܝܬ ܓܪܡܝ ܡܛܠ ܕܒܪܝܐ.

noch ܣܘܟܐ und ܣܒܐ genannt werden. Zum Schluss wird als regierender Patriarch Elias (IV.) erwähnt, der von 1435—1463 regierte. Demnach kann auch dies Gedicht nicht von *Giwargis Wardâ* geschrieben sein.

135. Bl. 219ᵃ Über die Heiligen: ܐܣܛܪܐ ܕܥܠ ܩܕ̈ܝܫܐ. ܕܥܠܡܐ ܡܢܗܘܢ ܐܝܟ ܥܒܕܗ ܘܐܡܪܐ ܐܬܬܣܝܡ. ܘܡܢܝܢܐ ܠܕܘܟܪܢܐ ܕܥܒܕܝ ܘܐܠܝܢ ܘܕܥܠܗܘܢ ܕܩܕ̈ܝܫܐ.

Melodie: ܡܠܟܐ ܕܪܒ ܥܠ ܟܠܗܘܢ

Anfang: ܡܠܟܐ ܕܥܠܡܝܢ ܒܪ̈ܝܬܐ

Das Gedicht berichtet über Heilige, Klostergründer und ihre Werke:

1. Eugen aus Aegypten zur Zeit des Sapor, begraben in seinem Kloster auf dem Berge *Îzlâ*.

2. Jacob von Nisibis erbaute den Dom daselbst.

3. *Jôḥannân* baute ein Kloster ܒܡܘܟܪܢܐ im Gebiet von *Bêth* Zabhdai, dort begraben; später hat Rabban Gabriel die Leiche nach dem Kloster des Dorfes ܦܪܘܣܬܐ überführt.

4. *Mâr Šêri* ܫܝܪܝ baute ein Kloster bei *Dârâ*, beerdigt daselbst.

5. Jonas der Grieche, aus dem Geschlechte des Constantin, baute ein Kloster in Anbar, daselbst beerdigt.

6. *Šalliṭâ*, ein Aegypter, baute ein Kloster in *Bêth Ḳardewâjê*; dann ging er nach dem Dorf ܦܢܟ Fenek.

7. *Jôḥannân* ܕܝܠܡܝܐ, ein Perser aus *Bêth* Garmai, Sohn eines Magier-Königs, Schüler des h. Eugen, aus ܗܘܪܡܙܕ, gesteinigt unter Sapor.

8. Bar *Sâhdê* aus der Persis baute neben der Stadt ܫܝܪܙ ein Kloster, beerdigt daselbst.

9. *Jôḥannân* aus *Kaškar*, vom Altar seiner Kirche nach der Wüste Skete entführt, wo er Onesimus sah, und von dort zurückkehrend.

10. Kardagh der Perser, gesteinigt in Arbel.

11. *Giwargis* der Kaufmann, begraben neben dem h. Eugen.

12. Rabban *Pithjôn* der Perser, Neffe des *Jazdin*, getödtet den 25. October.

13. Abraham baute ein Kloster auf dem Berge *Îzlâ*.

14. Bar *'Êdtâ* aus Mosul gründete ein Kloster im Gebiet von *Margâ* und auf dem Gebirge, begraben daselbst.

15. *Giwargis* baute ein Kloster ܕܟܘܪ ܫܒܝܒ ܘܒܬܐܪܐ ܕܩܛܝܒܐ.

16. *Bâbhai* aus Nisibis baute ein Kloster auf dem Berge *Îzlâ*.

17. *Sahrô* ܣܗܪܘܢ baute ein Kloster, genannt ܕܝܪܐ ܕܩܕܫܐ.

18. Elias aus *Ḥirtâ* baute ein Kloster in Mosul, starb 100 Jahre alt.

19. *Joḥannân* baute ein Kloster im Lande *Dâsen*.

20. *Ḥnânîšô'* der Araber, ein Verwandter des Elias, baute ein Kloster in *Slôkh*.

21. *Jôḥannân* baute ein Kloster ܥܠ ܒܥܘܪܐ ܕܫܝܒܐ ܕܚܪܘܡܐ.

22. *Jôḥannân* baute ein Kloster im Dorfe *Ḳanḳal* in der Nähe von Arzun.

23. Jacob baute ein Kloster bei Sö'ört ܣܥܪܬ.

24. *Abhâ*

ܘܥܒܕܝ ܐܦܐ ܠܟܒܪܐ ܠܡܫܝܚܐ
ܪܒܗ ܕܫܘܡ ܒܪ ܓܘܪܐ
ܒܢܐ ܗܝܟܠ ܗܡܠܟܐ ܘܥܘܪܐ
ܘܒܗ ܫܡܫ ܦܓܪܗ ܒܐܡܢܘܬܐ.

Vergl. Nr. 48.

25. *Sabhrîšô'* aus Mosul baute ein Kloster, genannt ܕܝܪܐ.

26. *Jaunân*, Schüler des *Bâbhai*, gründete ein Kloster in Adiabene.

27. *Ganni* ܓܢܝ aus *Kaškar* gründete ein Kloster daselbst.

28. *Sêwbokht* ܣܘܒܟܬ aus Nisibis gründete ein Kloster in *Singâr*.

29. *'Ukkâmâ* gründete ein Kloster in einer Höhle ܒܡܥܪܬܐ ܚܕܐ ܕܥܩܡܪܐ ܕܡܣܝܢ ܕܪܡܘܠ ܐܬܪܐ ܘܗܘ ܗܘܡܣ ܠܥܠܝܗ̇ ܡܡܠܐ.

30. Daniel baute ein Kloster auf dem Gebirge *Orwâk* ܐܘܪܘܐܟ.

31. ܡܪܝ ܓܒܪܝܠ baute eine Kirche in *Kephartûthâ*.

32. Rabban *Nânâ* gründete ein Kloster im Gebiete *Kardû* ܒܐܬܪܐ ܗܘ ܕܩܪܕܘ.

33. Jacob gründete das Kloster ܕܒܝܬ ܚܢܝܢܐ.

34. Col. 2. *Šallîtâ* baute eine Kirche zwischen Harran und Edessa.

35. *Giwargis* der Perser baute ein Kloster in Galgal in der Nähe von ܕܘܪܩܡ.

36. *Jôḥannân* baute ein Kloster in Palaestina auf dem Berge Ephraim.

37. *Dâdîšô'*, Schüler des grossen Abraham, begraben neben seinem Lehrer.

38. *Bâbhai* der Grosse gründete ein Kloster im Gebiete der Stadt *Bêth* Zabhdai, begraben neben Abraham.

39. Jabh ܡܪܝ ܝܗܒ ܢܘܗܕܪܢܝܐ ܕܡܥܩܒܬܐ wohnte auf dem Berge von ܢܘܗܕܪ.

40. Bl. 221ᵃ Col. 1. Abimalk ܐܦ ܐܒܝܡܠܟ ܡܠܦܢܐ ܕܐܣܟܘܠܐ ܘܡܦܫܩܢܐ baute ein Kloster auf dem Berge von Nisibis.

41. Abraham der Märtyrer, getödtet von den Griechen ܘܐܬܬܫܡܠܡ ܒܝܕ ܗܘܪܩܐ ܪܘܡܝܐ.

42. Abraham ܢܗܦܣܢܝܐ, aus Märtyrer-Geschlecht, wohnte drei Jahre in einer Höhle.

43. Hiob, ein Perser, Kaufmannssohn, gründete ein Kloster in Adiabene.

44. Kardagh, Verwandter von *Bâbhai*.

45. *Johannân* der Araber aus *Ḥirtâ*, begraben in einer Kirche auf dem Berge *Îzlâ*.

46. *Îšô'zekhâ* baute drei Klöster, beigesetzt auf dem Gebirge von Adiabene in einem Kloster, das er gegründet.

47. Col. 2. Nestorius ܢܣܛܘܪ baute ein Kloster in Adiabene.

48. ܐܒܐ ܡܪܝ ܕܒܪܩܘܛܪܐ gründete ein Kloster in der Nähe von *Singâr* ܫܝܓܪ (vergl. Nr. 24).

49. Bar *Ḳuṣrê* ܒܪ ܩܘܨܪܐ aus Mosul baute dort eine Kirche.

50. *Gabhrônâ* aus dem Dorfe *Khordepnâ* gründete ein Kloster auf dem Berge ܦܪܕܘܫܐ.

51. *Ḥabib*, auf dem Berge *Zmâr* ܒܛܘܪܐ ܕܙܡܪ, baute dort eine Kirche und starb, 110 Jahre alt.

52. *Bassîmâ* aus dem Lande *Ḳardô*, begraben im Kloster des *Ḥabib*.

53. Bl. 221ᵇ Col. 1. Titus der Bischof baute eine Kirche in *Ḥirtâ*.

54. Rabban *Šâbôr* baute eine Kirche auf dem Gebirge neben *Singâr*, wo früher ein Götzentempel gestanden hatte.

55. *Grighor* Bar *Kaškerdjê*, Bischof von Nisibis, ܘܩܒܝܪ ܒܒܝܬܐ ܕܐܬܝܢܐ.

56. *Giwargis*, ein Magier aus Babel, Märtyrer unter Khusrau ܒܟܘܣܪܘ.

57. *Šubhḥâlemâran*, Bischof von *Slôkh*, verbannt von Khusrau und dort gestorben.

58. *Sabhrîšô'* gründete das Kloster von *Bêth Ḳôḳâ* im Lande Adiabene.

59. *Îšô'sabhran* martyrisirt mit zwölf Genossen unter Khusrau in Arbel.

60. Michael von ܐܕܝܒܐ gründete ein Kloster im Gebiete von Arbel in der Nähe von *Kephar-'uzzêl*.

61. *Ḥudnîšô'*, Schüler des *Sabhrîšô'*, lebte und starb in *Bêth Ḳôḳâ*.

62. *Jôḥannân*, Nachfolger des *Ḥnânîšô'*.

63. *Šubḥḥâlemâran*, nachdem er 35 Jahre regiert, beigesetzt in der Märtyrer-Kirche (in *Bêth Kôkâ*?).

64. Joseph regierte in demselben Ort, d. i. *Bêth Kôkâ*.

65. Nathaniel der Bischof, gekreuzigt unter Khusrau.

66. Bl. 222ᵃ Col. 1. Simeon gründete das Kloster von *Šinnâ*.

67. *Ḥabbîbhâ*, Abt auf dem Berge *Îzlâ*, aus *Bêth Nuhrâ*, beigesetzt in der Märtyrer-Kirche (wo?).

68. *Zînai* ܙܝܢܝ gründete eine Kirche auf dem Gebirge von Adiabene.

69. *'Abhdîšô'*, Schüler des *Bâbhai*, beigesetzt neben seinem Lehrer auf dem Berge *Îzlâ*.

70. Simeon gründete ein Kloster auf dem Berge von *Bêth Beghaš* ܕܝܪܐ ܕܒܝܬ ܒܓܫ.

71. Narsai, Abt des Klosters des grossen Abraham, der Übersetzer, beigesetzt in der Märtyrer-Kirche.

72. Theodorus aus *Kaškar* ܒܢܐ ܥܘܡܪܐ ܕܗܘܢܐ ܐܬܪܐ.

73. Col. 2. *Bâbhai*, der Schreiber von *Ḥîrtâ*, beigesetzt in einer Höhle(?) ܘܐܬܬܣܝܡ ܒܡܥܪܬܐ ܕܡܚܪܬܐ.

74. *'Abhdâ*, ein Magier-Sohn, gründete ein Kloster in *Gâmar* und starb, 100 Jahre alt.

75. Rabban *Barsâhdê*, Kaufmann, gründete das Kloster in *Rûḳâ* ܕܪܘܩܐ.

76. *Kâddâwî* baute das Kloster ܕܒܝܬ ܚܢܝܢܐ:

ܡܪܝ ܒܘܪܝܫܘܥ ܒܪܩܘܡܬܐ
ܐܬܕܟܪ ܘܩܘܡ ܡܠܟܐ
ܘܒܢܐ ܠܥܘܡܪܐ ܕܒܝܬ ܚܢܝܢܐ
ܘܥܡܗ ܗܢܘܢ ܒܗܘܠܠܐ

77. *Šubḥḥâlemâran* ܫܘܒܚܠܡܪܢ ܕܡܥܘܡܕܢ baute ein Kloster auf dem Berge ܡܣܒܪܢ Masbarn.

78. Bl. 222ᵇ Col. 1. *Sargîs Dôdâ* baute ein Kloster in *Kaškar*.

79. *Šubḥḥâlemâran* gründete das Kloster *Šabhrônâ* ܥܘܡܪܐ ܕܫܒܪܘܢܐ.

80. *Dâdhîšô'* von Bagdad gründete ein Kloster bei *Ḥîrtâ*.

81. Abraham erneuerte das Kloster des Heils ܕܝܪܐ ܕܦܘܪܩܢܐ, das genannt wird ܬܚܝܬ ܥܒܕܐ.

82. *Ḥazḳî'êl*, Indischen Ursprungs, gründete ein Kloster in *Bêth Garmeḳâi*.

83. *Dôsâ* ܕܘܣܐ gründete eine Kirche im Dorfe ܐܬܓܘܒܐ, die auch ܥܘܡܪܐ ܕܒܝܬ ܣܘܒܘܬܐ genannt wird.

84. Col. 2. *Bâbhai* der Perser, Schüler von *Kâddâwî*, regierte das Kloster seines Lehrers nach dessen Tode.

85. David Bar *Nâṭôrâ* gründete ein Kloster im Lande *Mârû* (Merw) von *Khurâsân*.

86. Rabban Hormizd gründete ein Kloster auf dem Berge *'Idrai*(?) ܕܝܪܐ ܕܒܝܬ ܥܕܪܝ ܥܘܡܪܐ ܕܒܐ.

87. *Ḳâmîšô'* gründete ein Kloster auf dem Berge *Ḥephtôn*.

88. *Jôzâdâḳ* aus Mosul baute ein Kloster in *Ḳardô*.

89. *Îšô'sabhran* aus dem Gebiet ܢܘܗܕܪܝܢ, Nachfolger des *Jôzâdâḳ* als Abt seines Klosters.

90. Bl. 223ᵃ *Sabhrîšô'* baute ein Kloster in *Bêth Mâḥôzê* nach einer Pest.

91. *Aphnîmâran* gründete ein Kloster im Gebiet ܒܝܬ ܢܘܗܕܪܐ.

92. *Gîwargîs*, ein Verwandter des *Îšô'sabhran*.

93. *Makkîkhâ* ܡܟܝܟܐ.

94. Abraham, der Bischof von *Dâsen*, baute daselbst ein Kloster, begraben in ܒܝܬ ܚܢܢܐ.

95. *Šlêmôn*, Abt des Klosters des *Îšô'jabh* in *Bêth Nuhadrân*, begraben daselbst neben *Îšô'jabh*.

96. Melchizedek gründete ein Kloster in Elam.

97. Col. 2 *Pithjôn*, Schüler des *Aphnîmâran*, begraben neben seinem Lehrer.

98. Rabban *Giwargis* gründete ein Kloster in der Persis, in der Nähe von Persepolis ܐܝܣܛܚܪ.

99. *Ṣelîbhâ* gründete ein Kloster in *Bêth Nuhadhrân*.

100. Cyriacus, Schüler des *Ṣelîbhâ*, gründete ein Kloster.

101. Rabban *Bâ'ûth*, der Araber ܛܝܝܐ, d. h. aus dem Gebiet *Bêth-'Arbâjê*, baute ein Kloster in *Bêth Nuhadhrân*.

102. *Îšô'sabhran*, Freund des *Jôḥannân*, wurde beigesetzt neben *Jannân*.

103. Bl. 223[b] Col. 1 Bar-*Dairâ*, Schüler des *Aphnîmâran*, begraben neben diesem.

104. Abraham von *Me'arrên* ܡܥܪܝܢ restaurirte das Kloster des Eugen.

105. *Rôzbihân*, Metropolit von Nisibis, beerdigt in seiner (der von ihm erbauten?) Kirche.

106. *Mâranzekhâ*, Bischof von *Ḥedhattâ*, beigesetzt in der Kirche daselbst.

107. Rabban *Sâfrâ* baute ein Kloster auf dem Berge *Îzlâ*.

108. Joseph gründete ein Kloster gegenüber Balad.

109. *Îšô'*, Schüler des *Aphnîmâran*, beerdigt neben seinem Lehrer.

110. Col. 2 *Jôḥannân* der Perser baute ein Kloster ܒܥܠܬܐ ܦܪܕܘܫܐ.

111. Simeon, Abt des Klosters des *Jôzâdâḳ*, begraben daselbst.

112. Rabban Joseph gründete ein Kloster in *Bêth Nuhadhrân*.

113. Lucas der Bischof gründete ein Kloster in *Dâsen*.

114. Bar-*Dairâ* wohnte in einer Höhle im Gebirge, gründete ein Kloster in ܐܪܓܢ ارجان, gerieth dann in Gefangenschaft, beigesetzt in seinem Kloster.

115. Bl. 224[a] Col. 1 Aharon gründete ein Kloster in Balad ܥܠ ܝܕ ܢܗܪܐ ܕܐܠܒܥܘܬܐ.

116. Mattai gründete das Kloster auf dem Berge bei Mosul.

117. *Mâr'athḳen* ܡܪܝ ܥܬܩܢ baute ein Kloster auf dem Berge von ܢܘܗܕܪܢ.

118. *Bukhtîšô'* gründete ein Kloster im Gebirge ܦܝܫܝ.

119. Abraham gründete ein Kloster:

ܓܢܒ ܗܝ ܡܥܪܬܐ ܕܥܠܡܬܐ
ܕܡܬܩܪܝܐ ܠܦܬܪܐ ܗܕܐ

120. *Sabhrôná* gründete 3 Klöster.

121. *Ḥnânîšô'* gründete das Kloster von *Bêth Riḳnâ* ܕܒܝܬ ܪܝܩܢܐ, beigesetzt auf einer Säule ܒܐܣܛܘܢܐ in der von ihm gebauten Kirche.

122. *Šemšâ* baute eine Kirche in der Nähe von Anbar.

123. Isaak von Mosul (Ninive) floh in das Gebirge in eine Höhle und wurde beigesetzt in *Mâr Šâbôr* in einer Kirche: ܘܐܬܬܢܚ ܒܡܪܝ ܫܒܘܪ ܒܓܘ ܥܕܬܐ.

124. Joseph ܫܒܝܐ, in Gefangenschaft, dann Mönch, beigesetzt in *Mâr'athḳen*.

125. *Jôḥannân* ܕܕܝܠܡܝܐ gründete ein Kloster in *Ḳardô*.

126. *Sâhdônâ*, Bischof von *Mâḥôzê*, vertrieben und zurückgeholt.

127. *Îšô'jabh* erbaute ein Kloster in ܢܘܗܕܪܢ.

128. Jacob ܡܫܡܫܢ ܢܟܪܝܐ ܫܒܝܐ, Schüler des *Îšô'jabh*, erbaute ein Kloster in *Dâsen*.

129. Bl. 224[b] Col. 1 Jesaias, von der Schaar des h. Eugen, baute ein Kloster neben einer heissen Quelle ܓܢܒ ܡܥܝܢܐ ܕܫܚܝܢܘܬܐ.

130. Stephanus baute in Segestan ܣܓܣܬܢ ein Kloster auf den Namen des Messias.

136. Bl. 224[b] Hymnus über den h. Michael, einen Schüler des Eugen, verfasst von Bar *Ša''dra*, einem Mönche des Klosters Rabban *'Abhdîšô'*: ܥܘܢܝܬܐ ܕܡܪܝ ܡܝܟܐܝܠ ܡܠܐܟܐ ܕܬܠܡܝܕܐ ܗܘ ܡܢ ܬܠܡܝܕܘܗܝ ܕܡܪܝ

ܐܘܠܝܢ ܬܘܫܒܚܬܐ. ܕܥܒܝܕܐ ܠܚܕ ܡܢ ܒܢܝ ܥܘܡܪܗ ܕܩܕܝܫܐ ܡܪܝ ܡܝܟܐܝܠ. ܕܡܢ ܒܚܕ ܒܫܒܐ. ܕܡܥܕܪܢܗ ܕܡܢ ܒܥܠܕܒܒܗ ܕܐܬܪܐ ܡܕܝܢܬܐ. ܘܡܫܒܚܬܐ ܕܐܝܟ ܐܘܟܐ.

Vergl. Überschrift von Nr. 60.

Melodie: ܐܢܐ ܡܪܝ ܘܡܪܝܡ ܐܘܪܗܝܐ

Anfang: ܥܒܝܕ ܘܡܕܡܪܐ ܡܪܝܡ

Zu dem Dichter vergl. WRIGHT, Syriac Literature S. 232 und CARDAHI S. 136.

Inhalt:

Michael, gebürtig aus der Gegend von Amid. Mit 30 Jahren verlässt er die Heimath und schliesst sich dem h. Eugen an. Später schickt ihn dieser in seine Heimath zurück und auf die Wanderschaft; er kommt nach ܒܝܬ ܓܢܘܢܝܬܐ, einem Dorf im Gebiete von *Gázartá* (Bl. 225[b] Col. 2); er lässt Teufel austreiben durch einen Mann Namens ܠܘܩܝܡܘܣ; er befreit Griechen aus der Gefangenschaft der Barbaren; nachdem er 40 Jahre in der Wüste gelebt, ging er nach dem Gebirge der ܡܪ̈ܕܘܬܐ und blieb dort allein, er verbannt zehn Dämonen in einen Felsen, die in zehn Männern in *Dásen* ܕܐܣܢ gehaust hatten (Bl. 227[a] Col. 1); er heilte eine Fürstentochter von ܓܓܠܬܐ vom Aussatz; später kehrt der Heilige zu den Menschen zurück, die für ihn ein Kloster am Tigris bauen. Michael setzt über den Tigris und lässt sich in dem Kloster nieder. Er starb, nachdem er 12 Jahre in dem Kloster gelebt. Ein *Jôhannán* restaurirt das Kloster, nach ihm ein Abt Samuel. Manche Geschichten von Wunderthaten gegen Löwen, Räuber, Überfluthung durch den Tigris, eine Schlange u. s. w.

137. Bl. 228[b] Hymnus über *Sabhrîšô'* von *Bêth Ḳôkâ*: ܬܘܫܒܚܬܐ ܕܡܪܝ ܣܒܪܝܫܘܥ ܕܒܝܬ ܩܘܩܐ ܕܡܘܕܥܢܘܬܗ ܒܝܕ ܥܢܝܢܐ ܡܢܬܐ ܕܐܫܬܐ ܫܡܫܐ.

Melodie: ܘܒܪܝܟܘ ܚܢܢܐ

Anfang: ܒܪܝܟܘ ܡܫܝܚܐ ܡܢܝܚܢ

Panegyricus auf den Heiligen. Die meisten Strophen beginnen mit ܛܘܒܝܟ.

138. Bl. 230[a] Hymnus auf den h. Hormizd: ܬܘܫ̈ܒܚܬܐ ܕܥܠ ܗܘܪܡܝܙܕ ܩܕܝܫܐ. ܕܡܘܥܕܢܗ ܒܐܬܪ ܒܝܬ ܠܦܛ ܕܡܢ ܒܐܬ ܡܘܬܒܗ. ܘܐܬܐ ܒܝܬܗ ܕܐܠܦܘܠ ܡܫܝܚܐ ܒܝܘܡ ܠܗ ܕܡܥܒܕ ܠܥܕܬܐ. ܡܛܠ ܗܢܐ ܕܟܠ ܚܝ̈ܠܘܗܝ ܒܥܕܢ ܡܥܩܒ ܥܝܢ ܕܒܥܘܕܪܢܗ ܕܩܕܝܫܐ.

Melodie: ܘܒܪܝܟܘ ܚܢܢܐ

Anfang: ܒܪܝܟܘ ܡܫܝܚܐ ܡܫܠܠܝܢ

Hormizd ist von *Bêth Lapaṭ* nach Mosul gekommen, dann zu dem Kloster des ܒܪ ܥܝܕܬܐ, sein Ruhm drang bis zu *Mâr* Abraham, *Józádâḳ* hat ihn gesehen; dann kam er nach *Alḳôš*: er hat ein Kloster zerstört, das ܕܝܪܐ ܕܒܙܩܝܢ; Berührungen mit ܒܐܪܕܝܘܣ und *Józádâḳ*; die von ihm vollbrachten Wunder.

Jede Strophe fängt mit ܛܘܒܝܟ an.

139. Bl. 231[a] Hymnus auf Rabban Hormizd.

Melodie: ܗܘܝܢ ܡܠܟ ܚܝܐ

Anfang: ܒܟܠ ܥܕܢ ܘܒܟܠ ܙܒܢ

Nach CARDAHI S. 142 verfasst von Immanuel aus *Bêth Garmé.*

Hormizd aus *Bêth Lapaṭ*, einziger Sohn des Joseph und der Thekla; mit 20 Jahren zieht er von Hause fort nach Mosul zum Kloster des ܒܪ ܥܝܕܬܐ, wo er bleibt und Wunder verrichtet; nach 39 Jahren zieht er in's Gebirge ܒܝܬ ܥܕܪܐ ܕܒܝܬ ܥܕܪ̈ܐ ܡܕܝܢܬܐ, wo er 7 Jahre blieb; befreundet mit *Jozadaḳ*: er geht noch nach *Alḳôš*; er vernichtete das Kloster ܒܙܩܝܢ, seinen Abt *Jôḥannán* und die Mönche; er überschreitet den Tigris und vernichtet den Zauberer Ignatius vor den Augen des Sultans von Mosul, *Šemšá.* ܠܟܝ ܫܘܠܛܢ ܡܘܨܠ ܫܡܫܐ

Dann erbaute er das Kloster seines Namens mit Unterstützung der *Kiddai*:

ܒܪ̇ ܥܘܒܝܐ ܒܥܘܕܪܢܗܘܢ ܒܕܝܪܗ
ܒܡܣܡܢܐ ܘܫܠܠ ܠܥܡܪܗ

Dort versammeln sich die Menschen um den Heiligen. Dies erfährt der Patriarch *Tômarṣâ*, der mit Hormizd im Kloster des Bar *'Êdtâ* befreundet gewesen war, und zieht aus ihn zu besuchen; er kommt nach Mosul, nach ܒܝܬ ܥܘܕܐ und ܠܥܘܡܪܗܘܢ ܕܒܢܝ ܪܒܝܬܐ (d. i. nach dem Kloster der G. οἰκονόμος), dann zu Hormizd; nachdem er den Altar geweiht und dem Kloster einen Freibrief ܚܐܪܘܬܐ geschrieben, kehrt er zurück; Hormizd lebt dann auf dem Berge ܒܝܬ ܥܕܝ noch 22 Jahre. Starb im Alter von 87 Jahren.

Vergl. G. Hoffmann, Auszüge aus den Syrischen Acten Persischer Märtyrer S. 179 (Rabban Hormizd) und S. 181 (über das Kloster des ܒܪ ܥܕܬܐ), ferner S. 19—22.

Unterschrift des Schreibers auf Bl. 232[b]:

ܫܠܡ ܒܥܘܕܪܢ ܡܪܝ ܘܐܠܗܝ ܒܥܒܕܐ ܗܢܐ
ܡܠܐ ܚܛܝ ܘܟܠ ܚܛܗܝܢ ܒܥܝܢܐ ܒܥܠܡܐ
ܥܝܣܝ ܫܡܗ ܒܪ ܒܪ ܫܥܝܐ ܐܠܦ ܘܡܫܡܫܢܐ
ܘܩܫܝܫܐ ܘܩܪܝܐ ܠܡܫܠܡܢܘܬܗ ܕܫܘܒܚ ܡܪܝ.
ܒܩܪܝܬܐ ܐܠܩܘܫ ܩܪܝܬܗ ܕܢܚܘܡ ܢܒܝܐ.
ܒܝܪ̈ܚܐ ܡܫܬܡܠܝܐ ܚܘܫܒܐ ܒܪ ܐܫܥܝܐ ܒܪ
ܡܫܬܡܠܝܐ ܦܘܪܩܢܗ ܕܡܢ ܡܪܝܐ ܐܠܦܝܢ
ܕܬܡܢܐ ܕܡܫܝܚܐ ܘܡܪ

Danach ist diese Hds. geschrieben von dem Diaconus *'Îsâ* عيس, Sohn des Jesaias, Sohnes des Cyriacus aus dem Dorfe *Ekrôr* im Gebiet *Sindâjê*, geschrieben in *Alkôš*, dem Dorfe des Propheten Nahum, und vollendet den 15. April 1882 n. Chr. Vergl. die Notiz auf Bl. 44[b].

Vollständig vocalisirt und punktirt. Auf Bl. 231[b] und 232[a] ist durch Zusammenkleben einiges undeutlich geworden. Die Strophen-Eintheilung ist überall durch schwarze und rothe Punkte deutlich markirt.

232 Blätter (31,5 × 20,5 cm). Die Seite zu zwei Columnen, die Columne zu 26 Zeilen.

64.

(Sachau 330.)

Eine Sammlung von grösseren Gedichten, genannt ܥܘܢܝܬܐ, die von den Nestorianern in der Kirche vorgelesen werden (geordnet nach dem Kirchenjahr). Unvollständig zu Anfang und nicht ohne Lücken im Innern. Vergl. die in der Hauptsache identische Sammlung in Nr. 63 (Sachau 188).

Die meisten Gedichte sind von *Gîwargîs Wardâ*. Neben ihm kommen folgende Dichter vor:

1. Bl. 2[b] *Ḥakîm De-Bêth Ḳâšâ*.
2. Bl. 14[b]. 81[b] *Ṣlîbhâ*, Sohn des David, Sohnes des *Mikbil* (*Maḳbil*) aus *Manṣûrijje* im Gebiet von *Ǵezîre*.
3. Bl. 21[a] Abraham aus *Bêth-Slôkh*.
4. Bl. 36[b]. 146[a] *Mâri* Bar *Mšîḥâjâ*.
5. Bl. 66[b] Elias, Bischof von Nisibis.
6. Bl. 110[a] *Sabhrîšô'* Bar Paulus.
7. Bl. 114[b] *'Abhdîšô'* Bar *Ša'ára*. Vergl. Nr. 63 (Sachau 188) nr. 136.
8. Bl. 138[a] Catholicus *Sabhrîšô'* V. Bar *Mšîḥâjâ* (gestorben 1256).
9. Bl. 232[b] *Sabhrîšô'*, Bischof von *Rewâr*.

Inhalt:

Bl. 1—4 einzelne Blätter.

Nr. 14 Bl. 1[a] Schluss des ersten Hymnus für Epiphania. Erste Worte:

ܘܡܫܬܐ ܒܝܠܕ ܘܚܝ ܥܗܕܐ.
ܘܡܠܐ ܡܢ ܫܡܝܐ ܕܐܡܪ.
ܕܗܘ ܒܪܝ ܘܗܘ ܚܒܝܒ.

Vergl. Nr. 63 (SACHAU 188) Bl. 31b Col. 1 Z. 6.

Nr. 15 Bl. 1b Der zweite Hymnus für Epiphania von *Wardá*, anfangend ܒܥܡܕܗ

Nr. 16 Bl. 2b Dritter Hymnus über Epiphania von *Ḥakim De-Bêth Ḳâšâ*, anfangend: ܗܐ. ܡܕܢ̈ܚܐ Lücke zwischen Bl. 2—3. Es fehlt der Text Nr. 63 (SACHAU 188) Bl. 34a Col. 1 Z. 19 bis Bl. 35a Col. 1 Z. 8.

Nr. 17 Bl. 4a Hymnus über Johannes den Täufer von *Giwargis Wardá*, anfangend ܫܠܝܐ

Bl. 4 Das letzte Blatt von Kurrâs 4.

Bl. 5 Das erste Blatt von K. 5.

Nr. 18 Bl. 7a Für Peter und Paul.

Nr. 19 Bl. 8b Für die Evangelisten.

Nr. 20 Bl. 9b (Für die Apostel).

Nr. 21 Bl. 11a Stephanus.

Nr. 22 Bl. 12b Griechische Lehrer.

Bl. 14b Ein zweiter Hymnus über denselben Gegenstand von Presbyter *Ṣlîbhâ*, Sohn des Presbyters David, Sohnes des Presbyters *Mikbil* aus *Manṣûrijje* in *Gdzartâ*: ܐܣܛܪܐ ܕܕܘܒܪܐ ܕܡܠܦܢ̈ܐ ܣܘܪ̈ܝܝܐ. ܕܪܒܢܘܗܝ ܒܗܢܐ ܡܫܪܐ ܡܫܝܚܐ ܝܠܕܐ. ܒܪ ܡܫܝܚܐ ܕܘܝܕ. ܒܪ ܡܫܝܚܐ ܡܩܒܠ. ܡܢ ܡܢܨܘܪܝܐ ܕܒܓܙܪܬܐ ܡܢܝܘܕܥܗ ܕܟܬܒܐ ܕܩܪܕܘ. ܘܪܒܝܬܗ ܡܢ ܐܢܫܝܢ ܕܐܒܘܗܝ ܡܫܝܚܐ ܡܪܝ ܡܐܪܣܛܘ(?). ܟܠܗ ܠܗ ܒܫܘܒܐ.

Anfang des Prologs:

ܡܠܟܐ ܐܘ ܡܫܒܚܐ ܟܠ ܬܘܕܝܬܐ.

Anfang der ersten Strophe:

ܫܡܥܘ ܐܘ ܐܘܪܬܕܘܟ̈ܣܐ.
ܕܡܢܐ ܟܬܒܘ ܗܪ̈ܛܝܩܐ.

Eine Geschichte des Nestorius; von seinem Lehrer Theodorus, von Coelestin von Rom, Cyrillus, dem Concil von Ephesus, Johannes von Antiochien und Candidianus. Geschöpft aus der Erzählung des Johannes. Eine Lücke zwischen Bl. 19 und 20.

Am Rande von Bl. 21a folgende Notiz: ܗܠܝܢ ܬܠܬ ܬܘ̈ܒܐ ܕܡܢ ܗܪܟܐ ܘܠܬܚܬ ܐܚܪܢܝܢ ܠܗܘܢ ܐܝܟ ܕܗܘܐ ܡܠܦܢܐ. ܘܗܘܐ ܡܫܡܫ ܠܗܘܢ ܬܠܬ ܙܒ̈ܢܝܢ ܦܘܪܫܢܐ ܕܬܘ̈ܒܐ.

Danach sind drei Strophen des Gedichtes von einem anderen Dichter gedichtet, von dem Mönche Abraham aus *Bêth-Slôkh*.

Nr. 23 Bl. 22a Hymnus auf die Syrischen Lehrer, anfangend ܫܘܒܚܐ ܠܡܠܦܢ̈ܐ

Nr. 24 Bl. 24b Hymnus von *Wardâ*, anfangend ܡܫܒܚܢܐ

Nr. 25 Bl. 27a Über die Prophetie des Jonas.

Nr. 26 Bl. 28b Über denselben Gegenstand.

Nr. 27 Bl. 31a Über die Reue, von *Wardâ*.

Nr. 28 Bl. 32b Über die Reue, von *Wardâ*.

Nr. 29 Bl. 34a Über die Reue, von *Wardâ*.

Nr. 30 Bl. 35a Hymnus anf. ܠܡܪܢ ܒܟܠܗܘܢ

Nr. 31 Bl. 36b Hymnus von Rabban *Mâri* Bar *Mšîḥâjâ*. ܫܘܒܚܐ ܠܡ̈ܫܝܚܢ ܡܪܟܠ

Nr. 32 Bl. 38a Hymnus anf. ܡܪܐ ܕܒܛܝܒܘܬܐ

Nr. 33 Bl. 40a » » ܫܡܫ ܗܘܐ

Nr. 34 Bl. 42a » » ܐܠܗܐ ܠܒܫܘܐ

Nr. 35 Bl. 43a » » ܡܪܝܐ ܕܒܪܝ

Nr. 36 Bl. 44a » » ܒܗܘܬܐ

Nr. 37 Bl. 45b » » ܡܪܝ

Nr. 38 Bl. 46b » » ܐܘ ܕܒܡܫܒܐ

Nr. 39 Bl. 47b » ܡܢ ܪ̈ܚܡܐ

Nr. 40 Bl. 49a » » ܡܢܐ ܐܫܒܚ

Nr. 41 Bl. 50a » » ܡܪܐ

Nr. 42 Bl. 51a » » ܡܫܪ

Nr. 43 Bl. 52b » » ܠܒܪܐ

Nr. 44 Bl. 53b » » ܠܡܪܘ

Nr. 45 Bl. 55a » » ܠܡܪܢ

Nr. 46 Bl. 56b » » ܒܗ ܠ̈ܠܠܐ

Nr. 47 Bl. 57b » » ܒܗ ܒܒܐ

Nr. 48 Bl. 59a » » ܣܝܡܗ

Auf Bl. 60ᵇ eine Notiz von dem Schreiber *Sabhrîšô'* des Inhalts, dass in dem letzten Gedicht, dessen Strophenanfänge den Namen ܓܝܘܪܓܝܣ ausdrücken, die beiden mit ܓ und ܣ anfangenden Strophen ܗܕܐ gefehlt hätten, dass er sie daher aus Eigenem ergänzt habe.

Nr. 49 Bl. 61ᵃ Hymnus von *Giwargis Wardâ*:
ܐܡܪܐ ܕܡܠܟܐ ܕܡ ܕܡܠܟܐ. ܕܗ ܕܘܒܐ.
ܘܡܫܒܐ ܠܡܠܟܐ ܕܫܘܒܚܐ ܕܡܕܒܪܢܘܬܐ ܠܐ
ܕܥܠܡܐ ܘܕܒܪܐ ܟܠܗ.

Anfang: ܒܪܝܟ ܕܡܕ

Nr. 50 Bl. 62ᵃ Hymnus, anf. ܒܪܝܟ ܕܡܕ ܒܟܠ

Nr. 51 Bl. 63ᵃ „ „ ܗܐ ܡܫܝܚܐ

Nr. 52 Bl. 64ᵇ „ „ ܟܡܐ ܘܐܬܕܡܪܘ

Nr. 53 Bl. 66ᵇ Hymnus des Metropoliten Elias von Nisibis, anfangend ܡܫܐ ܠܡܕܢܚܝ

Nr. 54 Bl. 67ᵇ Hymnus von *Giwargis Wardâ*, anf. ܕܡ ܗܕܝܐ

Nr. 55 Bl. 70ᵃ Hymnus von demselben, anf. ܐܡܘ ܕܠܡܐ ܕܡܘ ܕܢܟܦܐ — Nr. 56 Bl. 72ᵃ ܐܡܘ ܕܠܡܐ — Nr. 57 Bl. 74ᵇ ܐܘ ܡܫܝܚܐ — Nr. 58 Bl. 77ᵃ ܐܘ ܡܫܝܚܐ — Nr. 59 Bl. 79ᵃ ܐܘ ܟܡܐ ܐܡܪܝܢ.

Bl. 81ᵇ Hymnus von dem Presbyter *Ṣlîbhâ* aus dem Geschlecht des Priesters *Makbil* aus dem Dorfe *Manṣûrijje* im Gebiet von *Bêth-Zabhdai*.

Anfang des Prologs:

ܐܠܐ ܐܠܗܐ ܚܝܐ.

Anfang der ersten Strophe:

ܐܠܐ ܐܠܗܐ. ܐܒܪܐ ܡܠܟܐ ܕܒܪܬܐ.

Zwischen Bl. 81—82 eine Lücke; fehlen die ersten 7 Blätter von Kurrâs 13.

Bl. 82. 83ᵇ Schluss eines Hymnus (von *Ṣlîbhâ*?). Anfang von Bl. 82ᵃ:

ܕܡܫܝܚܐ ܠܐ ܡܬܚܙܐ.
ܗ ܐܠܐ ܐܠܗܐ. ܗܘܝ ܒܗܘܢ ܡܪܐ

Bl. 83ᵇ. 84 Einige Strophen von dem Schreiber, deren Anfangsbuchstaben den Satz ܨܠܘ ܥܠ ܚܛܝܐ ergaben. Anfang:

ܨ ܨܠܘܬܝ ܡܥܠܐ.

Bl. 84ᵃ Notiz von dem Schreiber *Sabhrîšô'*:

ܟܬܒܗ ܐܘ ܡܪܝ ܒܪܘܟܐ.
ܥܠ ܟܘܢܐ ܡܫܝܚܐ.
ܥܠ ܡܕܒܪܢܘܬܐ ܣܓܝܐ.
ܕܒܝܫܐ ܒܗܘ ܢܘܟܪܝܐ ܐܡܪܐ܀
ܢܦܩܘ ܗܘܐ ܡܢܝܢ ܠܒܝܬ.
ܘܡܦܩܢܐ ܕܚܝܐ ܐܠܗܝܐ.
ܕܡܕܒܪܢܘ ܕܡܫܝܚܐ.
ܠܚܝܐ ܕܟܠܐ ܘܕܒܪܐ ܡܠܟܝ܀

Nr. 60 Bl. 85ᵃ Hymnus von *Wardâ*, anfangend ܡܪܝܐ ܕܡܠܟܐ — Nr. 61 Bl. 86ᵃ ܡܠܟܘܬܐ — Nr. 62 Bl. 88ᵃ ܡܪܐ ܕܠܐܒܘܗܝ

Bl. 90ᵃ Hymnus von demselben:

ܐܡܪܐ ܘܡܕܪܫܐ ܕܒܪܘܟܐ
ܕܐ . . ܘܢ܀[1] ܗܐ ܟܬܒܐ

Anfang des Prologs:

ܗܐ ܡܫܝܚܐ ܢܗܝܪܐ.

Anfang der ersten Strophe:

ܡܪܝ ܡܪܝ ܕܝܠܗܘܢ.

Mit ܐܒܘܢ dürfte der Patriarch gemeint sein.

Nr. 133 Bl. 93ᵇ Hymnus über den Catholicus des Ostens, auch geeignet für den Gedenktag des *Mâr* Eugen und aller Heiligen.

Anfang des Prologs:

ܟܗܢܐ ܘܡܪܢ ܒܪܝܬܐ.

Anfang der ersten Strophe:

ܕܝ ܗܘܪܐ ܡܠܐ ܥܠ ܟܗܢܐ.

Nr. 63 Bl. 95ᵇ Hymnus von *Wardâ* für den Freitag der Verstorbenen, anfangend ܕܡܫܝܚܐ

[1] ܕܐܒܘܢ?

Nr. 64 Bl. 97b Hymnus von demselben, anf. ܡܠܟܐ — Nr. 65 Bl. 100a ܒܪܝܟ — Nr. 66 Bl. 101b ܡܪܘܡܡܘ — Nr. 67 Bl. 103a ܢܫܡܬܐ — Nr. 68 Bl. 105a ܐܘ ܕܠܥܒܕܬܢܝܬܐ — Nr. 69 Bl. 107a ܐܘ ܒܪܐ — Nr. 70 Bl. 108a ܒܢܝ — Nr. 71 Bl. 109a ܗܘ — Nr. 72 Bl. 110a Hymnus von *Sabhrîšô'* Bar Paulus, anf. ܡܫܝܚܐ — Nr. 73 Bl. 111b Hymnus von *Wardâ*, anf. ܒܦܓܪ ܥܕܬܐ — Nr. 74 Bl. 113a ܫܠܡܗ

Nr. 136 Bl. 114b Hymnus auf *Mâr* Michael, Schüler des *Mâr* Eugen, verfasst von einem Mönche seines Klosters, Rabban *'Abhdîšô'* Bar *Ša''dâ*, dessen Gedenktag Mitte October gefeiert wird. Anfang:

ܝܫܘܥ ܘܡܪܘܡܪܢ ܡܪܐ ܟܠ.

Nr. 75 Bl. 119a Hymnus von *Wardâ*, anf. ܦܪܘܩܐ — Nr. 76 Bl. 120a ܒܪ ܟܠ — Nr. 77 Bl. 122a ܒܠܒܐ — Nr. 78 Bl. 123a ܒܫܡܗ — Nr. 79 Bl. 126a ܒܫܘܒܚܗ — Nr. 80 Bl. 127b ܒܡܕܒܪܢܐ — Nr. 81 Bl. 129b ܒܪܐ — Nr. 82 Bl. 132a ܐܒܐ — Nr. 83 Bl. 134b ܥܒܕܐ — Nr. 84 Bl. 136a ܒܥܕܢ

Bl. 138a Hymnus über Sergius und Bacchus, verfasst von dem Catholicus *Sabhrîšô'* V., genannt Bar *Mšîhâjâ*, auch geeignet für den Sonntag der Bekenner. Melodie ܡܪܝܐ ܢܗܝܪܐ. Anfang des Prologs:

ܝܘܡܢ ܗܘ ܡܬܝܪ ܕܝܘܬܪܢܐ.

Anfang der ersten Strophe:

ܐܝܟ ܠܣܗܕܘܬܐ ܚܕܬܐ.

Bl. 139b Hymnus über Simeon Bar *Ṣabbâ'ê* und seine Mitmärtyrer, auch geeignet für den Sonntag der Bekenner. Melodie ܗܕܐ ܢܗܘܐ. Anfang des Prologs:

ܝܘܡܐ ܘܠܡܫܡܫܢܐ ܣܗܕܐ.

Anfang der ersten Strophe:

ܐܝܟ ܠܐܒܪܗܡ ܡܥܠܐ.

Lücke zwischen Bl. 139—140.

Nr. 85 Bl. 140b Hymnus von *Wardâ*, anfangend ܒܪܘܟܐ — Nr. 86 Bl. 142b ܡܪܝܡ — Nr. 87 Bl. 144a ܠܐ ܠܐܠܗܐ — Nr. 88 Bl. 146a Hymnus auf den h. Pethion von Rabban *Mâri* Bar *Mšîhâjâ*, anfangend ܗܘ ܒܠܚ — Nr. 89 Bl. 147a Hymnus von *Wardâ*, anfangend ܐܠܗܐ ܐܬܠܗ — Nr. 90 Bl. 150a ܐܘܪܫܠܡ.

Auf Bl. 152a folgende Verse von *Giwargis Wardâ* Bar *Denḥâ*:

ܐܬܐܘܗܝ ܗܘ ܡܠܐܟܐ ܕܦܪܘܩܐ.
ܕܐܘܪܫܠܡ ܒܗܘܢ ܡܫܒܚܢܐ.
ܕܡܫܠ ܡܢ ܐܠܗ ܫܒܝܚܐ.
ܒܪ ܒܗܘܢ ܕܝܫܘܥ ܡܫܘܒܚܐ.
ܕܠܒܝܬ(?) ܠܗ ܡܢ ܠܐܝܢ ܐܠܗܘܬܐ ܫܠܝܚܐ.
ܕܝܗܒ ܠܝܫܘܥ ܒܗ ܫܘܠܛܢܐ.
ܘܟܠ ܕܒܫܡܝܐ ܐܝܬ ܡܫܬܟܚܐ.
ܕܢܚܡܠܗܘܢ ܐܝܬ ܚܕܬܐ ܕܟܝܢܐ.
ܘܟܠ(?) ܕܡܪܬܐ ܒܗ ܒܢܝ ܚܘܒܐ.
ܘܝܗܘܒ ܡܫܠܡܢ ܗܘ ܕܝܫܘܥ.
ܡܫܝܚܐ ܗܘ ܡܠܟܐ ܪܒܐ.
ܝܗܒ ܠܗ ܫܘܠܛ ܠܟܠ.

Bl. 152a Hymnus von *Wardâ* für Himmelfahrt, anfangend ܠܡܠܟ ܡܠܟܐ ܫܡܝܢܐ

Nr. 91 Bl. 153a Hymnus von *Wardâ*, anfangend ܠܐܠܗܐ — Nr. 92 Bl. 155b ܦܝܪܐ — Nr. 93 Bl. 157a ܡܪܐ — Nr. 94 Bl. 159b ܫܡܝܢ — Nr. 95 Bl. 162b ܡܢܐ ܡܘܕܝܢ — Nr. 96 Bl. 165a ܡܪܢ — Nr. 97 Bl. 167a ܒܫܡܫܐ — Nr. 98 Bl. 169a ܫܘܒܚܐ — Nr. 99 Bl. 171b ܗܘ ܡܠܟܐ — Nr. 100 Bl. 174a ܡܪܐ — Nr. 101 Bl. 175a ܡܘܡܘ — Nr. 102 Bl. 176b ܐܡܐ — Nr. 103 Bl. 179a ܠܐܠܗܟ — Nr. 104 Bl. 181b ܠܦܪܘܩܢܐ — Nr. 105 Bl. 183b ܐܠܗܐ — Nr. 106 Bl. 185a ܐܡܐ — Nr. 107 Bl. 187a ܗܘ — Nr. 108 Bl. 188b ܝܡܝܢܗ — Nr. 109 Bl. 190b ܡܫܡܫ — Nr. 110 Bl. 192a ܐܘ ܕܡܫܠܡ

Lücke zwischen Bl. 193—194.

Nr. 111 Bl. 194ᵃ Hymnus von *Wardâ*, anfangend ܒܒܥܘ̈ܬܐ — Nr. 112 Bl. 195ᵃ ܢܦܫܐ — Nr. 113 Bl. 196ᵇ ܡܠܟܐ — Nr. 114 Bl. 198ᵃ ܐܘ ܚܛܝ̈ܐ — Nr. 115 Bl. 201ᵃ ܫܘܒܗܪܐ — Nr. 116 Bl. 202ᵇ ܡܪܢܫܐ — Nr. 117 Bl. 204ᵇ ܒܒܠܫܐ — Nr. 118 Bl. 206ᵃ ܒܗܘܪܐ — Nr. 119 Bl. 209ᵃ ܡܠܦܢܐ

Auf Bl. 211ᵃ eine Notiz von einem ܐܣܟܘܠܝܐ Schüler *Ṣaumâ*.

Nr. 120 Bl. 211ᵇ Hymnus von *Wardâ*, anfangend ܐܘ ܕܒܪܐ — Nr. 121 Bl. 213ᵃ ܡܫܝܚܐ — Nr. 122 Bl. 215ᵃ ܡܠܟܐ — Nr. 123 Bl. 217ᵇ ܡܠܟܐ ܕܪ̈ܘܡܐ — Nr. 124 Bl. 219ᵇ ܡܪܢܫܐ — Nr. 125 Bl. 221ᵃ ܡܪܐ ܕܪ̈ܘܡܐ

Lücke zwischen Bl. 221—222: fehlt Ende des Hymnus 125 und Anfang des Hymnus 126.

Nr. 127 Bl. 224ᵃ Hymnus von *Wardâ*, anfangend ܐܝܟܐ — Nr. 128 Bl. 225ᵇ ܫܟܝܚܐ

Lücke zwischen Bl. 225—226.

Nr. 129 Bl. 226ᵃ Hymnus von *Wardâ*, anfangend ܡܪܝ — Nr. 130 Bl. 228ᵇ ܦܫܝܚܘ

Auf Bl. 231ᵃ folgende nicht ganz erhaltene Notiz:

—— ܥܠ ܕܟܬܒ ܒܟܬܒܝ. ܘܥܕܪܗ ܒܡܠܠܐ
ܘܐܦ ܠܐܬܪ̈ܘܬܐ ܕ̈ܝܢܐ ܕܗܘܪܝܐ.
.. ܡܢ ܫܢ̇ܬ ܘܫܢܐ ܥܠ ܗܘܢܝܬܐ
ܡܫܝܚܝܬܐ
ܘ[ܗܘ̇ ܡܫܝܚܝܬܐ ܐܪܬܘܕܘܟܣܝܬܐ ⁘ ܘܟܠܗ ܥܠ
ܕܘܟܐ
ܡܫܠܡܐ ܘܫܦܝܪܐ ܗܝܡܢܘܬܐ ܕܬܠܝܬܝܘ ܕܡܢ
ܡܪܝܐ
ܘܠܗ ܐܝܟ ܕܟܬܒ ܐܦܣܩܘܦܐ ܕܚܝܣܢܐ ܘܐܪܙܢ
ܕܐܪ̈ܥܘܗܝ ܒܒܗܘ ܟܠܗ ܥܠܘܗܝ ܒܫܘܒܚܐ
ܡܫܝܚܐ ܐܡܝܢ ܘܐܡܝܢ.

Danach ist diese Hds. geschrieben von einem Bischof *Sabhrîšô'* von *Ḥesnâ* (*Ḥasan Kêf*) und *Arzûn*.

Auf Bl. 231ᵇ Anfang eines ܡܐܡܪܐ von *Wardâ*, Fragment. Überschrift und Anfang:

ܗܘܒ ܡܐܡܪܐ ܕܥܠ ܦܘܫܩ ܒܪ̈ܢܫܐ ——
—— ܘܐܦ ܝܚܝܕ ܠܡܫܝܚܘܗܝ ܐܘܟܝܬ ܪ̈ܒܝܢܘܗܝ
ܐܘ ܠܝ ܚܘܒܐ ܕܝܠܗ ܕܡܠܦܢܐ ܠܗܘܪܐܝܬ
—— ܘܡܐܡܪܐ ܒܣܝܒܪܬܐ ܕܐܪܒܥܐ ܕܝܘܡܐ.
ܕܝܘ —— ܠܐܘܪܐ ܘܠܫܘܒܚܐ. ܫܒܝܚ ܒܪܘܐ
ܘܣܓܝܕ ܒܟܠ. ܕܡܢ ܟܠ ܐܝܬܘ ܘܒܗ ܗܘܐ ܡܢ
ܟܠ.

Anfang der ersten Strophe:

ܫܡܥܘ ܦܪ̈ܘܫܐ ܠܗܢ ܡܐܡܪܐ.
ܕܒܪܫܐ ܗܘܢܐ ܘܡܘܪܐ.

Bl. 232 einzelnes Blatt, das vielleicht dem verlorenen Theil der Hds. angehört. Bl. 232ᵃ Theil eines Hymnus. Erste Worte:

ܕܠܐ ܡܕܡ ܠܡܪܢܐ ⁘
ܡܢ ܐܡܬܝ ܐܘ ܫܢܝܐ.
ܝܡܝ ܚܘܒܐ ܕܠܗ ܒܗ ܫܢܝܐ.
ܘܡܢ ܠܗܘ ܚܪܘܒܐ ܐܝܐ.
ܕܡܒܠܒ ܒܗ ܟܠ ܐܘܠܝܢܐ ⁘

Bl. 232ᵇ Anfang eines neuen Hymnus. Überschrift: ܗܘܒ ܚܘܫܒܐ ܕܥܠ ܫܪ̈ܒܬܐ ܕܒܝܬܗ
ܕܡܚܒܒܐ ܠܡܪܝ ܨܒܪܝܫܘܥ ܐܦܣܩܘܦܐ ——
ܡܝܛܪܦܘ̈ ܕܐܬܪܐ . . . ܒܝ' ܕܪܘܐܪ. ܝܠܗܘܢ
ܥܡܝ. ܘܫܡܫܐ ܕܐܡܐܪܐ ܒܟܠ ܫܢܝܢ. ܕܒܬܪ
—— ܐܘ ܒܗܘܪܐ(?) ܐܘ ܒܗܘܦܟ ܥܠܡܐ.
ܗ̈ܘ ܕ-

Anfang:

ܗ̇ܘ ܕ[ܐܒܐ] ܡܪܐ ܕܝܢܐ ܘܕܒܪ̈ܝܬܐ.
ܗܠܠ ܒܪ̈ܢܫܐ —— ܕܚܢܐ.
ܘܐܠܗܐ ܠܗ ܗܦܟܐ ܕܒܝܬܐ.
ܕܐܡܪ ———

Als Dichter dieses Hymnus ist angegeben *Sabhrîšô'*, Metropolit der Landschaft *Rewâr*[2].

[1] ܪܝܘܪܕ?
[2] Oder *Darwâr*?

Die Hds. ist vollständig vocalisirt und punktirt (auch mit *Rukkâkhâ* und *Kuššâjâ*) in der gewöhnlichen Nestorianischen Art. Die Schrift gross und deutlich. Von dem Schreiber ist nur der Name — *Sabhrîšô'* Bischof von *Ḥasan Kêf* und *Arzûn* — vorhanden, nicht das Datum. Er dürfte im 16. (15.) Jahrhundert geschrieben haben.

Die Hds. muss dem Feuer ausgesetzt gewesen sein; die Ränder sind angebrannt, ausserdem viele Blätter durch Feuchtigkeit und Moder beschädigt. Vollständig erhalten sind die Kurrâs 5. 7—9. 14. 16. 17. 19. 20—24. 26. 27. Von Kurrâs 6 fehlt 1 Blatt, zwischen K. 10—11 fehlen 2 Blätter, von K. 13 die 7 ersten Blätter, von K. 15 die letzten 5 Blätter, von K. 18 das erste Blatt, von K. 25 fehlen 5 Blätter am Ende, von K. 28 ein Blatt. Von K. 29 und den folgenden sind 10 lose Blätter vorhanden. Die ersten 4 K. sind durch 4 lose Blätter vertreten, von denen Bl. 4 das letzte Blatt des K. 4 ist. Das Papier ist dunkelbraun geworden.

232 Blätter (30,5 × 20,5 cm), die Seite zu 28 Zeilen.

65.

(Ms. orient. fol. 619.)

Eine grosse Sammlung kirchlicher Poesien [illegible], genannt *Wardâ* nach dem Dichter und Sammler *Giwargis Wardâ* aus Arbela. Vergl. Badger, The Nestorians and their rituals II, 25: »The Warda, a collection of hymns similar to the above (d. i. *Khamis*), written and compiled by Gheorgees Warda, a famous Nestorian poet, who seems to have been a cotemporary of Khamees bar *Ḳarddâḥê* (who lived in the 12th or 13th century), etc. Some (of the hymns) are chanted immediately after the reading of the Gospel in the Liturgy, and others are recited whilst the communicants are partaking of the holy elements.« Vergl. die ähnlichen Sammlungen Nr. 63. 64. 66.

Die folgenden Dichter werden genannt:

1. *Wardâ* oder *Giwargis Wardâ* aus Arbela Bl. 41ᵇ. 59ᵃ. 114ᵇ. 116ᵃ. 131ᵃ. 142ᵇ. 147ᵇ. 166ᵃ. 167ᵇ. 170ᵇ. 196ᵇ. 199ᵇ. 201ᵃ. 202ᵇ. 203ᵇ. 204ᵇ. 205ᵇ. 217ᵇ. 219ᵃ. 228ᵇ. 239ᵇ. Das Gedicht Bl. 239ᵇ ff. ist datirt vom Jahre 1547 = 1236 n. Chr. *Giwargis* [illegible] (= *Wardâ*?) Bl. 84ᵃ.

2. *Khamis* Bar *Ḳarddâḥê* Bl. 24ᵃ. 26ᵇ. 83ᵃ. 119ᵃ. 136ᵇ. 141ᵇ. 166ᵃ. 236ᵇ.

3. *Jôḥannân* Bar *Mâr Abhâ* Bl. 29ᵃ. 52ᵇ.

4. *'Abhdîšô'* Catholicus, auch genannt *'Abhdîšô'* von *Gâzartâ* Bl. 72ᵇ. 107ᵇ. 182ᵇ. 195ᵇ (bis).

5. Priester *Ṣlîbhâ* Bl. 87ᵇ.

6. *Mâr Îšô'jabh* Bar *Maḳaddam* (sic), Bischof von Arbela, Bl. 101ᵃ. 155ᵇ.

7. *Mâr* Elias III Bl. 158ᵃ.

8. *Mâr Sabhrîšô'* Catholicus Bl. 159ᵃ. 230ᵃ. 234ᵇ.

9. *Darwîš* Bar *Ḥannâ* aus *Gâzartâ* Bl. 223ᵃ.

10. *Mâr Denḥâ*, Catholicus, Bl. 231ᵇ.

11. *Mâr* Simeon, Metropolit von Amid, Bl. 242ᵃ.

12. Priester Israel aus *Alḳôš* Bl. 246ᵃ.

13. *Šemšâ* [illegible] Bl. 16ᵇ. 36ᵃ.

Titel und Überschrift Bl. 1ᵇ: [illegible]

Verzeichniss der Tage und Gedichtanfänge:

Bl. 1ᵇ Erster Sonntag im Advent [illegible]

Bl. 2ᵇ [illegible]

Bl. 3ᵃ Zweiter Sonntag: [illegible]

Bl. 4b ܫܠܡ ܠܟܠܟܘܢ ܠܚܕܒܫܒܐ.

Bl. 6a Dritter Sonntag: ܝܘܡ ܗܘܐ ܘܣܓܐ ܠܚܕܒܫܒܐ.

Bl. 7a ܡܢ ܐܒܗܬܝ ܙܘܝܢܐ

Bl. 8b ܕܝܠܐ ܘܙܡܪ ܠܕܝܢ̈ܐ.

Bl. 10b Vierter Sonntag: ܫܡܥܘܢ ܐܢܘܢ ܫܪ̈ܝܪܘܢ.

Bl. 12b Weihnachts-Hymnen: ܥܘܢܝ̈ܬܐ ܕܒܝܠܕܐ ܕܡܪܢ ܡܠܟܗ ܕܡܪܢ.

Anfang:

ܡܠܟܐ ܕܡܠܟܐ ܠܡܠܟܗ ܘܩܢܐ.

Bl. 14b ܫܡܥܐ ܐܪܟܢܘ ܘܫܪܟܘܢ ܫܡ̈ܝܐ.

Bl. 16b ܐܬܪܐ ܕܒܝܠܕܐ ܕܡܠܟܐ ܘܐܠܗܐ ܕܡܠܟܝܢ ܫܡܝ̈ܐ.

Von dem Lehrer *Šemšá*. Anfang: ܗܠܠܘܝܐ ܠܒܪܗ ܡܠܟܐ.

Bl. 19b Mart Marjam: ܡܢ ܡܪܝܡ ܕܒܬܘܠܬܐ ܢܘܪܐ.

Bl. 22a ܒܥܕܢܐ ܕܡܘܠܕܐ ܗܘ ܙܒܢܐ ܐܬܐ.

Bl. 24a Von *Khamis*: ܫܠܡ ܠܗ ܠܚܒܪܐ ܠܚܕܒܫܒܐ.

Bl. 26b Von *Khamis*: ܗܠܠܘܝܐ ܠܒܪܗ ܡܠܟܐ.

Bl. 29a Sonntag nach Weihnacht von *Jôḥannán* von der Familie *Már Abhá*: ܕܐܡܪܐ ܠܡܫܝܚ ܕܒܗ ܡܪܝ ܐܒܐ.

Anfang:

ܡܢ ܚܘܒܐ ܠܗ ܠܡܫܝܚܗܘܢ.

Bl. 32b Epiphania: ܒܥܐܬ ܐܠܗܘܬܐ ܘܐܠܗܝܢ

Bl. 34a ܗܘ ܚܢܢ ܫܘܒܚܐ.

Bl. 36a Von dem Lehrer *Šemšá*: ܗܠܠܘܝܐ ܠܒܪܗ ܚܝܐ.

Bl. 37b Erster Sonntag nach Epiphania: ܒܪܝܟ ܡܫܝܚܐ ܕܒܡܥܡܘܕܝܬܗ.

Bl. 38b Johannes der Täufer: ܚܝܠܐ ܕܡܠܟܐ ܒܐܝܕܐ.

Bl. 40b Zweiter Sonntag nach Epiphania: ܫܘܒܚܐ ܠܗܘ ܡܪܘܡܐ.

Bl. 41b Zwölf Apostel von *Wardá*: ܠܬܪܥܣܪ ܫܠܝܚܐ.

Bl. 42b Dritter Sonntag nach Epiphania: ܚܝܠܐ ܚܘܕܪܢ ܦܪܘܩܢ.

Bl. 43b ܚܝܠܐ ܝܗܒܘܬ ܒܡܘܕܝ.

Bl. 44b Die 72 Apostel: ܡܠܐ ܫܒܥܝܢ ܫܪ̈ܝܪܘܢ.

Bl. 48a Vierter Sonntag nach Epiphania: ܡܫܝܚܐ ܒܪ̈ܚܡܝܟ ܡܢ ܥܠܡ.

Bl. 48b ܫܘܒܚܐ ܠܪ̈ܚܡܝܟ ܡܪܚܡ.

Bl. 49b Fünfter Sonntag nach Epiphania: ܡܫܝܚܐ ܡܠܟܐ ܡܪܚܡܢܐ.

Bl. 50a Sechster Sonntag: ܫܘܒܚܐ ܠܪ̈ܚܡܝܟ ܫܡܝ̈ܢܐ.

Bl. 51a Niniviten-Gebet: ܥܘܢܝ̈ܬܐ ܕܒܥܘܬܐ ܕܢܝܢܘܝ̈ܐ Anfang:

ܡܢ ܒܥܕܢܐ ܕܫܘܫܠܡܐ ܩܕܡܝܐ.

Bl. 52b Von *Jôḥannán* Bar *Már Abhá*: ܚܝܠܐ ܚܘܕܪܢ ܦܪܘܩܢ.

Bl. 54b ܗܘ ܐܝܢܐ ܒܢܝ̈ܐ ܕܪܘܚܐ.

Bl. 56b ܡܫܝܚܐ ܕܐܘܪܒ ܠܐܒܘܗ ܘܫܒܪ.

Bl. 57b Dienstag des Gebets (der Niniviten): ܡܢ ܢܦܫ ܚܘܝ ܡܢ ܢܘܚܐ.

Bl. 59a Über die Sodomiter von *Wardá*: ܡܬܒܥܝܢ ܕܒܬܫܥܝܬܐ.

Bl. 61a ܕܒܥܘܬܐ ܕܝܘܡ ܢܦܫܐ Anfang:

ܒܕܡܐ ܠܐܡܬܐ ܢܦܫܐ ܕܡܢܬܐ.

Bl. 62b ܥܠ ܦܓܪܐ ܘܢܦܫܐ Anfang:

ܝܘܡܝ ܚܝ̈ܐ ܘܡܘܬܐ.

Bl. 63b Über Reue: ܐܘ ܢܦܫܐ ܕܫܒܩܬ ܡܢ ܟܠ.

Bl. 65a ܡܫܝܚܐ ܡܠܟܐ ܡܫܝܚܐ.

Bl. 66a ܡܫܝܚܐ ܡܠܟܐ ܡܪܚܡܢܐ.

Bl. 66[b] Von der Zerstörung Jerusalems: ܡܫܝܚܐ ܠܓܪܐ ܡܗܘܡܝܐ.

Bl. 68[b] ܡܢܘ ܕܢܠܠ ܠܐ ܢܒܟܐ.

Diese beiden Gesänge sind edirt und übersetzt von Nöldeke in Z. DMG. 27, 495. 505.

Bl. 69[b] ܕܢܘܟܪ̈ܝܐ Anfang:

ܛܒܐ ܕܛܝܒܘܬܐ ܗܘ ܡܚܝܢܗ.

Bl. 70[a] ܕܢܘܟܪ̈ܝܐ Anfang:

ܡܚܐ ܕܪ̈ܘܚܐ ܘܫܘܘܫܝܐ.

Bl. 70[b] Mittwoch des Niniviten-Gebets: ܡܪܝܐ ܕܢܒ̈ܝܘܬܐ.

Bl. 72[b] Von Catholicus *Mâr 'Abhdîšô'*: ܡܪܝܐ ܕܡܠܟ̈ܐ ܘܡܪ̈ܘܬܐ.

Bl. 74[b] ܬܫܒܘܚܬܐ ܕܝܘܡ ܥܪ̈ܘܒܬܐ. Anfang:

ܗܫܡܝܐ ܕܠܘܬ ܝܫܘܥ.

Bl. 74[b] Für Jemand, der allein betet: ܛܒܐ ܘܢܩܢ ܫܘܡܠܝܐ.

Bl. 75[b] ܬܫܒܘܚܬܐ ܕܢܘܟܪ̈ܝܐ. Anfang:

ܡܫܠܡ ܢܘܟܪܝܐ ܫܝܢܐ.

Bl. 76[b] ܬܫܒܘܚܬܐ ܕܢܘܟܪ̈ܝܐ ܫܢܝܐ. Anfang:

ܡܫܝܚܐ ܗܘܕܪܐ ܕܥܒܕ̈ܘܗܝ.

Bl. 77[b] ܡܠܟܐ ܡܫܝܚܐ ܪܒܘܢܝ̈ܐ.

Bl. 78[a] Vom Heilsplan ܕܥܠ ܡܕܒܪܢܘܬܐ. Anfang:

ܡܫܝܚܐ ܡܪܐ ܕܐܢܫܘܬܐ.

Bl. 79[a] ܡܪܝ ܕܗܘܐ ܢܨܝܚ.

Bl. 80[a] ܬܫܒܘܚܬܐ ܕܢܘܟܪ̈ܝܐ ܗܦܟܢܝܐ Anfang:

ܡܫܝܚܐ ܡܚܝܢܐ ܕܛܒ̈ܬܐ.

Bl. 81[a] ܒܪ ܦܠܛܗ ܢܘܪܐ ܠܢܒܝܐ.

Bl. 83[a] Von *Khamis*: ܐܘ ܕܘܘܝܐ ܕܡܠܘܡܬܐ.

Bl. 84[a] Von *Giwargis*: ܠܐ ܒܥܒܕ̈ܐ ܡܩܝ̈ܡܐ.

Bl. 87[b] Über Nestorius von *Mâr Slîbhâ*:
ܗܘܒ ܬܘܕܝܬܐ ܕܪܒܘܬܗ ܡܥܢܐ ܨܠܝܒܐ.
ܡܢ ܐܣܩܝܬܐ ܕܡܪܝ ܢܣܛܘܪܝܘܣ.
ܘܡܬܬܡܪܐ ܒܢܘܒܗܪܐ ܕܡܠܦܢܐ ܩܕܝ̈ܫܐ.

Anfang: ܐܘ ܡܫܡܫܢ̈ܐ ܥܠ ܗܘܕܝܬܐ.

Bl. 94[b] Hymne auf den Catholicus *Mâr Abhâ*. Anfang:

ܛܘܒܝܟ ܐܒܘܢ ܢܨܝܚܐ.

Bl. 95[b] Über *Mâr Ḥazḳijel*: ܢܘܗܪܐ ܠܢܒܝܐ ܚܠܝܡܐ.

Bl. 96[b] Über *Sabhrîšô' de-Bêth Ḳôḳâ*: ܐܢܐ ܠܟ ܐܒܘܢ ܢܨܝܚܐ.

Bl. 97[b] Über denselben *Sabhrîšô'*: ܒܪܝܟܘ ܡܫܝܚܐ ܡܢܨܚܢܟ.

Bl. 98[b] Über Rabban Hormizd: ܒܪܝܟܘ ܡܫܝܚܐ ܡܫܠܠܝܟ.

Bl. 99[b] Über denselben Hormizd: ܒܥܠ ܡܢܟ ܘܒܥܠ ܕܡܢܟ.

Vergl. Cardahi, Liber thesauri S. 142.

Bl. 101[a] Über Hormizd, verfasst von *Mâr Îšô'jabh*, Bischof ܡܗܝܕܪܝ von Arbel, genannt Bar *Maḳaddam*. Anfang:

ܒܪܘܟ ܐܪܝܐ ܒܪܝܟܬܐ ܕܐܬܘܪ.

Bl. 107[b] St. Stephanus, verfasst von *Mâr 'Abhdîšô'*. Anfang:

ܗܘ ܐܝܢ̈ ܐܠܗܝ ܕܐܬܩܕܫܘ.

Bl. 110[a] Für die katholischen Väter: ܬܫܒܘܚܬܐ
ܕܐܒܗ̈ܬܐ ܩܬܘܠܝܩܝܐ ܘܦܛܪܝܪܟܐ ܢܨܝܚ ܡܪܝ
ܕܟ̈ܠܗܘܢ ܘܐܝܟ ܡܛܠ ܠܢܒܝܐ ܘܫܠܝ̈ܚܐ ܠܐܒܗ̈ܬܐ.
ܘܢܒܝܐ ܕܡܬܐܡܪܐ ܒܬܘܒܪܐ ܕܝܠܗ ܡܪ̈ܘܬܐ.
ܘܒܡܫܒܚܐ ܕܩܬܘܠܝܩܐ ܘܡܦܪ̈ܫܢܐ.

Anfang:

ܢܘܗܪܐ ܠܗ ܠܐܒܐ ܐܡܝܢܐ.

Bl. 113[a] Für die katholischen Väter: ܢܘܗܪܐ ܘܡܪ̈ܝ ܒܢ̈ܬܐ.

Bl. 114[b] Für die Verstorbenen von *Giwargis Wardâ*: ܒܫܦܪ̈ܐ ܕܘܝܐ ܩܕܝܫ ܗܘܘ.

Bl. 116[a] Von *Wardâ* über einen Diaconus aus Arbela, der ein Verräther, d. i. Muslim wurde:
ܬܫܒܘܚܬܐ ܕܡܫܡܫܢܐ ܐܪܒܠܝܐ ܕܗܘܐ ܡܫܠܡܢܐ.
ܡܛܠ ܗܢܐ ܕܡܢ ܘܐܬܗܦܟ. ܘܐܡܪܐ ܢܠܘܗܝ
ܠܗܕܪܐ.

Anfang:

ܐܘ ܟܡܐ ܚܝܠ ܚܒܝܒܐ ܗܘܐ.

Bl. 117ᵃ Über die neun Ordines der Engel: ܬܫܥܐ ܠܗ̇ ܠܗܘܢ ܡܫܡܫܢܘܬܐ.

Bl. 119ᵃ Erster Fasten-Sonntag von *Khamis*: ܝܗ̈ܒܐ ܝܠܗ ܠܟ ܐܕܝܐ.

Bl. 120ᵇ Zweiter Fasten-Sonntag: ܬܘܒܘ ܗܕܐ ܥܠܡܐ ܠܡܫ̈ܥܝܐ.

Bl. 121ᵇ ܐܠܗܐ ܚܝܘܐ ܘܡܫܝܚܐ.

Bl. 122ᵇ Dritter Fasten-Sonntag: ܡܪܝ ܕܐܡܪܘܬ ܒܡܒܪܬܗܘܢ.

Bl. 123ᵇ Über Kain und Abel: ܬܪܬܝܗ ܕܗܒܝܠ ܐܠܝ ܠܟ.

Bl. 124ᵇ Vierter Fasten-Sonntag: ܐܘ ܕܠܥܒ̈ܝܕܐ ܪ̈ܚܡܝ.

Bl. 126ᵃ Von Abraham und Isaak: ܐܒܐ ܕܠܐܒܪܗܡ ܬܐܒ ܗܘܐ.

Bl. 128ᵃ Fünfter Fasten-Sonntag vom verlorenen Sohn: ܕܒܠ ܡܢ ܐܒܘܗܝ ܕܒܪ ܐܒܕܐ. ܘܐܦ ܒܫܒܐ ܕܠܒܝܬܗ ܬܝܒܘܬܗ.

Anfang:

ܒܟܬܒܐ ܪܘܚܢܐ.

Bl. 129ᵇ Sechster Fasten-Sonntag von den zehn Jungfrauen: ܒܪܐ ܕܐܠܗܘܬܐ ܠܟ ܬܫܒܘܚܬܐ.

Bl. 131ᵃ Über den Glauben, von *Wardâ*: ܐܘ ܟܡܐ ܡܢ ܟܠ ܕܠܗ ܠܟܠ ܟܠ.

Bl. 132ᵃ Lazarus-Freitag: ܦܐܪܐ ܕܪܘܚܐ ܠܡܠܘܕܗ.

Bl. 134ᵃ Palm-Sonntag: ܟܕ ܒܠ ܡܪܢ ܠܐܘܪܫܠܡ.

Bl. 135ᵇ Ostern ܡܠܟܐ: ܒܐܪܥܐ ܕܦܨܚܐ ܕܚܕܐ ܘܡܫܒܚܬܐ.

Bl. 136ᵇ Von *Khamis* ܕܟܡܝܣ ܡܫܝܚܐ

Anfang:

ܒܟܠ ܫܘܒܚܐ ܡܫܒܚܝܢ.

Bl. 137ᵇ Leidens-Freitag: ܒܫܒܝܗ ܕܡܪܢ ܗܘܐ ܚܫܐ.

Bl. 139ᵃ Der Grosse Sonnabend: ܒܫܒܬܗ ܕܒܪܐ ܡܫܝܚܐ.

Bl. 140ᵇ Auferstehung: ܫܘܒܚܐ ܠܝܘܕܘ ܐܘ ܒܢ̈ܝ ܒܝܬܐ.

Bl. 141ᵇ Von *Khamis* Bar *Ḳardâḥê*: ܐܡܪܐ ܕܡܠܟ ܕܒܫܡܗ.

Bl. 142ᵇ Von *Wardâ*, über das Evangelium: ܒܪܐ ܡܠܟܐ ܡܫܝܚܐ.

Bl. 144ᵇ Freitag der Bekenner: ܐܒܐ ܗܘܝ ܠܟ ܡܣܒܪܢܐ.

Bl. 146ᵃ Der Neue Sonntag: ܒܪܘܟܐ ܕܒܠ ܚ̈ܕܬܬܐ.

Bl. 147ᵇ Über den h. Georg, von *Wardâ*: ܡܪܝܐ ܡܪܝ ܟܡܐ ܒܠܒܘܬܗ.

Bl. 148ᵇ ܐܘܕܘ ܐܢ̈ܫܐ ܘܡܠܟܘ ܘܟܗܢܘ.

Bl. 150ᵃ ܠܦܠܚܝܢ ܕܡܠܟܐ ܥܠܡܐ.

Bl. 151ᵇ ܡܢܘ ܡܟܒܫ ܕܒܪܝܐ.

Bl. 152ᵇ ܠܐܠܗܐ ܕܓܘ̈ܪܓܝܣ ܥܠܡܐ.

Bl. 154ᵇ ܬܫܒܚܐ ܠܡܠܟܐ ܬܡܝܗܐ.

Bl. 155ᵇ Von *Îšô'jabh* Bar *Maḳaddam*: ܝܫܘܥ ܡܗܘܪܐ ܡܚܒܒܐ.

Die letzten Hymnen von Bl. 147ᵇ an beziehen sich alle auf den h. Georg.

Bl. 158ᵃ Über *Mâr Jaunân* von *Anbâr*, dessen Gedenktag der dritte Sonntag nach Ostern ist. Verfasst von *Mâr* Elias III. Anfang:

ܐܒܘܢ ܝܘܢܢ ܘܡܫܒܚܐ.

Bl. 159ᵃ Über Sergius und Bacchus am vierten Freitag nach Ostern. Verfasst vom Catholicus *Sabhrîšô'*. Anfang:

ܝܘܡܢܐ ܡܫܒܚܐ ܕܣܗ̈ܕܐ.

Bl. 160ᵃ Himmelfahrt: ܐܠܗܐ ܐܝܟ ܡܠܟܐ.

Bl. 162ᵃ Himmelfahrt: ܐܘܪܝܗ ܕܒܪܐ ܡܫܝܚܐ.

Bl. 163ᵇ Himmelfahrt: ܠܫܡܝܐ ܕܐܬܐ ܠܥܠܡ ܚܘܒܪܐ.

Bl. 165ᵃ Sonntag nach Himmelfahrt: ܦܬܐ ܠܐܬܪܗ ܝܬܒ ܕܡܫܐ.

Bl. 166ᵃ Pfingsten. Von *Wardá*: ܡܢ ܪܘܚܟ ܚܕܬܘܗܝ ܕܡܪܝܐ.

Bl. 167ᵇ ܕܫܠܝܚܐ ܕܐܘܪܫܠܡ Von *Wardá*. Anfang: ܡܢܘ ܫܡܥ ܕܡܫܠܡܐ.

Bl. 169ᵃ Zweiter Apostel-Sonntag: ܚܟܡܬܐ ܕܠܒܗ ܐܬܡܠܟܗ.

Bl. 170ᵇ Dritter Apostel-Sonntag. Von *Wardá*: ܥܘܡܪܐ ܠܗ ܠܘܬ ܚܝܐ.

Bl. 172ᵇ Vierter Apostel-Sonntag: ܗܘ ܡܠܟܐ ܕܥܡܡܐ.

Bl. 174ᵃ Fünfter Apostel-Sonntag: ܡܪܐ ܕܡܠܟܐ ܘܫܠܝܛܐ.

Bl. 174ᵇ Sechster Apostel-Sonntag: ܫܘܫܘ ܐܘ ܦܬܓܡܐ ܫܠܝܚܐ.

Bl. 176ᵃ Siebenter Apostel-Sonntag: ܐܡܝܢ ܕܐܡܪ ܠܗ ܫܡܥܘܢ.

Bl. 177ᵃ Siebenter Apostel-Freitag: ܐܘ ܕܗܘܘ ܒܢܝ ܡܗܝܡܢܐ.

Bl. 178ᵇ Über den h. Thomas am 3. Juli: ܐܘ ܫܬܝܬܐ ܢܘܗܪܐ ܥܘܡܪܐ.

Bl. 180ᵃ Über den h. Cyriacus den 15. Juli: ܢܦܫ ܦܘܩܕܢܐ ܡܢ ܡܠܟܐ.

Bl. 181ᵃ St. Cyriacus: ܡܢ ܠܗ ܐܬܪܐ ܕܣܘܓܐܐ.

Bl. 182ᵇ St. Cyriacus. Vom Catholicus *'Abhdîšô'*: ܚܘܒܢ ܗܘܕܐ ܡܫܝܚܐ.

Bl. 186ᵇ St. Cyriacus: ܝܫܘܥ ܕܐܬܐ ܡܫܘܒܚܐ.

Unterschrift Bl. 195ᵇ:

ܫܠܡ ܚܘܬܡܐ ܕܚܕܒܫܒܐ ܠܫܡܐ ܕܐܠܗܐ ܡܪܢ ܕܚܕܒܫܒܐ ܕܩܝܪܝܩܘܣ.

Bl. 195ᵇ Ein *Turgâmâ* über S. Cyriacus von demselben *'Abhdîšô'*: ܐܘ ܕܡܫܡܫܢ ܒܐܪܐ ܘܡܪܐ ܘܪܘܚ ܐܠܗܘܬ.

Bl. 196ᵇ Sonntag *Nusardêl*: ܕܢܘܣܪܕܝܠ ܕܩܘܫܛܢܛܝܢ ܕܡܫܒܚܝܢ ܒܐܪܐ ܕܐܠܗܐ. Verfasst von *Wardâ*. Anfang:

ܡܪܐ ܕܐܪܥܐ ܘܫܡܝܐ.

Bl. 198ᵃ Erster Sommer-Sonntag. Von *Wardá*: ܐܡܐ ܕܠܗ ܐܝܟ ܐܚܘܬܗ.

Bl. 199ᵇ Zweiter Sommer-Sonntag. Von *Wardá*: ܗܘ ܚܝܠܐ ܝܘܬܪ ܫܒܝܚܬܐ.

Bl. 201ᵃ Dritter Sommer-Sonntag. Von *Wardá*: ܝܫܘܥ ܕܐܬܐ ܡܫܘܒܚܐ.

Bl. 202ᵇ Vierter Sommer-Sonntag. Von *Wardá*: ܡܫܘܚ ܚܠܬܐ ܕܫܘܬܐ.

Bl. 203ᵇ Fünfter Sommer-Sonntag. Von *Wardá*: ܐܘ ܕܒܫܠܡ ܚܕ ܚܣܢܘܗܝ.

Bl. 204ᵇ Sechster Sommer-Sonntag. Von *Wardá*: ܡܠܟܐ ܪܒܐ ܫܦܝܪܐ.

Bl. 206ᵃ Siebenter Sommer-Sonntag. Von *Wardá*: ܐܘ ܚܬܢܐ ܘܙܘܓܐ.

Bl. 208ᵃ Erster Elias-Sonntag: ܢܘܗܪܐ ܕܕܪܐ ܚܠ ܢܘܗܪܝ.

Bl. 209ᵃ Zweiter Elias-Sonntag: ܡܪܝܡܐ ܘܡܪܗ ܕܡܪܝܡܐ.

Bl. 210ᵃ Dritter Elias-Sonntag: ܡܠܦܢܐ ܐܠܗܐ.

Bl. 211ᵇ Vierter Elias-Sonntag: ܡܫܝܚܐ ܕܠܟܠ ܒܪܐ.

Bl. 213ᵃ Fünfter Elias-Sonntag: ܡܠܟܐ ܘܡܪܐ ܕܟܠ ܡܠܟܐ.

Bl. 214ᵃ Sechster Elias-Sonntag: ܡܠܟܐ ܕܪܘܡܐ ܚܠܬܐ.

Bl. 216ᵃ Siebenter Elias-Sonntag: ܡܪܝܡܐ ܘܡܪܗ ܕܡܪܝܡܐ.

Bl. 217ᵇ Offenbarung Unseres Herrn auf dem Berge Tabor. Von *Giwargis Wardâ* aus Arbela: ܝܫܘܥ ܕܐܬܐ ܡܫܘܒܚܐ.

Bl. 219ᵃ Der erste Moses-Sonntag. Von *Wardá*: ܡܪܐ ܕܡܪܘܡܐ ܘܕܬܚܬܝܐ.

Bl. 220a Zweiter Moses-Sonntag: ܡܫܒܚܬܐ ܕܟܠ ܚܕ̈ܬܬܐ.

Bl. 222a Dritter Moses-Sonntag: ܐܫܬܐ ܕܢܘܪܐ ܡܢ ܡ̈ܫܡܫܢܘܗܝ.

Bl. 223a Kirchweih: ܐܘ ܡܫܝܚܐ ܚܬܢܐ ܚܕܬܐ.

Bl. 224a Hymnus für Kirchweih von dem Priester *Darwiš* (Derwisch), Sohn des *Ḥannā* ܓܙܪܬܝܐ (aus *Gāzartā*?). Überschrift:

ܗܕܐ ܡܢ ܚܕ ܬܫܒܘܚܬܐ.
ܡܫܡܠܝܢ ܗܘ ܒܘܚܕܬܐ.
ܕܡܪܢܐ ܥܠ ܦܬܐܘܪܬܐ.
ܕܦܬܓܡ ܩܕܝܫܐ ܕܟܘܢ̈ܫܬܐ.
ܕܡܕܒܪܢܐ ܕܥܠܡ̇ ܚܕܬܐ.
ܕܠܐ ܒܦܪ̈ܐ ܘܐܘܦܩܬܐ.
ܘܫܝܢܐ ܠܩܘܕܫܐ ܕܒܝܬܐ.
ܕܐܝܬܘܗ̇ ܠܡܫܝܚܐ ܟܠܬܐ.
ܕܒܢܝܬܐ ܠܟܗܢܐ ܘܗܢܐ.
ܘܫܡܫܐ ܫܘܫܒܝܢܐ.
ܘܡܠܦܢܐ ܐܦܪܝܡܝܐ.
ܦ̈ܪܘܫ ܐܢܐ ܠܗ ܒܫܡܐ.
ܟܪ ܡܫܝܚܐ ܒܐܢܐ ܡܕܠܝܢܐ.
ܘܡܬܩܦܐ ܚܢܐ ܓܙܪܬܝܐ.
ܢܬܡܫܡܫܘܢ ܡܠܟܐ ܘܡܪ̄

Anfang:

ܐܘ ܒܢ̈ܝ ܕܒܝܬ ܩܘܕܫܐ.

Bl. 228b Kreuzesfest. Von *Wardā*: ܐܘ ܕܒܪܐ ܡܢ ܓܢܒܘܬܐ.

Bl. 230a Kreuzesfest. Von Catholicus *Mār Sabhrīšō'*: ܣܓܝܕ ܠܫܡܗ ܕܙܩܝܦܐ.

Bl. 231b Kreuzesfest. Von Catholicus *Mār Denḥā*: ܣܓܝܕ ܙܩܝܦܐ ܣܓܝܕܐ.

Bl. 233b Kreuzesfest: ܣܓܝܕ ܠܨܠܝܒܟ ܡܪܢ.

Bl. 234b Kreuzesfest. Von Catholicus *Mār Sabhrīšō'*: ܣܓܝܕ ܙܩܝܦܐ ܡܪܢܐ.

Bl. 236b Kreuzesfest. Von *Khamis*: ܦܪܝܫܝܢ ܙܩܝܦܐ ܦܪܝܫܝܢ.

Bl. 239b Von *Giwargis Wardā*:

ܫܡܥ ܐܠܗܐ ܘܫܡܥ ܡܠܟܝ.
ܘܐܪܟܢ ܘܫܡܥ ܠܡܠܟܐ ܕܝܘܢ.

Bl. 242a Verfasst von *Mār* Simeon, Metropolit von Amid, der Stadt der Heiligen. Anfang:

ܫܒܚܐ ܓܘܪܐ ܡܪܕܘܬܐ.

Unterschrift Bl. 242b:

ܫܠܡ ܒܘܢ̈ܝܐ ܕܟܬܒܐ ܕܡܠܝ̈ܬܐ ܘܡܫܚ̈ܬܐ ܠܡܕ̈ܢܚܐ ܘܠܡܥܪ̈ܒܐ ܘܠܓܘܡܪ̈ܐ ܕܥܠܡ̇ ܚܕܬܐ ܒܫܘܠܡܐ.

Bl. 243ab Nachschrift des Schreibers. S. weiter unten.

Bl. 244a Hymnus für den dritten Elias-Sonntag: ܬܘܕܝܬܐ ܕܬܠܬ ܫܒܘܥ ܗܘܝܐ.

Ungewöhnlich wegen der grossen Zahl der darin vorkommenden Griechischen Fremdwörter.

Bl. 246a—248b Hymnus von dem Priester Israel aus *Alḳōš*: ܐܠܗܐ ܠܓܘܐ ܘܡܫܝܚܐ.

Unvollständig am Ende. Letzte Strophe:

ܠܒܢܝܢ ܘܡܢܕܪܐ ܗܘܝ ܠܝ.
ܘܗܘܕܝܢ ܢܦܫܐ ܫܡܠܐ.
ܕܒܫܡ ——————.

Über die Herkunft der Hds. giebt folgende Notiz auf Bl. 243 Nachricht:

ܫܠܡ ܒܥܘܕܪܢ ܐܠܗܐ ܒܟܬܒܐ ܗܢܐ ܕܬܘܕܝ̈ܬܐ ܒܟܠܗܘܢ ܦܢܩܝ̈ܬܗ ܘܡܢܘܢܝ̈ܬܗ ܡܫܡܠܝܢܐ. ܐܝܟ ܕܝܢ ܐܒܘܢ ܐܬܦܬܚ ܠܝ. ܦܠܓܘ̈ܬܗ ܠܫܠܡܐ ܟܠܗ ܡܢ ܫܢܬܗ. ܘܡܫܬܠܡܐ ܥܠ ܐܝܕܐ ܕܦܫܝܛ ܐܝܕܝ. ܐܢܐ ܕܝܢ ܘܐܫܟܠܬ ܒܫܢܬ ܗܘܐ ܡܠܐ ܫ̈ܢܐ. ܒܝܘܡܐ ܒܝܘܡܐ ܐܕܪ ܗܘܐ ܒܗ ܒܫܘܒ ܥܣܬܐ: ܠܐ : ܕܝܘܡܐ ܡܢܝܢܐ. ܘܠܗܘ ܕܫܡܠܝܗ

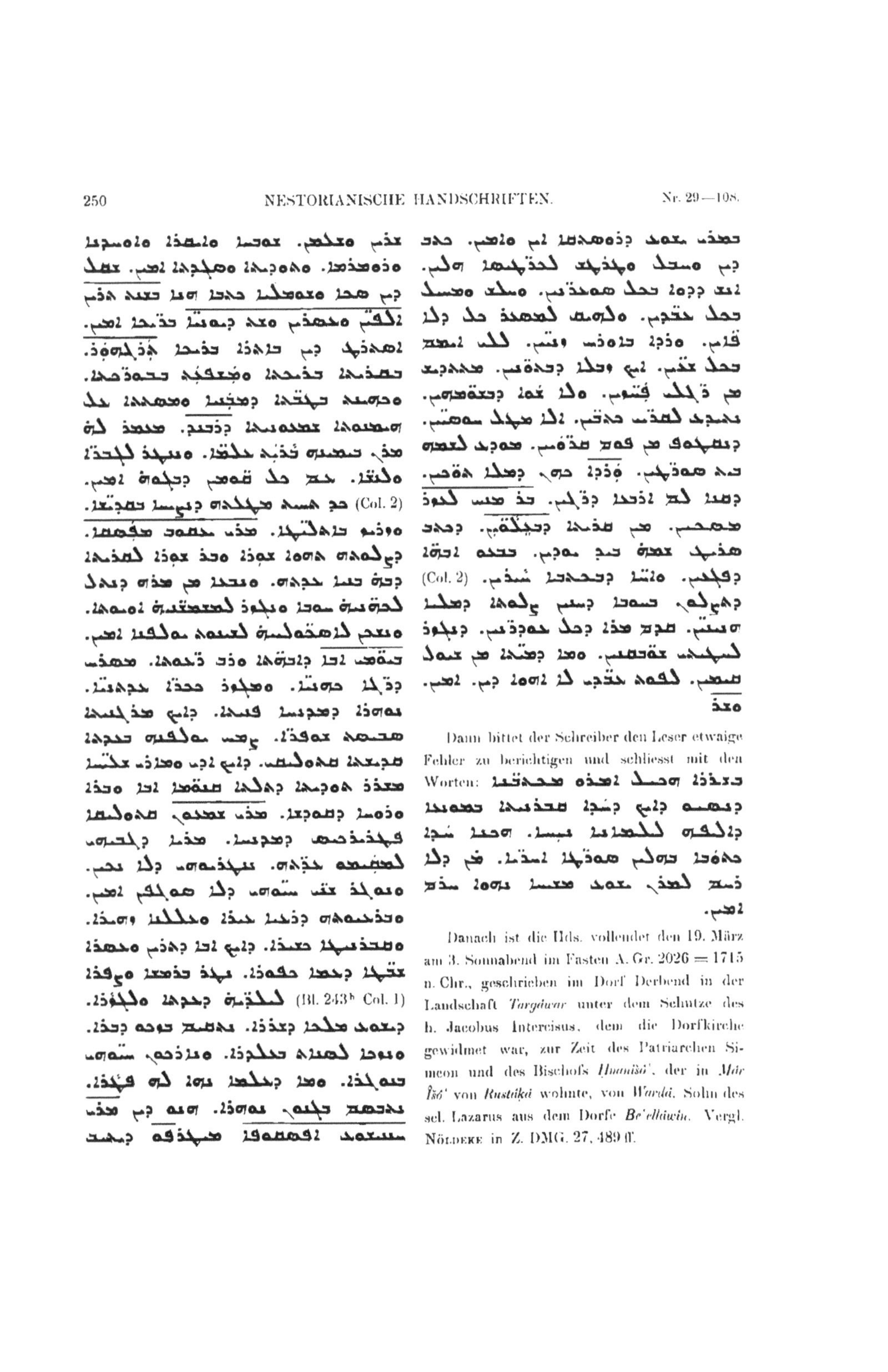

[illegible]

(Col. 2) [illegible]

(Bl. 243ᵇ Col. 1) [illegible]

[illegible]

(Col. 2) [illegible]

Dann bittet der Schreiber den Leser etwaige Fehler zu berichtigen und schliesst mit den Worten: [illegible]

Danach ist die Hds. vollendet den 19. März am 3. Sonnabend im Fasten A. Gr. 2026 = 1715 n. Chr., geschrieben im Dorf Derbend in der Landschaft *Targâwar* unter dem Schutze des h. Jacobus Intercisus, dem die Dorfkirche gewidmet war, zur Zeit des Patriarchen Simeon und des Bischofs *Ḥnanišô'*, der in *Mâr Îšô'* von *Rusṭâḳâ* wohnte, von *Wardâ*, Sohn des sel. Lazarus aus dem Dorfe *Be'ellâwin*. Vergl. Nöldeke in Z. DMG. 27, 489 ff.

Auf Bl. 1ª ist ein anderes Blatt aufgeklebt, Stück einer Nestorianischen Bibel-Handschrift (Numeri 27, 1—18).

Vollständig vocalisirt und punktirt. Von Bl. 117ª bis gegen Ende waren alle Blätter in der Mitte eingerissen; diese Löcher sind von jüngerer Hand geflickt und der Text vollständig ergänzt.

248 Blätter (30,5 × 22 cm), die Seite zu 2 Columnen, die Columne zu 28—29 Zeilen.

66.

(Sachau 178.)

Eine ältere, nicht mehr vollständige Hds., die von jüngerer Hand in der Weise ergänzt ist, dass theils ganze Blätter, theils Blattstücke ein- und angefügt worden sind. Von dem Ergänzer rühren her: ganz Bl. 1—10. 19. 20. 29. 50. 59. 80. 83. 86. 90. 99, zum grossen Theil Bl. 11—18.

Eine Sammlung von Dichtungen Nestorianischer Sänger aus dem 13., 15., 16. Jahrhundert:

Khamis Bar *Ḳardâḥê*, Zeitgenosse des Barhebraeus, s. Wright, Syriac literature S. 284; Cardahi, Liber thesauri S. 59.

Giwargis Wardâ lebte um 1224—1227, s. Wright a. a. O. S. 283; Cardahi S. 51.

Gabriel, Bischof von Mosul, lebte um 1281, s. Wright a. a. O. S. 284; vergl. Cardahi S. 107.

Isaak (*Askô*) *Ḳardâḥâ Šbhadhmijâ*, Presbyter, um 1440. Vergl. Cardahi S. 168.

'Atjê Bar *'Athli*, Presbyter, um 1522.

Inhalt:

A. Bl. 1—24ª Sammlung von Gesängen des *Khamis* Bar *Ḳardâḥê*. S. die Überschrift auf Bl. 15ª und 18ᵇ.

1. Bl. 1ᵇ Ohne Titel. Anfang: Einleitung. Prolog:

ܡܫܒܚܝܢ ܠܐܒܐ ܐܠܗܘܬܐ
ܘܡܫܒܚܝܢ ܠܒܪܐ ܡܫܝܚܘܬܐ
ܘܡܫܒܚܝܢ ܒܫ̈ܡܐ ܕܒܝܬ ܟܢܘܫܘܬܐ
ܒܬܪܥܬܐ ܕܓܠܝܐ ܠܟܢܘܫܘܬܐ . .

Erste mit ܐ anlautende Strophe:

ܐܢܐ ܐܡܪܬ ܒܬܪ ܡܫܘܚܬܐ ܕܥܠܡܐ ܗܕܐ ܚܠ
ܒܝܬ ܠܚܘܒܐ ܫܦܝܪ ܐܘܣܬܐ ܚܕ ܗܠܡܬܐ
ܕܡܢ ܒܗܝܢ ܡܢ ܟܠ ܒܒܪܬܐ ܕܡܫܝܚܘ
ܐܚܝܕ ܟܠܠܐ
ܕܝܗܒ ܠܟܢܫܬܐ ܕܝܠܗ ܐܕܥܐ ܐܡܪܐ
ܥܠ ܕܐܬܡܫܚܬ ܗܘܬ ܟܢܫܬܗ
ܕܥܡܡܐ ܘܦܠܓܐ
ܘܡܢ ܥܠܡ ܐܚܕܝܢ ܗܘܬ ܠܗ ܡܫܠܡܬܐ.

Das Gedicht besteht aus strophenartigen Gruppen mit alphabetischen Anfängen. Die Länge der Strophen variirt von unter 10 bis über 20 Zeilen. Die Zeilen sind durchweg dodecasyllaba, nur die Schlusszeile jeder Strophe hat meist weniger Silben, acht oder neun.

Nach der letzten mit ܬ anlautenden Strophe Bl. 6ᵇ der folgende Schlussabsatz oder Epilog:

ܘܠܡܪ̈ܘܬܐ ܫ̈ܢܝܐ ܘܕܘܪܐ ܘܫܘܒܚܐ
ܗܘܝ ܡܢ ܡܫܒܚܢܐ
ܘܬܘܕܝܬܐ ܠܒ̈ܢܝܐ ܘܠܥܝܢܐ
ܒܫܡܐ ܕܒܒܪ ܐܝܟ ܕܝܢܐ
ܘܪܥܝܢܐ.

Einleitung und Schlussabsatz scheinen mir mehr als ساجع denn als شعر angesehen werden zu müssen.

Eine Schlussnotiz des Copisten ist nicht vorhanden.

2. Bl. 7ª Ohne Titel. Einleitung:

ܡܫܒܚܝܢ ܠܒܪܝܐ ܒܛܠܝܘܬܗ

Anfang der ersten Strophe:

ܐܢܐ ܘܒܪܐ ܘܪܘܚܐ ܕܩܘܕܫܐ ܩܢܘܡܐ ܚܕܐ
ܐܘܣܝܐ ܚܕܐ ܕܠܐ ܡܬܦܠܓܐ ܠܩܢܘܡܐ

Die dichterische Form dieselbe wie in Nr. 1. Während auf je einen Buchstaben des Alphabets nur eine Strophe kommt, sind mehrere Strophen vorhanden, die mit [illegible] anfangen. Mit den zwölfsilbigen Zeilen wechseln acht- und neunsilbige.

3. Bl. 11ᵇ Überschrift [illegible]. Gedicht in Strophen, die denselben Reim haben, von verschiedener Länge; die Zeilen haben verschiedene Maasse, vorwiegend das zwölfsilbige. Die Strophen ohne alphabetische Anfänge. Anfang:

[illegible]

4. Bl. 15ᵃ [illegible]

Weiteres Gedicht von demselben *Khamis*. Anfang des Prologs:

[illegible]

Anfang der ersten Strophe:

[illegible]

Die Strophen ohne alphabetische Anfänge.

5. Bl. 18ᵇ [illegible]

Anfang des Prologs:

[illegible]

Anfang der ersten Strophe:

[illegible]

Die Strophen mit alphabetischem Anfang.

6. Bl. 20ᵇ Ohne Titel. Anfang des Prologs:

[illegible]

Anfang der ersten Strophe:

[illegible]

In den Epilogen nennt sich oft der Dichter [illegible], ohne aber seinen Namen anzugeben. Die Form dieselbe wie in Nr. 5.

7. Bl. 22ᵃ [illegible]

Anfang des Prologs:

[illegible]

Anfang der ersten Strophe:

[illegible]

Die Strophen ohne alphabetische Anfänge.

B. Bl. 24ᵇ—38ᵃ Von der Überschrift dieses Abschnittes ist die erste Zeile zerstört. Zeile 2 und 3 lauten: [illegible]

Vergl. Bl. 34ᵃ. Das Unterstrichene rührt von dem Ergänzer her.

Einige Hymnen von *Khamis* Bar *Ḳardâḥê*.

1. Bl. 24 Ein Gedicht von alphabetisch anfangenden Strophen, jede Strophe zu vier siebensilbigen, mit einander reimenden Zeilen; ausserdem Prolog und Epilog. Anfang des Prologs:

[illegible]

Anfang der ersten Strophe:

[illegible]

2. Bl. 25ᵇ [illegible]

Gedicht von demselben in gleicher Form wie Nr. 1. Anfang des Prologs:

[illegible]

Anfang der ersten Strophe:

[illegible]

3. Bl. 26ᵇ [illegible]

Gedicht von demselben in gleicher Form. Anfang des Prologs:

[illegible]

Anfang der ersten Strophe:

[illegible]

4. Bl. 28ᵃ ܐܘܢܝܬܐ ܘܫܘܝܐ ܠܬܫܒܘܚܬܐ ܕܐܠܗܘܬܗ ܒܥܬ ܚܕ ܡܢ ܡܝܩܪ̈ܐ ܡܢ ܗܢܐ ܒܪ ܩܪ̈ܕܚܐ ܕܡܫܘܚܬܗ ܠܚܠ ܕܒܪܩܐ ܕܝܢܐ ܒܩܠܐ ܐܦܝܣ ܢܦܫܝ.

Ein Hymnus, geeignet zur Lobpreisung Gottes, gedichtet auf Wunsch eines angesehenen Mannes, von demselben *Khamis* im Metrum ܠܚܠ ܕܒܪܩܐ ܕܝܢܐ nach der Melodie ܐܦܝܣ ܢܦܫܝ.

Jede Strophe endet mit ܘܠܟ.

Anfang des Prologs:

ܐܘ ܢܦܫܐ ܕܚܛܘܬ ܒܪܘܫܬܐ

Anfang der ersten Strophe:

ܐܝܟܘ ܗܘܝܬ ܕܘܝܬܐ

5. Bl. 29ᵇ Überschrift fehlt. Anfang des Prologs:

ܬܪ̈ܐ ܒܠܒܢ ܡܚܫܒܬܐ

Anfang der ersten Strophe:

ܐܦܝܢ ܠܥܒܕܝ ܐܬܒܪܐ

6. Bl. 30ᵇ ܐܘܢܝܬܐ ܕܝܠܗ ܐܦ ܕܥܠ ܢܦܫܗ ܐܡܪܗ̇ ܒܗ ܒܡܫܠܐ ܐܘܚܕܢܐ ܢܐܬܐ

Von demselben über sich selbst. Anfang des Prologs:

ܠܟ ܕܠܐ ܦܐ ܠܟ ܡܬܒܪܝܐ

Anfang der ersten Strophe:

ܐܒܝܐ ܘܐܠܐ ܐܦ ܐܢܐ

Jede Strophe schliesst mit ܘܠܟ.

7. Bl. 31ᵇ ܐܘܢܝܬܐ ܕܝܠܗ ܕܡܬܐܡܪܐ ܒܗ ܒܡܫܠܐ ܗܘ ܒܢ̈ܝ ܢܡܘܣܘܣ.

Anfang des Prologs:

ܗܘ ܝܫܘܥ ܒܠ ܗܛܢܝ

Anfang der ersten Strophe:

ܐܘ ܒܪܘܝܐ ܕܟܠ ܫܪܟ

8. Bl. 33ᵃ Überschrift ܐܪܕܘܟܘܣ ܫܡܫܘܢܝܣ. d. i. die Melodie, nach der der Hymnus zu singen. Anfang des Prologs:

ܫܡܫܘܢܝܣ ܕܡܠܟܐ ܐܪܕܘܟܘܣ

Anfang der ersten Strophe:

ܐܝܟܘ ܒܪܘܝܐ ܕܟܠ ܒܪܝܬܐ

9. Bl. 34ᵃ ܐܘܢܝܬܐ ܕܝܠܗ ܕܡܢܝܐ ܒܫܡܗ ܗܘ ܒܪ ܩܪ̈ܕܚܐ ܒܡܫܠܐ ܒܦܘܡܐ ܠܐܝܡܢ ܡܬܐܡܪܐ ܐܝܟ ܐܦܝܣ ܢܦܫܢ ܡܢܢ.

Anfang des Prologs:

ܗܒܐ ܕܡܫܒܚܠܟ ܒܢܝܐ

Anfang der ersten Strophe:

ܐܝ ܗܐܡܪܝܢ ܕܗܝܟܠܐ ܗܠܝܢ

10. Bl. 35ᵇ (?) ܐܘܢܝܬܐ ܕܝܠܗ ܒܢܝܫܐ ܘܡܫܠܐ ܐܦܝܣ ܢܦܫܝ.

Anfang des Prologs:

ܐܘ ܢܦܫܐ ܡܢ ܗܘܢܐ ܦܫ

Anfang der ersten Strophe:

ܐܒܕܬ ܒܟ ܕܗܝܟܠܗ ܗܠܝܢ

11. Bl. 36ᵇ ܐܘܢܝܬܐ ܕܝܠܗ ܕܒܪ ܩܪ̈ܕܚܐ. ܒܡܫܠ ܕܡܢ ܕܪܘܚܐ ܒܚܕܐ ܡܢ ܒܢܝܢܐ

Anfang des Prologs:

ܐܘ ܕܪܘܚܐ ܒܪܝܟܘܬܐ

Anfang der ersten Strophe:

ܒܗܘܢ ܒܘܝܢܐ

Die Strophen-Anfänge sind nicht alphabetisch. Jede Strophe besteht aus vier mit einander reimenden Zeilen, von denen die erste vier, die anderen je sieben Silben haben. Vergl. Bl. 37ᵃ:

ܗܘܝܬ ܪ̈ܘܚܐ
ܘܐܬܬܘܝܬ ܒܟ ܡܬܠܘܬܐ
ܒܝ ܐܢܐ ܐܬܪܐ ܠܐܘܬܐ
ܕܠܘܠ ܠܐ ܦܪܥ ܚܛܝܬܐ ⁘

Ende und Unterschrift Bl. 38ᵃ:

ܫܠܡܬ ܒܘܝܢ ܕܩܪ̈ܕܚܐ ܠܒܪܗ.

C. Bl. 38ᵃ—52ᵇ Eine Sammlung Hymnen von *Giwargis Wardâ*: ܬܘܒ ܒܪܝ ܚܝܠܐ ܐܠܗܝܐ ܟܬܒ ܡܚܒܪܐ ܣܓܝܐ ܒܘܝܢ ܕܩܪ̈ܕܚܐ ܠܥܘܪܐ ܡܠܦܢܐ ܡܟܝܠ ܘܪܕܐ. ܘܫܡܗ ܠܐܒܘܗܝ. ܡܠܟ ܐܝܘ ܠܝ ܒܘܢܐ

1. Bl. 38[b] Strophenlied mit kurzem Prolog und Epilog; die Strophe hat vier mit einander reimende siebensilbige Zeilen. Anfang des Prologs (nach dem Ergänzer): ܡܫܡܫܢܐ ܕܟܗܢܘ̈ܬܐ

Erste Strophe:

ܟܗܢܐ ܡܠܟܐ ܕܒܪܢܫܘܬܐ
ܕܫܒܚܬܗ ܗ̈ܘܝ ܡܐܘ̈ܬܐ
ܡܢ ܡܦܩܢܐ ܕܡܢ ܡܥܡܘܕܝܬܐ
ܘܐܫܬܠܡ ܟܗ̈ܢܐ ܠܫܪ̈ܒܬܐ ܀

2. Bl. 41[a] Strophenlied: ܐܣܕܪܬܐ ܕܡܠܘܗ ܕܐܘܪܚܐ ܥܠ ܢܒܝܘܬܗ ܕܝܘܢܢ ܘܕܐܝܟܢܐ ܥܪܩ ܡܢ ܩܕܡ ܐܠܗܐ ܕܡܠܠܟܐ ܠܨܠܘܬܗ ܕܐܢܫ̈ܐ ܕܢܝܢܘܐ.

»Ein Hymnus über das Prophetenthum des Jonas und wie er vor Gott geflohen. Für das Gebet der Niniviten.« Anfang des Prologs:

ܟܕ ܟܢܫ̈ܐ ܕܡܫܝܚܐ ܡܫܒܚ

Anfang der ersten Strophe:

ܡܢ ܥܩܒܪܐ ܠܢܘܢܐ

Epilog:

ܘܢܦܫܐ ܘܥܒܕܘܗ.
ܘܟܦܪ ܘܩܕܘܗ.
ܠܡܫܟܢܐ ܕܟܗܢܘܬܐ.
ܡܢ ܟܠ ܚܛ̈ܐ ܘܟܠ ܡܘܩܠܬܐ.
ܘܠܐ ܕܡܢܕܡ ܡܠܬ ܐܝܬ.
ܘܟܕܡܘܬ ܚܘܝ ܠܝ ܡܪܐ ܐܝܬ.
ܘܠܟܢܫܐ ܡܘܟ ܗܘܐ ܡܘܡܢܐ.
ܟܪܘ ܘܡܥܒ ܘܫܪܪ ܡܪܝ.
ܘܠܝ ܡܫܟܚܬܐ ܡܢ ܟܠ ܦܘܡ.

3. Bl. 42[b] Strophenlied: ܐܣܕܪܬܐ ܥܠ ܬܝܒܘܬܐ

Anfang des Prologs:

ܟܕ ܢܦܩ ܚܘܝ ܡܢ ܢܘܪܐ

Anfang der ersten Strophe:

ܗܘ ܠܟܘ ܡܟܝܢܐ ܥܘܠܡܢܐ

4. Bl. 45[a] Strophenlied über die Reue: ܐܣܕܪܬܐ ܕܡܠܘܗ ܕܡܠܠܟܐ ܠܨܠܘܬܗ ܘܕܪܬܐ ܕܟܠ ܗܘܐ ܬܝܒܘܬܐ.

Anfang des Prologs:

ܐܘ ܬܝܒܘܬܐ ܕܫܡܝܐ ܡܢ ܟܠ

Anfang der ersten Strophe:

ܐ ܕܫܡܪܐ ܕܡܠܟܘܬܐ

Die drei ersten Zeilen jeder Strophe reimen mit einander, während allemal die vierte Strophe endet ܠܟܘ ܘܠܟܘ.

5. Bl. 47[a] Strophenlied über die Reue: ܐܣܕܪܬܐ ܕܡܠܘܗ ܕܐܘܟ ܬܝܒܘܬܐ

Anfang des Prologs:

ܐܘ ܕܬܝܒܘܬܐ ܓܢܒܪܐ

Anfang der ersten Strophe:

ܐܘ ܬܝܒܘܬܐ ܠܟܝ ܦܩܕ ܐܝܟܢ

Mit alphabetischem Anfang der Strophen.

6. Bl. 48[b] Strophenlied ähnlichen Inhalts. Titel verwischt. Anfang des Prologs:

ܟܘܗܕܝ ܚܘ̈ܒܝ ܐܝܬ ܠܝ

Anfang der ersten Strophe:

ܘܠܟ ܕܡܪܝܐ ܦܘ̈ܩܕܢܐ

Jede Strophe beginnt mit ܘܠܟ.

7. Bl. 50[a] Strophenlied. Überschrift fehlt. Anfang des Prologs:

ܡܪܐ ܕܟܝ̈ܢܘܬܐ

Anfang der ersten Strophe:

ܡܪܝܐ ܡܢ ܡܨܐ ܐܠܩܝܢ

Jede Strophe besteht aus 3 siebensilbigen Zeilen und den Worten ܡܪܝ ܐܬܪܚܡ ܥܠܝ

Unterschrift Bl. 52[b]:

ܫܠܡܬ ܟܘ̈ܢܝܬܐ ܕܟܗܢܘܬܐ ܘܠܐܠܗܐ ܫܘܒܚܐ ܘܐܝܪ

D. Bl. 53[a]—80[b] Langes Gedicht ܟܘܢܝܬܐ von dem Bischof Gabriel von Mosul, geschrieben von ihm, als er noch Mönch im Kloster des *Mâr Sabhrîšô'* in *Bêth Ḳôḳd* war. Titel und Anfang: ܟܘܢܝܬܐ ܕܥܒܝܕܐ ܠܡܠܦܢܘܬܐ ܕܪܘܚܐ ܡܪܝ ܠܚܪܫܐ ܡܝܬܪܦܘܠܝܛܐ ܕܡܘܨܠ ܟܕ ܗܘ ܒܕܝܪܐ ܩܕܝܫܐ ܕܡܪܝ ܫܒܚܝܫܘܥ ܕܡܪܝ

ܡܕܪ̈ܫܐ (?) ܕܪܒܢ ܡܫܘܚܐ. ܫܡܥ ܡܫܝܚܐ.
ܫܠܡ

ܡܫܝܚܐ ܠܚܕܐ ܐܘܣܝܐ
ܒܐܘܩܘܢܘܡܝܐ ܚܕ ܘܕܝܐ
ܕܐܠܗܘܬܐ. ܘܫܠܝܛܘܬܐ ܐܬܩܢܘܡܘܬܐ
ܐܝܟ ܦܘܠܘܣ ܕܒܐܓܪ̈ܬܐ ܀

Anfang der ersten Strophe:

ܐܒܐ ܗܘܢܐ ܘܡܪܐ ܗܘܠܝܣ ܘܐܘܣܝܐ ܕܗܘܝܐ
ܗܘ ܐܬܐ ܗܘܐ ܡܠܟܐ ܘܡܠܟܐ ܗܘܐ ܣܡܐ

Das Gedicht besteht aus strophenartigen Absätzen von sehr verschiedener Länge. Die Zeilen sind theils zwölf-, theils achtsilbig; jene herrschen vor in der ersten Hälfte des Gedichts, diese in der zweiten Hälfte.

Die Diction ist sehr gesucht, schwulstig und reichlich versetzt mit Griechischen Wörtern. Nach dem Inhalt theilt sich das Gedicht in zwei Abschnitte:

1. Geschichte Christi, vorher vom Sündenfall, nachher von der Ausgiessung des h. Geistes Bl. 53ᵃ—63ᵇ.

2. Lobpreisungen auf heilige Männer, Antonius, Isidor, Dorotheus, Didymus, Macarius, Pambo, Ammonius, Or, Benjamin, Apollonius, Paesius und Jesaias, Macarius junior, Paulus simplex, Pachomius, Stephanus, Johannes, Marcus, Eulogius und Arianus, Moses Aethiops, Pior, Evagrius, Arsenius, Palladius (vergl. Palladius, Historia Lausiaca): ferner auf den h. Eugen; dann eine vita des h. *Sabhrišō'*, des Gründers des Klosters, in dem dies Gedicht geschrieben, auf Bl. 71ᵃ—76ᵃ. Zum Schluss spricht der Dichter von sich selbst Bl. 77ᵃ und fleht den h. *Sabhrišō'* an um Segen für sich und sein Kloster.

Epilog:

ܕܗܘܐ ܠܟܠ ܐܢܫܘܬܐ
ܥܕܡܐ ܠܟܠ ܗܘܡܘܣ
ܗܘܝܢ ܠܡܘܬܐ ܐܠܗܝܐ

ܘܟܠ ܒܢܝ ܣܝܥܗ ܢܩܪܘܢ
ܠܟܠܗ ܒܠܗܘܢ ܐܡܝܢ ܐܡܝܢ.

Unterschrift Bl. 80ᵇ:

ܫܠܡܬ ܒܥܘܕܪܢܗ ܘܣܘܥܕ ܐܝܟ ܡܫܘܚܬܐ
ܕܡܪܝ ܣܒܪܝܫܘܥ ܘܫܪܐ

Inhalt der *Sabhrišō'*-Legende: Geboren in der Landschaft Tirhan ܛܝܪܗܐܢ Bl. 71ᵇ: sein Lehrer war ein Greis Hormizd ܗܘܪܡܝܙܕ Bl. 72ᵇ; nach vollendeter Lehrzeit lässt er sich nieder in einer Höhle nicht weit entfernt von Hormizdad Bl. 72ᵇ, in der Wüste: er blieb dort 12 Jahre Bl. 73ᵇ; in Folge eines göttlichen Gesichtes holt ihn Hormizdad aus seiner Einsamkeit hervor und macht ihn zum Oberhaupt (Abt) Bl. 74ᵃ; es war dort (d. h. auf der Stelle des *Sabhrišō'*-Klosters) ein kleines Märtyrer-Kloster ܕܣܗ̈ܕܐ ܘܫܡܗ ܕܗܘܪܡܝܙܕ mit nur drei Zellen vorhanden: da erbaute der König *Kōkd* ܟܘܟܕ ein grosses Kloster und stattete es aus mit reichlichem Landbesitz ܢܟ̈ܣܐ ܕܩܘܪ̈ܝܬܐ ܕܚܩܠܐ ܬܒܘܬܐ ܗܘܬ ܠܥܘܡܪܐ Bl. 74ᵇ; nun versammeln sich viele Mönche um den heiligen Mann Bl. 75ᵃ, er starb in hohem Alter Bl. 76ᵃ. Von dem Kloster heisst es Bl. 76ᵇ: ܕܝܪܐ ܪܒܐ ܘܡܫܡܗܐ ܗܘܬ.

Dasselbe Gedicht in Nr. 67 (Ms. orient. quart. 801 nr. 1 Bl. 1—28ᵇ).

E. Bl. 81ᵃ—113ᵃ Hymnen von *Khamis* Bar *Kardḥē*: ܬܘ̈ܫܒܚܬܐ ܐܚܪ̈ܢܝܬܐ ܕܥܒܝܕܢ ܠܚܡܝܣ ܩܫܝܫܐ ܒܪ ܩܪ̈ܕܚܐ.

1. Bl. 81ᵃ Hymnus annuntiationis ܘܡܕܪܫܐ ܕܣܘܒܪܐ. ܒܥܘ ܠܝ ܡܘܬܐ bestehend aus Strophen von vier siebensilbigen Versen mit Prolog und Epilog. Anfang des Prologs:

ܫܠܡ[1] ܫܠܡ ܠܥܠܡܝܢ ܠܒܪܢܫ
ܕܫܕܪ ܫܠܡܐ ܘܫܝܢܐ ܒܒܪܢܫ

[1] Mit rother Tinte.

Erste Strophe:

ܟܠ ܘܐܡܪ ܠܗ̇ ܒܣܘܥܬܐ
ܚܢܢܐ ܢܚܝܢ ܫܠܡܘܬܐ
ܫܠܡ ܠܟܝ ܡܠܟܐ ܢܚܡܘܬܐ
ܡܪܝ ܒܡܟܝ ܐܘ ܕܒܟܬܐ ܀

2. Bl. 83a Titel fehlt. Hymnus über denselben Gegenstand. Anfang des Prologs:

ܡܢ ܐܫܬܠܚ ܗܘܐ ܠܓܒܪܝܠ

Anfang der ersten Strophe:

ܣܒܪܗ ܡܪܝܡ ܠܒܬܘܠܬܐ ܘܐܡܪ ܠܗ̇ ܫܠܡ
ܕܡܪܝ ܥܡܟܝ ܒܢܫܐ ܡܬܒܪܟܬ
ܕܝܠܕܬ ܐܠܗܐ ܕܐܬܐ ܀

Die Strophen scheinen 3 Zeilen zu haben, die erste von 10—11 Silben, die zweite und dritte von 7 Silben.

3. Bl. 84a ܐܚܪܬܐ ܕܥܠܗ ܕܚܡܝܣ ܛܘܒܢܐ
ܕܥܐܕܐ ܕܒܪ ܕܝܠܕܐ. ܘܐܝܬ ܒܗ̇ ܬܠܬܐ ܬܪܥܐ
ܡܢ ܬܘܢܝܐ ܕܡܪܝ ܓܒܪܝܠ ܬܪܥܐ ܕܫܪܝܢ
ܘܬܪܥܐ ܕܛܝܬ ܘܬܪܥܐ ܕܢܘܢ. ܒܫܘܠ
ܡܬܬܦܣ

Die letzte Zeile der Überschrift nicht mehr vorhanden.

»Ein weiterer Hymnus von dem sel. *Khamis* über das Fest der Geburt: in ihm sind drei Thore (Strophen), die mit ܝ, ܛ und ܢ anfangenden, entlehnt aus dem Hymnus des *Mâr* Gabriel« (s. *D*).

Die Strophen haben alphabetischen Anfang und sind von ganz verschiedener Länge. Das Silbenmaass ist nicht in allen Strophen gleich; vorwiegend zwölfsilbige Zeilen, daneben auch achtsilbige. Anfang des Prologs:

ܠܟ ܝܫܘܥ ܕܐܬܦܩܕ ܒܫܘܒܚܬܐ

Anfang der ersten Strophe:

ܝܠܦܘ ܐܠܦܘ ܕܫܘܒܚܐ ܝܫܘܥ ܡܫܝܚܐ ܒܪܬܐ

4. Bl. 95a ܬܘܒܐ ܕܥܠܝܗ̇ ܘܐܚܪܬܐ ܝܫܘܥ
ܕܡܫܟܐ —(?) ܒܪܝܟ ܒܥܝܢܬܐ ܘܒܣܘܥܬܐ

Hymnus über die Geburt. Anfang des Prologs:

ܝܫܘܥ ܠܢܒܐ ܘܠ[ܒܪܐ] ܝܩܪܐ ܠܓܠܝܐ

Anfang der ersten Strophe:

ܐܬܐ ܠܘܬܢ ܒܫܠܡܐ ܘܩܢܐ

Die Strophen bestehen aus 3 achtsilbigen Zeilen.

5. Bl. 97b ܬܘܒܐ ܝܘܚܢܢ. ܕܦܝܫܐ ܠܓܒܪ
ܥܠ ܦܝܫܐ ܕܒܥܝܢ ܠܒܪ ܡܕܒܪܐ. ܕܢܘܒܗ
ܠܕܝܢܪ ܕܝܢܐ ܡܟ ܐܢܘ ܠܝ ——————

Oster-Hymnus. Anfang des Prologs:

ܒܥܕܢ ܩܝܡܬܐ ܡܪܢܝܬܐ

Anfang der ersten Strophe:

ܗܘ ܒܥܕܢܐ ܦܝܫܐ

Die Strophe besteht aus vier siebensilbigen Zeilen.

6. Bl. 99b Titel fehlt. Von Tod und Auferstehung Christi. Anfang des Prologs:

ܐܡܪܐ ܕܡܚܒܠ ܕܒܣܪܗ

Anfang der ersten Strophe:

ܠܝܫܘܥ ܡܕܒܚ ܐܢܘܪ

Die Strophen bestehen aus vier siebensilbigen Zeilen.

7. Bl. 101b ܐܚܪܬܐ ܕܩܝܡܬܐ ܒܫܠܡܗ
ܗܠܝܢ ܐܠܗܐ ܒܝܫܘܥ.

Hymnus über die Auferstehung. Anfang des Prologs:

ܦܢܐ ܠܐܬܪܗ ܝܚܝ ܒܥܠ

Anfang der ersten Strophe:

ܐܬܠܬܐ ܒܗܕܪܐ ܘܙܘܥܐ

Die Strophen haben alphabetischen Anfang und bestehen aus vier siebensilbigen Zeilen. Eine Probe davon bei Cardahi, Liber thesauri S. 60.

8. Bl. 103a ܒܣܠ ܝܘܡܐ ܡܫܝܚܐ ܡܪܝ.
ܦܬܚ ܕܘܝܐ ܘܒܢܝܢ. ܝܘܢܢ ܕܒܥܝܢܐ
ܠܡܠܟܐ. ܒܫܡܫ ܥܠ ܝܘܡܢܐ. ܒܫܠ
ܗܘ ܕܐܬܓܠܝܬܗ.

Hymnus auf den h. *Îšô'sabhran.* Anfang des Prologs:

ܛܘܒ̈ܝܟ ܘܛܘܒܬܐ ܠܢܦܫܟ

Anfang der ersten Strophe:

ܛܘܒ̈ܝܟ ܗܕܐ ܡܕܝܢܬܐ
ܥܘܡܪܟܝ ܢܨܝܚܐ

Diese beiden Zeilen wiederholen sich am Anfang jeder Strophe. Fortsetzung:

ܕܗܘܬ ܠܟܠܗܝܢ ܢܘܗܪܐ
ܘܪܫܡܐ ܦܠܘܓܗ ܕܒܪܐ

Die 22 Strophen haben verschiedene Länge, die Zeilen sind siebensilbig. Der Reim ist alphabetisch, d. h. Str. 1 reimt auf ܐ, Str. 2 auf ܒ, Str. 3 auf ܓ u. s. w.

Bl. 106ᵇ nicht beschrieben. Daselbst einige Zeilen eines Gebetes in späterer, ungeschickter, aber eigenthümlicher Nestorianischer Schrift.

9. Bl. 108ᵃ ܐܚܪܬܐ ܕܝܠܗ ܕܗܘ ܡܕܐ
ܡܫܡܫ ܕܡܠܟܐ ܕܝܫܘܥ ܕܡܫܡܫܢܘ ܡܬܝܐ.
ܕܚܕܐ ܐܝܟ ܕܠܚܘܕܝܐ ܕܡܠܟܐ ܚܕܐ ܕܝܫܘܥ.
ܟܠ ܡܨܠܝܢ ܥܠ ܢܦܫܗ ܘܡܨܠܝܢ ܠܗ.

Hymnus zur Verherrlichung des Kreuzfestes. Anfang des Prologs:

ܒܪܝܟ ܨܠܝܒܟ ܒܪ ܚܝܢ

Anfang der ersten Strophe:

ܡܢ ܩܕܡ ܐܢܐ ܒܪܘܚܗ ܪܡܐ

Die Strophen haben verschiedene Grösse, die Zeilen verschiedene Silbenzahl (zwischen 8 und 12).

Auf Bl. 108ᵃ unten mit Bleistift die letzte Zeile der Seite von späterer Hand wiederholt in einer ungeschickten, aber eigenthümlichen Spielart der Nestorianischen Schrift. Unterschrift Bl. 113ᵃ:

ܫܠܡܘ̈ ܬܫܒܚܬ ܡܕܪ̈ܫܐ. ܬܘܕܝ̈ܬܐ
ܕܥܕܬܐ ܩܕܝܫܬܐ. ܢܛܪܢ ܠܗ ܡܪܢ ܐܡܝܢ.
ܕܩܘܕܫܐ ܕܝܘܡܐ ܣܓܝܐܐ.

F. Bl. 113ᵃ—133ᵃ Hymnen von dem Presbyter Isaak oder *Askô Ḳardâḥâ Šbadhnâjâ*, verfasst A. Gr. 1751 = 1440 n. Chr.: ܬܘܕ̈ܝܬܐ
ܕܐܡܝܪ̈ܢ ܠܩܫܝܫܐ ܐܝܣܚܩ ܩܪܕܚܐ ܐܫܟܘ
ܫܒܕܢܝܐ ܕܐܬܝܠܕ ܒܫܢܬ ܐܠܦ ܘܫܒܥܡܐ ܘܚܡܫܝܢ ܘܚܕܐ
ܠܝܘ̈ܢܝܐ.

Am Rande:

ܬܘܕ̈ܝܬܐ ܕܩܫܝܫܐ ܐ̱ܝܣܚܩ ܫܒܕܢܝܐ.

1. Bl. 113ᵃ Hymnus für das Niniviten-Gebet:

ܡܕܪܫܐ ܕܒܥܘܬܐ ܕܢܝܢܘܝܐ ܥܠ ܩܠܐ ܕܢܘܚܐ ܐܘ
ܚܢ̈ܢܐ ܡܢ.

Ein Strophenlied mit Prolog und Epilog. Die Strophe besteht aus 3 Zeilen, von denen die erste 11, die beiden anderen je 7 Silben haben. Anfang des Prologs:

ܐܘ ܡܪܚ̈ܡܢ ܡܪܚܡܢܐ

Anfang der ersten Strophe:

ܐܒܘܢ ܕܒܫܡܝܐ ܢܬܩܕܫ ܫܡܟ ܬܐܬܐ ܡܠܟܘܬܟ

Die Strophen haben alphabetische Anfänge. Die Strophen 1. 3. 5. 7 u. s. w. fangen an resp. mit ܬ, ܫ, ܪ, ܩ u. s. w., die Strophen 2. 4. 6. 8 u. s. w. mit ܐ, ܒ, ܓ, ܕ u. s. w.

2. Bl. 115ᵇ ܐܚܪܬܐ ܕܡܬܐܡܪܐ ܒܬܘܬܒܘܬܗ
ܕܡܪܝ ܓܝܘܪܓܝܣ ܣܗܕܐ ܢܨܝܚܐ ܕܝܠܗ
ܡܢ ܕܝܠܗ ܕܩܫܝܫܐ ܐ̱ܝܣܚܩ ܫܒܕܢܝܐ ܒܩܠܐ
ܕܢܘܚܐ ܕܒܥܘܬܐ ܕܢܝܢܘܝܐ ܗܘ ܡܪܚܡ ܐܘ ܡܠܟܐ
ܐܘ ܒܪܝܐ.

Hymnus zum Andenken an den Märtyrer *Mâr Giwargis.* Anfang des Prologs:

ܓܒܪܐ ܫܡܝܢܐ ܕܐܠܗܘܬܐ

Anfang der ersten Strophe:

ܫܡܥ ܐܢܐ ܒܫܘܒܚܟ ܕܐܡܪܝܢ ܠܟ ܠܫܘܒܚܬܐ

Die Strophen wie in Nr. 1. Die Strophen-Anfänge ergeben die Reihenfolge des Alphabets in mehrfacher Wiederholung, zum Theil doppelt, d. h. anfangend mit ܬ und anfangend mit ܐ.

3. Bl. 122[b] ܐܘܢܝܬܐ ܥܠ ܡܕܒܪܢܘܬܐ ܘܥܠ ܨܠܝܒܐ ܣܓܝܕܐ ܕܥܠܗ ܡܢ ܕܥܠܗ ܕܡܫܝܚܐ ܫܒܝܚܐ ܐܬܓܫܡ ܫܪܝܪܐ ܒܗܠ ܣܓܝܕܝܢ ܡܠܟܐ ܕܗܘܘ ܐܠܗܝ̈ ܐܘ ܥܠܡܐ.

Strophenlied über den Heilsplan und über das Kreuz. Anfang des Prologs:

ܣܓܝܕܝܢ ܠܟܝܢܐ ܐܠܗܝܐ

Anfang der ersten Strophe:

ܐܝܟ ܒܪܘܝܐ ܫܪܝܪܐ ܐܠܗܐ ܟܠ ܫܘܬܐ

Die Strophen sind sehr umfangreich und haben verschiedene Zeilenzahl. Die Zeile ist die zwölfsilbige.

Am Ende Bl. 133[a] ein Gedicht von sechs Zeilen, deren Anfänge das Wort ܐܝܬܝܥܝܐ ergeben. Daselbst die Unterschrift:

ܫܠܡܬ ܥܘܢܝܬܐ ܕܡܪܢ ܠܫܒܚܐ ܐܠܗܐ ܡܫܝܚܐ ܫܪܝܪܐ ܡܢ ܐܒܐ ܕܡܝܬܪܐ ܡܢܝ ܥܡܝ ܫܟܝܢܗ ܘܫܡܐ

G. Bl. 133[b]—137[b] Die Überschrift ist nur theilweise erhalten:

[ܐ]ܘܢܝܬܐ ܥܠ ܥܘܢܝܬܐ ܕܩܘܠܐ ܘܕܠܫܡܥܐ ܐܣܛܦܢܘܣ ܥܠ ܗܘ ܕܒܐܠܗܘܬܗ ܗܘ ܫܡܥܘܢ ܘܐܚܪܢܐ.

Der Verfasser ist nicht genannt. Die Form des Hymnus ist dieselbe wie die des Hymnus auf den h. *Îšô'sabhran* von *Khamis* Bar *Ḳardâḥê* (Bl. 103[a] dieser Hds.). Vielleicht ist daher auch dieser Hymnus auf den Protomartyr Stephanus von *Khamis*. Anfang des Prologs:

ܗܘ ܐܢܬ ܐܠܗܝ ܕܒܐܠܗܘܬܗ ܘܗܘܘ ܠܐܠܗܘܬܐ ܒܢܝ̈ܐ ܘܫܡܥܘܢ ܘܫܡܐ

ܠܦܬܝܢ ܗܘܝܬ ܡܕܝܢܐ

ܐܣܛܦܢܘܣ ܟܝܢܐ

Diese beiden Zeilen werden vor jeder Strophe wiederholt. Anfang der ersten Strophe:

ܕܠܡܫܡܫ ܫܡܘܐ ܕܡܠ ܚܕܐ

Die meist aus zehn siebensilbigen Zeilen bestehenden Strophen haben alphabetischen Reim; Str. 1 reimt auf ܐ, Str. 2 auf ܒ u. s. w.

H. Bl. 137[b]—147[b] Hymnen von dem Presbyter *'Atjê* Bar *'Athli*, gedichtet A. Gr. 1833 = 1522 n. Chr.

1. Bl. 137[b] ܥܘܢܝܬܐ ܕܡܘܬܒܐ ܩܕܡܝܐ ܕܥܠ ܥܘܢܝ̈ܬܐ ܕܠܠܝܐ ܕܚܕܒܫܒܐ ܕܟܠܗ ܫܢܬܐ ܘܕܥܐܕ̈ܐ ܡܪ̈ܢܝܐ ܘܫܘܝܐ ܠܚܕܒܫܒܐ ܕܬܪܝܢ ܕܣܘܒܪܐ. ܕܒܟܬܒܐ ܠܫܝܢܐ ܚܕܬ̈ܐ ܒܪ ܢܨܠܝ ܥܛܝܐ ܐܝܟܐ ܠܗ ܒܗܠ ܐܘ ܠܝ ܥܘܢܝܐ ܗܘ ܒܢ̈ܝܐ ܫܡܥ ܐܘ ܥܠܡܐ ܐܘ ܢܘܡܪܐ.

Hymnus für den ersten Abschnitt der Hymnen für die Nacht des Sonntags im ganzen Jahr und der grossen Festtage; auch geeignet für den zweiten Sonntag der Ankündigung.

Strophenlied. Die Strophe besteht aus je vier siebensilbigen Zeilen. In dem ersten Theil des Gedichts haben die Strophen alphabetische Anfänge, so dass je zwei Strophen mit demselben Buchstaben beginnen. Anfang des Prologs:

ܫܡܥܘ ܐܘܫܡܥܘܢܝ ܐܘ ܒܢ̈ܝܐ[1]

Anfang der ersten Strophe:

ܐܠܗܐ ܒܪ̈ܝܬܐ ܫܡܥܬܐ

2. Bl. 145[a] ܗܘܝ ܕܡܠܟܗ ܡܢ ܕܡܠܟܗ ܕܡܫܝܚܐ ܢ̈ܒܝܐ ܕܡܫܒܚܝܢ ܒܟܪ ܢܨܠܝ ܘܡܫܝܚܐ ܠܡܫܒܚܐ ܕܫܡܪ ܥܠ ܡܢ ܡܢ ܗܘ ܕܐܠܗܘܬܗ ܐܘ ܫܡܥ ܐܘ ܥܠܡܐ.

Hymnus von demselben *'Atjê* Bar *'Athli*. Anfang des Prologs:

ܐܠܗܐ ܐܠܗܢ ܘܡܪܢܘܬܐ

Anfang der ersten Strophe:

ܐܚܘܝ ܒܢܝ ܐ̈ܢܫܝܢ ܡܫܝܚܐ

[1] Unter dem Text wiederholt in roher, eigenthümlicher Schrift.

Die Strophen, aus vier siebensilbigen Versen bestehend, haben alphabetische Anfänge, so dass je zwei Strophen mit demselben Buchstaben beginnen.

Nach diesem Gedicht folgende Überschrift Bl. 147ᵇ:

ܐܫܬܠܡܬ ܕܝܠܗ ܕܡ ܕܝܠܗ ܕܡܫܝܚܐ ܫ̈ܒܝܚܐ
ܟܕ ܐܬܠܝ ܘܫܝܢܐ ܠܡܕܝܢܬܐ ܕܡܬܐ ܕܚܝܐ.
ܘܠܝܗ ܫܢܐ ܐܘ ܬܫܥ ܐܘ ܬܠܬ.

Hiermit bricht die Hds. ab.

Die Schrift ist gleichmässig und deutlich; vielfach punktirt. In der Vocalisation zeigt sich die bei den Nestorianern übliche Verwechselung von lang *ā* und kurz *ă*. Der Ergänzer scheint gewissenhaft gearbeitet zu haben (Anfang der achtziger Jahre dieses Jahrhunderts?). Die alphabetischen Strophen-Anfänge sind in der Regel in rother Farbe besonders notirt. Ausserdem finden sich im Text zuweilen drei oder zwei schräg stehende, parallele Striche in rother Farbe (/// oder //), deren Bedeutung mir unbekannt ist. Ob sie auf den Gesang Bezug haben? — Die Strophen-Enden sind immer markirt.

Datum nicht vorhanden. Die Hds. kann im 16. Jahrhundert geschrieben worden sein (nicht lange nach dem Dichter *'Atjê* Bar *'Athli* 1522).

147 Blätter (24,5 × 16,5 cm), die Seite zu 25 Zeilen.

67.

(Ms. orient. quart. 801.)

Eine Sammlung von Gedichten, unvollständig zu Anfang, mit Lücken im Innern und mit gestörter Ordnung der Kurràs. Die Gedichte, in der Hauptsache ܟܘܫ̈ܚܬܐ, sind verfasst von *Khamîs* Bar *Ḳardâḥê*, eines von Gabriel, Bischof von Mosul. Der Inhalt zum grossen Theil derselbe wie in Nr. 66 (Sachau 178).

Inhalt:

1. Bl. 1—28ᵇ Längeres Gedicht von Bischof Gabriel von Mosul, identisch mit Nr. 66 *D*. Bl. 53ᵃ—80ᵇ.

Bl. 1 ist ziemlich stark beschädigt, weniger die folgenden Blätter, am unteren Theil des Aussenrandes. Erste Zeilen:

ܐܬܦܩܦܩ ܠܗ ܒܡܪ̈ܬܗ ——————
ܒܪܗ ܒܪܗ ܠܒܪܗ ——————
ܘܡܚܝܠܐ ܘܚܝܐ ܕܠܒܗ ——————
ܫܘܠܡ ܫܡܘܪܬܗ ܕܒܟܠ ܒܪ̈ܝܬܗ ————

Vergl. Nr. 66 Bl. 55ᵃ 3—5. Hier fehlen zu Anfang von den ersten Kurràs fünf Blätter. Die Vita des *Sabhrîšô'* beginnt Bl. 18ᵃ.

Schlussnotiz Bl. 28ᵇ:

ܫܠܡܬ ܘܠܐܠܗܐ ܫܘܒܚܐ ܘܥܠܝܢ ܪ̈ܚܡܘܗܝ
ܘܚܢܢܗ ܠܥܠܡ ܥܠܡܝܢ.

2. Bl. 28ᵇ—36ᵃ Hymne von *Khamîs*: ܟܘܫܚܬܐ ܕܥܒܕܐ ܠܚܡܝܣ ܥܠ ܠܗܘ ܕܝܢܐ ܕܥܬܝܕ.

Anfang: ܡܦܫܝܢ ܠܐܠܝܢ ܐܬܘܬܐ

Identisch mit Nr. 66 *A*. 1.

3. Bl. 36ᵃ—38ᵇ Hymne von *Khamîs*: ܐܫܬܠܡܬ ܕܝܠܗ ܕܡ ܕܝܠܗ ܕܡܫܝܚܐ ܡܪܕܘܬܐ ܕܗ ܒܫܠܐ.

Anfang: ܡܫܬܒܚܝܢ ܠܐܒܐ ܠܡܘܕܐ

Identisch mit Nr. 66 *A*. 4.

4. Bl. 38ᵇ—41ᵃ Hymne von *Khamis*: ܐܡܕܪܬܐ ܕܥܠܘܗܝ ܕܝܢ ܕܥܠܘܗܝ ܕܡܫܝܚܐ ܚܡܝܣ ܒܪ ܩܪܕܚܐ

Anfang:

ܡܘܕܝܢ ܟܠܢ ܘܠܟܝܢܐ
ܘܡܫܒܚܝܢ ܕܡܠܟ ܦܘܪܫܢܐ
ܠܐܠܗ ܚܝܐ ܕܡܫܬܒܚ ܗܘ ܠܗ ܝܚܝܕܝܐ
ܘܣܓܝ ܐܠܗܘ ܘܚܝܐ ܀

5. Bl. 41ᵃ—43 Hymne von *Khamis*: ܦܘܩ ܒܥܠܡ ܕܒܝܠܬܐ ܘܡܣܘܪܬܐ. ܘܒܥܘܪܐ ܒܥܡ ܙܘܒܢܐ.

Prolog:

ܒܫܦܝܪܬܐ ܡܫܝܚܬܐ ܢܚܬܐ.
ܘܢܒܝܐ ܘܢܒܪܬܐ.
ܒܫܝܐ ܘܕܡܝܐ.
ܕܒܠܒܐ ܘܝܘܩܪܐ.
ܘܗܘܢܐ ܘܡܕܝܢܐ.
ܕܡܪܒܒ ܠܝ ܢܦܪܓܐ ܀

Mit alphabetischen Strophenanfängen.

6. Bl. 43ᵇ—45ᵇ Hymnus von demselben.

Anfang des Prologs:

ܟܠܟܢ ܫܡܥܘ ܡܠܐ ܡܢܐ.

Anfang der ersten Strophe:

ܐܩܝܡ ܢܘܗܪ ܒܓܪܒܐ ܕܩܝܡ.

Identisch mit Nr. 66 *A*. 6.

7. Bl. 45ᵇ—48ᵇ Hymne von demselben. Anfang: ܒܫܝܐ ܘܕܡܝܐ ܕܦܘܩܬܐ

Identisch mit Nr. 66 *A*. 7.

Unterschrift Bl. 48ᵇ:

ܫܠܡ ܠܡܬܒܥ ܒܥܘܢܝܬܐ ܗܠܝܢ ܕܡܫܡܫ
ܘܡܒܪܟ ܠܚܒܪܗ ܒܥܘܕܪܢ ܡܪܢ ܘܠܐܠܗܢ
ܒܫܢܬ ܐ . ܒܗ ܠܝܘܢܝܐ. ܘܠܐܠܗܘܬܐ ܫܘܒܚܐ
ܘܫܪ ܒܥܕܬܗ ܕܝܢ ܐܢܫ ܣܓܝܐ ܘܡܣܟܢܐ ܘܫܪ
ܡܫܟܢܐ ܗܘܪܡܝܙܕ ܒܪ ܫܒܝܐ ܡܫܠܡܐ ܡܢܗ.
ܡܢ ܦܪܝܫܬܐ ܡܒܪܟܬܐ ܗܠ ܒܢܝܐ. ܡܫܡܫ
ܠܗ ܡܪܝ ܐܡܝܢ ܘܫܪ

Bl. 48 ist das letzte Blatt von Kurràs 7 ܙ: Fortsetzung auf Bl. 71, dem ersten Blatt von Kurràs 8 ܚ.

8. Bl. 71ᵃ Hymnen von *Khamis*: ܥܠ ܫܘܒܚ ܐܠܗܘܬܐ. ܐܚܝܕ ܡܠܟ ܒܥܘܢܝܬܐ. ܕܡܫܡܫ ܗܕܝܢ ܒܡܫܡܪܬܐ. ܕܡܬܕܠܠ ܒܡܪܕܝܘܬܐ. ܒܠܘܩ ܠܝ ܒܥܘܬܐ. ܒܕܡܐ ܠܐܡܝܢ ܡܬܪܘܡ ܐܢܫ.

Anfang:

ܫܡܫܐ ܡܢ ܫܪܝܐ ܦܢܝܬܐ

9. Bl. 73ᵃ Hymne von demselben: ܐܒܐ ܗܘܝ ܠܝ ܡܠܦܢܐ

10. Bl. 75ᵃ Hymne von demselben: ܡܫܘܚܬܐ ܕܪܚܡܝ ܝܐܐ

11. Bl. 77ᵃ Hymne von demselben: ܐܘ ܢܦܫܐ ܕܒܗܘܬ ܒܪܘܫܐ

12. Bl. 79ᵇ Hymne von demselben: ܦܪܐ ܒܠܫܢܐ ܡܗܘܡܢܐ

13. Bl. 81ᵇ Hymne von demselben: ܠܟ ܕܠܐ ܦܫ ܠܟ ܡܬܕܪܢܐ

14. Bl. 83ᵇ Hymne von demselben: ܦܘ ܢܫܝ ܒܠ ܫܢܝ

15. Bl. 85ᵇ Hymne von demselben: ܣܗܪܐ ܕܫܒܪܗ ܐܕܪܟܘܢ

16. Bl. 88ᵃ—91ᵇ Hymne von demselben: ܫܒܚܐ ܕܡܫܬܒܠܠ ܒܥܒܕܐ

Diese Hymnen ܒܥܘܢܝܬܐ 8—16 sind identisch mit Nr. 66 (Sachau 178) *B*. 1—9.

Zwischen Bl. 90—91 ist eine Lücke von zwei ganzen Kurràs, denn Bl. 90 ist das letzte Blatt von K. 9 und Bl. 91 das erste Blatt von K. 12.

17. Bl. 91ᵃ Hymnus für das Fest der Kreuzesauffindung von einem Dichter, von dessen Namen nur einer oder nur ein Theil ܝܥܩܘܒܐ (?) vorhanden ist. Überschrift:

— — ܕܠܗ ܕܚܪܬܐ ܕܥܡܢܐ ܕܒܚܕܐ ܠܡ̄ܪܝ

— — — ܝܡܕܝܢܐ (?). ܫܠܘܕܘ ܠܗ ܒܠܗܘܢ

ܫܠܝܚ̈ܘܗܝ.

Anfang:

ܫܒܝܚ ܠܚܕܐ ܐܝܬܘܬܐ
ܡܢ ܟܝܢܐ ܘܩܢܘ̈ܡܐ ܬܠܬܐ

18. Bl. 94^b Hymnus für dasselbe Fest. Anfang:

ܫܒܝܚ ܠܝܠܕܗ ܡܪܢܐ
ܗ̈ܘ ܕܐܬܚܫܚ ܠܡܠܟܐ ܪܒܐ

19. Bl. 98^b—100^b Hymnus für dasselbe Fest. Anfang:

ܫܒܝܚ ܠܢܘܗܪ ܕܝܠܕܗ
ܕܒܗ ܐܢܗܪܬ ܠܟܝܢܐ ܡܢ ܫܘܚܪܗ

Zwischen Bl. 100—101 fehlen zwei Blätter.

Auf Bl. 101^a Schluss eines Hymnus, dessen letzter Vers lautet:

ܒ̈ܪܗ ܡܫܝܚܐ ܘܐܡܗ ܕܠܗ ܟܠܗ ܚܛ̈ܗܐ.
ܚܘܝܢܐ ܠܟܠܢ. ܘܐܦ ܗܠܝܢ ܕܒܚܪܬܗܘܢ.
ܢܚܕܐ ܐܦ̈ ܠܠܝܢ. ܘܢܫܬܒܚܘܢ.

20. Bl. 101^b—111^b Hymnus des *Khamis* für Weihnacht. Anfang:

ܠܟ ܨܒܐ ܕܐܬܒܪܝ ܒܒܬܘܠܬܐ.

Identisch mit Nr. 66 *E*. 3. Unvollständig, denn zwischen Bl. 108—109 ist eine Lücke. Die Reihenfolge der Blätter scheint folgende zu sein:

Bl. 108.	Strophen mit	ܦ	beginnend
Bl. 111.	„	ܨ	„
Bl. 109.	„	ܪ	„
Bl. 110.	„	ܫ	„

Zwischen den einzelnen Blättern sind Lücken.

Von den Blättern 49—70^a sind Bl. 66—70 von der ersten Hand, Bl. 49—65 von einer zweiten Hand geschrieben. Kleinere Gedichte von *Khamis*.

21. Bl. 49^a Anfang:

ܨܘܡ ܦܪܘܩܢܐ ܕܐܠܗܐ ܨܠܘ̈ܬܝ ܐܪܘܐ ܒܚܝܠܐ.

Danach eine Strophe vom Schreiber.

22. Bl. 49^a—51^a ܐܡܪܬܐ ܕܥܠܗ ܕܡܪܕܘܬܐ

Anfang:

ܐܘ ܕܘܝܘܬܐ ܕܡܫܟܢܘܬܐ ܘܪܘܝܘܬܐ ܕܪܘܚܢܘܬܐ.

Vergl. Nr. 66 *B*. 11.

Unten auf der Seite Bl. 51^a eine fragmentarische Notiz von jüngerer Hand. Auf Bl. 51^b Federproben; daselbst ein Diaconus Moses erwähnt.

23. Bl. 52^a Kleinere Gedichte von *Khamis* für bestimmte Tage, meist im zwölfsilbigen Metrum.

Überschrift von jüngerer Hand: ܟܬܒܢܐ ܐܚܪܢܐ ܘܡܪ̄ ܟܬܒܢܐ ܡܫܟܚ ܟܪܘܙܐ ܕܚܡܝܫ ܘܡܪ̄ ܚܢܢܐ ܕܫܠܝܐ.

Anfang:

ܐܘ ܕܝܠܕܟ ܟܪܘܙ ܘܡܒܕܢܝܢ ܢܘܦܘ ܪܘܚܐ.

Bl. 52^b Für Weihnacht: ܐܘ ܕܝܠܕܟ ܟܪܘܙ
ܘܡܒܕܢܝܢ ܡ̈ܠܟܝܢ ܫܦܝܪܝܢ.

Bl. 53^a Für die h. Maria: ܐܘ ܕܐܬܪܘܡܡܬ
ܠܥܠܡ ܕܥܡܗ ܐܦ ܕܡܢܗ̈ܘܢ.

Bl. 54^a Für Epiphania: ܐܘ ܕܐܬܓܠܝܬ
ܠܥܠܡ ܐܪ̈ܘܐ ܕܗܕܐ ܫܒܪܬܐ

Bl. 55^a ܐܡܪܬܐ ܕܥܠܗ ܕܚܕ ܦܪܨܘܦܐ

Anfang:

ܫܒܘܚ ܠܐܒܐ ܡܩܕܫ ܟܗܢܐ ܒܫܒ̈ܝܐ ܪܘܚܐ.

Bl. 55^b Für das Fasten: ܐܘ ܕܒܨܘܡܐ ܕܠܒܐ
ܘܦܘܡܐ ܡܪܒܐ ܠܡܪܢܐ.

Bl. 56^a Für das Fasten: ܐܘ ܕܒܨܘܡܐ
ܡܫܪܪ ܘܦܘܡܐ ܡܪܒܐ ܠܡܪܢܐ.

Bl. 57^a Für den Lazarus-Freitag: ܐܘ ܕܒܟܠ
ܫܒܪܐ ܕܝܘܡܗ ܕܢܘܚ ܒܚܝܡ ܠܟܘܠܐ.

Bl. 58^a Für denselben Tag: ܐܘ ܕܢܨܒܬ
ܡܢ ܠܚܡܐ ܘܡܝ̈ܐ ܐܪܒܥܝܢ ܝܘܡܝܢ.

Bl. 59ᵃ Für denselben Tag: ܠܥܕܬܟ ܦܘܩܕܢܐ
ܡܢ ܐܪܥܐ ܡܥܒܪܬܐ ܕܠܥܠ ܠܝ ܐܪܥܐ.

Bl. 59ᵃ Für denselben Tag: ܐܘ ܕܡܚܝܢܢ
ܒܫܘܒܚܐ ܒܦ̈ܘܡܐ ܕܦܓܪܐ ܘܢܦܫܐ.

Bl. 60ᵃ Für Palmsonntag: ܐܘ ܕܠܐܘܪܫܠܡ
ܐܪܘܝܚܬ ܒܡܐܬܝܬܗ ܠܡܠܟܟ.

Bl. 60ᵇ Für den Neuen Sonntag: ܐܘ
ܕܐܘܕܝܬܘܢ ܠܗܘ ܕܡܚܐ ܕܒܠܥܕܘܗܝ ܚܝܝܢ.

Bl. 61ᵇ Für Himmelfahrt: ܐܘ ܕܠܐܘܪܫܠܡ
ܫܒܚܝܬ ܒܡܣܩܬܗ ܠܡܪܟ.

Bl. 62ᵃ Für denselben Tag: ܐܘ ܕܒܡܫܡ̈ܫܢܐ
ܪ̈ܘܚܢܐ ܗܘܝܬܘܢ ܒܢܐ.

Bl. 63ᵃ Für denselben Tag: ܐܘ ܕܒܘܪܟܬܐ
ܕܦܠܐ ܫܪܝܐ ܗܘܐ ܦܘܩܕܢܐ.

Bl. 63ᵇ Für Pfingsten: ܐܘ ܕܐܬܪܘܚܬܘܢ
ܒܡܘܗܒܬܐ ܡܫܒܚܬܐ ܐܦ ܐܬܠܝܗܒ.

Bl. 64ᵃ Für den Kreuzestag: ܐܘ ܕܪܘܡܡܬܝ
ܪܘܡܡܐ ܚܝܐ ܕܨܠܝܒܐ ܢܘܗܪܐ.

Bl. 65ᵇ Für Ostern: ܒܗܝܢ ܫܘܒ̈ܚܐ ܕܦܨܚܐ
ܢܒܥܘ ܟܠ ܦܨ̈ܚܐ. ܕܡܬܒܥܐ ܠܥܠ ܡܫ̈ܝܚܐ
ܫܡܝܗ ܠܡܘܕܝܢ ܕܝܚܐ. ܟܠ ܐܢܘ ܠܟ ܫܘܒܚܐ.

Anfang:

ܒܟܠ ܦܘܩܕܢܐ ܡܬܦܫܩܢܬܐ.
ܕܗܘܐ ܠܫܘܒܚ ܟܠܗܝܢ ܡܫܒܚܢܬܐ

Identisch mit Nr. 66 *E.* 5.

Bl. 67ᵇ—70ᵃ Für denselben Tag:

ܐܡܪܢܐ ܕܡܫܒܚ ܕܒܪܗ.
ܘܗܘܐ ܕܒܪܐ ܫܠܝܚ ܡܪܝܫܗ.
ܘܐܬܠܡ ܢܦܫܗ ܠܡܘܬܐ.
ܘܫܒܠ ܨܠܝܒܐ ܘܡܘܬܐ ܘܩܒܪܐ.

Identisch mit Nr. 66 *E.* 6.

Schlussnotiz:

ܫܠܡ ܘܐܫܬܠܡ ܚܘܕܪܐ

Auf Bl. 70ᵇ von jüngerer Hand einige Zeilen aus dem Paradies Eden von Elias von Nisibis, vom Anfang des Commentars der Einleitung:

ܫܠܡ ܦܘܪܫܢܗ. ܗܘܐ ܦܘܩܕܢܐ ܘܫܘܪܝܗ.
ܟܕ ܗܘܐ ܡܢ ܐܠܦ ܘܡܫܡܫܢܐ ܘܦܘܪܫܢ
ܕܡܚܢܐ ܕܢ̈ܘܚܐ. ܕܟܬܒܬ ܠܫܒܩܐ ܗܢܐ. ܐܢܐ
ܚܛܝܫܘܬܐ ܘܫܪ

Die Hds. ist in *Telkêf* von dem Priester Hormizd, Sohn des Matthäus, geschrieben. Das Datum ist zerstört: am Ende glaube ich noch ܥܘ 76 zu erkennen. Also etwa 1776 Gr. (= 1465 n. Chr.)? Vortrefflich geschrieben, vielfach vocalisirt und punktirt. Auch die Vortragszeichen (?), je zwei, drei oder vier parallele Striche über dem Text, finden sich hier. Die zweite Hand Bl. 14 ff. ist etwas jünger.

111 Blätter (18 × 12 cm), die Seite zu 18—20 Zeilen.

68.

(Sachau 229.)

Gedichte von Barhebraeus, *Khamis Kardâhâ* aus Arbela, seinem Zeitgenossen, Bischof *Îšô'jabh* von Arbela (um 1452), Joseph II., Patriarch der unirten Chaldäer von *Amid-Dijârbekr* 1695—1713, gebürtig aus *Tel-Kêf.* Vergl. Assemani III, 603 ff.

A. Bl. 1ᵇ—102ᵃ Ein Gedicht von Barhebraeus De rebus divinis, das auch ausserhalb der Jakobitischen Nation bei Nestorianern und unirten Nestorianern (den sogenannten Chaldäern) den grössten Beifall gefunden zu haben scheint. Barhebraeus nennt sein Gedicht ܡܫܘܚܬܐ ܦܠܓܘܬܐ, d. h. ein Gedicht, dessen strophische Einheit eine Doppelzeile ist. Dies Gedicht ist nun in der Form von späteren Dichtern erweitert worden, dass sie in den Zusammenhang hineingedichtet, aus einem Zeilenpaar des Barhebraeus zwei Zeilenpaare, ja späterhin drei und vier Zeilenpaare gemacht haben, mit anderen Worten: dass aus zwei Zeilen des Originals in den Erweiterungen successive vier, sechs und acht Zeilen geworden sind. Dabei ist der Gedankenzusammenhang gewahrt worden. Das Metrum ist das zwölfsilbige, der Reim in einer Strophen-Gruppe derselbe. Titel und Einleitung:

ܒܚܝܠܗ ܕܡܪܢ ܝܫܘܥ ܡܫܝܚܐ ܡܫܪܝܢܢ
ܠܡܟܬܒ ܡܐܡܪܐ ܘܐܠܦܐ ܡܢ ܡܐܡܪܗ ܕܥܢܝܐ
ܡܪܝ ܓܪܝܓܘܪܝܘܣ ܡܦܪܝܢܐ ܕܡܕܢܚܐ. ܥܠ
ܐܠܗܝ̈ܬܐ ܘܡܫܡܠܝܘܬܐ ܕܒܗܘܢ ܕܡܬܡܢܝ̈ܢܐ
ܚܟܝ̈ܡܐ. ܕܐܬܬܚܝܠܗ ܡܬܐܡܪܐ ܒܫܡܗ ܡܪܕܝܐ
ܕܠܘܩܒܠܗ ܬܒ̈ܥܘܗܝ ܠܡܫܡܠܝܘܬܐ ܐܡܝܢ.
ܒܕܪܐ[1] ܥܠ ܬܪܝܢ ܗܘܐ ܬܪܝܢ ܐܪܒܥܐ ܒܝܬܐ[2]
ܘܒܬܪܗ ܗܟܢܐ. ܘܐܘܣܦ ܐܬܝܗܒܗ ܫܘܒܚܗ
ܡܬܪܓܡܢܘܬܐ ܕܐܪܒܥ ܕܡܫܡܥܝܢ ܒܪ
ܡܩܕܡ ܐܬܝܗܒܬ ܐܪܒܥܐ ܒܒܝܬܐ ܐܬܚܕ
ܕܡܥܢܝ̈ ܕܠܐܪܒܥܘܬܐ ܗܘ̈ܝܘܗܝ ܠܫܬܝܘܬܐ
ܐܝܟ ܒܕ ܡܕܡ ܗܘܝܢ ܗ̈ܘܝܐ ܗܘ ܗܪܟܐ
ܐܪܒܥܐ ܒܗ ܒܝܬܐ (Bl. 2ᵃ) ܘܒܬܪܗ ܗܟܢܐ.
ܗܘܐ ܐܬܝܗܒܗ ܫܘܪܝܐ ܡܪܝ ܝܘܣܦ ܬܪܝܢܐ
ܦܛܪܝܪܟܐ ܕܟܠܕܝܐ ܕܐܬܝܗܒܗ ܠܡܫܡܠܝܐ ܒܝܬܐ
ܬܠܬܐ ܠܡܫܝܚܐ ܒܕ ܡܕܡ ܗܠܝܢ ܗ̈ܘܝܢ ܗܘ
ܗܘܝܢ ܐܪܒܥܐ ܒܗ ܒܝܬܐ ܘܒܬܪܗ ܗܟܢܐ.
ܘܗܟܢܐ ܗܘܝܢ ܦܣܘ̈ܩܐ ܬܡܢܝܐ ܕܡܪܝ ܝܘܣܦ
ܐܬܝܗܒܘܢ ܘܗܠܝܢ ܕܒܬܪܗܘܢ ܕܝܫܘܥܝܗܒ
ܘܗܠܝܢ ܕܒܬܪܗܘܢ ܕܚܡܝܣ ܐܝܟ ܘܗܠܝܢ
ܐܚܪ̈ܝܐ ܕܡܪܝ ܓܪܝܓܘܪܝܘܣ ܐܝܟ.

Das aus Zeilenpaaren bestehende Gedicht des Barhebraeus »De rebus divinis et perfectione, quae iis inest«[3] für verständige, mit Anstrengung forschende (ܠܡܒܨܝ̈ܢܐ?). Erweitert hat es (wörtlich: mit einem Mantel ܡܥܛܦܢܐ bekleidet, umhüllt)

1. *Khamis Ḳardâḥê*, der die Doppelzeile zu vier Zeilen ausgedehnt hat, indem er vor jede einzelne Strophe (des Barhebraeus) eine Strophe (seiner eigenen Dichtung) in demselben Metrum und zur Erläuterung des Sinnes vorsetzte[1]. Ferner hat es erweitert

2. *Îšô'jabh*, Bischof von Arbela, genannt Bar *Meḳaddem* (sic, vergl. S. 244 Col. 2), A. Gr. 1763 (= 1452 n. Chr.), indem er aus jeder Vierzahl von Zeilen eine Sechszahl machte, indem er vor je zwei Strophen (der ihm vorliegenden Gestalt des Gedichtes) eine Strophe (seiner eigenen Dichtung) in gleichem Metrum und zur Erläuterung des Sinnes vorsetzte. Ferner hat es erweitert

3. Joseph II., Patriarch der Chaldäer, je sechs Zeilen zu acht ausdehnend, A. Gr. 2009 (= 1698 n. Chr.), indem er vor je drei Strophen (der ihm vorliegenden Gestalt des Gedichtes) eine vierte (von seiner eigenen Dichtung) in gleichem Metrum und zur Erläuterung des Sinnes vorsetzte.

Demgemäss sind (in jeder strophischen Gruppe von acht Zeilen) die beiden ersten Zeilen von Joseph, die Zeilen drei und vier von *Îšô'jabh*, die Zeilen fünf und sechs von *Khamis*, die Zeilen sieben und acht von Barhebraeus.

Darauf folgt Bl. 2ᵃ eine Einleitung von Joseph: ܒܫܡܬܐ ܐܘܒܕ ܡܩܦ ܒܪܘܚܐ ܕܒܚܒܒ ܠܡܪܝ ܝܘܣܦ ܠܒܘܪܟܐ ܗܘ ܡܢ ܕܚܫܒ ܒܠ ܦܬܘܪܐ.

In dieser Einleitung, die in gereimter Prosa geschrieben, sagt Joseph, dass er sich die Freiheit genommen, dem Werke seiner Vorgänger etwas hinzuzufügen, die Sechszahl der Zeilen

[1] Leg. ܡܕܡ.

[2] Leg. ܒܗ ܒܝܬܐ.

[3] Assemani ܕܡܘܡܢ̈ܬܐ für ܕܒܗܘܢ.

[1] Über diese Arbeit des *Khamis* vergl. Assemani III, 566.

zur Achtzahl, die Dreizahl der Dichter zur Vierzahl zu erheben. Anfang:

ܠܝ ܢܘܪܐ ܐܝܠܝܢܐ ܕܡܢ ܠܗܘܢ ܠܡܥܪܟܘ ܡܢܣܟܢ ܡܪܟܝܢ.

Nach dieser Einleitung:

ܠܐ ܠܝ ܡܪܝܐ ܠܐ ܠܝ. ܐܠܐ ܠܫܡܟ ܗܒ ܐܝܩܪܐ.

Anfang des Gedichtes Bl. 3[b] von Joseph:

ܫܡ ܐܠܗܐ ܐܝ ܒܒܠ ܫܒܚܝ ܠܐ ܡܫܬܟܚ
ܘܠܡܣܦܩܘ ܒܣܟܐ ܕܠܒܝܐ ܘܫܘܡ ܢܝܪܐ

von *Îšô'jabh*:

ܒܐܝܠܐ ܐܝ ܒܒ ܠܗܦܟܬܐ ܫܒܚ ܢܗܒܚ
ܠܟ ܕܝ ܫܒܪܐ ܒܗܡܟܡ ܗܝ ܠܠܡܣܠܡ ܫܘܒܚ ⁘

von *Khamis*:

ܐܝ ܡܢ ܦܘܡܐ ܡܟܘܕܢܝܐ ܠܐ ܫܘܪܒܚ
ܐܦܝ ܘܠܗܐ ܠܐܠܗܘ ܫܒܚܐ ܕܘܒܚ

von Barhebraeus:

ܒܪܐ ܕܡܠܟܘܬܐ ܠܒܪܐ ܐܒܐ ܦܪܐ ܕܝܠܝܕ
ܘܠܒܪܐ ܗܝܕܝܢ ܠܐ ܕܠܐ ܪܫܐ ܗܘܝ ܝܠܝܕ ⁘

ܘܠܠܒ ܗܢܝ ܒܢܘܗܝ ܡܢܕܝ ܢܫܒܚ
ܢܒܘܗܝ. ܘܫܪܐ

Das zu Grunde liegende Gedicht ist edirt von Scebabi, Gregorii Bar-Hebraei Carmina S. 1—35.

Am Ende Bl. 102[b]. 103[a] vier kleine Schlussgedichte, Vierzeiler, von Joseph II.:

a) ܗܐ ܐܦܝܣܗ ܐܢܐ ܡܘܫܐ ܣܒܒܐ ܒܝܡܪܐ
b) ܗܘ ܒܝܗ ܩܠܠܐ ܘܠܗܡܢܪܢܐ ܐܝܬ ܦܘܪܫܢܐ
c) ܠܗ ܡܠ ܕܐܦܪܐ ܐܢܐ ܚܝ ܐܢܐ ܡܫܒܚ ܦܓܪܐ
d) ܦܡ ܕܠܐ ܐܝܬܘܗܝ ܒܘܝ ܣܘܠܩܝܗ
ܐܠܘܠܗܘܢ

Schlussnotiz Bl. 103[a]:

ܫܠܡ ܒܥܘܕܪܝ ܡܪܝ ܡܐܡܪܐ ܕܥܠ ܐܠܗܘܬܐ
ܘܠܡܪܢܘܬܐ ܕܒܪܗ ܘܫܪܐ

B. Bl. 103[b]—127[b] Gedicht von Joseph II., Patriarch der Chaldäer, über das Lob des In-der-Fremde-Seins und Tadel des Bei-dem-Nächsten-Sitzen-Bleibens. Überschrift:

ܡܐܡܪܐ ܐܚܪܢܐ ܕܥܠ ܫܘܒܚܗ ܐܟܣܢܝܘܬܐ
ܘܠܗܘܢ ܨܥܪܐ ܕܝܬܒ ܩܪܝܒܐ. ܕܥܒܝܕ ܠܗ
ܒܗ ܠܗ ܠܝܘܣܦ ܡܪܝ ܣܘܪܝܐ ܦܛܪܝܪܟܐ
ܕܟܠܕܝܐ ܕܒܠܒܝܠ.
ܒܫܘܒܚ. ܠܐ ܠܝ ܡܪܝܐ ܠܐ ܠܝ ܐܠܐ ܠܫܡܟ
ܗܒ ܐܝܩܪܐ. ܬܘܒ.

Das Gedicht besteht aus Strophen von je vier zwölfsilbigen Zeilen. Anfang:

ܫܘܒܚܐ ܕܐܝܠܝܢ ܕܫܒܝܚ ܐܠܗܝܢ ܕܐܡܪ
ܩܠܐ ܕܡܠܟܐ ܡܪܫܝܢܘܬܐ ܐܝܟܢ ܡܐܡܪ
ܒܠ ܐܦܝܢܐ ܕܝܗ ܐܝܟ ܒܦܓܪ ܘܒܪܘܚ
ܡܫܠܡܪ
ܘܐܦ ܪܘܫܘܡܐ ܗܘ ܡܝܬܐ ܒܠܒܗ
ܒܦܪ ⁘

Schlussnotiz Bl. 126[b]:

ܫܠܡ ܡܐܡܪܐ ܕܥܠ ܠܗܘܢ ܝܬܝܪܐ ܘܫܘܠܡ
ܐܟܣܢܝܘܬܐ ܘܫܪܐ

C. Bl. 127[a]—142[a] Gedicht von Barhebraeus »De sapientia divina«: ܡܐܡܪܐ ܕܥܠ ܚܟܡܬܐ
ܐܠܗܝܬܐ ܕܒܒܝܬ ܠܚܕ ܡܢ ܦܠܣܘܦܐ ܡܕܝܢܝܐ.

Anfang: ܦܓܪ ܒܝ ܒܢܠܡܐ ܘܫܪܐ

Herausgegeben von Cardahi, Liber thesauri S. 63—65 (nicht vollständig).

D. Bl. 142[a]—144[b] Gedicht über die Erhabenheit der Abstammung der Seele: ܥܠ
ܪܒܘܬܐ ܕܠܗܘܕܗ ܕܐܦܬܐ ܘܡܫܬܡܠܝܘܬܗ ܕܒܝܬ
ܒܪܐ ܦܘܡܕܝܐ.

Der Dichter ist nicht genannt. Ob der Patriarch Joseph II.? Anfang:

ܫܒܚܐ ܐܝܕܝܥ ܡܢ ܗܘ ܪܘܡܐ ܕܡܫܒܚܘܬܐ
ܣܘܟܐ ܗܕܝܪܬܐ ܕܒܕܝܢܗ ܡܗܝܡܢܐ
ܕܫܘܦܪܘܬܐ
ܠܒܫ ܗܘܐ ܒܪܘܡܗ ܠܗ ܡܢ ܩܠܠܐ
ܕܒܢܝܘܬܐ
ܘܡܫܒܚ ܕܠܠܒ ܐܦܐ ܒܗܪܐ ܒܠ
ܡܫܒܚܬܐ ⁘

E. Bl. 144ᵇ—155ᵇ Gedicht von ungenanntem Verfasser (Joseph II.?) De via perfectorum: ܡܐܡܪܐ ܐܚܪܢܐ ܕܥܠ ܐܘܪܚܐ ܕܓܡܝܪܘܬܐ ܘܫܘܠܡ ܡܫܬܥܝܢܘܬܗ (!). ܒܗ ܡܚܘܐ ܠܬ̈ܠܬ ܕܒܢ̈ܝܐ ܘܕܐܓܝܪ̈ܐ ܘܕܥܒ̈ܕܐ. ܕܬ̈ܠܬ ܗܠܝܢ ܐܝܬܝܗܝܢ ܡܕܡܝܢ ܕܓܡܝܪ̈ܐ ܘܒܢ̈ܝܐ. ܘܙܕܝܩܐ ܕܘܬ̈ܝܒܐ ܘܐܓܝܪ̈ܐ. ܕܙܠܝܐ ܕܥ̈ܒܕܐ ܕܡܫܝܚܐ ܥܒ̈ܕܐ ܐܝܬܝܗܝܢ.

Das Wort ܐܘܪܚܐ ist hier gebraucht wie طريقة im Sufismus. Die auf diesem Wege Einherschreitenden werden in 3 Klassen eingetheilt: die Vollkommenen und die Söhne, die Gerechten und die Lohnarbeiter, die Bussfertigen und die Sclaven. Erste Strophe:

ܡܫܡܫܝܢ ܐܘܪ̈ܚܬܐ ܕܡܕܒܪܢܘܬܐ ܟܠܗܝܢ
ܕܓܡܝܪܘܬܗܘܢ
ܕܒܗܘܢ ܦܪܝܫܝܢ ܡܢ ܡܫܬ̈ܐܝܐ ܒܗܠܐ
ܕܐܬܡܢܝܢܗܘܢ
ܐܘܪܚܐ ܠܚܘܕ ܕܦܠܓܐ ܗܝܐ ܠܗܝ
ܡܫܝܚ ܒܗܘܢ
ܒܗ ܠܟܠ ܡܢܗ ܕܗܝܐ ܡܬܦܪܫܝܢ
ܒܦܪܘܫܘܬܗܘܢ ܀

Unterschrift Bl. 155ᵇ:

ܫܠܡ ܠܡܟܬܒ ܒܗܕܐ ܗܢܐ ܕܡܐܡܪܐ ܘܫܠܡܐ ܒܗ ܡܐܡܪܐ ܕܐܟܡܢܘܬܐ ܘܫܘܡܠܝܐ ܐܠܗܝܬܐ. ܒܐܝܕܐ ܚܛܝܐ ܫܡܫܢ ܦܪܢܣܝ ܒܪ ܗܘ ܕܓܝܘܪܓܝܣ ܡܢ ܒܝܬ ܡܪܐ. ܐܫܬܠܡ ܒܐܪ̈ܒܥܐ ܡܫܡܫܢܐ ܦܪܢܣܝܣ ܒܪ ܓܝܘܪܓܝܣ ܕܡܢ ܒܝܬ ܡܪܐ ܫܢܬ ܠܡܫܝܚܐ ܕܐܬܝܠܕ ܘܡܢܝܢܐ ܐܠܦܐ. ܒܬܡܢܝܐ ܘܫܒ

Danach ist diese Hds. geschrieben von dem Diaconus *Pransi* (Franz), Sohn des *Giwargis* aus der Familie *Bêth-Mêrê*, und vollendet den 8. October 1882 n. Chr. S. Index scriptorum. Vortrefflich geschrieben, vollständig vocalisirt und punktirt nach der Methode der heutigen Nestorianer.

155 Blätter (20,5 × 14,5 cm), die Seite zu 16 Zeilen.

69.

(Sachau 72.)

Sammelband:

1. Bl. 3—6 Ein Syrisches Gedicht im siebensilbigen Metrum, ohne Anfang und Ende. Es scheint von der Philosophie und ihrem veredelnden Einfluss auf die Seele zu handeln. Auf Bl. 6ᵇ heisst es:

ܘܡܟܝܠ ܕܚܘܝܢ ܥܕ ܗܫܐ
ܕܡܛܠ ܡܢ ܐܝܬܘܗܝ ܡܕܡ
ܚܘܪܐ ܗܘ ܥܠ ܗܘ ܕܐܝܟܢ
ܡܬܐܡܪ ܡܕܡ ܕܐܝܬܘܗܝ

»Nachdem wir bisher das Wozu des Seienden dargelegt, wollen wir nunmehr von dem Wie desselben handeln.«

Auf Bl. 5ᵃ oben wird Orpheus erwähnt:

ܡܛܠ ܗܟܝܠ ܐܬܝܗܒ
ܕܡܘܣ ܐܘܪܦܝܘܣ ܡܘܣܝܩܐ
ܕܒܚܠܝܘܬܐ ܕܩܝܢ̈ܬܗ
ܢܓܕ ܗܘܐ ܠܚܝ̈ܘܬܐ ܒܬܪܗ

»Deshalb ist das Vorbild des Musikers Orpheus gegeben, der durch die Süssigkeit seiner Lieder die stummen Thiere hinter sich herzog.« Anfang:

ܗܘ ܕܢܓܪܐ
ܕܢܓܕܢ ܠܫܪܪܐ ܕܫܡܥܬܗ
ܢܪܫܡ ܡܢ ܦܘܪ̈ܢܝܐ ܗܢܐ
ܕܗܢܐ ܫܢܐ ܐܬܦܫܩܐ ܀
ܘܡܛܠܬܐ ܫܠܡܘܬܐܝܬ
ܢܓܘܪ ܒܗܢܘ ܕܠܐ ܥܠܬܐ
ܘܢܓܕܠ ܡܪ̈ܟܒܘܬܗ
ܫܢ̈ܐ ܕܡܢܗ ܡܫܠܡܝܢ ܀
ܘܡܢܐ ܕܢܓܕܢ ܠܫܪܪܐ ܕܫܡܥܬܗ
ܕܠܐ ܢܬܦܫ ܒܡܫܟ̈ܢܬܐ
ܡܢ ܡܠܝܐ ܢܓܕܪܗ ܢܦܫܐ
ܒܡܘܟ̈ܠܐ ܦܓ̈ܪܢܐ ܒܢ̈ܝܐ ܀

Ich vermuthe, dass dies Gedicht-Stück einen Theil von Nr. XVI dieser Hds. bildet.

II. Bl. 8ᵃ Fragment. Gehört vermuthlich dem Gebiet des Aberglaubens an und scheint ein Stück einer Anweisung zu sein, wie man den Ausgang einer Krankheit aus gewissen Zahlen prognosticirt. Etwas ähnliches in Nr. 92 (Sachau 306) Bl. 118ᵇ, daselbst die Zeichnung von zwei Kreisen, auf deren Rand Zahlen geschrieben sind, wie ܓܠܓܠܐ ܕܚܝ̈ܐ Circulus vitae und ܓܠܓܠܐ ܕܡܘܬܐ Circulus mortis. Text:

ܡܚܫ̈ܒܬܐ (?) ܡܢܐ. ܘܐܝܟ ܚܠܡܗܘܢ — — —
ܒܪܬܡܐ (?) ܘܐܝܟܢܐ ܒܗܘܢ ܒܪܢܫܐ. ܒܡܢܝܢܐ
ܡܢܝ ܠܚܘܫܒܢܗ. ܒܡܫܚܬܐ ܕܕܝܠܗܬܐ
ܘܦܘܫܬܐ. ܘܐܢ ܡܫܟܚܬ ܦܫܝܫ ܠܟ: ܡܫܕܪ ܠܠܝܠܐ
ܕܐܪܒܥܒܥܝܢ. ܗܘ ܗܘܐ ܒܥܐ. ܒܠܗ ܦܓܪܗ
ܒܪܢܫܐ ܐܝܬܘܗܝ. ܡܢ ܡܫܡܫܬܗ ܕܫܦܝܪܐ[1]
ܥܡ ܩ̈ܠܝܡ ܢܦܫܗ. ܒܡܢܝܢܐ ܡܢܝ ܫܘܪܫܘܗ.
ܐܘ ܝܢܩܐ. ܐܘ ܒܚܫܒܬܐ. ܐܝܟܢܐ ܕܝܗܒ ܡܢܝܐ
ܐܠܗܐ. ܘܐܢ ܫܟܚܬ ܦܫܝܫ ܠܟ. ܒܗܘ ܟܬܒܐ
ܐܘ ܣܕܪܟܒܬܐ ܒܟܪܗܝܗ ܢܦܠ ܡܢ ܪܘܡܐ
ܒܟܬܒܐ. ܢܦܩ ܒܠ ܢܦܠܬܐ ܘܡܠ ܡܘܠܕܐ
ܣ ܕܢܦܫܐ. ܠܐ ܐܝܟ ܟܬܒܗ ܕܐܠܗܐ ܚܝܐ.
ܐܦ ܡܢ ܢܦܫܐ. ܘܐܢ ܘܒܡܘܪܐ ܐܢܫܘܬܗ ܐܘ
ܦܠܓܐ ܡܢ ܒܪܢܫܐ ܕܐܡܗ. ܚܝ ܣܘܩܡܝܢ
ܢܦܫܗ. ܒܡܢܝܢܐ ܡܢܝ ܐܒܪܗܡ. ܐܘ. ܦܓܪܘܗܝ
ܘܦܘܠܚܢܗ. ܐܘ ܝܢܩܐ. ܐܘ ܒܚܫܒܬܐ. ܢܦܩ
ܒܦܓܪܗ ܢܦܫܬܐ. ܐܘ ܠܗܘܢ ܕܐܝܬ ܒܗ ܕܝܘܐ.

Vergl. The computation of the sick von Isaak H. Hall, Journal of the American Oriental Society XV S. 137 ff.

III. Bl. 8ᵇ—13ᵇ 28 Aesopische Fabeln. Überschrift: ܬܘܒ ܡܬܠܐ ܕܚܟܝܡܐ ܡܠܝܠܐ ܐܝܣܘܦܘܣ.

1. Geschichte Bl. 8ᵇ: Wie Aesop die Menschen abfertigt, die ihn zum zweiten Mal einladen, nachdem sie ihn bei der ersten Einladung schlecht behandelt.

[1] Das ܦ in diesem Wort ist umgekehrt — mit dem Kopf nach unten — geschrieben.

2. Vom Menschen, der bei der Geburt weint, und dem Schwan, der im Sterben singt.

3. Vom Esel, der sich die Stimme der Baumgrille (ܨܪܨܘܪܐ?) aneignen wollte.

4. Bl. 9ᵃ Von einem Mann, der Holz trägt, und dem Tode.

5. Schwalbe und Krähe ܥܘܪܒܐ streiten, wer schöner sei.

6. Bl. 9ᵇ Vom Wiesel ܟܟܘܣܬܐ, das die Feile in der Schmiede leckt.

7. Von den kämpfenden Hähnen und dem Adler.

8. Von der durstigen Taube und dem gemalten Wasserkrug an der Wand.

9. Bl. 10ᵃ Von dem Raben, der den Adler nachmachen wollte.

10. Vom durstigen Hasen, der in den Brunnen gestiegen und nicht wieder heraus konnte.

11. Bl. 10ᵇ Vom Stier, der einen schlafenden Löwen durchbohrte.

12. Vom Mann, der zwei Schlangen mit einander kämpfen sah.

13. Bl. 11ᵃ Vom Käfer ܚܡܘܣܬܐ, der sich in den Dienst der Biene begab.

14. Vom Hirten, der seine Hunde auf den Wolf hetzt.

15. Vom Hirten, der Gott ein Schaf zu opfern verspricht, wenn er ein verlorenes Schaf wiederfindet.

16. Von zwei kämpfenden Stieren und dem Löwen, der sie beide umbringt.

17. Bl. 11ᵇ Vom Hirsch, der sein Spiegelbild im Brunnen besah.

18. Bl. 12ᵃ Vom Schmied und seinem Hund, der nur aufwachte, wenn sein Herr zu Tische ging.

19. Vom Löwen, der — in der Grube gefangen — vom Fuchs geschmäht wird.

20. Von den Hunden, welche eine Löwenhaut zerzausen.

21. Bl. 12ᵇ Vom kranken Hirsch, der in eine Grube gefallen und den die Thiere zu besuchen kommen.

22. Von dem Kind, das dem Ertrinken nahe war, und dem Manne, der es rettete.

23. Von dem Jäger, der einem verirrten Hunde Brod vorwarf.

24. Bl. 13ᵇ Von den Hasen, die mit den Adlern Krieg führten und die Füchse zur Hülfe riefen.

25. Von dem Adler als Compagnon des Fuchses, der dessen Junge frisst.

26. Vom Löwen in der Höhle, über den eine Maus sprang.

27. Bl. 13ᵇ Vom Löwen in dem Netz, das die Maus zernagte.

28. Vom Löwen, der den Stier fressen wollte und ihn einlud.

Ende fehlt. Anfang:

ܠܘܩܝܡܘܣ ܚܟܝܡܐ ܐܡܪ ܡܬ̈ܠܘܗܝ
ܠܒܢܝ̈ܢܫܐ. ܘܐܡܪܘܗܝ ܘܠܘܩܡܢ ܐܝܬܘܗܝ ܐܬܐ
ܠܐܬܘܪ ܘܡܠܟܐ ܗܘܐ ܒܥܝܢܐ ܐܝܟ ܗܘ
ܕܐܬܚܒܠ ܠܗ ܒܝܬܗܘܢ ܘܐܬܬܢܝܚ. ܥܠ
ܡܛܠ ܕܚܟܡܬܗ ܘܡܠܟܘܬܗ ܗܘܬ ܐܬܚܙܝܬ ܕܐܬܬ
ܠܐܬܘܗܝ ܘܐܬܚܙܝ ܠܗܘܢ ܕܐܬܐ ܘܫܪ̄

Mitten in der letzten Erzählung bricht der Text ab. Schluss:

ܐܡܪܐ ܚܕ ܐܚܪܢ ܗܘܐ ܕܐܬܚܙܝ ܠܗ ܐܡܪܐ ܚܕ
ܘܐܠܐ ܡܢ ܗܘܐ ܒܚܠܒܐ. ܘܐܘܠ ܐܡܪ ܠܒܢܝ̈ܐ.
ܘܐܡܪ ܠܗ. ܐܚܪܢܐ ܚܕ ܝܕܥܐ. ܐܢܐ ܠܝ ܢܚܡܢ

Vergl. Nr. 134 (Sachau 336) und Nr. 238 (Petermann Syr. 28) nr. 11, ferner die Ausgabe von S. Hochfeld, Beiträge zur Syrischen Fabellitteratur, Hallische Doctordissertation 1893.

IV. Bl. 14ᵃ—14ᵇ Zunächst ein Fragment eines Textes über Kirchenzucht, davon handelnd, dass ein Priester (wenn er was gethan?) nicht einen Altar weihen darf, nicht mehr Mittelsperson zwischen Mensch und Gott sein darf. Anfang:

ܠܐ ܘܕܫ ܠܗ ܕܢܩܕܫ ܡܕܒܚܐ ܟܠ ܟܠܗ. ܘܐܡܬܝ
ܕܗܘܐ ܟܗܢܐ. ܘܡܩܕܫ ܟܠܗܘܢ ܡܗ̈ܝܡܢܐ.
ܘܕܫ ܠܗ ܕܢܩܕܫ܀ ܕܠܐ ܗܘ ܬܘܒ ܡܨܥܝܐ
ܢܗܘܐ ܒܟܘܪܣܝܘܬܐ ܘܬܠܡܝܕܘܬܐ. ܣܘܦ ܐܢܫ̈
ܘܫܒܩ ܕܐܢܫܐ ܕܗܘܐ ܗܟܝ. ܠܐ ܘܕܫ ܠܗ
ܕܢܗܘܐ ܡܨܥܝܐ ܒܝܢ ܐܠܗܐ ܠܒܪ̈ܢܫܐ ܘܫܪ̄

Ferner ein Gebet des Priesters über einen, der seine Sünden bekennt. Titel und Anfang:

ܨܠܘܬܐ ܕܟܗܢܐ ܡܛܠ ܡܢ ܕܡܘܕܐ ܚܛܗ̈ܘܗܝ.

ܐܠܗܐ ܡܪܐ ܟܠ ܢܦܫܬܐ ܒܠܚܘܕ. ܘܢܦܫܬܐ
ܠܟ ܚܛܝܬܝ. ܘܠܚܛ̈ܐ ܕܠܒܠܒܐ ܢܦܠܢ ܘܫܪ̄

V. Bl. 14ᵇ—20ᵇ Auszug aus Canones synodales, das 21. Capitel derselben, hauptsächlich über Eherecht. Titel und Anfang:

ܡܢ ܩܢܘ̈ܢܐ ܕܣܘܢܗܕܘܣ. ܦܪܩܐ ܕܥܣܪܝܢ
ܘܚܕ. ܥܠ ܙܘܓ̈ܐ ܕܠܐ ܦܫܝܩܐ ܠܗܘܢ
ܫܘܬܦܘܬܐ ܠܓܒܪ̈ܐ ܘܢܫ̈ܐ ܡܫܝܚܝܐ.
ܕܒܚܠܡܘܢ. ܡܛܠ ܓܒܪܐ ܡܢ ܬܪ̈ܬܝܢ ܕܢܣܒ
ܘܡܘܬ̈ܒܐ ܕܥܡܡܐ ܘܕܥܡܗܘܢ ܗܘܝܐ ܐܢܬܬܐ
ܚܕܐ. ܠܐ ܬܬܦܩܕ ܠܗ. ܒܗ̇ܘ ܡܕܡ
ܕܦܩܕܢ ܡܪܢ ܐܠܗܢ.

Dazu eine Erklärung ܢܘܗܪܐ Bl. 15ᵃ.

Ferner Bl. 15ᵇ von den Personen, die der Mann nicht heirathen darf, bezeichnet als 3. Abschnitt: ܦܪܩܐ ܕܬܠܬܐ ܥܠ ܦܘܪ̈ܫܢܐ ܕܠܐ ܡܙܘܕܘܓܘܬܐ.

Der Text bricht ab mit Bl. 15ᵇ in der Aufzählung der verbotenen Verwandtschaftsgrade.

Auf Bl. 17ᵃ—20ᵇ Stück eines Gesetzbuches, strafrechtliche Bestimmungen über Ehebruch, Hurerei und anderes, eingetheilt in Paragraphen. Es beginnt mitten in § 10 und endet in § 36. Anfang:

ܗܠܝܢ ܡܫܟܠ. ܐܠܐ ܡܢ ܟܠ ܦܪܘܫ ܢܬܬܚܝܒ
ܒܠܝܢ ܩܢܘܢܐ ܕܢܘܡܘܣܐ ܘܕܩ̈ܠܝܬܐ (!)
ܠܟܘܢ ܫܠܡ. ܬܘ ܡܢ ܕܢܡܘܣܐ ܒܗ ܒܪܢܫ
ܠܢܘܗܝ. ܢܬܚܝܒ ܒܠܝܢܘܢ ܐܝܟ ܩܢܘܢܐ
ܕܠܒܪܐ. ܠܐ ܕܝܢ ܐܝܟ ܠܗ ܠܐܢܫܐ ܠܒܪܐ.
ܠܩܢܘܢܐ ܕܫܕܘܪܝ̈ܐ ܢܬܚܠܐ. ܬܐ ܐܢܫ ܕܝܢ
ܕܡܪܢܝܬ ܘܡܬܢܫܟ ܒܗܘܢܐ ܠܟܪܙܐ ܠܢܫܡܗ
ܐܬܚܝܒ ܡܚܝܕܘܬܐ ܗܕܐ. ܘܢܬܚܪܐ ܘܗܘܢܐ
ܗܢܐ. ܘܢܬܬܚܝܒ ܒܠܝܢܘܢ ܩܢܘܢܐ ܕܠܒܪܐ.

Die Paragraphen 25—29 beziehen sich speciell auf Vergehen der Priester.

Schlussworte Bl. 20b:

ܒܬܫܠܡܬܐ ܕܩܢ̈ܘܢܐ ܐܠܝܢ ܕܠܡܫܡܫܢܘܬܗ
ܕܐܒܪܗܡ ܩܠܝܠܐ. ܐܡܪܢ ܘܢܚܪܐ. ܒܗ
ܗܠܝܢ ܓܝܪ ܐܦ ܪܚܡܘܗ ܕܐܠܗܐ ܦܫܛܘ.
ܐܠܝܢ ܓܝܪ ܕܠܒܪ ܡܢ ܢܨܒܐ ܥܕܡܐ ܒܐܪܐ
ܡܬܐܬܒܝ̈ܢ ܡܠܝܢ̈ܘܢ. ܘܡܕܡ ܠܐ ܦܪܝܫ.
ܘܢܒܐ ܕܢܬܒܥ. ܕܟܠ ܕܠܐ ܦܪܐ ܒܘܗܪܐ.

Von welchem Concil diese Canones herrühren, ist nicht angegeben. Andere Canones s. S. 149. 185.

VI. Bl. 22a—31b Gedicht von Ephraem in Strophen von je vier siebensilbigen Versen auf seinen eigenen Tod: ܡܐܡܪܐ ܕܡܪܝ ܐܦܪܝܡ ܕܐܡܪ ܥܠ ܡܘܬܗ. So nach der Unterschrift Bl. 31b.

Der Anfang fehlt. Erste Verse:

ܡܢ ܗܘܐ ܡܕܡ ܕܫܒܝܩ.
ܕܒܪܐ ܡܫܝܚ ܦܓܪ̈ܝܢ
ܢܬܕܒܪܘܢ ܒܘܚ̈ܝ
ܥܠ ܕܠܥܠܡ ܒܕܝ̈ܢ
ܘܚܝ̈ܠܝ ܕܐܘܦܝ ܚ̈ܢܢ.

ܐܬܒܪܝܬ ܠܗ̇ ܡܫܡܫܝܬܐ
ܘܡܫܝܚܐ ܢܚܬ ܠܦܘܪܩܢܐ
ܚܒܪ ܠܗ ܡܫܝܚܐ ܕܢܦܩܬ
ܘܡܛܐ ܘܡܫܝܚܐ ܢܘܪ ܥܕܬܐ.

Ephraem redet sich selbst an Bl. 29b:

ܗܐ ܐܦܪܝܡ ܡܢ ܚܛܗܘܗܝ
ܒܪܘ ܠܝ ܚܫܒܐ ܡܠܬܐ
ܗܐ ܡܪܝ ܘܡܫܝܚܐ ܕܒܘܪܟܗ
ܐܫܝܡܬ ܕܐܬܘܠ ܒܫܡܗ.

Zwischen Bl. 29 und 31 ist eine Lücke. Schlussvers:

ܒܕܡܐ ܕܐܬܐ ܒܪܐ ܡܫܝܚܐ
ܘܦܪܩܢ ܠܐܒܪܢ ܘܠܥܡܐ
ܕܠܗ ܫܘܒܚܐ ܘܥܠܝܢ ܬܘܕܝ̈ܬܗ
ܒܥܠܡܝ̈ܢ ܠܥܠܡܝܢ ܐܡܝܢ.

VII. Bl. 31b Fragment eines Gedichtes De miseria humana in Strophen von je sechs fünfsilbigen Versen, von denen die Verse 1—4 denselben Reim haben, während Vers 5 und 6 — mit anderem Reim versehen — den am Ende jeder Strophe wiederkehrenden Refrain bilden:

ܬܘܒ ܒܬܚܝܢ ܡܕܪܫܐ ܥܠ ܕܘܝܘܬ ܒܪܢܫܐ

ܐܘ ܠܝ ܒܪܢܫܐ
ܕܘܝܐ ܘܡܠܝܐ
ܕܟܕ ܐܝܬ ܒܗ ܢܦܫܐ
ܬܘܠܥܐ ܒܗ ܪܚܫܐ.
ܒܪܢܫܐ ܒܣܝܡܐ
ܗܘܝ ܡܪܝ ܒܫܠܡܗ.

ܒܪܢܫܐ ܕܡܚܣܘܪܐ
ܒܗ ܝܨܪܐ ܒܝܫܐ
ܘܗܘ ܕܠܐ ܡܬܚܣܘܪܐ
ܒܗ ܒܝܫܐ ܒܒܝܫܐ.
ܒܪܢܫܐ ܒܣܝܡܐ
ܗܘܝ ܡܪܝ ܒܫܠܡܗ.

ܠܒܝܫ ܡܢ ܐܪܡܝܬܐ
ܚܒܝܒ ܡܪܐ ܒܪܝܬܐ
ܘܡܢ ܕܡܫܝܚܐ ܣܒܪܬܐ
ܡܫܐ ܐܝܟ ܣܦܝܢܬܐ.
ܒܪܢܫܐ ܒܣܝܡܐ
ܗܘܝ ܡܪܝ ܒܫܠܡܗ.

[illegible]

VIII. Bl. 32—40[b] Eine Sammlung von Räthseln ܐܘܚܕ̈ܬܐ, ohne Anfang. Die einzelnen Abschnitte sind bezeichnet mit ܫܘ = [illegible] und [illegible] = [illegible]. Anfang:

[illegible]

Lücken zwischen Bl. 34 und 35, 37 und 38, 38 und 39, 39 und 40. Letztes Räthsel:

[illegible]

IX. Bl. 40[b]—41[a] Erstens Bl. 40[b] einige vierzeilige Strophen im zwölfsilbigen Metrum von einem Diaconus *Ṣlībhā*, der sich als denjenigen bekennt, der diesen Sammelband angelegt und geschrieben hat. Anfang:

[illegible]

Auf Bl. 41 einige kurze Gebete und ein Verzeichniss von Gebeten (bezeichnet durch ihre Titel oder Anfangsworte) für alle Stunden des Tages und der Nacht: [illegible].

X. Bl. 42[a]—47[a] Das [illegible], Übersicht der Flexionen vom Stamme [illegible].

Bl. 45 ist von Jeremias *Šāmīr* ergänzt. Am Ende nennt sich wieder der Diaconus *Ṣlībhā*.

XI. Bl. 47[b]—57[a] Lexikalisches:

a) Bl. 47 Ein Glossar schwieriger Wörter, erklärt in Syrischer, theilweise auch in Arabischer Sprache: [illegible].

Anfang:

[illegible] منجنيق [illegible]

Schluss:

[illegible]

b) Bl. 51[b] Abschnitt in Frage und Antwort, eine Erklärung von Matthäus I, 25. Anfang:

[illegible]

In der Antwort wird der Ursprung der Bezeichnung [illegible] Chrysostomus erwähnt.

c) Bl. 52ᵃ Kurze Notiz über Zeit und Bedeutung des vierten, fünften, siebenten und zehnten Fastens:

[illegible] (Bl. 52ᵇ) [illegible]

d) Bl. 52ᵇ—57ᵃ Ein kleines Lexikon, in der Hauptsache von fremden, Hebräischen, Griechischen Wörtern, betitelt [illegible] Anfang:

[illegible] (Bl. 53ᵃ) [illegible] (Bl. 53ᵇ) [illegible]

Artet gegen Ende aus in eine Notizensammlung. Schluss:

[illegible]

XII. Bl. 57ᵇ—61ᵇ Kurze Gedichte, genannt [illegible], von *Khamis* (Bar *Ḳardâḥê*):

[illegible]

Vergl. über den Dichter G. Cardahi, Liber thesauri de arte poetica Syrorum, Romae 1875 S. 59. Es sind meistens Gedichte von vier zwölfsilbigen Versen, die denselben Reim haben; einige haben auch acht Verse (von gleichem Reim). Am Schluss einige Gedichtchen von zwei Heptasyllaba. Erstes Gedicht:

[illegible]

Die einzelnen Gedichte haben die Überschrift [illegible], d. i. [illegible]. Letztes Gedicht:

ܒܒܪܘܬܐ ܒܝܬ ܢܗܘܪܐ
ܘܡܛܠ ܡܢܐ ܠܒܪܐ
ܘܒܡܫܒܚܘܬܐ ܕܦܝܠܘܣܘܦܐ
ܡܢ ܠܗܘܢ ܡܢܝܢ ܒܡܫܘܚܬܐ.

XIII. Bl. 62ᵃ—62ᵇ Einige Räthsel in zwölfsilbigen Versen. Überschrift und Anfang:

ܐܘܚܕ̈ܬܐ ܕܥܠ ܚܘܫܒ̈ܐ. ܕܠܗܘܢ ܡܪ̈ܘܢ ܡܫܘܪ̈ܝܢ.

ܚܘܪ ܗܘ ܒܒܗܝܡܘܬ ܚܘܒܐ ܫܦܝܪܐ ܐܚܠ ܚܘܒܐ.
ܕܡܢ ܠܒܒܪܐ ܫܒܒܐ ܡܪܡܒ ܘܡܠܟܝܢ ܕܘܡܝܐ.
ܡܪܝܐ ܕܐܠܗܐ ܪܒܐ ܕܡܘܡܝܐ ܣܓܝܐ ܕܐܪܥܐ
ܡܘܗ ܒܡܪܒܐ ܠܚ̈ܒܐ ܕܒܪܬܐ ܕܘܒܐ ܕܝܘܡܐ

Die Auflösungen sind nicht beigefügt.

Auf Bl. 62ᵇ erwähnt sich wieder der Schreiber *Slîbhâ* in einer Zeichnung und in fünf Versen, deren Anfangsbuchstaben seine Namen ergeben.

XIV. Bl. 63ᵃ—66ᵇ Eine philosophische Schrift von *Jôḥannân* Bar *Zo'bi*, betitelt ܡܐܡܪܐ ܕܥܠ ܦܝܠܘܣܘܦܝܐ Sermo de philosophia, in der Hauptsache ein Commentar des Verses ܚܠܐ ܚܠܐ ܚܠܐ ܚܠܐ ܚܠܐ ܚܠܐ ܬܠܠܐ.

Identisch mit Nr. 92 (Sachau 306) nr. IV.

Im Anschluss daran auf Bl. 65ᵇ eine Notiz im siebensilbigen Metrum über die Interpunctionszeichen. Titel:

ܚܘܫܒܐ ܕܥܠ ܐܕܫܐ ܦܘܫܩܐ.

Identisch mit Nr. 92 n. IV Bl. 120ᵃ.

XV. Bl. 66ᵇ Auszüge aus dem Liber canonum de aequilitteris von *'Ebdîšô'* und *Ḥunain* (s. Ausgabe von Hoffmann, Opuscula Nestoriana, Kiel 1880). Überschrift:

ܫܪܒܐ ܕܡܬ̈ܚܬܐ ܕܐܫܬܚܢ ܕܦܘܪܫܢܐ ܐܘܟܝܐ ܒܐܝܣܝܬܐ ܕܒܪ ܚܘܢܝܢ. ܘܗܘܐ ܗܫܒܝܢ ܠܠܗܘܢ ܠܫܡܥܐ ܕܗܘܦܠܐ ܘܠܫܡ̈ܥܐ ܘܠܟܘܢܐ ܕܐܡܗܝܢ ܣܠܩ̈ܐ.

Anfang:

ܘܡܕܡܝܢ ܗܕܪܐ ܕܐܠܦ. ܐܬܠܝܛܐ[1]. ܐܝܟܘܢ ܗܘ ܕܡܕܒܪ ܒܐܬܠܝܛܐ. ܒܪܐ ܗܘ ܐܝܟ ܐܬܠܝܛܘܬܐ ܡܢ ܐܬܠܣܘܬܐ. ܐܬܘܬܐ ܘܐܟܪ̈ܘܬܐ ܦܪ̈ܝܫܝܢ. ܗܘ ܡܢ ܒܠ ܐܟܣܘܬܐ ܐܝܟ ܡܫܚܬܐ ܕܡܬ̈ܚܬܐ ܘܦܘܬܚܐ ܒܬ̈ܪܐ ܕܡܫܚ̈ܬܐ ܘܣܘܠܡܝܐ ܕܒܪ̈ܝܗܐ ܘܐܡܘ̈ܬܐ ܕܕ̈ܘܗܐ ܘܡܪܐ

Nach Erklärung der Wörter ܐܣܛܝܢ. ܐܬܕܠܠ. ܐܣܦܣܝܪ. ܐܬܐܬܡܣܝܪ. ܐܬܐܬܝܢ. ܐܬܝܬܪ. ܐܬܝܬܘܣ. ܐܝܬܘܢܐ. ܐܬܐܬܝܣ. ܐܡܠܠ. ܐܢܬܐ geht der Text sofort in den Buchstaben ܢ über zu dem Worte ܣܕܘ̈ܪܐ. s. Hoffmann S. 17, 11.

Mitten im Buchstaben ܡ folgende Notiz des Epitomators Bl. 78ᵇ:

ܣܡ ܠܒܪ ܠܢܒܐ ܕܦܘܪܫܢܐ ܕܗܠܝܢ ܫܡܗ̈ܐ ܚܘܢܝܢ ܕܡܢ ܣܦܪ̈ܐ. ܘܠܗ ܠܟܠܗܘܢ ܗܢܝܢ ܒܡܠܬܐ. ܡܚܠܦ ܕܝܢ ܐܢܐ ܕܐܬܘܗܝ (Bl. 79ᵃ) ܣܠܩܬܐ. ܢܦܩ ܒܠ ܡܬܘ ܐܣܪܝܢܬܐ. ܡܗܝܡܢ ܠܗ ܡܠܘܬܐ ܠܟܘܬ ܣܠܩܐ ܕܡܬܕܪܫܘܬܗ. ܘܐܢܐ ܕܠܐ ܡܦܩ ܠܝܚܘܬܐ. ܢܦܩ ܐܦܢܗ ܒܠ ܦܘܡܗ ܘܠܐ ܢܥܒܘܢ ܠܒܢܝܐ ܘܢܥܒܕ ܒܥܒܠܢ. ܘܡܢ ܗܠܝܢ ܠܦܪ̈ܘܫܐ.

Der Epitomator verwechselt den *Ḥunain* mit *Jôḥannân* Bar *Zo'bi* Bl. 86ᵇ: ܕܒܪ ܚܘܢܝܢ ܕܡܬܩܪܐ ܒܪ ܘܥܒܐ. ܡܫܠܡܢܐ ܐܒܪ. ܦܢ ܦܘܪܫܢܐ ܐܝܟ ܒܝܬ ܝܚܠܘܢ ܠܒܝܠܘܢ ܘܒܒܠܘܢ ܠܒܝܠܘܢ ܘܢܚܠܘܢ ܠܢܚܠܘܢ ܘܡܪܢܝܢ ܘܐܒܪ

Von Bl. 87 ist die untere Hälfte weggerissen. Der Text bricht ab in den Buchstaben ܦ und ܗ. Die zuletzt vorkommenden Wörter sind ܗܦܟ. ܗܦܟ. ܗܣܟ. ܗܦܟ. Schluss:

ܗܦܟ ܘܒܬܪܐ ܗܦ̈ܟܬܐ. ܐܝܟ ܗܘ ܕܗܦܟ ܦܘܪ̈ܐ ܕܡܒܕ̈ܪܐ. ܘܗܘ ܕܠܡܬܚܦ̈ܟܢ ܗܦܟܗ. ܗܦ̈ܟ ܗܦܟܬܐ ܡܫܢܐ ܕܒܕܪܬܐ

Vergl. Hoffmann a. a. O. S. 41, 6.

[1] Vergl. Hoffmann a. a. O. S. 7, 16.

Auf Bl. 91 oben die zehn Kategorien Syrisch und Karschuni.

XVI. Bl. 91ᵃ—100ᵇ Ein Gedicht im siebensilbigen Metrum (in Strophen von je 4 Versen) von *Jôḥannân* Bar *Zo'bi* für seine Schüler, die Presbyter *Ṣlîbhâ*, *Giwargis* und *'Abdallah* über die vier Probleme der Philosophie, d. i. über den Anfang derselben, was sie ist, wozu sie ist und wie sie ist. Überschrift:

ܡܐܡܪܐ ܕܡܘܕܥ ܥܠ ܐܪܒܥܐ ܦܪ̈ܘܒܠܡܛܐ
ܦܝܠܘܣܘܦ̈ܐ ܕܡܪܝܪ ܒܡܫ̈ܝܚܝܘܬܐ ܒܚܟܡܬܐ
ܕܡܝܬܪܐ ܕܒܥܒܕ ܠܐܪܒܥ ܐܚ̈ܝܢܐ ܘܪܚܡ
ܡܠܦܢܐ ܪܒܢ ܝܘܚܢܢ ܒܪ ܙܘܥܒܝ ܡܕܪܐ
ܢܩܫܘܕ ܒܫܡܫܘܬܗ ܥܡ ܡܕ̈ܝܢܬܐ ܐܝܟ ܘܐܡܝܢ
ܕܥܒܕܗ ܠܘܬ ܠܬܠܡ̈ܝܕܘܗܝ ܩܫܝܫܐ ܨܠܝܒܐ
ܘܩܫܝܫܐ ܓܝܘܪܓܝܣ ܘܩܫܝܫܐ ܥܒܕ (Bl. 91ᵇ)
ܐܠܠܗ ܕܒܥܘ ܡܢܗ ܥܠ ܐܝܕܐ ܗܕܐ.

Diese drei Schüler sind auch erwähnt in der Chronologie von Simeon von *Šanḳlâbâd*, vergl. Nr. 102 (Sachau 108) Bl. 91ᵇ.

Zu diesem Gedicht gehört wahrscheinlich auch nr. I dieser Hds. Anfang:

ܐܠܗܐ ܐܝܬܝܐ ܚܝܐ
ܐܘܣܝܐ ܕܠܐ ܡܬܬܚܡܢܐ
ܕܝܢܐ ܘܡܪܐ ܐܘܣܝܐ
ܕܡܢܗ ܘܒܗ ܡܬܝܕܥܐ.
ܐܘܣܝܐ ܚܕܐ ܕܐܠܗܐ
ܠܐ ܡܬܬܕܪܟܐ ܠܒܪ̈ܝܬܐ
ܒܪܐ ܐܘܣܝܐ ܘܒܪܝܬܐ
ܕܒܗ ܒܗܘܢ ܗܝ ܡܬܝܕܥܐ.
ܫܒܚܘܗ ܠܝܕܥܬܐ ܕܒܠܚܘܕ
ܕܐܘܣܝܐ ܒܪܝܬܢܝܬܐ
ܦܝܠܘܣܘܦܘܬܐ ܫܒܝܚܬܐ
ܡܫܟܚܐ ܠܝܕܥܬܗ ܡܬܕܪܫ.
ܐܬܕܪܫܘ ܒܗ ܡܕ̈ܝܢܬܐ
ܕܝܘܢ̈ܝܐ ܡܫܬܡܥܝܢ ܗܘܘ
ܕܝܕܥܘ ܕܐܝܬ ܗܘܐ ܐܠܗܐ
ܐܦ ܠܘ ܐܝܟܢܐ ܕܗܘܐ.

ܢܦܩܘ ܠܗ ܬܘܒ ܐܦ ܡܨܝܢ̈ܐ
ܕܫܦܝܪ̈ܐ ܕܚܠܬܐ ܗܘܘ
ܘܒܥܘܗ̇ ܒܒܥܬܐ ܕܡܨܝܐ
ܚܘܝ ܠܗܘܢ ܕܠܐ ܡܬܚܘܝܐ.
ܕܠܝܬ ܢܘܪܐ ܒܐܚܪ̈ܢܐ
ܘܒܗܪܗ ܘܡܬܒܗ ܥܠ ܬܪܥܗ
ܘܒܗ ܚܘܝ ܠܐܘܣܝܐ ܠܚܘܬܗ
ܡܫܝܚܐ ܒܐܘܣܝܐ ܒܢ̈ܝܬܐ.
ܐܪܒܥܐ ܓܝܪ ܦܪ̈ܘܒܠܡܛܐ
ܐܝܬ ܠܗ ܠܦܝܠܘܣܘܦܘܬܐ
ܕܒܗܘܢ ܡܫܬܕܩ ܘܡܬܕܪܫ
ܡܬܒܢܝܐ ܥܠ ܫܘܬܐܣܗ.
ܠܡܕܡ ܕܝܢ ܐܝܬܘܗܝ ܡܕܡ
ܡܬܬܚܡ ܚܝܡ ܫܘܬܦܐ
ܒܗܢܝܢ ܗܘ ܠܗ
ܫܘܪ ܦܝܠܘܣܘܦܘܬܗ.
ܘܒܐܪܝ ܕܡܢܐ ܐܝܬܘܗܝ.
ܘܕܡܛܠ ܡܢܐ ܐܝܬܘܗܝ
ܘܐܝܟܢܐ ܕܐܝܬܝܗ
ܡܬܐܡܪ ܕܐܝܬܘܗܝ ܡܕܡ.
ܗܢܘ ܗܟܠ ܡܢܝܢܐ
ܕܦܪ̈ܘܒܠܡܛܐ ܐܪܒܥܐ.
ܡܚܘܠ ܫܪܐ ܘܢܩܘܬ
ܡܢܘ ܥܠ ܚܕ ܚܕ ܡܢܗܘܢ..
ܕܐܝܬܘܗܝ ܡܕܡ ܡܬܝܕܥܐ
ܡܢ ܒܪ̈ܝܬܐ ܘܡܪܐ

Das Ende fehlt. Letzte Strophe:

ܒܬܦܣܝܗܘܢ ܠܡܕܡ ܐܝܟܢܐ
ܒܪܐ ܐܘ̈ܝܢ ܘܒܪܐ ܐܠܗܐ
ܕܡܠܦܝܢ ܗܘܘ ܥܠ ܐܘܣ̈ܝܘܢ
ܕܡܢ ܪܘܚܐ ܕܩܘܕܫܐ ܡܠܦܘ.

Gute Schrift, vollständig punktirt. Die meisten der einzelnen Kurrâs haben sich, nachdem der Rücken zerstört, in einzelne Blätter aufgelöst, und manche derselben sind verloren gegangen.

Wann der Sammler und Schreiber dieser Collectionen, *Ṣlîbhâ*, gelebt hat, ist nicht angegeben. Die Hds. kann zwei bis dreihundert Jahre alt sein. Die Punctation ist beeinflusst von der Volkssprache: so sind Formen wie ܓܠܝܢܐ ܦܘܪܫܐ stets mit kurzem ă in der ersten Silbe: ܓܠܝܢܐ ܦܘܪܫܐ geschrieben.

100 Blätter (22 × 14,5 cm), die Seite zu 20. 21 Zeilen.

70.

(Sachau 80.)

Das Paradies Eden von Ebedjesu. Vergl. Wright, Syriac literature S. 287. Ältere, nicht ganz vollständige Hds., die von Jeremias *Shâmîr* ergänzt ist durch Hinzufügung von Bl. 1. 19. 20. 28 und 100. Von der alten Hds. sind vorhanden Kurrâs 1 (8 Blätter, fehlen also zwei Blätter am Anfang), K. 2 (fehlt das letzte Blatt), K. 3 (fehlt das 8. Blatt), K. 4—9 vollständig und von K. 10 neun Blätter, so dass hiervon nur das letzte oder 10. Blatt fehlt. Anfang Bl. 2ª:

ܠܒܪܘܝܐ ܕܒܪܐ ܟܠ ܘܐܝܬܝ. ܘܢܗܘܐ
ܘܫܘܒܚܐ ܡܢ ܐܠܗܝ ܕܒܪܝܫܝܬ ܡܫܡܫܢܐ
ܒܡܕܢܚܐ ܐܬܬܠܝܘ.

in dem Prooemium, s. Ausgabe von Cardahi Beyrut 1889, S. 2 Z. 5. Theil I Bl. 4ᵇ. Theil II Bl. 57ᵇ. Schlussworte Bl. 99ᵇ:

ܫܠܡ ܕܝܠܗ ܠܦܘܪܩܢܐ ܕܦܪܕܝܣܐ ܕܥܕܝܢ.
ܘܡܢ ܒܥܘܕܪܢܐ ܡܫܝܚܝܐ ܘܚܝܝܐ ܡܗܝܡܢܐ
ܢܦܠܩܢ. ܠܐ ܕܝܢ ܢܫܬܘܩܘܢ

Wie in Arabischen Dichterhandschriften ist der Text der Gedichte vollständig vocalisirt und sehr reichlich punktirt, dagegen entbehrt der Commentar der Vocale und Lesezeichen. Die ganze Hds. ist mit vollendeter Sorgfalt und Sachkenntniss hergestellt. Eine Hinneigung zur Volkssprache zeigt sich darin, dass gelegentlich ein langes *â* in geschlossener Silbe als ein kurzes *a* geschrieben wird.

Die Schrift ist eigenartig und selten; sie ist lehrreich, insofern sie besonders deutlich den Übergang von dem Estrangelo-Alef zu dem Alif des *Sertô* illustrirt.

Datum fehlt. Ich halte es für wahrscheinlich, dass die Hds. im 14. Jahrhundert und zwar in der ersten Hälfte, also nicht lange nach des Verfassers Tode (1318) geschrieben worden ist.

100 Blätter (18 × 12,5 cm), die Seite zu 24 Zeilen.

71.

(Sachau 1.)

Das Paradies Eden von Ebedjesu. Einleitung Bl. 1ᵇ. Theil I Bl. 3ᵇ. Theil II Bl. 51ᵇ—86ª.

In diesem Theil fehlen die Gedichte 43. 44. 45 zwischen Bl. 75 und 77. Bl. 76 ist als ein leeres Blatt bei dem Binden eingelegt. Bl. 77 fährt fort in dem Commentar zu Gedicht 45:

ܡܕܡܫܚܐ ܒܡܩܦܠܢ ܦܘܪܫܐ ܕܡܘܬܐ.
ܘܐܬܚܫܒܘܢ ܐܢܫܝܢ ܬܒܥ ܫܡܥܐ ܘܩܪܘܒܐ.

Von Bl. 67 ist die rechte obere Ecke abgerissen.

Weitschweifige Nachschrift auf Bl. 86ᵇ. 87ª⁺ᵇ. Danach ist die Hds. geschrieben von dem Diaconus Gabriel ܓܒܪܐܝܠ aus *Telkêf* in den Tagen des Patriarchen Elias im Kloster des h. Cyriacus und seiner Mutter Julitta bei dem Dorfe *Telkêf* ܬܠ ܟܐܦܐ im Jahre 1959 = 1648 n. Chr. Die Jahreszahl ist durchgestrichen, trotzdem ist die Lesung der betreffenden Stelle sicher: ܐܫܬܠܡ ܒܫܢܬ ܗܘܬ ܬܫܥܐ ܐܐܐ [ܘܐܫܬܡܫܬܐ ܘܫܡܫܝܢ ܘܐܫܬܟ] ܕܝܘܢܝܐ ܒܪܘܚܐ. ܫܡܥ ܕܝܢ ܗܕܐ ܕܫܡܫܠܝܬܐ ܒܗܘܢ ܫܒܝܐ ܒܢܝܐ ܒܢ̈ܝܐ ܒܗܘܢ ܡܕܝܢ ܗܘ ܗܘ ܒܗ ܣܕܝܫܝܐ ܠ̄ ܕܫܘܒܪܐ

Der Schreiber hat sich noch an einigen anderen Stellen verewigt, z. B. in dem Ornamente auf Bl. 66ᵇ.

Unten auf Bl. 87ᵇ folgende Notiz: ܘܙܒܢܗ ܟܗܢܐ ܡܟܚܐ ܠܟܬܒܐ ܗܢܐ. ܘܙܒܢܗ ܠܟܬܒܐ ܩܫܝܫܐ ܡܟܚܐ ܡܢ ܩܫܝܫܐ ܓܒܪܐܝܠ.

Danach hat ein Presbyter *Makhó* (Michael?) die Hds. von dem Presbyter Gabriel gekauft A. Gr. 2008 = 1697. Dieser Gabriel kann sehr wohl identisch sein mit dem Schreiber der Hds.

Auf Bl. 87 am Rande hat ein früherer Besitzer die Buchstaben des Hebräischen und Rabbinischen Alphabets gemalt.

Das Bindeblatt 88 ist beschrieben mit Syrischen Versen, mit dem Ende eines Gedichtes ܫܠܡ ܣܘܓܝܬܐ De fine und dem Anfang eines Gedichtes ܥܠ ܬܝܒܘܬܐ ܘܬܘܬ ܢܦܫܐ Über Busse und Reue von Isaak. Ende des ersteren:

ܒܬܪ̈ܝ ܠܚܝ̈ܐ ܕܠܥܠܡ
ܘܫ̈ܒܚܐ ܠܫܡܐ ܕܡܪܢ

Anfang des zweiten:

ܐܬܝܐ ܠܟ ܡܪܝ ܬܘܒܐ
ܕܫܡܪ ܡܢ ܫܠܝܚ ܐܪܡܝܐ

Beide Gedichte im siebensilbigen Metrum. Vergl. Nr. 56 (Sachau 99) 7. 8. An mehreren Stellen hat ein früherer Besitzer des Namens Diaconus *'Îsd* ܥܝܣܐ ܡܫܡܫܢܐ sich eingetragen, z. B. Bl. 7ᵇ.

Auf Bl. 1ᵃ findet sich — von jüngerer, ungeschickter Hand geschrieben — eine Beschwörungsformel gegen den Biss von Skorpionen.

ܝܠܦܬܐ ܕܟܫܕ̈ܝܐ. ܝܠܒܝܐ ܘܟܐ ܦܫܐ
ܦܟܪܗ ܦܬܟܪܘܗ ܟܪܘܟܗ ܦܘܠܘܗ ܒܟܐ
ܐܬܟܪܗ ܡܫܘܫܠܐ ܠܦܟܪ ܫܡܫܗ ܗܫܒܐ
ܗܬܠܒܐ ܢܗܫܒ ܒܝܦܟܐ ܡܢ ܠܒ ܒܪܡܫܐ ܢܗܪܒ
ܫܡܐ ܢܗܪܒ ܥܠܝܐ ܢܗܪܒ ܟܒܫܐ ܒܬܝ
ܟܫܪܒܐ ܢܗܪܒܠܒ ܡܫܪܗܪܒܠܒ ܗܠ ܕܫܡܫ
ܫܡܥܐ ܒܫܘܡܥܐ ܕܐܪܘܐ ܦܪܝ ܝܘܟ ܢܦܫ
ܫܡܐ ܦܪܝ ܒܟܝܪܘܟ ܒܫܪܒܐ ܦܪܝ ܐܟܐ
ܫܠܗ ܐܗܒܪܗ ܠܒ ܐܗܪ ܐܝܐ ܠܟ ܒܫܘܘܒܪܐ
ܕܐܬܒܐ ܐܗܒܪܗ ܠܒ ܐܗܪ ܐܝܐ ܠܟ ܡܠܟܐ
ܒܝܟܐ ܕܝܦܐ ܕܡܪܝ ܐܗܒܪܗ ܠܒ ܐܗܪ ܐܝܐ
ܠܟ ܒܫܡܐ ܪܒܐ ܕܐܘܪܫܠܡ ܐܗܒܪܗ ܠܗ ܫܐܝܐ
ܠܟ ܡܪܝ ܐܡܐ ܠܐ ܠܗܫܒ ܐܫܗܪܐ ܗܘܫܗܗ
ܒܟܪܗܫܒ ܫܒܫܗܗ ܠܟܪܝ ܪܬܫܒ (?) ܫܟܪ
ܐܒܒ ܐܬܒܒ ܬܫܠܐ ܕܒܪܫܒ. ܐܡܪܗ ܗܠܗ
ܘܒܬܡ ܡܢ ܒܟܪ ܕܐܡܪ ܐܡܐ ܠܗ ܠܐ ܗܬܒܐ
ܡܐ. ܝܠܗ ܫܠ ܡܫܡܫܢܐ ܠܚܘܪܠܫ ܒܪ
ܡܫܝܐ ܒܪܫܒܐ ܡܫܡܫܢܐ ܥܒܕܝܫܘܥ ܒܪ ܡܫܝܐ
ܥܒܕܐ. ܝܠܦܬܐ ܕܟܫܕ̈ܝܐ ܝܠܒܝܐ

Dies mir nur theilweise verständliche Textstück, gemischt Altsyrisch und Neusyrisch, ist geschrieben von einem Diaconus Georg, Sohn des Presbyters und Diaconus *'Abhdîšô'*, Sohnes des Presbyters *'Abhdd*.

Auf derselben Seite einige Federproben von späterer, ungeschickter Hand, ebenso auf Bl. 36ᵃ. 40ᵃ. 40ᵇ u. s. w.; anderweitige Randbemerkungen auf Bl. 4ᵃ. 7ᵃ u. s. w.

Die Hds. ist gut geschrieben und erhalten; sowohl Text wie Commentar reichlich vocalisirt und punktirt.

88 Blätter (31,5 × 21 cm), die Seite zu 27 Zeilen. Einige colorirte Ornamente, roh ausgeführt.

72.

(SACHAU 21.)

Das Paradies Eden von EBEDJESU. In dem Titel Bl. 3b ist es fälschlich als ܦܪܕܝܣܐ ܕܡܕܢܚܝܐ bezeichnet, dagegen giebt die Unterschrift Bl. 99b den richtigen Titel ܦܪܕܝܣܐ ܕܥܕܝܢ; ebenfalls die Überschrift von Theil II Bl. 57b. Einleitung Bl. 3b. Theil I Bl. 6b. Theil II Bl. 57b—99a.

Nach der Unterschrift auf Bl. 99b hat EBEDJESU dies Werk A. Gr. 1627 = 1318 n. Chr. vollendet, und ist diese Hds. geschrieben in *Alkôš*, nahe dem Kloster Hormizd, am 1. *Tešrî* I. A. Gr. 2046 = 1734 den 1. October. Der Name des Schreibers ist nicht angegeben (weder hier noch auf Bl. 57b).

Randbemerkungen in später, roher Schrift auf Bl. 54b und 77b. 78a. Sporadisch hat ein Leser zwischen den Zeilen Arabische Wörter beigeschrieben.

Gut erhalten und geschrieben: reichlich vocalisirt und punktirt von Anfang bis Ende. Bl. 3a (zum Theil verklebt) von späterer Hand beschrieben; Überschrift in der Mitte: ܡܕܡ

ܕܡܠܠܐ ܒܕܥܬܐ ܒܥܕ ܡܫܝܚܐ ܙܥܘܪܬܗ

Auf Bl. 2a Notiz eines früheren Besitzers, Alfonso *Gdlûm* (?), vom Jahre 1849:

اقتناه العبد الفقير اليه سبحانه قس الفونسوس غالوم

سنة ١٨٤٩

Vergl. einige Italienische Worte auf Bl. 13b.

99 Blätter (31×21,5 cm), die Seite zu 26 Zeilen.

IV. PROSA NR. 73–108.

I. Apokrypha — Legenden — Acta Sanctorum Nr. 73—78.

73.

(SACHAU 131.)

Sammelband von Apokryphen und Schriften ähnlicher Tendenz. Vergl. F. BAETHGEN, Beschreibung der Syrischen Hds. SACHAU 131 in der Königlichen Bibliothek zu Berlin, Zeitschrift für alttestamentliche Wissenschaft, Jahrgang 6, 1866 S. 193—211.

Inhalt:

I. Bl. 2b—67a Apokryphen: Judith Bl. 2b, Esther Bl. 29a, Susanna Bl. 42b, Tobias Bl. 48a—67a. Die letztere Schrift ist 1818 aus dem Arabischen übersetzt, s. Überschrift:

ܬܘܒ ܟܬܒܐ ܕܛܘܒܝܐ ܕܐܬܬܦܫܩ ܡܢ ܠܫܢܐ ܥܪܒܝܐ ܠܣܘܪܝܝܐ. ܫܢܬ ܐܦܝܚ ܡܫܝܚܝܬܐ ܘܫܢܫ ܐܬܦܫܩ ܠܗܘܢ.

Capitel 1:

ܛܘܒܝܐ ܡܢ ܫܒܛܐ ܕܢܦܬܠܝ. ܘܡܕܝܢܬܗ ܐܝܬܝܗ̇ ܗ̄ܝ ܕܠܥܠ ܡܢ ܓܠܝܠܐ ܠܥܠ ܡܢ ܢܥܡܘܢ. ܠܡܥܪܒܗ̇ ܕܐܘܪܚܐ. ܗ̄ܝ ܕܡܣܝܡܐ ܠܣܡܠܐ. ܘܐܦ ܐܢܫ ܥܠ ܨܦܬܗ̇ ܡܕܝܢܬܐ ܨܦܬ. ܘܟܕ ܗܘܐ ܫܒܝܐ ܒܝܘܡܘܗܝ ܕܫܠܡܢܐܣܪ ܡܠܟܐ ܕܐܬܘܪ. ܐܦ ܗܘ ܐܫܬܒܝ ܗܘܐ. ܒܬܪ ܗܘ ܠܐ ܐܪܦܝ ܐܘܪܚܐ ܕܫܪܪܐ (Bl. 48b) ܡܛܠ ܫܒܝܐ. ܘܟܕ ܟܠ ܡܕܡ ܕܡܫܟܚ ܗܘܐ ܠܗ. ܡܦܠܓ ܗܘܐ ܠܗ ܟܠܝܘܡ. ܥܡ ܐܚܘܗܝ ܗ̄ܢܘܢ ܕܐܫܬܒܝܘ ܗܘܘ ܡܢ ܓܢܣܗ ܕܥܡܗ ܗܘܐ ܥܡܗ. ܘܗܘ ܚܠܝܡ ܗܘܐ ܒܛܠܝܡܘܬܗ ܡܢ ܟܠܗܘܢ ܒܢܝ̈ ܫܒܛܐ ܕܢܦܬܠܝ ܘܠܐ ܥܒܕ ܥܒܕܐ ܕܛܠܝܘܬܐ. ܘܟܕ ܟܠܗܘܢ ܐܙܠܝܢ ܗܘܘ ܠܡܣܓܕ ܠܥܓܠܐ ܕܕܗܒܐ. ܗ̄ܢܘܢ ܕܥܒܕ ܝܪܒܥܡ ܡܠܟܐ ܕܐܝܣܪܝܠ. ܗܘܐ ܠܚܘܕܘܗܝ ܥܪܩ ܗܘܐ ܡܢ ܫܘܬܦܘܬܗܘܢ. ܘܐܙܠ ܗܘܐ ܠܐܘܪܫܠܡ ܠܗܝܟܠܗ ܕܡܪܝܐ. ܘܬܡܢ ܣܓܕ ܗܘܐ ܠܐܠܗܐ ܕܐܝܣܪܝܠ. ܘܡܩܪܒ ܗܘܐ ܒܘܟܪ̈ܘܗܝ ܟܠܗܘܢ ܘܡܥܣܪ̈ܬܗ ܡܢ ܟܠܗ ܩܢܝܢܗ. ܘܒܬܠܬ ܫܢܝܢ ܡܦܠܓ ܗܘܐ ܡܥܣܪ̈ܬܗ ܥܠ ܓܝܘܪ̈ܐ ܘܡܣܟ̈ܢܐ ܘܝܬܡ̈ܐ. ܘܗܘܝ ܢܛܪ ܗܘܐ ܕܠܝܬ ܗܠܝܢ ܡܢ ܓܠܝܢܗ ܢܡܘܣܗ ܕܡܪܝܐ. ܘܟܕ ܗܘܐ ܓܒܪܐ ܢܣܒ ܠܗ ܐܢܬܬܐ ܕܫܡܗ̇ ܚܢܐ ܡܢ ܫܪܒܬܗ. ܠܗ (!) ܒܪܐ ܘܫܡܝܗ̇ ܛܘܒܝܐ. ܘܐܠܦܗ ܕܚܠܬܗ ܕܡܪܝܐ ܡܢ ܛܠܝܘܬܗ ܘܕܢܬܪܚܩ ܡܢ ܚܛܝܬܐ. (Bl. 49a) ܘܟܕ ܡܛܐ ܠܡܕܝܢܬ ܢܝܢܘܐ ܒܓܠܘܬܐ ܗܘ ܥܡ ܐܢܬܬܗ ܘܒܪܗ ܥܡ ܟܠܗܘܢ ܐܚܘܗܝ. ܘܟܕ ܟܠܗܘܢ

ܐܚܠܡ ܗܘܐ ܡܢ ܦܘܠܚܢܐ ܕܡܠܟܘܬܐ. ܘܗܘܐ
ܦܠܓ ܢܟܣܘܗܝ ܘܠܐ ܐܬܗܢܝ ܒܡܐܟܘܠܬܗܘܢ.
ܡܛܠ ܕܐܬܕܒܪ ܠܡܕܒܪܐ ܡܢ ܟܠܗ ܠܒܗ.
ܝܗܒ ܠܗ ܐܠܗܐ ܛܝܒܘܬܐ ܩܕܡ ܫܠܡܢܐܣܪ
ܡܠܟܐ. ܝܗܒ ܠܗ ܡܠܟܐ ܫܘܠܛܢܐ ܕܢܐܙܠ
ܠܟܠ ܐܬܪ ܕܨܒܐ ܕܢܙܒܢ ܠܗ ܕܢܣܒ ܡܢ
ܕܢܫܩܠ ܘܐܙܠ ܗܘܐ ܠܡܕܝ ܒܝܘܡܘܗܝ ܐܝܠܝܢ
ܕܚܝܝܢ ܗܘܐ. ܘܡܦܩܕ ܗܘܐ ܠܗܘܢ ܒܟܘܪ̈ܟܐ
ܕܟܠܡܐ. ܘܟܕ ܡܝܬ ܠܗ ܠܬܚܘܬ ܡܟܝܢܘܬܐ ܕܡܕܝ̈ܢ.
ܦܫ ܒܝܬܗ ܡܢ ܡܕܝ ܕܢܐܙܠ ܠܗ ܡܠܟܐ.
ܒܬܪ ܫܢ̈ܝܐ ܕܐܬܘܪ. ܘܡܠܟ ܣܢܚܪܝܒ ܡܠܟܐ
ܡܢ ܒܬܪܗ ܘܡܠܟܘܬܗܘܢ ܕܬܠܘܫܗ ܕܐܬܘܪ
ܗܘܐ ܡܢ ܥܒܕܝܗ ܘܫܪܝ. ܘܐܬܘܬ ܠܗ ܛܘܒܝܬ
ܒܬܪ ܒܒ̈ܝܬ ܕܡܕܝܢܬܐ. ܘܥܒܕ ܫܠܡܘܬܐ
ܐܬܚܙܝ. ܘܚܙܐ ܠܗ. ܘܥܒܕ ܛܒ̈ܬܐ ܣܓܝ̈ܐܬܐ.
ܡܢ ܫܠܡܢܐܣܪ ܡܠܟܐ. ܘܐܫܠܡ ܚܝ̈ܠܘܗܝ
ܣܢܚܪܝܒ ܒܪܗ. ܘܡܢ ܒܝ̈ܬ ܢܘܢܘܐ ܐܬܐ.
ܒܪܡ ܛܘܒܝܐ ܐܙܠ ܗܘܐ ܠܡܕܝ ܥܡ ܒܢܘܗܝ
ܐܚܝ̈ܢܘܗܝ (Bl. 49b) ܘܡܒܪܟ ܗܘܐ ܠܗܘܢ.
ܘܡܣܟܢ ܗܘܐ ܠܟܠ ܚܕ ܚܕ ܡܢܗܘܢ ܐܝܟܢܐ
ܕܡܨܐ ܗܘܐ ܡܢ ܢܟܣܘܗܝ. ܘܠܚܡܐ ܡܘܗܒ
ܗܘܐ. ܘܡܪ̈ܓܠܐ ܡܠܒܫ ܗܘܐ ܘܡܝ̈ܬܐ
ܗܘܐ ܡܩܒܪ. ܘܐܝܠܝܢ ܕܡܬܩܛܠܝܢ ܡܢ ܣܢܚܪܝܒ.
ܘܟܕ ܗܦܟ ܣܢܚܪܝܒ ܡܠܟܐ. ܘܐܬܐ ܡܢ
ܐܬܪܐ ܕܝܗܘܕ. ܡܛܠ ܡܣܒܪܢܘܬܐ ܕܥܒܕ ܒܗ
ܐܠܗܐ ܡܛܠ ܨܘܪܦܗ ܕܠܒܗ. ܘܩܛܠ ܗܘܐ
ܕܘܟܝܐ ܕܒܝܬ ܗܘܕܝ̈ܐ. ܘܩܛܠ ܣܓܝ̈ܐܐ
ܡܢܗܘܢ ܐܝܟ ܚܡܬܗ. ܘܛܘܒܝܬ ܣܒ ܗܘܐ
ܦܓܪ̈ܝܗܘܢ. ܘܐܬܕܟܝܘܗܝ ܠܡܠܟܐ ܥܠܘܗܝ.
ܘܦܩܕ ܕܢܬܩܛܠܘܢ. ܘܥܪܩ ܛܘܒܝܬ ܘܢܦܩ.
ܘܡܠܟ ܐܣܪܚܕܘܢ ܒܪܗ ܘܐܬܦܛܪ ܡܢ
ܡܠܟܘܬܗ. ܘܐܬܚܫܒܘ ܕܢܩܛܠܘܢܝܗܝ ܘܥܩܪ
ܗܘܐ ܠܗ. ܘܟܕ ܫܡܥ ܛܘܒܝܬ ܥܠ ܗܕܐ ܕܥܩܪ
ܫܠܡܢܐܣܪ ܠܡܠܟܐ ܘܒܢ̈ܘܗܝ ܐܚܝ̈ܢ ܗܦܟ
ܐܚܝܩܪ ܠܒܝܬܗ. ܘܐܬܦܢܝ ܠܗ ܛܘܒܝܬ
ܕܢܐܬܐ ܗܘܐ ܠܗ.

Unterschrift auf Bl. 67a:
ܫܠܡ ܒܥܘܕܪܢ ܡܪܢ ܘܐܠܗܢ ܐܪ̈ܒܥܐ ܡܐܡܪ̈ܐ
ܡܫܒ̈ܚܐ ܐܘ ܟܡܐ ܒܟܬܒܐ ܕܝܘܚܢܢ ܘܕܐܚܪ̈ܢܐ
ܘܕܫܡܥ ܘܕܦܘܫܩܐ ܒܗܝܢ.

II. Bl. 68a—78b Vitae prophetarum, betitelt ܬܘܫ̈ܥܝܬܐ ܕܢܒ̈ܝܐ, übersetzt aus dem Griechischen des Epiphanius von Cypern. Vergl. Migne, Ser. graeca XLIII col. 393, und die Ausgabe von E. Nestle in Brevis linguae Syriacae grammatica 1881.

Behandelt werden Hiob, Moses, Josua, Samuel, David, Salomo, Elias, Elisa, Jesaia, Hosea, Amos, Micha, Obadja, Joel, Jona, Nahum, Habakuk, Zephanja, Haggai, Sacharja, Maleachi, Daniel, Hesekiel, Jeremias, Natan, Ahia, Jojakim, Azarja, Hannan und Hazael.

III. Bl. 79a—141b Spelunca thesaurorum ܡܥܪܬ ܓܙ̈ܐ, herausgegeben und übersetzt von C. Bezold (Die Schatzhöhle, Übersetzung 1883, Text 1888), der diese Hds. benutzt hat.

In der Unterschrift wird das Werk dem Ephraem beigelegt: ܫܠܡ ܠܡܟܬܒ ܟܬܒܐ ܗܢܐ
ܕܡܬܩܪܐ ܕܡܘܟܠ ܫܪ̈ܒܬܐ ܕܡܢ ܐܕܡ ܠܡܫܝܚܐ
ܠܡܠܟ ܕܡܬܩܪܐ ܡܥܪܬ ܓܙ̈ܐ. ܕܥܒܝܕ
ܠܡܪܝ ܡܪܝ ܐܦܪܝܡ.

IV. Bl. 142a—146a Esra-Apokalypse über die Dauer der Herrschaft des Islam. Titel:
ܓܠܝܢܐ ܕܥܙܪܐ ܣܦܪܐ ܥܠ ܗܘ ܕܡܬܕܒܪܢܘܬܐ
ܘܡܠܟܘܬܗ ܕܥܡܐ ܕܝܫܡܥܝܠ.

Edirt und übersetzt von Baethgen a. a. O. S. 199—210.

V. Bl. 146b—151 Eine Schrift, betitelt ܐܓܪܬܐ ܕܚܕܒܫܒܐ »Sonntags-Brief«. Die Fiction ist die, dass A. Gr. 1140 vor versammelter Gemeinde in der Kirche zu Rom ein Brief vom Himmel herabgekommen und von einem Athanasius, dem Patriarchen von Rom, dem Volke vorgelesen sei. In diesem Briefe wird ausser anderen Dingen ganz besonders die Heilighaltung des Sonntags befohlen.

Die Schrift ist auch in Arabischer und Aethiopischer Sprache vorhanden, vergl. F. PRAETORIUS, *Mazḥafa Tomâr*, Leipzig 1869[1]. Ich gebe hier den Text:

ܬܘܒ ܟܬܒܢܢ ܐܓܠܝܘܬܐ ܡܩܕܫܬܐ ܕܚܕܒܫܒܐ
ܐܓܪܬܐ ܕܡܫܝܚܝܐ. ܒܫܢܬ ܐܠܦ ܘܡܐܐ
ܘܐܪܒܥ ܕܐܠܟܣܢܕܪܘܣ ܒܪ ܦܝܠܝܦܘܣ
ܡܩܕܘܢܝܐ. ܒܗ ܒܫܢܬܐ ܗܕܐ ܫܢܝܐ ܗܘܐ
ܒܗܝܟܠܐ ܕܪܘܡܐ ܗܘ ܕܡܫܒܚܐ ܥܠ ܡܕܒܚܐ
ܕܦܛܪܘܣ ܘܦܘܠܘܣ. ܗܘ ܫܢܝ ܗܘܐ ܠܘܬܗ
ܕܗܝܟܠܐ. ܫܡܥܢ ܐܠܦ̈ܝ ܟܗ̈ܢܐ ܘܡܫܡܫܢ̈ܐ
ܘܡܪܝ ܐܦܝܣܩܘܦܐ ܘܡܝܛܪܦܘܠܝܛܐ ܘܒܢܝ̈ܐ ܘܐܚ̈ܐ
ܘܐܚ̈ܐ ܘܡܠܟ̈ܐ. ܐܒܗ̈ܬܐ ܘܐܡܗ̈ܬܐ. ܕܗܘܝ
ܗܘܘ ܬܡܢ ܘܢܒܥܝܢ ܐܠܦ̈ܝ. ܗܘ ܫܡܥܢ
ܘܒܟܝܢ ܩܕܡ ܐܠܗܐ ܡܪܢ. ܗܕܝܢ ܗܦܟ
ܐܫܬܡܥ ܩܠܐ. ܘܗܘܐ ܗܟܢ ܩܠܐ
ܪܒܐ ܘܪܘܡܐ ܕܟܠ ܗܘܐ ܐܟܘܬܗ ܡܢ ܫܡܝܐ.
ܘܢܦܩ ܦܬܓܡܐ ܐܠܗܝܐ ܕܗܕܐ ܐܓܪܬܐ
ܦܬܓܡܐ ܕܪܘܡܐ ܠܒܢܝ ܕܢܚܘܬ ܡܟܬܒܐ
ܗܕܐ ܟܬܒܐ ܘܕܢܚܬܬ. ܘܐܠܦ ܒܢܝ̈ܘܗܝ
ܠܥܡܡܐ ܬܡܝܗܐ ܫܘܒܚܬܐ ܕܚܝܐ. ܘܢܚܘܬ
ܐܓܪܬܐ ܗܕܐ ܐܠܗܐ ܕܐܪܐ ܠܒܢ̈ܝ ܐܢܫܐ. ܠܐ
ܠܐܪܒܥܐ ܡܫܝܚܐ ܘܠܐ ܠܥܡܡܐ. ܘܟܬܒܐ
ܥܠ ܦܬܓܡܐ (Bl. 147a) ܕܐܠܗܐ ܘܢܚܬ
ܘܐܢܬܬܗ ܕܫܡܝܐ ܘܥܠ ܠܗܝܟܠܐ. ܘܡܢܗ
ܗܟܢ ܗܕܐ ܐܓܪܬܐ ܦܬܓܡܐ ܘܐܡܪ
ܠܗ. ܗܕܐ ܦܩܕ ܡܪܝ ܐܬܟܬܒܬܐ ܕܐܠܗܐ
ܒܗ ܐܢܐ ܠܥܡܡܐ. ܘܐܡܪ ܠܗ ܒܗܝ ܗܘܐ
ܒܝܘܡܐ ܕܡܬܩܪܐ ܡܬܩܪܝܢ ܕܡܫܝܚ ܫ̈ܢܝ
ܘܫܢ̈ܝܐ. ܘܒܗ ܐܬܩܪܝ ܡܬܩܪܝܢܐ. ܢܚܬ
ܘܢܦܩܬ ܒܠܘܬ ܒܝܬܐ ܒܗ ܐܠܗܝܐ
ܦܬܓܡܐ. ܘܦܩܕ ܒܢܝܐ ܥܠ ܟܠܗܝ

ܕܢܛܪܘܢ ܟܠ ܢܡܘܣܘܗܝ ܡܢ ܕܠܥܠܡ ܠܥܕܬܐ
ܩܕܝܫܬܐ. ܘܐܬܩܢܘ ܒܥܡܐ ܪܒܐ. ܒܗܢܐ
ܘܡܫܡܫܢܐ ܟܗܢܐ ܐܠܗܝ. ܘܡܢܗܘܢ ܐܦܝܣܩܦܐ.
ܘܐܪܟܕܝܩܢܐ ܐܠܗܝ ܒܝܘܡܐ ܫܒܬܐ ܡܢ ܩܕܝܫܐ.
ܘܐܬܢܨܒ ܦܬܓܡܐ ܒܝܬܗܘܢ ܒܚܕܐ
ܠܐ ܦܫܘ ܡܢ ܒܝܬ ܗܝܟܠܐ ܕܒܪܫܝܬܐ
ܕܟܠ ܐܝܬ ܠܒܝܬܐ. ܘܒܗ ܫܡܥܝܢ ܘܒܟܝܢ
ܘܒܟܝܢ ܗܘܘ ܒܝܘܡܐ ܡܢ ܐܠܗܐ ܡܪܒܠ.
ܗܦܝܟ ܐܢܫܐ ܘܗܘܐ ܠܠܝܐ. ܘܗܘܐ ܫܘܒܐ
ܟܬܒܐ ܚܕܐ. ܘܐܬܓܒܠ ܕܩܝܡܐ ܡܛܝܒܬܐ.
ܘܐܬܩܝܡ ܥܠܝ ܕܦܬܓܡܐ ܕܒܢܝܢ ܘܠܡܠܟ̈ܐ
ܡܢ ܡܫܠܠܝܢ ܒܗܢ ܚܕܬܐ. ܘܐܝܟܢܐ ܕܒܝܬܐ
ܡܢ ܡܕܒܪܢ. ܘܐܬܩܝܡ ܥܠܝ ܒܝܘ (Bl. 147b)
ܗܟܠܐ ܕܟܠ ܗܘܐ ܐܬܩܗܗ. ܘܩܕܡ ܕܢܩܕܡ
ܐܢܫ ܕܩܕܡ ܫܒܝܠܬܐ ܕܫܒܘܬܐ ܡܕܡ ܐܠܗܐ.
ܗܟܢ ܕܝܢ ܐܬܢܨܒ ܦܬܓܡܐ ܕܪܘܡܐ.
ܘܠܝܟ ܫܘܪܐ. ܘܩܕܡ ܒܠܗ ܠܒܢܘ ܠܒܢܝܢܐ
ܒܠܒܝܢ ܐܝܟ ܫܠܗ. ܘܕܒܫ ܢܦܩܬܗܘܢ ܡܢ
ܓܘܠܓܠܐ ܕܫܡܝܐ. ܘܗܕܐ ܐܬܢܨܒ ܦܬܓܡܐ
ܘܦܪܩ ܡܫܦܪܗ ܗܘ ܕܠܒܢܝ ܗܘܐ ܠܒܢܝ
ܒܠܒܝ. ܘܦܪܩ ܘܢܦܩ ܐܓܪܬܐ ܗܕܐ ܘܡܠܟܘ
ܥܠ ܕܒܪܘܗܝ ܒܝܠܗܘܢ ܘܒܩܕܫܐ ܘܒܪܘܚܘܬܐ.
ܘܡܪܗ ܘܦܩܕܗ ܠܒܢ ܒܝܬܐ ܒܠܗ ܐܠܗ
ܘܬܒܝ. ܒܗ ܩܕܡ ܗܘܘ ܩܕܡ ܩܕܡ ܕܐܬܐܘܗܝ
ܐܠܗܘܢ ܐܠܗܘܢ ܩܕܪ ܡܪܢܫܝܐ.
ܕܢܒܪ ܐܬܘܬܗ ܘܐܬܕܡܪܬܗ ܢܘܡܝܐ. ܘܒܐܢܫ
ܗܘܐ ܒܠܒܗ ܕܐܓܪܬܐ ܡܢ ܠܥܠ ܗܒܝܐ. ܕܒܬܒ
ܘܡܒܪܬ ܠܒܢܝ ܐܓܪܬܐ ܫܒܐ ܘܠܐ ܒܒܦܬܘܗܝ
ܡܕܡ ܕܐܢܫ ܗܘܐ ܒܗ. ܒܢܝܢ ܐܠܦ ܘܐܪܒܥ
ܘܐܬܪܝܢ ܕܐܠܟܣܢܕܪܘܣ ܡܩܕܘܢܝܐ. ܘܡܕܪܬ
ܐܢܬܬܐ ܒܢܝܢ ܐܠܦ ܘܫܒܥܝܢ ܕܦܠܡܐ ܐܬܗܦܟܘܢ
ܡܢ ܒܒܢܝܢܗܘܢ ܒܢܝܐ. ܘܡܢ ܗܘܦܟܐ ܩܢܝܐ
ܕܦܠܓܝܢܗܘܢ. ܘܡܢ ܘܢܘܬܐ ܘܡܠܠܐ. ܘܡܢ
ܡܫܠܠܝܢ (Bl. 148a) ܕܕܠܠܘܬܐ. ܘܐܦܠܘܢ
ܫܡܝܐ ܡܕܝܢܐ ܕܣܕܪܝܢܐ ܘܥܠܡܐ ܕܦܩܕܬܗܘܢ.
ܘܐܢ ܠܐ ܐܦܠܘܢ. ܗܐ ܡܫܕܪ ܐܢܐ ܥܠܝܟܘܢ

[1] Seitdem dies niedergeschrieben, ist die Schrift auch Syrisch in einer nur wenig verschiedenen Form bekannt geworden, s. Ausgabe und Übersetzung von Prof. ISAAK G. HALL, Journal of the American Oriental Society XV S. 121 ff.

ܘܬܪܝܢ ܬܪܥܐ ܘܦܬܚܐ ܘܚܦܝܢ ܘܡܬܚܬܝܢ ܘܡܬܓܠܝܢ
ܘܡܬܕܪܐ. ܘܡܬܚܝܐ ܘܪܫܠܐ ܘܦܪܝܘܬܐ
ܘܡܘܬܐ ܕܡܘܬܢ ܡܬܠܬܐ. ܘܡܫܩܝܬܐ ܗܦܟܬܐ
ܕܠܐ ܒܘܡܪ ܐܡܝܪ ܥܠܝܗܘܢ. ܡܛܠ ܕܠܐ
ܢܬܕܪܘܢ ܗܘܐ ܕܝܠܗ ܩܕܝܫܐ ܗܘܢܗ
ܕܡܕܒܪܢܘܬܐ. ܡܛܠ ܠܐ ܦܫܝܛܘܬܗܘܢ
ܘܡܬܪܫܝܫܘܬܗܘܢ ܕܡܢ ܒܪܬܐ ܩܕܝܫܬܐ.
ܘܐܦ ܠܐ ܡܬܚܫܒܘܢ ܘܡܬܦܩܕܘܢ ܠܗܘܢ ܘܠܩܛܠܐ
ܕܩܛܠܐ ܠܐ ܡܬܛܥܘܢ. ܐܝܟܢܐ ܟܠ ܒܣܪ
ܡܢ ܐܦܝ ܐܪܥܐ. ܘܡܬܪܐܡܐ ܠܐܠܗܝܢ ܕܥܒܕܝܢ
ܦܫܝܛܘܬܗܘܢ ܡܢ ܒܬܪ ܕܩܛܠܗ ܡܕܝܢܬܐ
ܕܥܒܕܐ. ܘܗܘܐ ܐܡܪ ܐܢܐ ܠܟܘܢ. ܕܠܐ
ܗܐܡܝܢ ܗܘ. ܠܐ ܒܥܡܠܐ ܘܠܐ ܒܐܪܥܐ.
ܘܠܐ ܒܕܪܐ ܕܝܠܗ ܗܫܦܐ. ܘܐܠܐ ܐܒܒ
ܠܟܘܢ ܐܝܟ ܕܒܗܘܦܐ ܢܦܫ. ܕܐܢܫܐ ܡܢܘܦܐ
ܥܠ ܐܦܝ ܟܠܗ ܐܪܥܐ. ܘܗܢܝܢ ܗܦܟܘ
ܒܬܝܒܘܬܐ ܠܪܘܚܐ ܩܕܝܫܐ. ܐܝܟܘ ܕܝܢ
ܠܐܪܡܠܬܐ ܘܠܡܗܡܢܐ ܕܢܫܝܫܘܢ ܡܢ
ܗܪܛܝܩܘ. ܘܠܐ ܒܒܢܝܗܘܢ ܥܠܝܗܘܢ
ܪܚܡܐ. ܗܐ ܥܒܕܝܢ (Bl. 148b) ܚܘܒܐ ܠܗܘܢ
ܢܦܘܩ ܒܢܝ ܡܘܬܐ. ܘܢܫܪܐ ܡܢܗܘܢ
ܡܘܕܝܢ ܘܚܘܒܝܢ ܠܡܫܝܚܐ. ܘܠܐ ܒܫܡܝܐ
ܡܬܓܪܫܝܢ. ܘܠܒܝܫܘܬܐ ܘܪܡܫܐ ܚܘܒܝܢ.
ܘܒܠܗܘܢ ܢܫܡܬܐ ܢܛܪܝܢ. ܐܦ ܠܗ ܠܗܘܢ
ܡܬܦܪܢܐ. ܐܢܬܘܢ ܕܝܢ ܠܐ ܢܛܪܬܘܢ ܩܕܠܐ.
ܘܚܘܒܐ ܠܗܘܢ ܡܬܡܘܕܝܬܐ ܡܫܒܚܬܐ.
ܗܘܝܬܘܢ ܡܬܥܒܪܢܐ ܘܠܐ ܡܬܦܟܪܢܐ.
ܘܠܩܛܠܐ ܠܐ ܫܒܩܝܢ ܐܢܬܘܢ. ܘܠܦܘܩܕܢܐ
ܠܐ ܢܛܪܬܘܢ. ܗܐ ܗܘܐ ܐܢܐ ܠܟܘܢ ܒܒܪܬܐ
ܕܝܠܗ ܗܫܦܐ ܕܝܠܝ ܠܐ ܗܝܡܢܬܘܢ. ܘܗܦܟܬܘܢ ܡܢ
ܒܬܕܒܝܪܘܢ ܒܥܐ. ܘܡܢ ܐܘܪܚܬܗܘܢ ܫܦܝܪܐ.
ܘܗܦܟܘܢ ܘܪܡܫܐ ܠܡܫܝܚܐ. ܘܢܛܪܘܢ
ܗܘܐ ܩܕܝܫܐ ܕܡܕܒܪܢܘܬܐ. ܡܢ ܗܫܐ ܫܒܩܝ
ܕܥܒܕܬܐ ܒܘܡܐ ܕܝܠܗ ܗܪܫܥܒܕܢܐ. ܗܐ
ܡܥܒܪ ܐܢܐ ܥܠܝܗܘܢ ܢܘܗܪܐ ܒܒܪܝܬܐ
ܕܐܝܟ ܒܗܪܐ ܕܝܘܡܢܐ. ܘܐܝܟ ܒܢܝܗܘܢ

ܘܒܢܝܗܘܢ ܠܒܢܝܗܘܢ. ܘܡܫܚܐ ܦܩܕܬܐ
ܕܙܠܝܠܝܢ ܗܡܡܘܗܘܢ. ܘܗܘܐ ܐܡܪ ܥܠܝܗܘܢ
ܬܘܒܐ ܚܪܫܐ ܘܦܪܫܬ ܕܒܓܠܝܘܢ ܐܟܠܝ
ܗܢܘܢ ܕܝܬܒܝܢ ܕܡܠܠܝ ܕܓܠܝܬܐ ܘܡܓܪܝܢ
ܒܒܪܬܐ. ܐܡܝܢ ܐܡܝܢ ܐܡܪ ܐܢܐ ܠܟܘܢ. ܕܐܦ
ܠܐ ܗܝܡܢܘܢ ܠܩܛܠܐ ܗܠܝܢ ܕܦܩܕܬܟܘܢ
(Bl. 149a) ܡܢ ܩܕܝܡ. ܐܡܪ ܥܠܝܗܘܢ ܒܢܒܝܐ
ܕܒܪܒܪܐ. ܘܡܛܠ ܕܪܚܡܝܢ ܐܢܫ ܥܠܝܗܘܢ.
ܘܐܡܪܬܗܘܢ ܘܠܒܠܗ ܡܫܝܚܘܢ. ܘܠܒܗܪܝܢ
ܘܡܕܒܪܐ ܒܡܕܒܪܝܢ ܩܕܝܫ. ܗܐܡܪܬܘܢ ܗܘܐ
ܡܢܝܢ ܕܐܡܪ ܠܝ ܐܠܗܐ ܘܠܐ ܒܥܒܕܝܢ. ܘܐܦ
ܠܐ ܗܝܡܢܘ ܗܘܬ ܩܕܝܫܐ ܕܡܕܒܪܢܘܬܐ ܘܗܘܬ
ܕܒܪܘܬܐ. ܗܐ ܗܘܬ ܐܢܐ ܠܟܘܢ. ܕܠܐ
ܦܘܠܚܢܐ ܕܡܠܐܟܐ. ܕܠܐ ܡܥܒܕ ܐܢܐ ܠܟܘܢ
ܘܠܐ ܡܒܒܪ ܐܢܐ ܡܢܟܘܢ ܗܘ ܡܕܝܢ
ܕܐܫܬܒܚ ܠܡܥܒܕ ܠܟܘܢ ܡܢ ܩܕܝܡ.
ܘܐܦ ܠܐ ܗܝܡܢܘ ܢܡܘܣܐ. ܘܡܬܝܘܡܐ
ܘܡܬܝܠܦܬܐ ܗܘܘ ܡܢܗܘܢ ܦܩܕܝܢܝܗܘܢ.
ܘܗܘܐ ܐܡܪ ܐܢܐ ܠܟܘܢ. ܕܟܠ ܡܗܝܡܢܐ
ܕܝܗܒ ܒܒܪܬܐ ܩܕܝܫܬܐ. ܐܢܐ ܐܦܪܢܣܝܘܗܝ
ܒܥܠܡܐ ܕܒܣܒ ܚܕ ܒܥܠܡܝܢ ܘܡܬܬܝܢ
ܘܒܡܐܐ. ܘܐܒܘܗܝ ܒܫܡܗ ܒܡܦܪܩܢܐ ܕܚܝܐ.
ܘܐܦ ܐܢܐ ܢܦܘܩ ܠܡܪܢܝܗ ܘܪܒܢܝܬܐ
ܡܫܡܫ ܥܠܘܗܝ. ܠܐ ܢܗܘܘܢ ܥܠܘܗܝ ܪܚܡܐ.
ܘܐܦ ܐܢܐ ܐܡܪ ܠܗ ܐܪܓܐ ܥܠ ܡܪܢܗ ܘܥܠ
ܡܪܢܝܗ. ܠܐ ܢܗܘܐ ܩܘܪܒܢܐ ܒܡܫܐ ܕܡܬܪܒܢܐ
ܒܗܝܗ. ܘܥܠ ܡܠܬܐ ܕܝܠܝ ܠܐ ܗܫܬܪܘܢ.
ܘܐܦ ܐܢܐ ܡܫܠܡ ܡܪܢܝܗ ܠܟܘܠܗܢܐ ܒܗܘܡܐ
ܕܡܕܒܪܢܐ ܠܡܚܕ ܗܘ (Bl. 149b) ܗܘ ܘܒܠܗ
ܡܢܝܗ ܘܡܫܚܐ ܠܩܘܕܫܐ ܐܠܗܘܬܗ. ܘܐܦ
ܐܢܐ ܡܪܡܐ ܒܫܡܐ ܥܠ ܡܪܢܝܗ ܒܗܘܡܐ
ܕܡܕܒܪܢܐ. ܠܐ ܢܗܘܐ ܠܗ ܒܘܪܟܬܐ ܕܫܘܦܪܐ
ܐܠܐ ܗܘܡܐ ܕܡܕܒܪܢܐ ܗܘܘ ܒܗ ܒܗܘܡܐ
ܒܗܪ ܚܝܕܐ. ܡܛܠ ܕܪܘܚܐ ܕܡܘܕܥܐ ܡܪܚܩܐ
ܥܠܝܗܘܢ. ܘܗܘܐ ܒܗ ܘܪܡܫܐ ܠܡܫܝܚܐ
ܕܗܥܒܕܗܘܢ. ܪܚܡܐ ܩܕܝܫ ܝܗܒܐ ܕܝܠܗ. ܗܘ

ܕܡܫܡܫܢܘ̇ ܒܢ̈ܝܢ ܒܠܘܩܒܠ ܥܕ̈ܬܐ ܠܩܢܝܐ ܕܠܗ̇
ܒܗ̇ ܡܫܡܫ ܒܪ̈ܩܐ. ܘܡܫܪܐ ܠܒܢ̈ܝܗ̇ ܕܕܒܝܚ
ܠܐܡܪܐ ܚܝܐ ܕܐܠܗܐ. ܕܢܗܘܘܢ ܚܠܦܝܗܘܢ
ܪ̈ܚܡܐ ܒܟܠܡܐ ܕܒܗܝܢ. ܘܐܠܝܢ ܕܢܦܩܘ
ܠܗܘܢ ܪܘܚܐ ܕܠܗ ܥܕܪܐ ܐܢܘܢ. ܡܛܠ
ܕܩܠܝܠܐ ܕܐܪܥܐ ܒܗܝ̈ܢ ܐܝܬܝܗܘܢ ܘܡܫܡܫܢܐ
ܕܒܒܝܢ ܢܦܫܐ ܘܡܠܦܝܢ ܠܗܘܢ ܕܝܢܐ
ܕܡܕܝܢܬܐ ܡܕܝܢܬܐ. ܘܐܦ ܠܟ ܡܫܡܫܝܢ ܡܕܝܢ
ܕܐܡܪ ܐܢܐ ܠܗܘܢ. ܐܢܫ ܚܠܦܝܗܘܢ ܡܢܘܬ
ܒܢ̈ܝܬ. ܘܒܗܘܪ̈ܢܐ ܡܫܬܠܛܐ. ܘܡܢܘܬ
ܪܘ̈ܒܬܐ. ܘܡܫܢܝܢ ܕܢܒܒܝܢ ܡܢܗܘܢ ܐܘܠܨܢܐ.
ܘܐܘܒ ܐܢܫ ܒܢ̈ܝܬܐ ܚܠܦܝܗܘܢ. ܘܐܫܬܘܐܠ
ܢܗܘܪܐ ܕܢܫܡܢܐ ܡܢ ܐܦ̈ܝܗܘܢ. ܘܐܦ
ܐܦ̈ ܡܢܝܗܘܢ. ܘܐܦ ܐܫܡܫܘܢ ܩ̈ܠܐ
ܘܐܬܦܬܚܘ (Bl. 150a) ܘܐܬܦܩܘ ܠܗܘܢ
ܘܐܬܪܘܢ ܠܗܘܢ ܡܕܝܢܐ ܕܡܕܝܢܬܐ ܢܘܢܐ
ܕܒܠܒ ܘܐܬܒܒܕܘܢ ܡܕܝܢ ܕܒܬܒܐ ܠܗܘܢ.
ܐܬܛܠ ܡܢܝܚܘܢ. ܘܐܬܕܪܟ ܦܘܠܚܢܗܘܢ. ܘܐܢܘܢ
ܦܛܪ̈ܢܗܘܢ ܡܢ ܒܗܘܪ̈ܢܐ ܡܫܬܠܛܐ. ܘܒܟܠ
ܒܠܒܗ ܐܪܥܐ ܐܢܫܝܢ ܪ̈ܚܡܐ ܘܐܦܢܐ ܐܦ̈
ܠܐܬܒܗܘܢ. ܘܐܬܕܪܟ ܦܘܠܚܢܐ ܕܐܢܫ̈ܝܗܘܢ.
ܘܐܢܫܐ ܒܟܠ ܙܪ̈ܥܝܗܘܢ ܡܬܬܪ̈ܐ ܒܒܪ̈ܝܐ
ܘܠܡܫܢ̈ܝܐ ܒܘܒܝܗܘܢ. ܘܢܬܦܪܢܣܘܢ ܢܦ̈ܫܬܐ
ܡܢ ܥܡܡܐ ܕܒܠܒ. ܘܡܢ ܕܐܬܡܪܢܐ ܐܬܪ̈ܬܐ
ܗܕܐ. ܡܠܟܐ ܐܬܥܡܪ ܡܢ ܥܡܡܐ ܕܐܡܪ.
ܗܡܢܘ. ܗܡܢܘ. ܗܡܢܘ. ܘܐܦ ܐܬܦܩܠܘܢ.
ܘܡܢܗ ܕܒܟܠ ܐܬܠܒ ܗܡܟܠ ܪܚܡܐ ܒܡܫܡܐ
ܕܠܐ ܗܘܐ ܒܗ ܒܢܝ̈ܢܐ ܐܒܗܬܗ. ܘܡܠܟܐ
ܗܘܐ ܡܢ ܥܡܡܐ ܕܐܡܪ. ܒܪܝܟܘ ܐܢܫܪܗ
ܕܡܪܝܐ ܡܢ ܐܬܪܗ ܡܫܒܚܐ ܠܥܠܡܝܢ ܐܡܝܢ.
ܐܢܐ ܕܝܢ ܐܬܢܛܪ ܦܛܪܝܪܟܐ ܕܪܗܘܡܐ.
ܒܕ ܗܠܝܢ ܥܡܒܕܐ ܕܐܬܚܝܗܝܢ ܡܠܘ̈ܗܝ ܕܡܪܢ.
ܗܢܝܢ ܒܒܒܬܐ ܐܬܚܫܒܘ̇ ܕܐܬܪ̈ܬܐ ܗܕܐ ܘܡܬܪ̈ܬܐ
ܠܚܠܝܗܘܢ ܗܫܦܘ̇ ܕܐܪܥܐ ܘܠܟܠ ܦܢܝܢ
ܘܐܬܪ̈ܘܢ ܘܡܕܝܢ̈ ܕܐܬܘܠ ܘܡܬܡܢ̈ܐ ܒܕܡܐ
ܠܡܚܕ̈ܒܝ ܥܡܡܐ. ܗܢܐ ܕܝܢ ܡܚܐ ܐܢܐ ܠܗܘܢ

ܐܢܫ̈ (Bl. 150b) ܘܡ̈ܫܒܚܢ ܕܒܟܠ ܐܬܪ. ܠܟ
ܫܠܗ̇ ܕܐܠܗܘܬܐ ܡܫܒܚܬܐ. ܘܠܟ ܫܠܗ
ܕܡܪܢ ܝܫܘܥ ܡܫܝܚܐ. ܘܠܟ ܒܢ̈ܝܗܘܢ
ܕܩܠܝ̈ܠܐ. ܘܠܟ ܠܐܒܗ̈ܬܗܘܢ ܕܪ̈ܘܚܢܐ. ܘܠܟ
ܩܕܝ̈ܫܘܗܝ ܕܫܪ̈ܦܐ. ܕܡܢܗܘܢ ܩܕܝܫ. ܩܕܝܫ
ܩܕܝܫ ܡܪܝܐ ܐܠܗܐ ܚܝܠܬܢܐ. ܕܡܠܝܢ ܫܡܝܐ
ܘܐܪܥܐ ܡܢ ܫܘܒ̈ܚܗ. ܘܠܟ ܬܫܒ̈ܘܚܬܗܘܢ
ܕܦܬܓܡܐ ܘܦܘܠܚܢ ܥܠ̈ܝܐ ܬܚܬ̈ܝܐ. ܘܠܟ
ܗܝ ܪܘܚܐ ܕܡܠܠܐ ܒܢܒܝܐ ܕܝܢ̈ܐ ܘܫܠܝ̈ܚܐ
ܩܕ̈ܝܫܐ. ܐܠܟ ܠܟ ܢܗܘܐ. ܕܡܬܦܠܓ ܒܟ
ܐܬܪ̈ܬܐ ܗܕܐ. ܐܠܟ ܡܢ ܕܡܛܠ ܬܐܕܝ̈ܬܗܘܢ
ܒܫܡܫܘܬܗ ܘܡܕܒܪܢܘܬܗ ܠܫܒܝ̈ܚܬܗܘܢ. ܘܒܟܠ
ܕܢܫܡܫ ܘܠܟ ܢܫܡܫ ܐܬܬܘܣܦܘ̇ ܕܐܬܪ̈ܬܐ ܗܕܐ.
ܘܡܫܒܪ ܠܗ̇ ܠܡܕܝ̈ܢܬܐ ܘܠܟܘܡܪ̈ܐ ܘܠܒܢ̈ܝܬܐ
ܘܠܟܠ ܕܘܟ. ܚܕܡܐ ܢܗܘܐ ܚܠܦܘܗܝ ܡܢܗ
ܘܐܠܝܢ ܕܡܗܝܡܢܝܢ ܒܐܬܪ̈ܬܐ ܗܕܐ. ܪ̈ܚܡܐ
ܢܗܘܘܢ ܚܠܦܝܗܘܢ. ܗܐ ܡܢܐ ܐܢܐ ܠܗܘܢ ܐܚ̈ܝ
ܕܒܟܠ ܐܬܪ. ܠܟ ܫܠܗ ܘܠܟ ܕܪܒܐ ܕܠܗ
ܗܘܦܟܐ. ܘܠܟ ܗܠܟ ܕܪ̈ܚܡܐ. ܠܟ ܬܫܒܘܚܬܐ
ܕܒܪ̈ܝܐ. ܠܟ ܥܘܦܪܗ ܕܥܡܗ. ܘܠܟ ܒܘܡܪܘܬܗ
ܕܡܠܟܘܬܟ. ܘܠܟ ܢܝ̈ܫܐ ܕܟܠ ܚܝܐ. ܘܠܟ
ܡܥܒ̈ܕܐ ܕܟܠ ܐܘܟܠܗ. ܘܠܟ ܡܕܪܒܝܬܐ
ܕܪ̈ܘܚܐ. ܠܟ ܨܘܡܐ ܕܒܗ ܚܢܢܐ. ܠܟ
(Bl. 151a) ܚܪܬܘܬܗ ܕܢܘܚ. ܘܠܟ ܫܘܡܠܝܗ
ܕܫܘܦ. ܠܟ ܨܠܘ̈ܬܗܘܢ ܕܫܡܥܐ ܘܕܐܗܪܘܢ.
ܠܟ ܗܒܪܬܐ ܕܐܒܪܗܡ ܐܪܒܥܐ ܘܐܬܠܩܝܛ.
ܡܢܝ ܘܡܪܗܘܢ ܘܠܘܛܐ ܘܢܘܚ. ܕܒܠܝܗܘܢ
ܒܢܐ ܒܒܝܬ ܡܘܕܥܐ. ܠܟ ܗܝ ܥܒܝܕܐ ܕܩܘܡ
ܢܘܚ ܐܒܗ ܒܟܠ ܪܒܗ ܕܡܪܝ. ܠܟ ܒܘܪܟܐ
ܕܥܘܪܐ ܕܝܗܒ ܠܗ. ܠܟ ܡܒܪܟܬܐ ܕܐܬܠܒ
ܒܗ̇ ܡܪܝ ܢܘܚ ܡܫܝܚܐ. ܠܟ ܢܘܚܐ ܘܨܠܘܬܐ
ܕܝܗܒܗ ܒܐܘܪܫܠܡ. ܠܟ ܢܨܚܢܐ ܕܐܬܢܨܚ ܒܗ
ܡܪܝ. ܠܟ ܐܪ̈ܘܙ ܕܐܬܪܥܐ ܥܠܝ̈ܐ ܕܐܒܪܘ
ܒܗ ܒܥܠܡܐ. ܠܟ ܪ̈ܒܘܬܗܘܢ ܕܡܠܐܟ̈ܐ
ܕܡܫܡܫܝܢ ܡܕܡܘܬܗ ܐܢܫܐ ܘܠܠܥܠ. ܕܠܟ
ܐܬܒܒܒ ܐܬܪ̈ܬܐ ܗܕܐ ܒܛܒܬܐ ܕܒܪܝܬܐ. ܐܠܟ

ܒܚܝܠܐ ܕܐܠܗܐ ܚܝܐ. ܘܐܫܬܡܠܝܬ ܕܬܫܒܘܚܬܗ
ܡܢ ܡܫܒܚܢܘܬܗ ܟܬܒܐ. ܘܗܢ ܐܘܪܚܐ ܟܢܫܐ
ܕܐܫܬܡܠܝ ܒܗ. ܘܥܠ ܐܢܐ ܕܟܬܒܬ ܟܬܒܐ
ܕܐܠܦܐ ܗܕܐ. ܘܠܐ ܟܬܒܬ ܐܝܟ ܕܘܠܝܐ ܗܘܐ
ܠܗ ܒܟܬܒܗ ܐܘ ܒܫܘܦܪܗ ܐܘ ܒܬܪܝܨܘܬܗ.
ܘܡܛܠ ܠܗ ܡܕܡ ܚܣܝܪ. ܘܗܘ ܢܫܘܩ
ܒܡ ܡܣܟܢܘܬܐ ܐܠܗܝܬܐ ܗܝ ܕܐ. ܕܠܐ ܢܕܝܢ
ܐܢܫ ܥܠ ܡܠܬܐ. ܐܠܐ ܢܗܘܘܢ ܡܫܒܚܝܢ ܠܐ
ܠܐܠܗܘܢ. ܒܢ ܡܪܕܘܬܗ ܠܐܠܗܐ ܗܘܐ.
ܘܢܒܥܘܢ ܚܘܣܝܐ ܡܢ ܐܠܗܐ ܡܪܟܠ ܒܥܠܡܐ
(Bl. 151 b) ܕܒܗ ܘܒܕܡܘܬܐ ܫܡܝܢܝܬܐ. ܘܥܠ
ܕܒܫܡ ܐܠܗܐ ܗܘܐ ܠܫܬܗ. ܘܐܫܬܠܡܬ
ܢܦܫܐ ܒܗ ܘܡܦܩܢܐ ܠܗ ܒܝܕ ܒܢܝܐ ܘܠܐ
ܦܬܓܡܐ ܘܠܐ ܢܫܐܠܢ. ܗܘܐ ܐܢܬܘܢ ܠܒܥܐ
ܠܡܫܪܐ. ܘܥܠ ܕܟܠ ܡܬܡܢ. ܕܗܘܐ ܐܠܗܐ
ܡܢ ܡܪܝ ܝܫܘܥ ܡܫܝܚܐ ܐܠܗܐ ܕܬܫܒܘܚܬܐ. ܒܪܡܫܐ
ܠܐ ܢܦܠܘܢ ܦܬܓܡܐ. ܘܦܪܩܘܗ ܢܦܫܐ. ܘܥܠܝܢ
ܕܡܢܗܘܢ ܘܡܬܝܪ ܡܢ ܐܠܗܐ ܗܘܐ. ܒܢܩܘܗܝ
ܠܐ ܢܦܫܝ. ܘܚܣܝܐ ܠܩܢܝܢܐ ܐܠܗܘܗܝ. ܐܠܐ
ܥܠ ܐܝܟ ܕܡܬܡܣܪܐ ܡܬܡܘܗܝ. ܢܗܘܐ
ܘܢܥܒܕ ܠܐܠܗܐ. ܕܢܬܚܘܡܘܗܝ ܠܡܥܒܕ
ܨܒܝܢܗ ܘܠܡܛܪ ܦܘܩܕܢܘܗܝ. ܕܠܗ ܠܥܠܡ
ܫܘܒܚܐ ܘܐܝܩܪܐ ܘܠܒܪܗ ܘܠܪܘܚܐ
ܕܩܘܕܫܐ. ܫܘܒܚܐ ܘܬܘܕܝܬܐ. ܗܫܐ ܘܒܟܠܙܒܢ
ܘܠܥܠܡ ܥܠܡܝܢ ܐܡܝܢ.
ܫܠܡܬ ܐܓܪܬܐ ܕܡܕܒܫܐ.

Die Hds. — d. h. der Theil von Bl. 68 bis Ende — ist vollendet den 9. November 1862 n. Chr., geschrieben von *Šammû* (= Simeon), Sohn des Diaconus *Pransû*, des Sohnes des Presbyters *Marôgê*, des Sohnes des *'Ôdîšô'*, des Sohnes des Presbyters Thomas aus *Telkêf* zu *Telkêf*, Syrisch *Telkêpê*. Der erstere Theil der Hds. Bl. 1—67 dürfte ungefähr um dieselbe Zeit geschrieben sein. Unterschrift Bl. 151b:

ܫܠܡ ܘܫܪܐ ܒܫܢܬ ܗܕܐ ܕܐܠܦܐ ܬܡܢܡܐ
ܕܝܘܢܝܐ. ܘܥܣܪܐ ܒܬܫܪܝ. ܘܣܘܦ ܕܟܬܒܐ ܗܢܐ.
ܒܝܘܡܐ ܬܪܝܢܐ ܕܫܒܬܐ ܐܝܟ ܡܢ ܟܬܒܐ ܗܘ ܡܘܕ
ܡܕܒܫܐ ܕܟܬܝܒܐ ܒܐܝܕܝ ܠܡܟܝܢ (Bl. 152a)
ܠܡܬܒ. ܕܟܬܒ ܐܢܐ ܫܡܥܘܢ ܒܪ ܦܪܢܣܘ ܡܫܡܫܢܐ.
ܘܠܡܫܝܚܐ ܡܠܐ ܘܒܪ ܡܪܘܓܐ ܩܫܝܫܐ ܘܒܪ ܥܘܕܝܫܘܥ
ܘܡܪܝܫܝܘ ܠܡܪܩܐ ܗܠܝܢ. ܬܘܡܐ ܒܪ ܡܫܡܫܢܐ
ܦܪܢܣܘ. ܒܪ ܩܫܝܫܐ ܡܪܘܓܐ. ܒܪ ܥܘܕܝܫܘܥ
ܒܪ ܩܫܝܫܐ ܬܐܘܡܐ ܬܠܟܦܝܐ ܘܡܢ ܬܠܟܦ
ܒܬܠܟܦ ܘܡܢ ܬܠܟܦܐ ܘܡܢ

Diese Unterschrift ist zum Theil wiederholt auf Bl. 153a; hier nennt sich der Schreiber ܫܡܥܘܢ ܬܠܟܦܝܐ. Zu dem Namen ܡܪܘܓܐ vergl. den Namen ܡܪܘܓܝܢ, d. h. *Mâr* Eugen, auf einem Siegelabdruck in Nr. 90 (Sachau 116) Bl. 1a.

Deutliche Schrift, vollständig punktirt. Einige rohe Ornamente auf Bl. 2b. 38b, ein Kreuz auf Bl. 67b und Bl. 141b. Federproben auf Bl. 154b.

154 Blätter (23 × 16 cm), die Seite zu 19 Zeilen.

74.

(Sachau 9.)

Sammelband, enthaltend:

Theile der Schatzhöhle ܡܥܪܬ ܓܙܐ und des Buches der Biene;

Apokryphe Apostel-Acten;

eine Josephs-Geschichte von Basilius dem Grossen;

Heiligen-Legenden.

Anfang und Ende nicht mehr vorhanden.

1. Bl. 1 (die Ecke oben rechts abgerissen). Fragment.

Z. 1. ——— ܗܘܘ ܣܘܥܪ̈ܬ

——— ܟܠܗ ܕܪ̈ܘܚܢܐ

——— ܡܢܐ ܘܟܝܢܐ ܡܢܝ ܡܪܝ

-- ܦܝ ܘܠܐ̈ܒܝ ܘܠܡܫܟ̈ܢܝ

Z. 5. -- ܡܗ̈ܝܡܢܝ ܐܝܟ ܘܐܡܝܢ. ܒܪܝܟ

— ܫܡܗ ܝܫܘܥ. ܠܕܪ̈ܕܪܝܢ.

Z. 7—19 Notiz über Edelsteine der Stiftshütte.

Z. 1. ——— ܡܪܝ ܒܚܝܠܐ ܢܗܘܪܐ ܕܒܠܘ̈ܩܐ

— ܐܒܠ. ܗܕܪܐ ܢܒܚܡܐ. ܗܘܡܫܐ

ܘܒܪܟܬܐ ܘܒܪܘܢܐ. ܗܕܪܐ ܣܢ ܗܘܡܫܐ ܠܗܘܢ

Herausgegeben von P. de Lagarde, Praetermissorum libri duo S. 93, 91—98.

Z. 20 ff. Notiz über die Seele nach der Trennung vom Körper: ܗܘܐ ܒܚܟܝܡ ܫܪܪܐ ܐܡܝܪܐ ܡܛܠ ܢܦܫܐ ܕܒܪܢܫܐ ܐܡܬܝ ܕܡܫܬܢܝܐ ܡܢ ܦܓܪܗ̇.

Anfang:

ܐܡܪܝܢ ܕܢܦܫܐ ܦܫܝܛܬܐ ܐܝܬܝܗ̇. ܘܗܕܡ

Zu dieser Schrift scheint mir auch Bl. 20a—21a Z. 8 zu gehören. Eine charakteristische Stelle, den Schluss der Schrift, theile ich hier mit. Bl. 20a Z. 7:

ܡܢ ܒܬܪ ܕܦܪܫܐ (sc. ܢܦܫܐ) ܡܢ ܦܓܪܗ̇.
ܗܠܝܢ ܡܫܬܡܠܝܢ ܘܗܘܝܐ. ܐ ܡܫܬܡܠܝܐ ܗܘܝܐ
ܠܟܠܗ̇ ܫܡܫܐܝܬ. ܒ ܗܘܝܐ ܕܒܪܝܬܐ ܐܝܟܢܐ.
ܓ ܗܘܝܐ ܕܒܪܘܚܐ ܐܝܟ ܠܗ̇. ܕ ܗܘܝܐ
ܕܦܓܪܐ (? ܕܒܦܓܪܐ) ܫܪܝܐ ܗܘܬ. ܗ ܘܗܘܝܐ
ܗܘܬ ܕܢܦܩܬ ܡܢ ܦܓܪܗ̇. ܘ ܘܗܘܝܐ ܘܫܘܝܐ
ܐܦ ܠܡܢܝܢܗ̇ ܕܦܓܪܐ ܒܗ ܫܪܝܢ ܘܪܚܡܝܢ ܡܢ
ܗܘܝܐ ܘܫܘܝܐ ܠܟܠ ܗܘܐ ܡܢ ܡܢܝܢܗ̇ ܕܦܓܪܐ
ܡܢܗ̇ ܘܠܗ̇ ܒܗ ܐܝܟܢܘܢ ܒܐܦܝܩܘܬܐ ܠܐ
ܒܠܒܠܝܢ. ܙ ܘܗܘܝܐ ܕܒܝܬܐ ܕܠܒܝܫܘܢ
ܠܦܓܪܗ̇ ܒܗܘܢܐ ܕܡܫܝܚܐ. ܚ ܘܗܘܝܐ ܐܦ
ܠܡܠܐܟ̈ܐ ܘܠܥܝ̈ܪܐ ܘܐܦ ܠܢܦ̈ܫܬܐ ܟܠܗܝܢ.
ܛ ܘܗܘܝܐ ܠܟܠܐ ܢܗܝܪܐ ܒܗܘܢܐ ܕܫܡܝܐ.
ܝ ܘܗܘܝܐ ܠܟܠܐ ܟܠܗܝܢ ܐܝܠܝܢ ܕܫܡܪܬ
ܗܪܟܐ ܐܝܟ ܓܕ̈ܫܐ ܘܐܝܟ ܒܢ̈ܝܐ ܡܢ ܦܠܘܛܗ̇
ܘܡܒܝܢܐ ܠܗܘܢ (Bl. 20b) ܡܫܟܚܐ ܕܡܢ ܦܓܪܗ̇.
ܝܐ ܘܗܘܝܐ ܘܡܪܟܒܐ ܕܐܝܬܝܗ̇ ܡܬܢܦܫܐ ܒܟܠܐ
ܠܗܘܢܐ ܕܒܠ ܕܠܒܠܗ ܕܡܬܢܒܝܐ ܡܢܝܬܐ.
ܝܒ ܘܗܘܝܐ ܘܡܪܟܒܐ ܒܟܠܗܘܢ ܡܘܫ̈ܒܐ
ܕܡܬܦܢܝܢ ܡܢ ܒܗܘܢܐ ܒܟܠܬܐ ܠܗܠܟܗ̇
ܘܡܢ ܕܫܠܡܬ ܒܗܠܝܢ ܗܕܟܢܐ ܕ̈ܠܒܝܗ̇
ܕܢܦܫܐ ܘܦܓܪܐ. ܘܗܘܝܢ ܡܫܚܐ ܒܫܢܬܐ
ܡܕܪܫܐ ܕܡܠܐ ܒܗܠܝܢ ܒܒܪܝܬܐ ܕܐܝܬܘܗܝ ܒܗܘܢܐ
ܠܡܫܬܐ.

Vergl. Moses Bar Kepha, Von der Seele, von Dr. O. Braun, Freiburg i. Br. 1891, Cap. 35, S. 110. 111.

2. Bl. 2 (an dem inneren Rande beschädigt, besonders oben). Bruchstück der Legende vom Königssohn Johannes. Ich theile mit, was erhalten ist. Bl. 2a:

——— ܕܐܝܬ ܒܟܠ ܗܕܝܢ ܣܗܒ ܠܝ ܘܐܡܪ (?)
——— ܐ ܠܐ ܐܒܐ ܣܘܡܝܢ ܡܠܟܐ. ܘܐܘܡܝܬ
······ ܕܒܗܠܝܢ ܫܢ̈ܝܐ ܗܟܝܠܘܬܢ ܕܐܝܬ
-- ܗܝ ܡܬܚܫܒܐ. ܕܒܠܝܛܘܬܝ (?) ܕܡܫܬܥܝܢ ܒܗ
——— ܐܬܐܡܘܢ ܡܬܢܒܝܢ ܠܝ ܐܡܪ ܠܗ ܒܟܠܗ
- - ܒܥܒܪܐ ܕܗܘܐ ܠܒܪܐ ܗܘܐ ܕܡܠܟܐ ܕܒܪܝ
ܝܫܘܥ. ܐܠܐ ܐܝܟ ܐܒܘܗܝ. ܘܟܕ ܫܡܥܗܝ
ܘܐܠܦ ܫܪܪܐ ܘܗܘܐ ܣܡ ܘܫܡܥ ܐܒܘܗܝ.
ܘܟܕ ܫܡܥܗܝ ܡܫܚܝ ܠܐܒܘܗܝ ܕܐܝܬ ܠܗܘܢ
ܐܡܪ ܠܗ ܐܒܘܗܝ ܡܘܡܐ ܐܢܐ ܠܟ ܒܐܠܗܐ.
ܕܬܫܠܘܢ ܠܝ ܡܢ ܐܡܝܪܐ ܠܟ ܘܐܫܠܡܘܢ ܗܢܐ
ܐܡܪ — — .]ܝܫܘܥ ܐܠܐ ܐܒܘܢ ܡܢܝ ܐܝܟܢ.
ܕܐܢ ܣܒܪ ܐܢܬ (?) ܕܘܒܠܗ ܕܒܪܝ ܝܫܘܥ ܐܡܪ
ܠܝ ܕܒܐܝܬܐ ܐܬܪܐ ܐܬܝܘܗܝ. ܐܡܪ ܠܗ ܣܒܪ
ܐܢܐ ܕܘܒܠܗ ܕܒܪܝ ܝܫܘܥ. ܐܡܪܐ ܠܗ ܐܡܗ
ܒܡܫܝܚܐ ܕܗܘܝܐ ܐܝܬ ܠܗ ܐܠܐ ܠܝ ܘܡܒܝܢ
ܠܝ ܕܘܒܠܗ ܕܝܫܘܥ ܘܗܘܝܢ ܐܬܡܠܟ ܒܢ̈ܘܗܝ
ܕܒ̈ܢܝܐ ܘܡܢ ܒܗܘܢ ܘܐܡܪܬ ܐܢܐ ܐܢܐ ܕܡܠܟܐ

ܐܢܐ ܡܘܡܝܬܘܢܝ. ܘܡܢ ܗܪܟܐ ܐܡܘܡܐ ܟܪܟܘ ܒܠܒܘܫܝ
ܕܠܒܝܫ ܐܢܐ ܗܘܝܬ ܒܒܒܐ ܘܡܠܬܐ ܕܒܪܐ. ܐܡܪܐ
ܗܘܬ ܐܡܪܗ ܕܗܘܐ ܒܪܐ ܘܝܕܥ ܡܟܐ ܗܟܝ
ܠܒܬ(?) ܗܘܬ ܠܗ ܡܢܗ ܐ——

Bl. 2^b:

ܝܘܚܢܢ (?) ܗܘ ܕܒܟܬܒܐ ܦܢܝܬܗ. ———
ܗܘܬ(?) ܐܦ ܡܢܗ ܐܝܟ ܝܘܚܢܢ. ܘܐܢܐ ——
ܕܡܢܐ ܗܘܬ ܘܐܬܐ ܡܫܬܒܚ ܗܘܬ(?) ·····
ܗܕܐ ܡܫܝܚܐ ܕܒܟܬܒ ܠܗ ܣܓܕܬ ܕ ——
ܡܫܝܚܐ ܗܘܬ ܒܝܬܐ ܠܝܘܚܢܢ. ܕܡܢܐ ———
ܡܚܝܠܐ ܗܘܬ ܘܗܘܬ ܠܝ ܝܘܚܢܢ ܡܢ
ܕܒܥܝܢ. ܘܕܒܪܢܝ ܦܬܚ ܥܠ ܥܝܢܘܗܝ
ܘܐܡܪܘ ܐܦ ܐܢܫܝܢ ܕܒܟܬܐ ܕܡܠܐ ܘܐܡܪܘ
ܡܠܟܐ ܐܦ ܥܒܕܐ ܘܐܬܘ ܘܢܘܚܡܘܢ ܗܘܘ
ܠܗܘܢ ܒܡܠܐ ܥܠ ܥܝܢܘܗܝ. ܘܐܦܩ ܦܓܪܐ
ܒܡܠܟܐ ܡܢܝܢܐ ܘܥܠ ܐܒܐ ܒܟܠܐ ܡܘܣܕ
ܗܘܐ ܠܗܘܢ ܘܐܫܬܠܡܬ ܢܦܫܗ ܕܝܘܚܢܢ
ܒܐܝܕܝ ܡܪܗ — ܐܝܟ ܦܘܩܕܢܗ. ܘܦܓܪܗ ܐܡܪܗ
ܗܘ ܦܘܩܕܢܐ ܕܦܩܕܗ ܒܪܗ. ܘܐܡܪܬ ܒܢܝܘ(!)
ܡܪܢܐ ܠܗ ܡܬܩܒܪ ܐܠܐ ܒܡܐܢܐ ܕܚܬܘܢܬܗ
ܘܐܫܠܚܬ ܡܐܢܐ ܒܠܝܐ ܗܢܘܢ ܕܠܒܝܫ ܗܘܐ
ܒܠܘܗܝ ܘܐܠܒܫܬܗ ܡܐܢܐ ܕܝܩܪܐ ܗܘܐ
ܒܗ ܘܡܚܝܠܐ ܐܬܟܪܗܬ ܐܡܗ. ܘܐܒܘܗܝ
ܐܬܕܟܪ ܦܘܩܕܢܐ ܘܡܘܡܬܐ ܕܐܘܡܝ ܠܐܡܗ
ܘܐܫܠܚ ܡܐܢܐ ܝܩܝܪܐ ܘܐܠܒܫܗ ܗܢܘܢ ܒܠܝܐ
ܒܠܝܐ. ܕܠܒܝܫ ܗܘܐ ܒܠܘܗܝ ܡܢ ܡܚܕܐ
ܘܩܡܬ ܬܘܒ ܐܡܗ(?) ܘܚܦܪܬ ܠܗ ܩܒܪܐ
ܒܡܛܠܠܬܐ ܐܝܟ

Skizze des Inhalts:

Er (Johannes?) hat mich schwören lassen: Hüllt mich ein in die Gewänder (die ich trage). Es spricht der Mann (der Vater des Johannes?) zu seiner Frau (der Mutter des Johannes?): Dieser Mann kennt die Stätte meines Sohnes Johannes, ich will zu ihm hinabgehen, die Wahrheit zu erfahren. Da stand er auf, ging zu ihm hinab. Und als nun Johannes sah, dass sein Vater zu ihm gekommen war, sprach sein Vater zu ihm: Ich beschwöre Dich bei Gott, offenbare mir, woher ist Dir dies Evangelium (—?): wenn Du den Ort meines Sohnes Johannes weisst, so nenne ihn mir. Er (Johannes) spricht: Ich kenne die Stätte Deines Sohnes Johannes. Nun spricht seine Mutter: Bei dem Messias, den Du anbetest, zeige uns die Stätte des Johannes. Darauf füllten sich seine Augen mit Thränen, er schaute sie an und sprach: Ich bin es, der ich mit Euch rede. Da warfen sie sich vor ihm nieder. Die Mutter erkennt ihn und äussert ihre Klage. Wie sie (Vater und Mutter des Johannes) nun weinen, hören es seine Brüder und Andere, die Könige und Weisen, und kommen sie zu trösten. Das Gerücht verbreitete sich in der ganzen Stadt. Seine (des Johannes) Seele wurde überantwortet in die Hände seines Herrn. Da vergass nun seine Mutter den Auftrag, den er ihr gegeben, und sprach: Er soll in hochzeitlichen Gewändern beerdigt werden. Die abgetragenen Kleider, die er anhatte, zog sie ihm aus und kleidete ihn in kostbare Gewänder. Auf der Stelle wurde sie krank. Der Vater aber erinnerte sich des Auftrages, den Johannes seine Mutter hatte beschwören lassen; er zog der Leiche die kostbaren Gewänder aus und zog ihr die alten abgetragenen, die er immer getragen hatte, wieder an. Sofort stand die Mutter wieder auf und grub ihm ein Grab unter einem Schattendach (Klause), in dem er gehaust hatte.

Dies Blatt 2, das eigentlich auf Bl. 128 folgen sollte, bildet den Schluss der Legende vom Königssohn Johannes, s. weiter unten nr. 15.

3. Bl. 3^a—19^b Unvollständig zu Anfang und Ende: Ein Theil der Schatzhöhle ܡܥܪܬ ܓܙܐ (s. Ausgabe von C. Bezold, Leipzig 1883).

Die richtige Reihenfolge der Blätter ist:

Bl. 4—11 = Textausgabe S. 132, 10 ܐܬܟܢܫܘ ܥܠ ܟܘܡܪܝܗܘܢ bis S. 170, 4 ܟܠܗ ܥܠܡܐ.

Bl. 3^{ba} = Textausgabe S. 170, 4 ܠܡܪܢ ܘܕܝܢܐ bis S. 174, 9 ܬܪ ܡܘܫܐ ܐܪܒܥܝܢ.

Dann folgt eine Lücke (1 Blatt) entsprechend der Textausgabe S. 174, 9 ܥܡܡ bis S. 178, 16 ܒܢܘ ܗܘܡ ܡܠܟܬܐ.

Fortsetzung:

Bl. 12. 13 = Textausgabe S. 178, 16 ܠܥܡܡܐ ܘܡܢ ܣܘܦܗ bis S. 186, 12 ܐܚܣܕܪܘܣ.

Bl. 16—19 = Textausgabe S. 186, 12 ܠܡܠܟܘܬܐ ܕܦܘܪܣܝܐ bis S. 202, 5 صاحب جيش بختنصر.

Bl. 14. 15 = Textausgabe S. 202, 5 خرب سور اورشليم bis S. 210, 17 ܢܣܒ ܠܗ ܐܢܬܬܐ.

Zwischen Bl. 19 und 20 ist eine Lücke. Über den muthmaasslichen Zusammenhang zwischen Bl. 20 und Bl. 1 s. oben Nr. I.

4. Bl. 20^{b} Von den 30 Silberlingen, die Judas Ischariot als Preis für unseren Herrn erhalten: ܥܠܬܐ ܕܙܘܙܐ ܕܝܗܒܘܗܝ ܠܝܗܘܕܐ ܕܢܣܒ ܡܢܗܘܢ ܕܡܝ ܐܢܫܐ ܗܘܐ ܡܫܝܚܐ ܗܠܝܢ ܕܢܣܒܐ ܕܢܣܒ ܝܗܘܕܐ ܘܒܝ ܒܗܘܢ ܠܡܪܢ. ܗܠܝܢ ܙܘܙܝܢ ܡܣܡܩܐ ܕܐܪܥܐ.

Stück aus dem Buch der Biene (Book of the Bee, edited by E. A. W. Budge, Oxford 1886) S. ܩܢ Z. 19 bis ܩܢܐ Z. 4; auch bei P. de Lagarde, Praetermissorum libri duo S. 94, 20 bis 95, 63. Anfang:

ܘܗܠܝܢ ܙܘܙܐ ܗܟܢܐ ܗܘܘ ܐܝܟ ܕܐܡܪ ܒܕܘܟܬܐ.

Unterschrift:

ܫܠܡ ܥܠܬܐ ܕܙܘܙܐ ܕܡܫܝܚܐ

5. Bl. 22^{a} Einleitung des Buches der Biene von dem Bischof Salomo von Perath-*Maišân*, entsprechend der Ausgabe von E. A. W. Budge (Oxford 1886) von Anfang bis S. ܒ Z. 6 ܠܟܠ.

Überschrift:

ܒܥܕܢ ܕܠܘܩܒܠܐ ܕܡܥܠܬܐ ܕܩܕܝܫܐ ܕܡܩܕܫܐ ܟܬܒܐ ܕܢܚܠܐ ܫܠܝܡܘܢ ܐܦܝܣܩܘܦܐ ܕܦܪܬ ܡܝܫܢ ܠܐܚ ܡܢ ܐܚܘܗܝ.

Am Ende dieses Abschnittes Bl. 24^{b} nennt sich der Schreiber *Wardâ*: ܨܠܘ ܥܠ ܚܛܝܐ ܘܪܕܐ.

6. Bl. 24^{b} Josephs-Geschichte von Basilius dem Grossen: ܡܫܪܝܢܢ ܕܢܟܬܘܒ ܬܫܥܝܬܐ ܕܝܘܣܦ ܟܐܢܐ ܕܥܒܝܕܐ ܠܒܣܝܠܝܘܣ ܪܒܐ.

Herausgegeben von M. Weinberg, Die Geschichte Josefs. Halle 1891. Doctordissertation.

Anfang:

ܝܘܣܦ ܟܢܘܫ ܢܥܕ ܠܗ ܐܒܘܗܝ ܢܥܡ ܣܓܝܐܐ ܘܐܒܘܗܝ ܐܪܡܝܬܐ. ܘܐܘܠܕ ܝܥܩܘܒ ܐܒܘܗܝ ܬܪܥܣܪ ܒܢܝܐ ܙܥܘܪܐ ܘܝܥܩܘܒ ܐܒܘܗܝ ܒܢܝ ܗܘܐ ܠܗ ܠܝܘܣܦ ܝܬܝܪ ܡܢ ܟܠܗܘܢ ܒܢܘܗܝ ܘܝܪܬ.

Bl. 27 ist von jüngerer Hand ergänzt.

7. Bl. 52^{b} Acten des Apostels Philippus: ܡܫܪܝܢܢ ܕܦܝܠܝܦܘܣ ܫܠܝܚܐ ܘܡܟܪܙܢܐ.

Anfang:

ܘܒܬܪ ܡܪܢ ܝܫܘܥ ܡܫܝܚܐ ܒܬ ܦܝܠܝܦܘܣ ܫܠܝܚܐ. ܒܗܘܢ ܕܟܠܗ ܐܬܪܘܬܐ ܕܥܠܡܐ ܘܐܡܪ ܠܗ ܡܪܢ ܘܠܐ ܥܒܪ

Herausgegeben von W. Wright, Apocryphal acts of the apostles, London I S. 74—99.

8. Bl. 65^{b} Geschichte von dem Dämon, der sich bekehrte und in Gnaden von Gott angenommen wurde: ܡܫܪܝܢܢ ܕܢܟܬܘܒ ܫܪܒܐ ܕܫܐܕܐ ܗܘܐ ܕܬܒ ܠܐ ܠܐܠܗܐ ܒܬܝܒܘܬܗ ܕܠܐܠܗܐ.

Dieselbe Legende wie Nr. 110 (Sachau 7) nr. 9; s. die Inhaltsskizze daselbst. Die Einleitung, betreffend die Teufel Zeus u. s. w., fehlt hier. Anfang:

ܐܢܫ ܗܘܐ ܡܫܝܚܝܐ ܡܢ ܕܡܫܝܚܐ ܡܬܒܪܟܐ ܕܡܢ ܕܫܢܐ. ܘܐܢܫ ܗܘܐ ܒܗ ܐܢܫܐ ܐܝܟ ܗܠܝܢ ܐܢܫܝܢ ܕܡܫܡܫܝܢ ܕܡܕܒܪܐ ܚܠܦ ܡܘܬܝܗܘܢ ܗܘܘ. ܘܐܢܫ ܗܘܐ ܠܗܘܢ ܡܫܝܚܐ ܡܢ ܕܠܐܠܗܘܢ ܒܬܪ ܗܘܐ ܡܫܡܫܢܘܬܐ. ܘܡܢ

ܡܢ ܝܘܡܝ̈ ܗܘ ܟܕ ܚܒܐ ܗܘܐ ܕܢܦܩ ܥܠܡܐ
ܫܡܗ ܫܘܪܬܐ ܗܘ ܡܫܒܚܘܬܐ ܠܟܪ ܡܢ
ܚܝܐ ܕܠܥܠܡ ܐܡܝܢ

9. Bl. 68ª Eine wunderbare Geschichte: ܬܫܥܝܬܐ ܚܕܐ ܡܠܝܐ ܕܬܕܡܘܪܬܐ.

Ein König hat einen einzigen Sohn, der fünf Jahre alt ist. Mit kostbarem Schmuck und Gewand angethan wird er täglich von zwei Sclaven zur Schule gebracht. Eines Tages geht das Kind allein in die Schule zur Zeit, wo noch Niemand da war; da wird der Lehrer vom Bösen gepackt, ermordet das Kind, beraubt es und verscharrt die Leiche im Hause. Die untröstlichen Eltern lassen es überall suchen, vergebens. Da wenden sie sich an einen frommen Mann, der auf einem Berge bei der Stadt in einem Kloster haust. Zusammen mit diesem beten sie zu Gott um Aufklärung. Während die Messe celebrirt wird, erscheinen über dem Altar Schaaren von Märtyrern und unter ihnen ihr Kind. Es giebt den Eltern Kunde von Allem und bittet den Mörder nicht zu verfolgen, aber die Leiche wegzunehmen und im Kloster zu begraben. Die Eltern, erschüttert, führen seinen Wunsch aus. Der Mörder flieht und stirbt eines elenden Todes. Der König vertheilt all sein Gut unter die Armen, baut sich eine Zelle neben dem Grabe seines Sohnes, und wird, nachdem er dort gestorben, neben seinem Sohne begraben. Anfang:

ܐܝܬ ܗܘܐ ܡܠܟܐ ܚܕ. ܟܝܢ ܡܢ ܐܢܬܘܬܗ
ܘܐܝܬ ܗܘܐ ܠܗ ܚܕ ܒܪܐ ܝܚܝܕܝܐ ܒܪ (Bl. 68ᵇ)
ܚܡܫ ܫܢ̈ܝܢ. ܘܫܕܪܗ ܠܐܣܟܘܠܐ ܐܝܟ
ܕܢܐܠܦ. ܒܠܒܘܫܐ ܕܝܩܪ̈ܐ ܐܠܒܫܗ. ܘܫܠܝܚܗ
ܡܫܕܪ ܗܘܐ ܠܗ ܗܘ ܒܬܪ̈ܝܢ ܥܒܕ̈ܝܢ ܡܢ ܥܒܕ
ܒܪܝܫܗ ܟܠܠܐ ܕܕܗܒܐ ܕܡܣܩܛ ܒܡܪ̈ܓܢܝܬܐ
ܘܫܪܐ

10. Bl. 70ª Geschichte von Onesimus und den Büssern, die geoffenbart wurde dem Paramonarius von Alexandrien: ܬܫܥܝܬܐ ܕܐܢܣܝܡܘܣ ܘܕܐܒ̈ܝܠܐ ܕܐܬܓܠܝܬ ܠܦܪܡܘܢܪܐ ܕܐܠܟܣܢܕܪܝܐ ܪܒܬܐ.

Ein ein Sinai-Kloster besuchender Fremder, der genannt wird ܓܒܪܐ ܚܕ ܒܪܢܒܕܪܐ ܕܩܘܦܣ, erzählt dem Abt, einem auf Besuch dort anwesenden ܡܝܛܪܦܘܠܝܛ ܕܟܪܟܐ Bischof von *Karkhâ* und den Brüdern folgende Geschichte: Ich beförderte Briefschaften ܒܝ̈ܢܬܐ von den Persern zu den Römern und umgekehrt, hatte in Alexandrien viele Freunde, so einen Greis, der ܦܪܡܘܢܪܐ der Kirche von Alexandrien war. Ich ging mit ihm in seine Zelle und erzählte ihm die Heiligengeschichten unseres Landes, die von *Jabh'alâhâ*, Stephanus und anderen. Danach erzählt sein Freund: Vor 12 Jahren war ich Küster ܩܢܟܐ in der Kirche von Alexandrien. Einstmals blieb ich nach dem Gottesdienst am Ostersonntag in der Kirche zurück mit einem anderen Bruder, der ܥܒܕܚܐ genannt wird: wir schlossen die Kirchenthüren. Da spürten wir einen starken Duft, der aus der ܩܢܟܐ kam. Ich öffnete die Thür und sah, wie die ganze Kirche strahlte und ein Greis betend vor dem Altar kniete u. s. w. Der Greis lässt sich von ihm zwei Maass Mehl ܣܐܬ̈ܐ und ein Viertel Wein geben; dann geht er fort zur Stadt hinaus, begleitet von dem Erzähler. Auf Befragen erzählt der Greis, dass er Büsser bediene und ihnen alljährlich zu Ostern eine Messe ܩܘܪܒܢܐ bereite (Bl. 72ᵇ). Draussen vor der Stadt trennen sie sich. Dieselbe Scene wiederholt sich im nächsten Jahre. Der Erzähler empfindet den Wunsch mitzugehen, die Büsser zu sehen und sich von ihnen segnen zu lassen (Bl. 73ᵇ): der Greis verschiebt zuerst die Sache, aber nach einigen Jahren nimmt er ihn mit (Bl. 74ª). Bei einer Quelle angelangt, fordert ihn der Greis auf sich hinter einem Stein verborgen zu halten. Nun kommen die Büsser einzeln an, zuerst ihr uraltes, tief gebücktes Oberhaupt. Nachdem sie alle versammelt, gehen sie in einen Raum und halten dort Messe (Bl. 75ᵃ). Der Erzähler geht nach und versteckt sich in einem Winkel; er wird aber von seinem Führer hervorgeholt und empfängt den Segen des Oberhauptes der Büsser (Bl. 75ᵇ). Diese ziehen sich dann wieder zurück. Der Greis erzählt nun dem Manne aus Alexandrien von der Lebensweise der Greise; ihr Oberhaupt sei nicht ein Mann, sondern ein Weib (Bl. 76ᵃ), Onesimus die Königstochter, deren Geschichte darauf berichtet wird. Am folgenden Tage bringt der Greis den Erzähler nach Alexandrien zurück, der weiter erzählt, was er erlebte. In der Folgezeit war aber der Greis aus der Wüste nicht mehr bei ihm erschienen.

So erzählt der gläubige Veredarius, der es gehört von dem ܦܪܕܘܣܝܢܐ (Bl. 78ᵃ).

Die Legende der Königstochter, die denselben Namen (Karschuni *Nâsimôs*) führt, s. in Nr. 110 (Sachau 7) nr. 3 und Nr. 245 (Sachau 43) nr. 11. Vergl. Wright, Index s. v. Onesima, und Mss. codicum bibliothecae apostolicae vaticanae catalogus II S. 489. Anfang:

ܐܬܚܫܒܬ ܒܝܘܡ ܕܐܬܐ ܠܡܕܒܪܐ ܕܢܚܙܐ ܘܐܬܒܪܟ
ܐܢܫ ܡܫܟܚ ܠܝ. ܗܘ (Bl. 70ᵇ) ܕܐܦ ܒܥܒܕܗ.
ܘܢܦܩ ܡܢ ܩܘܠܝܬܗ ܒܗ ܐܢܫ ܐܝܟ ܡܢ ܒܝܬ
ܕܢܦܩܘ ܡܢ ܡܕܝܢܬܐ ܕܡܨܪܝܢ ܬܫܥܝܬܐ ܒܥܕܢܐ
ܘܢܦܩܬ ܘܐܙܠܬ ܗܝ ܠܡܕܒܪܐ ܚܕ ܒܥܠܡܝܬܐ
ܕܝܘܡܝܢ ܐܪܒܥܐ ܘܐܬܝܢ ܪܘܚܗ ܢܦܫܗ ܘܗܘܐ
ܠܡܕܝܢܬܐ ܕܡܨܪܝܢ ܘܐܙܠ

11. Bl. 78ᵃ Theil von der Geschichte des h. Eugen (eigentlich Legende vom h. Eulogius):

ܬܘܒ ܡܢ ܬܫܥܝܬܗ ܕܡܪܝ ܐܘܓܝܢ. ܘܗܝܕܐ
ܢܝܚܐ ܒܬܫܥܝܬܗ ܕܩܕܝܫܐ ܡܪܝ ܐܘܓܝܢ
ܚܝܠܐ ܐܫܬܥܝ.

Entlehnt aus der Geschichte des h. Johannes Arabs. Vergl. Wright S. 1129, 37.

Ein Schüler des h. Eugen, Eulogius der Aegypter, lässt sich nach seines Lehrers Tode in einem Dorfe ܒܒܝܬ ܩܘܪܝܢ im Süden vom *Izlâ*-Gebirge nieder. Ein Löwe bewachte den Eingang seiner Zelle (Bl. 78ᵇ). Der Heilige verrichtet viele Wunder und lebt dort 52 Jahre lang. Nachdem Eulogius gestorben, bewirkt das Gebrüll seines Löwen dieselben Heilungen noch 50 Jahre lang. Dann kommt Johannes Arabs vom Berge *Izlâ*, um den h. Eulogius beizusetzen. Als Johannes vor der Öffnung der Höhle ankommt, kommt ihm der Löwe entgegen und beleckt seine Füsse. Johannes setzt die Leiche auf ein Pferd und zieht mit ihr ab, begleitet von dem Löwen. Nachdem Eulogius beigesetzt ist ܒܒܝܬ ܩܒܘܪܐ ܕܐܒܐ neben dem h. Andreas, hält der Löwe vor der Thür Wache; drei Tage danach stirbt auch der Löwe. Später wird die Gruft zugedeckt, aber Johannes vermag durch die Kraft seines Gebetes zu ihr durchzudringen. Anfang:

ܐܦ ܗܘܐ ܕܝܢ ܒܗܘ ܙܒܢܐ ܠܡܕܒܪܐ ܚܕ ܪܒܐ
ܘܩܕܝܫܐ ܡܢ ܩܕܝܫܐ ܐܠܗܝܐ ܕܡܬܩܪܐ ܡܪܝ
ܐܘܓܝܢ ܡܪܝ ܐܘܠܘܓܝܣ ܡܨܪܝܐ ܬܠܡܝܕܗ. ܘܡܢ
ܒܬܪ ܕܫܟܒ ܗܘ ܩܕܝܫܐ ܕܡܬܩܪܐ ܡܪܝ
ܡܪܝ ܐܘܓܝܢ. ܒܬܪ ܫܢܝܢ ܬܠܬ ܫܢܝܢ ܩܕ
ܡܪܝ ܐܘܠܘܓܝܣ ܡܢ ܛܘܪܐ ܕܐܝܙܠܐ. ܘܐܬܐ
ܠܡܪܐ ܒܬܫܥܝܬܐ ܘܡܪܐ

Vergl. Wright S. 1129 nr. 37.

12. Bl. 82ᵇ Acten der Apostel Matthäus und Andreas: ܬܫܥܝܬܐ ܕܫܠܝܚܐ ܡܬܝ ܘܐܢܕܪܐܘܣ
ܒܕ ܐܬܐ ܠܡܕܝܢܬܐ ܗܝ ܕܡܬܩܪܝܐ ܟܠܒܝܐ
ܐܟܠܝ ܗܘܘ ܘܗܘܘ ܒܪ̈ܢܫܐ ܟܣܠܗ
ܕܡܪܝ ܡܬܝ ܫܠܝܚܐ.

Anfang:

ܒܗܘ ܙܒܢܐ ܕܝܢ ܟܕ ܟܢܝܫܝܢ ܗܘܘ ܫܠܝ̈ܚܐ
ܩܕ̈ܝܫܐ ܐܟܚܕܐ ܘܡܦܠܓܝܢ ܗܘܘ ܐܬܪ̈ܘܬܐ

ܒܝܘܡܘܗܝ ܡܫܝܚܐ ܠܡܥܒܕ ܫܠܝܚܐ ܕܦܘܠܘܣ
ܠܡܕܝܢܬܐ ܗܝ ܕܐܝܩܘܢܝܘܢ ܒܫܢܝ̈ܐ ܐܚܪܝܢ
ܗܘܘ ܘܚܕܐ ܫܠܡܬ ܥܒܕܝܢ ܗܘܘ ܐܠܐ ܐܚܪܝܢ
ܒܫܢܬܐ ܕܝܘܢܝ̈ܐ ܘܫܡܥܘܢ ܕܝܢ ܕܝܘܢܝ̈ܐ ܘܫܢܬ

Herausgegeben von W. Wright, Apocryphal acts of the apostles I p. 102—126.

13. Bl. 92b Geschichte des Büssers Marcus vom Berge ܬܫܥܝܬܐ ܕܡܪܝ ܕܐܠܗܐ: ܬܐܪܡܘܬܐ
ܛܘܒܢܐ ܡܪܩܘܣ ܐܒܝܠܐ ܕܒܛܘܪܐ ܕܬܪܡܩܐ

Erzählt von Serapion. Anfang:

ܡܫܬܥܝܢܐ ܗܘܐ ܠܝ ܛܘܒܢܐ ܐܒܐ ܣܪܦܝܘܢ
ܐܒܝܠܐ ܣܪܦܐ ܕܡܕܒܪܐ ܕܡܢ ܐܝܟܘܬܗ ܗܘܐ
ܒܐܬܪܐ ܠܡܨܪܝܢ ܗܝ ܕܐܝܬܝܗ ܡܕܒܪܐ ܠܡܨܪ
ܕܫܝܪܝܢ ܕܝܘܡܐ ܠܗ ܕܫܠܡܬ ܒܗ ܕܝܘܡ ܐܚܐ
ܝܘܡ ܐܚܐ ܡܘܫܐ ܘܡܢܐ

S. dieselbe Legende in Nr. 177 (Sachau 60) nr. 2.

Am Ende Bl. 100b folgende Nachschrift:

ܫܠܡܬ ܘܐܫܬܠܡܬ ܬܫܥܝܬܐ ܘܒܠ ܒܝܘܡܐ ܡܫܝܚܐ
ܣܘܡܟܐ. ܐܬܟܬܒܬ ܕܝܢ ܒܐܝܕܐ ܚܛܝܐ ܕܠܦܩܝ ܘܡܢܐ
ܠܩܫܝܫܐ ܡܢ ܐܚܪܝ ܩܫܝܫܐ ܘܪܕܐ ܒܪ ܠܥܙܪ
ܐܡܝܢ ܘܐܡܝܢ.

Danach ist diese Hds. geschrieben vom Presbyter *Wardâ*, Sohn des Lazarus, 2006 = 1695 n. Chr.

14. Bl. 101a Historia virorum beatorum:
ܬܫܥܝܬܐ ܬܘܕܝܬܐ ܕܓܒܪ̈ܐ ܛܘܒܢ̈ܐ.

Unter den Viri beati sind die Rechabiten (Jeremias 35) zu verstehen. Legende von dem h. Zosimus, dem Gott auf seine Bitten gewährt die Rechabiten zu sehen. Beschreibung seiner Reise durch die Wüste, über den Nil zu ihnen; Aufenthalt daselbst und Rückkehr. Anfang:

ܡܬܚܝܠܝܢ ܡܘܗܝܢ ܠܟܘܢ ܬܫܥܝܬܐ ܕܡܬܒܪܢܘܬܐ
ܬܘܕܝܬܐ ܕܗܠܝܢ ܐܢܫܐ ܒܢܝ̈ܐ ܘܠܒܢ̈ܝ ܘܢܘܫܐ
ܕܒ̈ܢܐ ܘܗ̈ܒܒܠܐ ܕܪܘܚܐ ܕܡܘܕܥܐ. ܗܠܝܢ
ܕܡܬܩܪܝܢ ܐܝܬܘܗܝ ܛܘܒܢ̈ܐ. ܗܠܝܢ ܕܫܡܗ
ܡܢ ܚܡܪܐ ܗܘܐ ܒܦܘܩܕܢܗ ܕܐܠܗܐ. ܒܫܘܒ

ܐܬܡܠܝ ܥܒܕܐ. ܒܫܡ ܡܢ ܘܬܢܝܢ ܐܠܗܐ ܗܘܬ ܠܥܒܕܐ
ܡܢ ܬܫܥܝܬܐ. ܐܝܟܐ ܕܒܝܬܝܗ ܥܒܕܘܗܝ ܠܥܠܡܝܢ
ܗܘܝܐ ܡܢܐ ܘܢܦܩ ܠܡܕܒܪܐ. ܐܝܟܢܐ ܗܘܐ
ܕܡܢ ܥܡܗ ܐܚܐ ܘܡܬܚܣܝܐ ܘܡܢܐ

Dieselbe Legende bei Wright S. 1128 nr. 34. In dem Schlussgebet Bl. 121a wird der h. *Šallîṭâ* erwähnt: ܘܒܒܥܘ ܠܗ ܡܪܝ ܠܒܝܬܗ ܩܕܝܫܬܐ
ܦܪܘܩܢܐ ܘܡܘܬܒܐ ܡܢ ܟܠܗܘܢ ܐܪܘܦܝܘܬܗ
ܒܝܠܕܬܗ ܕܡܪܬܢ ܡܪܝܡ ܛܘܒܢܝܬܐ ܐܡܗ
ܕܡܫܝܚܐ ܘܕܗܠܝܢ ܛܘܒܢ̈ܐ ܠܒܢܝ̈ܐ ܘܡܪܝ̈ܡܐ
ܘܕܡܪܝ ܫܠܝܛܐ ܘܕܟܠܗܘܢ ܐܝܠܝܢ ܕܒܒܝܬܢ
ܝܗܒܗ ܕܐܠܗܐ ܘܡܢܐ

15. Bl. 121a Geschichte des Königssohnes Johannes von Rom: ܬܫܥܝܬܐ ܕܛܘܒܢܐ ܪܗܘܡ
ܠܡܫܝܚܐ ܡܪܢ ܝܘܚܢܢ ܒܪ ܡܠܟܐ.

Vergl. Nr. 75 (S. 222). 10 und Wright, Index s. v. John of Rome.

Im Rom lebte ein grosser Mann Namens ܐܬܪܦܝܘܣ, seine Frau ܛܘܒܬܐ. Sie hatten drei Söhne, zwei waren ܦܪ̈ܫܐ equites, und der kleinste, Johannes, war zu Hause bei den Eltern. Da kam ein Mönch in das Haus, der nach Palaestina wollte: Johannes fühlt sich zu dem frommen Manne hingezogen. Auf seinen Wunsch schenken ihm seine Eltern ein kostbares Evangelium. Als der Mönch abreist, bittet ihn Johannes zurückzukehren. Das geschieht (Bl. 123b). Nun soll Johannes verheirathet werden, will aber nicht, und bittet den Mönch sich seiner anzunehmen und mit ihm zu entfliehen. Der Mönch macht Vorstellungen. Vergebens. Sie gehen an die Meeresküste und unterhandeln mit einem Schiffer. Die von ihm verlangten 100 Denare weiss sich Johannes unter dem Vorwande, seinen Schulkameraden ein Gastmahl geben zu wollen, von seinen Eltern zu verschaffen. Sie segeln ab und gelangen zu dem Kloster, dem der Mönch angehört. Der Abt nimmt ihn auf. Johannes hat noch prinzlichen Schmuck und Kleidung an; er bittet den Abt diesen Besitz zu nehmen und unter die Armen zu vertheilen.

Hier ist eine Lücke, zwischen Bl. 125 und 126. Bl. 126ª: Gespräch zwischen Johannes und einem Armen: er tauscht mit dem letzteren sein Gewand aus und begiebt sich auf die Wanderschaft zu dem Hause seiner Eltern. Als Bettler erscheint er vor der Thür seines Elternhauses und wird von dem Pförtner hart angelassen; er sieht dann seinen Vater und seine Brüder heraustreten. Er spricht: »Ich danke Dir, Gott, dass Du mich gewürdigt hast meine Eltern zu sehen. Weiche von hinnen, Satan. Ich habe meine Eltern gesehen, und jetzt kannst Du nicht mit mir streiten. Durch den Anblick meiner Eltern ist Deine Macht vor mir gefallen« (Bl. 126ᵇ). Er bleibt ein Jahr lang vor dem Thor seines Elternhauses. Da geht seine Mutter aus zum Besuch bei der Königin, findet aber, dass ihr der Geruch des Bettlers (ihres Sohnes) unangenehm ist und lässt ihn fortschicken. Auf seine Bitte lässt ihn der Pförtner ein Schattendach [illegible] bauen und dort verweilt er drei Jahre (Bl. 127ᵇ). Dann kündigt ihm ein Engel sein Ende an. Er lässt durch den Pförtner die Herrin des Hauses (seine Mutter) bitten zu ihm zu kommen. Auf Zureden ihres Mannes kommt sie, und der Bettler bittet sie ihn in seiner Klause in seinen Lumpen begraben zu lassen. Zugleich giebt er ihr das kostbare Evangelium (das sie ihm als Kind geschenkt) mit der Bitte, dass sie an ihn denken mögen, so oft sie darin lesen. Die Frau zeigt das Evangelium ihrem Manne, dieser erkennt es als das seiner Zeit seinem Sohne geschenkte Exemplar (Bl. 128ᵇ).

Fortsetzung Bl. 2ª; s. oben nr. 2. Anfang Bl. 121ª:

[illegible]

Bl. 122 gehört nicht hierher, s. oben nr. 3. Es ist ein Stück der Schatzhöhle und handelt von der Einrichtung der Arche Noah's (im Vergleich mit der Einrichtung der Kirche), wie Noah Abschied nimmt von der Welt und den Gräbern seiner Vorfahren, wie er mit den Seinigen die Arche besteigt. Anfang des Blattes:

[illegible]

Letzte Zeilen:

[illegible]

Dies Blatt entspricht S. 88 letzte Zeile bis 94, 11 der Schatzhöhle (Ausgabe von Bezold).

Datirt 1695 n. Chr. (s. Notizen auf Bl. 100ᵇ und 24ᵇ). Vocalisation und Punctation sehr spärlich. Die Hds. bestand ursprünglich wenigstens aus 16—17 Kurrâs zu je 10 Blättern. Von K. 1 und 2 ist nur ein Blatt (Bl. 1) vorhanden. Bl. 3 ist das erste Blatt von K. [illegible]. Lücke zwischen Bl. 19 und 20. Von Bl. 20 an scheint mir der Zusammenhang — abgesehen von der Lücke zwischen Bl. 125 und 126 — vollständig. Gruppirung der Blätter: 122. 3—19. 1. 20—125. Dann Lücke. 126—128. 2.

128 Blätter (20,8 × 14 cm), die Seite zu 22 Zeilen.

75.

(Sachau 222.)

Acta sanctorum. Inhaltsverzeichniss auf Bl. 1[a+b]. Überschrift Bl. 2[b]:
ܒܚܝܠ ܚܝܠܗ ܕܡܪܢ ܝܫܘܥ ܡܫܝܚܐ ܡܫܪܝܢܢ
ܠܡܟܬܒ ܟܬܒܐ ܕܬܫܥܝܬܐ ܕܣܗ̈ܕܐ ܘܕܫ̈ܠܝܚܐ
ܘܕܩܕ̈ܝܫܐ ܘܫܪܝܢ. ܡܪܝ ܥܕܪ ܒܪ̈ܚܡܝܟ ܐܡܝܢ
ܘܐܡܝܢ.

1. Bl. 2[b] Acta Thomae apostoli, herausgegeben von W. Wright, Apocryphal acts of the apostles, vol. 1, the Syriac texts S. 172 ff., und von Bédjan, Acta martyrum et sanctorum, Paris 1890, III S. 3 ff.

2. Bl. 52[a] Acta *Mâr Mârî* apostoli, herausgegeben von I. B. Abbeloos, Brüssel 1885: Acta sancti Maris, und von Bédjan a. a. O. I S. 45 ff.

3. Bl. 74[a] Geschichte von dem Bilde Christi, wie die Juden in der Stadt Tiberias es verhöhnten in den Tagen des gottliebenden Königs Zeno: ܫܥܝܬܐ ܕܨܠܡܗ ܕܡܫܝܚܐ. ܕܐܡܚܢܐ
ܕܛܫܘ ܒܗ ܝܗܘ̈ܕܝܐ ܠܬ̈ܚܬ ܒܛܝܒܪܝܘܣ
ܡܕܝܢܬܐ. ܒܝܘ̈ܡܝ ܪܚܡ ܐܠܗܐ ܙܝܢܘܢ ܡܠܟܐ.

Anfang:
ܡܢ ܦܠܛܐܘܣ ܡܫܡܫܢܐ ܕܐܬܪܐ ܕܡܕܝܢܬܐ
ܠܐܚ̈ܘܗܝ ܪ̈ܚܡܐ ܕܟܠ ܐܬܪ ܘܟܠ ܡܕܝܢܐ
ܒܫܘܒ ܡܫܝܚܐ ܡܪܢ ܘܐܠܗܢ ܗܝܠ ܫܠܡ.
ܐ̈ܚܝ ܡܗܘܕܥ ܐܢܐ ܠܟܘܢ ܕܫܢܬܐ ܗܘܬ ܠܝ
ܒܚܘܒܗ ܕܡܪܢ ܕܐܙܠ ܠܐܘܪܫܠܡ ܡܕܝܢܬܗ
ܕܡܠܟܐ ܪܒܐ ܘܐܙܠܬ ܠܐܬܪ̈ܘܬܐ ܩ̈ܕܝܫܐ ܕܗܠܝܢ
ܒܗܘܢ ܡܫܝܚܐ ܘܫܪܐ

Schlussnotiz Bl. 104[a]:
ܫܠܡܬ ܫܥܝܬܐ ܕܨܠܡܐ ܕܡܪܢ ܘܝܗܘ̈ܕܝܐ
ܒܛܝܒܪܝܘܣ ܡܕܝܢܬܐ ܐܝܟ ܕܒܝܘܡܝ ܒܗ
ܘܫܠܡ ܡܫܡܫ ܒܛܝܒܘ.

Vergl. Wright S. 1128. 35.

4. Bl. 104[a] Acta Matthaei et Andreae, herausgegeben von Wright a. a. O. S. 102 ff.

5. Bl. 112[b] Erste Geschichte von der Auffindung des Kreuzes durch die Protonike, die Frau des Kaisers Claudius. Herausgegeben von Bédjan a. a. O. III S. 175.

6. Bl. 116[a] Zweite Kreuzes-Geschichte, wie die Juden dem Bischof Simeon aus Jerusalem das Kreuz wegnahmen und vergruben. Herausgegeben a. a. O. III S. 183.

7. Bl. 118[a] Geschichte des Protomartyr Stephanus. Herausgegeben a. a. O. III S. 188.

8. Bl. 123[a] Geschichte des Ignatius. Herausgegeben a. a. O. III S. 199. Neben dem Titel auf dem Rande folgende Notiz: ܫܥܝܬܐ
ܕܐܝܓܢܐܛܝܘܣ ܕܐܬܟܠܠ ܒܝܘܡ ܟ̄ܒ ܠܟܢܘܢ.

9. Bl. 129[b] Geschichte von der zweiten Auffindung des Kreuzes im Jahre 326 ܫܢܬ n. Chr. Herausgegeben a. a. O. I S. 326.

10. Bl. 137[b] Geschichte des Johannes Bar *Malkê*. Vergl. Nr. 74 (S. 9) 15. Herausgegeben a. a. O. I S. 344.

11. Bl. 147[a] Geschichte des *Behnâm* und seiner Schwester Sara. Herausgegeben a. a. O. II S. 397.

12. Bl. 167[a] Geschichte des *Karaddgh* (sic). Übersetzt von H. Feige, Geschichte des *Mâr 'Abhdîšô'* und seines Jüngers *Mâr* Kardagh, Kiel 1889; herausgegeben und übersetzt von Abbeloos, Acta Mar Kardaghi, Brüssel 1890, und von Bédjan a. a. O. II S. 442.

13. Bl. 191[a] Geschichte der Märtyrer von *Karkhâ dhe-Bêth Slôkh.* Herausgegeben a. a. O. II S. 507.

14. Bl. 201[a] Geschichte des Jacobus Intercisus. Herausgegeben a. a. O. II S. 539.

15. Bl. 208[b] Geschichte des Sultans Mahdok und Genossen, von Gabriel aus *Širzôr*. Herausgegeben a. a. O. II S. 1 ff.

16. Bl. 225[a] Geschichte des Gordianus, des Vaters des h. Georg', oder von dem ersten Martyrium Georgs: ܫܪܒܗ ܕܐܒܘܗܝ ܕܡܪܝ
ܓܝܘܪܓܝܣ ܣܗܕܐ.

Anfang:

ܐܒܘܗܝ ܕܡܪܝ ܓܘܪܓܝܣ ܓܪܘܢܛܝܘܣ
ܡܢ ܩܦܕܘܩܝܐ ܗܘܐ. ܘܐܡܗ ܡܢ ܦܠܣܛܝܢܐ ܡܕܝܢܬܐ
ܐܝܬܘܗܝ ܗܘܐ.

17. Bl. 226ᵃ Geschichte des h. Georg. Herausgegeben a. a. O. I S. 277.

18. Bl. 234ᵇ Geschichte des Cyriacus und seiner Mutter Julitta. Herausgegeben a. a. O. III S. 254.

19. Bl. 247ᵃ Martyrium des Pantaleon und Genossen in Nicomedien. Vergl. Wright S. 1093. 2.

20. Bl. 260ᵃ Siebenschläfer. Herausgegeben a. a. O. I S. 301.

21. Bl. 271ᵃ Geschichte des Christophorus. Vergl. Wright S. 1132. 52.

22. Bl. 281ᵃ Martyrium des Sergius und Bacchus. Herausgegeben a. a. O. III S. 283.

23. Bl. 295ᵇ Martyrium des Simeon Bar *Ṣabbâ'ê*. Herausgegeben a. a. O. II S. 123 ff. 128 ff.

24. Bl. 306ᵇ Martyrium der *Tarbô* und ihrer Schwester. Herausgegeben a. a. O. II S. 254.

25. Bl. 309ᵃ Martyrium der vierzig (Persischen) Märtyrer. Herausgegeben a. a. O. II S. 325.

26. Bl. 318ᵇ Geschichte des Hormizd in siebensilbigen Versen, von *Îšô'jabh* Bar *Meḳaddam*, Metropolit von Arbela. Anfang:

ܒܫܡ ܐܒܐ ܒܪܝܟܐ ܕܐܬܘܪ

Unterschrift des Copisten auf Bl. 325ᵇ:

ܗܘܐ ܕܝܢ ܫܘܠܡܗ ܕܬܫܥܝܬܐ ܕܩܕܝܫܐ
ܒܪܝܫܝ ܕܐ ܠܘܬܐ ܕܐܬܠܝܗܘܢ ܕܡܪܐ
ܕܟܠܟܢܐ ܕܡܪܐ ܕܐܒܝ ܗܘܪܡܙܕ ܒܐܠܝܫܐ
ܘܕܡܪܐ ܕܐܘܬܠܐ ܡܪܝܫ ܘܕܡܪܐ ܕܡܪܝ
ܠܘܬܠܝܗ. ܡܪܢܐ ܗܘ ܢܬܪܚܡܘܗܝ ܢܦܪܘܩ
ܠܗ ܐܠܗܐ ܗܪܟܐ ܘܐܡܝܢ ܒܡܠܟܘܬܐ
ܕܫܡܝܐ ܐܝܢ ܘܐܡܝܢ.

Vergl. Assemani III S. 276 Anm. 3.

27. Bl. 326ᵃ Martyrium des *Šâhdost* und seiner Genossen. Herausgegeben a. a. O. II S. 276.

Am Schluss folgende Notiz: ܫܠܡ ܕܝܢ
ܘܟܠܗ ܕܡܟܬܒܢܘܬܐ ܗܝ ܟܬܒܐ ܕܣܗܕܐ
ܥܡܐ ܕܬܘܠܕܬ ܕܡܪܝܐ ܒܠܒܢ ܕܪܘܚ
ܗܘܪܡܝܙܕ ܡܕܝܢܬܐ ܡܠܟܐ ܐܢܬܐ ܕܡܪܝܐ ܘܥܪ

Auf Bl. 328ᵃ folgende Notiz über den Sammler dieser Acta: ܡܘܕܝܢܘܬܐ ܬܫܒܘܚܬܐ
ܠܐܠܗܐ ܕܝܗܒ ܚܝܠܐ ܘܡܨܝܢ ܐܢܝܢ
ܕܢܠܩܛ ܗܠܝܢ ܣܗܕܘܬܐ ܕܩܕܝܫܐ ܒܝܘ
ܟܬܒܐ ܚܕ ܘܟܠܗ ܒܫܘܒܚ ܡܫܝܚܐ
ܚܕ ܐܢܫ ܕܡܪܐ ܐܠܗܝܐ ܟܠܗܘܢ ܡܢ
ܡܢ ܐܒܗܬܐ ܕܡܕܝܢ ܒܢܦܪ ܕܟܪܐ ܗܘܪܡܙܕ
ܦܪܘܫܐ ܡܢ ܡܕܝܢܬܐ ܕܡܪܝ ܐܝܬܘܗܝ.
ܘܗܘܐ ܐܬܦܠܛ ܒܬܘܒܐ ܒܢ ܒܢܝ ܐܢܫ
ܡܢ ܕܡܪܐ ܘܡܢ ܩܘܪܝܐ ܡܢ ܒܪܝܠܝܢ ܘܡܢ
ܐܠܡܢܝ ܘܡܢ ܡܘܣܠ ܘܦܠܓܗ ܐܝܢ ܐܚܪܐ
ܒܬܪ ܐܚܪܐ ܒܠ ܩܕܝܫܐ ܒܪܝܫܝܬ ܘܡܒܪܟܬ
ܠܟܘܬ ܐܠܗ ܘܡܬܡܨܝܢܘܬܗ. ܡܪܢܐ ܗܘ
ܒܪܚܡܘܗܝ ܢܬܪܚܡ ܥܠܘܗܝ ܘܥܡ ܫܠܗ
ܥܠ ܡܬܪܚܡܢܐ ܒܝܘܡܐ ܕܕܝܢܐ.

S. weiter unten.

Auf Bl. 328ᵇ ein Encomium auf den Schreiber dieser Zeilen, den ܦܪܘܫܝܐ, den Preussen, aus dem ܡܠܟܘܬܐ ܫܒܝܚܬܐ ܘܙܟܝܬܐ ܕܦܪܘܫܝܐ »dem glorreichen und siegreichen Königthum Preussen«, auf dessen Veranlassung dieser Codex hergestellt worden. Anfang:

ܫܘܒ ܠܟ ܘܬܘܕܝܬܐ ܠܗ ܕܡܟܬܒܢܘܬܐ
ܟܬܒܐ ܗܢܐ ܕܣܗܕܘܬܐ ܕܩܕܝܫܐ ܠܐܒܘܢ
ܡܥܒܕܢܐ ܘܡܪܢܝܐ ܕܟܬܒܐ ܘܥܪ

28. Bl. 329ᵃ Vita des h. Eugen. Herausgegeben a. a. O. III S. 376.

29. Bl. 373ᵇ Geschichte des Anachoreten *Mâr Jaunân* verfasst von *Zâdô*. Herausgegeben a. a. O. I S. 466.

30. Bl. 397ᵃ Geschichte des *Mâr* Micha *Nuhadhrâjâ*. Herausgegeben a. a. O. III S. 510. 513.

31. Bl. 408ᵃ Geschichte des *Mâr Sâbhâ*. Herausgegeben a. a. O. II S. 635.

32. Bl. 425ᵃ Geschichte des *Mâr* Daniel, des Arztes. Herausgegeben a. a. O. III S. 481.

33. Bl. 438ᵇ Geschichte des Jesaias aus Aleppo. Herausgegeben a. a. O. III S. 534.

34. Bl. 455ᵃ Himjarische Märtyrer. Herausgegeben a. a. O. I S. 372.

35. Bl. 464ᵃ Martyrium der Schauspieler, 65 Männer und Frauen.

36. Bl. 519ᵃ Geschichte des Placidus, seiner Frau und zwei Kinder. Herausgegeben a. a. O. III S. 215.

37. Bl. 536ᵃ Martyrium des Cyprianus und der Justa. Herausgegeben a. a. O. III S. 322.

38. Bl. 546ᵃ Martyrium der Thecla und ihrer vier Gefährtinnen. Herausgegeben a. a. O. II S. 308.

39. Bl. 548ᵃ Geschichte der h. Juliane.

40. Bl. 559ᵇ—570ᵃ Acta Theclae. Herausgegeben von Wright, Apocryphal acts S. 128 ff. Hier eine bei Wright fehlende Einleitung, anfangend: [illegible]
[illegible]
[illegible]
[illegible]

Nachschrift des Schreibers Bl. 570ᵇ:

[illegible]
[illegible]
[illegible]
[illegible]
[illegible]
[illegible]
[illegible]
[illegible]

[illegible]
[illegible]
[illegible]

ܦܢܩܝܬܐ ܕܟܬܒܐ ܕܡܕܒܪܢܐ. ܡܫܝܚܐ ܡܪܢ
ܢܣܒ ܒܪܚܡܘܗܝ ܠܟܠܢ ܩܘܫܬܐ ܐܡܝܢ
ܐܬܟܬܒ ܕܝܢ ܒܐܝܕܝ ܡܫܡܫܢܐ ܘܫܠܡ
ܘܡܫܡܫܢܐ ܥܝܣܐ ܒܪ ܐܫܥܝܐ ܒܪ ܡܫܡܫܢܐ
ܩܘܪܝܩܘܣ ܕܡܢ ܩܪܝܬܐ ܐܟܪܘܪ ܕܒܐܬܪܐ
ܕܣܢܕܝܐ ܘܥܡܪ ܗܘ ܒܡܬܬܐ ܕܐܠܩܘܫ
ܒܥܣܪܐ ܠܐܒ ܫܢܬܐ ܕܡܫܝܚܝܘܬܐ
ܒܝܘܡܝ ܐܡܝܢ

Danach ist diese Hds. geschrieben in *Alḳôš* von dem Diaconus *'Îsâ*, Sohn des Jesaias, des Sohnes des Diaconus Cyriacus aus dem Dorf *Eḳrôr* in der Landschaft *Sendâjê*, wohnhaft in *Alḳôš*, der sich auf Bl. 328ᵃ (s. oben) erwähnt, und vollendet den 10. August, Mittwoch, 1881 n. Chr., zur Zeit des Papstes Leo XIII. und des Patriarchen Elias. Nach der oben mitgetheilten Notiz auf Bl. 328ᵃ hat Samuel *Ǵemîl*, der in Rom studirt hatte, damals Lehrer der Mönche im Unteren Kloster, diese Copie (für mich) machen lassen. Vergl. meine Reise in Syrien und Mesopotamien S. 363.

Nach der Notiz auf Bl. 328ᵃ (s. oben) ist derjenige, der diese Texte gesammelt hat, ein Mönch *'Abdel'aḥad* aus dem Hormizd-Kloster. Er hat sie gesammelt »aus dem Kloster und aus den Dörfern, aus *Karemleš*, *Alḳôš* und Mosul, und hat sie geordnet in chronologischer Reihenfolge, so gut er konnte«.

Die Hormizd-Geschichte in Versen Bl. 318ᵇ ff. ist speciell auf Veranlassung des Priesters Ibrahim (*Brâhîm*), Oberhauptes der drei Chaldäer-Klöster des Rabban Hormizd des Persers, der Jungfrau Maria und des h. Georg geschrieben worden. S. die Notiz oben.

Vorzüglich geschrieben und vollständig vocalisirt und punktirt.

570 Blätter (33 × 22 cm), die Seite zu 26 Zeilen.

76.

(Ms. orient. octav. 337.)

Geschichte des *'Abhdišô'* und des *Ḳardagh*, identisch mit Nr. 75 (Sachau 222 Nr. 12 Bl. 167ᵃ ff.).

Nachschrift Bl. 61ᵇ:

ܫܠܡ ܕܝܢ ܠܡܟܬܒܢܘܬܐ ܗܕܐ ܕܡܪܝ ܥܒܕܝܫܘܥ
ܘܕܡܪܝ ܩܪܕܓ ܬܠܡܝܕܗ. ܐܝܟ ܡܚܝܠܐ
ܚܛܝܐ ܣܦܪ. ܒܫܢܬ ܒ̄ܢܙ ܠܝܘܢܝܐ ܒܐܕܪ.
ܘܫܠܡܬ ܒܝܘܡ ܚܡܫܒܫܒܐ ܕܫܒܘܥ ܘ̄ ܕܨܘܡܐ
ܦܪܘܩܢܐ ܕܢܓܗ ܠܠܝܐ ܕܥܪܘܒܬܐ ܕܠܥܙܪ.
ܡܛܠ ܡܗܝܡ̈ܢܐ ܒܪ̈ܝܟܐ. ܘܒܪ̈ܝܟܐ
ܩܫܝ̈ܫܐ. ܣܪܓܝܣ ܘܒܢܝܡܝܢ ܐܚ̈ܐ ܒܢ̈ܝܐ.
ܕܐܒܘܗ̇ ܒܡܟܢ ܕܝܠܗܘܢ. ܡܛܠ ܒܝܬܐ
ܡܕܝܢܬܐ ܕܡܪܝ ܥܒܕܝܫܘܥ ܕܥܠ ܓܒ
ܓܘܠܦܪܟܝܢ ܕܐܘܪܡܝ. ܐܬܟܬܒ ܒܩܪܝܬܐ
ܒܝܬ ܕܝܘܐ ܕܥܠ ܢܗܪܐ ܢܪܝ. ܕܥܠ ܓܒ
ܪܘܣܬܩܐ. ܒܥܕܬܐ ܕܡܪܝ ܩܘܪܝܩܘܣ.

Danach ist diese Hds. vollendet 2057 Gr. = 1746 n. Chr. am Donnerstag der 6. Fastenwoche gegen Anfang des Lazarus-Freitags, geschrieben von dem Priester *Sâpar* in dem Dorfe *Bêth Daiwê* am *Nêri*-Fluss im Gau *Rustâkâ* in der Kirche des h. Cyriacus, für Rechnung zweier Brüder, Sergius und Benjamin, und bestimmt für die Kirche des h. *'Abhdišô'* bei *Gulparčin* im Gebiet von Ormi. Vergl. hierzu H. Feige, Geschichte des *Mâr 'Abhdišô'* und seines Jüngers *Mâr Ḳardagh*, II. Theil: Übersetzung, Kiel 1889 S. 12. 13. 55. 57.

Vollständig erhalten, gut geschrieben, vollständig vocalisirt und punktirt.

61 Blätter (16×11 cm), die Seite zu 16 Zeilen.

77.

(Sachau 179.)

Liber principum ܟܬܒܐ ܕܪ̈ܫܢܐ, Geschichten von Mönchen und Geistlichen, namentlich solcher aus dem Kloster *Bêth 'Âbhê*, verfasst von Thomas, Bischof von *Margâ*, früher Mönch desselben Klosters, um 850 n. Chr. S. die Inhaltsangabe bei Assemani III, 464—501, und Wright, Syriac literature S. 219. Herausgegeben von Budge, Book of governors, London 1893. Über die Lage des genannten Klosters und der Diöcese *Margâ* s. Hoffmann, Auszüge aus den Syrischen Acten Persischer Märtyrer S. 222. 226. Überschrift:

ܬܫܥܝ̈ܬܐ ܘܡܕܒܪ̈ܢܘܬܐ ܕܥܠ ܐܢܫܐ ܩܕܝ̈ܫܐ
ܘܡܫ̈ܬܡܠܝܐ ܕܗܘܘ ܒܕܪ ܕܪ ܒܥܘܡܪܐ ܩܕܝܫܐ
ܕܒܝܬ ܥܒ̈ܐ. ܕܣܝܡܝܢ ܠܬܘܡܐ ܡܪܝ ܐܦܣܩܘܦܐ
ܕܡܪܓܐ ܐܦܣܩܘܦܐ ܕܝܠܗ̇ ܕܡܪܓܐ.

Bl. 1ᵇ—6ᵇ Inhaltsverzeichniss der sechs Bücher ܡܐܡܪ̈ܐ. Bl. 6ᵇ Buch I. Bl. 37ᵃ Buch II. Bl. 80ᵇ Buch III. Bl. 108ᵇ Buch IV. Bl. 142ᵇ Buch V. Bl. 183ᵇ—231ᵃ Buch VI. Nachschrift auf Bl. 231ᵇ. 232ᵃ:

ܫܠܡ ܒܥܘܕܪܢܗ ܕܡܪܝ ܘܒܡܘܗܒܬܗ ܕܚܝܠܗ
ܠܟܬܒܐ ܗܢܐ ܗܘ ܕܡܬܩܪܐ ܟܬܒܐ ܕܪ̈ܫܢܐ.
ܕܐܝܬܘܗܝ ܬܫܥܝ̈ܬܐ ܘܕܘܒܪ̈ܐ ܘܡܕܒܪ̈ܢܘܬܐ.
ܕܥܠ ܐܢܫܐ ܩܕܝ̈ܫܐ ܘܡܫ̈ܬܡܠܝܐ ܕܗܘܘ ܒܥܘܡܪܐ
ܩܕܝܫܐ ܕܒܝܬ ܥܒ̈ܐ. ܒܝܕ ܬܪ̈ܝܢ ܡܬܦܪ̈ܫܢܐ
ܕܡܬܩܪܐ ܕܒܗܘܢ ܡܢܗܘܢ ܬܫܥܝ̈ܬܐ ܕܠܗܘܢ.
ܕܣܝܡܝܢ ܠܬܘܡܐ ܕܐܠܗܐ ܘܦܠܚܘܬܐ ܕܪܘܚ.
ܡܪܝ ܬܐܘܡܐ ܐܦܣܩܘܦܐ ܕܡܪܓܐ. ܕܢܬܠܘܬܗ
ܕܝܠܗ ܘܒܪܟܬܗ ܢܗܘܝܢ ܘܡܗܝܡ̈ܢܐ ܕܐܬܒܬ
ܕܢܝܫ̈ܬܗܘܢ ܢܫܘܩܘܢ ܫܘܪܐ ܪܒܐ ܠܡܬܚܫܒܢܘܬܐ
ܡܥܕܪܢܐ ܘܫܪܝ

ܫܠܡ ܕܝܢ ܗܢܐ ܡܦܫܩܢܐ ܟܬܒܐ ܗܢܐ
ܒܫܢܬ ܬܪܬܝ ܐܠܦܝܢ ܡܐܬܝܢ ܟ̄ܒ ܒܗ

ܒܫܢܬ ܐܠܦ ܘܬܡܢܐ ܡܐܐ ܘܬܡܢܝܢ ܘܬܪܬܝܢ
ܠܡܘܠܕܗ ܕܡܪܢ ܡܪܝ ܘܫܪ ܐܬܟܬܒ ܒܝܘܡܐ
ܐܚܪ ܕܐܝܬܘܗܝ ܘܥܣܪ ܕܒܝܘܡܬܐ ܡܪܝ ܐܠܗܐ
ܒܝܘܡܬܐ ܦܛܪܝܪܟܐ ܘܕܡܪܝ ܐܠܝܐ
ܡܠܘܣ ܡܝܛܪܦܘܠܝܛܐ ܕܡܠܒܪ ܡܪܝܐ
ܢܘܪܐ ܚܝܠܗܘܢ ܘܥܠ ܒܝܕ ܐܘ ܒܗ ܚܒܠ
ܠܚܛܝܐ ܗܠܝܢ ܐܢܐ ܒܫܡܐ ܘܥܠ ܦܪܢܣܝ.
ܒܫܡܐ ܡܫܡܫܢܐ ܒܪ ܓܝܘܪܓܝܣ ܒܪ ܝܘܣܦ
ܒܪ ܦܪܢܣܝܣ ܕܡܢ ܒܝܬ ܡܪܐ. ܕܡܢ ܬܠܟܐܦܐ
ܩܠܝܬܐ ܕܐܠܘܩܝܐ ܕܡܘܪܝ ܘܥܠ ܐܬܒܬܒ
ܒܬܪܝܬܐ ܒܪܝܟܬܐ ܘܥܠ ܕܐܬܝܬܗ ܒܝܢ ܒܠ
ܐܝܟ ܒܬܫܪܝܢ ܩܕܡܝܐ ܕܡܪܝ ܩܘܪܝܩܘܣ
ܝܠܝܛܐ ܘܕܐܡܗ ܫܠܝܚܐ ܡܫܡܫܢܐ ܠܗ ܡܪܝ
ܒܫܡܗ ܫܠܝܚܝܬܐ ܐܡܝܢ.

Danach ist diese Copie gemacht von dem Diaconus *Pransi* Bar *Giwargis* Bar Jausip Bar *Pransis* aus der Familie *Bêth Mêrê* zu *Telkêpê* neben dem Kloster des Cyriacus und der Julitta, und vollendet den 22. September 1882, in den Tagen des Patriarchen Elias und des Elias Mallos, Metropoliten von Malabar.

Gut, gross und deutlich geschrieben. Vollständig vocalisirt und punktirt nach Nestorianischer Art. Von demselben Copisten, Diaconus *Pransi*, sind mehrere Handschriften, Nr. 68, 57 und andere geschrieben.

232 Blätter (29 × 20 cm), die Seite zu 23 Zeilen.

78.

(Sachau 10.)

Die *Beḥirâ*-Legende in Syrischer Sprache. Fragment zu Anfang und Ende. Anfang:

ܕܡܫܪܝܢܢ ܠܡܟܬܒ ܬܫܥܝܬܐ. ܘܬܘܕܝܬܗ ܗܝܠ
ܡܢܐ ܗܘܐ ܡܢ ܒܫܘܪܝܐ. ܐܝܟ ܕܝܢ ܗܝܠ
ܕܫܠܛ ܘܡܠܟܬ ܥܠܝ ܕܫܠܛܐ ܕܝܠܗ. ܘܗܘܝܢ
ܡܢܝ ܚܕ ܡܢ ܡܠܟܘܬܐ ܘܐܡܪ ܠܗ. ܐܬܠܒܒ
ܘܠܐ ܗܕܝܠ. ܘܚܙܝܬ ܠܐܝܟܢ ܕܗܘܝ ܒܫܢܝܐ
ܡܢ ܠܚܡܝ ܫܡܪܝܐ. ܘܚܙܝܬ ܕܐܬܬ ܚܘܬܐ
ܦܘܪܬܐ ܒܪܘܚܐ ܕܩܘܕܫܐ. ܘܐܬܠܬ ܠܡܕܝܢܬܐ.
ܘܗܘܫܥܐ ܘܠܒܪܐ ܘܚܕܐ ܘܥܪܒ ܒܢܝܐܪܐ. ܘܐܬܐ
ܒܪܢܫܐ ܗܪܘܡܝ ܫܡܥܢ. ܘܐܡܪܬ ܠܡܠܟܘܬܐ
ܕܡܢܝ ܐܢܫܝܐ ܗܘܐ ܡܪܝ. ܘܗܘܐ ܐܡܪ ܠܝ
ܡܠܟܘܬܐ ܕܝܫܡܥܐܝܠ ܘܥܪܒ

Diese Hds. ist inhaltlich identisch mit Nr. 247 (Sachau 87) nr. II, während der Wortlaut viele Abweichungen aufweist. Der Anfang dieser Hds. entspricht Bl. 50ᵃ letzte Zeile ܕܡܫܪܝܢܢ ܠܡܟܬܒ ܐܢܫܐ von S. 87. Schlussnotiz auf Bl. 20ᵃ:

ܫܠܡܬ ܬܫܥܝܬܐ ܕܡܪܝ ܣܪܓܝܣ ܕܡܬܩܪܐ
ܒܚܝܪܐ ܕܒܝܘܡܬܐ ܠܡܠܟܐ ܗܘܐ ܡܫܝܚܐ. ܐܝܟ
ܕܝܢ ܡܪܝ ܢܘܗ ܒܣܘܦܗ ܒܡܕܝ (Bl. 20ᵇ) ܬܫܥܝܬܐ ܕܡܪܝ ܣܪܓܝܣ ܒܚ ܡܢ ܩܕܝܫ
ܚܠܦ ܠܟܠ ܡܢܢ ܘܒܚ ܒܫܡܐ ܡܢ ܒܝܬ
ܬܘܕܝܬܐ ܘܐܬܟܬܒ ܠܒܝܬ ܢܘܪܐ ܘܥܠ

Vergl. R. Gottheil, A Syriac *Baḥîrâ* Legend, in Proceedings of the American Oriental Society, Boston, May 1887, S. XXVII.

Einige Zusätze am Ende Bl. 20ᵃ:

a) Notiz über Sergius-*Beḥîrâ*, über seine Heimath und warum er aus seiner Heimath verjagt und zu den Ismaeliten geflohen;

b) gegen ܟܥܒ ܡܦܩܢܐ ܕܝܗܘܕܝܐ (alias ܟܥܒ *Ka'b*), der die Lehren des *Beḥîrâ* gefälscht, verdorben, und über die Reliquien der vorislamischen Araber;

c) dass *Ka'b* gelehrt, Muhammed sei der Paraklet; von Muhammed's Tod und Begräbniss;

d) dass *Ka'b* die Lehre des Sergius-*Behîrâ* gefälscht und verdorben habe.

Die letztere Notiz Bl. 22ᵃ möge als Probe dienen:

ܥܘܕ ܥܠܬܐ ܕܩܘܪܐܢ ܕܐܬܟܬܒ ܠܗܘܢ
ܗܓܪܝܐ ܕܟܬܒ ܠܗܘܢ ܟܥܒ ܡܢ ܒܬܪ ܡܘܬܗ
ܕܗܓܪܝܐ ܗܘ ܒܒܐ ܣܦܪܐ ܘܫܘܠܛܢܗ
ܠܡܬܒܥܢܘܬܗ ܕܗܓܪܝܐ ܒܥܒܪܐ. ܘܐܬܟܬܒ
ܠܗܘܢ ܡܠܦܢܘܬܐ ܠܣܪܓܝܣ. ܘܐܡܪ ܟܕ
ܒܠܚܘܕܝܗ ܘܫܘܒܚܐ ܘܐܓܪܐ ܘܫܠܘܡܐ ܘܡܫܬܐ
ܘܦܬܓܡܐ ܘܐܘܪܚܬܐ ܘܡܫܘܫܬܐ ܘܡܫܢܐ ܣܠܩ
ܚܢܢܐ ܘܡܫܢܐ ܣܠܩ ܫܢܐ ܘܡܫܬܠܛ ܣܠܩ
ܡܫܬܠܛ. ܘܫܪܝܪܐ ܕܢܬܠ ܐܘ ܡܫܪܝܬܐ ܐܬܡܠܐ
ܐܘ ܗܘ ܠܒܪܐ ܐܠܗܐ ܐܠ ܢܗܘܐ ܠܗ ܐܠ
ܗܘܝ ܫܝܬ ܠܗ. ܘܐܬܟܬܒ (Bl. 22ᵇ) ܠܥܡܐ
ܗܢܐ ܠܗܘܢ ܘܫܪ ܦܬܓܡܐ ܕܐܬܪܐ ܕܡܚܡܕ
ܠܫܡܗ (sic) ܠܫܡܗ ܡܢ ܐܪܥܐ. ܘܡܢܗܝ ܠܗ
ܠܗ ܠܟܝ. ܘܥܠ ܡܘܬܗ ܕܐܫܬܡܝ ܡܢ ܡܠܟܘܬܗ
ܕܥܒܕ. ܗܓܪܝܐ ܐܬܟܬܒ ܣܦܪܐ ܘܥܒܕ
ܒܫܘܪܐ. ܘܗܓܪܝܐ ܐܬܠܦ ܢܡܘܣܐ ܘܥܒܕ
ܡܥܒܕܢܐ ܗ̄ ܪܢܡ ܡܠܐ. ܗܓܪܝܐ ܦܬܚ
ܘܐܬܟܬܒ ܠܗܘܢ ܒܗܪܝܢ ܘܫܠܡܬ (getilgt)
ܘܐܪܒܥܐ ܡܠܟܝܢ ܘܥܒܕ ܐܠܗܝܢ ܘܫܬܐ ܟܬܒ
ܕܐܡܪ ܕܢܘܚܐ ܐܠܗܐ ܡܠܟܘܬܐ ܡܢ ܫܡܝܐ
ܪܡܐ ܕܡܫܝܚ ܡܕܒܪ ܗܘܐ ܠܗܘܢ ܒܗ ܠܟܠܢ
ܠܥܡܐ ܫܪܝܪܐ ܘܥܠ ܚܕܐ ܡܢܗܘܢ ܐܪܥܐ
ܦܪܨܘܦ ܡܕܝܢܬܐ ܕܒܝܬ ܡܩܕܫܐ[1] ܘܕܠܐ
ܕܒܢܝ ܦܠܚܐ ܘܥܠ ܡܘܬܗ ܕܐܫܬܡܝ ܘܒܗ
ܡܬܗܦܟܝܢ ܗܘܘ ܒܝܕܐ ܕܫܡܗ ܠܒܪܐ ܕܟܬܒܗ
ܣܠܩ ܒܪ ܫܘܦܐ ܕܐܬܡܗܘܢ ܐܬܡܪܐ ܒܒܠ
ܟܠܗ ܐܪܥܐ ܕܟܘܠ ܐܪܥܐ ܘܫܢܐ ܟܗ ܡܕܝܢܬܐ
ܪܒܬܐ ܘܗܪܗ ܫܡܗ

Deutliche Schrift, meist vocalisirt. Datum fehlt. Die Hds. kann etwa 200 Jahre alt sein.

22 Blätter (16,50 × 11,50 cm), die Seite zu 18 Zeilen.

[1] Indication einer Lücke.

2. Bibel-Commentare — Theologie — Recht Nr. 79—87.

79.

(Sachau 215.)

Commentar und Paraphrase zu den Psalmen nach der *Pešîṭtâ*, in der Hauptsache ein Auszug aus dem Psalmen-Commentar des Theodorus von Mopsueste, von einem Verfasser, dessen Name und Zeit unbekannt. Vergl. die Beschreibung dieser Hds. von F. Baethgen in Zeitschrift für alttestamentliche Wissenschaft, Jahrgang 5, 1885 S. 53—101, und von demselben Verfasser den Aufsatz Siebenzehn makkabäische Psalmen nach Theodor von Mopsuestia in derselben Zeitschrift, Jahrgang 6, 1886 S. 261—288, und Jahrgang 7, 1887 S. 1—60.

Titel und Anfang auf Bl. 4ᵇ:

ܒܚܝܠ ܐܠܗܐ ܡܫܬܘܕܝܢ ܡܫܪܝܢܢ ܡܟܬܒܝܢ
ܠܡܦܫܩ ܡܙܡܘܪܐ ܕܡܠܟܐ ܕܘܝܕ ܢܒܝܐ
ܡܠܟܐ ܘܢܒܝܐ. ܕܡܢܝܢ ܘܡܬܦܫܩܝܢ ܠܡܦܫ

[Syriac text]

Unterschrift Bl. 179a: [Syriac text]

Folgen der erste Lobgesang Mosis Exod. 15, 1—21 auf Bl. 179a: [Syriac text];

das Loblied des Jesaias 42, 10—13 auf Bl. 181a: [Syriac text]:

der zweite Lobgesang Mosis Deut. 32, 1—21 auf Bl. 181b: [Syriac text]

und die Fortsetzung dieses Lobgesanges Deut. 32, 21—43 auf Bl. 183a: [Syriac text].

Diese Texte sind ebenso commentirt wie die Psalmen.

Unterschrift des Schreibers auf Bl. 185b. 186a: Danach ist diese Copie vollendet den 29. November 1882 zu *Telkéf*, zur Zeit des Patriarchen Elias *Abuljaunán* und des Elias Mallos, Metropoliten der Chaldäer. Der Schreiber heisst *Pransis* Bar *Giwargis* Bar Jausip Bar *Pransis* aus der Familie *Bêth Mêrê* im Dorfe *Telkéf*. Die Hds. ist, wie manche andere, in meinem Auftrage durch Vermittelung des Jeremias *Šâmir* in Mosul von dem genannten *Pransis* in *Telkéf* copirt worden. Sie hat etwas durch Wasser gelitten. Punctation und Vocalisation vollständig, aber nicht ohne Fehler. Der Schreiber steht unter dem Einfluss seiner Muttersprache, wenn er z. B. durchgehend langes *â* in geschlossener Silbe als kurzes *a* schreibt.

186 Blätter (31×22 cm), die Seite zu 20 Zeilen.

80.

(Sachau 217.)

Commentar zum Johannes-Evangelium von Theodorus von Mopsueste in einer Einleitung und 7 Büchern[1]. Es ist nicht bekannt, wer das Werk in das Syrische übersetzt hat, aber wahrscheinlich, dass dies in der ersten Hälfte des 5. Jahrhunderts, nicht lange nach Theodor's Tod zu Edessa unter dem Einflusse des Bischofs Ibas geschehen ist. Vergl. meine Ausgabe von Theodori Mopsuesteni fragmenta Syriaca, Lipsiae 1869, praefatio p. VI. Titel Bl. 2ᵃ:

ܟܬܒ ܗܢܐ ܥܒܕܐ ܕܦܘܫܩܐ ܡܬܩܪܝ
ܠܡܟܬܒ ܦܘܫܩܐ ܘܬܘܪܓܡܐ ܕܡܫܝܚ
ܐܘܢܓܠܝܘܢ ܕܝܘܚܢܢ ܘܡܘܕܥܢܘܬܗ ܡܪܝ
ܬܐܕܘܪܘܣ ܡܦܫܩܢܐ ܩܕܝܫܐ ܘܡܘܕܥܢܐ
ܕܡܕܝܢܬܐ ܡܨܝܨܬܐ ܐܡܝܢ.

[1] Vergl. Baethgen, Über eine im Orient vorhandene Syrische Hds., enthaltend die Übersetzung des Commentars zum Johannes-Evangelium von Theodor von Mopsuestia. Publication des 8. Orientalisten-Congresses, Section Sémitique S. 109—116.

Einleitung Bl. 2ᵇ.

I. Buch ܡܐܡܪܐ ܩܕܡܝܐ Bl. 7ᵇ. — II. Buch Bl. 50ᵇ (Cap. 2, 23). — III. Buch Bl. 105ᵃ (Cap. 6, 1). — IV. Buch Bl. 145ᵇ (Cap. 9, 1). — V. Buch Bl. 173ᵇ (Cap. 11, 1). — VI. Buch Bl. 199ᵇ (Cap. 13, 1). — VII. Buch Bl. 252ᵃ (Cap. 18, 1). Einleitung Bl. 2ᵇ:

ܫܘܪܝܗ ܕܟܬܒܐ.

ܝܘܚܢܢ ܐܘܢܓܠܝܣܛܐ ܚܕ ܡܢ ܬܪܥܣܪ ܫܠܝܚܘܗܝ
ܗܘܐ. ܘܡܢ ܟܠܗܘܢ ܬܠܡܝܕܘܗܝ ܚܒܝܒܐ ܝܬܝܪ ܗܘܐ.
ܘܙܥܘܪܐ ܗܘܐ ܕܝܢ ܘܦܫܝܛ ܡܢ ܟܠܗܘܢ
ܒܫܢܝܗ ܒܝܫܬܐ. ܥܡܗܘܢ ܦܪܘܫܐ
ܗܘܐ ܠܗ ܡܪܢ ܗܘܐ ܗܘܐ. ܘܝܬܝܪ
ܡܢ ܟܠܗܘܢ ܪܚܡ ܗܘܐ ܠܗ. ܡܛܠ
ܡܫܡܫܢܐ ܗܘܐ ܒܗ ܒܕܘܒܪܐ ܚܝܘܬܐ
ܦܘܪܫܐ ܥܡܗܘܢ ܕܩܕܡܘܗܝ ܗܘܐ. ܐܠܐ ܟܠ
ܗܕܐ ܟܠܗ ܐܝܬܐ ܕܒܗܝܢ ܚܙܝܬܐ. ܠܐ ܓܝܪ
ܐܢܫܐ ܗܘ ܐܝܟ ܕܢܥܒܕ ܐܢܐ ܕܢܚܙܐ ܕܡܘܬܗ.
ܕܝܢ ܕܝܗܒ ܡܢ ܟܠܗܘܢ ܡܫܟܚ ܗܘܐ
ܠܗ ܡܬܬܡܪ ܗܘܐ.

Migne, Patrologiae Cursus completus. Series Graeca. Tom. LXVI p. 728.

ܡܢ ܒܬܪ ܗܟܝܠ ܕܐܣܬܠܩ ܡܪܢ ܠܫܡܝܐ.
ܙܒܢܐ ܣܓܝܐܐ ܒܗܪܐ ܬܠܡܝܕܐ ܒܐܘܪܫܠܡ.
ܟܕ ܒܡܕܝܢܬܐ ܕܩܪܝܒܢ ܡܬܟܪܟܝܢ ܗܘܘ.
ܘܥܡ ܝܗܘܕܝܐ ܕܡܢܗܘܢ ܡܢ ܟܪܘܙܘܬܐ ܥܠ
ܡܠܬܐ ܕܟܪܘܙܘܬܐ ܡܡܠܠܝܢ ܗܘܘ. ܥܕܡܐ
ܕܦܘܠܘܣ ܪܒܐ ܐܬܕܒܪ ܘܐܬܓܠܝܬ ܐܬܚܙܝ
ܕܠܥܡܡܐ ܢܟܪܘܙ. ܟܕ ܕܝܢ ܣܓܝ ܙܒܢܐ ܕܛܝܒܘܬܐ
ܡܛܠ ܕܠܐ ܡܬܟܠܝܐ ܗܘܬ ܗܝ ܛܝܒܘܬܐ.
ܕܟܪܘܙܘܗ̈ܝ ܒܚܕ ܦܢܝܬܐ ܕܐܪܥܐ ܢܬܚܒܫܘܢ.
ܒܡܕܒܪܢܘܬܐ ܡܫܚܠܦܬܐ ܠܐܬܪܘܬܐ ܪ̈ܚܝܩܬܐ
(Bl. 3ᵃ) ܐܦܩ ܐܢܘܢ. ܫܡܥܘܢ ܓܝܪ ܕܫܡܥܘܢ

Μετὰ τὴν εἰς οὐρανοὺς ἀνάληψιν τοῦ Κυρίου, ἐπὶ πολλῷ μὲν τοῖς Ἱεροσολύμοις ἐνδιέτριψαν οἱ μαθηταὶ τῷ χρόνῳ, τὰς πλησίον περινοστοῦντες πόλεις καὶ μᾶλλον τοῖς Ἰουδαίοις διαλεγόμενοι περὶ τοῦ κηρύγματος, μέχρι Παῦλος ὁ μέγας ὑπὸ τῆς θείας χάριτος ἐναχθεὶς φανερῶς πρὸς τὸ τοῖς ἔθνεσι κηρύττειν ἀφωρίσθη. Τοῦ δὲ χρόνου προβάντος ἡ θεία χάρις, οὐκ ἀνεχομένη τοὺς οἰκείους κήρυκας ἐν μέρει περικεκλεῖσθαι τῆς γῆς, διαφόροις οἰκονομίαις αὐτοὺς ἐπὶ τοὺς πόῤῥω τόπους ἐξήγαγεν. Ἡ μὲν γὰρ Σίμωνος πρόφασις τὸν μακάριον Πέτρον τὴν ἐπὶ Ῥώμην ὁδὸν ποιήσασθαι παρεσκεύαζεν, ἕτερον δὲ ἑτέρως· οὐ γὰρ ταῦτα

ܥܕܢܐ ܠܡܬܢܝܘ ܦܘܪܫܢܗ ܕܐܘܢܓܠܝܘܢ ܕܝܠܗ
ܕܗܘܡܣ ܥܡܪ. ܘܠܐܣܝܐ ܟܘܠܗ̇ ܐܣܬܪܗܒܬ
ܠܡܘܬܒܗ ܐܣܝܐ. ܠܐ ܓܝܪ ܙܥܘܪܐ ܗܘ
ܕܟܠ ܗܠܝܢ ܢܦܩܘ. ܗܟܢܐ ܗܟܝܠ ܘܐܦ ܝܘܚܢܢ
ܡܫܝܢ ܠܐܦܣܘܣ ܐܬܐ ܗܘܐ ܘܡܟܪܟ ܗܘܐ ܒܟܠܗ̇
ܐܣܝܐ ܟܠܗ̇ ܗܘܬ. ܘܡܘܕܥܢܐ ܗܘܐ ܥܡ
ܡܠ̈ܘܗܝ ܦܫܝܛܐ ܗܘܬ ܠܡܘܬܪ̈ܢܗ. ܒܙܒܢܐ
ܗܘ ܗܢܐ ܗܘܬ ܡܫܠܡܢܘܬܐ ܕܟܬܒ̈ܘܗܝ
ܕܗܢܘܢ ܐܘܢܓܠܝܣܛܐ ܐܚܪ̈ܢܐ. ܕܡܬܝ
ܘܕܡܪܩܘܣ ܘܕܠܘܩܐ. ܐܝܟ ܐܦ ܕܟܬܒܘ
ܐܦ ܗܢܘܢ ܟܬܒ̈ܐ ܕܐܘܢܓܠܝܘܢ. ܐܬܦܪܣܘ
ܗܘܬ ܕܝܢ ܡܫܪܝܬܐ ܘܡܘܕܥܬܐ ܒܟܠܗ̇ ܡܥܡܪܬܐ.
ܘܟܠܗܘܢ ܡܗܝܡܢ̈ܐ ܡܬܚܦܛܝܢ ܗܘܘ ܒܣܘܥܪܢܐ
ܡܫܝܢܐ. ܕܢܩܒܠܘܢ ܢܣܒܘܢ ܘܢܩܪܘܢ
ܗܘܦܟܗܘܢ ܕܡܪܢ ܕܒܐܪܥܐ. ܕܐܝܠܝܢ ܘܕܐܝܟ
ܐܝܠܝܢ ܗܘܘ ܗܠܝܢ ܘܕܐܝܟ ܗܠܝܢ ܡܛܠ ܐܢܫ
ܕܟܬܒܝܢ ܒܟܠܗܘܢ ܗܢܘܢ ܐܘܢܓܠܝܣܛܐ.
ܘܗܢܐ ܒܠܚܘܕ ܦܘܪܫܢܐ ܡܫܟܚ ܐܢܫ ܕܢܚܙܐ
ܒܗܘܢ. ܕܗܘ ܥܠ ܡܘܠܕܗ ܕܡܪܢ ܕܒܒܣܪ
ܐܡܪ ܕܦܠܓ ܠܡܬܒܥܘ. ܘܕܢܐܡܪ ܥܠ ܐܝܠܝܢ
ܕܒܗ ܒܡܘܠܕܐ ܐܬܥܒܕܝ. ܐܚܪܢܐ ܕܝܢ
ܒܪܝܫܗ ܡܢ ܡܬܕܒܪܢܘܬܗ ܕܡܫܝܚ ܥܒܕ.
ܝܘܚܢܢ ܕܝܢ (Bl. 3b) ܠܗܢܐ ܐܦܐ ܡܢ ܐܝܠܝܢ
ܕܡܬܕܒܪܢܘܬܗ ܕܡܫܝܚ ܐܬܚܫܒ. ܘܥܕ ܡܢ ܩܕܡ
ܦܢܐ ܠܘܬ ܡܠܟܗ ܕܡܪܢ. ܐܬܐ ܐܦ ܗܘ
ܠܘܬ ܡܬܕܒܪܢܘܬܗ ܕܡܫܝܚ. ܡܗܝܡܢ̈ܐ ܕܝܢ
ܐܝܠܝܢ ܕܒܐܣܝܐ ܐܝܬܝܗܘܢ ܗܘܘ ܒܣܗܕܘܬܗܘܢ
ܕܝܠܗ. ܕܐܡܪ ܡܢ ܡܠܟܐ ܗܘܕܘܬܗ ܕܡܫܝܚ
ܥܒܕܐ ܠܡܟܬܒ ܐܘܢܓܠܝܘܢ. ܒܗܘ ܕܡܢ
ܥܘܕܪܢܐ ܥܒܕܗ ܗܘܐ ܕܡܪܢ. ܘܒܗܘ ܕܡܬܚܙܐ
ܣܘܥܪܢܗ ܠܡܫܝܚܐ ܡܬܢܝܢܐ ܐܫܬܥܝܘ ܗܘܐ.
ܘܡܛܠ ܗܢܐ ܦܩܕܘܗ ܠܗ ܕܢܟܬܘܒ ܐܘܢܓܠܝܘܢ.
ܟܕ ܚܙܐ ܗܘܘ ܕܢܦܩܘ ܡܢܗ ܕܐܝܟܐ
ܡܫܬܪܝܢܘܬܐ ܐܝܬ ܠܗ ܥܠ ܐܝܠܝܢ ܕܟܬܒܘ
ܟܬܒ̈ܐ. ܗܘ ܕܝܢ ܫܒܚܗ ܓܝܪ ܠܫܪܪܗܘܢ
ܕܡܫܒܚܢܘܬܐ. ܟܕ ܐܡܪ. ܕܦܘܪܫܢܐ ܗܘ ܡܫܒ̈ܚܢ

νῦν καταλέγειν καιρός. Οὕτω δὴ καὶ ὁ μακάριος Ἰωάννης οἰκεῖ τὴν Ἔφεσον, ἅπασαν ἐφοδεύων τὴν Ἀσίαν καὶ πολλὴν τοῖς ἐκεῖ διὰ τῶν οἰκείων λόγων τὴν ὠφέλειαν παρεχόμενος. Γίνεται τοίνυν ἐν τούτοις τῶν λοιπῶν εὐαγγελιστῶν ἔκδοσις, Ματθαίου τε καὶ Μάρκου, ἔτι μὴν καὶ Λουκᾶ τὰ οἰκεῖα γεγραφότων Εὐαγγέλια, διεδόθη τε καὶ κατὰ πάσης ἐν ἀκαρεῖ τῆς οἰκουμένης καὶ ὑπὸ τῶν πιστῶν ἐσπουδάζετο πάντων μετὰ πολλῆς, ὡς εἰκός, τῆς διαθέσεως.

Ἀλλ' οἱ περὶ τὴν Ἀσίαν πιστοί, ἀξιοπιστότεροι τῶν λοιπῶν εἰς τὴν τοῦ Εὐαγγελίου μαρτυρίαν Ἰωάννην κρίναντες εἶναι τὸν μακάριον, ὡς καὶ ἄνωθεν αὐτῷ συνόντα καὶ πρὸ Ματθαίου καὶ πλείονος διὰ τὴν ἀγάπην τῆς χάριτος ἀπολαύσαντα, προσήνεγκαν μὲν αὐτῷ τὰς βίβλους, μαθεῖν ἥντινα περὶ αὐτῶν ἔχει τὴν δόξαν παρ' αὐτοῦ βουλόμενοι. Ὁ δὲ ἐπῄνεσε μὲν τῆς ἀληθείας τοὺς γεγραφότας, ἔφησε δὲ βραχέα μὲν αὐτοῖς παραλελεῖφθαι καὶ τῶν μάλιστα ἀναγκαίων λεχθῆναι θαυμάτων τὰ διδασκαλικὰ ἅπαντα μικροῦ. Εἶτα καὶ δεῖν ἔφασκε τοὺς περὶ τῆς ἐν σαρκὶ παρουσίας τοῦ Χριστοῦ διαλεγομένους μηδὲ τοὺς

ܠܗܘܢ. ܘܡܬܦܢ̈ܝܬܐ ܐܝܠܝܢ ܕܐܠܗܘܬܐ ܦܠܐ
ܕܢܬܐܡܪ̈ܢ. ܡܠܦܢܘܬܐ ܕܝܢ ܡܠܬܗ ܒܝܬܪ
ܡܠܠ ܢܦܫܗ ܒܗܘܢ. ܘܐܡܪ ܗܘܐ ܬܘܒ
ܕܪܕܦ ܠܗܘܢ ܠܐܝܠܝܢ ܕܒܡܐܬܝܬܗ ܕܡܪܢ
ܕܒܒܣܪ ܡܟܬܒܝܢ. ܕܠܐ ܢܫܬܒܩܘܢ ܐܦܠܐ
ܒܡ̈ܠܐ ܕܥܠ ܐܠܗܘܬܗ ܕܠܐ ܒܥܐ ܘܒܝܐ.
ܒܗ ܒܡ̈ܠܐ ܗܠܝܢ ܫܡܫܘܗܝ ܒܫ̈ܘܝܐ. ܗܕܐ
ܒܠܚܘܕ ܫܡܥܘܗܝ ܟܠܗܘܢ. ܕܐܬܚܘܝܗ ܗܘܐ
ܡܪܢ. ܗܘ ܡܐ ܕܡܢ ܗܠܝܢ (Bl. 4ᵃ) ܡܫܬܡܥ
ܗܘܐ. ܡܫܬܠܗܕܐ ܗܟܢ ܒܒܘܬܐ ܡܢ ܟܠܗܘܢ
ܐܚ̈ܐ ܗܘܬ ܠܘܬܗ. ܕܐܝܠܝܢ ܕܐܡܪܢ ܕܐܠܗܘܬܐ
ܡܟܬܒܝܢ. ܘܣܓܝ ܕܡܬܒܥ̈ܝܢ ܠܗܘܢ ܐܠܨ̈ܝܐ
ܒܡܠܦܢܘܬܐ ܢܟܬܒ ܐܢܝܢ. ܗܘ ܕܝܢ ܡܛܠ
ܕܠܐ ܐܝܬܘܗܝ. ܒܫܘܪܝܗ ܐܦ ܒܐܘܢܓܠܝܘܢ.
ܐܬܦܢܝ ܠܗ ܕܫܪܝܐ ܗܝ ܕܡܛܠ ܐܠܗܘܬܐ
ܘܦܘܪܫܐ ܣܘܥܪܢܐ ܪܒܐ ܫܘܝܐ ܗܘܐ ܠܡܟܬ̈ܒܐ.
ܡܛܠ ܗܢܐ ܗܟܝܠ ܫܪܐ ܒܝܬ ܐܢܐ ܠܡܟܬܒܘ
ܐܘܢܓܠܝܘܢ. ܘܒܬܪܟܢ ܡܢ ܫܘܪܝܐ ܕܡܠܦܢܘܬܐ
ܕܥܠ ܐܠܗܘܬܐ ܐܦܢ. ܐܝܟ ܗܢ ܕܐܡܪ
ܕܐܠܗܘܬܐ ܗܝܐ ܫܘܪܝܐ ܘܕܝܢ ܕܢܗܘܐ
ܕܡܠܦܢܘܬܐ ܕܐܘܢܓܠܝܘܢ. ܘܗܟܢܐ ܠܘܬ
ܡܕܒܪܢܘܬܗ ܕܡܪܢ ܕܒܒܣܪ ܐܬܐ. ܟܕ ܐܦ
ܗܘ ܠܘܬ ܡܫܡܘܕܝܬܗ ܕܡܫܝܚ ܫܪܐ. ܡܛܠ
ܕܡܦܩ ܗܘܐ ܕܠܐܝܠܝܢ ܕܒܡܐܬܝܬܗ ܕܡܪܢ
ܕܒܒܣܪ ܐܬܥܒܕ ܘܐܬܡܠܠ. ܠܗ ܫܘܪܝܐ
ܐܚܪܢܐ ܕܫܪܝܪܐ ܠܒܪ ܡܢ ܗܢܐ. ܒܪܡ ܕܝܢ
ܡܛܠ ܕܐܦ ܗܘ ܠܘܬ ܗܕܐ ܫܪܐ. ܐܬܚܫܒ
ܟܠܗܘܢ ܕܥܠ ܐܝܠܝܢ ܕܡܬܐܡܪ̈ܢ ܠܗܘܢ
ܐܠܗܝܐ ܢܟܬܒ. ܘܗܘܝܐ ܚܙܐ ܗܘܐ ܠܗ ܡܢ
ܫܘܪܝܐ. ܘܡܛܠܗܕܐ ܕܡܠܦܢܘܬܐ ܗܕܐ. ܕܐܝܠܝܢ
ܐܝܟ ܡ̈ܠܐ ܕܐܡܪܘ ܠܗ ܐܚ̈ܝܐ. ܟܕ ܫܒܩܘ
ܗܘܘ (Bl. 4ᵇ) ܠܡܟܬ̈ܒܢܘܬܗ. ܘܐܝܠܝܢ ܦܝܫ ܗܘ
ܦܬܓܡܐ ܠܗܘܢ ܕܫܠܡܘܗܝ. ܐܠܐ ܐܦ
ܕܢܟܬܒ ܡܛܠ ܕܪܕܦ ܠܫܘܫܠܬܗ ܡܛܠ
ܡܪܝ. ܘܕܢܐܡܪ ܕܐܝܠܝܢ ܗܘܝܢ ܕܒܫܘܪܝܐ
ܡܬܡܠܠܐ ܗܘܝܢ ܘܐܬܟܬܒ. ܘܒܐܝܕܐ ܬܘܒ

περὶ τῆς θεότητος λόγους παραλιπεῖν, ὥς τε μὴ τοῦ χρόνου προβαίνοντος τούτοις ἐνεθισθέντας τοῖς λόγοις τοὺς ἀνθρώπους τοῦτο μόνον αὐτὸν νομίζειν ὅπερ ἐφαίνετο. Ἐπὶ τούτοις παράκλησις τῶν ἀδελφῶν ἐγένετο, ταῦτα ἃ μάλιστα ἀναγκαῖα μὲν κρίνει πρὸς διδασκαλίαν, παραλελειμμένα δὲ ὁρᾷ τοῖς λοιποῖς γράψαι μετὰ σπουδῆς, ὃ δὴ καὶ πεποίηκεν. Ὅθεν εὐθὺ μὲν καὶ ἐξ ἀρχῆς περὶ τῶν τῆς θεότητος ἐφιλοσόφησε δογμάτων, ταύτην ἀναγκαίαν κρίνων τοῦ Εὐαγγελίου ἔσεσθαι τὴν ἀρχήν, καὶ οὕτω ἐπὶ τὴν οἰκονομίαν μεταβάς, τότε καὶ αὐτὸς περὶ τοῦ κυρίου λεχθέντων ἢ γεγονότων οὐχ ἑτέραν τινά, ἀλλ' ἢ ταύτην εἰδὼς οὖσαν ἀληθεστάτην ἀρχήν.

ܕܘܟܬܐ. ܐܝܟ ܡܐ ܕܐܡܪ ܕܒܝܬ ܚܝܐ ܒܟܬܒܐ
ܕܝܘܪܕܢܢ. ܘܐܝܠܝܢ ܗܘܒ ܐܬܚܙܝ ܒܝܘܡܐ
ܕܬܪܝܢ. ܘܥܠ ܬܠܡܝ̈ܕܐ ܕܐܙܠܘ ܒܬܪܗ.
ܘܫܡܥ ܐܢܘܢ ܕܡܫܠܡܢܘܬܐ ܐܝܬ ܢܒܝܐ. ܡܛܥܢ
ܠܗ ܕܟܠ ܗܠܝܢ ܗܘ ܒܠܚܘܕ ܫܘܐܠܬܐ
ܚܫ ܗ̇ܢܘܢ ܐܚܪ̈ܢܐ ܐܬܚܝܕ ܒܥܪܒܗ ܕܡܫܝܚ.
ܐܢܫ ܕܗܘ ܡܕܒܪܢܘܬܗܘܢ. ܕܒܬ̈ܪܝܐ ܢܚܝܬܐ
ܗܘܬ ܠܗ. ܘܕܢܚܬܪ ܡܢܗܘܢ ܡܢ ܠܐ ܘܠܬܐ
ܣܡܝܟܐ ܗܘܬ ܠܗ. ܡܛܠ ܕܝܢ ܒܡܕܒܪܐ ܐܦ
ܐܝܠܝܢ ܕܡܥܢܝ̈ܢ ܠܗ̇ܢܘܢ ܐܚܪ̈ܢܐ. ܘܥܠ
ܡܬܚܙܝܐ ܕܠܡܥܡܘܕܝܘܬܐ ܗܘ ܒܠܚܘܕ ܡܫܡܫ.
ܘܕܥܘܪܢܐ ܕܐܬܘ̈ܬܐ ܗܕܐ ܗܘܬ. ܓܠܝܢܐ
ܐܡܪ. ܡܠܟܘܬܐ ܕܝܢ ܒܝܬ ܫܠܝܠ ܡܫܡܫ.
ܒܠܗܝܢ ܐܝܠܝܢ ܕܗ̇ܢܘܢ ܐܚܪ̈ܢܐ ܠܐ ܐܡܪܘ.
ܘܐܦ ܗܝ ܗܕܐ ܒܥܒܕܐ ܕܐܬܡܕܪ̈ܬܐ. ܠܝ
ܕܝܢ ܡܕܡܪ ܒܝܘܡ ܐܬܐ ܐܝܟ ܕܐܦ ܗ̇ܢܘܢ
ܐܚܪ̈ܢܐ ܐܬܕܡܪܘ. ܡܛܠ ܣܥܪ̈ܬܐ ܕܡܕܡܪ
ܒܥܠ (Bl. 5a) ܦܪܘܫ ܡܕܡܪ ܠܗ. ܕܐܝܟ
ܐܝܟ ܡܬܡܪܘܢ ܐܬܐ ܕܠܫܡܝܐ. ܕܡܢ ܫܡܝܐ
ܠܫܡ̈ܝܐ ܫܡܝܐ ܐܠܗܐ ܡܚܘܐ ܡܢ ܥܠܝ ܘܡܠܐ̈ܟܐ
ܚܙܝܢ. ܗ̇ܝ ܕܐܬܡܪܘܢ ܐܦ ܗ̇ܢܘܢ ܐܚܪ̈ܢܐ.
ܫܡܥܗ ܕܝܢ ܗܘ ܐܠܗܝܐ ܡܠܟܘܬܐ ܕܢܦܫܐ
ܠܗ. ܕܒܗ ܢܦܪܘ ܐܦ ܠܘܬ ܥ̈ܠܡܐ ܕܐܪ̈ܙܐ.
ܚܠܦܝܢ ܐܢܫ ܕܥ̈ܠܡܐ ܗܠܝܢ ܐܢܫܝܢܗ ܗܘܬ
ܐܬܒܝܡܢܬܐ ܕܐܫܬܕܪܬ. ܘܠܐ ܡܢܝܐ ܗܘܐ
ܕܢܬܚܘܪ ܐܢܫ. ܐܠܗܐ ܥܒܪ ܠܗܘܢ ܚܠܝܬܐ
ܕܥܠܘܗܝ ܕܥ̈ܠܡܐ. ܕܫܡܐ ܠܗ ܕܠܐ ܒܥܠܝܬܐ
ܐܡܪ ܐܢܫ. ܐܢܫܘ ܕܥܘܡܠܢܐ ܢܫܪܘܗܝ
ܠܐܘܠܠܗܘܢ ܕܦܘܠܚܢܐ ܢܝܫܝܢ. ܕܒܠܗܘܢ
ܐܢܫܝܢ ܕܐܠܗܝܐ ܡܬܚܙܝܢ ܘܕܐܢܫܝܢ ܕܡܕܡܪ̈ܝܢ
ܠܗ̇ܢܘܢ ܐܚܪ̈ܢܐ. ܕܗܘܢܐ ܡܬܚܙܐ ܠܗ. ܐܝܟ
ܗ̇ܘ ܕܗܢܘܢ ܐܢܫ ܕܢܐܡܪܘܢ. ܐܢܫܝܢ ܕܢܝܪܘ
ܘܠܐ ܐܬܬܘ ܒܬܒܥܝܘܬܗܘܢ. ܡܛܠ ܗܕܐ
ܚܠܦܐ ܗܘܝܠ ܐܦ ܥܠ ܦܪܘܫܘܢ ܕܐܢܫܝܢ
ܐܫܬܡܪ ܦܐ ܢܝܪ. ܒܕܠܐ ܒܒܐ ܚܕ ܡܢ
ܗ̇ܢܘܢ ܕܢܬܦܠܛ ܠܗ ܥܠ ܗܕܐ. ܕܡܛܠ

ܡܢܐ ܕܝܢ ܗܘܝܢܐ ܫܒܪܘ ܠܗ ܙܒܢܐ ܗܘ
ܠܡܐܡܪ. ܥܠ ܦܠܚ̈ܘܬܐ ܓܒܪ ܕܡܫܡܫ̈ܢܐ
ܐܢܫ ܐܚܪܢܐ. ܒܗ ܒܬܪܟܢ (Bl. 5b) ܗܘ
ܐܬܡܕܪ. ܘܐܚܪ̈ܢܬܐ ܐܡܪܘ ܐܢܫ ܐܝܟ
ܐܚܪ̈ܢܬܐ. ܒܗ ܡܫܡܫ̈ܢܬܐ ܐܢܫܝܢ. ܘܗܕܐ
ܡܝܬܐ ܗܝ ܕܥܒܕܝܢ ܐܢܫ. ܐܢܫܘ ܕܦܠܚܢܐܝܬ
ܬܐܒܝܢ ܒܥܡܝܢ ܕܒܬ̈ܝܗܘܢ. ܕܠܐ ܒܗ ܦ̈ܠܚܐ
ܕܢܗ ܫܢ ܡܢܗܘܢ ܗܢܝܢ. ܒܘܪܢܗ ܠܡܠܟܘܬܐ
ܒܗܢܐ ܕܢܫܬܘܢ. ܓܘܒܐ ܕܝܢ ܗܘܝܢ ܓܒ
ܚܝܦ ܥܠ ܗܕܐ. ܒܗ ܦ̇ܐܛ ܡܫܡܫ̈ܢܬܐ ܐܢܫܝܢ
ܕܒܡܫܡܫܐ ܐܬܡܕܪ. ܘܒܬܪܗܝܢ ܥܠ ܐܢܫܝܢ
ܕܒܬܪܟܢ ܗܘܝ ܥܡ ܥܪܒܐ ܐܢܫܝܢ ܕܗܘܝܢܐ
ܐܬܡܕܪܢ. ܘܐܦ ܒܡܬܚܙܝܢܐ ܥܒܕܐ ܦܠ̈ܚܬܐ
ܐܒܘܢ ܕܡܢ ܗ̇ܢܘܢ ܐܚܪ̈ܢܐ ܐܬܐܡܪ ܘܡܢ
ܥܪܒܐ ܡܫܡܫܐ ܡܥܝܢܐ ܚܝܒ ܡܫܡܫ ܕܒܬܪܟܢ
ܗܘܬ. ܒܗ ܠܗ ܒܪ ܥܒܕܗ ܒܒܪ ܐܬܡܕܪ
ܐܠܐ ܒܬܪ ܘܒܝܢܐ ܦܠܓܐ. ܐܠܐ ܠܦܬܓܡܗܘܢ
ܕܐܢܫܝܢ ܕܐܬܡܕܪܢ ܠܐ ܡܬܚܙܝܢ. ܒܡܠܐ
ܗܠܝܢ ܒܝܘܡ ܡܫܡܫ̈ܢܬܐ ܐܢܫܝܢ ܕܒܬܪ ܘܒܢܐ
ܐܬܡܕܪ. ܘܐܚܪ̈ܢܬܐ ܐܢܫܝܢ ܕܒܪ ܥܒܕܗ ܡܢ
ܥܘܪܢܐ ܗܘܝ. ܘܗ̇ܝ ܕܒܬܥܒܝܕܬܐ ܕܥܠ ܢܘܚܝ
ܐܝܟ ܕܐܡܪܢ ܗܪܐ. ܒܕܢܦܩ ܗܡܢ ܦܬܓܡܐ
ܘܗܕܪܐ ܕܐܢܫܝܢ ܕܐܬܡܕܪܢ. ܗܝ ܗܕܐ ܐܦ
ܒܗ̇ܝܢ ܕܥܪܒܐ ܡܥܒܕ ܠܗ ܐܝܟ ܕܢܦܩ.
ܘܡܛܠ ܗܕܐ ܡܫܡܫܢܐ ܫܡܫܐ (Bl. 6a)
ܒܒܬܪܗ ܗ̇ܝ ܕܒܬܪ ܗܠܝܢ ܕܒܗ ܒܥܘܪܢܐ
ܕܡܠܘ̈ܗܝ ܐܝܟ ܗ̇ܝ ܕܒܬܪ ܗܠܝܢ. ܗܘܬ
ܗܘܬ ܒܐܕܝܐ ܕܝܘܕ̈ܝܐ. ܘܗܘܒ ܕܒܬܪ ܗܠܝܢ.
ܐܘܠ ܠܗ ܫܘܒ ܠܒܒܪܐ ܕܝܡܐ ܒܚܪ ܥܪܒܐ
ܕܕܐܝܟ ܗܠܝܢ. ܒܗ ܥ̇ܒܕ ܐܝܟ ܡܐ ܕܐܡܪܢ
ܐܢܫܝܢ ܕܒܡܬܚܙܝܢܐ ܐܬܡܕܪܢ. ܡܢܗܘܢ ܡܛܠ
ܕܐܡܪ̈ܝ ܠܗ̇ܢܘܢ ܐܚܪ̈ܢܐ. ܘܡܢܗܘܢ ܡܛܠ
ܫܠܘܬܐ. ܐܝܟ ܕܢܐܡܪ ܒܦܘܢܩ̈ܝܐ ܒܠ
ܐܢܫܝܢ ܕܐܠܝܢ. ܫܡܥܘܬܐ ܕܝܢ ܕܫܘܒܠܐ
ܕܐܢܫܝܢ ܕܡܐܡܪ̈ܝ ܦ̇ܬܝܢܐ ܦܘܪܫܢܐ ܐܢܫܐ
ܕܒܢܝܢܗ ܕܐܠܗܐ ܡܢܝܢ ܗܘܐ ܠܐܢܫܝܢ

ܕܢܫܬܠܛܢܘܢ ܩܠܝܠ ܒܡܕܝܢܬܗ ܕܒܒܠ ܗܘܬ.
ܡܫܬܒܪܐ ܠܗ ܗܘܐ ܕܡܢ ܣܘܓܐ ܡܠܟܐ
ܕܠܘܬ ܡܪܝ ܐܫܬܪܝ ܠܡܐܬܐ ܠܘܬ
ܒܗܘܕܝܢ ܕܐܝܠܝܢ ܕܡܒܣܪܝܢ ܗܘܘ. ܕܥܠܬ
ܐܝܠܝܢ ܕܒܟܠ ܐܠܗܘܬܐ ܐܡܪ ܗܘܐ. ܡܦܩܐܝܬ
ܡܚܘܝܢ ܥܠ ܒܪܢܫܘܬܗ. ܐܝܠܝܢ ܕܝܢ ܐܡܪ ܗܘܐ
ܕܥ̈ܠܝܢ ܘܠܐ ܠܫܡ ܠܡܫܠܡܘܬܗ ܣܘܓܐ ܚܫܒܬܐ
ܡܫ̈ܡܝܢ ܥܠ ܚܘܕܝ̈ܐ ܡܠܟܐ ܡܫܪܘܬܗܘܢ
ܕܥܠܘܗܝ. ܐܝܟ ܡܢ ܕܐܦܠܐ ܚܕܐ ܥܠܬܐ
ܕܡܦܩܢܘܬܐ ܐܝܬ ܗܘܐ ܠܗܘܢ ܥܠܘܗܝ
ܡܢ ܕܠܒܝܢ ܠܗ. ܟܕ ܕܠܚܠܦܝܢ ܐܝܠܝܢ
ܕܐܡܪ (Bl. 6b) ܗܘܐ ܘܚܒܪ ܠܟܠܐ ܣܘܓܐ ܗܘܐ
ܠܗܝܢ ܠܒܢܝ ܕܫܪܒܝܢ ܗܘܘ ܕܢܬܦܠܓܘܢ
ܡܢ ܐܢܫܝܢ ܡܢܗ. ܘܐܝܟ ܗܘ ܕܗܕܐ ܡܫܬܥܐ
ܗܘܐ ܠܗܘܢ ܘܐܡܪ. ܕܠܘ ܕܝܠܗ ܐܢܫܘܬܐ.
ܗܢܝܢ ܕܡܬܐܡܪ̈ܢ ܘܡܫܬܡܥ̈ܢ. ܘܗܕܐ
ܐܠܗܐ ܒܗܝܢ ܒܥܠܬܐ ܡܥܒܕܐ ܕܢܦܫܗ.
ܐܢܘܢ ܕܐܝܬ ܣܡܝܟܐ ܢܦܝܩ ܠܐܝܠܝܢ
ܕܐܡܪ̈ܢ. ܒܪܝܫܝܬܗ ܗܘܠܟ ܡܢ ܚܘܪܢܐ.
ܒܬܪ ܟܠܗ ܕܐܡܪ ܥܠ ܐܠܗܘܬܐ ܐܡܪ. ܕܐܦ
ܚܘܝܢ ܡܚܝܕ ܗܕܐ ܐܬܐ ܕܢܫܗܕ ܥܠ
ܐܢܫܘܬܗ. ܘܟܕ ܐܢܐ ܕܢܘܕܥ ܕܗܘ ܢܫܗ
ܕܢܡܢ ܒܗܪܐ ܗܘܐ. ܕܢܬܚܪܛ ܠܐܝܠܝܢ ܕܠܐ
ܗܝܡܢܘܗܝ ܘܠܐ ܡܫܠܘܗܝ ܐܡܪ. ܠܐ ܠܡ
ܗܘܐ ܢܘܗܪܐ. ܐܠܐ ܕܢܣܗܕ ܥܠ ܢܘܗܪܐ.
ܗܕܐ ܕܝܢ ܡܠܬܐ ܐܡܪܗ ܕܐܢܫܐ ܕܡܬܚܒܠ
ܒܐܝܠܝܢ ܕܐܫܬܪܝܘ ܕܡܫܬܡܥܝܢ ܠܗܘܢ. ܠܐ
ܕܝܢ ܡܫܠܡ ܠܗܘ ܕܗܘ ܥܠܘܗܝ ܡܣܗܕ
ܗܘܐ. ܘܐܦ ܟܕ ܡܣܬܒܪ ܠܗ ܠܡܬܚܙܝܢܘܬܐ

ܐܡܪ. ܠܡܠܬܗ ܐܝܬ ܘܕܡܠܬܗ ܠܐ ܡܫܬܠܡܘܗܝ.
ܒܬܪ ܡܠܠܐ ܐܡܪ. ܕܐܝܬܘܗܝ ܡܫܝܚ ܘܡܠܟܐ
ܘܐܡܪ. ܟܕ ܡܫܘܕܥ ܕܡܘܕܝܢ ܕܡܢ ܐܘܪܫܠܡ
ܫܕܪܘ ܠܘܬܗ ܐܝܠܝܢ ܕܡܕܡܝܢ ܟܗܢ̈ܐ. ܟܕ
ܫܐܠܝܢ ܗܘܘ ܕܢܕܥܘܢ ܕܡܢܘ. (Bl. 7a) ܘܕܠܡܐ
ܟܕ ܗܘܝܘ ܡܫܝܚܐ ܘܠܐ ܕܢܕܥܘܢ. ܗܘ ܕܝܢ
ܐܠܗܝܐ ܐܡܪ ܗܘܐ. ܕܠܘ ܗܘܝܘ ܡܫܝܚܐ.
ܘܕܠܗܕܐ ܐܝܬ ܕܢܚܘܐ ܠܗܘܢ. ܠܗܘ ܕܐܬܐ
ܐܝܟ ܡܠܟܗ ܕܢܒܝܐ. ܟܕ ܦܪܩܝܢ ܠܗ ܠܗܕܐ.
ܒܥ̈ܠܬܐ ܕܒܬܪܝܢ ܘܟܕ ܗܠܝܢܬܐ ܐܝܬܝܗܝܢ.
ܡܫܬܪܝܐ ܕܝܢ ܒܡܠܘܗܝ ܕܡܪܢ. ܐܝܠܝܢ ܕܗܘ
ܡܕܡ ܕܐܬܐܡܪ ܡܢܗ ܠܘܬ ܝܗܘܕܝ̈ܐ. ܟܕ ܠܘܝ
ܐܢܘܢ ܕܐܢܫ ܡܫܬܐܠܐ ܢܦܫܗ ܐܢܫ ܠܡܠܘܗܝ
ܕܡܪܢ. ܡܢܟܣ ܕܗܠܝܢܬܐ ܡܢܗ ܡܦܩܬܐ
ܐܫܬܡܥܢ. ܘܐܦ ܐܢܐ ܕܒܟܠ ܐܢܫܘܬܗ ܡܫܬܘܕܥ.
ܘܐܦ ܐܢܐ ܕܡܫܬܠܡ. ܘܐܠܗܐ ܕܥܠܡܝܢ
ܠܗ ܒܡܘܬܒܐ ܣܓܝܐܐ ܠܐ ܡܨܝܐ ܒܪܗ ܡܫܒܚ
ܡܢ ܐܝܠܝܢ ܕܗܘ ܐܬܡܠܟܬ ܒܪܥܢܗ ܕܒܐܒܐ
ܡܢ ܨܒܘܬ ܢܦܫܗ ܐܡܪ ܥܠ ܐܠܗܘܬܗ
ܕܡܫܝܚܐ. ܐܝܠܝܢ ܕܠܘ ܐܝܟ ܗܘ ܕܡܫܬܘܕܥ
ܐܢܫ ܕܡܪܢ ܐܡܪ ܠܗܘܢ. ܐܠܐ ܐܝܟ ܕܠܗ.
ܟܕ ܡܠܬܐ ܡܢ ܟܠܗ ܬܘܕܝܬܐ ܦܠܚܝܢ ܕܝܢ
ܠܐܢܫܘܬܗ ܕܡܫܝܚܐ. ܟܕ ܡܠܟ ܗܘܐ ܗܘ
ܠܡܬܘܡܝܘ ܘܠܐ ܒܗܢ ܒܟܠܙܒܢ̈ܐ ܡܫܬܠܠ
ܗܘܐ. ܡܫܪܐ ܕܝܢ ܗܟܢܐ ܘܐܡܪ. ܒܪܫܝܬ

ܐܝܬܘܗܝ ܗܘܐ ܡܠܬܐ ܘܡܪܐ

Zu weiterer Vergleichung der Syrischen Übersetzung mit dem Griechischen Original gebe ich folgendes:

Johannes 12, 3 Bl. 187a:

ܗ̇ܢܝܢ ܗܟܝܠ ܗܠܝܢ ܟܕ ܡܫܥܐ ܠܗܘܢ ܐܘܢܓܠܣܛܐ
ܡܬܝ. ܛܒ ܡܙܗܪܐܝܬ ܥܒܕܗ ܠܥܘܗܕܢܗ.
ܠܐ ܓܝܪ ܕܡܢ ܗ̇ܝ ܕܡܫܚܬܗ ܒܡܫܚܐ ܐܡܪ.
ܐܠܐ (Bl. 187b) ܦܫܝܛܐܝܬ ܕܠܐ ܫܡܐ ܐܡܪ
ܐܢܬܬܐ ܩܪܐ. ܘܐܦܠܐ ܥܠ ܐܝܢܐ ܕܡܩܒܠ
ܗܘܐ ܒܗ̇. ܐܡܪ ܕܝܗܘܕܐ ܗܘ. ܐܠܐ ܦܫܝܛܐܝܬ
ܕܟܠܗ ܓܘܐ ܕܬܠܡ̈ܝܕܐ. ܥܒܕܗ̇ ܠܡܠܬܐ
ܠܘ ܕܠܡܟܠܝܘ ܨܒܐ ܗܘܐ ܕܢܫܬܥܠ.
ܐܠܐ ܕܦܫܝܛܐܝܬ ܢܫܪܐ ܠܫܥܬܗ̇ ܕܬܫܥܝܬܐ.
ܝܘܚܢܢ ܕܝܢ ܛܘܒܢܐ ܐܦ ܒܗܕܐ ܚܦܝܛܘܬܗ
ܚܘܒܐ ܕܠܘܬ ܡܫܝܚܐ ܚܘܝ. ܠܐ ܓܝܪ ܕܠܐ
ܫܬܩܘܬܗ̇ ܠܐܢܬܬܐ ܐܝܟ ܕܒܗ̇ ܒܥܒܕܐ ܗܘܐ
ܗܘܝܘ ܠܗܘ ܡܢܝ ܐܫܬܒܩ. ܘܐܦܠܐ ܕܠܐ
ܠܠܫܢܗ ܕܓܠܐ ܘܦܪܣܗ ܠܦܘܢܝܗ ܕܡܫܠܡܢܐ
ܐܝܟܢܐ ܕܠܥܠܡ ܡܢܗܘܢ. ܢܘܕܥܘܗܝ ܠܟ̈ܠ
ܕܬܒܥܝܢ. ܟܕ ܠܗܝ ܩܕܝܫ ܒܫܘܒܚܐ
ܕܡܫܝܚܘܬܐ. ܘܠܗܝ ܡܦܪܫܐ ܥܠ ܪܝܫܐ
ܕܪܚܡܗ. ܢܘܕܥ ܕܝܢ ܐܦ ܗܕܐ. ܕܡܛܠ ܐܡܪ
ܕܪܫܗ ܡܫܚܐ ܒܒܣܡܐ. ܝܘܚܢܢ ܕܝܢ
ܕܪ̈ܓܠܘܗܝ ܡܫܚܬ ܒܡܫܚܐ. ܘܡܫܝܓܐ ܗܘܝ
ܡܢ ܗܕܐ ܕܬܪ̈ܬܝܗܝܢ ܥܒܕܬ. ܘܪܫܗ ܡܫܚܬ
ܘܪ̈ܓܠܘܗܝ. ܘܠܘܝ ܝܘܚܢܢ ܡܫܝ ܐܬܥܗܕܗ̇
ܡܬܪܓܡܢܐ. ܒܓܠܝ ܥܠ ܪܝܫܗ ܒܠܚܘܕ
ܐܡܪ. ܠܝܘܚܢܢ ܕܝܢ ܡܫܝ. ܡܛܠ ܕܐܡܪܐ
ܗܘܬ ܗܝ. ܡܬܥ̈ܒܕܐ ܗܘܬ ܕܝܢ ܗܕܐ. ܐܝܟܐ
ܕܬܫܡܫܬܐ ܐܝܟ ܗܘܬ ܒܗ̇ ܕܢܘܚܗ ܦܓܪܐ
ܕܠܘܬ ܡܫܝܚܐ ܕܪ̈ܓܠܘܗܝ ܡܫܚܐ ܘܫܘܝܐ
ܐܝܟ ܒܟܪܣܗ ܐܘܟܝܐ ܒܬܪܥܗ. ܐܫܬܘܝܐ
(Bl. 188a) ܕܒܘܠܬܐ ܢܬܒܗܕܝܗ̇. ܐܬܒܓܝܨܐ
ܗܟܢ ܠܗܘܕ̈ܝܐ ܕܢܫܘܒ ܒܟܠܗ ܚܝܠܐ ܫܘܒ
ܐܢܬܬܗܘܢ. ܘܠܘܬ ܠܥܙܪ ܘܐܚ̈ܘܬܗ ܫܪܐ
ܘܢܕܥܘܢ ܐܢܬܘܗܝ. ܘܡܛ̈ܠܬܐ ܐܝܟ ܗܘܘ
ܠܗܡ. ܠܘ ܡܛܠ ܫܘܒ ܒܠܚܘܕ ܕܡܫܬܒܚܝܢ
ܗܘܘ ܠܡܫܝܚܐ. ܐܠܐ ܐܦ ܕܢܚܘܘܢ ܠܠܥܙܪ.
ܗ̇ܘ ܕܐܬܩܝܡ ܡܢ ܒܝܬ ܡܝ̈ܬܐ. ܒܬܪ ܕܝܢ ܐܦ

Migne S. 765:

Ταῦτα διηγούμενος ὁ εὐαγγελιστὴς Ματθαῖος, σφόδρα διεξοδικῶς τὴν μνήμην αὐτοῦ ἐποιήσατο· οὔτε γὰρ τὴν ἀλείψασαν τῷ μύρῳ ἥτις ἐστὶν ἔφη, ἀλλ᾽ ἁπλῶς καὶ ἀνωνύμως γυναῖκα ἐκάλεσεν· οὔτε τὸν αἰτιασάμενον, ὅτι Ἰούδας· ἀλλ᾽ ἁπλῶς κοινὴν αὐτὰ ἔφη τῶν μαθητῶν γενέσθαι φωνήν, ἀπάντων κατηγορῆσαι βουλόμενος· ἀλλ᾽ ἁπλούστερον περὶ τὴν διήγησιν ὁρμήσας, ὁ μέντοι μακάριος Ἰωάννης κἂν τούτῳ τῆς περὶ τὸν Χριστὸν ἀγάπης τὴν ἐπιστασίαν ἐπεδείξατο· οὔτε γὰρ ἀμνημονῆσαι τῆς γυναικὸς ἠνέσχετο, καὶ τοῦ προδότου τὸν τρόπον φανερῶς ἐξεκάλυψεν· κἀκεῖνο δὲ ἐπισημαντέον, ὅτι Ματθαῖος μὲν εἶπεν ὡς ἐπὶ τῆς κεφαλῆς ἐξέχεεν τὸ μύρον, Ἰωάννης δὲ ὅτι τοὺς πόδας ἤλειψεν καὶ ἐξέμασσεν ταῖς θριξίν· ὡς δῆλον εἶναι ἐντεῦθεν ὅτι ἀμφότερα γέγονεν· ἀλλ᾽ ὁ μὲν μόνην ἔφη τὴν κεφαλὴν ἀπεριεργώτερον· ὁ δὲ τοὺς πόδας, τὸ παραλειφθὲν ἐκεῖνο εἰπών· ὃ μᾶλλον καὶ πολλὴν εἶχε τὴν ἀπόδειξιν τῆς περὶ τὸν Χριστὸν ἀγάπης.

ܡܣܒܪܝܢ ܗܘܘ ܕܡܕܡ ܚܕܬ ܢܫܡܥܘܢ ܡܢܗ.
ܐܝܟ ܕܡܢ ܐܬܪܐ ܕܢܘܟܪܝܐ ܘܡܟܣܝܢ ܠܒܢ̈ܝܢܫܐ
ܐܬܐ. ܡܛܠ ܗܕܐ ܟܕ ܚܙܘ ܪ̈ܒܝ ܟܗܢܐ ܕܪܓܬܐ
ܕܚܙܬܗ ܕܠܥܙܪ ܡܬܪܬܐ ܢܓܕܐ ܠܟܢܫܐ
ܠܘܬ ܚܙܬܗ ܗܝ. ܐܬܪܥܝܘ ܕܐܦ ܠܠܥܙܪ
ܢܩܛܠܘܢܝܗܝ ܥܡ ܡܫܝܚܐ. ܟܕ ܚܙܝܢ ܗܘܘ
ܕܠܘ ܠܘܬ ܚܙܬܗ ܕܠܥܙܪ ܒܠܚܘܕ ܡܬܟܠܝܢ
ܗܘܘ ܟܢܫܐ. ܐܠܐ ܟܕ ܠܗ ܚܙܝܢ ܗܘܘ. ܒܐܝܕܗ
ܠܗܝܡܢܘܬܗ ܕܡܫܝܚܐ ܡܬܩܪܒܝܢ ܗܘܘ. ܐܝܟ
ܗܘ ܕܠܐ ܡܨܐ ܗܘܐ. ܕܗܘ ܕܚܕܐ ܙܒܢ ܐܩܝܡܗ.
ܕܬܘܒ ܢܚܝܘܗܝ. ܟܕ ܗܘܐ ܣܢܝܩ ܗܘܐ
ܥܡܕ ܕܫܥܬܐ ܠܬܪܥܝܬܐ ܘܫܪ̅ܐ

Migne S. 768:

Τάχα γάρ τί που καὶ ἀκούσεσθαι καινὸν προσεδόκων ἀπ᾽ αὐτοῦ, ὡς ἀπὸ ξένων καὶ ἀγνώστων τοῖς ἀνθρώποις ἥκοντος τόπων. Ὅθεν οἱ ἀρχιερεῖς θεασάμενοι, ὅτι τοῦτο μάλιστα τὸ πλῆθος πρὸς τὴν θέαν ἐφέλκεται ἡ τοῦ Λαζάρου ἐπιθυμία, ἐβουλεύοντο καὶ αὐτὸν συναποκτεῖναι τῷ Χριστῷ τὸν Λάζαρον, ὁρῶντες ὅτι μηδὲ μέχρι μόνης ἵστατο τῆς θέας τοῦ Λαζάρου τὸ πλῆθος, ἀλλ᾽ εὖ εἰδότες ὡς ὁρῶντες ἐκεῖνον δι᾽ ἐκείνου τῇ πίστει τοῦ Χριστοῦ προσήγοντο, ὥσπερ οὐ δυναμένου τοῦ ἅπαξ αὐτὸν ἀναστήσαντος καὶ πάλιν ἐγεῖραι ἂν δέῃ.

Zur Erleichterung der Vergleichung der Griechischen, bei Migne edirten Stücke gebe ich folgende Nachweise:

Cap. 1 V. 3 = Bl. 19ᵃ Z. 4.

ܒܗ ܗ̅ ܐܝܠܝܢ ܕܒܐܝܕܗ ܠܟܠ ܗܘ̈ܝ. ܐܡܪܢܐ
ܕܝܢ ܠܐ ܗܘܐ ܕܡܬܚܫܒܐ ܗܘܬ. ܐܢ ܗܕܐ ܥܠܡܐ
ܗܘܐ ܕܒܐܡܪ ܐܘܢܓܠܝܣܛܐ. ܐܝܟ ܗܘ ܕܡܕܡ
ܚܕܬ ܒܚܕܐ ܕܢܠܦܝܢ ܕܒܗܝܢ ܡܢ ܒܠܚܘܕܝܗܘܢ
ܒܢ̈ܝܢܫܐ ܘܫܪ̅ܐ

Cap. 1 V. 4 = Bl. 21ᵃ Z. 16.

ܐܠܐ ܠܗ ܒܗ ܚܝ̈ܐ ܗܘܬ. ܗ̅. ܦܪܘܩܢ ܗܘܬ
ܚܝܠܗ ܚܝ̈ܐ ܘܫܪ̅ܐ

Cap. 1 V. 6 = Bl. 23ᵃ Z. 2. — Cap. 1 V. 10 = Bl. 24ᵃ Z. 12. — Cap. 1 V. 13 = Bl. 24ᵇ Z. 10. — Cap. 1 V. 14 = Bl. 25ᵇ Z. 6. — Cap. 1 V. 15 = Bl. 28ᵇ Z. 4. — Cap. 1 V. 27 vergl. Bl. 31ᵃ Z. 11 ff. — Cap. 1 V. 28 (Migne S. 733) nicht vorhanden. — Cap. 1 V. 29 = Bl. 32ᵃ Z. 20. — — Cap. 1 V. 32 = Bl. 35ᵃ Z. 14. — Cap. 1 V. 32—34 (Migne S. 736) nicht vorhanden. — Cap. 1 V. 47 = Bl. 40ᵇ Z. 13. — Cap. 1 V. 50 = Bl. 41ᵇ Z. 16. — Cap. 2 s. Bl. 43ᵇ. — Cap. 3 s. Bl. 52ᵃ. — Cap. 4 s. Bl. 68ᵃ. — Cap. 5 s. Bl. 79ᵃ. — Cap. 6 s. Bl. 105ᵃ. — Cap. 7 s. Bl. 124ᵇ. — Cap. 8 V. 12 s. Bl. 132ᵃ. — Cap. 9

s. Bl. 145ᵇ. — Cap. 10 s. Bl. 157ᵃ. — Cap. 11 s. Bl. 173ᵇ. — Cap. 12 s. Bl. 185ᵃ. — Cap. 13 s. Bl. 199ᵇ. — Cap. 14 s. Bl. 209ᵇ. — Cap. 15 s. Bl. 220ᵇ. — Cap. 16 s. Bl. 227ᵃ. — Cap. 17 s. Bl. 239ᵇ. — Cap. 18 s. Bl. 252ᵃ. — Cap. 19 s. Bl. 258ᵇ. — Cap. 20 s. Bl. 264ᵇ. — Cap. 21 V. 15 s. Bl. 278ᵃ.

Von den beiden von mir edirten Citaten aus dem Commentar zum Johannes-Evangelium (s. Theodori Mopsuesteni fragmenta Syriaca, Leipzig 1869 S. 101) kann ich das erstere (zu Johannes 2, 19) hier im Wortlaut nicht nachweisen, dagegen findet sich das zweite zu Johannes 3, 8 in folgender Gestalt Bl. 55ᵃ Z. 13:

ܩܠܗ ܠܡ ܗܘܐ ܫܡܥ ܐܢܬ. ܗܢܐ ܗܘ ܕܝܢ ܕܠܫܢܐ ܕܡܠܬܗ ܡܫܡܥ ܐܢܬ. ܠܐ ܕܝܢ ܡܢܐ ܐܝܟ ܕܐܬܐ ܕܐܝܟܘ ܐܬܪܐ ܕܡܫܒ ܠܡܫܡܥܗ ܘܫܪ ܫܡܥ ܕܝܢ ܐܡܪ ܗܘ ܕܩܠܗ ܫܡܥ (Bl. 55ᵇ) ܐܢܬ. ܡܛܠ ܕܐܦ ܡܢܝܢܘܬܗ ܡܕܡܝܐ ܕܗܘܬ ܠܗ ܫܠܝܚܐ ܒܫܡܫܐ ܗܘܬ. ܒܗܘ ܕܡܠܐ ܕܐܝܟ ܕܪܘܚܐ ܕܠܘܬܗܘܢ ܡܫܡܫܐ ܗܘܐ. ܗܟܢܐ ܗܘܝܘ ܡܢ ܒܬܪ ܕܒܠܒ ܠܟܠܗܘܢ ܠܗܬ ܪ̈ܘܚܬܗ ܕܗܘ ܕܡܘܠܕ. ܫܡܥ ܐܘܡܦ ܕܗܒܢܐ ܐܠܗܘܬܐ ܥܠ ܐܝܟ ܕܠܝܬ ܡܢ ܪܘܚܐ ܗ ܕܐܝܟ ܗܢܘ ܡܘܠܕܐ ܕܪܘܚܐ. ܠܐ ܗܘܐ ܕܡܢܝܢܐ ܕܝܬܒܪ̈ܢ ܡܢ ܣܘܟ̈ܠܐ ܕܒܢ̈ܝܢܫܐ. ܐܠܐ ܐܝܟ ܦܡ ܕܡܥܠܢ ܘܕܢܪ ܡܢ ܡܕܒܬܗܘܢ ܘܫܪܪ

Auf dem Rande ist eine doppelte Eintheilung notirt, in 20 Capiteln und eine andere in Perikopen ܩܪ̈ܝܢܐ mit Angabe der Tage, an denen sie verlesen werden sollen.

Soweit ich sehe, ist das Werk vollständig. Bl. 135 ist nicht beschrieben. Die Geschichte von der Ehebrecherin Johannes 8, 1—11 fehlt hier (vergl. Bl. 132ᵃ), wie auch über Johannes 21, 1—14 keine Anmerkungen vorhanden sind.

Die Reihenfolge der Kurràs ist in Folge falscher Numerirung gestört worden. Die richtige Folge ist Bl. 1—80, 91—100, 81—90, 101 ff.

Schluss des Werkes:

ܘܗܕܐ ܒܥܕܢܝ ܫܘܡܠܝܐ ܠܦܘܫܩܐ ܫܒܝܚܐ ܗܘ̇ ܕܒܗ ܫܒܠ ܗܘܦܐ ܘܡܫܬܠܡ ܒܗܕܐ ܗܢܐ ܡܘܬܪܢܐ ܕܢܘܗܪܐ ܕܟܬܒܐ ܕܪܘܚܐ ܘܡܦܩܢܘܬܗ ܕܡܕܪܫܗ̇ ܕܬܫܒܘܚܬܐ ܡܪܢ ܡܫܝܚ ܘܡܘܕܐ. ܕܝܗܘܒܗ ܡܦܫܩܢܐ ܬܟܠܐ ܘܡܠܦܢܐ ܡܦܫ̈ܩܢܐ ܡܪܝ ܬܐܕܘܪܘܣ ܢܘܗܪܐ ܕܥܕܬܐ ܡܫܝܚܝܬܐ. ܨܠܘܬܗ ܬܗܘܐ ܥܡ ܟܠܗ̇ ܠܥܕܬܐ ܐܡܝܢ.

Diese Copie ist auf meine Veranlassung durch Vermittelung des Jeremias *Šdmir* in Mosul 1883 in *Telkêf* durch den Diaconus Franz *Mêrê* (s. Index scriptorum) angefertigt worden. Von dem Original habe ich keine Kenntniss, vermuthe aber, dass es sich in *Telkêf* oder *Telkêpê* befindet. Über meinen Aufenthalt in diesem Dorfe s. meine Reise in Syrien und Mesopotamien, Leipzig 1863, S. 359. Unterschrift Bl. 280ᵃ:

ܐܬܟܬܒ ܒܬܠܟܐܦ. ܒܐܝ̈ܕܝ ܡܫܡܫܢܐ ܦܪܢܣ ܕܡܢ ܒܝܬ ܡܪܝ. ܒܫܢܬ ܐܦܦܓ ܡܫܝܚܝܬܐ.

Vortrefflich geschrieben, fast vollständig vocalisirt und punktirt. Das Papier hier und da verfärbt durch Feuchtigkeit.

280 Blätter (33 × 22 cm), die Seite im Durchschnitt zu 21—23 Zeilen.

81.

(SACHAU 311.)

Commentar zum Neuen Testament von *Îšô'dâdh*, gebürtig aus Merw, Bischof von *Ḥedhattâ* oder *Elḥadîtha* am Tigris, der um 825 lebte. Vergl. Assemani III, 210. 211; WRIGHT, Syriac literature S. 220. Titel Bl. 1ᵇ:

ܬܘܪܓܡܐ ܕܟܬܒܐ ܕܚܕܬܐ ܕܟܢܝܫ ܘܟܬܝܒ ܡܢ
ܟܬܒܐ ܕܡܦܫܩܢܐ ܘܡܠܦܢܐ ܕܥܕܬܐ ܡܫܒܚܐ
ܘܢܣܝܒ ܡܠܦܢܐ ܡܪܝ ܝܫܘܥܕܕ ܡܪܘܙܝܐ
ܐܦܣܩܘܦܐ ܕܚܕܝܬܐ ܕܐܬܘܪ.

Da in den Über- und Unterschriften der einzelnen Bücher das Wort ܬܘܪܓܡܐ stets als Plural ܬܘܪ̈ܓܡܐ gebraucht wird, ist der Titel zu übersetzen: »Erläuterungen zum Neuen Testament, gesammelt aus den Werken der Exegeten und Lehrer der Kirche von *Îšô'dâdh*« u. s. w. Anfang:

ܒܗ ܗܢ ܒܗ ܒܥܕܢܐ ܕܐܬܡܘܬ ܐܬܪܡܙܘ ܘܡܬܦܫܩܢ
ܕܬܪܬܝܗܝܢ ܕܝܬܩܐ ܡܬܚܫܒܝܢ ܡܢ ܦܫܝܛܬܐ
ܕܗܠܝܢ ܥܡܘܬܐ ܠܡܪ̈ܝ ܐܢ ܕܐܬܦܩܕܘ ܠܗܘܢ
ܣܓܝܐܬܐ ܘܠܐܡܢܘܬܐ ܕܟܠܗ̇ ܡܕܒܪܢܘܬ ܦܘܪܩܢܐ
ܒܝܕ ܡܪܢ ܕܦܪܘܣܦܪܘܣ ܘܒܘܪܟܬܐ
ܕܒܡܫܝܚܘܬܐ ܗܘܦܠܓܐ ܕܠܘܩܒܠ ܕܟܬܒܐ
ܡܢܝ ܗܕܐ ܘܥܠܡ ܐܡܝܢ.

Aus diesen Worten ergiebt sich, dass der Verfasser schon vorher einen Commentar zum Alten Testament geschrieben hat. Auf eine andere seiner Schriften verweist er Bl. 101ᵇ:

ܬܘܪܓܡܐ ܕܟܠ ܦܘܢܩܣܝܬܐ

Folgt die Einleitung Bl. 1ᵇ:

ܒܥܘܕܪܢ ܕܡܪܝܐ

ܐܘܢܓܠܝܘܢ ܠܡ ܠܡܣܒܪܢܘܬ ܚܝܐ. ܗܟܢܐ

ܡܬܦܫܩ ܒܠܫܢܐ ܝܘܢܝܐ

Diese Einleitung handelt von der Bedeutung des Wortes Evangelium, von dem Unterschied zwischen dem Alten und Neuen Testament; Christus selbst verweist auf das Alte Testament: warum Gott das Neue Testament gegeben Bl. 2ᵃ; warum Christus nicht schon im Uranfang gekommen, sondern erst in der Zeit Bl. 2ᵇ; warum wir, obwohl Christus die Heilung gebracht, dennoch von unseren Sünden gequält werden; in welchen Arten und Weisen sich die Bücher des Alten und Neuen Testamentes ausdrücken. Hier Bl. 3ᵃ. 10. 11 verweist der Verfasser auf seinen Commentar zur Genesis und zu den Psalmen. Bei der Interpretation müssen stets vier Dinge berücksichtigt werden: ܥܠܬܐ ܚܕܐ ܘܚܕܐ ܦܪ̈ܨܘܦܐ Bl. 3ᵇ, was durch Beispiele belegt wird.

Bl. 4ᵇ Matthäus, Einleitung, Anfang des Commentars Bl. 5ᵇ. In 22 ܦܘ Abschnitten. Unterschrift Bl. 74ᵃ:

ܫܠܡ ܒܝܕ ܐܠܗܐ ܬܘܪ̈ܓܡܐ ܕܒܘܝܢܐ ܡܬܝ
ܐܘܢܓܠܝܘܢ ܕܡܒܣܒܪܝܢ ܠܡܪܝ ܝܫܘܥܕܕ
ܡܪܘܙܝܐ ܐܦܣܩܘܦܐ ܕܚܕܝܬܐ ܘܕܐܬܘܪ.

Dieser Commentar ist der ausführlichste; auf ihn wird in den Anmerkungen zu Marcus und Lucas vielfach verwiesen. Nächst diesem ist der Johannes-Commentar der ausführlichste.

Bl. 74ᵃ Marcus, Einleitung:

ܡܢ ܘܡܘܣܦ ܡܢ ܡܪܩܘܣ ܗܘܘ. ܘܡܪܩܘܣ
ܕܝܢ ܘܠܘܩܐ ܡܢ ܫܒܥܝܢ. ܬܠܡܝܕܘܗܝ ܕܝܢ
ܗܠܡܝܕܗ ܕܫܡܥܘܢ ܦܛܪܘܣ ܗܘܐ ܘܗܘܐ
ܠܗ ܡܢ ܐܪ̈ܡܝܘܬܗ ܐܘܢܓܠܝܘܢ ܘܢܦܩ
ܘܐܬܐ ܐܘܢܓܠܝܘܢ ܘܡܟܪܙܝܢ ܕܡܫܝܚܘܬܗ
ܗ ܕܡܬܠܡܕܢܐ. ܘܟܠ ܐܠܗܘܬܗ ܕܡܫܝܚܐ
ܠܐ ܐܡܪ. ܘܐܠܗܐ ܦܫܝܛ ܡܢܗ ܐܦܢܝ.
ܡܪܩܘܣ ܕܝܢ ܐܝܟ ܕܫܡܥ ܡܢ ܦܛܪܘܣ ܟܬܒܗ
ܗܘ ܕܦܛܪܘܣ. ܐܡܪ ܠܗ ܗܘ ܡܠܦܢܐ
ܒܐܪܬܐ ܗܝ ܕܒܗ̇ ܠܡܟܠ ܗܢܘܢ ܕܡܫܠܡ
ܘܦܠܓ ܘܡܪܐ

Anfang des Commentars Bl. 75ᵇ. Abschnitte 23—35. Unterschrift Bl. 86ᵃ:

[illegible]

Bl. 86ᵃ Lucas: ܦܘܫܩܐ ܕܐܘܢܓܠܝܘܢ ܕܠܘܩܐ.
Einleitung von neun Zeilen:

[illegible]

Anfang des Commentars daselbst. Abschnitte 36—58. Unterschrift Bl. 120ᵃ:

ܫܠܡ ܦܘܫܩܐ ܕܠܘܩܐ ܘܟܪ

Bl. 120ᵃ Johannes: ܦܘܫܩܐ ܕܝܘܚܢܢ. Einleitung:

[illegible]

Anfang des Commentars Bl. 120ᵇ. Abschnitte 59—78. Unterschrift Bl. 164ᵃ:

ܫܠܡ ܦܘܫܩܐ ܕܝܘܚܢܢ ܘܟܪ

Bl. 164ᵃ Apostelgeschichte:

ܦܘܫܩܐ ܕܦܪܟܣܝܣ ܕܫܠܝܚܐ

Einleitung daselbst. Anfang des Commentars Bl. 164ᵇ. Abschnitte 79—103.

Bl. 188ᵃ Die drei katholischen Briefe:

ܦܘܫܩܐ ܕܬܠܬ ܐܓܪ̈ܢ ܩܬܘܠܝܩܘܣ

Anfang:

[illegible]

Bl. 188ᵃ Brief des Jacobus. Abschnitte 104—106.

Bl. 189ᵃ Brief des Petrus. Abschnitte 107—108.

Bl. 190ᵃ Brief des Johannes. Abschnitte 109—110.

Bl. 190ᵇ Briefe des Paulus. Einleitung:

[illegible]

Bl. 191ᵇ Brief an die Römer. Abschnitte 111—120. Unterschrift Bl. 205ᵃ:

[illegible]

»Diesen Brief (an die Römer) hat aus dem Griechischen in das Syrische übersetzt *Mār Kōmi*, unterstützt von dem Priester Daniel dem Inder, indem er seine Arbeit richtete an den (sie widmete dem) Priester *Māri*.« Diese Notiz kann sich nicht auf den Commentar des *Išō'dādh* beziehen, denn er war ursprünglich Syrisch geschrieben, auch kaum auf den Römerbrief in der *Pešiṭtā*, denn er war zur Zeit des *Mār Kōmi* schon längst aus dem Griechischen übersetzt; sie kann wohl nur auf den Commentar des Theodorus von Mopsueste zum Römerbrief Bezug haben und ist durch irgend ein Versehen hierher gerathen. Dass *Kōmi* an der Übersetzung der Schriften des Theodorus Theil genommen, ist bekannt aus Assemani III, 85. Der hier genannte *Māri* könnte allenfalls identisch sein mit *Māri* dem Perser, s. Assemani III, 171.

Bl. 205ᵇ Erster Corintherbrief. Einleitung. Anfang des Commentars Bl. 206ᵃ. Abschnitte 121—130.

Bl. 222ª Zweiter Corintherbrief, Einleitung. Anfang des Commentars Bl. 222ᵇ. Abschnitte 131—137.

Bl. 229ᵇ Galater. Abschnitte 138—141.

Bl. 234ª Epheser. A. 142—145.

Bl. 239ª Philipper. A. 146—147.

Bl. 242ª Colosser. A. 148—149.

Bl. 247ª Thessalonicher I. A. 150—151.

Bl. 248ᵇ Thessalonicher II. A. 152.

Bl. 250ª Timotheus I. A. 153—155.

Bl. 254ª Timotheus II. A. 156—157.

Bl. 255ᵇ Titus. A. 158.

Bl. 256ª Philemon.

Bl. 256ᵇ Hebräer, Einleitung:

ܥܠ ܐܓܪܬܐ ܗܕܐ ܕܥܒܪ̈ܝܐ ܦܘܠܘܣ ܫܠܝ̈ܚܐ ܐܫܬܠܡܘ ܠܦܘܫܩܐ. ܥܡ ܐܝܟ ܕܐܦܪܘ ܕܠܘ ܕܦܘܠܘܣ ܐܝܬܝܗ̇ ܘܫܪܐ

Anfang des Commentars Bl. 257ª. Abschnitte 159—164. Unterschrift Bl. 269ᵇ:

ܫܠܡܘ ܒܥܘܕܪܢܗ ܕܡܪܢ ܘܐܠܗܢ ܦܘܫܩܐ ܕܐܓܪܬܐ ܕܥܒܪ̈ܝܐ ܦܘܠܘܣ ܒܗ ܕܒܠܚܘܕ ܕܟܠܗܘܢ ܣܟܗ ܕܡܬܐܡܪܝܢ ܠܡܐܐ ܫܬܝܢ ܘܐܪܒܥ ܦܣܘܩܐ ܐܦܣܩܘܣܐ ܕܡܐܐ ܘܫܬܝܢ ܘܐܪܒܥ ܘܫܪܐ

Der ganze Text des Neuen Testamentes ist in 164 ܦܣܩ ܦܫܝ̈ܩܐ oder Abschnitte getheilt.

Die Persische Abstammung des Verfassers bekundet sich in der Anführung Persischer Wörter und ihrer Bedeutungen. In einer Note zu Acta 16, 20 auf Bl. 182ª erklärt er die ܐܣܛܪ̈ܛܝܓܐ στράτηγοι als ܕܗ̈ܩܢܐ, d. i. *Dihkâne* دهقان. Auf S. 70ª in einer Note zu Matthäus 27, 66 erklärt er das Wort ܩܘܣܛܘܢܪܐ als Gefängnisswärter oder Henker = ܪܘܙܒܢ̄ ܗ̄, d. i. روزبان. Auf Bl. 17ª (zu Matthäus 3, 4) wird ܩܡܨܐ erklärt durch ܩܡܨܘܬܐ oder ܩܡܨܝܢ, Persisch ܡܝܟ, d. i. ملخ. Auf Bl. 85ᵇ zu Matthäus 15, 43 giebt der Verfasser folgende Bemerkung über den Stand der ܒܘܠܘܛܐ βουλευταί:

ܡܫܡܫܢܐ ܗܢܐ ܠܗ ܠܢܡܘܣܐ. ܡܛܠ ܕܠܘ ܡܢ ܠܫܘܠܛܢܐ ܐܝܬܘܗܝ ܗܘܐ ܒܘܠܘܛܐ. ܐܠܐ ܒܥܡܘܪܐ ܘܒܡܕܝܢܬܐ ܗܘܝܐ ܗܘܬ ܠܒܘܠܘܛܘܬܐ. (Bl. 85ᵇ) ܥܒܕܝܢ ܗܘܘ ܐܢܫ ܐܝܟ ܗܘܬ ܒܐܪܥܐ ܕܦܪ̈ܣܝܐ ܘܡܛܠ ܡܫܡܫܢܐ ܗܘܐ. ܘܐܝܟ ܐܚܪܢܐ ܘܠܐ ܐܝܬ ܐܢܫ ܡܢ ܫܘܠ ܡܠܟ̈ܐ. ܡܢܗ ܡܫܡܫܝܢ ܗܘܘ ܡܠܟ̈ܐ. ܘܐܝܟ ܐܚܪܢ ܘܡܢ ܡܢܗܘܢ ܦܩܘܕܐ ܗܘܐ. ܒܟ̈ܦܐ ܫܘܪ̈ܬܐ ܕܡܕܝܢܬܐ ܡܬܦܪܢܣܝܢ ܗܘܘ ܠܗܘܢ ܫܠܝܛܘܬܗܘܢ. ܐܝܟ ܕܐܦ ܒܗ ܦܪ̈ܣܝܐ. ܐܝܬ ܗܘܐ ܠܡܪܐ ܚܕܐ ܕܡܫܡܫܢܐ ܠܡܠܟ̈ܐ ܡܫܡܫܢܐ ܗ̄ ܠܡܪܐ ܕܠܐ ܡܫܡܫܢܐ. ܘܠܐ ܫܠܝܛܝܢ ܠܡܥܕܪ ܐܢܫ ܐܝܟ ܡܫܡܫܢܐ.

D. i. Persisch جند نه ميران.

Auf Bl. 93ᵇ zu Lucas 3, 1 vergleicht er das Amt eines ἡγεμών, Recht zu sprechen und Steuern einzusammeln, mit demjenigen eines Mobed موبد bei den Persern: ܡܘܒܕ ܕܡܓܘ̈ܫܐ ܩܘܪܝܦܘܣܝܛܐ ܕܒܗ ܦܪ̈ܣܝܐ. Er spricht Bl. 13ª von dem Stern, den die Perser ܐܢܝܒ nennen, und Bl. 14ª vom Avesta ܐܒܣܛܐ.

Der dem Commentar zu Grunde gelegte Text ist die (nicht überall mit der Ausgabe von Lee übereinstimmende) *Pešîṭtâ* (natürlich ohne Johannes 7, 53—8, 11, ohne Brief Petri II, Briefe Johannis II, III, den Brief des Judas und Apokalypse). Gelegentlich finden sich textkritische Bemerkungen, z. B. Bl. 113ᵇ zu Lucas 22, 36, wo gesagt wird, dass anstatt ܢܙܒܢ in vielen Handschriften ܢܙܒܢܘܢ geschrieben steht, und Bl. 224ª, wo zu II. Corinther 4, 4 bemerkt wird, dass in vielen Handschriften anstatt ܕܥܠܡܐ überliefert wird ܕܥܠܡܐ. Häufig wird neben der *Pešîṭtâ* ܚܕܬܐ (nicht = Charclensis) citirt, z. B. Bl. 118ᵇ. 209ª. 215ᵇ. 224ª. 227ᵇ. 235ª. 236ª. 239ªᵇ. 241ªᵇ. 250ᵇ. 252ª (bis). 254ª. 255ª. 256ᵇ. 259ᵇ. 260ᵇ. In diesen Stellen, die hier nicht vollständig aufgezählt sind, wird auf den Griechischen Text zurückgegangen, wobei ich aber unentschieden lassen muss, ob *Îšô'dâdh* direct eine Griechische Hds. verglichen oder ob er aus einer Syrischen Übersetzung seine Kenntniss von dem Griechischen Texte geschöpft hat. Die Septuaginta ܡܦܩܢܬܐ ܕܫܒܥܝܢ wird Bl. 265ᵇ erwähnt. Für die Textgeschichte des Syrischen Neuen Testamentes ist *Îšô'dâdh* ein wichtiger Zeuge.

An verschiedenen Stellen citirt der Verf. das Diatesseron von Tatian, z. B. Bl. 49ᵇ. 76ᵃ. 167ᵃ (bis)[1]. Über Tatian und sein Werk s. Bl. 74ᵃ (Einleitung des Marcus-Evangeliums, oben mitgetheilt).

Unter den Gewährsmännern *Îšô'dâdh's* steht obenan Theodorus von Mopsueste, der als höchste Autorität unter der Bezeichnung ܡܦܫܩܢܐ citirt wird, z. B. Bl. 35ᵃᵇ. 38ᵇ. 47ᵃ. 50ᵃ. 66ᵇ. 102ᵃ. 104ᵃ Glosse. 106ᵃ. 112ᵃ. 115ᵇ (bis). 121ᵇ (Brief an Callistratus). 123ᵃ. 128ᵇ. 130ᵇ. 132ᵃ. 134ᵃ. 136ᵃ. 153ᵇ. 155ᵇ (bis). 161ᵃ. 163ᵇ. Textkritische Notiz zu Johannes 21, 25:

ܕܐܝܬ ܠܗ̇ ܦ̈ܠܐܬܐ ܕܡܕܡ ܡܘܫܐ ܐܝܠܝܢ ܕܠܐ ܟܬܝܒܢ. ܡܫܬܡܥܐ ܕܝܢ ܠܗܕܐ ܡܠܬܐ. ܘܠܘ ܕܡܠܐܟܐ ܠܗ ܒܗܝ ܘܕܝ ܡܘܫܐ ܗܘܐ ܠܡ̈ܢܐ.[2] ܘܠܘ ܕܡܫܘܠܡ ܟܬܒܐ ܕܐܝܫܘܥ. ܕܗܢܐ ܠܗ ܡܟܒ ܗܘ ܒܪ ܘܪܝ ܡܫܝܚܐ ܕܡܢ ܐܒܪܗܡ. ܠܐܠܗܘܬܗ ܗܠܝܢ ܦܬܓ̈ܡܐ ܐܡܪ. ܕܠܘ ܡܢ ܠܡܫܝܚܐ ܐܝܟ ܕܟܬܒܐ ܐܠܐ ܒܕܘܟܬܐ ܚܕܐ ܗܘܬ ܡܕܡ ܡܫܟܚ ܗܘܐ ܠܟܠ. ܒܐܚܪܢܐ. ܘܒܬܪܟܢ ܠܗ ܡܢ ܐܢܫܝܢ ܩܕܡܝ ܡܠܦܢܐ ܐܬܬܣܝܡܘ ܒܡܕܝܢܬܐ.

Ferner Bl. 183ᵃ. 184ᵃ. 188ᵃ. 212ᵇ. 213ᵇ (im 5. *Mêmrâ* über den heiligen Geist). 215ᵃ. 218ᵃ. 219ᵇ. 228ᵃᵇ. 231ᵇ. 236ᵃ. 238ᵃ. 239ᵇ. 249ᵇ. 260ᵃ. 268ᵇ.

Ephraem wird an vielen Stellen citirt: Bl. 38ᵇ. 41ᵇ. 51ᵃ. 56ᵃ. 64ᵃ. (ܡܐܡܪܐ ܕܥܠ ܒܝܬ ܕܢܝܐ). 66ᵇ. 67ᵇ. 74ᵃ. 88ᵃ. 92ᵃᵇ. 95ᵇ. 99ᵇ. 100ᵃᵇ. 111ᵇ. 115ᵇ (bis). 127ᵇ. 130ᵇ. 135ᵃ. 155ᵃ. 183ᵃ.

Neben Theodorus und Ephraem wird am häufigsten *Ḥenânâ* aus *Ḥedhajjabh* genannt (vergl. Bl. 43ᵃ und Assemani III, 81, nach dem *Ḥenânâ* um 570 gelebt haben soll): Bl. 34ᵇ. 37ᵇ. 40ᵇ. 45ᵃ. 48ᵇ (bis). 53ᵇ. 55ᵇ. 61ᵃ. 62ᵇ. 66ᵇ. 72ᵃ. 236ᵇ. 237ᵇ. 241ᵇ (bis). 242ᵃ. 243ᵇ. 244ᵃ. 253ᵇ. 255ᵃ. 259ᵇ. 260ᵃᵇ. 261ᵇ. 265ᵇ (bis).

Von anderen Personen, meist Schriftstellern, werden citirt oder erwähnt:

1. Ambrosius von Mailand Bl. 88ᵃ Glosse.
2. Andreas Bl. 111ᵇ: ܐܢܕܪܐܘܣ ܐܦܣܩܘܦܐ ܕܩܣܪܝܐ ܐܢܐ. ܒܦܘܫܩܗ ܕܓܠܝܢܐ ܗܘ ܕܩܦܘܕܩܝܐ. ܒܡܐܡܪܐ ܕܫܡܝܐ ܩܦܘܕܩܝܐ.
3. Aratus Bl. 183ᵇ.
4. Athanasius Bl. 124ᵇ.
5. Babaeus Persa ܒܒܝ Bl. 44ᵇ sein ܟܬܒܐ ܕܥܠ ܡܓܘܫܘܬܐ. 79ᵇ. 115ᵃ. 180ᵃ Bischof von ܕܢܘܗܕܪܐ. Vergl. Assemani III, 176.
6. Bardesanes Bl. 80ᵇ.
7. *Barḥadhbešabbâ* Bl. 84ᵃ 1, vergl. Assemani III, 169.
8. Basilius Bl. 113ᵇ.
9. Clemens, Brief gegen die Eheverächter Bl. 74ᵃ. 75ᵃ (Petrus, Linus, Clemens). 242ᵃ.
10. Cyrus (?) monachus ܩܝܘܪܐ ܕܡܕܒܪܐ Bl. 124ᵇ Glosse; vergl. Assemani III, 170.
11. Daniel Bar *Ṭûbhânîthâ* Bl. 46ᵇ. 88ᵇ. 89ᵃ. 244ᵇ. Vergl. Assemani III, 174.
12. Diodorus von Tarsos Bl. 234ᵇ.
13. Dionysius Bl. 168ᵇ. 234ᵇ, an Timotheus 163ᵇ.
14. Epiphanius Bl. 111ᵇ ܡܐܡܪܐ ܕܙܘܡܠܟܘܬܐ.
15. Eusebius, Brief an Marinus Bl. 84ᵇ, Kirchengeschichte 97ᵃ. 111ᵇ. 188ᵃ.
16. Galenus Bl. 86ᵃ.
17. Gregorius Bl. 123ᵃ. 161ᵇ (hier Theologus).
18. *Ḥenânîšô'* ܡܪܝ ܚܢܢܝܫܘܥ Bl. 49ᵃ. 138ᵇ.

[1] Vergl. H. Goussen, Studia theologica, Leipzig 1895 S. III und 62—67.

[2] Johannes 5, 4.

19. Hippolytus, Bischof und Märtyrer Bl. 111ᵃ.

20. Ignatius Bl. 45ᵃ 5. 69ᵇ.

21. Johannes ܕܒܝܬ ܕܠܡ Bl. 213ᵇ, vergl. Assemani III, 72.

22. Johannes Chrysostomus ܦܘܡ ܕܗܒܐ Bl. 72ᵃ. 97ᵃ. 111ᵇ. 112ᵃ. 132ᵃ. 208ᵇ. 213ᵃ. 246ᵃ. 249ᵇ. 260ᵃ.

23. Johannes aus Ninive ܝܘܚܢܢ ܢܝܢܘܝܐ Bl. 261ᵃ.

24. Josephus Bl. 38ᵇ. 40ᵃ. 54ᵃ. 56ᵃ. 62ᵃ. 79ᵇ. 128ᵃ. 186ᵃ.

25. Julianus Apostata Bl. 155ᵇ. 163ᵇ.

26. Mani Bl. 80ᵇ. 118ᵇ.

27. Marcus, *Abbâ* Marcus Bl. 109ᵃ, vergl. Assemani III, 45.

28. Methodius, Bischof von Patara ܡܬܘܕܝܣ ܕܦܛܐܪܘܣ ܡܟܬܒܢܐ ܗܘ ܕܟܬܒ ܥܠ ܩܝܡܬܐ ܘܠܘܩܒܠ ܐܘܪܝܓܢܣ. Am Rande dazu: ܗ̄. ܐܦܝܣܩܘܦܐ ܕܦܛܐܪܐ. Vergl. Assemani III, 27.

29. Narses, ܡܦܫܩܢܐ ܕܩܕܝܫܐ Bl. 19ᵇ Glosse.

30. Nestorius, seine Messe Bl. 64ᵇ. 88ᵃ. 159ᵇ. 177ᵇ.

31. Origenes Bl. 36ᵇ. 161ᵇ.

32. Petrus patriarcha Alexandrinus ܦܛܪܝܪܟܐ ܕܐܠܟܣܢܕܪܝܐ Bl. 163ᵇ.

33. Philo ܦܝܠܘܢ Bl. 40ᵇ.

34. Porphyrius Bl. 155ᵇ.

35. Severus ܣܘܝܪܐ Bl. 33ᵇ.

36. Simon Magus Bl. 74ᵇ. 118ᵇ. 151ᵃ.

37. Symmachus Bl. 54ᵇ.

38. Theodoret Bl. 240ᵇ.

39. Thomas Edessenus Bl. 263ᵇ.

40. Timotheus Bl. 58ᵇ. 125ᵇ. 266ᵇ.

Von sonstigen litterarischen Angaben ist zu bemerken Bl. 155, wo zu einer apokryphen Notiz über das Ende des Pilatus am Rande bemerkt wird ܗܕܐ ܡܫܠܡܐ ܒܩܠܝܡܘܣ ܕܒܪ ܡܪܝܡ »Das ist überliefert in der ܩܠܝܡܘܣ κλῆσις des Sohnes der Maria«.

Auf Bl. 151ᵇ zu Johannes 16, 2 die folgende Bemerkung: ܘܗܘܬ ܡܣܬܒܪܢܘܬܐ ܠܚܢ̈ܦܐ ܡܢ ܣܓܝ̈ܐܐ. ܕܗܟܢ ܥܒܕܐ ܗܘܬ ܥܕܬܐ ܘܗܢܘ ܢܡܘܣܗ̇. ܘܡܛܠ ܗܕܐ ܣܒܠܘ ܒܢ̈ܝ ܥܕܬܐ ܗܘܘ ܡܘܬ̈ܢܐ ܡܢ ܚܢ̈ܦܐ. ܟܕ ܣܒܪܝܢ ܗܘܘ ܕܡܬܕܟܝܢܘܬܗܘܢ ܕܡܘܬܐ ܠܥܠܡܐ ܡܕܟܝܐ. ܐܝܟ ܕܐܦ ܚܕ ܡܢ ܐܚ̈ܐ ܕܡܢ ܡܢ ܠܐܠܦܘܣ ܐܓܪܬܐ ܠܘܬ ܐܢܫ ܐܦܣܩܘܦܐ ܕܒܐܣܝܐ. ܒܗ ܡܫܘܕܥ ܕܟܡܐ ܒܝ̈ܫܬܐ ܡܛܠ ܡܣܬܒܪܢܘܬܐ ܗܕܐ ܐܬܬ ܠܟܪ̈ܣܛܝܢܐ ܒܙܒܢܗ ܕܘܪܘܣ ܡܠܟܐ.

»Viele Externe (Heiden) hatten die Ansicht, dass die Kirche also handle und dass das ihr Gesetz sei. Deshalb haben die Christen zahlloses Ungemach von den Heiden zu ertragen gehabt, da diese glaubten, dass sie durch den Tod der Christen eine Läuterung der Welt bewirkten. So hat einer der Brüder aus dem Lande (Orte) ܠܐܠܦܘܣ ein Schreiben gerichtet an einen Bischof in Asia, in dem er erzählt, wie viel Unheil in Folge dieser Ansicht über die Christen zur Zeit des Kaisers Verus gekommen ist.«

In einer Glosse auf Bl. 123ᵃ wird der weise Perser (Aphraates?) citirt: ܚܟܝܡܐ ܦܪܣܝܐ ܐ̄ ܬܚܘܝܬܐ.

In den Bemerkungen zu Marcus 1, 5 auf Bl. 76ᵃ wird ein ܦܢܩܝܣ (?) citirt. Die Schulen von Nisibis werden Bl. 57ᵃ genannt.

Bei gelegentlicher Polemik gegen andere Ansichten werden folgende Secten erwähnt:

Borborianer ܒܘܪܒܘܪܝܢܐ Bl. 151ᵇ; Messalianer ܡܨܠܝ̈ܢܐ Bl. 64ᵇ; Manichäer Bl. 82ᵇ; Marcioniten Bl. 82ᵃ; Katarenser ܩܛܪ̈ܝܐ Bl. 84ᵃ 1.

Legendarisches, aus der Apokryphen-Litteratur geschöpft, tritt vereinzelt auf, z. B. über den Tod von Johannes dem Täufer Bl. 39ᵃᵇ, über die Herodias Bl. 79ᵇ, über das Grab

Adam's auf Golgatha Bl. 84ᵃ, über Pilatus Bl. 115ᵇ, König Abgar Bl. 155ᵃ.

Astrologisches findet sich auf Bl. 11ᵇ—12ᵇ, Metrologisches auf Bl. 118ᵃᵇ. Auf Bl. 80ᵃ wird in einer Anmerkung zu Marcus 7, 26 Syrien gedeutet als die Länder von Antiochien bis Edessa:

ܣܘܪܝܐ ܗܢܐ ܠܐܬܪ̈ܘܬܐ ܕܡܢ ܐܢܛܝܘܟܝܐ ܥܕܡܐ ܠܐܘܪܗܝ.

Eine dialektische Notiz auf Bl. 255ᵇ, wonach ܩܝܢܝܐ in Assyrien und *Bêth*-Garmai den Gold- und Silberarbeiter, dagegen ܢܦܚܐ den Schmied bezeichnet, während anderswo ܩܝܢܝܐ beides bedeutet.

Die Hds. besteht aus einem älteren Theil (*A*), der von einer modernen Hand (*B*) ergänzt ist. Sie ist vollständig. Die richtige Reihenfolge der Blätter 19—22 ist folgende: 19. 22. 21. 20. 23.

A. Bl. 16—156.

B. Bl. 1—15 und 157—269.

A ist wasserfleckig, aber sonst vorzüglich erhalten, vollständig vocalisirt und punktirt. Ein Datum ist nicht vorhanden. Kann etwa im 16. oder 17. Jahrhundert geschrieben worden sein.

B vorzüglich geschrieben sowie vollständig vocalisirt und punktirt vom Diaconus *Pransi*, Sohn des *Giwargis* von der Familie *Bêth Mêrê* zu *Telkêf*, vollendet 1883 n. Chr. So nach der Unterschrift auf Bl. 269ᵇ.

269 Blätter (30,5 × 20,5 cm), in *A* die Seite zu 29, in *B* zu 27 Zeilen.

82.

(Sachau 8.)

Eine ausführliche Darstellung der christlichen Glaubenslehre in einem grossen Gedichte von siebensilbigen Versen, verfasst von *Jôḥannân Bar Zo'bî*, einem Mönche des 13. Jahrhunderts (s. Nr. 92 Sachau 306 nr. II).

Da der Anfang der Hds. fehlt, gebe ich die Unterschrift statt des Titels. Bl. 82ᵃ:

ܫܠܡ ܒܥܘܕܪܢ ܡܪܢ ܘܣܘܟܠܐ ܕܫܪܪܘܬܗ ܠܡܫܒܚ ܡܐܡܪܐ ܕܥܒܝܕ ܒܡܫܘܚ̈ܬܐ ܥܠ ܫܪܪܐ ܕܗܝܡܢܘܬܐ ܐܪܬܕܘܟܣܝܬܐ. ܠܝܠܦܐ ܕܡܬܪ̈ܘܬܐ ܘܡܫܘܚܬܐ ܕܢܫܝܢܘܬܐ ܘܡܫܟܢܗ ܕܒܝܫܘܬܐ ܘܥܒܕܐ ܕܡܬܠܟܝܢܘܬܐ ܘܫܪܐ ܐܢܫ ܡܫܝܚ ܣܒܝܪ ܘܚܘܗ ܘܫܪܐ ܕܒܗܝܢ ܠܗ ܗܘ ܒܪ ܘܡܬܒܝܢ ܗܢܐ ܕܫܡܘܢ ܒܡܫܡܫܢܗ ܚܕ ܣܡܪܬܐ ܕܡܫܒܚܐ ܘܐܦ ܣܓܝ ܚܛܝܗ ܐܝܟ ܘܐܝܟ.

Danach ist der richtige Titel vielleicht ܡܐܡܪܐ ܥܠ ܗܝܡܢܘܬܐ ܐܪܬܕܘܟܣܝܬܐ, Sermo de fide orthodoxa, und dies Buch möglicher Weise identisch mit den ܡܐܡܪ̈ܐ ܕܡܫܘܚ̈ܬܐ, die Ebedjesu in seinem Catalogus erwähnt (Assemani III, 309).

Ein Theil der oberen Hälfte von Bl. 1 ist weggerissen. Die ersten ganz erhaltenen Zeilen sind folgende:

ܘܠܗ ܐܝܟ ܣܢ̈ܐ ܕܫܢ̈ܘܬܐ
ܘܐܢܐ ܠܗ ܒܗ ܕܡܠܟܘܬܗ
ܠܥܠܡܐ ܕܒܪܐ ܐܠܗܘܬܗ
ܘܠܐ ܠܥܠܡܐ ܘܠܐ ܢܫܘܒܐ
ܕܡܫܝ̈ܚܐ ܘܢܐ ܕܒܘܫܡܗ
ܘܡܪܐ ܒܪܐ ܒܗ ܕܡܠܟܘܬܗ
ܠܥܠܡܐ ܕܡܢ ܐܒܐ ܐܠܗܘܬܗ
ܘܐܚܝܕ ܠܐܒܐ ܕܡܢ
ܒܕܡܘܬ ܡܠܟܐ ܒܗ ܡܠܐ.

ܘܐܦ ܪܘܚܐ ܚܕ ܕܝܠܗܘܢ
ܢܩܘܦܘܬܐ ܕܡܢ ܐܒܐ
ܘܚܝܐ ܘܡܫܝܚܐ ܠܐܠܗܘܬܗ
ܘܒܪܐ ܚܝ̈ܐ ܕܩܢܘܡܗ.
ܗܕܐ ܗܝ ܗܘܬ ܒܠܚܘܕ ܐܠܗܬܐ ܐܣܪܬܐ
ܕܟܝܢܐ ܕܒܗ ܢܘܪܘܬܐ ܕܫܩܝܢܐ
ܕܩܢܘܡܐ ܓܠܡܫܝܚܐ.
ܫܠܡ ܦܫܝܩܐ ܫܪܪܐ.
ܫܠܡܪ ܗܘܐ ܘܫܪܪ

Unten auf dem Rande folgende Notiz:

بيان هذا انه ميمرِ ܬܪ ܘܡܟܬܒ النسطوري

Die Eintheilung des Werkes ist nicht angegeben. Es finden sich folgende Überschriften im Text:

Bl. 23a ܥܠ ܫܘܬܐܣܬܐ ܕܬܪ̈ܝܢ ܐܪ̈ܙܐ ܩܕ̈ܝܫܐ
ܕܣܝܡܝܢ ܒܥܕܬܐ ܐܪ̈ܙܐ ܕܡܥܡܘܕܝܬܐ ܘܕܦܓܪܗ
ܘܕܕܡܗ ܕܡܪܢ.

Fundamentum duorum mysteriorum sacrorum quae in ecclesia statuta sunt, baptismi et corporis sanguinisque Domini.

Bl. 27a: ܥܠ ܦܘܪܫ ܕܝܠܝ̈ܬܐ ܕܬܪ̈ܝܢ
ܟܝ̈ܢܘܗܝ ܘܩܢܘ̈ܡܘܗܝ ܕܡܫܝܚܐ ܘܚܕܝܘܬܐ
ܕܦܪܨܘܦܗ ܕܡܫܬܪܪܐ ܒܚܘ̈ܫܒܐ.

De distinctione specialitatum duarum naturarum et personarum Messiae et de unitate personae eius, quae confirmatur argumentis.

Ausserdem ist zu bemerken, dass der Text von Bl. 39b Zeile 2 bis zum Ende in 111 ܨܚܐ Absätze, deren Zahlen am Rande notirt sind, eingetheilt ist. Zu diesem so gegliederten Abschnitte findet sich am Anfang desselben auf dem Rande folgende Inhaltsangabe: ܣܗܕ̈ܘܬܐ
ܕܡܢ ܟܬ̈ܒܐ ܩܕ̈ܝܫܐ ܕܡܚ̈ܘܝܢ ܥܠ ܢܣܒܬܗ
ܕܟܝܢܐ ܐܠܗܝܐ ܡܢ ܟܝܢܐ ܐܠܗܝܐ ܘܡܟܣ̈ܢ
ܠܗܪ̈ܛܝܩܐ.

Testimonia ex Libris Sacris quae probant assumptionem naturae divinae ex natura divina et redarguunt hereticos.

Auf dem Rande finden sich vielfach kurze Inhaltsangaben, die ich hier zusammenstelle:

Bl. 2b ܥܠ ܫܘܒܠܐ ܕܢܡܘܣܐ ܟܝܢܝܐ

Bl. 6b ܥܠ ܡܠܕܗ ܐܢܫܝܐ ܕܡܫܝܚܐ

Bl. 7b ܥܠ ܦܘܪܫ ܫܘܬܦܗ ܕܟܝܢ ܕܝܢ
ܗܘܐ ܫܘܬܦܬܐ ܕܦܪܨܘܦ ܢܩܦ̈ܘܢ

Bl. 8a ܥܠ ܓܘܫܡܗ ܕܡܪܢ ܘܫܪܪܗ ܕܒܪܐ
ܡܫܝܚܐ

Bl. 9a ܥܠ ܚܕܝܘܬܗ ܕܡܫܝܚܐ ܕܡܬܚܫܚܐ
ܡܢ ܡܠܦܢܘܬܗ ܘܡܢ ܡܕܒܪܢܘܬܗ ܘܐܬܘ̈ܬܗ
ܘܐܬܕܡܪ̈ܬܗ ܕܥܒܪ

Bl. 11b ܥܠ ܦܝܣܐ

Bl. 12a ܥܠ ܗܕܝܢ ܐܘ̈ܕܬ ܕܡܘܬܗ ܕܡܪܢ
ܕܒܪܘܚܬܐ

Auf derselben Seite die Randnotiz

ܕܪܒܝ ܨܠܝܒܐ ܬܠܡܝܕܗ

Dieser sein Schüler *Ṣlibha* ist auch erwähnt in Nr. 69 (Sachau 72) nr. XVI.

Bl. 13b ܥܠ ܡܘܬܗ ܕܡܪܢ ܕܒܘܨܠܐ

Auf Bl. 21b eine Vergleichung der irdischen Hierarchie mit der himmlischen.

Bl. 23a ܥܠ ܫܘܬܐܣܬܐ ܕܬܪ̈ܝܢ ܐܪ̈ܙܐ ܩܕ̈ܝܫܐ
ܘܫܪܪ

s. oben.

Bl. 26a ܥܠ ܕܢܚܡܢ ܗܪܬܝܢ ܘܚܬܢ ܡܬܚܫܒ

Bl. 27a ܥܠ ܦܘܪܫ ܕܝܠܝ̈ܬܐ ܘܫܪܪ

s. oben.

Bl. 27b ܣܗ̈ܕܘܬܐ ܟܬ̈ܒܢܝܬܐ

Bl. 28b ܥܠ ܗܘܕܝܬܐ ܕܗܪ̈ܛܝܩܐ ܕܟܝܢ
ܟܝܢܐ ܡܪܕܝܐ ܘܡܫܬܘܫܐ ܡܘܕܝܢ ܒܒܪܬܐ
ܡܫܝܚܐ.

Bl. 33a ܣܗ̈ܕܘܬܐ ܐܦܘܕܝܩܛܝ̈ܩܝܬܐ ܕܠܐ
ܡܢܝܢ ܕܡܢ ܟܝܢܐ ܐܘ ܚܕ ܡܢ ܩܢܘܡܐ ܐܝܬܘ
ܡܫܝܚܐ.

Bl. 34a ܥܠ ܥܠܬܐ ܕܚܘܒܐ ܘܕܗܕܒܢܬܐ
ܕܟܝܢܐ ܐܢܫܝܐ ܒܓܘܢܐ ܕܡܫܝܚ ܠܐܘܡܢܬܐ
ܡܡܠܠܬܐ ܕܡܫܝܚܐ.

Bl. 37b ܥܠ ܗܘܦܟܐ ܕܐܬܦܩܕܘ ܡܢ
ܠܫܠܝܚܐ ܡܫܒܚܐ ܕܡܫܝܚܐ.

Auf Bl. 38a werden Mani, Marcion, Simon, Eutyches, Eunomius und Apollinaris citirt.

Bl. 39a ܣܗܕܘܬܐ ܕܡܢ ܟܬܒܐ ܩܘܕܫܐ
ܕܥܬܝ̈ܩܬܐ ܘܚܕܬ

s. oben.

Diese Testimonia sind aus allen Büchern des Alten und Neuen Testamentes gesammelt.

Jeder Kurrâs hatte ursprünglich 10 Blätter. K. I fehlt ganz; von K. II fehlen 3 Blätter, von K. III ein Blatt. Die folgenden Kurrâs sind vollständig. Von vielen Blättern sind oben Stücke abgerissen.

Unterschrift auf Bl. 82a:

ܐܫܬܠܡ ܕܝܢ ܟܬܒܐ ܗܢܐ ܒܫܢܬ ܐܠܦ ܘ
ܒܗ ܝܘܡ ܫܒܬܐ ܕܒܬܪ ܣܘܠܩܐ ܕܫܢܬܐ ܐܠܦ
ܘܐܫܬܡܠܝܬ ܘܫܪܪܝܢ ܘܫܠܡ ܠܫܘܠܡܗ ܗܘ.
ܐܬܟܬܒ ܕܝܢ ܟܬܒܐ ܗܢܐ ܒܝܕ ܡܫܬܠܡܗ
ܕܝܘܚܢܢ ܡܢܐ ܘܗܘ ܗܘܪܡܝܙܕ ܦܪܘܫܐ ܘܟܪ

Fortsetzung auf Bl. 82b oben zerstört:

ܐܒܘ̈ܗܝ ܣܗ̈ܕܐ ——————————
ܘܐܒܗ̈ܝ ܠܒܢ̈ܝ. ܡܪܢ ܐܠܝܐ ܦܛܪܝܪܟܐ
ܦܛܪܝܪܟܐ ܕܡܕܢܚܐ ܘܐܚܘܗܝ ܡܪܢ
ܚܢܢܝܫܘܥ ܐܦܝܣܩܘܦܐ ܡܛܪܦܘܠܝܛܐ.
ܢܛܪ ܡܪܝܐ ܠܛܠܝܘܬܗܘܢ ܘܢܘܪܟ ܚ̈ܝܝ
ܚ̈ܝܝܗܘܢ ܘܐܡܝܢ

ܟܬܒ ܕܝܢ ܘܦܫܩ ܘܐܚܕ ܠܐܠܗܐ ܗܠܝܢ
ܐܢܐ ܡܚܝܠܐ ܘܐܡܝܢ ܝܗܒ ܐܠܗܐ ܕܟܢܫ ܐܦܣܩܘ
ܒܪ ܡܢ ܩܫܝܫܐ ܬܐܘܡܐ ܒܪ ܢܝܚ. ܒܪ ܩܫܝܫܐ
ܬܐܘܡܐ ܒܪ ܩܫܝܫܐ ܐܒܪܗܡ ܒܪ ܩܫܝ ܬܐܘܡܐ
ܒܪ ܩܫܝ ܐܒܪܗܡ ܒܪ ܩܫܝ ܝܫܘܥ ܒܪ ܩܫܝ
ܡܢ ܩܪܝܬܐ ܒܪܝܬܐ ܕܐܝܙܢܝܫ ܘܡܬܩܪܝܐ
ܩܪܝܬ ܘܡܬܬܘܬܒܝܢ ܗܘܘ ܒܩܪܝܬܐ ܡܬܩܪܝܐ
ܩܪܬ ܕܒܐܬܪܐ ܕܢܝܪܘܐ ܕܪܝܟܢ. ܡܪܝ ܐܝܫܘ
ܐܝܟ ܠܛܠܝܘܬܐ ܐܦܐ ܕܡܫܘܚܬܗܘܢ ܐܡܝܢ.
ܟܬܒܬ ܕܝܢ ܐܢܐ ܡܚܝܠܐ ܝܗܒ ܐܠܗܐ

ܠܡܐܡܪ ܗܘܐ ܡܫܬܠܡܢܘܬܗ ܕܐܝܢ ܡܚܕܐ
ܘܐܬܩܝܡ ܒܝܘܡ ܫܒܬܐ ܡܢܐ ܫܢܝܐ
ܐܦܝܣ ܡܫܬܦܩܘ ܕܡܕܢܚܐ ܒܪ ܡܢܝܐ
ܡܢܝܢܐ ܠܗܘܢ ܐܦܝܣܩܘܦܐ ܡܚܝܠܐ ܘܐܡܝܢ

Danach ist diese Hds. vollendet den 9. Mai 1562 am Sonnabend nach Himmelfahrt, geschrieben im Kloster Rabban Hormizd zur Zeit des Patriarchen Elias und seines Bruders, des Bischofs *Hnânišô'*, »möge Gott ihre Jugend stützen und ihnen langes Leben geben«. Der Schreiber ist *Jabh'alâhâ*, ein Bischof, Sohn des Presbyters Thomas, Sohnes des sel. *Îšô'*, Sohnes des Presbyters Thomas, Sohnes des Presbyters Abraham, Sohnes des Presbyters *Îšô'*, Sohnes des Presbyters *Sabhrîšô'*, aus dem Dorfe *Izjâniš*. Zur Zeit des Schreibers war die Familie angesiedelt in dem Dorfe *Kârît* im Gebiete von *Nirwâ Derêkan*. Geschrieben ist das Buch für den oben genannten Bischof *Hnânišô'*, Sohn des sel. Archidiaconus *Giwargis*.

Auf Bl. 37a folgende Notiz in barbarischen Charakteren:

ܡܢ ܠܛܠܝܬܐ ܡܫܝܚܐ ܘܡܫܝܚܘܬܐ ܕܝܫܘܥ

Gut geschrieben und zumeist punktirt und vocalisirt.

82 Blätter (22 × 15 cm), die Seite zu 23 Zeilen.

83.

(Sachau 312.)

Besteht aus zwei Theilen:

A. ܟܬܒܐ ܕܡܪܓܢܝܬܐ ܥܠ ܫܪܪܗ
ܕܟܪܣܛܝܢܘܬܐ

Liber margaritae de veritate religionis Christianae von Ebedjesu.

Einleitung Bl. 1ᵇ. I. Theil Bl. 3ᵇ. II. Theil Bl. 8ᵇ. III. Theil Bl. 13ᵃ. IV. Theil Bl. 24ᵃ. V. Theil Bl. 33ᵇ—41ᵇ.

Nachschrift auf Bl. 41ᵇ und 42ᵃ. Datirt vom 20. *Âbh* A. Gr. [illegible] 1991 = 20. August 1680 n. Chr.; geschrieben im Kloster des h. Isaak bei *Bêth-Gausâ* in den Tagen des Catholicus Elias und des Bischofs Joseph von *Ǵezîre*, abgeschrieben aus dem Autograph des Verfassers, welches dieser in der Stadt [illegible] Khelat, in der Kirche der Nestorianer A. Gr. 1609 = 1298 n. Chr., geschrieben hatte. Der Schreiber nennt sich Presbyter *Abdallâh* (?), Sohn des *Ǵûnô*. Text:

[illegible] (Bl. 42ᵃ) [illegible]

Auf Bl. 1ᵃ von späterer Hand ein Lobpreis Gottes und eine Betrachtung über das jüngste Gericht.

B. Bl. 44ᵃ—63ᵃ [illegible]

Catalogus omnium librorum ecclesiasticorum, von demselben EBEDJESU. Herausgegeben und übersetzt von Assemani III S. 3—362.

Nach der Nachschrift auf Bl. 63ᵃ ist diese Hds. aus dem Autograph des Verfassers abgeschrieben. Text:

[illegible]

Theil *B* ist von derselben Hand geschrieben, also 1680 n. Chr.

Von Anfang bis Ende gut geschrieben und erhalten, reichlich vocalisirt und punktirt.

Auf einem Bindeblatt zu Anfang eine *Fellichi*-Notiz von Jeremias *Shâmîr*, nach der die Hds. früher einem Diaconus Thomas in *Bohtân* gehört hat:

[illegible]

63 Blätter (19,5 × 14,5 cm), die Seite zu 17 Zeilen.

---

[1] Am Rande für das im Text ausradirte Wort.

84.

(Sachau 4.)

ܟܬܒܐ ܕܡܪܓܢܝܬܐ ܕܥܠ ܫܪܪܐ ܕܟܪܣܛܝܢܘܬܐ

Liber margaritae de veritate religionis Christianae, von Ebedjesu, Bischof von *Ṣôbhâ* (Nisibis) und Armenien (gestorben 1318). Darstellung des Christenthums vom Nestorianischen Standpunkt. S. das Inhaltsverzeichniss bei Assemani III S. 352—360, die Ausgabe und Übersetzungen bei Wright, Syriac literature S. 286.

Einleitung Bl. 1ᵇ.

I. Theil Bl. 4ᵃ ܡܐܡܪܐ ܩܕܡܝܐ. ܬܐܘܪܝܐ ܕܥܠ ܐܠܗܐ

II. Theil Bl. 12ᵃ ܬܐܘܪܝܐ ܕܥܠ ܒܪܝܬܐ

III. Theil Bl. 19ᵃ ܬܐܘܪܝܐ ܕܥܠ ܡܕܒܪܢܘܬܐ ܕܡܫܝܚܐ

IV. Theil Bl. 37ᵇ ܬܐܘܪܝܐ ܕܥܠ ܐܪ̈ܙܐ ܥܕ̈ܬܢܝܐ

V. Theil Bl. 53ᵇ—68ᵇ ܬܐܘܪܝܐ ܕܗܠܝܢ ܕܥܠ ܥܠܡܐ ܕܥܬܝܕ ܡܬܒ̈ܥܢ

Nachschrift auf Bl. 68ᵇ ܐܫܬܠܡ ܕܝܢ ܟܬܒܐ ܗܢܐ ܡܪܓܢܝܬܐ ܒܝܪܚܐ ܫܒܛ ܚ̄ ܒܗ ܒܝܘܡ ܫܒܬܐ ܕܠܠܝܐ ܕܥܪܘܒܬܐ ܕܡܥܕܥܕܐ ܕܝ̈ܘܚܢܢ ܕܡܪܝ ܒܫܢܬ ܐܠܦ ܘܬܫܥܡܐ ܘܫܒܥܝܢ ܘܬܫܥ ܕܐܠܟܣܢܕܪܘܣ

Danach ist diese Hds. vollendet A. Gr. 1979 = 1668 n. Chr. den 8. Februar. Reichlich vocalisirt und punktirt.

68 Blätter (15,7 × 9,7 cm), die Seite zu 16 Zeilen.

85.

(Ms. orient. fol. 1201.)

Ein System der Theologie von einem ungenannten Verfasser in zwölfsilbigen Versen. Unvollständig am Anfang und nicht ohne Lücken im Innern. Es besteht aus Text und Commentar.

Der Text enthält 22 Abschnitte ܡܐܡܪ̈ܐ nach der Zahl der Buchstaben. Die Abschnitte haben alphabetische Anfänge und durchgehenden Reim. Unter einzelnen Buchstaben finden sich auch mehrere Abschnitte (bis zu drei). Eigenthümlich ist dem Verfasser eine weit getriebene Vorliebe für Griechische Wörter, die durch zwischen den Zeilen beigefügte Syrische erklärt worden sind. Vergl. Nr. 63, Gedicht 118.

Der Commentar oder die Erläuterungen ܦܘܫܩ̈ܐ sind äusserlich dadurch von dem Text unterschieden, dass sie von rothen Linien eingeschlossen sind, vergl. Bl. 16ᵃ am Rande: ܟܠ ܕܫܚܢ ܠܗ ܣܘܪܛܐ ܕܣܘܡܩܐ ܦܘܫܩܐ ܗܘ.

Diese Anmerkungen sind beachtenswerth wegen der grossen Zahl von zum Theil sehr ausführlichen Citaten aus verschiedenen Schriftstellern, die sie enthalten. S. das Verzeichniss derselben weiter unten. Der Verfasser hat hier auch eigene Gedichte hinzugefügt, deren Anfangsbuchstaben gewisse Sätze bilden (z. B. Bl. 66ᵃᵇ).

Der Verfasser ist mir unbekannt. Wenn der Bl. 104ᵃ genannte ܡܪܝ ܥܒܕܝܫܘܥ ܕܨܘܒܐ der bekannte, 1318 gestorbene Verfasser des Catalogus librorum ist, muss der Verfasser dieser Schrift nach seiner Zeit, nach 1318 gelebt haben.

Inhalt:

1. ܡܐܡܪܐ ܕܐܠܦ. Davon vorhanden Bl. 1, 3—5ᵃ Z. 13. Von den Blättern 1 und 2 gehört

das letztere nicht hierher, sondern ist zwischen Bl. 48—107 einzufügen. Ob Bl. 1 an der richtigen Stelle steht, ist zweifelhaft; jedenfalls ist zwischen Bl. 1—3 der Zusammenhang unterbrochen.

Letzter Vers dieses Abschnittes:

ܬܘ ܒܢ̈ܝܐ ܢܣܒܘ ܘܬܗܘܪܐ ܒܣܒܪܬܐ ܠܡܬܘܬܐ.

2. Bl. 5ª ܡܐܡܪܐ ܕܬܪܝܢ
ܥܠ ܒܪܝܬܗ ܕܥܠܡܐ ܘܡܠܐܟ̈ܐ ܘܢܘܗܪܐ
ܘܫܡܝܐ.

Von der Erschaffung der Welt, der Engel, des Lichtes und Himmels. Anfang:

ܒܫܘܒܚܗ ܐܒܐ ܕܠܐ ܡܫܡܫܝܢ ܘܠܗ ܗܘ ܠܐ ܐܝܬ.

3. Bl. 8ª ܡܐܡܪܐ ܕܬܠܬ ܥܠ ܬܠܬܒܫܒܐ
ܘܥܠ ܡܘܒܠܬܐ ܕܙܪ̈ܥܐ ܘܥܠ ܐܝܠܢ̈ܐ ܘܥܠ
ܦܪܕܝܣܐ.

Vom Dienstag, vom Wachsen der Saat, von den Bäumen, vom Paradies.

4. Bl. 10ª ܡܐܡܪܐ ܕܐܪܒܥ ܥܠ ܒܪ̈ܝܬܐ
ܘܪ̈ܚܫܐ ܕܡ̈ܝܐ ܘܦܪܚܬܐ ܕܚܡܫܒܫܒܐ

Von den Creaturen, dem was im Wasser kriecht, und den Vögeln, am Donnerstag.

5. Bl. 11ª ܡܐܡܪܐ ܕܚܡܫ ܥܠ ܒܪܝܬܐ ܕܚܝܘܬܐ
ܘܒܥܝܪܐ ܘܪ̈ܚܫܐ ܒܠܗ ܒܝܘܡܐ ܕܫܬܐ

Von der Erschaffung von Thier, Vieh und Gewürm am sechsten Tage.

6. Bl. 11ᵇ ܡܐܡܪܐ ܕܫܬ ܡܦܝܣ ܒܪܘܚܐ
ܡܥܒܕܢܐ ܘܒܪܝܬܗ ܕܐܕܡ

Captatio benevolentiae des Autors und Erschaffung Adam's. Die ungewöhnlich zahlreichen Griechischen Wörter dieses Abschnittes sind zwischen den Zeilen durch Syrische erklärt.

7. Bl. 14ª ܡܐܡܪܐ ܕܫܒܥ ܥܠ ܒܪܝܬܗ ܕܚܘܐ
ܘܕܥܒܪܘ ܥܠ ܦܘܩܕܢܐ ܐܠܗܝܐ ܘܐܬܛܪܕܘ
ܡܢ ܦܪܕܝܣܐ

Von der Erschaffung Eva's, dass sie das göttliche Gebot übertraten und aus dem Paradiese verjagt wurden.

8. Bl. 22ᵇ [ܡܐܡܪܐ ܕܬܡܢܐ] ܥܠ ܥܣܪܐ
ܕܪ̈ܐ ܘܛܘܦܢܐ ܘܒܢܝܢ ܡܓܕܠܐ

Von den zehn Generationen, der Fluth und der Erbauung des Thurmes.

9. Bl. 28ᵇ ܡܐܡܪܐ ܕܬܫܥܐ ܦܪܘܠܓܘܣ
ܕܡܕܒܪܢܘܬܐ ܕܡܫܝܚܐ

Prolog über die Heilsleitung durch Christus.

10. Bl. 29ª ܡܐܡܪܐ ܕܥܣܪ ܥܠ ܣܘܒܪܐ
ܕܒܛܢܗ ܕܡܪܬܝ ܡܪܝܡ

Ankündigung des Empfängnisses der Maria.

11. Bl. 29ᵇ ܡܐܡܪܐ ܕܚܕܥܣܪ ܥܠ ܡܘܠܕܗ
ܕܡܪܢ ܕܒܒܣܪ

Von der leiblichen Geburt Christi.

Bl. 31ª ܡܐܡܪܐ ܐܚܪܢܐ ܕܚܕܥܣܪ ܥܠ ܡܘܠܕܗ
ܕܡܪܢ ܘܥܠ ܡܐܬܝܬܐ ܕܪ̈ܥܘܬܐ

Von der Geburt Christi und dem Kommen der Hirten.

12. Bl. 39ª ܡܐܡܪܐ ܕܬܪܥܣܪ ܥܠ ܕܢܚܗ
ܕܡܪܢ

Von der Epiphanie Christi.

13. Bl. 45ª ܡܐܡܪܐ ܕܬܠܬܥܣܪ ܥܠ ܡܥܡܘܕܝܬܐ
ܩܕܝܫܬܐ ܘܥܣܪܐ ܪ̈ܝܫܐ

Von der h. Taufe und den zehn Häuptern.

14. Bl. 46ª ܡܐܡܪܐ ܕܐܪܒܥܣܪ ܥܠ ܨܘܡܗ
ܕܡܪܢ ܘܕܐܬ̈ܘܗܝ ܕܥܡ ܣܛܢܐ ܘܙܟܘܬܐ
ܫܒܝܚܬܐ ܕܐܝܗܒ ܠܢ

Vom Fasten Christi, seinen Kämpfen mit dem Satan und dem Sieg, den er uns geschenkt.

Bl. 48 folgt auf Bl. 106.

15. Bl. 53ᵇ ܡܐܡܪܐ ܕܚܡܫܬܥܣܪ ܥܠ ܐܘܠܨܢܐ
ܕܐܬܢܣܝ ܘܥܠ ܚܝ̈ܠܐ ܘܐܬܘ̈ܬܐ ܕܥܒܕ ܡܪܢ
ܒܠܘܬ ܥܡܐ ܕܡܕܒܪܢܘܬܗ ܒܬܪ ܡܫܝ̈ܚܐ

Von der Wahl der Schüler und den Zeichen und Wundern, die Christus gethan in den drei Jahren seiner Regierung, in besonderen Abschnitten.

Bl. 54ᵃ ܡܕܪܫܐ ܐܚܪܢܐ ܕܩܘܒܠܐ ܠܘܩܒܠ ܗܪ̈ܛܝܩܐ

Gegen die Häretiker.

16. Bl. 55ᵇ ܡܕܪܫܐ ܕܥܠܬܐ ܥܠ ܡܥܠܬܗ ܕܡܪܢ ܠܐܘܪܫܠܡ

Vom Eintritt Christi in Jerusalem.

17. Bl. 58ᵃ ܡܕܪܫܐ ܕܦܨܚܐ ܥܠ ܦܨܚܗ ܕܡܪܢ

Über das Abendmahl Christi.

18. Bl. 60ᵃ ܡܕܪܫܐ ܕܟ̈ܐܒܐ ܥܠ ܚܫܘܗܝ ܕܡܪܢ

Vom Leiden Christi.

19. Bl. 72ᵇ ܡܕܪܫܐ ܕܥܘܦ ܥܠ ܝܘܡ ܫܒܬܐ

Vom Sabbath.

Bl. 76ᵃ ܡܕܪܫܐ ܐܚܪܢܐ ܕܥܘܦ ܒܥܘܬܐ ܘܫܘܒܚܐ ܘܥܠ ܨܠܝܒܐ ܡܦܪܩܢܐ

Gebet und Lobpreis, und vom Kreuze.

Bl. 78ᵇ ܡܕܪܫܐ ܐܚܪܢܐ ܕܥܘܦ ܥܠ ܩܝܡܬܗ ܕܦܪܘܩܢ

Von der Auferstehung Christi.

20. Bl. 87ᵃ ܡܕܪܫܐ ܡܫܝܚܝܐ ܕܪܫ ܥܠ ܡܕܒܪܢܘܬܐ ܡܫܝܚܝܬܐ ܒܦ̈ܣܩܐ ܡܫ̈ܚܠܦܐ. ܡܛܠܗܝ ܥܠ ܩܝܡܬܐ ܘܣܘܠܩܐ.

Von der Messianischen Heilsordnung in besonderen Abschnitten, besonders von Auferstehung und Himmelfahrt.

Bl. 90ᵇ ܡܕܪܫܐ ܐܚܪܢܐ ܕܪܫ ܥܠ ܣܘܠܩܗ ܕܡܪܢ ܠܫܡܝܐ

Von der Himmelfahrt Christi.

21. Bl. 98ᵃ ܡܕܪܫܐ ܕܢܚܬ ܥܠ ܡܚܬܗ ܕܪܘܚܐ ܕܥܠ ܫܠܝ̈ܚܐ

Vom Herabkommen des Geistes auf die Apostel.

22. Bl. 103ᵇ ܡܕܪܫܐ ܕܚܘܒ ܥܠ ܦܢܛܩܘܣܛܐ

Von Pfingsten.

Bl. 104ᵇ ܡܕܪܫܐ ܐܚܪܢܐ ܕܚܘܒ ܕܥܠ ܡܬܐܡܗ ܕܒܬܪ ܐܪܒܥܝܢ

Die richtige Reihenfolge der Blätter ist diese: Bl. 106. 48. 2. 107. 108.

Bl. 48ᵇ ܡܕܪܫܐ ܐܚܪܢܐ ܕܚܘܒ ܥܠ ܩܝܡܬܐ ܘܚܘܕܬܐ

Von der Auferstehung und der Erneuerung.

Bl. 2ᵇ ܡܕܪܫܐ ܕܒܥܘܬܐ ܕܚܘܒ ܒܥܘܬܐ ܘܨܠܘܬܐ ܕܥܠ ܥܕܬܗ ܩܕܝܫܬܐ ܕܡܫܝܚܐ

Bitte und Gebet für die heilige Kirche Christi.

Da die Anfänge der Blätter zum Theil zerstört sind, so sind die Störungen und Lücken in der Reihenfolge derselben nicht immer mit Sicherheit zu erkennen. Von Kurrâs ܒ und ܚ fehlt je ein Blatt, K. ܗ hat 3 Blätter zu viel; auch K. ܐ ist nicht in Ordnung, es kann aber zu Anfang nicht viel fehlen.

In dem Commentar, den ܦܘܫܩܐ, werden folgende Schriftsteller citirt:

Joseph, Metropolit von Arbel Bl. 3ᵃ.

Timotheus Catholicus Bl. 4ᵇ. 25ᵇ.

Elias von Nisibis ܨܘܒܐ Bl. 4ᵇ.

Theodorus von Mopsuestia, genannt ܡܦܫܩܢܐ oder ܗܪܡܢܝܐ Bl. 16ᵃ. 37ᵇ. 38ᵇ. 41ᵃ. 41ᵇ. 43ᵇ. 47ᵇ. 49ᵇ. 53ᵃ. 59ᵇ. 70ᵇ. 72ᵇ. 90ᵇ. 98ᵃ. 100ᵃ.

Narses Bl. 17ᵃ. 20ᵇ (ܒܡܐܡܪܐ). 50ᵇ. 52ᵃ. 57ᵇ. 79ᵇ. 92ᵇ. 97ᵃ. 99ᵃ.

Johannes aus Finek ܡܪܝ ܝܘܚܢܢ ܦܢܟܝܐ Bl. 18ᵃ. 20ᵃ. 30ᵃ. 31ᵇ. 39ᵃ. 44ᵃ. ܒܪ ܦܢܟܝܐ 19ᵃ (ܒܪ ܦܢܟ̈ܝܐ?). 44ᵇ. 51ᵃ. 52ᵃ (ܒܪ ܦܢܟ̈ܝܐ). 52ᵇ. 53ᵇ. 92ᵃ. 102ᵃ. 104ᵇ. 106ᵃ.

Abhâ aus *Kaškar* ܡܪܝ ܐܒܐ ܟܫܟܪܝܐ Bl. 20ᵃ. 31ᵃ. 34ᵃ. 34ᵇ. 35ᵇ. 36ᵃ. 37ᵃ. 37ᵇ.

Ḥndnišô' patriarcha aus Merw ܡܪܘܙܝ Bl. 21ᵃ. 50ᵇ. 53ᵃ. 61ᵃ. 79ᵇ. 104ᵃ.

Îšô'dâdh, Bischof von *Ḥedhattâ* aus Merw ܡܪܘܙܝ Bl. 21ᵃ. 24ᵃ. 25ᵃ. 35ᵃ. 35ᵇ. 36ᵇ. 37ᵃ. 40ᵃ. 40ᵃ. 41ᵃ. 43ᵇ. 52ᵇ. 54ᵃ. 59ᵃ. 62ᵇ. 68ᵇ. 70ᵇ. 74ᵃ. 88ᵃ.

Marcus ܐܒܐ ܡܪܩܘܣ monachus Bl. 21ᵇ. 45ᵇ. 51ᵃ. 104ᵇ.

Spelunca thesaurorum ܡܥܪܬ ܓܙܐ Bl. 22ᵃ.

Johannes, der Schüler des Narses, Bl. 26ᵇ.

Der Verfasser selbst. ܣܗܕܐ Bl. 27ᵃ. 29ᵇ. 30ᵃ. 33ᵇ. 35ᵃ. 36ᵇ. 37ᵇ. 38ᵃ. 40ᵃ. 40ᵇ. 42ᵇ. 43ᵇ. 46ᵃ. 49ᵇ. 50ᵃ. 53ᵃ. 57ᵃ. 59ᵃ. 60ᵃ. 61ᵇ. 62ᵃ. 63ᵃ. 64ᵇ. 66ᵃ. 67ᵃ. 72ᵃ. 77ᵃ. 77ᵇ. 78ᵃ. 81ᵃ. 82ᵇ. 83ᵃ. 85ᵃ. 85ᵇ. 86ᵃ. 88ᵃ. 88ᵇ. 90ᵃᵇ. 92ᵇ. 94ᵇ. 97ᵇ. 100ᵇ. 102ᵇ. 103ᵃ. 104ᵃᵇ.

Simeon *Šanḳelâwî* Bl. 30ᵃ. 40ᵇ. 72ᵃ.

Rabban Emmanuel Bl. 33ᵇ. 50ᵇ. 53ᵇ. 66ᵃ. 74ᵃ. 94ᵃ. 100ᵃ. 101ᵃ. 106ᵃ.

Michael ܒܕܘܡܐ Bl. 33ᵇ. 63ᵇ.

ܙܪܕܘܫܬ — ܒܠܥܡ — Hermes — Agathadämon ܐܓܐܬܘܕܝܡܘܢ — Sibylle ܣܒܝܠܐ Bl. 33ᵇ.

Ephraem Bl. 36ᵇ. 37ᵃ. 41ᵃ. 53ᵃ. 59ᵃ.

Bâbhai Persa, auch ܒܒܝ ܪܒܐ Bl. 36ᵇ. 53ᵃ. 100ᵇ.

Johannes Chrysostomus Bl. 38ᵃ. 59ᵃ. 103ᵇ.

Elias *Debhadhemê* ܐܠܝܐ ܕܒܒܕܘܗ Bl. 40ᵃ, ܚܣܝܐ ܕܒܕܘܗ 61ᵇ.

Joseph aus *Ḥazzâ* ܝܘܣܦ ܚܙܝܐ Bl. 41ᵃ.

Catarensis ܩܛܪܝܐ Bl. 41ᵇ. 44ᵇ.

Diatesseron ܕܕܝܐܛܣܪܘܢ. Bl. 41ᵃ ܡܢ ܬܘܠܕܬܗ ܠܡ ܕܟܝܐ ܘܫܠܝܐ ܕܦܓܪܐ.

Bl. 44ᵃ ܕܕܝܐܛܣܪܘܢ. ܗܘܢܐ ܐܣܝܐ ܐܘܠܕܬ.
ܘܥܠ ܗܘܕܝܐ ܐܬܩܪܝ ܚܝܐ ܚܘܪܬܐ ܘܐܬܚܙܝܘ
ܫܠܝܬܐ ܡܢܬܐ ܕܪܘܚܐ ܒܗ ܡܫܝܚܐ ܒܐܝܕ.
ܘܗܘܕܝܐ ܗܘ ܒܫܠܝܐ ܡܢ ܡܪܝܡܬܗ. ܒܗ
ܠܐ ܐܬܚܙܝܬ ܡܘܬܐ. ܘܪܘܚܐ ܕܩܘܕܫܐ ܕܡܪܢܐ
ܦܠܚ ܗܘܐ. ܘܫܡܫܐ ܡܬܦܬܚ ܘܕܝܪܐ.

Thomas Edessenus Bl. 42ᵃ.

Theodorus ܒܪ ܟܘܢܝ Bl. 42ᵃ. 74ᵃ.

Bâbhai der Jüngere ܡܪܝ ܒܒܝ ܙܥܘܪܐ Bl. 43ᵇ.

Evagrius Bl. 45ᵇ.

Gregorius Theologus Bl. 46ᵃ.

Hiob und Gabriel ܩܛܪܝ̈ܐ Bl. 57ᵃ.

Hiob ܩܛܪܝܐ Bl. 64ᵃ.

Gabriel ܩܛܪܝܐ Bl. 87ᵃ. 92ᵇ.

Hippolytus ܐܦܘܠܝܛܘܣ — Eusebius aus Caesarea — Epiphanius — Irenäus, Bruder des Ignatius ܐܝܪܝܢܐܘܣ ܐܚܘܗܝ ܕܐܝܓܢܐܛܝܘܣ Bl. 59ᵃ.

ܡܪܝ ܐܦܪܝܡ ܣܘܪܝܐ ܘܐܢܛܝܘܟܝܐ Bl. 65ᵃ.

Isaak, Bischof von Ninive Bl. 67ᵇ.

Ḥnânîšô' paralyticus ܚܢܢܝܫܘܥ ܡܫܪܝܐ Bl. 68ᵇ.

ܣܒܪܝܫܘܥ ܕܩܘܠܝܣ Bl. 70ᵇ.

Jôḥannân Bar *Zo'bî* Bl. 71ᵇ. 82ᵃ. 89ᵃ. 97ᵃ. 100ᵇ. 104ᵃ.

Elias von Anbar Bl. 72 (am Rande).

ܦܪܘܒܘܣ Bl. 72ᵃ.

Josephus Bl. 77ᵇ.

Ephraem junior ܐܦܪܝܡ ܙܥܘܪܐ, der Schüler des Cyrillus, Bl. 82ᵇ.

Bartholomäus ܒܪ ܬܘܠܡܝ Bl. 86ᵃ.

Timotheus II. Bl. 86ᵇ.

Dionysius Bl. 92ᵇ.

'Abhdîšô' ܡܪܝ ܥܒܕܝܫܘܥ ܚܙܝܐ ܘܡܦܫܩܢܐ Bl. 92ᵇ. 96ᵃ.

Sûrîn ܒܪ ܣܘܪܝܢ, der Übersetzer von Nisibis ܡܦܫܩܢܐ ܕܢܨܝܒܝܢ — ܦܘܩܝ — *Kûmî* ܩܘܡܝ der Übersetzer Bl. 92ᵇ.

Diodorus Bl. 93ᵃ.

Basilius Bl. 103ᵇ.

'Abhdîšô' von Nisibis Bl. 104ᵃ.

Folgende Nachschrift auf Bl. 107ᵇ. 108ᵃ:

ܫܠܡܬ ܒܫܠܡܐ ܟܬܒܐ. ܟܬܝܒ ܒܝܕ ܚܢܢ
ܡܫܝܚܐ ܘܡܪܝ. ܥܒܕ ܗܕܐ ܐܠܗܐ ܘܐܠܗܝܢ.
ܘܦܓܪܐ ܠܡܘܬܐ ܡܫܒܚܐ ܘܡܪܝ. ܐܬܟܬܒ ܗܝ
ܒܝܕ ܒܡܕܝܢܬܐ ܘܡܪܝ ܕܒܝܬ ܡܕܝܢܬܐ ܕܡܪܝ
ܒܝܘܡ ܘܡܪܝ. ܐܬܟܬܒ ܕܝܢ ܒܫܢܬ ܐܠܦܐ

ܘܡܪܝ ܦܛܪܝܪܟܘܣ ܕܡܕܢܚܐ[1] ܘܡܪܝ ܡܛܪ.
ܣܣܝܡܘܣ ܐܦܝܣܩܘܦܐ ܘܡܪܝ ܟܗܢ ܕܝܢ ܡܣܟܢܐ
ܘܫܡܫܐ ܘܡܪܝ ܩܫܝܫܐ ܕܝܠܗ ܣܠܝܐ ܘܡܪܝ ܟܕ
ܩܫܝܫܐ ܫܠܝܡܘܢ ܘܗܘܐ. ܡܢ ܫܪܒܬܐ ܐܣܛܙܢܝܐ
ܘܡܪܝ. ܐܦܣܩܘܦܐ ܠܥܠܡܐ ܗܘ ܐܝܬ ܘܡܪܝ. ܡܬܩܪܝܐ
ܡܫܡܫ ܡܫܝܚܐ ܘܡܪܝ ܝܥܩܘܒ ܕܬܪܓܘܪ ܒܕܪܒܢܕ.
ܕܬܪܓܘܪ ܒܝܘܡ ܗܘ ܡܫܬܡܠܝܐ. ܐܬܟܬܒ
ܒܡܕܝܢܬܐ ܕܝܥܩܘܒ. ܕܒܝܬ ܒܗ ܘܐܬܬܪ ܗܘܐ.
ܕܝܘܠܝ ܐܦ ܠܐܝܟܘܠܢܩܝܗ. ܒܝܘܡܘܗܝ
ܘܒܝܘܡܝܗܘܢ ܘܡܪܝ

Danach ist die Hds. geschrieben zu Darband, der Stadt des h. Jacob, des Bruders Christi, von dem Priester David, Sohn des Priesters Salomo aus einer Familie, die genannt wird *Estaznâjâ* (aus *Estaz?*), zur Zeit eines Bischofs *Ḥnânîšô'*, für Rechnung eines Diaconus Jacob zu *Targâwar*. Vollendet im Juli 2036 = 1725 n. Chr.

Der Text ist vollständig vocalisirt und punktirt. Bl. 49 ist an der Innenseite abgerissen.

108 Blätter (30 × 21 cm), die Seite zu 26 Zeilen.

86.

(Sachau 118.)

Bruchstücke.

I. Bl. 1—5[b]. Zwischen Bl. 1 und 2 ist kein Zusammenhang, und Bl. 1 ist von jüngerer Hand geschrieben. Nach dem Inhalt zu urtheilen, können Bl. 1 und Bl. 2—5 Theile einer und derselben Schrift sein.

Fragment einer Schrift, einer Erläuterung zum Nicaenischen Glaubensbekenntniss (?) mit Polemik gegen die Lehren des Arius, Simon, Mani und Macedonius. Anfang von Bl. 1[a]:

ܘܗܘ ܕܒܪܐ ܡܬܝܠܕ. ܐܘ ܐܠܗܐ ܗܘ.
ܐܘ ܠܐܬܐ ܗܘ. ܘܠܐܘ ܡܠܟ ܐܝܬܘܗܝ.
ܠܗ ܐܠܗܐ ܗܘ. ܕܗܘ ܕܟܠ ܐܠܗܐ
ܡܬܩܪܐ. ܘܟܠ ܐܠܗܐ ܕܐܝܬܘܗܝ. ܘܟܠ
ܐܠܗܐ ܚܕ ܗܘܝܐ. ܘܟܠܗܘܢ ܗܠܝܢ
ܗܘܝܢ ܐܝܟ ܕܐܡܪ ܘܡܪܝ

Anfang von Bl. 2[a]:

ܕܟܠܗܝܢ ܒܪܝܬܐ. ܗܘ. ܡܫܝܚܐ ܕܠܐ ܐܢܫܐ
ܐܠܗܝܬܐ. ܘܡܘܕܐ ܕܐܢܫܐ ܡܫܝܚܐ. ܗ ܒܡܘܕܐ
ܕܟܠ ܒܪܝܬ ܘܡܘܡܝܢ ܕܒܐܝܕܝܗ ܐܬܬܩܢ
ܟܠܗܝܢ. ܘܐܬܒܪܝ ܟܠ ܡܕܡ.

Die patres Nicaeni werden bezeichnet als ܐܒܗ̈ܬܐ.

II. Bl. 6. Naturhistorisches, ähnlich den Angaben des Physiologus:

ܟܠܗܘܢ ܒܥܝܪܐ ܒܚܕܪܝܗ ܥܦܪܐ ܘܟܠܐ. ܘܦܪܚܬܐ
ܗܝ ܕܝܠܗܘܢ ܐܝܬ ܕܒܥܝܢ ܩܪܒܐ ܒܚܝܘܬܐ
ܐܝܟ ܐܝܟ ܕܐܢܫܐ ܡܦܪܣܐ. ܘܡܪܚܬܐ ܐܢܫܐ
ܒܚܝܐ ܐܝܟ ܐܝܟ ܢܦܫܐ ܘܡܘܕܪܐ. ܐܘ ܚܝܘܬܐ
ܗܠܝܢ ܐܝܟ ܡܪܘܬܐ ܘܡܪܝܬܐ. ܘܚܝܘܬܐ
ܕܦܪܚܬܐ ܡܢ ܐܪܥܐ ܡܫܬܟܚܝܢ. ܐܝܟ ܬܘܪܐ.
ܘܚܝܘܬܐ ܒܥܝܪܐ ܐܝܟ ܦܪܐ ܘܚܙܝܪܐ
ܘܕܒܝܐ. ܘܚܝܘܬܐ ܢܟܝܐ ܐܝܟ ܚܘܪܒܐ.
ܘܚܝܘܬܐ ܡܫܬܟܚܢ ܐܝܟ ܕܐܒܐ. ܘܚܝܘܬܐ ܘܢܡܪܐ
ܘܕܝܒܐ ܘܦܪܐ ܐܝܟ ܚܘܬܐ (Bl. 6[b]) ܘܡܫܬܟܚ
ܗܘܦܢܝܐ ܐܪܥܐ. ܕܝܫܝ ܗܘ ܡܫܬܟܚܐ
ܘܬܢܝܢܐ. ܘܝܬܝܪ ܕܠܫܡܐ ܡܢ ܐܪܥܐ ܚܘܪܐ
ܘܚܝܘܬܐ. ܘܡܢ ܚܝܘܬܐ ܡܫܬܟܚ ܫܠܕܐ.
ܘܦܘܠܦܘܠܐ ܗܘ ܐܝܬܘܗܝ. ܘܡܫܬܟܚܝܢ ܒܬܠܬ
ܒܪܝܐ ܡܬܩܪܐ. ܘܢܦܫܐ ܕܡܘܬܐ ܠܐ ܝܕܥ
ܠܡܬܘܡܝܘ ܠܕܒܪܐ ܕܢܦܫܐ. ܐܠܐ ܡܢ
ܡܕܡܟܢ. ܘܝܬܝܪܐ ܗܢܘܢ ܠܥܘܦܐ ܦܪܚܬܐ
ܕܚܝܘܬܐ. ܘܟܠ ܚܕ ܡܢ ܕܥܦܪܐ ܚܠܒ.
ܘܟܠ ܚܝܘܬܐ ܢܝܫܐ. ܘܟܠ ܚܕ ܠܦܫܐ
ܦܫܛܝܢ ܘܡܬܕܒܪܐ. ܘܡܬܘܡܝܢܘܢ ܪܥܝܢ
ܪܥܝܢܐ (Bl. 7[a])

[1] Der Name des Patriarchen ist nicht mehr erhalten.

III. Bl. 7. 8. Ohne Zusammenhang zwischen den beiden Blättern. Erzählungen von Mirabilia ܬܫܥܝ̈ܬܐ. ܬܕܡܪ̈ܬܐ (عجائب). Erste Erzählung:

ܬܫܥܝ̈ܬܐ ܐܝܬ ܒܓܙܪ̈ܬܐ ܡܕܢܚ̈ܝܬܐ ܠܘܩܒܬܐ
ܣܓܝ ܕܡܬܩܪܝܐ ܓܕܫ̈ܝ. ܘܐܝܬ ܒܗ ܚ̈ܝܘܬܐ
ܦܠܓ̈ܢܝܬܐ. ܕܒ̈ܣܪܗܘܢ ܐܝܟ ܩ̈ܠܦܐ. ܘܟܕ ܢܣܒܝܢ
ܠܗܘܢ ܒܥܠܕܒ̈ܒܐ ܢܟܠܘܢ ܘܢܫܒܘܢ
ܒܢܗܪܐ ܕܐܝܟ ܗܟܢ. ܘܡܬܚܒܠܝܢ ܥܠ
ܣܠܐ ܕܝܗܘܐ ܕܡܢܗ ܘܣܝܐ. ܘܠܐ ܒܢܐ
ܒܗܘܢ ܠܐܪܐ ܘܠܐ ܪܘܡܐ ܘܠܐ ܗܘܐ.
ܘܠܘܢ ܐܝܟ ܡܢ ܚ̈ܝܘܬܐ ܢܦܫܬܐ ܠܒ̈ܢܝܗܘܢ
ܒܘܢܐ ܕܝܘܡܬܐ. ܒܪ ܥܕܢܐ ܡܢܗ.

Von einer Insel im ܓܙܪܬܐ ܕܡܥܪܒܐ, von wunderbaren Geburten, von einem Baum ܐܝܠܢܐ ܕܦܩܥ̈ܘܬܐ, auf dem Menschen und Vögel wachsen, die von einem aus dem Meere kommenden Thiere gefressen werden. Von einem Manne, der sich in Bagdad verheirathete und mit seiner Frau nach *Tûs* ging: dort concipirte sie, trug aber das Kind 24 Monate bei sich; als es geboren wurde, hatte es Zähne.

Auf Bl. 8ª wird als ein Erzähler ein Priester Cyriacus aus Mosul genannt.

IV. Bl. 9—13. Zwischen Bl. 10—11. 11—12 ist der Zusammenhang unterbrochen. Bruchstück einer Schrift über die Schöpfungstage.

Bl. 9ª Schluss des 4. Abschnittes über die Wunder des zweiten Tages.

Bl. 9ᵇ ܫܘܠܡܐ ܕܡܫܡܐ ܡܛܠ ܬܕܡܪ̈ܬܐ ܕܝܘܡܐ ܕܬܠܬܐ.

Bl. 13ª ܫܘܠܡܐ ܚܡܝܫܝܐ ܡܛܠ ܬܕܡܪ̈ܬܐ ܕܝܘܡܐ ܕܐܪܒܥܐ.

Anfang:

ܕܚܡܝܫܝܐ ܕܐܠܗܐ ܘܡܫܡܝܢܐ ܕܒܪܝܢ ܐܝܟ ܕܒܗ
ܚܝܘܬܗ. ܘܡܛܠ ܡܢܐ ܕܠܒܒ ܡܢ ܚܫܟܐ.
ܡܕܝܢܬܐ ܐܬܚܙܝܬ. ܘܠܦܘܪܣܘܣ ܕܝܘܡܐ
ܐܡܪܢ ܕܦܠܚܐ ܐܝܟ. ܘܒܟܐ ܒܫܠܝܘܬ

ܐܡܪ. ܕܝܢ ܠܒ̈ܢܝ ܡܢ̈ܝ ܡܕܝܢ. ܘܠܐ ܗܘܐ
ܡܛܠ ܕܐܬܚܙܝ ܡܬܠܒܬܗܘܢ ܕܡܫܡܫ̈ܢܐ
ܐܝܟ. ܗܘ ܠܒܪ ܐܦ ܕܫܡܫܐ ܡܫܡܫܝܢ ܫܡܫܗ
ܕܐܠܗܐ ܒܫܡܫ ܡܢ ܠܐ ܡܬܠܠܝܢ ܘܫܪܐ

Anfang des 6. Abschnittes:

ܗܕܐ ܫܘܠܡܐ ܫܬܝܬܝܐ ܕܡܛܐ ܠܘܩܒܠ ܠܫܘܠܛܢܐ
ܕܐܠܗܐ. ܘܡܛܠ ܠܫܘܠܛܢܐ ܕܠܠܝܐ. ܒܟܢ
ܫܪܒܐ ܕܫܡܫܐ ܠܬܪܬܝܢ. ܘܫܡܝܐ ܕܒܪܝܐ
ܢܗܘܪܐ ܠܐܢܫܐ ܢܘܗܪܐ ܒܫܡܫܐ ܡܕܡܐ
ܒܝ ܐܢܝ ܘܒܢܝܐ ܘܪܒܐ ܒܪܐ ܘܫܪܐ

Zu diesem Abschnitt IV gehören wahrscheinlich auch die Blätter 24. 27. 28. 29.

V. Bl. 14—27. Bruchstück einer Beschreibung des menschlichen Körpers und seiner einzelnen Theile. Anfang:

ܘܠܐ ܪܒܝܬ ܢܦܫܗ. ܗܠܝܢ ܐܝܟܢ ܐܪ̈ܒܥܐ
ܘܪ̈ܒܘܗܝ ܕܒܪܢܫܐ. ܘܐܝܟ ܕܐܡܪܘܗܝ ܘܪܒܗ
ܗܒܢܐ ܐܦ ܡܘܙ̈ܠܗܝ ܘܐܒܪ̈ܗܝ
ܘܐܣܛܘܟܣ̈ܘܗܝ ܘܠܘܩ̈ܘܗܝ ܘܡܫܠܡܘܬ̈ܗ.
ܘܡܛܠ ܕܟܠ ܒܗܪܐ ܐܝܟ ܘܪܒܗ ܗ̇ܘܐ. ܕܐܦ
ܣ̈ܘܟܐ ܕܝܢ ܘܬܡܢܪܐ. ܒܣܡ ܘܪܒܐ ܕܗܠܝܢ
ܕܡܢܗ ܡܫܡܠܝܢ ܗ̇ܘܝܢ ܐܘܒܕ̈ܢܐ ܘܫܘܪ̈ܐ
ܘܫܘܡܠ̈ܝܐ ܘܫܘܪ̈ܒܐ ܘܫܪܐ

Bl. 14ᵇ:

ܢܫܪܐ ܗܒܠ ܘܢܐܡܪ ܥܠ ܫܘܪ̈ܒܬܐ ܕܝܕܝ
ܣܝ ܡܢ ܫܡܘ̈ܢܐ ܕܗܕ̈ܡܐ. ܡܫܘܐ ܠܒܪ
ܕܪ̈ܝܢܐ ܐܠܗܐ ܗܘ ܕܠܘܫܡܐ. ܘܗܘܝܐ ܒܗ
ܪ̈ܕܐ ܘܡܕܝܪ ܘܫܪܐ

Bl. 19ᵇ:

ܢܗܦܘܟ ܡܢܕܪܫ ܥܠ ܫܪܝܢ ܢܐܡܪܝܢܗܘܢ
ܣܘܟܠܗ ܐܝܟ ܕܐܡܪܘܗܝ. ܠܘܫܡܐ ܕܒܪܢܫܐ
ܡܢ ܠܒܪ ܡܫܚܐ. ܘܠܓܘ ܡܢ ܡܫܚܐ ܒܣܪܐ
ܘܫܪܐ

Bl. 20ª:

ܐܝܟ ܒܡܫܪ̈ܬܐ ܫܒܐ ܡܫܠܚܝ̈ܢ

Daselbst: ܘܗ̇ (Bl. 20ᵇ) ܐܝܟ ܒܡܫܪ̈ܐ ܦܫܝܛܐ
ܕܒܗ ܡܗܠܟܐ ܡܪܕܝܬܐ ܕܝܪܚܐ. ܐܬܪ̈ܘܬܐ
ܪ̈ܒܥܐ.

Bl. 23b:

ܘܗܟܢ ܠܗ ܕܒܒܒܐ ܚܘ̈ܫܐ ܐܫܬܡܫܬ

Bl. 25a handelt von ܕܡܐ, ܦܠܓܡܐ, ܡܪ̈ܬܐ ܣܘܡܩܬܐ, ܐܘܟܡܬܐ ܘܡܪ̈ܬܐ.

Lücken zwischen Bl. 20—21. 23—24. 25—26. 26—27. Beide Abschnitte IV und V können Theile einer und derselben Schrift sein, einer Schrift über das Schöpfungswerk, in welchem Abschnitt V im Zusammenhang der Erschaffung des Menschen vorkam.

Auf Bl. 28b wird Jacobus Edessenus citirt:

ܡܛܠ ܐܘܪܚܐ ܚܕܐ. ܕܒܝܢܬ ܐܠܦ ܘܐܪܒܥ
ܕܫܢ̈ܝܐ ܡܢ ܒܪܝ ܫܘܪ̈ܝܐ ܥܠܡܐ ܕܡܫܬܟܚܐ
ܕܫܢ̈ܝܢ ܠܐܕܡ ܕܐܘܪܚܐ. ܒܗܘ ܠܐܠܗܐ ܒܨܠܘ
ܐܬܦܪܫ —————

IV. Bl. 30 Bruchstück aus der Einleitung einer Schrift, anfangend:

ܢܫܬܘܕܐ ܐܚܪ̈ܢܐ ܕܝܢ ܡܫܬܪܗܒܝܢ ܠܡܬܪܥܝܘ
ܕܠܐ ܙܕܩ ܗܘܐ ܕܠܒܐܝܬ ܗܠܝܢ ܢܫܬܪܐ
ܗܘ ܐܚܪܐ ܕܠܒܪܝܬ ܪܝܫܐ ܒܫܘܒܚܐ ܠܐ
ܡܛܠ ܘܐܪܐ

Auf Bl. 30b wird der Patriarch *Mâr* Elias als Verfasser eines ܟܘܢܫܐ ܠܩ̈ܢܘܢܐ ܕܒܝܬ ܦܘܠܓ ܝܪ̈ܬܘܬܐ erwähnt: er habe es verfasst

ܟܕ ܚܣܝܐ ܗܘܐ ܒܡܕܝܢܬ ܘܡܫܝܢܐ ܐܝܟܘܬܗ ܗܘܐ.

VI. Bl. 31. Gehört ursprünglich nicht zu dieser Hds., da es grösseres Format hat. Anfang des Formulars eines Berufungsschreibens für einen Bischof oder Catholicus:

ܐܓܪܬܐ ܕܡܢܝܢܐ ܐܝܟ ܗܘ ܕܟܬܒ ܕܝܗܝܒ̈ܝܢ
ܐܦܣܩܘܦܐ ܐܘ ܡܝܛܪܘܦܘܠܝܛܐ ܐܘ ܩܬܘܠܝܩܐ.
ܒܐܝܕܝ ܠܗ ܟܝܢ̈ܐ ܗܦܟܪܚܐ ܗܘܝܐ.
ܒܡܪܚܡܢܘܬܐ ܕܐܠܗܐ ܐܒܐ. ܘܒܛܝܒܘܬ ܒܪܐ
ܡܫܝܚܐ. ܘܒܚܝܠܐ ܕܪܘܚܐ ܕܩܘܕܫܐ. ܐܝܟܢ
ܒܪܢ ܚܣܝܐ ܠܐܠܗܐ. ܒܛܝܒܘܬܗ. ܪܝܫ ܟܗܢ̈ܐ
ܐܒܘܢ ܘܦܛܪܝܪܟܐ. ܡܫܡܫܢܐ. ܕܡܕܒܪܢܐ
ܦܠܢܝܐ ܘܦܠܢ

Diese Bruchstücke sind von verschiedenen Händen, vermuthlich im vorigen Jahrhundert geschrieben:

a) Bl. 1.
b) Bl. 2—5. 30.
c) Bl. 6—13. 20—29.
d) Bl. 14—19.
e) Bl. 31.

Gut geschrieben, vocalisirt und punktirt.

31 Blätter (16,5 × 10,5 cm), die Seite zu 15—16 Zeilen.

87.

(Sachau 120.)

Das Rechtsbuch, genannt Collectio canonum synodicorum von Ebed-Jesu Bar *Brîkhâ*, Bischof von Nisibis und Armenien von 1290—1318 n. Chr. Vergl. Syrisch-Römisches Rechtsbuch von Bruns und Sachau, Leipzig 1880, S. 176. Herausgegeben bei A. Mai, Scriptorum veterum nova collectio, Tom. X, Rom 1838. Das Werk ist hier unvollständig theils deshalb, weil in der Vorlage des Schreibers die betreffenden Abschnitte fehlten, theils deshalb, weil einzelne Blätter der Hds. verloren gegangen sind. Titel Bl. 1b:

ܒܚܝܠܗ ܕܡܪܢ ܝܫܘܥ ܡܫܝܚܐ ܡܫܪܝܢܢ
ܠܡܟܬܒ ܩܢܘ̈ܢܐ ܡܢ ܟܢܘܫܝܐ ܣܘܢܗܕܝ̈ܩܝܐ.

Inhalt:

Tractatus I nicht vorhanden, weil es in der Vorlage fehlte, wie sich aus folgenden, dem Titel folgenden Worten ergiebt:

ܡܢ ܡܐܡܪܐ ܕܬܪܝܢ. ܡܛܠ ܕܡܐܡܪܐ ܩܕܡܝܐ
ܠܐ ܐܫܟܚܢ ܒܨܚܚܐ.

Tractatus II ܡܐܡܪܐ ܕܦܘܪܢ Eherecht auf Bl. 1b. Von den einzelnen capita ܦܣܩ̈ܐ dieses tractatus sind ausgelassen ܦܣܩܐ 6 auf Bl. 8a, ܦܣܩܐ 9 und 10 auf Bl. 9, ܦܣܩܐ 13. 14. 15 auf Bl. 10a, ܦܣܩܐ 24. 25 auf Bl. 16b.

Tractatus III ܡܐܡܪܐ ܕܦܠܓܘܬܐ Erbrecht auf Bl. 21a. Von diesem tractatus sind nur Einleitung und die capita ܦܣܩܐ 1 und 2 vorhanden.

Tractatus IV über bürgerliches Recht fehlt ganz.

Tractatus V ܡܐܡܪܐ ܕܡܫܝܚܝܐ von den Pflichten des Christen auf Bl. 29b. In diesem tractatus sind ausgelassen ܦܣܩܐ 4. 5. 6 auf Bl. 33a, ܦܣܩܐ 9 auf Bl. 36a.

Zwischen Bl. 43 und 44 ist eine Lücke: es fehlen die ܦܣܩ̈ܐ 17=20 ganz und der Anfang von ܦܣܩܐ 21.

Tractatus VI ܡܐܡܪܐ ܕܟܗܢܘܬܐ von der Geistlichkeit auf Bl. 51a.

Durch eine Lücke zwischen Bl. 51—52 ist verloren gegangen ein Theil des ܦܣܩܐ 1 (Römische Ausgabe S. 269 Col. 1 Z. 19—Col. 2 Z. 15).

Das zweite ܦܣܩܐ fehlt, weil in der Vorlage nicht vorhanden. Bl. 55a:

ܦܣܩܐ ܕܦܘܪܢ. ܠܐ ܐܫܟܚܢ ܒܐܪܟܝܬܐ.

Durch eine Lücke zwischen Bl. 71—72 fehlen im ܦܣܩܐ 6 das Ende von canon 12, die canones 13. 14 ganz und der Anfang von canon 15 (Römische Ausgabe S. 281 Col. 1 Z. 14—Col. 2 Z. 13).

Durch eine Lücke zwischen Bl. 78—79 ist ausgefallen der Schluss des ܦܣܩܐ 7 und der Anfang des ܦܣܩܐ 8 (Ausgabe S. 284 Col. 2 Z. 14—S. 285 Col. 1 Z. 15).

Tractatus VII über das Mönchswesen ܡܐܡܪܐ ܕܕܝܪܝܐ auf Bl. 82b.

Durch eine Lücke zwischen Bl. 90—91 ist ausgefallen der Schluss von ܦܣܩܐ 2 und der Anfang von ܦܣܩܐ 3 (Ausgabe S. 290 Col. 1 Z. 25—Col. 2 Z. 23).

Durch eine Lücke zwischen Bl. 91—92 ist ausgefallen in dem ܦܣܩܐ 3 der Schluss von canon 3, die canones 4—9 ganz und der Anfang von canon 10 (Ausgabe S. 291 Col. 1 Z. 20—S. 293 Col. 1 Z. 3).

Durch eine Lücke zwischen Bl. 92—93 ist ausgefallen in dem ܦܣܩܐ 4 der Schluss von canon 1 und der Anfang von canon 2 (Ausgabe S. 293 Col. 1 Z. 33—Col. 2 Z. 28).

Durch eine Lücke zwischen Bl. 94—95 ist ausgefallen der Schluss von ܦܣܩܐ 5, ܦܣܩܐ 6 ganz und der Anfang von ܦܣܩܐ 7 (Ausgabe S. 295 Col. 2 Z. 14—S. 297 Col. 1 Z. 23).

Den Schluss der Hds. bildet der Anfang des ܦܣܩܐ 8, die Worte: ܡܩܕܡܘ̈ܬܐ ܗܟܝܠ ܠܦܘܡܐ ܣܘܟܠܐ ܕܐܬܚܕܬܘܬܐ auf Bl. 97b (Ausgabe S. 297 Col. 2 Z. 17). Am Ende fehlt demnach der Schluss von tractatus VII, und die tractatus VIII und IX ganz.

Dieser Hds. sind zwei Blätter beigelegt von gleicher Grösse und von derselben Hand geschrieben.

Das eine (numerirt als Bl. 97) enthält ein Stück aus dem tractatus I ܦܣܩܐ 4 (Ausgabe S. 201 Col. 2 Z. 17—S. 202 Col. 1 Z. 5).

Das zweite Blatt (numerirt als Bl. 98) enthält ein Stück tractatus I, den Schluss des ܦܣܩܐ 4 und den Anfang des ܦܣܩܐ 5 (Ausgabe S. 204 Col. 1 Z. 32—Col. 2 Z. 21).

Folgende Nachschrift auf Bl. 96a:

ܫܠܡ ܒܥܘܕܪܢ ܡܪܢ ܦܬܓܡܐ ܡܠܟ̈ܝܐ
ܗܘܦܟܝܐ ܕܡܠܟ̈ܐ ܘܦܛܪܝܪܟܐ. ܒܫܢܬ
ܒܫܢܬܐ ܐܠܦ ܘ̄ ܒܗ ܒܝܘܡ ܫܒܬܐ ܒܫܒܬܐ
ܕܝܘܒܠܢܐ ܕܫܡܥܘܢ ܕܝܘܡܐ ܕܥܘܢܝܬܗ ܥܠܘܗ
ܘܟܢ. ܒܥܝܢ ܐܢܐ ܠܦܘܪ̈ܢܐ ܒܪ̈ܚܡܐ. ܐܬܟܬܒ
ܒܟܬܒܬܐ ܒܪܝܟܬܐ ܐܠܗܘܬ ܡܪܢܐ ܠܗ ܡܪܝ

ܐܡܝܢ. ܫܠܡ ܠܟܬܒܐ ܗܢܐ ܐܝܟ ܡܫܚܠܦܐ
ܘܫܘܡܠܝܐ ܘܡܫܡܠܝܢܘܬܐ. ܒܫܢܬܐ ܕܐܠܦܐ ܬܪ
ܫܢܝܢ ܕܝܘܢܝܐ. ܬܪ ܡܫܝܐ ܫܢܝܢ ܐܠܦܐ
ܐܠܦܝܢ. ܒܝܘܡ ܫܒܬܐ ܒܚܡܫܐ ܝܘܡܝܢ ܠܨܘܡܐ
ܒܐܠܩܘܫ ܕܒܝܬ ܢܘܚܕܪܐ ܒܝܕ ܩܫܝܫܐ ܝܠܕܐ
ܒܪ ܩܫܝܫܐ ܕܢܝܐܝܠ (Bl. 96[b]) ܐܡܝܢ. ܒܪ ܩܫܝܫܐ ܐܠܝܐ
ܠܩܫܝܫܐ ܓܒܪܝܐܝܠ ܕܡܢ ܬܠܟܦ. ܘܐܝܬ
ܘܡܠܟܐ ܕܗܘܐ. ܡܫܝܚܐ ܢܣܒ ܒܗܢܐ ܫܢܬܐ.
ܡܫܠܡܢܐ ܘܡܫܝܢܐ ܢܗܘܐ ܠܗ ܕܠܡܫܡܥܐ
ܠܗܘܢ ܘܠܡܫܡܫܢܐ ܡܫܒܚܐ ܘܡܘܕܝܐ
ܕܫܡܥܝܢ ܠܗܘܢ. ܡܫܝܚܐ ܡܪܢ ܢܣܠܘܗܝ
ܠܡܫܠܡ ܡܢ ܕܟܬܒ. ܘܠܡܫܡܥ ܡܢ ܕܩܪܐ
ܒܠܘܗܝ ܡܪܢ ܡܪܝܐ ܠܚܘܣܝܐ ܐܝܟ
ܘܐܡܝܢ.

ܫܠܡ ܐܡܝܢ ܐܝܟ ܢܦܫܢܐ
ܡܠܟܐ ܠܟ ܠܐܠܗܘܬܐ
ܡܪܢ ܐܝܫܘܥ ܠܫܡܫܐ
ܕܡܫܒܚܐ ܒܟܠܗܘܢ ܥܠܡܐ.

Danach ist diese Hds. vollendet den 6. Adar 2025 A. Gr. = 6. März 1714 n. Chr. an einem Sonnabend, dem 5. Tage des Fastens, geschrieben zu *Alkôš* von dem Priester *Jaldâ*, Sohn des Priesters Daniel, des Sohnes des sel. Priesters Elias, für den aus *Telkêf* stammenden Priester Gabriel.

Sorgfältig und gleichmässig geschrieben. Die Vocalisation und Punctation auch mit *Rukkâkhâ* und *Kuššâjâ* ist fast vollständig.

98 Blätter (16,2 × 11 cm), die Seite zu 16 Zeilen.

---

3. Philosophie — Grammatik — Lexikographie Nr. 88—101.

88.

(Petermann 9.)

Syrisch und Arabisch.

Ein Sammelband hauptsächlich philosophischen, grammatischen und theologischen Inhalts, unvollständig zu Anfang und mit Lücken im Innern. Er enthält Schriften von

1. Aristoteles, περὶ ἑρμηνείας (nr. 17, 23) — Categoriae (Scholien dazu nr. 19) — Analytica priora (nr. 22) — في الفضيلة (nr. 25).
2. Porphyrius, Isagoge (nr. 5, 16).
3. Eusebius philosophus (nr. 20).

Ferner von

4. Probus (nr. 24).
5. ܚܢܘܢ (nr. 34).
6. Sergius von Ra's-'ain (nr. 18, 21).
7. David Bar Paulus (nr. 30[b]).
8. Elias von *Ṭirhân* (nr. 35).
9. *Jôḥannân* Bar *Zo'bi* (nr. 6).
10. Joseph Bar *Malkôn* (nr. 11).
11. *Îšô'bukht* (nr. 32).
12. *Îšô'jabh* von *Ṣôbâ* und Armenien (nr. 28).
13. *Ḥnânîšô'* (nr. 31).

Arabisches von

14. Ibn-*Eṭṭajjib* (nr. 25).
15. *Mubdrak* Ibn Muhammad Ibn *Ja'kûb Ennaḥwi* (nr. 13).
16. *Ǵa'far Eṣṣâdiḳ* (nr. 38).

Dazu kommen einige Schriften, deren Verfasser nicht angegeben sind.

Die gegenwärtige Reihenfolge der Blätter ist vielfach gestört. Es müssen zu einer Zeit mehrere Kurrâs sich in einzelne Blätter aufgelöst haben, von denen dann mehrere verloren gegangen, andere beim Binden an eine verkehrte Stelle gerathen sind. Die richtige Reihenfolge, soweit sie hergestellt werden konnte, ist in der folgenden Inhaltsangabe unter den einzelnen Nummern angegeben.

Inhalt:

1. Bl. 1—3 gehören nicht hierher, sondern sind ursprünglich das Ende der Hds. und folgen nach Bl. 230. S. weiter unten nr. 38.

2. Bl. 4—7 Bindeblätter.

Auf Bl. 4ᵃ die folgende Notiz: Logica Aristotelis fere tota Syriace; scholia (??) Porphiri Caldaice et Arabice cum multis aliis libris. 144 (844?)

Von anderer Hand: Pertinet ad Collegium Sancti Petri in Monte Aureo.

Auf Bl. 6ᵃ die Notiz: Francesco Giu. Mebasch Marronita قد اطلع على هذا الكتاب (i. e. legit hunc librum).

3. Bl. 7ᵇ Eine tabellarische Darstellung logischer Begriffe, deren Centrum die ܐܘܣܝܐ οὐσία bildet. Betitelt ܦܪܘܒܠܡ̈ܛܐ προβλήματα. Gehört vielleicht zu den Analytica priora Bl. 104ᵃ ff. Vergl. die Randnotiz Bl. 107ᵇ: ܦܪ̈ܘܒܠܡܛܐ

ܗܠܝܢ ܕܗܫܟܚܢ ܠܘܬ ܗܢ ܕܝܚܝܕܘܬ

4. Bl. 8ᵃ Schluss eines ܚܘܬܡܐ, eines bei gewissen gottesdienstlichen Feiern der Nestorianer üblichen Schlussgebetes. Unvollständig zu Anfang. Es ist in der Hauptsache eine Bitte um Segen für den Wohnort des Betenden (ܡܕܝܢܬܢ, ܩܪܝܬܢ). Anfang:

ܡܢ ܒܝܫܬܐ ܗܘܘ ܐܠܚ̈ܘܕܝܐ. ܒܟܘܡܪܝܢ ܡܪܗܘܢ ܠܡܪܝܐ. ܘܡܫܡܫܝܢ ܗܘܘ ܡܢ ܡܗ̈ܝܡܢܐ. ܒܬܪܥܘܬܐ ܗܘܝ ܥܒܕܝܢ ܗܘܘ

Schlusssatz:

ܘܐܘܣܦ ܒܗܢܐ ܕܝܠܢ ܐܢܬ ܡܢ ܒܪ̈ܟܬܐ.

Das Blatt ist an einigen Stellen beschädigt.

5. Bl. 8ᵇ—36ᵃ Columne rechts. Isagoge des Porphyrius. Titel:

ܬܘܒ ܡܫܪܝܢܢ ܕܐܝܣܓܘܓܝ ܗ̄ ܡܥܠܢܘܬܐ ܕܠܘܬ ܟܬܒܐ ܕܡܠܠܘܬܐ ܕܥܒܝܕ ܠܦܪ ܣܡܝܐ ܦܝܠܣܘܦܐ (ܦܘܪܦܘܪܝܘܣ) ܐܡܪ

Die Reihenfolge der Blätter ist folgende:

Bl. 8ᵇ. 9. 10. 12. 11. 73. 13—26. 29. 28. 30—34. 40. 36ᵃ.

Cap. 1 Bl. 8ᵇ; Cap. 2 Bl. 9ᵃ; Cap. 3 Bl. 17ᵃ; Cap. 4 Bl. 22ᵇ; Cap. 5 Bl. 23ᵃ; Cap. 6 Bl. 23ᵇ; Cap. 7 Bl. 26ᵇ; Cap. 8 Bl. 28ᵃ; Cap. 9 Bl. 30ᵃ; Cap. 10 Bl. 31ᵃ; Cap. 11 Bl. 32ᵃ; Cap. 12 Bl. 33ᵇ; Cap. 13 Bl. 34ᵃ; Cap. 14 Bl. 40ᵃ; Cap. 15 Bl. 40ᵇ.

Diese Version stimmt am Ende des Werkes nicht mit dem Griechischen Text überein; sie schliesst mit den Worten: τὸ δὲ ἴδιόν ποτε καὶ δυνάμει (Aristotelis opera ed. Academia Reg. Borussica vol. IV S. 6 Col. 1 Zeile 9. 10). Es fehlt hier also der Schluss von Cap. 15 und ausserdem Cap. 16 und 17.

Eine zweite Abweichung der Syrischen Version von dem Griechischen Text findet sich im Anfang des Cap. 6.

Der Text ist in kleine Abschnitte getheilt, welche getrennt sind durch die Buchstaben ܪ (i. e. ܪܘܒܝܠ) und ܦ (i. e. ܦܘܪܦܘܪܝܘܣ). Es scheint ursprünglich die Absicht gewesen zu sein, dem Texte des Porphyrius den Commentar des Mönches *Rûbêl* (Ruben) beizufügen. Dies ergiebt sich aus der Unterschrift, aus der man aber nicht ersieht, warum der Commentar weggeblieben ist. Unterschrift Bl. 36ᵃ:

ܫܠܡܬ ܐܝܣܓܘܓܝ ܕܠܘܬ ܟܬܒܐ ܕܩܛܝܓܘܪܝܣ ܕܡܬܒܥܝܐ ܠܦܘܪܦܘܪܝܘܣ ܦܝܠܣܘܦܐ. ܡܢ ܣܦܪܐ ܦܘܫܩܐ ܕܥܒܝܕ ܠܪܒܢܐ ܡܠܦܢܐ ܘܦܝܠܣܘܦܐ ܚܟܝܡܐ ܪܒܢ ܪܘܒܝܠ ܕܠܗ ܠܡܪܗ ܫܘܒܚܐ ܘܬܘܕܝܬܐ ܘܐܝܩܪܐ ܗܫܐ ܘܒܟܠܙܒܢ ܘܠܥܠܡ ܥܠܡܝܢ. ܒܫܢܬ ܐ. ܬ. ܩ. ܢܐ. ܕܝܘ̈ܢܝܐ ܒܝ̈ܕܝܐ (i. e. ܒܫܢܬ ܐܬܩܢܐ)

•Vollendet ist die Isagoge in das Buch περὶ ἑρμηνείας, verfasst vom Philosophen Porphyrius; es fehlte aber der Commentar von dem trefflichen Mönche, dem ausgezeichneten Philosophen Rabban *Rûbêl*. Ihrem Herrn sei Preis, Dank und Ehre jetzt und jeder Zeit und in aller Ewigkeit! Er schrieb A. Gr. 1571 (A. D. 1260).•

Ein Rabban *Rûbêl* wird genannt (Assemani II S. 234) als Schüler des Jakobitischen Patriarchen Johannes Pusillus (gest. A. D. 1220).

Bl. 36ᵇ Tabellarische Zusammenstellung logischer Begriffe von jüngerer Hand, nicht identisch mit Wright S. 1156, 3. Darunter zwei Arabische Verse.

6. Bl. 8ᵇ—17ᵃ Columne links: Syrische Grammatik in Strophen von je vier siebensilbigen Versen, verfasst von *Jôḥannân* Bar *Zo'bî*, Mönch im Kloster des *Sabhrîšô'* zu *Bêth-Ḳôḳâ* bei Arbela, zu Anfang des 13. Jahrhunderts (nach Assemani III, I S. 307 Anm. 1). Vergl. Merx, Historia artis grammaticae apud Syros, Leipzig 1889 S. 158 ff. Titel:

ܡܐܡܪܐ ܕܥܠ ܐܪܬܘܓܪܦܘܬܐ ܣܘܪܝܝܬܐ ܕܐܬܥܒܕ
ܕܥܒܕ ܠܒܣܝܡܐ ܡܠܦܢܐ ܪܒܢ ܝܘܚܢܢ ܒܪ
ܙܥܒܝ ܕܡܢ ܥܘܡܪܐ ܕܡܪܝ ܣܒܪܝܫܘܥ ܕܒܝܬ
ܩܘܩܐ.

Anfang:

ܫܘܒܚܐ ܠܐܠܗܐ ܕܥܠ ܟܠܗ.

Vergl. Nr. 92 (Sachau 306, III), Nr. 93 (S. 216, III).

7. Bl. 17ᵃ—21ᵇ Columne links: Regeln über die Accente und Erklärung ihrer Namen. Titel:

ܢܘܩܙܐ ܕܦܘܣܩܐ ܘܦܘܫܩ ܫܡܗܝܗܘܢ ܕܟܠ ܚܕ
ܡܢܗܘܢ.

Regeln über den Gebrauch der Accente. Anfang:

ܐ̄ ܘܗܠܝܢ ܡܢ ܫܘܪܝܐ ܕܡܘܡܠܐ ܡܫܘܕܥ. ܟܕ
ܗܘ ܡܐܡܪܐ ܐܪܝܟܐ

Die Zahl der Accente ist 36 ܠܘ. Herausgegeben von Merx a. a. O. S. 194—197, nach dem Elias von *Tirhân* der Verfasser dieses und des folgenden Abschnittes ist.

8. Bl. 20ᵃ—21ᵇ Columne links: Über die Namen der Accente. Anfang:

ܬܘܒ ܕܝܢ ܘܕܫܡܗܐ ܕܢܩܙܐ ܥܒܝܕܬܐ ܕܦܘܣܩܐ.
ܘܕܠܡܢܐ ܐܬܥܒܕܘ ܟܠ ܚܕ ܚܕ ܡܢܗܘܢ
ܒܫܡܗܘܬܐ ܗܠܝܢ.
ܐ̄ ܘܗܠܝܢ ܡܢ ܡܫܚܬܐ ܕܢܘܩܙܐ ܐܬܥܒܕܘ ܗܟܢܐ.
ܗ̄. ܕܐܬܐ ܢܘܩܙܐ ܫܡܥܐ ܕܝܢ ܒܬܪ ܕܐܠܗ
ܒܗܘܢ ܦܘܣܩܐ ܐܚܪܝܐ.

Den Schluss bildet die Erklärung des Accentes 29 ܟܛ: fehlen also die Accente 30—36. Herausgegeben von Merx a. a. O. S. 197—200.

9. Bl. 22ᵃ—25. 27ᵇ Columne links: Verzeichniss der Accente mit Belegstellen. Diese Schrift ist identisch mit Bl. 228ᵇ—230ᵃ: im Einzelnen sind aber zahlreiche Differenzen vorhanden. Titel:

ܬܘܒ ܫܡܗܐ ܕܦܘܣܩܐ

Anfang:

ܐܫܬܠܡ ܫܡܥܐ. ܐܚܪܢܐ ܡܢ ܠܒܪ. ܫܘܫܐ
ܒܥܘܗܕ. ܘܡܫܬܥܝܢ ܡܫܬܒܪܢܐ.

Der Autor ist nicht genannt. Herausgegeben von Merx a. a. O. S. 189—194.

Ende Bl. 27ᵇ ܫܠܡ

10. Bl. 26ᵇ Columne links. Bl. 29. 28. 30. 31. 32. Erklärung Griechischer Wörter. Titel:

ܬܘܒ ܥܠ ܐܠܦܐ ܕܡܬܚܫܒ ܦܘܫܩ ܫܡܗܐ
ܝܘܢܝܐ ܒܣܘܪܝܝ ܡܢ

Anfang:

ܐܣܛܪܛܐ. ܐܘܪܚܐ. ܐܣܛܪܛܝܓܐ. ܦܠܓܐ
ܕܚܝܠܐ. ܡܣܛܪܘܛܐ. ܪܫ ܚܝܠܐ ܠܟܪܡ.
ܟܠܝܪܟܐ. ܪܫ ܐܠܦܐ. ܐܪܟܘܢܐ. ܕܝܢܐ.
ܗܓܡܘܢܐ. ܐܚܝܕ ܐܘܚܕܢܐ. ܐܦܪܟܐ. ܠܘܕܐ.
ܠܓܝܘܢ ܐܠܦ ܓܒܪܝܢ. ܦܬܓܡܐ. ܣܟܝܢ.
ܫܘܩܝܐ. ܫܘܩܐ. ܕܡܢܐ. ܦܬܓܡܐ. ܘܫܘܒ

ܡܫܡܠܝܢ ܐܦ ܒܐܠܦܒܝܬܐ ܫܡܗ̈ܐ ܕܝܢ
ܕܒܢܝܐ ܠܗ ܕܦܪܨܘܦ. ܡܠܟ̈ܘܬܐ. ܫܡܗ̈ܘܬܐ.
ܐܦܪ̈ܟܝܐ. ܠܡܕ̈ܝܢܐ. ܘܥܡܐ

Der Name des Sammlers ist nicht genannt. Schluss:

ܫܠܡܬ. ܗܪܟܐ ܐܬܘ̈ܬܐ ܐܘ ܟܠܗ ܐܠܦܝܢ
(Bl. 31b) ܕܝܘܢܝ̈ܐ ܠܣܘܪܝܐ. ܒܫܢܬ ܐܠܦ. ܬܪ.
ܬܐ. ܬܓ. ܥܠܡ

Folgen die 10 Kategorien Syrisch und Arabisch, und ebenso die 13 ܦܘ̈ܠܐ (ܦܘܢܩܐ):
ܐܘܣܝܐ, ܟܡܝܘܬܐ, ܐܝܟܢܝܘܬܐ, ܡܫܘܚܬܐ
u. s. w.

Darauf wird (auf Bl. 32ab Columne links) das Verzeichniss Griechischer Wörter fortgesetzt; hier fehlen zuweilen die Syrischen Erklärungen. Ende Bl. 32b: ܫܠܡ.

11. Bl. 37a—39b. 35. 41—48 Abhandlung über die Punkte, in Strophen von je zwei zwölfsilbigen Zeilen.

ܬܘܒ ܟܬܒܢܢ ܡܐܡܪܐ ܘܒܘܕܪܐ ܕܦܫܝܩܘܬܐ
ܕܡܘܕܥ ܥܠ ܢܘܩܙ̈ܐ ܒܡܐܡܪܐ ܕܐܦܪܝܡ.

Der Verfasser dieser Schrift ist Joseph Bar Malkon, Bischof von *Mardin*. Assemani III, 1 S. 308 nr. VIII und W. Wright S. 1177; Merx, Historia artis grammaticae apud Syros S. 111. 134; Gottheil, Treatise on Syriac Grammar by Elias of *Ṣobha*, Berlin 1887, pref. S. 9. Anfang:

ܒܫܡܗ ܕܐܒܐ ܘܒܪܐ ܘܪܘܚܐ ܩܕܝܫܐ ܐܠܗܐ.
ܚܕܐ ܐܘܣܝܐ ܕܝܢ ܐܠܗܐ ܫܪܝܪ ܐܝܬܘܬܐ.
ܡܕܡ ܥܠ ܡܕܡ ܡܘܕܐ ܐܢܐ ܒܡܫܠܡܘܬ ܡ̈ܠܐ.
ܕܠܐ ܐܘܕܥܬ ܡܢ ܡܕܡ ܥܠ ܢܘܩܙ̈ܐ.

Eingetheilt in 8 Abschnitte (ܦܣܩܐ).

1. Abschn. Bl. 37a ܥܠ ܢܘܩܙܐ ܪܘܪ̈ܒܐ ܕܦܬܝ̈ܚܐ
2. " Bl. 38a ܕܥܠ ܢܘܩܙܐ ܕܙܘܥܐ
3. " Bl. 44a ܥܠ ܢܘܩܙܐ ܕܫܘܝ̈ܐ
4. Abschn. Bl. 44b ܥܠ ܢܘܩܙܐ ܕܦܩܘܕܐ
5. " Bl. 45a ܥܠ ܢܘܩܙܐ ܕܪܘܪܒܐ ܘܡܫܡܗܢܐ
6. " Bl. 46a ܥܠ ܢܘܩܙܐ ܕܡܫܬܡܗܢܘܬܐ
7. " Bl. 46b ܥܠ ܢܘܩܙܐ ܠܦܣܩܐ
8. " Bl. 47a ܥܠ ܢܘܩܙܐ ܕܫܠܡܘܬܐ

Unterschrift Bl. 48a:

ܫܠܡ ܡܐܡܪܐ ܗܢܐ ܕܝܘܣܦ ܠܒܪ ܡܠܟܘܢ
ܡܪܕܐ

12. Bl. 48a Arabisch: Recept für die Zubereitung eines die Verdauung befördernden Mittels aus Quitten:

صفة جوارش[1] سفرجل مسهّل. يوخذ على اسم الله
سفرجل بالغ يقشر وينقى من حبه ويقطع صغارا ويلقى
عليه من المثلث ما يغمره الخ

13. Bl. 48b. Ein Capitel einer Arabischen Grammatik: باب اعراب الاسم الواحد

Anfang:

الاسم المعرب على ثلثة اضرب صحيح ومعتل ومشبه
للمعتل الخ

Dasselbe Capitel findet sich später noch einmal auf Bl. 147b als Cap. 4 eines grösseren Ganzen.

Zerstreut durch die ganze Hds. finden sich die Theile einer Arabischen Grammatik.

a) Bl. 48b.
b) Bl. 144a identisch mit Bl. 231a—231b Z. 3.
c) Bl. 147—153.
d) Bl. 155.
e) Bl. 231—238.

Der Titel ist مقدّمة في النحو (Einleitung über Grammatik), der Verfasser *Mubârak* Ibn *Muhammad* Ibn *Ja'kûb Ennaḥwî*. Unter den von *Ḥâǧî Khalife* VI, 87 aufgeführten Werken, welche diesen Titel führen, ist dasjenige von *Mubârak* nicht erwähnt. Anfang auf Bl. 155a:

قال مبارك بن محمد بن يعقوب النحوى رحمة الله
عليه. النحو آلة موضوعها الكلام الخ

[1] Persisch كوارش.

Diese Einleitung identisch mit Bl. 147ª Z. 1—7, wo der Titel مقدّمة فى النحو angegeben ist. Danach folgen auf Bl. 155ª folgende Capitel:

باب حد الجرّ	identisch mit Bl. 153ª.		
Bl. 155ᵇ باب المعرب والمبنى	»	»	Bl. 147ª.
Bl. 155ᵇ باب الاعراب والبناء	»	»	Bl. 147ª.
Bl. 155ᵇ باب الاشتراك	»	»	Bl. 147ª.

Fortsetzung auf Bl. 147ᵇ Z. 3 — 153ᵇ; Bl. 231 — 238. Der Zusammenhang ist zwischen Bl. 153ᵇ und Bl. 231ª unterbrochen.

14. Bl. 49ª—51ª Eine Rede in Arabischer Sprache in gereimter Prosa (ähnlich den *Makâmen Ḥarîrî's*) über die Vergänglichkeit aller Dinge und den Tod. Von einem christlichen Verfasser, dessen Name nicht genannt ist. Anfang:

الحمد لله المنفرد بوحدانيته فى وجوب الوجود. المقدس بسلطان عزته عن احاطات الحدود. الذى خلق بقاهر قدرته من العدم كل موجود. وخصص الجنس البشرى بصورته فسبحان الخفى المعبود.

Schlusssatz:

وعزا نفوسهم عن نوايب الدنيا بمواهب الدين. بصلوة الشهدا والقديسين وجميع الابا المتجوهين امين.

15. Bl. 51ª—52ᵇ Gebete für Verstorbene, in Syrischer Prosa. Titel:

ܨܠܘ̈ܬܐ ܕܥܢܝ̈ܕܐ ܕܥܒܕ ܡܪܝ ܡܪܘܬܐ ܕܡܕܢܚܐ.

Anfang:

ܠܐܠܗܐ ܡܪܐ ܬܫܒܘܚܬܐ ܘܩܘܠܣܐ ܘܣܓܕܬܐ ܘܫܘܒܚܐ
ܘܐܝܩܪܐ. ܡܢ ܕܒܟܠܙܒܢ ܕܚܝܝܢ. ܘܠܡܝ̈ܬܐ ܕܩܘܡܢ.
ܘܡܚܝܢܐ ܠܟܠ. ܘܡܩܝܡܢ ܠܡܝ̈ܬܐ ܒܩܝ ܘܐܡܝܢ

Die untere Hälfte von Bl. 52ª scheint von einer anderen Hand geschrieben zu sein. Schlussnotiz: ܫܠܡ.

Auf Bl. 53 eine tabellarische Darstellung logischer Begriffe, in der Mitte der Satz:

ܗܘܦܘܡܢܛܐ ܕܐܒܝܫ ܣܘܦܐ ܡܠܠܝܬܐ

Vielleicht gehörig zu Nr. 22 oder 18, wo ähnliche Beispiele vorkommen.

16. Bl. 53ᵇ—68ª Isagoge des Porphyrius. Arabisch. Titel:

بسم الله الرحمن الرحيم كتاب ايساغوجى لفرفوريوس الحكيم اى المدخل الى علم المنطق

Anfang:

لانّ العلم يا خروساوريا بما هو الجنس وما هو الفصل وما هو النوع وما هو الخاصّة وما هو العرض واجب ضرورة فى تعليم المقولات لارسطاطاليس ولانّ هذا النظر نافع ايضا فى توفية الحدود وبالجملة فى وجوه القسمة الخ

Der Name des Übersetzers ist nicht angegeben. Schluss Bl. 68ª:

تم كتاب ايساغوجى اى المدخل الى صناعة المنطق عربية

17. Bl. 68ᵇ — 72ᵇ Fragment einer Arabischen Übersetzung von περὶ ἑρμηνείας, herausgegeben von Hoffmann, De hermeneuticis apud Syros Aristoteleis S. 55 ff. Der Text bricht ab in Cap. 7 οὐδεμία γὰρ κατάφασις (Aristotelis Opera, edidit Academia Reg. Borussica, Berlin 1831, Tom. I, S. 17 Z. 14).

Bl. 73 folgt auf Bl. 11; s. Nr. 5.

18. Bl. 74ª—78ª Ein Sendschreiben eines ungenannten Verfassers als Antwort auf drei Fragen: die erste Frage bezieht sich auf das 3. Cap. von περὶ ἑρμηνείας, die zweite auf die Analytica und ihr Verhältniss zu den übrigen Schriften des Aristoteles, die dritte auf die Bedeutung des Wortes σχῆμα, wie es am Ende der Analytica vorkommt (Analytica Priora Cap. 7, Ende).

Der Anfang fehlt; es fehlt 1 Blatt, das erste des 8. Kurrâs. Anfang:

ܐܬܡܠܝ ܠܗܘܢ. ܡܛܠ ܗܘ ܕܐܦ ܡܠܠܐ
ܡܢܗܘܢ ܕܐܬܩܘܝܢ ܘܡܠܟܐ ܐܝܟ ܡܫܡܫܐ.
ܕܡܢܢܐ ܢܗܘܐ ܩܕܡܝܐ ܡܢܐ ܠܗܘܢ ܟܠܦܘܬܐ

ܕܟܠܗܘܢ ܕܡܬܓܠܝܢ ܕܐܣܟܡܐ ܐܢܝܢ. ܘܗܟܢ ܡܢ ܕܐܝܟ ܗܕܐ.. ܡܛܠ ܕܗܢܘܢ ܐܣܟܡܐ ܕܗܘܐ ܗܕܐ ܫܪܒܐ ܐܣܘܦ ܗܘ ܒܐܪܓܢܐ ܕܐܬܝܗ̈ܝ. ܕܐܣܟܡܗܘܢ ܡܢ ܐܘܣܝܘܬܐ ܡܬܠܟܬܐ ܕܐܪܝܣܛܘܛܠܝܣ(!) ܗ̄ ܕܡܬܐܡܪܝܢ ܐܝܟ ܠܗ ܕܗܢܘܢ ܕܚܫ̈ܝܢ. ܒܦܪܘܫܘܬܐ ܕܟܘܡܐ ܕܗܠܝܢ. ܐܝܟܐ ܕܒܟܠ ܠܫܘܡܐ ܗܘ ܦܠܣܘܦܐ. ܕܦܪܘܣܘܦܐ ܗܢܘܢ ܕܐܝܟ ܠܗܘܢ ܕܒ ܦܪܘܣܘܦܘܢܘܡܘܢ. ܐܡܪܐ ܕܝܢ ܕܗܢܘܢ ܦܪ̈ܝܫܬܐ ܕܒ ܘܕܗܢܘܢ ܕܐܪܝܣܛܘܛܠܝܣ ܕܒ ܗܢܘܢ ܕܡܬܡܠܠܝܢ ܠܟܝܢܐ. ܕܐܝܬܝܗ ܠܗ ܕܒ ܐܝܟ ܕܦܠܣܘܦܐ ܐܝܟܢܐ. ܕܐܝܟܢܐ ܕܐܝܬ ܕܒ ܕܦܬܠܬܐ ܡܬܦܠܓܐ. ܘܕܝܢ ܕܐܝܬܐ ܗܕܐ ܡܢ ܕܡܠܘܬܐ ܡܬܦܠܓܐ. ܘܕܝܢ ܡܠܬܗܘܢ ܕܒ ܕܐܢܬܬܐ ܕܐܣܟܡܐ ܗܢܘܢ ܘܡܢ ܕܐܝܬ. ܕܗܠܝܢ ܕܦܫܛܢ ܗܕܐ ܡܬܐܡܪ. ܗܘܐ ܕܝܢ ܘܡܛܠ ܕܗܘܐ ܕܐܣܟܡܗܘܢ. ܕܗܘ ܠܗ ܐܝܟܢܐ ܗܘ ܕܡܬܦܠܓܐ ܕܒ ܕܡܬܐܡܪܐ ܕܐܣܟܡܐ ܡܢܗܘܢ ܘܐܡܪܐ. ܘܗܘܐ ܕܐܡܪܢ ܕܝܢ. ܕܗܢܐ ܗܘ ܠܗ ܡܬܠܐ ܕܐܣܟܡܐ ܕܗܘܐ ܠܟܠ ܐܬܠܝܗ ܕܡܬܐ. ܒܗ ܗܟܢ ܕܝܢ ܗܘܐ. ܘܕܗܢܐ ܗܘ ܠܗ ܗܘ. ܕܐܝܟ ܕܐܦ ܒܡܠܬܗ ܒܗ. ܒܗ ܒܡܠܬܗ ܐܝܟܐ. ܘܐܝܟ ܕܐܝܬܝܗܘܢ ܕܡܢ. ܠܡܡܪ ܘܕܝܢ ܐܘ ܡܢܝܢ ܡܪܐ

Beantwortung der ersten Frage Bl. 74ᵃ Z. 5 v. u., der zweiten Frage Bl. 75ᵃ Z. 2, der dritten Frage Bl. 76ᵃ Z. 6.

W. Wright, Catalogue S. 1162 nr. 0 beschreibt a scholion of Sergius of Ra's-'ain on the term σχῆμα. Die Schrift scheint identisch zu sein mit dem dritten Theil dieses Sendschreibens. Die von Wright als Anfang mitgetheilte Stelle findet sich hier auf Bl. 76ᵃ Z. 8:

ܕܐܣܟܡܐ ܐܝܟܢܐ ܡܬܦܠܓܐ ܕܒܦܠܣܘܦܐ ܦܪܘܣܘܦܘܢ. ܐܝܟ ܕܡܢ ܡܢ ܐܝܟܢܐ ܡܬܐܡܪ. ܒܗܢܘܢ ܕܝܢ ܡܠܬܐ ܐܣܟܡܐ ܡܬܐܡܪ ܡܪܐ

Danach trage ich kein Bedenken, diese Schrift dem Sergius von Ra's-'ain zuzusprechen. Schlussnotiz: ܫܠܡ.

19. Bl. 78ᵇ. 80 Scholion über die Kategorien des Aristoteles. Titel: ܗܘܐ ܐܣܟܘܠܝܘܢ ܕܩܛܝܓܘܪܝܣ ܕܐܪܝܣܛܘܛܠܝܣ ܦܝܠܣܘܦܐ ܡܢ ܕܝܢ ܒܪܢܫܐ ܐܢܫ

Anfang:

ܗܕܐ ܕܝܢ ܡܛܠ ܩܛܝܓܘܪܝܐ ܐܡܪܐ. ܗܟܢ ܒܗ ܕܐܝܬܝܗ ܚܕܐ ܡܢ ܐܪܝܣܛܘܛܠܝܣ ܡܠܦܢ ܠܗܘܢ. ܐܝܟܢܐ ܡܢ ܦܘܫܩܐ ܩܛܝܓܘܪܝܐ. ܐܡܪ ܕܝܢ ܠܩܛܝܓܘܪܝܐ ܐܝܟܢܐ ܗܘܝܢ ܡܬܬܪ̈ܐ. ܠܘܬ ܦܘܫܩܐ ܒܗ ܠܟܝܢܐ ܗܘܝܢ. ܐܡܪ ܠܩܛܝܓܘܪܝܐ ܐܝܟܢܐ. ܐܠܐ ܥܠ ܩܛܝܓܘܪܝܐ ܕܗܘܝܢ. ܐܪܝܣܛܘܛܠܝܣ ܥܠ ܗܘܝܢ ܕܡܬܬܪ̈ܐ. ܡܬܐܡܪܝܢ ܕܝܢ ܩܛܝܓܘܪܝܐ ܕܐܝܟ ܠܗ ܗܘܝܢ ܘܠܗ ܒܡܠܬܐ. ܕܡܬܐ ܐܝܬܝܗܘܢ ܡܬܦܠܓܢ. ܐܘܣܝܐ. ܐܝܟܢܐ ܡܪܐ

Der Verfasser ist nicht genannt. Schluss Bl. 80ᵃ:

ܡܢܝܢ ܡܬܝܕܥܝܢ ܟܠܗܘܢ ܗܟܢ ܕܡܬܐܡܪܝܢ ܗܘܝܢ ܕܐܝܬܝܗܘܢ ܚܕܐ. ܡܬܦܠܓܐ ܡܢ ܠܗܠ ܕܐܘܣܝܐ ܡܢܝܢܐ. ܒܗܕܐ ܕܝܢ ܠܐܝܟܢܐ. ܠܐܝܟܢܐ. ܠܡܢܝܢܐ. ܠܟܡܐ ܡܢܝܢܐ. ܠܗܝܟܐ. ܠܐܝܟܐ. ܠܡܬܝ. ܠܣܝܡܐ. ܠܩܢܝܐ. ܠܡܥܒܕ. ܘܠܡܚܫ. ܗܟܢ ܕܐܬܝܗܘܢ ܚܕܐ ܚܡܫܬܐ.

20. Bl. 80ᵃ. 83ᵇ Scholion des Philosophen Eusebius über die Kategorien des Aristoteles. Titel:

ܗܘܐ ܐܣܟܘܠܝܘܢ ܕܐܘܣܒܝܘܣ ܦܝܠܣܘܦܐ ܦܝܠܣܘܦܐ ܕܐܡܝܪ ܥܠ ܩܛܝܓܘܪܝܣ ܕܐܪܝܣܛܘܛܠܝܣ ܦܝܠܣܘܦܐ.

Das Wort ܦܝܠܣܘܦܐ ist hier von dem Schreiber selbst getilgt, nicht aber in der Schlussnotiz. Anfang:

ܡܬܦܠܓܐ ܚܕܐ ܕܩܛܝܓܘܪܝܣ ܠܐܪܒܥܐ ܡܬܦܠܓ. ܠܗܝ ܕܡܛܠ ܕܐܝܬܐ ܡܬܐܡܪܢ

ܗܠܝܢ ܕܡܬܐܡܪ̈ܢ. ܠܘܬ ܕܡܫܬܠܡܢܝܢ
ܕܝܠܗܝܢ ܕܡܫܬܐܠܢܘܬܐ. ܠܘܬ ܕܡܦܩܐ
ܙܕܩ ܠܡܥܒܕ ܚܠܝܠܗܝܢ ܕܡܫܬܐܠܢ̈ܘܬܐ.
ܠܘܬ ܕܡܫܬܠܡ ܠܓܒܪܐ ܕܠܡܐ ܐܘܡܢܐ ܡܕܡܝܐ.

Folgen die 4 Capitel: Cap. 1—3 Bl. 80ᵃ; Cap. 4 Bl. 82ᵃ. Schluss Bl. 83ᵇ:

ܫܠܡܬ ܗܦܘܠܡܝ ܕܐܘܣܛܘ ܡܡܠܐ ܕܥܠ
ܡܬܬܪ̈ܓܡܢܘܬܐ ܕܐܪܝܣܛܘܛܠܝܣ ܦܝܠܘܣܦܐ.
ܘܠܡܪܝ ܫܘܒܚܐ ܐܡܝܢ.

21. Bl. 83ᵇ—104ᵃ Abhandlung des Archiater Sergius von Ra's-'ain über die Kategorien des Aristoteles, Sendschreiben an einen Philotheus. Titel:

ܬܘܒ ܡܐܡܪܐ ܕܐܡܝܪ ܠܣܪܓܝܣ ܐܪܟܝܐܛܪܘܣ
ܪܫܥܝܢܝܐ ܥܠ ܡܬܬܪ̈ܓܡܢܘܬܐ ܕܐܪܝܣܛܘܛܠܝܣ
ܦܝܠܘܣܦܐ ܡܕܪ̈ܝ ܚܕܪ̈ܝܢ

Sergius lebte in der ersten Hälfte des 6. Jahrhunderts. Assemani, Bibl. orient II, 315 und A. Baumstark, Lucubrationes Syro-Graecae, Lipsiae 1894 S. 358 ff. Anfang:

ܡܫܬܠ ܗܘܝܬ ܕܐܬܦܫܩ ܠܟ ܐܘ ܐܚܝ
ܦܝܠܬܐܘܣ. ܕܡܛܠ ܐܝܟܢܐ ܡܢ ܗܠܝܢ ܕܫ̈ܡܝܢ
ܘܡܬܚܙܝܢ ܡܬܝܕ̈ܥܢ. ܠܫܘܪܝܐ ܘܫܘܠܦܐ
ܕܗܘܝ̈ ܕܡܫܬܠ ܠܗܘܢ ܥܠ ܕܘܪܫܐ ܕܦܝܠܘܣ̈ܘܦܐ
ܕܦܝܠܘܣܘܦܘܬܐ ܕܝܘܢ̈ܝܐ (ܕܝܘܢܝܘܬܐ)
ܡܫܠܡܢܐ. ܗܘ ܕܝܠܗܘܢ ܠܗܘܢܐ ܘܡܫ̈ܚܠܦܐ
ܕܦܝܠܘܣܘܦܘܬܐ. ܒܗ ܡܢܗ̈ܘܢܐ ܘܦܘ̈ܠܓܐ
ܘܡܬܚܫܒܐ. ܕܐܘܣܝܘܬܐ ܥܬܝܕ ܠܝ ܒܒܪ̈ܝܬܐ
ܐܝܟ ܕܡܫܡܥܐ ܚܠܝܦܘ ܥܠ ܗܕܐ. ܗܟܢܐ ܗܝ
ܐܬܬܘܕܝܥ ܘܫܪܐ

Schluss auf Bl. 104ᵃ: ܫܠܡ ܡܐܡܪܗ. Darauf eine Note, in der ein Citat aus dem Genesis-Commentar von Theodorus (von Mopsuestia) angeführt wird: ܡܢ ܫܠܡ ܐܝܟ ܠܡܦܫܩܗ
ܕܡܐܡܪܐ ܐܪܟܝܐܛܪܘܣ. ܥܠ ܠܡܦܫܩܗ ܗܠܝܢ
ܐܣܩ̈ܡܐ ܕܒܗܝܢ ܐܬܚܙܝ ܡܐܡܪܗ. ܗܐ ܐܦ ܐܢܐ
ܗܪܟܐ ܠܡܬܐ ܡܢ ܡܦ̈ܫܩܢܘܬܗ ܕܬܐܕܘܪܐ ܐܡܪ

ܕܐܬܝܠܕ. ܐܪܝܣܛܘܛܠܝܣ ܗܘ ܚܟܝܡܐ ܕܝܘܢ̈ܝܐ.
ܒܦܘܠܝܣ ܕܐܣܛܓܝܪܐ ܗܘܐ ܗܘ ܒܪ ܢܝܩܘܡܐܟܘܣ ܗܘܐ.
ܡܢ ܗܘܐ ܒܪܬܗ ܕܐܣܩܠܦ ܝܘܢ ܡܢ ܓܢܣܐ ܡܕܡ
ܠܗ ܠܘ. ܐܦܢ ܝܗܒ ܒܪܐ. ܐܠܐ ܥܠ ܡܕܡ
ܕܐܝܬ ܠܘ ܠܡܐܡܪܐ ܡܢܗ. ܡܢ ܗܘ ܕܗܘ
ܝܗܒ ܠܘ ܒܝܘܠܦܢܗ ܕܐܬܗܘܐ. ܫܠܡ
ܐܪܝܣܛܘ.

22. Bl. 104ᵃ—112ᵃ Analytica Priora des Aristoteles. Titel: ܬܘܒ ܐܢܠܘܛܝܩܐ ܩܕܡܝܐ ܡܕܡܐ ܕܐܪܝܣܛܘܛܠܝܣ

Anfang:

ܡܕܡܐ ܙܕܩ ܕܢܐܡܪ. ܕܥܠ ܡܢܐ ܘܕܡܢ
ܐܝܬܝܗ ܡܬܒܥܝܢܘܬܐ ܕܥܠ ܐܦܘܕܝܩܣܝܣ.
ܘܡܕܥܬܐ ܐܦܘܕܝܩܛܝܩܝܬܐ. ܒܬܪܟܢ ܕܢܬܚܡ.
ܡܢ ܐܝܬܝܗ ܦܪܘܛܣܝܣ. ܘܡܢܐ ܗܘܡܐ.
ܘܡܢ ܣܘܠܘܓܝܣܡܘܣ. ܘܐܝܢܐ ܡܫܡܠܝܐ
ܘܐܝܢܐ ܠܐ ܡܫܡܠܝܐ. ܒܬܪ ܗܠܝܢ ܕܝܢ ܘܫܪܐ

Die Übersetzung giebt nicht die ganzen Analytica Priora, sondern nur die ersten 7 Capitel. Unterschrift Bl. 112ᵃ:

ܫܠܡ ܐܢܠܘܛܝܩܐ ܩܕܡܝܐ ܠܐܪܝܣܛܘܛܠܝܣ
ܦܝܠܘܣܦܐ. ܘܠܡܪܝ ܫܘܒܚܐ. ܫ. ܐ. ܥ. ܡ. ܢܐ

d. h. ܫܢܬ ܐܠܦܐ ܘܫܥܐ A. Gr. 1571 (1260 n. Chr.).

23. Bl. 112ᵇ—123ᵇ Aristoteles, περὶ ἑρμηνείας. Titel:

ܬܘܒ ܒܝܘܢܝܐ ܕܡܬܩܪܐ ܕܡܬܦܫܩ ܡܢ ܟܠ
ܐܠܗܝ ܒܒܝܬ ܡܐܡܪܐ ܕܦܪܝܐܪܡܢܝܐܣ ܕܐܝܬܝܗ
ܠܐܪܝܣܛܘܛܠܝܣ ܦܝܠܘܣܦܐ

Am Ende fehlt ein Blatt; der Text bricht ab in Cap. 14 mit den Worten καὶ τὸ μὲν καθ' ἑαυτὸ τὸ δὲ κατὰ (Aristotelis opera, ed. Academia Reg. Borussica, tom. I S. 23 Col. 2 Zeile 16).

Herausgegeben von Hoffmann, a. a. O. S. 23 ff.

24. Bl. 124ᵃ—141ᵃ Commentar zu Περὶ ἑρμηνείας von Próbá. Titel Bl. 130ᵃ:

ܬܘܒ ܦܘܫܩܐ ܐܘܟܝܬ ܒܘܗܪܐ ܕܦܪܝܐܪܡܢܝܐܣ
ܕܐܪܝܣܛܘܛܠܝܣ ܦܝܠܘܣܦܐ ܕܥܒܝܕ
ܠܦܪܘܒܐ

In den Commentar, bezeichnet mit ܦܫ̄, ist der Text (eine alte Übersetzung), bezeichnet mit ܡܠ̄, eingefügt. Das Werk ist nicht vollständig überliefert; vorhanden ist Cap. 1 und Anfang von Cap. 2. Von Cap. 3. 4. 5 sind nicht die Überschriften angegeben. Bl. 141ᵃ:

ܗܘ (l. ܗܘܒ) ܦܘܣܩܐ ܕܐܠܦܐ ܕܒܗ ܡܠܟ
ܠܢ ܡܠܬܐ ܦܪܘܛܘܣ ܕܡܐܡܪܢ. ܡܢ ܗܘ
ܕܫܡܐ ܘܡܢ ܗܘ ܕܡܬܡܠܠܐ. ܘܡܢ ܗܘ
ܕܐܠܦܐ ܕܐܚܝܕܐ ܡܬܡܠܠܐ. ܘܡܬܚܡܢܢܐ
ܕܡܠܬܐ ܡܢܐ ܗܝܡܢܐ: ܡܠܬܐ ܦܪܘܛ
ܕܡܐܡܪܢ. ܦܘܣܩܐ ܕܐܪܒܥܐ ܡܠܬܐ
ܦܪܘܛܘܣ ܕܒܗ ܘܝܐ ܕܐܝܟ ܐܝܟܢ.
ܣܘܦܝܣܛܐ ܫܦܝܪܐ ܡܠܠ. ܘܡܬܕܟܪ
ܠܢ ܫܒܒܐ ܡܟܝܠ. ܡܢܐ ܐܝܬܘܗܝ ܗܢܐ.
ܦܘܣܩܐ ܕܫܡܐ ܘܒܟܝܢ ܡܢ ܣܘܡܦܘܗܝ
ܫܡܐ ܡܟܝܠ. ܡܢܐ ܐܝܬܘ ܗܢܘ. ܘܫܘܚܠܦܗ.
ܘܐܝܟ ܕܐܪܬܐܢܐ ܐܝܬܘܗܝ ܗܢܐ ܦܘܣܩܐ. ܘܐܝܟ
ܗܘ ܡܫܬܡܥ ܐܪܡܢܘܛܝܩܘܣ ܘܐܝܟ ܗܘ
ܡܫܬܡܥ ܦܠܛܘܢ. ܗܢܐ ܗܘ ܦܘܠܓ ܕܦܘܣܩܐ ܗܢܐ
ܐܝܬܘܗܝ. ܒܬܪ ܪܘܫܡܐ ܕܦܪܘܒܐ.

Die richtige Reihenfolge der Blätter ist folgende: 130ᵃᵇ. 127ᵃᵇ. 126ᵃᵇ. 129ᵃᵇ. 128ᵃᵇ. 125ᵃᵇ. 124ᵇᵃ. 131ᵃ—141ᵃ.

Diese Schrift ist herausgegeben und übersetzt von Hoffmann, a. a. O. S. 62, und S. 90. Über Probus s. daselbst S. 141 ff. Probus lebte vermuthlich in der Mitte des 5. Jahrhunderts in Edessa.

Unten auf Bl. 126ᵇ folgende Notiz von späterer Hand:

ܡܢܐ ܠܟܬܒܐ ܗܢܐ ܕܡܠܠܘܬܐ ܡܠܐ ܣܓܝܐܐ
ܡܬܪܓܡܢ ܒܪ ܠܠܫܢ ܐܣܘܪܝܐ ܕܐܝܟ
ܡܪܝ ܗܝܒ ܐܠܗܐ ܦܘܣܩܐ ܕܠܘܓܝܩܐ ܟܬܒܐ
ܦܪܘܒܐ ܠܐܦܝܣܩܘܦܐ ܗܘ ܘܠܐܘ ܕܐܝܟܢܐ.

S. weiter unten.

25. Bl. 141ᵇ—143ᵇ. 154. 163. 164. 157—162ᵃ. Aristoteles في الفضيلة (περὶ ἀρετῆς), übersetzt aus dem Syrischen in das Arabische von *'Abû-Alfarağ 'Abdallâh* Ibn-*Alṭajjib* (gest. A. D. 1043, s. Assemani III S. 544 ff.). Titel:

بسم الله الرحمن الرحيم نكتب بعون الله وحسن توفيقه مقالة صنفها رئيس الفلاسفة ارسطاطاليس الفيلسوف في الفضيلة نقلها الشيخ الفاضل الفيلسوف ابو الفرج عبد الله بن الطيب من السرياني الى العربي

Anfang:

قال ارسطوطاليس الامور الحسنه ممدوحه والقبيحه مذمومه والفضايل مبدا الخيرات باسرها. والشر راس الرذايل كلها. واسباب الفضايل مع جميع الامور المتصله بها والصادره عنها ممدوحه ايضا. واضداد هذه باسرها مذمومه. واذ كانت النفس تنقسم الى ثلثه قوى على ما يراه افلاطون الحكيم وعى الفكر والغضب والشهوه. فمعلوم ان فضيلة القوه الفكريه عى الحكمه الخ

Reihenfolge der Blätter: Bl. 141ᵇ—143ᵇ. 154. 163. 164. 157—162ᵃ. Auch Bl. 156 gehört evident zu demselben Werk; ich sehe aber nicht, an welcher Stelle es einzufügen ist. Es handelt von den Aufgaben der Wissenschaften, der Astronomie, Medicin, vom Gesetz; von den fünf Arten der Rede, von der Musik, von dem Adel der Abstammung, von der Schönheit.

Diese Übersetzung des Ibn-*Alṭajjib* finde ich anderswo unter seinen Schriften nicht angeführt (s. Wüstenfeld, Geschichte der Arabischen Ärzte und Naturforscher S. 78).

Am Rande sind mehrfach Syrische Wörter beigefügt. Schlussworte Bl. 162ᵃ:

والتى تقال بالقياس هى التى تفهم بالقياس الى غيرها كالكبير والصغير وما اشبه ذلك فان الكبير فانما يقال كبيرا بالقياس الى الصغير والصغير بالقياس الى الكبير فالامور الى هذين القسمين تنقسم. تمت

Bl. 162ᵃ Einige Syrische Verse im siebensilbigen Metrum von einem Schüler an seinen abwesenden Lehrer. Titel:

ܐܠܦܬܐ ܦܘܣܩܐ ܕܡܠܦܢܐ ܠܗܘ ܪܒܗ ܟܕ
ܡܦܪܫ ܡܢܗ

Anfang:

ܡܢ ܡܫܬܡܫܢܘܬ ܠܐ ܐܬܦܪܫܬ ܒܦܘܠܓ ܢܦܫܐ.

Bl. 162[b] Verzeichniss der Kategorien, Syrisch und Arabisch, mit Beispielen Z. 1 und Z. 11.

Verzeichniss der 13 ὕλαι ܗܘ̈ܠܐ. Syrisch.

Die fünf Wörter des Porphyrius Z. 19 (الجنس الفصل النوع الخاصية العرض), Syrisch. Arabisch.

Einige Arabische Verse, anfangend:

الدهر يومان ذا امن وذا حذر

identisch mit den Versen der 1001 Nacht ed. Habicht I S. 35. 36. Unten auf der Seite:

ܫܠܡ ܟܬܒܐ ܕܡܠܝܠܘܬܐ ܘܕܓܪܡܛܝܩܘܬܐ

Diese Unterschrift kann sich jedenfalls nicht auf die nächst vorhergehende Schrift beziehen, denn diese (كتاب الفضيلة) handelt weder von Logik noch Grammatik.

26. Bl. 144[b]—146[b] Eine Arabische Schrift über die Einheit Gottes:

توحيد الله تعالى ذكره.

Anfang:

ذروة الايمان توحيد الله الموجود الحي الناطق، بارى السماوات والارض ومبدع ساير الخلايق الخ

Der erste Abschnitt Bl. 145[b] handelt von der Grundlage des Glaubens اساس الايمان, der zweite daselbst von der Taufe فصل في المعودية.

Ein dritter Abschnitt Bl. 146[a], anfangend:

الواجب على من آمن بالله واعترف بعدله وفضله الخ

Unvollständig am Ende Bl. 146[b].

27. Bl. 165[a] Einige Syrische Verse in zwölfsilbigem Metrum, handelnd von den »7 Augen des Herrn, welche auf die ganze Erde schauen«, d. i. ܐܝܬܘܬܐ ܡܠܟܘܬܐ ܕܚܝܠܘܬܐ ܦܘܪܫܢܐ ܡܬܚܝܢܘܬܐ ܚܟܝܡܘܬܐ ܒܝܘܕܥܬܐ

Überschrift:

ܐܬܘܪܐ ܪܝܫܐ ܥܘ̈ܡܩܐ ܕܟܠ ܫܒܥܐ ܚܝܘ̈ܬܐ ܕܡܪ (= ܕܡܪܝܐ)

Anfang:

ܥܠ ܗܘܝܐ ܕܒܢ̈ܝܐ ܡܕܡ̈ܝܐ ܕܡܢ ܠܐ ܡܕܡ

Geschrieben von jüngerer Hand.

Vergl. den Titel einer Schrift des Johannes Bar ܦܢܟ̈ܝܐ bei Assemani III, 1, 190: ܘܥܠ ܕܥܒܕ ܒܪ̈ܝܬܗ ܕܡܢ ܠܐ.

28. Bl. 166[a]—174[b] Arabisches Sendschreiben des *Îšô'jabh*, Metropoliten von *Ṣôbâ* und Armenien (erwählt A. D. 1190), an den Diaconus *Sa'îd* in Bagdad zur Vertheidigung der Nestorianischen Kirche gegen den Jakobitischen Patriarchen Ignatius (erwählt A. D. 1222). Vergl. Assemani III S. 295 Anm. 1 und 297 Anm. 1, wo der Inhalt dieser Schrift mitgetheilt ist. Titel:

بسم الله الرحمن الرحيم وبه استعين ابامى اجمعين

ܡܝܛܪܦܘܠ ܡܫܠܐ ܡܫܝܚܐ ܕܨܘܒܐ ܘܕܐܪܡܢܝܐ
ܛ̄ ܢܣܛܘܪܝܘܬܐ ܐܢܐ. ܘܡܢ ܟܠ ܕܡܫܬܪܝܢܐ
ܐܬܚܪ ܕܟܠ ܘܡܟܘܢ ܘܕܟܠ ܪܘܡܐ ܒܥܒܪ
ܡܫܝܚܝܘܬܐ ܐܪܬܕܘܟܣܝܬܐ ܐܝܟ ܡܪܝܐ.

Ignatius hatte behauptet, dass die Nestorianer eine neue, nicht eine alte, apostolische Kirche seien; dass die Nestorianer keine Klöster hätten: dass die Nestorianische Ansicht von den zwei Naturen in Christo eine Vermehrung der Trinität zur Folge hätte. Diese Punkte widerlegt *Îšô'jabh*, den ersten auf Bl. 167[a], den zweiten auf Bl. 168[b], den dritten auf Bl. 169[b] ff.

29. Bl. 175[a]—179[a] Symbola fidei, Syrisch, überschrieben: ܫܪܪܐ ܕܟܠ ܗܝܡܢܘܬܐ ܫܪܝܪܬܐ

1. Das Nicaenische Glaubensbekenntniss. Bl. 175[a] ܗܘܬ ܒܝܕ ܐܠܗܐ ܒܬܒܝܢ ܗܝܡܢܘܬܐ
ܕܟܢܫܐ ܩܕܝܫܬܐ. ܕܐܬܬܣܝܡܬ ܡܢ ܐܒ̈ܗܝܢ
ܦܛ̈ܪܝܐ ܬܠܬܡܐܐ ܘܬܡܢܬܥܣܪ ܐܦܣܩܘ
ܕܐܬܟܢܫܘ ܒܢܝܩܝܐ ܡܕܝܢܬܐ ܒܝܘ̈ܡܝ ܡܠܟܐ
ܩܘܣܛܢܛܝܢܘܣ ܡܠܟܐ ܙܟܝܐ. ܘܡܠܬܐ
ܕܗܝܡܢܘܬܗܘܢ ܗܘܬ ܡܛܠ ܐܪܝܘܣ ܕܐܪܫܝܥ
ܪܫܢܐ ܕܐܠܝܗܝܢ ܗܪ̈ܣܝܣ.

2. Das Glaubensbekenntniss des Concils von Constantinopel. Bl. 175[b] ܗܕܐ ܗܝܡܢܘܬܐ ܕܟܢܘܫܬܐ ܩܕܝܫܬܐ ܩܬܘܠܝܩܐ. ܕܐܬܟܢܫܬ ܡܢ ܐܒܗ̈ܝܢ ܩܕ̈ܝܫܐ ܡܐܐ ܘܚܡܫܝܢ ܐܦܣܩܘܦܐ ܕܐܬܟܢܫܘ ܒܩܘܣܛܢܛܝܢܘܦܘܠܝܣ ܒܝܘ̈ܡܝ ܬܐܘܕܘܣܝܣ ܡܠܟܐ. ܘܫܠܡܬܐ ܕܟܢܘܫܬܗܘܢ ܐܝܟܢܐ ܗܘܬ ܡܛܠ ܦܘܠܓܗ ܕܡܩܕܘܢܝܣ.

3. Glaubensbekenntniss des Johannes Chrysostomus. Bl. 176[a] ܗܕܐ ܗܝܡܢܘܬܐ ܕܟܬܒܬܐ ܕܐܬܬܫܥܝܬ ܡܢ ܡܪܝ ܝܘܚܢܢ ܦܘܡܐ ܕܕܗܒܐ.

4. Glaubensbekenntniss des Nestorius. Bl. 176[b] ܗܢܘܢ ܕܗܝܡܢܘܬܐ ܕܩܫܝܫܐ ܕܒܘܕܪܐ ܩܕܝܫܐ ܡܪܝ ܢܣܛܘܪܝܣ ܐܦܣܩܘܦܐ ܕܩܘܣܛܢܛܝܢܘܦܘܠܝܣ.

5. Anderes Glaubensbekenntniss des Nestorius in 12 Abschnitten. Bl. 177[b] ܗܕܐ ܗܢܘܢ ܕܗܝܡܢܘܬܐ ܐܚܪܬܐ ܕܝܠܗ ܕܝܢ ܕܝܠܗ ܕܡܪܝ ܢܣܛܘܪܝܣ ܐܦܣܩܘܦܐ ܕܩܘܣܛܢܛܝܢܘܦܘܠܝܣ. ܕܐܡܪܐ ܠܗ ܒܪܫܐ ܐܪܒܥܣܪ ܒܬܪ ܐܠܗܐ ܘܟܠ ܒܠܗ ܡܕܒܪܢܘܬܗ ܕܒܦܓܪ ܠܘܬ ܕܡܪܢ ܕܐܦܝܣܘܗܝ ܕܗܕܐ ܫܒܥ ܠܗܘܢ.

6. Glaubensbekenntniss des Nestorius, Arabisch Bl. 179[a], identisch mit nr. 4 Bl. 176[b]. Titel:

امانة المبيعة الشخرة الموضوعة عن القديس مار نسطوريس اسقف القسطنطينية.

Bl. 180[a] Varia, kleinere Abschnitte grammatischen, philosophischen und anderen Inhalts.

a) Notiz über die Buchstaben des Alphabets, Syrisch, Z. 1. Titel:

ܗܕܐ ܡܠܬܐ ܕܒܥܒܕ ܠܫܢ ܡܢ ܣܬܘܡܐ ܥܠ ܐܬܘ̈ܬܐ ܕܐܠܦ ܒܝܬ. ܫܘܐܠܐ

Anfang:

ܟܡܐ ܐܢܝܢ ܡܕܥܒܕܐ ܕܝܠܗ ܡܠܘܐܐ ܕܝܠܗ ܠܐ ܡܫܬܒܩ ܒܐܘܦܝܐ ܐܠܦܐ.

b) Aufzählung von acht Arten der Nominalbildung, von David Bar Paulus, Z. 8. Der Titel ist Karschuni, das übrige Syrisch. Titel:

ܗܕܐ ܕܕܘܝܕ ܒܪ ܦܘܠܘܣ. ܦܨܠ. ܡܢܗ. ܬܡܢܝܐ ܐܢܘܐܥ ܐܠܐܣܡܐܗ ܥܠܝ ܡܐ ܩܐܠ ܐܠܐܟܝܐ

Text:

ܡܕܡܝܐ ܡܬܐܡܪ ܫܡ ܐܦܝܢ. ܘܚܝܐ. ܘܡܪܝܐ. ܘܡܫܝܚ ܒܪܗ. ܘܡܕܡܝܐ ܐܝܟ ܐܠܗܐ. ܘܡܠܐܟܐ. ܘܫܡܝܐ. ܘܐܪܥܐ. ܘܢܘܪܐ ܘܟܠ ܕܕܡܝܐ ܠܗܠܝܢ. ܘܠܐ ܗܪܟܐ ܡܬܬܡܪܐ ܦܘܩܕܢܐ. ܐܝܟ ܐܠܗܐ. ܡܠܐܟܐ. ܫܡܝܐ. ܐܪܥܐ. ܢܘܪܐ. ܐܐܪܐ. ܒܦܪܐ ܕܡܢ ܒܦܪܐ ܘܡܝܐ ܕܡܢ ܡ̈ܝܐ. ܘܟܠ ܕܕܡܝܐ ܠܗܠܝܢ. ܠܐ ܕܝܢ ܗܠܝܢ ܡܬܬܡܪܐ ܡܬܬܡܫܢܐ. ܘܫܠܡܐ. ܐܝܟ ܕܝܢܐ ܕܡܢ ܕܝܢܘܬܐ. ܘܕܘܟ ܕܡܢ ܕܘܟܬܐ. ܘܦܪܦܘܪܘܣ ܕܡܢ ܐܪ̈ܓܘܢܐ. ܘܐܝܟ ܚܟܝܡܐ ܕܡܢ ܚܟܡܬܐ. ܘܟܠ ܕܕܡܝܐ ܠܗܠܝܢ. ܘܠܐ ܕܝܢ ܐܚܪܢܐ ܕܡܬܬܡܪܐ ܡܪܒܝܐ ܕܡܢ ܗܕ̈ܝܢ ܫܡܝ̈ܐ ܡܫܡܠܝ̈ܐ. ܐܝܟ ܒܪܗܕܒܫܒܐ. ܒܪ ܫܒܬܐ. ܒܢܝܢ ܕܡܬܦܫܩ ܒܪ ܒܠܐ. ܢܘܒܠܗܝܐ. ܫܡܫܢܘܬ. ܡܪܝ ܢܨܪܝ. ܢܨܪܢܘܬܐ. ܒܒܕܢܘܬ. ܒܠܒܠ ܫܘܬ. ܫܘܒܒܕ ܘܟܠ ܕܕܡܝܐ ܠܗܠܝܢ. ܘܠܐ ܐܚܪܢܐ ܕܡܬܬܡܪܐ ܕܡܢ ܗܠܝܢ ܫܡܝ̈ܐ ܡܫܡܠܝ̈ܐ. ܐܝܟ ܦܫܝܛ ܒܪ ܦܫܝܛ. ܘܫܘܒ ܒܪ ܢܘܢ. ܘܟܠ ܕܕܡܝܐ ܠܗܠܝܢ. ܘܠܐ ܐܚܪܢܐ ܕܡܬܬܡܪܐ ܡܪܒܝܐ ܕܡܢ ܗܕ̈ܡܐ ܣܩܘܡܝܬܐ ܐܝܟ ܒܪܗܦܣܩܘܦܐ. ܕܐܝܬܘܗܝ ܒܪܗܦܝܩܐ ܘܡܘܕܝܐ. ܦܪܘܬܘܦܘܣܝܐ ܕܡܬܦܫܩܢܐ ܡܫܡܫܢܘܬܐ ܘܒܥܝܐ. ܐܘܪܫܠܝܡ. ܕܐܝܬܘܗܝ ܢܘܪܐ ܘܫܠܡܐ. ܘܟܠ ܕܕܡܝܐ ܠܗܠܝܢ. ܘܠܐ ܐܚܪܢܐ ܡܬܬܪܒܝܐ ܡܢ ܡܠܬܐ ܫܡܫܪܬܐ ܘܡܫܬܡܠܝܐ ܐܝܟ ܦܢܚܐܝܠ. ܕܐܝܬܘܗܝ ܐܦܘܗܝ ܕܐܠܗܐ. ܫܡܘܐܝܠ ܫܠܝܚ ܡܠܟ̈ܐ. ܪܒܒܝܬܐ. ܪܒܐ ܕܒܝܬܐ. ܘܟܠ ܕܕܡܝܐ ܠܗܠܝܢ.

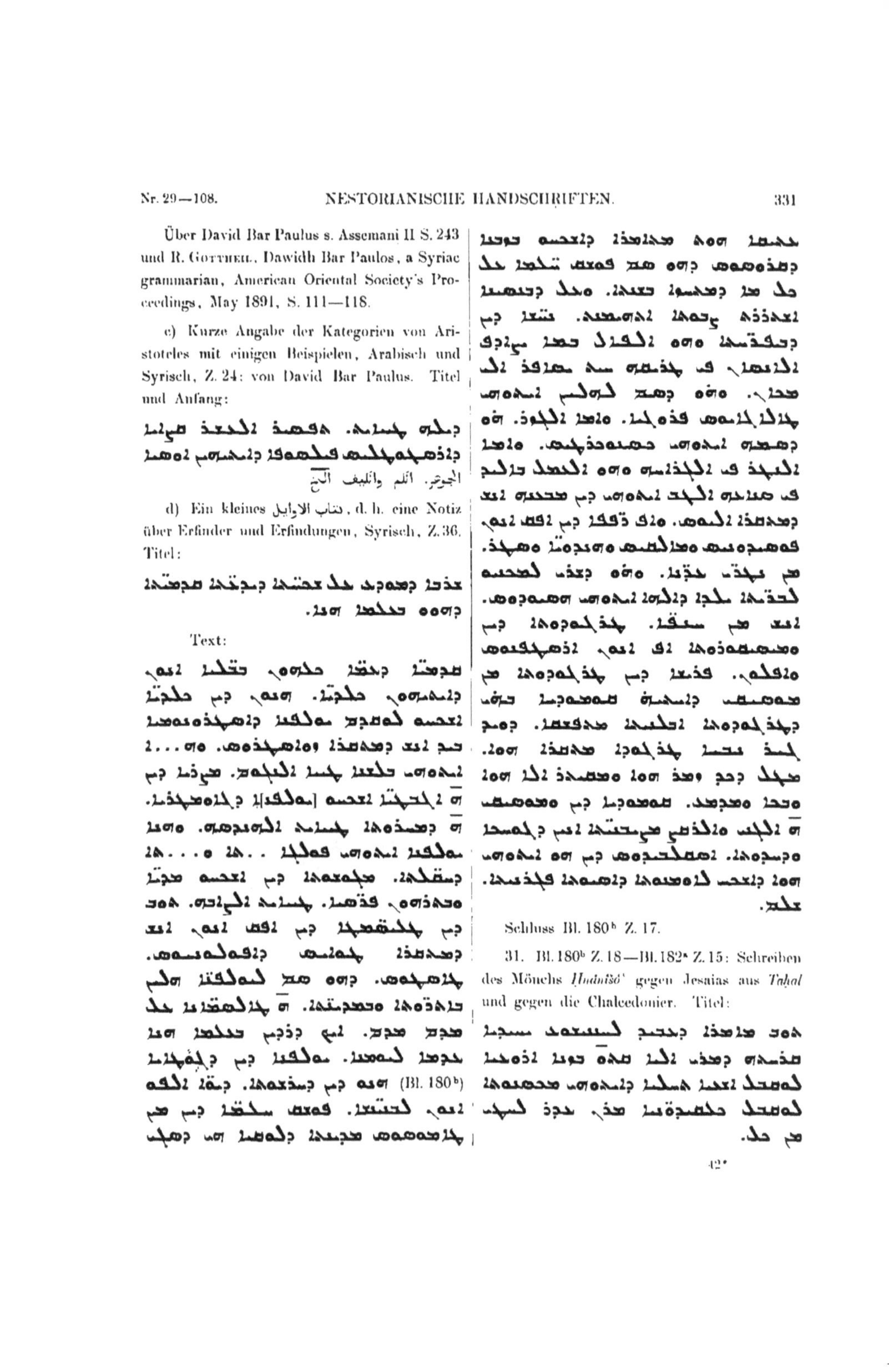

Über David Bar Paulus s. Assemani II S. 243 und R. Gottheil, Dawidh Bar Paulos, a Syriac grammarian, American Oriental Society's Proceedings, May 1891, S. 111—118.

c) Kurze Angabe der Kategorien von Aristoteles mit einigen Beispielen, Arabisch und Syrisch, Z. 24: von David Bar Paulus. Titel und Anfang:

[illegible]

الجوهر. الكم والكيف الخ

d) Ein kleines كتاب الاوايل, d. h. eine Notiz über Erfinder und Erfindungen, Syrisch, Z. 36. Titel:

[illegible]

Text:

[illegible] (Bl. 180ᵇ) [illegible]

[illegible]

Schluss Bl. 180ᵇ Z. 17.

31. Bl. 180ᵇ Z. 18—Bl. 182ᵃ Z. 15: Schreiben des Mönchs *Ḥudnîšô'* gegen Jesaias aus *Ṭaḥal* und gegen die Chalcedonier. Titel:

[illegible]

Erwähnt bei Assemani III, 118 Col. I; vergl. auch daselbst S. 81 Anm. 2. *Ḥnânîšô'* in der 2. Hälfte des 6. Jahrhunderts. Anfang:

[illegible]

32. Notiz von *Îšô'bukht* über das Wort [illegible] »Möglichkeiten«. Titel:

[illegible]

Bl. 182ᵃ Z. 16—28.

Vielleicht ist der Verfasser der von Assemani III, 194 erwähnte Metropolit von Persien. Anfang:

[illegible]

33. Erklärung schwieriger Ausdrücke, welche in περὶ ἑρμηνείας vorkommen, von einem ungenannten Verfasser. Bl. 182ᵃ Z. 29. Titel:

[illegible]

Anfang:

[illegible]

Ende Bl. 184ᵇ Z. 14.

34. Bl. 184ᵃ—207ᵃ Liber definitionum, Erklärung philosophischer und theologischer Termini, von *Bâzwâd*. Vergl. über ihn und sein Werk Hoffmann a. a. O. S. 151—153. Überschrift:

[illegible]

Anfang:

[illegible]

Unterschrift Bl. 207ᵃ:

[illegible]

Verzeichniss der erklärten Ausdrücke:

[illegible] Bl. 185ᵃ, [illegible] 186ᵇ, [illegible] 187ᵃ, [illegible] 188ᵃ, [illegible] 188ᵇ, [illegible] 189ᵃ, [illegible] 190ᵃ, [illegible] 190ᵇ, [illegible] 191ᵃ, [illegible] 191ᵇ, [illegible] 192ᵇ, [illegible] 193ᵃ, [illegible] 193ᵇ, [illegible] 194ᵃ, [illegible] 194ᵇ, [illegible] 195ᵃ, [illegible] 195ᵇ, [illegible] 196ᵃ, [illegible] 196ᵇ, [illegible] 197ᵃ, [illegible]

[illegible] 197b. [illegible] 198a. [illegible] 198b. [illegible] 199a. [illegible] 199b. [illegible] 200a. [illegible] 200b. [illegible] 201a. [illegible] 201b. [illegible] 202a. [illegible] 202b. [illegible] 203a. [illegible] 203b. [illegible] 204a. [illegible] 204b. [illegible] 205a. [illegible] 205b. [illegible] 206a. [illegible]

35. Bl. 207b—228a Syrische Grammatik des Catholicus und Patriarchen *Mâr* Elias. Titel:

[illegible]

Mâr Elias, Bischof von *Tirhân*, dann Patriarch, starb A. D. 1049. Vergl. Assemani, Bibl. orient. III, I S. 262—265. Anfang der Einleitung:

[illegible]

Das Werk besteht aus 32 Abschnitten ([illegible]), die zum Theil in Fragen und Antworten geordnet sind. Die Reihenfolge der Blätter ist gestört. Herausgegeben von F. Baethgen, [illegible] oder Syrische Grammatik des *Mâr* Elias von *Tirhân*, Leipzig 1880. Ende Bl. 228a:

[illegible]

36. Bl. 228b—230b Schrift über die Accente. Titel:

[illegible]

Der (nicht genannte) Verfasser zählt alle Accente auf und fügt Beispiele hinzu. Anfang:

[illegible]

Herausgegeben von Merx a. a. O. S. 183—189. Schluss Bl. 230a:

[illegible]

37. Bl. 230^b. 1^a Schrift über die Geburt Christi zum Beweis der Nestorianischen Lehre von den zwei Personen und zwei Naturen. Der Verfasser ist nicht genannt. Titel:

ܟܬܒܐ ܡܘܕܥܢܐ ܕܒܗ ܡܠܦܗ ܕܡܪܢ ܕܡܫܝܚܐ
ܐܝܟ ܕܦܪܨܘܦܐ ܦܪܝܫܘܬ ܩܢܘ̈ܡܘܗܝ ܕܡܫܝܚܐ
ܘܦܪܝܫܘܬ ܟܝܢܘ̈ܗܝ ܐܝܟ ܕܡܘܕܝܐ ܥܕܬܐ
ܕܢܣܛܘܪ̈ܝܢܐ

Anfang:

ܫܪܪܐ ܠܟܠ ܕܒܥܐ ܗܘ ܐܠܗܐ ܠܡܝܬܘܗܝ ܕܡܪܢ
ܥܡ ܝܠܕܐ ܕܡܪܝܡ ܘܐܢܫܘܬܐ ܕܠܡܘܬ ܘܐܚܪܬ
ܘܐܠܗܐ ܐܠܗܘܬܗ ܘܐܢܫܘܬܗ. ܘܐܠܐ ܕܐܢܫܘܬܗ
ܥܡ ܡܪܢ ܡܠܟܐ ܕܟܠ ܫܪܪܐ. ܘܫܪܪ

Bl. 1^a ist die Fortsetzung von Bl. 230^b und das Ende der Schrift.

38. Bl. 1^b—3^b Astrologisches in Arabischer Sprache:

I. اختيارات ايام الشهر عن جعفر الصادق رحمه الله. Die 30 Monatstage mit Angaben darüber, ob sie günstig oder ungünstig sind und in welcher Beziehung. Bl. 1^b. 2^a. Von *Ǵa'far Alṣâdiḳ*. Vergl. Wüstenfeld, Geschichte der Arabischen Ärzte und Naturforscher S. 12 nr. 24.

II. جدول يشتمل على ذكر الغالب والمغلوب. »Tabelle, welche angiebt, wer gewinnt, wer verliert.« Bl. 2^a. 3^a. Überschrift:

هذا كتب وضعه الحكما الاولون والعلما المتقدمون يشتمل على ذكر الغالب والمغلوب وهو ان بحسب اسم كلّ واحد من المتحاربين والمتصارعين والمتخاصمين والمتحاولين والمتحاورين على الانفراد بحسب الجمّل وسقطه تسعه تسعه وتعرف الجواب وتدخل به الى جدول الغالب والمغلوب فان كان الباقى من اسميهما عددا واحدا فالطالب يغلب المطلوب وان كان احدهما صاحب سيف والاخر صاحب قلم يحكم لصاحب السيف بالضفر ان شا الله تعالى

III. باب الجدولين فى الحياة والموت. Eine Tabelle sammt Gebrauchs-Anweisung, aus der man wahrsagen kann, ob ein Kranker genesen oder sterben werde. Bl. 3^b. Anfang:

قد اودعت هذا الباب ما يحتاج اليه المتطبب على الاختصار الخ

Unten auf derselben Seite ein Zauberspruch, anzuwenden bei schwerer Geburt:

رقوه لعسر الولاده يكتبها ويضعها تحت بهامها اليمين وهو يا عيسى المسيح الخ

Die Hds. ist meines Erachtens von einem und demselben Schreiber geschrieben. Allerdings differirt der Theil Bl. 180—238 und 1—3 von dem übrigen sowohl in Rücksicht auf die Conservirung (das Papier ist brüchig geworden) wie auch darin, dass hier das Papier vermuthlich in Folge von Feuchtigkeit oder Hitze viel mehr dunkelbraun gefärbt ist als in Bl. 7—179. Zur Erklärung dieser augenfälligen Verschiedenheit muss man annehmen, dass der letzte Theil der Hds. zerstörenden Einflüssen ausgesetzt gewesen ist, vor denen der erste Theil verschont blieb. Denn die Schrift, sowohl die Syrische wie die Arabische, ist durchweg dieselbe, wenn auch die verschiedenen Schriftstücke nicht alle zu derselben Zeit, nicht in demselben Jahre geschrieben sind, ausserdem nicht alle mit derselben Sorgfalt, einige (z. B. Arabische) mehr als Brouillon, andere in Reinschrift behandelt worden sind. Das Papier ist überall das gleiche, ebenso sind die sämmtlichen ursprünglichen Kurrâs-Ziffern von derselben Hand geschrieben.

Nach den zwei Notizen auf Bl. 36^a und 112^a ist die Hds. A. Gr. 1571 = 1260 n. Chr. geschrieben. Name und Wohnort des Schreibers sind nicht angegeben. S. das Facsimile nr. VII von Bl. 111^b. 112^a.

Auf Bl. 126^b folgende Notiz:

ܫܢܐ ܠܝܘܢܝܐ ܗܘܬ ܕܡܠܟܘܬܐ ܡܠܟ ܡܫܝ̈ܚܐ
ܡܪܝܫܐܠ ܒܪ ܐܠܠܟܡ ܐܝܫܘܥ ܕܐܒܘܗܝ

ܙܒܢ ܝܗܒ ܐܠܗܐ ܐܦܣܩܘܦܐ ܕܓܘܠܡܪ ܟܬܒܐ
ܐܚܘܗܝ ܠܣܒܪܝܫܘܥ ܗܘ ܘܠܗ ܕܢܩܪܐ.

Danach hat ein *Sabhrišó'* Bar *Ǵaldldin*, Bruder des Bischofs *Jabh'alâhâ* von Gulmar A. Gr. 1825 = 1514 n. Chr. diese Hds. gekauft.

Auf dem linksseitigen Bindeblatt nennt sich als früheren Besitzer dieser Bücher ein Catholicus Simeon (gest. 1559), Sohn des sel. *Mâmâ*:

ܐܝܬܘܗܝ ܟܬܒܐ ܗܢܐ ܕܩܬܘܠܝܩܐ ܕܡܕܢܚܐ
ܫܡܥܘܢ ܩܬܘܠܝܩܐ ܒܪ ܡܡܐ ܢܝܚܐ.

Nach einer Notiz auf Bl. 4ᵃ gehörte die Hds. früher dem Collegium Sti. Petri in Monte Aureo. Ein früherer Leser, der Maronit F. G. Mehaseb, hat sich Bl. 6ᵃ genannt.

Der Syrische Text ist im Allgemeinen unvocalisirt; zerstreut und spärlich einige Vocale oder *Rukkâkhâ* und *Ḳuššâjâ*. Die Interpunction ist diejenige der älteren Handschriften. Das Arabische unvocalisirt, zum Theil sehr flüchtig geschrieben.

238 Blätter (26,5 × 17,5 cm Grösse der gut erhaltenen Blätter). Die Zahl der Zeilen sehr verschieden. Während auf Bl. 8—36 die Seiten in zwei Columnen beschrieben sind, haben die übrigen Seiten einen ungetheilten Text.

— —

89.

(Sachau 226.)

Sammelband philosophischen und grammatischen Inhalts.

I. Bl. 4ᵇ—12ᵇ Commentar des Probus archiater et archidiaconus Antiochenus zu der Isagoge des Porphyrius, d. h. zu dem zweiten Theil derselben, da der erste Theil in der Vorlage des Schreibers fehlte. Überschrift:

ܒܬܪ ܕܐܝܣܓܘܓܐ. ܦܘܩܕܢܐ ܬܪܝܢܐ. ܡܛܠ
ܕܦܘܩܕܢܐ ܩܕܡܝܐ ܠܐ ܐܫܟܚܢ ܒܨܚܚܐ.

Vergl. Scholia in Aristotelem collegit C. A. Brandis, edidit Academia Regia Borussica. Berolini 1836, pag. 4, cap. 6. Anfang:

ܒܝܕܥܐ ܠܡܐܡܪ ܐܠܦ ܠܟ ܦܪܦܘܪܝܘܣ ܕܥܡܝ
ܐܝܬܘܗܝ ܓܢܣܐ ܘܐܕܫܐ. ܘܦܘܪܫܢܐ ܘܕܝܠܝܬܐ
ܘܓܕܫܐ. ܘܡܛܠ ܐܬܐ ܠܗܠ ܡܢܝܢܐ ܕܗܠܝܢ
ܕܡܛܠܐ ܗܢܐ. ܘܒܗ ܡܠܦ ܠܟ ܡܛܠ
ܫܘܬܦܘܬܗܘܢ ܕܥܠܝܢ ܚܡܫ ܒܢܝܢ ܩܠܐ
ܘܡܛܠ ܦܘܪܫܢܗܝܢ. ܟܠܗܝܢ ܓܝܪ ܕܐܝܬܝܗܝܢ
ܘܡܫܘܬܦܘܬܐ ܐܝܬ ܠܗܝܢ ܚܕܕܐ ܘܦܘܪܫܢܐ.
ܡܛܠ ܕܪܫܝܬܐ ܕܟܠ ܚܕܐ ܐܝܬܝܗ ܘܡܛܠܬܐ
ܫܠܡ ܘܪܫ

Unterschrift Bl. 12ᵇ:

ܫܠܡ ܦܘܫܩܐ ܘܢܘܗܪܐ ܕܐܝܣܓܘܓܐ
ܕܦܪܦܘܪܝܘܣ ܦܝܠܘܣܦܐ. ܕܥܒܝܕ ܠܦܪܘܒܐ
ܐܪܟ ܐܣܘܬܐ ܡܗܝܪܐ (Bl. 13ᵃ) ܐܪܟܝܐܛܪܘܣ
ܘܐܪܟܕܝܩܘܢ ܕܐܢܛܝܘܟܝܐ ܕܣܘܪܝܐ.

Über diesen Probus vergl. G. Hoffmann, De hermeneuticis apud Syros Aristoteleis S. 141—148.

II. Bl. 13ᵃ—14ᵃ Zwei kurze Vitae von Aristoteles. Die Überschrift bezieht sich ursprünglich auf ein grösseres Ganzes: ܦܪܓܡܛܝܐ
ܕܡܠܠܘܬܐ ܕܥܒܝܕܐ ܠܐܪܣܛܛܠܝܣ
ܦܝܠܘܣܦܐ ܦܪܝܦܛܝܛܝܩܘܣ ܦܪܘܟܣܘܣ
ܐܘܟܝܬ ܡܫܡܫܢܐ ܕܝܠܗ ܕܐܪܣܛܛܠܝܣ
ܢܝܩܘܡܟܘܣ ܐܪܝܣܛܘܢ ܛܝܡܘܢ ܕܥܒܝܕܐ
ܠܐܡܘܢܝܘܣ (Ammonius).

Erste Vita:

ܐܠܝܐ ܡܕܝܢܬܐ ܕܝܘܢܝܐ ܐܬܝܠܕ ܘܢܝܩܘܡ
ܐܒܘܗ ܘܗܠܝܢ ܕܫܪܪܐ ܢܩܝܒ ܐܡܪܝܢ.
ܡܛܠ ܐܢܫܝܢ ܡܢ ܐܣܟܘܠܝܘܣ ܗܘܐ
ܐܪܣܛܛܠܝܣ ܡܢ ܡܐܟܘܢ ܡܢ ܐܬܢܐ
ܕܡܠܦܢܐ. ܐܝܟ ܕܝܢ ܗܕܐ ܥܠ ܐܢܫܐ
ܐܠܟܣܢܕܪܘܣ. ܠܗܘ ܕܐܦ ܡܩܕܘܢܝܐ
ܡܬܚܫܒ ܒܗܘ ܕܡܠܟ. ܐܬܚܙܝ ܕܡܠܟ
ܡܕܝܢܬܐ ܗܠܝܢ ܕܚܕܝܢ ܚܘܒܐ. ܐܬܘܗܝ ܡܢ

[Syriac text] (Bl. 13) [Syriac text]

Zweite Vita:

[Syriac text]

[Syriac text] (Bl. 14a) [Syriac text]

III. Bl. 14a—45b Syrische Übersetzung der Kategorien des Aristoteles von einem ungenannten Übersetzer. Anfang:

[Syriac text]

Unterschrift Bl. 45b:

[Syriac text]

Hier nennt sich als der Schreiber ein Elias [Syriac text].

IV. Bl. 46a—55b Grammatik des Dionysius Thrax, s. Ausgabe von A. Merx, Historia artis grammaticae apud Syros S. [Syriac text] — [Syriac text] und Prolegomena S. 8. In der Überschrift und Unterschrift wird das Werk dem Joseph aus *Ahwâz* beigelegt, was vermuthlich besagen soll, dass er es aus dem Griechischen übersetzt hat. Über diesen Joseph (in der 1. Hälfte des 6. Jahrhunderts) s. Assemani III, 100 und Barhebraeus, Historia ecclesiastica II, 78.

V. Bl. 55ᵇ—63ᵇ Scholien zu den Cap. 2—7 der Analytica Priora, von Probus. Titel und Anfang:

ܦܘܫܩܐ ܕܦܘܣܩܐ ܕܦܪܘܒܘܣ ܕܡܐܡܪܐ ܕܐܢܠܘܛܝܩܐ.

ܗܠܝܢ ܐܝܬܝܗܘܢ ܕܦܪܘܒܘܣ. ܐܦܘܕܝܩܛܝܩܘܣ ܣܘܠܘܓܝܣܡܐ. ܡܛܠ ܦܪܘܛܐܣܝܣ ܣܘܠܘܓܝܣܡܐ. ܡܛܠ ܦܪܘܛܐܣܝܣ ܡܢܝܢܐ. ܐܦܘܕܝܩܛܝܩܐ ܐܝܟ ܡܢܝܢܐ ܠܐ ܗܦܟܐ. ܘܐܦܘܦܣܝܣ ܦܫ ܣܘܠܘܓܝܣܡܐ. ܐܝܟ ܕܐܡܪܢ ܗܦܟܐ ܕܐܝܟ ܐܡܪ. ܘܠܐ ܚܕ. ܒܪܢܫܐ ܚܝܐ. ܗܦܟܐ ܕܝܢ ܗܘܢܐ. ܘܠܐ ܚܕ ܐܝܬ ܒܪܢܫܐ. ܐܦܘܦܣܝܣ ܕܝܢ ܡܢܝܢܐ. ܠܐ ܗܦܟܐ ܐܝܟ ܕܐܡܪܢ ܘܐܡܪ

Diese Nr. V gehört zusammen mit Nr. VII und bildet die Fortsetzung derselben. Unterschrift Bl. 63ᵇ:

ܫܠܡ ܦܘܫܩܐ ܕܡܐܡܪܐ ܕܐܢܠܘܛܝܩܐ ܕܐܢܠܘܛܝܩܐ ܕܦܪܘܒܘܣ ܠܦܪܘܒܐ ܚܟܝܡܐ.

VI. Bl. 63ᵇ—79ᵃ Über die Syllogismen in den Analytica Priora von Aristoteles, von Severus Sebokht aus Nisibis, Bischof von *Kennešrîn* (Chalcis), der gestorben 631 (oder 644). S. Nr. 186 (Petermann Syr. 26, 2. Theil). Dieselbe Schrift bei Wright III S. 1160. Vergl. über Severus Wright, Syriac literature S. 137. Titel:

ܡܐܡܪܐ ܕܣܘܪܝܝܐ ܣܒܘܟܬ ܐܦܣܩܘܦܐ ܕܩܢܫܪܝܢ ܡܛܠ ܣܘܠܘܓܝܣܡܘܣ ܕܒܐܢܠܘܛܝܩܐ ܩܕܡܝܐ ܕܐܪܝܣܛܘܛܠܝܣ ܕܡܬܩܪܐ ܐܦܣܩܘܦܐ ܘܡܬܚܫܒ ܕܡܠܬܐ ܕܩܢܫܪܝܢ ܠܡܐܡܪܐ ܐܝܟ ܕܡܬܡܠܠܐ ܗܘܝܐ.

Am Schluss Bl. 79ᵃ spricht er von der Reihenfolge der logischen Schriften des Aristoteles bei dem Studium. Unterschrift:

ܫܠܡ ܠܡܐܡܪܐ ܣܘܪܝܐ ܕܡܐܡܪܐ ܕܐܢܠܘܛܝܩܐ ܕܣܘܠܘܓܝܣ ܗܘ ܗܢܐ ܣܘܪܝܐ ܐܝܟ ܕܡܬܡܠ ܠܡܬܠܡ ܕܐܬܝܢ ܗܘܝܐ.

VII. Bl. 79ᵃ—87ᵇ Scholien zu dem 1. Capitel der Analytica Priora, von Probus. Einleitung Bl. 79ᵃ, Text 81ᵇ. Titel:

ܣܘܪܝܐ ܕܡܐܡܪܐ ܕܐܢܠܘܛܝܩܐ ܕܩܕܡܝܐ ܠܦܪܘܒܐ ܚܟܝܡܐ.

Anfang der Einleitung:

ܫܪܝܐ ܐܢܫܝܢ ܡܦܪܫܝܢ ܕܡܢܝܢ ܒܗ ܒܡܐܡܪܐ ܘܦܘܢ ܕܐܢܫܝܢ ܐܝܟ ܕܐܬܪܗܘܢ ܡܐܡܪܐ ܗܘ ܕܡܢܝܢ ܗܘܐ. ܫܪܝܐ. ܣܘܦܣܛܐ. ܦܬܓܡܐ. ܕܡܢܗ ܐܢܫܝܢ. ܒܬܪܗ ܕܦܘܣܩܐ. ܦܘܠܚܢܐ. ܕܠܘܩܒܠܬܐ. ܕܠܗ ܡܢܗ ܗܠܝܢ. ܫܪܝܐ ܗܘ ܗܢܐ ܕܡܐܡܪܐ ܗܘ ܐܢܫܝܢ ܕܝܠܗ ܠܗ ܡܛܠ ܣܘܠܘܓܝܣܡܘܣ ܡܐܡܪܐ. ܗܠܝܢ ܠܗܝ ܐܢܫܝܢ ܐܦܢܐ ܕܣܘܠܘܓܝܣܡܘܣ.

Anfang des Textes Bl. 81ᵇ:

ܬܘܒ ܠܝ ܡܛܠ ܠܗܘ ܠܦܘܫܩܐ ܕܡܐܡܪܐ ܘܦܘܢ ܕܡܢܗ. ܕܡܢܝܢ ܚܕܐ ܕܝܠܗ ܠܝ ܫܪܝܐ ܕܡܐܡܪܐ. ܘܡܢܝܢܐ ܕܐܡܪ ܕܡܠܬܐ ܠܗܘ ܫܪܝܐ. ܘܡܢܗ ܐܢܫܝܢ ܦܪܘܛܐܣܝܣ. ܐܦܢ ܗܦܟܐ. ܕܫܪܝܐ ܕܝܠܗ ܐܢܫܝܢ. ܡܛܠ ܣܘܠܘܓܝܣܡܘܣ. ܘܡܬܡܠܠܐ. ܕܐܝܬܝܐ ܗܘ ܗܘ ܐܦܢ ܕܫܪܝܐ ܕܝܠܗ ܐܢܫܝܢ ܡܛܠ ܣܘܠܘܓܝܣܡܘܣ ܐܦܘܕܝܩܛܝܩܘܣ. ܣܡ ܐܦܢܝܢ ܘܐܡܪ

Unterschrift:

ܫܠܡ ܠܡܐܡܪܐ ܦܘܫܩܐ ܕܦܘܣܩܐ ܡܬܡܠܐ.

VIII. Bl. 87ᵇ—90ᵇ Ein Schreiben desselben Severus Sebokht an den Bischof *Îth'alâhâ* von Mosul. Über die προτάσεις in dem Buche περὶ ἑρμηνείας:

ܐܝܬܠܕܗܐ ܕܫܐܠܬ ܒܝ ܕܫܐܠܬܗ ܕܐܘܪܐ ܗܪܡܢܝܐ.
ܗܘ ܕܡܕܡ ܠܘܬ ܐܢܠܝܢ. ܐܝܟ ܐܦܣܩܘܦܐ
ܠܡ ܕܫܡܐ. ܕܒܗ ܡܛܠ ܦܪܘܛܐܣܝܣ
ܕܟܬܒܐ ܕܦܪܝܡܢܝܣ ܡܫܠܠ.

Erklärung einiger termini technici in περὶ ἑρμηνείας, um die der Adressat den Verfasser gebeten hatte. Dieselbe Schrift bei Wright III S. 1161 und 1163, wo der Adressat *'Aitildhâ* genannt wird. Unterschrift:

ܫܠܡܬ ܐܝܬܠܕܗܐ ܕܡܛܠ ܦܪܘܛܐܣܝܣ
ܕܦܪܝܡܢܝܣ ܕܗܘܪܐ ܗܪܡܢܝܐ ܐܦܣܩܘܦܐ
ܠܡ ܕܡܬܟܪܝ ܥܠܝܗ ܫܘܒܚܐ ܐܡܝܢ. ܘܠܣܒܪܐ
ܐܠܗܐ ܗܘܡܘ ܐܠܩܘܫܝܐ ܒܝܘܡ ܐܝܘܒ ܘܠܡܒܥܝܢܐ
ܡܫܡܫܢܐ ܐܪܡܝܐ ܫܡܝܪ ܫܒܪܐ ܒܝܕ ܕܫܢܐ
ܕܫܠܡ ܐܡܝܢ.

Danach ist diese Hds. von einem Elias *Hômô* (Hormizd) aus *Alkôš* auf Betreiben des Jeremias *Šdmir* (für mich) geschrieben, wahrscheinlich (ein Datum ist nicht angegeben) 1882.

Deutliche Schrift, nicht vocalisirt.

90 Blätter (25 × 18 cm), die Seite zu 21 Zeilen.

90.

(Sachau 116.)

Fragment, bestehend aus folgenden Stücken:

I. Bl. 1ᵃ Mehrere Arten von Chiffre-Schrift, die des Bardesanes, des Simon, des Mâr Narses und drei andere. Der Titel der vorletzten ist verwischt: ܐܬܘܬܐ ܕܡܪܝ . . . Die letzte Chiffre hat die Überschrift ܬܘܒ ܗܦܟܪܗ. Vergl. Nr. 224 (Sachau 93) Bl. 75ᵇ.

Auf dieser Seite der Abdruck des Siegels eines früheren Besitzers ܡܪܐܘܓܝܢ ܕܘܟܐ = *Mâr* Eugen.

II. Bl. 1ᵇ—10ᵇ Philosophische Begriffe διαιρέσεις in Tabellenform, ursprünglich ein Anhang zu des Porphyrius Isagoge. Titel:

ܦܘܠܓܐ ܕܡܠܐ ܕܐܝܣܓܘܓܐ ܕܦܘܪܦܘܪܝܘܣ
ܦܝܠܘܣܦܐ ܘܡܠܦܢܐ ܚܟܝܡܐ ܡܦܪܫܐ ܕܐܝܬ
ܒܗܘܢ ܕܡܬܡܪܐ ܕܡܠܐ ܗܝ ܕܐܝܣܓܘܓܐ
ܡܪܝ ܫܠܝܚܐ ܐܡܝܢ.

Die hier zergliederten Begriffe sind ܓܢܣܐ γένος, ܐܕܫܐ εἶδος, ܦܘܪܫܢܐ διαφορά, ܕܝܠܝܬܐ ἴδιον, ܓܕܫܐ συμβεβηκός: ferner ܦܝܠܘܣܘܦܝܐ φιλοσοφία in mehreren Gruppen von Begriffen: zum zweiten Mal ܓܢܣܐ, ܐܘܣܝܐ οὐσία, ܦܘܪܫܢܐ, ܕܝܠܝܬܐ, ܓܕܫܐ. Unterschrift:

ܫܠܡ ܦܘܠܓܐ ܕܦܘܪܦܘܪܝܘܣ ܦܝܠܘܣܦܐ.

III. Bl. 11ᵃ—19ᵃ Aristotelische Begriffe in Tabellenform. Titel:

ܦܘܠܓܐ ܕܡܢܝܢܐ ܠܐܪܣܛܘܛܠܝܣ
ܦܝܠܘܣܦܐ.

Eintheilung der Philosophie Bl. 11ᵃ, der Schriften des Aristoteles Bl. 11ᵃ, der 6 Compositionen ܫܬܐ ܪܘܟܒܝܢ:

ܐܘܣܝܐ ܘܓܕܫܐ — ܓܘܫܡܐ ܘܡܫܘܚܬܐ — ܐܘܣܝܐ
ܘܓܕܫܐ — ܓܕܫܐ ܘܡܫܘܚܬܐ — ܓܕܫܐ ܘܓܘܫܡܐ —
ܐܘܣܝܐ ܘܡܫܘܚܬܐ

mit erklärendem Text Bl. 12ᵃ; der Schriften des Aristoteles Bl. 12ᵇ, ferner folgender Begriffe:

ܥܠܬܐ ܐܝܠܝܢ ܕܦܫܝܛܝܢ ܒܟܠܗܝܢ — ܐܕܫܐ
ܕܡܠܬܐ — ܐܕܫܐ ܘܓܢܣܐ (Bl. 13ᵃ)

— 10 Kategorien Bl. 13ᵇ:

ܡܛܠ ܕܟܡܝܘܬܐ (Bl. 14ᵃ)
ܥܠܬܐ ܕܡܬܝܕܥ ܐܝܬܘܗܝ (Bl. 14ᵇ)
ܡܛܠ ܕܐܘܣܝܐ (Bl. 15ᵃ)
ܥܠܡܐ ܕܡܬܦܠܓ (Bl. 15ᵇ)
ܕܝܠܝܬܐ (Bl. 16ᵃ)
ܟܡܝܘܬܐ (Bl. 16ᵇ)
ܓܢܣܐ ܕܠܘܬ ܡܕܡ und ܓܢܣܐ ܕܝܢܐ (Bl. 17ᵃ)
ܫܘܓܢܐ — ܠܡܬܒܪܢܘܬܐ (Bl. 17ᵇ, 18ᵃ)

(Bl. 18[b]) ܡܕܡܥܬܐ — ܐܕܡܥܬܐ

(Bl. 19[a]) ܡܬܬܦܪܫܢܘܬܐ

Auf Bl. 14[a] unten eine Anweisung für den Leser.

Diese ܦܘ̈ܠܓܐ διαιρέσεις berühren sich vielfach mit den von V. Rose, Aristoteles pseudepigraphus, Leipzig 1863, S. 679 ff., herausgegebenen Διαιρέσεις Ἀριστοτέλους und beziehen sich zum Theil auf dieselben Begriffe, sind aber mit dieser Griechischen Sammlung weder identisch, noch können sie aus derselben abgeleitet sein. Ob von *Jôḥannân* Bar *Zo'bî*? Vergl. Nr. 92 V.

IV. Bl. 20[a]—23[b] Stück eines Gedichtes im siebensilbigen Metrum ohne Anfang und Ende über die Beschreibung des menschlichen Körpers. Herausgegeben von R. Gottheil, Hebraica IX. S. 208—215.

Die Hds. besteht aus zwei Theilen:

a) Bl. 1—19, der ältere Theil, bestehend aus Kurrâs 24, dem letzten (d. i. zehnten) Blatt; Kurrâs 25, ganz, und Kurrâs 26, den 8 ersten Blättern. Nicht vocalisirt. Vielleicht aus dem 17. Jahrhundert.

b) Bl. 20—23, jüngerer Theil, reichlich punktirt und vocalisirt.

Auf Bl. 19[b] folgende Notiz: Preist (d. i. Priest) Sabah of Oolah.

23 Blätter (21,50 × 15 cm), die Seite im jüngeren Theil zu 20 Zeilen.

91.

(Sachau 211.)

ܟܬܒܐ ܕܬܐܓܪܬ ܬܐܓܘܪ̈ܬܐ Liber mercaturae mercaturarum von Barhebraeus, ein Abriss der Philosophie, bestehend aus drei ܦ̈ܪܓܡܛܝܐ πραγματεῖαι, Logik, Physik und Metaphysik. Vorwort Bl. 1[b]. Einleitung ܡܥܠܬܐ Bl. 2[a].

I. Logik in 5 Capiteln:

1. Cap. Bl. 3[a] ܡܛܠ ܣܝܡ ܩ̈ܠܐ ܦܫ̈ܝܛܐ ܘܗܠܝܢ ܣܡܟ ܥܠܝ̈ܬܐ. Am Rande ܐܝܣܓܘܓܝ.

2. Cap. Bl. 13[b] ܥܠ ܐ̈ܘܡܢܐ ܕܥܠ ܘ̈ܢܝ ܩܛܐܓܘܪܝܣ ܘܥܠ ܗܠܝܢ ܕܡܣܟ ܠܗܘܢ ܥܢ̈ܝܢ. Am Rande ܩܛܐܓܘܪܝܣ.

4. Cap. Bl. 27[a] ܥܠ ܣܘܠܘܓܝܣܡܘܣ ܐܦܘܕܝܩܛܝܩܐ ܕܡܠܝܠܘܬܐ. Am Rande ܐܦܘܕܝܩܛܝܩܘܣ.

5. Cap. Bl. 30[a] ܥܠ ܣܘܠܘܓܝܣܡܘܣ ܣܘܦܣܛܝܩܐ ܐܘܟܝܬ ܡܛܥܝܢܐ.

II. Physik in 3 Capiteln. Einleitung ܡܥܠܬܐ Bl. 32[a].

1. Cap. Bl. 33[a] ܥܠ ܗܝܘ̈ܠܐ ܕܓܘ̈ܫܡܐ ܠܟܠ ܓܘܫܡ.

2. Cap. Bl. 42[b] ܥܠ ܓܘ̈ܫܡܐ ܗܠܝܢ ܦܫ̈ܝܛܐ ܘܗܠܝܢ ܣܡܝ̈ܟܝ ܙܘܥܐ.

3. Cap. Bl. 52[b] ܥܠ ܢܦ̈ܫܐ ܕܡܫ̈ܬܝܢܐ.

III. Metaphysik in 4 Capiteln. Einleitung Bl. 65[b].

1. Cap. Bl. 66[a] ܥܠ ܦܘܠܓܐ ܕܗܘ ܕܐܝܬܘܗܝ.

2. Cap. Bl. 75[a] ܥܠ ܗܠܝܢ ܕܐܠܝܨܝ ܐܠܗܘܬܐ ܘܐܝܬܘܬܗ ܡܕܒܪܢܘܬܗ.

3. Cap. Bl. 87[b] ܥܠ ܡܕܒܪܢܘܬܐ ܕܡܢ ܗܘܠܐ ܘܡܕܒܪܢܘܬܐ ܘܡܫܬܠܛܢܘܬܐ ܘܡܠܟܐ ܘܡܠܟܘܬܗ ܢܡܘܣܐ ܐܘܟܝܬ ܒܢܘ̈ܡܘܣܐ.

4. Cap. Bl. 96[b] ܥܠ ܢܒܝ̈ܘܬܐ ܘܐܬ̈ܘܬܐ ܘܢܘ̈ܣܝܐ ܘܫܘ̈ܠܡܐ.

Das Werk ist nicht ganz vollständig. Es fehlt Bl. 9, und auf Bl. 100[a+b] sind Lücken, wo vermuthlich die Vorlage unleserlich oder zerstört war. Ausserdem fehlt, wahrscheinlich zwischen Bl. 26 und 27, das dritte Capitel in der Logik, geschöpft aus den Analytica priora. Schlusszeilen:

ܘܥܠ ܡܬܚܫܒܢܘܬܐ ܠܗܘܢ ܡܣܟܢܐ ܐܘ ܗܘܐ
ܡܬܚܫܒܢܘܬܐ ܕܗ ܡܣܟܢܐ ܐܘ ܐܬܘ̈ܬܐ

ܡܬܦܫܩܢܘܬܗܘܢ ܕܗ ܡܬܒܥܝܢ. ܐܝܟ ܗܘ
ܕܐܡܪ ܡܪܝ ܐܘܣܛ ܘܦܪܘܫ. ܐܘ ܗܠܝܢ ܐܝܟ
ܗܘ ܕܡܬܡܪܐ ܗܢܐ ܥܠܝܗ. ܘܗܘܝ ܒܚܬܝܬܐ
ܐܝ ܐܝܟ ܕܐܡܝܢܝܢ ܩܢܝܢ. ܗܘ ܣܘܦܐ

Deutlich geschrieben und abgesehen von den Lücken gut erhalten. Nicht vocalisirt und spärlich punktirt. Moderne Copie, wahrscheinlich in Mosul oder Umgegend um 1880 angefertigt.

100 Blätter (23×18 cm), die Seite zu 21 Zeilen.

92.

(Sachau 306.)

Sammelband hauptsächlich grammatischen Inhalts. Vergl. R. Gottheil, A treatise of Syriac grammar, Berlin 1887, preface S. 13—17.

I. Bl. 1ᵇ—9ᵃ Theil der Grammatik des Elias von Nisibis (ed. Gottheil S. ܐ—ܠܒ Z. 20).

Vorhergehend auf Bl. 1ᵃ ein kurzes Wörterverzeichniss, Syrisch-Karschuni; etwas verwischt.

II. Bl. 9ᵃ—111ᵃ Grammatik der Syrischen Sprache von *Jôḥannân* Bar *Zo'bi* (in der ersten Hälfte des 13. Jahrhunderts), gerichtet an einen *Giwargis* (s. Bl. 75ᵃ). Vergl. A. Merx, Historia artis grammaticae apud Syros S. 158 ff. Ein Titel ist nicht vorhanden.

Einleitung Bl. 9ᵃ. Anfang:

ܡܢ̈ܝܢܬܐ ܗܘܝܠ ܕܡܫܠܠܐ ܐܝܟ ܪܚܡܝܐ
ܕܠܪ̈ܗܛܪܝܩܘ ܕܡ̈ܠܝܐ ܘܠܦܘܬ ——
(Bl. 9ᵇ) ܪ̈ܘܒܒܐ ܕܡܫܠܠܠܐ ܐܡܝܢܐ ܬܡܢܐ.
ܩܠ̈ܦܝܐ ܕܝܢ ܕܦܘܪ̈ܫܐ ܐܝܠܝܢ ܕܐܬܒܪܒܘ
ܒܐܘܡܢܘܬܐ ܕܠܪ̈ܗܛܪܝܩܘܬ ܕܡ̈ܠܝܐ ܘܡܣܒܪ̈ܢܘܬܗܘܢ
ܠܠܒܝܐ ܦܘܪܫܐ ܐܒܝܢܘ ܕܒܟܒ ܐܡܝܢܝܢ
ܡܢ̈ܝܢܬܐ ܕܡܬܡܪܐ ܠܦܘܬ ܕܡܘܕܥ ܗܘ ܠܒܝܐ

ܫܒܥܐ ܘܐܝܬܝܗܘܢ ܗܠܝܢ. ܫܡܐ. ܡܠܬܐ.
ܚܠܦ ܫܡܐ. ܡܠܬ ܫܡܐ. ܥܠ ܡܠܬܐ.
ܡܫܘܬܦܘܬ ܫܡܐ. ܐܣܘܪܐ.

Vom Nomen Bl. 9ᵇ — Verbum 32ᵇ — Pronomen 44ᵇ — Adjectiv 52ᵃ — Adverbium 56ᵇ — Praeposition 58ᵃ — Conjunctiōn 60ᵃ.

Von den ܡܬܬܪܓܡܢܘܬܐ (Punkt-Zeichen) in zwei Arten:

a) ܡܬܬܪܓܡܢܘܬܐ ܕܦܘܣܩܐ ܕܢܘܩ̈ܙܐ ܪܘܪ̈ܒܐ
die grossen Punkte, d. h. die Interpunctions- oder Vortragszeichen Bl. 67ᵃ.

b) ܡܬܬܪܓܡܢܘܬܐ ܕܦܘܣܩܐ ܕܢܘܩ̈ܙܐ ܘܙܥܘܪ̈ܐ
die kleinen Punkte, d. h. *Rukkâkhâ*, *Ḳuššâjâ* und die Vocale Bl. 75ᵃ.

Die Lehre von *Rukkâkhâ* und *Ḳuššâjâ* in 25 canones Bl. 75ᵇ.

Die Lehre von den Vocalen in 29 canones Bl. 80ᵇ—111ᵃ. Unterschrift Bl. 111ᵃ:

ܐܫܬܠܡ ܕܝܢ ܒܟܒܐ ܗܢܐ ܒܫܘܠܡ ܐܝܠܘܠ
ܒܪܡܫܐ ܕܐܪܒܥܒܫܒܐ ܕܝܘܡ ܕܡܥܒܕܗ ܕܡܪܝ
ܕܪܡܘܫܝܢܘܣ ܕܫܢܬ ܒܡܘ ܠܝ̈ܘܢܝܐ ܒܐܝܕܝ
ܗܦܘܕܝܩܢ ܣܗܪ ܡܫܡܫܢܐ.

Danach ist dieser Theil der Hds. geschrieben von dem Diaconus *Suhrô* und vollendet Ende September am Abend des Mittwochs, des Tages des h. ܕܪܡܘܫܝܢܘܣ (?) A. Gr. 2046 = 1735 n. Chr.

III. Die kleinere Grammatik von demselben *Jôḥannân* Bar *Zo'bi* im siebensilbigen Metrum Bl. 111ᵇ—118ᵇ Col. 1. Vergl. A. Merx a. a. O. S. 158.

IV. Bl. 118ᵇ—120ᵃ Eine kleine Schrift von demselben Verfasser. Überschrift:

ܬܘܒ ܐܣܛܪܐ ܕܝܠܗ ܗܘ ܕܝܠܗ ܕܪܒܢ ܝܘܚܢܢ
ܒܪ ܙܘܥܒܝ ܡܦܪܫ ܢܝܫܐ ܢܦܫܗ.

Ein Titel fehlt. Der Verfasser nennt sie einen Canon generalis qui comprehendit omnia, grammaticam rhetoricam logicam. Geschrieben im zwölfsilbigen Metrum. Anfang:

ܥܠܬܐ ܕܝܢ ܠܥܠܐ ܕܥ̈ܠܠܐ ܟܠܗ̇
ܡܬܩܪܝܐ ܐܝܟ ܗܝ ܠܟܠܗܝܢ ܕܓ̈ܢܣܐ ܠܡܬܦܪܫܘ
ܒܗ ܗܘ ܫܡܝܐ ܠܓܪܡܛܝܩܝ ܘܕܝܠܩܛܝܩܝ
ܘܐܦ ܠܦܘܣܝܩܝ ܐܘܪܓܢܘܢ ܦܝܠܘܣܘܦܘ ܘܬܪ̈ܝ
ܥܠܬܐ ܓܝܪ ܗܝ ܐܝܬܘܗܝ ܩܕܡ ܘܐܚܪܝܢ.
ܥܠܬ ܥܠܬ ܥܠܬ ܥܠ ܟܠ ܥܠ̈ܠܬܐ.

In drei erklärenden, in Prosa geschriebenen Absätzen wird dann dargelegt, was jede Causa in diesem Canon: Causa causae causae causae omnium causarum in den einzelnen Wissenschaften der Grammatik, Logik und Physik bedeutet.

1. Absatz Bl. 119[b]:

ܢܘܗܪܐ ܕܥܠܬܐ ܗܢܐ ܕܝܢ ܠܟܠ

Grammatische Auslegung.

2. Absatz Bl. 119[b]:

ܦܘܫܩܐ ܕܐܝܟ ܠܡܠܝܠܘܬܐ

Logische Auslegung.

3. Absatz daselbst:

ܦܘܫܩܐ ܕܐܝܟ ܠܐܘܪܚܐ ܟܝܢܝܬܐ

Physikalische Auslegung.

Im Anschluss hieran auf Bl. 120[a] eine kurze Notiz im siebensilbigen Metrum über die Interpunctionszeichen:

ܬܘܒ ܦܘܫܩ ܢܘܩ̈ܙܐ ܕܩܪܝܢܐ

Anfang:

ܒܪܝܟ ܗܘܝܢ ܫܪܘܝܐ
ܘܫܘܠܡܗ ܪܒܝܥ ܦܘܪܫܐ
ܕܐܘܕܥܢ ܗܘܦܟܐ ܕܟܬܒܐ
ܕܐܬܝܗܒ ܠܡܠܦܢܘ ܠܛ̈ܠܝܐ.
ܕܡܢ ܘܗܠܐ ܕܢܘܩܙܐ
ܠܐܘܪܚܐ ܕܡܘܬܒܐ ܠܡܫܡܥܢܐ
ܘܦܣܩܐ ܒܐܠܦܘܗܝ ܕܡܢ
ܠܟܠܗ ܢܘܚܐ ܐܘܪ̈ܚܐ

Unterschrift des Schreibers *Suhrô* auf Bl. 120[a] unten.

V. Bl. 120[b]—124[a] Ein Gedicht im siebensilbigen Metrum, betitelt

ܡܐܡܪܐ ܕܥܠ ܦܠܓ̈ܐ ܦܝܠܘܣܘܦܝܐ ܡܫܘܚ̈ܬܐ.

Sermo de divisionibus (*διαιρέσεως*) philosophicis metricus. Zerlegung der verschiedensten Begriffe in einzelne Theile, der Grundbegriffe der Logik, Grammatik und Physik; Zerlegung der Wissenschaften in die Unterarten. Reichlich gemischt mit Griechischen scholastischen terminis technicis. Anfang:

ܦܝܠܘܣܘܦܘܬܐ ܐܢܫ̈ܐ
ܠܗܕܝܢ ܘܢ̈ܐ ܡܦܠܓܐ
ܠܐܘܪܟܣܘܣ ܗܘ ܚܘܝܬ
ܘܠܡܫܡܫܢܘ ܕܗܘ ܒܥܠܐ.
ܘܐܬܐܘܪܐ ܡܦܠܓܐ
ܐܦ ܗܝ ܠܟܠܗܝܢ ܘܢ̈ܐ
ܠܡܬܠܠܬܐ ܐܠܗܘܬܐ
ܘܠܡܬܠܠܬܐ ܒܢܝܢܬܐ.

VI. Bl. 124[a]—125 Einige kleinere Abschnitte:

a) Die Griechischen Zahlwörter in Syrischen Buchstaben.

Nachschrift, in der sich der Schreiber bezeichnet als ܣܘܚܪܐ ܒܪ ܡܫܡܫܢܐ ܝܘܚܢܢ ܕܡܢ ܫܪܒܬܐ ܕܒܝܬ ܓܘܕܐ. ܕܡܢ ܩܪܝܬܐ ܕܒܝܬ ܓܘܣܐ ܕܒܐܬܪܐ ܕܓܙܪܬܐ ܙܒܕܝܬܐ, d. i. *Suhrô*, Sohn des Diaconus Johannes aus der Familie *Ǵûdâ*, aus dem Dorfe *Bêth Gausâ* in der Provinz von *Gdzartâ Zabdâitâ*, d. i. *Ǵezîre*.

b, c) Erklärung einiger Ausdrücke, betreffend Maass und Gewicht, von Epiphanius von Cypern, wie ܟܘܪܐ, ܡܘܕܝܐ, ܩܣܛܐ, ܠܝܛܪܐ, ܡܢܐ, ܒܛܪܘܢܐ, ܐܕܝܛܐ u. a.; ferner ܣܐܬܐ, ܟܒܪܐ, ܩܡܘܪܐ, ܣܦܝܪܐ, ܐܬܝܪܐ, ܡܬܩܠܐ u. a.

d) Bl. 124[b] Notiz über das Schicksal ܦܘܫܩܐ ܡܕܡ ܥܠ ܚܠܩܐ, was die Philosophen unter Schicksal verstehen.

c) ܘܫ̈ܡܐ ܕܚܫ̈ܚܬܐ über die fünf Gebrauchsarten dieses Wortes und Definition des Wortes ܦܪܝܘܬܐ.

VII. Bl. 125ª—126ᵇ Abhandlung über die einzelnen Buchstaben des Alphabetes, über die verschiedenen Arten der Aussprache derselben. Gedicht im siebensilbigen Metrum von *Khamis* (d. i. Donnerstag خميس) Bar *Ḳardâḥê* aus Arbel. Vergl. Assemani III, 566. Titel und Anfang:

ܡܐܡܪܐ ܕܥܠ ܐܬܘ̈ܬܐ ܕܐܠܦ ܒܝܬ ܟܠܗܘܢ. ܕܥܠ ܣܘܓܐ ܡܦܩܢ ܒܢܬܐ ܘܫ̈ܡܐ ܡܬܐܡܪܢܐ. ܕܚܡܝܣ ܠܡܠܦܢܐ ܒܫܡܗ ܡܫܝܚܐ ܒܪ ܩܪ̈ܕܚܐ ܐܪܒܠܝܐ.

ܒܫܡ ܐܒܐ ܘܒܪܐ ܘܪܘܚܐ
ܚܕ ܚܝܠܐ ܡܕܪܟ ܒܬܘܒܚܐ
ܕܠܗ ܝܐܐ ܗܕܪܐ ܘܫܘܒܚܐ
ܘܡܢ ܟܠ ܦܘܡܝܢ ܫܘܒܚܐ ܘܬܫܪ
ܐܠܦ ܒܝܬ ܒܟܬܒܐ ܘܫ̈ܡܐ
ܡܬܐܡܪܐ ܕܗܘܝ ܡܢ̈ܝܐ
ܢܩܝܫܬܐ ܒܐܘܣܐ
ܐܝܟ ܐܠܦ ܕܐܡܪ ܡܪܝܐ
ܘܡܦܪܫܢܘܬܐ ܚܝܐ
ܐܝܟ ܕܒܡܠܬܐ ܡܢܝܢܐ
ܕܒܗ ܡܬܒܪܝܐ ܒܫܡ ܐܠܗܐ
ܐܝܟ —— ܩܠܝܠܐ ܠܐ ܕܓܠܐ
ܘܗܝ ܕܒܠܥܘ ܘܗܝ ܕܦܘܪܫܢܐ
ܒܗܠܝܢ ܘܗܠܝܢ ܡܬܚܫܚܢܐ
ܘܠܒܝܫܘܬܐ ܐܘ ܬܫܥܝܐ
ܠܪܕܘܦܐ ܡܢ ܘܫܦ ܡܬܚܫܒܐ
ܘܐܝܟ ܐܠܦ ܒܪܝܬܐ ܗܒܠ
ܐܝܟ ܕܒܫܡܫܐܠ ܘܫܡܫܐܠ
ܘܠܢܒܝܐ ܐܝܟ ܕܐܢܚܪܐ
ܘܐܝܬܐ ܘܐܪܙܐ ܘܐܢܫܐ
ܘܗܝ ܕܒܫܒܘܚܬܐ ܡܫܒܚܐ
ܐܝܟ ܐܡܪܐ ܢܒܝܐ ܐܒܠܐ
ܘܐܝܬ ܐܠܦ ܕܦܪܘܫܘܬܐ
ܐܝܟ ܐܘ ܐܘܝ ܡܠܠܐ ܠܡܒܥܘܬܐ
ܘܐܝܬ ܐܠܦ ܕܡܫܠܠܢܐ
ܐܝܟ ܐܚܘܫ ܐܫܡܘܪ ܗܢܐ
ܘܕܗܐܪܘܣ ܡܫܬܠܦܬܐ
ܡܢ ܠܗܘܢ ܗܘ ܣܘܥܪܢܐ.

VIII. Bl. 127—132 Kleinere Notizen:

a) Anleitung zur Vergleichung der Griechisch-Syrischen Aera mit der Muhammedanischen.

b) Auszug aus dem Buche اصول الدين von *'Abhdišô'* Bar *Berikhâ* (= ܥܒܕܐ ܕܡܫܝܚܐ s. Assemani III, 360) über die Chronologie des Lebens Christi.

Am Ende nennt sich der Schreiber ܗܡܕܘܢ.

Auf Bl. 127ᵇ Zeichnung der Mauern Jericho's ܫܘܪ̈ܐ ܕܐܝܪܝܚܘ.

Auf Bl. 128ᵇ eine Kreisfigur, darstellend die Elemente, aus denen der Mensch zusammengesetzt ist; eine zweite, welche das Sphaeren-System des Weltalls darstellen soll. Daselbst eine Anweisung zum Wahrsagen, ob ein Kranker wieder gesund wird oder ob er stirbt.

Auf Bl. 129ª eine erklärende Notiz über die Namen edler Steine in Exodus 28, 17—19, ihre Farben, und Vergleichung mit den verschiedenen Graden der himmlischen und irdischen Hierarchie.

Unten daselbst die Muhammedanischen Monate und Vergleichung der Griechischen mit der Arabischen Aera.

Bl. 129ᵇ Eine Spielerei eines müssigen Schreibers (Gabriel): Ein Gebet an Gott, in schwarzer Tinte; eine Bitte des Schreibers an den Leser für ihn zu beten, in rother Tinte; beide geschrieben in Kreisfiguren, die einander schneiden.

Bl. 130ᵇ. 131ª Anweisung betreffend die Recitation von Psalmstellen bei gewissen Gelegenheiten und zu gewissen Zwecken. Überschrift und Anfang:

ܗܘܒ ܕܝܢ ܐܠܗܐ ܒܚܢܢܟ ܡܘܕܥܢܘܬܐ ܕܕܘܝܕ ܕܫܡܫ ܠܥܒܕܟ ܡܕܡ. ܐܬܬܘܗܝ ܠܐܒܪܗ. ܫܡܫ ܕܒܥܐ ܥܠ ܡܐܢܐ ܘܡܫܝܚܐ ܕܘܚܢܐ ܘܐܢܫܐ ܠܐܢܫܐ ܕܫܠܡܐ ܒܫܠܡܘܬܐ. ܘܗܫܐ ܒܫܡܗ ܡܢ ܥܡܐ ܥܠ ܐܚܪܢܐ ܠ̄ܐ ܗܫܘܐ ܠܗܘܢ ܡܢܐ ܠ̄ܐ ܕܫܠܡ ܐܠܗܐ ܠ̄ܐ ܐܘ ܥܠ ܡܐܢܐ ܘܡܫܝܚܐ ⁖ ܠܟܠܐ ܕܠܒܫ ܐܢܫ ܠ̄ܐ ܘܫܝܢ ܘܠܐ ܒܫܘܠ ܡܢ ܒܥܠܕܒܒܐ ܘܠܐ ܡܢ ܐܢܫܐ ܘܠܐ ܡܢ ܕܫܠܡܐ ܕܠܟܠܐ ܒܢ ܐܢܫ ܒܫܡܝܢ ܠܟܠ ܕܗܘܕܗܘܢ.

Bl. 131ᵇ Recept für Tinte-Fabrication.

Bl. 132ᵃ Vier Syrische Verse im fünfsilbigen Metrum:

ܫܘܒܚ ܠܟ ܒܪܘܝܐ ܕܗܘܐ ܡܢ ܟܕܘ ܐܝܬ ܒܨܒܝܢܐ

und Regel zur Reduction Griechischer Jahre auf Arabische.

Die Hds. ist — abgesehen von einigen Kritzeleien auf den letzten Blättern — von einer und derselben Hand geschrieben, nämlich von *Sulṛó*, dem Sohn des Diaconus Johannes aus der Familie *Ǵddá*, aus dem Dorfe *Bêth Gausá* im Gebiete von *Ǵezire* 1735 n. Chr.

Die Schrift ist durchweg deutlich und vollständig punktirt.

132 Blätter (32,5 × 21 cm), die Seite zu 30 Zeilen.

93.

(Sachau 216.)

Sammelband grammatischen Inhalts.

I. Bl. 5ᵇ—31ᵃ Grammatik des Elias von Nisibis. S. Nr. 94 (Sachau 5) nr. 2.

II. Bl. 31ᵇ—215ᵇ Grosse Grammatik von *Jôḥannân* Bar *Zo'bi*. Vergl. Nr. 92 (Sachau 306) nr. II. In der Überschrift ist das Werk bezeichnet als ܡܢܘܬܐ ܡܕܢܚܝܬܐ ܕܓܪܡܛܝܩܘ, in der Unterschrift als ܗܘܦܟܝ ܡܡܠܠܐ ܡܦܪܫܢܐ.

Vom Nomen Bl. 31ᵇ — Verbum 71ᵇ — Pronomen 92ᵇ — Adjectiv 106ᵇ — Adverbium 114ᵃ — Praeposition 116ᵇ — Conjunction 120ᵃ.

Über die Accente:

a) die Interpunctionszeichen Bl. 132ᵃ;

b) *Rukkâkhâ* und *Ḳuššâjâ* Bl. 147ᵇ

und über die Vocalzeichen Bl. 156ᵇ.

III. Bl. 215ᵇ—226ᵃ Metrische Grammatik desselben Verfassers. Vergl. Nr. 92 (S. 306) nr. III.

IV. Bl. 226ᵃ—226ᵇ Kurze Darstellung der Syrischen Interpunctionszeichen, von demselben Verfasser, identisch mit Nr. 92 (S. 306) Bl. 120ᵃ: ܦܘܫܩ ܢܘܩܙܐ ܕܩܪܝܢܐ.

V. Bl. 226ᵇ—231ᵃ Eine Schrift im siebensilbigen Metrum, betitelt: ܡܐܡܪܐ ܕܥܒܝܕܐ ܒܗ ܦܘܪܫܢ ܟܝܢܐ ܡܢ ܩܢܘܡܐ ܘܦܪܨܘܦܐ ܡܢ ܐܦܐ. »Abhandlung, in der er (*Jôḥannân* Bar *Zo'bi*?) den Unterschied der Begriffe ܟܝܢܐ, ܩܢܘܡܐ, ܦܪܨܘܦܐ und ܐܦܐ darlegt«. Eine philosophische Zerlegung dieser Begriffe, Angaben der verschiedenen Gebrauchsweisen dieser Wörter. Die Schrift ist nicht identisch mit der Notiz ܥܢܘ ܦܪܨܘܦܐ Nr. 92 (S. 306) Bl. 124ᵇ: sie berührt sich inhaltlich mit dem ܡܐܡܪܐ ܕܥܠ ܦܘܠܓܐ ܦܝܠܘܣܘܦܐ ܒܩܘܫܢܝܐ in derselben Hds. nr. V. Anfang:

ܐܢ ܝܕܥ ܐܢܫ ܕܫܐܝܠ
ܦܘܪܫܢ ܟܝܢܐ ܡܢ ܩܢܘܡܐ
ܘܦܪܨܘܦܐ ܗܘܒ ܡܢ ܐܦܐ
ܡܬܚܙܝܢ ܠܗ ܗܟܢܐ.
ܟܝܢܐ ܡܢ ܩܢܘܡܐ ܡܬܦܪܫ
ܒܥܡܘܡܝܘܬܐ ܗܝ ܕܩܢܝܢ
ܟܝܢܐ ܠܒܪ ܠܘܩܒܠ ܗܘ
ܩܢܘܡܐ ܕܝܢ ܚܕܢܝܐ ܗܘ.
ܟܝܢܐ ܠܒܪ ܡܢ ܕܡܬܦܠܓ
ܡܫܟܚ ܠܐܪܒܥܐ ܐܦ ܠܩܢܘܡܐ
ܩܢܘܡܐ ܕܝܢ ܡܢ ܕܡܬܦܠܓ
ܡܫܬܠܡ ܡܫܬܠܡ.

VI. Bl. 231ᵃ—235ᵃ Ein Räthsel sammt Auflösung im siebensilbigen Metrum. Titel und Anfang:

ܐܘܚܕܬܐ ܕܡܫܘܪܝܬܐ ܫܦܝܪܐ ܢܛܪ ܡܠܟܐ.
ܡܢ ܚܕ ܐܒܐ ܠܐ ܡܘܠܕܐ
ܫܘܡܗܐ ܒܢܝܐ ܡܫܬܠܡܝܢ
ܘܠܡܢܝܢ ܒܣܓܝ ܫܘܚܠܦܐ
ܚܕܐ ܐܘܡܢܘܬܐ ܕܝܠܕܬܐ.
ܘܟܕ ܡܙܕܘܓ ܗܘ ܐܒܐ
ܠܒܢܬܐ ܕܡܢܗ ܐܬܝܠܕܬ
ܡܬܠܕ ܗܘܐ ܫܠܡܐ ܐܠܦܝܢ
ܒܢܝܐ ܠܡܢܝܢ ܒܠܫܢܗܘܢ.

Der Vater im Stande des Ledigseins ist das Nomen, der Vater im Stande der Verehelichung ist Nomen und Verbum, und ihre Sprossen sind die verschiedenen grammatischen Formen und Bildungen. Dies wird in der Auflösung ausgeführt.

VII. Bl. 235ᵃ—240ᵇ Das ܦܘܪܢܣܐ, d. h. eine Übersicht über alle Bildungsweisen der Syrischen Grammatik von dem Stamme ܦܩ. Vergl. Nr. 97 (Sachau 130).

Unterschrift des Schreibers Bl. 240ᵇ—242ᵇ. Er stellt den Inhalt der ganzen Hds. als von *Jôḥannân* Bar *Zo'bi* verfasst dar und nennt diesen ܚܕ ܡܢ ܒܢܘܗܝ ܕܡܕܪܫܐ ܡܦܪܫܢܐ ܕܒܝܬ ܩܘܒܐ

Die Hds. ist vollendet den 6. November 1882:

ܫܠܡ ܟܬܒܐ ܒܝܘܡܐ ܕܬܪܝܢܒܫܒܐ ܒ ܕܢܘܒܡܒܪ ܒܫܢܬ ܒܫܢܬܐ ܕܡܫܝܚܐ ܐܠܦܐ ܘ ܬܡܢܐ ܡܐܐ ܘܬܡܢܝܢ ܘܬܪܬܝܢ ܡܫܝܚܝܬܐ.

Geschrieben in *Telkéf*, dem Dorfe des h. Cyriacus Infans, das neben dem Kloster des h. *Giwargis* liegt, in den Tagen des Patriarchen *Mâr* Elias *'Abbâ Eljônân* aus Mosul und des *Mâr* Elias Mallus, Bischof von Malabar ܡܠܝܒܪ, von *Pransi* (Franz) Bar *Giwargis* Bar Jausip Bar *Giwargis* aus dem Geschlechte *Béth Mêré* aus dem Dorfe *Telkéf*.

Die Hds. hat durch Nässe gelitten. Deutliche Schrift, vollständig punktirt und vocalisirt. Leer gelassene Stellen auf Bl. 25ᵇ. 26ᵃ. 51ᵃ.

242 Blätter (32×22 cm), die Seite zu 21 Zeilen.

94.

(Sachau 5.)

Sammelband.

1. Bl. 1—6ᵃ ܦܘܪܢܣܐ, d. h. Flexion des Stammes ܦܩ, identisch mit Nr. 97 (Sachau 130) nr. I. Anfang fehlt. Erste Zeile:

ܦܩܕܘܗܝ. ܦܩܕܘܢ. ܦܩܕܘܟ. ܐܩܘܟ. ܦܩܕܘܟ
ܐܩܝܡ.

2. Bl. 6ᵇ—50ᵇ Grammatik des Elias von Nisibis (geboren 975, gestorben nach 1049), betitelt ܬܘܪܨ ܡܡܠܠܐ ܕܠܫܢܐ ܐܪܡܝܐ, herausgegeben von R. Gottheil, A treatise on Syriac grammar, Berlin 1887. Über diese Hds. daselbst preface S. 17—19. Über den Autor vergl. A. Merx, Historia artis grammaticae apud Syros, Leipzig 1889, S. 109. Nach der Unterschrift Bl. 50ᵇ ist der Schreiber ein Simeon, Sohn des Petrus aus *Telkéf*.

3. Bl. 51ᵇ—64ᵇ Carmen heptasyllabum de aequiliteris von *'Abhdîšô'* aus *Gdzartâ* (Mitte des 16. Jahrhunderts). Herausgegeben von G. Hoffmann, Opuscula Nestoriana, Kiel 1880, S. 49 ff. Über den Verfasser s. daselbst Vorwort S. XIX. Von Bl. 51 (Titel und Anfang auf Bl. 51ᵇ) ist nur ein kleines Stück vorhanden. Bl. 52ᵃ beginnt mit ed. Hoffmann S. 50 V. 1.

4. Bl. 64ᵇ—70ᵇ Erklärung schwerer Wörter, die in der nr. 3 vorkommen. Herausgegeben von G. Hoffmann daselbst S. 70 ff. Unvollständig. Der Text bricht ab mit der Zeile

ܟܠ ܒܥܒܐ. ܡܫܡܫ ܐܝܟ ܗܘ ܡܫܡܫ ܗܘܐ = ed. Hoffmann S. 79 Z. 15.

5. Bl. 71ᵃ—99ᵇ Drei Syrische Glossarien:

a) Bl. 71ᵃ—74ᵇ Erste Hälfte von ܐ—ܣ fehlt: beginnt mit dem Buchstaben ܦ. Anfang:

ܣܘܠܓܐ. ܦܓܪܐ. ܣܓܝܐ ܕܡܢܗ ܡܫܪܐ ܡܫܓܪܐ
ܘܓܠܓܠܬܐ. ܗܓܪܐ ܕܦܠܝܐ ܓܘܠܫܐ

b) Bl. 74ᵇ—82ᵃ.

c) Bl. 82ᵃ—99ᵇ.

Identisch mit Nr. 97 (S. 130) nr. III c. d. e. Unterschrift:

ܫܠܡ ܬܢܢ ܦܠܓܐ ܕܩܫܝܫܐ

Auf Bl. 100ᵃ die Zeichnung eines Kreuzes mit Arabischen Aufschriften; unter demselben einige Syrische Verse im siebensilbigen Metrum. Daneben die Notiz, dass ein Diaconus Simeon dies geschrieben hat (vergl. Bl. 50ᵇ).

6. Bl. 100ᵇ—106ᵇ Gedicht des Jacob von *Serūgh* über die Fremde und ihre Noth, über Fremde und deren Begräbniss. Titel:

ܡܐܡܪܐ ܕܡܪܝ ܝܥܩܘܒ ܥܠ ܐܟܣܢܝܐ
ܘܥܠ ܐܘܠܨܢܗܘܢ ܘܥܠ ܐܟܣܢܝܐ ܘܩܒܘܪܬܗܘܢ.

Dasselbe bei Wright nr. 811, Bd. II S. 819.

In der Unterschrift Bl. 106ᵇ nennt sich wieder der Schreiber Simeon.

7. Bl. 106ᵇ—116 Die Chronologie angeblich von Eusebius. Titel:

ܗܦܟܬܐ ܗ̄ ܣܟܘܡܐ ܕܟܪܘܢܝܩܘܢ ܕܟܠ ܫܢܝ
ܥܠܡܐ ܕܡܢ ܐܕܡ ܠܡܫܝܚܐ ܐܘܣܒܝܘܣ ܐܦܣܩܘܦܐ
ܕܦܠܣܛܝܢܐ.

Die Schrift ist vollständig und identisch mit Nr. 97 (S. 130) nr. II.

Deutliche Schrift, durchweg vocalisirt und punktirt. Die Lagen ܟܘܪ̈ܣܐ haben sich zum Theil in einzelne Blätter aufgelöst, daher nicht ohne Lücken. Jeder Kurràs hatte 10 Blätter. Es fehlen am Anfang von Kurràs 1 vier Blätter; ferner 2 Blätter von K. 4, 1 Blatt von K. 5, 3 Blätter von K. 6, 2 Blätter von K. 8. Kurràs 9 fehlt zum grössten Theil.

Wann und wo der Schreiber Diaconus Simeon (Bl. 50ᵇ. 100ᵃ. 106ᵇ) diese Hds. geschrieben, giebt er nicht an. Geschrieben im 17. oder 18. Jahrhundert? Die Färbung des Papiers sowie die Schrift ist nicht überall ganz gleich, doch dürfte die ganze Hds. das Werk eines und desselben Schreibers sein.

Bemerkenswerth wegen ihres Schriftcharakters ist eine Randnotiz auf Bl. 45ᵃ:

ܡܫܪܐ ܠܐܠܗܐ ܫܠܡܬܐ (für ܫܠܡܬܐ) ܗ̄ܘ ܠܝ
— ܘܫܘܠܛܢܐ ܕܫܡܝܢ ܠܐܠܗܐ ܕܝܠܗ ܡܢ
ܫܡܥܘܢ ܡܫܡܫܢܐ

Es ist dieselbe Spielart Nestorianischer Schrift, die sich in Nr. 97 (S. 130) Bl. 36 und 75 findet.

116 Blätter (21,5 × 15 cm), die Seite zu 20 Zeilen.

95.

(Sachau 307.)

ܟܬܒܐ ܕܨܡܚܐ Grosse Grammatik von Barhebraeus. 1. Cap. Bl. 4ᵃ. 2. Cap. Bl. 53ᵃ. 3. Cap. Bl. 93ᵃ. 4. Cap. Bl. 116ᵃ. S. Ausgabe von Martin, Oeuvres grammaticales, Paris 1872.

Gut erhalten und geschrieben, reichlich vocalisirt und punktirt (auch mit *Rukkdkhd* und *Ḳuššdjā*). Am Rande hier und da kurze Karschuni-Glossen. Vollendet den 29. *Îjār* 1994 = 29. Mai 1683. Unterschrift:

ܫܠܡ ܕܝܢ ܗܢܐ ܕܫܘܡܠܝܐ ܟܬܒܐ ܗܢܐ
ܡܚܝܐ ܒܝܘܡ ܚܡܫܒܫܒܐ ܐ ܕܫܒܘܥܐ
ܕܥܠܝܢܐ ܒܝܪ ܒܝܪܚ ܐܝܪ ܕܫܢܬ ܐܨܨܕ
ܘܫܘܒܚܐ ܘܬܘܕܝܬܐ ܠܡܫܝܚܐ ܠܥܠܡ

157 Blätter (28,2 × 19 cm), die Seite zu 26 Zeilen.

96.

(Sachau 173.)

Dasselbe Werk. Anfang Bl. 3ᵇ.

1. Cap. Bl. 5ᵇ. 2. Cap. Bl. 58ᵇ. 3. Cap. Bl. 103ᵃ. 4. Cap. Bl. 128ᵃ.

Moderne Copie. Reichlich punktirt und vocalisirt.

Vollendet im August 1882. Geschrieben in *Alkôš* von dem Diaconus *'Îsâ*, Sohn des Jesaias, Sohnes des Diaconus Cyriacus aus dem Dorfe *Ekror* im Gebiet *Senddjê* (vergl. Index scriptorum):

[illegible]

173 Blätter (33 × 21 cm, von Bl. 141 an 32,5 × 21 cm), die Seite zu 26 Zeilen.

97.

(Sachau 130.)

Sammelband, dessen Anfang fehlt. Inhalt:

I. Bl. 1—12ᵃ. Die alte Hds. beginnt mit Bl. 2; Bl. 1 ist ergänzt durch Jeremias *Šâmir*. Titel: [illegible], d. i. Flexion, eine Zusammenstellung fast sämmtlicher Bildungen, Verba, Nomina, Adverbia, von der Wurzel [illegible]. Als Eintheilungen der Schrift sind ersichtlich die Überschriften [illegible] Bl. 3ᵇ, [illegible] Bl. 5ᵇ und [illegible] Bl. 7ᵃ.

Das ergänzte Blatt beginnt:

[illegible]

Das erste Blatt der alten Hds., jetzt Bl. 2, beginnt:

[illegible]

Unterschrift Bl. 12ᵃ: [illegible]

Am Rande finden sich einige *Fellîḥî*-Glossen, die von der ersten Hand herrühren können, jedenfalls nicht viel jünger sind. Bl. 2ᵃ: [illegible] ohne Referenz-Zeichen; [illegible] (das erstere zu [illegible], das zweite vermuthlich zu [illegible]). Bl. 2ᵇ: [illegible] (vermuthlich zu [illegible]): [illegible] (zu [illegible]), [illegible] (zu [illegible]), [illegible] (zu [illegible]). Bl. 3ᵃ: [illegible] (zu [illegible]). [illegible] (zu [illegible]).

II. Bl. 12ᵇ—28ᵇ *Surgddhd* [illegible]. d. h. Anleitung zur Berechnung des christlichen Kalenderjahres durch Formeln. Titel:

[illegible]

Über die Nestorianische Tradition von der Abfassung dieses χρονικόν durch Eusebius auf Veranlassung des Concils von Nicaea s. den ersten Paragraphen der Chronologie von Simeon aus *Šankeldwd* Nr. 102 (Sachau 108). In dieser Tradition ist Eusebius von Caesaraea, nicht, wie es hier heisst, ein Eusebius, Bischof von Palaestina (E. von Emesa?), gemeint. In diesem Zusammenhange kann nur gemeint sein, dass das betreffende chronologische System, nicht aber die vorliegende Schrift von Eusebius herrührt. Die Schrift ist sehr formelhaft und bedarf zu ihrer Erklärung eines längeren Commentars, der zu einem grossen Theil von Fr. Müller. Die Chronologie des Simeon *Šanke-*

ldwdjd, Leipzig 1889, gegeben. Der Verfasser führt die ܐܬܘܬܐ litterae, d. h. in Buchstaben ausgedrückte Zahlenformeln an und lehrt in Kürze den Gebrauch derselben. Inhalt:

Bl. 12ᵃ ܐܬܘܬܐ ܕܡܕܢܚܐ ܐܦܘ ܒܗܘ ܐܝܠܗ ܐܦܘ.

Bl. 13ᵃ ܐܬܘܬܐ ܕܥܣܪܐܣܬܐ.

Bl. 13ᵇ ܐܬܘܬܐ ܕܒܠܐܪܐ ܒܘܠܗ.

Bl. 14ᵃ ܗܦܩܛܐ ܕܝܘܡܐ ܘܕܝܪܚܐ ܢܡܘܣܐ (Epakten).

Bl. 16ᵃ ܐܬܘܬܐ ܕܒܒܘܬܐ, ܐܬܘܬܐ ܕܝܘܡܐ.

Bl. 16ᵇ ܐܬܘܬܐ ܕܥܛܘܬܐ.

Bl. 17ᵃ ܐܬܘܬܐ ܕܡܗܪܐ.

Bl. 18ᵇ Über die Zahl der Wochen zwischen Epiphania und Fasten.

Bl. 20ᵃ Warum die ܐܬܘܬܐ ܕܥܣܪܐܣܬܐ 28 sind.

Bl. 20ᵇ Über die Natur der ܐܬܘܬܐ ܕܡܕܢܚܐ.

Bl. 21ᵃ Über die Natur der ܐܬܘܬܐ ܕܒܠܐܪܐ.

Bl. 22ᵃ Über die Natur der ܐܬܘܬܐ ܕܝܘܡܐ.

Bl. 22ᵇ Über verschiedene Jahresanfänge, Monate, Jahr, Tag, Tag- und Nacht-Gleiche. Hier vier Citate von Elias von Nisibis.

Bl. 24ᵇ Über die Osterformel ܦܘܪܡܠܐ ܕܦܨܚܐ.

Bl. 26ᵇ Über die ܐܬܘܬܐ ܕܒܒܘܬܐ ܘܕܝܘܡܐ ܘܕܣܠܛܢܐ ܘܕܦܝܠܘܣܘܦܐ ܘܕܥܒܪܝܐ ܕܥܪܒܐ.

Bl. 27ᵇ Berechnung des Wochentages.

Anfang der Schrift:

ܡܫܡܫܐ ܐܬܘܬܐ ܕܡܕܢܚܐ ܐܦܘ ܒܗܘ ܐܝܠܗ ܐܦܘ. ܟܠ ܚܕܐ ܐܬܘܬܐ ܠܚܕ ܝܪܚܐ ܗܘܝܐ ܕܝܢ ܥܒܘܕ ܐܬܘܬܐ ܕܡܕܢܚܐ ܘܡܫܡܫܐ ܟܠ ܐܬܘܬܐ ܕܥܣܪܐܣܬܐ ܕܥܒܪܐ ܕܐܠܝܢ ܒܗ ܘܐܦܩ ܦ ܦ ܘܐܝ ܚܕ ܦܠܓ ܚܡܫ ܣܓܝܐܐ ܐܠܝܗܘܢ ܕܥܒܪ ܕܡܕܢܚܐ.

Unterschrift:

(i. e. Nr. I) ܫܠܡܬ ܦܘܪܡܠܐ ܘܦܘܪܡܠܝܬܐ ܘܠܗ ܫܘܒܚܐ. ܘܥܠܢ ܟܠܢ ܪ̈ܚܡܐ ܘܚܢܢܐ.

Diese Schrift berührt sich inhaltlich sehr nahe mit der oben erwähnten Chronologie des Simeon von *Šankeldwd* wie mit derjenigen des *Jôḥannân* Bar *Zo'bi* (s. Nr. 103 Sachau 153). Da Elias von Nisibis in ihr erwähnt ist, kann sie nicht vor 1049, dem Todesjahr des Elias, geschrieben sein. Sie könnte sehr wohl in der Umgebung des Simeon von *Šankelâwâ* und *Jôḥannân* Bar *Zo'bi* entstanden sein. Es verdient vielleicht bemerkt zu werden, dass sie auf den Islam und seine Zeitrechnung, ausser in der Notiz über die Monatsanfänge Bl. 22ᵇ, nirgends Bezug nimmt, während in den anderen Werken die Vergleichung mit der Arabischen Aera einen breiten Raum einnimmt.

III. Bl. 28—75 Glossarien.

a) Bl. 28ᵇ—34ᵇ Eine Sammlung von Synonymen, Theil einer Schrift des *Ḥunain* Bar *Isḥâḳ* (gestorben 873). Der grösste Theil der hier vorkommenden ܦܘܪ̈ܫܢܐ findet sich in dem von G. Hoffmann, Opuscula Nestoriana, Kiel 1880 S. 1—49 herausgegebenen Liber canonum de acquilitteris. Vergl. die Einleitung daselbst S. IV. XIV. Titel:

ܥܒܝ̈ܕܐ ܕܪܘܚܢ ܠܡܠܦܢܐ ܠܐ ܕܝܢ ܕܫܡܝܢ ܒܫܘܠܠ ܐܠܐ ܟܠܢܝ ܡܫܬܟܚ ܕܒܪ ܦܢܝܐ ܗܘ ܕܐܢܫܝ̈ܢ ܐܠܐ ܠܐ ܚܕ ܠܗ ܒܫܘܠܠ.

Anfang:

ܐܝܬ ܦܘܪܫܢܐ ܐܝܟ ܒܢܐ ܗܟܢܘܫܬܐ ܠܗܒܪܦܩܐ. ܠܒܘܬܐ. ܠܝܠܘܬܐ. ܠܚܣܝܢܘܬܐ. ܠܗܘܕܝܬܐ.

Ferner werden behandelt die Wörtergruppen — ܕܡܕܝܢܬܐ ܗܘܪܐ ܗܡܝܢܐ — ܫܠܡܐ ܫܘܒܩܢܐ — ܦܠܘܣܐ ܒܘܝܐܐ ܣܝܩܘܦܐ ܟܠܘܣܐ ܡܢܝܐ ܐܬܕܟܪ — ܡܥܘܪܐ ܢܡܣܛܢܐ — ܚܘܣܝܐ ܚܝܠܐ ܥܒܘܨ ܐܕܘܨ — (Hoffmann S. 6, 5) ܐܬܚܡܨ ܕܡܪܐ — ܘܥܒܪ ܡܗܘܪܐ ܦܕܢܝܬܐ — (H. 6, 10) ܥܘܡܪܐ — (H. 17, 19) ܡܡܪܐ ܡܥܡܠܐ ܥܒܕܪܐ ܕܘܝܐ ܕܚܝܐ — (H. 13, 6) ܒܒܘܬܐ ܕܠܠܘܬܐ ܒܪܢܘܬܐ ܒܢܩܒܐ — (H. 17, 17) ܡܕܘܬܐ

[illegible] (H. 42, 15) — [illegible] (H. 29, 9) — [illegible] (H. 12, 17) — [illegible]. Folgende Notiz auf Bl. 31[b]:

[illegible]

Unterschrift Bl. 34[b]:

[illegible]

Ferner eine längere Unterschrift des Schreibers, s. weiter unten.

b) Bl. 35[b]—36[b] Gebet für die Weihung unreinen Wassers. Titel und Anfang:

[illegible] (Bl. 36[a]) [illegible]

Über die Zeilen in eigenthümlicher Syrischer Schriftart auf Bl. 36[b] s. weiter unten.

c) Bl. 37[a]—46[b] Erklärung schwieriger Nomina (einzeln auch Verba) [illegible] alphabetisch nach den Anfangsbuchstaben geordnet. Anfang:

[illegible]

Ende: [illegible]

Citirt werden Ephraem Bl. 38[a]. 39[b]. 40[a]. 44[b]. 45[a b]. 46[a]; *Mâr* Jacob, Rede über die Taufe Bl. 42[a], Homer Bl. 43[b], Liber Paradisi Bl. 40[a], *Mâr Ishâk* Bl. 46[b].

d) Bl. 46[b]—60[a] Ein weiteres Glossar ähnlicher Art, in dem ausser den Nomina auch Verba vorkommen. Anfang:

[illegible] (Bl. 47[a]) [illegible]

Ende: [illegible]

Citirt: [illegible] Bl. 51[b].

e) Bl. 60[a]—73[a] Ein drittes Glossar von Nomina und Verba. Anfang:

[illegible] (Bl. 60[b]) [illegible]

Ende:

[illegible]

Unterschrift:

ܫܠܡ ܟܬܒܐ ܩܠܐ ܕܩܕܝܫܐ ܘܠܐܠܗܐ ܫܘܒܚܐ
ܐܡܝܢ. ܘܥܠܝܢܘܬܢ ܪ̈ܚܡܐ ܘܚܢܢܐ ܐܡܝܢ.

Eine spätere Hand hat noch hinzugefügt ܟܬܒܗ ܡܫܡܫܢܐ ܐܒܪܗܡ und ܡܟܬܒ ܫܘܦܪ ܕܐܬܡܠܝܘ ܒܫܠܡܐ ܒܝܘܡ ܡܢ

f) Bl. 72ᵇ—73ᵇ Ein kleines Verzeichniss Griechischer Wörter mit Erklärungen. Anfang:

ܐܓܪܐ. ܡܟܠܐ ܡܟܘܣܐ. ܐ̇ܓܘܣܛܘܣ ܡܠܟܐ
ܕܪ̈ܗܘܡܝܐ ܐܒܠܐ ܕܡܘܬܐ. ܐ̇ܓܠܝܘ. ܐܢܦܝܘܣ
ܣܡܝܐ. ܐܪܟܝܛܝܛܘܣ ܡܪܒܐ ܒܢܝܢܐ.
ܐܦܠܛܘܢܝܘܣ ܐܝܬܘܗܝ ܦܝܠܘܣܘܦܐ. ܚܟܝܡܐ.
ܐܦܠܛܘܢܐ ܒܫܡܐ. ܐ̇ܫܒܪܐ ܐܘܟܝܐ ܕܐܬܪܐ.
ܐܘܠܝܗ ܐܝܬܘܗܝ ܐܘ ܐܬܪܐ.

Schluss:

ܦܓܘܪ̈ܐ ܠܚܡܐ ܡܚܡܪܐ. ܘܐܘܪ̈ܐ ܟܬ̈ܐ.
ܦܘܪܦܘܪܐ ܐܪܓܘܢܐ. ܦܪ̈ܘܦܐ ܡܚܪܒܬܐ.
ܡܢܦܘܣ ܠܚܡܐ. ܦܝ̈ܠܐ ܐܪ̈ܙܐ

Die Unterschrift des Schreibers Bl. 34ᵇ—35ᵇ lautet:

ܐܫܬܪܝ ܗܘܐ ܘܐܫܬܠܡ ܒܝܘܡ ܗܢܐ ܒܫܠܡܐ
ܡܫܬܒܚܢܘܬܗ. ܒܫܢܬ ܒܪܝܬܐ ܫܒܥܝܢ ܘܚܕ ܒܗ
ܒܝܘܡ ܥܪܘܒܬܐ ܩܕܡܝܬܐ ܕܨܘܡܐ. ܕܫܢܬ
ܐܠܦ ܘܫܬܡܐܐ ܘܫܬܝܢ ܘܬܠܬ ܡܫܚ (Bl. 35ᵃ)
ܬܘܒ ܒܝܘܡ ܡܫܝܚܐ ܕܡܪܢ ܐܬܝܠܕ
ܡܢܐ. ܡܫܡܫܢܐ ܐܒܪܗܡ ܒܪ ܒܪܝܟܐ ܫܡܥܘܢ
ܐܡܝܢ. ܐܬܟܬܒ ܒܝܘܡ̈ܝ ܐܒܐ ܕܐܒܗ̈ܬܐ ܘܪܝܫ
ܕܪ̈ܝܫܐ. ܡܪܝ ܐܠܝܐ ܩܬܘܠܝܩܐ ܦܛܪܝܪܟܐ
ܕܡܕܢܚܐ ܘܡܪܝ. ܒܝܘܡܘ ܐܢܬ ܡܫܝܚܐ ܗܘ ܐܢܬ
ܡܠܟܐ ܘܡܫܝܚܐ ܡܫܡܫܢܐ ܐܒܪܗܡ ܒܒܝܬ
ܟܠܗ ܒܢܝܗܘܢ. ܐܒܘܗܝ ܠܐܒܘܢ ܗܘܐ ——
ܒܪ ܡܫܡܫܢܐ (ausgewischt) ——————
ܐܦܣܩ (Bl. 35ᵇ) ܡܫܟܠܠܗ. ܡܢܐ ܢܛܪ
ܠܗ ܕܢܬܩܪܐ ܒܗ ܘܢܐܬܐ ܡܢܗ ܘܐܦ ܠܐܚܪ̈ܢܐ
ܢܐܡܪ ܐܡܝܢ. ܘܦܘܫܘ ܒܫܠܡܐ ܕܦܓܪ
ܒܬܘܕܝܬܐ ܗܠܝܢ ܕܝܢ ܢܥܝܡ ܦܘܩܕܐ ܘܡܪܢ

Danach ist die Hds. geschrieben von einem Diaconus Abraham, vollendet den 18. Februar 1681 n. Chr. am 1. Freitag im Fasten, zur Zeit des Catholicus des Ostens Elias (d. i. Elias III, von 1660—1700) und unter dem Schatten des *Mâr* Abraham *Mddhâjâ*, d. h. in der Kirche dieses Heiligen. Der Name desjenigen, der sich diese Hds. hat schreiben lassen, ist absichtlich ausgewischt: übrig ist von demselben nur »Sohn des Presbyters Thomas«. Von dem Namen sieht man noch ———ܒܓܒ; vielleicht stand da ܡܫܡܫܢܐ ܒܓܒܪܝܐܝܠ.

Eine spätere Hand hat über den ausgewischten Namen ܝܘܣܦ geschrieben. Ausserdem hat sich ein späterer Besitzer hier notirt: Presbyter *Giwargis* ܓܝܘܪܓܝܣ. Es ist nicht angegeben, wo die Hds. geschrieben ist. Sie ist durchweg sorgfältig geschrieben und vollständig vocalisirt, ausserdem reichlich interpungirt.

Zu Anfang fehlen 3 Kurrâs zu je 10 Blättern. Bl. 2 beginnt mit K. 4. K. 7 hat nur 5 Blätter, K. 11 nur 9 Blätter. Ob die Hds. am Ende jemals vollständiger gewesen ist, lässt sich nicht entscheiden.

Auf Bl. 75ᵇ von späterer Hand das Folgende:

ܡܫܝܚܐ ܗ ܫܢܬ ܒܚܡܘܬܐ ܗ ܡܫܝܚܐ
ܡܫܒܚܐ

Von einem früheren Schulmeister:

ܗ̇ܕܝܟ ܐܘ ܐܡܗܠܐ ܠܟܘܢ ܡܟܬܒ ܕܟܠ
ܐܘܗܝܐ ܘܦܩܥ (?) ܢܚܫܝ ܦ̇ܘܫܐ ܕܡܫܒܚܐ
ܠܒܪܝܐ ܗܘ ܡܒ̇ܪܟܐ

ferner:

ܕܘܟܣܐ (δόξα) ܘܫܘ̈ܒܚܐ ܠܐܠܗܘܬܐ (dem θεός)
ܡܠܟ ܡܠܟܝܢ ܪܒܐ ܘܐܝܣܘܪ ܠܗ̇ ܠܟܘܢ
ܐܣܟܘܠܐ (schola) ܘܣܟܣܐ̇ ܒܐܠܦܣܦܪܘܣ
ܐܠܘܗ (d. i. Christus) ܐܝܟ ܘܠܝܬ̈ ܐܠܗܘܣ (ἥλιος) ܘܣܠܐ (!)
ܠܬ̈ܐܘܗܝ.

Eine besondere Erwähnung verdienen zum Schluss einige Zeilen auf Bl. 36ᵇ und 74ᵇ,

75ᵃ⁺ᵇ, weil sie in einer Schrift geschrieben sind, die von der gewöhnlichen Nestorianischen (und Jakobitischen) Schrift nicht unerheblich abweicht.

Bl. 37ᵇ finden sich 9 Zeilen, deren Tinte sehr abgeblasst ist, so dass eine spätere Hand sich leider bemüssigt gesehen hat sie nachzuziehen. In der folgenden Copie sind die nachgezogenen Buchstaben unterstrichen:

[illegible]

[illegible]

[illegible]

[illegible]

[illegible]

[illegible]

Die letzte Zeile ist in gewöhnlicher Schrift unterhalb derselben wiederholt. Es dürfte eine liturgische Gebetsformel sein, in die im Gebrauchsfall am Schluss der Name dessen, für den sie gesprochen wird, eingesetzt wird.

Bl. 74ᵇ unten anschliessend an das Lexidion Griechischer Wörter:

A. [illegible]

[illegible]

Bl. 75ᵃ:

[illegible]

[illegible]

[illegible] [1]

[illegible] (?)

[illegible]

[illegible] [2] [illegible]

Im Folgenden ist die Tinte abgeblasst:

B. [illegible]

[illegible]

[illegible]

[illegible] (von Nestorianischer Hand

[illegible]

[illegible]

[illegible] [1] [illegible]

Bl. 75ᵇ oben einige Kritzeleien:

C. [illegible]

[illegible]

A ist ein Stück von einem Syrischen Glossar wie oben III, c; *C* gehört zu einem Verzeichniss Griechischer Wörter wie oben III, f.

B ist eine Anweisung zu einer Art Wahrsagen aus einer Berechnung der Zahlenwerthe der Namen von Mann und Frau.

Nach meiner Ansicht sind alle diese Stücke trotz der Verschiedenheit in der Farbe der Tinte von einem und demselben Schreiber geschrieben. Die Schrift ist sehr unbeholfen, der Schreiber war offenbar des Schreibens wenig gewohnt und wenig kundig. Die Zeichen für ein Specimen der schlechten, unbeholfenen Schrift eines ungebildeten Nestorianers zu erklären, im Übrigen aber mit der gemeinen Nestorianischen Schrift zu identificiren, ist meines Erachtens nicht angängig. Die ungelenken Züge zeigen so viel Eigenart, dass wir sie für eine besondere Species der Ostsyrischen oder Nestorianischen Schrift halten müssen. Besonders beachtenswerth sind die Zeichen [illegible], das finale [illegible].

Wir wissen nicht, wo die Hds., d. h. der Haupttheil derselben, geschrieben ist; sie macht auf mich den Eindruck, in *Alkôš* oder nicht zu weit davon geschrieben zu sein. Die besondere Species kann nicht aus derselben Gegend stammen; sie muss sich irgendwo in einem abgelegenen Gebiet der östlichen Aramäer, vielleicht in einem abgelegenen Alpenthal des Nestorianischen Zagros — wie mir scheint, im Laufe des späteren Mittelalters — entwickelt haben.

[1] Diese Zeichen ausgewischt.

[2] D. i. [illegible] ذنب.

[1] Ausgewischt.

Auch von der Westsyrischen Schrift giebt es eine eigenthümliche locale Spielart in Nr. 295, welche einige ähnliche Züge aufweist wie die Nestorianische Species, aber nicht mit ihr identisch ist. Vergl. F. Baethgen, Ein melkitischer Hymnus an die Jungfrau Maria, ZDMG. XXXIII S. 666.

75 Blätter (15,5 × 10,5 cm), die Seite zu 14 Zeilen.

98.

(Sachau 122.)

Modernen Sammelband.

I. Bl. 1—92 ܟܬܒܐ ܕܬܘܪܨ ܡܡܠܠܐ ܕܥܒܝܕ ܠܩܫܝܫܐ ܝܥܩܘܒ ܩܛܪܒܠܕܝܐ, eine grammatische Schrift von einem Presbyter Jacob *Ḳeṭarbeldājā* (aus *Ḳuṭrubbal*). Vorhanden sind hier etwa zwei Drittel des ersten ܡܐܡܪܐ, das vom Verbum handelt:

ܡܐܡܪܐ ܩܕܡܝܐ ܡܛܠ ܡܠܬܐ

Das Werk besteht ausschliesslich aus Paradigmen, in denen von jedem Stamm drei Verbalformen (Perfect, Imperfect und Particip) und eine abstracte Nominalform, dazu die Arabische Übersetzung gegeben werden. Innerhalb jedes Abschnittes sind die Beispiele nach den Anfangsbuchstaben lexikalisch geordnet.

Das 1. Buch ist eingetheilt in sechs ܡܩ̈ܠܐ:

1. Capitel Bl. 1ᵃ in drei Abschnitten ܦܣܘ̈ܩܐ:

a) Bl. 2ᵃ Paradigmata der Verba mediae infirmae.

b) Bl. 5ᵇ Verba mediae geminatae.

c) Bl. 10ᵃ Kurzes Verzeichniss von Verba mediae infirmae und mediae geminatae mit Arabischer Übersetzung.

2. Capitel Bl. 11ᵃ in vier ܦܣܘ̈ܩܐ:

a) Bl. 11ᵇ Paradigmata der Verba tertiae Alef.

b) Bl. 17ᵃ Verba tertiae Jud (ܒܟܝ, ܓܠܝ, ܒܕܝ, ܚܙܝ, ܣܠܝ, ܣܓܝ, ܦܪܝ, ܕܒܝ, ܕܘܝ, ܦܠܝ, ܟܢܝ, ܡܕܝ, ܡܥܝ, ܡܠܝ, ܠܠܝ, ܟܠܝ, ܥܢܝ, ܥܠܝ, ܪܘܝ, ܡܕܝ, ܨܗܝ, ܨܕܝ, ܨܐܝ).

c) Bl. 18ᵃ Das starke Verbum im Kal in der Aussprache ܟܬܒ.

4. Bl. 36ᵇ Dasselbe in der Aussprache ܟܘܠ.

3. Capitel Bl. 40ᵃ in acht ܦܣܘ̈ܩܐ:

a) Bl. 40ᵃ: Afel- und Pael-Verba von starken und schwachen Stämmen, sofern diese Formen nur drei Consonanten haben, mit *a* in der ersten und *e* in der zweiten Silbe, wie ܦܪܩ. ܦܬܚ.

b) Bl. 55ᵇ Dieselben Formen mit *a* in beiden Silben, wie ܙܒܢ und ܚܘܫ.

c) Bl. 60ᵇ Pael-Formen von Stämmen tertiae infirmae.

d) Bl. 65ᵃ Verba primae Alef.

e) Bl. 65ᵇ Verba primae Jud mit *e* in der zweiten Silbe, wie ܝܒܫ.

f) Bl. 66ᵃ Verba primae Jud mit *a* in der zweiten Silbe, wie ܝܩܕ.

g) Bl. 66ᵇ Paelformen von Stämmen tertiae Alef (ܟܠܐ ܚܦܐ ܨܢܐ ܛܡܐ).

h) Bl. 66ᵇ Verbae tertiae et primae infirmae (ܐܬܐ, ܐܦܐ, ܐܡܐ, ܐܡܠܐ, ܐܠܐ).

Im Anschluss hieran werden aufgeführt ܐܬܒܣ, ܐܬܒܢ, ܡܦܘܩ.

4. Capitel Bl. 67ᵃ in acht ܦܣܘ̈ܩܐ:

a) Bl. 67ᵃ Afel-Formen von Stämmen tertiae infirmae.

b) Bl. 71ᵃ Quadrilittera tertiae infirmae, wie ܟܠܘܝ.

c) Bl. 72ᵇ Afel der Verba mediae Wau und Je.

d) Bl. 74ᵇ Afel der Verba mediae Alef.

e) Bl. 75ᵃ Afel von starken Stämmen in der Aussprache ܐܟܠܒ.

f) Bl. 82ᵇ Starke Quadrilittera in der Aussprache ܦܰܠܓܶܠ.

g) Bl. 87ᵃ Afel von starken Stämmen in der Aussprache ܐܰܓܪܶܓ.

h) Bl. 91ᵃ Quadrilittera von starken Stämmen in der Aussprache ܦܰܕܩܶܕ.

Hier (Bl. 92ᵃ) bricht es ab, so dass vom 1. *Mêmrâ* noch Buch 5 und 6 fehlen.

II. Bl. 93ᵃ—105ᵃ Varia:

a) Bl. 93ᵃ Notiz über die Taufe eines *Giwargis* Bar *Kaššîšâ Ḥannâ* durch den *Kaššîšâ 'Abhdîšô'* am 21. October 1875.

b) Bl. 94ᵃ Folgende Arabische Notiz in der Umgangssprache von Mosul:

١٨٧٩ بدا جوع غلى لا عظيم لاكن وزنه في ٢٠ غروش
حنطه وشعير وزنه في ١٥ غروش، وسنه ١٨٨٠ صارة وزنه
مال حنطه في ليرا صولطاني عين وشعير في ١٠٠ غروش
صاغ وصاره غلا عظيم لما اكلوا اوادم لحم الكروش وغير
حيوانات النجس مثل البزازين والدبب والضبع.
ومات خلق من انجوع في بلد موصل والطروق.
وسنه ١٨٨١ صاره وزنه مال حنطه في ٥٠ غروش ووزنه
مال شعير في ٢٧ غروش صاغ وكان ساجس في البلدان
والشعب والقورا.

»1879 fing Hungersnoth und Theuerung an, war aber noch nicht sehr gross, doch stand die Wizne Weizen auf 20 Piaster und die Wizne Gerste auf 15 Piaster. In 1880 stand die Wizne Weizen auf 1 Türkisches Pfund Gold und Gerste auf 100 Piaster Current, und die Theuerung wurde gross, nachdem schon einige Leute die Eingeweide von Thieren, ferner das Fleisch von unreinen Thieren, wie von Maulthieren (برازين für برادين?), Bären und Hyänen (?), gegessen hatten. Es starben Leute vor Hunger in Mosul und auf den Landstrassen. In 1881 stand die Wizne Weizen auf 50 (?) Piaster, die Wizne Gerste auf 27 Piaster Current, und es war grosse Aufregung in den Städten, unter den Beduinen und in den Dörfern.«

Vergl. meine Reise in Syrien und Mesopotamien, Leipzig 1883, S. 344—349.

c) Bl. 93ᵇ. 95ᵃ—102 Stück eines Glossars seltener, meist Griechischer Wörter, die Buchstaben ܠ bis ܬ, und vorher (Bl. 93ᵇ) ein nicht alphabetisch geordnetes Stück.

Die erste Hälfte dieses Glossars von ܐ — ܟ findet sich Bl. 206ᵃ—212ᵇ unter dem Titel ܝܩܝܪ̈ܐ ܫܡܗ̈ܐ, d. h. Schwere Nomina. Anfang:

ܐܣܛܘܟܣܐ ܗ̄ ܝܩܝܪܐ ܕܫܡ ܡܢ ܫܡ̈ܗܐ.
ܡ̄ܢ ܝܩܝܪܬܐ ܡܫܬܠܡܢܬܐ ܐܘ ܡܠܝܢ ܝܩܝܪܬܐ
ܘܝܩܪ

Dies Glossar ist identisch mit den Scholien, welche sich in Nr. 214 (Sachau 115) nr. 2 und Nr. 215 (Petermann Syr. 11 nr. 2) finden.

Auf Bl. 104ᵇ folgende Unterschrift:

ܫܠܡ ܘܐܫܬܠܡ ܠܟܬܒܐ ܗܢܐ ܕܠܟܣܝܩܘܢ
ܘܟܬ̄ܒ ܡܫܡܫܢܐ ܥܒܕܝܫܘܥ ܒܪ ܡܫܡܫܢܐ
ܡܗܝܡܢܐ ܝܘܣܦ ܒܪ ܡܗܝܡܢܐ ܨܘܪܝܫܘܥ
ܡܢ ܒܝܬ ܨܒܚܐ ܡܢ ܩܪܝܬܐ ܬܠܐܣܩܘܦܐ. ܘܐܬܟܬܒ
ܒܥܘܕܪܢ ܡܪܢ ܐܝܟ ܗܘܐ ܒܫܢܬ ܐܠܦܐ ܕܝܘܢܝܐ
ܐܠܦܝܢ ܘܬܡܢܡܐ ܘܬܫܥܝܢ ܘܚܡܫܐ ܘܒܝܪܚܐ
ܕܬܡܘܙ (Bl. 105ᵃ) ܒܝܘܡܐ ܕܥܪܘܒܬܐ ܒܫܥܬܐ
ܘܡܠܟܘܬܐ ܕܫܠܝܚܐ ܩܕܝܫܐ ܫܡܥܘܢ. ܟܐܦܐ
ܕܐܝܟܢ. ܘܡܪܝ ܡܪܝ ܝܘܣܦ ܦܛܪܝܪܟܐ
ܦܛܪܝܪܟܐ ܕܡܕܢܚܐ. ܘܡܪܝ ܐܠܝܐ ܡܝܛܪܐ
ܕܡܘܨܠ ܦܛܪܝܪܟܐ. ܒܝܘܡ ܐܠܦܐ ܡܕܝܢܬܐ
ܡܪܝ ܐܒܪܗܡ. ܘܡܢܣܝܢܐ ܡܒܪܟܢܘܬܐ
ܦܘܫ ܩܕܝܫܐ ܒܡܪܝ ܐܝܟ ܗܘ ܗܘ ܘܐܬܐ
ܟܠ ܐܝܠܝܢ ܕܩܪܘ ܘܦܠܚ ܡܠܟܘܬܐ
ܕܡܫܝܚܐ. ܐܡܝܢ ܠܗ ܫܘܒܚܐ ܐܡܝܢ ܘܐܡܝܢ
ܘܗܘ ܘܐܡܝܢ

»Geschrieben hat dies Lexikonbuch Diaconus *'Abhdîšô'*, Sohn des gläubigen Diaconus Joseph, des Sohnes des gläubigen *Sôrîšô'* (*Sabhrîšô'*) aus dem Hause *Sâbhâ* in *Telliskipâ*. Geschrieben ist dies in Mosul, weil der Schreiber dort lebte als Schüler der grossen Schule und von zwei Lehrern lernte, Chaldäisch von dem Presbyter *'Abdelkerim* und Arabisch von dem Presbyter Jacob, zur Zeit des *Mâr* Joseph, des sechsten Patriarchen der Chaldäer, und des *Mâr* Thomas, des Verwalters des Patriarchalischen Thrones, im Jahre 1874 n. Chr. im Februar. Der Schreiber Diaconus *'Abhdîšô'* ist Presbyter geworden am 15. Mai desselben Jahres. Er ging dann nach seinem Dorfe *Telliskipâ* und wurde dort Schullehrer. Dies Buch hat er für sich selbst geschrieben u. s. w. (Folgt ein Fluch gegen den, der das Buch wegnimmt und dergleichen.)«

Nach meiner Ansicht hat dieser *'Abhdîšô'* nur Bl. 93. 95—105ᵃ und 201ᵇ Col. 2—212 geschrieben, während das Übrige von einer anderen, etwas älteren Hand herrührt.

III. Bl. 105ᵇ—206ᵃ Der Dragoman von Elias von Nisibis, s. Nr. 232 (Sachau 105) und Nr. 269 (S. 101). Arabisch und Syrisch. Es fehlt hier die Einleitung; auch ist der Text nicht ganz frei von Lücken, z. B. fehlen nach Bl. 130 einige Zeilen (in der Ausgabe von de Lagarde S. 26, 85—89), ferner nach Bl. 172ᵃ das Stück S. 64, 88—65, 2 der Ausgabe.

Die Syrischen Wörter sind durchweg mit Punkten vocalisirt. Unterschrift:

ܫܠܡ ܟܬܒܐ ܕܬܘܪܓܡܢܐ.

In Betreff Bl. 206ᵃ—212 s. oben sub II, c.

212 Blätter (18 × 12,5 cm), die Seite zu 15—18 Zeilen.

99.

(Sachau 328.)

Grammatik der Syrischen Sprache von einem jetzt lebenden Syrischen Gelehrten, dem Generalabt der Chaldäischen Klöster Samuel *Ǵemil.* Ich lernte ihn 1880 in *Alkôš* im Kloster der Jungfrau kennen (s. meine Reise in Syrien und Mesopotamien S. 363: »und Italienisch mit einem Anderen, der in der Propaganda in Rom studirt hatte«). Nach der Einleitung zu diesem Buche hat er 10 Jahre in Rom studirt, sich viel mit grammatischen Studien beschäftigt und hat in diesem gelehrten Werke seinen Landsleuten eine vortreffliche Anleitung zum Studium der Sprache ihrer Väter, ihrer Kirche und ihrer Litteratur gegeben. Titel:

ܬܘܪܨ ܡܡܠܠܐ ܕܠܫܢܐ ܣܘܪܝܝܐ

Einleitung Bl. 4ᵇ:

ܒܬܘܕܝܬܐ ܕܐܠܗܐ ܕܒܣܘܥܪܢܐ ܡܫܠܡܢܐ ܡܫܪܝܢ.
ܒܕܪܫܐ. ܡܢ ܒܬܪ ܕܗܘܝܬ ܒܥܣܪ ܫܢ̈ܝܢ
ܕܪܗܘܡܐ ܒܝܘܠܦܢܐ ܡܕܪܫܝܬܐ ܡܬܚܠ ܕܗܘܐ
ܕܠܫܢ̈ܐ (Bl. 5ᵃ) ܡܦܬ̈ܚܐ ܘܡܠܦ̈ܢܐ ܣܠ̈ܩܝܢ
ܡܢ ܡܠܦ̈ܢܐ ܡܣܬܪ̈ܐ. ܚܝܡܐ ܘܫܘܡܐ
ܕܥܠܝܗܘܢ ܒܡܩ̈ܢܐ ܘܡܬܒܥܬܐ. ܠܐ ܚܝܡܪܝܢ ܡܢ
ܗܘ ܕܢܦܪܕܘܢ ܠܒܢ̈ܝ ܥܕ̈ܬܗܘܢ ܒܗ̈ܢܐ
ܕܠܫܢ̈ܐ ܗܘܠܝܢ ܘܡܠܝܢ̈ܐ ܠܡܕܪ̈ܫܝܬܐ
ܥܕܪ̈ܢܐ. ܕܒܐܝܕܗܘܢ ܒܬܪ ܒܬܪ ܢܬܡܫܚܘܢ
ܠܗ ܕܗܓܪܘܬܐ ܘܦܠܣܦܘܬܐ ܘܡܠܦܢܐ
ܕܐܠܗܘܬܐ ܡܫܬܥܢܐ ܘܡܘܠܐ ܕܥܠܝܗܘܢ
ܡܠܦ̈ܢܐ ܐܝܟ ܕܦܫܝܚ ܠܝܕܥܐ ܕܗܘܢܐ.
ܘܐܝܟ ܪܒܐ ܒܒܢ̈ܝܐ ܕܐܝܟ ܡܠܟ̈ܐ ܕܫܡܥܝܢ
ܡܢ ܟܠ ܫܡܐ ܡܠܝܫܡܐ ܠܫܘܡܠܝܗܘܢ
ܦܠܘܫܐ. ܘܡܫܚܠܦܢܐ ܘܡܬܒܠܒܠܢܐ ܕܗܘܝܘܗܘܢ
ܥܒܕܬ ܠܗ ܡܟܬܒܐ ܕܡܡܠܠܐ ܣܘܪܝܝܐ.
ܦܫܝܩܐ(!) ܕܐܫܡܥ ܠܣܘܪ̈ܝܝܗܘܢ ܠܓܪܡܛܝܩܐ

ܗܕܐ ܘܚܘܕܬܐ ܕܐܬܗܘܬ ܠܗ̇ ܠܟܘܢ ܕܒܣܡܘܬܐ
ܠܡܦܩܕܐ ܕܣܘܪܝܐ ܘܫܪܐ

Das Werk ist eingetheilt in vier Bücher ܡܐܡܪ̈ܐ:

I. Buch Bl. 7ᵃ Lehre von der Schrift, den Lauten, der Punctation und Interpunction.

II. Buch Bl. 66ᵃ Vom Nomen ܡܛܠ ܫܡܐ.

III. Buch Bl. 108ᵇ Vom Verbum ܡܛܠ ܡܠܬܐ.

IV. Buch Bl. 143ᵃ Von der Partikel ܡܛܠ ܐܣܘܪܐ.

Nachschrift auf Bl. 164ᵇ:

Danach ist diese erste Copie dieser Grammatik gemacht in *Alkôš* in den Tagen des Patriarchen Elias IX. und vollendet am 4. Januar 1884. Der Verfasser wird bezeichnet als der Presbyter Samuel *Ǵemîl*, der Chaldäer und Mönch vom Orden des h. Antonius,

ܪܝܫܐ ܓܘܢܝܐ ܕܟܠܗܘܢ ܡܣܟܢܘܬܐ ܟܠܕܝܝܐ

princeps generalis omnium monachorum Chaldaeorum.

Als Anhang eine Schrift Bl. 165ᵃ—170ᵃ von demselben Samuel gegen Barhebraeus:

ܡܬܚܪܢܘܬܐ ܠܘܩܒܠ ܓܪܝܓܘܪܝܘܣ
ܒܪ ܥܒܪܝܐ

Die Schrift richtet sich gegen die Behauptung des Barhebraeus, dass Joseph Huzita, der Schüler des Narses, als Lehrer der Schule in Nisibis die westliche (Edessenische) Aussprache des Syrischen umgewandelt habe zu der östlichen oder Nestorianischen. Der Verfasser weist nach, dass Joseph Huzita nach der Übersiedelung nach Nisibis die Edessenische Aussprache aufgegeben und an ihrer Stelle die allgemein verbreitete und uralte östliche Aussprache, d. i. diejenige der Nestorianer, angenommen habe. Es werden citirt Assemani, Bibliotheca Orientalis, *'Amr* Bar *Mattá*, Ebedjesu, der Verfasser des Catalogus Librorum u. a.

Nachschrift des Copisten auf Bl. 170ᵃᵇ:

Datirt vom 5. Januar 1884, geschrieben zu *Alkôš* in den Tagen des Papstes Leo XIII., des Patriarchen Elias und des Samuel, Generalabtes der Chaldäischen Klöster. Der Schreiber ist Diaconus *'Îsá*, Sohn des Jesaias, des Sohnes des Diaconus Cyriacus aus dem Dorfe *Ekrór* im District *Sendájê* ܕܡܢ ܩܪܝܬܐ ܐܟܪܘܪ ܕܒܬܚܘܡܐ ܕܣܢܕܝ̈ܐ, domicilirt in *Alkôš*.

Zur weiteren Charakteristik des Buches gebe ich ein Inhaltsverzeichniss des I. *Mêmrá*:

Bl. 7ᵃ Definition von Grammatik.

Bl. 8ᵇ Von der Syrischen Schrift.

Bl. 12ᵃ Von der Eintheilung der Buchstaben.

Bl. 12ᵇ Zahlen-Bezeichnung durch Buchstaben.

Bl. 14ᵃ Über die literae quiescentes.

Bl. 17ᵃ Von Lauten, die gesprochen, aber nicht geschrieben werden (z. B. ܫܬܐ, ܫܬܝܢܐ, gesprochen wie ܐܫܬܐ, ܐܫܬܝܢܐ).

Bl. 18ᵇ Von Buchstaben, welche dazu dienen sonst ähnliche Wörter von einander zu unterscheiden, z. B. das ܕ in ܥܒܕܬܐ zum Unterschied von ܥܒ̈ܬܐ.

Bl. 19ᵃ Von den ܒܓܕܟܦܬ.

Bl. 20ᵇ Gesetze des ܪܘܟܟܐ.

Bl. 21ᵇ Gesetze des ܩܘܫܝܐ.

Bl. 22ᵇ Von der Aussprache des ܦ und ܦ.

Bl. 24ᵃ Von den ܒܕܘܠ.

Bl. 29ᵃ Von den Buchstaben ܗܡܝܢ, die in der Schlusssilbe mit *a* an Stelle eines *e* gesprochen werden; von den Buchstaben ܐܝܬܢ, den Praefixen des Imperfects und vieler Participia.

Bl. 30ᵇ Von den Verbal-Suffixen.

Bl. 35ᵃ Von den Vocalen.

Bl. 37ᵃ Von den Consonanten, durch welche Nisben gebildet werden ܐܬܘ̈ܬܐ ܕܢܣܝܒܘܬܐ.

Bl. 40ᵃ Von den Suffixen der Deminutiv-Bildung ܐܬܘ̈ܬܐ ܕܙܘܥܪ̈ܐ.

Bl. 42ᵃ Von den Punkten, Vocalbezeichnung durch Punkte.

Bl. 45ᵃ Von dem diakritischen Punkt.

Bl. 46ᵇ Von den Pluralpunkten bei Nomen und Verbum.

Bl. 49ᵇ Von den Punkten zur Bezeichnung verschiedener Zeiten und Personen im Verbum.

Bl. 51ᵇ Von den 4 Accenten.

Bl. 54ᵃ Von den Vortrags- und Interpunctionszeichen.

Bl. 62ᵃ Von den Strichzeichen, wie *Mehagjânâ*, *Marhetânâ*.

Bl. 64ᵃ Von den Interpunctionsstrichen *Nâgôdhâ* und *Meṭapjânâ*.

Es wird vielfach gegen die westlichen ܡܥܪ̈ܒܝܐ, die Jakobiten, und besonders gegen Barhebraeus polemisirt. Hin und wieder finden sich nach Europäischer Manier Anmerkungen unter dem Text.

Deutlich geschrieben, reichlich punktirt und vocalisirt.

171 Blätter (23,50 × 16,50 cm), die Seite zu 22 Zeilen.

100.

(Sachau 324.)

Thesaurus linguae Syriacae von Bar *'Alî* (*'Îšô'* Bar *'Alî*) (zweite Hälfte des 9. Jahrhunderts). Vergl. die Ausgabe von Hoffmann, Syrisch-Arabische Glossen, Kiel 1874, und R. Gottheil, A proposed edition of the Syriac-Arabic glosses of Bar *'Alî*, in Proceedings of the American Oriental Society, October 1889 p. CLXXXV ff. Der letztere Gelehrte unterscheidet vier Kategorien von Bar *'Alî*-Handschriften: occidental codices, oriental codices, short recension, mixed recension, und rechnet diese Hds. zu der letzteren Kategorie.

Nach der Notiz des Schreibers auf Bl. 395ᵇ ist die Hds. geschrieben von dem Presbyter *Isḥâḳ*, Sohn des *Ṣlîbhâ* A. Gr. 2043 = 1732 n. Chr.:

ܟܡܠ ܗܕܐ ܐܠܟܬܐܒ ܥܠܝ ܝܕ ܐܠܦܩܝܪ
ܐܠܚܩܝܪ ܩܣ ܐܝܣܚܩ ܐܒܢ ܨܠܝܒܐ. ܦܝ
ܣܢܗ ܒܡܓ ܠܐܣܟܢܕܪ ܐܠܡܩܕܘܢܝ.
ܘܟܠܡ ܫܗܪ ܦܝ ܐܕܪ

Daselbst von jüngerer Jakobitischer Hand:

ܗܕܐ ܐܠܟܬܐܒ ܐܠܝ ܡܥܠܡ ܟܬܐܒ
ܐܠܟܗܢܘܬ ܐܠܟܢܝܣܐ.

Zu Anfang unvollständig. Anfang:

ܗܟܢܘܬ ܘܢܠܦ. ܐܘ ܥܕܪܐ. ܐܒܠܐ.
ܐܠܦܠܓ ——— ܐܠܢܠܝܬܐ ܐܠܟܚܕܗ.
ܐܒܠܐ ܥܕܠܐ ܐܘ ܢܘܕܐ. ܐܠܐܘܠ ܐܠܗܕܐܠ.
ܘܐܠܚܐܝ ܐܢܚܠ ܐܠܠܐܕ ܘܐܡܕܗܒܗ ܘܐܥܠܠܗ.
ܐܒܝܢ ܘܥܕ

Vergl. ed. Hoffmann Glosse 234. Theilweise beschädigt sind die Blätter 1. 2. 3. 4. 278—280. 304—306. 308. 310. 312. 324. 329. 331. 332. 333—335. 337. 338. 340—352. 359. 360. 371—377. 383. 394. 395.

Vom 1. Kurrâs fehlen 5 Blätter; im 29. K. zwischen Bl. 279 und 280 fehlen 2 Blätter; in K. 34 fehlt 1 Blatt zwischen Bl. 325 und 326 und ein Blatt zwischen 327 und 328; von K. 35 fehlen die Blätter 1. 2. 4. 7. 8; falsch gebunden ist Bl. 340; es sollte zwischen Bl. 347—348 stehen. In diesem Theil, den K. 36. 37. 38, von denen 16 Blätter vorhanden sind, fehlen demnach 14 Blätter. Von K. 41 fehlen 6 Blätter, von K. 42 fehlt 1 Blatt, K. 44 ist durch 2 Blätter vertreten.

Am Schluss Bl. 395ᵃ eine kurze Notiz (von derselben Hand), ein Verzeichniss von Syrischen und Arabischen Wörtern, in denen dem Syrischen ܫ ein Arabisches س entspricht und umgekehrt:

ܫܘܒ ܒܒܝܫ ܩ̈ܛܠ ܕܐܬܐ ܒܬܘܪܥܐ ܫܡ. ܘܒܐܪܒܥܐ ܗܢ ܘܫܡ. ܗܒܘܬ ܒܬܪܝܢܘܬ ܠܫܢܐ ܐܝܟ ܐܝܟ. ܫܡܫܐ ܗ ܗܘܐ. ܫܘ̈ܫܝܐ ܗܘܫܡ. ܗܘܪܐ ܫܘܪ ܡܫܪ ܗܘܕܘܬܐ ܫܘܐܕܗ. ܓ̇ܐܠ ܡܢ ܗܐܠܝ. ܗܫܪ̈ܐ ܫܓܝܪ. ܫܘܠܐ ܗܫܐܠ. ܫܘ̈ܫܝܐ ܗܘܗܢ. ܫܓܪܐ ܫܓܘܪ. ܫܘܐ ܗܘܗ. ܓܢܓܐ ܢܘܡ. ܓܢܐ ܚܢ ܘܫܪ

395 Blätter (22,50 × 16 cm), die Seite zu 20 Zeilen.

101.

(Sachau 212. 213.)

Thesaurus linguae Syriacae, verfasst von Bar *Bahlûl* oder *Hasan* Bar *Bahlûl* in der zweiten Hälfte des 10. Jahrhunderts. Vergl. Assemani III, 257 und die Ausgabe von R. Duval, Lexicon Syriacum auctore Hassan Bar Bahlule, fasc. I, Paris 1888. Stück einer älteren Hds., ergänzt in neuester Zeit:

A. Alter Theil Bl. 83—88. 90—99. 101—118. 120—139. 141. 142. 147—159. 162—185. 187—191. 218—225. 242—271. 288. 289. 340—350. 367—545.

B. Neuer Theil alle übrigen Blätter.

Der alte Theil kann im 18., vielleicht auch schon im 17. Jahrhundert geschrieben sein. Der neue Theil ist von dem Diaconus Franz, Sohn des *Giwargis Mêrê* in *Telkêf* 1883 geschrieben. Seine Unterschrift Bl. 554b:

ܫܠܡ ܒܥܘܕܪܢ ܐܠܗܐ ܚܝܐ ܒܝܕܐ ܗܘܐ ܕܠܘܒܫܝܫܘܢ ܡܚܝܠܐ. ܘܒܐܕ ܚܫܕ̈ܘܬܗ ܐܢܐ ܡܚܝܠܐ ܡܫܡܫܢܐ ܦܪܢܣ ܒܪ ܓܝܘܪܓܝܣ ܡܝܪܐ. ܕܡܢ ܡܪܢܐ ܐܠܒܩܘ.

ܒܫܢܬ ܡܫܝܚܝܬܐ ܐܠܦ ... ܠܡܫܒܚܘܬܐ ܘܠܥܒܕܐ ܓܦܘܪܐ ܘܒܘܬܐ ܐܡܝܢ.

Die Arabischen Erklärungen sind fast durchweg sowohl im Grundbestandtheil wie in der Ergänzung Karschuni geschrieben.

Über die Classification der Bar *Bahlûl*-Handschriften vergl. Duval, praefatio S. III; danach sind sie entweder codices orientales seu Nestoriani oder codices occidentales, Jacobitici et Maronitici, oder codices mixti. Nach Duval gehört diese Hds. zu der ersten Kategorie der codices orientales seu Nestoriani. Die Hds. ist in zwei Theile getheilt:

1. Theil ܦܠܓܘܬܐ ܩܕܡܝܬܐ die Buchstaben Alef bis Teth;

2. Theil ܦܠܓܘܬܐ ܬܪܝܢܝܬܐ die Buchstaben von Jod bis Tau.

Am Schluss des ersten Theils Bl. 218a findet sich folgendes siebensilbige Gedicht, das auf dem Tisch des Bischofs Salomon von *Pêrath-Maišân* geschrieben gewesen sein soll:

ܗܘܐ ܪܘܫܡܐ ܕܦܬܘܪܐ ܕܡܪܝ ܫܠܝܡܘܢ ܡܝܛܪܦܘ ܕܦܪܬܡܝܫܢ.

ܦܩܘܕ ܗܫܐ ܒܪ̈ܢܫܝܢ ܣܡܘܟܘܗ
ܘܪܒܝ ܠܟܠ ܠܠܦܬܘܬܗ
ܘܪܫܘܡܝܗ ܠܟܬܒܐ ܒܫܡܗ
ܒܫܢܐ ܚܕܐ ܕܐܬܣܝܡܘܬܗ
ܘܦܘܪܫܢܗ ܠܟܠ ܒܪܘܚܗ
ܘܠܐ ܢܗܘܐ ܡܕܡ ܒܡܡܘܬܗ
ܐܝܟ ܕܐܬܒܪܝ ܒܪܝܫܝܬܗ
ܣܓܝܐ ܠܣܟܡ ܚܕ ܡܣܟܢܘܬܗ
ܘܐܬܠܘ ܘܐܘܕܝ ܠܚܪܫܘܬܗ
ܦܠܓܘܬܐ ܪܒܬܐ ܒܐܪܬܝܡܘܬܗ
ܐܟܢ ܗܘܐ ܐܠܡܦܩܘܪܘܬܗ
ܘܡܘ̈ܒܕܢܐ ܡܢ ܐܘܪܚܘܬܗ
ܘܪܒܝ ܠܚܕܐ ܘܠܚܕܐܪܘܬܗ
ܘܠܫܠܡܐ ܘܠܐܦܝ̈ܐ ܘܠܚܘܬܗ
ܘܫܬܪܬܐ ܐܝܟ ܗܕܪܬܗ

ܗ݇ܝ ܕܟܬܒ ܕܟܠ ܚܛܐ ܘܡܚܘܒܐ
ܘܟܠ ܢܦܫ ܠܐܪܥܐܘܗ
ܫܘܒܚܐ ܘܠܒܪܗ ܐ݇ܠܗܘܗ
ܘܪܘܚܩܘܕܫܐ ܦܪܩܠܝܛܘܗ
ܒܟܠ ܥܕ ܘܥܕܡܝ ܡܢ ܟܠ ܦܪܘܫ.

Am Schluss der Karschuni-Einleitung von Bar *Bahlûl* Bl. 4ᵇ steht eine Arabische Notiz, eine Aufforderung an den Besitzer, das Buch nicht aus der Hand, nicht aus dem Hause hinaus zu geben.

Von der alten Hds. ist von Bl. 218—405 jede Seite mit 2 Columnen beschrieben; in dem vorhergehenden wie in dem folgenden Theile ist die Theilung in 2 Columnen nicht mehr vorhanden.

554 Blätter (31 × 21 cm), die Seite zu 29 Zeilen.

---

4. Chronologie — Erzählendes — Aberglaube Nr. 102—108.

102.

(Sachau 108.)

Sammelband.

I. ܟܪܘܢܝܩܘܢ, d. h. χρονικόν, Handbuch kirchlicher Chronologie, von Simeon aus *Šanklâbâd*, einem Dorfe bei *Irbil*, dessen Lebenszeit, da er Lehrer des *Jôḥannân* Bar *Zo'bi* war, in die zweite Hälfte des 12. und die erste Hälfte des 13. Jahrhunderts fällt. Vergl. Wright III S. 1067 nr. 9. Als Einleitung dient ein Brief des Johannes an den Autor, der beginnt:

ܠܪܘܚܢܝܐ ܪܒ ܠܫܡܥܘܢ ܦܪܘܩܗ ܠܪܘܚܢܝܐ
ܘܡܫܒܚܐ ܠܡܠܦܢ. ܐܝܟ ܕܠܡܠܦܢ ܠܬܠܡܝܕ̈ܐ
ܕܚܒܝܒܐ. ܣܓܝ ܢܛܝܪܐ ܕܢܦܫ ܒܢܛܘܪܘܬܗ ܕܡܠܦܢܐ
ܠܟܠܗ ܡܫܒܚܐ. ܘܟܠܗ ܕܦܘܫܩ ܦܘܫܩ̈ܢܘܗܝ
ܘܦܘܫܩ ܦܘܫܩܘܗܝ ܘܕܝܘܩܢܘܗܝ ܕܡܢܝܢܘܬܐ
ܡܢ ܐܒܐ ܠܟܘܢ. ܘܡܛܠ ܕܒܐܝ (Bl. 2ᵃ) ܘܡܠܦܢܐ
ܕܐܒܐ ܕܡܠܟ ܢܦܫܗ. ܘܐܦ ܦܠܓܘܬ ܕܠܒܗ
ܡܢܗ ܢܦܫܗ ܚܕ ܦܓܪܗ. ܘܦܘܩܕ ܠܗ ܗܘܐ
ܡܕܡ ܡܢ ܚܕܐ ܕܪܘܚܐ. ܘܢܛܪܝ ܐܘܪܚܗ

ܠܡܫܒܚܐ ܦܪܘܩܐ ܘܡܫܬܒܚܐ ܠܡܠܦܢܐ. ܘܐܪܐ
ܒܥܘܬܐ ܕܥܠ ܚܘܫܒܢ ܐܪܐ ܠܟܘܢ ܘܪܒܐ
ܕܝܗ̈ܒ ܡܠܦܢܐ ܕܥܕܢܐ. ܘܫܪܝ ܡܢ ܡܥܠܡܗ
ܒܡܠܦܢܐ ܕܪܚܡܗ ܒܥܒܐ ܕܥܒܕ ܦܢܛܐ ܕܪܘܚܐ
ܕܟܕܒ ܐܘܪܚܐ ܦܘܠܘܣ. ܣܘܦܐ ܐܬܪܐ
ܘܢܛܘܪܬܐ ܒܗܢ ܥܕܢܐ ܕܟܕܒ ܟܕܒ. ܘܡܢ
ܒܥܘܬܐ ܕܥܒܕ ܐܬܦܫܩ ܕܢܦܪܘܩ ܠܬܠܡܝܕ̈ܐ
ܘܠܐܬܠܡܕܘܬܐ ܘܠܐܢܫܝܢ ܕܠܐ ܐܢܫ ܐܝܬܘܗܝ.
ܐܒ ܘܐܪܝܫ (Bl. 2ᵇ) ܡܫܝܚܐ ܐܪܡ ܚܘܫܒܢܘܗܝ.
ܢܫܬܘܩ ܡܢܝܢܐ ܣܘܓܐܐ ܒܡܕܝܢܬܐ ܕܐܘܪܚܐ.
ܘܢܛܝܪ ܦܘܫܩܗ ܒܫܘܠܡܐ ܒܝܬ ܦܠܓܐ
ܡܢ ܒܝܬ ܟܬܒܘܗ ܕܝܘܡܢܗ ܐܝܟ ܘܐܝܟܢ.

Der Rest dieses Briefes ist von Wright a. a. O. mitgetheilt. Der Verfasser begründet seine Bitte um Abfassung dieses Buches mit der Bemerkung, dass das Buch des grossen Eusebius ܕܥܠ ܟܪܘܢܝܩܘܢ bei ihm und seinen Kameraden nicht vorhanden sei und dass sie die Darstellungen einiger Lehrer der Kirche über denselben Gegenstand, weil zu schwierig, nicht verständen. Die Kameraden des Johannes, die Priester *'Abdallâh*, *Ṣlîbhâ* und *Giwargis* sind Bl. 91ᵇ genannt.

Antwortschreiben des Verfassers Bl. 3ᵇ—6ᵃ:

[illegible]

Anfang:

[illegible]

Er sagt, es sei ihm schwer, dem Wunsche des Freundes zu entsprechen »wegen der Schwäche meines Körpers in Folge von hohem Alter«

[illegible]

Zum Schluss fordert er seine Schüler auf die einzelnen Fragen des Chronikon [illegible] ihm vorzulegen, und er werde sie einzeln beantworten.

Das Werk besteht aus 33 Fragen und Antworten, in denen, ohne dass ein bestimmtes Ordnungsprincip erkennbar wäre, technische und kirchliche Chronologie (Heortologie) gelehrt wird. Tabellen, wie sie sonst in chronologischen Werken vorkommen, sind hier nicht vorhanden. Vergl. über das Werk Fr. Müller, Die Chronologie des Simeon *Šanḳelâwâjâ*. Inauguraldissertation, Leipzig 1889 (daselbst auch Textproben). Der Verfasser Simeon erwähnt unter seinen Vorgängern und Gewährsmännern den Simeon von *Bêth* Garmai (Assemani III, I, 168), Elias von Nisibis, den bekannten Verfasser des in London vorhandenen chronologisch-historischen Werkes, und einen Narses, Evagrius, Basilius (Geschichte der 40 Märtyrer) und Sergius.

Die Tradition betreffend die Abfassung des Χρονικόν durch Eusebius auf Veranlassung des Concils von Nicaea (vergl. Fr. Müller a. a. O. S. 11) gebe ich hier im Wortlaut. Bl. 6ᵃ:

[illegible]

[illegible]

¹ Am Rande [illegible].

[illegible] (Bl. 8a) [illegible] (Bl. 8b) [illegible] (Bl. 9a) [illegible]

[illegible] (Bl. 9b) [illegible]

Danach haben die Väter der Kirche (der Nestorianischen?) zu einer dem Verfasser nicht näher bekannten Zeit aus dem grossen Χρονικόν des Eusebius diejenige Chronologie abgeleitet, welche zu des Verfassers Zeit in der Kirche des Ostens, d. h. der Nestorianischen, verbreitet war. Vergl. meine Übersetzung von ALBERUNI, Chronology of ancient nations, London 1879, S. 302.

Über die Unmöglichkeit, aus den chronologischen Angaben des Buches das Datum der Abfassung abzuleiten, s. die Anmerkungen von FR. MÜLLER zu Frage 19 a. a. O. S. 25—28.

Unterschrift Bl. 143b:

[illegible]

Danach ist diese Hds. in *Ǵezire* geschrieben.

II. Bl. 144a—147b Einige chronologische Notizen. Die Überschrift

[illegible]

»Aus der Chronik des sel. Elias, des Metropoliten von Nisibis« kann nur für die ersten vier Notizen aus den Jahren vor der Abfassungszeit dieses Werkes — $\frac{1330}{1019}$ — gelten. Vergl. Lamy, Elie de Nisibe, sa chronologie, Bruxelles 1888, und Baethgen, Fragmente Syrischer und Arabischer Historiker, Leipzig 1884. Der Quelle der Notizen, die sich auf spätere Zeiten beziehen, ist nicht angegeben.

Notizen aus den Jahren $\frac{881}{570}$ über einen Osterstreit;

$\frac{1222}{911}$ Geburt eines Maulthiers von einem Maulthier in der Ortschaft *Karmisin* ܟܪܡܝܣܝܢ ܡܕܝܢܬܐ;

$\frac{1256}{945}$ zwei Mönche verbrennen im Kloster des Rabban *Gabhrônâ*. Ein *Gabhrônâ*, Gründer des Klosters دير الغاوة, zur Zeit des Nestorianischen Patriarchen *Sabhrîšô'* (gestorben 606) wird erwähnt bei Assemani II, 415;

$\frac{1318}{1007}$ über einen Osterstreit zwischen den westlichen und östlichen Syrern;

$\frac{1850}{1539}$ über einen Osterstreit, beginnend:

ܒܘܒܝܢ ܘܒܣܘܦܝ̈ܗ ܗܘܬ ܦܠܓܘܬܐ ܘܫܓܫܐ ܒܥܕܬܐ ܒܦܘܩܕܢܐ ܘܥܕܐ

Ostersonntag wurde gefeiert am 6. Nisan bei den Melchiten, Georgiern, Franken und Aegyptern ܡ̈ܠܟܝܐ ܘܓܘܪ̈ܓܝܐ ܘܦܪ̈ܢܓܝܐ ܘܡܨܪ̈ܝܐ, dagegen am 13. Nisan bei den Nestorianern, Jakobiten, Armeniern, Habessiniern (ܟܘܫ̈ܝܐ ܗܢܘܢ ܕܡܢ ܣܬܪ̈ܐ) und Maroniten. Im Anschluss hieran eine Notiz über die Ursache dieser Divergenz der Rechnung.

Über die Schaltjahre im Mondcyklus und wiefern Eusebius von der Methode der Juden abgewichen sei (Bl. 146ᵃ).

Wie man die Indictionsjahre findet Bl. 146ᵇ.

Ferner folgende Notiz Bl. 147ᵃ: ܗܦܘܟ̣

ܫܢ̈ܝܐ ܡܫܠܡܝܢ ܠܗ ܐܢܫܝܢ ܕܡܬܚܫܒܝܢ ܡܘܕ̈ܥܢܐ ܘܦܘܪܣܐ ܕܐܝܠܝܢ ܡܢܝ: ܐܠܦ ܘܡܢܝܢܐ ܘܦܬܓܡ ܘܢܗ ܝܬܝܪ. ܒܡܘܬܐ ܕܒܦܪܘ ܡܘܕ̈ܥܢܐ ܕܐܦܪܝܠܝܢ ܘܕܝܘܡܬܐ.

Zum Schluss Regel für die Berechnung von Auferstehung und *Nausardêl* Bl. 147ᵇ.

Diese Notizen dürften um 1539 (vergl. Bl. 144ᵇ ܗܘܐ ܒܫܢܬ ܐܠܦ ܘܬܡܢܡܐܐ ܘܚܡܫܝܢ ܕܝܘ̈ܢܝܐ. ܒܘܒܝܢ ܘܒܣܘܦܝ̈ܗ ܗܘܬ ܦܠܓܘܬܐ ܘܥܕܐ) geschrieben worden sein.

III. Bl. 148ᵇ—185ᵃ. Überschrift:

ܟܕ ܣܠܩܗ ܕܫܒܐ ܢܘܗܪ ܡܫܝܚܐ ܒܐܒܗܬܐ ܒܚܝܠܐ ܕܐܒܗ̈ܬܐ ܘܥܠ ܗܘܝܐ ܫ̈ܠܝܛܐ ܘܥܠ ܥܕ̈ܬܐ ܕܒܫܡܝܐ ܘܥܠ ܗܝ ܕܥܣܪܬܐ ܕܐܪܥܐ. ܕܫܡܥܘܢ ܩܬܘܠܝܩܐ ܒܪ ܨܒ̈ܥܐ. ܠܘܬ ܐܓ̣ܘܪ ܪܚܡܗ ⁘

„Buch der Väter und von den himmlischen Geistesmächten und von den (neun) Kirchen im Himmel und von der zehnten Kirche auf Erden, verfasst von Simeon Catholicus Bar *Ṣabbâ'ê*, gerichtet an seinen Freund *Âghôr* (אגור).“

Einleitung Bl. 148ᵇ: Sendschreiben an *Âghôr*, auf dessen Bitte der Verfasser diese Schrift über die Hierarchie der Kirche im Himmel und auf Erden schreibt. Der Eintheilung der Engel in 3 Classen zu je 3 Unterabtheilungen steht eine gleiche Eintheilung der Geistlichkeit gegenüber.

Engel:		Geistliche:	
I. ܟܪ̈ܘܒܐ = ܫ̈ܠܝܛܐ		ܦܛܪܝܪܟܐ	genannt ܪ̈ܫܐ ܟܘܡܪ̈ܐ
ܣܪ̈ܦܐ		ܡܝܛܪܦܘܠܝܛܐ	oder ܟܘܡܪ̈ܐ
ܟܘܪ̈ܣܝܐ		ܐܦܣܩܘ̈ܦܐ	

Engel:	Geistliche:	
II. ܡܪ̈ܘܬܐ = ܡܫܝ̈ܚܢܐ	ܩܬܘܠܝܩܐ ܦܛܪܝܪܟܐ	ܟܗ̈ܢܐ
ܚܝ̈ܠܐ	ܐܦܣܩܘܦܐ	
ܫܘ̈ܠܛܢܐ	ܩܫ̈ܝܫܐ	
III. ܐܪ̈ܟܘܣ = ܫ̈ܠܝܛܢܐ	ܡܫܡ̈ܫܢܐ	ܡܫܡ̈ܫܢܐ
ܪ̈ܝܫ ܡܠܐܟ̈ܐ	ܗܘܦܕܝܩܢܐ	
ܡܠܐ̈ܟܐ	ܩܪ̈ܘܝܐ	

Unter den in dem Titel genannten Vätern sind die Geistlichen der irdischen Kirche zu verstehen. Die Einleitung giebt keine Auskunft über die Quelle des Buches. Der Verfasser sagt Bl. 149ᵃ: Frühere seien nicht dazu gekommen, den Gegenstand der Frage *Âghôr's* zu behandeln, theils wegen der Noth der Zeit, theils weil sie sich um solche Details nicht bekümmert hätten, da sie dieselben von einander durch Überlieferung gelernt hätten, sowie auch vom Sehen.

Erster Abschnitt Bl. 152ᵃ: Himmlische Hierarchie, Beschreibung der 9 himmlischen ܛܟ̈ܣܐ, und im Anschluss daran des ܛܟܣܐ der Menschen als des zehnten.

Zweiter Abschnitt Bl. 157ᵃ: Irdische Hierarchie.

1. Catholicus Patriarcha, Beschreibung seiner Befugnisse, Befugniss des Bischofs von *Kaškar* bez. desjenigen von *Zâbhê* und der übrigen zu eventueller Vertretung. Wahl des Patriarchen durch die Metropoliten

1. von ܪܝܘܐܪܕܫܝܪ, d. i. Shiraz;
2. von Nisibis;
3. von ܦܪܬ ܡܝܫܢ, d. i. Basra;
4. von ܐܬܘܪ;
5. von *Bêth* Garmai;
6. von ܚܠܚ.

Nur diese sechs Metropoliten hatten das Wahlrecht. Hier werden die Catholici *Sabhrîšô'* und *'Abhdîšô'* erwähnt, die den Rang der Bischöfe von Nisibis und Basra geändert hätten.

Die anderen Metropoliten, die den Patriarchen nicht mitwählten, waren:

der von der Persis ܦܪ̈ܣ und seine Bischöfe,
der von Damascus und seine Bischöfe,
der von ܡܪ̈ܘܙܝܐ (der Leute von Merw) und seine Bischöfe,
der der Türken ܛܘܪ̈ܟܝܐ in Samarkand und seine Bischöfe,
der von ܗܪܝܘ *Herât* und seine Bischöfe,
der von *Barde'â* ܒܪܕܥܐ (برذعة) und seine Bischöfe.

2. Bl. 161ᵃ Metropoliten, Beschreibung ihrer Befugnisse. Rangordnung:

1. Elam;
2. *Ṣôbhâ* (Nisibis);
3. *Pĕrath-Maišân*;
4. Arbel (*Âthôr*);
5. *Bêth* Garmai;
6. *Ḥâlaḥ*.

Hier (Bl. 163ᵃ) wird Bagdad erwähnt als ܡܕܝܢܬ ܫܠܡܐ.

Die Namen der fernen Metropoliten sind folgende:

Miṭrân der Persis, *Miṭrân* von Merw ܡܪܘ, *Miṭrân* von Samarkand, *Miṭrân* von *Herjô* (*Herât*).

Einige rechnen auch die *Miṭrâne* von *Râzîkê* (Rai, Rhagae) und *Barde'â* ܒܪܕܥܐ hierher. Ferner der *Miṭrân* von Damascus. Über die Insignien und Tracht derselben, ihr Begräbniss.

3. Bl. 165ᵇ Bischöfe, ausführliche Beschreibung ihrer Pflichten und Rechte.

Der Verfasser sagt Bl. 167[b], er wolle — mit Gottes Hülfe — ein Verzeichniss der Diöcesen, ὑπαρχίαι ܗܘܦܪ̈ܟܝܣ, schreiben.

4. Bl. 169[a] Von den Chorbischöfen. Hier Bl. 170[a] wird das Concil von Chalcedon erwähnt.

5. Bl. 170 Von den Periodeuten oder Visitatoren, wie auch vom Archidiaconus (Bl. 171[a]).

6. Bl. 172[b] Von den Priestern ܩܫܝ̈ܫܐ.

7. Bl. 177[a] Von den Diakonen ܡܫܡܫܢ̈ܐ und Diakonissen ܡܫܡܫܢܝ̈ܬܐ.

8. Bl. 179[b] Von den Hypodiakonen ܗܘܦܘܕܝܩܢ̈ܐ.

9. Bl. 180[b] Von den Vorlesern ܩܪ̈ܘܝܐ.

Ausser den 9 Graden des Priesterthums ܬܫܥܐ ܡܕܪ̈ܓܐ ܕܟܗܢܘܬܐ werden aufgeführt vier Classen von Kirchendienern Bl. 181[a]:

1. ܡܗܝ̈ܡܢܐ;

2. ܦܫܝ̈ܛܐ. Auch hier Bl. 181[b] wird Bagdad ܡܕܝܢܬ ܫܠܡܐ erwähnt;

3. ܒ̈ܢܝ ܩܝ̈ܡܐ;

4. ܗܕ̈ܝܘܛܐ.

Bl. 182[a] Von der Kleidung der Geistlichkeit und der Ausstattung der Kirche ܥܠ ܬܘܩܢܐ ܕܐܣܟܝ̈ܡܐ ܕܟܗܢܘܬܐ ܘܬܘܩܢܗ ܕܥܕܬܐ, kurze Notizen über ܦܝܢܟܐ, ܡܥܦܪܐ, ܡܢܛ̈ܪܐ, ܦܪܙܘܢܐ, ܙܘܢܪܐ, ܦܘܪܡܐ, ܡܫܒܚܢ̈ܝܬܐ, ܘܪܕܐ, ܡܩܡܣܐ, ܣܛܘܠܐ, ܡܕܒܚܐ, ܦܬܘ̈ܪܐ, ܡܢܪ̈ܬܐ, ܫܥ̈ܘܬܐ, ܡܢܩܪܐ, die Mönchskutte und Tonsur. Ende Bl. 185[a].

Die Abfassung des Werkes durch Simeon Bar *Ṣabbâ'ê* ist eine Fiction. Derselbe ist im Jahre 344 als Märtyrer gestorben, während mehrere Stellen der Schrift auf eine viel spätere Zeit hinweisen: die Erwähnung des Concils von Chalcedon (451), von Bagdad مدينة السلام (seit 766), die Erwähnung des Patriarchen *Sabhrîšô'* (der erste dieses Namens ist 606 gestorben) und des Patriarchen *'Abhdîšô'* (der erste *'Abhdîšô'* starb 986). Die Form مطران ܡܛܪܢ ist erst im Arabischen Sprachgebrauch entstanden. Der Verfasser kann also frühestens in den letzten Jahren des 10. Jahrhunderts geschrieben haben, und die Erwähnung von Bagdad legt die Vermuthung nahe, dass er vielleicht dort oder in der Nähe geschrieben habe.

IV. Bl. 185[b] Vier siebensilbige Verse von späterer Hand:

ܐܘܟ̣ܝܬ ܐܚ̈ܘܬ ܕܒܗ ܐܒܘܢ
ܘܟ̣ܝܐ ܕܒܗܘܐ ܒܝܠ ܐܒܘܢ
ܘܒܢܝܐ ܚ̇ܢܝܟ ܡܢ ܐܒܘܢ
ܘܡܒܠܥܐ ܡܢ ܠܗܘܢ

V. Bl. 186[a]—191[a] ܫܥܝܬܐ ܕܓܒܪܐ ܚܕ ܕܐܬܐ ܠܘܬ ܡܪܝ ܒܒܝ ܒܪ ܢܨܝܒܝܢܝܐ ܘܐܘܕܝ ܠܗ ܚܛܗܘܗܝ ܘܡܘܬܒܗ ܠܗ.

Geschichte von einem Manne, der zum h. *Mâr Bâbhai* Bar *Nĕṣîbhindjê* kam und ihm seine Sünden beichtete. Der Heilige tröstet ihn und hält ihm die Beispiele berühmter Büsser vor. Er wird schliesslich Mönch und stirbt als Heiliger. Über مار باباى النصيبيني (2. Hälfte des 6. Jahrhunderts) vergl. Assemani II, 415. 416; III, 88 ff. Anfang:

ܐܢܫܝܢ ܗܘܘ ܕܐܡܪܝܢ ܕܐܝܬ ܠܗܘܢ ܡܫܝܚܐ ܡܢܝ
ܒܝܢ ܒܢ ܢܫܝ̈ܢܐ ܘܢܦܠ ܥܠ ܒ̈ܠܗܘܢ
ܘܒܝܢ ܗܘܐ ܘܐܡܪ. ܕܐܘ ܡܫܝܚܐ ܕܐܠܗܐ.
ܡܢܐ ܐܝܟ ܕܫܒܩܬ ܡܫܝܚܐ. ܘܡܢ ܚܘܫܒܐ
ܕܐܬܒܗ ܘܡܢ

Gut geschrieben, vielfach punktirt, gut erhalten. Die Hds. ist nicht datirt; sie kann im 16. Jahrhundert geschrieben sein, so dass der oben (S. 360) genannte Notizenschreiber (um 1539) vielleicht identisch ist mit dem Schreiber der ganzen Handschrift.

191 Blätter (18,5 × 13 cm), die Seite zu 16 Zeilen.

103.

(Sachau 153.)

Sammelband.

I. Bl. 1—9ᵃ Stück eines chronologischen Werkes. Anfang:

ܠܒܪ ܦܠܓܘܬ ܦ̇ܫܝܛ. ܘܡܛܠ ܕܫܠܡ ܡܢܝܢ ܣܘܟ. ܕܐܬܦܠܐ ܗܝ ܐܬܘܬܐ ܘܗܝ ܗܝ. ܠܡܦܩܢܘ ܘܡܢܘ ܫܢܬܐ ܗܕܝܢ.

Unterschrift dieses Abschnittes Bl. 2ᵃ:

ܫܠܡ ܡܐܡܪܐ ܕܝܠܝ ܗܟܢܐ ܐܫܟ ܡܢ ܫܢܝܐܬܐ ܕܫܢܬܐ ܘܡܢ ܦܘܪܣܐ ܕܨܘܡܐ ܘܐܠܦܐ ܫܘܒܚܐ ܠܡܪܢ.

Danach ist dies der Rest eines Capitels, enthaltend Regeln zur Auffindung der Littera dominicalis des Jahres und zur Berechnung von Fastenanfang.

2. Abschnitt Bl. 2ᵃ: ܦܘܫ ܡܘܕܥܢܘܬܐ ܠܝܕܥܬܐ ܕܡܘܠܕܐ ܕܣܗܪܐ ܕܢܚܐ

Regel für die Berechnung des Neumondes nach Epiphania.

3. Abschnitt Bl. 3ᵇ: ܡܘܕܥ ܘܡܢܝܢܐ ܕܫܢ̈ܝܐ

Vom Nisan als Jahresanfang, Chronologie in Cyklen ܟܘ̈ܟܠܐ und Millennien. Der Verfasser rechnet: von Adam bis Anfang der Griechischen Aera 5197 Jahre, von Christi Geburt bis Constantin's Regierungsantritt 306 Jahre, von Adam bis Constantin's Regierungsantritt 5811 Jahre, von Constantin's Regierungsantritt bis zum Jahre 3 des Constantinus, Sohnes des Constans, 369 Jahre. Ferner von den grossen und kleinen Generationen, den grossen und kleinen Wochen, der littera dominicalis und Fastenanfang in dem ersten Jahre der Aera Graecorum.

4. Abschnitt Bl. 6ᵇ: Über den Jahresanfang bei den Juden, Arabern, Aegyptern, Syrern, Persern, Armeniern, und die Berechnung des Tages des Mondmonats, dass 32 Syrische Jahre = 33 Arabischen Jahren sind.

5. Abschnitt Bl. 7ᵃ: Regeln zur Berechnung von Ostern und Fasten; wie man aus den Jahren der Griechischen Aera diejenigen der Arabischen Aera findet und umgekehrt. Unterschrift Bl. 9ᵃ:

ܫܠܡ ܒܥܘܕܪܗ ܕܡܪܢ ܘܐܠܗܢ ܚܘܫܒܢ ܩܕܘܫܘܬܐ ܒܬܪܝܢ ܕܫܢܝܢ ܠܡܪܝ ܚܘܫܒܢ ܕܝ ܘܡܢܝܢ. ܐܝܟ ܕܐܙܠ ܡܢ ܕܝܢ ܡܪܝ ܫܡܥܘܢ ܫܠܝܚܐ.

Danach ist diese Schrift ein Stück einer »Berechnung der kirchlichen Chronologie im Auszuge von *Jôḥannân* Bar *Zo'bi* (erste Hälfte des 13. Jahrhunderts), von ihm verfasst auf Veranlassung seines Lehrers Simeon aus *Šanḳôldwd*«. Vergl. Nr. III dieser Hds.

II. Bl. 9ᵃ: ܡܫܠܠܐ ܕܡܘܕܥ ܚܘܫܒܢܐ ܡܢܝܢܐ ܕܝܠܝ ܒܐܬܘ̈ܬܐ ܣܘܪ̈ܝܝܬܐ ܒܕܡܘܬ ܝܘܢܝ̈ܐ ܘܐܡ̈ܘܬܐ ܕܝܠܝ ܠܦܝܠܘܣܦܐ ܦܪܘܒܘܣ

System der Zahlen-Notation durch die Buchstaben des Syrischen Alphabetes nach Griechischem Muster, verfasst von dem Philosophen *Prôbhâ* (Probus), vermuthlich demselben, der den Commentar zu περὶ ἑρμηνείας geschrieben. Vergl. Hoffmann, De hermeneuticis apud Syros Aristoteleis S. 141. Anfang:

ܡܛܠ ܗܕܐ ܕܦܝܠܘܣܘܦܐ ܠܝܘܢܝ̈ܐ ܕܡܢܝ̈ܢܐ ܐܬܚܫܒ. ܕܡܫܠܡܘܬܐ ܒܦܝܠܘܣܘܦܘܬܐ ܠܝܘ̈ܢܝܐ ܡܦܩܝܢ. ܒܟܬܒܐ ܗܝܢܘܢ ܗܘܐ ܠܗ ܥܠ ܚܘܫܒܐ ܕܡܢܝܢܐ ܕܐܬܘ̈ܬܐ ܕܝܠܗ ܣܘܪ̈ܝܝܐ. ܘܐܚܘܝܢ ܕܡܫܡܠܝܐ ܘܡܬܦܪܢܣܐ ܗܠܝܢ ܒܗܝܢ ܡܢܝ̈ܢܐ ܒܗ ܒܝܘܢܝ ܠܐܪ̈ܒܥܡܐܐ ܡܢܝܢ ܒܠܚܘܕ. ܢܘܢ ܕܡܬܚܫܒܝܢ ܒܐܠܦ ܒܗ ܣܘܪܝܝܐ. ܘܐܬܚܫܒܬ. ܘܡܢ ܝܘܕ ܐܝܟ ܕܢܩܦܝܢ ܐܝ̈ܟ ܠܐܬܘ̈ܬܐ ܘܬܫܥ ܩ̈ܢܝܢ. ܠܗ ܐܠܦܐ ܚܕ ܠܘ ܗܕܐ ܠܘ ܩܢܝܐ ܠܐ ܡܬܦܫ ܕܢܩܦܢ. ܘܡܢ ܒܡܬܚܫܒܢܘܬܐ ܕܡܢܝ̈ܢܐ ܐܬܚܫܒܢ. ܐܫܟܚܢ ܘܐܬܦܫܛܢ. ܕܐܦ ܗܟܐ ܒܗܢ ܘܚܢܐ. ܕܢܦܫܛ ܘܡܫܡܠܝ ܦܫܝܛܬܐ. ܡܢܝܢܐ ܒܟܠ ܒܐܬ̈ܘܬܐ ܗܘ̈ܝܬܐ ܒܡܢܝܢܐ

ܦܬܚܐ. ܟܕ ܠܐ ܡܬܚܫܚܝܢ ܦܘܫܩܐ ܘܡܬܢܝܢܐ
ܢܘܟܪܝܐ. ܠܒܪ ܡܢ ܐܠܦ ܥܕܡܐ ܐܝܟ ܡܘܬܐ.
ܗܢܘܢ ܕܦܠܓܐ ܦܬܐ ܡܢܝܢ ܘܡܬܡܢܝܢ ܘܪ̈ ܠܐ
ܕܡܢܝܢ ܒܚܘܫܒܢܐ ܕܐܠܦܐ ܒܗܐ ܕܡܠܘܗܝ.
ܐܠܐ ܒܡܬܒܐ ܢܘܟܪܝܬܐ ܕܒܡܢܝܢܐ ܒܠܚܘܕ
ܕܡܢܝܢ (Bl. 10ª) ܠܗܘܢ ܘܟܕܒܐ ܒܠܚܘܕܝܗܘܢ
ܕܒܡܬܒܐ ܕܐܠܦܐ ܒܗܝܐ ܡܬܟܪܝܢ ܠܗܘܢ
ܠܡܢܝܢܐ. ܟܕ ܦܘܫܩܐ ܕܡܬܚܫܒ ܡܟܝܠ
ܡܢܝܢ ܒܠܚܘܕ. ܕܡܘܕܥܝܢ ܡܫܠܡܘܬܗܘܢ.
ܗܠܝܢ ܕܐܦ ܚܕ ܒܪ ܒܡܘܕܥܬܐ ܦܘܫܩܐ ܠܗܘܢ
ܗܘܕܥܢܐ ܘܡܪ

Er stellt folgendes System auf:

1—400 ܐ — ܬ;

500—900 ܢ̇ ܡ̇ ܪ̇ ܦ̇ ܟ̇;

1000—9000 ܐ̄ ܒ̄ ܓ̄ — ܛ̄;

10000—400000 ܐ̱ ܒ̱ ܓ̱ — ܬ̱;

500000—900000 ܢ̱̇ ܡ̱̇ ܪ̱̇ ܦ̱̇ ܟ̱̇;

1000000 ܐ̱̄.

Bruchzahlen: ܐ̇ und ܒ̇ ½, ܓ̇ ⅓ u. s. w. bis ܝ̇ $^1/_{10}$.

III. Bl. 13ᵇ—102ᵇ Die Chronologie des Simeon von *Šankĕlāwā* (s. Nr. 102). Am Ende unvollständig; es fehlen die Fragen 35—39 ganz und das Ende der Antwort auf Frage 34. Letzte Worte:

ܗܘ ܕܟܪܗ ܐܝܬܝܗ ܕܝܘܡܐ ܕܡܢ ܐܝܟ ܐܝܬ ܥܠܘܗܝ.
ܘܗܘ ܐܝܬܘܗܝ ܕܝܘܡܐ ܡܟܝܠ ܐܝܬ ܠܗ ܠܗܠ
ܐܚܪܝܬܐ.

Von Bl. 37 ist die obere Hälfte von späterer Hand ergänzt. Am Rande gelegentlich Bemerkungen von derselben Hand, theils kurze Angaben über den Inhalt der betreffenden Abschnitte, theils erklärende Glossen.

Schrift gross und deutlich, vielfach punktirt. Datum fehlt. 300—400 Jahre alt, vielleicht älter. Charakteristisch für die Schrift ist besonders das ܬ finale in Verbindung mit einigen Zeichen.

102 Blätter (21,5 × 15,5 cm), die Seite zu 21 Zeilen.

104.

(Sachau 139.)

Kalila und Dimna, eine Abschrift des in Mosul befindlichen Codex (s. meine Reise in Syrien und Mesopotamien, Leipzig 1883, S. 355), angefertigt von Jeremias *Šāmir* im Winter 1881/82. S. die Ausgabe und Übersetzung von Bickell, Kalilag und Damnag, Leipzig 1876, und Dr. L. Blumenthal, Kritische Emendationen zu Kalilag und Damnag. I. in ZDMG. Bd. 44. Überschrift:

ܐܬܩܪܝܬ ܕܟܠܝܠܐ ܡܢܗ ܢܘܣܟܐ ܐܝܟ ܕܐܬܬܩܢ
ܗܟܢ ܒܟܘܠܐ ܘܣܘܪܓܠܐ ܐܟܢ ܐܝܟ ܟܬܒܢ
ܕܘܟܬܐ. نسخة التى نقلت منها هذا الكتاب كانت ناقصة لذلك كتبت هذا. ܩܫܝܫܐ ܘܫܡܥܘܢ ܠܒܝ
ܗܘܐ ܒܗ ܐܝܟ ܕܓܘܠܒ ܒܗܕ ܕܝ.

»Die Hds., aus der ich abgeschrieben, war unvollständig (am Anfang); deshalb habe ich diese Notiz geschrieben und hier an dieser Stelle mitgetheilt. Das Original hat keine Punkte und Vocale; ich habe sie nachträglich gesetzt« (*Fellihi*). Letztere Bemerkung ist dahin zu berichtigen, dass Jeremias nur Bl. 1ª. 2. 3 und 5ª punktirt hat; alles Übrige ist unpunktirt. Nachschrift auf Bl. 50ᵇ:

هاذا كتاب كليلة ودمنة نقلته من بطرك اليا الكلداني
نقلت منه كما ترا كان ناقص باوله واخره وبلا نقط
ܗ̄ حركات انكان تريد ترجعه انكان ما اموت
في فصل الصيف اكتبه احسن واحركه على قنون
الغرامانيقي ܓܪܡܛܝܩܝ وانكان تقدر تفهمه هاذا
نجتهد على غيره وباقي السلام.

Arabisch: »Dies Buch Kalila und Dimna habe ich geborgt von dem Patriarchen Elias, dem *Kildâni* (dem Patriarchen der mit Rom unirten Nestorianer), und habe daraus abgeschrieben. Wie Du siehst, ist die Hds. unvollständig zu Anfang und zu Ende und unpunktirt. Wenn Du willst, schicke mir diese Copie zurück, und ich werde Dir im Sommer, wenn ich bis dahin nicht sterbe, eine bessere schreiben und sie vocalisiren nach den Regeln der Grammatik. Wenn Du sie aber so (wie sie ist) verstehen kannst, wollen wir etwas Anderes für Dich arbeiten. Gruss.«

Fellîhi: »Es ist jetzt bei uns Winter und die Tage sind kurz. Mit Gottes Hülfe und wenn ich im Sommer gesund bin, hoffe ich Dir eine bessere und ordentlichere Abschrift zu machen. Ich bin aber der Meinung, dass das Buch so viel Mühe und Plage nicht werth ist, jedoch es geschehe, wie Du wünschest! — In vier Tagen werde ich mit Gottes Hülfe nach den Dörfern der Umgegend von Mosul, *Alkôš* u. s. w. abreisen. Zusammen mit diesem Buch kommen einige Blätter von Pergament und einige Blätter Philosophie. So (d. h. so zerlumpt) sind nun einmal die Bücher. Ich werde an Büchern kaufen und Dir zuschicken, soviel ich kann, und werde in Deinem Dienst nichts versäumen, weil Gott die Liebe zu Dir mir in das Herz gelegt hat und ich auch gutes Geld von Dir bekomme. Bleib gesund und glaube meinem Wort, es ist nicht Schmeichelei (vergl.) und nicht Lüge. Mein Gruss Dir und Deiner Frau und den Übrigen.«

Cap. I Bl. 1ᵇ — II. 15ᵇ — III. 20ᵇ — IV. 22ᵇ — V. 23ᵃ — VI. 24ᵃ — VII. 32ᵇ — VIII. 34ᵇ — IX. 38ᵃ — X. 46ᵇ—50ᵃ.

Flüchtige, aber nicht undeutliche Schrift.

50 Blätter (20 × 14 cm), die Seite zu etwa 30 Zeilen.

105.

(Sachau 150.)

Zweite Abschrift desselben Werkes, angefertigt von demselben Jeremias, datirt vom 11. *Ḥazîrân* (11. Juni) 1882. Überschrift:

النسخة المنقولة منها عتيقة وراح منها بعض كواغد تبدى كذا

»Das Original ist alt und hat (hier) einige Blätter verloren. Es fängt an wie folgt.« Nachschrift Bl. 99ᵃ:

تم الى هنا كما في نسخة المنقولة منها لانها كانت ناقصة (Bl. 99ᵇ)

»Ich habe dies Buch geschrieben, *Šammâšâ* Jeremias *Šdmir* aus dem Dorfe *'Enkâwâ* im Gebiet von Arbel in der Provinz Bagdad, im Monat *Hazîrân* den 11. A. Chr. 1882 zu Mosul im Gebiet der alten Stadt Ninive.« Im Folgenden klagt Jeremias über die Noth der Zeit, die Bedrängniss der Christen durch die Muhammedaner und bittet Gott um Abhülfe:

ܒܘܡܝܢ ܒܝܫܐ ܘܕܪܐ ܦܠܝܓܐ ܒܗܘ ܙܒܢܐ ܒܕܘܪܢ
ܠܟܪܟܘ ܘܐܬܚܘܝ ܒܗܢܐ ܠܐܚܘܢܝ ܘܡܛܠ
ܚܘܒܐ ܕܝܠܢ ܕܐܘܦ ܫܠܝܐ ܘܠܝܬ ܠܡܦܪܩܘ.
ܐܬܚܘܝܬ ܠܗ ܦܬܝܐ ܒܝܢ ܒܢܝܐ. ܘܗܘ
ܒܩܪܒܐ ܕܐܠܝܨܐ ܘܡܪܕܘܬܐ ܘܐܢܐ ܠܗ
ܦܬܝܐ. ܒܗܕܐ ܘܫܢܬܐ ܕܝܢܐ ܩܝܐ ܒܝܘܡܝ
ܕܗܕܐ ܘܟܕ ܒܫܢܬܐ ܘܫܢܬܐ ܐܠܗ ܕܡܫܝܚ
ܗܘܢܝܢܗ ܘܡܝܩܪܗ. ܒܫܢܬܐ ܫܢܬܐ ܘܕܘܟܠܐ
ܘܕܠܠܘܬܐ ܦܕܝܐ ܒܝܢ ܒܢܝܢܝܐ ܘܒܟܘܪ
ܠܐܦܐ ܒܫܦܐ ܕܠܘܚܡܐ ܘܡܟܬܘܒܐ ܕܝܬܝܐ
ܘܒܝܬܐ ܕܝܬܘܐ. ܘܫܘܚܡܐ ܢܦܫ ܘܒܕܝܠܐ
ܒܥܡܠ ܒܗܕܐ ܘܒܦܠܚܝ ܥܕܢܗ ܘܕܘܢܐ
ܫܘܪܝ ܒܗܕܐ ܘܠܦܪܐ ܡܢ ܡܫܬܠܡܢܐ ܒܝܘܡܝ
ܡܕܝܢܬܐ ܘܒܕܘܟܬܐ ܒܢܐ. ܒܗܠܠܝܢ ܡܢ ܐܠܗܐ
ܕܐܘܦ ܐܝܟ ܐܘܕ ܒܥܠ ܡܢܝ ܗܘ ܡܫܬܒܚ
(Bl. 100a) ܒܝܬ ܕܪܐ ܘܦܫܩ ܒܕܪܗ ܒܕܪܫܐ
ܘܫܝܢܘܬܗ ܒܝܘܡ ܦܠܘܚܬܐ ܐܢܫܐ ܒܝܬܐ
ܘܝܕܘܥܐ ܘܡܠܟܘܬܐ ܡܢ ܟܠ ܦܢܝܬܐ ܘܦܬܓܡܐ
ܘܝܠܕܬܐ ܘܠܐܦܐ ܘܫܘܚܡܐ ܒܫܘܬܐ ܘܦܘܝ
ܗܕܐ ܒܟܕܒܝܬܗ ܘܐܬܘܬܐ ܘܡܕܒܪܢܐ ܘܡܛܠ
ܒܝܬܦܫܘܬܐ ܕܫܠܦܝܐ ܕܒܗܬܐ ܐܠܗܘܬܗ
ܐܘܦܢܐ ܘܫܒܬܐ ܘܒܗܬܐ ܒܬܐ ܕܘܫܝܢܐ
ܘܫܘܪܒ ܕܐܢܐ ܕܡܫܝܚܐ. ܘܡܬܚܫܒܢܐ ܫܠܦܬܐ
ܒܝܬܐ ܘܡܦܩܬܐ ܒܝܬܐ ܕܝܬܐ ܕܩܠܝܠܐ
ܘܡܠܦܢܘܬܐ. ܘܐܘܦ ܒܝܬܐ ܘܝܬܦܫܘܬܐ ܒܝܢ
ܡܠܟܐ ܒܕܫܝܢܐ ܘܕܝܢܐ ܕܘܫܝܢܐ ܘܒܠ
ܒܝܕܐ ܡܫܝܚܐ ܐܡܝܢ ܒܟܘܡܐ ܘܡܬܦܩܢ ܐܠܦ
ܒܠܗ ܐܐܒܐ ܐܡܝܢ.

In einer letzten Arabischen Notiz erzählt er, dass das Original ohne Anfang und Ende und unpunktirt sei; ferner klagt er über Dürre, Misswachs und Theuerung:

كتبت هذا الكتاب كما كان في نسختة الاصلية قديمة عتيقه مشققة وراح من بدايتها ونهايتها وكان بلا نقط اعنى بلا حركات كعادة بعض كتب القديمة الموجودة في ابلاد الشرق لانه الذى يعرف يقرا يقراه والذى ما يعرف فليتعلم وبعده يقراه والله يحكم الى الصواب. وبهذه السنة كان قلة الامطار والغلة غالية وسبب ما يوجد للمحصول ورزق مشحط والناس ضاجين محتارين ومتضيقين نسال الله بان يسهل على عباده ويفرجها عليهم برحمته العظيمة امين.

Cap. I Bl. 1a — II. 29a — III. 41a — IV. 45a — V. 46b — VI. 49a — VII. 64b — VIII. 67b — IX. 74a — X. 90b—99a.

Mit etwas mehr Sorgfalt geschrieben als Nr. 104 (S. 139); nicht punktirt.

100 Blätter (19,5 × 14,5 cm), die Seite zu 20 Zeilen.

106.

(Sachau 149.)

Dritte Abschrift desselben Werkes, angefertigt von dem Priester Joseph aus *Telkêf* in Mosul, wahrscheinlich 1883. Überschrift:

ܒܚܝܠ ܚܝܠܗ ܕܡܪܢ ܝܫܘܥ ܡܫܝܚܐ ܡܫܪܝܢܢ
ܠܡܟܬܒ ܟܬܒܐ ܕܡܠܠܬܐ ܕܫܡܝܐ ܕܗܘ
ܡܐ ܕܐܝܬ ܘܕܫܘܝܐ ܒܐܘܪܚܐ ܒܬܪܗ ܡܢ ܡܢ
ܕܢܦܩ ܡܢ ܐܒܘܗܝ ܘܐܬܐ ܡܢ ܫܡܝܐ ܕܒܬܪܐ
ܕܒܬܪܗ ܒܠܥܘܕ ܘܐܘܪܚܐ ܐܫܝܢܬܐ ܠܗ
ܒܬܪܐ ܥܠܝܢܐ ܡܢܐ ܒܬܪܝܢ ܒܕܡܝܢ ܒܢ
ܠܥܠܡܐ ܐܡܝܢ.

Unterschrift Bl. 152ᵃ:

ܒܚܕ ܕܝܢ ܘܫܒܐ ܘܥܪܘܒܬܐ ܠܚܕܒܫܒܐ ܗܘܐ
ܐܝܟ ܡܫܠܡ ܘܫܠܡܐ ܡܫܝܚܐ ܝܘܣܦ ܒܗܘܠܐ
ܡܢ ܫܢܬܐ ܕܐܠܟܣܢܕܪܘܣ ܕܝܘܣܦ
ܡܕܝܢܬܐ ܘܟܬܒܗ ܗܢܐ ܡܫܟܢܬܐ ܕܡܪܝ
ܩܘܪܝܩܘܣ ܣܗܕܐ ܘܐܡܗ ܥܕܬܐ ܕܩܪܝܬܐ
ܬܠܟܐܦܐ.

Es muss danach Jeremias das Manuscript, das er geborgt hatte, nach *Telkêf* (*Telkêpê*) gebracht haben, wo der Priester Joseph *Kâtûlâ*, gebürtig aus diesem Dorf, in der Kirche des h. Cyriacus (s. meine Reise in Syrien und Mesopotamien S. 359) diese Copie anfertigte.

Cap. I Bl. 1ᵇ — II. 41ᵇ — III. 59ᵃ — IV. 65ᵃ — V. 67ᵇ — VI. 71ᵇ — VII. 96ᵇ — VIII. 101ᵇ — IX. 112ᵃ — X. 139ᵃ—151ᵇ.

Schrift grösser, deutlicher, regelmässiger als diejenige des Jeremias. Das Ganze punktirt nach der Art der Nestorianer.

152 Blätter (22,5 × 17 cm), die Seite zu 16 Zeilen.

107.

(Sachau 95.)

Eine Sammlung von Zauberformeln. Überschrift Bl. 2ᵇ:

ܒܚܝܠ ܚܝܠܐ ܐܠܗܝܐ ܡܫܪܝܢܢ ܠܡܟܬܒ ܚܬܝܡܐ
ܠܦܓܥܐ ܚܪ̈ܫܐ ܕܢܛܘܪ̈ܐ ܡܢ ܝ̈ܫܘܥ ܡܫܝܚܐ
ܠܥܠܡܝܢ ܐܡܝܢ.

Inhalt:

1. Bl. 3ᵃ Zauberformel und Gebetsanfang:
ܚܬܝܡܐ ܚܪܫܐ ܘܣܘܪܕܐ ܕܨܠܘܬܐ.

Anfang:

ܒܫܡ ܐܒܐ ܘܒܪܐ ܘܪܘܚܐ ܕܩܘܕܫܐ. ܚܬܝܡ
ܚܬܝܡ ܚܪܫܐ ܐܠܗܐ ܚܝܠܬܢܐ ܕܚܬܡ ܫܡܝܐ
ܘܐܪܥܐ ܡܢ ܡܫܝܚܘܬܗ ܘܫܪܐ

2. Bl. 3ᵇ Das Gebet der Hirten ܨܠܘܬܐ ܕܪ̈ܥܘܬܐ Lucas 2, 14, lautend:

ܫܘܒܚܐ ܠܐܠܗܐ ܒܡܪ̈ܘܡܐ ܒܠܚܘܕ. ܘܥܠ
ܐܪܥܐ ܫܠܡܐ ܘܣܒܪܐ ܛܒܐ ܠܒܢ̈ܝܢܫܐ ܒܟܠܙܒܢ
ܠܥܠܡܝܢ.

3. Bl. 4ᵃ Vaterunser ܨܠܘܬܐ ܕܡܪܢ.

4. Bl. 4ᵇ Gebet Adam's ܨܠܘܬܐ ܕܐܕܡ, anfangend: ܠܡܫܒܚܘ ܕܟܠ ܡܕܡ.

5. Bl. 4ᵇ Gebet der Engel ܨܠܘܬܐ ܕܡܠܐܟ̈ܐ, anfangend:

ܡܒܪܟܐ ܐܠܗܐ ܐܠܗܐ ܡܒܪܟܐ ܫܠܝܛܐ ܘܫܪܐ

6. Bl. 5ᵃ Zauberspruch gegen jede Art Schmerzen aus dem Evangelium Johannis:

ܚܬܡܐ ܕܐܘܢܓܠܝܘܢ ܕܝܘܚܢܢ ܠܟܠ ܟܐܒ̈ܝܢ.

Anfang:

ܒܫܡ ܐܒܐ ܘܒܪܐ ܘܪܘܚܐ ܕܩܘܕܫܐ. ܐܘܢܓܠܝܘܢ
ܡܒܪܟܐ ܕܡܪܢ ܝܫܘܥ ܡܫܝܚܐ ܟܪܘܙܘܬܐ ܕܝܘܚܢܢ.
ܒܪܫܝܬ ܐܝܬܘܗܝ ܗܘܐ ܡܠܬܐ ܘܫܪܐ

Die folgenden Worte sind vertheilt über die 20 quadratischen Felder einer Zeichnung. Auf Bl. 6ᵃ eine Zeichnung mit den Namen der vier Evangelisten. Auf Bl. 6ᵇ Fortsetzung des Evangelien-Textes und daran anschliessend (Bl. 6ᵇ letzte Zeile) die Verwünschung.

7. Bl. 7ᵇ Zauberspruch des h. Märtyrers Georg gegen Furcht und Angst:

ܚܬܡܐ ܕܡܪܝ ܓܝܘܪܓܝܣ ܣܗܕܐ ܕܚܝܠܐ
ܕܥܠ ܕܚܠܬܐ ܘܙܘܥܬܐ.

Anfang:

ܒܫܡ ܐܒܐ ܘܫܪܐ ܨܠܘܬܗ ܘܒܥܘܬܗ ܘܡܫܬܥܝܢܘܬܗ
ܘܡܗܝܡܢܘܬܗ ܕܡܪܝ ܓܝܘܪܓܝܣ ܘܫܪܐ

Auf Bl. 8ᵃ eine rohe Zeichnung: Georg zu Pferde, mit der Lanze den Drachen durchbohrend.

8. Bl. 10ᵃ Zauberspruch, den man sprechen soll, bevor man vor Könige, Statthalter, Richter u. s. w. tritt: ܕܢܥܘܠ ܩܕܡ ܡܠܟ̈ܐ ܘܫܠܝܛ̈ܢܐ.

Anfang:

[illegible]

9. Bl. 12ª Ein Spruch zu gleichem Zweck: [illegible].

Auf Bl. 12ᵇ Zeichnung einer Rosette, auf Bl. 13ª rohe Zeichnung eines Königs, der Gericht hält, in der Hand eine Pfeife [illegible], vor ihm ein Kohlenbecken und ein Becher. Anfang auf Bl. 13ᵇ:

[illegible]

10. Bl. 15ª Zauberspruch des h. Paulus zu ähnlichem Zweck:

[illegible].

Anfang:

[illegible]

Auf Bl. 15ᵇ. 16ᵇ zwei Zeichnungen von Rosetten.

11. Bl. 17ᵇ Zauberspruch des Salomo gegen Hexenschuss (?):

[illegible].

Anfang:

[illegible]

12. Bl. 18ᵇ Zauberspruch des h. Paulus *Zi'd* gegen Beulenkrankheit und Pest:

[illegible].

Anfang:

[illegible] (Bl. 19ª) [illegible]

Auf Bl. 19ᵇ eine rohe Zeichnung des h. *Zi'd* zu Pferde, der mit einer Lanze den Dämon der Pest durchbohrt; auf Bl. 20ª Zeichnung einer Rosette.

13. Bl. 21ª Zauber gegen jede Krankheit: [illegible].

Anfang:

[illegible]

14. Bl. 22ª Zauberspruch, betitelt [illegible] (Panzer des Jägers?), zu sprechen vor der Jagd oder dem Fischfang. Anfang:

[illegible]

15. Bl. 23ᵇ Zauber des h. *Tamsis* gegen [illegible] (Nachtwandeln?):

[illegible].

Anfang:

[illegible]

Auf Bl. 24ᵇ eine Zeichnung des h. *Tamsis* zu Pferde, mit der Lanze einen weiblichen Dämon [illegible] durchbohrend.

16. Bl. 25ᵇ Zauberspruch gegen Pfeile, Schwerter, Dolche, Lanzen und alles Kriegswerkzeug: [illegible].

Anfang:

[illegible]

Auf Bl. 26ª Zeichnungen von Waffen.

17. Bl. 28ª Zauber gegen Kopfschmerz (?): ܕܟܐܒܐ ܕܪܝܫܐ.

Anfang:

ܒܫܡ ܐܒܐ ܘܒܪܐ ܒܫܡܗ ܐܠܗܐ ܡܪܝܐ ܕܟܠܗܘܢ
ܐܡܪ̈ܐ ܘܐܠܗ̈ܝ ܐܡܪܝܢ ܘܡܫܪܝܢ ܘܡܫܪܝܢ

18. Bl. 28ᵇ Zauber gegen Gewehre (K̇anonen? Türkisch top?): ܐܣܪܐ ܕܬܘ̈ܦܐ.

Anfang:

ܒܫܡ ܐܒܐ ܘܒܪܐ ܡܠܟܐ ܕܡܪܝܐ ܕܦܫܩܠܗܘܢܬܐ
ܕܢܘܪܐ ܡܠܟܐ ܕܡܪܝܐ ܟܠ ܠܘܬ ܘܡܠܘܟ
ܡܕܒܪ̈ܢܐ ܘܪ̈ܟܒܐ

Auf Bl. 29ᵇ Zeichnungen von Gewehren, auf Bl. 30ª eine Rosette.

19. Bl. 31ª Zauber gegen Zahnschmerzen: ܕܟ̈ܐܒܐ ܘܕܒܪ̈ܟܐ.

Anfang:

ܒܫܡ ܐܒܐ ܘܒܪܐ ܐܢܐ ܡܫܒܥ ܡܫܒܚܐ ܒܟ
ܡܒܟܐ ܘܒܥܠܐ ܕܒܗ ܐܬܩܛܠܬ ܡܢ ܕ̈ܪܘܦܐ
ܐܣܦܘܡܠܟܪ̈ܐ

20. Bl. 32ª Zauberspruch für den Frieden der Menschen unter einander: ܕܫܝܢܐ ܕܒܢܝܢܫܐ ܕܚܕ ܥܡ ܚܕ.

Anfang:

ܒܫܡ ܐܒܐ ܘܒܪܐ ܒܫܡܗ ܕܡܪܝܐ ܫܡܫܡܫܝܢܐ
ܫܡܗ ܘܡܠܟܗ ܕܒܪܝܬܐ ܥܡ ܐܢܘܢ ܠܒܢ̈ܝܢܫܐ
ܗܠܝܢ ܒܗ ܥܡ ܚܕ ܕܝܢܐ ܡܠܟܐ ܕܐܡܪ

21. Bl. 33ª Zauberspruch gegen das Schicksal (Türkisch kismet): ܕܩܘܦܬܐ ܐܘܚܕ ܩܣܡܬ.

Anfang:

ܒܫܡ ܐܒܐ ܘܒܪܐ ܒܫܡܗ ܡܪܐ ܕܡܠܟ̈ܐ ܘܫܡܫܗ
ܕܒܪܝ ܫܡܝܐ ܡܪܝܫܡܫܡܫܝܢܐ ܩܕܝܫܐ ܡܢܗ

Auf Bl. 33ᵇ und 34ª zwei Rosetten.

22. Bl. 35ᵇ Zauberspruch gegen den Geist des Herzens (?): ܕܪܘܚܐ ܕܠܒܐ.

Vorher soll man einen Segen sprechen über Oliven-Öl und es dem Betreffenden zu trinken geben: ܒܪܟ ܥܠ ܡܫܚܐ ܕܙܝܬܐ (?) ܘܐܫܩܝܗ ܕܢܫܬܐ.

Anfang:

ܒܫܡ ܐܒܐ ܘܒܪܐ ܡܪܝܐ ܗܠܡܬܩܪ̈ܝܢ ܒܐܘܪܚܐ
ܐܘܠܝܢ ܗܘܘ ܘܡܫܡܫܝܢ ܗܘܘ ܡܠܟܐ ܕܡܟܝܢܘܬܐ
ܘ̇ܐܡܪ ܡܪܝ

23. Bl. 36ª Zauber gegen Diebe: ܐܣܪܐ ܕܓܢ̈ܒܐ.

Anfang:

ܒܫܡ ܐܒܐ ܘܒܪܐ ܐܢܫ ܡܫܒܚ ܒܒܝܬܗ ܕܐܠܗܐ
ܚܕ ܙܒܢ ܗܘܐ ܒܠܠ̈ܝܐ ܒܝܬܗ ܫܒܩܬܐ ܓܘܪ̈ܐ

24. Bl. 37ª Zauber des Engels Gabriel gegen das böse Auge: ܚܪܫܐ ܕܓܒܪܐܝܠ ܠܒܪܢܫܐ ܕܥܝܢܐ ܒܝܫܬܐ ܒܥܝܢܐ.

Anfang:

ܒܫܡ ܐܒܐ ܘܒܪܐ ܫܠܡ ܒܥܝܢܐ ܒܝܫܬܐ ܡܢ
ܒܢܦܫ ܡܥܒܕܐ ܕܒܓܢܒܐ ܘܦܓܥ ܒܗ ܠܓܒܪܐܝܠ

25. Bl. 38ª Zauber gegen eine Büffelkuh oder eine Kuh, die gegen ihr Junges oder ihre Herrin wild ist: ܕܠܓܡܫܬܐ ܐܘ ܬܘܪܬܐ ܕܫܓܫܐ ܒܒܪ̇ܗ ܐܘ ܡܪܬ̇ܗ.

Anfang:

ܒܫܡ ܐܒܐ ܘܒܪܐ ܡܪܝܐ ܐܠܗܐ ܫܠܝܛܐ ܒܟܠ̇ܗ
ܗܝܕܐ ܕܫܒܩ ܘܫܡܥܬ ܠܒܪ̇ܗ ܘܠܡܪܬ̇ܗ

Auf Bl. 38 eine Rosette, auf Bl. 39ª der Engel Gabriel, den Dämon des bösen Auges mit der Lanze durchbohrend (s. Nr. 24).

26. Bl. 40ª Zauber gegen *sangu* (eine Art Schmerz) ܕܣܢܓܘ ܐܣܪܐ.

Anfang:

ܕܡܪܬܐ ܦܫܐ ܡܪܝܫܬܐ ܚܫܐ ܚܫܐ ܠܓܒܪ̈ܐ
ܚܫܐ ܐܡܪܗ ܕܒܠܒܐ ܘܡܘܕܐ ܡܪܝ. ܒܫܡ
ܡܪܝ (sic)

27. Bl. 40ᵇ Zauber gegen Rinderpest: ܕܡܘܬܢܐ ܕܒܥܝܪ̈ܐ.

Anfang:

ܒܫܡ ܐܒܐ ܘܒܪܐ ܗܠܡܬܩܪܝ ܠܡܘܬܐ ܕܡܫܝܚ
ܘܩܘܡ ܠܥܢܢܗ ܕܒܥܝܪ̈ܗ

28. Bl. 41ᵇ Zauber des Rabban Hormizd gegen tolle Hunde: ܚܪܫܐ ܕܪܒܢ ܗܘܪܡܝܙܕ ܕܢܟܝܬ ܠܟܠܒ̈ܐ ܦܩܪ̈ܐ.

Anfang:

ܒܫܡ ܐܒܐ ܘܒܪܐ ܝܠܗܘܬܗ ܘܒܫܡܗܘܬܗ ܘܒܪܐ
ܕܡܪܝ ܪܒܢ ܗܘܪܡܝܙܕ ܕܚܠܫܢ̈ܐ ܒܪܗ ܕܝܘܣܦ
ܥܒܕܐ ܕܟ̰ܠܒ ܘܟܒܐ

Auf Bl. 42ᵇ der h. Hormizd zu Pferde, einen Löwen durchbohrend; auf Bl. 43ᵃ eine Rosette.

29. Bl. 43ᵇ Zauber gegen das Fieber: ܐܣܪܐ ܕܐܫܬܐ.

Anfang:

ܡܫܝܚܐ ܐܬܐ ܡܫܝܚܐ ܚܝ ܡܫܝܚܐ ܐܬܓܠܝ
ܡܫܝܚܐ ܡܚܐ

30. Bl. 44ᵃ Zauber für den Frieden des Hauses: ܕܫܝܢܘܬܐ ܕܒܝܬܐ.

Anfang:

ܒܫܡ ܐܒܐ ܘܒܪܐ ܡܫܝܚܐ ܫܠܡܐ ܕܥܠܡ̈ܐ ܘܫܝܢܐ
ܪܒܐ ܕܫܡܝ̈ܐ ܘܐܪܥܐ ܡܪܝ ܥܡܟ

31. Bl. 44ᵇ Zauber für den, der auf eine Reise oder zu einem Handelsgeschäft geht: ܠܐܘܪܚܐ ܘܠܬܐܓܘܪܬܐ ܐܘܟܝܬ ܡܫܟܠܬܐ.

Anfang:

ܗ̇ܘ ܚܝܠܐ ܕܫܒܥ ܠܓܝܘܢ ܩܕܝܫܬܐ ܕܒܘܚ
ܒܗܠܝܢ ܫ̈ܡܗܐ ܘܡܠܟܐ ܘܦܪܘܩܐ ܕܥܠܡܐ

32. Bl. 45ᵃ Zauber für einen, der Nachts auf die Reise geht und sich nicht fürchtet: ܠܡܢ ܕܐܙܠ ܒܐܘܪܚܐ ܒܠܠܝܐ ܘܠܐ ܕܚܠ

Anfang:

ܒܫܡ ܐܒܐ ܘܒܪܐ ܐܠܗܗ ܕܐܒܪܗܡ ܘܕܐܝܣܚܩ
ܘܕܝܥܩܘܒ ܐܠܗܐ ܕܐܒܗ̈ܬܢ ܟ̈ܐܢܐ ܘܙܕܝ̈ܩܐ

33. Bl. 47ᵃ Zauber gegen Kopfschmerz (?): ܕܫܩ̈ܝܩܐ ܘܥܠܝܫ̈ܬܐ

Anfang:

ܒܫܡ ܐܒܐ ܘܒܪܐ ܒܫܡܟ ܡܪܝܐ ܕܒܠܥ̈ܕܝ ܘܒܫܡܗ
ܕܒܪܐ ܫܡܝܐ ܡܪܢܣܘܣܡܘܣܢܐ ܐܣܪܢܐ
ܘܡܫܪܝܢܐ ܠܟܦܢܐ

34. Bl. 47ᵇ Zauber gegen böse Träume: ܐܣܪܐ ܕܚ̈ܠܡܐ ܕܠܠܝܐ.

Anfang:

ܒܫܡܐ ܐܒܐ ܘܒܪܐ ܘܫܡܟ ܐܠܗܐ ܐܒܪܐ ܗܘ
ܐܠܗܝ ܐܕܘܢܝ ܡܪܝܐ ܨܒܐܘܬ ܘܒܫܡܟ
ܒܪܘܦܛܪܘܣ

35. Bl. 48ᵇ Zauber gegen den Wolfsbiss für Schafe und Rinder: ܐܣܪܐ ܕܦܘܡܐ ܕܕܐܒ̈ܐ ܡܢ ܥܢ̈ܐ ܘܡܢ ܬܘܪ̈ܐ.

Anfang:

ܒܫܡ ܐܒܐ ܘܒܪܐ ܝܠܗܘܬܗ ܘܒܫܡܗܘܬܗ ܘܒܪܐ
ܕܡܪܝ ܕܢܝܐܝܠ ܢܒܝܐ ܕܟ̰ܠܒ ܘܟܒܐ

Auf Bl. 49ᵇ Zeichnung des Propheten Daniel zu Pferde, wie er den Wolf durchbohrt; auf Bl. 50ᵃ eine Rosette.

36. Bl. 50ᵇ Zauber gegen Schlangenbiss: ܐܣܪܐ ܕܦܘܡ ܚܘ̈ܘܬܐ.

Anfang:

ܒܫܡ ܐܒܐ ܘܒܪܐ ܐܪܥܐ ܕܫܠܝܛܐ ܘܒܪ ܚܝܢܐ
ܐܣܪܢܐ ܥ̈ܠܝܗܘܢ ܘܡܦܩܪܢܐ ܥܠܝܗ ܕܥܩܪܘܗܝ
ܚܘܬܐ ܕܚܘܝܐ ܚܪܫܢܐ

37. Bl. 51ᵇ Zauber gegen das böse Auge für das Vieh: ܕܥܝܢܐ ܕܠܐ ܡܬܚܙܝܐ ܠܗ ܚܝܘܐ ܒܥܝܪܬܐ.

Anfang:

ܒܫܡ ܐܒܐ ܘܒܪܐ ܠܥܒܕܐ ܐܢܬ ܠܬܚܝܬ ܒܢܝ̈ܗܘܢ
ܕܠܒܪܐ ܒܥܝܐ ܘܡܪܝܡܐ

38. Bl. 52ᵇ Zauberspruch für die Freundschaft mit Jedermann: ܕܪ̈ܚܡܘܬܐ ܕܠܘܬ ܟܠܢܫ.

Anfang:

ܒܫܡ ܐܒܐ ܘܒܪܐ ܐܠܗܐ ܐܚܝܕ ܕܪܚܡ ܐܠܗܐ ܠܒܢܝܫ
ܒܐܪ̈ܥܐ ܕܡܨܪܝܢ ܐܚܝܕ ܪܚܡ ܐܠܗܐ ܠܥܠܡܗܘܢ
ܘܥܒܕ ܠܬܪ̈ܥܐ

39. Bl. 53ᵇ Die Namen des Ringes des Salomo, ein Zauber gegen Könige: ܫܡܗ̈ܐ ܕܥܙܩܬܗ ܕܫܠܝܡܘܢ ܫܠܝܚܘܢ ܕܚܪܫܐ ܠܩܒܠ ܡܠܟ̈ܐ.

Anfang:

ܒܫܡ ܐܒܐ ܘܒܪܐ ܠܡܦܩ ܡܦܩ ܫܒܠܠܗ
ܗܘܪܟ ܡܦܬܚܗ ܦܗ ܕܡܦܩܗ ܡܪܗܦܗ
ܣܠܩܗ ܚܘܦܗ ܐܠܦܗ ܣܠܩܗ ܗܘܡܦܩ
ܣܠܗ ܦܗܦܗ ܠܡܦܩ ܗܠܝܢ ܫܡܗܐ

Auf Bl. 54a Zeichnung: Salomo zu Pferde, den Dämon ܐܫܡܕܝ Asmodaeus durchbohrend.

40. Bl. 54b Zauber gegen das Sauerwerden der Milch: ܕܚܠܒܐ ܕܠܐ ܢܚܡܥ. Sprich einen Segen über etwas Salz und wirf es in die Milch: ܒܪܟ ܥܠ ܩܠܝܠ ܡܠܚܐ ܘܐܪܡܝܗ ܒܚܠܒܐ. Anfang:

ܒܫܡ ܐܒܐ ܘܒܪܐ ܒܫܡܗ ܕܡܪܝ ܐܪܡܫܘܣ
ܘܡܠܟܘܣ ܘܡܗܡܘܣ ܒܗܠܝܢ ܫܡܗܐ ܡܚܝܠܐ
ܕܗܘܘ ܒܫܡܝܐ ܕܐܪܒܥܐ ܐܪܒܥܝܢ ܫܢܝܢ ܘܡܬܡܫܡܫܝܢ
ܗܘܘ

41. Bl. 55a Zauber gegen das Feuer: ܐܣܪܐ ܕܢܘܪܐ ܡܢ ܐܬܪܐ ܘܡܢ ܒܝܬܐ.

Anfang:

ܒܪܘ ܚܝܠܐ ܐܠܗܐ ܕܕܝܢ ܐܬܘܬܐ ܕܢܘܪܐ
ܡܢ ܕܒܗ ܚܝܠܐ ܘܚܘܪܐ ܘܡܫܬܡܠܐ ܗܘ ܢܦܝܩ
ܢܘܪܐ ܘܡܠܗܒܬܐ

42. Bl. 56a Zauber, der bewirkt, dass die Kinder nicht weinen: ܕܝܠܕ̈ܐ ܕܠܐ ܒܟܝܢ.

Anfang:

ܒܫܡ ܐܒܐ ܘܒܪܐ ܣܡܠܝܒܐ ܘܡܒܗܣܢܘܣ
ܘܡܪܝܠܟܘܣ ܘܐܪܗܣܘܣ ܘܣܣܢܘܣ
ܘܗܪܦܘܢ ܘܕܝܣܘܣ ܗܠܝܢ ܫܒܥܐ ܐܚܝ̈
ܕܕܡܟ ܫܢܬܐ ܕܝܠܕ̈ܐ ܣܠܩܬܐ

43. Bl. 56b Zauber der Väter des Paradieses (berühmter Einsiedler) gegen jede Art Schmerz: ܣܪܡܐ ܕܐܒܗ̈ܬܐ ܐܘܚܕ ܕܦܪܕܝܣܐ ܕܢܟܝܢ ܠܟܠ ܟܐܒܝܢ.

Anfang:

ܒܫܡ ܐܒܐ ܘܒܪܐ ܢܛܠܣܬܐ ܕܐܒܗ̈ܬܐ ܩ̈ܕܝܫܐ
ܘܝ̈ܕܝܥܐ ܦܛܠܘܣ ܘܐܪܣܢܘܣ ܘܐܢܛܘܢܝܘܣ
ܘܡܩܪܝܘܣ ܘܡܪܝ (Bl. 57a) ܦܘܠܐ ܫܡܥܘܢܐ
ܣܘܦ ܘܐܠܝܐ ܦܘܩܕܢܐ ܡܪܝ ܚܘܣܝ ܡܪܝ
ܘܫܘܪܐ ܚܘܣܝ ܡܬܩܪܝܢܐ ܡܪܝ ܚܘܣܝ ܡܪܝ
ܚܘܣܝ ܦܓܪܐ ܡܪܝ ܚܘܣܝ ܒܫܒܪܐ ܡܪܝ
ܐܦܝܦܐ ܡܪܝ ܚܘܣܝ ܡܟܝܠܐ ܡܪܝ ܚܘܣܝ
ܥܝܢܐ ܡܪܝ ܚܘܣܝ ܕܠܒܐ ܡܪܝ ܚܘܣܝ
ܪܓܠܐ ܡܪܝ ܚܘܣܝ ܕܟܠܗܘܢ ܡܪܝ ܚܘܣܝ
ܕܚܪܬܐ ܡܪܝ ܚܘܣܝ ܕܡܫܒܚܬܐ ܡܪܝ ܚܘܣܝ
ܕܕܗܒܐ ܐܣܪܝܢ ܘܦܬܪܝܢ ܘܡܫܝܢ ܠܟܠܗܘܢ
ܟܐ̈ܒܐ ܒܝܫ̈ܐ

Schlussatz ܚܘܬܡܐ auf Bl. 57b—58b, ein Gebet: ܒܫܡ ܡܪܘܬܟ ܡܪܝ ܐܒܘܢ ܕܒܫܡܝܐ
ܒܪܚܡܝܟ ܠܝܬܝܢ ܚܘܪܐ ܗܠܝܢ ܘܡܕܪ ܡܪܝ
ܠܦ : ܚ : ܗ : ܘܚܫܐ ܚܘ̈ܠܐ ܘܚܝܠܘ̈ܬܐ
ܕܦ : ܚ : ܗ : ܘܚܝܒ ܘܒܪܐ

Derjenige, für den der Zauber wirken soll, ist bezeichnet als ܦ : ܒ : ܦ :, d. i. ܦܠܢ ܒܪ ܦܠܢ oder auch als ܚ : ܚ : ܗ :, d. i. ܚܝܒ ܚܘܒܐ ܗܠܝܢ (Träger dieser ܚܘܒܐ?), s. Bl. 57b letzte Zeile und Bl. 58a erste Zeile. Häufig der Ausdruck ܐܗܝܐ ܐܫܪ ܐܗܝܐ, d. i. אהיה אשר אהיה.

Unterschrift auf Bl. 58b—59a:

ܫܠܡܬ ܒܥܘܕܪܢܐ ܗܕܐ ܒܪܬܐ ܒܪܝܟܐ ܐܬܐ (!)
ܕ ܕܒܗ ܒܗܘ ܐܪܒܥ ܒܫܒܐ ܒܫܒܬܐ ܬܪܝܢ
ܐܠܦܝܢ ܘܬܫܥܝܢ ܫܢܝ̈ܢ ܠܝܘ̈ܢܝܐ ܒܪ̈ܝܬܐ ܠܐܠܗܘܬܐ
ܫܘܒܚܐ ܐܡܝܢ ܐܡܝܢ. ܫܠܡܬ ܒܥܘܕܪܢܐ ܕܐܠ
ܚܠܡܢܐ ܒܪܝܬܐ ܘܢܘܪܐ ܫܦܝܪܐ ܗ : ܕܝܢ
. . . . . .[1] (Bl. 59a) ܒܪ ܡܫܝܚܐ ——[2] ܘܐܚܘܗܝ
ܡܬܡܪܐ ——[3] ܡܢ ܡܪܝܬܐ ܒܪܝܬܐ ——[4].
ܫܠܡܬ ܒܥܘܕܪܢܐ ܗܕܐ ܡܢ ܐܝܕ̈ܝ ܐܢܐ ܘܡܚܝܠܐ
ܒܚܘܒ̈ܐ ܕܡܫܝܚܐ ܝܠܕܐ ܒܪ ܡܫܝܚܐ ܝܘܣܦ
ܡܢ ܐܬܪܐ ܒܪܝܬܐ ܘܡܕܝܢܬܐ ܕܩܘܫܢ̈ܐ ܡܢ

[1] Name ausgewischt. Wahrscheinlich ܚܢܝܐ ܒܪܐ.

[2] Ursprünglich unausgefüllt geblieben. Von späterer Hand eingeschrieben ܒܚܝܠ.

[3] Ursprünglich unausgefüllt geblieben. Von späterer Hand nachgetragen ܫܡܫ.

[4] Der Dorfname fehlt. Von späterer Hand nachgetragen ܕܪܠܝ.

ܫܢܬܐ ܕܐܠܦܐ ܘܬܫܥܡܐܐ [1]——— ܗܘܐ
ܝܘܡ ܚܡܫ ܒܫܒܐ ܕܐܫܬܠܡ ܠܐܠܗܐ ܫܘܒܚܐ
ܐܡܝܢ.

Auf Bl. 59ᵇ eine Rosette, auf Bl. 60ᵃ Zeichnungen des Elias und des Henoch; ferner auf Bl. 1ᵇ ein stilisirtes Kreuz, auf Bl. 2ᵃ eine Rosette.

An vielen Stellen des Buches finden sich die Worte ܡܢ ܥܝܫܐ ܒܪܐ ܕܣܢܐܡ (auch ܥܝܫܐ), d. h. »von *'Îsâ*(?), dem Sohn *Senâm's*«, geschrieben, wie es scheint, von der ersten Hand.

Ferner auf dem Rande von Bl. 10ᵃ und 44ᵃ von jüngerer Hand der Name ܐܒܪܗܡ ܒܪ ܓܝܠܐ und auf Bl. 11ᵃ. 58ᵇ. 59ᵇ der Name ܣܘܠܛܢ ܒܪ ܣܢܐܡ, d. i. *Sulṭân* Bar *Senâm*.

Ferner zwei Geburtseintragungen auf Bl. 56ᵃ. 55ᵇ: ܡܘܠܕܗ ܕܐܒܪܗܡ ܒܪ ܓܝܠܐ ܒܫܢܬ ܐܠܦܝܢ ܘܡܐܐ ܠܝܘܢܝܐ.

»Geburt des Abraham Bar *Gîlâ* 2154 A. Gr.« (= 1843 n. Chr.), und auf Bl. 60ᵇ in Neusyrisch

ܐܘܪܕ ܒܪܘܢܐ ܕܬܪܘܝܪܕܐ ܦܝܫܠܗ ܗܘܝܐ ܒܝܪܚܐ
ܕܫܒܛ [2]——— ܒܫܢܬ ܡܫܝܚܝܬܐ 1843

»*Ûrd*, Sohn des *Trowirdâ*, geboren im Februar 1843 n. Chr.«

Das Buch ist vollendet 2090 d. 20. Ab(?) an einem Mittwoch, d. i. 1779 den 20. August n. Chr., geschrieben für *'Îsâ*, Sohn des *Sanâm* (unbekannte Namensform) oder nach der ergänzten Unterschrift: *'Îsâ*, Sohn des ܣܢܐܡ und der Frau *Sanâm* aus dem Dorfe ܕܘܪܓܝ. Der Schreiber ist *Ṣlîwâ*, Sohn des seligen *Ġammô* aus dem Dorfe ——— in der Landschaft ܫܡܣܕܝܢ, wohnhaft in *Salamâs*. Der Text im Allgemeinen ohne Vocale und diakritische Punkte. Die Zeilen laufen im mittleren Theil der Seite oft in schräger Richtung über die Seite. Die Zeichnungen sehr roh.

60 Blätter (8 × 5,5 cm), die Seite zu 13 Zeilen.

108.

(Sachau 88.)

Besteht aus zwei verschiedenen Theilen, einem jüngeren und einem älteren; jener enthält Räthsel, dieser Prognosticationen.

A. Bl. 1—8. Fragment, Stück einer Räthselsammlung in Versen, enthaltend den Schluss eines Räthsels und den Anfang (und grösseren Theil) eines zweiten Räthsels. Anfang:

ܦܪܘܩ.
ܐܝܟ ܗܘ ܐܢܐ ܐܡܪܢܐ ܕܦܪܝܘܩܐ
ܕܡܫܬܐܡܪ ܥܠ ܐܠܗܐ.
ܕܡܬܚܙܐ ܥܠ ܓܠܝܢܗ.
ܐܡܬܝ ܕܡܬܚܘܐ ܠܡܫܝܚܘܬܗ.
ܐܝܟ ܗܘ ܕܐܡܪ ܡܪܝ

Titel des zweiten Räthsels Bl. 1ᵃ:

ܒܫܡܐ ܕܡܫܝܚ ܐܠܗܐ. ܘܒܥܘܕܪܢܐ ܕܐܠܗܐ.
ܟܬܒܢܐ ܐܢܫ ܕܘܚ ܠܡܬܚܙܝܐ. ܕܡܬܘܕܥܐ ܫܡܐ
ܒܡ ܡܠܬܐ.

Anfang:

ܡܢ ܚܕ ܐܢܐ ܠܐ ܡܘܫܠܐ
ܫܡܫܐ ܒܢܝܐ ܡܫܠܡܝܢ
ܘܠܡܪܢ ܒܚܕܐ ܫܘܡܗܐ
ܚܕܐ ܐܘܡܢܘܬܐ ܒܝܫܬܐ.
ܘܒܡ ܡܘܕܘܠ ܗܘ ܐܢܐ
ܠܒܪܬܐ ܕܡܢܗ ܐܬܠܝܕܬ
ܡܠܝܢ ܗܘܢ ܐܠܗܐ ܠܠܦܝܢ
ܒܢܝܐ ܠܡܪܝ ܒܠܫܢܗ ⁘

Die Spielerei eines Grammatikers, der unter der Form einer Auflösung dieses Räthsels die Formen des Nomens und Verbums aufzählt. Letzte Verse:

---

[1] Name ausgelassen.

[2] Datum ausgewischt.

ܡܦܩܬܐ ܫܢ̈ܝܐ ܡܢ ܦܘܠܚܢ
ܒܝܘܡܢܐ ܕܐܬ̈ܘܢ ܕܐܡܬܝܢ
ܥܠ ܒܪ̈ܝܬܐ ܘܚܝܘܬܐ

Das Ganze in siebensilbigen Versen.

B. Bl. 9—39 Bruchstück einer etwas älteren Handschrift. Prognosticationen in drei Abschnitten:

1. Bl. 9ᵃ—13ᵃ Unvollständig am Anfang. Prognostication des Wetters, der Ernte und anderer Dinge für ein ganzes Jahr, wenn es geboren wird in je einem der zwölf Zodiakalbilder. Erhalten sind die Abschnitte für Leo, Spica, Libra ܣܥܠܡܬܐ(!), Scorpio, Gemini, Caper, Amphora, Pisces. Anfang:

ܫܢܬܐ. ܡܛܪ̈ܐ ܘܚܘܪ̈ܐ ܡܬܝܢܐ ܘܥܠܠܬܐ ܢܗܘܐ.
ܘܡܠܟܐ ܢܬܐܬܐ ܘܫܠܛܬܐ ܢܗܘܐ ܒܒܠܠܬܐ.
ܕܫܡܝܐ ܡܠܘܫܐ ܕܐܪܝܐ ܗܘ ܕܡܫܬܟܚܐ ܫܢܬܐ
ܒܐܪܥܐ ܕܐܢܛܘܟܝܐ ܒܣܘܪܝܐ ܕܦܠܣܛܝܢܐ ܗܠܝܢ
ܡܟܘܢܢܐ ܘܐܠܘܦ ܠܗܘܢ ܒܟܦܢܐ ܘܡܘܬܢܐ
ܘܟܐܒܐ ܣܓܝܐܐ. ܫܓܘܫ ܕܝܢ ܠܐ ܢܗܘܘܢ
ܐܪܥܐ ܘܪ̈ܘܚܐ ܡܢ ܓܪܒܝܐ ܘܫܬܝܐ ܢܗܘܐ ܫܢܝܐ
ܘܡܛܪܐ ܫܒܘܩ ܘܪ̈ܕܝ ܘܪܘܒ ܘܢܫܘܒ
ܘܪ̈ܒܐ. ܦܪܘܩ ܗܘܐ ܘܙܪܥܐ ܐܣܪܝܐ ܠܐ
ܡܬܝܪ. ܐܪܐ ܒܡܘܬܐ. ܗܒܐܐ ܡܢܝܢ. ܫܛܝܐ
ܡܢܝܢ. ܗܪ̈ܝܘܬܐ ܡܬܢܝܢ. ܘܠܝܘܬܐ ܝܬܝܪܐ
ܠܒܪܝܐ ܦܐܪ̈ܐ ܡܬܢܨܝܬܐ ܒܠܠܠܬܐ ܡܟܘܫ
ܢܡܘܠ. ܘܢܝܫܬܐ ܚܒܪ ܘܡܬܩ̈ܒܠ ܢܗܪܝܢ.
ܦܟܐ ܡܬܝܪܐ ܒܐܪ̈ܥܐ ܘܪܝܚܐ ܒܒܝܬܐ.
ܒܪܐ ܢܦܠ ܘܫܠܛ ܒܝܘܡ ܕܝܘܡ ܘܒܘܪܗܢܐ
(Bl. 9ᵇ) ܕܐܦܛܘܩܡܐ ܘܥܒܣ ܠܒܐ ܘܠܘܬܐ
ܡܬܠܝܢ. ܬܪ̈ܝܢ ܘܣܬܪܐ ܦܬܝܢ ܘܡܥܢܝܢ ܘܪܒ.
ܘܪܗܘܒܐ ܒܒܠܠܟܐ ܗܘܐ. ܘܐܝ̈ܬܐ ܡܢ
ܐܬܪ̈ܘܗܝ ܢܒܪܘܢ ܠܐܬܪ̈ܘܬܐ ܐܚܪ̈ܢܐ. ܕܫܢܬܐ
ܡܠܘܫܐ ܫܒܠܬܐ ܗܝ ܕܡܫܬܟܚܐ ܫܢܬܐ

Diese Schrift (oder Abschnitt) könnte den Titel ܚܘܒܐ ܕܡܠܘ̈ܫܐ geführt haben; sie ist vermuthlich aus dem Griechischen übersetzt, jedenfalls aus einer Griechischen Quelle abgeleitet; dahin deuten die Namen der Länder, über welche die einzelnen Planeten regieren, die viel mehr der Griechisch-Römischen Welt als der Orientalischen angehören.

2. Bl. 13ᵃ Wie man findet, in welchem Zodiakalzeichen ein Jahr geboren wird: ܬܘܒ ܡܘܠܕܐ ܕܫܢܬܐ ܕܐܝܟ ܒܐܝܢܐ ܡܠܘܫܐ ܡܫܬܟܚܐ ܫܢܬܐ.

Anfang:

ܠܒܘܬ ܫܢ̈ܝܐ ܕܐܠܟܣܢܕܪܘܣ ܘܐܘܣܦ ܫܒܥ
ܐܣ̈ܝܪ ܚܠܝܗܘܢ ܘܦܘܫ ܐܝܬܝ ܡܢ ܗܘ
ܕܦܐܫ ܠܝ ܐܣܘܪ ܒܐܝܕܝ. ܘܫܘܠ ܠܦܫܒܘܢ
ܐܬܘ̈ܬܐ ܕܡܫܝܚܐ ܕܫܘܪܝܐ (Bl. 13ᵇ) ܒܪܝܬܐ
ܕܠܝܠܝܐ ܘܡܫܒܚ ܐܝܟ ܐܬܘܬܐ ܘܡܠܘܫܐ
ܐܘ ܡܢ ܦܐܫ ܒܦܢܝܐ ܐܘ ܗܕ̈ܝܢ ܒܒܘܢܐ
ܐܘ ܗܠܝܢ ܒܡܕܢܚܐ ܘܫܪ

Es folgen ähnliche Prognosticationen wie unter Nr. 1 für die Jahre, die geboren werden in den Zeichen Aries, Taurus, Spica, Libra ܡܣܐܬܐ, Scorpio, Gemini, Caper, Amphora, Pisces. Erster Abschnitt:

ܐܢ ܒܐܡܪܐ ܡܫܬܟܚܐ ܫܢܬܐ ܫܡܝܐ ܘܐܫܬܟܚܬ
ܫܠܝܛܝܢ ܒܠܝܗ ܘܡܣܘܐ ܕܫܢܬܐ ܦܘܠܚܢܐ ܡܠܟܐ
ܡܒܝܢ. ܘܡܒܘܪܐ ܢܗܘܐ ܘܒܐܡܪܐ ܢܗܘܐ
ܪܚܡܐ ܘܣܡܪܐ ܢܦܠ ܘܡܛܪ̈ܐ ܫܦܝܪ̈ܐ
ܢܗܘܘܢ ܒܗ. ܘܡܠܟܐ ܪܒܐ ܒܡܕܘܬܐ (Bl. 14ᵃ)
ܢܗܘܐ. ܘܥܠ ܒܒܠܕܒܪ̈ܘܗܝ ܢܫܒܠܢ.
ܘܡܪ̈ܐ ܐܪܒܐ ܕܒܒܠ ܚܕܘܬܐ ܪܒܬܐ ܬܫܬܐ
ܠܗܘܢ. ܒܪܡ ܕܝܢ ܒܘܪ̈ܗܢܐ ܒܐܬܪܐ ܪ̈ܘܪܒܐ
ܢܗܘܘܢ. ܘܬܚܠܝܐ ܫܘܢܝܐ ܢܗܘܘܢ. ܘܡܘܬܢܐ
ܒܢܘܬܐ ܕܐܪܒܥܐ ܪ̈ܓܠܝܗ ܗܘܐ. ܘܡܛܪ̈ܐ
ܕܫܢܬܐ ܪܘܪܒܐ ܗܫܒܘܪ ܢܗܘܘܢ ܒܗ. ܘܡܠܟܐ
ܗܕ̈ܡ ܒܘܪ̈ܗܝܢ ܢܬܒܪܗ. ܡܢ ܗܪܒܘܪ ܒܐܬܪܘ
ܒܝܬܐ ܠܒܬܪܝܢ ܢܘܩܝܢ. ܘܡܠܟܐ ܒܢܦܫܗ
ܦܠܓ ܢܘܟܪܐ. ܘܡܢܝܢܐ ܗܘ ܕܒܝܬܝ ܒܒܘܪܗܢܐ
ܪܒܐ ܢܗܘܐ. ܘܡܢܝܢܐ ܕܦܩܒܐ ܫܢܬܐ ܠܐ

ܡܬܒܪܢ ܘܬܚܢܝܬܘܗܝ ܠܡܠܟܐ ܢܗܘܐ ܘܟܠ
ܡܠܟܘܗܝ ܒܝܬܐ ܢܫܡܫܘܢ ܘܟܠ ܡܫܠܛܢܘ
ܢܚܬܘܢ ܘܠܐ ܢܫܬܠܡܘܢܗ. ܘܡܣܝܢ ܠܗܘܢ
ܢܪܘܠ. ܘܐܪ̈ܥܐ ܕܢܫܬܐ ܢܣܒܬܘܢ ܘܬܠܬܐܪ̈ܐ
ܕܐܒܕܐ ܐܠܦܝܐ ܡܢܐ ܢܗܘܐ. ܒܝܘܡܐ ܕܐܘ̈ܢܝܬܐ
ܢܬܩܛܠܘܢ ܘܡܠܟܐ (Bl. 14ᵇ) ܕܗܢܕܘ̈ܐ ܢܡܘܬ.
ܘܒܪܗ ܢܟܠ ܕܘܟܬܗ ܢܣܘܒ. ܘܡܠ̈ܟܐ ܢܟܠ
ܣܓ̈ܝܐ ܢܬܡܟܟܘܢ ܡܢܝܐ ܕܣܓ̈ܝܐ ܘܐܣܪ̈ܝܐ
ܢܫܬܒܩܘܢ. ܘܡܠܟܐ ܕܒܒܠ ܠܡܕܝܢܬܐ
ܢܬܟܪܝܬܐ ܢܪܘܠ ܘܢܬܟܒܫܢ(!) ܐܢܘܢ. ܘܡܢ
ܬܡܢ ܒܝܘܡܬܐ ܢܪܐܬܐ. ܘܫܢ ܡܢ ܐܢܫ̈ܘܗܝ
ܬܡܘܬ. ܘܒܪܗ ܪܒܐ ܢܗܘܐ ܒܠܚܘܕ. ܘܠܗܘܐ
ܕܡܠܟܐ ܠܡܠܟܐ.

ܘܐܢ ܒܬܐܪܐ ܡܬܡܠܟܐ ܢܨܝܬܐ ܐܦܪܘܕܝܛܐ
ܘܪܝ ܬܐܠܘ̈ܐ[1] ܥܠܝܗܝܢ ܒܠܚܘܕ ܡܪܪ

Unterschrift:

ܫܠܡ ܡܠܟܘܬܐ ܕܡܗܪܘܬܐ.

Die in diesem Abschnitt vorkommenden geographischen Bezeichnungen gehören nicht der Griechisch-Römischen Welt an, sondern sind rein orientalisch.

3. Bl. 20ᵇ—39ᵇ Eine astrologische Schrift (oder Abschnitt), betitelt ܦܘܢܩܐ ܕܚܠܩ̈ܐ. Prophezeiung über das ganze Leben eines Menschen, der unter einem bestimmten Horoskop geboren wird. Geordnet nach den 12 Zodiakalbildern; von dem 11. Abschnitt fehlt der Schluss und der 12. Abschnitt fehlt ganz. Überschrift und Anfang:

ܥܠ ܚܠܩܗ ܕܡܦܪܫܢܘܬܐ ܡܬܚܝܐ ܡܬܬܪܓܡ
ܠܡܟܬܒ ܚܠܩ̈ܐ ܕܒܢܝ̈ܢܫܐ ܡܬܘܒ ܬܡܢܗ ܘܡܬܡܢܗ
ܕܐܡܪܗ ܘܦܘܠܛ ܐܢܘܢ ܚܕ ܚܕ ܘܫܘܚ ܒܝܬܐ
ܦܪܝܫ. ܐܢ ܗܘܐ ܦܪܨܐ ܢܠܡܕ ܡܬܡܠܐ ܐܡܪܐ
ܐܢܫܘܗܝ ܚܫܒ ܘܡܬܪܓܡ ܒܘܪܠܗ ܐܪܡܪ
ܠܚܘܪ ܢܫܒܐ ܢܗܘܐ ܡܕܪ ܣܒܪܬܐ.

[1] D. i. ܐܬܠܘܐ.

ܘܪܚܡܐ ܡܢ ܡܠܘ̈ܟܐ. ܘܢܪܬ ܡܢ ܡܪ̈ܘܬܐ.
ܘܟܠ ܡܕܡ ܕܢܣܒ (Bl. 21ᵃ) ܠܟܠܗ. ܘܠܐ
ܢܗܪ ܡܠܬܐ ܒܠܒܗ. ܘܢܗܪ ܢܦܫܗ ܡܢ
ܡܢ ܕܝܠܐ ܠܡܣܒܪܘܬܗ. ܘܠܐ ܟܠܐ ܡܠܬܗ
ܡܢ ܐܢܫ. ܘܒܬܪܡ ܡܬܬܐ ܢܟܠ ܡܐ ܕܢܒܒ
ܡܪܪ

Für den weiteren Lebensverlauf kommen die besonderen domus in Frage; so ist im 1. Abschnitt das Haus des Reichthums Taurus, der Brüder Gemini, der Eltern Cancer, der Kinder Aries, der Krankheiten Spica, des Todes Scorpio, der Reise Sagittarius ܩܫܬܐ, der Mächtigen der Erde Caper, der Freunde Amphora, der Feinde Pisces. Vergl. 21ᵃ med.:

ܘܢܪܗ ܡܢ ܐܒܘ̈ܗܝ ܒܬܪܬܐ ܒܝܬܐ ܕܒܬܪܬܐ
ܬܪܬܐ ܒܝܬܐ ܕܡ̈ܚܝܢ ܫܘ̈ܗܝ ܢܪ̈ܒ ܒܬܪܬܗ
ܘܡܡܘܬܗ. ܘܠܐ ܡܢܒܚ ܒܬܪܬܐ ܕܟܠܐ ܕܝܠܗ.
ܘܠܐ ܡܢ ܒܡܠܟܗ ܒܝܬܐ ܕܐܢ̈ܫܐ ܬܐܡܐ ܠܐ
ܦܪܥ ܠܗ ܡܢ ܬܚܬܝ̈ܐ. ܘܢܗܘܐ ܫܠܝܛ ܡܪ̈ܘܬܐ
ܘܢܬܢܝܚ ܠܡܠܟܗ ܘܠܡܠܟܘܬܗ ܒܝܬܐ ܕܐܒܘ̈ܬܐ
ܗܕܝܢܐ ܚܕ ܡܢ ܐܒܘ̈ܗܝ ܢܡܘܬ (Bl. 21ᵇ)
ܘܡܢܝܢܐ ܡܢ ܒܝܬܐ ܕܐܚܘ̈ܗܝ ܢܗܘܐ ܒܗ ܡܪܪ

Neben dem Anfang jedes Abschnitts sind auf dem Rande Zahlengruppen verzeichnet. Diese Schrift dürfte aus dem Arabischen übersetzt sein. Letzte Worte auf Bl. 39ᵇ:

ܒܝܬܐ ܕܐܢ̈ܫܐ ܐܡܪܬܐ ܢܗܘܘܢ ܠܗ ܐܢ̈ܫܐ ܘܐܚ̈ܘܬܐ.
ܘܠܐ ܢܗܘܘܢ ܒܗ ܣܓ̈ܝܐ ܒܥܡܠܐ. ܘܗܘ ܪܚܡ
ܐܢ̈ܫܘܗܝ. ܘܐܢ ܢܗܘܘܢ ܠܗ

Der Abschnitt *A*, vollständig vocalisirt nach der Art der heutigen Nestorianer, kann im Anfang dieses Jahrhunderts geschrieben sein, der Abschnitt *B*, spärlich vocalisirt, kann etwa 200 Jahre alt sein. Das Papier gebräunt, die Ränder beschädigt.

39 Blätter (15 × 10 *cm*), die Seite zu 16 Zeilen.

KARSCHUNI UND ARABISCH Nr. 109—116.

109.

(Sachau 16.)

Arabisch.

Fragment eines Commentars zum Matthäus-Evangelium, unvollständig zu Anfang und Ende, beginnend mit dem Commentar zu Cap. 1, 12:

المفسرون هل شالتابل الذى ذكره متى هو الذى
ذكره لوقا ويقولون انه واحد سوى ان متى نسبه
الى يوخنيا ابيه الطبيعى ولوقا الى تيني(!) ابيه
الناموسى فان ملكى والد نارى الخ

und schliessend mit Cap. 10, 15:

قال متى الرسول واى مدينه او قريه تدخلون اليها
فاسلوا من هو الامثل بها وكونوا هناك حتى تخرجوا
واذا تدخلون بيتا فاهدوا السلم اليه فان استحق
البيت فسلامكم ياتى عليه وان لم يكن يستحق
فسلامكم يرجع عليكم فاما من لا يقبلكم ولا يسمع
اقوالكم فاذا خرجتم من البيت او من تلك القريه
فانفضوا الغبار عن ارجلكم فالحق اقول لكم ان لارض
سذوم وعمورا تكون راحه فى يوم الدين ولا لتلك
المدينه. قل المفسر

Der Text ist eingetheilt in Perikopen (اصحاح = ܨܚܚܐ):

Bl. 22ᵃ	II. Perikope	الاصحاح الثانى	Cap. 2, 19.
» 53ᵃ	III.	»	» 5, 1.
» 66ᵇ	IV.	»	» 6, 1.
» 75ᵃ	V.	»	» 7, 13.
» 85ᵇ	VI.	»	» 8, 33.
» 95ᵃ	VII.	»	» 10, 5.

Eine spätere Syrische Hand hat am Rande notirt, an welchen Tagen diese Perikopen im Gottesdienst vorzutragen sind.

Der Text ist bezeichnet durch قل متى الرسول, der Commentar durch قل المفسر. Er ist nicht identisch mit dem Evangelien-Commentar, der unter derselben Überschrift in den liturgischen Büchern der Melkiten im Libanon und in der Damascene vorkommt (vergl. Nr. 316 Sachau 197).

Der Verfasser des Commentars ist nicht genannt; dass er ein Nestorianer war, schliesse ich aus dem Umstande, dass er Theodorus von Mopsueste, Narses und Babaeus als Auctoritäten citirt. Seine Gewährsmänner bezeichnet er als المفسرون oder قوم, und nur selten erwähnt er sie mit Namen:

Ephraem مار افريم Bl. 6ᵃ. 45ᵇ.

Johannes Chrysostomus فم الذهب Bl. 6ᵃ. 24ᵇ. 30ᵇ, مار يوانيس Bl. 36ᵇ. 39ᵇ. 46ᵃ. 50ᵇ. 79ᵇ. 82ᵇ. 83ᵃ. 87ᵃ. 94ᵃ.

Narses مار نرسی Bl. 10ᵇ.

Eusebius اوسابيوس القيسراني Bl. 11ᵇ. 13ᵃ. 21ᵃ. 52ᵃ.

Gregorius von Nyssa Bl. 11ᵇ.

Jacob von Edessa يعقوب الرهاوى Bl. 11ᵇ. 12ᵃ.

Josephus يوسيفوس Bl. 23ᵃ.

المفسر الكبير (Theodorus?) Bl. 24ᵃ.

Theodorus von Mopsueste مار تادورس Bl. 25ᵃ, مار تادورس المفسر Bl. 42ᵃ. 50ᵇ. 94ᵃ.

Gregorius Theologus تاولوغس Bl. 27ᵇ. 36ᵇ. 39ᵇ. 90ᵃ.

Babaeus Persa بابى الفارسى Bl. 42ᵇ.

Polemik gegen die Jakobiten Bl. 8ᵃ. 7 ff.

Cyrillus zusammen mit Arius als Abtrünniger genannt Bl. 77ᵃ. 1.

Probe des Werkes Bl. 7ᵇ. Cap. 1, 20:

قال متى الرسول فان المولود فيها من روح القدس. قال المفسر لما منع الملك يوسف عن الخوف من ارتباط السيده خبره بجهه (Bl. 8ᵃ) حبلها ليسكن منه فقال ان المولود فيها ليس كما جرت العاده فى التكونات من انسان لكن من روح القدس وقوم قلوا كيف قال الملك ان المولود فيها والعاده جرت ان يقال المولود من الشى لا المولود فى الشى. والمفسرون يقولون ان الملك يريد بقوله المولود فيها اى المحبول به فيها وقوم قلوا ان معنى قوله ولد فيها اى خلق فيها لان لفظه ولد وخلق بالعبريه واحده. ونحن نسل اليعقوبيه والمخالفين باسرهم انرى الذى فعله روح القدس فى مريم وحبله هو ابن الله الازلى ام انسانا من جنسنا فان كان ابن الله الازلى فقد انفعل الازلى وانحصر وصار كثيفا ودا مبدا تعالى عن ذلك وان كان انسانا وجوهر الانسان وقنومه غير جوهر الاله وقنومه فالمسيح اذا جوهران وقنومان احدهما ازلى والاخر محدث والمحدث لا يقوم فى العقول انه يكون ازليا ولا الازلى يكون محدثا.

Der Verfasser ist möglicher Weise der 1043 n. Chr. gestorbene Secretär des Nestorianischen Patriarchen Elias I., *Ibn-Eltajjib*, von dem bekannt ist, dass er einen Evangelien-Commentar in Arabischer Sprache geschrieben hat. S. Assemani III, 546.

Die Schrift ist grösstentheils ohne diakritische Punkte. Die Hds. kann etwa im 14. Jahrhundert geschrieben worden sein. An einigen Stellen durch Feuchtigkeit beschädigt.

96 Blätter (18 × 13 cm), die Seite zu 19 Zeilen.

110.

(Sachau 7.)

Karschuni.

ܟܬܐܒ ܐܠܥܓܐܝܒ Das Buch der Wunder (in dem Sinne von wunderbaren Thaten von Heiligen, Märtyrern), in der Hauptsache eine Sammlung christlicher Legenden, ferner Reden von Basilius und Chrysostomus sowie Liturgisches, von einem ungenannten Sammler. Unvollständig zu Anfang, wo zwei Blätter (die beiden ersten Blätter des ersten Kurrâs) fehlen.

Vielleicht war der Schreiber *Hannâ* in Mosul (s. weiter unten) zugleich der Sammler. Am Ende jeder Legende hat er langathmige Bitten und Gebete hinzugefügt. Er ermangelt jeder grammatischen Kenntniss des Arabischen; seine Vocalaussprache ist die des christlichen Vulgärarabisch. In seiner Diction vermisse ich localcharakteristisches Colorit, so dass man hier nur selten etwas von den Eigenthümlichkeiten der Neuarabischen Volkssprache von Mosul antrifft.

Inhalt:

1. Bl. 1ᵃ Ein Sonntagsbrief, d. h. eine Schrift, ein Blatt ܝܣܩܦܗ, auch ܪܣܐܠܗ genannt, das Christus vom Himmel hinabgeschickt in die Kirche von Rom, wo der Patriarch (Name nicht genannt) es auf dem geheiligten Thron

(Bischofssitz) fand, im Monat *Ailôn* ܐܝܠܘܠ in den Tagen des Königs Constantin an einem Sonntage. Der Patriarch ܦܛܪܟܗ liest es der versammelten Gemeinde vor, eine langathmige Strafpredigt, gipfelnd in der Aufforderung, den Sonntag heilig zu halten und die Geistlichen zu ehren. »Ein weiteres Blatt werde ich Euch nicht schicken u. s. w., sondern ich werde den Himmel öffnen und feurige Steine über Euch herabschicken und siedend heisses Wasser u. s. w. (Bl. 4b), wenn Ihr Euch nicht bessert.« Die Vernachlässigung des Sonntags wird mehrfach betont: ܘܟܠ ܗܕܐ ܐܠܡܨܐܝܒ ܠܐܓܠ ܐܗܡܐܠܟܡ ܦܝ ܝܘܡ ܐܠܐܚܕ ܐܠܡܩܕܣ Bl. 4b (auch Bl. 5a. 14). Aufforderung dies Schreiben zu lesen, abzuschreiben und zu verbreiten (Bl. 6b. 2 ff.). Schluss der Verlesung Bl. 8b. 10. Nun wollen einige unter den Anwesenden die Echtheit der Schrift bezweifeln. Da geschieht ein Beglaubigungswunder. »Sofort öffnete sich eine grosse Pforte am Himmel, und eine Feuergarbe schoss daraus hervor« (Bl. 8b. 16. 17). Eine Stimme ertönt vom Himmel, die den Gläubigen und Folgsamen Belohnung, den Ungläubigen und Ungehorsamen Strafen in Aussicht stellt. Schluss Bl. 9b. 6. Nachschrift des Schreibers, der sich *Šammâs Ḥannâ* nennt. Vergl. Bl. 167b. Anfang:

ܐܠܟܬܐܒ ܐܠܢܐܙܠ ܐܠܐܠܗܝ ܐܠܝ ܠܐ ܬܘܒܠ
ܘܠܐ ܝܥܠܡ ܘܐܗܡܝܬܗ ܓܝܪ ܐܠܠܗ ܚܩܝܩܗ
ܐܗܡܝܬܗ ܘܠܟܢ ܣܡܥܢܐܗ ܐܠܡܫܐܝܟ ܥܠܝܟܡ
ܬܣܥ ܡܐܝܗ ܘܬܠܐܬܝܢ ܐܠܦ ܣܢܗ ܐܠܐܟܝܪܐ
ܣܢܗ ܠܐ ܡܓܕܘܦ ܦܝ ܐܠܡܓܐܠܣ ܘܐܠܡܢܐܒܪ
ܘܐܠܟܬܐܒ ܦܝ ܫܗܐܕܬܗ ܐܠܐܒܢܐܗ ܥܠܝ
ܝܕܝ ܒܛܪܟܗ ܘܡܢ ܩܒܠܗ ܐܒܘܬܗ.
ܘܐܬܝ ܐܠܡܠܐܟ ܐܠܪܣܘܠ ܘܩܪܐ ܘܡܢ
ܒܥܕ ܥܒܕܗ ܘܥܕܠܗ ܐܪܐܗܒ ܐܠܐܚܪ
ܗܘܝ ܐܠܢܣܟܗ ܐܠܡܥܬܒܪܗ ܐܠܬܝ ܐܪܣܠܗܐ
ܡܢ ܥܢܕܗ ܥܙܐ ܘܓܠ ܐܠܬܗܘܐܝ ܘܪܣܘܠܗ

ܘܘܓܕܘܗ ܥܠܝ ܟܪܣܝܗ ܕܐܟܠ ܐܠܡܕܒܚ
ܐܠܡܕܝܢܗ ܪܘܡܝܗ ܐܠܟܒܪܝ ܦܝ ܫܗܪ ܐܝܠܘܠ
ܦܝ ܐܝܐܡ ܐܠܡܠܟ ܩܘܣܛܢܛܝܢ ܦܝ ܝܘܡ
ܐܠܐܚܕ ܐܠܡܩܕܣ. ܘܩܪܐܗ ܗܘ ܐܠܒܛܪܟ
ܡܢ ܩܕܐܡ ܘܡܚܠܝܢ ܐܠܫܥܒ ܐܠܡܣܝܚ
ܦܝ ܐܠܝܘܡ ܐܠܡܩܕܣ ܦܩܐܠ ܠܠܟܠ
ܐܠܡܓܬܡܥܝܢ ܗܘܕܐ ܐܟܬܒ ܐܠܝ ܐܠܝܘܡ
ܦܩܕ (Bl. 1b) ܐܠܟܠ ܘܝܓܒ ܐܠܝ ܐܠܝܘܡ
ܘܡܟܢܗ ܝܚܡܠ ܟܬܒܐ. ܡܢ ܐܠܣܡܐ
ܘܐܠܡܠܐܝܟܗ ܝܫܗܕܘܢ ܐܠܐܟ ܐܠܐ ܐܠܐܚܪܝܢ
ܐܠܡܩܕܣ ܦܩܠܬ ܗܘ ܐܠܢܣܟܗ ܥܠܝܗ
ܦܐܢ ܬܝܘܡ ܥܢܗ ܘܩܐܠ. ܐܢ ܕܪ ܘܡܕ

Vergl. einen anderen Sonntagsbrief in Nr. 73 (Sachau 131) nr. V und in Nr. 179 (Sachau 221) nr. 4.

2. Bl. 9b ܣܝܪܗ ܐܠܡܓܝܕܗ ܐܠܡܒܪܘܪܗ ܘܐܠܥܐܠܝܗ ܐܠܡܩܕܣܗ ܒܢܬ ܐܠܡܠܟ.

Geschichte von der heiligen Königstochter Eugenie. Vergl. Migne, Series Latina, tom. 73 p. 606—620. Anfang:

ܟܐܢ ܦܝ ܡܠܟ ܥܠܝ ܡܕܝܢܗ ܪܘܡܝܗ
ܘܟܐܢ ܓܐܗܠ ܥܐܒܕ ܐܠܐܘܬܐܢ ܦܩܠܕ ܗܕܐ
ܐܠܡܠܟ ܥܠܝ ܡܕܝܢܗ ܐܠܐܣܟܢܕܪܝܗ ܪܓܠ
ܟܐܢ ܘܟܐܢ ܠܗ ܐܡܪܐܗ ܡܣܝܚܝܗ ܘܡܐ

Ein heidnischer König von Rom machte einen Mann zum Statthalter von Alexandrien, der eine Christin zur Frau hat. Ihre Tochter hiess Eugenie. Sie liest die heiligen Bücher des Christenthums. Mit 10 Jahren soll sie verheirathet werden, lehnt aber ab, geht in die Wüste hinaus und tritt in ein Mönchskloster ein, männliche Mönchstracht anlegend. Dann kommt ein Jude, um mit dem Bischof des Klosters zu disputiren (Bl. 11a). Eine Feuerprobe zwischen dem Bischof und dem Juden fällt zum Nachtheil des letzteren aus. Eugenia und ihre Leute bleiben viele Jahre in diesem Kloster. Mittlerweile lassen ihre Eltern sie suchen und sind traurig, da sie nicht gefunden wird. Nachdem der Abt gestorben, wird Eugenia als Eugenius — ihr Geschlecht ist im Kloster nicht bekannt — sein Nachfolger, und wird bekannt durch seine Wunder und wunderbaren Heilungen. Eine reiche Frau wird durch Eugenius von einem Dämon befreit; sie bietet ihm dafür grosse Schätze, die er aber ablehnt; dann fordert sie den Heiligen auf das Kloster zu verlassen und sie zu heirathen, was er aber gleichfalls ablehnt. Darauf verleumdet die Frau den Heiligen bei dem Statthalter von Alexandrien mit der Aussage, er habe sie verführen wollen. Der Statthalter schickt seine Reiter aus, Eugenius und seine Mönche werden herbeigeholt. Alle werden in das Gefängniss geworfen und gemartert. Am dritten Tage lässt der Statthalter den Eugenius kommen und hält ihm die Anklage vor. Die Klägerin wird herbeigeholt. Eugenia bittet dann den Statthalter die Zeugen abtreten zu lassen, zeigt ihm ihre Brust und giebt sich ihm als seine Tochter zu erkennen. Grosse Freude. Der Statthalter, seine Frau und ihr ganzes Land werden Christen. Die Mönche wandern reich beschenkt in ihr Kloster zurück.

3. Bl. 15ᵃ ܫܪܒܐ ܕܢܐܣܝܡܘܣ ܕܐܬܩܕܫܬ ܒܪܬ ܡܠܟܐ.

Geschichte von der h. *Nâsimôs* (Onesimus), der Königstochter. *Nâsimôs* war das einzige Kind des Königs der Stadt ܐܪܡܘܕ, die Thronfolgerin. Sie liest die Schriften des Christenthums. Wird Königin nach dem Tode ihrer Eltern. Dann vertheilt sie ihre Schätze unter die Armen und Klöster, lässt ihre Sclaven frei, macht ihr Schloss zu einem Krankenhaus, setzt ihre Krone ab und geht heimlich im Bettlergewand von dannen, zieht fort in die Wildniss und lebt dort 40 Jahre unter den wilden Thieren (Bl. 16ᵇ). Sie findet, dass es ihr zu gut geht, beschliesst daher unter die Menschen zu gehen, um Trübsal aufzusuchen. Sie geht zu einem Nonnenkloster[1], wo sie für verrückt angesehen wird; sie bleibt dort und thut die grobe Arbeit (Bl. 18ᵃ), von Allen schlecht behandelt. Dies dauert 40 Jahre. Da sieht Gott ihre Demuth an und offenbart ihren Zustand dem Einsiedler ܦܘܝܢܝ (Bl. 18ᵇ. 4). Er sucht das Kloster auf, die Nonnen rührt ein schlechtes Gewissen; er findet unter ihnen die Heilige nicht; da schleppen sie die verrückte Magd herbei, und siehe da! vor ihr kniet der heilige Mann nieder und bittet um ihren Segen. Nun bekommen die Nonnen Reue und bitten die Heilige um Verzeihung. Der Mönch hält den Nonnen eine Rede; eine Stimme vom Himmel kündigt ihnen Vergebung an. Die *Nâsimôs* schweigt, der Mönch geht von dannen. Nun wird die *Nâsimôs* von den Nonnen auf den Händen getragen, das erträgt sie aber nur 10 Tage, dann verschwindet sie aus dem Kloster und ward nicht mehr gesehen. Anfang:

ܗܘܐ ܦܝ ܒܝܘܡܝ ܕܐܘܢܪܝܘܣ ܐܦܪܟܝܐ ܒܥܕܢܗ
ܡܢ ܡܕܝܢܬܐ ܚܕܐ ܕܫܡܗ ܐܪܡܘܕ ܘܗܘܐ
ܐܬܚܙܝܬ ܕܢܐܣܝܡܘܣ ܘܗܘܐ ܐܬܝܐ ܡܠܟܐ
ܘܡܠܟܬܐ ܘܗܘܐ ܠܗ ܒܪܬܐ ܘܥܒܕܬ ܡܕܝܢܬܐ
ܘܗܘܬ ܒܪܬ ܕܐܠܦܐ ܟܬܒܐ ܕܟܠܗܘܢ
ܘܟܬܒܐ ܕܡܫܝܚܐ ܕܐܘܬܒ ܘܐܠܗܘܬܐ
ܘܚܙܬ ܕܗܘܬ ܡܕܡ ܕܥܠܡܐ ܡܬܒܪܐ
ܕܐܚܝܕ ܘܐܬܝܢܐ ܡܠܟܘܬܐ ܕܐܠܗܐ
ܘܚܙܬ ܕܢܐܣܝܡܘܣ ܠܫܠܝܘܬܐ ܕܐܠܗܐ ܘܥܒܕ

Vergl. Nr. 74. 10 und 245. 11.

4. Bl. 20ᵇ ܨܠܘܬܗ ܕܡܘܫܐ ܢܒܝܐ ܕܐܬܡܠܠ.

Gebet des Propheten Moses. Unterhaltung zwischen Gott und Moses auf dem Berge Sinai, eine Anzahl von kurzen Fragen und Antworten mit allgemein ethischer, christlicher Tendenz. Schliesslich verlangt Moses Gott zu sehen, um

---

[1] ܒܝܬ ܕܐܝܟܘܣ.

den Israeliten berichten zu können. Der Himmel öffnet sich und Moses sieht von der göttlichen Allmacht so viel wie ein Nadelloch. Er fällt in Ohnmacht. Nachdem er sich erholt, bekennt er, dass Niemand Gott sehen könne, steigt auf Gottes Geheiss vom Sinai herab und berichtet den Israeliten. Vergl. Rosen-Forshall S. 111 nr. 16. Anfang:

[illegible] (Bl. 21a) [illegible]

Weitere Fragen sind: Wer die Durstigen auf der Landstrasse tränkt, wer das Herz des Armen bricht, wer sich des Armen annimmt, wer für einen verstorbenen Mitmenschen ein Todtentuch hergiebt oder für ihn eine Grube gräbt, wer mit einem Leichenconduct geht und tragen hilft, wer in der Nacht betet ohne zu schlafen, wer da betet bei Sonnenaufgang, zur 3., 6., 9. Stunde, bei Sonnenuntergang, das Schlafgebet [illegible], wer nach Geld trachtet, wer Unzucht treibt u. s. w., was ist des Einzelnen Lohn? —

Am Schluss findet sich das Formular eines Kirchengebets für einen Muhammedanischen Landesfürsten Bl. 28a:

[illegible] (Bl. 26b) [illegible]

5. Bl. 28b Geschichte der *Šamûnî* (Mutter der Makkabäer) und ihrer sieben Söhne, und was ihnen geschah unter dem ungläubigen König Antiochus: [illegible]

Anfang:

[illegible]

ܘܫܡܫܐ ܩܪܝܒܬܐ ܘܡܬܚܙܝܢܘܬܐ ܕܒܢܝܢܫܐ ܥܠ
ܡܢ ܕܠܥܠܡ ܕܠܥܠܡ ܕܐܬܪܕܘ ܕܠܒܝܬܐ
ܠܗ̇ ܗܕܐ ܕܠܥܠܡ ܥܠܝ ܡܢܥܠܬ ܘܡܛܐ
ܕܠܠܗ ܡܥܠܬ ܘܥܠܝ ܒ ܕܠܐܪܥܐ ܥܠܡܐ
ܘܥܠܝ (Bl. 29ᵃ) ܥܠܡܝܢ ܐܡܝܢ ܡܢ ܕܠܡܫܝܚ
ܢܫܠܡ

6. Bl. 35ᵃ Frage des h. Macarius und Gottes Antwort darauf: ܫܘܐܠܐ ܕܐܒܐ ܕܡܩܪܝܣ
ܕܥܠ ܕܢܦܫܐ ܕܐܢܫܐ ܡܦܩܢܘܬܗ ܐܝ
ܡܢ ܡܢܗ ܒ ܡܢ ܕܦܓܪܐ.

Macarius bittet Gott um Auskunft über das Schicksal der Seele nach dem Tode und ob die von den Menschen beobachteten Gebräuche am 3., 7. und 40. Tage nach dem Tode Gottes Gebot sind oder eine Verfügung der Väter. Ein Schüler des Macarius erzählt: Er und sein Meister hätten draussen in der Wüste gebetet, da seien zwei Engel erschienen, die dem Heiligen die erbetene Auskunft von Gott bringen (Bl. 36ᵃ). Am 3., 7. und 40. Tage umflattert die Seele die Grabstätte und erfreut sich an dem Gebet und den Opfern der Angehörigen. Dann fragt der Heilige (Bl. 38ᵃ), wiefern die Seele eines Gläubigen und die eines Ungläubigen eine verschiedene Behandlung erfahren. Die Engel schliessen mit einem Lobe der Frömmigkeit des h. Macarius (Bl. 39ᵇ). Zuletzt Aufforderung (von dem Schreiber der Hds.?) das Beispiel des Heiligen nachzuahmen. Vergl. Wright S. 867. 868. Inhaltsverwandt ist eine Schrift des Macarius Alexandrinus, Sermo de excessu justorum et peccatorum in Jacobi Tollii Insignia itinerarii italici, Utrecht 1696 S. 192—199. Anfang:

ܒܟܠܙܒܢ ܥܠ ܥܠܡܐ ܡܫܒܚܐ ܡܛܠܬܐ
ܡܢ ܕܐܠܗܐ ܒ ܚܘܒܗ ܩܕܡܝ ܕܐܠܗܐ ܘܫܡܫܐ
ܘܡܥܠ ܡܫܒܚܬܐ ܦܘܩܕܢܐ ܕܐܠܗܐ ܡܠܟܐ
ܘܫܒܩ ܠܗ ܚܛܗܐ ܥܠ ܕܠܥܠܡܐ ܡܪܢܐ
ܒܠܘܬ ܠܠܡܫܝܚ ܦܪܘܩܐ ܘܗܘ ܡܪܢ ܝܫܘܥ

ܡܢܬ ܒ ܚܘܠܡܗ ܡܬܠܬ ܥ ܗܘ ܐܡܝܢ
ܠܒܢܝܢ ܕܠܟܘܢ ܦܬܝܚ ܡܢ ܡܢ ܕܐܘܪܫܠܡ
ܕܠܝܗܘܕܝ ܕܠܡܫܝܚ ܒ ܡܫܝܚܐ ܘܐܡܪ

7. Bl. 40ᵃ Geschichte des Cyriacus und der Julitta: ܬܘܒ ܫܪܒ ܡܪܩܘܪܝܩܘܣ ܕܠܥܠܡ
ܕܠܦܪܩܢ ܕܠܡܫܝܚ ܘܐܡܗ ܝܘܠܝܛܝ.

Martyrium des 2½ Jahre alten Cyriacus, Sohnes der Julitta, vor einem götzendienerischen Könige von Tarsus. Vergl. Nr. 75. 18. Anfang:

ܕܠܫܡܝܐ ܠܠܗ ܥܠ ܢܫܡܬܗ ܫܡܝܐ ܘܐܡܪ
ܘܫܡܝܐ ܡܢ (ܥܠܝ) ܒ ܕܠܥܠܡ ܕܠܡܥܠܝܐ
ܡܠܟܬܝ ܡܢ ܓܘܝ ܕܠܥܠܡܐ ܕܠܥܠܡܗ ܡܠܟܐ
ܡܢ ܕܥܠܡܐ ܕܠܥܠܡܝ ܘܫܡܝܐ ܕܠܐܪܥܐ ܓܘܝ
ܕܠܥܠܡܝ ܡܠܟܘܬ ܒܠܘܬ ܠܠܥܠܡܝ ܘܐܡܪ

8. Bl. 46ᵃ Anweisung für Gebet und Messe nach den Canones der Kirche: ܡܫܠܡܢ ܒ
ܕܠܥܠܡܗ ܘܠܥܠܡܐ.

Wie sich der Christ auf die Messe vorbereiten soll, während derselben benehmen. Ein Heiliger hatte einmal gesehen, wie während der Messe ein Engel umherging und alle Andächtigen aufschrieb, dann ein Teufel, der alle Unaufmerksamen aufschrieb (Bl. 48ᵃᵇ). Predigt über Messen und Gebet, Kirchenbussen (Bl. 59ᵃ), Beichte und Absolution. Die Form der Anrede ist ܐܚܝ ܐܚܒܝܒܐ. Ausser der Bibel werden ܕܠܡܫܝܚ ܕܠܡܫܝܚܘܬܗ citirt. Verfasser nicht genannt. Anfang:

ܡܠܟܐ ܕܠܡܫܝܚ ܕܠܡܫܝܚܘܬܗ ܐܝ ܕܠܡܫܡܫ
ܐܕܝ ܚܘܒ (Bl. 46ᵇ) ܐܝ ܢܫܡܫܘܢ. ܢܥܒܕ ܥܠܡܗ
ܢܫܡܫ ܢܒܫܘܗ ܡܢ ܥܠ ܕܢܫ ܥܠܬܐ
ܡܥܠ ܕܠܥܠܡܗ ܚܘܒ ܘܫܡܫܐ ܕܠܥ
ܕܠܡܫ ܡܫܡܫܢܘܬܗ ܕܠܠܗ. ܘܠܐ ܢܥܒܕ ܒ
ܡܠܟܗ ܫܡܝܐ ܘܐܡܪ

9. Bl. 61ᵃ Geschichte von dem Teufel, der bereute und von Gott angenommen wurde: ܬܘܒ ܕܠܫܝܛܢܐ ܕܠܗ ܗܘܐ ܘܡܥܠܗ ܕܐܠܗܐ.

Die Teufel Zeus, Apollo und Artemis sind der Ansicht, dass ihre Busse, Bekehrung ܬܘܒܬܗ vom Messias nicht angenommen wird ausser durch Vermittelung eines Christen. Einer von diesen Teufeln will den Versuch machen, und die anderen rathen ihm es mit einem Kloster zu versuchen. In einem Kloster der inneren Wüste ist der Küster ܐܠܩܢܕܠܦܬ beschäftigt die Hostie ܐܠܩܪܒܐܢ zu backen. Nachdem er den Ofen geheizt, wurde dieser auf einmal so glühend, dass er nicht an ihn hinanzutreten vermochte. In der Flamme sah er das Bild eines Hundes aus Holz; der Küster bekreuzigt sich, das Bild springt aus dem Feuer und wird ein schöner Knabe. Er wirft sich dem Küster zu Füssen, berichtet ihm der Wahrheit gemäss und bittet um seine Vermittelung, um in das Kloster aufgenommen zu werden. Der Küster berichtet dem Abt, der Knabe wird aufgenommen, wird Diener im Kloster. Alle Dienste in Wasser, Luft und Erde verrichtet er mit unheimlicher Fertigkeit und Geschwindigkeit, er fliegt durch die Luft, schreitet über das Wasser u. s. w., aber die Mönche sehen darin nur Zeichen göttlicher Gnade. Schliesslich packt er ein ganzes Schiff mit Besatzung und Ladung (Fischen), bringt es vom Meer nach dem Kloster und zurück in's Meer, nachdem die Mönche ihren Bedarf entnommen. Nun fragen ihn die Mönche, durch welche Kraft er solches gethan. Er verweist sie an den Küster und dieser berichtet ihnen den Hergang. Er bittet die Mönche für ihn zu beten. Das geschah denn auch. Da spaltete sich der Tempel, die himmlischen Heerschaaren erscheinen, er steigt zum Himmel auf. Anfang:

ܘܟܠܝ ܦܫ ܒܟܝ ܗܘܐ ܡܢ ܐܠܐܠܗ ܛܠܝܐ
ܐܠܥܠܡܝܢ ܘܗܘܘ ܘܐܦܠܘ ܘܐܬܕܟܪܘܗ ܐܠܐ
ܠܡܫܝܚ. ܒܝܕ ܟܪܝܣܛܝܢܐ ܐܠܟܝ ܟܪܝܡ ܡܫܝܚ
ܐܠܡܫܝܚ ܘܠܗܘܡ ܡܛܠܘܒ ܘܡܟܬܘܒ ܘܠܝ

ܒܟܠܗܝ ܘܒܕܝܢܬܗܝ ܘܫܒܩܘܗܝ ܬܘܒܬܗ
ܒܡܫܠܡܘܬ ܐܠܡܫܝܚ. ܘܐܢܫ ܚܕ ܠܐ
ܒܨܒܘ ܬܘܒܬܗ ܡܢ ܒܡܫܠܡܢܐ ܐܠܡܫܝܚ.
ܘܩܕܡܝܬܐ ܘܗܘܘ ܘܐܦܠܘ ܘܐܬܕܟܪܘܗ ܡܢ
ܠܢ ܘܠܗ ܐܢܫ ܗܘ ܒܨܒܘ ܐܠܐ ܒܠܚܘܕ
ܡܢ ܐܠܟܝܪܝܢ ܘܨܒܘ ܒܡܫܡܫܢܐ ܐܠܗ ܘܡܢ

10\. Bl. 66ᵃ Geschichte des Königs Zeno und seiner Gemahlin *Šems-elmunir*: ܙܝܢܘ ܐܠܡܠܟ ܘܙܘܓܬܗ ܫܡܣ ܐܠܡܢܝܪ.

König Zeno und seine Frau thun viele fromme Werke, entbehren aber des Kindersegens. Schliesslich wird ihnen ein Mädchen geschenkt, das getauft wird ܐܝܠܐܪܝܐ, ܐܠܐܪܝܐ (Hilaria?), die F r u c h t d e s G e b e t s. Sie erhält mit sechs Jahren eine Lehrerin, liest Heiligen-Geschichten, beginnt mit frommen Übungen und wünscht in ein Kloster zu gehen. Vergebens die Vorstellungen ihrer Lehrerin ܡܥܠܡܬܗ und Eltern. Sie lässt sich ein Mönchsgewand kommen und entflieht zur Nachtzeit als Mönch verkleidet aus dem Elternhaus. Sie kommt nach ܡܨܪ ܗܘܫ und trifft dort einen Mönch, den sie nach Klöstern ausfragt; dieser nennt ihr das Kloster des h. Macarius. Sie sucht es auf und giebt sich auf Befragen des Arztes aus für ܡܫܝܚܐ ܐܠܐܣܩܘܛܐ (Bl. 69ᵇ), ܡܫܝܚܐ ܐܠܐܣܩܘܛܐ (Bl. 73ᵃ), ܡܫܝܚܐ ܘܐܠܐܣܩܘܛܐ (Bl. 75ᵇ). Sie wird aufgenommen als Johannes und thut schwere Arbeit.

Ihre Eltern (Bl. 70ᵇ 5 ff.) haben in ihrem Zimmer nur die von ihr hinterlassenen Gewänder und Schmucksachen gefunden. Klage der Eltern. Der Vater geht in die Wüste, kommt zu dem betreffenden Kloster und bittet die Mönche um Hülfe in seiner Noth (Bl. 73ᵃ). Die Mönche beten zu Christus das Geheimniss ihnen zu offenbaren, Johannes bittet es geheim zu halten, und sein Gebet überwiegt. Der Abt tröstet den Vater.

König Zeno und seine Frau bekommen eine zweite Tochter, die aber nach fünf Jahren krank wird, besessen von einem Dämon. Sie wird zu dem Kloster gebracht, man kann sie dort nicht heilen, aber sie wird dort belassen und dem Johannes, dem Eunuchen [Syriac text] (Bl. 74[a]) (ihrer Schwester), übergeben. Durch die Kraft seiner Gebete heilt Johannes das Mädchen und unterrichtet sie. König Zeno und Frau holen ihr geheiltes Kind wieder ab, und dies erzählt ihnen von seiner Heilung und von dem Mönch Johannes. Zeno will sich dankbar erweisen, er schickt Geschenke zum Kloster und ladet zehn Mönche, unter diesen Johannes, zu sich ein. Auf des Abtes Befehl ziehen sie zur Residenz des Königs und werden dort gastlich empfangen, besonders Johannes, der von der geheilten Königstochter wieder erkannt wird. Zeno fragt ihn nach seinem Herkommen, seiner Vergangenheit. Nachdem auf Johannes' Wunsch die anderen sich entfernt, giebt er — d. i. sie — sich seinen Eltern zu erkennen, nachdem dieselben haben schwören müssen, dass sie ihr Geheimniss nicht verrathen wollen (Bl. 79[b]). Grosse Freude des Wiedersehens. Nach drei Tagen zieht Johannes mit den anderen Mönchen nach seinem Kloster zurück. Zeno schickt dem Kloster viele und reiche Geschenke, die Johannes über die Klöster vertheilt. Da die Mönche hierüber reden und Johannes fürchtet, dass sein Geheimniss erkannt werde, flieht er in die Wüste und lebt dort 10 Jahre in einer Höhle unter einem Baum. Dort findet man ihn kurz vor seinem Tode. Erst bei der Behandlung der Leiche erkennt man, dass Johannes ein Weib war.

Hier und da sind dieser Arabischen Erzählung einige Zeilen von Syrischen Gebeten, Hymnen eingefügt. Vergl. Wright S. 1046. Anfang:

[Syriac text]

11. Bl. 84[a] Geschichte des Heiligen *Rağul-Allâh*: [Syriac text].

Eine Arabische Version der Legende von Johannes, dem Sohn des Euphemianus (hier geschrieben [Syriac text] Bl. 90[a] 2, [Syriac text] Bl. 86[b]), weniger ausführlich als der Syrische Text in Nr. 169 nr. 2. Eine Karschuni-Version auch in Nr. 112 nr. 12. Anfang:

[Syriac text]

12. Bl. 93[a] Pilatus-Geschichte:

[Syriac text]

•Geschichte von Pilatus, dem Statthalter von Jerusalem, und was ihm passirte mit dem Juden, nach der Himmelfahrt des Messias.• Anfang:

[Syriac text]

ܐܠܬܝ ܐܚܬܡܠܗܐ(!) ܦܝܠܐܛܘܣ ܘܐܠܝ ܡܕܝܢܗ̈
ܐܘܪܫܠܝܡ ܦܝ ܙܡܢ ܐܠܕܝ ܚܠ ܦܝܗ
ܐܠܐܠܡ. ܘܬܟܠܡ ܦܝܗ ܐܝܛܐ ܥܠܝ
ܝܘܣܦ ܐܠܪܐܡܝ ܘܢܝܩܘܕܝܡܘܣ ܐܠܪܘܣܐ
ܐܠܡܟܪܡܝܢ. ܘܐܛܗܪ ܦܝܗ ܡܐ ܐܚܬܡܠܗ
ܦܝܠܐܛܘܣ ܡܢ ܐܠܒܠܐܝܐ ܡܢ ܩܒܠ ܐܠܝܗܘܕ
ܠܐܓܠ ܐܣܡ ܐܠܣܝܕ ܐܠܡܣܝܚ. ܠܕܟܪܗ
ܐܠܡܓܕ ܘܐܠܬܣܒܝܚ. ܘܡܐ ܢܐܠܗ ܡܢ
ܣܐܒܩܐ ܡܢ ܐܠܐܠܡ ܡܢ ܩܒܠ ܒܪܣܠܗ
ܐܠܝ ܡܕܝܢܗ̈ ܐܠܡܠܟ ܐܠܬܝ ܗܝ ܪܘܡܝܗ̈
ܐܠܟܒܪܝ ܘܗܢܐܟ ܐܩܛܥ ܪܐܣܗ (Bl. 93[b]) ܟܡܐ
ܘܓܕܢܐ ܦܝ ܐܠܢܣܟܗ̈ ܐܠܬܝ ܠ
ܓܡܠܐܝܠ ܘܩܘܪܝܩܘܣ ܐܠܡܥܠܡܝܢ
ܐܠܡܬܡܝܙܝܢ ܐܠܐܬܩܝܐ ܦܝ ܓܘܗܪ ܐܠܠܗ ܬܥܐܠܝ
ܟܬܒܘܗ ܠܐܢܗܡ ܟܐܢܘܐ ܚܐܛܪܝܢ ܡܥ
ܝܘܣܦ ܘܢܝܩܘܕܝܡܘܣ ܘܟܐܢܘܐ ܫܗܘܕ ܥܠܝ
ܐܠܐܠܡ ܐܠܡܣܝܚܝ ܘܐܠܩܝܐܡܗ̈ ܐܠܐܠܗܝܗ. ܘܕܟܪܘܐ
ܐܢܗܡ ܟܬܒܘ ܗܕܗ ܐܠܫܗܐܕܗ̈ ܡܢ ܒܥܕ
ܩܝܐܡܗ̈ ܣܝܕܢܐ ܘܡܟܠܨܢܐ ܝܣܘܥ ܐܠܡܣܝܚ
ܡܢ ܒܝܢ ܐܠܐܡܘܐܬ ܘܕܟܪ ܦܝܗ ܐܠܐܝܐܬ
ܘܐܠܥܓܐܝܒ ܐܠܬܝ ܥܡܠܘܗܐ ܘܐܛܗܪܘܗܐ ܦܝ
ܐܠܩܒܪ ܐܠܬܝ ܨܐܪܬ ܦܝ ܩܒܪ
ܐܠܕܝ ܘܛܥ ܦܝܗ ܣܝܕܢܐ ܝܣܘܥ ܐܠܡܣܝܚ
ܡܢ ܒܥܕ ܐܠܩܝܐܡܗ̈ ܐܠܡܩܕܣܗ ܘܡܫܐܘܪܗ̈
ܐܠܝܗܘܕ ܐܠܡܟܦܝܗ̈ ܒܡܟܪܗܡ ܡܢ ܐܠܠܗ
ܐܡܝܢ: ܬܢܐܠ ܘܠܢܐ ܒܪܟܗ̈ ܐܠܣܝܕ ܐܠܡܣܝܚ
ܦܝ ܐܠܡܩܨܕ ܐܠܕܝ ܒܐܣܡܗ ܐܠܡܕܟܘܪܝܢ.

»Abhandlung von dem h. Cyriacus, Bischof der Stadt *El-Behnesa*, über die Auferstehung des Messias von den Todten und über die Beschwerden, welche Pilatus, der Statthalter von Jerusalem, zur Zeit des Leidens (Christi) zu ertragen gehabt; er handelt darin auch von Joseph *Er-râmi* (von Arimathia) und Nikodemos, den angesehenen Vorstehern, und macht darin offenkundig, was für Plage Pilatus zu tragen hatte von Seiten der Juden (ܐܠܝܗܘܕ) wegen des Namens des Herrn Messias, sein Andenken sei gepriesen, und was für Schmerz ihm schon vorher zu Theil wurde von Seiten des Herodes durch seine Boten nach der Residenz, dem grossen Rom, und dort wurde er enthauptet(?), wie wir gefunden in dem Exemplar (Buch) des Gamaliel und des Cyriacus, der Lehrer, der ausgezeichneten, frommen Männer unter den Wesen Gottes des Allerhöchsten, das sie geschrieben haben, weil sie zugegen waren mit Joseph und Nikodemos und Zeugen waren von dem messianischen Leiden und der göttlichen Auferstehung. Sie erzählen, dass sie diesen Zeugenbericht niedergeschrieben haben nach der Auferstehung unseres Herrn und Erlösers Jesus Messias von den Todten. In demselben sind auch die Zeichen und Wunder klar dargelegt, welche sie verrichteten am Grabe, welche geschehen am Grabe, in das unser Herr Jesus Messias hineingelegt war, nach der heiligen Auferstehung und nach der geheimen Berathung der Juden.«

Der eigentliche Erzähler ist Gamaliel (Schüler von Joseph und Nikodemos Bl. 111[a] 2 3; 119[a] 15; 119[b] 10; 125[a] 12), und sein Bericht ist mitgetheilt von Bischof Cyriacus. So die schriftstellerische Einkleidung der Legende.

Skizze des Inhalts:

Nachdem Joseph und Nikodemos Christus in ein neues Grab gelegt, wünscht Maria es zu besuchen, wird aber durch die Sabbathruhe daran verhindert. Am folgenden Tage besucht sie, begleitet von den Weibern, das Grab; der Deckstein ist weggewälzt, die Leiche ist nicht da, wohl aber die Tücher, im Hintergrunde der Gruft zwei Engel (Bl. 94[a]); wie sie sich umwendet, sieht sie Christus, hält ihn aber zuerst für den Gartenwächter. Gespräch zwischen Christus und Maria, er berichtet ihr von seinen Leiden und dass er sein Blut vergossen, Adam zu erlösen (Bl. 96[a]). Er trägt ihr auf, seinen

Schülern zu sagen, dass sie nach Galilaea gehen möchten; die Schüler wollen es nicht glauben. Pilatus und seine Frau Procula ܐܦܪܘܩܠܐ, ܐܦܪܐܩܠܐ geben aus Freude über die Wunder, die an Christi Grab geschehen, den Armen ein Mahl (Bl. 97a). Da Procula in der Nacht das Grab besuchen will, beschliessen die Juden sie zu überfallen, sie und alle Ihrigen zu tödten und auszurauben, und dingen zu diesem Zweck den von Pilatus den Juden freigegebenen Mörder Barrabas ܒܪܐܣ, ܒܪܒܐܣ (Bl. 97a b), dessen Schwester die Frau von Judas (Ischariot) ist; Barrabas willigt ein, denn er braucht Geld. Nachdem Gamaliel von diesem Anschlage erfahren, eilt er zu Joseph, und beide setzen den Pilatus in Kenntniss. Dieser schickt nun Soldaten mit, die seine Frau in der Nacht zum Grabe begleiten; der Überfall findet Statt, doch Barrabas wird gepackt, vor Pilatus gebracht (Bl. 98b) und hingerichtet vier Monate nach der Auferstehung Christi. Die Juden wollen sich rächen, den aus Aegypten stammenden Pilatus bei dem Kaiser Tiberius verklagen; sie suchen den König Herodes in der Hauptstadt von Galilaea auf und bestimmen ihn eine Klageschrift wider Pilatus nach Rom abzuschicken (Bl. 99a). Der Kaiser erhält zuerst die Eingabe der Juden, dann den Bericht des Pilatus (Bl. 99b); nachdem er die Juden angefahren und sie hat tödten lassen, sendet er einen Legaten zur Untersuchung der Angelegenheit nach Jerusalem. Auch König Herodes geht dorthin, um den Pilatus zu bestrafen. Dieser räth nun seiner Frau, sich mit ihren Kindern zu verbergen (Bl. 100b), sie aber lehnt ab und will bei ihrem Manne ausharren.

Da erscheinen Soldaten und schleppen Pilatus vor Herodes und den kaiserlichen Legaten (Bl. 101a); er wird gegeisselt und von den Juden verhöhnt, während Procula ihm Muth und Trost zuspricht. Da der Legat erklärt, dass er nicht Befehl habe den Pilatus tödten zu lassen, so bestechen ihn die Juden, worauf er sie gewähren lässt. Nun werden Pilatus und Procula von den Juden durch die Strassen geschleift und in's Gefängniss geworfen (Bl. 102b). Die Juden fabriciren eine lügnerische Anklageschrift gegen ihn. Auch den Joseph und Nikodemos verklagen sie bei Herodes; diese werden gegeisselt und ihre Güter confiscirt. Der Plan der Juden, das Grab Christi und das Holz seines Kreuzes zu verbrennen, wird durch Joseph vereitelt (Bl. 103a). Gegen vieles Geld giebt der Legat den Juden die Erlaubniss Pilatus zu kreuzigen. Nachdem ihnen Christus im Gefängniss erschienen, werden Pilatus und Procula an's Kreuz geschlagen (Bl. 105b). Da geschieht ein Wunder: zwei Kronen kommen vom Himmel herunter und senken sich auf die Häupter von Pilatus und Procula. Nachdem die Juden dies Wunder gesehen, nehmen sie beide vom Kreuze herab, bringen den Pilatus vor den Legaten und verklagen nun den Herodes. Der Legat setzt nun den Pilatus in Freiheit und sendet einen Bericht an den Kaiser (Bl. 106b).

Dem Kaiser Tiberius stirbt ein geliebter Sohn; auf Vorschlag der Kaiserin, die von Christus und seinem Grabe weiss, schickt er die Leiche nach Jerusalem zum Grabe Christi. Tiberius schreibt einen Brief, in dem er Christus bittet seinen Sohn wieder zu erwecken (Bl. 108a). Die Boten kommen zu Herodes und dem Legaten; Pilatus hat im Gefängniss (sic) ein Traumgesicht, in dem ihm Gott die Ankunft der Leiche des Prinzen ankündigt. Nachdem die Leiche angekommen, wollen die Juden verhindern, dass sie der wunderwirkenden Nähe des heiligen Grabes ausgesetzt werde. Auf Befehl des Herodes und der Priester stiehlt ein Jude die Leiche zur Nachtzeit, und alsdann beschuldigen die Juden den Pilatus, Joseph und Nikodemos des Diebstahls (Bl. 110a), indessen der Engel

Gabriel deckt diesen Betrug auf (Bl. 110ᵇ). Nun entsteht das Gerücht in der Stadt, man habe die Prinzenleiche im Hause eines Juden gefunden und dieser Diebstahl sei das Werk des Herodes. Darauf schiesst der Legat nach Herodes mit einem Pfeil, und Herodes fährt zur Hölle; das Haus des Juden sammt Insassen wird verbrannt.

Der Legat befreit Joseph und Nicodemus aus dem Gefängniss; diese zusammen mit Pilatus beten über der Leiche und legen sie vier Tage lang in das Grab Christi (Bl. 111ᵇ); da öffnet sich das Grab von selbst, der Prinz sitzt auf seinem Sarge, steht auf und erzählt, wie ihn Christus erweckt (Bl. 112ᵇ—113ᵇ). Er erkundigt sich, wo er sei (hier wird Jerusalem ܡܕܝܢܬܐ ܐܠܩܘܡܡܗ die Stadt des Misthaufens[1] genannt). Getrieben von Befürchtungen wegen seines früheren Vorgehens gegen Pilatus und Procula schreibt der Legat an den Kaiser und bittet um Entschuldigung (Bl. 114ᵃ), auch veranlasst er den Prinzen an seinen Vater zu schreiben. Tiberius eilt mit dem Briefe des Legaten zu seiner Frau; freudig bewegt schickt er Boten aus, die seinem Sohne auf dem Wege nach Rom begegnen. Freudiges Wiedersehen. Tiberius preist Christum (Bl. 116ᵃ). Der Prinz erzählt seinem Vater von Christus und seiner Wiedererweckung und schlägt vor den Pilatus kommen zu lassen, damit er von Christus berichte (Bl. 117ᵇ). Pilatus erscheint und wirft in seinem Bericht die Schuld für die Kreuzigung Christi auf die Juden. Nachdem Pilatus dann noch Manches über Christus erzählt, lässt ihn der Kaiser an das Kreuz schlagen und schliesslich köpfen den 15. *Kânûn* (Bl. 119ᵇ). Die Leiche wird auf seinen Wunsch nach Jerusalem gebracht und neben Christi Grab bei gesetzt. An demselben Tage mit Pilatus waren auch Procula und ihre Kinder gestorben (Bl. 119ᵇ). Der Kaiser lässt auch die Juden verfolgen; der Bösewicht Herodes war schon vorher gestorben.

Tiberius und seine Frau kommen nun auf die Idee, die Mutter Christi, Maria, nach Rom kommen zu lassen (Bl. 120ᵃ). Da kündigt Christus der Maria ihr Ende an und giebt dem Johannes den Auftrag, dem Kaiser Tiberius von ihm zu berichten. Als die Gesandtschaft des Kaisers ankommt, ist Maria bereits verschieden (Bl. 122ᵇ); Johannes geht nun mit den Gesandten nach Rom, berichtet dem Kaiser von Christus und malt auf sein Verlangen das Bild der Kreuzigung (Bl. 124ᵃ). Johannes und der gemalte Gekreuzigte küssen sich, und der letztere spricht zu Johannes, er hätte eigentlich die Auferstehung malen sollen (Bl. 124ᵃ). Tiberius stellt das Bild auf. Dann erscheint eine feurige Wolke und trägt den Johannes von Rom nach dem Ölberge, wo er den anderen Jüngern berichtet. Die Maria erscheint ihnen und theilt mit, dass sie Pilatus und die Seinigen im Himmel in grosser Herrlichkeit gesehen habe, wie das Kreuz ihres Sohnes sie bescheine (Bl. 125ᵃ). Zum Schluss betet der Erzähler Gamaliel zu Gott um Vergebung seiner Sünden u. s. w.

Diese Pilatus-Geschichten sind mit den bisher bekannten Acta oder Gesta Pilati (s. hierüber Lipsius, Die Pilatus-Acten, Kiel 1871) nicht identisch.

13. Bl. 126ᵃ Geschichte der Susanna: ܬܘܒ ܫܘܫܢ، ܐܠܩܕܝܫܬܗ ܕܐܬܕܪܫܬܗ ܡܢ ܐܠܗܐ ܚܠܩܝܐ ܘܒܬܪ ܗܘܐ ܠܗ ܡܢ ܝܘܝܩܝܡ ܐܠܩܝܡ ܐܠܫܝܟܐ.

Eine Paraphrase des Apokryphons dieses Namens. Anfang:

ܒܫܘܒܚܐ ܠܐ ܡܬܦܣܩܢܐ ܕܐܠܗܐ ܡܫܒܚܐ ܐܝܬ ܠܢ ܐܦ ܫܘܒܚܐ ܕܠܐ ܡܬܡܠܠܐ ܥܠ ܡܘܗܒܬܗ ܕܐܠܗܐ ܕܐܝܬܘܗܝ ܒܫܘܦܪܐ. ܘܒܡܪܚܡܢܘܬܗ

---

[1] Vergl. كنيسة القُمامة statt كنيسة القيامة.

ܐܠܐ ܐܢ ܐܢܗ ܟܐܢ ܝܥܡܠ ܠܗܡ ܐܚܣܐܢ
ܗܘܗ ܠܠܦܩܪܐܗ. ܬܡ ܣܐܠܗ ܪܒܗ ܗܘܗ
ܐܠܡܣܝܚ ܠܗ ܐܢܬ ܙܝܢܗ[1] ܢܦܣܗ ܐܬܦܣܗ
ܚܐܠܗ ܡܢ ܐܠܓܡܐܡ ܘܥܠܝ ܟܝܦ ܕܚܠܐ
ܐܣܡܗ ܘܫܐܢܗ.

14. Bl. 138ᵇ Geschichte des Propheten Jonas: ܩܨܬ ܝܘܢܣ ܐܠܢܒܝ ܒܢ ܡܬܝ ܦ ܡܕܝܢܬ ܢܝܢܘܐ ܚܝܢ ܐܠܒܫܐܪܬܗ.

Eine Paraphrase des Jonas-Buches. Anfang Bl. 139ᵃ:

ܦܠܡܐ ܐܪܐܕ ܐܠܠܗ ܬܥܐܠܝ ܠܝܦܩܕ ܦ
ܐܠܚܠܝܩܗ ܚܟܡܬܗ ܬܕܒܝܪܗ ܘܪܚܡܬܗ ܘܢܥܡܬܗ
ܒܥܬ ܝܘܢܣ ܐܠܢܒܝ ܐܠܝ ܡܕܝܢܬ ܢܝܢܘܐ
ܠܝܢܕܪ ܐܗܠܗܐ ܒܥܩܘܒܬܗܡ ܘܝܚܕܪܗܡ
ܐܠܝ ܡܢ ܪܒܗ ܘܐܢܘܪܗܡ ܡܢ ܐܠܡܫܝܒܗ
ܐܢ ܠܡ ܝܬܘܒܘܐ ܣܪܝܥܐ ܡܢ ܐܥܡܐܠܗܡ ܐܠܪܕܝܗ
ܡܚܢܬܗܡ ܥܠܝܗܡ ܡܥ ܥܠܡܗ ܘܐܕܐ ܐܠܕܝܢ
ܘܫܪ

15. Bl. 147ᵃ Geschichte von dem Könige Arsenius von Aegypten: ܩܨܬ ܐܪܣܢܝܘܣ ܡܠܟ ܡܨܪ ܘܫܡܥܘܢ ܐܠܨܦܐ ܟܝܦ ܡܢ ܒܥܕ ܡܘܬܗ ܒܩܕܪܗ ܐܠܠܗ ܥܠܝ ܝܕ ܐܠܡܣܝܚ.

Eine Legende. Christus, mit seinen Jüngern in Jerusalem einziehend, sieht am Wege einen grossen, ausgetrockneten Schädel liegen. Er macht seine Schüler darauf aufmerksam, und obgleich er natürlich die Geschichte des Schädels genau kennt, so schlägt er doch das folgende Verfahren ein — zur Belehrung seiner Schüler. Er bittet Gott, dass der Schädel mit ihm rede. Sofort redet der Schädel ihn an. Folgt ein Gespräch zwischen Christus und dem Schädel. Der letztere berichtet, er sei ein Götzendiener vom Stamme Juda gewesen und habe den Götzen ܒܥܠ, in dem ein Teufel steckte, angebetet; er sei Sultan von Aegypten gewesen, habe grosse Macht gehabt, aber auch grosse Wohlthätigkeit geübt. Christus verwandelt den Schädel in einen Mann (Bl. 148ᵃ, was der Fabulist vergisst, da dieselbe Verwandlung sich später Bl. 151ᵃ noch einmal vollzieht). Auf weiteres Befragen giebt der Mann Auskunft über das Schicksal der Seele nach dem Tode (Bl. 148ᵇ), Grabesengel, Grabesexamen. Sein Schädel hatte 1800 Jahre auf der Erde gelegen, war aber ausser von Christus von Niemand gesehen worden. Die verschiedenen Abtheilungen der Hölle und ihre Insassen werden beschrieben (Bl. 149ᵇ). Regent der Hölle ist Iamblichus ܝܡܒܠܝܟܘܣ. Ferner beschreibt er vier im Himmel befindliche Throne und deren Bewohner. Schliesslich bittet er Christus um Erlösung von den Qualen der Hölle. Durch die Kraft von Christi Gebet wird der Schädel (zum zweiten Mal) zum Menschen, wie er früher war, umgewandelt (Bl. 151ᵃ 2. 3). Dieser nun — mit Namen Arsenius — ergeht sich in Gebet und Lobpreisungen. Christus giebt ihm seinen Segen. Arsenius geht fort, macht sich im Gebirge ein Jagdhaus und beschäftigt sich mit frommen Übungen 80 Jahre lang. Dann starb er.

Der Name Arsenius findet sich als der eines Byzantinischen Statthalters von Aegypten, s. Land, Anecdota Syriaca III S. 192, 19. Anfang:

ܘܠܡܐ ܟܐܢ ܡܫܝܚܢܐ ܡܬܡܫܝܐ ܘܗܘ ܡܥ
ܬܠܡܝܕܗ ܕܐܚܠ ܐܠܝ ܐܘܪܫܠܝܡ ܦܕܐܪܬ
ܥܝܢܗ ܟܐܢܬ ܐܠܓܡܝܥ ܓܡܓܡܗ ܟܒܝܪܗ
ܥܝܢܐ ܟܐܢܬ ܐܠܚܝܘܢ. ܘܟܐܢܬ ܓܡܓܡܗ
ܝܐܒܣܗ ܦܐܟܕ ܡܫܝܚܐ ܐܠܡܥܠܡ ܦܩܐܠ
ܘܫܐܠ ܠܬܠܡܝܕܗ ܡܢ ܐܨܚܒ ܗܕܗ
ܐܠܓܡܓܡܗ ܗܕܐ ܐܝܫ ܓܡܓܡܗ. ܟܐܢܬ
ܗܕܗ ܐܡܪܐ ܢܨܚܒ ܦܩܐܠ ܠܬܠܡܝܕܗ ܠܐ ܢܥܠܡ
ܡܢ ܟܐܢ ܨܐܚܒ ܗܕܗ ܐܠܓܡܓܡܗ ܟܐܢ
ܝܥܠܡܘܢ ܓܡܓܡܗ ܒܐܟܠ ܡܠܟ. ܘܩܐܠ ܟܐܢ
ܐܠܡܣܝܚ

[1] Zên, zêne im Dialekt Mesopotamiens = schön.

16. Bl. 152[a] Rede ܗܘܡܝܠܝܐ ὁμιλία des grossen Basilius (gest. 379) über die Welt und ihre Vergänglichkeit: [illegible]

Für den Donnerstag in der vierten Fastenwoche. Anfang:

[illegible]

17. Bl. 160[b] Rede des Johannes Chrysostomus über die Reue: [illegible]

Anfang:

[illegible]

Nachschrift des Schreibers auf Bl. 166[b]—167[b]:

[illegible] (?[illegible]) [illegible]

[illegible]

Bl. 167[a]:

[illegible]

Danach ist diese Hds. geschrieben in Mosul von dem Diaconus *Ḥannâ*, Sohn des *Îšô'*, unter dem Patriarchen Elias IV. und vollendet im Februar 2010 = 1699 n. Chr. Vergl. die Unterschrift Bl. 9[b]. Anfang Bl. 168[a].

a) Bl. 168[a] Leichenrede auf einen Priester: [illegible] (!) [illegible]. Anfang:

[illegible]

b) Bl. 176[a] Grabrede, die am 3. Tage (nach der Beerdigung?) auf dem Grabe gehalten wird bei der Todtenklage um geistliche Würdenträger: [illegible]. Anfang:

[illegible]

c) Bl. 179[b] Trostrede für die Angehörigen der Verstorbenen: [illegible].

Anfang:

ܐܠܚܡܕ ܠܠܗ ܡܥܝܢ ܟܠ ܐܠܡܬܘܟܠܝܢ ܥܠܝܗ
ܘܡܩܘܝ ܗܡܡ ܐܠܛܐܝܥܝܢ ܐܠܡܣܬܩܝܡܝܢ ܐܠܝ
ܐܠܫܗܐܕܗ ܘܡܢ

Der Schluss fehlt. Am Ende ein loses halbes Blatt.

Deutliche Schrift. Bemerkenswerth die Gestalt des finalen ܐ und ܒ; ܕ, ܖ und ܪ sind oft schwer zu unterscheiden; das ܫ, nach beiden Seiten verbunden, gleicht oft sehr dem ܐ. Die Vocalisation und Punctation (d. h. Punkte, durch welche man zwei Arabische Laute, die mit demselben Syrischen Zeichen geschrieben werden, von einander zu unterscheiden sucht) sehr reichlich.

178 Blätter (21,5 × 15,5 cm), die Seite zu 20 Zeilen.

111.

(Sachau 15.)

Karschuni.

I. Stück, Schluss der Legende vom h. Elias, wie es scheint, aus dem Legendenkreise, der sich über Eugen und seine Schüler gebildet hat. Vielleicht ist dieser Elias identisch mit Elias aus *Ḥertâ*, vergl. Nr. 63 (Sachau 188) nr. 133. 18. Es fehlt zu Anfang ein ganzes Kurrâs von acht Blättern, Kurrâs I. Anfang:

ܡܢ ܒܝܢܗܡ. ܘܠܡܐ ܪܐܘܐ ܠܠܩܕܝܣ ܡܢܥܗ
ܐܠܝܗ ܩܥܕ ܡܥܗ ܘܚܬܝ ܐܠܝ ܡܢܗ ܐܠܝܗ
ܟܠ ܝܘܡ ܐܠܐܣܡ ܦܩܕܝܢ ܒܥܠܡ ܘܒܐܪ
ܠܗ ܒܥܡ ܐܠܐܣܡ ܠܝܥܡܠ ܡܢ ܗܐܠ
ܗܝܒܐ

Die Legende beginnt mit einer Teufelaustreibung. Besonders hervorgehoben wird die Demuth ܐܠܬܘܐܨܥ = ܐܠܡܣܟܢܗ des Heiligen.

Nachdem er 30 Jahre als Mönch im Kloster des h. Abraham ܐܒܪܗܐܡ ܕܝܪ gelebt (Bl. 5ᵃ. 7ᵃ), hatte er den Gedanken, nach Aegypten in die Wüste zu ziehen, indessen in einem Traumgesicht empfängt er die Weisung: Geh nach der Burg am Ufer des Tigris ܐܠܩܠܥܗ ܐܠܬܝ ܥܠܝ ܫܛ ܐܠܕܓܠܗ ܐܠܬܝ ܗܝ ܥܠܝ ܫܛ ܐܠܕܓܠܗ, und zwar nach einer Stelle ½ Farsakh südlich von der Burg entfernt (Bl. 9ᵃ), in eine Sumpfgegend, wo ein Schüler des h. Eugen hauste. Gott will ihm dort ein Kloster bauen. Begleitet von zwei Brüdern reist Elias ab (Bl. 12ᵇ) und kommt zu der Burg, d. i. Mar Gabriel und Mar Abraham, dem oberen Kloster. Die Mönche erzählen ihm, die ihm bestimmte Gegend, ein Dickicht von Papyrus und Rohr ܡܥܫܫܗ ܐܠܒܪܕܝ ܘܐܠܩܨܒ sei unbewohnbar vor wilden Thieren; 20 Jahre lang habe dort ein Schüler des h. Eugen gewohnt, der zweimal im Jahre in die Stadt zu kommen pflegte; sie wüssten aber nicht, ob er noch lebe (Bl. 13ᵇ). Elias wandert hin und findet den Greis vor in einer Gegend voll Löwen, Bären u. s. w. Elias' Genossen wollen verzagen, er aber spricht ihnen Muth ein. Sie bauten sich nun Zellen ܓܘܦܐ[1] (ܩܠܠܝܐ) und wohnten darin. Elias betet, umstanden von wilden Thieren, die seine Hände und Füsse lecken (Bl. 15ᵃ). Sein Ruf verbreitet sich, die Leute von Ninive (Bl. 21ᵇ ܢܝܢܘܝ) hören von ihm (Bl. 16ᵃ), kommen hinaus und bauen ihm Kloster und Kirche. Der Heilige thut wunderbare Heilungen, treibt böse Geister aus, so an einem Kinde aus ܩܪܝܗ ܣܝܢܝ (Bl. 16ᵇ); er heilt die Frau eines Mannes aus ܩܪܝܗ ܗܝܬܐܢܝ (Bl. 18ᵇ). Ein Bischof ܐܝܫܘܥܝܒ, ܐܝܫܘܥܝܒ schickt Kranke zu dem Heiligen (Bl. 20ᵃ. 21ᵃ). Der Schüler des Elias heisst ܐܝܫܘܥ ܣܒܪ (Bl. 21ᵇ). Da ein Fährboot ܡܥܒܪܐ nicht vorhanden, geht Elias zu Fuss

---

[1] Sing. ܓܘܦ.

über den Tigris (Bl. 21b). Er füttert die wilden Thiere mit der Hand: sein Leiblöwe heisst ܚܠܒ ܐܠܗܝܕ ܗܕܐ ܐܠܐܕ. Er starb 112 Jahre alt (Bl. 27a). Dazwischen viel Wundergeschichten und erbauliche Reden. Nachschrift Bl. 30a:

ܘܩܕ ܬܡ ܬܠܘܝܗ ܟܬܐܒܗ ܐܒܢ ܗܘ ܐܝܫܘܥ
ܐܒܢ ܡܩܕܣܝ ܥܒܕ ܐܠܡܢܥܡ ܐܠܡܕܥܘ ܐܣܚܩ.
ܘܩܕ ܟܬܒܗ ܠܢܦܣܗ ܡܢ ܐܠܚܐܪܝ ܫܡܥܘܢ
ܟܬܒܗ ܐܒܢ ܗܘ ܐܝܫܘܥ ܟܬܒܗ ܦܝ ܣܢܗ
ܐܠܦܝܢ ܘܣܬܗ ܥܫܪ ܝܘܢܐܢܝܗ. ܐܠܡܣܝܚܝܗ
ܟܬܒܗ ܐܠܝܘ. ܘܡܣܬܚܩܗ ܟܬܒܗ ܐܠܝܗ.

Danach ist diese Hds. geschrieben von dem Diaconus Jacob, Sohn des Priesters *'Îšô'*, des Sohnes des sel. *Maḳdisi 'Abd-ennûr*, A. G. 2016 = A. H. 1117 = A. Chr. 1705, vermuthlich in Mosul oder Umgegend.

Die Schrift ist bemerkenswerth wegen ihrer Sprache als ein älteres Specimen des Neuarabischen vom mittleren Tigris. Die Hds. ist sehr sorgfältig geschrieben und vollständig punktirt und vocalisirt. Die Vocalisation beweist, dass der Schreiber von Arabischer Grammatik nichts verstand, ist aber dadurch werthvoll, dass sie die Aussprache des Volkes genau wiedergiebt. Charakteristisch für das Tigritanische Arabisch ist das Wort ܦܕܪ als allgemeiner Artikel: ein Greis ܦܕܪ ܫܝܟ݂ܐ vergl. Bl. 18b 4 ܘܦܝ ܒܝܬ ܐܠܐܡܝܪ ܐܚܕ ܐܠܐܘܠܐܕ ܦܕܪ ܫܝܟܐ ܡܢ ܩܪܝܗ ܩܪܝܒܗ, einmal ܦܝ ܦܕܪ ܘܩܬ, vergl. Bl. 21b 2 ܦܝ ܦܕܪ ܘܩܬ, ܐܢ ܟܐܢ ܩܒܠ ܘܐܚܕ ܦܝ ܦܕܪ ܘܩܬ ܐܚܕ ܐܠܝ ܒܝܬܗ ܐܩܕܗ. Bl. 22a 12

Von sonstigen Details sind zu beachten:

Bl. 1a 4 ܦܦܪܚ *fa-firiḥ* = فَفَرِح,

" 3. 5 ܚܕܗܐ *ḫaddahâ* für alle drei Casus; dem Suffix *hâ* geht durchweg ein *a* voraus, so ܚܕܗ (nicht *hâ* oder *illâ*), ܦܝ ܐܝܕܝܗ Bl. 7. Das ܗ mit *Dammâ* bezeichnet.

Bl. 1a 4 ܠܝܟܡܠ *lijikmal* = لِيَكْمَل.

" 6 ܡܚܠܨܢܐ *miḫlisnâ* = مُخَلِّصنا.

" 9 ܥܡܝܠ *'imil* = عَمِل, ܥܡܠܘܐ Bl. 4b 16.

Bl. 1a 14 ܒܨܘܬ ܥܐܠܝ mit lauter Stimme.

" 16 ܟܢܬ *kint* = كُنْت.

Bl. 1b 5 ܬܡ *tim* = ثُمّ, Bl. 5b 15.

" 10 ܐܠܬܘܐܕܥ *ettawâḍi'* = التواضُع.

Bl. 2a 2 ܐܪܘܐܢܐ *'arwânâ* er zeigte uns.

" 13 ܠܣܩܘܛ *lasiḳût* = لِسُقوط.

Bl. 2b 7 ܝܩܕܪ *jaḳdar*, aber ܬܩܕܪ *tiḳdar* Bl. 18b 10.

Bl. 2b 16 ܐܢܦܣܗܡ *'infishim* = أنفُسِهم.

Bl. 3a 2 ܐܠܥܩܘܒܗ *el'iḳûbâ* = العُقوبة.

" 4 ܐܠܕܢܝܐ *eddinjâ* = الدُّنْيا.

" 6 ܐܠܟܬܒ *elkitib* = الكُتُب.

" 6 ܝܬܟܠܡܘܢ *jitkallemûn* = يَتَكلّمون.

" 10 ܝܨܠܘܢ *jiṣallûn* = يُصلّون.

" 14 ܘܫܗܝܕ *wašihid* = وشَهِيد.

" 15 ܩܒܝܠ *ḳibil* = قَبل.

Bl. 3b 4 ܐܠܟܠ *elkil* = الكُلّ, ܟܠܫܝ *kil-šai* Bl. 5b 9. 18a 2.

Bl. 4a 1 ܐܥܛܝ *'i'ṭi* = أعْطى: Bl. 4b 2.

" 11 ܫܪܟܐ *širakâ* = شُركا.

" 12 ܡܥܕܗ *mi'iddâ* = مُعدّة.

" 14 ܐܠܦܩܪܐ *elfiḳarâ* = الفُقراء.

Bl. 4b 2 ܚܠܗ *ḥilla* = حُلّة.

" 6 ܡܦܬܟܪ *miftikir* = مُفتكِر, Bl. 9b 1.

" 13 ܐܠܫܥܘܒ *eš-ši'ûb* = الشُّعوب.

" 16 ܐܠܡܥܓܙܐܬ *elmi'ǧizât* = المُعجِزات, Bl. 7a 4.

Bl. 5ᵃ 1 ܐܫܦܘܐ *išfū* = اشفوا.
» 1 ܐܠܐܡܪܐܨ *el-'imrâḍ* = الأمراض.
» 1 ܐܚܝܘܐ *'iḥjô* = احيوا.
» 8 ܡܕܗ *middat* = مُدّة.
» 14 ܗܡ *him* = هم, Bl. 6ᵃ 5.
Bl. 5ᵇ 1 ܝܣܐܠܗܡ *jisalhim* = يسألهم.
» 1 ܝܬܥܠܡ *jit'allam* = يتعلّم.
» 2 ܐܡܘܪ *'imûr* = أمور.
» 2 ܘܐܠܣܟܘܢ *was-sikûn* = والسكون.
» 11 ܐܠܪܗܒܐܢ *er-rihbân* = الرهبان.
» 15 ܢܩܨܐܢ *nikṣân* = نقصان.
Bl. 6ᵃ 2 ܐܛܝܥܘܐ اطيعوا = طيعوا (ܦܛܝܪ *fadir* Bl. 1ᵃ 9 = فادر).
Bl. 6ᵃ 3 ܡܢܗܡ *minhim* = منهم.
» 4 ܐܠܡܩܕܣܗ *elmikaddasa* = المقدّسة.
kim, *him* Suffixe = كم, هم passim.
Bl. 6ᵇ 8 ܝܚܒ *jaḥib* = يحب.
» 10 ܐܠܡܢܬܓܒ *elmintiğeb* = المنتجب.
» 11 ܝܢܛܪ *janẓir* = ينظر.
Bl. 7ᵃ 6 ܒܩܐ *bakâ* = بقى, Bl. 9ᵇ 1.
» 6 ܝܡܟܢ *jemkin* = يمكن.
» 8 ܬܟܦܐ *tiḫfâ* = تخفى.
» 10 ܐܠܡܟܠܨ *elmiḫalliṣ* = المخلّص.
» 14 ܗܐܟܕܐ *hâkidhâ* = هاكذا.
Bl. 7ᵇ 1. 2 ܐܥܡܐܠܗܡ, ܐܦܥܐܠܗܡ = افعالهم, اعمالهم.
Bl. 7ᵇ 9 ܒܚܘܪܐܬ *biḫûrât* = بخورات.
Bl. 8ᵃ 3 ܒܩܘܐ *bikjû* = بقوا.
» 5 ܝܢܬܩܠ *jantikil* = ينتقل.

Bl. 8ᵃ 8 ܠܗܡ *lihim* = لهم.
Bl. 8ᵇ 12 ܐܥܪܦܟ *'a'rifak* = أعرفك.
Bl. 9ᵇ 10 ܝܪܝܕ *jarîd* = يريد.
» 11 ܣܡܥ *simi'* = سمع.
» 14 ܥܠܡ *'ilim* = علم.
» 16 ܥܠܐ ܦܡ ܫܐܗܕܝܢ = على فم شاهدين.
Bl. 10ᵃ 10 ܥܘܨܢܐ *'awaḍnâ* = عوضنا.
» 15 ܡܙܡܥܝܢ *mizmi'în* = مزمعين.
Bl. 10ᵇ 2 ܬܨܝܪ *tiṣîr* = تصير.
» 10 ܝܨܢܥܘܢ *jiṣna'ûn* = يصنعون.
» 14 ܐܪܣܠ *'arsil* = أرسل.
» 15 ܩܕܐܡܟ *kiddâmak* = قدامك.
» » ܝܕܚܠܟ *jadḫilak* = يدخلك.
Bl. 11ᵇ 14 ܝܒܐܢ *jibân* = يبان.
» » ܐܠܣܪܘܪ *es-sirûr* = السرور.
Bl. 12ᵃ 5 ܬܚܢܢ *tiḥannan* = تحنّن.
» 6 ܐܢܥܡ *in'am* = انعم.
Bl. 12ᵇ 9 ܘܨܠ *wiṣil* = وصل.
Bl. 13ᵃ 4 ܝܚܨܐ *jaḥṣâ* = يحصى.
Bl. 13ᵇ 1 ܢܥܠܡ *ni'lam* = نعلم.
» 9 ܬܨܐܠܚܘܐ *tiṣâlaḥû* = تصالحوا.
Bl. 14ᵃ 4 ܚܡܝܪ *ḥimîr* = حمير.
» 11 ܠܗܡ *lihim* = لهم, Bl. 15ᵇ 13.
Bl. 15ᵃ 12 ܦܡ *fim* = فم.
Bl. 15ᵇ 14 ܡܢܗܡ *minhim* = منهم.
Bl. 16ᵃ 3 ܝܣܟܢ *jaskan* = يسكن.
» 4 ܛܗܪܬ *ẓihrat* = ظهرت.

Bl. 16ᵃ 5 ܐܗܝܠ *'ahil* = أهِل.

" 10 ܐܢܗܝܡ *inhim* = انهُم.

" 12 ܝܥܛܝ *ja'ṭi* = يعطِي.

Bl. 17ᵃ 3 ܐܠܡܝܡܠܘܐ *elmimlū'* = المملوء.

" 10 ܐܣܟܘܬ *iskut* = أسْكُتْ.

Bl. 18ᵃ 7 ܐܫܦܐ *išfā* = شَفَى.

Bl. 18ᵇ 1 ܟܬܪܗ *kithrat* = كَثْرَة.

" 8 ܦܝ ܥܕܐܒܐ ܡܪܐ *fi 'adhāban mirran* = في عذاب مُرّ.

Bl. 19ᵃ 8 ܚܪܡܬܗ حُرمته seine Frau.

" 14 ܦܫܦܝܬ *fa-šifjat* = فشُفِيَت.

Bl. 19ᵇ 11 ܝܫܦܐ *jišfā* = يُشْفَى.

" 12 ܫܦܘܐ *šifjū* = شُفُوا.

Bl. 21ᵃ 13 ܐܟܒܐܪ *'iḫbār* = أخْبار.

Bl. 21ᵇ 7.13 ܩܠܬ *ḳilt* = قُلْت.

" 7 ܗܐܗܢܐ *hāhinā* = هاهُنا.

" 9 ܠܢܐ *linā* = لَنا.

Bl. 22ᵃ 14 ܡܢ ܡܟܐܢܐ *min makānan* = من مكان.

Bl. 22ᵇ 2 ܝܗܠܟܗܡ *jahlikhim* = يهْلِكهم.

" 8 ܐܬܪܓܬ *itraǧǧet* = تَرَجَّتْ.

" 9 ܚܘܐܠܗܐ *ḥwālhā* = أحوالها.

Bl. 23ᵃ 16 ܢܟܬܒܗ *niktibhū* = نَكْتُبه.

Bl. 23ᵇ 7 ܕܟܪܐܢ *dhikrān* = ذُكْران.

" 11 ܝܘܡܢܘܐ *jūminū* = يومِنُوا.

Bl. 24ᵃ 6 ܒܐܠܒܟܐ *bilbikā* = بالبُكاء.

Bl. 24ᵇ 6 ܟܒܙܐ *ḫibzan* = خُبْزًا.

" 16 ܝܐܟܠܘܢ *jākilūn* = يأكُلون.

Bl. 25ᵃ 3 ܐܣܟܢ *iskin* = أُسْكُن.

Bl. 25ᵃ 4 ܐܫܒܥܟ *'ašbi'ak* = أشْبِعك.

" 9 ܗܢܐܟ *hinā̆k* = هُناك.

" 12 ܝܛܠܒ *jaṭlib* = يَطْلُب.

Bl. 25ᵇ 11 ܡܥܗܡ *ma'him* = معهُم.

Bl. 26ᵃ 8 ܡܪܡܝ *mirmī* = مَرْمِي.

Bl. 26ᵇ 15 ܐܛܦܐ *'iṭfā* = أطفى.

Bl. 27ᵃ 2 ܐܢܙܠ *'inzal* = أنزِل.

" 13 ܐܠܥܡܪ *al'imr* = العُمْر.

Bl. 27ᵇ 11 ܐܠܪܣܠ *errisil* = الرُّسُل.

Bl. 28ᵇ 6 ܐܢܥܬܩܘܐ *in'itḳū* = انْعَتِقوا.

Bl. 29ᵃ 12 ܐܠܡܚܒܬܗ *elmiḥabba* = المَحَبّة.

Bl. 29ᵇ 2 ܫܒܐܢܟܡ *šibbānkim* = شُبّانكم.

Der alte Accusativ mit Nunation kann für jeden Casus gebraucht werden. Merkwürdig ist das häufige *i* für *u*.

II. Bl. 30ᵇ—31ᵃ ohne Titel und Unterschrift, unvollständig am Ende, Arabische Gedichte, Volkslieder verschiedener Arten von christlichen Dichtern. Die Schrift, wohl jünger als in dem Haupttheil der Hds., ist eine seltenere Spielart der Nestorianischen Schrift, deren Heimat mir unbekannt.

a) Liebeslied, Volkslied:

ܒܟܪ ܐܢܬܘܐ ܐܠܢܣܐ ܟܢܡ ܦܪܐܫܬܘܐ
ܘܐܠܒܐܪ ܦܝ ܟܢܒܝ ܡܢ ܐܓܠ ܟܢܬܘܬܘܐ
ܡܠܬܘܝ ܡܠܐܪ ܠܝܗ ܐܢܬܪܗ
ܐܢܢܐ ܕܗܪܝ ܘܠܐ ܐܢܬܐܬܡܬܘܐ ܐܢܬܐ
ܘܟܦ ܐܢܬܐܬܡܬܘܐ ܡܠܟܝ ܡܟܬܬܘܐ
ܘܠܘ ܡܕܪܬܘܐ ܪܟܒ ܐܠܪܝܚ ܦܝ ܗܦܪܝ
ܠܐܝܡܢ ܒܝܪ ܐܠܡܣܐܠܐ ܚܡ ܐܝܘܪܬܘܐ
ܠܐ ܚܡܬܘܝ ܐܝ ܐܠܕܗܪ ܓܠܪܝ
ܐܠܠܗ ܡܠܟ ܒܝ ܐܠܡܠܟ ܡܟܝ ܘܐܠܪܘܝ
ܟܢܕܬܬܘܐ.

Das Metrum ist *Basit*. Von den 9 Zeilen haben 1, 2, 5, 7, 9 den gleichen Reim.

b) Ein زجل (s. H. Gies, الفنون السبعة, Leipzig 1879 S. 30 ff.):

ܘܠܕ ܦܝ ܡܓܐܪܗ ܐܠܗܓܪܐ
ܡܠܝܟܢ ܡܢ ܐܠܡܠܐܟ.
ܡܠܟ ܡܥܗ ܡܥܓܠ ⁘
ܒܩܐ ܠܥܡܥ ܐܠܝܬܝܡ ⁘
ܘܐܠܟܒܪ ܠܗ ܒܐܠܟܠ ܚܢܝܢ ܗܡܘ ⁘
ܣܡܐ ܐܠܟܒܘܕ ⁘
ܪܓܐ ܦܝ ܡܠܟ. ܐܠܡܥܒܘܕ ܘܥܘܗ ܐܥܒܐܠ

c) Bl. 31ᵃ mehrere kleine Volkslieder, betitelt ܩܦܠ قفل (vergl. H. Gies a. a. O. S. 65):

ܚܒ ܪܒܥ ܐܠܡܥܐܫ
ܘܓܪܘܦܗ (ܓܪܘܦܗ) ܐܠܓܐܒܠ
ܪܓܐ ܦܝ ܡܠܟ ܐܠܡܥܗܐܫ
ܘܡܥܦܗ ܓ̰ܠܠܒ
ܠܡܐ ܢܓܪ ܕܡܥܝ ܝܘܪ
ܐ ܢܐܣ ܦܝ ܡܥܠ
ܐܡܪ ܦܝ ܥܒܪܗ ܚܠܠܒ.

ܩܦܠ

ܝܐܕܦܥܘܐ ܒܚܪܗ ܗܣܪ
ܦܠܘܓܪ ܡܐ ܓܠܠܒ
ܐܗܘܦ ܠܢܓܘܐ ܥܘܪ
ܢܐܕܓܘܐ ܚ ܐ ܡܢܐܥܠ
ܚܒ ܒܩܐܒܪ ܗܠ ܓܩܐ
ܘܐܝܠ ܘܓܘܕ ܒܐܠܘܩܐ
ܘܠܐ ܗܟܡܝ ܗܒܚܠ.

ܩܦܠ

ܢܓܪ ܘܡܐܠ ܚ ܐܕܡܝ
ܡܘܬ ܗܣܕ ܐܢܥܕܐܠ
ܗܪܝܐ ܘܪܐܝ ܐܠܪܡܝ
ܘܐܠܝܒ ܡܢ ܐܢܓܐܒ ܠܝ
ܦܘܡ ܐܠܘܗܘܪ. ܓܐܝ ܐܠܢܓܘܪ
ܘܐܠܒܐܡ ܕܐܝܬ ܝܕܘܪ
ܘܐܠܝܒ ܡܢ ܓܐ ܠܝ.

ܩܦܠ

ܥܪܒܢܐ ܒܐܣ ܐܠܗܘܢܐ
ܕܐܝܡ ܠܢܐ ܝܡܥܠ
ܘܐܠܗܡܕ ܝܐܦܝ (Bl. 31ᵇ) ܠܢܐ.
ܒܐܠܝ ܠܢܐ ܝܡܥܠ
ܪܐܣ ܐܠܢܗܝܬ. ܥܪܒ ܡܗܝܬ.
ܘܐܠܓܒ ܝܪܒ ܝܗܝܬ
ܘܐܠܝܒ ܦܝ ܡܥܘܠ.

ܩܦܠ

ܐܡܕܝ ܐܠܝ ܐܠܡܗܝܝ
ܘܡܥܐܓܘܐ ܐܠܒܐܡܥܠ
ܡܢ ܒܟܕܗ ܠܠܝܦܐ
ܘܝܪ ܐܒܢ ܐܠܐܘܠ
ܦܠܘܗ ܡܥܠ. ܠܡܐ ܝܓܠ
ܠܠܒܩܐ ܡܠܟܗܬ ܥܒܠ
ܦܝ ܗܐܪܡܒܐ ܒܐܓܠܠ.

ܩܦܠ

ܠܓܡܥܘ ܝܡܒ ܐܠܪܓܐܠ
ܓܝܥܘ ܦܝ ܘܓܐܠ
ܘܐܠܓܒ ܡܝ ܐܢܡܗܐܪ
ܡܝܡܘܕ ܐܢܐ ܐܠܡܘܝܠ
ܡܐ ܗܘ ܦܟܪ ܥܪܒ ܐܠܡܟܪ
ܐܗܓܒ ܓܘܐܠ ܐܠܡܟܪ
ܕܐ ܝܡܓܝ ܐܠܓܠܠܒ. ܒܡܥܠ

d) Ein زجل:

ܘܠܕ ܦܝ ܡܓܐܪܗ ܐܠܝܬܝܡܗ (!)
ܝܒܚܘܐ ܒܡܥܗ ܝܪܕܢ
ܦܝ ܒܝܕܘܐ ܐܪܓܘܐܢ
ܘܐܢܐ ܦܝ ܝܗܘܐ ܗܒܐܢ
ܐܡܥܗ ܒܟܕܐܠ: ܦܘܡ

31 Blätter (15,5 × 10,7 cm), die Seite zu 16 Zeilen.

112.

(Sachau 109.)

Karschuni (Nestorianische Schrift).

Eine liturgische Schrift, eine Sammlung von Heiligen-Legenden und das Liber paradisi (Geschichten von Aegyptischen Mönchen). Unvollständig zu Anfang und am Ende.

A. Bl. 1—26ᵇ Liturgische Texte:

1. Schluss einer Vorschrift über die Weihung des Gefässes ܐܠܟܐܣ (des Kelches?). Anfang: ܨܘܐܒ ܐܨܚ ܐܡܝܢ ܐܡܝܢ ܐܠܠܗ ܐܠܩܕܝܪ ܐܠܚܡܕ ܠܠܬܐܠܘܬ ܐܠܩܕܘܣ ܡܩܕܣܗ. ܣܚܪ ܦܐܬܚܬܗ ܥܠܐ ܗܕܐ ܐܠܟܐܣ. ܒܥܕ ܐܠܐ ܐܠܐܢܓܝܠ ܘܬܡ

2. Bl. 1ᵃ Vorschrift über die Weihung eines hölzernen Kreuzes: ܛܩܣܐܬ ܨܠܝܒ ܐܠܚܫܒ.

3. Bl. 3ᵇ Vorschrift über die Einweihung eines Gebrauchs(?)-Kreuzes aus Silber, Gold oder anderem Material: ܛܩܣܐܬ ܨܠܝܒ ܐܠܡܣܬܥܡܠܗ ܐܢ ܟܐܢ ܦܨܗ ܐܘ ܕܗܒ ܐܘ ܓܝܪܗ.

4. Bl. 5ᵇ Vorschrift für die Consecration des Bechers und der Schüssel: ܛܩܣ ܬܩܕܝܣ ܐܠܟܐܣ ܘܐܠܨܝܢܝܗ.

Zwischen Bl. 7 und 8 ist eine Lücke.

5. Bl. 6ᵃ Schlusstheil einer Vorschrift über die Befreiung eines Ketzers vom Banne. Unterschrift Bl. 6ᵇ: ܟܡܠ ܚܠ ܐܠܗܪܛܘܩܝ.

Auf Bl. 6ᵃ ist der Patriarch Joseph und der Papst erwähnt.

6. Bl. 8ᵇ Vorschrift für die Befreiung von Excommunicirten, die im Banne gestorben sind; von dem Banne: ܚܠ ܐܠܡܚܪܘܡܝܢ ܐܠܡܝܬܝܢ ܒܐܠܩܛܥ ܐܠܟܢܣܝܗ ܘܡܐܬܘܐ ܬܚܬ ܐܠܚܪܡ.

7. Bl. 10ᵃ Befreiung vom Bann für Geistliche, die excommunicirt worden sind: ܚܠ ܐܗܠ ܐܠܟܗܢܘܬ ܐܠܕܝܢ ܘܩܥܘܐ ܬܚܬ ܐܠܚܪܡ.

8. Bl. 11ᵃ Römisch-katholisches Glaubensbekenntniss: ܐܡܐܢܗ ܟܢܝܣܗ ܐܠܪܘܡܐܢܝܗ ܐܠܟܐܬܘܠܝܩܝܗ.

Sehr ausführlich. Auf Bl. 16ᵇ Arabische Randglosse, in der das im Texte über Nestorius Gesagte für Lug und Trug erklärt wird. Anfang: ܐܥܠܡ ܐܢ ܓܡܝܥ ܡܐ ܩܝܠ ܘܐܫܬܗܪ ܟܕܒ ܦܝ ܚܩ ܢܣܛܘܪ ܗܘ ܐܠܟܠܐܡ ܐܠܡܟܬܘܒ. ܠܐܢ ܟܬܒ ܟܠ ܡܢ ܐܠܐܒ ܠܐ ܝܥܪܦܗ. ܘܠܐ ܝܩܪܐܗ. ܘܠܐ ܝܥܠܡ ܗܘ ܗܕܗ. ܦܐܢ ܐܠܐܒ ܘܐܠܐܒܢ ܘܐܠܪܘܚ ܐܠܩܕܣ. ܘܐܢ ܒܐܠܬܠܝܬ. ܐܠܐܒ ܠܗ ܡܥܠܘܡ. ܘܐܠܐܒ ܡܥܠܘܡ ܡܢ ܐܠܐܒ ܘܐܠܐܒܢ. ܘܐܠܪܘܚ ܐܠܩܕܣ ܡܢܒܬܩ ܡܢ ܐܠܐܒ ܘܐܠܐܒܢ ܘܬܡ

9. Bl. 20ᵇ Vorschrift für die Fusswaschung am Oster-Donnerstag: ܛܩܣ ܓܣܠ ܐܠܐܪܓܠ ܦܝ ܚܡܝܣ ܐܠܦܨܚ. ܕܝܢ ܗܢܐ ܐܠܐܪܓܠ ܘܗܘܐ ܝܘܡ ܐܠܚܡܝܣ ܕܦܨܚܐ. ܕܐܬܦܠܛ ——— ܐܬܘܐ ܡܘܣܐ ܐܢ ܝܩܘܠ ܐܠܟܬܒ ܐܠܡܩܕܣ ܐܠܦܨܚ.

Diese Vorschrift ist verfasst von Joseph II., Patriarch der mit Rom unirten Nestorianer oder Chaldäer zu Amid (von 1695—1713).

10. Bl. 23ᵇ Segenssprüche für den Mittwoch des Gebets (ܐܪܒܥܐ ܕܒܥܘܬܐ?): ܒܪܟܐܬ ܐܠܐܪܒܥܐ ܕܒܥܘܬܐ ܕܢܝܢܘܝ.

11. Bl. 25ᵃ Lobgesang auf die h. Maria: ܐܘ . . ܡܕܝܚ ܡܪܝܡ ܘܠܕܬ ܐܠܐܠܗ.

Anfang:
ܝܐ ܡܠܟܗ ܐܠܣܡܐ ܘܐܠܐܪܨ. ܘܡܠܟܬ ܡܢ ܡܢܥܡ. ܒܐܠܪܚܡܗ ܕܝܘܡ ܐܠܡܠܐܟ.

B. Bl. 26ᵇ—332ᵇ ܟܬܐܒ ܣܝܪ ܐܠܫܗܕܐ ܘܐܠܩܕܝܣܝܢ.

Geschichten der Märtyrer und Heiligen (s. diesen Titel in der Unterschrift Bl. 453ᵇ). Eine Sammlung von Legenden. Sammler oder Verfasser nicht angegeben.

1. Bl. 26[b] ܬܫܥܝܬܐ ܕܡܠܟܐ ܕܡܗܝܡܢܐ ܙܝܢܘܢ ܘܕܐܢܬܬܗ ܫܡܫ ܐܠܡܢܝܪ ܘܕܒܪܬܗ ܐܝܠܪܝܐ ܒܬܘܠܬܐ.

Geschichte von dem gläubigen König Zeno, seiner Gemahlin *Šems-elmunir* und ihrer Tochter Hilaria. Identisch mit Nr. 110 nr. 10.

2. Bl. 44[b] ܬܫܥܝܬܐ ܕܐܘܓܢܝܐ ܩܕܝܫܬܐ.

Geschichte von der h. Eugenie. Identisch mit Nr. 110 nr. 2.

3. Bl. 51[b] ܬܫܥܝܬܐ ܕܙܢܝܬܐ ܚܬܗ ܕܝܚܝܕܝܐ ܘܐܝܟ ܕܪܚܡ ܐܠܗܐ ܥܠܝܗ ܘܐܦܢܝܬ ܒ ܬܝܒܘܬܐ.

Geschichte von der Hurerin, der Schwester des Mönches, und wie Gott sie in Gnaden annahm und sie sich schliesslich bekehrte.

Inhalt:

Abbâ Daniel ܕܢܝܐܝܠ erzählt: Es war einmal ein Mönch in Alexandrien, der eine Schwester hatte. Er aber verliess sie und die Stadt und liess sich nieder in einer Klause im Gebirge. Mittlerweile geräth seine Schwester auf Abwege. Da fordern die Mönche ihn auf nach Alexandrien zu gehen und sie auf den rechten Weg zurückzubringen. Er geht hin; sie empfängt ihn mit Angst. Sie bereut, und auf ihren Wunsch nimmt er sie mit in die Wüste. Unbedeckten Hauptes und blossen Fusses wandert sie über die Felsen der Wüste. Da kommen ihnen andere Wanderer entgegen, und ihr Bruder bittet sie sich abseits vom Wege zu verbergen, bis jene an ihm vorbeigegangen. Sie verbirgt sich hinter einem Felsen und stirbt dort (Bl. 54[a]). Ihr Bruder begräbt sie; auf ihrem Grabe schläft er ein und hat ein Traumgesicht des Inhalts, dass Gott seiner Schwester verziehen habe. Er geht zurück zu seinen Brüdern und Alle preisen Gott. Anfang:

ܐܝܬ ܗܘܐ ܚܕ ܝܚܝܕܝܐ ܒܐܠܟܣܢܕܪܝܐ [illegible]

ܘܗܘܐ ܠܗ ܚܬܐ. ܗܘ ܕܝܢ ܫܒܩܗ ܠܗ [illegible]

ܗܘܐ ܡܢ ܡܕܝܢܬܐ ܘܥܡܪ ܒܥܘܡܪܐ ܒܛܘܪܐ. ܘܠܚܬܗ ܗܘܐ ܠܗ.

4. Bl. 56[a] ܟܬܒܐ ܕܐܒܐ ܡܪܩܘܣ ܐܠܛܪܡܩܝ.

Geschichte des *Abbâ* Marcus *El-tarmaki*. Dieselbe Legende in Nr. 177 nr. 2 und in Nr. 74 nr. 13.

5. Bl. 63[a] ܟܬܒܐ ܕܐܘܢܣܝܡܘܣ ܒܪܬ ܡܠܟܐ ܘܟܕ ܐܬܩܪܝܬ ܡܢ ܐܠܗܐ ܘܐܫܬܡܥܬ ܒ ܡܫܝܚܐ ܐܠܗܐ.

Geschichte von der Königstochter genannt Onesimus. Identisch mit Nr. 110 nr. 3.

6. Bl. 72[b] ܬܫܥܝܬܐ ܕܓܒܪܐ ܕܚܠ ܐܠܗܐ ܚܕ ܘܕܒܪܬܗ ܐܦܪܘܣܘܢܝ.

Geschichte von einem gottesfürchtigen Manne und seiner Tochter Euphrosyne. Anfang:

ܗܘܐ ܠܗ ܒܪܬܐ ܝܚܝܕܝܬܐ. ܘܗܘܐ ܠܗ ܥܠܡ [illegible]

Ein angesehener frommer Mann, der eine einzige Tochter, Euphrosyne, hatte, pflegte, wenn er die Klöster in seiner Nähe besuchte, seine Tochter mitzunehmen, wodurch diese das Mönchthum lieb gewann. Auf die Einladung des Abtes, dem Klosterfeste beizuwohnen, geht der Vater dorthin. Während dessen lässt sich Euphrosyne einen Mönch kommen und sich das Haar abschneiden; sie kleidet sich als Nonne. Weil sie aber fürchtet in einem Nonnenkloster von ihrem Vater entdeckt und wieder fortgeholt zu werden, verkleidet sie sich als Mönch, flieht zu dem Kloster und wird von dem Abt aufgenommen. Der Abt giebt ihr den Mönch ܐܓܐܬܘܢ als Lehrer (Bl. 75[b]); da sie indessen zu schön ist, wird ihr bald eine Zelle ausserhalb des Klosters angewiesen. — Der Vater ist verzweifelt über das Verschwinden seiner Tochter, wendet sich in seiner Noth an den

Abt des Klosters und bittet ihn und die Mönche, zu Gott zu beten, dass er ihnen Nachricht gebe. Die Euphrosyne war mittlerweile unter dem Namen ܙܡܪܓܕ Smaragd ein berühmt frommer Mönch geworden, ihr Vater empfängt ihren Segen. Sie lebt acht Jahre im Kloster; sie wird dort krank, entdeckt sich vor ihrem Tode ihrem Vater, bittet ihn aber das Geheimniss zu bewahren. Sie stirbt, ihre Leiche wirkt Wunder. Zehn Jahre später wird ihr Vater an ihrer Seite beerdigt, nachdem er sein Vermögen über Klöster und Kirchen vertheilt.

Vergl. Wright S. 1108 Col. 2.

7. Bl. 79ᵃ ܫܪܒܗ ܕܒܪ ܡܠܟܐ.

Geschichte von dem Königssohn. Anfang:

ܫܠܝܚܘܬܗ ܠܐ ܐܫܬܟܚ ܡܢ ܒܢܒܘܢܐ ܕܠܐܒܐ
ܕܐܝܬܘܗܝ ܐܒܘܗܝ ܒܠܐ ܡܠܟܐ ܡܢ ܒܢܝ
ܕܡܠܟܘܬܐ ܘܒܠܐ ܒܢܝܐ ܕܐܠܦܢܐ ܘܡܢ ܒܠܐ
ܠܗ ܘܠܒ ܐܝ ܡܣܟܢ ܟܕ ܗܘ ܘܡܢܐ

Ein König ist kinderlos. Den Rath, sich an einen in der Nähe hausenden Heiligen zu wenden, befolgt er nicht, wohl aber seine Frau. Der Heilige verkündet ihr ein Kind, der ein Erwählter Gottes sein werde. Der Knabe wird geboren, sein Vater baut ihm eine Stadt, in der er fern von allem Elend herrlich und in Freuden heranwachsen soll, damit er nicht auf den Gedanken kommt als Büsser in die Berge zu gehen. Da sieht der Prinz einen Greis, gebückt und mit weissem Haar. Er fragt hierüber seinen Lehrer und erfährt durch diesen von den Schattenseiten des Lebens. Durch göttliche Offenbarung erfährt der Heilige, der des Prinzen Geburt geweissagt hat, von seinem Zustande. Unter dem Vorwande Perlen zu verkaufen verschafft er sich Einlass in die Festung und zum Prinzen und predigt ihm das Vergängliche alles Daseins. Der Prinz legt seine Prachtgewänder ab und flieht unerkannt hinaus in das Gebirge. Sein Vater lässt ihn suchen. Vergebens. Der Prinz wird ein wunderthätiger Einsiedler; vor seinem Tode hört er die Stimme der Einsiedler. Stirbt ohne seinen Vater wiedergesehen oder benachrichtigt zu haben.

Von der folgenden Geschichte von einigen Königskindern ist nur der Titel vorhanden.

Bl. 85ᵇ: ܬܘܒ ܒܢܝ ܐܘܠܕ ܕܡܠܟܘܬܐ ܡܠܟ ܒܢܝ ܕܩܝܣܪ ܠܐ ܕܟܘܬܗ.

Denn zwischen Bl. 85 und 86 ist eine grosse Lücke, da ein ganzes Kurràs (von 10 Blättern) fehlt, die 8., 9., 10. und der Anfang der 11. Geschichte.

8. Bl. 86ᵃ—89ᵃ Rest der 11. Geschichte (von dem König, der in einen Bettler verwandelt wurde). Titel und Anfang fehlen. Erste Zeilen:

ܗܘ ܐܢܐ ܕܡܠܟܐ. ܘܡܢ ܗܫܐ ܡܚܣ ܠܡܚܒܗ
ܐܬܐ ܢܒܕܩ ܗܘ ܢܚܬ ܐܘ ܡܣܟܢܐ ܗܘ.
ܦܠܚܐ ܚܕ ܘܡܢܐ

Inhalt:

Der König einer Stadt geht in sein Schatzhaus und meint, Gott könne ihn wohl tödten, aber nicht arm machen. Darauf folgt ein Strafgericht (das Nähere fehlt). Ein Engel Gottes wird König an seiner Stelle, er ein Bettler. Er bittet vor der Thür des Königs, der Pförtner stösst ihn zurück; da zieht der König (der Engel) aus der Stadt, hält draussen Sitzung und lässt verkünden, dass er Allen zu ihrem Rechte verhelfen will. Nun räth der Pförtner dem Bettler, auch hinauszugehen, vielleicht werde er von der Gnade des Königs etwas erlangen. Am Ende der Sitzung wird der König auf ihn aufmerksam, hält ihn für einen Spion und fährt ihn an. Er soll seine Geschichte erzählen. Da berichtet er (Bl. 88ᵃ): »Ich war König dieser Stadt vor vier Tagen; was heute mit mir passirt ist, weiss ich nicht; Du aber, Gott behüte Dich, bist jetzt, wie ich sehe, König an meiner Stelle geworden, während ich nackt, hungrig und in Ängsten bin u. s. w.«

Darauf entdeckte ihm der König-Engel den Hergang, und gegen das Versprechen sich zu bessern wird der Bettler wieder König.

9. Bl. 89a ܬܘܒ ܕܩܕܝܫܐ ܡܪܝ ܝܘܚܢܢ ܡܪܗ ܕܐܘܢܓܠܝܘܢ ܕܕܗܒܐ ܡܢ ܡܕܝܢܬܐ ܕܪܗܘܡܝܐ ܕܡܠܟܘܬܗ.

Geschichte von dem h. Johannes, dem Besitzer des goldenen Evangeliums aus Rom. Anfang:

ܗܘܐ ܐܢܫ ܕܫܡܗ ܐܝܬ ܠܗ ܬܘܒ ܝܠܝܕܘܬܗ ܕܡܠܟܘܬܐ ܕܪܗܘܡܝܐ ܘܐܢܫ ܗܘܐ ܕܩܕܝܫܐ ܗܘ ܒܪܗ ܡܢ ܕܘܟܬܗ ܕܡܠܟܘܬܗ ܘܐܡܗ ܒܬܪ ܡܠܟܐ ܢܚܬ ܕܐܝܬ ܡܢ ܟܠ ܕܡܠܟܘܬܐ ܘܟܠܗ ܕܫܡܗ ܕܐܘܓܘܣܛܐ ܘܐܒܘܗ ܘܐܡܪ

S. inhaltlich dieselbe Legende in Nr. 74 nr. 15.

10. Bl. 116a ܬܘܒ ܕܩܕܝܫܬܐ ܡܪܝܐܢܐ ܘܕܐܒܘܗ ܕܩܕܝܫܐ ܐܘܓܢܝܘܣ.

Geschichte von der h. Marianne und ihrem Vater, dem h. Eugenius. Anfang:

ܗܘܐ ܓܒܪܐ ܚܕ ܥܬܝܪܐ ܘܡܗܝܡܢܐ ܗܘܐ ܕܠܐܠܗܐ ܕܠܐ ܡܬܒܥܝܢ ܘܐܡܪ ܠܗ ܗܘܐ ܕܠܐ ܒܢܝܐ ܘܐܢܬܬܗ ܟܠܗ ܕܠܐ ܝܠܕܐ ܗܘܬ ܒܢܝܐ ܕܠܐ ܠܗ ܒܪܐ. ܘܒܬܪ ܠܗ ܘܡܬܪܢܝܐ ܒܬܪܗ ܡܘܗܒܬܗ ܡܫܟܚܬ ܕܠܐܠܗܐ ܡܢ ܘܐܬܝܠܕܬ. ܘܟܕ ܗܘܬ ܒܪܬ ܬܫܥ ܫܢܝܢ ܡܝܬܬ ܐܡܗ ܘܐܡܪ

Ein reiches frommes Ehepaar ist kinderlos; auf ihre Gebete schenkt ihnen Gott eine Tochter. Als diese 9 Jahre alt geworden, stirbt die Mutter. Nachdem sie 18 Jahre geworden, will ihr Vater sie verlassen, Mönch werden, um seine Sünden zu sühnen; sie aber will nicht zurückbleiben, sondern nimmt männliche Tracht an, nennt sich Marianus und geht mit ihrem Vater in ein Kloster. Nach 20 Jahren stirbt ihr Vater Eugenius. Es ist Sitte im Kloster, dass jeden Freitag drei Mönche in die Stadt gehen, um die Geschäfte des Klosters zu besorgen, wobei sie unterwegs in einem Khan übernachten. Marianus ist bisher davon verschont geblieben; da aber die anderen Mönche es verlangen, so geht er mit zwei Mönchen auf den Weg. In dem Khan, in dem sie übernachteten, war zufällig auch ein königlicher Courier; dieser verführte die Tochter des Wirthes und bestimmte das Mädchen den Marianus als Vater anzugeben, falls sie schwanger werde. So geschah es denn auch. Der Wirth reitet vor das Kloster und schimpft. Der Abt versammelt die Mönche, Marianus bekennt sich schuldig und wird aus dem Kloster gestossen. Auf einem Felsen vor dem Kloster bleibt Marianus unter offenem Himmel, von Allen geschmäht. Das Mädchen gebärt einen Knaben, den ihr Vater dem Marianus bringt. Marianus ernährt das Kind 5 Jahre lang. Auf das Bitten der Mönche wird dann Marianus wieder in das Kloster aufgenommen. Der Knabe wird auch Mönch. 40 Jahre nach dem Wiedereintritt in das Kloster stirbt Marianus, und bei dem Waschen der Leiche entdeckt man, dass Marianus ein Weib und eine Jungfrau war. Verzweiflung des Abtes und der Mönche. Der Khan-Besitzer kommt zum Kloster und erfährt den wahren Sachverhalt. Die Leiche der Heiligen bewirkt Wunder. Der königliche Courier und die Wirthstochter werden wahnsinnig, kommen zum Grabe der Heiligen, bekennen ihre Sünde und werden durch die Berührung des Grabes geheilt. Marianne war 74 Jahre alt, als sie starb.

11. Bl. 134b ܬܘܒ ܕܩܕܝܫܐ ܐܪܟܠܝܕܘܣ ܘܕܐܡܗ ܐܘܓܘܣܛܐ ܡܢ ܪܘܡܝ ܕܡܠܟܘܬܗ.

Geschichte des h. Archelides und seiner Mutter Augusta aus Rom. S. inhaltlich dieselbe Legende in Nr. 244 nr. 4.

12. Bl. 161b ܬܘܒ ܕܐܦܛܘܠܡܐܘܣ ܕܩܕܝܫܐ ܕܩܕܝܫܐ ܡܠܟ ܕܐܠܗܐ.

Geschichte von dem seligen ܐܠܟܣܝܘܣ Alexius, genannt »Der Mann Gottes«.

S. dieselbe Legende in Nr. 169 nr. 2 und Nr. 110 nr. 11. Anfang:

ܟܕ ܗܘܐ ܡܢ ܡܕܝ̈ܢܬܐ ܕܪܗܘܡܝ ܓܒܪܐ ܥܬܝܪܐ ܠܗ
ܘܐܦܡܝܢܘܣ ܡܢ ܘܪܒܢ ܐܠܗܐ ܕܐܝܬܘܗܝ ܗܘܐ
ܘܐܝܟܢܐ ܕܥܠܡܝܢ ܕܡܠܟܐ ܕܡܫܝܚܝܢ
ܕܡܫܝܚܐ ܡܪܢ

Die Frau des Euphemianus heisst ܐܓܠܐܝܣ Aglais.

13. Bl. 179ᵃ ܬܘܒ ܐܬܠܝ ܐܠܟܣܦ ܘܗܒܐ
ܠܐܕܡ ܠܗܘܢ ܟܠܗ ܡܢ ܐܠܗܐ ܕܠܐܦܪ
ܕܡܫܝܚܐ ܒܡܕܝ̈ܢܬܐ ܕܐܦܣܘܣ.

Geschichte der Siebenschläfer und was ihnen geschah von Seiten des ungläubigen Königs Decius in Ephesus. Von Bl. 186 ist ein Stück abgerissen. Anfang:

ܟܕ ܐܬܚܙܝ. ܒܫܢܬ ܡܐܐ ܘܚܡܫ ܕܡܠܟܘܬܗ
ܕܩܣܘܣ ܡܠܟܐ ܘܐܬܐ ܠܐܦܣܘܣ ܡܕܝܢܬܐ
ܘܐܟܠ ܒܡܘܬ ܠܐܝܠܝܢ ܕܐܡܪܝܢ ܒܡܫܝܚܐ
...

(Bl. 179ᵇ)

Der Anfang dieser Legende ist veröffentlicht von J. Guidi, Testi orientali inediti sopra i sette dormienti di Efeso, Roma 1885 S. 51. Vergl. Nr. 75 nr. 18.

14. Bl. 191ᵇ ܬܘܒ ܕܩܘܪܝܩܘܣ ܐܠܝܛܐ...

Geschichte des h. Cyriacus des Kindes und seiner Mutter Julitta. Dieselbe Legende in Nr. 110 nr. 7.

15. Bl. 210ᵇ ܣܗܕܘܬܐ (ܬܘܒ) ܕܩܘܪܝܩܘܣ
...

Geschichte des h. Märtyrers Georgius. Anfang:

...

Dieser Georg ist reich. Da er fürchtet, wegen seines Christenthums verfolgt zu werden, geht er zum König, um sich durch Geld gegen Verfolgung zu sichern. Wie er hinkommt, befiehlt gerade der König den Menschen, dem Götzen Apollo Opfer und Anbetung darzubringen. Da erwacht in Georg der Märtyrermuth. Er spricht vor dem König mit Freimuth. Die Folge ist, dass er gemartert wird sieben Jahre lang (die Beschreibung der Martern bildet den Haupttheil der Schrift). Wenn der Körper des Georg am Tage zerstückelt wird, kommt der Engel Gottes in der Nacht und setzt ihn wieder zusammen. Er verrichtet dabei Wunder, und viele werden dadurch zum Glauben geführt, so seine Henker, unter ihnen ein ܐܢܛܠܝܣ (Bl. 223ᵃ). Die Königin bekehrt sich auch, wird deshalb getödtet. Schliesslich tritt Georg in den Götzentempel ein, stampft mit den Füssen und die Götzen verschwinden; die Teufel fahren aus den Götzenbildern heraus. Georg wird geköpft, die Stadt aber zur Strafe verbrannt. Das Martyrium fällt auf den 24. *Nisân* (April).

16. Bl. 237ᵃ ܬܘܒ ܕܩܘܪܝܩܘܣ ...

Geschichte des Apostels Thomas. Arabische Übersetzung der Thomas-Acten (s. WRIGHT, Apocryphal acts of the apostles, vol. I S. 172). Anfang:

ܒ ܚܝܠܗ ܘܕܠܝ ܟܬܒܐ ܕܚܝܝ ܡܫܪܝܢܐ
ܬܫܥܝܬܐ ܕܬܐܘܡܐ ܕܠܐ ܫܠܝܚܐ (Bl. 237[b])
ܠܗܢܕܘ ܕܢܦܩ ܘܕܬܐܘܡܐ ܘܕܐܦܪܘܡܐ
ܕܠܢܫ ܠܗ ܐܦܪܘܡ ܡܫܝܚܐ ܒ ܕܠܟܠܗ
ܥܠܡܐ. ܠܗ ܘܐܢܫ ܡܢܗܘܢ ܠܗ ܐܦܪܘܡ
ܡܫܝܚܐ ܫܡܥ ܕܬܐܘܡܐ. ܦܓܪܗ ܒܟܠܗ
ܕܬܡܢ ܘܕܬܡܢ ܒ ܢܦܫ ܐܘܡܐ ܕܠܢܫܐܠ.
ܦܪܘܫܘܬ ܐܘܡܐ ܡܢ ܕܠܢܘܬܝ ܕܬܐܘܡܐ.
ܘܦܘܩ ܡܠܟܘ ܠܗܝ ܡܢ ܕܠܝ. ܦܡܠܐ ܕܝ
ܕܠܠ ܒܟܕܐܝ ܒܟ ܐܦܘܪ ܘܟܕ

17. Bl. 276[a] ܬܘܒ ܐܬܪܢܐ ܘܕܐܢܕܪܐܘܣ ܘܕܐܬܘܢܣܝܐ.

Geschichte des Andreas und seiner Frau Athanasia. Anfang:

ܒ ܐܝܬܘܗܝ ܗܘܐ ܐܢܫ ܚܕ ܒ ܡܕܝܢܬܐ
ܕܐܢܛܝܘܟܝܐ ܕܠܠ ܫܡܗ ܠܗ ܐܢܕܪܐܘܣ.
ܘܚܕ ܚܒܪܐ ܕܠܗܘܢ ܘܐܬܠܝܕ ܠܗܘܢ
ܒܢܝܐ. ܘܚܕ ܠܗ ܘܟܠܗ ܡܢܗܘܢ ܝܗܒ
ܠܗܘܢ ܐܬܢܣܝܐ ܘܚܕ ܗܘܐ ܕܠܐܠܗܐ
ܘܠܗ ܘܟܕ

Andreas, ein frommer Mann, handelt mit Silber- und Goldgegenständen; seine Frau Athanasia. Ein Knabe, Johannes, und ein Mädchen, Marjam, werden ihnen beschert, sterben aber jung. Die Mutter weint in der Kirche am Grabe der Kinder zur Nachtzeit; da erscheint ihr eine Mönchsgestalt und tröstet sie. Sie übergeben dem Bischof ihr Vermögen, wollen sich ganz Gott widmen und gehen nach Jerusalem. Dort werden sie mit dem h. Daniel dem Wanderer bekannt, der sie nach Alexandrien mitnimmt: sie tritt in ein Nonnenkloster, er in das Kloster des Marcus Major. Nach 12 Jahren zieht er nach Jerusalem und, ohne dass er es weiss, auch sie, verkleidet als Mönch. Sie treffen zusammen: er erkennt sie nicht, sie aber ihn. Sie reisen zusammen nach Jerusalem und zurück nach Alexandrien. Sie wohnen zusammen in einer Zelle in einem Kloster vor Alexandrien 12 Jahre lang. Da stirbt sie und wird als Weib erkannt. Daniel liest aus einem Blatte, das man unter ihrem Kopfe fand, ihre Geschichte vor. Dann stirbt auch er und wird von Daniel neben seiner Frau begraben.

18. Bl. 284[b] ܬܘܒ ܕܠܣܗܕܘܬܐ ܕܡܪܝ ܦܛܝܘܢ ܕܐܬܟܠܠ ܕܐܬܩܛܠ.

Geschichte des heiligen Märtyrers Phetion. S. den Inhalt derselben Legende bei G. HOFFMANN, Auszüge aus Syrischen Acten Persischer Märtyrer S. 61—68. Anfang:

ܦܠܡܐ ܒܠܝ ܒܟܢ ܐܢܫ ܡܫܝܚܐ ܐܡܪ
ܐܕܐܦܪܘܡ ܕܝ ܢܦܫܗ ܡܠܟܐ ܚܒܝܒ. (Bl. 285[a])
ܠܝܗܒ ܒܗ ܕܠܐܒܕܐ ܕܠܗܝ ܡܢܗ. ܘܡܠܟܐ
ܕܡܫܝܚܝܐ ܒ ܒܠܘܗ. ܦܠܡܐ ܕܡܟܐ
ܕܗܘܐ ܕܟܢ ܒܝܘܡܬܐ ܘܡܠܟܐ ܕܠܘܬܗ
ܘܡܠܟܐ ܕܠܒܠܒ ܘܫܠܡ ܠܗܘܢ. ܘܗܘ
ܡܫܬܘܐ ܕܐܝܟ ܐܗܘܐ ܠܗܘܢ ܒܝܕ ܕܐܠܗܐ.
ܠܟܠ ܢܦܫ ܐܢܫ ܡܢ ܕܠܫܝܪܐ. ܦܟܪܗ
ܒ ܗܘܐ ܕܠܐܢܫ ܕܠܡܫܝܚܐ ܠܝ ܠܐ ܢܦܫܝ
ܠܝ ܢܦܩܝ ܘܠܐ ܢܡܛܐ ܒ ܕܠܐܢܫܘܬܐ
ܡܢ ܦܠܡܐ ܗܢܐ ܕܠܫܝܪܐ. ܠܐܢܫ ܠܗܘܢ
ܢܦܫܝ ܒܡܠܟܐ ܦܩܕ. ܕܠܐ ܘܫܒܩ ܠܡܠܟܐ
ܕܡܢ ܕܡܫܝܚܝܐ. ܘܕܐܬܦܠܓܘ ܕܠܗܘܢ ܢܦܩܘܢ
ܒ ܟܠ ܫܢܐ ܕܝܘܡ ܕܗܘܐ ܕܠܡܠܟܐ ܘܟܕ
ܒܗ ܘܟܕ

19. Bl. 304[a] (!) ܬܘܒ ܕܐܬܩܛܠ ܕܐܢܕܝܘܣ ܕܠܐܢܕܝܬ.

Geschichte der Märtyrerin *Andhid*, anschliessend an die vorige Legende. Anfang:

ܘܡܠܟܐ ܒܠܝ ܒܟܢ ܐܢܫ ܡܫܝܚܐ. ܕܠܡܠܟܐ
ܕܡܫܝܚܝܐ ܒܡܠܟܐ ܡܠܟܐ ܐܝܟ ܐܕܐܦܪܘܡܐ.

ܐܡܪ ܒܐܠܟܣܢܐ ܠܢ ܐܟܣܢܝܗ ܐܬܐܡܪ.
ܠܐܢܘܫ ܒܐܝܕ ܐܢܫܝܢ ܡܐ ܢܚܘܐ ܡܢ ܐܠܢܫܐ
ܘܐܡܪ

Der Magier-König, sich wundernd über das, was dem Aderhormizd begegnet, lässt nach seiner Tochter, der schönen *Andhid*, forschen; ihr Vater hatte ihr viel Geld hinterlassen. Als die vor ܐܦܕܟܪܕܪ Versammelten dies erfahren, wünschten sie sie zu sehen und vom christlichen Glauben abzubringen. Der König schickte den ܛܗܡܝܢ mit 80 Reitern aus sie zu holen; sie sollten ihren Kopf verlieren, wenn sie das Mädchen nicht brächten. Sie finden sie bei Phetion und sind befangen ob ihrer Schönheit. Doch nehmen sie das Mädchen mit zum König und *Tahmin* erstattet Bericht. *Andhid* betet um die Krone des Martyriums. Der König befiehlt, sie in das Gebirge zu führen und dort zu tödten, was geschieht. 40 Wächter wachen an der Leiche, damit die Christen sie nicht wegholen. Die Leiche wird von Wespen bedeckt; jeder Heide, der hinkam, wurde von ihnen gestochen und starb. Da aber die Christen kamen, die Leiche zu holen und zu begraben, fing die Leiche an zu beten u. s. w.; dann treten die Christen heran, die Wespen zerstreuen sich, die Leiche wird begraben. Das Martyrium fällt auf den 18. *Hazirân* (Juni), einen Freitag im 9. Jahr des Jezdegird.

20. Bl. 307ª—332ᵇ ܬܘܒ ܐܠܗܝܬܘܬܗ ܕܡܪܕܢܐ
ܡܪܕܢܐ ܩܕܝܫܬܐ ܐܠܟܬܝܒܘܬܗ ܕܐܠܟܬܝܒܬܐ
ܐܠܟܬܒܘܬܗ ܘܥܒܕܬܐ ܐܠܟܘܬܒܘܬܗ

Geschichte der h. *Mârdne*(?), der berühmten Wunderthäterin. Anfang:
ܘܒܒܝܬ ܡܐ ܡܠܟ ܗܡܕܢܐ ܢܗܘܕ ܐܠܡܣܝܚ
ܡܢ ܒܢ ܐܠܐܣܡܬܐ ܘܢܒܝܬ ܐܠܐ ܐܠܡܣܝܚ
ܘܠܠܗ ܒܢ ܡܣܝܢ ܐܒܢܗ ܦܝ ܐܠܒܠܐ. ܘܟܐܢ
ܢܥܠܝܢ ܐܠܢܘܐܕܝ ܐܠܐ ܐܕܟܪ ܢܣܒܬܗ
ܐܠܡܕܝܢܐ ܘܐܡܪ

Der Erzähler ist ein Timotheus, der die Heilige persönlich gekannt. *Mârdne*(?) war die Tochter des Götzenpriesters ܐܦܪܝܘܣ (Bl. 308ª); sie wurde erzogen in der Nähe von Antiochien von einer Christin und wurde durch diese selbst Christin. Ihre Mutter hat sie früh verloren. Da kommt ein Prinz-Statthalter ܐܒܪܢܘܣ ܐܠܐܡܝܪ aus Asia nach Antiochien, um die Christen zu strafen. Er sieht die schöne *Mârdne* und wünscht sie zu besitzen. Sie wird von Soldaten herbeigeholt, verhört und aufgefordert den Götzen zu opfern. Da sie sich weigert, wird sie geschlagen, gemartert, eingekerkert. Im Kerker erscheint ein Drache, der sie verschlingt; sie aber macht ein Kreuz, worauf der Bauch des Drachen platzt und sie unversehrt herauskommt. Dann erscheint ein schwarzer Teufel sie zu versuchen; sie packt ihn bei den Haaren, schleudert ihn zu Boden und tritt auf ihn. Es ist Beelzebub. Er wird in die Hölle zurückgeschleudert. Im Kerker ist der Heiligen in einer Lichterscheinung ein Kreuz erschienen und eine Taube hat ihr die Märtyrerkrone versprochen. Nun erscheint der Statthalter wieder und lässt die Marter fortsetzen. In einem Erdbeben bringt ihr eine Taube eine goldene Krone. Viele werden durch sie zum Christenthum gebracht und alsbald geköpft. Als *Mârdne* vor Antiochien geköpft werden soll, erscheint ihr in einem Erdbeben Christus. Nachdem der Henker sie geköpft, stürzt er sich selbst in sein Schwert. Das geschah den 17. Juli unter ܕܩܠܕܝܢܘܣ (Bl. 332ª). »Jetzt aber ist sie in der Nähe der Ortschaft Dunaisir« bei Tel-Ermen unterhalb Mardin ܘܐܠܐܢ ܗܝ ܦܝ ܩܪܒ ܩܪܝܗ ܕܢܝܣܪ. Timotheus hatte die Märtyrerin in einen Sarkophag gebettet.

Unterschrift Bl. 332ᵇ: ܟܡܠܬ ܣܝܪܗ ܠܡ ܐܠܩܕܝܣܗ ܡܪܬ ܡܪܕܢܐ ܗܘܢ ܐܠܡܥܢܝܗ ܗܐܠܐܡ ܗܘܢ ܡܢ ܟܬܒ ܐܒܢܗ ܐܠܐܒ ܦܝ ܫܗܪ ܬܡܘܙ ܣܢܗ ܐ̈ܬܫ.

»Vollendet durch den Diaconus Michael am Freitag dem 30. Januar 1730 n. Chr.«

C. Bl. 333ᵃ—453ᵇ ܫܘܟܠܠܐ ܘܫܘܠܡܐ ܠܦܘܪܫܐ ܡܢ ܟܬܒܐ ܦܪܕܝܣܐ ܕܐܒܗ̈ܬܐ ܕܝܚܝ̈ܕܝܐ ܕܐܪ̈ܗܛܝܐ ܕܐܓܘܦܛܝܐ. Theil des Liber paradisi über die Aegyptischen Mönche.

Vom h. Antonius Bl. 333ᵃ, Macarius 335ᵇ, Evagrius 344ᵇ, Petrus, Schüler des Lot, 346ᵇ, Agathon 351ᵇ, Poimen 352ᵃ, Joseph 352ᵇ, Paphnutius 353ᵃ, Jonas dem Kurzen 353ᵇ, Gregorius 354ᵃ, Arsenius 356ᵃ, Daniel 368ᵃ, Hilarion 364ᵃ, Isidorus 364ᵇ, ܐܫܥܝܐ 367ᵃ, Johannes Persa 380ᵃ, ܠܘܢܓܝܢܘܣ (Longinus?) 383ᵇ, ܥܒܕܐܕܘܗܝ 389ᵃ, ܣܝܣܘܐܝܣ 389ᵇ, Marcus Aegyptius 390ᵃ, Lucianus 394ᵃ, Maximius und Dometius 398ᵃ, ܬܝܘܢ 401ᵃ, Paulus major 419ᵃ, Zeno 420ᵃ, Metrodora 421ᵃ, ܣܝܠܘܐܢܘܣ 421ᵇ, Ammon 422ᵃ, ܦܝܘܪ daselbst, ܡܛܘܝ 425ᵃ, Moses 426ᵇ, ܐܬܪܐ 427ᵇ, Isaak 427ᵇ, Abraham 429ᵇ, ܣܝܣܘܢܝܣ 436ᵇ, Lot 445ᵃ, ܐܘܠܓܝܣ 450ᵃ, Zosimus 452ᵃ. Ausserdem Antonius, Macarius, Poimen, Arsenius, Agathon passim. Geschichten von Mönchen und Aussprüche. Bei vielen ist ein Autor oder Gewährsmann nicht angegeben. Anfang:

ܒܗ ܟܬܒܐ ܦܪܕܝܣܐ ܕܐܒܗ̈ܬܐ. ܗܘ ܗܢܐ.
ܡܛܠ ܕܐܝܟܢܐ ܕܝܢ ܐܝܬ ܐܝܠܝܢ ܕܒܥܝܢ ܟܠ
ܪܘܚܢܝܐ ܘܟܠܗܘܢ ܠܐ ܝܕܥܝܢ ܕܢܬܚܙܘܢ ܐܝܟܢ
ܕܐܢܫܐ. ܐܝܟ ܕܩܘܝܢ ܕܐܢܫܝܢ ܒ ܕܐܬܪܐ
ܟܠܗ ܡܬܬܣܝܡ ܗܟܢ ܕܝܗܒܢܗ ܡܢ
ܒܟܠ. ܡܛܠ ܕܐܝܟܢܐ ܕܐܝܬܝܗܘܢ ܟܠ
ܘܟܠ ܕܢܗܘܐ ܒܗ ܕܐܝܬܘܗܝ. ܦܠܓ ܕܝܢ ܕܝܢܐ
ܘܐܚܪ ܠܐ ܢܗܘܐ ܡܛܠ ܟܠܗ ܘܡܛܠܬܐ
ܠܗ ܕܝܢ ܡܛܠܗ. ܐܝܟܢ ܕܝܗ ܠܐ ܢܬܚܫܒ

Dies Dictum ist identisch mit Apophthegmata patrum Nr. 25 S. 84.

Die vorliegende Schrift ist eine Bearbeitung der Apophthegmata patrum (s. Migne, Patrologiae cursus completus, series graeca 65 S. 71 ff.). Über eine von Ananjesu gemachte Redaction der Historia Lausiaca und der Apophthegmata s. Assemani III, 1 S. 146. Es finden sich einige auf den Inhalt bezügliche Überschriften: ܥܠ ܐܝܠܝܢ ܕܝܗܒܘ ܠܢܦܫܗܘܢ ܘܐܬܚܒܫܘ Bl. 359ᵃ, ܐܝܠܝܢ ܕܫܒܩܘ ܡܢ ܥܠܡܐ ܕܐܬܒܣܝܡܘ ܕܢܬܪܘܚܘ Bl. 362ᵇ, ܕܐܝܠܝܢ ܕܩܕܡ ܘܐܬܟܬܒܘ Bl. 369ᵇ.

Nachschrift Bl. 453ᵇ:

ܫܡ ܢܣܒ ܗܕܐ ܕܟܬܒܐ ܕܡܟܬܒܢܘܬܐ ܕܡܫܒܚܐ
ܚܝܐ ܘܪܘܚܢܝܐ. ܕܐܝܬ ܗܘ ܟܬܒܐ ܩܕܝܫܐ
ܕܐܒܗ̈ܬܐ ܘܕܝܪ̈ܝܐ. ܘܟܬܒ ܡܢ ܟܬܒܐ
ܟܬܒܐ ܕܐܒܗ̈ܬܐ. ܘܫܪܝܐ ܕܦܬܓܡܐ ܡܢܗ
ܢܗܪܐ ܕܐܬܪܐ ܕܡܨܪܝܢ ܕܬܫܥܝܬܐ ܟܪܝܬܐ ܡܢܗ
ܡܢ ܟܘܪ ܬܫܥܝܬܐ ܕܐܒܗ̈ܬܐ ܕܡܨܪܝܢ. ܘܟܠܗ
ܟܬܒܝܢ ܗܢܘ ܕܐܝܟ ܘܡܬܬܢܝܢ ܘܡܫܬܠܛܝܢ
ܡܫܝܚܝܐ. ܘܐܝܟܢ ܘܐܬܢܝܢ ܘܕܪ̈ܝܢ
ܘܡܬܢܚܡܝܢ. ܘܫܪܝܪ ܒ ܐܝܟ ܕܐܬܬܗܝܒ
ܕܡܬܬܪܨܝܢ ܕܐܘܪܚܐ ܕܡܬܝܕܥܝܢ. ܘܐܬܚܘܝ
ܘܢܬܚܙܐ ܡܪܝ ܕܐܒܐ — ܕܐܝܠܝܢ
ܥܠ ܕܟܬܒܐ ܕܦܪܕܝܣܐ ܕܐܒܗ̈ܬܐ.
ܘܡܪܝ ܝܘܣܦ (Bl. 454ᵃ) ܕܟܬܒܗ ܒܝܘܡܬܐ
ܕܟܠܕܝܝܢ ܘܐܢܫܐ ܕܐܬܪܐ ܕܥܝܢܬܢܘܪ ܕܠܘܬ
ܒ ܕܐܡܝܕ ܡܕܝܢܬܐ.
ܘܫܢܬ ܐܠܦ ܘܡܪܝ ܒ ܝܪܚܐ ܬܫܪܝ ܐܚܪܝܐ
ܕܐܬܟܬܒ ܕܐܝܬ ܗܘ ܝܘܡܐ ܕܐܪܒܥܐ
ܘܡܢ ܕܐܒܗ̈ܬܐ ܕܡܨܪܝܢ ܒܝܘܡܐ ܕܝܠܗ ܡܢ ܐܝܟ
ܕܐܝܬܘܗܝ ܗܘܐ ܡܪܝ
ܢܩܘܡ ܕܐܒܗܝ ܕܦܬܓܡܐ ܡܪܝ ܡܬܬܢܚܡ
ܒܐܝܠܝܢ ܢܫܡܬܐ ܡܪܝ ܕܝܢ ܕܐܝܬܚܙܝ
ܒܡܫܝܚܐ (Bl. 454ᵇ) ܕܝܢ ܡܫܡܫܐ ܐܝܟܢܐ.
ܕܐܬܚܙܝ ܒ ܫܢܬܐ ܡܢ ܐܝܟܢ

Danach ist diese Hds. vollendet am Mittwoch, den 18. November 1730 n. Chr. in den Tagen des Papstes (der Name fehlt) und des Joseph III., Patriarchen der Chaldäer (1713—1759). Geschrieben im Dorfe *'Ain-Tennûr* bei Amid vor dem *Bêb-errûm* von dem Diaconus Michael, Sohn des *Maṭrân* Basilius, Sohnes des *Makdisi* Garabet (Armenischer Name), wohnhaft zu *'Ain-Tennûr*. Folgt Bitte des Schreibers an den Leser für ihn zu beten u. s. w. Vergl. die Notiz des Schreibers auf Bl. 332ᵇ.

Zwischen Bl. 454 und 455 ist eine Lücke, Bl. 455 hängt mit dem Vorhergehenden nicht zusammen. Stück eines liturgischen Textes über Eheschliessung, unvollständig zu Anfang und Ende. Anfang:

ܘܠܗ ܥܠܝܗ ܩܠܝܠܐ ܥܢܕ ܩܠܡ ܐܠܟܗܢ ܐܢܗ
ܘܐܠܘܗ ܠܩܠܝܠ ܐܡ ܩܠܡ ܥܠܝ ܐܠܟܗܢܗ
ܐܠܡܬܙܘܓܗ ܘܟܕ

Der erste Text schliesst Bl. 455ᵇ Zeile 2. Dann beginnt eine neue Vorschrift über denselben Gegenstand: ܢܥܠܡ ܥܠܝ ܐܠܟܠܝܗ

ܘܢܥܠܡ ܥܠܡ ܐܠܡܣܝܚܝܝܢ. ܘܥܠܝ ܦܝ ܫܪܥܗ
ܐܠܟܢܝܣܗ. ܘܢܓܠܒ ܐܘܠܐ ܘܐܠܢ ܐܠܟܗܢ
ܡܢ ܥܠܡ ܐܠܟܢܝܣܗ ܘܐܠܡܬܙܘܓܗ ܡܢ
ܐܠܡܬܙܘܓܗ ܘܟܕ

Schrift vortrefflich, Vocalisation (eine genaue, von der Kenntniss des Altarabischen nicht beeinflusste Wiedergabe der Volksaussprache unter den Arabisch redenden Christen) fast vollständig; charakteristisch das Vorwiegen des *i* zur Bezeichnung kurzer Vocale des Neuarabischen wie in Nr. 111. Von den Arabischen Vocalzeichen ist zuweilen das Ḍamma gebraucht.

Zu Anfang fehlen 59 Blätter.

455 Blätter (22,5 × 16 cm), die Seite zu 18 Zeilen.

—

113.

(Sachau 199.)

Arabisch und Türkisch.

Ein Sammelband folgenden Inhalts:

1. Bl. 2—20 Arabisch und Nestorianischen Ursprungs:

a) Die Messe der Apostel auf Bl. 2ᵃ—14ᵇ. Anfang:

تنبيه. اعلم ان هذه تقدمة خدمة القداس المنسوبة الى الرسل القديسين وهى محررة فى بداية خدمة القداس المنسوبة الى مارى نسطوريس. بعد التقدمة المذكورة يبدى الكاهن فى خدمة قداس الرسل الاطهار اى مار ادى ومار مارى متلمذى المشرق. ويقدس به من يوم سبت القيامة الى احد البشارة وللموتى وتذكار القديسين وفى ايام الاسبوع. فيقول الكاهن بارك يا سيد بارك يا سيد. يا اخوتى صلوا علىّ. ويجاوبوه. المسيح يسمع صلواتك المسيح ينير كهنوتك. المسيح يقبل قربانك. المسيح ينسر فى ذبيحتك عوضك. وعوضنا وعوض العالم كله بنعمته وبرحمته الى الابد امين. ويتلو الكاهن هذا الدعا سرًا.

Unterschrift Bl. 14ᵇ:

قد تم قداس الرسل.

b) Bl. 15ᵃ—20ᵇ Messe des Theodorus von Mopsueste, von dem Catholicus مار ابا aus dem Griechischen in das Syrische übersetzt unter Beihülfe von Thomas Edessenus. Überschrift und Anfang:

قداس مارى ثادورس مفسر الكتب الالهية وهو اسقف مفسوستلية. اعلم ان مار ابا الجاثليق حين صعد الى رومية قد استخرج هذا القداس من اليونانى الى السريانى بمساعدة مارى توما الرهاوى الملفان. واعلم ايضا ان هذا القداس يقدس به من اول احد البشاره الى احد الشعانين ؞ بعد التقدمة يقول الكاهن. المجد لك يا واجد الضالين. تراها فى قداس مارى نسطوريس. ويتبع بقوله. نعم يا ربنا والهنا. لا تنظر الى كثرة خطايانا الخ

Diese Messe ist nicht vollständig. Letzte Worte:

وكل من ياكل من هذا الخبز ويشرب من هذه الكاس بايمان الحق يكون له يا رب لغفران الخطايا ومسامحة الذنوب ولرجا الانبعاث العظيم من بين الاموات ولخلاص نفسه وجسده والى الحيوة وللمجد الابدى واعلنا

Aus dem Syrischen übersetzt, geschrieben in einer schlechten, schülerhaften Schrift, hier und da von einem etwas Schreibgewandteren verbessert. Zum Theil nur verständlich durch Rückübersetzung in das Syrische. Moderne Schrift aus der 2. Hälfte dieses Jahrhunderts.

20 Blätter (20 × 14 cm), die Seite zu 16 Zeilen.

2. Bl. 21. 22ª und auf dem Rande von Bl. 22ᵇ. 23ªᵇ. Eine Arabische Schrift فى علم الرمل, Anleitung zur Prognostication, betitelt تحفة الوزراء, verfasst von *El'anwari* الانورى und gewidmet einem Rustam Pascha. Anfang:

بسم الله الرحمن الرحيم وعن عبد الله بن عباس رضى الله عنهم انه قال سمعت رسول الله صلعم يقول عليكم بخبط (بخط ?) الرمل فانه كان معجزات الانبياء وقال مقاتل رضى الله عنه فى كتابه المشارق كان لبعض الانبياء خط فمن وافق خطه ذلك فهو صادق وقال ابن سيرين نزلت هذه الاية فى حق الرمل الخ يقول المصنف وهو الانورى استخرجت هذه الرسالة من كتب الفارسية والعربية وهى على عشرة فصول ودرجة وسميتها تحفة الوزراء واهديتها على الوزير العادل والكبير على الاكابر (Bl. 21ᵇ) مستجمع المعانى والمفاخر الوزير رستم باشاه بسره الله له ما يشاء الخ

Inhalt der 10 Abschnitte فصل:

1. فى معرفة احوال القافلة
2. فى معرفة احوال الجبال والبوادى
3. فى معرفة النفع والضر وجمع المال
4. فى معرفة احوال المواشى مثل الغنم والبقر الخيل وغيرهم
5. فى معرفة الغيث والثلج والبرد والصيف
6. فى معرفة الامراء والوزراء والعساكر
7. فى معرفة البلاد والقرا
8. فى معرفة اللصوص والمال الابق
9. فى معرفة الحكام والاكابر
10. فى معرفة العيال والاولاد وعيشهم

Am Schluss auf dem Rande von Bl. 23ᵇ steht die Zahl ١١٩٧. Danach ist dies A. H. 1197 = 1783 n. Chr. geschrieben.

3. Auf dem Rande von Bl. 24ᵇ—27ª: Ein Arabisches Schriftstück ohne Titel. Am Ende ist es Türkisch bezeichnet als عزيمة طاسه مندل مصروع ايجون.

»Zauberspruch einer Schale für den Zauberkreis des Epileptikers.« Ein kabbalistischer Spruch gegen die bösen Geister, Unglück, Krankheit und Schmerzen, mit Figuren (Bl. 27ª) und verschiedenen Künsteleien. Anfang:

بسم الله الرحمن الرحيم استخلفكم بعزت بربهية ٢ كوبر ٢ تتليه ٢ طوران ٢ مرجل ٢ برجل ٢ ترقب ٢ برحش ٢ غلمش ٢ خوطير ٢ خوطيش ٢ قلنهود ٢ بريشان ٢ كظهير ٢ كهطير ٢ نموشلخ ٢ منشلخ ٢ برهيولا ٢ بيشكلخ ٢ قزتر ٢ قزقز ٢ انفليط ٢ قيرات ٢ نبراا ٢ غياها ٢ كيدهولاء ٢ شمخاهير ٢ شمهاهر ٢ الاوهف كححكلم كهحلهوبنه ٢ بش ارش طنوبش شمخاعوشم باروح ٢ سيمشم اللهم بحق كهيكهج نهيكهج جلد مهبح جلد مهبح هجلمنح هجلمنح وادوه ودبه بحق العهد الماخوذ عليكم من السيد سليمان ابن دواد عليهم السلام يوم السبت فى باب الهيكل يوم العاشوراء الانقياد الانقياد فيما امرتكم فيه بطرد سائر الاعراض والامراض والاوجاع عن هذه الالجثث الادمى بين يدى بعزة المتعزز فى عزة عزه واوفو بعهد الله (Bl. 26ª) بعهد الله اذا عاهدتم ولا تنقضوا الايمان بعد توكيدها وقد جعلتم الله عليكم كفيلا ان الله يعلم ما تفعلون سبحان الذى ليس مثله شى فى الارض ولا فى السماء وهو السميع البصير الخ

Mit den Schlussworten ist die Künstelei betrieben, dass die einzelnen Wörter in einzelne Buchstaben aufgelöst sind.

4. Bl. 22^b—30^b Türkisch: Eine astrologische Schrift, betitelt كتاب فلك البروجات, oder يلدز نامه Sternbuch. Es ist eine Anleitung zum Wahrsagen und Prognosticiren durch verschiedene Zahlenkünsteleien unter Einmischung der Planeten und Zodiakalbilder. Am Ende unvollständig.

Anfang:

هذا كتاب فلك البروجات يا فتاح روايتدر مغرب علمالرينك ايچنده غايت اولوعلم در اكر ديلرسن بر كمسنك زين بيلهسن تا كم ايشك راست كلد جملهٔ كبير وصغيردن چقروب كبدو ادين واتاسى ادين بيله حساب ايدوپ اون ايكى اون ايكى طرح ايدوب كورهسن نه قالورسه حساب ايدهسن يلدز نامه بودر

ا	ب	ج	د	ه	الخ	ق	ر	ش	ت	ث	خ	ذ	ض	ظ	غ
١	٢	٣	٤	٥		١٠٠	٢٠٠	٣٠٠	٤٠٠	٥٠٠	٦٠٠	٧٠٠	٨٠٠	٩٠٠	١٠٠٠

اكر بر قلسه حملدر اكر ايكى قلسه ثور در اكر اوچ قلسه جوزا در الخ

Von den Engeln der einzelnen Wochentage und den طلسمات der einzelnen Monate (Bl. 23^b), von den Planeten und dem, was sie bedeuten (Bl. 24^a), von den Engeln der einzelnen Planeten (Bl. 27^a), von dem بخور der einzelnen Planeten (Bl. 27^b), von ihren طلسمات (Bl. 28^a), von ihren Figuren (Bl. 28^b), von dem خاتم jedes einzelnen Planeten (das.), von den einzelnen Planeten als طالع (Bl. 29^b ff.). Probe (Bl. 30^a):

فصل بر كمسنك طالعى ثوره اولسه يلدزى زهرا اولسه ديلسك انى دوست قلاسن اذينه كونى مصرى بر پاره كاغده يازوب باشنده كتورهسن كمسيه سويلمهسن عجايب كورهسن بسم الله الرحمن الرحيم لا لل ٣٣ طره النته

Anfang des letzten فصل (Bl. 30^b):

اكر بر كمسنك طالعى سنبله اولسه يلدزى عطارد اولسه ديلسك كم انى دوست قلاسن دوشنبه كونى زوال وقتنده تاوق دريسنه يازوب اشيكنه كومهسن مجربدر الخ

Die Sprache zeigt in einzelnen Formen ein etwas älteres Stadium als das heutige Osmanisch. Die Hds. dürfte im vorigen Jahrhundert geschrieben sein.

Die Theile 2. 3. 4 sind auf demselben Papier geschrieben, 10 Blätter (21 × 15,5 cm), die Seite zu 15 Zeilen.

114.

(Sachau 205.)

Arabisch.

Darstellung, beziehungsweise Vertheidigung des Christenthums, speciell des Nestorianischen, gegenüber dem Islam, in sieben Gesprächen zwischen einem Bischof Elias von Nisibis und dem Vezir *Abulkâsim Alḥusainî Ibn 'Alî Almaghribî*. Der Ort der Unterhaltung ist Nisibis, die Zeit A. H. 417, zwischen dem 27. *Ǵumâdâ* I. Sonnabend — 10. *Ǵumâdâ* II. Donnerstag, d. i. 1026 n. Chr., zwischen dem 16. — 29. Juli. Die Schrift ist gerichtet an eine ابو العلا صاعد بن سهل und verfasst A. H. 418 (1027 n. Chr.), vergl. Bl. 34^b Z. 3 von unten. Vergl. Assemani III, 270. 271. Titel:

كتاب المجالس السبعة التى وقعت بين الوزير وبين مطران ايليا الذى فى نصيبين

Anfang:

حمدا لمن خلق الانسان باحسن تقويم وعلّمه ما لا يعلم اذ هو الحكيم العليم وافاض عليه نعما ووعده ان اخلص لديه بجنان النعيم. وشكرا — نفحاته فى ارجاء الهياكل فتعطر انفاسه الارواح. وتغرد حمائم اغصانه طربا الى تسليم المصباح الخ اما بعد لقد احاط علمى برسالة تعلو قدرا وتسمو فخرا على كتب المتقدمين (Bl. 2^a) والمتاخرين من النصارى للمطران ايليا فاجلب فيها ذهنى القريح بكرة وعشية الخ فنقلتها حسبما هو منصوص مبين الخ

Anfang der Schrift des Elias:

ايها المخلص فى امانته البادل طلبا لاخرته الاخ الحبير الجليل الموقر ابى العلا صاعد بن سهل اطال الله بقاءك الخ من العبد الخاطى ايليا خادم بيعة سيدنا المسيح فى نصيبين. انا اهدى اليك السلام واخصك بالدعاء الخ كتابى هذا نفذ اليك وفيه انكر لك حال المجالس التى جرت لى بحضرة الوزير ابى القاسم الحسينى ابن على المغربى رحمه الله. واننى علقت ما جرى من جمل من كل مجلس منها لاشرحه (Bl. 2b) لك مفصلا اذا وقع التمكين من ذلك لتقف عليه الخ

Der genannte Vezir kam A. H. 417 den 26. *Ǵumddá* I. nach Nisibis; Elias besuchte ihn am folgenden Tage. Der Grund, weshalb der Vezir ein Interesse am Christenthum nimmt, ist folgender: Als er einmal von *Dijárbekr* nach *Bidlis* reiste, wurde er krank; er reiste von dort zurück und kehrte ein in einem Kloster دير مارمين oder دير مار مارين, wo er von einem Mönche durch Granatäpfelsaft geheilt wurde. Der Vezir sieht seine Heilung als ein Wunder an und kommt zu der Ansicht, dass die Christen doch vielleicht keine كفار seien. Hierauf beginnt der Dialog.

1. Sitzung Bl. 9b المجلس الاول فى التوحيد والتثليث.

Vom Monotheismus und der Trinitätslehre.

2. Sitzung Bl. 9b فى الحلول والاتحاد.

Von dem Innewohnen Gottes in dem von der Maria geborenen Menschen und von der Vereinigung der beiden Naturen.

3. Sitzung Bl. 15a فى اقامة الدليل على توحيد النصارى من القرآن.

Beweis für den Monotheismus der Christen aus dem Koran.

4. Sitzung Bl. 19b فى تثبيت مذهب النصرانية من موجب العقل والمعجز الالهى.

Bestätigung der christlichen Lehre durch die Vernunft und göttlichen Wunder.

5. Sitzung Bl. 21a فى براءة النصارى من كل مذهب يخالف الحق.

Dass die Christen nichts lehren, was der Wahrheit widerspricht.

6. Sitzung Bl. 23a فى النحو واللغة والغلط (! الخط ?) واللام.

Von der Grammatik, Lexikographie, Schrift und Theologie der Syrer, verglichen mit derjenigen der Araber.

7. Sitzung Bl. 30b فى اعتقاد النصارى فى احكام النجوم وفى المسلمين وفى النفس.

Die Ansichten der Christen über die Astrologie, über die Muslims und über die Seele. Die Unterhaltung schliesst damit, dass der Vezir den Wunsch ausspricht, die Mönche möchten für sein Wohl beten.

Dies geschah drei Tage, bevor der Vezir Nisibis verliess. Er kam dann zum zweiten Mal dorthin, als die *Naṣritische* Majestät, Gott behüte sie, nach Nisibis zurückkehrte, am 2. *Dhulka'da*. Zum dritten Mal kam der Vezir nach Nisibis den 17. *Ǵumádá* dieses Jahres, d. i. A. H. 418. Er ist krank und beklagt sich bei Elias, dass dessen Bruder, *Abû Sa'îd*, der ihn früher behandelt, seine Gesundheit vernachlässigt habe. Nach 10 Tagen kehrt der Vezir zurück nach *Majjáfárikin* und stirbt dort am 11. *Ramaḍán*.

Der Verfasser berichtet weiter, dass er in einem anderen Buche die loca probantia aus der Heiligen Schrift für Alles in diesen Unterredungen Ausgesprochene niedergelegt habe (Bl. 35a); dasselbe war sowohl Arabisch wie Syrisch geschrieben. Da das kirchliche Recht vorschreibt, dass das, was ein Geistlicher schreibt, die Genehmigung des Catholicus haben muss, da jedoch ein Catholicus damals nicht vorhanden war, so habe er dies Buch an *Abulfaraǵ Abdallah Ibn Eṭṭajjib*, den Secretär der Cella des Catholicats كاتب قلاية الجثلقة geschickt, und dieser habe es zurückgeschickt mit seiner

Unterschrift und seiner Genehmigung. Am Schluss (Bl. 36ᵃ) das Votum des genannten Secretärs, eine Lobpreisung des Buches in hochtrabenden Arabischen Phrasen.

Der hier genannte Vezir *Abulḳâsim Almaghribi* (oder *Ibn Almaghribi*) war Vezir des Fürsten *Naṣr-Eddaula* (d. h. Bl. 34ᵇ der Ausdruck الحضرة النصرية) *Aḥmad Ibn Marwân Alkurdi* von *Dijârbekr* und ist in dem genannten Jahr 418 = 1027 gestorben, vergl. *Ibn Alathîr*, Chronicon IX, 235. 236 und 255 und *Ibn Khallikân* nr. 72. Der Fürst *Naṣr-Eddaula* ist gestorben 453 (s. das. X, 11) = 1061, der bekannte Nestorianische Schriftsteller *Ibn Eṭṭajjib* 1043 n. Chr.; Elias, Bischof von Nisibis (genannt ܒܪ ܫܝܢܝܐ), lebte in der ersten Hälfte des 11. Jahrhunderts und jedenfalls über 1049 hinaus. Die Person des Adressaten *Abul'ala Sâ'id Ibn Sahl* ist mir nicht bekannt. Die Zeit, in der ein Catholicus nicht vorhanden war, ist die Zeit zwischen dem Tode des *Îšô'jabh* IV., dem 14. Mai 1025, und dem Antritt von Elias I., dem 16. Juni 1028.

Diese Hds. ist in moderner Arabischer Briefhand geschrieben zu Mosul Anfang der achtziger Jahre, abgeschrieben aus Nr. 115, wie sich besonders aus der Vergleichung von Bl. 29ᵇ mit Nr. 115 Bl. 48ᵇ ergiebt. Dem Schreiber muss ausserdem noch eine andere Hds. zur Verfügung gestanden haben, aus der er den Anfang, der in Nr. 115 fehlt, ergänzen konnte.

36 Blätter (20 × 14,5 cm), die Seite zu 18 Zeilen.

115.

(Sachau 67.)

Karschuni.

Gespräche zwischen Elias von Nisibis und dem Vezir *Abulḳâsim Elḥusaini*, dasselbe Werk wie Nr. 114. Unvollständig zu Anfang. Bl. 1 beginnt mit dem Schluss der Einleitung:

[illegible]
[illegible]
[illegible]

entsprechend Nr. 114 Bl. 2ᵃ vorletzte und letzte Zeile. Eine Lücke zwischen Bl. 2 und 3; fehlt der Abschnitt in Nr. 114 Bl. 3ᵃ. 6—4ᵇ vorletzte Zeile. Eine weitere Lücke zwischen Bl. 4 und 5; fehlt der Abschnitt in Nr. 114 Bl. 6ᵇ. 9—7ᵃ. 10. Diese Lücken sind auf einem der Hds. beiliegenden Blatte ergänzt, jene auf S. 2. 3. 4, diese auf S. 1.

1. *Meǧlis*	Bl. 1ᵃ	A. H. 417	den 27.	*Ǵumâdâ* I.
2. „	„ 9ᵇ		„ 28.	„
3. „	„ 19ᵇ		„ 1.	*Ǵumâdâ* II.
4. „	„ 27ᵇ		„ 3.	„
5. „	„ 31ᵃ		„ 5.	„
6. „	„ 34ᵇ		„ 8.	„
7. „	„ 50ᵇ		„ 10.	„

Nachschrift Bl. 58ᵇ. 15:

[illegible]
[illegible]
[illegible]
[illegible]
[illegible]
[illegible] (Bl. 59ᵃ) [illegible]
[illegible]
[illegible]
[illegible]
[illegible]

ܠܡܫܝܚܗ ܒܐܠܓܣܕ. ܒܠ ܢܩܘܠ ܐܠܠܗ
ܐܠܗ ܡܥ ܠܗ ܘܟܠܡܬܗ ܦܝܗ ܐܠܡܬܓܣܕܗ
ܐܠܡܬܐܢܣܗ ∴ ܦܐܢ ܟܐܢ ܐܠܐ ܡܣܝܚ ܘܚܕܗ
ܐܠܡܣܝܚܗ ܐܠܡܬܓܣܕܗ ܣܘܝ ܐܠܠܗ ܝܟܘܢ
ܗܘ ܐܠܡܣܝܚ ܐܠܟܐܝܢ ܡܢ ܩܒܠ ܐܠܕܗܘܪ.
ܘܐܝܐܢ ܟܐܢ ܡܣܝܚܗ ܘܡܣܝܚܝܢ ܡܥܐ.
ܘܐܝܕܐ ܦܐܢ ܡܪܐܟܙܐܬ ܘܡܣܐܝܠ ܟܬܝܪܗ
ܦܝ ܐܠܟܬܐܒ ܐܠܡܩܕܣ ܟܠܗܐ ܐܠܠܗ
ܐܠܐ ܗܘ ܐܠܐܒܢ. ܘܦܝ ܗܐܕܝ ܐܕܐ ܘܐܝܕܐ
ܡܢ ܐܠܐܬܢܝܢ ܐܠܡܣܝܚܝܗ. ܘܐܝܐܢܐ
ܐܠܗܘܕ ܠܗܐ ܦܝ ܐܠܐܬܐܪ ܐܠܬܠܡܝܕܗ ܘܐܝܕܐ
ܕܠܝܠ ܡܥܢܐ ܝܩܘܠ ܒܩܘܠܗ. ܘܟܐܢ ܐܝܐ
ܐܠܐ ܡܣܝܚ ܕܦܥܠܗ ܗܐܠܗ ܘܕܚܠܬܗܐ ܗܘ
ܐܠܐܒܢ ܐܠܘܚܝܕ ܒܝܕ ܡܢ ܚܡܐܠܝܢ ܐܠܐܘܠ
ܡܢ ܗܕܗ ܐܠܡܣܝܚ (Bl. 59b) ܘܗܘ ܡܣܝܚ ܡܥܐ
ܒܝܕ ܘܐܠܕܝܢܘܢܬܗ. ܘܐܠܡܣܝܚ ܡܥܗ ܦܩܐܠ
ܠܗ ܐܢܗ ܐܢܬ ܐܝܗܐ ܒܐܠܟ ܡܢ ܝܣܘܥ.
ܘܐܠܬܝ ܐܬܐ ܗܘܡ ܐܒܘܗ ܒܠ ܡܩܝܡܐ
ܝܕܥܘܢ ܐܡܪܗ ܓܝܪ ܐܘܡܠܬܗ. ܦܐܪܝܢ ܐܢ
ܓܪܢܓܪܗ ܒܠܐ ܦܢܐܗ. ܘܠܡܐ ܐܠܡܣܝܚ
ܡܥ ܐܠܐܒ ܐܢ ܗܡܣܟ ܣܡܥܗ ܐܠܠܗ.
ܒܬܦܐܗ ܕܠܝܠ. ܦܩܐܠ ܠܗ ܐܒܠܡܐ ܐܢܬ
ܓܝܗ ܐܪܐܝܬ ܐܡܪ ܗܕܐ ܐܠܪܒܠ ܡܪܐܝܬܗ
ܗܐܡܪܗ. ܓܝܪ ܪܐܝܬ ܦܝ ܡܢܐܡܝ ܦܝ ܒܟܝ
ܐܠܠܝܠ ܓܝܪ ܒܟ ܕܡܠܗ ܐܠܠܗ ܒܠܐ
ܐܠܪܣܘܠ ܘܘܝܦܗ ܠܗ ܡܢ ܗܡܣܟܡܠܗ.
ܘܟܪܠܗ ܡܢ ܒܝܬܗ ܘܐܕܐ ܒܝܣܝܢ ܕܐܪܗ
ܗܕܗ ܐܡܒܐܝ ܐܘ ܗܡܒܗ ܡܢ ܠܐܒܗ
ܐܠܝܘܦ ܒܝܢ ܐܠܐܗܐܢܗ. ܘܒܠ ܐܝܕܗܡܐ
ܘܗܘ ܪܠܟ ܥܡ ܡܗܘܠ ܢܓܒܪܝܢ. ܝܠܗ
ܠܐ. ܩܐܠ ܐܢܐ ܥܡܡܗ ܒܐܦܐ. ܐܠܠܗ ܠܡ
ܢܪܝܕ ܐܢ ܢܥܦ ܗܕܐ. ܓܕܡܪ ܐܢ ܗܥܒܕܗ
ܒܥܕܗ. ܝܠܗ ܠܐ ܡܐ ܡܪܝ ܦܝܥܒܕܗ.
ܘܝܩܝܡ ܕܠܝܠ ܐܠܡܘܬ (Bl. 60a) ܠܡ ܝܐܟܠܗܐ
ܒܠܐ ܡܠܐܘܡܬܗ ܝܓܠܡܝܢ ܓܝܪܗ ܠܡܗ
ܗܝܘܠ ܡܓܕܗ. ܘܟܒܪ ܐܢ ܐܡܐܡ ܒܢܝܡܒܝܢ

ܒܥܕܗ ܐܢܐܡ ܒܐܢ ܐܠܐ ܡܢܐܦܐܪܩܝܢ ܘܡܒܥܕ
ܡܓܕܗ ܡܕܒܚܗ ܡܢܗ ܡܕܝܢܗ ܦܐܘܦ ܗܘܡ
ܐܠܐܒܢ ܐܠܘܚܝܕ ܒܝܕ ܡܢ ܓܘܕ ܕܡܝܐ
ܐܢܗ ܐܠܠܗ ܐܠܬܝ ܘܠܝܣ ܠܝ ܗܝܘܠ
ܐܠܓܡܐܪ ܡܢ ܐܣܡ ܐܠܐܒܢܐܠ ܘܐܠܡܣܝܚ
ܐܠܬܦܐܠ. ܘܠܘܠܐ ܓܠܝܒ ܐܠܡܝܘܠ
ܠܝܣܗ ܗܕܗ ܐܠܕܗܐܠܗ ܠܡܣܝܚ ܡܢ ܠܕܢ
ܠܗ ܡܢܗ ܡܢ ܐܠܟܠܐܡ ܦܝ ܐܠܡܗܐܢܠ
ܐܠܡܣܝܚܝܗ ܕܚܕܗ. ܘܐܢ ܐܢܬܡ ܐܪܕܬܡ ܐܠܠܗ
ܣܕܐܗܘܝ ܕܒܪ ܕܠܝ ܕܚܪܬܗ ܦܝ ܪܗܐܠܗ
ܐܚܕܢ ܦܝܓܪܬܗ ܐܠܝܗ. ܘܠܡܐ ܟܐܢ ܗܕܗ
ܐܠܪܗܐܠܗ ܓܝܪܡ ܦܝ ܐܡܪ ܐܠܡܓܕܗܐ
ܘܐܢܕܗܡܐ ܕܒܡܐ ܥܠ ܦܗ ܡܢ ܠܐ ܡܩܗܐ
ܠܝܠܬܗ ܒܝܢܗܗ ܦܝ ܐܠܝܠܗܐ ܐܠܡܒܣܗ
ܪܐܣܗ ܐܝ ܐܠܡܥܒ ܦܝ ܒܗܐܟ ܐܒܪ ܥܡܘܕ
ܡܢ ܐܠܪܗܒܪ ܐܠܡܥܡܘܕܝܗ ܓܝܘܕ ܒܠܡܥܒ
ܡܥ ܐܝܡܢܗ (Bl. 60b) ܗܕܗ ܐܠܪܗܐܠܗ ܦܝ
ܐܠܗܘܢܕ ܘܐܠܗܬܠܗ ܘܐܠܐܗܢܕ ܘܐܠܝܠܘܠ
ܘܐܠܪܘܡܐ ܘܐܝܐ ܕܠܝ ܡܢ ܐܠܡܥܐܢܝ ܐܠܡܥܡܘܕ
ܕܚܝܕܗ. ܘܐܢ ܐܝܡܢ ܕܠܝ ܗܪܐܛܩܐ
ܘܡܪܕܝܢ ܠܝܗܒܢܡ ܝܣܘܥ ܘܒܡܕܪ ܦܝܗܘܡܪܗ.
ܘܡܢܥ ܐܠܦܪܐܓ ܡܢܗ ܒܡܥܢܐܗ ܐܠܠܗ
ܐܒܐܕܪ ܒܗ ܐܠܝܗ ܘܐܠܠܗ ܝܘܦܝܩ ܦܝ ܠܡܥܢ
ܡܓܕܪܦܐܓܝ ܘܠܥܢ ܗܐܕܗܝ ܦܗܘܐܡܕܗ
ܡܥ ܐܠܗܐܒܐܬ ܓܘܐܡܓܐ ܠܐ ܝܦܝܦ ܒܒܝܡ
ܒܗܐܡܗ ܘܒܠܝܠܝ ܦܝ ܕܡܝܗ ܘܕܝܢܝܗ ܠܐܢܗ
ܐܠܐܡܐܠ ܘܐܠܐܡܢܗ ܘܡܗܐܠܡܐ ܦܝܗ ܝܐܠܐ
ܐܠܝܕܝܢܗ ܒܝܠܘܐܗ ܐܠܗܐܪܗܕܗ ܝܡ ܐܠܗܘܪ
ܘܗܐܡܪ ܐܠܡܣܝܚܝܢ ܐܡܝܢ ∴ ܘܒܥܕ ܐܗܐܡܗ
ܗܕܗ ܐܠܕܗܐܠܗ ܐܢܗܐ ܐܠܐܝܓ ܐܠܐܒܘ ܐܠܐܒ
ܐܠܟܠܟܠ ܐܕܐܡ ܐܠܠܗ ܣܕܐܗܘܝ ܕܐܢܗ
ܐܡܟܐܕܗܐ ܒܝܠ ܝܗܘܦܝ ܚܒܝܗܐ ܐܠܐ
ܐܠܐܒ ܐܠܟܠܟܠ ܐܠܡܣܝܚ ܐܠܡܠܟܐܢ
ܐܠܦܠܐܗܘܦ ܐܒܐ ܐܠܦܕܪܠ ܒܒܡ ܐܠܠܗ
ܐܒܡ ܐܠܢܒܝܕ ܒܗܕ ܝܠܐܡܗ ܐܠܓܬܠܡܗ
(Bl. 61a) ܐܕܐܡ ܐܠܠܗ ܗܐܣܕܗ ܦܘܡܗܝܠܬܗ

ܐܠܦܠܣܦܗ ܘܟܬܒ ܡܢ ܟܬܒܗ ܦܝܗܐ. ܐܕ ܟܐܢܬ
ܐܠܦܠܣܦܗ ܐܠܝܘܢܐܢܝܗ ܦܐܢܗ ܟܬܝܪܗ ܐܕ ܐܠܟ
ܐܠܐܢܣܐܢ ܟܐܡܠ ܦܝ ܐܠܥܩܠ ܝܠܚܩ ܐܢ
ܝܟܬܒܗ ܘܐܠܐ ܦܠܐ ܒܐܠܟܠܝܗ ܐܠܘܐܩܝܗ
ܘܐܘܠ ܐܠܥܠܡ ܘܠܡܐ ܟܐܢ ܐܠܡܬܟܠܡܝܢ
ܦܝ ܗܕܐ ܐܠܦܢ ܡܬܥܨܒܝܢ ܘܟܐܢ ܗܕܐ
ܐܠܥܡ ܐܕܐ ܐܠܠܗ ܟܘܢܗ ܐܘܠܐ ܦܝ ܟܬܒܗ
ܘܟܐܢ ܝܟܬܪ ܐܠܡܬܟܠܡܘܢ ܘܟܐܢ ܡܢ
ܒܥܕ ܦܝܗܐ ܘܐܢܣܒ ܐܠܥܠܡܝܢ ܐܠܦܠܣܦܗ
ܗܕܗ ܐܠܐܢܣܐܢܗ ܐܠܝܗ. ܘܡܢ ܝܢܣܒܗ
ܟܠܗ ܐܠܦܠܣܦܗ ܡܬܡܣܟܐ ܟܬܒ ܦܪܝܬ
ܦܝ ܐܟܬܪܗ ܟܬܐ ܗܕܗ ܠܟܐܢܬ ܡܥܪܦܬܐ.
ܘܟܬܒܗ ܠܟܬܐ ܡܬܡܣܟܗ ܘܝܩܦ ܥܠܝܗ
ܟܠ ܐܠܟܐܠܡ. ܘܗܘ ܟܠ ܒܐܢܗ ܐܠܝܗܡ
ܘܐܠܝܗ ܘܐܠܡܬܐܦܗ ܠܠܥܒܕ ܐܠܟܬܝܪ.
ܘܐܢ ܝܟܘܢ ܡܢ ܝܩܝܕ ܐܠܣܩ ܐܢ ܝܩܦ ܠܦܪܩܗ
ܡܬܗ. ܘܟܬܒ ܟܬܒ ܐܠܠܗ ܐܢ ܐܠܡܩܝܕ
ܟܬܒܗ ܘܐܢܐ ܡܢ ܐܠܟܬܐܒ ܐܠܡܬܦܩ ܐܠܝܗ
ܡܢ ܝܟܬܐܒܗ ܟܬܐ ܡܬܦܩܗ.

Folgt das Schriftstück des *Ibn Ettajjib.* Ich habe diesen Abschnitt, dessen Inhalt in der Beschreibung von Nr. 114 angegeben ist, hier mitgetheilt, um auf die Vocalisation, sofern sie für die Geschichte der Arabischen Sprache bemerkenswerth ist, hinzuweisen. Besonders häufig ist die Wiedergabe des *u*-Vocals durch *i* wie in Nr. 111.

Schöne Schrift, vollständig vocalisirt und punktirt. Datum nicht vorhanden. Die Hds. kann 200—300 Jahre alt sein.

61 Blätter (23 × 16,5 cm), die Seite zu 19 Zeilen.

116.

(Sachau 12.)

Arabisch.

Grosses Bruchstück (unvollständig zu Anfang und Ende) eines Sammelwerkes über Kirchengeschichte (besonders Geschichte des östlichsten Christenthums, der Nestorianischen Kirche), weltliche Geschichte, Dogmen und Conciliengeschichte, Vertheidigung der Nestorianischen Lehre gegen Andersgläubige. Der Titel des Werkes ist اسفار الاسرار Bücher der Geheimnisse, und der Verfasser ist vielleicht der Presbyter *Ṣalîbâ*, Sohn des Johannes (vergl. Bl. 205ᵃ), der nach 1317 n. Chr. gelebt haben muss. Das Werk enthielt wenigstens 5 Bücher اسفار; die hier vorhandenen Reste gehören besonders den Büchern 4 und 5, zum Theil auch den Büchern 2 und 3 an (vergl. Wright, Syriac literature S. 255 Anm., auch Catalogue des manuscrits Arabes de la bibliothèque nationale Nr. 190. 191. 192).

Die in dem Werke citirten Schriftsteller sind:

Severus Ibn *Elmuḳaffa'* von *Ešmûnên* in Aegypten, sein كتاب البيان und sein تاريخ; lebte um 978 n. Chr. (vergl. Assemani III, 543).

Jacobus Edessenus (gestorben 708 n. Chr.), zwei seiner Sendschreiben.

Sabhrîšô' Ibn Paulus aus Mosul (vergl. Assemani III, 541).

Ein Patriarch Johannes von Antiochien.

Ein Patriarch Ignatius von Antiochien.

Eutychius oder *Sa'îd* Ibn *Baṭrîḳ*.

Catholicus Elias (III.) في اصول الدين, gestorben 1190 n. Chr. (vergl. Assemani III, 287).

Bischof *'Abhdîšô'* von Nisibis (gestorben 1318 n. Chr.), sein كتاب البرهان في صحيح الايمان und فرايد الفوايد في اصول الدين والعقايد.

Catholicus *Makkîkhâ*, vorher Bischof von Mosul und *Erbil*, gestorben 1110 n. Chr. (vergl. Assemani III, 549).

Michael, Bischof von Amid und *Majjâfârikîn* seit 1180 n. Chr. (vergl. Assemani III, 557).

Îšô'jabh Ibn *Malkôn*, Bischof von Nisibis seit 1190 n. Chr. (vergl. Assemani III, 295—306).

Georg, Bischof von Mosul seit 945 n. Chr. (vergl. Assemani III, 518—540).

Inhalt. Vergl. den Inhalt des كتاب المجدل von *'Amr* Ibn *Mattâ* bei Assemani III, 586—589.

Bl. 1—14 mehrfach beschädigt und unleserlich; die in rother Farbe geschriebenen Überschriften und Inhaltsangaben zum Theil gänzlich verwischt. Bruchstücke aus verschiedenen Theilen (Büchern) des Werkes.

Bl. 1ᵃ Letzter Theil eines Citates aus einer Schrift des Severus Ibn *Elmukaffa'*, betitelt كتاب البيان, und zwar aus dem 14. Abschnitt فصل desselben. Text:

الصحيح ثابته على استقامه كما شرحنا الذى لا يجب
لذى عقل او بصير ان يحيد عن ذلك —— بقلبه
—— ان قد تبين وصح القول فيه بكل وجه ——
—— وهذا اخر ما نذكره ساويرس اسقف مدينة
—— —— الديار المصرية المعروف بابن المقفع
—— —— فى كتابه المسمى بكتاب البيان المختصر
—— —— فى الفصل الرابع عشر منه والشكر لله
رب العالمين

Folgt ein Citat aus der Chronik تاريخ desselben Ibn *Elmukaffa'*. Überschrift und Anfang:

قال ايضا فى الفصل الرابع من كتابه —— ——
—— ابواب المعروف بتاريخ ابن المقفع —— ——
كيرلس كلمن يقسّم قول الانجيل ويفرق[1] ——
الرب واعماله وينسب بعضها للاهوت ——
للناسوت من بعد الاتحاد فليكن —— ——
لنا الملكيون اكل السيد وشرب —— ——
بطبع الناسوت الخ

Aus einer Schrift über die göttliche und menschliche Natur Christi.

Bl. 1ᵇ ist sehr zerstört.

[1] Ein Stück des Blattes abgerissen.

Bl. 2ᵃ (vielleicht die Fortsetzung von Bl. 1). Anfang:

ابن البشر ولا يعلمون ان باطل هو خلاص ابن
البشر ومن اجل هذه الامانه قبل شمعون الطوبا
ودعى بالصفا

Folgt nach einer verwischten Überschrift:

—— لما حضر اليه افرى (?) اندرى (?) الراهب
—— وساله ان يوضح له امانته واعتقاده

Folgt eine verwischte Überschrift. Danach Declaration eines Ignatius:

اقول وانا اغناطيوس الضعيف عبد (?) عبيد الله

Das Folgende ist sehr verwischt; etwas besser erhalten Bl. 2ᵇ und 3ᵃ. Schluss dieses Abschnittes auf Bl. 3ᵃ:

وفى اخر الازمان من اجل خلاصها انولد جسمانيا
من امراه من غير مباضعه مولدا عجيبا متعاليا عن
وصف المتكلمين وانه بالحقيقة من غير احتيال صار
انسانا مثلنا سوى الخطيه.

Bl. 3ᵃ med. — 4ᵃ med. Eine kurze Bekenntnissschrift, erst Syrisch, dann in Arabischer Übersetzung. Überschrift verblasst:

قول من ——
—— قول يعقوب الرهاوى (?) المذكور فى رساله
—— واذهب اليه فى اطلاق الموت على الله
المتعالى من ذلك قال

Aus einem Sendschreiben des Jacobus Edessenus. Anfang:

ܗܕܐ ܗܝ ܡܫܝܚܝܘܬܐ ——
ܗܕܐ ܗܝ ܡܠܦܢܘܬܐ ܫܠܝܚܝܬܐ. ܟܠ ܗܕܐ ܐܡܪ
ܦܠܘܣܘܦ ܣܓܝ ܗܘ ܡܛܠ ܘܫܪܐ ܗܝ ܡܫܝܚܝܘܬܐ
ܘܗܕܐ ܗܝ ܡܫܝܚܝܘܬܐ ܡܛܠ

Bl. 4ᵃ med. — 5ᵃ med. Eine kurze Bekenntnissschrift, Syrisch und in Arabischer Übersetzung. Überschrift (sehr verwischt):

فصل فيما ذهب اليه يعقوب الرهاوى ——
—— رابه فى رسالته الى —— المقيمين بمدينة حران
فى ان ناسوت المسيح برات من —— قال

Auszug aus einem Briefe des Jacobus Edessenus an gewisse Leute in Harran. Anfang:

ܗܐ ——— ——————————— ———

ܡܛܠ ܕܡܬܒܥܝܢܘܬܐ ܐܝܬܝܗ̇ ܠܟܘܢ ܕܐܬܚܒܪܘܢ
[ܥܡ̈ܐ] ܠܥܠܡܐ ܕܟܪ̈ܐ. ܘܠܐ ܗܘܐ ܒܥܘܬܪ̈ܐ.
ܐܢ ܒܗܘܢܐ ܕܚܝܠ ܐܠܗܘܬܗ ܐܝܟ. ܘܐܢ
— ܡܕܡ — — ܠܥܠܡ̈ܐ ܘܟܠܐ ܡܢ ܒܥܘܬܪ̈ܐ
ܒܢ ܐܚ̈ܕܐ

Bl. 5ᵃ med.—7ᵃ Die Überschrift ist von späterer Hand (ob richtig?) nachgezogen:

الاصل الرابع من السفر الخامس وفيه اصح فصول
وفيها حجج وما الى واحففها لغضا الا ————
الرابع يذكر فيه شرح ———— ————
ابن فولوس الموصلى ————————

Gespräch eines Christen (des *Sabhrišô'*[1] Ibn Paulus aus Mosul?) mit einem jüdischen Gelehrten, Daniel, über das Kommen des Messias. Anfang:

قل طاب ثراه ورزق ان تكون الجنة مثواه اجتمعت
فى بعض الاوقات مع شخص من احبار اليهود اسمه
دنيال وكان يدعى لتقدم فى دين اليهوديه الخ

Bl. 7ᵃ—11ᵇ Uberschrift gänzlich verwischt. Anfang:

——— اقول وانا يوحنا الضبيل اى الضعيف (?)
بطريك الملة اليعقوبية بانطاكية الشام (Bl. 7ᵇ) ان
اعتقادى وايمانى بالرب ايشوع المسيح كلمة الله (?)
الازلية اعنى اقنوم الابن الازلى المولود من الاب قبل
كل الدهور والاحقاب انه تنازل من قاة سمايه ———
وايثار ابيه وروحه ولم يرتحل عن سده ربوبيته وحل
بذاته فى مريم العذرى امته الخ

Stück einer dogmatischen Schrift eines Patriarchen Johannes von Antiochien.

Ob die Blätter 7—11 alle demselben Werke angehören oder ob es Bruchstücke verschiedener Schriften sind, ist bei dem Zustande der Handschrift nicht zu entscheiden. Jedenfalls ist eine Lücke vorhanden (zwischen Bl. 10—11?), denn auf Bl. 11 finden sich die Uberschriften Argumenta 4. 5. 6, ه حجه وسوال, د حجه وتنبيه, وحجه الخ, während die Argumenta 1—3 hier nicht vorhanden sind.

Die Eintheilung in حجج findet sich auch in dem Abschnitt Bl. 248ᵇ ff., und vermuthlich ist Bl. 11 einzufügen zwischen Bl. 249 und 250.

Bl. 12. 13 sind ein Bruchstück einer Sammlung von Sentenzen, besonders von Plato افلاطن. Anfang von Bl. 12ᵃ:

—— ها الى الحق. فانك متى تركت شيا من الحق
فلا تتركه الا الى الباطل. ومتى تركت شيا من
الصواب فما تتركه الى الخطا ——— تطيع هواك فى
اليسير فيطمع منك فى الكثير الخ

Homer citirt auf Bl. 12ᵇ:

وقد قل اوميروس الشاعر ليس شيا اضر من الكذب
ولا ——— فى المرا انا كان كاذب

Plato citirt z. B. Bl. 13ᵃ:

قل افلاطن الدول تبنى بالعدل والرهبة فاذا قرب
زوالها ——— بالظلم والرغبه فى جمع الاموال

Auch auf Bl. 13ᵇ:

لان افلاطن يقول من ميز عقول العقلا بعقله. استبان
له من الامور مثل الذى يتبين من المصابيح فى ظلمة
الليل.

Aus Buch III.

Bl. 14ᵃ—31ᵃ Geschichte der Römischen und Byzantinischen Kaiser von Nero (der Anfang des Abschnitts über Nero fehlt) bis zu Constantin, dem Neffen des Heraclius, und bis zu den Zeiten der Kaiser Theophilus und Michael. Anfang:

وعشرين من صعود السيّد المسيح الى السما وهو الذى
ضرب عنق فولوس بالسيف برومية فى مثل اليوم
الذى صلب فيه فطروس وكان بينهما سنة واحده.
وفى ايامه قتل مرقوس الانجيلى بالاسكندريّة واحرق
جسده بالنار ولم يحترق. وفى عصره كتب لوقا الانجيل
باليونانى بمدينة اغبطلوس. وفى ايامه كان اندروماخس

[1] *Sabhrišô'* nach Assemani III, 589 Col. 1 Fund. 5, cap. 1.

لحكيم الذى ركب ترياق الفاروق. وقتل نيرون برومية. وملك غلياس قيصر تسعة اشهر وقتل الخ

Eine Lücke zwischen Bl. 14 und 15 (die Kaiser von Alexander Severus und Maximinus bis Leo).

Folgt auf Bl. 15—17ª ein Stück Concilien-geschichte aus Ibn *Elmukaffa'* (Bl. 17ª letzte Zeile) in dem Abschnitt über die Regierung des Marcian. Dann Fortsetzung der Kaiser-geschichte auf Bl. 17ᵇ mit Leo dem Grossen.

Im Anschluss hieran zwei besondere Abschnitte:

Bl. 31ª Davon, dass die Christen in ihren Kirchen Bilder haben: اتخاد النصارى الصور فى بيعهم وكنايسهم واكرامهم لها.

Bl. 32ᵇ Von dem Kirchengesang der Christen: فيصلح ان نوضح لمن ينكر على النصارى فى ترتيبهم بعض الصوات بالترتيل والالحان.

Auf Bl. 33ᵇ folgende Nachschrift:

تم السفر الثالث بمعونة الله وتوفيقه والشكر لله رب العالمين من الان والى كل اوان والى دهر الداهرين امين.

d. i. Explicit liber tertius auxilio dei u. s. w.

Bl. 33ᵇ—71ᵇ Das vierte Buch. Titel:

السفر الرابع من اسفار الاسرار فى ذكر الملل والنحل والارا والاعتقادات وعدد المجامع ويشتمل على سبع فصول

آ فى ذكر الملة اليهودية والانبيا والملوك

ب فى ذكر الملة السامرية

ج فى ذكر ما حدث قديما فى بلاد الروم واليونان من الارا المختلفه والاعتقادات

د فى ذكر المذاهب والارا والاعتقادات الكاينة ببلاد الروم واليونان بعد تلماذ الرسل

ه فى ذكر الهيكل المبنى بالاسكندرية على اسم ميخاييل (Bl. 34ª)

و فى ذكر المجامع وعددها

ز فى معرفة كون المشارقة من قديم الزمان الى الان غير محتاجين الى جمع مجمع لاصلاح ما تغير من قواعد الدين

Dies vierte Buch eines grösseren Ganzen, das hier wie in der Überschrift des fünften Buches auf Bl. 71ᵇ als Bücher der Geheimnisse bezeichnet ist, enthielt ursprünglich die genannten sieben Abschnitte, von denen Folgendes hier vorhanden ist:

1. Abschnitt فصل Bl. 34ª Von der Religion der Juden, ihren Propheten und Königen.

2. Abschnitt Bl. 40ª Von den Samaritanern, einer Abtheilung der Juden.

3. Abschnitt Bl. 41ª Von den Theorien des Griechischen und Römischen Westens vor der Zeit Christi, bestehend aus kurzen Mittheilungen über die Griechischen Philosophen.

4. Abschnitt Bl. 47ª Von den Theorien der Griechisch-Römischen Welt seit der Zeit Christi, Mittheilungen über christliche Secten und ihre Stifter bis auf Johannes Maro.

5. Abschnitt Bl. 65ᵇ Von einem Tempel in Alexandrien nach dem Malkitischen Patriarchen Eutychius oder *Sa'id* Ibn *Baṭrîk* in Alexandrien, wie aus einem Kronos-Tempel eine Kirche des Engels Michael wurde.

6. Abschnitt Bl. 66ª Geschichte der Concilien, von denen in Ancyra bis zu denen in Constantinopel im Jahre 45 d. Fl. (= 665).

7. Abschnitt Bl. 69ª Warum die östlichen Christen (die Nestorianer) der Concilien nicht bedurften.

Bl. 71ᵇ ff. Das fünfte Buch. Überschrift:

السفر الخامس من اسفار الاسرار يشتمل على سبعه اصول وخاتمه.

الاصل الاول فى ذكر السيد المسيح والتلاميذ الاثنى عشر والرسل السبعين

الاصل الثانى فى اخبار فطاركة المشرق وذكر تدبير كل واحد منهم ومقامه وفيه اربعة عشر فصل

الاصل الثالث من السفر الخامس ويشتمل على ثمانية فصول

الاصل الرابع من السفر الخامس ويشتمل على اربع فصول وفيها حجج ومساجر(!) واجوبة

الاصل الخامس من السفر الخامس ويشتمل على اربع فصول وفيها مسايل واجوبه

الاصل السادس من السفر الخامس ويشتمل على جزين

الاول منهما في ذكر ما ذهب اليه اهل الراى الثاني وفيه مقالتين والجزء

الثاني يشتمل على مقالة واربع فصول فيما ذهب اليه اهل الراى الثالث

الاصل السابع من السفر الخامس ويشتمل على مقدمة واربع فصول وخاتمه.

Was von diesem fünften Buch und seinen sieben Fundamenta vorhanden ist, ist Folgendes:

1. Fundament Bl. 72ᵃ: الاصل الاول يشتمل على مقدمه واربعه وعشرين خبر.

Einleitung Bl. 72ᵃ, von Christus 72ᵇ, Petrus 73ᵇ, Andreas 74ᵇ, Jacobus, Sohn des Zebedäus, und Johannes dem Evangelisten 75ᵇ, Philippus 77ᵃ, Nataniel d. i. Bartholomäus 77ᵇ, Matthäus der Evangelist 78ᵃ, Thomas 78ᵃ, Jacobus, des Alphäus Sohn 80ᵇ, Judas, Sohn des Jacobus 80ᵇ, Simeon aus Kana und Judas Ischariot 81ᵃ, Paulus 81ᵇ, Marcus dem Evangelisten 83ᵇ, Lucas 84ᵃ, Addai 84ᵇ, *Mâri* 85ᵃ; Briefwechsel zwischen Abgar und Christus 85ᵃ, *Mâri* (Fortsetzung) 86ᵃ.

Eine Notiz von späterer Hand auf Bl. 87ᵃ.

2. Fundament Bl. 88ᵇ Geschichte der Nestorianischen Patriarchen oder Catholici: الاصل الثاني من السفر الخامس وفيه فصول الفصل الاول في ذكر فطاركة كرسي المشرق الواحد بعد الاخرى.

Die Reihe geht von *Mâri* bis *Jabh'alâhâ* III. (gestorben den 13. November 1317 n. Chr.). Dem Inhalt nach mitgetheilt von Assemani II, 394—456; III, 611—620.

Bl. 181ᵃ Karschuni von jüngerer Hand (Nestorianische Schrift): Fragment über die Genealogie Muhammeds und chronologische Notizen über die ältesten Chalifen bis *'Abdelmelik* Ibn *Marwân*.

Bl. 181ᵇ Zwei Notizen über frühere Besitzer der Hds. von derselben jüngeren Hand:

ܐܝܬܘܗܝ ܟܬܒܐ ܗܢܐ ܥܪܒܝܐ ܕܩܫܝܫܐ ܝܘܣܦ
ܒܪ ܩܫܝܫܐ ܓܡܐܠܕܝܢ ܒܪ ܩܫܝܫܐ ܗܘܪܡܝܙܕ.
ܘܙܒܢܗ ܡܛܠ ܒܪܗ ܚܠܝܐ ܩܫܝܫܐ ܡܪܩܕܝܐ
ܡܢ ܡܪܒܗܢܐ ܕܡܕܝܢܬܐ ܕܡܪ̈ܥܒܐ ܦܣܝܩ ܚܠܦ ܗܘܝ (?)
ܠܗܘ ܩܫܝܫ ܠܒܪܗ ܡܪܩܕܝܐ ܡܪܒܗܢܐ.
ܘܐܬܐ ܟܬܒܐ ܗܢܐ ܠܗܘܢ ܘܩܢܝܗ ܒܐܝܕܗ
ܘܐܡܪ ܠܟܢ ܟܠ ܐܢܫ ܒܡܘܗܒܬܐ ܕܐܠܗܐ
ܘܐ ܡܘܗ̈ܒܬܐ ܒܪ̈ܟܬܐ. ܡܛܠ ܩܫܝܫܐ ܡܪܩܕܝܐ
ܫܩܠܗ ܠܟܬܒܐ ܗܢܐ. ܡܪܢܐ ܢܬܠ ܠܗ ܕܝܫܪܐ
ܒܗ ܘܐܡܝܢ ܘܐܡܝܢ. ܟܬܒܗ ܡܣܟܢܐ ܡܪܩܕܝܐ.

Am Rande von derselben Hand:

ܡܢ ܩܪܝܬܐ ܒܪ̈ܝܬܐ ܕܐܠܩܘܫ ܡܕܝܢܬܐ ܠܗ
ܡܪܝ ܐܡܝܢ

Danach hat dies Arabische Buch einmal dem Priester Joseph, Sohn des Priesters *Ǵemdldin*, Sohnes des Priesters Hormizd — wahrscheinlich zu *Telkêf* — gehört, und dieser hatte es gekauft für seinen Sohn, den Priester *Markdjê*[1], von einem *Marbahnd* (= *Mâr Bahnâm*).

Notiz daselbst von einer zweiten Nestorianischen Hand von einem zweiten Besitzer:

ܘܙܒܢܗ (?) ܠܟܬܒܐ ܗܢܐ ܚܢܐ ܐܢܐ ܡܣܟܢܐ
ܘܚܛܝܐ ܗܘܪܡܝܙܕ ܕܒܢܝ ܡܥܡܕܢܐ ܒܪ ܩܫܝܫܐ
ܒܗ ܫ̈ܢܝܐ ܘܕܝ̈ܢܐ ܩܫܝܫܐ ——— ܗ
ܘܡܪܩܕܝܐ ———

Sicher ist in dieser Notiz nur das Vorkommen der Namen Hormizd und *Markdjê*.

Bl. 182. 183 beschrieben von einer dritten späteren Hand (in älterem *Sertô*) mit ܡܪܓܢ̈ܝܬܐ, längeren kirchlichen Gesängen: ܒܫܡ ܐܒܐ ܚܝܠ ܡܪܢܝܬ ܠܡܫܒܚܘ ܩܠܐ ܡܪܓܢ̈ܝܬܐ ܕܫܠܡܐ ܡܪܝ ܚܕܢܝ ܠܥܘܠܡ ܐܡܝܢ.

[1] In einer Fellichi-Handschrift könnte ܡܪܩܕܝܐ = ܡܪܩܕܝ ܚܝܐ = ذو الحياة sein.

1. *Madhrášá* Bl. 182[a]. Anfang:

ܡܕܪܫܐ ܒܩܠ ܒܪܝܟ.
ܒܪܝܟܘ ܡܫܝܚܐ ܕܒܡܘܠܕܗ. ܦܪܩܢ ܡܢ ܡܘܬܐ
ܘܡܫܘܚܕܗ ܒܪܐ ܫܡܝܢ. ܒܫܡܗ ܒܡܥܡܘܕܝܬܐ.
ܬܐܬܐ. ܒܗܘ ܚܘܒܒܐ ܕܫܡܫܐ. ܒܦܠܓܗ
ܕܠܠܝܐ. ܕܢܚ ܡܕܢܚ ܡܢ ܒܝܬܐ. ܘܡܠܟܐ
ܒܣܘܦܐ. ܡܘܫܝܚ ܘܡܪܐ

2. *Madhrášá* Bl. 182[b]. Anfang:

ܐܠܗܐ ܠܟ ܬܫܒܘܚܬܐ ܦܪܘܩܢ ܡܚܕܐ ܕܒܟܗ
ܐܕܡ ܐܬܘ ܦܪܘܩܝ ܡܢ ܚܛܝܬܐ ܘܐܬܘ
ܡܫܝܚ ܠܟ

3. *Madhrášá* Bl. 183[b]. Anfang:

ܐܠܗܐ. ܒܩܠ ܢܘܚܝܢ ܚܝܐ.
ܒܪܡܫܐ ܡܚܕܪܐ ——————— ܘܫܢܐ.
ܕܡܐܬ ܠܠܠܐ ܡܢ ܪܫ ܘܥܕܐ ———————
ܬܐܬܐ. ܢܘܗܪܗ ܘܐܫܬܠܡܬ ———————

Der Dichter dieser Gesänge ist nicht genannt. Palaeographisch beachtenswerth in der Schrift dieser beiden Blätter ist die Gestalt des finalen Kaph, zum Theil auch die des medialen Pe; das Aleph hat noch zum Theil die Estrangelo-Form.

Dann Fortsetzung des Hauptwerkes auf Bl. 184 ff.

2. Fundament des fünften Buches Bl. 184[a]:

a) Von den dem Catholicus unterstehenden Metropolitan-Bischöfen: اما مطارنة فطرك الشرق فهذا ذكر اسما كراسيهم كل واحد في مرتبته.

Der Text Bl. 184[a]—184[b]. 4 mitgetheilt von Assemani II, 458.

b) Bl. 185[a] Einleitung zu der Schrift des Catholicus *Mâr* Elias über die Grundlagen der Religion in 22 Capiteln: الفصل الثاني من الاصل الثاني نذكر فيه مقدمة الكتاب الذي وضعه مار اليا الجاثليق فطرك الشرق مختصرا في اصول الدين وهو اثنين وعشرون بابا.

Anfang:

الاول قال قدس الله نفسه وطهر رمسه لما تصفحت تصانيف الابا القديسين والعلما الراشدين الخ.

c) Bl. 191[b] Von der Vereinigung der beiden Naturen in Christo: الفصل الثالث من الاصل الثاني من الكتاب المذكور قدس الله روحه في الكلام على اتحاد كلمة الله الازلية بالبشرى التام الماخوذ من السيدة مريم العذرى.

d) Bl. 193[a] Zeugnisse für die Menschennatur Christi: الفصل الرابع من الاصل الثاني له ايضا في الشهادات على ناسوت المسيح.

e) Bl. 193[b] Zeugnisse für die göttliche und die menschliche Natur Christi: الفصل الخامس من الاصل الثاني له ايضا قدس الله روحه في الشهادات على لاهوت المسيح وناسوته.

f) Bl. 195[b] Auszug aus dem ersten Theil des Buches كتاب البرهان في تصحيح الايمان von dem Bischof Elias von Nisibis: الفصل السادس من الاصل الثاني نذكر فيه كلاما مختصرا من الفصل الاول من كتاب البرهان في تصحيح الايمان المشتمل على اربعة اجزا وعشرة فصول تاليف الاب القديس الطاهر النفيس العالم الفاضل مار اليا مطران نصيبين.

g) Bl. 198[b] Auszug aus dem Werke eines Bischofs von Mosul über den Christenglauben: الفصل السابع من الاصل الثاني نذكر فيه مقالة الفها وانشاها —— ———[1] مطران الموصل في ايمان النصارى [المشارقة]. Titel zum Theil zerstört.

h) Bl. 202[a] Aus der Schrift eines Catholicus *Makkîkhâ* (?). Titel zum Theil zerstört: الفصل الثامن من الاصل الثاني [نذكر فيه] مقالة الفها وانشاها الاب القديس الطاهر النفيس مار مكيخا الجاثليق فطرك المشرق. Vergl. Assemani III, 552.

i) Bl. 205[a] Schrift des Bischofs Michael von Amid und *Majjáfariḳin* über den Glauben der östlichen Christen, die السريان (Jakobiten) ge-

[1] Georgius, s. Assemani III, 589 Col. 1 Cap. 4.

nannt werden: الفصل التاسع من الاصل الثانى نذكر فيه اقرارا وامانه يعتقدها النصارى المشارقه المعروفين بالسريان من انشا الاب القديس العلا افاضل الزاهد العابد التقى الكامل مار ميخاييل اسقف امد وميافارقين ذكره مع الابرار والقديسين امين. نقلتها انا الضعيف صليبا ابن يوحنا القسيس بالاسم من اللغه السريانيه الى اللغه العربيه على قدر ضعفى.

Hier nennt sich in der ersten Person als Übersetzer der Schrift des Michael der Presbyter *Ṣalîbâ*, Sohn des Johannes.

Auszüge aus der Schrift des Michael bei Assemani III, 558—561.

k) Bl. 210ᵃ Auszüge über die Einheit und Dreiheit der Gottesnatur aus dem Werke des Bischofs *'Abhdîšô'* von Nisibis, betitelt: كتاب فرايد الفوايد فى اصول الدين والعقايد الفصل العاشر من الاصل الثانى نذكر فيه معنى التوحيد والتثليث على ما اوضحه وبينه الاب القديس الروحانى والملاك الجسمانى مار عبديشوع مطران (Bl. 210ᵇ) نصيبين ذكره ومقره مع القديسين فى كتابه المشهور عنه الذى وضعه فى اصول الدين وسماه كتاب فوايد الفرايد فى اصول الدين والعقايد فى سنه الف وستمايه وثلثه وعشرين يونانيه الخ.

'Abhdîšô' hat dies Werk im Jahre 1312 n. Chr. geschrieben; es enthielt sieben اصل und 27 فصل, deren Titel angegeben werden.

l) Bl. 213ᵃ Auszug aus dem obengenannten Werke des *'Abhdîšô'*: الفصل الحادى عشر من الاصل الثانى فى الحلول والاتحاد وهو الفصل الثامن من الكتاب المذكور له.

m) Bl. 216ᵇ Auszug aus demselben Werke des *'Abhdîšô'*: الفصل الثانى عشر من الاصل الثانى وهو الفصل التاسع من الكتاب المذكور له قدس الله روحه فى وجوب نسخ الشرايع القديمة وامتناع نسخ شريعة سيدنا ايشوع المسيح مخلصنا.

n) Bl. 221ᵃ Glaubensbekenntniss der östlichen, *Surjân* genannten Christen von dem Bischof von Nisibis *Îšô'jabh*, genannt Ibn *Malkôn*: الفصل الثالث عشر من الاصل الثانى فى ذكر امانة يعتقدها النصارى السريانيون المشارقه من انشا الاب القديس مار ايشوعيهب مطران نصيبين المعروف بابن ملكون. Herausgegeben und übersetzt bei Assemani III, 295. 296.

o) Bl. 222ᵃ Schrift des Patriarchen *Makkîkhâ*, die er geschrieben, als er Bischof von Mosul und *Erbil* war, gerichtet an einige angesehene Christen in *Isfahân*: الفصل الرابع عشر من الاصل الثانى نذكر فيه نسخة كتاب الاب الطاهر مار مكيخا الجاثليق فطرك المشرق نيح الله نفسه كتبه حيث كان مطرانا على الموصل واربل الى بعض الروسا المومنين باصفهان.

Hierin auf Bl. 229ᵃ Geschichte von der Tochter des Königs von *Ahwâz*, der دخنانشاه; diejenige von dem Catholicus Simeon Bar *Ṣabbâ'ê* auf Bl. 230ᵇ. Der Schluss dieses Abschnitts Bl. 233ᵃ ist Syrisch. Vergl. Assemani III, 552—554.

3. Fundament des fünften Buches Bl. 233ᵇ in acht Abschnitten: فصل الاصل الثالث من السفر الخامس ويشتمل على ثمانية فصول[1].

a) Bl. 233ᵇ Von dem Zweck der folgenden Abschnitte: الفصل الاول من الاصل الثالث فى تعريف الغرض الذى —— —— الاهتمام فى وضع الفصول الواردة فى هذا الاصل.

Warum der Gottessohn Mensch geworden.

Lücke zwischen Bl. 241 und 242 (?).

b) Bl. 245ᵃ الفصل الثالث (sic). Von den drei Secten des Christenthums: Nestorianern, Melkiten, Jakobiten. Überschrift zum Theil zerstört.

c) Bl. 246ᵃ الفصل الرابع (sic). Verschiedene Lehren der christlichen Secte über die ἕνωσις: فى ذكر اختلاف ارا فرق النصارى فى الاتحاد.

[1] Trotzdem hat dies dritte Fundament auch noch ein neuntes فصل Bl. 276ᵇ.

d) Bl. 248ᵇ Titel zerstört. Beweise für die ——— (Vereinigung der beiden Naturen?), enthaltend 15 حجة und 10 مسايل. Zu diesem Abschnitt gehört vermuthlich Bl. 11, s. oben.

e) Bl. 256ᵇ الفصل الثاني (sic). Titel zum Theil zerstört. Was gewisse Leute an dem Wortlaut der göttlichen Bücher ändern: في ذكر ما يحرفونه اهل هذا الراى ——— ——— من كلام الكتب الالهية.

f) Bl. 363ᵇ الفصل السادس eine kurze Bestimmung über die *ἕνωσις*: في ذكر قانونا مجيبا مختصرا في الاتحاد.

g) Bl. 266ᵃ الفصل السابع Vertheidigung der Nestorianer gegen den Vorwurf, dass sie die Trinität zu einer Quaternität machen: في ردّ على من يقول علينا وشنع بالمحال وقال باننا ندخل الرباعة على الثالوث المقدس.

h) Bl. 267ᵇ الفصل الثامن. Titel zerstört. Vertheidigung gegen den Vorwurf, dass die Nestorianer zwei Söhne lehren.

i) Bl. 273ᵇ Von der Lehre der Jakobiten: الفصل التاسع من الاصل الثالث وهذا الفصل يشتمل على مقالة واربع فصول تتضمن ما ذهب اليه ونص عليه علما اهل الراى الثالث المعروفين باليعقوبية في اعتقادهم والرد على مخالفيهم وحججهم عليهم واحتجاجهم لانفسهم.

Bl. 273ᵇ Schrift des Severus Ibn *Elmukaffa'*, Bischofs von *Ešmûnên* in Aegypten, für den Jakobitischen Glauben: اما المقالة فهي مقالة ساويروس ابن المقفع اليعقوبي (?) اسقف الاشمونيين في الديار المصرية تتضمن ذكر ما ذهب اليه واحتج به لاهل مذهبه وما اورده على مخالفيهم.

Auf Bl. 279ᵇ beginnt vielleicht der 1. فصل dieses Abschnittes i; es findet sich hier eine sehr zerstörte Überschrift, an deren Anfang etwas wie الفصل الاول gestanden haben kann. Bl. 279 ist an allen Seiten beschädigt und nur wenig lesbar. Etwas besser ist Bl. 280 erhalten. Der letzte Absatz auf Bl. 280ᵇ beginnt mit folgenden Worten:

فقد قال الانجيل المقدس ان الذي ولدته مريم كان جنينا ولف في قمط وختن بعد ثمانية ايام. وقام قدام الرب كعادة الذكور وله اربعين يوما. وهرب الى مصر مع والدته و—— خوفا ليلا يقتل من هيرودس وعاد منها الى الناصره وتربا وازداد في قامته والحكمة الخ

Die Hds. besteht aus altem, grobfaserigem Papier. Einige Kurrâs haben sich aufgelöst in einzelne Blätter, von denen mehrere verloren, andere an die verkehrte Stelle gerathen sind. Dies gilt besonders von dem ersten Abschnitt Bl. 1—14, von dem einige Blätter dem Ende (dem fünften Buche des Werkes) angehören. Ausserdem sind mehrfache Lücken vorhanden. Wie mir scheint, ist Feuchtigkeit die Ursache, dass an so vielen Stellen die Schrift vielfach bis zur Unleserlichkeit abgeblasst ist; ferner sind viele Blätter an den Rändern abgegriffen, zerfetzt.

Die Arabische Schrift ist gross, deutlich, gleichmässig. Die Syrische Schrift ist nicht Nestorianisch, sondern *Serṭô* (vielleicht mit einer Hinneigung zum Nestorianischen, vergl. z. B. das Tau in ܗܝܡܢܘܬܐ Bl. 3ᵇ Z. 6), aber eine mir sonst nicht bekannte Art des *Serṭô*, so dass ich auf den Charakter dieser Schrift ein Urtheil über das Alter der Hds. nicht gründen kann. Nach der Arabischen Schrift zu urtheilen, kann die Hds. sehr wohl schon im 14. Jahrhundert n. Chr. geschrieben worden sein. Ich vermuthe, dass sie in einer Gegend geschrieben ist, aus der wir sonst keine Handschriften haben (in Babylonien?). Die oben S. 411 mitgetheilten Besitzer-Notizen geben über das Alter der Hds. keine Auskunft.

Auf Bl. 87 von grober Arabischer Hand eine Notiz: هذا كتاب التوارخ الشرق الذى فيها امانت السلحيين الخ, datirt سنه ٢٠٧٨ اسكندريه, d. i. 2078 Gr. = 1767 n. Chr.

Die Kurràs waren ursprünglich durch Arabische Zahlen oben auf der Seite (in der Ecke) bezeichnet, z. B. خمسه وعشرين Bl. 154[b] und سادس وعشرين Bl. 155[a].

280 Blätter (24,5 × 16,5 cm), die Seite zu 17 Zeilen.

NEU-NESTORIANISCH ODER FELLÎḤÎ
Nr. 117—137.

117.

(Sachau 143.)

Fellîḥî.[1]

Die ersten zehn Capitel der Genesis, übersetzt durch Jeremias *Šámir* in den Dialekt von *'Ankâwâ* nach der *Pešîttâ*. Anfang:

ܒܪܫܝܬ ܒܪܝܠܗ ܐܠܗܐ ܠܫܡܝܐ ܘܠܐܪܥܐ. ܘܐܪܥܐ
ܗܘܝܐ ܘܫܘܝܬܐ ܗܘܐ. ܘܚܫܟܐ ܥܠ ܦܬܐ
ܕܬܗܘܡܐ. ܘܪܘܚܐ ܕܐܠܗܐ ܡܪܚܦܢܘܗ ܥܠ
ܦܬܐ ܕܡܝܐ. ܐܡܪ ܐܠܗܐ ܗܘ ܗܘܝ ܢܘܗܪܐ
ܘܗܘܠܗ ܢܘܗܪܐ. ܘܚܙܠܗ ܐܠܗܐ ܠܢܘܗܪܐ ܕܛܒܐ.
ܘܦܪܫܠܗ ܐܠܗܐ ܒܝܢ ܢܘܗܪܐ ܘܒܝܢ ܚܫܟܐ.
ܘܩܪܠܗ ܐܠܗܐ ܠܢܘܗܪܐ ܝܘܡܐ ܘܠܚܫܟܐ
ܩܪܠܗ ܠܠܝܐ. ܘܗܘܠܗ ܪܡܫܐ ܘܗܘܠܗ ܨܦܪܐ
ܚܕ ܝܘܡܐ.

Auf S. 1 die Notizen von dem Übersetzer: ܦܫܝܛܬܐ ܠܫܢܐ ܡܢ und في لغة اهل عنكاوا.

Unterschrift auf Bl. 15[b]:

ܒܡܘܨܠ ܐܝܟ ܒܬܠܬܝܢ ܒܝܪܚܐ ܟܢܘܢ ܩܕܡܝܐ ܠܐ ܠܗܘܢ ܒܡܘܬܐ ܕܒܪܐ ܕܡܟܝܟܐ ܡܢ ܐܠܗܐ ܘܗܡܝܢܘܬܐ ܘܚܘܒܐ ܘܫܠܡܐ (Bl. 16[a])

Geschrieben zu Mosul den 31. December 1881. Der Rest der Unterschrift enthält Neujahrswünsche für den Schreiber dieser Zeilen.

Die Vocale und Punkte sind vollständig beigefügt (in rother Tinte).

16 Blätter, nämlich 2 Lagen von verschiedener Grösse: 19 × 11,5, die Seite zu 19 Zeilen und 17 × 11,5 cm, die Seite zu 17 Zeilen.

118.

(Sachau 133.)

Fellîḥî.

Die Psalmen 1—20, übersetzt durch Jeremias *Šámir* in den Dialekt von *'Ankâwâ*. Anfang:

ܛܘܒܐ ܠܗܘ ܓܒܪܐ ܕܠܐ ܐܙܠܠܗ ܒܡܠܟܐ ܕܪܫܝܥܐ
ܘܒܐܘܪܚܐ ܕܚܛܝܐ ܠܐ ܩܝܡܠܗ ܘܒܡܘܬܒ
ܕܡܒܙܚܢܐ ܠܐ ܝܬܒܠܗ. ܐܠܐ ܒܢܡܘܣܐ ܕܡܪܝܐ
ܝܨܒܘܬܗ ܘܒܢܡܘܣܗ ܒܗܓܠܗ ܝܘܡܐ

[1] Vergl. zur Fellichi-Litteratur meine Schrift *Skizze des Fellichi-Dialekts von Mosul* (Abhandlungen der Berliner Akademie 1895) S. 77. 78.

[illegible]

Jeremias hat diese Arbeit nicht datirt; sie stammt wahrscheinlich aus den Jahren 1881 oder 1882.

In der Nachschrift Bl. 13[b] sagt er, dass er bisher im Dialekt von *'Ankdwá* geschrieben habe, aber in Zukunft im Dialekt von *Alķôš* schreiben wolle. Unterschrift:

[illegible]

Die Vocale und Punkte sind überall vollzählig (in rother Tinte) beigefügt.

13 Blätter (17 × 12 cm), die Seite zu 17 Zeilen.

119.

(Sachau 141.)

Fellîḥî.

Das Buch Esther, übersetzt durch Jeremias *Šámir* in den Dialekt von *Alķôš* im Jahr 1881. Anfang:

[illegible] (Bl. 2[a]) [illegible]

Am Schluss Bl. 18[b] die Notizen von der Hand des Übersetzers: سنة ١٨٨١ und في لغة اهل القوش.

Als Nachschrift auf Bl. 19[a] vier vierzeilige Strophen Altsyrischer Poesie im Dodekasyllabum. Der Reimvocal ist *ê*, der vorhergehende Reimconsonant wechselt strophenweise. Erste Strophe:

[illegible]

Diese Verse sind vermuthlich von Barhebraeus. Die zweite Strophe ([illegible]) findet sich in Gregorii Bar Hebraei Carmina a patre A. Scababi correcta, Romae 1877, S. 143.

Vollständig vocalisirt und punktirt (in rother Tinte).

19 Blätter (16 × 10,5 cm), die Seite zu 16 Zeilen.

120.

(Sachau 142.)

Fellîhî.

Apostelgeschichte Cap. 1—10, übersetzt durch Jeremias *Šdmir* (in den Dialekt von *Alkôš*?) wahrscheinlich 1881. Anfang:

[illegible]
[illegible]
[illegible]
[illegible]
[illegible]
[illegible]
[illegible]
[illegible]
[illegible]
[illegible]
[illegible]
[illegible]
[illegible]
[illegible]
[illegible]
[illegible]
[illegible]
[illegible]
[illegible]

Auf Bl. 31ᵃ—32ᵃ Nachschriften des Übersetzers. Auf Bl. 31ᵃ bittet er den Leser etwaige Fehler zu berichtigen. Auf Bl. 31ᵇ erzählt er, dass er das Ganze zweimal geschrieben habe, einmal (die Consonanten) in schwarzer Tinte und das zweite Mal (die Punkte) in rother Tinte, und bittet ihn und die Orientalische Christenheit nicht zu vergessen:

[illegible]
[illegible]
[illegible]
[illegible]
[illegible]
[illegible]
[illegible]
[illegible]
[illegible]
[illegible]
[illegible]

Auf Bl. 32ᵃ drei je vierzeilige Strophen Altsyrischer Poesie (die erste und zweite zwölfsilbig, die dritte siebensilbig). Erste Strophe:

[illegible] [1] [illegible]
[illegible]
[illegible]
[illegible]

Am Schluss die Notiz [illegible]
[illegible] الداعي ارميا.

Vollständig vocalisirt und punktirt.

32 Blätter (17 × 11,5, die Seite zu 17 Zeilen, und Bl. 19—32: 14,5 × 10 cm, die Seite zu 14 Zeilen).

121.

(Sachau 232.)

Fellîhî.

Eine Sammlung grösserer Gedichte im Dialekt von *Alkôš*; sie heissen *durrikjatha* oder *dûrikjatha* [illegible] (vom Sg. *durriktha*, *dûriktha* [illegible]) und sind Aramäische Gegenstücke zu den Arabischen Kasiden. Die beiden Dichter, der Mitte dieses Jahrhunderts angehörig, deren Gesänge in diesem Bande vorliegen, sind der Presbyter Damianus Bar *Jôḥannân Gundîrâ* aus *Alkôš* und Thomas *Singârî* aus *Telkêf*. Vergl. meine

[1] Vergl. Ev. Matth. 27, 29.

Schrift *Über die Poesie in der Volkssprache der Nestorianer* in den Sitzungsberichten der Berliner Akademie vom 27. Februar 1896. Überschrift:

ܥܠ ܚܝܠܐ ܕܐܠܗܐ ܡܫܒܚܐ ܟܬܒܢܐ ܣܝܡܐ
ܠܡܟܬܒ ܒܦܬܓܡܐ ܕܡܘܫܚܬܐ ܒܠܫܢܐ ܣܘܪܝܝܐ
ܡܦܘܫܩܐ ܒܡܟܝܟܐ ܕܡܘܫܚܬܐ ܕܟܬܒܢܐ ܠܡܫܝܚܐ
ܕܡܢܗܘܢ ܒܪ ܚܘܫܒܢ ܠܡܘܠܕܗ ܫܢܐ ܐܠܦܐ
ܡܫܡܫܢܐ.

ܡܢܘܢ ܒܡܠܟܐ ܫܡܥܐ ܡܠܟ.
ܘܦܩܘܕܐ ܐܘܪ ܒܝ ܘܩܠܟ.
ܟܠ ܡܕܘܢܝܐ ܥܠ ܒܚܝܠܟ.

ܘܟܘܠ ܡܠܟܘܬܐ ܕܡܚܝܢܐ.
ܘܢܚܬ ܒܘܠܝ ܦܘܩܕܢܐ.
ܘܗܘܝ ܠܫܡܟ ܡܫܒܚܢܐ.

2. Bl. 17^b ܕܘܪܟܬܐ ܕܥܠ ܒܘܣܡܐ ܕܡܠܟܘܬܐ ܕܟܬܒܢܐ ܠܡܫܝܚܐ ܕܡܢܗܘܢ ܐܠܦܘܗܝ ܒܪܘܝܐ ܫܢܐ ܐܠܦܘ.

Gesang über die Glückseligkeit des Reiches

ܘܒܪܝ ܒܝ ܒܗ ܠܟܠ ܥܡܐ.
ܡܬܦܪܐ ܒܪܘܪܒܢܘܬܐ.
ܐܝܟ ܒܘܣܡܐ ܕܡܠܟܘܬܐ.

ܠܟܐ ܕܘܡܝܐ ܒܪܘܚ ܥܠܡܐ.
ܠܥܒܕܗ ܒܗܘܝܐ ܥܠܡܐ.
ܕܢܬܦܣܩ ܐܝܟ ܒܘܣܡܐ.

3. Bl. 24^b ܡܫܡܫܢܐ ܕܥܠ ܩܪܒܐ ܘܩܛܠܐ ܕܐܠܩܘܫ ܡܪܥܝܬܐ ܕܗܘܬ ܫܢܐ ܐܠܦܐ ܕܟܬܒܢܐ ܠܡܫܝܚܐ ܕܡܢܗܘܢ ܒܪܘܝܐ.

Gedicht in Altsyrischer Sprache über Krieg und Todtschlag in *Alḳōš* 1832, von Damianus. Es besteht ausser einer Einleitung von 10 Versen aus 66 vierzeiligen Strophen. Der Vers ist ein Heptasyllabum (daneben vielfach Octosyllaba), und die 4 Verse einer Strophe haben denselben Reim.

Einleitung:

ܒܫܡ ܐܠܦ ܘܐܬܡܢܐ ܡܐܐ
ܗܠܝܢ ܘܬܠܬܝܢ ܠܡܫܘܡܐ
ܕܡܫܝܚܐ ܡܠܟܐ ܡܪܢܝܐ
ܐܬܐ ܡܫܘܬܐ ܕܫܘܐ ܠܩܘܫܐ
ܥܠ ܐܠܩܘܫ ܡܪܥܝܬܐ ܩܪܝܬܐ
ܡܫܘܬܐ ܕܗܘܬ ܡܢ ܟܕ ܐܘܪܒܐ
ܕܡܬܚܒܒܐ ܒܬܠܡܝܕܘܬܐ
ܕܗܦܟܝܐ ܡܠܟ ܡܫܘܬܐ
ܘܟܠ ܒܘܠܐ ܘܫܘܬܐ
ܘܠܐ ܠܡܐܘ ܡܪܢܝܢܘܬܐ.

1. Bl. 3^b Das erste Gedicht von Damianus, geschrieben 1855. Es besteht aus 120 je dreizeiligen Strophen. Der Vers ist eine Langzeile, bestehend aus zwei Halbversen, von denen jeder ein Heptasyllabum ist. Jede Strophe hat ihre besonderen Reime: die ersten und die zweiten Halbverse haben je denselben Reim, so dass eine doppelte Reimkette die Strophe bez. das Gedicht durchzieht: ein Binnenreim und ein Schlussreim. Anfang:

1. ܠܐ ܐܠܗܐ ܡܪܚܡܢܐ.
ܦܬܘܪܐ ܝܗܒ ܠܟܠܢܐ.
ܕܡܢܗ ܠܝܬܘܗ ܕܠܐܘܢܐ.

2. ܕܒܟܠ ܦܢܝܬܐ ܒܪܝܬܐ.
ܘܡܢܗܘܢ ܐܘܪܚ ܗܒܝܬܐ.
ܥܡ ܕܒܠܝܐ ܡܢ ܒܪ ܗܘܬܐ.

(Gottes) von dem Presbyter Damianus aus *Alḳōš* vom Jahre 1856.

Das Gedicht besteht aus 65 Strophen und hat dieselbe Form wie das erste Bl. 3^b ff. Anfang:

1. ܡܪܝܐ ܦܬܘܒܠܐ ܡܣܩܒܝ.
ܘܡܘܪܡܠܝ ܬܦܢܝܢܝܒܝ.
ܕܡܢܗ ܥܠ ܐܝܩܪܒܝ.

2. ܡܠܟܘܬܐ ܫܡܝܢܬܐ.
ܘܟܠ ܥܕܬܐ ܕܐܝܬ ܒܚܕܝܬܐ.
ܘܠܒܢܝ ܕܐܡܪܘ ܬܢܝܬܐ.

1. ܒܗܘܕܐ ܙܒܢܐ ܕܟܪܝܗܘܬܐ
ܒܕ ܡܬܒܥ ܗܘܝ ܒܥܠܡܐ
ܡܢܥܠܠ ܐܬܘܘܢ ܒܝܢ ܡܘܨܐ
ܐܡܝܪ ܪ̈ܘܢܕܘܙ ܡܪ̈ܕܘܬܐ

2. ܡܢ ܥܠܡܐ ܚܠ ܠܗ ܠܐܬܪܐ
ܕܝܙܝܕܝܠ ܓܘܢܐ ܗܕܡܝܬܐ
ܡܢܚܡܕ ܥܡܗ ܕܐܡܝܪܐ
ܐܠܩܘܫ ܗܘ ܢܚܬܐ ܕܩܢܘܢܪܐ

Der Emir Muhammed von Ravenduz plündert das Jezidendorf ܣܚܕܝܐ am 9. März und eine Woche später, an einem Mittwoch, *Alkōš*. Der Abt Gabriel und 7 Priester werden neben anderen getödtet, im Ganzen 360—370 Menschen.

Der Emir zieht weiter nach *Nuhadhrd* und von dort zurück. *Alkōš* wird dann noch zum zweiten Male von dem Bruder des Emirs geplündert. Weitere Details von dem Emir, den Jeziden, Ali Bey, Emir der Dasanäer, Molla *Jahjā*, den Emiren von Mosul und *Bahdinān*.

ܒܠܝ ܡܒܥܝܐ ܘܠܝ ܡܘܩܕܐ.
ܐܝܢܘܬܐ ܕܢܡܪܝ ܒܝܒܪ̈ܕܐ.
ܚܝܐܝ ܚܝܠܐ ܘܡܕܐ.

ܡܪܕܐ ܘܡܚܒܘܬܐ.
ܒܢܠܝܚܐ ܠܡܫܟܢܐ.
ܕܡܝܘܕ ܦܘܫܐ ܘܝܠܝܬܐ.

4. Bl. 30ᵃ ܕܘܪܟܬܐ ܕܚܕܬܘܬܐ ܠܬܘܡܐ ܣܝܓܕܪܝ.

Gedicht von Thomas *Singdri* in *Fellihi*, bestehend aus 80 dreizeiligen Strophen. Die Zeile hat zwei Halbzeilen, jede ein Heptasyllabum, und in jeder Strophe haben je die ersten Halbzeilen und die zweiten Halbzeilen denselben Reim. Anfang:

1. ܐܠܗܐ ܕܝܡܒܪ̈ܐ ܠܒ
ܕܘܡܪ ܓܘܒܐ ܗܘܠܐ ܠܒ
ܘܝܠܗ ܡܢܕܝ ܠܐ ܝܘܠܐ ܢܒ

2. ܘܩ̈ܕܝ ܓܒܪ̈ܐ ܐܘܪܚܐ
ܐܢܫܐ ܒܠܘܗ ܡܢ ܐܘܕܓܐ
ܠܐܠܗܐ ܒܐܘܦ ܡܥܘܪܚܐ

5. Bl. 39ᵇ ܕܘܪܟܬܐ ܕܬܘܡܐ ܣܝܓܕܪܝ ܬܠܟܐܦܝܐ.

Gedicht von Thomas *Singdri* aus *Telkēf*, bestehend aus 45 vierzeiligen Strophen. Das Metrum ist das Dodekasyllabum, und jede Strophe hat einen besonderen Reim. Anfang:

ܡܫܪܘܝ ܒܫܡܐ ܕܒܪܐ ܘܪܘܚܐ ܘܐܒܐ
ܕܡܗܘܝܐ
ܒܐ ܐܠܗܐ ܓܒܪܐ ܕܡܚܠܢܓܐ ܘܝܢܓܐ
ܗܠܠܐ ܝܥܢܢܐ ܗܟܝ ܢܡܣܟܪ̈ܐ ܡܥܘܕܪܐ
ܘܝܡܡܐ
ܘܐܠܝ ܕܐܪ̈ܐ ܒܡܠ ܣܬܘܝܐ ܢܘܢܐ ܘܡ̈ܚܠܐ.

6. Bl. 45ᵃ ܕܘܪܟܬܐ ܕܚܕܬܘܬܐ ܠܬܘܡܐ ܣܝܓܕܪܝ ܬܠܟܐܦܝܐ.

Gedicht von demselben Thomas, bestehend aus 111 dreizeiligen Strophen. Jede Strophe hat ihren besonderen Reim, jeder Vers zehn Silben. Anfang:

ܗܘܐ ܕܡܢܘܝ ܘܡܠܚܡܘܢ ܡܪܐܠܗܐ
ܕܝܚܠܝ ܡܡܗ ܘܡܝܠܢ ܐܠܗܐ
ܟܠ ܕܡܫܡܘܢ ܠܟܝ ܘܡܠ ܕܒܪܡܘ ܦܪ̈ܘܐ.

Herausgegeben in Umschrift und übersetzt von A. Socin, Die Neu-Aramäischen Dialekte von Urmia bis Mosul, Tübingen 1882, S. 144—159 und S. 214—219: herausgegeben in der Originalschrift von mir in Skizze des Fellichi-Dialekts von Mosul, Berlin 1895 S. 79—91.

7. Bl. 54ᵃ *Durikthu* von demselben, 109 dreizeilige Strophen. Die Zeile besteht aus je zwei Heptasyllabis. In jeder Strophe haben die drei Halbzeilen je ihren besonderen Reim. Anfang:

ܠܡܪ ܡܢܗܘ ܠܒܝ ܐܢܐ.
ܟܠ ܕܡܬܪܥܝܐ ܗܝܕܝܢ.
ܒܘܩܘܩܘ ܗܘܝ ܠܗ ܡܟܠܠܢܐ.

8. Bl. 66[b] Überschrift: ܬܘܒ ܕܘܪܟܬܐ ܐܚܪܬܐ. Eine weitere *Duriktha* von einem *Jôḥannân*, gedichtet A. Gr. 1973 = 1662 n. Chr., s. Strophe 158 und 159. Sie besteht aus 160 dreizeiligen Strophen. Jede Strophe hat besonderen Reim, jede Zeile 8 (auch 9) Silben. Alle Strophen haben als vierten Vers einen und denselben Refrain. Dasselbe Gedicht s. Nr. 123 nr. 8.

Anfang:

1. ܫܘܒܚܐ ܕܡܫܒܚܢܐ ܫܡܝܢܐ
ܐܪ ܕܘܡܝܐ ܗܠܟܐ ܠܒܪܝܬܐ
ܕܗܘܠܐ ܝܠܝܕܐ ܘܡܘܠܕܐ
ܕܝ ܡܝܬܘ ܟܠܟܘ ܝܢܝܐ

2. ܒܥܘܕܢܐ ܕܗܘܠܐ ܝܠܝܕܗ
ܒܘ ܡܢ ܠܗܕܗܠܐ ܡܫܝܚܗ
ܒܕܠܐ ܡܠܐܟܐ ܠܫܒܚܗ
ܕܝ ܡܝܬܘ ܟܠܟܘ ܝܢܝܐ

Der Dialekt dieses Gedichtes ist derjenige

ܠܠܗܐ ܡܫܒܚܐ ܒܟܠ ܚܢܐ
ܕܠܐ ܒܝܠܐ ܒܚܘܠ ܒܚܢܐ
ܒܕܝܠܝ ܕܝܒܕܘܗ ܒܐܢܐ

11. Bl. 92[a] ܕܘܪܟܬܐ ܐܚܪܬܐ. Ein weiteres Lied, dessen Verfasser nicht genannt wird, bestehend aus 94 dreizeiligen Strophen. Jede Zeile

ܠ ܐܠܗܐ ܘܐܒܐ
ܠܠܗܐ ܡܫܒܚܐ ܒܟܠ ܚܢܐ
ܒܦܐ ܕܚܘܫܒܐ ܕܚܝܐ

12. Bl. 103[a] ܡܐܡܪܐ ܕܡܪܢ ܘܣܛܢܐ. Kampf unseres Herrn Christi mit dem Satan. Verfasser nicht genannt. Das Gedicht hat 54 Strophen, jede Strophe vier sieben- oder achtsilbige Verse, die strophenweise denselben Reim haben.

ܡܫܝܚܐ ܐܝܬ ܒܗ ܠܗܘܢ
ܠܒܢܘܗܝ ܡܥܕܪ ܠܚܠܠܝܗ
ܒܬܘܬܗܘܢ ܠܠܝܠܝܐ ܕܝܗܒ

von Amedia und dem Kurdischen Gebirge, s. Notiz von Jeremias in Nr. 122 Bl. 56[b].

9. Bl. 77[b] ܕܘܪܟܬܐ ܕܡܪܝܡ. Marien-Gesang von dem Presbyter Damianus aus *Alḳôš*, bestehend aus 30 Strophen. Jede Strophe hat vier siebensilbige Zeilen und als fünfte die Refrainzeile (sechssilbig). Am Ende aller vier Zeilen einer Strophe folgt das Wort ܡܪܝܡ. Die vier Zeilen jeder Strophe haben denselben Reim. Anfang:

ܡܫܒܚܝܢ ܡܢ ܟܠܐ. ܡܪܝܡ
ܟܠ ܕܡܟܝܟ ܒܪܘܚܐ ܕܩܘܕܫܐ. ܡܪܝܡ
ܠܫܠܡܗ ܕܒܪܝܟ ܒܪܐ. ܡܪܝܡ
ܒܗܘܠܐ ܕܠܝܬܗ ܡܚܘܠ ܐܢܐ. ܡܪܝܡ
ܕܝܗ ܡܪܝܡ ܗܝ ܡܪܝܡ

10. Bl. 80[b] Gesang ܕܘܪܟܬܐ von Thomas *Sinǧârî* aus *Telkêf*, bestehend aus 96 Strophen. Jede Strophe hat drei Langzeilen, die Langzeile zwei Heptasyllaba, und in jeder Strophe haben die ersten und zweiten Halbzeilen je denselben Reim. Anfang:

ܒܝܬ ܐܒܐ ܘܒܪܐ ܘܪܘܚܐ
ܒܝܬ ܡܫܡܫܢܐ ܒܡܫܝܚܐ
ܘܠܐܢܫ ܡܫܒܚܘܬܐ ܕܝܚܐ

hat zwei Heptasyllaba: die ersten und zweiten Halbzeilen der Strophe reimen je mit einander. Anfang:

ܠܠܗܘ ܡܠܟܘܬܐ ܕܫܡܝܐ
ܒܠܗܘܢ ܕܗܒ ܗܘܝܬܐ
ܠܒܢܘ ܚܢܢ ܡܒܫܒܚܝܢ

Anfang:

ܐܚܐ ܗܫܐ ܠܒܢܝܐ
ܘܐܡܪ ܡܠܬܐ ܘܒܢܝ ܫܘܠܛܢܐ
ܠܠܝܠܝܐ ܚܠܦ ܐܢܫܘܬܐ
ܘܟܝܢܐ ܡܐܘܪܐ ܕܐܠܗܘܬܐ

13. Bl. 107ᵇ ܕܘܪܟܝܬܐ ܐܚܪܬܐ. Ein weiteres Lied von ungenanntem Verfasser, bestehend aus 246 dreizeiligen Strophen. Jede Strophe hat drei mit einander reimende Zeilen, jede Zeile sieben Silben. Anfang:

1. ܫܘܒܚܐ ܠܝܫܘܥ ܕܒܟܠ
ܡܢ ܥܠܡܐ ܘܥܕܡܐ ܥܠܡ
ܫܡܝܐ ܐܪܥܐ ܘܡܠܐܟܐ

ܫܡܝܐ ܘܥܠܡܐ ܘܡܠܝܘܗܝ
ܘܟܘܟܒܐ ܘܚܝܠܐ ܘܥܝܪܘܗܝ
ܕܒܪܐ ܡܫܘܕܥ ܠܗܘܢ

Nachschrift Bl. 123ᵃ:

ܐܫܬܠܡ ܠܗ ܗܢܐ ܟܬܒܐ ܕܕܘܪܟܝܬܐ
ܒܝܘܡ ܚܡܫܐ ܝ̄ܒ ܒܗ ܒܬܡܘܙ ܐܦ̄ܦ̄ܒ ܠܡܫܝܚܐ
ܡܢܝ ܒܐܝܕܝ ܡܣܟܢܐ ܘܚܛܝܐ ܩܫܝܫܐ ܡܢܨܘܪ
ܒܪ ܡܩܕܫܐ ܡܬܝ ܡܢ ܕܒܝܬ ܨܘܪܘ
ܐܠܩܘܫܝܐ.

Danach ist dies Buch geschrieben von dem Priester *Manṣūr*, dem Sohne des *Mattā Sōrō* aus *Alkōš*, demselben, der Nr. 128 geschrieben hat, und vollendet den 12. Juli 1882.

123 Blätter (22,5 × 15 cm), die Seite zu 15 Zeilen.

122.

(Sachau 233.)

Arabisch.

Arabische Übersetzung der in Nr. 121 (S. 232) enthaltenen Gedichte, *Dūrikjāthā*, angefertigt von Jeremias *Šāmir* in Mosul 1882. Überschrift:

ܕܘܪܟܝܬܐ ܐ̄ قصيده

Inhalt:

1. Bl. 1ᵃ:

يا الله الرحوم   اطلب منك اسمع صوتي
افتح فمي ولسانى   وزد لي فهما واعطيني
لاتكلم على حبس جهنم   امام المومنين كي يخجلون

2. Bl. 13ᵃ:

يا رب افتح شفتاى   واخلق لي قلب جديد
وارفع افكارى   من تصورات الارضيات
لاتكلم لاخوتي   على ذاك نعيم الملكوت

3. Bl. 19ᵇ:

في سنة الف وثمنمايه   واثنين وثلاثون الى حد
المسيح ملك على   اتته ضربة تسوى ان تكتب
على القوش قرية كبيره   ضربة السيف من امة
المشهوره بالتظليم   سوران ملوين قساوه
وكل اثم وكراهه   وما يوجد عندهم رحم

1. Strophe:

بهذه السنة المكتوبه   لمّا كنّا جالسين بالسلام
بغتتنا ترايا بفرد يوم   امير رواندوس خبيث

4. Bl. 24ᵇ:

الله الذى رعهم   اولياك القديسين والشيدا
داود طوبى عطاهم   الاخوه الذين يسكنون معا
ولا شى عازهم   تملّهم ملو متاع

5. Bl. 32ᵇ:

نبدى باسم الاب والابن وروح القدس
الله واحد خالق الملايكة والناس
خلق في السماء نيرين اعنى قمر وشمس
وعلى الارض جميع الحيوانات وسمك وبهايم

6. Bl. 38ᵃ:

هلمّوا نبتهل ونطلب من الله
لاننا اخطانا امامه وامتلينا ذنب
لكى ينسحق قلبنا ونبكى الان

7. Bl. 47ᵇ:

يا مسيح انت بيت ملجى   وغيرك ليس لي انا
ارسل صليبك لخلاصى   لكى يهرب الشيطان
انعامك ترش قلبى   واغسلنى بزوفك

8. Bl. 56[b]: ايضا قصيده اخره

Hierzu am Rande die Notiz von Jeremias:

هذه القصيده هي فليحي عماديه وجبل كردستان

»Dies Gedicht ist geschrieben im *Fellîḥi*-Dialekt von Amedia und dem Kurdischen Gebirge.« Anfang:

يوم الاحد الاول   هذه الخليقه جاة للكون
جلسة باساس وبدايه   اسمعوا يا معشر الناس

—

في بدايه جلست اساسها   انظروا ما عظيم عيبته
خلق الخلايق لخدمته   اسمعوا يا معشر الناس

9. Bl. 66[b]: قصيده على مريم

Hierzu eine Randnotiz von Jeremias:

هذه بمقام غنا البلد الموصل لانه كل قصيده لها مقام وحده

Das soll heissen: »Dies Lied ist ganz besonders in Mosul bekannt und beliebt, wie jedes Lied eine besondere Ortschaft hat, wo es mehr als andere Lieder gesungen wird.« Anfang:

مشتاق انا من قلب   مريم
لاوصف بروح اخبه   مريم
لعلو درجتكي الكبير   مريم
بتول خالصه من كل عيب   مريم
ده مريم ها مريم

10. Bl. 69[a]:

بسم اب وابن والروح   ثلاثة اقنيم بطبيعة واحده
دايم نصعد لكم المجد   بلا انقطاع بكل وقت
ونفسنا نقدمها ذبيحة   مثل ابراهيم البر

11. Bl. 77[a]:

لك يلزم السجود   يا الله الشديد
بك لي ايمان   ثلاثة اقنيم بطبيعه واحده
اصرخ اليك بندامه   تحت عمق الوحل

12. Bl. 85[a]:

انت المتكل على الحيل   بتلك الفنون ومكر
غلبها كل الناسوت   وخرجوا من نزيف اللاهوت

13. Bl. 88[a]:

سبحان لاسم جابلنا   لاجل خير الذي عندنا
سبب اثمنا وافعالنا
لسبب اثمنا وخطايانا   حيل ومكر وعوايدنا
ارسل عندنا غضبه

Unterschrift Bl. 99[b]:

ܫܘܒܚܐ ܘܣܓܕܬܐ ܠܐܠܗܐ ܕܫܟܠܠܗ
ܘܫܘܡܠܝܐ ܡܦܪܫܬܐ ܕܐܝܕܗ ܒܝܕ ܡܚܝܠܐ
ܕܝܘܪܡܝܐ ܟܗܢܐ ܡܠܟܐ ܫܘܡܐ ܫܡܫܐ
ܐܬܚܬܡ ܒܝܪܚܐ ܬܫܪܝ ܐܚܪܝ ܒܫܢܬ ܐܠܦܐ
ܘܬܡܢܡܐ ܘܬܡܢܝܢ ܘܬܪܬܝܢ ܠܡܫܝܚܐ ܡܪܢ
ܒܡܕܝܢܬܐ ܡܘܨܠ

Danach hat Jeremias diese Schrift vollendet im November 1882 in Mosul. Ferner:

ما افتكرة كثير على اصول النحو لانه الشاعر يجوز حدود النحو والعاده لاجل مأرب ويحذف بعض كلماة منها حرف وحرفين الخ ويوجد بعض محلاة في بلسان القوش وغيرها بلسان تلكيف وغيرها بلسان عماديه جبل ܟܘܪܕܝ ܡܛܠ ܗܢܐ ܠܐ ܗܘܘ ܟܠ ܡܢ ܚܕ ܓܢܣܐ ܘܗܕܐ ܠܝܕܥܬܟ ܘܫܪܟܐ

»Ich habe nicht viel an die Regeln der Grammatik gedacht. Der Dichter kann sich je nach Bedarf über die Regeln von Grammatik und Sprachgebrauch hinwegsetzen, kann von einigen Wörtern einen oder zwei Buchstaben abschneiden u. s. w. Einige Stellen (Lieder?) sind im Dialekt von *Alḳôš*, andere im Dialekt von *Telkêf*, andere im Dialekt von Amedia, dem (Kurdischen) Gebirge. Daher sind diese Lieder nicht alle von derselben Sorte. Dies zu Deiner Information u. s. w.«

Weitere Notiz auf Bl. 100[a]:

ترجمت دوركياتا من لسان فلاحي اعني الدارج اليوم من بحر اسود الى بصرة بين نحو ثلاثة ملايين اناس ويوجد الذين قد قلوا من بعض العلماء بانه هو هذا لسان الذي تكلم به الله مع ادم في فردوس. وليس النصارى فقط بل اليهود الذين ✤

في الكردستان هذا هو لسانهم واظن هم باقي من يهود
الذين ملك اثور سباهم من اورشليم واشرافها وهذا
لسان جاء معهم لهذه الابلاد. وانكان يوجد ونقص
وغلط بالترجمة نعم يوجد لاني ما افتكرت على اللغة
وصرف ونحوها بل على مطابقة لغة فلاحي مع العربي
المعتاد الجاري بين الناس كذا يكون معلوم سعادتكم
وادام الله الخ

•Ich habe diese Lieder übersetzt aus dem *Fellihi*, das heutigen Tages verbreitet ist vom Schwarzen Meer bis nach Basra unter etwa drei Millionen Menschen. Es haben wohl einige gelehrte Leute behauptet, dass diese Sprache es ist, die Gott mit Adam im Paradiese gesprochen hat. Nicht allein die Christen sprechen sie, sondern auch die Juden in Kurdistan. Ich meine, dass diese ein Rest derjenigen Juden sind, welche der König von Assyrien aus Jerusalem und Umgegend in die Gefangenschaft schleppte, und dass diese Sprache mit ihnen in diese Länder gekommen ist. Wenn Mängel und Fehler in der Übersetzung sind, nun, ich gebe zu, es sind solche; denn ich habe nicht viel an Lexikon, Formenlehre und Syntax gedacht, sondern an die Übereinstimmung des *Fellihi* mit dem Arabischen, wie es gegenwärtig Curs hat unter den Menschen. Dies zu Deiner Information u. s. w.• Am Ende nochmals das Datum: Mosul, 1882 November.

Flüchtig geschrieben und nicht vocalisirt.

100 Blätter (19,5 × 14,5 cm), die Seite zu 15—22 Zeilen.

123.

(Sachau 223.)

Fellihi.

Eine Sammlung längerer Gedichte, sogenannter *Dûrikjâthâ*, im Dialekt von *Alkôš*, von verschiedenen Dichtern aus dem Ende des 16. und aus dem 17. Jahrhundert: Priester Joseph, Sohn des *Ǵemâldîn*, aus *Telkêf*, auch genannt Joseph *Ǵemdâni*; Priester Israel aus *Alkôš*, vergl. Nr. 41 (Ms. orient. quart. 565) nr. 18. 19; Nr. 54 (Ms. orient. quart. 547) Bl. 114ᵇ—116; Zotenberg Nr. 283 nr. 17; *Mâr Ḥudnîšô'* von *Rustâḳâ*, und *Mâr Jôḥannân*, Bischof von *Mâwṣâl*. Titel:

ܒܫܡ ܐܠܗܐ ܡܪܝ ܡܫܪܝܢܢ ܟܬܒܐ ܕܘܪܝܩܝܬܐ
ܠܡܟܬܒ ܡܢ ܕܘܪܝܬܐ ܕܡܟܬܒܝܢ ܠܡܫܝܚܐ
ܝܘܣܦ ܐܠܩܫܝܫܐ ܒܪ ܡܥܠܡܐ ܓܡܠܕܝܢ.

1. Bl. 2ᵇ ܡܕܡܝܢܐ ܕܥܠ ܡܕܒܪܢܘܬܐ
ܒܩܠ ܡܪܬܐ ܠܠܠ.

Gedicht über die Weltregierung (Gottes), zu singen nach der Melodie ܡܪܬܐ ܠܠܠ. Vom Priester Joseph (Jausip) *Ǵemdâni*. Es besteht aus 112 Strophen, jede Strophe aus vier mit einander reimenden Versen, die acht Silben haben. Anfang:

1. ܫܘܒܚܐ ܠܗ ܠܐܠܗܐ ܐܒܐ
ܘܠܡܫܝܚܐ ܝܚܝܕܗ ܕܡܪܢܐ
ܘܪܘܚܐ ܕܩܘܕܫܐ ܪܘܚܗ ܚܝܐ
ܗܠܝܢ ܩܢܘܡ̈ܐ ܚܕ ܟܝܢܐ

2. ܡܫܒܚܘܬܐ ܟܠܗ ܡܪ̈ܘܡܝܐ
ܠܗ ܙܡܪܐ ܕܡܠܟܘܬܗ ܚܝܐ
ܗܝܟܠܗ ܦܘܡ̈ܐ ܡܫܒ̈ܚܝܢ
ܡܫܒܚܘܬܐ ܐܚܝ ܘܪ̈ܘܡܐ

2. Bl. 16ᵇ ܕܘܟܪܢܐ ܠܡܪܬܐ ܕܝܠܗ ܕܡܫܝܚܐ
ܝܘܣܦ ܐܠܩܫܝܫܐ ܒܪ ܡܥܠܡܐ ܠܓܘܢܐ.

Ein weiteres Gedicht von demselben Priester Joseph aus *Telkêf*, gedichtet A. Gr. 1901 = 1590 n. Chr. Es besteht aus 117 vierzeiligen Strophen und jede Strophe aus zwölfsilbigen, mit einander reimenden Versen. Anfang:

ܡܫܒܚܘܬ ܟܝܢܐ ܕܐܒܐ ܘܒܪܐ ܘܪܘܚܐ
ܕܩܘܕܫܐ
ܒܗ ܐܠܗܐ ܒܪܘܝܐ ܕܥܠܡ̈ܐ ܘܐ̈ܢܫܐ
ܠܗܘ ܡܢ ܫܡܝܐ ܐܬܓܠܝ ܢܘܗܪܐ ܕܬܘܕܝܬܐ
ܘܫܡܫܐ
ܗܘ ܕܒܢ̈ܝܐ ܕܡܫܒܚܢܐ ܒܦܚܕܐ ܘܕܫܢܐ.

3. Bl. 36[b] ܕܘܪܟܬܐ ܐܚܪܬܐ ܕܝܠܗ ܕܩܫܝܫܐ ܝܘܣܦ ܬܠܟܦܝܐ.

Ein weiteres Gedicht, Predigt über viele der Parabeln Christi, von demselben Joseph aus *Telkêf*, bestehend aus 178 vierzeiligen Strophen.[1] Die vier mit einander reimenden Zeilen sind Dodekasyllaba. Anfang:

ܗܘ ܡܪܘܡܝܐ ܕܡܫܒܚܘܬ ܠܥܠܡܐ ܐܠܗܐ
ܕܡܬܒܪܟ ܒܟܡ ܡܦܪܢܣܢܐ ܗܒܒ ܒܗ
ܠܝܬܗ
ܘܡܬܦܠܚܐ ܐܡ ܒܡܠܟܘܬܗ ܒܒܪܢܫܐ
ܕܪܗ
ܒܝܫܐ ܕܠܗܒܐ ܡܢ ܡܢܘܚܬܐ ܐܘ ܢܝܚܐ

Unterschrift Bl. 65[a]:

ܫܠܡܬ ܕܘܪܟܬܐ ܗܕܐ ܕܡܬܠܐ ܕܡܢ ܐܘܢܓܠܝܘܢ
ܗܘܡܕܐ ܡܢܝ ܢܘܚܐ ܡܘܬܐ ܕܩܫܝܫܐ ܝܘܣܦ
ܕܟܬܒܗ ܒܫܢܬ ܐܬܥܙ ܠܝܘܢܝܐ.

ܒܫܢܐ ܡܢܐ ܐܠܗܘܬܐ
ܫܦܝܪܐ ܒܢܘܗܪܐ ܘܫܘܒܚܘܬܐ
ܒܡܠܟܐ ܦܘܩܘܕܬܐ

Danach ist dies Gedicht der Gleichnisse aus dem Evangelium verfasst worden A. Gr. 1977 = 1666 n. Chr.

4. Bl. 65[b] ܕܘܪܟܬܐ ܐܚܪܬܐ ܕܥܠ ܬܘܒܐ ܘܬܝܒܘܬܐ. ܕܝܠܗ ܕܩܫܝܫܐ ܝܘܣܦ ܓܡܕܐܢܝ ܬܠܟܦܝܐ.

Ein weiteres Gedicht über Reue und Busse von demselben Priester Joseph *Ǵemdâni* aus *Telkêf*, bestehend aus 140 vierzeiligen Strophen. Die vier mit einander reimenden Zeilen sind Heptasyllaba. Wo die vierte Zeile der Refrain ist, reimen nur die ersten drei Zeilen mit einander. Anfang:

ܐܝܟܘ ܒܫܡܐ ܡܫܝܚܐ
ܬܘܟܠܢ ܠܟܝܢ ܢܬܟܠ
ܕܗܕܝ ܒܐܡܪ ܒܝܫܐ
ܡܫܝܚܐ ܝܠܕ ܠܢ ܡܫܝܚܐ

Der vierte Vers wiederholt sich als Refrain in den ersten 40 Strophen.

Die ersten 18 Strophen sind besonders numerirt, so dass Strophe 19 mit Nr. 1 beginnt. Die Anfänge dieser Strophen sind akrostichisch, beginnend mit den Buchstaben ܐ bis ܬ.

5. Bl. 79[b] ܗܘܒ ܐܚܪܬܐ ܕܬܝܒܘܬܐ ܠܩܫܝܫܐ ܐܝܣܪܐܝܠ ܐܠܩܘܫܝܐ.

Ein Busslied von dem Priester Israel aus *Alḳôš*, verfasst A. Gr. 1922 = 1611 n. Chr. Es besteht aus 63 dreizeiligen Strophen, jede Zeile aus zwei Heptasyllaba. In jeder Zeile haben die ersten und zweiten Halbzeilen je denselben Reim. Anfang:

ܫܘܒܚܐ ܠܐܒܐ ܡܪܘܡܐ
ܐܘ ܒܪܘܢܐ ܡܫܝܚܐ
ܘܠܪܘܚܐ ܩܕܝܫܐ ܘܡܢܐ

Der Dichter erwähnt sich und das Datum seiner Dichtung in der Schlussstrophe Bl. 88[b]:

ܡܕܪܐ ܠܡܫܐ ܣܓܝܐ — ܝܘܣܦ ܡܢܐ ܡܚܝܠ
ܕܟܬܒ ܕܐܬܥܒ ܠܝܘܢܝܐ — ܡܠܟܐ ܕܡܫܝܚܐ
ܚܠܘܦܘ ܠܝ ܒܐ ܡܘܗܒܐ — ܐܢܘܢ ܠܟܠ ܡܘܕܝܐ

[1] S. die Übersetzung dieser und einiger anderer Fellichi-Gedichte bei Lidzbarski a. a. O. S. 283 ff.

Ausserdem ist der Dichter in Strophe 35 erwähnt, sein Alter von 70 Jahren in Str. 26.

6. Bl. 89a ܐܚܪܬܐ ܕܩܫܝܫܐ ܠܡܪܝ ܚܢܢܝܫܘܥ ܕܪܘܣܬܩܐ.

ܒܥܠܗ ܫܘܠܗ ܫܒܝܠܗ
ܘܒܝܬ ܕܒܥܠܝ ܐܪܐ ܐܚܪܐ
ܒܪܝܬ ܒܥܠܝ ܒܝܬܐ

Eine weitere *Dûrikthâ* von *Ḥnânîšô'* von *Rustâkâ*. Der Dichter nennt sich auch in Str. 26. Die Form des Gedichtes, das aus 27 Strophen besteht, ist dieselbe wie die von Nr. 5. Anfang:

ܫܘܒܚܐ ܠܐܠܗܐ ܕܒܪܝܗ
ܒܠܚܘܕ ܘܟܠܢ ܘܦܘܡܢܐ
ܕܒܪܝܬ ܒܝܬ ܒܪܝܬܐ

7. Bl. 93a ܕܘܪܟܬܐ ܐܚܪܬܐ ܕܩܫܝܫܐ ܠܡܫܝܚܐ ܡܠܟܐ.

Ein weiteres Gedicht vom Priester Israel (auch genannt in Str. 84). Es besteht aus 85 dreizeiligen Strophen, jede Strophe aus mit einander reimenden Heptasyllabis. Anfang:

ܒܫܡܗ ܕܐܒܐ ܚܝܐ
ܘܒܪܐ ܕܡܢܗ ܡܫܬܡܥܢܐ
ܘܪܘܚܐ ܕܩܘܕܫܐ ܡܫܬܘܕܥܐ

8. Bl. 99b ܕܘܪܟ ܕܩܫܝܫܐ ܠܡܪܝ ܝܘܚܢܢ ܐܦܝܣܩܘܦܐ ܕܡܪܕܐ.

Gedicht von *Mâr Jôḥannân*, Bischof von *Mârdnâ*, verfasst A. Gr. 1973 = 1662 n. Chr. Es ist dasselbe Gedicht wie nr. 8 in Nr. 121. Die Zahl der Strophen beträgt hier 156. Der Anfang ist hier:

ܫܘܒܚܐ ܠܫܡܗ ܕܐܒܐ ܕܟܕܡܝܬ
ܐܝܬ ܕܘܝܬܐ ܡܬܘܡܢܝܬܐ
ܫܘܒܚܐ ܕܩܕܝܫܐ ܘܚܝܠܬܢܐ
ܐܡ ܡܫܝܚܐ ܟܠܟ ܐܢܫܐ

ܫܘܒܚܐ ܕܡܫܝܚܐ ܡܠܟܐ
ܐܡ ܕܘܝܐ ܦܠܓܐ ܟܘܪܐ
ܒܬܘܕܝܬܐ ܕܢܝܘܗ ܘܫܘܪܐ
ܐܡ ܡܫܝܚܐ ܟܠܟ ܐܢܫܐ

Der Verfasser erwähnt seinen Namen und das Datum dieser Dichtung in den beiden letzten Strophen. Unterschrift Bl. 112b:

ܫܠܡܬ ܕܘܪܟ ܕܩܫܝܫܐ ܠܡܪܝ ܝܘܚܢܢ
ܐܦܝܣܩܘܦܐ ܕܡܪܕܐ ܥܠ ܐܝܕܐ ܠܡܫܝܚܐ.

9. Bl. 113—123a ܕܘܪܟܬܐ ܐܚܪܬܐ ܕܥܠ ܣܦܪ ܛܠܝܘܬܗ ܕܡܪܢ ܕܩܫܝܫܐ ܒܪ ܩܫܝܫܐ ܓܡܠܕܝܢ ܬܠܟܐܦܝܐ. Ein weiteres Gedicht über das Buch der Kindheit (Christi) von demselben Presbyter (Joseph), Sohn des Presbyters *Ǵemâldin* aus *Telkêf*. Übersetzung eines Hymnus von *Giwargis Wardâ*. Es besteht aus 83 Strophen, jede Strophe aus vier reimenden achtsilbigen Versen. Anfang:

ܒܫܡܐ ܕܐܒܐ ܘܒܪܐ ܘܪܘܚܐ
ܐܠܗܐ ܡܫܘܚܐ ܚܕ ܚܝܐ ܫܒܝܚܐ
ܕܒܝܬ ܡܫܘܡܝܐ ܒܫܘܐ ܘܫܘܒܚܐ
ܘܣܠܐ ܘܫܘܠܚܢܐ ܘܐܣܬܘܬܐ

10. Bl. 125a ܕܘܪܟ ܐܚܪܬܐ ܕܥܠ ܡܕܒܪܢܘܬܐ ܕܚܝܘܗܝ ܕܡܫܝܚܐ ܝܘܣܦ ܒܪ ܩܫܝܫܐ ܓܡܠܕܝܢ.

Weiteres Gedicht von Joseph, Sohn des *Ǵemâldin*, über die Führung des Lebens Christi auf Erden. Die Form des Gedichtes ist dieselbe wie von Nr. 9. Es besteht aus 520 Strophen, einem Prolog von 36 und einem Epilog, beginnend Bl. 194a, von 50 Strophen. Anfang des Prologs:

ܒܫܡܗ ܕܐܠܗܐ ܐܒܐ ܚܝܐ
ܘܒܪܐ ܕܡܢܗ ܡܫܝܚܐ
ܘܪܘܚܐ ܡܫܡܫܐ ܐܠܗܝܐ
ܒܬܫܒܚܬܐ ܫܡܝܐ ܘܐܪܥܐ

Anfang des Gedichtes Bl. 130a:

ܡܕܒܪܢܘܬܐ ܫܡܝܐ ܕܡܫܝܚܐ
ܘܡܫܬܒܚܐ ܐܡܪ ܒܬܘܠܐ
ܒܘܪܟܬܗ ܡܒܪܟ ܐܠܐ ܡܪܢܐ
ܫܠܝܚܐ ܒܡܫܝܚܐ ܢܒܝܐ

In der Str. 39 des Epilogs erwähnt der Verfasser sich selbst und als Datum dieser Dichtung A. Gr. 1973 = 1662 n. Chr. Str. 39 Bl. 199ᵃ:

ܕܐܦ ܥܢܝܐ ܐܝܣܪܝܠ ܟܗܢܐ
ܒܫܢܬܐ ܐܠܦ ܐܬܫܥ ܡܐܐ
ܫܒܥ ܫܢܝܢ ܘܬܠܬܝܢ
ܠܡܫܝܚ ܦܠܘܚܘܬܐ ܫܡܫܐ

Unterschrift Bl. 200ᵇ:

ܫܠܡܬ ܕܘܪܟܝܬܐ ܕܥܠ ܡܕܒܪܢܘܬܐ ܕܫܡ̈ܝܐ ܕܡܫܝܚܐ ܕܥܠ ܐܪܥܐ.

11. Bl. 200ᵇ ܕܘܪܟܝ ܕܥܠ ܫܡܘܢܝ ܘܒܢ̈ܝܗ̇. ܕܥܒܝܕܐ ܠܩܫܝܫܐ ܡܫܒܚܐ ܐܝܣܪܝܠ ܟܗܢܐ

Gedicht über die *Šmôni* (Salomonis) und ihre Söhne, gedichtet vom Priester Israel A. Gr. 1943 = 1632 n. Chr. Der Verfasser erwähnt sich selbst und dies Datum in den Strophen 34 und 35, seinen Namen auch in Str. 3. Das Gedicht besteht aus 35 Strophen, jede Strophe aus drei reimenden sieben- oder achtsilbigen Versen. Anfang:

ܒܫܡܐ ܕܐܠܗܘܬܐ
ܗܘ ܫܡܐ ܐܢܐ ܡܫܠܡܘܬܐ
ܘܫܡܐ ܒܗ ܗܝܡܢܘܬܐ

Unterschrift Bl. 203ᵇ:

ܐܢܐ ܕܝܠܝ ܦܪܢܣܝ ܝܫܘܥ
ܫܡܥܘܢ ܐܦ ܕܘܪܝ ܡܟܣܝ
ܫܡܘܢ ܦܫܐ ܠܗ ܝܫܘܥ

ܫܠܡܬ ܕܘܪܝ ܕܫܡܘܢ ܘܕܒܢ̈ܝܗ̇ ܫܒܥܐ ܕܐܬܟܬܒܬ ܠܝܕ̈ܝ ܐܚܐ ܕܡܕܒܪܢܘܬܐ ܡܫܒܚܐ. ܫܡܫܐ ܠܐܠܗܐ ܐܡܝܢ ܐܡܝܢ. ܒܫܢܬ ܡܫܝܚܝܐ ܦܪܢܣܝ ܕܡܢ ܒܝܬ ܡܝܪܐ ܕܒܡܬܐ ܥܠ ܬܠܟܦ ܒܝܘܡܐ ܐܬܚܬܡ ܠܡܪܢ ܐܡܝܢ

Danach ist diese Hds. geschrieben 1882 vom Diaconus *Pransi* aus der Familie *Bêth Mêri* in *Telkêf* (*Telkêpê*).

Vollständig vocalisirt und punktirt.

203 Blätter (22,5 × 16 cm), die Seite zu 16 Zeilen.

124.

(Sachau 224.)

Arabisch.

Übersetzung der Gedichte *Dûrikjâthâ* in Nr. 123 von Jeremias, geschrieben in Mosul 1883.

Inhalt:

1. Bl. 1ᵃ:

المجد له لله الموجود وللمسيح كلمته للرب
وروح القدس روحه الحى ثلاثة اقنيم خالق واحد

2. Bl. 7ᵇ:

نبدى باسم الاب وابن وروح القدس
الله واحد خالق الملايكة والناس
تحت السماء علّق الانوار قمر وشمس
لكى بنى ادم لكى يمجدوه بصباح ومساء

3. Bl. 19ᵇ:

هلموا يا مؤمنين لنمجد للرب الاله
الذى طرد ابونا ادم من الفردوس بسبب فرد ذنب
وتصالح معنا بنعمته بالاخيرا الان
بالانسان لبس مننا غفر ذلك الخطا

4. Bl. 37ᵃ:

انتم شعب مسيحى اصفوا لهذا الخاطى
هاكذا يقول باكى ارحمنى يا مسيح

5. Bl. 45ᵇ:

المجد للموجود السرمدى
نبع حاوى الثالوث
ذاك الخالق الاولى
فايض بحب وصلاح
الطين مجبول من التراب وما
يعطيه الفم

6. Bl. 50ᵇ:

المجد لله بنفسه
جميع اعماله صالحة هى
جميع ازمنة واوان
رجا لجميعنا هو هو
حكيم هو ذو دوايات
جراحاتنا جميعها كواها

7. Bl. 53ª:

بسم الاب الحنان
وابن منه رحوم
وروح القدس الراوف

8. Die Arabische Übersetzung dieses Gedichtes ist vorhanden in Nr. 122 (S. 233) Bl. 56ᵇ—66ᵇ.

9. Bl. 54ᵇ:

باسم الاب وابن وروح
ثلاثة اقنيم طبيعة واحدة متحدة
المساويين بالقوة ومجد
وقوة وسلطان ووجود

10. Bl. 60ª:

باسم الله الاب الحى
وابن منه الوحيد
وروح اقنوم ثالث
فى البدا خلق الله سماء وارض

11. Bl. 97ᵇ:

باسم الثالوث   لعل احصل للتعلق
وينشا فى العشق

Unterschrift von Jeremias Bl. 98ª:

ترجم هذه قصايد جبرايل ارميا شامير سنة ١٨٨٣ مسيحية بالموصل يوجد غلطاة بالتابة وزايد ناقص ما صلحتها بل مثلما هى ترجمتها ليلا يعسر فهمها للقارى وباقى السلام

98 Blätter (20,5 × 15 cm), die Seite zu 16—20 Zeilen.

125.

(Sachau 230.)

Fellihi.

Geschichte der zehn Vezire.[1]

Inhalt:

König *Âzádbakht* von Segestan, der zehn Vezire in seinem Dienste hat, erblickt eines Tages auf der Jagd eine Reisegesellschaft, bestehend aus Reitern, die eine Dame begleiten. Auf seine Frage, wer die Dame in der Reitsänfte sei, erwidert der Führer der Karawane, der nicht weiss, dass er den König vor sich hat, es sei die Tochter des *Sipâhsâlâr* des Königs, auf der Reise zu dem Fürsten *Zâd-Shâh*, dem ihr Vater sie vermählen wolle. Der König erblickt die Schöne, verliebt sich und erklärt, nachdem er sich zu erkennen gegeben, dass er sie auf der Stelle heirathen wolle. Der Diener der Dame bittet den König von seinem Vorhaben abzustehen, die Ehre seines Herrn werde darunter leiden und Unheil könne die Folge sein. Trotz allem — der König heirathet sie auf der Stelle. Der Diener zieht zu seinem Herrn, dem *Sipâhsâlâr*, und berichtet ihm Alles. Dieser heuchelt zunächst Unterwerfung, fädelt aber sofort eine Verschwörung ein, in Folge deren der König — mit seiner Frau — aus dem Lande fliehen muss. Die Königin ist guter Hoffnung; an einer Quelle gebärt sie ein Knäblein. Der König beschliesst das Kind dort zu lassen in Gottes Obhut, und flieht mit der Königin weiter. Eine Räuberbande kommt zufällig zu jener Quelle, und der Hauptmann derselben nimmt den Kleinen an Kindesstatt an. Mittlerweile flieht der König zu dem König von Persien, und dieser führt ihn in sein Land und auf seinen Thron zurück, worauf er den *Sipâhsâlâr* tödten lässt. Nach langen Jahren wird die Räuberbande überfallen, viele Räuber gefangen, unter ihnen der Adoptivsohn des Räuberhauptmanns. Wegen seiner Schönheit kauft ihn sich der König. Er steigt schnell in seiner Gunst und wird Schatzmeister, worüber die zehn Vezire, die früher freien Zutritt zum Schatzhaus hatten, erbost sind. Sie beschliessen ihn zu verderben. Der Schatzmeister betrinkt sich nun eines Abends, verliert sich in das Schlafzimmer des Königs und schläft dort ein

[1] Vergl. Nöldeke, *Über die Texte des Buches von den zehn Veziren* u. s. w. in Zeitschr. der DMG. 45. 97 ff.

auf des Königs Bett. Als der König mit seiner Frau zu Bett gehen will, findet er seinen Schatzmeister dort, ergrimmt gewaltig und vermuthet ein Einverständniss zwischen ihm und der Königin. Die Königin betheuert ihre Unschuld, ebenso wie der mittlerweile aufgewachte Schatzmeister. Derselbe wird eingekerkert. Am folgenden Morgen lässt der König seinen Grossvezir kommen, der seinerseits das Feuer nach Kräften schürt. Der Schatzmeister soll hingerichtet werden, ergiebt sich in sein Schicksal, weiss aber durch eine Anspielung auf die Geschichte von einem Kaufmann des Königs Interesse zu erregen. Er erzählt ihm nun 11 Geschichten, die den Hauptinhalt des Buches bilden. Nach Vollendung derselben drängen die Vezire den König, ihn, den Schatzmeister, kreuzigen zu lassen. Als dies geschehen soll, kommt zufällig der Räuberhauptmann, der ihn als sein Kind erzogen, des Weges daher. Er erkundigt sich, was es gebe, und nachdem er den Sachverhalt erfahren, meldet er sich bei dem Könige und theilt ihm mit, dass der Verurtheilte sein eigener Sohn sei. Der König lässt nun die neidischen Vezire, die sein Kind verderben wollten, kreuzigen und freut sich seines wiedergewonnenen Sohnes.

Wie diese Inhaltsangabe erkennen lässt, ist der Titel »Geschichte der zehn Vezire« nicht sehr glücklich gewählt.

Diese Geschichte ist durch Jeremias *Šâmir* 1882 in Mosul aus einer Arabischen Hds. in den Dialekt von *'Ankâwâ* übersetzt. Siehe die Unterschrift Bl. 53[b]. Titel und Anfang Bl. 1[a]:

ܫܥ̈ܝܬܐ ܗ̄ ܥܣܪ̈ܐ
ܫܥ̈ܝܬܐ ܕܘܙܝܪ̈ܐ ܘܡܠܟܐ. ܥܣܪܐ ܐ̄.

ܝܘܡܐ ܟܪ ܡܠܟܐ ܥܡܝܗ ܐܘܪܟܐ ܐܝܠܗ
ܡܢ ܡܕܝܢܬܐ ܕܒܨܪܐ. ܚܘܪܝ ܕܡܠܟܘܬܗ
ܟܡܕܝܢܬܐ ܗܝܡܢ ܐܝܘܐ. ܘܚܘܫܒܗ ܡܢ
ܣܓ ܕܥܝܢ ܝܠ ܠܒܐ. ܘܐܝܬ ܘܠܗ ܐܢܫܐ
ܘܡܕ̈ܝܐ ܡܢܕܪܝܬܐ ܡܠܟܘܬܗ ܘܙܘܠܬܗ
ܘܫܩܠ ܥܩܠܐ ܕܒܬܪܗ ܘܡܠܟܐ ܦܪ ܬܘܢ
ܘܒܙܬܐ ܘܦܐ. ܟܕ ܝܘܡܐ ܐܢ ܦܠܓܠܐ ܠܝܡܐ
ܚܘܠܐ ܠܡܠܟܐ ܕܟܒܐ ܠܫܘܫܬܐ ܘܟܠܝܡܗ
ܐܦܘܬܐ ܕܫܘܦܪܬܐ ܘܐܗܘ ܕܠܬܝܘ. ܘܐܠܐ
ܫܘܒܬܐ ܠܝܪܐ ܡܢ ܐܟܪܝܗ ܘܣܦܪܐ ܕܒܝܬܐ
ܘܠܗ ܝܟܦܐ ܡܘܡܐ ܟܡܪ ܠܫܒܬܐ ܘܫܘܝܪ̈ܐ.
ܘܠܚܠܐ ܡܢ ܕܟܘܬܐ ܕܒܪܘܬܗ. ܚܘܠܐ ܡܠܟܐ
ܡܢ ܐܢܫܘ ܘܡܪܘܠܐ ܠܒܝ ܠܚܠܐ (Bl. 1[b])
ܡܟܘܝܢܐ ܡܢ ܠܡܠܟܐ ܕܫܒܠܐ ܐܟܝ ܝܘܡܐ
ܘܡܢ ܐܢܐ ܠܗ̇ ܘܥܪ

Einleitende Erzählung Bl. 1[a]—11[a]. 1. Geschichte Bl. 11[a] — 2. Bl. 15[a] — 3. Bl. 20[a] — 4. Bl. 24[b] — 5. Bl. 26[b] — 6. Bl. 3?[a] — 7. Bl. 33[b] — 8. Bl. 35[b] — 9. Bl. 40[a] — 10. Bl. 45[a] — 11. Bl. 52[a]. Schluss der Erzählung Bl. 52[b]. Unterschrift Bl. 53[b]:

ترجمته من عربى الى فلاحى لسن عنكاوا انا الفقير
جبرايل ارميا شمير بالاصل من عنكاوا وساكن بالموصل
سنة ١٨٨٢ نسخه التى اخذت منه هذه القصص
كانت مستخنة ومقلوطه وبعض محلات ناقصة لذلك
ارجو العفو عن تقصيرى الخ

Danach war die Arabische Hds., aus der Jeremias diese Geschichten genommen hat, beschmutzt (?), verkratzt und an einigen Stellen unvollständig.

Vollständig vocalisirt und punktirt.

Bl. 53 (14,5 × 9,50 cm), die Seite zu 17 Zeilen.

126.

(Sachau 231.)

Arabisch.

Geschichte der zehn Vezire, dieselbe wie Nr. 125 (S. 230), in Arabischer Sprache, geschrieben von Jeremias. Anfang:

كان ملك يعرف بزادنخت ومنشه من مدينة تعرف بنيمروز وكان سرير ملكه بمدينة سيستان وملكه من حد هندوستان الى البحر وله عشرة وزراء يدبرون ملكه ودولته وينظرون في مصالحه ومملكته والملك كان ذو راى ومعرفة. فخرج يوما الى الصيد فراى خادما على فرس وبيده عنان البغل وهو يقودها وعلى البغل قبه من الديباج المنسوج بالذهب وعليها منطقة مرصعة بالدر والجواهر وجماعة من الفرسان محدقون بها. والملك انفرد من اصحابه وتقدم الى اولئك الجماعة ثم سأل الخادم لمن هذه القبة التي

Einleitende Erzählung Bl. 1—8ᵃ — 1. Geschichte Bl. 8ᵃ — 2. Bl. 11ᵇ — 3. Bl. 16ᵃ — 4. Bl. 20ᵃ — 5. Bl. 21 — 6. Bl. 24ᵇ — 7. Bl. 27ᵃ — 8. Bl. 28ᵇ — 9. Bl. 32ᵃ — 10. Bl. 36ᵃ — 11. Bl. 42ᵃ. Schluss der Erzählung Bl. 42ᵇ—43ᵃ.

Bl. 43 (18 × 11 cm), die Seite zu 15 Zeilen.

127.

(Sachau 164.)

Arabisch und Altsyrisch.

1. Bl. 1—23ᵃ Arabische Übersetzung der zehn Vezire in Nr. 125 von Jeremias, identisch mit der Übersetzung in Nr. 126.

Einleitung Bl. 1ᵃ — 1. Geschichte Bl. 4ᵃ — 2. Bl. 5ᵇ — 3. Bl. 7ᵇ — 4. Bl. 9ᵃ — 5. Bl. 10ᵃ — 6. Bl. 12ᵃ — 7. Bl. 13ᵃ — 8. Bl. 14ᵃ — 9. Bl. 15ᵇ — 10. Bl. 18ᵃ — 11. Bl. 22ᵇ—23ᵃ.

2. Bl. 23ᵃ—29ᵇ Altsyrische Gedichte:

a) Elf Vierzeiler im zwölfsilbigen Metrum Bl. 23ᵃ⁻ᵇ. Anfang:

ܡܢ ܦܘܩܕܢܐ ܕܙܒܢܐ ܐܢܫܐ ܕܡܫܝܚ ܐܬܠ
ܢܫܘܪ ܕܐܣܛܪܐ ܢܫܒ ܒܟܘܟܒܗ ܐܠܝ
ܠܫܘܠܗܝ ܫܡܫ
ܕܡܫܘܡܗ ܡܢ ܠܫܘܠܬܐ ܕܩܕܡ ܒܫܡ
ܡܘܫܐ ܢܒܠ
ܘܐܪܦ ܠܫܠܝܛܐ ܒܠܛܝܐ ܒܐܪܡܠܘ
ܘܫܒܠ.

Vergl. Nr. 131 Bl. 38ᵃ.

b) Bl. 25ᵃ—28ᵇ Gedicht im siebensilbigen Metrum, bestehend aus einer Einleitung und 46 Vierzeilern, eine Sammlung von Räthseln. Anfang:

ܗܘ ܣܒܝܪܐ ܘܦܪܘܫܐ
ܡܫܡܪ ܗܘܐ ܘܡܬܠܡܐ
ܠܒܢܝܗ ܒܫܒܪ ܕܒܫܐ
ܘܡܫܡܪ ܒܢܗ ܦܠܐܬܐ

Herausgegeben von Cardahi, Liber thesauri de arte poetica Syrorum, Rom 1875, S. 89—94. Der Dichter ist Simeon السنقلبرى, der nach Cardahi im Jahre 780 n. Chr. gestorben sein soll. Vergl. Assemani III, 226 Anm. 7. Schlussvers in der Hds.:

ܣܘܝ ܡܪܝ ܐܦ ܠܝ ܒܪܘܗ ܣܘܡܟܐ

Vergl. Cardahi S. 94 V. 9.

Bl. 28ᵇ Arabische Unterschrift von Jeremias, in der er sich erbietet erforderlichen Falls die Räthsel erklären zu wollen, und wegen etwaiger Fehler sich damit entschuldigt, dass seine Vorlage nicht ohne Mängel gewesen sei u. s. w.

c) Bl. 29ᵃ⁺ᵇ Elf vierzeilige Gedichte im zwölfsilbigen Metrum. Anfang:

ܒܠ ܗܝ ܠܒܪܐ ܗܘܠܐܐ ܝܠܕ̈ܝ ܒܫܒܝ ܒܒܪܝ
ܡܠ ܢܦܩܬܐ ܕܒܠܘܗܝ ܝܪ̈ܚܐ ܒܒܘܪ ܢܫܒܘܪܝ
ܘܐܝܟ ܗܩܢܬܐ ܒܝܢܬܗ ܒܗ ܢܫܟܚܪܝ
ܘܒܠܗ ܦܠܓܐ ܐܝܟ ܕܡܫܒܪܐ ܒܗ ܢܫܡܒܪܝ.

Ein Datum ist in dieser Hds. nicht vorhanden; sie ist vermuthlich 1881 oder 1882 geschrieben.

29 Blätter (20 × 7,50 cm), die Seite zu 29—33 Zeilen.

128.

(Sachau 146.)

Fellihi.

16 Erzählungen im Dialekt von *Alḳôš*, an Ort und Stelle aufgezeichnet von einem *Ḳášá Manṣûr* im Februar des Jahres 1880.[1] Titel:

ܕܗܐ ܟܬܒܐ ܕܐܠܗܐ ܡܥܕܪ ܠܟܬܒܐ ܕܟܬܒܐ
ܫ̈ܘܥܝܬܐ ܟܠܝܫܐ ܡܠܝܐ ܗܘܕܝܐ ܚܕ ܗܘܠܐ
ܕܟܬ̈ܒܐ ܘܚܕ ܐܠܩܘܫ ܕܠܫܢܐ ܟܠܗ ܗܘܝ

1. Bl. 2ᵇ ܫܘܥܝܬܐ ܕܨܠܘ ܘܥܒܘ. Geschichte von *Ṣallû* und *ʿAbbû*, den beiden Brüdern.

2. Bl. 6ᵃ ܫܘܥܝܬܐ ܕܓܒܪܐ ܘܒܟܬܐ. Geschichte von einem Mann und einer Frau.

3. Bl. 8ᵇ ܫܘܥܝܬܐ ܕܣܒܬܐ. Geschichte von einer alten Frau.

4. Bl. 10ᵇ ܫܘܥܝܬܐ ܕܓܒܪܐ ܘܒܟܬܐ. Geschichte von einem Mann und einer Frau.

5. Bl. 13ᵃ ܫܘܥܝܬܐ ܕܬܠܬܐ ܐܚܘܢܘܬܐ. Geschichte von drei Brüdern.

6. Bl. 13ᵇ ܫܘܥܝܬܐ ܕܬܠܬܐ ܓܒܪ̈ܐ. Geschichte von drei Männern.

7. Bl. 15ᵇ ܫܘܥܝܬܐ ܕܓܒܪܐ ܘܒܟܬܐ. Geschichte von einem Manne und einer Frau.

8. Bl. 25ᵃ ܫܘܥܝܬܐ ܕܓܒܪܐ ܘܒܟܬܐ. Geschichte von einem Manne und einer Frau.

9. Bl. 29ᵃ ܫܘܥܝܬܐ ܕܚܕܐ ܒܟܬܐ ܘܒܪܘܗ̇. Geschichte von einer Frau und ihrem Sohne.

10. Bl. 35ᵃ ܫܘܥܝܬܐ ܕܓܒܪܐ ܘܒܟܬܐ. Geschichte von einem Manne und einer Frau.

11. Bl. 42ᵇ ܫܘܥܝܬܐ ܕܚܕ ܒܪܘܢܐ. Geschichte von einem Sohne.

12. Bl. 49ᵃ ܫܘܥܝܬܐ ܕܐܚܘܢܐ ܘܚܬܐ. Geschichte von einem Bruder und einer Schwester.

13. Bl. 63ᵃ ܫܘܥܝܬܐ ܕܣܘܠܛܢܐ ܘܘܙܝܪܗ. Geschichte von einem Sultan und seinem Minister.

14. Bl. 77ᵃ ܫܘܥܝܬܐ ܕܐܚܘܢܐ ܘܚܬܐ. Geschichte von einem Bruder und einer Schwester.

15. Bl. 85ᵃ ܫܘܥܝܬܐ ܕܓܘܚܝ. Geschichte von einem Manne des Namens *Ǵúḥi*.

16. Bl. 90ᵃ ܫܘܥܝܬܐ ܕܚܕܐ ܒܟܬܐ ܘܒܪܘܗ̇. Geschichte von einer Frau und ihrem Sohne.

17. Bl. 95ᵃ ܫܘܥܝܬܐ ܕܚܕ ܓܒܪܐ ܕܡܚܝܒ. Geschichte von einem Schuldner.

Unterschrift Bl. 100ᵇ:

ܟܬܝܒܐ ܟܬܘܒܬܐ ܒܐܠܩܘܫ ܒܐܝܕܐ ܕܩܫܐ ܡܢܨܘܪ
ܨܘܪܐ ܟܠܕܝܐ ܐܠܩܘܫܝܐ ܡܫܝܚܝܐ ܐܘܢܓܠܝܐ
ܫܢܬ ܐܦܦ ܝܕ ܒܫܒܛ

»Geschrieben in *Alḳôš* durch *Ḳdšá Manṣûr Sôrá* den Chaldäer, gebürtig aus *Alḳôš*, evangelischen Christen, im Jahr 1880 den 14. *Šebâṭ* (Februar).«

Vollständig vocalisirt und punktirt, vortrefflich geschrieben.

100 Blätter (18,7 × 11,2 cm), die Seite zu 15 Zeilen.

---

[1] Übersetzt von M. Lidzbarski in Semitischen Studien, Weimar 1895 Heft 7. 8 S. 175 ff.

129.

(Sachau 148.)

Fellihi.

Dieselben 17 Erzählungen im Dialekt von *Alkôš* wie in der vorhergehenden Handschrift Nr. 128, hier aber mit einer Neuarabischen Übersetzung versehen. Beides, der *Fellihi*-Text (rechte Columne) und Arabische Übersetzung (linke Columne), geschrieben von demselben *Ķâšâ Manṣûr* in *Alkôš*.

1. Geschichte Bl. 3ª — 2. Bl. 6ᵇ — 3. Bl. 9ª — 4. Bl. 10ª — 5. Bl. 12ª — 6. Bl. 13ª — 7. Bl. 14ª — 8. Bl. 22ᵇ — 9. Bl. 25ᵇ — 10. Bl. 31ª — 11. Bl. 37ᵇ — 12. Bl. 43ᵇ — 13. Bl. 54ᵇ — 14. Bl. 66ᵇ — 15. Bl. 73ᵇ — 16. Bl. 77ᵇ — 17. Bl. 82ª.

Der Anfang der ersten Geschichte ist aus Versehen zweimal geschrieben, auf Bl. 1ª und 3ª.

Unterschrift Bl. 86ᵇ:

ܫܠܡ ܟܬܒܐ ܒܐܠܩܘܫ ܒܐܝܕܐ ܕܩܫܝܫܐ ܡܢܨܘܪ
ܣܘܪܘ ܟܠܕܝܐ ܢܣܛܘܪܝܢܝܐ ܡܢ ܐܠܩܘܫ ܒܫ
ܒܬܫܪܝܢ ܩܕܝܡ

»Geschrieben in *Alkôš* durch *Ķâšâ Manṣûr Sôrû*[1], Nestorianer aus *Alkôš*, im Jahre 1882 den 14. *Tišrîn* I. (October).«

Der *Fellihi*-Text vollständig vocalisirt und punktirt.

86 Blätter (23 × 17,5 cm), die Seite zu 20—21 Zeilen.

[1] Er nennt sich in der Arabischen Unterschrift منصور سورو الكلداني. Dadurch wird die Deutung von ܣܘܪܘ ܟܠܕܝܐ = *Siro-Caldeo* ausgeschlossen. Vielleicht ist ܣܘܪܘ = ܡܣܝܒܣ.

130.

(Sachau 147.)

Neuarabisch.

Dieselben 17 Erzählungen wie in den beiden vorhergehenden Handschriften Nr. 129 und 128 in einer Neuarabischen Übersetzung, verfasst und geschrieben in Mosul von Jeremias Schamir im Jahre 1882. Überschrift:

الان بعون الله نبدى لنكتب بعض قصص بلسان
كلداني فليحي لاجل تسلية القاريين ولاجل تعليم
اللسان في السهولة

1. Geschichte Bl. 1ª — 2. Bl. 5ᵇ — 3. Bl. 8ª — 4. Bl. 10ª — 5. Bl. 12ᵇ — 6. Bl. 13ª — 7. Bl. 15ª — 8. Bl. 24ᵇ — 9. Bl. 29ᵇ — 10. Bl. 35ᵇ — 11. Bl. 43ª — 12. Bl. 50ª — 13. Bl. 63ᵇ — 14. Bl. 77ᵇ — 15. Bl. 85ᵇ — 16. Bl. 90ᵇ — 17. Bl. 95ᵇ.

Unterschrift Bl. 101ª:

تم بشهر حزيران ١٩ سنه ١٨٨٢ بالموصل

»Vollendet im Jahre 1882 den 19. *Ḥazîrân* (Juni) in Mosul.«

Bl. 101ᵇ:

قد ترجمت هذا كتاب القصص اعني الحكايات الازقيه
اعني تنحكى في الازقق والاسواق وما هي مقبوله معتبره
وفيها بعض اشياء ضد الاداب: لكن بسبب الاصل يكون
مطابق للترجمة وجهه بوجهه: سطر بسطر ترجمتها
على قدر ما يمكن ولو كنت اقدر اغير وابدل عباره
او كلام لكن بسبب الذى يريد صاحبها هاكذا
طاعة لامره: ارجو عدم المواخذه وبقي الدعا والسلام
ܠܡܬܪܓܡܢܐ ܐܪܡܝܐ ܫܡܝܪ ܡܘܨܠܝ

»Ich habe dies Geschichtenbuch übersetzt, diese Gassengeschichten, ich meine Geschichten, die auf den Gassen und Plätzen erzählt werden, obwohl sie nicht gesellschaftsfähig und angesehen sind und einige unschickliche Dinge darin vorkommen. Jedoch weil das Original so ist, stimmt die Übersetzung genau mit ihm überein. Ich habe sie (die Geschichten) Zeile für Zeile übersetzt, so gut es ging, obwohl ich im Stande gewesen wäre hier und da ein Wort oder einen Satz zu ändern und durch einen anderen zu ersetzen. Weil aber der Besitzer dieser Geschichten es so wünscht, habe ich seinem Befehl entsprochen und hoffe, dass es ihm so recht sein wird. u. s. w.

Am Rande sind gelegentlich erklärende Wörter von dem Übersetzer hinzugefügt.

101 Blätter (18,5 × 12 und von Bl. 65 an 18 × 11 cm), die Seite zu 15 Zeilen.

131.

(Sachau 145.)

Fellīḥī.

Eine Sammlung von 58 kleinen volksthümlichen Erzählungen, Anekdoten, geschrieben von Jeremias im Dialekt von *'Ankāwā* في لغة اهل عنكاوا in Mosul im Jahre 1880. Er giebt nicht an, ob er eine schriftliche Quelle benutzt hat.[1] Als Probe mögen zwei Geschichten, nr. 1 und nr. 29, dienen.

Bl. 1ᵃ Geschichte 1:

ܐܝܬ ܗܘܐ ܚܐ ܢܫܐ ܟܒܝܪܐ ܒܙܕܥܬܐ ܘܐ ܡܢ
ܐܪܝܐ ܘܟܘܕܝܘܐ ܒܛܫܝܬܐ ܛܦܝܩܠܗ ܒܗ ܕܐܒܐ
ܪܝܩܠܗ ܕܚܙܐ ܚܐ ܕܘܟܐ ܕܚܠܝܨ ܟܕ ܢܦܠܠܗܝ
ܐܝܢܗ ܠܗܐ ܡܬܐ ܩܪܝܒܬܐ ܡܪܪܐ ܒܐܙܝܢ ܐܠܗ
ܘܟܕ ܡܛܠܗ ܩܪܝܒܘܐ ܠܡܬܐ ܐܝܬܘܐ ܪܥܘܠܐ
ܕܡܝܐ ܕܠܐ ܓܫܪܐ ܠܐ ܘܥܠܠܗ ܒܗ ܕܦܐܥܝܬ ܓܘܐ
ܒܕܕܡ ܟܕ ܚܙܠܗ ܩܪܝܒܘܐ ܐܠܗ ܕܐܒܐ ܡܚܝܠܘܬܐ
ܕܓܢܗ ܡܘܢܓܠܐ ܓܘܝܕ ܪܥܘܠܐ ܘܠܐ ܟܝܘܠܕܘܐ
ܨܗܝܐ ܒܕܕܡ ܐܝܡܢ ܕܚܙܠܗܘܢ ܗܢܟܐ ܢܫܐ ܕܡܬܐ
ܥܪܝܩܠܗܘܢ ܡܛܠܗܘܢ ܟܡ ܡܦܠܛܠܗ ܩܪܝܒܘܐ
ܠܡܬܐ ܟܕ ܗܢܟܐ ܕܐܥܪܐ ܒܗ ܓܝܢܐ ܐܡܪ
ܐܙܝܢ ܠܗܐ ܒܝܬܐ ܩܪܝܒܘܐ ܠܡܬܐ ܐܝܡܢ ܕܐܙܠܠܗ
ܚܙܠܗ ܒܐܘ ܒܝܬܐ ܬܠܬܐ ܡܫܠܚܢܐ ܛܘܐ
ܡܦܠܘܥܐ ܡܢܕܝ ܕܚܐ ܒܐܙܪܓܢ ܕܡܫܠܘܠܗܘܐܠܗܘܢ
ܡܩܡܬܐ ܘܕܩܛܠܠܗ ܗܡ ܐܘܢ ܟܕ
ܚܙܠܗ ܗܕܟ ܥܪܝܩܠܗ ܠܓܒܕ ܡܬܐ ܡܛܠܗ
ܠܗܐ ܕܘܟܬܐ ܟܡ ܚܐ ܓܘܕܐ ܥܬܝܩܐ
ܣܒܒ ܕܝܗܝܐ ܘܐ ܣܢܝܕܠܗ ܠܓܘܕܐ
ܕܢܐܥܝܗ ܗܢܟܐ ܢܦܠܠܗ ܐܘ ܓܘܕܐ ܐܠܠܗ ܘܟܡ
ܩܛܠܠܗ ܗܕܟ ܠܐ ܚܠܝܨܠܗ ܒܟܠ ܛܪܙ
ܕܝܘܝܕܠܗ

Transscription:

ith-wā ḥā nášā kabbīrā bizdā'ā wā min árjā wkudīwā bṭaššōjē ṭpíklē bē dēwā riklē dḥāzē ḥā dūkā dḥālis. kud npillun ainē lḥā máthā karrūtā mirrē: bázzin illā. wkad mṭēlē karīwā elmāthā īthwā rā'ōlā dmájjā dlā gišrā lā wēlē bē dpā'it gāwā. baddām kud ḥzēlē karrīwā illē dēwā mḥiljūthā dgánē mundjālē gāwid rā'ōlā wlā kjauldēwā ṣhājā. baddām iman diḥzēlun hanča nāšē dmāthā 'riklun mṭēlun kam mpalṭilē karrīwā lemōthā. kud ḥanča de'irrā bē gjānā āmir āzin lḥā bēthā karrīwā elmāthā. iman dizillē ḥzēlē b'ō bēthā ṭlāthā mašilḥānē ṭīwē mpallō'ē mindī dḥā bāzirgān dimšūluḥwālun mkāmēthā widkaṭlīlē. ham āwun kad ḥzēlē hādakh 'riklē elgēbad māthā mṭēlē lḥā dūkthā kam ḥā gūdā 'attīkā. sabbab dgihjā wā snidlē lgūdā dnā'iḥ hanča npillē ō gūdā illē wkam kattillē hādakh lā ḥlisle bkul tarz di'widlē.

Übersetzung:

Es war einmal ein Mann, der sich sehr fürchtete vor dem Löwen. Als er sich versteckte, begegnete ihm ein Wolf, worauf er davonlief sich einen Ort der Rettung zu suchen. Als seine Augen auf ein nahegelegenes Dorf fielen, sprach er: »Zu dem gehe ich.« Als er in die Nähe des Dorfes kam, fand er dort

[1] Einige dieser Geschichten übersetzt von Lidzbarski a. a. O. S. 140 ff.

einen Gebirgsbach, der keine Brücke hatte, so dass er nicht hinüber konnte. Da er aber den Wolf in seiner Nähe erblickte, stürzte er sich um des süssen Lebens willen in den Bach, ohne schwimmen zu können. Als aber einige von den Leuten des Dorfes dies sahen, kamen sie herzugerannt und zogen ihn halbtodt aus dem Wasser. Als er sich ein wenig erholt hatte, sprach er: »Ich will nach einem Hause in der Nähe des Dorfes gehen.« Als er hinging, sah er in jenem Hause drei Räuber sitzen, die sich das Gut eines Kaufmanns theilten, den sie kurz vorher ausgeraubt und getödtet hatten. Als er jene also erblickte, rannte er davon in die Nähe des Hauses und kam dort zu einer Stelle vor einer alten Mauer. Da er nun ermüdet war, lehnte er sich gegen die Mauer, um ein wenig zu ruhen. Da fiel die Mauer auf ihn und tödtete ihn. So kam es, dass er sich auf keine Weise, wie er es auch anstellen mochte, retten konnte.

Bl. 19ᵇ Geschichte 29 ܫܥܝܐ:

ܐܝܬܘܐ ܬܠܬܐ ܓܢܒ̈ܐ ܚܘܪ̈ܘܬܐ ܟܘܕ ܓܢܘܒܠܘܗܝ
ܡܢܕܝ ܟܒܝܪܐ ܘܐܙܠܠܘܗܝ ܠܗܐ ܕܘܟܬܐ ܬܢܗܝ
ܕܡܦܠܓܝ ܐܘ ܡܢܕܝ ܒܝܢܬܘ. ܐܝܓܐ ܪ̈ܫܝܠܘܗܝ
ܒܟܦܢܐ ܙܪܒܢܐ ܡܫܘܕܪܘܗܝ ܚܐ ܚܘܪ̈ܝ ܠܡܕܝܢܬܐ
ܕܙܒܢ ܡܐܟܘܠܬܐ ܘܟܕ ܐܘ ܒܐܙܠܐ ܚܫܘܠܐ
ܒܠܒܒܗ ܕܡܣܡ ܠܡܐܟܘܠܬܐ ܕܐܟܠܝ ܐܢܝ
ܚܘܪ̈ܘܬܗ ܘܡܝܬܝ ܘܦܐܫ ܟܠ ܐܘ ܡܢܕܝ
ܛܠܗ ܠܚܘܕܗ ܘܥܒܕ ܗܕܟ. ܘܚܘܪ̈ܘܬܗ
ܚܫܘܠܘܗܝ ܐܝܓܐ ܕܐܬܐ ܩܛܠܝܠܗ ܘܡܢܕܝ ܦܐܫ
ܬܐ ܕܬܪ̈ܘܝ. ܒܥܕܢܐ ܕܡܛܐܠܗ ܚܘܪ̈ܝ ܩܛܠܠܘܗܝ
ܘܒܬܪ ܕܝܗ ܗܡ ܐܢܝ ܐܟܠܠܘܗܝ ܡܢ ܐܝ ܡܐܟܘܠܬܐ
ܣܡܡܢܬܐ ܡܝܬܠܘܗܝ ܗܕܟ ܬܠܬܗܘܢܬܘܢ ܦܝܫܠܘܗܝ
ܚܪ̈ܝܡܐ ܡܢ ܟܠ ܐܘ ܡܢܕܝ ܕܝܘܐ ܒܐܨܠܗ ܚܪܡ.

Transscription:

ithwā ṭlāthā gannāwē ḥorwāthā. kud gnūlun mindī kabbīrā wizillun lḥā dukthā tanhāi dimpāl'ī ō mindī bēnāthū aigā rē'išlun bkifnā zarbānā mšuddērun ḥā ḥōrai limdītā dzāwin meḫultā. wkud āu bīzālā ḥšūlē blibbē dmassim lmēḥultā d'aḥlī ānī ḥorwāthū umēthī upā'iš kul ō mindī ṭālē lḥōdē wi'wid hādaḫ. wḥorwāthē ḥšūlun aigā d'āthē ḳaṭlīlē umindī pā'iš tā dētirwai. bē'iddānā dimṭēlē ḥōrai ḳṭillun ubāthir diḫ ham ānī ḫillun min āi mēḫultā sammantā mithlun hādaḫ ṭlāthuntun pišlun ḥrīmē min kul ō mindī dīwā bē'aṣlū ḥarrām.

Übersetzung:

»Es gab einmal drei Spitzbuben, Compagnons. Als sie einmal grosses Gut gestohlen hatten und nach einem einsamen Ort gegangen waren, um dasselbe unter sich zu theilen, da erwachte in ihnen ein heftiger Hunger und sie schickten einen von ihnen in die Stadt, Lebensmittel zu kaufen. Als dieser nun ging, dachte er bei sich die Speise zu vergiften, damit seine Kameraden sie ässen und stürben und jener ganze Besitz ihm allein verbliebe. Und so that er. Mittlerweile dachten seine Kameraden, dass sie ihn, wenn er komme, tödten wollten, damit der Besitz ihnen zu zweien verbliebe. Als ihr Kamerad kam, tödteten sie ihn, und darauf assen nun diese von der vergifteten Speise und starben. So starben alle drei und wurden beraubt aller jener Habe, die von Anfang an ihnen nicht zukam.«

Nachschrift Bl. 38ᵃ:

ܫܘܠܡ ܐܝܟ ܨܒܝܢܗ ܕܐܠܗܐ ܒܝܕ ܥܒܕܐ
ܚܛܝܐ ܕܝܘܐܠ ܐܝܟ ܡܠܟܝܐ ܡܫܡܫܢܐ
ܕܡܟܬܒ ܗܘܐ ܒܫܢܬ ܐܦܦ.

Dasselbe in Arabisch. Danach zwei vierzeilige Altsyrische Strophen im Dodekasyllabum. Anfang der ersten Strophe:

ܒܥܕܢܐ ܗܘ ܕܠܒܫܐ ܘܡܬܬܢܝܚܐ ܕܒܗ ܐܠܗܐ

Anfang der zweiten Strophe:

ܡܢ ܦܩܘܕܐ ܕܙܘܥܐ ܐܝܟܐ ܕܟܠܒܐ ܐܟܠ

Vergl. Nr. 127 Bl. 23ᵃ.

Zum Schluss *Fellihi*:

ܟܡܪܓܝܢ ܡܢܢܘܟ ܝܐ ܪܒܝ ܥܙܝܙܐ ܟܡܐ ܕܩܪܝܬ
ܒܐܢܝ ܘܪܩܝ ܬܚܪܬܬܝ ܘܠܐ ܡܢܫܬܬܝ

d. i. *kmarǧin minnuḫ jā rābī 'azzīzā kmā dḳārit b'ānī warāḳḳī taḫritti wlā manšitti.* »Ich hoffe von Dir, o geehrter Herr, dass, wenn Du in diesen Blättern liesest, Du Dich meiner erinnerst und mich nicht vergissest.«

Vollständig vocalisirt und punktirt (mit rother Tinte).

38 Blätter (19 × 13,5 cm), die Seite zu 19 Zeilen.

— —

132.

(Sachau 136.)

Arabisch.

Übersetzung der 58 *Fellihi*-Geschichten in Nr. 131, geschrieben von Jeremias in Mosul 1881 April. Bl. 1b Geschichte 1.

كان رجل واحد كثير يخف من السباع فلما كان
يختفى صادفه الذيب فهرب ليرا فرد مكان لينجو
فلما وقع نظره لقرية واحدة قريبة قال اروح اليها
فلما وصل قريب لقرية كان واد وفيه ماء من غير جسر
ما قدر ليعبر فيه اذًا لما راى اقترب اليه الذيب من
حلاوة الروح القا نفسه فى الواد وما كان يعرف سبح
لذلك راوا بعض اناس من القرية ركضوا وصلوا فلما
اخرجوه وهو قريب للموت فلما رجعت نفسه فيه قال
اروح لفرد بيت كان قريبا للقرية فلما راح راى فى
ذلك البيت ثلاثة لصوص جالسين يقسمون شى
واحد تاجر الذى كان شلحوه اولًا ليقتلوه هو ايضا
لما راى هاكذا هرب غب قرية وصل لمكان واحد
امام فرد حايط عتيق لانه كان نقصان اتكى فى
الحايط ليستريح قليل وقع ذاك الحايط اليه وقتله
هاكذا ما خلص بكل نوع الذى صنع

Bl. 19a Geschichte 29:

كان ثلاثة لصوص رفقاء سرقوا مالا كثيرا وذهبوا الى
مكان منفرد ليقسموا المال بينهم ثم حسوا فى جوع
شديد لذلك ارسلوا واحد من رفقايهم الى المدينة
ليبتاع لهم طعاما ولما كان رايح افتكر فى قلبه بان
يسم الطعام لياكلوا رفقاه ويموتوا ويبقى المال كله له
وحده وصنع كذلك ورفقايه افتكروا لما يجى يقتلوا
والمال يقسمون بينهم اثنينهم فقط فلما وصل حالا
قتلوه رفيقهم (!) وثم اكلوا هم ايضا طعام مسموم وماتوا
هاكذا ان ثلاثتهم صاروا محرومين من كل ذاك الشى
الذى كان باصله باوله حرام.

Bl. 37b Nachschrift von Jeremias:

ترجمت هذه الحكايات ليس كمثل قواعد صرف ونحو
لغة العربية بل كلام مجمّع ومجنّس حتى يوافق
الوجه والسطر يكون تجد ما تريد بالسهولة ارجو
عدم المواخذة لانى خطى هو ضعيف ووجودى ايضا
ضعيف ومع ذلك بفرح ورضا ترجمته واطلب من
الله الخ سنة ١٨٨١ شهر نيسان عرق ٢١ فى الموصل
جبرايل ارميا شامير

Danach ist diese Übersetzung vollendet den 21. April 1881.

37 Blätter (18 × 11,5 cm), die Seite zu 18—19 Zeilen.

— — —

133.

(Sachau 200.)

Fellihi (Kurdisch, Arabisch).

Sammelband, geschrieben von Jeremias *Šâmir* zu Mosul 1883, Materialien für das Studium des *Fellihi* und Kurdisch, Geschichten, Mittheilungen über Jeziden und die Nestorianer.

Inhalt:

1. Bl. 1—33ª Übersetzung der Paradigmen, Wörtersammlungen, Gespräche und Erzählungen in Faris El-Shidiac, A practical grammar of the Arabic language, London 1856, in das *Fellihi* (Dialekt von *'Ankâwa*) und das Kurdische (Dialekt von *Hakkâri*). Jede Seite hat drei Columnen: Arabisch, Syrisch, Kurdisch. Paradigmen und Wörtersammlungen Bl. 11—16ᵇ. Gespräche Bl. 16ᵇ—28ª. Zwei Erzählungen (Faris El-Shidiac S. 49—62) Bl. 28ᵇ—33ª. Unterschriften des Übersetzers Jeremias auf Bl. 28ᵇ. 29ª. 32ᵇ und 33ª.

2. Bl. 33ᵇ—37ª Abschrift eines Schutzbriefes für die Christen, den angeblich Muhammed am Montag den 5. *Rabi'* II. des Jahres 4 der *Hiğra* dem *Mu'âwija* dictirt haben soll. Anfang:

بسم الله الرحمن الرحيم. هذا الكتاب العزيز امر
بكتبه اخير خلق الله محمد رسول الله صلعم الى
الناس كافة بشيرا ونذيرا على وديعة الله فى خلقه
ليكون حجة الله على الناس لئلا يكون للناس على
الله حجة بعد الرسل وكان الله عزيزا حكيما كتبه الى
الحارثا بن كعب عهدا وميثاق من الله ورسول الله
لاهل ملة المسيحية فى مشرق الارض ومغربها وفصيحها
وعجميها وقريبها وبعدها وعرفها وجاهلها يعلمون بان
هذا الكتاب الخ

Am Ende Bl. 36ᵇ die Unterschriften der Genossen Muhammed's, *Abû Bekr* u. s. w. Notiz von Jeremias Bl. 37ª:

ܟܬܘܠܗ ܐܢܝ ܡܢ ܐܝܟܐ ܥܬܝܩܬܐ ܕܓܘܕܘܬܐ
ܠܓܠܕܐ ܕܛܒܝܐ ܗ̄ ܛܘܠܐ ܡܫܠܡܢܐ
ܡܩܒܠܝ̈ ܡܚܒܠܓܠܝ ܐܠܐ ܠܐܒܕܘܠܐ.
ܘܟܠܝܒ ܕܙܒܢܝ ܐܢܝ ܐܝܟܐ ܠܡܘܫܠܡܢܘܬܗ̇
ܒܬܪ ܟܬܘܠܗ ܦܘܪܫܐ ܐܢܝ ܡܠܟܗ ܡܢܗ
ܟܡܫܡܫܬܐ.

•Ich habe dies aus einer alten Hds. abgeschrieben, die auf Pergament, Gazellenhaut, geschrieben ist. Die Muhammedaner nehmen die Schrift an, führen sie aber nicht aus. Ich wünschte die Hds. zu kaufen, sie wurde mir aber nicht verkauft. Ich habe daher diese vollständige Copie aus derselben gemacht.•

3. Bl. 37ª—39ª Arabisch geschriebene Eingabe عرضحال der Jeziden in *Dâsen* an die Türkische Regierung, in der sie in 14 Sätzen die Gründe darlegen, warum es ihnen nicht möglich sei als Soldaten in der regulären Türkischen Armee zu dienen. Dazu folgende Einleitung von Jeremias:

ܒܙܒܢܐ ܕܣܘܠܛܢܐ عبد العزيز سنة ١٢٨٩ ܡܫܕܪܗ̇
ܡܚܡܕ ܛܗܪܒܓ ܡܝܪ ܐܠܝ ܐܪܟܢ الحرب
ܡܢ ܐܣܛܢܒܘܠ ܠܡܘܨܠ ܕܢܦܩ ܥܣܟܪ
ܢܘܙܡ ܡܢ ܕܐܣܢܝ̈ܐ ܗ̄ يزيدية ملة نحو ١٥ الف
نفس ذكور بأطراف الموصل. ܘܡܢ ܒܬܪ ܡܫܘܕܪܐ
ܡܬܟܢܫܝ ܓܒܪ̈ܐ ܘܡܝܩܪ̈ܐ ܠܓܒܗ
ܠܡܘܨܠ ܘܩܪܝܠܗ̇ ܩܕܡ ܦܪܡܢ ܐܢܘܢ
ܒܥܝܠܗܘܢ ܡܘܗܠܬ ܥܣܪܐ ܝܘܡ̈ܢ. ܘܒܬܪ
ܥܣܪܐ ܝܘܡ̈ܢ ܡܘܒܠܝ ܒܓܠܗ ܥܪܘܙܚܠ
ܕܟܬܝܒܘܬܐ ܠܗ̇ ܗܕܟ.

•Zur Zeit des Sultans *'Abdul'aziz* im Jahre 1289 (1872/73) schickte derselbe den Oberst Muhammed Tahir Bey von Stambul nach Mosul mit dem Auftrage, für die reguläre Armee unter den Dasenäern d. i. Jeziden der Umgegend von Mosul 15000 Mann auszuheben. Und nachdem dieser Botschaft geschickt, versammelten sich die Männer und Angesehensten (?) nach Mosul. Dieser Ferman wurde ihnen vorgelesen, sie aber baten um 10 Tage Aufschub.• Nach 10 Tagen brachten sie dem Tahir Bey eine Eingabe, in der geschrieben war, wie folgt:

ܐܢܚܢ ܟܠܢ ܕܕܐܣܢܝ̈ܐ ܐܝܟ ܒܪ̈ܢܫ ܠܟܡ
ܘܠܒܝܬܐ ܕܡܠܟܘܬܐ ܥܣܟܪ ܢܘܙܡ ܠܐ ܥܒܕܝ
ܘܕܐ ܡܛܠ ܢܟ̈ܐ ܐܝܟ ܫܘܕܝܐ ܘܗܘܕܐܝܬܐ.
ܘܐܝܟ ܫܪ̈ܟܐ ܟܬܒ̈ܐ ܕܡܫܝܚܝ̈ܐ ܡܟܪܡ
ܥܡܠܐ ܘܗܘܐ ܕܥܒܕܝ ܐܪܒܥܣܪ ܡܠܝ̈ܢ.

Wir, die Religionsgenossenschaft der Dasenäer, können nach unserer Religion مذهب unmöglich reguläre Soldaten werden, sondern wir wollen Geld geben anstatt der Leute, wie die Syrer und Juden thun. Es giebt gewichtige Gründe, die uns eine solche Beschäftigung unmöglich machen, von denen wir 14 hier verzeichnen.

البند الاول

بحسب ديانتنا اليزيدية لازم على كل فرد من طايفتنا صغير وكبير وامرأة وبنة في كل سنة ثلاثة مراة يعنى اولا من ابتداء شهر نيسان الرومى الى آخره وثانيا من ابتداء شهر ايلول الى اخره وثالثا من ابتداء شهر تشرين الثاني (Bl. 37ᵃ) الى اخره اذا لم يزر شكل طاوس الملك جل شانه يكفر

Auf Bl. 39ᵃ folgen die Unterschriften der Oberhäupter der Jeziden, das weltliche Oberhaupt *Husain*, der Emir von *Šaikhân*; das geistige Oberhaupt in der Gegend von *Šaikhân*, Scheich *Nâṣir* und dann die Dorfältesten (مختار) von den Ortschaften بيبان, حتاره, موسكان, مام رشان, كرى عين, خوشابا, باعشيقه, باقصره, حوزران, دهكان, كبرتو, قصر عز الدين, عين سفنى, سبنا, كبارة.

4. Bl. 39ᵇ—42ᵃ Arabisch: Auszüge aus der Chronik von Mosul, منهل الاولياء, von *Muhammad 'Amin Ibn Khair-Allâh*, betreffend die Jeziden, ihre Lehren und Gebräuche, ihre Lehrer, namentlich Scheich *'Adi*. Diese Chronik vorhanden in Nr. 329.

5. Bl. 42ᵇ—43ᵇ Altsyrisch: Einige Auszüge aus dem Buch der Erzählungen ܟܬܒܐ ܕܬܢܝܐ ܡܓܚܟܢܐ von Barhebraeus. Anfang:

ܣܓܝ ܡܢ ܦܘܡܝ ܕܡܬܦܫܝܢ ܣܘܟܠܐ ܘܠܐ
ܗܘܐ ܡܢ ܗܢܘܢ ܠܚܕܐ. ܐܡܝܪܐ ܠܗ
ܕܐܡܪ ܗܠܝܢ ܦܬܓܡܐ ܣܘܟܠܐ ܐܝܟ ܗܘܦܟܐ ܠܐ.
ܠܡܢܐ ܡܟܝܠ ܐܝܬ ܡܢ ܕܡܬܦܫ. ܗܘ ܕܡ
ܦܫ ܕܗܠܝܢ ܡܠܬܗܝܢ ܠܐ ܢܬܗܢܐ ܠܗܘܢ
ܕܡܬܦܫܝܢ ܥܠ ܗܘܐ ܠܐ ܫܘܝܢ ܣܘܟܠܐ
ܘܠܐ ܗܘܐ ܠܗ ܦܘܠܚܢܐ.

Letzte Geschichte die von dem Chalifen Mutawakkil und seinem Arzte *Bukhtišô'*.

6. Bl. 44ᵃ—47ᵃ Kurdisches Gedicht mit Arabischer Interlinearversion, anfangend:

ܪܫܐ ܫܡܐ ܟܝܦ ܓܓܝܐ

راس اسم جبل عريض فرد مكان

Es bezieht sich (s. Arabische Notiz von Jeremias auf Bl. 47ᵃ) auf die Geschichte eines Kurden كنج خليل, der eine *Fâṭime* liebte und sie aus Syrien nach der Gegend von Van entführte. Er ging auf den Berg *Sipân*, d. i. *Šiğân Dâgh* oder *Ak-Dâgh*, um einen Bergstier ثور الجبل oder Bergbock تيس الجبل (Steinbock?) zu erlegen; er schoss, tödtete aber den Bock nicht, sondern verwundete ihn nur; das Thier griff den Jäger an, und mit einander kämpfend stürzen beide in den Abgrund.

Das Gedicht ist hier nicht vollständig gegeben. Schlusszeilen:

ܦܪܡܢ ܗܬܐ ܠܣܪܐ ܐܝܪܐܢ

امر جاء لراس ايران

ܘܝܠܘ ܘܝܠܘ ܗܘܬܐ ܗܘܬܐ

الويل الويل هناك هناك

Vergl. Nr. 134 nr. I.

7. Bl. 47ᵇ—58ᵃ *Fellîḥi*: 92 Lieder im Dialekt von *Telkêf* mit Arabischer Linearversion, bestehend aus 3, 4 und mehr Zeilen, die alle denselben Reim haben: volksthümliche Lieder, gesungen bei Hochzeiten, Tanzgelegenheiten und Gelagen. S. die Ausgabe von Socin, Die Neu-Aramäischen Dialekte S. 127—143. Anfang:

1. ܒܬܪ ܚܝܛܠܝ ܥܒܪܬܐ

وراء حايطلي عبرة

ܩܠܐ ܕܕܘܩܐ ܫܡܥܬܐ

صوت دقي استمعت

ܢܘܥ ܒܢܦܫܟ ܕܥܫܩܬܐ

نوع بنفسج عشقتها احبتها

Vergl. Socin nr. 9.

2. ܐܗܘ ܚܘܝܕ ܕܡܕܝܢܬܐ
ܚܒܝܒܬܗ ܠܦܠܓܐ ܠܡܕܝܢܬܐ
ܒܚܢܬܐ ܘܠܒܗ ܦܫܬܐ

Vergl. Socin nr. 10.

3. ܒܚܢܬܐ ܗܘ ܡܢܚܘܬܐ
ܗܦܟܠܗ ܦܡܕܝ ܓܠܘܬܐ
ܠܒܒܗ ܢܕܗܘ ܡܦܫܘܬܐ

Vergl. Socin nr. 10 v. 4. 5.

Arabische Schlussbemerkung von Jeremias auf Bl. 58ᵃ. Randbemerkung von demselben: هذه (d. h. diese Gedichte) موجوده في الكتاب الذي فيه قصة احيقار الخ. Dieselbe Sammlung in Nr. 134 nr. II.

8. Bl. 58ᵇ—63ᵇ Arabisch:

قصة قهرامانة وترجمانتها وشاب ابن الملك

Geschichte von der Duenna, ihrer Übersetzerin und einem jungen Prinzen. Anfang:

بفرد مدينة كان فرد ملك عظيم ذو صيت وصاحب الاعتبار كثير وذو ثروة اكثر من جميع الذين كانوا في المدينة واسم تلك المدينة طهران في بلد الفرس فلما صار زمان طويل وما ولد له ابن فطلب من الله ليعطيه فرد ابن شفق الله عليه وسمع صوته وعطاه ابن وفرح كثير جدا الخ

Nach der Schlussnotiz von Jeremias auf Bl. 63ᵇ hat er diese Geschichte aus dem *Fellîḥî* übersetzt:

ܡܬܪܓܡܠܗ ܐܢܝ ܫܘܚܬܐ ܕܟܬܒܢܐ ܕܡܠܟܐ ܡܢ ܦܠܚܝ ܗ̄ ܠܥܪܒ ܕܫܢܬ ܠܡܪܝ ܗܡ ܡܓܠܬ ܐܡܝܢ

Der *Fellîḥî*-Text in Nr. 134 nr. VII.

9. Bl. 63ᵇ—66ᵃ Arabisch: Mittheilungen von Jeremias über die Nestorianer, besonders die Berg-Nestorianer, ihre Geschichte und gegenwärtigen Verhältnisse. Titel und Anfang:

ܬܫܥܝܬܐ ܕܢܣܛܘܪܝܐ ܕܛܘܪܐ

نحو سبعماية سنة قبل المسيح شلمانسر ملك نينوى راح لاطراف القدس ܗ̄ ܐܘܪܫܠܡ مع عساكره وسلب وسبى اليهود. وبعد اربعة سنين ظهر منهم عصيان عليه ايضا وهو ثنى عليهم مرة ثانيه وتسلط عليهم وكيلا يعصون عليه فيما بعد بدل مكانهم اعنى جاب نحو ... بيت نقل خانه ثم اسكنهم باطراف عماديه وجولمرك واهل هذه الابلاد اسكنهم بمكانهم اعنى في اطراف القدس وهم السامريين.

Unterschrift:

ܟܬܒܠܗ ܐܢܝ ܟܬܒܬܐ ܕܡܬܠܬܐ ܚܠ ܘܝܫܘܥ ܕܐܬܐ ܘܡܠܟܐ ܗܕ ܢܫܡ ܕܐܬܐ ܠܒܒܡ ܠܐ ܡܨܝܘܬܝ ܟܬܒܬܐ ܟܬܒܐ. ܦܫ ܡܠܟܐ ܕܦܬܚܗ ܗ̄ ܡܘܠܟܢ ܬܫܠܡ ܓܪܕܘܢ ܕܡܫܝܚܐ ܘܟܠܟܪ ܘܟܕܟܘܢ ܘܗܠܡܟܢܐ ܐܡܝܢ

66 Blätter (30×10 cm). Die ersten 10 Blätter sind nicht beschrieben, die Seite zu 32—37 Zeilen.

134.

(Sachau 336.)

Nestorianisch.

Moderner Sammelband.

I. Bl. 3ᵃ—4ᵇ Kurdisches Gedicht, identisch mit Nr. 133 (S. 200) nr. 6. Es ist hier, wie es scheint, am Anfang nicht vollständig. Erste Strophe:

ܗܕܐ ܗܡܟܝ ܦܢܕܝܐ
ܟܦܪܐ ܬܠܬܐ ܘܗܬܐ ܠܒܝܐ ܠܒܝܐ
ܟܒܝܗ ܟܘܪܐ ܘܙܡܝܪܐ ܣܪܡܐ ܕܦܪܟܘܦ
ܡܫܪܐ ܕܟܘܡܠܐ.

Der Schluss ist wie in Nr. 133.

II. Bl. 5ᵃ—12ᵇ *Fellîḥî*: 93 Hochzeitslieder, identisch mit Nr. 133 (S. 200) nr. 7. Überschrift:

ܟܬܒܢ ܡܠܟܐ ܡܢ ܘܟܘܪܬܐ
ܕܟܠܬܐ. ܡܕܡܟܐ
ܗܪܟܐ ܡܕܡܟܐ.
ܒܝܪ ܠܚܘܒܝ ܦܫܘܠܗ
ܘܫܠܡ ܐܡܝܢ

Unterschrift:

كمل وبركة الله منعنا (ܫܠܡ =) الى كمل.

III. Bl. 13ª—17ᵇ Eine *Dûrîkthâ*, längeres Gedicht in *Fellîḥî*, von David *Nûhadhrâjâ* dem Blinden. Titel:

ܕܘܪܝܟܬܐ ܕܡܚܒܝܢܐ ܠܕܘܝܕ ܢܘܗܕܪܝܐ ܘܐܝܬܘܗܝ ܣܡܝܐ.

Das Gedicht hat 65 vierzeilige Strophen von je vier Zeilen, die denselben Reim haben. Das Metrum ist mit grosser Freiheit behandelt: die Zeilen haben je zwischen 7, 8 und 5, 6 Silben. Anfang:

ܒܝܫܐ ܕܒܒܐ ܘܢܘܪܐ
ܘܪܘܚܫܘܕܐܝܐ ܡܚܝܐ
ܗܠܝܢ ܡܢܘܢܐ ܒܒܐ ܒܢܝܐ
ܗܘ ܠܐܘܪܚ ܒܢܝܐ.

ܠܐ ܒܒܐ ܕܡܫܡܥܝ
ܘܠܒܪܬܘܟ ܕܡܫܡܥܝ
ܘܠܝܫܐ ܕܒܪܘܫܟ ܗܬ ܢܦܪܝ
ܘܠܚܠܬܐ ܕܪܘܚܟ ܕܒܪܡܐ.

ܠܐ ܚܠܝܬܐ ܕܪܘܫܘܟܐ
ܡܗܘܢܝܬܐ ܘܡܓܒܐ
ܒܝܕ[1] ܐܠܗܐ ܕܦܫܠܐ ܐܝܟܐ
ܡܚܠܝ ܠܟ ܡܢܗ ܕܒܫܐ.

Schlussstrophe, in der sich der Dichter erwähnt.

ܠܐ ܚܘܒܒܐ ܒܗܪܐ
ܠܐ ܝܫܐ ܕܡܚܠܝܐ
ܣܦܝ ܠܕܘܝܕ ܡܣܟܢܐ
ܘܚܠܝ ܠܗ ܡܚܝܗܪܐ.

Von der Hand des Jeremias *Šâmir* auf dem Rande von Bl. 13ª folgende Notiz:

عذه اظن به كذب ولا يفيد تعليم منها لذلك اهملت ترجمتها.

IV. Bl. 17ᵇ—57 Syrisch: Die Geschichte von *Aḥiḳar* dem Assyrer. Titel:

ܫܢܝ̈ܢ ܝܘܡܢܐ. ܐܢܫ̈ܐ ܠܐܘܪܚܐ. ܕܡܢܟܘܢ
ܠܒܘܫ ܐܘܪܗܝܐ. ܒܬܪ ܠܟܢܐ ܫܘܪܝܐ. ܕܡܢ
ܐܦܪܝܡ ܫܘܪܝܐ ܕܡܠܟ ܐܦܪܝܡ ܗܘ ܡܕܡܐ.
ܕܝܢ ܒܐܬܪܐ ܡܠܟܐ. ܐܝܟ ܐܦܪܝܡ ܠܗܘܢ.

Die Zurückführung dieser Legende auf Jacobus Edessenus und weiter auf Ephraem gehört vielleicht in das Gebiet absichtlicher Mystification: das Datum 1252 A. Gr. ist sinnlos.

Aḥiḳar, Verwalter und Schreiber in den Tagen des Königs von Ninive, Sanherib, erzählt, dass er 60 Jahre alt geworden, ohne dass sein sehnlichster Wunsch, einen Sohn zu haben, ihm erfüllt wurde. Trotz vieler Opfer an die Götter erreicht er nichts. Eine Stimme von oben verkündet ihm, dass er ohne Kinder sterben werde, aber seinen Schwestersohn Nadan zu sich nehmen solle: der werde ihn beerben. *Aḥiḳar* thut das. Sanherib lässt ihn zu sich kommen und fragt ihn, wer sein (des *Aḥiḳar*) Nachfolger sein soll; er empfiehlt den Nadan. Der König ist einverstanden: Nadan wird ihm vorgestellt und von ihm angenommen.

Dann folgt in einem besonderen Abschnitt die Lehre und Weisheit, die *Aḥiḳar* seinem Neffen vorgetragen hat Bl. 20ª:

ܡܠܦܢܘܬܐ ܘܚܟܡܬܐ ܕܐܚܝܩܪ ܕܐܠܦ ܠܢܕܢ ܒܪ ܚܬܗ

Die Erzählung fährt fort auf Bl. 29ᵇ. *Aḥiḳar* hatte geglaubt, dass Nadan seine Lehren beherzigen werde, aber keineswegs! — Er schlägt sie in den Wind und wird ein Thunichtgut. Nun nimmt *Aḥiḳar* auch den jüngeren Bruder zu sich, worüber Nadan ergrimmt. Dieser geht zum König, um seinen Oheim zu verderben, und producirt dort zwei gefälschte Briefe, einen angeblich von *Aḥiḳar* an den König von Persis und Elam, den anderen an den Pharao, beide voll Verrath gegen Sanherib. Ausserdem fälscht er einen Brief des Königs an *Aḥiḳar*, worin dieser aufgefordert wird, sich mit einem Heer

[1] = ܒܪܗ ܕ.

in der Adler-Ebene aufzustellen und zu thun, als wolle er gegen den König kämpfen.

Sanherib ergrimmt. Auf Nadan's Vorschlag zieht er hinaus in die Adler-Ebene, um *Aḥikar*, der sich mittlerweile dort aufgestellt hat, zu beobachten. Nachdem er die Dinge gefunden, wie Nadan sie dargestellt, kehrt er zurück nach Ninive: Nadan übernimmt die Verhandlung und lockt ihn allein an den Hof des Königs. Sanherib macht ihm Vorwürfe; er soll getödtet werden vor seinem eigenen Hause und schickt nun seiner Frau ܐܫܦܓܢܝ Nachricht. *Aḥikâr* kommt mit Escorte (dem ܢܒܘܣܡܟ und Parthern) nach seinem Hause; seine Frau empfängt sie mit Essen und Trinken, so dass sie betrunken werden und einschlafen. *Aḥikar* bittet den Nebosemakh ihn zu schonen und an seiner Stelle einen anderen zu tödten, was denn auch geschieht. Nun verbreitet sich das Gerücht, *Aḥikar* sei getödtet, während er lebt und sich verborgen hält tief unten im Keller seines Hauses. Nadan tritt in seine Erbschaft ein und benimmt sich wie ein grausamer Wüstling.

Der König von Aegypten bittet den Sanherib (statt dessen oft Esarhaddon ܣܪܚܕܘܡ) brieflich, ihm einen Baumeister zu schicken. Der König findet, dass keiner seiner Grossen dazu geeignet ist, auch Nadan nicht. Er wird traurig, erinnert sich des *Aḥikâr*, und nun berichtet ihm Nebosemakh, dass *Aḥikar* lebt. Der König ist erfreut; *Aḥikar*, ganz verwildert in der Erscheinung, wird ihm zugeführt. Nachdem er sich 40 Tage lang erholt, wird er mit der Mission nach Aegypten betraut. Seine kluge Frau bereitet das Nöthige vor. Auf einem Wagen, der von Adlern gezogen wird, fährt er durch die Luft nach Aegypten (Bl. 42ᵃ). Er erscheint vor dem Könige von Aegypten und giebt *Abikam* (auch *Aḥikam*) als seinen Namen aus. Er vergleicht den Pharao und seine Grossen mit Bel und seinen Priestern, mit dem Mond und den Sternen, mit dem Nisan und seinen Blüthen, dagegen den König von Assyrien mit Gott im Himmel und seinen Blitzen. Der Pharao erkennt, dass er den *Aḥikar* vor sich hat und wundert sich, dass er nicht getödtet sei. Er schreibt für den Pharao einen Brief an seinen König: Bitte um Gold für den Pharao. Sodann baut *Aḥikar* für den Pharao eine hohe Burg. Pharao erzählt dem *Aḥikar* eine Lüge, und dieser übertrumpft ihn durch eine noch grössere. Pharao giebt ihm Räthsel und Kunststücke auf; *Aḥikar* erledigt Alles zur Zufriedenheit.

Aḥikar kehrt nach Assyrien zurück und wird vom König gnädig empfangen; er erbittet für seinen Lebensretter Nebosemakh eine Beförderung, er soll *speculator* ܐܣܦܩܠܛܘܪܐ (Bl. 50ᵇ) werden, was geschieht. Zuletzt erbittet er sich die Vollmacht an Nadan Rache zu nehmen: sie wird ihm gewährt. Er legt den Nadan in Ketten, martert ihn und hält ihm eine lange Rede. Nadan bittet um Gnade, vergebens. Er stirbt elendiglich. Den Schluss bilden Sentenzen.

Ende der Geschichte Bl. 56ᵇ unten; Appendix bis Bl. 57ᵇ fromme Betrachtungen. Ausser den hier aufgeführten Eigennamen finden sich noch *Nebohêl* ܢܒܘܚܝܠ und *Tibšâlôm* ܛܒܫܠܘܡ als Namen zweier Sclavenkinder des *Aḥikar* Bl. 41ᵇ.[1]

V. Bl. 57ᵇ—78ᵇ: 51 Aesopische Fabeln. Vergl. Nr. 69 (Sachau 72) III und Nr. 238 (Petermann Syr. 28 II).

I. ܣܡܩܬܐ ܘܩܛܘܩܛܘܣ Bl. 57ᵇ — ܬܪ̈ܥܐ ܕܡܚܪܐ ܠܩܘܦܐ 58ᵃ — ܣܘܣܝܐ ܘܣܪܘܩܐ — ܦܚܡܐ 58ᵇ — V. ܐܪܢܒܐ ܘܟܘܕܢ̈ܐ 59ᵃ — ܐܝܠܐ 59ᵇ — ܚܠܒܐ ܕܩܢܝܐ 60ᵃ — ܗܠܠܐ ܘܐܪܝܐ 60ᵇ — ܚܠܒ̈ܐ ܘܐܪܝܐ — X. ܡܥ̈ܢܐ ܠ̄ ܘܦܛܕܪ̈ܐ ܕܠܗܘܢ 61ᵃ — ܐܝܠܐ 64ᵃ — ܛܠܝܐ 64ᵇ — ܪܥܝܐ ܘܚܠܒܐ — XV. ܐܪ̈ܢܒܐ

[1] Übersetzt von Lidzbarski a. a. O. S. 1—41.

ܐܪܡܐ ܘܡܘܬܒܪܐ — ܢܗܪܐ ܘܫܒܝܠܐ — 65a
— ܐܪܡܐ ܘܫܘܪܐ — 66a ܓܡܪܐ ܘܐܪܥܐ — 65b
— 67a ܫܪܒܝܬܐ — 66b ܚܝܠܐ ܘܓܡܪܐ .XX
ܟܪܟܐ — ܫܡܫܐ ܘܣܗܪܐ — 67b ܥܠܡܐ
ܦܠܓܐ ܕܓܪܒܐ ܗܘܐ ܡܟܝܟܐ .XXV — 68a ܘܫܡܪܐ
ܕܐܒܐ — 69a ܚܘܐ ܘܕܐܒܐ — ܚܫܚܫܐ — 68b
XXX. — 70a ܟܠܠܐ ܘܐܪܢܒܐ — 69b ܘܐܪܥܐ
— ܐܠܦܐ — 71a ܫܘܢܪܐ — 70b ܟܘܡܒܪܐ
XXXV. — 72a ܓܡܠܐ ܕܥܘܢܐ — 71b ܦܘܪܐ
— 73a ܦܟܪܐ — ܦܠܦܠܘܣ — 72b ܕܐܢܐ
XL. — 73b ܘܙܐ ܘܩܩܩܘܣ — ܟܪܣܐ ܘܓܠܠܐ
ܩܘܫܝܬܐ — ܦܪܣܬܐ — 74a ܦܘܪܐ ܘܐܪܥܐ
XLV. — 75a ܐܪܢܒܐ — ܦܪܝܠܘܬܐ — 74b
ܦܪܝܠܘܬܐ — ܐܣܪܐ — 75b ܐܪܥܐ ܘܟܪܣܐ
ܠܟܪܐ ܕܣܘܐ .L — ܐܣܪܐ — ܓܦܪܐ — 76a
ܫܡܫܐ 77a — ܟܪܣܐ ܘܫܘܠܐ 77a—78b.

VI. Bl. 79—113 Gedichte in *Fellihi*:

a) Bl. 79a Streit der einzelnen Monate unter einander, wer der schönste sei. Gedicht in 17 Strophen von je 4 Zeilen, die denselben Reim haben. Jede Zeile hat 7—8 Silben. Anfang:

ܗܘܐ ܐܣܪܬܐ ܥܠ ܝܪܚܐ ܟܢܫܐ

ܝܪܚܐ ܕܟܢܫܬܐ ܠܟܘܢܗܘܢ
ܘܟܠܗܘܢ ܕܡܬܟܢܫܝܢ ܗܘܘ
ܘܟܪܒܐ ܠܟܘܪܐ ܡܢܗܘܢ
ܘܫܘܒܐ ܕܐܝܬܝܢ ܡܬܘܢܝܢ

ܐܘܪܐ ܥܣܩ ܘܡܚܘܒܪܐ
ܘܗܠܡ ܗܘܝܢ ܗܝܟܠܐ
ܕܠܐ ܚܦܝܪܐ ܟܢܫܐ ܡܬܟܢܫܐ
ܬܘܒ ܝܪܚܐ ܕܐܝܟ ܓܘܪܗ

b) Bl. 80b Streit zwischen dem Weizen und dem Golde. Gedicht in 19 Strophen von derselben Form wie in a. Anfang:

ܚܛܬܐ ܕܕܗܒܐ ܘܕܗܒܐ

ܗܟܝ ܟܪܝܟܬܐ ܟܢܫܪܐ
ܦܠܓܠ ܘܗܪܘܗܝ ܠܡܫܪܐ
ܕܗܒܐ ܘܚܠܝܬܐ ܡܘܫܪܐ
ܕܐܡܪ ܡܢܗܘܢ ܕܚܠܝܠ ܠܚܘܪܗ.

c) Bl. 82b Von dem Mädchen *Mámó*, in die ein Bischof von *Âdharbaiǧán* verliebt war. Titel:

ܗܘܐ ܐܣܪܬܐ ܕܥܠܝܡܬܐ ܡܡܘ ܕܪܚܡܗ
ܚܕ ܡܝܛܪܦܘܠܝܛܐ ܕܐܕܘܪܒܝܓܢ.

Anfang:

ܐܢܐ ܡܕܪܫܐ ܗܘܝ ܥܪܒܪܒ ܗܐ ܠܐܒܝ ܕܠܝܗ
ܠܝܠܝܐ. ܡܪܫܐ ܕܟܠܐ ܘܡܫܡܪܫܘܬܐ.
ܕܡܫܡܫܝܢ ܒܟܠܝܘ. ܒܥܘܦܪܐ ܕܦܓܘܓܝ
ܒܓܒܪܝ ܗܠ ܓܘܫܝܢ ܒܪܐܬܐ ܡܡܘ. ܬܠܝܘ
ܐܘܪܝ ܘܓܦܠܐܝܢ (Bl. 83a) ܒܓܒܪܝ ܐܣܝܒ
ܒܘܓܡܘܡ.

Die dichterische Form ist ungewöhnlich.

d) Bl. 84b Von Festschmaus und Hochzeit. Titel:

ܗܘܐ ܐܣܪܬܐ ܕܡܫܬܘܬܐ ܘܕܫܠܘܠܝ ܠܚܬܢܐ
ܕܣܝܡܐ ܕܟܠܡܐ.

Zuerst Wechselgesang zwischen dem, der von draussen kommt und den bereits Versammelten: dann Gesang Aller. Das Gedicht besteht aus Strophen von je 4 Zeilen, jede Zeile aus 7—8 Silben. Der Reim ist frei behandelt; in den meisten Strophen reimen die Zeilen 1. 2. 3 mit einander und andererseits die 4. Zeilen der Strophen. In anderen Strophen haben je 1. 2 und 3. 4 besondere Reime. Anfang:

ܐܡܪ ܡܫܡܫܐ ܗܘ ܕܐܬܐ ܡܢ ܠܒܪ.

ܫܠܡܐ ܠܡܫܡܫܝ ܘܐ ܐܚܐ
ܫܠܡܐ ܠܡܫܡܫܝ ܘܐ ܪܡܫܐ
ܕܐܝ ܦܫܩܘܗܝ ܒܐܠ ܐܢܐ
ܘܐܠܐ ܠܗܪܡܐ ܡܢܡ ܐܢܐ.

ܘܟܢܫ ܗܢܘܢ

ܠܐ ܗܘܐ ܕܟܢܫ ܐܘܠܨ
ܘܠܐ ܗܘܐ ܕܟܢܫ ܐܬܐܐ
ܐܠܐ ܗܘܐ ܠܝ ܟܠ ܗܪܟܐ
ܟܕܡܐ ܕܢܫܪܐ ܗܪܟܠܐ.

Fellihi und Syrisch wechseln in diesem Gedichte vielfach mit einander ab.

e) Bl. 87ᵇ Vom Teufel und der Sünderin: ܐܘܒ ܕܣܛܢܐ ܘܚܛܝܬܐ. Eine Erzählung in Versen, bestehend aus 19 Vierzeilern. Jede Zeile hat 7—8 Silben. In einigen Vierzeilern haben alle 4 Zeilen denselben Reim, in anderen nur die Zeilen 1. 2. 3, während Zeile 4 mit derselben Zeile der folgenden Strophe reimt. Anfang:

ܡܪܝ ܟܘܪ ܐܝܘܠܐ ܠܡܟܝܢܬܐ
ܫܡܥܠܐ ܓܘܫ ܕܝܗ ܚܛܝܬܐ
ܘܓܪܐ ܒܠܘܗ ܒܪܝܫܝܬܐ
ܘܓܝܪܐ ܕܢܗ ܓܗܢܐ

ܚܛܝܐ

ܕܝܫܠܐ ܚܛܝܐ ܚܛܝܬܐ
ܒܝܬܠܠܐ ܕܗܘܝܐ ܦܝܓܬܐ
ܘܐܡܪܐ ܓܠܗ ܠܐ ܓܠܝܬܐ
ܦܝ ܝܬܓܠܐ ܘܦܪܗܬܐ

f) Bl. 89ᵇ Von Simeon Kephas und Simon Magus.

Ein *Dūrik* (Kaside). Titel: ܕܘܪܝܟ ܒܪܬܐ ܕܫܡܥܘܢ ܟܐܦܐ ܘܫܡܥܘܢ. Das Gedicht besteht aus 10 Strophen von je 10 Versen, deren Silbenzahl zwischen 5 bis 9 schwankt. Anfang:

1. ܒܘܪ ܐܘܪܐ ܫܡܥܘܢ ܨܦܝܐ
ܝܠܝܦ ܕܗܘܡܢܐ
ܚܘܠܐ ܠܫܡܥܘܢ ܓܪܫܐ
ܓܢܐ ܘܡܘܗܠܢܐ
ܒܘܪ ܡܓܗܕܐ ܠܚܣܝܢܐ
ܒܡܠܟܘܬܐ ܗܝܢܐ

ܘܓܒܪܐ ܦܝܪܘܙܐ
ܠܕܗܘܡܢܐ ܘܦܪܡܘܙܐ
ܦܫܩܬܐ ܒܚܝܠܐ
ܕܐܢܘܢ ܓܕܪ ܝܟܠܢܐ.

2. ܓܝܕܠܐ ܒܠܚܘܕ ܠܦܪܝܕܘܢ
ܒܚܐ ܡܢ ܚܘܩܬܐ
ܗܕܐ ܡܒܗܬܐ ܡܘܓܒܠܐ ܫܡܥܘܢ
ܘܦܓܪ ܓܒܐ ܕܗܠܟܬܐ
ܝܡܠܐ ܕܗܘܡܢܐ ܠܫܡܥܘܢ
ܒܠܗ ܓܠܝܐ ܘܒܝܫܬܐ
ܒܐܩܐ ܒܐܡܓܪܬܢ
ܘܦܪܘܕܐ ܒܓܒܪܘܢ
ܟܠ ܫܡܥܘܢ ܕܝܫܦܝܛܘܬܐ
ܡܢ ܗܝܡܢܘܬܐ.

Die Behandlung des Reimes, die nicht in allen Strophen gleich ist, erinnert zum Theil an die Art Arabischer *Mawwāls*.

g) Bl. 91ᵇ Von unserem Herrn und Maria: ܕܘܪܝܟ ܒܪܬܐ ܕܡܪܢ ܘܡܪܝܡ. 13 Vierzeiler, die Zeile aus 7—8 Silben bestehend. In jeder Strophe haben Vers 1. 2. 3 denselben Reim, ebenso die vierten Zeilen sämmtlicher Strophen. Anfang:

1. ܒܫܘܒܚܐ ܒܒܪܝܐ ܕܝܩܪܐ
ܢܫܠܐ ܡܪܝܡ ܠܓܝܒܪ ܡܓܕܪܐ
ܕܡܢ ܡܓܘܠܒ ܐܝܡܪܐ
ܠܡܪܝ ܕܝܠܗ ܡܝܠܢܐ.

2. ܡܢ ܝܡܗܝܒ ܝܡܦܓܘܠܗ
ܠܢܝܗ ܡܪܝ ܘܝܪܫܠܗ
ܒܠܗ ܠܢܓܐ ܘܡܫܬܝܕܐ
ܦܫܒ ܡܒܓܐ ܒܪܝ ܝܓܪܐ.

Nachschrift des Copisten auf Bl. 92ᵇ:

ܐܫܬܠܡ ܒܫܘܒܚܐ ܒܝܘܡ ܐܪܒܥܐ ܒܫܒܐ
ܒܐܝܪ ܡܫܡܫܢܐ ܦܪܢܣ ܕܡܢ ܒܝܬ ܓܝܪܐ.

h) Bl. 93ᵃ Vom Räuber und dem Cherub. Ein Wechselgesang von David aus *Nuhadhrâ*:

ܕܣܘܪܝ ܥܠܐ ܕܓܢܒܐ ܘܟܪܘܒܐ. ܕܝܠܗ ܕܕܘܝܕ.

Vergl. Bl. 13ᵃ. Das Gedicht besteht aus Strophen von vier mit einander reimenden Langzeilen, von denen die meisten 14 Silben haben. Anfang:

[illegible]

[illegible]

Übersetzung einer Tenzone von Narses. Herausgegeben von mir in *Über die Poesie in der Volkssprache der Nestorianer* S. 18 ff.

VII. Bl. 100ᵇ—113ᵇ Eine Prosa-Geschichte in *Fellîḥî*: Von der Duenna, ihrem Dragoman und einem jungen Prinzen.[1] Titel:

[illegible]

Anfang:

[illegible]

[1] Übersetzt von LIDZBARSKI a. a. O. S. 267—279.

Vergl. die Arabische Übersetzung dieser Geschichte in Nr. 133 (S. 200) nr. 8. Hierauf bezieht sich die Arabische Notiz von Jeremias *Šâmir* auf dem Rande von Bl. 100ᵇ.

Unterschrift auf Bl. 113ᵇ:

قد كمله بيد الحقير شماس فرنس ميرى من قرية
تلكيف فى سنة ١٨٨٣ مسيحيه

Der ganze Band ist geschrieben zu *Telkêf* 1883 von dem Diaconus Franz (*Pransis*) *Mêri*, demselben, von dem mehrere Hdss. meiner Sammlung geschrieben sind.

Vortrefflich geschrieben, reichlich vocalisirt und punktirt.

113 Blätter (21 × 15 cm). Blatt 1 und 2 unbeschrieben, die Seite zu 16 Zeilen.

135.

(SACHAU 343.)

Fellîḥî, Arabisch und Kurdisch.

Eine Sammlung von fünf volksthümlichen Dichtungen oder Liedersammlungen in *Fellîḥî* und einer kleineren Sammlung von Kurdischen Versen, Alles mit Arabischer Übersetzung, geschrieben von Jeremias *Šâmir*.

Inhalt:

1. Bl. 1—13 Dieselbe Liedersammlung (hier 93 Nummern) wie in Nr. 133 nr. 7 und in Nr. 134 nr. 2. Ohne Überschrift. Anfang:

عبرة ورا حايطنا

[illegible]

Nachschrift Bl. 13ᵃ:

تم وبه كلام زتقى خرافى لانه قول عامة الناس العوام
ونبيفة النساء وكاتب كتب غلط صلحت بعض انكان
القارى يقابل مع نسخة الاصليه يعرف

»Die Sprache dieser Verse ist die Gassensprache, wie die Leute schwatzen, ungebildete Leute und die Weiber. Auch hatte der Schreiber (von Nr. 134) Fehler gemacht; einiges habe ich berichtigt, wie der Leser sehen wird, wenn er das Original vergleicht.« So Jeremias.

2. Bl. 14ᵃ—16ᵃ Gedicht in *Fellîḥî* von 17 Strophen über den Streit der Monate unter einander um den Vorrang, identisch mit Nr. 134 nr. 6, a. Anfang:

اشهر السنه اجتمعوا
وخبر عن صلاحهم قلوا
وكلام على بعضهم بعض قالوا
اظهروا محبتهم.

ܫܠܡ ܕܪ̈ܫܐ ܠܡܫܡܥܢܘܟ
ܘܫܘܒ ܐܡܝܢ

Schlussnotiz Bl. 16ᵃ:

هذا ايضا بهم زيد ناقص قليل مكان الذى كان لازم افتقدناه

3. Bl. 16ᵇ—19ᵃ Streit zwischen dem Weizen und dem Golde, identisch mit Nr. 134 nr. 6, b. Titel und Anfang:

جدال حنطه مع ذهب
شركاء اثنين غيورين مهتمين
خرجوا واتنازعوا كاملين
الذهب وحنطه المكرمين
كل واحد منهم ليغلب رفيقه.

ܗܪܟܐ ܫܠܡܬ ܬܫܥܝܬܐ

Schlussnotiz von Jeremias Bl. 19ᵃ:

اتأسف على وقت الذى به اترجم هذه الخرافات.
لكن لاجل خاطر من له الخاطر.

»Ich bedauere die Zeit, die ich auf die Übersetzung dieser Thorheiten verwende; da Du es aber wünschest, so thue ich es. Du hast zu bestimmen.«

4. Bl. 19ᵃ—22ᵃ Eine Sammlung von 21 Strophen, genannt لواحات, die in *Telkêf* bei Gelagen und Hochzeiten gesungen werden, identisch mit Nr. 134 nr. 6, d (S. 85 ff.). Überschrift und Anfang:

لواحات التى اهل تلكيف يلوحوها فى عزايمهم وعرايسهم.

كاس الشراب يحركنى
تفحنى الان واملينى
والذى ما يدهم على ملعون منى
والذى يستهل فليسقنى.

ܫܠܡ ܕܠܘܚ̈ܝܬܐ ܡܫܬܒܚܢ
ܕܡܬܩܪ̈ܝܢ ܕܝܠܢ ܘܡܚܠܝܢ
ܗܘ ܕܠܐܚܪ̈ܢܐ ܡܫܡܥܢ
ܗܘ ܕܥܒܕܝܢ ܡܫܬܠܝܢ

Nachschrift von Jeremias Bl. 22ᵃ:

تم هذا الله ينجينى من الآتى

5. Bl. 22ᵃ—24ᵇ Geschichte von dem Teufel und der Sünderin in Versen, identisch mit Nr. 134 nr. 6, e. Überschrift und Anfang:

قصة ابليس وخاطية بنوع رفيع غليظ مثل عقل تلكيف.

لما جا سيدنا الى المدينه
سمعت صيته الخاطية
نظر اليها مشفقا
غفر خطاياها.

ܫܠܡ ܗܘܐ ܗܟܢ ܠܫܪܒܬܐ

Nachschrift von Jeremias Bl. 24ᵇ:

الحمد لله هذه ايضا تمت خلصت بلا ضرر ويوجد فيها بعض كلام مفيد.

6. Bl. 25ᵃ—28ᵃ Ein Kurdisches Gedicht in 21 Strophen, identisch mit Nr. 134 nr. 1. Überschrift und Anfang:

هذه من بداية الكتاب المعلوم[1] ܕܘܪܟܝܐ ܘܫܘܪܝܐ ܕܟܬܒܐ بلغة كردى حروف كلدانى.
الكاتب ما كان يعرف كردى لاجل ذلك كثير غلطة فيه صار. اترجمه واصلحه على قدر الامكان.
راس سيپان ܥܐ اسم جبل عند بحروان (!) مكان عريض ثلج ومطر يجى. صوت مطر وهوا

[1] D. i. Nr. 134.

من راء باجبال وزمان
ميشوم حرام غنم (?) برى ܗ̄ عنز الجبال يقتل الامير.
ܦܪܐ ܡܫܟܢ ܦܝܫܠܗ

Schlussnotiz von Jeremias Bl. 28a:
خلصنا من هذه نسال الله بان يخلصنا من كل شر الاشرار امين.

Zur Erklärung des Ursprungs dieser Hds. füge ich hinzu, dass Jeremias dieselbe auf meinen Wunsch geschrieben hat, nachdem ich ihm die Hds. Nr. 134 mit der Bitte um eine Arabische Übersetzung der in derselben enthaltenen *Fellihi-* und Kurdischen Texte zugeschickt hatte.

Geschrieben zu Mosul um 1882/83.

28 Blätter (19 × 15 cm). Die Seite zu zwei Columnen, die Columne im Durchschnitt zu 15 Zeilen.

136.

(Sachau 250.)

Fellihi und Kurdisch.

Ein Wörterverzeichniss in Englisch, *Fellihi* (Dialekt von *'Ankâwâ*) und Kurdisch (Dialekt von *Hakkâri*), geschrieben von Jeremias *Šâmir* zu Mosul, wahrscheinlich 1882 oder 1883. Es ist das Vocabulary in Faris El-Shidiac, A practical grammar of the Arabic language, London 1856 S. 117—148. Anfang:

ܐܢܓܠܝܙ	ܣܘܪܝܬ	ܟܘܪܕܝܬ
ability	ܡܢ ܩܘܬܐ	ܩܕܪܬ
able	ܡܨܝܢܐ	ܬܟܝܢ
above	ܠܥܠ	ܣܪܐ
absence	ܡܛܫܝܬܐ	ܓܝܒ
absent	ܡܛܫܝܬܐ	ܓܝܒܐ
absurd	ܠܥܒܘܪܐ	ܒܘܦܐ
abundance	ܟܒܝܪܬܐ	ܟܠܟ
accept	ܡܩܒܠ	ܩܒܘܠ
accommodate	ܗܢܝܘܬܐ	ܗܫܢܐ
accomplish	ܡܫܡܠܝܐ	ܬܡܐܡܝ
accustomed	ܡܢ ܝܠܝܦܐ	ܦܪܟܘܝ
Seite 2:		
acid	ܚܡܘܥܐ	ܬܪܫ
acquaintances	ܡܟܪܝܐ	ܡܥܪܦܬ
acquainted	ܝܕܝܥܐ	ܕܘܣܬ
action	ܥܒܕܐ	ܟܪܢ
active	ܦܠܚܐ	ܫܘܠܟܪ
add, v.	ܘܣܦܐ	ܙܝܕܐ
admirable	ܬܡܝܗܘܬܐ	ܥܓܝܒ
advantage	ܦܝܕܐ	ܦܝܕܐ
advantageous	ܡܢ ܦܝܕܐ	ܒܦܝܕܐ
advice	ܢܨܝܚܐ	ܢܨܝܚܬ
advise (to give notice)	ܡܚܕܪܐ	ܚܒܪ
affection	ܚܘܒܐ	ܚܘܒܝ
affectionate	ܪܚܡܐ	ܚܘܒܝ

Unterschrift auf S. 96:

ܟܬܒܠܝ ܣܘܪܝܬ ܕܥܢܟܐܘܐ ܘܟܘܪܕܝܬ ܕܗܟܪܝ
ܘܐܢܓܠܝܙܝܐ ܟܬܒܠܗ ܚܕ ܡܢ ܡܕܪܫܝܬܢܝ
ܕܝܠܦܠܗ ܒܠܫܢܐ ܕܐܢܓܠܝܙܝ ܘܬܘܪܟܝ.
ܘܠܐܠܗܐ ܫܘܒܚܐ ܐܡܝܢ

D. i.: »Ich habe geschrieben im Syrischen Dialekt von *'Ankâwâ*, im Kurdischen Dialekt von *Hakkâri*, und das Englische hat einer meiner Schüler (Jeremias hielt damals eine Knabenschule), den ich im Englischen und Türkischen unterrichtet habe, geschrieben.«

48 Blätter (19,5 × 15 cm), die Seite zu 13 Zeilen.

137.

(SACHAU 337.)

Fellihi und Arabisch.

18 Erzählungen im Dialekt von *Ṭijâri* (vergl. *Beiträge zur Grammatik der Neuaramäischen Dialekte* von M. LIDZBARSKI in Zeitschrift für Assyriologie, Bd. 9 S. 224 ff.) mit Arabischer Übersetzung, durch Vermittelung des Abtes Samuel *Ǵâmil*, damals Lehrer im Kloster der h. Jungfrau bei *Alkôš*, für mich aufgezeichnet von einem in *Alkôš* lebenden, aus *Ṭijâri* gebürtigen Diaconus *'Îsâ*. Überschrift:

ܒܫܡ ܐܙܠܝܐ ܒܪܝܐ ܒܪ̈ܝܬܐ. ܟܬܒܢܢ ܩܠܝܠ
ܫܥ̈ܝܬܐ. ܒܝܕ ܫܡܫܐ ܥܝܣܐ ܡܣܟܢܐ. ܡܥܕܪܝ
ܗܘ ܥܕ ܠܫܪܟܐ.

Arabisch:

بسم الازلي خالق الخلايق. نكتب قليل من الحكايات.
بيد الشماس عيسى الفقير. يا رب ساعدني الى المنتهى.

Inhalt:

1. Bl. 1ª Geschichte von dem Kaufmann, seinen drei Söhnen und drei Töchtern: ܫܥܝܬܐ ܥܠ ܕܬܘܓܪܐ ܘܬܠܬܐ ܒܢܘ̈ܢܝ ܘܬܠܬܐ ܒ̈ܢܬܐ.

2. Bl. 10ᵇ Geschichte von einem Manne, dessen Vater zugleich sein Onkel, dessen Mutter zugleich seine Tante war: ܫܥܝܬܐ ܓܒܪܐ ܕܒܒܗ ܟܠܗ ܘܥܡܗ ܐܡܗ. ܕܐܚܘܗ̇ ܗܘ ܒܒܗ̇ܘܢ ܕܒܥܠܗ̈ܘܢ ܗ̄ ܗܘ ܚܬ̈ܢܗܘܢ.

3. Bl. 18ª ܬܫܥܝܬܐ ܚܕܐ Eine andere Geschichte von einem armen Manne und seiner Frau.

4. Bl. 23ª Eine andere Geschichte von der Höhle *Ḳarḳirjânê*, in welche die Bewohner von *Ṭijâri* ihre Eltern, wenn sie sich dem Tode näherten, zu werfen pflegten.

5. Bl. 24ª Geschichte von der Brüderschaft zwischen einem Mosulaner und einem Teufel.

6. Bl. 25ᵇ Geschichte von einem armen Mann, der sich, seine Frau und seinen Sohn dadurch ernährte, dass er täglich Holz sammelte und verkaufte.

7. Bl. 28ª Geschichte von dem armen Mann, der etwas lesen konnte und in einem Buche, das er besass, studirte; wie er dem König des Landes einen Traum auslegte.

8. Bl. 32ª Geschichte von einem Manne, der nach einander acht Frauen heirathete, um Kinder zu bekommen, dem, als er die neunte heirathete, ein missgestaltetes Wesen geboren wurde.

9. Bl. 38ᵇ Geschichte von dem Fuchs und dem Krebs, die ein Compagniegeschäft gemacht hatten.

10. Bl. 39ᵇ Geschichte von einem armen Mann, der etwas nach Mosul auf den Markt brachte, verkaufte und unter anderen Dingen etwas Zuckerrohr einkaufte.

11. Bl. 53ª Von einem armen Ehepaar, das zwei Söhne hatte, welche beschlossen, auf die Wanderschaft zu gehen in der Hoffnung Brod und Erwerb zu finden.

12. Bl. 57ª Von zwei armen Brüdern, welche, da ihre Frauen mit einander zanken, sich ihre Habe theilen.

13. Bl. 57ᵇ Von einem Sultan, der drei Söhne hatte, die er sterbend seinem Vezir empfahl; nach seinem Tode bemächtigte sich der Vezir der Herrschaft und vertrieb die Prinzen sammt ihrer Mutter aus dem Palast.

14. Bl. 72ᵇ Von einem Mann in *Ṭijâri*, der zur Ernte ausging und sich von seiner Frau das Mittagbrot nachbringen liess.

15. Bl. 73ᵇ Wie die Leute von *Ṭijâri* einst bei starkem Nebel glaubten, der Tag sei verloren gegangen, und wie sie auszogen den Tag zu suchen.

16. Bl. 74^b Von einem Mann in *Tijâri*, der zu seinem Fürsten ging und einen Krug Wein als Geschenk für ihn mit sich nahm.

17. Bl. 75^b Von einem Mann in *Tijâri*, der einen Sack Getreide zur Mühle brachte.

18. Bl. 77^a—78^b Von einem hungrigen Fuchs, der auf die Jagd ging und ein Rebhuhn fing. Der Fuchs und der Rabe.

Am Schluss Bl. 78^b:

[illegible]

Als Bl. 2 ist eingeheftet ein Zettel von Jeremias *Šâmir*, den er dieser ihm aus *Alkôš* für mich zugeschickten Hds. beifügte, als er sie mir übersandte: [illegible]

Diese Kritik des Jeremias wiegt nicht sehr schwer; Samuel war sicherlich ein ebenso competenter Beurtheiler des *Fellîhî*, seiner Muttersprache, wie Jeremias, und letzterer war in den Nestorianischen Gebirgsländern *Tijâri*, *'Akrâ*, *Zêbar* selbst nie gewesen. Diese Geschichten sind übersetzt von Lidzbarski a. a. O. S. 45 ff.

Bl. 78^b—80^b Verzeichniss der Bücher des Klosters der h. Maria bei *Alkôš*, des Klosters Rabban Hormizd und einiger Bücher im Dorfe *Alkôš*, geschrieben von einem Mönche Elias, datirt vom 23. Juni (das Arabische Datum vom 26. Juni) 1883: [illegible]

Das Verzeichniss enthält 51 Nummern, von denen 1—41 dem Marien-Kloster, 42—46 dem Kloster Rabban Hormizd gehören, während 47—51 als in *Alkôš* befindlich bezeichnet werden.

Bl. 79^a:

ܐ̄ [illegible]

ܒ̄ [illegible]

ܓ̄ [illegible]

ܕ̄ [illegible]

ܗ̄ [illegible]

ܘ̄ [illegible]

ܙ̄ [illegible] ابن اندراوس.

ܚ̄ [illegible] وارکدیاکون.

ܛ̄ [illegible] موصل.

ܝ̄ [illegible]

ܝܐ̄ [illegible] من قرية فنك.

ܝܒ̄ [illegible]

ܝܓ̄ [illegible]

ܝܕ̄ [illegible]

ܝܕ ܡܐܡܪܐ ܕܡܠܟܘܬܐ ܫܡܝܢܐ ܒܡܠܟܝ ܘܡܠܟܐ
ܕܢܒܝܐ ܢܝܫܐ ܘܡܠܦܢܐ.

ܝܗ ܡܐܡܪܐ ܕܦܪܘܫܘܬܐ ܒܡܫܝܚܐ ܐܡܝܪܐ ܕܡܪܝ
ܢܪܣܝ ܕܝܘܚܢܢ.

ܝܘ ܡܐܡܪܐ ܕܡܪܝ ܐܦܪܝܡ ܐܡܝܪܐ ܕܡܠܟܐ ܕܡܪܝ
ܢܪܣܝ.

ܝܙ ܦܘܫܩܐ ܕܡܠܟܐ ܕܝܘܡܐ ܐܚܪܝܐ ܕܡܪܝ
ܫܡܥܘܢ ܕܫܡܠܝܐ ܕܡܠܟܐ ܗܘ ܦܘܫܩܐ ܒܡܠܟ
ܚܕ ܫܦܝܪ ܕܒܪܝܐ ܒܡܫܝܚܐ ܕܐܝܬܘܗܝ ܒܢܝܐ.
(Bl. 79ᵇ)

ܝܚ ܡܐܡܪܐ ܕܬܘܪܓܡܐ ܘܬܘܪܓܡܐ ܕܡܠܟܐ
ܕܡܪܝ ܢܪܣܝ.

ܝܛ ܡܐܡܪܐ ܕܫܦܝܪ ܕܒܪܝܐ ܐܡܝܪܐ ܕܡܪܝ
ܢܣܛܘܪܝܣ الراهب.

ܟ ܡܐܡܪܐ ܕܡܫܝܚܐ ܡܪܢܐ ܐܡܝܪܐ ܕܡܪܝ
ܝܘܣܦ ܚܙܝܐ.

ܟܐ ܡܐܡܪܐ ܕܡܬܢܝܚܘܬܐ ܐܡܝܪܐ ܕܡܠܟܐ
ܕܒܝܬܐ.

ܟܒ ܡܐܡܪܐ ܕܠܡܫܡܫܢܐ ܗܘ ܗܘܐ ܫܠܝܚܐ
ܡܢ ܐܪܥܐ ܠܫܡܝܐ.

ܟܓ ܡܐܡܪܐ ܕܦܘܫܩ ܚܫܚܘܬܐ ܐܡܝܪܐ ܕܡܠܟܐ
ܕܡܪܝ ܝܘܣܦ.

ܟܕ ܡܐܡܪܐ ܕܐܪܡܢܘܛܘܣ ܐܡܝܪܐ ܕܝܘܚܢܢ
ܒܪ ܙܘܥܒܝ.

ܟܗ ܡܐܡܪܐ ܕܦܘܫܩ ܚܫܚܘܬܐ ܐܡܝܪܐ ܕܡܠܟܐ.

ܟܘ ܡܐܡܪܐ ܕܦܘܫܩ ܦܠܛܦܘܬܐ ܘܡܠܟܘܬܐ
ܕܡܠܟܐ.

ܟܙ ܚܘܒܫ ܦܘܫܩܐ ܕܦܘܫܩ ܒܡܫܝܚܐ
ܐܡܝܪܐ ܕܡܪܝ ܐܦܪܝܡ.

ܟܚ ܡܐܡܪܐ ܕܒܥܘܬܐ ܐܡܝܪܐ ܕܡܠܟܐ ܕܡܪܝ
ܐܦܪܝܡ.

ܟܛ ܡܐܡܪܐ ܘܡܕܪܫܐ ܐܚܪܢܐ ܕܒܝܬ ܡܕܝܢ
ܡܕܝܢ ܕܡܠܟܐ.

ܠ ܡܐܡܪܐ ܕܒܘܢܝܐ ܕܒܝܬܝ ܠܐܢܛܘܟܝܐ
ܘܐܪܒܐ.

ܠܐ ܡܐܡܪܐ ܥܠ ܕܠܗܘܢܘܗܝ ܕܡܠܟܐ
ܘܐܡܪܗ ܕܡܫܒܚ ܠܚܣܢ ابن بهلول

ܠܒ ܡܐܡܪܐ ܕܐܪܡܢܘܛܘܣ ܐܦܣܩܘܦܐ ܕܒܝܬ
ܣܠܝܩ ܠܐܪܐ ܫܡܘܐܝܠ ܒܪ ܛܘܒܐ ܕܒܝܬܐ.

ܠܓ ܡܐܡܪܐ ܕܐܫܟܢܬܐ ܕܐܘܦܝܐ ܕܡܕܝܢܐ ܐܡܝܪܐ
ܕܡܪܝ ܡܪܘܬܐ.

ܠܕ ܦܬܓܡܐ ܕܡܘܬܐ ܐܡܝܪܐ ܕܡܪܝ ܐܝܟ
ܘܡܪܝ ܡܪܝ. (Bl. 80ᵃ)

ܠܗ ܡܐܡܪܐ ܐܚܪܝܢ ܕܥܠ ܒܘܢܝܢ ܐܘܡܢܘܬܐ.

ܠܘ ܡܐܡܪܐ ܕܦܬܓܡܐ ܕܡܠܟܐ ܕܡܫܝܚܐ.

ܠܙ ܡܐܡܪܐ ܕܐܫܟܢܬܐ ܒܪܝܬܐ ܕܡܫܝܚܐ.

ܠܚ ܡܐܡܪܐ ܡܚܝܕܐ ܕܐܘܠܝܬܐ ܘܡܘܢܝܬܐ
ܘܦܘܡܝܐ ܕܢܒܝܐ ܘܢܦܫܐ.

ܠܛ ܡܐܡܪܐ ܕܐܫܟܢܬܐ ܕܐܠܟܣܢܕܪܘܣ ܡܠܟܐ
ܒܪ ܦܝܠܝܦܘܣ.

ܡ ܡܐܡܪܐ ܕܝܘܢܢ. ܘܡܐܡܪܐ ܕܫܡܫܘܢ.
ܘܡܐܡܪܐ ܕܐܠܦܐ ܕܡܫܝܚܐ ܠܡܠܟܐ. ܘܡܐܡܪܐ
ܕܒܬܘܠܐ. ܘܡܐܡܪܐ ܐܚܪܝܢ ܕܬܘܒܬܐ ܕܒܘܟܪܐ
ܕܡܫܝܚܐ ܘܕܡܫܡܫܢܐ:

ܡܐܡܪܐ ܕܥܒܕܐ ܕܡܪܝ ܗܘܪܡܙܕ.

ܡܐ ܡܐܡܪܐ ܕܦܘܪܫ ܐܘܪܚܐ ܕܒܝܬܐ ܕܡܪܝܢ
ܠܡܠܦܢܐ ܢܣܛܘܪܝܢܐ.

ܡܒ ܐܦܪܝܡ ܦܫܝܛܐ ܡܢ ܚܣܕܐ ܕܡܪܝ
ܚܣܝܐ ܥܠ ܕܢܝܐܝ.

ܡܓ ܐܪܣܛܘܛܠܝܣ ܒܪܝܫܐ ܡܢ ܚܣܕܐ ܕܡܪܝ
ܫܡܥܘܢ ܕܒܪܨܒܥܐ.

ܡܕ ܡܐܡܪܐ ܕܐܢܛܘܟܝܐ ܥܠ ܚܘܒ ܗܘܡܕܗ.

ܡܗ ܡܐܡܪܐ ܕܠܩܘܛܐ ܡܚܝܕܐ ܥܠ ܚܘܒ ܠܡܢ
ܡܚܝܕܐ.

ܡܐܡܪܐ ܕܦܫܝܛ ܒܠܫܢ ܘܥܒܕܐ ܠܗ.

ܡܘ ܡܐܡܪܐ ܕܐܠܟܣܢܕܪܐ ܐܠܟܣܢܕܪܐ ܚܣܝܐ ܕܒܪ
ܒܪܬܝ.

ܡܙ ܡܐܡܪܐ ܕܚܘܒ ܚܘܒܐ ܕܡܠܟܐ
ܕܐܦܛܘܪܝܘܣ. (Bl. 80ᵇ)

ܡܕ̄ ܟܬܒܐ ܕܡܫܡܫܢܘܬܐ ܕܟܠ ܝܘܡ ܒܪ
ܡܢܘܢ ܩܘܫܝܐ ܕܡܪܝ ܐܦܪܝܡ.

ܡܗ̄ ܟܬܒܐ ܕܬܫܒܚܬܐ ܕܝܘܡ ܥܐܕܐ ܩܘܫܝܐ
ܕܝܘܚܢܢ ܒܪ ܙܥܒܝ.

ܢܐ̄ ܟܬܒܐ ܕܡܥܠܝܬܐ ܩܘܕܫܐ ܠܐ ܟܘܡܪ
ܩܘܕܫܐ.

Am Schluss folgende Notiz von Samuel *Ǵdmil:*

»I libri, che si trovano (trovavano) una volta nel patriarcato di Alcusi (vergl. meine Reise in Syrien und Mesopotamien S. 361), ora sono tutti trasportati al patriarcato caldeo di Mossul. P. Samuele Giamil. Abb. gen. dei Monaci Caldei. 30 Giugno 1883.«

Gut geschrieben. Der Aramäische Text Bl. 1—78 vollständig vocalisirt und punktirt.

28 Blätter (22 × 18 cm), die Seite zu 19 bis 25 Zeilen.

———

www.ingramcontent.com/pod-product-compliance
Lightning Source LLC
Chambersburg PA
CBHW031821270326
41932CB00008B/491
* 9 7 8 3 3 3 7 2 1 5 9 1 0 *